이성의 역사

A History of Reason
by Chong-Hyon Paek

ACANET, SEOUL KOREA 2017.

이성의 역사

백종현 지음

아카넷

책을 내면서

——

"대학철학은 항상 군주에 대한 두려움, 정부부처의 의지, 국가교회의 종규(宗規)들, 출판사의 소망, 대학생들의 호응, 동료들의 호의, 시국의 추세, 대중의 그때그때의 성향, 그 밖의 모든 것들을 유념하면서 백 가지 의도와 천 가지 동기에 묶인 채 조심조심 요령껏 자기 길을 헤쳐나가고 있다."
(Schopenhauer, *WaWV*, 제2판 머리말, in: SW I, 25)

철학이 '전문가'들에 의해 연구 강의되고, 그 몇몇 '전문가'들이 대학에서 일자리를 얻은 이래 '철학'은 '대학철학'이 되었고, '철학자'는 직업인이 되었으며, 그래서 쇼펜하우어(A. Schopenhauer, 1788~1860)가 1844년에 묘사한 저 같은 대학철학의 양상에 대해 많은 사람들은 여전히 난감해한다. 현실이 이러한데 그 2세기 전 데카르트(R. Descartes, 1596~1650)는 "성숙한 나이", "일상의 걱정거리에서 벗어남", "홀로 있음의 한가"(*Meditationes*, 1. Med.)를 철학적 성찰의 세 조건으로 꼽았으니, 얼마나 '한가한' 이야기인가. 쇼펜하우어나 데카르트는 일생토록 철학을 벗하며 살았지만, 철학을 호구지책으로 삼은 일이 없었으니 그러려니 할까….

적지 않게 난감함에 싸인 '대학철학'에 묶여 있다 풀려난 저자는 이제 낮에는 독서하면서 틈틈이 밭일하고, 밤에는 창공의 달을 창문 밖으로 내다보는 한가(閒暇, otium, schole)함을 얻었다. 마침 생각하고 쓸 작은 공간이 주어져 지난 50년 세월 동안 읽고 또 간혹 토를 달고 하던 '철학의 고전'들을 선택한 주제를 따라 하나하나 다시 읽으면서 대체 인간됨이 무엇인지를 되새겨 보고, 그러한 사상을 낳은 지나간 인간의 세상과 머지않은 장래에 도래할 것이라는 '포스트휴먼' 사회를 살펴보는 시간을 가졌다. 고찰의 주제는 '이성의 역사'였고, 그 중심은 칸트(Immanuel Kant, 1724~1804)의 사상이었다.

"이성이 무엇인지 보여주기 위해 자연은 칸트를 낳았다."(F. Kaulbach)라는 평이 있듯이 '이성' 개념은 칸트에 이르러 다면적·다층적 탐구의 대상이자 성찰의 주제가 되었다. 또한 "칸트는 철학사상계 중앙의 대저수지이다. 칸트 이전의 모든 사상들이 칸트 안에 모여 있고, 칸트 이후의 모든 사상은 칸트로부터 흘러나왔다."라는 평이 있듯이 칸트철학의 요강은 '이성' 개념 역사의 개요라 해도 과언이 아니다. 그래서 "칸트를 비판하거나 추종하면서 철학할 수는 있어도, 칸트를 모르고서는 철학할 수 없다."라는 세평이 뒤따른다. 이러한 세평에 일리가 있다면, 그것은 무엇보다도 칸트가 철학적 인식을 아예 "개념에 의한 이성 인식"으로 정의하고, 참다운 철학의 구축을 위해 우선적으로 인간 '이성'에 대한 비판 작업을 수행한 때문일 것이다. 독서 시간의 많은 부분을 칸트에 할애했던 저자는 이러한 세평을 배경으로, 그간 연구 발표했던 칸트 이성 개념에 관한 소론을 가운데에 놓고, 그러한 칸트의 이성 개념 형성과 이해에 직간접적으로 연관되어 있는 칸트 이전의 사조들과 칸트 이성 개념에서 발원한 칸트 이후의 여러 사조들의 맥락을 지어보고자 했다. 이 책『이성의 역사』는 그러한 시도의 산물이다.

그렇다 보니 이 책의 중심부를 이루는 칸트 사상에 관한 서술은 이미 발표한 것들과 상당 부분이 중복됨을 피할 수 없었다. 이미 충분하게 표현된 것을 바꿀 경우 오히려 개악이 될 우려가 있어서이다. 또한 평소에 칸트와 더불어 헤겔(G. W. F. Hegel, 1770~1831)의 중심 주제들을 함께 다루었던 탓에 헤겔에 관한 서술 역시 기왕의 것들과 적지 않게 겹친다. 그렇다 보니 이 책의 5분의 1 가량의 서술은 기존의 것을 재사용한 셈이며, 해당 논저를 적시하면 아래와 같다.

Phänomenologische Untersuchung zum Gegenstandsbegriff in Kants "Kritik der reinen Vernunft", Frankfurt/M.·Bern·New York 1985.

『서양근대철학』, 철학과현실사, 2003(증보판).

『존재와 진리』, 철학과현실사, 2008(전정판).

『칸트와 헤겔의 철학』, 아카넷, 2010.

『칸트 이성철학 9서5제』, 아카넷, 2012.

"Kant's Theory of Transcendental Truth as Ontology", in: *Kant-Studien*, 96.2, Berlin & New York 2005.

"Reality and Knowledge", in: *Philosophy and Culture*, Vol. 3, Seoul 2008.

「'이성' 개념의 역사」, 수록:『칸트연구』제23집(한국칸트학회, 2009. 6).

「정의와 그 실현 원리」, 수록:『칸트연구』제29집(한국칸트학회, 2012. 6).

「칸트에서 선의지와 자유의 문제」, 수록:『人文論叢』제71권 제2호(서울대학교 인문학연구원, 2014. 5).

논구 주제상 이미 펴낸 논저들과 서술에서 상당히 중복되기는 하지만, 중복하여 서술된 대목이라 하더라도 사이사이에 한 첨삭과 함께 저자의 관점에서는 사뭇 중요한 보정이 있다. (그렇다 하더라도 저자의 소론을 이미 접한 바 있는 독자는 이 대목들을 건너뛰어 읽어도 무방하겠다.) 그러니까 다시 말해 이 책은 저자가 펴낸 저간의 칸트, 헤겔에 관한 논저들을 부분적으로 재활용하면서, 더 나아간 독서를 통해 인류 문화사의 도저한 사상가들의 '이성' 개념 및 그 상관 개념들을 저자의 이성관에 따라 정리한 결과물이다.

버클리(G. Berkeley, 1685~1753)는 "생각하는 사람은 적지만, 의견은 다들 가지려 한다."(*Three Dialogues*, II, ³1734: Meridian Books, p. 200)라고, 비트겐슈타인(L. Wittgenstein, 1889~1951)은 "사람들은 근거를 파고드는 일을 언제나 다시 잊는다. 사람들은 물음표를 충분히 깊게 던지지 않는다." (*Vermischte Bemerkungen*, in: WA 8, S. 538)라고 옅은 생각에 의견만 많음을 탄식했으며, 루소(J.-J. Rousseau, 1712~1778)는 철학자들마다 의견이 백출하는 양상이 그들의 허영과 공명심에서 비롯한다고 야유한 바 있다. (그런데 이러한 '철학자'에 루소 자신은 포함되지 않는지…)

"철학자는 모두 자기의 체계가 다른 이들의 것보다 더 확실하게 근거 지어져 있는 것이 아님을 알면서도, 오로지 자기의 것이라는 이유에서 주장하고 있네. 참된 것과 거짓된 것을 알게 되었다 해도, 자기가 발견한 거짓을 버리고 다른 이가 발견한 참을 택할 자는 그들 중에 아무도 없네. 자신의 명성을 위해 기꺼이 인류를 속이지 않을 철학자가 어디에 있겠는가? 자신의 비밀스러운 가슴속에 자기를 돋보이게 하는 것 외의 다른 목표를 기도하는 철학자가 있겠는가? 평범한 사람들보다 더 높아지기만 한다면, 그리고 자기의 경쟁자들의 광채를 희미하게 만들기만 한다면, 그가 더 무엇을 바라겠는가? 그래서 본질적인 일은 다른 이들과는 다르게 생각하는 것이라네."(*Émile*, in: Œuvres, II, A. Houssiaux, 1852, 568)

그렇다 하더라도 후학은 옛 문헌을 읽으면서 그 문헌 산출의 내막에 관심을 기울이거나 옛사람의 제한적인 지식과 비논리를 헤집기보다는 그 안에 담긴 각각의 통찰을 체인(體認)할 일이다. 또한 사상은 그 형성 시기의 시대상을 반영하고 있지만 단지 그것만이라면 후대인들에게는 한낱 사료(史料)에 그친다. 고전공부의 요령을 '법고창신(法古創新)'이라 함은 고전이 지금과 앞으로의 문명 형성의 자양분 또한 지니고 있기 때문이다. 고전 읽기에서는 단지 '텍스트'가 아니라 '콘텍스트'를 읽을 것이며, 현재와 미래사회에 대한 비전을 얻을 일이다. — 저자는 이런 원칙을 가지고서 고전 독해를 했고, 이 책의 주제인 '이성의 역사'의 장절을 형성하는 것으로 본 사상가들의 글들을 뽑아 순서대로 이 책에 담았다.

서술에서는 이 책이 일종의 '역사책'임을 감안하여 인용문들을 원어 병기와 함께 충분히 길게 가져갔다. 의미상의 혼란이 없는 한 사상가들로 하여금 직접 말하게 함이 주제에 대한 논의를 더욱 생생하게 할 것이라 여겨 가급적 말 덧붙이기를 삼갔다. 풀이한다고 원문을 해체해버리거나 공연히 채색하는 것보다는 "독자가 할 수 있는 일은 독자에게 맡겨두는 것"이 오히려 이해를 돕는다 하지 않던가. 이렇게 해서 담아놓은 원문들은 누구에게든 최소한 '사전(事典)'으로는 이용될 수 있을 것으로 본다.

또한 맥락을 살피는 데에 주안점을 두어 동일한 낱말이 시대와 사용자가 바뀌면서 어떻게 서로 다른 개념을 담지하는지를 더욱 잘 드러내 보이기 위해 외국어 번역어 사용에서는 되도록 일관성을 유지하도록 애썼다. 어느 한 사상가 또는 여러 사상가의 어느 저작에서 사용된 원어가 동일할지라도 문맥에 따라서는 한국어 낱말을 바꿔주는 것이 일견 더 적절해 보이는 곳이 있지만, 그런 경우에서도, 사상사 전체의 흐름을 파악하는 데 그렇게 하는 편이 더 좋다고 판단한 때에는 당해 사상가나 당해 저작에는 오히려 더 적확해 보이는 번역어를 희생시켰다. (이 점 때문에 어떤 해당 전문가에게는 불쾌감이나 불편함을 끼칠 수 있겠기에 공중 앞에 책을 펴내는 저자로서는 우려와 송구함이 없지 않다.) 그러나 그렇게 하려 애썼음에도 용어 사용을 이루 다 합치시킬 수는 없었으니, 책 말미의 [주요 용어 및 상관 개념 찾아보기]가 그 사정을 여실히 보여준다. (아울러 이 [주요 용어 및 상관 개념 찾아보기]는 '이성'을 비롯해 이 책을 구성하는 주요 개념들의 용례와 상관 관계가 잘 드러나도록 꾸며져 있다.)

논의의 소재가 된 인용문의 원전 출처는 해당 절에서 주제적으로 다루고 있는 사상가의 것은 본문 중 ( ) 안에 간략히 밝히고, 비교 참고가 된 여타 문헌의 것은 하단 각주에서 밝혔으며, 인용된 저작의 완전한 서지 사항은 책 말미의 [참고문헌]에 상세히 밝히는 방식을 취했다. (서지 사항에서 발간 장소와 연도를 밝히지 않은 서책은 표준 판본을 정하지 못해, 유통되고 있는 여러 판본들을 이것저것 활용한 경우이다.)

이 책의 주제 범위는 통상 '이성적 동물'이라고 정의되는 인간 개념의 본질적 내포인 '이성성'과 '동물성'이다. 철학자치고 이에 대해 고찰하지 않은 이가 있을까만, 이 책에서는 저자의 독서의 폭이 미친 사상가와 철학 유파가 관련 주제에 대해 대표 발언을 한다. 물론 칸트를 중심에 놓기는 했지만, 다른 한편으로 현대(=저자와 동시대)의 사상과 문명 형성에 비교적 크게 영향을 끼쳤다고 본 사상가들의 주요 저작을 독서 대상으로 삼았다. 기준을 어떻게 대더라도 결국 독서 폭은 으레 저자의 가치관과 독서 능력에 의해 결정되는 것이고, 독서한 것 가운데 무엇을 수용하는가 하는 것도 저자의 관심에 따라 다르기 마련이므로, 다른 이가 같은 제목의 책을 펴낸다 하면 분명히 대표 발언자들이나 전달 내용이 크게 달라질 것이다. 게다가 '이성의 역사'와 관련한 철학사상의 원자료를 그 영향력의 비중을 고려하여 가급적 풍부하게 담되, 그것을 책 한 권의 분량으로 제한하여 '역사'를 한 손에 잡아보자는 집필 의도를 가지고 있었기 때문에 선별하여 독해한 자료들을 다시 엄선하여 서술할 수밖에 없었다. 이 점에서 이 책은 이성의 역사에 대한 저자의 견해에 따라 서술된 것이고, 그렇기에 이 책은 이 점에서 '철학' 책의 명색을 드러낸다 하겠다. 같은 제목을 가진 책이라 해서 저자가 누가 됐든 그 관점과 내용이 같다면 그것을

'철학' 책이라고 할 수는 없을 것이니 말이다. 만약 그러한 책이 있다면 심지어는 '역사' 책이라 할 수도 없을 것이다. 무릇 인문학은 가치관의 표명에서 생기를 얻는 것이니 말이다.

한국 학계에서 통상 '철학의 고전'으로 여기는 책들 가운데 원래 지금의 한국어 문자로 쓰인 것은 없다. (심지어는 한 권도.) 저자가 읽은 책들도 본디는 모두가 고대 그리스어나 라틴어, 한문, 그것이 아니면 영어나 독일어, 프랑스어로 쓰인 것들이다. 그러나 저자는 저 고전들의 대부분을 현대 한국어 번역서로 읽으면서 이 책 『이성의 역사』를 한국어로 썼다. (인용문의 경우에는 다수의 외국어 원어를 병기하기는 했지만.)

비록 원전이 외국어로 쓰인 것이라 하더라도 한국어로 번역되고 읽히면 한국문화의 구성요소가 된다. 그것은 지난날 원래 중국어로 적힌 불교 경전이나 유교 사상서들이 한국어로 옮겨짐으로써 한국문화의 주요소가 된 점을 상기하면 충분히 알 수 있는 일이다. 이러한 이치는 이른바 '서양'의 고전에 대해서도 그대로 타당하다. 저자는 이 책에서 다수의 '외국어' 고전들을 생각의 소재로 사용하고 있지만, '외국' 사상을 연구한다고 생각하지 않았다. 한국인이 한국어로 책을 읽고 한국어로 글을 쓰는 한, 원어가 어떠하든 소재가 무엇이 되었든 그것은 한국문화의 일부를 이룬다고 해야 할 것이다. 원소재가 무엇이든 한국인의 말로 담아내면 이미 그말에 담겨 있는 한국문화의 정신이 스며들지 않을 수 없기 때문이다. 어떤 원전이라도 그 원전의 고향인들은 ― 원저자는 말할 것도 없고 ― 그것을 한국인이 한국어로 읽는 그런 의미와 똑같이 읽지는 않을 것이며, 그렇게 읽을 수도 없을 것이다.

한국어가 독자적으로 있는 한 한국문화는 존속할 것이다. 그러나 만약 한국어가 쇠퇴하거나 소멸하면 한국문화는 유지되기 어려울 것이다. 사물의 발견, 발명뿐만 아니라 사상도 그것이 누구에 의해서 발단되었느냐보다도 누가 잘 활용하고 발전시키느냐, 다시 말해 그것을 통해 누가 더 사유를 진전시키고, 인간의 존엄성을 높이고 인류의 복지를 향상시키느냐에 더 큰 의미가 있다. 인류 문명의 발상지가 이집트이고, 서양철학이 그리스에서 개시되었다 해서, 그 이유로 오늘날 이집트가 최고 문명국가이고, 지금 그리스 사회가 철학문화의 최고봉이라 하겠는가? 모든 문물이 그러하듯이 철학사상도 누구에 의해서, 어느 지역에서 유래하든 모두가 인류의 공유 자산이며, 각자의 사용 언어로 흡수하여 활용하면 그의 것이 되는 것이다. 다양한 외국어 고전들을 한국어로 옮김으로써 한국문화의 소재는 풍부해진다. 역으로 한국어로 쓰인 글을 어떤 외국어로 옮긴다면, 그것은 한낱 한국문화의 확산이라기보다는 인류문화의 증대라고 할 것이다.

바야흐로 우리 사회는 고전연구의 좋은 환경을 얻었다. 이제는 누구든 자신이 앉아 있는 곳에서 동서고금의 인류 문화자산인 고전들을 원하는 만큼 찾아서 읽고 곰곰이 생각하고, 생각한 것을 써 내려갈 수가 있다. 예전에는 서책을 스스로 구비하거나 도서관에서 대출해와야 읽을 수 있었지만, 지금은 자기 집 안의 작은 책상에서도 거의 모든 동서고전을 인터넷을 통해 원전 그대로 찾아볼 수가 있다. 또 예전에는 수많은 고전을 익숙하지 않은 갖가지 해당 외국어로 읽으면서 해독하는 데 ― 그것도 자신의 독해가 정확한지 어떤지도 모른 채 ― 너무 많은 시간을 보내느라, 그사이 자기 생각은 가라앉아 버리고는 했지만, 지금은 웬만한 고전은 충분히 뜻이 통하는 한국어 번역본이 있어서 (꼭 필요한 부분만 원문 대조하고 나머지는) 큰 어려움 없이 빠르게 읽어 내려갈 수 있는 환경이다. ("고전은 원서로 읽어야 그 향취를 제대로 느낄 수 있다."라는 말에 누구라도 동의하지 않을 수 없을 것이다. 그러나 한두 외국어라도 향취를 느끼는 수준의 독해력을 갖추려면 반평생은 말공부에 매진해야 할 것이니, 어느 누가 그렇게 해서 몇 권의 고전을 원서로 읽을 수 있겠는가! 다행히 어떤 외국어 '고전을 원서로 읽으면서 향취를 제대로 느낄 수 있는 이'는 그 능력을 뭇사람과 공유할 일이다. 어느 개인이 가진 능력이라도 그 함양의 과정을 생각해보면 사회적이지 않은 것이 없다. 그런 능력 있는 이를 통해 수많은 고전 중 하나라도 더 한국어로 옮겨진다면 한국문화는 그만큼 더 윤택해질 것이다. 그렇다면 그 공덕 또한 작지 않다 할 것이다. 악곡의 원작곡자뿐만 아니라, 편곡자나 연주자도 음악문화의 주요 형성자이지 않은가.)

2,000년대에 들어서서 한국의 인문고전 연구 사정은 획기적으로 향상되었고, 그와 함께 다대한 고전 번역서들이 출간되었다. 이성의 역사 형성의 맥을 잇는 주요한 동서고금의 고전들을 한국어로 옮겨놓은 역자들의 노고 덕분에 이 책이 내용을 갖추게 되었으니, 그분들에게 깊은 사의를 표하지 않을 수 없다.(찾아 읽은 번역본들은 참고문헌 목록에 원저와 함께 게시하였다.) 그러나 인용함에서는 반드시 기존의 번역서를 따르지는 못했다. 한편으로는 어떤 단락 하나만을 따오는 경우에 서술의 앞뒤 말과의 연결을 고려하느라, 또 다른 한편으로는 앞서도 언급한 바처럼 동일한 원어에 되도록이면 동일한 한국어를 대응시켜 낱말이 담고 있는 개념 변천이 드러나도록 하려는 의도 때문에 그렇게 되었다.

이 책을 집필하는 기간에 주제 연구의 심화를 위해 몇 차례 집담회 및 발표회를 가졌고, 그것을 계기로 소재의 일부를 활용해 몇 편의 단독 논문을 학술지에 발표함으로써 학계 전문가들의 검토를 받았다. 그런 관계로 앞서 언급한 칸트, 헤겔 관련 논저 외에도 다음 논문의 서술 상당 부분이 이 책에 재사용되었다.

「유가의 '도(道)'와 스토아학파의 '로고스(logos)'」, 수록: 『철학사상』 제50호 (서울대학교 철학사상연구소, 2013. 11).

「인문학의 이념과 한국인문학의 과제」, 수록: 『인문논총』 제72권 제2호(서울대학교 인문학연구원, 2015. 5).

「인간 개념의 혼란과 포스트휴머니즘 문제」, 수록: 『철학사상』 제58호(서울
대학교 철학사상연구소, 2015. 11).

근 3,000년의 역사를 지닌 철학을 대표하는 탐구 주제는 많다. 그 숱
한 주제들 가운데 '이성'을 대상으로 삼은 것은 통상 '이성적 동물'로 정의
되는 인간의 '인간됨'을 되돌아보자는 데에 그 뜻이 있다. 인간의 수천 년
에 걸친 세련화에도 '동물성'은 약화될 기미를 보이지 않는다. 동물성은
곧 생명성이니 동물성의 약화는 생명성의 약화를 가져올 것이라서 그러
한가…. 그러나 동물성은 생명성이라는 긍정적 성격에서보다는 대개 횡
포나 폭력성, 탐욕과 같은 부정적 성격에서 노골적으로 드러난다.

이성은 '상대방을 배려하라', '분수를 지켜라', '절제하라', '명예롭게 살
라'고 타이르지만, 인간 세계는 아직도 권력의 횡포와 황금에 대한 열망
으로 채워져 있고, 사람들은 그렇게 하는 것이 이익이 된다면 비굴하게
사는 것도 서슴지 않는다. 권력과 황금의 가치를 낮추는 첩경은 권력과
황금으로 할 수 있는 일이 그렇게 많지 않은 사회를 이룩하는 것이다. 다
수의 사람들이 '권력과 돈만 있으면 뭐든 할 수 있는' 사회에서는 동물성
이 지배적일 수밖에 없다. 사회와 개인의 삶을 운위하는 데 힘과 돈은 필
수적인 것이기는 하지만, 좋은 삶이란 언제 어디서나 필수품을 최소화하
는 데서 시작된다. 수단과 방법을 가리지 않고 획득한 권력과 돈으로 위
세를 부리고 온갖 시술에 의한 미모로 치장한 자들이 추종을 받는 사회
양상은 이성성 쇠락의 징표이다. 평소에 "돈이라는 게 별거 아니야."라고
뇌까리던 사람조차도 돈 많은 사람을 부러워하고 부호 앞에서 위축된다
거나, 사정이 바뀌어 제법 많은 돈을 갖게 되면 그전과 달리 우쭐댄다거
나 하는 그런 사람들이 많은 사회에서는 돈의 위력은 결코 감퇴하지 않는
다. 권력의 횡포에 몸서리치고 정의 사회의 구현을 외치던 사람조차도 사

정이 바뀌어 작은 권력이라도 갖게 되면 그 '권력'으로 뭐든 해보려고 나서는 사람이 많은 사회에서는 권력의 폭력성은 결코 축소되지 않는다. 정작 "사람들을 산란하게 하는 것은 사물들이 아니라, 사물들에 대한 생각"(Epiktetos, *Enchiridion*, 5)이라 하지 않던가. 생각을 바로잡아야, 사물의 질서가 바로잡힌다. 인간의 이성성은 수학과 과학기술의 발전에서보다도 다수의 사람들이 권력과 황금을 숭상하거나 한갓된 미모를 선망하지 않고, 서로 말 같은 말을 나누며 관용으로 이웃과 교제하는 데서 더 잘 식별된다.

이 책의 집필은 〈한국연구재단〉의 5년(2012~2017)에 걸친 우수학자지원사업의 덕을 입었다. '이성적 동물'로 규정되는 인간의 자신에 대한 사념의 족적을 되돌아봄으로써 과거의 자취를 담고 있는 지금의 인간을 이해하고자 하는 기획을 우리 재단이 장기지원과제로 채택해줌으로써 이 책이 나올 수 있었다. 또한 나의 가족들, 루시아·요한·미리암은 내가 마음의 평화를 유지하게끔 오래도록 살펴주었다. 그토록이나 소란스러운 세상에서 독서와 사변의 공간을 얻은 것은 복 중의 복이다. (참으로 좋은 시간이었다.) 깊은 감사의 마음을 표하지 않을 수 없다. 또한 소책자 하나를 출간하는 데도 저자의 독서와 사념 외에 집필과 교정 조판의 과정에서 많은 이들의 노고가 함께 한다. 원고 입력 과정에서 어려움이 있을 때마다 유상미 선생님은 지체 없이 도움을 주었고, 김수현 선생님은 연구진행이 원활히 이루어지도록 행정지원을 아끼지 않았다. 또 손성우·강지영 선생님을 비롯해 다수의 동학들은 빈번하게 청한 자문에 언제나 흔쾌히 응대해주었고, 문아현 선생님은 초고를 읽으면서 표현의 개선에 적지 않은 도움을 주었으며, 정민선 선생님은 교정과정에서 여러 말들이 뒤섞여 있는 문장들이 착오가 없도록 바로잡는 데 세심한 주의를 기울여주었다. 그리고 무엇보다도 출판사 아카넷은 수지타산을 접어두고 책의 출판을 맡아

저자를 독자 앞에 끌어내 주었다. 김정호 사장님의 후의와 이하심 부장님의 노고를 잊을 수가 없다.

학문은 대화를 통해서 진전한다. 이성을 주제로 한 대화의 장을 열어주신 많은 분들에게 진심으로 감사를 표한다.

이런저런 이유에서 적지 않은 사상가들이 '문명 비판'의 이름으로 인류 문명의 퇴락을 말하지만, 그럼에도 저자가 보기에 인간의 이성은 적어도 오늘날에 이르기까지는 그 이성성을 고양시켜왔고, 그로 인해 인류 문명은 '인간' 개념의 외연 확장에서 보듯 한 발 한 발 전진해왔다. 계속될 그러한 전진을 기대하면서 저자는 이 책을 썼다. 인류의 지혜를 담아보려 한 이 책이 인간의 이성성이 한 발짝이라도 더 전진하는 데 작은 보탬이라도 되기를 소망한다.

2017년 3월

정경재(靜敬齋)에서 백종현

차례

제6장 인간의 이성
– 칸트에서의 법칙수립적 이성

제8장 인간 이성에 대한 회의
– 입법적 이성의 추락

제10장 '포스트휴먼' 사회와 인간 이성의 과제

머리말

―――

'이성의 역사' 개관(槪觀)

인간 문화는 인간을 이루고 있는 요소들, 특히 이성과 감성의 갈등과 화해, 공격과 방어, 균열과 공존의 뒤섞임을 가지고 있고, 그 얼개 생성과 변천의 과정이 인류 문화사라 해도 과언이 아니다.

역사 일반이 그렇듯이, 이성의 역사를 이루는 것도 뭇사람들의 사유와 행적이다. 이성에 대한 '아무개'들의 발언의 얽힘과 이음이 이성의 역사를 형성한다. 그러나 여기서 특별히 아무개들의 통찰이 인용되고 검토된다 해도, 그것은 그 아무개가 인간인 한에서이다. 그러니까 여기서 주목되는 것은 특정 '아무개'의 생각이라기보다는, 그 아무개가 대변하는 '인간'의 생각이다. 이성(logos)이 아무개의 생각을 통해 발언하고, 또 아무개의 생각을 통해 대답한다. 이성이 사람들을 통해 여러 생각을 내놓고 서로 의논(legein)하는 것이다. 이성의 역사는 이러한 아무개들을 매개로 한 이성의 자기 대화의 역사이다. 그리고 이 '역사'를 통해 이성은 자신이 무엇인지를 보인다.

이 책에서 저자는 '이성' 및 그 연관 개념들을 중심에 놓고 나름의 기준에 따라 그 시대가 제기하는 물음들에 답함으로써 당대의 사상 형성에 기

여했고 후세의 사회 문화 조성에 비교적 큰 영향을 미친 동서고금의 사상
서들을 읽으면서 '이성의 역사'를 개관한다.

'개관'이란 큰 얼개만을 살펴봄을 말한다. 이를테면 높은 산의 봉우리
에서 주변의 숲을 훑어봄이다. 어떤 산을 알기 위해 탐색을 할 때, 큰 산
을 몇십 년을 두고 골골샅샅이 제 발로 돌아다니면서 나무 한 그루, 풀
한 포기까지 그것도 계절이 바뀌고, 세월이 흐르는 동안 낱낱이 관찰하
는 경우도 있겠으나, 지인한테 추천받은 등산로를 따라 곧장 정상에 올
라 한참 사위를 살펴보는 경우도 있겠고, 또는 헬리콥터를 이용해 관심
있는 산과 주변 들을 휘둘러보는 경우도 있겠다. 이 산 비유를 빌려 말하
자면 이 『이성의 역사』는 두 번째 경우의 관찰기로 보는 것이 타당할 듯하
다. 등산로 가까이에서 본 나무와 풀에 대해서는 비교적 상세히 서술하
고, 먼 데 것은 소략하게, 그 너머에 있음 직한 것은 아예 생략한 경우도
많고, 어떤 것은 봉우리에서 먼발치로 보아서 주변의 것과 뒤섞여 두루뭉
수리로 서술한 것도 있다. 그러다 보니 저자의 관심 밖에 있는 특정 지역
의 초목에 관심이 있는 관찰자의 관점에서는 저자를 "그 산에 관해 아무
것도 아는 것이 없다."라고 비평할 것이고, 저자가 산길을 가다가 한참을
멈춰 서서 몰두해 관찰한 어떤 나무에 관한 서술을 보고서는 "그 산에서
그 나무는 주요 수목이 아니다. 왜 주요 수목은 제쳐놓고, 곁다리 것들에
관해서만 주절거리는가?" 하고 따지거나, "그 수목이 그곳에만 있는 것이
아니다. 저쪽 기슭에 중심 서식지가 있는데, 거기서 살펴보면 판이한 양
상을 볼 수 있다."라고 냉소할 수도 있겠다.

'역사' 서술에서 일어난 일들 모두를 망라하여 열거할 수는 없는 일이
다. 사가의 관점에서 의미 있는 일들을 취사선택해서 서술하는 것은 거의
불가피한 일이다. 이때 그 취사선택의 기준이 이를테면 사관(史觀)을 내보
이는 것이라 하겠다. 이 책에서 '의미 있게' 다루어진 것은 저자의 관점에
서 현대의 인류 문명 형성의 기초 요소, 인간의 존엄성을 고양시키는 데

기여한 철학적 사념들이거나 이를 위해 우선적으로 비판이 필요한 사유방식들이다.

이 책의 골간을 이루는 것은 변천하는 '이성' 개념이다. 그리고 이성의 개념은 철학자의 사념의 대상이자 결실이기 때문에, 결국 철학자들의 이성 개념들이 이 책의 주재료이다. 그런데 대개의 철학자의 이성 개념은, 다른 경우에서도 흔히 그러하듯이, 그 시대와 생활세계의 뒤엉킴 속에서 생애에 걸쳐 형성되고 또 때때로 전변한다. 그러나 이 책의 주제는 특정 철학자의 이성 개념의 발전사가 아니다. 이 책은 어떤 철학자가 설령 자기 저술들 사이에서 서로 모순되는 개념을 표출했다고 해도 그것을 따져 묻지는 않는다. 한 철학자에서 상충하는 여러 가지 개념이든, 서로 다른 철학자들 사이에 상충하는 여러 가지 개념이든 이 책에서는 마찬가지로 여긴다. 이 책은 특정 철학자의 사념의 일관성 여부에 관심이 있는 것이 아니라, 그것이 누구에 의해서 이루어진 것이든 상관없이 '이성 개념의 역사'를 개관하고자 하기 때문이다. 예를 들어 칸트의 '이성' 개념을 개관하면서 칸트에서 '이성' 개념이 그의 전비판기에 또는 비판기나 후비판기에 어떻게 변화했는지, 또 비판기 중에서도 3비판서에서 서로 충돌하는 점은 없는지, 도대체 칸트의 이성 '개념'에 일관성이 있는지 등은 여기서는 주목할 대상이 아니다. 칸트의 저술을 통해 우리가 읽을 수 있는 사상은 18세기 사회와 인간상을 반영하는 어떤 사람의 생각이고, 그 생각이 인류 문화의 한 조각을 이룬다는 점만을 여기서는 주목한다. 우리가 칸트를 인용한다 해도, 그것이 정작 '칸트'인지, 또는 '트칸'인지는 여기서 주 관심거리가 아니다. 18세기경에 누군가가 그러그러한 생각을 표명했는데, 그것이 당대 인간의 '이성'관, '인간'관을 대변하며 그것이 인류 문화사 형성의 주요 요소 가운데 하나라는 점만을 이 책에서는 주목한다. ― 이 책은 시대와 함께 변천하는 '이성' 개념을 개관하면서 "대체 이성이란 무엇인가?"라는 물음에 대한 답을 얻어보려 시도한다.

무릇 어떤 사상이나 사태에 대해 그 얼개만을 살핀다 하는 개관이란 문자 그대로 '개관(槪觀)' 즉 '대충 살펴봄'이다. 그런데 보는 자마다 그 '대충 살펴봄'의 눈이 다를 수 있으니, 열 사람이 한 자리에서 한 대상을 '대충 살펴본다' 해서 그 본 것이 꼭 같다고 할 수는 없을 것이다. 그래서 정치적 사건에 대한 역사적 고찰이든 철학적 개념에 대한 역사적 고찰이든 '개관'에는 늘 그런 불일치를 상정하지 않을 수 없다. 이러한 양해하에 저자는 인류의 철학적 사념이 있은 이래 '이성' 및 그 유관 개념의 형성과 변천, 그리고 그것이 인간의 현실적 삶과 주고받은 영향의 자취를 개관한다.

예를 들자면 이 저술에서는 '유가(儒家)의 천(天)'이라는 항목 아래서 대략 2,500년에 걸쳐 수많은 서로 다른 '유학자'들의 '천'에 대한 사념이 뭉뚱그려져 평면적으로 서술된다. 세세히 보자면 '천'에 대한 개념이 학자마다 다르고, 더 세심히 보면 같은 학자의 경우도 때때로 또한 곳마다 다르기 때문에, 그 차이점에 유의하면 도무지 '유가'라거나, '유가의 천' 개념 따위를 말할 수 없을 것이다. 그러나 분명한 그 한계점에도 불구하고 개괄이나 일반화가 갖는 의미가 있으니, 이 저술은 그 의미를 살려보고자 하는 것이다. 다른 예로, 누가 "한국인은 사람들의 관계에서 정(情)을 중시한다."라고 일반화하면, 이에 대해 누군가가 "내가 아는 한국인 가운데 아무개 아무개는 전혀 그렇지 않다. 그이들은 아주 매정하다."라고 반례를 들어 저 일반화 명제를 무효화하려 할 수도 있다. 아니, 저 일반 명제가 '사실'에 부합하지 않을 수도 있다. 그럼에도 저 일반 명제에 동의하는 사람들도 적지 않게 있고, 또 저 일반 명제를 통해 말하고자 하는 바도 틀림없이 어떤 의미를 갖는다. 여기서는 이런 의미만을 우선적으로 주목한다.

이성의 개념 변천 조감(鳥瞰)

이러한 조감의 시선으로 저자는 '이성'의 기본적인 의미를 '로고스(λόγος)' 와 '도(道)'로 이해하며, '로고스'와 '도'를 한편으로는 '말(함)', 또 한편으로는 '(올바른) 길'의 지칭으로 납득한다. 그러니까 이성이 역사를 갖게 된 것은 사람들이 '누가' 말한다고 생각했는지, 그 말한 올바른 길이 '무엇'이라고 생각했는지에 변천이 있었고 사연이 있었기 때문이다. 말함의 주체와 방식에도 변천이 있었고, 그들이 말한 올바른 길 그러니까 사고의 올바른 길, 행동의 올바른 길에도 변천이 있었다. 무릇 '이성의 역사'는 인간 문화사에서 사람들이 '올바른 길'이 무엇이며, 그것을 '누가 말한 것'이라고 생각했는지 그리고 왜 그렇게 생각하는지의 사정에 변천이 있음을 증언한다.

무릇 사상이란 사람들의 생각이며, 사상은 그들의 시대와 사회가 또는 그들의 자연환경이 묻는 것에 대해 답하면서 형성되는 것이다. 이성 개념의 변천도 그러한 역사의 반영일 것이다. 대강을 살펴보면, 일군의(예컨대 고대의) 사람들은 '자연이 말한다', 자연이 곧 로고스요 도라고 생각하며, 또 일군의(예컨대 중세의) 사람들은 '신이 말한다', 신의 말씀이 로고스요 도라고 생각하는가 하면, 다른 일군의(예컨대 근대의) 사람들은 '인간이 말한다', 로고스와 도는 인간에서 말미암는다고 생각한다. 첫 번째의 생각을 자연주의라 하면, 두 번째 생각은 초자연주의, 세 번째 생각은 인간주의 내지 인본주의라고 이름 붙일 수 있겠다. 자연주의와 초자연주의는 로고스 내지 도가 인간 밖에 또는 위에 있다는 생각이라 하겠고, 인간주의/인본주의는 이것이 인간 자신에게 있다는 생각이라 하겠다. 그런데 인간은 몸과 마음, 육체와 영혼, 신체와 정신, 내지는 감성과 이성으로 이루어져 있다는 오랜 통념이 있고, 그에 따라 '인간이 말하다'라는 생각이 '인간의 정신[이성]이 말하다'와 '인간의 몸[감성]이 말하다'라는 생각으로 다시금 갈라지기도 한다. 이런 경우 통상 앞의 생각을 이성주의 또는 정신주의, 뒤의 생각을 감성/정감주의 또는 신체주의라고 이름 붙인다. 그러니까 인간주의에는 두 가닥이 있다고 볼 수 있겠다.

이런 사유 맥락에서, 일찍이 사람들은 삶의 참된 지혜는 자연의 말소리를 듣는 것이라면서, 언표에서도 사물을 주인(주어: sujectum) 자리에 놓았다. 이어지는 사람들은 진리가 하느님의 말씀 중에 있다면서 신의 음성에 귀 기울이고, 천상의 주님 아래 기꺼이 종복이기를 자처하였다. 이런 신앙을 계몽의 이름으로 거부하는 이들은, 진정으로 진리를 얻고자 하면 '나' 자신의 소리를 듣고 남의 목소리를 경청하라고 말한다. 내가 생각하고 내가 느끼는 것을 또 다른 '나'들과 나누는 그 자리에서 참다움이 드러난다는 것이다. 자연과의 소통, 하느님과의 소통, '나'라고 자칭하는 이들 사이의 소통, 그 소통을 가능하게 하는 것이 그들 사이의 대화(對話: dialogue)이며, 그 대화를 이끌어가는 것이 이성(道, logos)이다.

여기서 이성-자연주의나 이성-초자연주의는 이성이 인간 밖에 있다는 생각이라는 점에서 객관주의라 하겠고, 이성주의나 정감주의는 이성이 인간 안에 있다는 생각을 바탕에 두고 있다는 점에서 주관주의라 하겠다. 그래서 많은 근대인들은 '객관성'을 자연스럽게 '상호주관성'이라 이해한다.

이러한 생각의 얼개에 따라보면, 이성 개념의 역사는 대체로 '자연 이성'(자연주의) → '신적 이성'(초자연주의) → '인간 이성'(인간주의/인본주의[이성주의|정감주의])으로 변천해왔다. 그런데 누가 말하든 그 '누가'가 하나이거나 대표 발언자로 인정이 되면, '올바른 길'은 하나이거나 보편적인 것으로 납득되는 것이다. 그 때문에 이성 보편주의에는 그때그때 상응하는 반이성주의적 생각 또한 공존했다. 현대문화의 한 특징이라고 할 수 있는 상대주의는 관용성을 구실로, 신체주의는 현실성을 구실로 뚜렷한 반이성주의를 표한다. '이성'은 곳곳에서 그 보편성이 의심받고, '자연 이성'이나 '신의 이성'은 허구로 치부되고, '인간 이성'은 빈번하게 그 입법성(자율성)

이 부정되고 있는 것이 현황이다.

그러나 개념의 변천 중에서도 이성은 늘 "자연의 소리에도 귀 기울이고, 하느님의 말씀도 귀담아들으면서, 너 자신의 생각과 느낌을 가지고서 네 이웃과 유쾌하게 교제하라!"라고 말해온 것이 아닌가. 이렇게 보면 '이성 개념의 변천'이란 실상 주 대화 상대자의 변화상을 말하는 것이겠다. 사람이 내세우는 '주의(主義)'란 문자 그대로 하나의 주지(主旨)를 내세우는 것일 뿐, 늘 여백을 갖는다. 그래서 하늘을 함께하지 못할 것처럼 적대하는 사람들도 화해하고 공존하는 것이 아니겠는가. ─ 이런 생각으로 바라보면, '이성 개념의 변천'이란 '이성의 중심 뜻의 변화 이동' 정도를 의미하겠다.

'이성' 조감의 시선

'현대'라는 시대에 '이성'은 많은 이들에게 그 낱말조차도 반감을 일으키는 경우가 허다하다. 이러한 경향은 이성이 생명의 원천인 감성을 억압하고, 이성의 보편성이 인간 문화의 다양성과 다원성을 가로막는다는 생각으로 인한 것이겠다. 일부 사람들은 심지어 인간이 '이성적'이라는 것은 허상이라 비판하기도 한다. 이런 추세에 대응하여 이성을 긍정적으로 생각하는 이들은 인간이 '이성적 동물'임은 부인할 수 없는 사실인 만큼 퇴색해가고 있는 이성성을 회복하여 인간성을 더욱 발양해야 한다고 주장하면서, 인간의 이성성과 비이성성을 판별하여 '비이성성'의 제거를 촉구한다.

현대의 이성비판의 강한 풍조는 현대의 이른바 '문명' 안에서 이성의 이름으로 자행된 수많은 부조리, 패악에서 비롯한 면이 크다. 그러나 '부조리'니 '패악'이니 하는 것이 대체 무슨 기준에 의해 판정된 것이냐 하는 되

물음이 가능하다. 아무런 '이성'의 척도 없이도 과연 저런 가치판단이 가능하겠는가가 문제가 되기 때문이다. 이성이 배제되고 나면, 가치판단의 척도는 어디서 올까? 자칫 온갖 쟁투에서의 승리가 '좋음'의 척도가 되거나, 감성적 욕구 충족의 기여도가 기준이 되는 등, 몰가치가 '진리'의 옷을 입고 등장할 우려가 없지 않다.

이성비판의 또 다른 근원지는 현대의 자연과학주의로서, 그것은 인간 안에는 생리/물리적 현상 외에 별도로 영혼의 영역은 없으며, 만약 '이성'이 두뇌의 신경생리적 기능 외에 다른 것을 지시한다면 그것은 무의미한 것이라고 단정하고, 이성작용이란 기껏해야 인과적으로 작동하는 계산기 능이라고 주장한다. 그러나 과연 이 문제가 현재의 과학 수준으로 결론을 낼 수 있는 것인지는 의문이다.

물론 인간의 과학적 탐구는 아직 그 성과가 미미하거나 논란이 많은 분야의 주제에 관해서조차 합당한 주목을 받아야 한다. 과학적 탐구는 인간 이성의 중요한 기능 중의 하나이고, 때로는 매우 더디고 숱한 착오를 겪으면서도 꾸준히 진전하고 있으며, 여전히 인간 문명의 중요한 추진체로서 작동하기 때문이다. 이성의 역사를 더듬어가는 과정에서 인간의 마음, 정신, 영혼, 이성, 지성, 감성, 정감, 욕구, 의지 등에 관한 다대한 과학적 (심리학적, 생리학적, 물리학적, 화학적, 사회학적) 탐구에 대한 보고서에도 충분히 주의를 기울이는 것은 당연한 일이다. 다만 일찍이 히포크라테스 (Hippokratēs, ca. BC 460~370)가 간파했듯이 과학이 의존하고 있는 방법인 "실험은 위태롭고, 판단은 어려운" 것이라는 점, 다시 말해 과학이 주장하는 '진리'는 그것이 실험과 관찰에 의거하는 것인 한 늘 제한적일 수밖에 없다는 점이 간과되어서는 안 된다.

이 이성의 역사 조감에서는, '이성' 개념을 가지고서 그에 대해 설왕설래한 대략 3,000년 이래의 그 '인간'이 무엇에서 유래하여 어떻게 형성되었는지에 관해서는 — 서서히 진화한 것인지 일시에 발생한 것인지를 포함해서 ― 이에 관심 있는 과학 연구의 결과에 맡긴다. 또한 현재의 인간의 생리학적 구조와 기능, 인지 능력과 도덕적 능력의 선천성 내지 진화 발전에 대한 설명도 이에 관심 있는 현대의 여러 과학의 연구 성과에 맡긴다. 또 흔히 인간을 '이성적 동물'이라고 규정하지만, 인간만이 이성적인 것은 아니고, 가령 침팬지나 돌고래도 상당 수준에서 '이성적'이므로, '이성성'이 인간의 고유한 성질은 아니라는 의견에 대해서는, 그렇다면 우리가 아는 한 인간은 '최고로 이성적인 동물'이라는 정도의 의미로 여기서 '이성적 동물'이라는 규정을 사용하기로 한다. 또 현대의 뇌과학의 실험에서든, 물리주의 심리철학의 사변에서든 그 탐구는 아직 진행 단계에 있기 때문에, 여기서는 인간의 마음에 관한 이른바 유심론, 유물론, 이원론 등의 제 학설이 여전히 최소한 부분적으로는 모두 유효함을 열어두고서 우리의 주제에 대한 논의를 이끌어간다. 이성이 진화하는 두뇌의 한 활동방식이든 신체와는 구별되는 영혼에 근거하고 있는 마음의 작용이든 '이성'이라고 일컬을 수 있는 역량을 인간에서 찾을 수 있다면 그 수준에서 우리의 논의를 이끌어가는 데 지장은 없다. ― 현재까지 우리가 아는 한 수학과 논리학 체계를 세우고, 법률을 제정하여 공동체 생활을 하고, 덕성 있는 사람을 존경하고 패악하는 사람을 재판에 부치고, 문자를 매개로 역사 공부를 하면서 아직 태어나지도 않은 다음 그 다음 세대의 삶까지 걱정하고 대비하는 동물은 인간뿐이므로, 이러한 양상의 인간을 '이성적 동물'로 규정한다 해서 무리는 없을 것이다.

* * *

'이성적 동물' 또는 '최고로 이성적인 동물'로서 인간의 생활방식, 곧 문명에서 특히 이성적 요소가 두드러진 영역이 논리학, 수학과 같은 학문, 국가의 운영을 위한 법체계, 윤리·도덕·종교와 같은 이른바 '정신계' 등이다. 그래서 누구에 의해서는 '논리학의 역사'나 '수학의 역사'가 또 누구에 의해서는 '법률제도의 역사'가 '이성의 역사'의 핵심적인 부분으로 서술될 수도 있겠다. 그러나 '이성'이라는 개념 자체가 여전히 문젯거리가 되고, 그래서 '이성'이 어떻게 납득되고 설정되느냐에 따라 전개가 크게 달라지는 분야는 이른바 '형이상학', 그것도 '윤리 형이상학'이다. ― '이성'의 개념이 이미 명료하거나 분명하다면, 더 이상 철학의 소재가 아닐 것이다. ― 이렇게 생각하는 저자가 펼쳐내는 '이성의 역사'는 굳이 특정해서 말하자면 '형이상학의 역사' 내지는 '윤리 형이상학의 역사'가 그 골격을 이룬다. 그리고 학문사의 끝까지 '철학'의 중심에 있을 것이 윤리 형이상학일 것이라 보면, 이 '이성의 역사'가 곧 '철학의 역사'라 해도 무방하겠다.

"어떤 것에서 그와 똑같은 것을 빼내면 남는 것이 없다(1-1=0)."와 같은 논리적 사고의 규칙과 관련해서도 의견 차이가 없지는 않겠으나, "착한 사람은 상을 받아야 하고, 나쁜 사람은 벌을 받아야 한다."와 같은 정식(定式)과 관련해서는, 이성 외에 정서의 요소까지 뒤섞여, 그것의 정부당성(正不當性)에 대해 백가쟁명이 그치지 않는다. '착함'이 무엇이고, '벌'이 무엇이며, 그 근거와 함께 그에 상응하는 정도를 어떻게 정할 것인지에 대한 논란은 끝이 없고, 쟁점과 소재도 끊임없이 변천하고 있다. 진리와 존재의 문제보다는 선함과 정의의 문제가 더 심하게 인간의 이성성과 동물성의 충돌과 화해 시도의 와중에 놓여 있다.

'좋은 삶'이란 어떤 것인지, 어떻게 사는 것이 '잘 사는 것'인지 하는 물음은 진리의 문제라기보다는 선의 문제이며, 그에 대해 어떻게라도 보편적인 대답을 할 수 있는 것은 이성의 힘 외에는 없을 것이다. 그래서 이 시기에 서술되는 '이성의 역사'는 이 같은 문제에 초점을 맞출 수밖에 없고, 그렇기 때문에 이런 문제에 대해 세대를 이어 개진된 갑론을박이 이 책의 많은 부분을 차지한다.

*　*　*

대략 20만 년 전에 현생 인류 호모 사피엔스(Homo sapiens)가 등장하여 7만 년 전에 언어사용과 함께 인지혁명이 일어난 후 약 1만 2,000년 전에 토지 경작(耕作: colere)을 시작함으로써 인간 문화(cultura)가 개시되었다. 인류는 기원전 5, 6세기에 지식, 지혜, 진리를 추구하는 수준에 이르렀으니, 이때부터 학문과 사상들이 개화하였다. 그리고 그와 함께 '이성' 개념도 인류 문화사의 중심부에 등장하였다.

인류 문화사의 진행은 무엇보다도 말과 글의 형태, 느낌과 생각의 교환, 전파, 전승의 방식에 따라 크게 영향을 받는다. 1450년경 구텐베르크(J. Gutenberg, 1397/1400~1468)가 발명한 금속활자 인쇄술에 힘입어 그 후 50년 사이에 1,000만 권 이상의 서책이 발행되었고, 이것은 각종 문자 문화의 급속한 발전을 가져왔을 뿐만 아니라, 서로 다른 언어를 사용하는 문화권의 교류를 촉진함으로써 비로소 명실공히 '인류' 단위를 성립시켰다. 그와 함께 대량으로 확산된 기독교 성서는 이제까지 소수의 사람들의 손에만 놓여 있던 '진리의 말씀'을 다중이 직접 확인하고 해석할 수 있는 계기를 제공하였다. 이것은 진리의 독점 체제가 무너지고, 진리가 대중화의 길로 들어섰음을 의미한다. 1517년 루터(M. Luther, 1483~1546)에 의한 종교개혁도 이 같은 여건이 형성되었기에 가능했던 것으로 보아야 할 것이다. 신앙의 자유 운동으로 진척된 종교개혁 운동은 대중들로 하여금 자기 자신의 자유에로 나갈 것을 촉구하면서 개인의식을 고취하였다.

이제 '개인'을 발견한 시민들은 정치혁명을 성공시키고, 새로 얻는 수학적 자연과학의 지혜로써 1780년대에 이르러서는 산업혁명을 성취하였다. 그로써 가속도가 붙은 과학기술의 진보는 인류 문명의 견인차로서 인간의 삶의 질을 획기적으로 향상시켰다. 그러나 산이 높으면 골도 깊다 했던가. 바야흐로 인간의 발명품들이 인간의 개념 자체를 변경시키려 하고 있다.

20세기 전반기에 두 차례에 걸쳐 세계대전의 참상을 겪은 인류 문명
은 2010년대에 이르러서는 변환인간(transhuman)의 등장과 포스트휴먼
(posthuman) 사회의 진입에 대해 설왕설래하고 있다. 생체조직을 임의
로 제조해내는 바이오프린팅(bioprinting) 기술과 합성생물학(synthetic
biology), 그와 함께 진보를 거듭하는 생명공학(biotechnology)은 사이보그
(cyborg)를 넘어 맞춤형 아기(designer beings)를 '생산'해낼 기세이며, 초
기 단계에 있는 듯싶던 인공지능(AI: Artificial Intelligence) 개발기술은 금
세기 내에 — 어떤 개발자는 이 시점을 2045년으로 예상하기도 한다 — 인
간의 일반적 지능 수준의 범용인공지능(AGI: Artificial General Intelligence)
을 넘어서 인간 지능을 훨씬 뛰어넘는 초인공지능(ASI: Artificial Super
Intelligence)의 출현까지를 예견하게 하고 있다. 예견대로 현실화된다면
지능 외의 요소들도 갖춘 인공마음(AM: Artificial Mind)과 인공인간(AH:
Artificial Human)의 출현도 충분히 예상할 수 있는 일이다. 그래서 자연인
(Homo sapiens)과 유사인종(posthomo sapiens)이 더불어 사는 또는 자연인
이 탁월한 유사인종에 예속되는 이른바 '포스트휴먼 사회'의 도래마저 예
측하는 이들도 있다. 정작 이러한 문명 상태 또는 문명 변환의 국면에 이
르게 되면 이『이성의 역사』는 '자연인에서의 이성의 한 역사' 기록이 되겠
다. — '포스트휴먼의 이성'이라는 개념이 성립할 것인지, 포스트휴먼이
과연 이런 종류의 사념이나 할 것인지 알 수는 없지만. — 그리고 이 이성
의 한 역사는 당초에 소박한 물질주의로 출발한 인간관이 한동안 정신주
의라는 낭만적 인간관에 젖어 있다가 다시금 '과학적' 물질주의 인간관으
로 이행하는 과정의 투영이라 하겠다. — 지난했지만 좋았던 세월이여,
안녕!

인간의 개념

제1절
인간은 '이성적 동물'

인간은 통상 동물들 가운데 한 종(animal humanum)으로 여겨진다. 이
는 인간이 여타 동물들과 공유하는 속성과 함께 여느 동물에 비해 유별난
특성, 즉 적어도 한 가지 뚜렷한 종차(differentia specifica)를 가지고 있음
을 말한다. 그러니까 '인간'은 동물성이라는 일반성에 어떤 특수성(종차)이
조합해 있는 하나의 존재자이겠는데, 이 일반성과 특수성이 단순 포섭 관
계에 있지 않고, 부분적으로라도 서로 경합적일 경우에는 두 성질의 결합
에 갈등이 따를 수도 있겠다. 그리고 보기에 따라서 인간의 역사는 어느
면에서 그러한 갈등과 해소의 도정이다.

어떤 문제 상황에서 "인간은 부끄러워할 줄 아는 동물"이라느니, "인간
은 웃을 줄 아는 동물"이라느니, 또는 "인간은 자기 한계를 알면서도 거기
에 머물려 하지 않는 동물"이라느니, "인간은 알고 싶은 욕망을 피할 수 없
는 동물"이라고 정의되기도 하거니와, 인간(人間, ἄνθρωπος, homo, man,
Mensch)에 대한 수많은 정의 가운데서도 가장 포괄이고 가장 널리 통용
되고 있는 것은 아마도 인간은 "이성을 가진 동물(ζῷον λόγον ἔχον)"[1] 또는
"이성적 동물(animal rationale)"이라고 할 것이다.[2] 그리고 현생 인간(Homo
sapiens)의 문화사는 실상 인간을 이루고 있는 이 '이성성(rationalitas)'이라
는 특수성과 '동물성(animalitas)'이라는 일반성이 상보(相補)만 하지 않고
길항(拮抗)도 함으로써 발생한 인간이라는 존재자가 자기파열을 봉합하고,

---

1 Aritoteles, *Politica*, 1253a 9/10 참조.
2 H. Schmidinger · C. Sedmak(Hs.), *Der Mensch — ein 》animal rationale《?*, Darmstadt
   2004 참조.

정체성의 혼란을 수습해가는 과정이라 해도 과언이 아니다. 그래서 사람들은 인간의 이상적인 모습을 이성성과 동물성의 화합, 평화 공존에서 보며, 어느 한쪽의 편향이나 극성에서 인간의 왜곡된 모습을 본다.

1. 생명의 원리로서의 '영혼'

무릇 인간을 '이성적 동물'이라고 규정할 때 동물(動物, animal)은 '짐승(獸, θηρίον, bestia)'이라기보다는 '생명체(ζῷον, animal, Lebewesen)'를 뜻하며, 그 '생명(生命, ζωή, vita, Leben)'의 원리는 보통 '영혼(靈魂, 목숨, ψυχή, anima)'이라고 일컫는다.

'영혼'은 때로는 '정신(精神, mens, spiritus, Geist)', '마음(心, animus, mind, Gemüt)'과 같은 것으로도 이해되고, 때로는 이와 다른 것으로 이해되기도 한다.

한국어 '정신(精神)'은 어원상 중국어 낱말 '精(정)'과 '神(신)'의 합성어로서 이를 구성하는 두 낱의 의미를 간직한 채 새 의미를 표현하기도 하고, 그중 한 낱의 의미가 표출되어 쓰이기도 한다. '정(精)'은 고대 중국에서부터 '곡식의 알맹이', '순수함', '정액(精液)', '정세(精細)함' 등을 뜻함과 함께 '만물 생성의 영기(靈氣)'를 뜻했다.[3] '신(神)'은 오늘날은 거의 '하느님'과 동일한 말로 쓰이고 있지만, 옛적에는 '천신(天神)', '신령(神靈)', '혼령(魂靈)'이라는 뜻과 함께 '의식(意識)', '정신(精神)'이라는 뜻을 가진 말로 쓰였다.[4] '정신(精神)'이라는 말도 이미 일찍부터 때로는 형해(形骸) 또는 신체와 구별되는 '정기(精氣)'의 뜻으로,[5] 때로는 '의식(意識)'의 뜻으로[6] 사용되었다.

---

3 『莊子』, 在宥: "吾欲取天地之精 以佐五穀 以養民人" 참조.
4 『荀子』, 天論: "天職旣立 天功旣成 形具而神生" 참조.

『구약성서』에는 '정신'이 자주 숨결, 바람 등을 뜻하는 히브리어 '루아흐(ruah)'로 등장한다. 예컨대, 입김(『시편』33, 6), 숨[입김](『욥기』19, 17), 생명 숨결[바람](『예레미야』10, 14), 또 선들바람(『창세기』3, 8)과 폭풍[세찬 해풍](『출애굽기』10, 19) 등은 같은 것을 지시한다. 이 모든 것이 생명을 만들어 내는 힘들에 대한 고대적 표상들이다. 고대 오리엔탈의 야훼 신앙은 이 사념들을 창조 신앙과 결합하고, 그래서 신의 숨 내지 신의 입김으로서 "야훼의 숨결(ruah jahve)"이 모든 피조물의 생명의 생리적 효력이 된다. 인간과 동물의 세계는 동일한 생명력에 의해 존재하게 된 것이다.

　　"숨을 거두어들이시면 죽어서 먼지로 돌아가지만, 당신께서 입김을 불어 넣으시면 다시 소생하고 땅의 모습은 새로워집니다."(『구약성서』, 「시편」104, 30)

　　숨결은 생명의 숨(『창세기』6, 17)이며, 모든 피조물의 생명 정신이 야훼에 의해 소환되면, 모든 피조물은 죽음에 든다.(『창세기』6, 7 참조) 생명의 비밀은 숨 속에 들어 있다. 숨은 다른 것이 아닌 '목숨'인 것이다. 야훼의 숨은 창조신의 절대적인, 마음대로 할 수 없는, 생명을 만드는 힘이다. 예언자시대에 야훼의 생명 숨결은 야훼의 말씀과 결합되고, 그래서 「시편」은 "야훼의 말씀으로 하늘이 펼쳐지고, 그의 입김으로 별들[모든 무리, 군대]이 돋아났다."(「시편」, 33, 6)라고 읊고 있다.

　　때때로 생명의 숨결은 '네페스(nefes)'라는 말로 표현되기도 한다.(『출애굽기』23, 12) 그럼에도 '네페스(nefes)'는 '루아흐(ruah)'와 구별되는데, 그것은 '네페스'가 '루아흐'처럼 보편적으로 생명을 일으키는 힘이라기보다는

5　『呂氏春秋』, 盡數: "聖人察陰陽之宜 辨萬物之利 以便生 故精神安乎形 而年壽得長焉"; 王符, 『潛夫論』, 卜列: "夫人之所以爲人者 非以此八尺之身也 乃以其有精神也" 참조.
6　『史記』, 太史公自序: "道家使人精神專一 動合無形 贍足萬物" 참조.

오히려 인간과 동물의 개별적인 구체적인 생명을 지시하기 때문이다. 그래서 '네페스'의 죽음에 대한 말은 있으나, '루아흐'의 죽음에 대한 이야기는 나오지 않는다.

'정신'에 상응하는 고대 그리스인들의 표현 '프네우마(πνεῦμα)'는 '호흡하다(πνέω)'에서 유래한 것이다. 그러니까 '프네우마'도 본래 '움직이는 공기', '호흡된 공기', '호흡', '숨' 정도를 의미한다 하겠다. 그렇다고 이 말이 '호흡작용'[숨을 쉼]을 뜻한 것은 아니고, 어디까지나 질료적 의미를 가졌던 것으로 보인다. 고대 그리스 문화 초기부터 이 말은 의학과 철학에서 사용되었다. 우주와 인간의 생리 작용에서 공기와 '정신'은 중요한 기능을 하는 것으로 간주되었다. 살아 있는 숨은 피와 함께 혈관을 돌면서 생물학적 작용들의 근원을 이루는 것으로 여겨졌다. 정신의 중심부는 뇌에 위치하고 있으며, 거기서 인간의 전 신체 조직을 주재한다고 생각한 사람들도 있었고, 또 어떤 사람은 정신은 심장에 위치하며 거기서 피와 함께 전 신체를 관통한다고 보았다. 아리스토텔레스(Aristoteles, BC 384~322)도 이렇게 생각한 사람 중의 하나이다. 아리스토텔레스는 신체 안에 실려 있는 영혼이 신체와 더불어 장소운동도 하고, 신체를 떠났던 영혼이 다시 돌아오는 것도 가능하며, 따라서 "죽은 생물들이 부활하는 것도 가능하다."[7] 라고 보았다.

고대 그리스 사상가들 다수는 영혼의 윤회를 발설했다. 피타고라스(Pythagoras, ca. BC 580~500)도 그러했고, 엠페도클레스(Empedokles, ca. BC 493~430)는 심지어 인간-동물-식물 사이의 윤회까지도 말한다.

> "나는 한때 소년이었고, 소녀였으며, 식물이었고, 새였으며, 물속에서 유영하는 말 없는 물고기였다."[8]

---

[7] Aristoteles, *De anima*, 406b.

플라톤(Platon, BC 427~347)은 물, 불, 공기, 흙과 같은 물질은 스스로 운동할 수 없는 것으로 보고, 어떤 것의 운동의 원인(αἴτιον)을 영혼에서 찾았다. 플라톤은 그 원래의 뜻이 숨, 숨 거두기, 목숨인 '영혼(ψυχή)'을 "스스로 운동하는 것"으로서 "운동의 원리/단초(ἀρχή)"[9]라고 추상화하여 말한다.

『신약성서』에도 정신을 지칭하는 말로 그리스어 '프네우마'가 자주 사용되고 있다. '공기, 바람, 숨의 힘이 충전된 운동'쯤을 뜻하는 이 말이 인간 정신을 지칭하는 말로 쓰이면서, 한편으로는 '생명의 힘'이라는 뜻의 '숨' (『마태오복음』 27, 50)이, 다른 한편으로는 지각 · 인식 · 감각이라는 뜻의 '생각'(『마르코복음』 2, 8)이라는 표현이 곳곳에 등장한다. 곳에 따라서는 '성령'을 일컬을 때에도 있고, 악령을 지시하는 데서도 쓰인다.

스토아철학에서 '정신(πνεῦμα)'은 포괄적인 의미를 가졌다. 정신은 한편으로는 개별 영혼의 실체이자 내적 신성(神性)의 실체이다.[10] 다른 한편으로 정신은 만물을 관통하고 우주의 통일성과 우주 안에 함유되어 있는 개별 존재자들의 통일성을 보증한다. 우주는 커다란 유기체이고 살아 있는 것으로서, 그것의 부분들은 모두 서로 화합하고, 서로 영향을 주고받는다. 개개 영혼이 육체에게 그렇게 하듯이, 우주 유기체에게 내부로부터 혼을 넣어주는 것은 생명의 호흡인 신성(神性)이다. "그러니까, 세계가 신적인 정신(spiritus)과 연관을 이루고 있는 정신에 의해 통합되어 있지 않다면, 세계의 모든 부분들이 서로 화합하는 일이란 정말로 일어날 수 없을 터이다."[11] 만물은 신의 정신으로부터 생긴다. 그것은 우주의 질서 잡

---

8 H. Diels/W. Kranz[DK], *Die Fragmente der Vorsokratiker*(1951), Verlag Weidmann, [16]1972, 31, B117.

9 Platon, *Phaidros*, 245c.

10 "따뜻한 정신은 영혼이다."(Diogenes Laertios, *Vitae philosophorum*, VII, 157)

11 Cicero, *De natura deorum*, II, 19.

힌 실재를 자신으로부터 산출하는 창조적인 불이다.[12] 그렇기에 우주의 생성은 개개 생물의 생성과 똑같은 것으로 관찰된다. 우주는 나중에 펼쳐질 모든 성분들을 이미 자기 안에 가지고 있는 최초의 정자(精子)에서 발생한다. 또 주기적인 세계 화재(火災)가 있어, 그로부터 우주가 발생했던 근원 종자(種子)로의 규칙적인 귀환이 있다. 똑같은 방식으로 인간의 생의 표출들도 육체의 모든 부분들에 들어 있는 영적 정신을 근거로 해서 설명된다. 그래서 감각적 인식이란 영적 정신에 지각된 대상의 모상(模像)의 인상(印象)으로 파악된다. 이 인상은 영혼의 중심부에서 육체의 주변으로, 또 주변으로부터 중심부로 흐르는 정신의 유동들에 의해 만들어진다. 이 정신의 유동들은 유기체의 응집을 돌본다. 이 정신의 유동들이 영혼의 중심부에 의한 일정한 육체 운동들의 성립을 설명해주고, 또한 다른 한편으로는 인상들이 외부에서 중심부로 받아들여지는 것을 설명해준다.[13] 스토아학파에서 정신은 일관되게 질료적인 원리로 간주되었고, 그러면서도 그것의 섬세성과 운동성이 매우 강조되었다. 인간에게 있어서 영적 정신은 사후에도 한동안 개별성을 유지하고 있다가 이내 보편적 세계영혼 안에 받아들여진다. 이런 식으로 우주의 전개에서와 마찬가지로 개별 영혼에서도 모든 것이 순환적 과정을 따라 진행된다. 그러니까 스토아 자연학자들은 인간을 포함하는 '물질주의적' 우주생물학을 내놓았다고 볼 수 있다.

1세기 초의 종교·철학의 절충주의(syncretism) 학파는 정신에게 중요한 위치를 부여했다. '정신'이라는 말은 세계에 대한 신의 관여를 상징적으로 서술하는 데에 사용되었다. 그러니까 정신은 신의 세계 생기(生起)에 대한 직접적인 관여이다. 이 관점에서 중요한 것은 정신이 더 이상 질료적인 것으로 파악되지 않는다는 사실이다. 그러나 그렇다고 해서 정신의 비물

---

12 Diogenes Laertios, VII, 156.
13 Diogenes Laertios, VII, 158 참조.

질적인 성격이 좀 더 자세하게 규정된 것은 아니었다.

영지(靈知)주의(gnosticism)자들에게서 '정신'은 여러 가지 의미로 사용되고 있다. 이 말은 자주 혼돈된 조형적인 물질에 혼을 집어넣는 우주의 형식적 원리를 뜻한다. 또 어떤 사람들에게는 이 말이 빛과 어둠 사이의, 그리고 우주의 상위 영역들 사이의 중간에 놓여 있는 우주 원리를 뜻한다. 또 어떤 때는 인간의 상위 부분을 의미한다.

신플라톤학파 철학에서 정신은 무엇보다도 비물질적인 것과 물질적인 것 사이의 중간자로서 간주된다. 정신이란 영혼을 둘러싸고 있으면서, 영혼의 육체와의 오염된 접촉을 방지하는 어떤 것을 뜻한다.[14] 이것은 인식 작용에서 분명하게 드러난다. 영혼은 물질적인 대상들과 직접적으로 접촉하지 않고, 사물들의 모상들을 영혼의 정신적 보자기에 싼다. 인간과 신성(神性) 사이의 직접적인 접촉은 배제되어 있다. 예언과 황홀은 신적 정신을 매개로 일어나는바, 신적 정신에 의해 영혼은 빛나고 정화되며, 그렇게 해서 인간은 더 높은 인식에 이를 수 있고, 그의 자연적인 가능성들을 뛰어넘는 활동을 펼칠 수 있다.

당초에 그리스어 '프네우마'에 상응해서 쓰이던 라틴어 '스피리투스(spiritus)'는 1~2세기의 기독교 문헌에 자주 등장했고, 그 의미는 스토아학파의 유물론적 정신론으로부터 큰 영향을 받았으나, 점차 정신주의 색채를 드러냈다.

아우구스티누스(Augustinus, 354~430)는 정신(spiritus)을 무엇보다도 비물질적 실재, 곧 신이나 인간의 영혼을 지칭하는 말로 사용한다. 그때 정신적인 것은 적극적인 의미를 얻어, 신플라톤학파의 영향 아래서 단순하고 불가분리적인 것으로 생각되고 있다.[15]

---

14 Plotinos, *Enneades*, II, 2, 2 참조.
15 Augustinus, *De natura et origine animae*, IV, 22~23; *De trinitate*, XV, 5, 7 참조.

이로써 우리는, 보통의 말들이 그러하듯이, 처음에는 일상 언어생활에서 구체적인 대상적 내용을 갖던 말 '정신'에 철학적인 숙고가 덧붙여지면서 근원적인 의미와는 차츰 멀어지는 말로 변화하는 것을 볼 수 있다.

이전에 그와 같은 용어사용법이 없었던 것은 아니지만,[16] 근대에 와서 데카르트에 의해 정신(mens) · 물체[신체](corpus) 이원론이 주창된 이래, 긴 논쟁을 거치면서 '정신(mens)'이란 '자기 고유의 운동력을 가진 것'으로 설정되고, '물체'란 뉴턴(I. Newton, 1642~1726)의 '제1 운동의 법칙[관성의 법칙]'에서 분명하게 규정된 바처럼 '오로지 외부의 힘에 의해서만, 그러니까 기계적으로만 운동하는 것'이라는 개념을 얻었다. 이러한 물체[신체]와 결합하여 통일체를 이루고 있는 정신을 '영혼'이라 일컫기도 한다. 그러니까 이 경우 영혼은 물체[신체]성과 정신성을 동시에 갖고서 한편으로는 수동적(passiv)이고 수용적(rezeptiv)으로 작동하며 다른 한편으로는 능동적(aktiv)이고 자발적(spontan)으로 활동하는데, 이러한 영혼(anima)을 마음(animus)이라 일컫는다. 그러므로 이런 경우에는 사실상 '영혼'과 '마음'은 교환 가능한 말이다. 그런데 때로 영혼은 "물질 안에서의 생명의 원리(Principium des Lebens)"[17]를 지칭하고, 이럴 경우 영혼(anima)은 사물의 '생명성(Animalität)'을 일컫기도 하므로, 그런 한에서 '영혼'과 '마음'은 구별하여 쓰인다. 그래서 '영혼 불멸', '영혼은 불사적이다'라는 표현은 써도 '마음 불멸', '마음은 불사적이다' 등의 표현은 쓰지 않는다. 그러니까 수동적[수용적]인 한편 능동적[자발적]인 활동체라는 점에서는 '영혼'과 '마음'은 한가지이나 '영혼'은 생명성이라는 내포를 더 갖는 개념이라 하겠다.

---

16 "전적으로 정신으로 이루어진 생물(animal, quod totum ex mente constaret)"이 있다면, "그런 정신은 자연본성에 따르는 것은 아무것도 자신 안에 갖지 않을 것이다(ea mens nihil haberet in se, quod esset secundum naturam)."(Cicero, *De finibus bonorum et malorum*, IV, 28) 참조.

17 칸트, 『순수이성비판』[*KrV*], A345=B403.

이러한 의미 변천의 과정을 거치면서 개념이 형성된 '영혼'이란 생명의 원리로서 스스로 운동하는 역량을 말하며, 그 운동은 자기발전 내지 자기보존을 위한 것으로 이해된다. 생명체는 영혼이 이러한 운동을 하는 동안은 '살아 있다' 하고, 더 이상 운동이 없으면 '죽었다'고 말해진다. 그러니까 넓은 의미에서는 생장력(anima vegetativa)를 가지고 있는 식물도 생명체에 포함된다.[18] 그러나 '살아 있음'의 생생한 징표가 '감각하고 지각할 수 있음(anima sensitiva)'으로 이해됨[19]과 동시에, 생명이 "존재자의, 욕구능력의 법칙에 따라 행위하는 능력"[20]으로 규정되고, 욕구능력이 "자기의 표상들을 통해 이 표상들의 현실성의 원인이 되는 그런 것의 능력"[21]으로 정의된다면, 생명체란 자기욕구 실현을 위해 능동적으로 운동하는 생물, 즉 동물만을 지칭하기도 한다. 비근한 사례는 어원적으로 '생명체/생물'을 뜻하는 라틴어 'animal(아니말)'이나 독일어 'Lebewesen(레베붸젠)'이 흔히 '동물'을 지칭하는 데서도 볼 수 있다.

2. 동물인 인간의 유한성 의식

동물로서 인간은 생명체이다. 그런데 이성적 존재자로서 인간은 자신의 생명이 유한함을 의식한다. 살아가면서도 끊임없이 죽음을 의식한다. 그리고 이 죽음에 대한 의식과 자각이 그의 생의 방식과 형태를 규정한다. 죽음을 의식하고서 인간은 불안과 공포에 싸이기도 하고, 조급해하는가 하면, 거꾸로 초연해지기도 한다.

---

18 Platon, *Timaios*, 77a 이하 참조.
19 『孟子集註』, 告子章句 上3: "生 指人物之所以知覺運動者而言" 참조.
20 Kant, 『실천이성비판』[*KpV*], A16=V9.
21 Kant, *KpV*, A16=V9.

인간은 동물이기 때문에 욕구에 충만하기도 하지만, 이성적 존재자이기 때문에 그 욕구의 충족에 한계가 있다는 것도 또한 자각한다. 인간은 동물이기 때문에 생명력이 분출하기도 하지만, 활동에 지치기도 한다. 인간은 이성적 동물이기 때문에 자신의 피로감을 의식하고, 피로 정도를 계산하여 대응책을 마련하기도 한다. 동물인 인간은 일거리가 없을 때 무료하기도 하고, 한가함을 느끼기도 한다.

이 같은 사태들은 인간이 순전히 동물이기만 했거나, 순전히 이성적 존재자 또는 순전한 지능 기계였다면 볼 수 없었을 것이다.

3. 이성적 동물로서의 인간과 '나'

또한 인간은 이성적 동물로서 '나'를 의식한다.

동물 가운데는 말(λόγος)하고 셈(ratio)할 줄 아는 것과 그리할 줄 모르는 것이 있으니, 전자를 인간이라고, 후자를 '여타 동물들(τὰ ἄλλα ζῷα)' 또는 '비이성적 동물들(ἄλογα ζῷα)'이라고 부르기도 한다. 그러니까 인간이 이성적 동물이라는 것은 감각하고 지각할 줄 알며, 자기욕구 실현을 위해 능동적으로 활동한다는 유적(동물적) 성질에 더하여, 말을 할 줄 알고, 셈을 할 줄 안다(anima rationalis)는 종적(인간적) 특성을 가지고 있음을 지시한다. 인간의 여타 동물과의 이러한 차이[種差]를 두고서, 동물을 다시금 '짐승 동물(animal brutum)'과 '이성 동물(animal rationale)'로 구별하기도 한다.

인간이 말을 한다는 것은 그것을 통해 보고 느낀 것을 논리적으로 개념화한다, 사고한다는 뜻과 함께 선과 악을 식별하고 이것들을 서로 견주어서 그에 대해 의견을 세우고, 자기 의견을 가지고서 남과 이야기를 나눌 수 있다, 곧 의사소통할 수 있다는 것을 뜻한다. 그래서 '말다운 말' 또는

'말 같지 않은 말'은 논리적 척도에서뿐만 아니라 윤리적 척도에 의해서도 구분된다. 그런데 이 말하기에는 으레 말하는 '나'가 있으니, '너'에 대해서 '나'를 세우고, 선악을 분별하여 그것에 대해 나의 생각을 말하는 이 '나'로 인해 이성적인 인간은 이제 '인격'이 된다.

"인간이 자기의 표상 안에 '나'를 가질 수 있다는 사실은 그를 지상의 여타의 모든 생물들 위로 무한히 높이 세운다. 그로 인해 인간은 하나의 인격이며, 그에게 닥치는 모든 변화에도 불구하고 의식의 통일성에 의해 하나의 동일한 인격이다. 다시 말해 인간은 사람들이 임의대로 처분할 수 있는, 이성 없는 동물들과 같은 그러한, 물건들과는 지위와 존엄성에서 전적으로 구별되는 존재자이다."[22]

인간이 '나'를 표상하는 한에서 인격이되, 그 '나'가 다양한 의식 중에서도 동일성의 근저를 이룬다는 점에서 그것은 동일한 인격의 지주이다. 그리고 한 인간은 언제나 '동일한 인격'인 한에서 한낱 물건이 아니라 존엄성을 갖는다. 모든 사고에는 '나(ego cogito/Ich denke)'가 수반하니, 사고의 능력인 지성 안에 인격이 있다.

인간이 인격이라 함은 인간은 한낱 물건이 아니며 '아무나'가 아니라는 것, 그러니까 한 인간은 다른 인간으로 대체될 수 없는, 독자적이고 고유하다는 것을 의미한다. '물건'은 가격을 갖고, 가격을 갖는 한 같은 가격을 갖는 다른 것으로 대체될 수 있는 것이다. 반면에 인격은 "모든 가격을 뛰어넘는" 것으로, 따라서 무엇과도 "같은 가격을 갖기를 허용하지 않는 것"이며, 이런 의미에서 "존엄성을 갖는다."[23] 그러나 인간은 존엄성의 출발

---

22 Kant, 『실용적 관점에서의 인간학』[Anth], AB3=VII127.
23 Kant, 『윤리형이상학 정초』[GMS], B77=IV434.

점인 그 '나'와 함께 이기주의에도 접어든다.

"인간이 '나'로써 말하기를 시작한 그날부터 인간은 그의 사랑하는 자기를 그가 할 수 있는 곳에서는 어디서나 전면에 내세우고, 이기주의/자기[중심] 주의는 멈추지 않고 전진한다. 만약 (그럴 경우에는 타인의 이기주의가 그에게 저항할 것이기 때문에) 그가 공공연하게는 그렇게 하지 않는다면, 역시 그럴 듯한 자기부정과 거짓된 겸손으로써 타인의 판단에서 더욱더 확실하게 우월한 가치를 얻기 위해서 숨기는 것이다."[24]

인간이 인간인 것은 무엇보다도 주체적이기 때문이다. 그러나 그 주체의 중심에는 이기주의가 있다. 이기주의는 자연적 인간의 자연본성이다. 이기주의는 끊임없이 '나'를 다른 '나들' 곧 '너'나 '그'와 비교하고 그 비교 중에서 우월적 지위를 확보하고자 한다. 그 국면에서 내가 스스로 '나'를 대상화하는 일 또한 일어나며, 이로써 '나'는 '나'와 분열하여, 나를 타자화하고, 소외(Entfremdung)시키기도 한다. 그러한 '나'와 '나'의 관계에서 인간은 자신의 선의 이념에 따라 자기에게 스스로 의무를 부여하기도 하되, 또한 스스로 부여한 의무를 위반하기도 한다.

동물이 '물성(物性)'과 '육성(肉性)'을 본질로 갖는 한, 그것은 '물질에 대한 육욕'을 갖지 않을 수 없다. 이러한 동물로서 인간은 동물적인 경향성에 따라 움직이는 한편, 그것이 선의 이념에 어긋나는 듯싶으면 그에 제동을 걸기도 한다. "한 존재자의 자기의 표상들에 따라 행위하는 능력"[25]으로서의 생명이 행위를 위한 그 규정근거를 자신 안에 가질 때, 그러한 "임의대로 행동하는 능력"[26]을 '욕구능력'이라 한다. 여기서 그 행동의 준

---

24 Kant, *Anth*, BA5/6=VII128.
25 Kant, 『윤리형이상학 — 법이론의 형이상학적 기초원리』[*MS, RL*], AB1=VI121.

거가 되는 임의적 표상들에 따라 행위의 목적을 세우는 생명체를 '주체' 곧 '자기'라고 하며, 그러한 임의가 자기의 이성 안에 있는 한에서, 그러한 욕구능력을 '의지(Wille)'라고 일컫는다. 그래서 인간은 동물적 경향성을 갖되 또한 동시에 이성성을 갖는 주체적이고 의지적인 존재자이다.

제2절

인간은 감정 있는 이성적 동물

1. 감정과 이성

　인간을 '이성적 동물'이라고 일컫지만, 또한 '감정(感情)적 동물'이라고 해도 결코 불충분하게 정의된 것이 아니다. 이른바 '생각하는 기계'가 등장한 이래 인간이 여느 생각하는 기계와 다름을 '감정'에서 찾는 상황에서는 더욱 그러하다. 우리가 아는 한 인간처럼 다양하고 복합적인 감정을 표출하는 동물은 없다. 이른바 칠정(七情)이라는 희(喜)·노(怒)·애(哀)·락(樂)·애(愛)·오(惡)·욕(欲)도 기본적인 감정에 속할 뿐이고, 욕(欲)만 하더라도 명예욕, 재물욕, 색욕, 승부욕 등등으로 나뉘지고, 여기에 숱한 감정들은, 예컨대 쾌감, 불쾌감, 유쾌함, 쾌락, 고통, 수치심, 죄책감, 염치, 행복감, 이기심, 자부심, 긍지, 우월감, 안도감, 불안감, 패배감, 적대감, 모욕감, 압박감, 두려움, 공포심, 절망감, 희망, 동경, 감사, 다감함, 민감함, 이타심, 동정심, 경쟁심, 질투심, 시기심, 선망, 고소함, 지

---

26 Kant, *MS*, *RL*, AB5=VI213.

루함, 우울함, 공허감 등등 이루 다 열거할 수 없을 정도이다. 아마도 인간은 동물들 가운데서도 표정이나 몸짓이 가장 다양할 것인데, 그 또한 대부분 감정의 표현이다.

"정념과 이성의 내적 투쟁이 평화를 원하는 사람들을 두 개의 분파로 갈라놓았다. 한편의 사람들은 정념을 버리고 신과 같이 되기를 원했고, 다른 편의 사람들은 이성을 버리고 짐승처럼 되기를 원했다. […] 그러나 양편 모두 그렇게 될 수가 없었다. 그래서 이성은 항상 비천과 정념의 부당성을 고발하면서 이 정념에 몸을 맡기는 사람들의 안정을 어지럽히고, 정념은 항상 이 정념을 버리고 싶어 하는 사람들 속에서 생생하게 살아 움직인다."[27]

예부터 인간을 '이성적 동물'이라고 규정한 것은 어느 면에서 인간에게 여느 동물에서보다 더 극렬한 동물성이 잠재 또는 표출되고 있기 때문으로도 보인다. 인간보다 열정, 격정, 탐욕, 포악함, 잔인함, 파괴심, 적대감, 근심, 걱정이 더 많은 동물이 달리 있을까? 이렇게 거의 구제 불능으로 보이는 인간상을 보면서 사람들은 무정념, 평정심, 관용, 인내, 용기, 절제, 지혜 등의 미덕을 생각하고, 저런 미덕을 갖추기 위해서는 정념들을 다스려야 한다는 이념을 갖게 되었을 것이며, 이로부터 인간의 자연본성, 곧 동물적 본성을 조리 있게 함, 곧 '이성(理性)'이라는 개념을 얻었을 것이다.

인간의 본성(자연본성)이 선하고, 양심을 갖추고 있다는 것은 인간이 '이성적' 동물인 한에서 그렇다는 것이고, 누가 인간을 '이성적 동물'이기에 앞서 '동물'로 본다면, 그리고 이른바 자연주의자들이 그렇게 하듯이 그 동물성을 본성 또는 자연본성(nature)이라고 본다면, 인간의 '이성'은 당초

27 Blaise Pascal, *Pensées*(1658), éd. Léon Brunschvicg, Paris 1897, 413.

부터 자연(nature)과 대립관계에서 생겨난 것이라 해야 할 것이다. 그런 점에서 자연주의는 정감주의 또는 동물주의의 다른 이름이고, 이성주의는 '인간은 단지 동물이 아니다.'라는 인간 종차주의의 또 다른 이름이겠다.

그렇지만 여기서 이름이 달라지는 것은 주안점에서의 차이 때문일 것이고, 자연주의자라 해서 인간을 순전히 동물로 보지는 않을 것이고, 인간 종차주의자라 해서 인간에게 동물적 소질이 전혀 없다고 보지는 않을 것이다.

2. 이성적 감정

인간은 본질적으로 '이성적'이기에 앞서 자연본성적으로 '감정적'이다. 그럼에도 어떤 자리에서 "그 사람은 감정적이다."라거나, "넌 지금 감정적이야!", "그것은 감정적인 처사야."라고 말하면, 그때 그 말을 사람들은 보통 '비합리적이다', '공정하지 못하다' 정도의 비난으로 받아들인다. 감정이란 친근한 교제에 있어서 필수적인 것이고, 감정의 풍부함은 어느 면에서는 인간의 좋은 징표로 여겨짐에도 불구하고 말이다.

어느 감정이든 다 발생한 이유가 있고, 일단 감정이 표출되면 그로부터 어떤 결과 또한 있기 마련이다. 그러니까 감정도 나름의 인과관계가 있고, 그런 점에서 '논리적'이며, 그런 의미에서는 '이성적'이라고 할 수도 있다. 또 감정이 억제됨으로써 오히려 그 사람을 파괴시키고, 감정을 표출함으로써 그 사람이 오히려 짧은 시간 안에 평정심을 되찾기도 하는 것이 상례이므로, 감정은 '합리적'인 마음의 기제를 그 안에 가지고 있다고 할 수도 있다. 그러니까 감정이 단지 비합리적이라거나 불합리한 것만은 아닌 것이다. 흥미로운 것은 이런 평가가 어떤 감정이 이성이 세운 조리에 맞게 합리적으로 설명되는 한에서 그렇다는 것이다. 그리고 희·노·애·

락·애·오·욕의 절제는 언제나 성숙한 사람, 의젓한 사람의 미덕으로 간주된다.

그런데 감정 중에서도 어떤 것, 예컨대 즐거움, 불안, 분노, 경악, 공포 같은 것은 사람 외의 동물들에게도 있는 듯이 보이고, 수치심, 죄책감, 명예욕, 희망과 같은 감정은 사람에게만 있는 것 같다. 이런 차이를 근거로 어떤 이는 감정을 "문화적"인 것과 "생물학적"인 것으로 나눠보기도 한다.[28] 일견 이런 식의 구분을 참고하여 이성적 동물인 인간에서 감정을 동물적인 감정과 이성적인 감정으로 나누어볼 수도 있겠다.

만약 '이성적 감정'이라는 개념에 상응하는 감정이 있다면, 그것은 '감정'이 '이성'에 어긋나기만 하는 것이 아니라, 적어도 일면 이성에 근거를 두고 있기도 하다는 것을 함의한다. 이럴 경우 감정은 이성의 통제 대상이라기보다는 화합해야 할 짝으로서 그 화합의 수준에서 어떤 인간의 됨됨이 수준이 드러난다 하겠다. 사실 윤리니 정의니 하는 등의 덕목들은 '당위(當爲)'인데, 당위라는 것은 마땅히 행해야 할 바인 것이고, 그러니 그것은 내키지 않아도 하지 않을 수 없는 행위, 일종의 강제적 행위를 일컫는다. 분가한 내 아들이 제 마음이 내켜 기꺼이 주말에 나를 방문해주는 것이 부모에 대한 도리라 여겨 마지못해 방문해주는 편보다 나를 훨씬 더 기쁘게 한다. 부자가 다대한 세금을 기쁜 마음으로 납부하는 모습이 법적 강제력에 의해 마지못해 납부하는 모습보다 한결 흐뭇해 보인다. 이런 견지에서 윤리의 나라나 정의의 나라는 인간의 세계가 최소한 그런 정도는 되어야 한다는 뜻에서 바람직한 것이지 그다지 기꺼운 세계는 아니다. 당위가 사람들의 감정에 녹아 들어가 있는 사회, 더 이상 당위를 이야기할 필요가 없는 정감의 사회, 사랑의 사회가 훨씬 소망스러운 사회라고 하겠다.

---

28 R. S. Lazarus & B. N. Lazarus, *Passion & Reason: Making Sense of Our Emotions*, Oxford Univ. Press, 1994, p. 174 이하 참조.

그럼에도 여전히 감정은 조절되어야 할 것으로 여겨지는 것이 보통이다. 이성이나 지성은 제아무리 높게 또는 많이 발휘되어도 과도하다는 말을 듣지 않지만 — 남다르게 고도의 지성을 발휘하면 오히려 '천재'니 심지어는 '성인'이니 하여 추앙받지만 —, 인간 품성의 긍정적인 요소인 수치심이나 죄책감마저도 지나치면 좋지 않다는 평가를 받는다. 어쨌거나 감정은 어떤 것이든 적절히 조절되어야 할 것으로 치부된다. 감정에 대해 '지나치다'라는 평가를 하는 것은 이미 감정의 조절을 전제하고 있는 것이라 하겠다.

그런데 다른 한편으로 흥미로운 것은 인간의 품격에 긍정적인 요소가 되는 '이성적 감정'들보다 때로는 '동물적 감정'들에 사람들이 더 호감을 보인다는 점이다. 특히 '범죄'로 치부되는 행위를 단죄할 때, 그 행위가 동물적 감정의 발로로 일어난 경우에 사람들은 사뭇 동정적이 된다. 이것은 아마도 동물적 감정은 인간에게 원초적인 것으로, 그것을 인간이 이성으로, 또는 인격을 다해 통제하기는 쉽지 않고, 그러니 그것은 자연적 현상에 가까운데 그것을 어떻게 처벌할 수 있겠는가 하는 반성이 들어 있다고 보아야 할 것이다. 사람들은 인간의 잘못된 행위가 순전히 동물적 경향성에 의해 일어났을 때보다 이성적인 관여 아래서 일어났을 때 더 강한 처벌의 필요를 느낀다. 이것은 동물적 감정에게는 책임을 묻기가 쉽지 않은 반면, 이성적 활동에 대해서는 응당 그 책임을 물어야 한다는 취지이겠다.

부끄러운 행동을 해놓고서 수치심을 느끼지 못하는 사람에 대해서는 보통 강한 문책을 하는데, 이것은 감정이 메말라서라기보다는 옳고 그름에 대한 분별력이 없어서라고 보기 때문일 것이다. 그러니까 이런 경우에는 수치심을 느끼지 못한다는 그 사실, 곧 '감정'보다는 분별력이 없다는 사실, 곧 '이성'을 질책하는 것이라 하겠다. 그런데 부당한 모욕을 당하고서도 수치를 느끼지 못한다거나 분노를 느끼지 못한다면, 그것은 합당한 또는 부당한 대우에 대한 분별력이 없어서인가, 아니면 넓은 아량과 도량을 가지고 있어서인가? — 감정과 이성의 교합은 단순하지가 않다.

'감정 없는 인간'은 '이성 없는 인간'이나 마찬가지로 도대체가 '인간'이 아닐 것이다. 파스칼(Blaise Pascal, 1623~1662)은 "이성을 도외시하는 것과 이성만을 인정하는 것"을 "두 가지 극단들"[29]이라 했다. '이성'을 한낱 '지성'과 구별하여 '이성적 감정'의 한 성격 요소로 보게 되면 감정과 이성은 대립적일 경우도 있지만 오히려 상보적일 경우도 있다. 생활 세계에서 인간이 감정 없이 하는 일은 없다 해도 과언이 아니다. 인간 행위의 발단은 욕구이기가 십상이며, 욕구는 감정과 밀착되어 있다. 이성이 이상(理想)을 이끈다면 감정은 현실을 주도한다. 예컨대 이상적으로는 국가시민들을 하나 되게 하는 것이 국가 운영 원리에 대한 합의일 것이나, 현실적으로는 우애, 우정, 상호적인 호감이 국가시민들을 하나로 만든다. 애국심에 대한 한 시간의 합리적인 강의에서보다 국가대항 양궁 시합의 30분 관람에서 사람들은 더 큰 나라 사랑에 빠져들기도 한다.

3. 이성성의 교직(交織)

인간이 '이성적'이고 '합리적' 원리에 따라 생각하고 행위한다는 증거는 수없이 많다. 논리적 계산, 산수에서뿐만이 아니다. 자연 사건을 기어이 인과적으로 설명해내려 하고, 심지어는 역사적인 사건도 인과적으로 규명하려 한다. 다른 한편 어떤 사태는 응당 '당위적'으로 진행될 것을 기대한다. 심지어 소설이나 드라마의 어떤 국면이 악당의 승리로 끝나면 분개하거나 께름칙해 한다. 왜 인간은 정의나 선의 승리로 사태가 종결되었

---

[29] Pascal, *Pensées*(1658), éd. Brunschvicg, 253.

을 때 쾌감을 느끼는 것일까? 인간의 쾌 또는 불쾌의 감정 기저에 이성성 내지 도덕성도 있음이겠다. 사람은 누가 비논리적인 말을 할 때뿐만 아니라, 비윤리적인 말을 지껄일 때도 "당신 그런 말도 되지 않는 소리 하지 마시오!"라고 반응한다. — 인간의 이성성은 논리와 윤리의 교직(交織)이다.

그런가 하면 인간의 이성은 감정의 영향을 벗어나기가 쉽지 않다. 이성은 선을 긋는 일을 곧잘 하지만, 그것이 행위와 상관할 경우에는 그 의도와는 사뭇 다른 결과를 초래할 수 있다. 이성은 왕왕 의심과 우려를 수반하는데다가 감정 또한 그에 영향을 더하기 때문이다. 예컨대 차선폭을 3.5m로 지정하면, 실제로는 좌우측 50cm을 제외한 가운데 2.5m만 사용되는 것이 상례이다. 좌우 차선에 바짝 붙여 자동차를 운전할 경우 탈선의 우려가 있을 뿐만 아니라 그로 인해 다른 운전자의 불안감을 일으킬 수 있기 때문이다. 그러나 다른 한편 일상 인간관계에서는 갑이 을에 대해 나름대로 적정한 거리를 유지하기 위한 조치를 취하면, 이 '적정한 거리'가 자칫 소원한 관계로 변한다. 을은 갑이 정한 '적정한 거리'에서 경원당한 느낌을 받을 수 있고, 그로써 을은 갑에 대한 관계를 차라리 청산하려 들 수도 있기 때문이다. (이해타산에 따른 상거래 관계에서라면 수모를 감내하면서라도 '적정한 거리'를 받아들이겠지만.) 세상살이에서 이성적 판단은 중도를 지향한다 해도, 그 사람의 실제 행동에는 감정이 덧붙여지기 마련이므로, 현실적 행위는 과(過)하거나 불급(不及)하기 십상이다. 그래서 현실에서의 아름다운 삶은 어렵고, 그렇기에 사람들은 이성과 감정의 조화에서만 볼 수 있는 덕(德)을 칭송한다.

열정의 기여 없이는 무슨 일에서나 큰 성과를 내기가 쉽지 않다. 그러나 열정은 곧잘 사람들로 하여금 이성에서 벗어나게 만든다. 그래서 많은 경우 감정은 이성에 의한 통제를 필요로 하는 것이다. 그럼에도 불구하고 정감은 인간 형성의 필수적 요소이고 그런 만큼 풍부하고 세련화하여야 할 것이다. 인간이 생명체인 한에서 생명감의 충만, 약동은 인간 삶의 기본요소일 것이고, 감정은 무엇보다도 이에 필수적이다. 때로 '광기'라고 일컬어지는 과도한 감정조차도 생명력의 표출이라 할 수 있다. 미친 듯이 일하는 자의 성취는 남다르다. 미친 자의 성취가 천재의 업적으로 평가받는 경우도 있다.

인간의 감정은 매우 다양하고 시시때때로 변화한다. 그러나 그 감정들은 이미 이성적인 인간의 감정이다. 그래서 인간의 감정들은 실상은 모두 이성적 감정이며, 어떤 감정들은 고유하게 인간에서만 볼 수 있는 것도 있다.

인간은 행위의 목표를 세우고 수단을 찾는다. 목표를 달성함에서 자부심을 느끼고, 목표에 이르지 못함에서 좌절한다. 자부심과 좌절감은 목표를 가진 자에게만 있는 것이다. 어떤 기준에 미치지 못하는 이를 경멸하며, 기준을 뛰어넘는 이를 존경한다. 설정한 기준에 다다르려 애쓰고 경쟁하며, 자신이 하고 싶으나 할 수 없는 것을 부러워하며, 그것을 해낼 수 있는 이를 시기하고 질투하기도 한다.

자부심과 좌절감, 경멸과 조소, 존경과 흠모, 경쟁심과 시기, 질투는 모두 능력이 제한되어 있으되 행위 목표를 설정하고 사정의 기준을 가지는 존재자, 곧 인간의 특성이다. 아마도 신적 존재자에게나 순전한 동물에게는 이런 심성이 없을 것이다.

인간의 특성으로서의 이성은 인간의 갖가지 품성의 교직(交織)이다. 인간은 말하고 셈하고 느끼고 욕구하고 반성한다. 인간은 자신이 관여하지 않은 어떤 상황에 자신이 던져져 태어나 산다는 것을 알고, 일정한 역량을 품수해 있다는 것을 깨달으며, 그러면서도 역량 이상(以上)의 이상(理想)을 추구한다. 그러나 이미 죽은 사람들을 보면서 자신도 일정한 시간이 경과하면 그들처럼 이 세상의 삶의 방식을 마칠 것을 안다.

인간의 이성은 법칙을 수립하고, 그것이 법칙인 한 보편성을 주장하되, 그러나 법칙의 변경이 일어날 수 있음을 늘 인지하고 있다. 그것은 인간이 자신의 이성 능력 또한 늘 제한적임을 알기 때문이다.

제3절

인간은 자발적·자율적 행위 주체

인간의 역사를 인간적 활동의 족적으로 볼 때, 그것은 다름 아닌 주체적이고 의지적인 '인간'의 역사이다. 동물들도 생명의 공간에서 잇따라 새끼를 낳고 번식해가면서 생명의 궤적을 남기지만 그것을 '역사'라고 할 수 없는 것은, 동물들의 활동을 의지적이고 주체적이라 볼 수 없기 때문이다. 역사는 의도 또는 목적 실현의 성과로 이루어지는 것이며, 스스로 목적을 세우고 그를 실현해나가는 의지를 바탕에 두는 것이다. 그러므로 역사는 자기 의사대로 목적을 세우는 이성, 곧 자발적 이성과 나아가서 그에 의해 수립된 목적을 실현해내는 힘 즉 자유로운 의지의 주체적 활동결과이다.

그러므로 인간의 역사를 말하기 위해서는 과연 인간이 자유로운 의지의 주체인가를 먼저 따져볼 필요가 있다. 그것은 현대에 풍미하는 물리주의 사조 속에서 과연 '자유로운 운동력'과 같은 개념이 유지될 수 있는가 하는 의문이 곳곳에서 제기되기 때문에 더욱 그러하다.

1. 동일성 원리로서의 인격

자연 안에 고정불변적인 것은 없다. 이 관찰 명제가 참이라면, 자연 안에서 살고 있는 인간 역시 고정불변적일 수 없다. 이러한 마당에서 '자유로운 의지의 주체'라는 개념에 앞서, 도대체 '인간'이라는 일반명사가 가능한가? 대체 '한 사람'이라는 것이 있는 것인가?

임대인 갑과 임차인 을이 A라는 가옥을 2년 기한으로 임대차 계약을 맺은 경우, 그 계약은 기한 도래와 함께 을이 갑에게 A를 반환할 것을 내용으로 갖는다. 이러한 계약은 그러니까 적어도 두 가지를 당연한 것으로 전제한다. 하나는 계약당사자들의 책임의식과 의무수행능력이고, 또 하나는 임대인과 임차인 그리고 임대차 가옥의 고정불변성이다.

그런데 사실로 계약이 유효한 생활세계는 자연 안에 있고, 자연 안에서는 그 2년 사이에 갑도 변하고, 을도 변하고, 심지어 A라고 지칭되는 가옥 또한 제아무리 조심스럽게 사용한다 해도 미세하게나마 변화하지 않을 수 없다. 그러니까 임대차 계약을 맺을 당시의 임대인이나 임차인과 자연적 속성이 동일한 자들도, 임대 물건인 동일한 가옥 A도 계약종료 시점에는 더 이상 자연 안에 있지 않다. 이러한 상황에서 도대체 누가 누구에게 무엇을 반환한다는 말인가? 이와 같은 계약의 효력은 2년 사이의 자연적 속성들의 변화, 그러니까 상이성에도 불구하고 갑과 을과 A가 동일성을 갖는다는 것을 전제로 해서만 있을 수 있는 것이다. 그렇다면 그 동일성은 어디서 성립하는가? 인간을 한낱 신체적 존재자로, 가옥을 한낱 가시적·물체적 존재자로만 본다면 이러한 계약행위는 인간 사회에서 일어날 수 없다. 그러니까 인간은 적어도 암암리에 인간을, 그리고 물건을 한낱 감각적·물리적 존재자로만 보지 않고 있는 것이다. 그러니까 우리는 이 지점에서 세상 사물들의 변화 중에도 '고정불변적인' 어떤 것을 상정하고 있는 것이다.

그래서 누가 "인간은 고정적인 것으로는 존재하지 않는다. [⋯] 인간은 계속해서 형성되어가는 형성된 조물(gebildetes Geschöpf)로만 존재한다."[30] 라고 말함에 충분히 공감한다 해도, 우리가 '인간'을 보편 명사로 받아들이는 한 고정불변적인 것을 인간에게서 보고 있는 것이다. 인간은 형성되어가는 중에서도 고정불변성 곧 인격성을 갖는다. 그것은 '인간'이 인류를 지칭할 때나, 한 사람을 지칭할 때나 마찬가지이다.

30 E. P. Fischer, *Die Bildung des Menschen*, Berlin 2004, S. 12.

2. 책임질 수 있는 자로서의 인격

그리고 이러한 계약행위가 여타 동물들의 세계에서는 볼 수 없으되, 인간생활에서는 일상사 중 하나인 것은, 인간이 이러한 계약의 주체가 될 수 있다는 것, 다시 말해 자발적으로 계약을 맺고, 계약을 준수할 수 있는 능력, 즉 책임능력을 가지고 있다고 사람들이 서로 납득하고 있기 때문이다.

여기서 계약을 준수함이 단지 계약을 불이행할 때에 발생할 손해를 피하기 위한 것이라면 그것은 한낱 법률적 행위이지만, 만약 계약 이행이 계약 체결 당사자의 당연한 의무이기 때문에 준수해야 하는 것이라는 이유에서 계약자가 계약을 준수하는 것이라면 그것은 동시에 도덕적 행위이다.

도덕적 행위는 어떤 조건 아래서도 자기의 의무를 그것이 의무라는 오로지 그 이유에서 준수함에 있다. 그런데 이러한 의무 준수는 인간이 자연적·사회적 환경에서 자유롭다는, 다시 말해 인간은 하는 것이 마땅한 일은 행할 능력이 있고, 또한 감성적 이해관심을 떠나 행위할 수 있다는 전제 아래에서라야 기대할 수 있는 것이다. 그러니까 도덕적 의무 준수는 인간이 자유로운 행위 주체 곧 인격이라는 것을 받아들일 때에만 인간에게 기대할 수 있는 것이다.

3. 자율성, 따라서 존엄성을 갖는 인간

인간은 동물적 경향성에 의해 자주 도덕법칙에 어긋나게 행동하도록 촉발되지만, 자유의 힘에 의해 이러한 경향성을 멀리하거나 물리칠 수 있다. 그러한 행위가 인격체인 인간의 의무이다.

인간에서 자유란 자율로서, 그것은 곧 자기가 정한 법칙에 복종함이다. "의지의 법칙에 대한 자유로운 복종의 의식은, 오직 자신의 이성에 의해 모든 경향성들에 대해 가해지는, 불가피한 강제와 결합되어 있는 것으로서, 무릇 법칙에 대한 존경이다."[31] 이 도덕"법칙에 따르는, 일체의 규정근거에서 경향성을 배제하는, 객관적으로 실천적인 행위를 일컬어 의무"[32]라 한다. 그렇기 때문에 의무는 개념상 '실천적 강제'를 포함한다. 즉 싫어도 행위하도록 시킨다. 자연적 존재자로서의 인간이 선(善) 아닌 다른 것을 욕구하기 때문에, 바로 그 때문에 그는 선을 행해야만 한다. 자기 마음이 자연히 그렇게 내켜서 하는 행위라면 그것을 우리는 당위라고 하지 않는다. 당위는 강요된 행위를 말함이고 그런 뜻에서 필연적이되, 그러나 이 강제는 밖으로부터의 것이 아니라, 자신에 대한 자신의 강제 즉 '자기 강제' 내지 '내적 강요'이다. 그렇기 때문에 도덕은 밖으로부터 강제된 규칙 즉 자연법칙이 아니라, 자신으로부터의 즉 자유로운 자기 강제의 규칙, 이를테면 자율(自律)이다. 이 자율의 힘에 인격성이 기반한다.

스스로 행위의 준칙을 세우고, 그것을 보편적 법칙처럼 준수하려는 인간 의지와 자기 법칙수립적인 인간의 자율성이야말로 인간의 도덕성의 원천이고 "존엄성의 근거"[33]이다.

'존엄성'은 일체의 가격을 뛰어넘는 가치이다. 가격을 갖는 것은 비교할 수가 있고, 그리하여 어떤 것이 일단 가격을 갖게 되면 그것은 교환이 가능하게 되거니와, 주고받고 할 수 있는 것, 교환할 수 있는 것을 일컬어 '물건'이라 칭한다. 인간이 '이성적' 동물이라 하더라도 그 '이성'이 수단인 것이라면, 인간은 그 '이성'의 역량 정도에 따라 가격이 매겨지고, 그리고

31 Kant, *KpV*, A142 이하=V80.
32 Kant, *KpV*, A143=V80.
33 Kant, *GMS*, B79=IV436.

나면 그 가격에 따라 시장에서 거래가 되고, 결국 일종의 '물건'이 된다. 그러나 인간은 인격인 한에서 그 자체로 가치 있는 것, 곧 목적적인 존재자로서, 결코 무엇과도 교환될 수 없고 그러니까 대체될 수 없으며, 바로 그런 의미에서 일체의 가격을 뛰어넘는 가치 즉 존엄성을 갖는 것이다.

인간의 존엄성의 근거는 인간의 이성성, 자율성, 도덕성이다. 그러나 이는 현재적으로 이성적이고, 자율적이고, 도덕적인 사람만이 존엄함을 말하는 것이 아니라, 도덕적이고자 애쓰는 사람들 안에 이미 존엄성이 있음을 말하는 것이다. 그것은 유(類)로서의 인간이 존엄함을 말한다. 유로서의 인간이 존엄성의 권리를 갖는 한, 각자 "이성역량을 품수한 동물(理性的일 수 있는 動物: animal rationabile)인 인간은 자기 자신을 이성적 동물(理性的 動物: animal rationale)로 만들 수 있다."[34] 그리고 그러한 가능성 위에서 개개로서의 인간은 존엄성을 얻어야 할 의무를 갖는다. 개개 인간의 존엄성은 당위적인 것이고, 인간성의 현실화 원리(entelekeia)이다.

4. 인간의 선험적 의식과 자유의지

그런데 '현대' 과학의 영향을 받아 다수의 사람들은 자연세계는 물리적 법칙의 지배 아래에 있고, 인간은 자연세계 안에서 살고 있기 때문에, 인간의 모든 행동 그리고 이른바 의식, 의지라는 것도 물리적 법칙에 예속되지 않을 수 없다고 믿는다. 이러한 믿음을 결정론이라 일컫거니와, 결정론에 따른다면, 인간의 모든 인지, 의사결정, 행동은 선행 사건들에 의해 결정되는 것이라 한다. 이를 뒤집어 말하면 인간의 모든 인식방식과 행동 등 인간사는 인과연쇄의 고리들이고, 현재의 인간의 상태를 토대로

---

34 Kant, *Anth*, A315=B313=VII321.

연쇄 고리를 거슬러 올라감으로써 과거의 모든 일을 알 수 있고, 또한 미래에 발생할 인간사도 모조리 알 수 있다는 것이겠다. 그러니 이런 결정론이 사태에 맞고, 사태를 밝혀낼 만큼 장차 자연과학이 발달한다면 더 이상 역사학이나 사회과학의 대상은 없게 될 것이다. 아니, 인간에 관한 모든 탐구는 자연과학으로 수렴될 것이다.

이에 물리적 자연과학주의에 경도된 어떤 이들은 이러한 결정론을 뇌과학에까지 끌어들여 인간의 의식과 행위를 순전히 인과적으로 설명하고자 한다.

"(1) 뇌는 마음(mind)을 가능하게 하는(enable) 것으로서 물리적 존재체(entity)이다. (2) 물리적 세계는 결정되어 있으며, 그렇기에 우리의 뇌 역시 결정되어 있을 수밖에 없다. (3) 우리의 뇌가 결정되어 있고 뇌가 마음을 가능하게 하는 필요하고 충분한 기관이라면, 우리 마음에서 생긴 사고들 역시 결정되어 있다고 믿어야 한다. (4) 그러므로 자유의지는 환상이며, 우리는 우리의 행동에 대해 각자 개인적 책임이 있다는 자유의지에 대한 우리의 개념을 수정해야만 한다. 다르게 말하면 자유의지라는 개념은 의미가 없다. 자유의지라는 개념은 뇌가 작용하는 방식에 관한 이 모든 세세한 것들을 우리가 알기 전에 생긴 것이었고, 이제 우리는 자유의지라는 개념을 떼버려야 한다."[35]

그런데 이러한 논변에서 과연 (1)이 함의하는바 뇌가 마음을 작동시키는 유일한 것인지는 자연과학자들 사이에서도 여전히 검토사안이며, 설령 이런 추론에서 (1)을 받아들인다고 해도 (2)는 불확실하고, (3)은 상당히 회의적이다. 그러므로 이를 근거로 (4)를 주장한다는 것은 무리이다.

---

35 M. S. Gazzaniga, *Who's in Charge? — Free Will and the Science of the Brain*, New York, 2011, p. 129.

물리세계를 구성하는 인자인 양자들이 보편적인 운동법칙을 따르지 않는다는 이른바 '불확정성 원리'가 (2)를 불확실한 것으로, (3)에 대해서 회의하게 만드는 것이 아니다. 불확정성도 어디까지나 물리세계 내의 현상을 표현하고 있는 것으로, 경우에 따라서는 인간의 물리적 측정의 한계를 뜻하는 것일 뿐이기 때문이다. 불확정성 원리는 기껏해야 물리적 결정론에 대한 어떤 제한점을 제시하고 있을 따름이라고 볼 수 있다. 그것보다는 오히려 뇌의 신경계운동과 마음 내지 의식과의 관계를 '결정적'인 것으로 설명한다는 것이 현재의 과학 수준으로는 가능하지 않기 때문이다.

그럼에도 최근의 '획기적'인 뇌과학의 발달과 함께, 인간의 '마음' 내지 '정신'이 몸 또는 신체의 한 부분인 두뇌의 생리적 활동이라고 보는 이들은 그 증거로 두뇌의 어떤 부분의 손상이 마음의 어떤 변화를 가져온다는 사실을 댄다.

"인간 뇌의 특정 회로의 교란은 흔히 기이한 결과를 낳는다. 대뇌피질의 옆면과 뒷면을 차지하고 있는 두정엽(頭頂葉, prietal lobes)과 후두엽(後頭葉, occipital lobes) 밑면의 특정 부위가 손상되면 실인증(失認症, prosopagnosia)이라고 불리는 희귀한 증상이 나타난다. 실인증 환자는 사람의 얼굴을 보는 것으로는 그 사람을 인지하지 못하지만 목소리를 들으면 그 사람을 기억할 수 있다. 또 특이하게도 그 환자는 얼굴이 아닌 다른 부분들을 시각만으로 인지하는 데는 문제가 없다."[36]

"자유의지를 생성하고 지각할 때 특별히 활성화되는 뇌의 중추가 있을 수도 있다. 그것은 전방 대상 고랑(anterior cingulate sulcus) 내부나 적어도 그

---

36 E. O. Wilson, *Consilience: The Unity of Knowledge*(1998), New York: Vintage Books, 1999, p. 118.

가까이에 있는 것처럼 보인다. [···] 그 부위에 손상을 입은 환자들은 자기 자신의 복지에 대한 주도권과 관심을 잃는다. 그들은 매 순간 특정한 것에 집중하지는 못하지만 압력을 받을 때에는 생각하고 반응하기도 한다."[37]

그러나 '두뇌의 어떤 부분의 손상이 마음의 어떤 변화를 가져온다는 사실'이 곧바로 마음이 두뇌작용에 불과함을 뜻하는 것은 아니다. 사령관의 작전은 휘하 장졸에 의해 수행되는 것이므로 휘하 장졸이 없을 때는 아무런 작전도 일어나지 않고, 또 장졸의 손상이 발생할 경우에는 작전수행에 변화가 생기지만, 그렇다고 장졸의 조직이나 활동이 바로 작전활동의 전부는 아니듯, 마음의 표현은 두뇌활동을 매개로 해서만 드러나지만, 그렇다고 두뇌활동이 곧 마음이라고 단정할 수는 없다. 설령 마음의 상태와 두뇌의 상태 사이의 이론적 동일화가 가능하다 해도 이것이 곧 마음의 상태가 두뇌의 상태로 말끔하게 환원됨을 뜻하지는 않는다.[38]

두뇌가 순전히 물리적 기제에 따르는 '자동기계'가 아니고, 오히려 두뇌를 작동하게 하는 마음의 작용이 있을 가능성은 충분하다. 의식(또는 무의식)의 활동이 모조리 물리적으로 표출될 수밖에 없다 하더라도, 그렇다고 해서 의식 활동이 오로지 물리적인 것만이라고 단정할 수는 없다. 모든 의식 활동에는 반드시 물리적 작용이 대응한다 해도 그 물리적 작용이 전적으로 물리학적 의미로 '자동적'이지는 않을 수 있기 때문이다.

인간을 물리학적으로 설명하려는 이들뿐만 아니라, 생물학적으로 설명하는 현대의 여러 유전학자들 또한 "오직 물질적 단위들에만 주목"하고, "단지 추론-분석적으로 유전자를 인과인자(Kausalfaktor)로서 이해할 수

---

37 Wilson, *Consilience*, p. 118.
38 Patricia S. Churchland, *Neurophilosophy: Toward a Unified Science of the Mind-Brain*, 1989: 박제윤 역, 『뇌과학과 철학: 마음-뇌 통합 과학을 향하여』, 철학과현실사, 2006, 416면 이하 참조.

있다고 생각한다. 그렇지만 유전자는 또한 형태인자(Formfaktor)이기도 하다. 형태 개념을 통해서 유전자의 미적 성분이 드러나거니와, 이러한 형태 개념으로써 우리는 유전자가 자연을 형태 짓기도 하고 자연이 유전자를 형태 짓기도 한다고 말할 수 있다. 유전자가 인간을 낳고, 같은 의미에서 인간이 유전자를 낳는다."[39] 이는 칸트가 우리 인간은 자연의 법칙들을 자연 안에서 발견하는 것이 아니라, 자연에게 부여한다고 말한 바와 맥락을 같이한다. "유전자는 형성하는 것이자 형성되는 것이다."[40]

"한 유기체의 발전은 자연스럽게 규칙적으로 그리고 자연법칙에 따라 이루어진다. 그러나 그렇다고 그 발전이 프로그래밍된 것은 아니다. 세계와 생명은 수많은 규칙적인 과정을 감추고 있다. 이 과정들은 아무런 프로그램도 없이 진행된다."[41]

그러므로 유전자의 발전을 컴퓨터에서 온 개념들로 설명하는 것은 맞지 않다. 세포와 유전자의 발전을 프로그래밍된 과정으로 이야기하는 것은 이해를 돕기보다는 오히려 방해한다. "배아는 성장하고, 그 세포들은 분열하고 변형하면서 자신의 특성을 스스로 찾아나간다."[42]

"유전자는 어떤 프로그램을 따라가지 않는다. 오히려 유전자는 창조적으로 활동한다. 전체 유전자(게놈)는 창조성을 갖고 있다. 창조성의 개념을 생물학에 도입하는 것은 물론 위험한 일이다. 그럼에도 이 자리에서 이 개념을 도입해야 할 충분한 근거가 있다. 그 근거란 무엇보다도 유전자의 작용으로

---

39 Fischer, *Die Bildung des Menschen*, S. 262.
40 Fischer, *Die Bildung des Menschen*, S. 262.
41 Fischer, *Die Bildung des Menschen*, S. 234.
42 Fischer, *Die Bildung des Menschen*, S. 235.

만들어진 형태들에 있다. 우리들에게 적의하고 우리로 하여금 그것들의 아름
다움, 즉 자연의 아름다움에 대해서 말하도록 하는 그런 형태들 말이다. 유
기체들이 발생적으로 스스로를 완성시키면, 한낱 기능하는 유기적 반응장치
들이 생기는 것이 아니라, 우리에게 적의한 살아 있는 형태들이 생겨나는 것
이다."[43]

이러한 논란을 지켜보면서, 인간의 의식과 행위를 결정하는 것이 본성
인지 생활환경인지 하는 오래된 물음에, 어떤 사람들은 중도적으로 자연
본성(nature)과 양육환경(nurture)이 교호적으로 작용한다고 답한다. 또
왓슨(James Dewey Watson, 1928~)과 같은 분자유전학자는 사람의 의식
과 행위를 결정하는 데 양육보다는 DNA 유전인자의 영향이 더 크다는
견해[44]를 실증하고자 했지만, 이에 반하여 도킨스(Richard Dawkins, 1941~)
는 종전의 DNA 분자 유전자 외에 문화 유전자 '밈(meme)'을 제안해서 사
회적 환경 요소를 생물학적 인자에 포함시키고자 한다.[45] 그에 따르면 사
람을 형성하는 데 유전적인 영향이 환경적 영향보다 더 크다고 볼 근거가
없으며, 유전자 결정론 같은 것은 "헛소리(rubbish)"이고 "허깨비(bogey)"
라는 것이다.[46]

"우리는 우리를 낳아준 이기적 유전자(selfish gene)에 반항하거나, 필요
하다면 우리를 교조적으로 만든 이기적 '밈'에게도 반항할 힘을 가지고 있다.
순수하고 사욕이 없는 이타주의라는 것은 자연 안에 있을 자리도 없고, 세계

43 Fischer, *Die Bildung des Menschen*, S. 264.

44 James D. Watson/Andrew Berry, *DNA — The Secret of Life*(2003), New York, 2006, p. 18·p. 362·p. 393 참조.

45 Richard Dawkins, *The Selfish Gene*(1976), Oxford 2006(30주년 기념판), p. 192 이하 참조.

46 R. Dawkins, *The Extended Phenotype*(1982), Oxford·New York, 1999, p. 13 참조.

의 전체 역사상에 실존한 적도 없는 것이다. 그런데도 우리는 그것을 검토해서 배양하고 육성할 방법도 논의할 수 있다. 우리는 유전자의 기계로 축조되었고, 밈의 기계로 교화되었다. 그러나 우리는 우리의 창조자에게 대항할 힘을 가지고 있다. 우리는 지상에서 유일하게 이기적인 자기복제자(replicator)의 폭정에 반역할 수 있다."[47]

현대의 자연과학이 밝히는바, 인간은 두뇌를 가진 유기체이고, 인간의 일체의 의식작용이 두뇌-중추신경계의 활동 없이는 이루어지지 않는다는 '사실'은 받아들여야 할 것이다. 그것은 앞서 지적된 바처럼, 두뇌의 상해, 질병, 약물 중독 혹은 노쇠 등에서 관찰되듯이 의식작용이 두뇌나 중추신경계의 생리적이고 화학적인 영향을 받고 있다는 실례들이 증언하는 바이다. 또한 인간 두뇌의 신경계의 활동도 소질적인 요소뿐만이 아니라 환경조건에도 영향받고 있음도 점점 확실하게 알려지고 있다. 그러나 일체의 의식작용이 물질세계의 일부인 두뇌-중추신경계의 활동에 의거하고, 축적되어가는 경험 ─ 감각경험을 포함해서 더욱 넓은 의미에서 ─ 이나 사회적 여건에 영향받는다 해서, 이것이, "그러므로 의식의 모든 작용은 감각경험적이며, 두뇌 작용이다."라고 지시하는 것은 아니다. 그래서 "자아는 두뇌가 아니다."[48]라는 주장을 위한 여백이 여전히 있다.

인간의 인식작용의 기초에는 선험적 원리들이 있다. 의식의 선험성이, 즉 어떤 의식의 선험적 표상이 감각경험에 선행하고 이것이 오히려 감각경험의 기초를 이룬다. 이러한 의식의 선험적 기능이 어떠한 선천적(innate)인 유전형질에도 기반하지 않은 것인지, 다시 말해 개체적으로나 계통(種)적으로나 발생적이지 않은 것인지 어떤지는 확실하지 않지만, 적

47 Dawkins, *The Selfish Gene*(1976), Oxford 2006(30주년 기념판), pp. 200~201.
48 Markus Gabriel, *Ich ist nicht Gehirn*, Berlin 2015 · ²2016 참조.

어도 모순율과 같은 논리적 사고의 형식과 가감승제와 같은 산수의 법칙들이나 '서로 곁하여', '서로 잇따라'와 같은 공간 시간 표상들이나, '~이 ~하[이]다'와 같은 인식의 형식은 감각질을 포함하고 있지 않으므로 출처상 감각경험으로 환원시킬 수 없다. 그러함에도 자연세계를 인식하는 감각경험의 틀로서 기능하면서 감각경험을 규정한다. 그러니까 의식이 선험적(a priori)이라는 것은, 의식은, 의식 없는 곳에서는 인식된 세계가 없다는 의미에서, 경험적으로 인식된 세계에 대해서 "논리적 선차성(logical priority)"을 가지며, "경험하는 주체는 자신의 활동을 규정하는, 바탕에 놓여 있는 구조를 이미 가지고 있다."라는 의미에서 "지평상의 선차성(priority of level)"을 가진다고 말할 수 있다.[49]

그러므로 요컨대, 1)인간은 두뇌를 가진 유기체로서 '실재하는' 물질세계의 일부이고, 의식작용은 이 두뇌 활동에 기반하고 있다 하더라도, 2)인식된 '현실적'인 세계는 의식작용에 의해서 규정된 것이다.

인간은 인식주관으로서는 선험적으로 작용하는 의식을 가지고 있을 뿐만 아니라, 역사의 주체로서는 자유로운 의지를 가진 자이다. 이제 누가 이런 자유의지조차도 자연의 한 요소라고 말하고 싶어 한다 해도, 그러한 용어 사용법에서도, 자연현상에는 두 가지 방식의 인과관계, 즉 기계적인 인과관계와 자유에 의한 인과관계가 있음을 부인하지 못할 터이다. 그것은 제아무리 사실이 누적되어도 결코 당위의 근거가 될 수 없는데, 인간은 당위의 표상에 따라서도 행위한다는 '사실'이 있기 때문이다. 이러한 사실은 인간 문화의 특징 중의 특징인 도덕 체계, 그리고 그를 형성하는 자유와 의무(책임), 인격의 개념은 물리적 입자와 생물의 분자 운동만으로는 설명될 수 없음을 뒷받침한다.

---

49 J. Piaget, *Insight and Illusions of Philosophy*, transl. by W. Mays, New York, 1971, p. 57.

일찍이 라이프니츠(Gottfried Wilhelm Leibniz, 1646~1716)는 그 비율을 1:3이라고 말한 바 있지만,[50] 무릇 인간의 '자연본성'에는 '이성성 (rationalitas)'도 있고, '동물성(animalitas)'도 있으니, 어느 성격이 주도하느냐에 따라 인간의 의식도 행위도 판이하게 나타날 수 있다. 인간이 오로지 자연존재자라면 '이성성'도 결국에는 '동물성'의 한 요소이겠으나, 인간 문화의 자취에는 인간의 동물성을 끊임없이 통제하고자 하는 이성성의 노고가 적지 않게 보이며, (이성성이 인간의 속성이든, 인간의 동물성의 속성이든 인간이라는 동물은 자기통제능력이 있다고 말할 수 있겠으며) 인간 문화사는 인간 자신이 생활환경을 개조하고 변혁해가는 도정이다. — 적어도 여태까지는 그렇다고 말할 수 있다.

제4절
동물과 기계 사이의 인간?

인간은 기본적으로 동물적임에도 불구하고 그 이성성으로 말미암아 신과의 유사성이 있다는 일반적 관점에 따라, 오랫동안 동물과 신 사이에 있는 '중간자'로 여겨졌다. 인간은 발은 땅을 딛고 있으나 머리는 하늘을 향하고 있다면서, 땅과 하늘 사이를 잇는 자로 운위되기도 했다. 그러나 20세기 후반 이후 인간에 대한 '생물학적' 연구와 '물리학적'인 과학기술의 인공지능 개발이 급진전하면서 인간의 자리를 차츰 동물과 기계 사이에 놓는 추세가 일고 있다. 그리고 그 추세는 동물이나 인간이나 기계나 모

---

50 Leibniz, *Monadologie*, 28 참조.

두 기계류에 속한다는 결론에 이르러 멈출 것 같은 기세를 보이고 있다.

만약 인간이 '생각하는 기계'로 규정된다면, 외양상 '이성적 동물'의 동물성은 기계성으로 해독되고, 이성은 '생각하는' 기능으로 대체되는 것인데, 그러나 '생각하는 기계'에서 '생각'이란 다름 아닌 '기계적 생각'을 말하는 것이니까, '생각하는 기계'에 자율적, 입법적 이성의 기능은 찾아볼 수 없다는 것이겠다. 그리고 그것은 사실상 '이성'이라는 개념의 퇴출을 기도하는 것이다.

인간은 실로 '이성적 동물'인가, '생각하는 기계'인가? 아니면, '이성적 동물 곧 생각하는 기계'인가? — 인간의 실존적 양태가 변함이 없는 한, 이 물음에 대한 대답의 선택은 해석일 따름이다. 인간을 '생각하는 기계'로 규정한다고 해서 '이성적 동물'로 규정되던 인간의 실존적 양태가 변하는 것은 아니기 때문이다. 그것은 인간을 순전히 '물질적 존재자'로 규정해서 얻는 결과와 마찬가지이다. 그렇게 규정한다 해도 '이성적 동물'이라고 규정될 때와 인간의 감정 상태는 마찬가지이고, 여전히 인간은 법규를 제정하고 국가를 세워 살고 있으되, 여타의 동물들이나 기계들은 그렇지 않기 때문이다. 인간을 여타의 동물이나 여타의 기계와 구별하도록 하는 종차들은 변함이 없다.

저러한 규정이 실질적 의미를 갖게 되는 것은 자연인간 외의 '생각하는 기계'가 등장하여 자연인간과 구별점을 찾을 수 없을 만큼 유사한 생활을 하는 상황에서이다. 또 그 '기계'가 인간이 그동안 미덕으로 여겼던 덕성들을 인간보다도 더 두드러지게 나타내거나, 오히려 인간을 예속시키는 힘을 보이게 되면, 사람들의 실존 방식이 실질적으로 달라지고, 그에 상응해서 '인간'에 대한 다른 해석 또한 실질적인 의미를 얻게 될 것이다. 이른바 '포스트휴먼 사회' 같은 데에서 말이다. — 실로 인간은 동물과 기계 사이에 있는 것인가? 그것도 아니고, 기계의 일종인가?

2

인간의 특성으로서의 '이성'

제1절
'이성' 개념의 형성

한국어 낱말 '이성'은 유송(劉宋)의 범엽(范曄, 398~455)이 『논어』의 한 구절인 "성은 서로 비슷하나, 익힘에서 서로 멀어진다(性相近也 習相遠也)."(『論語』, 陽貨 2)를 풀이하면서, 익힘의 중점이 '理性(이성)' 곧 '성정을 다스림' 내지는 '정념의 통제'에 있음을 강조하는 데서 그 연원을 찾을 수 있다.

"뜻을 높이 새기면 멋대로 행동하지 않게 되고, 외부 사물에 이끌리면 의지는 흘러가서 돌아오지 못한다. 그래서 성인은 사람을 인도하기를 이성[본성을 다스림]으로써 하여, 방탕함을 억제하고, 사람과 함께하는 데에 조심하며 치우친 바를 절제한다. 비록 성정은 만 가지로 나뉘고 인간의 자질은 수없이 서로 다르지만, 일을 바로잡고 풍속을 개선하는 데에 이르러서는 그 방법은 하나이다.(夫刻意則行不肆 牽物則其志流 是以聖人導人理性 裁抑宕佚 愼其所與 節其所偏 雖情品萬區 質文異數 至於陶物振俗 其道一也)"(『後漢書』, 卷六十七, 堂錮列伝 第五十七 序)

그러니까 원래 '이성(理性)'이 의미하는 바는 옥을 결 따라 다듬듯(治玉하듯) '성정을 다스림' 곧 거칠고 '방탕한 성정을 절제하여 사람들과 함께하는 데서 근신함'이며, 이미 그러한 경지에 이른 이 곧 '성인(聖人)'이 뭇사람을 훈도하는 이치라 하겠다. 그러나 오늘날의 한국어 '이성'은 서양 사상과의 만남에서 번역어로서 쓰이기 시작한 것이고, 그 말의 본딧말이라고 할 수 있는 그리스어 낱말 '로고스(λόγος)'나 라틴어 낱말 '라티오(ratio)'의 원뜻을 상기하면, '이성'은 기본적으로는 인간의 '말하기'와 '셈하기'의 능력, 더 나아가서 '사고능력' 또는 '법칙수립 능력'을 그 주요 의미로 갖는다고 하겠다. 그런데 서양 사상의 개념사에서도 '로고스'나 '라티오'가 그 어원적 의미 외에도 성정의 다스림이라는 의미 또한 차츰 얻었으니, 한국 어 '이성'이 중국어 어휘 '理性'과 함께 라틴어 'ratio'와 그리스어 'logos'의 의미를 아울러 가진다고 보아도 무리는 없겠다.

'이성'의 원어라 할 수 있는 그리스어 '로고스(λόγος)'는 동사 '레게인 (λέγειν)'의 전성명사로서, 말과 셈이라는 근간 의미로부터 비율·관계· 추리·개념적 사고·이념·언표·고려·계획·방법·설명·증명·서술· 이론·체계·원칙·원리·근거·비판·학설까지의 의미를 가지고 있으며,[1] 라틴어 동사 '레오르(reor)'의 전성명사인 '라티오' 또한 유사한 의미를 갖 는다.

이러한 의미에서 알크마이온(Alkmaion, ca. BC 570~500)은 "인간은 개 념적 사고(διαφέρειν)를 하고, 여타의 것들은 감각지각(αἰσθάνεται)하되, 개념적 사고를 하지 못한다는 점에서 인간은 여타의 것들과 구별된다."[2] 라고 설파했다. 이러한 알크마이온의 이성 개념도 긴 형성사를 가졌을 것 이니, 그 자취를 우리는, 이성의 작용 가운데 보통 개념적 사고의 기능으 로 일컬어지는 '지성'에 상응하는 '노에인(νοεῖν)' 내지 '누스(νοῦς/νόος)' 가 당초에는, 예컨대 호메로스(Homeros)나 크세노파네스(Xenophanes, ca. BC 560~478)에서는 오히려 감각지각을 뜻했다는 사실에서 엿볼 수 있 다. 흔히 "무릇 사고와 존재는 같은 것이다."라고 번역되는 파르메니데스 (Parmenides, ca. BC 520/515~460/455)의 구절 "τὸ γὰρ αὐτὸ νοεῖν ἐστίν τε καί εἶναι"에서도 '노에인(νοεῖν)'은 지각에 가까운 것으로 이해해야 할 것이고, 그래서 파르메니데스의 이 명제는 헤겔의 "사고와 존재는 하나임

---

1   L. Perilli(Hs.), *Logos*, Darmstadt 2013, S. 207 이하 참조.
2   DK, 24, B1a.

(Identität des Denkens und des Seins)"³이라기보다는 버클리의 언명, "존재는 지각된 것이다(esse is percipi)."⁴의 원형이라 할 수 있으니 말이다. 이런 연관에서 '이성(logos, ratio, Vernunft, reason, raison)'과 '지성(nous, intellectus, Verstand, understanding, entendement)'은 그 근친성과 교착성에도 불구하고 상이성이 자주 함께 논의된다.⁵

안티스테네스(Antisthenes, ca. BC 445~365)에서 우리는 "로고스란 사물이 무엇이었고, 무엇인지를 밝혀냄이다(Λόγος ἐστὶν ὁ τὸ τί ἦν ἢ ἔστι δηλῶν)."⁶라는 규정을 발견할 수 있는데, 이는 소크라테스(Sokrates, BC 469~399)가 "지어낸 이야기(뮈토스: μῦθος)"에 "진짜 이야기(로고스: λόγος)"⁷를 대비시킨 것에 상응한다 하겠다. 그리고 이에서 이성(logos)은 근거(ratio)를 파헤침, 사물을 그 근거에서 파악함을 함의한다.

플라톤은 마침내 감성적인 것과 지성(νοῦς)적인 것을 구분했거니와, 이성/지성(διάνοια, λόγος, νόησις)을 감각(αἴσθησις) 내지 육체(σῶμα)와 서로 구별했다. 플라톤에 따르면 진리와 식견은 오로지 감각경험이나 육체 없이, 오히려 이에 반해서만 얻을 수 있다. 철학은 영혼으로 하여금 "영혼 스스로가 그것 자체라고 생각하는 것", 곧 "예지적인 것 및 비가시적인 것"만을 신뢰하도록 가르친다.⁸ 누가 "진리와 함께 존재자 자체"에 이르고자 한다면, 반드시 "눈과 여타 감각지각을 뛰어넘어야" 한다.⁹ 사고(διάνοια)라 함은 영혼이 자기 자신과 더불어 탐구 대상에 관해 대화(λόγος)를 이끌

3 Hegel, *Phänomenologie des Geistes*[*PdG*]: Gesammelte Werke[GW] 9, 39.
4 Berkeley, *Principles*, I, 3.
5 H. F. Fulda/R.-P. Horstmann(Hs.), *Vernunftbegriffe in der Moderne*, Stuttgart 1994, S. 41 이하 참조.
6 Diogenes Laertios, *Vitae philosophorum*, VI, 3.
7 Platon, *Timaios*, 26e; *Protagoras*, 324d 참조.
8 Platon, *Phaidon*, 65e 이하·83a 이하.
9 Platon, *Politeia*, VII, 537d 참조.

어감을 뜻하거니와,[10] 이성적 영혼에는 예지적인 진짜 대상, 곧 이데아(ἰδέα)가 귀속한다.

플라톤은 일관되게 감각적인 것과 지성적인 것을 대조적으로 보았다.[11] 감관을 통해 지각되는 개별적인 것들, 예컨대 색깔, 소리, 맛 따위와 "영혼 자신에 의해 고찰되는 공통적인 것", 곧 존재, 유사성, 동일성, 단일성과 같은 개념들은 서로 구별된다.[12] 이로써 플라톤은 이성과 감각의 인식 대상을 구별하고, 그 인식의 성격의 차이도 보았다. 이성은 불변적-통일적-예지적인 것의 진상을 파악하고, 감각은 가변적인 다양한 것을 파악하는 것으로, 이성은 착오 없는 참인식/참지식(ἐπιστήμη, γνώμη)에 이르는 반면에, 감성은 한낱 사견 내지 의견(δόξα)에 이른다는 것이다.[13]

앎을 의견과 참지식으로 나눈 플라톤은 참지식(ἐπιστήμη)을 다시금 부분적으로 지각과 관련되는 수학적 인식(διάνοια)과 엄격히 비감성적인 변증적 인식(νοῦς, λόγος, νόησις)으로 나누었다.[14] 반면에 플라톤은 용어상으로나 내용상으로 이론 이성과 실천 이성을 나누어보지는 않았다. 그의 '이성'은 행위목적론적 이성 개념과 함께 도덕적 지성을 포함한다. 이성적 통찰 없이는 윤리적 탁월함(ἀρετή)이 가능하지 않다고 본 것이다.[15] 좋은 삶은 이성과 쾌감으로 이루어지지만, 이성이야말로 도덕적으로 좋은 삶을 위한 결정적인 요소이다.

이성적 부분이 지배력을 갖게 되면, 감정적인 부분과 욕구적인 부분은 평온을 얻는다. 영혼의 질서가 영혼의 이성적 부분의 주도권 아래 놓이는 것이 바람직하다. 이성[지성](νοῦς)이 영혼의 두 하위 부분의 "지휘자(ἀρχός)"

---

10 Platon, *Theaitetos*, 189e 이하; *Sophistes*, 263e 참조.
11 Platon, *Timaios*, 27d 이하; *Phaidon*, 83b 참조.
12 Platon, *Theaitetos*, 184b~185e 참조.
13 Platon, *Politeia*, V, 474b~480a; *Philebos*, 37e 이하; *Timaios*, 51d 이하 참조.
14 Platon, *Politeia*, VI, 509d~511e · 511d 이하 · VII, 533d 참조.
15 Platon, *Euthydemos*, 281d 이하; *Menon*, 99e 이하 참조.

또는 "키잡이(κυβερνήτης)"[16]가 되면, 좋은 삶을 이룬다.

'이성' 개념의 이러한 변천과정을 거쳐 아리스토텔레스에 이르러 그 개념의 충전한 내포와 그에 상응하는 외연을 얻었다.

아리스토텔레스는 인간을 '이성/말을 가진 동물(ζῷον λόγον ἔχον)'이라고 규정함으로써 바야흐로 '이성/말(λόγος)'을 본질로 해서 인간을 '정의(λόγος)'하였다.

"인간은 말/이성을 가진 유일한 동물이다."[17]

'인간은 이성적 동물이다.'는 것은 인간의 본질적 정의이다. 이때 인간이 말한다는 것은 한갓된 느낌이나 생각을 표현한다는 것이 아니다. 괴로움을 느끼고 표출하며, 먹이를 찾아 새끼를 부르고, 적의 침략을 감지하면 함께하는 무리에게 위험을 알리는 소통수단과 체계는 여타의 동물들도 가지고 있다. 그러나 인간의 '말(λόγος)'은 저러한 소통수단 이상으로서, '말 같은 말'을 통해 옳고 그른 것에 대한 각자의 생각을 표현하고, 의견이 서로 다를 경우 토론하여 합의하고, 합의된 '공동의' 선의 이념에 따라 정치공동체(κοινόν) 곧 국가(πόλις)를 수립하는 초석이 되는 것이다. 그런 한에서 말은 동시에 인간의 인간다운 삶의 기초원리이자 참다운 길, 곧 '이성(道: λόγος)'이다. 인간은 정치공동체 안에서만 인간다운 삶을 영위할 수 있으니 말이다. 그러니까 인간이 '이성적 동물'이라는 것은 인간이 "본성상 정치적 동물(φύσει πολιτικόν ζῷον)"[18]이라는 의미를 함유한다.

이성은 인간의 천성이다.

16 Platon, *Phaidros*, 246b · 247c.
17 Aristoteles, *Politica*, 1253a 9/10.
18 Aristoteles, *Politica*, 1253a 3.

"우리는 인간의 기능을 이성에 따른 영혼의 활동(ψυχῆς ἐνέργεια κατὰ λόγον) 또는 이성이 없지 않은 영혼의 활동이라고 상정할 수 있을 것이다."[19]

이를 이어서 키케로(Cicero, BC 106~43) 또한 이성이 여타의 동물들과 구별되는 인간의 특성임을 말한다.

"인간들은 각양각색이지만, 이 한 점에서는 짐승들과 다르니, 즉 인간 은 천부적으로 이성을 가지고 있다(homines [⋯] rationem habent a natura datam)."[20]

이러한 규정에서 '이성을 가진 자'의 '이성에 따른' 영혼의 활동이란 한 편으로는 "이성을 가지고 사고함"을 의미하고, 다른 한편으로는 "이성에 복종함(ἐπιπειθές λόγῳ)"[21]을 의미한다. 이로써 이성적인 사람은 '규칙에 따르는 사람' 내지 '자제력 있는 사람'을 뜻함과 함께 그러한 사람은 사람 으로서의 중요한 미덕을 갖춘 자로 칭송을 받게 되었다. 그리고 이로써 '이성'은 사고능력이라는 뜻과 더불어 정념의 통제능력, 더 나아가 실천적 의지의 법칙수립 능력이라는 뜻을 얻었다.[22]

"마음(animus)의 작용은 두 겹이다. 하나는 사고(cogitatio)작용이고, 다른 하나는 욕구(appetitus)작용이다. 사고작용은 주로 진리 탐구와 밀접한 관계 가 있고, 욕구작용은 행동을 유발한다. 그러므로 유의할 것은, 우리가 가급 적 최상의 것들에 대해 사고하고, 욕구로 하여금 이성에 복종하도록 처신하

---

19 Aristoteles, *Ethica Nicomachea*, 1098a 7/8.
20 Cicero, *De finibus bonorum et malorum*, II, 45.
21 Aristoteles, *Ethica Nicomachea*, 1098a 4.
22 Cicero, *De finibus*, II, 45~47 참조.

는 일이다."[23]

그러나 이러한 의미로서의 '이성'이 인간의 본질로 규정되면서, 오히려 인간의 '본질', 인간의 참모습에 대한 쟁론은 격화되었으니, 그 쟁론과정이 인간의 개념 형성사와 더불어 '이성의 역사'를 이룬다.

제2절
플라톤에서의 이성과 지성

1. 감성/감각과 구별되는 이성/지성

플라톤은 영혼(ψυχή)과 몸[물체](σῶμα)이 따로 존재하며, 그러면서도 영혼이 우월하다고 생각한다.

"영혼이 몸[물체]보다 먼저 생겼고, 몸은 둘째로 그리고 나중에 생겼으며, 영혼은 지배하나 몸[물체]은 자연의 이치에 따라[본성상] 지배를 받는다." (*Nomoi*, 896b/c)

"영혼이 몸[물체]보다 앞서 생긴 것이라면, 기질들과 성품들, 의지들, 숙고들, 참된 의견들, 배려들 그리고 기억들이 몸[물체]의 길이나 넓이, 깊이 그리고 힘보다 앞서 생긴 것들일 것이다."(*Nomoi*, 896c/d)

---

23 Cicero, *De officiis*, I, 132.

영혼은 몸[물체]에 독립적일 뿐만 아니라, 선재하며 오히려 몸[물체]을 지배하고, 영혼의 여러 작용들은 몸[물체]과는 별도로 활동할 수 있다. 인간은 이러한 영혼과 몸[물체]으로 구성되어 있다. 그런데 인간의 영혼은 몸의 영향을 받기도 한다.

"아무도 자의로 나쁜 사람이 되는 것은 아니고, 몸의 어떤 나쁜 상태나 교육받지 못한 양육으로 해서 나쁜 사람이 나쁘게 되는 것[…]입니다. 그리고 또한 고통과 관련된 경우에도 영혼은 마찬가지로 몸으로 인해 나쁨[나쁜 상태]을 지니게 됩니다."(*Timaios*, 86d/e)

영혼이 진정으로 몸에 대해서 우월하고 지배적이라면, 몸과 함께하는 자리에서도 몸의 영향력에서 독립적이거나 그것을 제압할 터이고, 그렇다면 몸이 '영혼의 감옥'이 되지는 않을 터이다. 그러니까 영혼도 경우에 따라 몸에 휘둘린다는 것이 사실이면, 몸에 대한 영혼의 우월적 지위가 그다지 견고한 것은 아니라고 하겠다.

어쨌거나 플라톤은 세계에는 그리고 인간에는 몸을 이루고 있는 물질로 환원될 수 없는 어떤 인자가 있다고 생각했으며, 더 나아가 인간에게는 물질적인 것을 넘어서는, 비가시적인 것을 파악할 능력이 있다고 생각했다. 또한 그는 참지식이 있다면 그것은 특정 개체에 국한되지 않는 보편타당한 것이어야 한다고 보았다. 이로써 플라톤은 향후 철학적 쟁론의 주요한 소재들을 제공했다.

플라톤은 영혼-물체의 결합체라는 이원적 인간의 관념에서 더 나아가, 지성과 감각은 구별·분리되어 있으며, 또한 이성(λόγος)은 지성(νοῦς)의 연장선상에 있으되 서로 구별되는 것으로 본다. "저 자신을 운동하게 하는 것(τὸ αὐτὸ κινοῦν)"(*Phaidros*, 245c) 또는 "스스로 자신을 운동하게 할 수 있는 운동(ἡ δυναμένη αὐτὴ αὑτὴν κινεῖν κίνησις)"(*Nomoi*, 896a)이라고 정의되는 영혼은 그러니까 스스로 운동하고, 의욕하고 실천하는 힘을 일컬으며, 이성과 지성은 이러한 영혼 안에서만 자리를 얻는다. 반면에 스스로 운동하는 것으로 볼 수 없는 불, 물, 흙, 공기와 같은 가시적인 물질들과 마찬가지로 몸은 "어떤 경우에도 이성이나 지성을 지닐 수 없는 것"(Timaios, 46d 참조)일 뿐만 아니라 왕왕 영혼의 활동을 방해한다.

이성은 본질적으로 사고하는 능력인데, 플라톤에게서 사고(διανοεῖσθαι)란 영혼이 탐구하고자 하는 대상에 관해 자기 자신과 나누는 대화(말: λόγος)이다.(Theaitetos, 189e 190a 참조) 또한 타자와의 대화는 대화 상대자의 영혼으로 하여금 자신과의 대화를 통해 이미 그 자신이 보유하고 있는 진리를 자각하도록 촉발하는 매체이다.(Theaitetos, 157c 참조) 인간은 누구나 자신 안에 진리의 척도를 지니고 있고, 그렇기 때문에 대화 참여자는 다 같이 중요한 위치를 가지되, 참된 대화를 이끄는 것은 언제나 로고스인 것이다.

이 지점에서 한편으로는 이성(λόγος)/지성적 사고(διάνοια, νόησις)가, 다른 편으로는 감성(감각지각: αἴσθησις)/몸[육체](σῶμα)이 서로 구별된다. 진리와 통찰(식견)은 지성을 통해서만, 그러니까 감각경험 및 육체 없이, 더 나아가 그것들에 반하여 얻어질 수 있는 것이다. 이 때문에 참된 지혜의 학문인 철학은 영혼이 그 자체를 그 자체로 생각하도록 가르치는 것이다.(Phaidon, 65e 이하 · 83a 이하 참조)

플라톤은 "진리와 함께 존재자 자체에 이르기 위해서는 눈과 감각지각을 버려야 한다."(Politeia, 537d. 또 Timaios, 27d 이하 참조)라고까지 말하거니와, 그것은 이성은 불변적이고 통일적이고 예지적인 참실재와 관계하는데, 감성은 가변적이고 다양한 실재와 관계한다고 보기 때문이다. 그래서 이성은 착오 없는 인식(γνώμη, ἐπιστήμη)을, 감성은 한갓된 의견(δόξα)을 이끌 뿐임을 누누이(Politeia, 474b~480a; Philebos, 37e 이하; Timaios, 51d 이하 참조) 역설한다.

긴 세월을 두고 전개된 플라톤의 사상인 만큼 곳에 따라서 분류와 표현이 다르기는 하지만, 『국가·정체(政體)』에서 서술된 그의 인식 대상과 그에 대응하는 인식 방식을 다음과 같은 표로 정리해볼 수 있겠다.(Politeia, 509d~511e 참조)

가시적인 것(τά ὁρατά), 감각적인 것(τά δοξαστά)		지성적인 것(τά νοητά)	
상, 그림자	사물 (동식물, 제작물)들	수학적인 것들	이데아들
상상, 추측 (εἰκᾶσία)	믿음, 확신 (πίστις)	추론적 사고 (διάνοια)	지성적 지식/이해 (νόησις)
의견/판단(δόξα)		참지식(ἐπιστήμη)	

그런데 플라톤은 어떤 자리에서는 '사고(διάνοια)'를 탐구대상에 관한 영혼의 자기 자신과의 대화(λόγος)로 보면서(Theaitetos, 189e 이하; Sophistes, 263e), 인식(ἐπιστήμη)의 두 형식, 즉 부분적으로는 지각과 관련 있는 수학적 사고(διάνοια)와 엄격하게 비감성적인 변증적 사고(νόησις) 곧 지성(νοῦς)으로 나누어보기도 했는데(Politeia, 509d~511e 참조), 이런 경우에 사고(διάνοια)는 결국 한낱 의견(δόξα)과 지성(νοῦς)의 중간 형태가 되는 셈이다.(Politeia, 511d 이하·533d 참조)

인간의 언표는 단일한 표상(repraesentatio singularis)의 말과 일반적 표상(repraesentatio generalis)의 말로 이루어지는데, 플라톤은 인간에서 일반적 표상이 가능한 근거를 찾아 밝힌다. 플라톤은 감관에 의해서는 '개별자'(색깔, 소리, 맛)가 지각된다면, "영혼 자신에 의해서는" "공통의 것" 곧 "존재", "유사성", "동일성", "하나"와 같은 '개념'들이 식별된다고 본다.(Theaitetos, 184b~185e 참조) 그것은 영혼에는 "지성이 함께"하기 때문이라는 것이다.(Timaios, 29b 참조) 이 '개념'이란 보편적인 것으로서, 결국 플라톤 고유의 명칭으로는 '이데아(ἰδέα)'인데, 이 말이 매우 다의적으로 사용되고 있음에도 이로부터 이성/지성의 고유 업무가 들춰내졌다는 점에서, 이성의 역사에서 그것은 중요한 걸음을 내딛은 것이다. 이제 이성/지성은 개념적 사고를 하는 영혼의 능력을 일컫는다.

이로써 플라톤은 그 이후 반복해서 등장하는 이른바 감각주의/경험론/명목론/실재론/현실주의를 한편으로 하고, 지성주의/이성론/개념실재론/관념론/이상주의를 다른 한편으로 하는 논쟁의 쟁점을 분명하게 제공했다.

"이제 다음과 같은 것을 더욱 명확히 하고서 그것들에 관한 고찰을 해야만 합니다. 그러니까 '불 자체'와 같은 어떤 것이 그 자체로 있는지, 그리고 '그 자체로 존재하는 자체의 것들(αὐτὰ καθ᾽ αὑτὰ ὄντα)'이라는 식으로 우리가 늘 말하고 있는 모든 것이 각각 존재하는지, 아니면 우리가 보기도 하는 바로 이것들 그리고 우리가 몸을 통해서 지각하게 되는 그 밖의 온갖 것, 이런 것들만이 그와 같은 진리(실재: ἀλήθεια)를 갖는 것들일 뿐, 이것들 이외에 다른 것들은 어떤 식으로도 어떻게도 있지 않고, 각각의 것에는 지성에 의해서[라야] 알 수 있는 어떤 형상(εἶδος)이 있다고 우리가 매번 말하는 것은 공연한 일이요, 이건 결국 실제로 말일 뿐 아무것도 아닌 것인지를. […] 저는 저의 판정을 다음과 같이 내립니다. 그것은 만약에 지성(νοῦς)과 참된 의견(δόξα ἀληθής)이 [서로 다른] 두 가지 종류 것이라면, 이것들은, 즉 우리에 의해서 지각될 수 없고 단지 지성에 알려지는(νοούμενα) 형상들은 전적으로 그 자체로 존재한다는 것입니다. 반면에 만약 […] 참된 의견이 지성과 어떤 점에서도 다르지 않다면, 우리가 몸을 통해 지각하게 되는 그 모든 것을 이번에는 가장 확고한 것들로 간주해야만 합니다. 따라서 우리는 그것들을 두 가지로 말해야만 하는데, 이는 그것들이 생긴 유래도 다르고 닮지도 않았기 때문입니다. 이들 중 한쪽은 가르침을 통해서, 다른 쪽은 설득에 의해서 우리에게 생기기 때문이지요. 그리고 한쪽 것은 언제나 참된 근거(λόγος)와 결합되어 있으나, 다른 쪽은 그런 근거가 없습니다. 또 한쪽 것은 설득에 의해 바뀌지 않으나, 다른 쪽 것은 설득에 따라 바뀝니다. 그리고 한쪽 것에는 모든 사람이 관여한다(μετέχειν)고 말해야겠지만, 지성에는 신들이, 인간들 중에서는 소수의 부류가 관여한다고 말해야만 합니다. 이것들이 이러하므로, 이 중의 한 가지가, 즉 '똑같은 상태로 있는 형상'이 있다는 데에 동의해야만 하는데, 이것은 생겨나지도 사라지지도 않는 것이며, […] 눈에 보이지도 않지만 다른 식으로 지각되지 않는 것이니, 이것은 지성적 이해(νόησις)가 그 대상으로 갖게 되어 있는 것입니다. 반면에 형상과 같은 이름을 갖고 그것과 닮은 둘째 것은 감각에 의해 지각될 수 있고 생겨나는 것이며, 언제나 운동하는 것이요, 그리고 어떤 장소(τόπος)에서 생겨났다가 없어지는 것이며, 감각지각(αἴσθησις)을 동반하는 의견[판단]에 의해 포착되는 것입니다. 또한 이와 달리 셋째 것은 언제나 있는(ἀεί) 공간(방: χώρα)의 종류로서, [자기의] 소멸은 허용하지 않으면서도, 생겨나는 모든 것에 자리(ἕδρα)를 제공하는 것이지만, 이것 자체는 감각지각을 동반하지 않는 '어떤 서출[庶出]적 헤아림(λόγισμός τις νόθος)'에 의해서나 포착될 수 있는 것으로 도무지 믿음/확신의 대상으로 될 수 없는 것[24]입니다."(*Timaios*, 51b 이하)

이 대목의 서술로만 보면 이성/지성에 대한 플라톤의 개념은 이론적 측면에 집중되어 있는 듯하지만, 플라톤 사상의 핵을 이루고 있는 '좋음의 이데아(ἡ του ἀγαθου ἰδέα)' 개념이 궁극적으로 실천에 정향되어 있는 만큼, 플라톤의 이성 또한 행위지향적인 이성, 즉 '실천 이성'을 함의하지 않을 수 없다.

---

24 모든 있는 것을 담아내는 그릇으로서 '공간'의 존재론적 지위에 대한 플라톤의 이러한 논변은 근대의 공간론 논쟁의 시작을 담고 있다.

"인식할 수 있는 영역에서 최종적으로 그리고 각고 끝에 보게 되는 것이 '좋음의 이데아'이다. 그러나 일단 이를 본 다음에는 이것이 모든 것에 있어서 모든 옳고 훌륭한[아름다운] 것의 원인이라고, 또한 '가시적인 영역'에서는 빛과 이 빛의 주인을 낳고, '지성에 의해서 알 수 있는 영역'에서도 스스로 주인으로서 진리와 지성을 제공하는 것이라고, 또 장차 사적으로나 공적으로나 슬기롭게 실천(πράξειν)하려 하는 자는 이 이데아를 보아야만 한다고 결론을 내려야만 한다."(Politeia, 517b/c)

플라톤의 이성은 한낱 이론적인 이성 곧 지성에 그치지 않고, 종내에는 좋음/선을 추구하는 능력이다. 그러니까 이성은 시비곡직을 판별하는 능력이자 동시에 그것을 지향하고 의욕하는 실천적 능력이다. 많은 사람들이 격정이나 쾌락, 또는 애욕이나 두려움이 인간의 행동을 지배하는 것이며 한갓된 지식은 그런 것들에 이리저리 끌려다니는 노예 같은 것이라 생각하지만, 플라톤은 이성에 의한 참지식이야말로 저런 것들을 제압하는 "인간적인 것들 중에서 가장 강력한 것"(Protagoras, 352d)이라 본다. 참지식은 자기 안에 이미 실천적 힘을 갖추고 있는 것이다.

그런데 플라톤에서 '좋음의 이데아'는 윤리적 선뿐만 아니라, 참된 지식으로서 진리, 아름다움 자체도 그것이 그것이게끔 하는 것이다. 그리고 윤리적 탁월함/덕(ἀρετή)은 이성적 통찰 없이는 불가능한 것(Menon, 99e 이하 참조)으로, 도덕적으로 좋음은 참지식에 의거하는 것이다. 인간에게 훌륭한 도덕적 삶의 결정적 요소는 "신의 섭리(θεῖα μοῖρα)"가 아니라, 이성적 식견이다.

그러나 인간에게 최선의 삶이 이성적 식견만으로 가능한 것은 아니다. 이성은 쾌락과는 달리 삶의 어떤 내용을 이루지는 않기 때문이다. 최선의 삶은 이성의 주도하에 쾌락이 어우러져 있는 것이다.(Philebos, 21d 이하 참조) 어떤 것에 쾌락도 고통도 받지 않고 오로지 지성과 지혜에 의거한 삶이 "모든 삶 중에서도 가장 신적인 삶"(*Philebos*, 33b)이겠지만, 몸과 감성을 가진 인간에게 가능한 좋은 삶은 즐거움과 지성 및 지혜가 "혼합되어 결합된 삶"(*Philebos*, 22a)이라고 하겠다. 그러므로 아무런 재화 없이 그렇게 한다기보다는, 모든 재화를 이성의 척도에 맞게 사용하는 사람만이 훌륭한 삶을 영위할 수 있다. 그렇기 때문에 누가 무진장한 재화를 쌓아놓고 있다 해도, 이성적 식견이 함께하지 않는 한 훌륭한 삶을 기대할 수는 없다.

플라톤에 이르러 이성은 인간 안에 이렇게 자리를 잡았고, 그 모습은 플라톤의 인간관과 이를 반영한 그의 국가론에서 더욱더 뚜렷하게 나타났다.

2. 좋은 나라(이상 국가)의 지주로서의 이성

플라톤에서 국가란 각자가 "자기 일을 행함(τὸ τὰ αὑτοῦ πράττειν)"(*Politeia*, 433b)을 본분으로 갖는 국민들의 구성체이다. 그런 한에서 가장 "좋은 나라"란 국가의 구성원 각자가 자기가 가장 잘하는 일을 나누어 맡아하는 나라이다. 그런데 국가를 구성하는 주요한 세 부류의 국민은 산업역군(생산자)과 국가방위자(수호자)와 통치자이다. 그것은 사람의 몸이 배, 가슴, 머리를 주요 부분으로 갖고 있는 것에 비견될 수 있으며, 그들 세 부류의 사람이 갖추어야 할 덕성(ἀρετή) 또한 사람이면 누구나 각기 수련하여 갖춰야 할 덕성과 같다.

인간의 몸체는 배, 가슴, 머리로 이루어져 있으며, 그에 대응하여 인간의 영혼은 욕구적인 부분(τὸ ἐπιθυμητικόν)과 용기[기개]적인 부분(τὸ θυμοειδές), 그리고 이성적인 부분(τὸ λογιστικόν) 등 세 부분(μέρος)의 힘으로 구성되어 있다는 것이 플라톤의 인간관이다. 인간은 그가 가진 힘들을 알맞은 교육과정을 통해 배양할 수 있으며, 그 교육과정을 통해 각자의 역량이 어떠하며 본분이 무엇인지가 드러난다. 인간은 배가 필요로 하는 것, 예컨대 먹고 마시는 것에 대한 욕구(ἐπιθūμία)를 가지고 있으되, 이러한 욕구는 시가(음악과 문학) 교육을 통해 교화됨으로써 절제(σωφροσύνη)를 갖추게 되고, 가슴에서 우러나오는 격정(θūμός)은 체육을 통해 신체와 원기를 단련함으로써, 이를테면 호연지기(浩然之氣)를 배양함으로써 참된 용기(ἀνδρεία)로 발휘되며, 이성 내지 헤아림(λόγισμός)은 철학(학문) 연찬을 통해 한갓된 지식(ἐπιστήμη)을 넘어 지혜(σοφία) 내지 식견[사려](φρόνησις)으로 발현된다. ― 플라톤의 이와 같은 3단계 교론론과 인간의 주요 3덕에 관한 이론은 오늘날 거의 모든 국가에서 시행하고 있는 3단계 학교 교육, 즉 초등교육(초등학교) → 중등교육(중·고등학교) → 고등교육(대학교)의 원리가 되었다. ― 그리고 이렇게 해서 육성된 사람들이 나라를 구성하는 만큼, 국민 각자가 자신의 역량에 맞는 직분을 나라 안에서 맡아하는 것이 가장 조화로운 나라, 곧 정의(δικαιοσύνη)가 지배하는 나라가 되는 것이다.

인간에 있어 이성 내지 헤아림의 힘은 영혼 전체를 조감함으로써 지배를 담당한다. 격정의 힘은 헤아림의 힘에 복종하며 협력자 역할을 한다. 이 두 힘은 영혼 전체와 신체를 위해 외부의 적들도 막아낸다. 한쪽이 숙의 결정하고, 다른 쪽은 결정된 사항들을 싸움을 해서라도 용기 있게 완수한다.

그런데 영혼의 대부분을 이루고 있는 욕구의 힘은 물질에 대해서 도무지 만족을 모른다. 육체적인 쾌락들을 끝없이 추구하고, 욕구가 더욱 강력해지면 헤아림의 힘과 격정의 힘마저 지배하려 들고 끝내는 인생 전체를 망치게 한다.(Politeia, 442a~c 참조) 욕구적인 부분이 이성적인 부분과 격정적인 부분을 굴복시켜 이성에게는 더 많은 재물을 생기게 하는 수를 헤아려내게 하고, 격정한테는 오로지 부와 부자들에게만 감탄하도록 만든다.(*Politeia*, 553d 참조) 이런 욕구들은 "무엇보다도 돈(재물)을 통해서 충족"(*Politeia*, 581a)되기 때문에, 이러한 욕구는 "돈을 좋아하는 것(φιλο-χρήματον)", "이[利]를 탐하는 것(φιλοκερδὲς)"(*Politeia*, 581a) 곧 탐욕이 되며, 그런 욕구에 사로잡힌 자는 결국 탐욕의 노예로 전락하는 것이다. 그렇기 때문에 욕구는 생의 기초 활력이되 지혜의 규제를 받지 않을 수 없다. 그렇지만 욕구를 통제하는 일이 결코 쉬운 것은 아니다.

비유적으로 말해 욕구적인 부분이 기개적인 부분과 함께 두 마리 말(ἵππος)이라면 이를 조종하고 이끄는 마부(ἡνίοχος)가 이성적인 부분이다. (*Phaidros*, 246a 참조) 이 비유는 어느 정도 조련된 말은 마부의 이끎에 잘 따르겠지만, 워낙 거친 말의 경우에는 마부가 아무리 고삐를 당기고 채찍을 휘둘러도 통제하기가 어렵고, 심지어는 마부를 굴러 떨어지게 만들 수도 있음을 함의한다. 이른바 '낙마', 욕망에 의해 이성의 추락도 발생할 수 있는 것이다.

욕구와 기개를 이끌 수 있는 이성의 힘 곧 덕(ἀρετή)이 지혜이다. 지혜란 세 성분 각각을 위해서뿐만 아니라 세 성분으로 이루어진 공동체 전체를 위해서 무엇이 유익한 것인지를 사려분별하고, 그것들의 조화 속에서 "실천(πρᾶξις)을 관할하는 지식(ἐπιστήμη)"(*Politeia*, 443e)을 말한다. 격정의 힘이 갖추어야 할 덕은 용기이다. 용기란 "이성이 지시하는 대로 두려워할 것과 두려워하지 않을 것을 고통과 쾌락 속에서도 끝끝내 보전하는" (*Politeia*, 442c) 탁월함이다. 절제는 영혼의 두 부분이 이성의 지배에 부응하고 화합하는 데에 있는 덕이다.

이렇게 영혼을 구성하는 세 부분인 욕구, 기개, 이성은 국가를 이루는 세 부류, 곧 생산자, 수호자, 통치자에 대응하며, 영혼의 각 부분이 가져야 할 것과 마찬가지로 국가를 구성하는 각 부류가 갖추어야 할 탁월함은 "절제와 용기 그리고 지혜"이다. 그런데 "이들 세 가지 모두가 이 국가 안에 생겨날 힘을 주고, 일단 이것들이 국가 안에 생겨난 다음에는, 그것들이 이 국가 안에 있는 한, 그것들의 보전을 가능하게 하는 그것"이 다른 것이 아니라 "정의(δικαιοσύνη)"(*Politeia*, 433b~c)이다. — 플라톤에 의해 이렇게 선정된 절제·용기·지혜·정의는 인간 심성의 네 가지 주요 덕성, 이른바 '4주덕(四主德)'이라는 명칭을 얻고 탁월한 인간의 논의에서 지속적인 주제가 된다.

그런데 정의가 지배하는 나라, 곧 각자가 자기 일을 행하고, 남의 일에 참견하지 않으며, 각자가 본분에 따라 '제 할 일을 함(οἰκειοπραγία)'에 기여하는 데 있어서는 다스리는 자와 다스림을 받는 자 사이의 '의견의 일치(ὁμοδοξία)'보다 더 중요한 것은 없다. 통치자와 피치자의 의견의 일치야말로 국민들을 결속시켜 국가를 하나로 유지시켜주기 때문이다.

정치적 공동체인 국가는 하나의 선[좋음] 개념을 중심으로, 그리고 합의된 그 선[좋음]을 실천하기 위하여 존립하는 것이다. 그렇기에 국가를 위한 일차적인 선은 국가를 결속시켜 하나가 되게 하는 것이며, 최악은 국가를 분열시켜 하나가 아닌 여럿으로 만드는 것이다. 그런데 국가의 구성원들이 같은 일에서 즐거움과 고통을 최대한 공유하는 것보다 그들을 하나로 만드는 것은 없으며, 같은 일에서 즐거움과 고통이 갈리는 것보다 그들을 더 여러 갈래로 분열하게 만드는 것은 없다. 그리고 이런 일은 같은 것에 대해서 더 많은 다수가 '내 것(τὸ ἐμόν)' 또는 '내 것 아닌 것(τὸ οὐκ ἐμόν)'이라고 말할 수 있으면 있을수록 더 잘 일어난다. 내 것과 내 것 아닌 것, 내 몫과 내 몫이 아닌 것의 분별에 혼선이 크게 일어나면 일어날수록 국가는 분란에 싸인다.

"그러면 나라를 분열시켜 하나 대신 여럿으로 만드는 것 이상으로 나라에 더 나쁜 것을 우리가 말할 수 있겠는가? 또는 나라를 단결시켜 하나로 만드는 것 이상으로 더 좋은 것을 말할 수 있겠는가? […] 그러니까 동일한 일들이 생기거나 없어질 때, 모든 시민이 최대한으로 비슷하게 즐거워하거나 괴로워할 경우의 이 즐거움과 고통의 공유(함께함: κοινωνία)가 나라를 단결시키지 않겠는가? […] 그렇지만 나라에 일어난 동일한 일들에 대해 그리고 일부 시민들의 일들에 대해 일부의 사람들은 몹시 상심하는 반면에 다른 일부의 사람들은 몹시 즐거워할 경우에, 이런 것들의 사유(私有, 달리함: ἰδίωσις)야말로 나라를 해체시키겠지? […] 그러니까 이런 일은 이에서, 즉 그 나라에서 '내 것'과 '내 것 아닌 것' 같은 말들을 모두가 일제히 함께 말하지 않을 경우에 생기겠지? 또한 '남의 것'과 관련해서도 마찬가지겠지? […] 어느 나라에서건 '내 것'이니 '내 것이 아닌 것'이니 하는 말을 최대 다수가 동일한 것에 대해서 똑같이 쓰는 나라가 가장 훌륭하게 경영되겠지?" — "다분히 그렇습니다." (*Politeia*, 462a~c)

국가의 구성원들이 같은 일에 대해서 즐거움과 고통을 최대한 공유하는 것이 가장 "훌륭한[좋은] 나라(ἀγαθη πόλις)"(*Politeia*, 472e)라고 보는 플라톤은 이를 위해서는 최소한 나라의 통치자와 수호자 부류는 어떤 종류의 사유재산도 갖지 않은 채, 최소한의 생활필수품만을 시민들로부터 제공받고,(*Politeia*, 416~417 참조) 독자적인 가정도 갖지 않으며, 심지어 "처자공유(妻子共有)"(*Politeia*, 449d)를 하는 것이 최선이라고 본다.

"이들 모든 남자들은 이 모든 여자들을 공유하게 되어 있고, 어떤 여자도 어떤 남자와 개인적으로는 동거하지 못하게 되어 있다네. 또한 아이들도 공유하게 되어 있고, 어떤 부모도 자기 자식을 알게 되어 있지 않으며, 어떤 아이도 자기 부모를 알게 되어 있지 않다네. […] 여자들을 공유하게 되는 것이, 그리고 자식들도 공유하게 되는 것이, 이것이 정녕 가능하다면, 이것이 최선의 것이 못 된다고 나는 생각하지 않으이. 그러나 그것의 가능성 여부와 관련해서는 최대의 논쟁이 있게 될 것으로 생각하네."(*Politeia*, 457c~d)

그러나 그의 제자 아리스토텔레스가 이미 지적했듯이,[25] 부모 자식을 제아무리 섞어놓아도 자연은 혈족 간에는 유사성을 주어 식별이 가능하게 해놓았다. 제아무리 상호 좋음을 취해 한 나라를 이룬다 해도 시민들의 불화는 대개 '자기 것'의 차이가 벌어지고 그것을 대물림하는 데서 비롯한다. 그래서 사유재산을 불화의 씨앗으로 보아, 공유재산제를 주창하는 이론들은 플라톤의 대화편들 외에서도 적지 않게 볼 수 있다. 그런데 '자기 것'의 차이를 해소하기 위해 공유재산제를 시행한다 해도, 배우자와 자식의 차이, 각 개인의 천부적 재주, 강건, 미모의 차이는 남는다. — 이러한 차이를 결코 용인하지 않으려는 인간의 성향이 과학기술의 시대에 와서 의생명공학의 진보를 이끌고 있는지도 모르겠다. — 플라톤은 소크라테스의 말을 통해 이것들의 차이마저 없애는 것을 이상 사회의 모습으로 그려 보이고 있다. 그것의 실현 "가능성 여부와 관련해서는 최대의 논쟁이 있게 될 것"을 예상하면서도, "눈으로 볼 때의 우스꽝스러움도 '이치로 따져서(ἐν τοῖς λόγοις)' 드러난 최선의 것에 의해 사라졌던"(Politeia, 452d) 사례를 들고 있는 플라톤은 그가 그리는 '훌륭한', '아름다운' 나라가 이성적으로는 바람직함을 말하고 있는 것이다.

플라톤의 상념대로 시민사회에서 심지어 처자식을 비롯하여 온갖 것의 공유[함께 가짐](κοινωνία) 상태가 실현될지도 의문이지만, 국민들의 불화는 단지 그들 간의 차이나 차별에서만 비롯하는 것이 아니라, 자신들이 의욕하는 것과 다른 것이 타자에 의해 강제될 경우에도 흔하게 일어난다. 물론 사람들로 하여금 자기가 하고 싶은 일을 선택하여 하게 할 때, 선호하는 일이 사람들 사이에 불균형을 이룰 경우 경쟁은 불가피하고, 그때에 어차피 선발 또한 불가피하며, 그것은 결국 국민들 사이의 불만과 불화를 일으키는 요인이 될 수 있다. 그렇다고 '국가에게 최선'인 것이 무엇인지,

---

25 Aristoteles, *Politica*, 1262a 참조.

그리고 국가에게 최선인 것이 언제나 국민들에게도 최선인지 또한 확실하지 않은 마당에, 그 '최선'의 이름으로 국민들 각자의 할 일이 배정되고, 배우자가 날마다 바뀌어 배정되며, 자식들마저 공동 양육된다면, 과연 "아름다운 나라(καλλίπολις)"(*Politeia*, 527c), "훌륭하고 올바른 나라"(*Politeia*, 449a)가 이룩될 수 있을까?

"여보게, 자넨 또 잊었구먼. 법(νόμος)은 이런 것에, 즉 나라에서 어떤 한 부류가 특별히 잘 살도록 하는 것에 관심을 갖는 것이 아니라, 온 나라 안에 이것이 실현되도록 강구하는 데 관심을 갖는다는 것을 말일세. 법은 시민들을 설득과 강제에 의해서 화합하게 하고, 각자가 공동체(κοινόν)에 이롭도록 해줄 수 있는 이익을 서로들 나누어줄 수 있도록 만듦으로써 그런다네. 또한 법은 나라에 그런 사람들이 생기도록 하는데, 이는 각자가 내키는 대로 향하도록 내버려두기 위해서가 아니라, 법 자체가 나라의 단합을 위해 이 사람들을 십분 이용하기 위함일세."(*Politeia*, 519e 520a)

플라톤의 국가론은 사람들이 소유에 집착하면 "날마다의 이득 외에 다른 것들에는 아무런 생각이 없어"(*Nomoi*, 831c) 정신이 위태로워진다는 우려와 함께 '국가(나라)', '최선', '정의', '공익', '인간'의 이념을 설파하고 있으나, 그 안에 아직 '개인', '자유', '인격', '인권' 즉 사람은 누구나 결코 무엇(국가, 타인, 자기)을 위한 수단이나 도구가 될 수 없는 그 자체로의 존엄성을 갖는다는 개념은 없다. 플라톤의 국가론을 흔히 '이상국가론'이라고 일컫는데, 그 '이상국가'에는 개인이 없을 뿐만이 아니라, 자유시민보다 노예가 더 많다. 아니 노예는 아예 '국민'이 아니니 "국민 가운데 노예는 없다."라고 말해야 일관성이 있는 표현일까…?

"노예(δοῦλος)들을 마땅히 처벌해야 할 경우에는 […] 자유민(ἐλεύθερος)

들처럼 훈계만 함으로써 망쳐놓게 해서는 안 됩니다. 노예를 대하는 태도는 대체로 모두 지시명령이 되어야지, 노예 가족들에 대해서는, 여자들이든 남자들이든 간에, 결코 어떤 식으로도 농담을 하지 말아야 합니다. 노예들에 대한 바로 이런 태도에 있어서 많은 사람이 노예들을 생각 없이 아주 망쳐놓음으로써 삶을 더 힘들게 만들어놓게 되는 경향이 있으니, 노예들로서는 다스림을 받기가, 그들로서는 다스리기가 더 힘들어지는 겁니다."(*Nomoi*, 777e/778a)

설령 플라톤이 노복들을 잔인하게 다루는 것은 합당한 처사가 아니라는 의견을 표했다 하더라도, 그는 당대의 신분사회를 당연한 것으로 받아들였다. 그러나 자유민에 복속하는 노예와 가복(οἰκέτης)이 있는 사회, 명칭은 '자유민'이라 하더라도 개인으로서 인권이 보장되지 않는 사회, 설령 그런 사회는 천상에 있다 하더라도 결코 '이상 사회'라고 할 수가 없다. 우리가 국가사회를 '합의된 선[좋음]의 이념 아래 통합된 자율적인 주권을 가진 자유롭고 평등한 시민들의 결사체'로 이해하는 한에서는 말이다.[26]

그래서 플라톤의 이성주의, 이상주의는 인간적 이성과 인간적 현실에 아직 못 미치거나 아주 멀리 넘어간다. 왜냐하면 인간적 이성은 개인의 자유 또한 주요한 요소로 가지며, 인간적 현실에서는 평등보다 더 중요한 가치가 없기 때문이다. 그런데 플라톤의 '이데아론'에서는 영혼과 육체조차도 대등하지 못하다.

---

[26] 저자의 다른 책, 『현대 한국사회의 철학적 문제 ─ 사회운영원리』, 서울대학교출판부, 2004, 18면 참조.

3. '이데아'론과 이성

"몸(σῶμα)은 필요한 자양물로 인해서 우리에게 수없이 많은 분주한 일거리를 안겨주네. 게다가 어떤 질병이 생기기라도 하면, 존재하는 것[진실]에 대한 우리의 추구를 방해하게 되지. 그런가 하면 몸은 우리를 욕정들과 욕망들, 두려움들 그리고 온갖 환영과 수많은 어리석음으로 가득 채우게 되어서 정말 참으로 우리는 몸으로 해서 [⋯] 도무지 아무런 생각도 할 수 없게 되고 말지. 전쟁들과 불화들 그리고 싸움들을 일으키는 것은 다름 아닌 몸과 이로 인한 욕망들이지. 재물의 소유 때문에 모든 전쟁이 일어나지만 우리가 재물을 소유하지 않을 수 없게 되는 것은 몸으로 인해서이니, 우리는 몸을 부양하기 위해 그 종노릇을 하고 있는 걸세. 몸으로 인한 이 모든 것 때문에 [우리는 ⋯] 참된 것(τἀληθές)을 볼 수 없게 되네. [이로써 밝혀진 바는] 우리가 언제고 무엇인가를 순수하게 알려고 한다면 우리는 몸에서 해방되어야만 하며, 사물들을 그 자체로(αὐτὰ τὰ πράγματα) 영혼 자체에 의해서 바라보아야 한다는 것이네. 그리고 우리가 열망하는 바의 것인 [⋯] 지혜는 [⋯] 우리가 죽게 되었을 그때에야 우리 것이 되네. 살아 있는 동안에는 아닌 것 같구면." (*Phaidon*, 67b~e)

독배 사형 집행을 앞두고 소크라테스가 "행복해 보이기만"(*Phaidon*, 58e) 했던 것은 그가 영혼은 불사(ἀθᾰνᾱσία)하며, 이른바 '죽음(θάνᾰτος)'이란 "영혼(ψυχή)이 몸에서 벗어남(ἀπαλλᾱγή)"(*Phaidon*, 64c) 내지 "해방(λύσις)"(*Phaidon*, 67d) 또는 "영혼과 몸의 결별(διαλυσις)"(*Gorgias*, 524b) 내지 "분리(χωρισμὸς)"(*Phaidon*, 67d)로서, 그것은 "참으로 지혜를 사랑하는 사람들" 곧 철학자들에게는 이미 오랫동안 추구해왔던, 이승의 삶보다 오히려 더 좋은 상태라고 확신하였기 때문이 아니었을까?

"진정으로 철학(지혜 사랑: φιλοσοφία)으로 생애를 보낸 사람은 내가 보기에는 죽음에 임하여 확신을 갖고 있으며, 또한 자기가 죽은 뒤에는 저승에서 최대의 것들을 얻게 될 것이라는 희망에 차 있을 것이 당연하다."(*Phaidon*, 63e~64a)

현대의 인간과학, 심리철학에서도 여전히 쟁점이 되고 있지만, 플라톤에서는 영혼과 몸의 "함께함(κοινωνία)"(*Phaidon*, 65a)이 납득되어 있고, 영혼(ψυχή, anima)은 문자 그대로 숨, 목숨으로서 생명성 자체이므로, 몸에서 분리되더라도 몸과는 무관하게, 오히려 몸이라는 "감옥(φρουρά)"(*Phaidon*, 62b)에서 해방되어 영생한다는 것이 "일리 있는 일"(*Phaidon*, 62b)로 받아들여져 있다. 그래서 "철학[지혜에 대한 사랑]에 옳게 종사하여 온 사람들은 모두가 다름 아닌 죽는 것과 죽음을 스스로 추구"(*Phaidon*, 64a)한다는 것이다.

플라톤의 생각에 영혼은 몸으로부터 아무런 영향을 받지 않을 수도 있는 것이며, 그러한 한에서 영혼은 순수하고, 그러한 순수한 영혼 안에 이성과 지성은 자리 잡고 있다. 이 지성은 초감성적인 것(τὰ μετὰ τὰ φυσικά), 즉 형이상적인 것[形而上者], 이름하여 이데아(ἰδέα)를 알 수 있는 능력이다.

우리는 기하학 책에서 갖가지 삼각형을 본다. 그리고 갖가지 삼각형을 공책에 그릴 수 있다. 한 변이 5cm인 정삼각형, 한 변이 7cm인 정삼각형, 또 밑변이 10cm인 이등변삼각형, 또 밑변이 5cm인 직각삼각형, 또는 부등변삼각형 … 그런데 각각의 도형들이 서로 다른 것임에도 불구하고 그것들은 모두 하나같이 '삼각형'이다. 우리가 눈으로 보는 것이 정삼각형이든, 직각삼각형이든, 이등변삼각형이든, 부등변삼각형이든 모두 하나같이 '삼각형'이다. 우리 눈에 몇 개로 나타나든 '삼각형'은 하나가 있을 뿐이며, 이 '하나의' 삼각형은 내가 공책에 삼각형을 새롭게 그리든, 그려져 있던 삼각형을 지워버리든 새롭게 생겨나는 것도 아니고, 사라져버리는 것도 아니다. 그러니까 그 '삼각형'은 눈앞에 나타났다 사라졌다 하는 것이 아니라, 항상 있다. 그것은 영혼의 눈 즉 지성에 보이는 것, 곧 '이데아'이며, 형상(形相: εἶδος)이다. 이데아(ἰδέα)를 보는(ἰδεῖν) 것은 몸의 눈이 아니라 마음의 눈 곧 지성이다.

진상(眞相), 진정으로 있는 것이란 언제나 있는 것, 그러니까 생멸이 없는 것, 그러므로 시간적 제약을 받지 않는 것이다. 한때 있다가 없어지는 것 또는 이렇게 있다가 저렇게 있는 것, 이를테면 변화하는 것은 진짜로 있는 것이 아니다. 눈으로 볼 수 있는 것, 감각적인 것은 모두 생멸하는 것이다. 그 반면에 진짜로 있는 것은 오로지 지성으로만 통찰되는 것, 불변적인 것이다.

내 정원에서 이른 봄에 막 피어나는 아름다운 매화도, 초여름의 향긋한 아름다운 장미도, 가을이 왔음을 알리는 아름다운 구절초도 생멸하지만, 그렇다고 '매화', '장미', '구절초'가 그리고 '아름다움'이 생멸하는 것은 아니다. 생멸하는 것은 '이 장미'라는 개별자일 뿐, '이 장미'의 '장미임', '이 장미의 아름다움'의 '아름다움'은 '이 장미'의 생멸과는 무관하게 그러한 것이다. 그것은 불변적 보편자이다. 그런데 보편자는 다른 것이 아닌 개념이다. 그것은 종개념이고, 유개념이다. 개념, 그것은 지성적인 것이다.

"이 아름다움은 첫째로 언제나 있는 것으로, 생멸하지도 않고, 증감하지도 않는 것입니다. 둘째로 그것은 어떤 데에서는 아름다운데 어떤 데에서는 추한 것이 아니고, 이때는 아름다운데 저때는 추한 것도 아니며, 이쪽에서는 아름다운데 저쪽에서는 추한, 마치 어떤 이들에게만 아름답고, 다른 이들에게는 추한 것 같은 그런 것이 아닙니다. 또 그것은 얼굴이나 손이나 그 밖의 몸의 일부와 같은 형태로 나타나는 것도 아니고, 말이나 지식과 같은 형태로 나타나지도 않으며, 다른 어떤 것에 있는, 가령 개별 생물 안에 또는 땅이나 하늘에 있는 것으로 나타나는 것이 아니라, 그 자체로 그 자신 안에서 영원히 어디에서나 동일한 것입니다. 한편 다른 모든 아름다운 것들은 그 아름다움을 나눠 갖거니와, 다른 것들이 생겨나고 소멸해도 그 아름다움은 어떤 것을 더 얻지도 잃지도 않으며, 어떤 변화도 겪지 않고 늘 그대로입니다." (*Symposion*, 210e~211b)

"만약 아름다움 자체 이외에 다른 아름다운 것이 있다면, 이것이 아름다운 것은, 이것이 그 아름다움 자체를 나눠 갖기[관여하기: μετέχειν] 때문이지, 그 밖의 다른 어떤 것 때문도 아닌 것으로 내겐 보이네. [⋯] 즉 그것을 아름답도록 만드는 것은 다름 아니라 저 아름다움 자체가 나타나 있음(παρουσία)이거나 함께함(κοινωνία)이거나 간에 말일세."(*Phaidon*, 100c[⋯]d)

여기서 모든 아름다운 것들, 즉 개별자들이 아름다움이라는 보편자를, 다시 말해 아름다움의 이데아를 '나눠 갖기(μετέχειν)' 내지 '나눠 가진 것(τά μετέχοντα)'은 '함께함(κοινωνία)' 내지 참여(μεθέξις)라 하겠으며, 관점에 따라서는 닮음 내지 모방(μίμησις)으로 이해할 수도 있겠다.[27]

이데아를 본(本: παράδειγμα)(*Politeia*, 472c 참조)이라 한다면, 감각적 개별자는 본뜬 것, 사본이라 하겠다. 자연 만상, 인간이 보는 세계의 온갖 것은 자체로 있는 것을 본뜬 것이고, 그렇기에 그것들은 생멸한다. 그러나 그 원본은 영구불변적이다.

플라톤의 이데아 개념을 개별자와의 관계에서는 보편자로, 자연세계의 사물들과의 관계에서는 본(本)인 초월자로 이해할 수 있겠지만, 어느 경우에나 그것은 순수한 지성, 이성에 의해서만 이해될 수 있는 것, 곧 개념이다.

개념에, 순수 사유에 무슨 변화가 있겠는가! 이데아는 생겨나지도 소멸

---

27 Aristoteles, *Metaphysica*, 987b 참조.

하지도 않고, 언제나 그 자체로 있는 것이다. 이러한 것을 인간은 안다. 그런데 몸을 가진 인간은 생멸하는 것이다. 그러니 영구불변적인 이데아를 인간이 안다면, 인간 중의 영구불변적인 요소, 즉 영혼이 그것을 안다는 뜻이겠다. 그 자체로 있는 영혼은 이데아와 동질의 것이어서 이데아를 익히 알고 있었으나, 몸에 갇힘으로써 그것을 잊게 되고, 영혼이 몸의 제약을 떨쳐버리고, 다시 말해 순수하게 될 때, 잊고 있던 이데아를 다시금 상기(ἀνάμνησις)할 수 있다. 이러한 영혼의 능력이 순수한 지성이고, 이러한 지성의 이데아에 대한 앎이 참다운 지식, 곧 에피스테메(ἐπιστήμη)이다. 이데아에 대한 에피스테메는 영혼이 망각(λήθη)했던 것을 다시금 들춰낸 것(ἀλήθεια)이라는 의미에서 진리이다. 그리고 바로 이 진리에서만 있는 것 그 자체가 그것인바, 그대로 드러난다는 점에서 진리는 곧 존재이고, 존재는 곧 진리이다.

무수한 생멸하는 어떤 것들의 참모습(εἶδος), 진상, 원본은 하나이며, 언제나 좋음인 것 그 자체이다. 알베르투스 마그누스(Albertus Magnus, ca. 1206~1280) 이후 스콜라 철학자들은 일반 범주들을 넘어서 모든 존재하는 것들에 타당한 초월자(transcendentalia)들을 존재(ens), 좋음/선함(bonum), 참임(verum), 하나(unum)로 파악했는데, 이러한 술어들은 플라톤이 만상의 원인(αἰτία)으로 헤아렸던 것에서 유래한 것이라 하겠다.[28]

4. 수기치인(修己治人)의 이성

진상, 이데아 중에서도 '좋음[善]의 이데아'는 플라톤의 국가에서 특별한 의미를 갖는다. 절제와 기개를 배양하는 과정을 거쳐 적어도 20년을

---

28 Aristoteles, *Metaphysica*, 987b 참조.

변론술과 함께 참된 지식을 추구하는, 곧 철학적 수련을 거쳐 "나이 오십²⁹에 이른"(*Politeia*, 540a) "실무에 있어서나 학식에 있어서 두루 모든 면에서 가장 훌륭했던 자들이 [⋯] 좋음[善] 자체(τὸ ἀγαθὸν αὐτὸ)를 일단 보게 되면, 이들은 그것을 본으로 삼고서, 저마다 여생 동안 번갈아가면서 나라와 개개인들 그리고 자신들을 다스리지 않을 수 없게 되기"(*Politeia*, 540a[⋯]b) 때문이다. '좋음'의 이데아에 대한 해설 중 이른바 동굴의 비유(*Politeia*, 514a 이하 참조)를 통해 드러난 플라톤의 정치사상은 오로지 이성적인 인간의 이성성에 근거한 수기치인(修己治人), 내성외왕(內聖外王)의 이른바 철인통치론이다.

　몸을 가진 인간이 사는 현실세계는 마치 사람이 사지와 목을 결박당한 채 동굴 입구를 등지고 앉아 전면의 벽만 바라보게끔 놓여 있는 어두컴컴한 동굴과 같다. 그러나 동굴 입구 쪽에서 한 줄기 빛이 들어 동굴 속이 칠흑은 아닌데, 그로 인해 사람들은 일생 동안 벽면에 어른거리는 그림자들만을 보고 그에 관해 이야기하면서 산다. 그런데 이들 중 누군가가 결박에서 풀려나 몸을 세우고 목을 돌려 동굴 입구 쪽을 향해 오르막길을 걸어 나간다면 처음에는 강한 빛에 눈이 부셔 아무것도 제대로 볼 수 없고 걷는 것이 힘들어 고통을 받겠지만, 바깥세상에 이르러 주변에 차츰 익숙해진다면, 마침내 햇빛 아래서 실재(τo ὄv)를 보게 되고, 이것이 예전에 그와 동료들이 함께 보았던 것(그림자)들의 원인(αἰτία)임을 알게 될 것이다.

　동굴(감옥)에 갇혀 있던 사람이 바깥세상으로 올라가는 것은 "지성의 영역으로의 영혼의 오름"(*Politeia*, 517b)으로서 영혼이 "마침내 그리고 각고 끝에 보게 되는 것이 '좋음[善]'의 이데아'이다."(*Politeia*, 517b) 모든 좋은 것들, 옳고 아름답고 보편적이고 참인 것은 "좋음의 이데아"로 인해 그러한

---

29 플라톤에서도 '知天命'(『論語』, 爲政 4)의 나이는 50이다.

것이다. "바로 이 이데아 덕분에 올바른 것들도 그 밖의 다른 것들도 유용하고 유익한 것들로 된다."(*Politeia*, 505a) '좋음의 이데아'는 또한 "인식되는 것들에 진리를 제공하고 인식하는 자에게 그 힘(δύναμις)을 주는 것"으로서 "지식(ἐπιστήμη)과 진리의 원인(αἰτία)이지만" "이것들과는 다르며, 이것들보다 한결 더 훌륭한 것"(*Politeia*, 508e)이다. '좋음의 이데아'는 모든 보이는 것을 보이게끔 해주는 원인이지만 그 자신이 보이는 것은 아닌 태양에 비유(εἰκών)될 수 있다. "태양은 보이는 것들에 '보임'의 힘을 제공해줄 뿐만 아니라, 또한 그것들에 생성과 성장 그리고 영양을 제공해준다. […] 그러나 그것 자체는 생성되는 것이 아니다."(*Politeia*, 509b)

"그러므로 인식되는 것들의 '인식됨'이 가능하게 되는 것만 '좋음'으로 인해서가 아니라, 그것들이 존재하게 되고 그 본질(οὐσία)을 갖게 되는 것도 그것에 의해서이다. '좋음'은 한낱 존재(οὐσία)가 아니라, 지위와 힘에 있어서 존재를 초월하여 있는 것이다."(*Politeia*, 509b)

그러니까 '좋음'의 이데아와 이것이 함께하는 가시적인 것들의 관계는 '삼각형'의 이데아와 기하학 책 속에 그려져 있는 수많은 삼각형의 관계나 '개'의 이데아와 우리 주변에서 뛰노는 개들과의 관계와는 다르다. 후자들의 관계는 닮음 내지 모방(μίμησις)이라고 할 수 있겠으나, 전자는 온전히 관여 내지 참여(μέθεξις)라고 보아야 하겠다.

이제 만물을 비춰 밝게 보이게 하는 태양과 같은 '좋음의 이데아'에 대한 인식을 얻은 지혜로운 자[哲人]들이 통치자가 되는 것은 좋은 나라의 성립과 운영을 위해 "불가피한 일"(*Politeia*, 540a)이다. 좋은 나라가 가능한 것은

"참다운 철인들이, 여럿이든 한 사람이든 간에, 한 나라에서 최고 지배자

가 되어, 현재의 명예들을 저속하며 아무런 가치도 없는 것들이라 생각하고서 경멸하면서도, 바른 것과 이것에서 생기는 명예는 최대한으로 높이 사며, 올바른 것을 가장 중대하고 가장 필요한 것으로 보고, 이를 받들고 증대시켜서, 자신들의 나라가 질서를 잡게 할 때에만이다."(*Politeia*, 540d~e)

만약에 진정한 의미에서 '철인'이 있어 그가 왕도 정치를 편다면, 그리고 만약 선이라는 것이 양화될 수 있고, 총량이 가장 큰 것을 최선이라 한다면, 철인 왕이 지배하는 국가가 최선의 국가일 수도 있겠다. 그러나 대체 현실에서 누가 최고의 '철인'인가를 누가 안다는 말인가? 그 철인 자신이 그 국가에서 가장 지혜로운 사람인데, 그 자신의 판정 외에 그 누구의 판정이 효력을 가질 것인가? 만약 통치자로서 일궈낸 성과로서 '철인'이 판가름된다고 하면, 그런 판정은 통치 행위 후에나 할 수 있는 일이고, 더구나 성과의 높고 낮음은 비교를 해보아야 하는 것인데, 기간마다 정치 환경이 다른 까닭에 나라의 통치의 성과는 비교할 대상이 없으니, 그 역시 판가름이 날 수 있는 일이 아니다. 그런데도 플라톤의 이상국가론이 '이치상으로는 가능하다'고 한다면, 그것이야말로 모든 현실을 도외시한 또는 현실에 우선하는 '이성'의 발언이라 할 것이다. ― '이상'은 흔히 꿈같은 이야기를 내용으로 갖는다.

제3절
아리스토텔레스에서의 이성

'이성'의 특징을 체계성이라 할 때, 그러한 이성의 전형을 우리는 처음으로 아리스토텔레스에서 본다. 아리스토텔레스는 종래에 대화 또는 논의가 흘러가는 대로 등장한 논제에 관한 서술이던 학문의 장을 일신하여, 논제를 분류해 논제별로 집중적으로 탐구한 결실을 서술한 저작들을 남겼다. 그 덕분에 우리는 그의 주제별 저술들에서 현대의 학문 분류에 대응하는 최초의 체계적인 서술을 발견한다.

1. 인간의 영혼, 지성, 이성

아리스토텔레스는 "생명체의 원리(ἀρχὴ τῶν ζῴων)"(De anima, 402a)로서 영혼(ψυχὴ)을 "생명을 잠재적으로 가지는 자연적 물체의 제일 현실태(ἐντελέχεια ἡ πρώτη φυσικοῦ δυνάμει ζωὴν ἔχοντος)"(De anima, 412a) 곧 "이치(λόγος)"(De anima, 415b)라고, 또는 "영혼은 자신 안에 운동과 정지의 원리를 갖는 그러한 종류의 자연적 물체의 본질(τὸ τί ἦν εἶναι)이며 이치(λόγος)"(De anima, 412b)라고 정의한다. 그런데 자연적 물체들은 보통 기관들을 가지므로, 영혼은 "기관들을 가지는 자연적 물체의 제일 현실태(ἐντελέχεια ἡ πρώτη σώματος φυσικοῦ ὀργανικοῦ)"(De anima, 412b)라고 규정되기도 한다. 여기서 영혼과 물체[신체, 몸]와의 관계에 대해서는, 각각의 존재자에 대해 그것의 질료와 형상이 같은 것인가 아니면 서로 다른 것인가를 물을 필요가 없듯이 "영혼과 물체[몸]는 하나인가라는 질문은 할 필요가 없다."(De anima, 412b) 영혼은 그 자체가 신체의 일종이 아니고 신체의 한 부분도 아니지만, "신체 없이는 존재할 수 없다."(De anima, 414a) 생명체의 몸/신체를 질료라 하면 영혼은 세 가지 의미에서 몸/신체의 원인이다. 영혼은 그 몸을 운동하도록 하는 작용인이고, 그 몸이 운동하는 목적이 되는 목적인이며, 그 영혼을 가진 몸의 실체로서 형상의 원인이다.(De anima, 415b 참조) 하나의 생명체, 생물에서 그 몸을 질료인(causa materialis: ἡ ὕλη)이라고 하면, 영혼은 그러니까 작용인(causa efficiens: τὸ ὅθεν ἡ κίνησις)이자 목적인(causa finalis: τὸ οὗ ἕνεκα)이며 형상인(causa formalis: τὸ εἶδος)인 것이다.

자신의 4원인(αἴτιον, causa)론(*Metaphysica*, 1013a~b 참조)에 의거한 이러한 영혼-신체의 관계에 대한 아리스토텔레스의 설명은 영혼이 물체적(σωματικός)인가, 비물체적(ἀσωμάτος)인가 하는 오랜 형이상학적 물음을 해소한다.(*De anima*, 404b 참조) 그럼에도 영혼의 존재적 지위에 대한 많은 논의거리는 그대로 남는다: 1)한 생명체의 영혼은 하나인가 여럿인가, 2)영혼은 단일체(單子: μονάδος)인가 분할될 수 있는 것인가, 3) 영혼이 작용인인 한에서 운동의 원인(τὸ κινητικώτατον), "원동자(原動者: τὸ κινοῦν)"이기는 하겠으나, 그렇다고 그 자신 또한 운동하는 "자동자(自動者: τὸ αὐτὸ κινοῦν)"인가?(*De anima*, 406a 참조) — 아리스토텔레스 역시 진지하게 천착하였던 이러한 물음들은 영혼의 불사성과 관련한 전통적 형이상학에서도 현대의 심리철학에서의 심신 문제 논의에서도 지속적인 쟁점이 되고 있다.

생명체는 그 잠재태, 힘의 표출로 생명성을 보이거니와 그런 관점에서 영혼은 "영양섭취능력, 감각[지각]능력, 욕구능력, 장소운동능력, 사고능력(θρεπτικόν, αἰσθητικόν, ὀρεκτικόν, κινητικὸν κατὰ τόπον, διανοητικόν)"(*De anima*, 414a)이다. 여기에 생식/번식능력(γέννητικόν)을 추가할 수 있겠다. 생명체들 모두가 이런 능력을 두루 갖추고 있는 것은 아니고, 어떤 생명체들은 이 중 일부의 능력만을 내보인다.

식물은 영양섭취능력과 번식능력만을 가지며, 동물은 그에 더하여 보통 장소운동능력과 감각능력을 갖는데, 감각능력을 가지면 쾌감을 주는 것을 향한 갈망, 욕망을 갖는 욕구능력이 수반한다. 인간의 영혼은 이러한 능력들에 더하여 사고능력도 갖거니와, 그러한 영혼을 지성(νοῦς) 또는 이성(λόγος)이라고도 일컫는다. 그러니까 인간은 한낱 영혼이 아니라 지성 내지 이성을 가진 동물이라고 말할 수 있다.

이성적 동물인 인간은 그의 감각, 욕구, 사고능력으로 말미암아 이론(θεωρία)과 실천(πρᾶξις)의 세계를 갖는다. 이론은 있는 것과 없는 것에, 실천은 있어야 할 것과 없어야 할 것에 관계한다.

"모든 인간은 자연본성적으로 앎(οἶδα)을 욕구한다."(Metaphysica, 980a) 이론적 앎의 활동으로서 감각/지각(αἴσθησις)은 개별자(τὸ καθ' ἕκαστον)에 대한 앎을 주는 반면에 지성은 보편자(τὸ καθόλου)에 대한 지식(ἐπιστήμη)을 제공한다. "감각/지각은 모두에게 공통적으로 있고 따라서 쉽지만, 지혜는 그렇지 않다."(Metaphysica, 982a) 감각은 예컨대 '이 난로불이 뜨겁다.'와 같은 당해 사실만을 말해줄 뿐, '왜 이 난로불이 뜨거운가?' 또는 '왜 불은 뜨거운가?' 하는 사태의 원인이나 '모든 난로불은 뜨겁다.'는 보편적 사태를 말해주지는 않는다.(Metaphysica, 981b 참조) 개별적인 사례들은 누구나 감각을 통해 쉽게 알 수가 있다. 그러나 "가장 보편적인 것들은 사람들이 알아내기가 매우 어렵다. 그것들은 감각들에서 아주 멀리 떨어져 있기 때문이다."(Metaphysica, 982a) 그럼에도 인간이 한낱 보이고 만져지는 개별자들을 감수(感受)하는 데 머물지 않고, "있는 것으로서의 있는 것을 연구하고, 이것 자체에 속하는 것을 연구하는 학문(ἐπιστήμη)"(Metaphysica, 1003a), 곧 형이상학을 탐구할 수 있는 것은 감각 이상의 영혼 능력을 가지고 있기 때문이다.

감각은 "신체와 관계하고 신체 안에 있으며"(Categoriae, 7b), 감각은 오직 지금 여기에 감각대상이 있을 때만 일어날 수 있다. 그 때문에 "감각대상이 감각보다 먼저 있는 것으로 보인다."(Categoriae, 7b) 감각대상이 없어지면 감각은 더불어 없어지지만, 감각이 없어진다 해서 감각대상이 함께 없어지지는 않는 것으로 보이며(Categoriae, 8a 참조), 그런 점에서 감각대상은 외적인 것이라 하지 않을 수 없고, 감각이란 본래 "영향받는 것(πάσχειν)"(De anima, 417a), 곧 수용적(δεκτικός)이라 하겠다. 게다가 "감각은 감각대상들의 형상을 질료 없이 수용"(*De anima*, 424a)할 뿐이다. 감각대상(αἰσθανόμενον)은 크기(μέγεθός)를 가지고 있지만, 감각작용(αἰσθητικον)이나 감각(αἴσθησις)은 크기를 갖지 않으니 말이다. 반면에 보편자는 신체와는 상관이 없는, 어떤 의미에서는 영혼 그 자체 안에 있는 것이다. 왜냐하면 사람은 원할 때는 언제 어디서든 사고할 수 있기 때문이다.(*De anima*, 417b 참조) 사고작용(νοητικὸν)은 형상들을 심상들 안에서 생각하며, 심상들이 있으면 감각과 무관하게도 작동한다.(*De anima*, 431b 참조) 감각은 그 대상에 제한받음으로써 늘 대상의 실재를 함유하지만, 사고는 대상에 제한받지 않음으로써 그 대상의 실재를 담보하지도 않는다. 그래서 아리스토텔레스는 감각(αἰσθάνεσθαι)은 항상 참이지만 추론적 사고(διανοεῖσθαι)는 거짓일 수도 있으며, 거짓은 이성(λόγος)을 가진 자에게만 속한다고 본다.(*De anima*, 427b 참조) 감각은 상상(φαντασία)을 가지지 않되, 사고에는 상상이나 추정이 개입할 수도 있기 때문에 더욱이나 그렇다.(*De anima*, 428a 참조) 그러니까 여기서 인간의 영혼 능력에는 상상력(φανταστικόν)과 추론능력(λόγον)도 있음이 드러난다. 물론 상상이나 추정은 참일 수도 거짓일 수도 있는 것이다.

인간은 추정(ὑπόληψις)이나 한갓된 의견(δόξᾷ)으로 말미암아 허위에 빠질 수도 있지만 영혼의 활동에 의해 진리도 터득할 수 있는바, 아리스토텔레스는 진리로 다가가는 영혼의 품성상태를 다섯 단계, 즉 기예(τέχνη) → 지식(ἐπιστήμη) → 사려[식견](φρόνησις) → 지혜(σοφία) → 지성(νοῦς)으로 보아 최고의 단계에 지성을 두고 있다.(*Ethica Nic*,[30] 1139b 참조) 기예가 참된 이성에 의거해서 사물을 만들어내는 품성상태(*Ethica Nic*, 1140a 참조)를, 지식이 사물을 있는 그대로 파악하는 능력을 일컫는다면, 사려[식견]는 존재자가 다르게 존재할 수도 있음을 분별하는 능력이고, 지혜

---

30 Aristoteles, *Ethica Nicomachea*.

는 존재자를 존재자로서 이해하는 능력이되 "말과 함께(μετα λόγου)" 하는 이성능력을 이름이다. 그에 비해 '지성'이란 "원리(ἀρχή)를 대상으로 하는"(Ethica Nic, 1141a), 즉 정의(λόγος) 내릴 수 없는 개념(ὅρος)들, 그러므로 더 이상 무엇에 의거해서 말할 수 없는 최고의 것들에 대한 지적 직관능력(Ethica Nic, 1142a 참조)이자 "자기 자신을 인식"하고, "인식에 대한 인식(νόησις νοήσεως)"(Metaphysica, 1074b)을 하는, 이를테면 메타인식 능력으로서, 이런 뜻에서 인간의 영혼 안에서 나타나는 "가장 신적인 것(θειότατον)"(Metaphysica, 1074b)이라 하겠다.

이 '지성'만을 '신적인 것'이라고 일컫는 것은 지성을 제외한 영혼의 일체 능력은 모두 신체에 대해 독립적일 수가 없고, 따라서 신체와 함께 소멸할 수 있는 것인 데 비해, '지성'은 이미 신체에 앞서 있는, 선재적(先在的: a priori)인 것으로서 불사적이기 때문이다. 신체 감각에 의존함이 없이 그 자신만으로 작용하는 이성을 '순수' 이성이라고 일컬을 때, 아리스토텔레스의 지성은 일종의 '순수 이성'이라 하겠다.

그런데 이 지성이 일단 신체 안에 깃들면 형상들이 찍힐 잠재태가 되는 것으로, 그것을 잠재적 지성이라고 할 수 있겠는데, 아리스토텔레스는 이것을 "아무것도 쓰여 있지 않은 판(γραμματεία)"(De anima, 430a), 이를테면 "하얀 판(tabula rasa)"[31]으로 비유했다. 이러한 지성이라는 백지 위에는 모든 글자를 쓸 수 있으므로, "이런 의미에서의 지성을 모든 것으로 되는" 것으로서 '수동지성'이라 일컬을 수도 있고, "또한 빛과 같은 어떤 품성상태(ἕξις)로 모든 것들을 만드는 것"(De anima, 430a)으로서는 '능동지성'이라 일컬을 수도 있겠다. 아리스토텔레스는 이렇게 능동적으로 작용하는 지성은 신체와 섞이지 않는다고 보며, 그래서 신체와 분리될 수 있으며, 불멸하고 영속한다고 생각한다.

---

31 Thomas Aquinas, De ente et essentia, V. 5.

"이 [능동적] 지성만이 [신체로부터] 분리될 수 있고(χωριστὸς), [감성에] 영향받지 않으며(ἀπαθὴς), 섞이지 않고 순수하다(ἀμιγής). 왜냐하면 그것은 본성상 능동성(ἐνέργεια)이기 때문이다. [⋯] 영혼의 이 부분만이 불멸적(ἀθάνατον)이고 영원하다(ἀΐδιον). [⋯] 수동적인[영향을 받는] 지성(παθητικὸς νοῦς)은 소멸적(φθαρτός)인 것이다."(De anima, 430a)

이러한 문맥에서 '지성(νοῦς)'은 차라리 어떤 신적인 정신 또는 '신'이라고 새길 수도 있겠다. 그러나 이러한 '지성'도 영혼 작용의 한 가지라면, 과연 "신체의 형상"이자 "현실태"라는 '영혼'의 일반적 정의와 저러한 '지성' 개념이 화합할 수 있겠는가 하는 문제가 제기된다. 그리고 만약 지성이 어떠한 신체기관과도 무관하다면, 그러니까 도대체가 몸과 분리되어 있는 것이라면, 개체화의 원리인 질료와 상관이 없으니, 개체화될 까닭이 없고, 따라서 '누구의' 지성이란 의미가 없게 된다. 지성이 신체와 분리될 수 있고, 영속적인 것이라고 규정함으로써, 아리스토텔레스는 지성의 인간 초월성, 비개체성을 함께 말한 것인가⋯? 이 문제는 후대에 심리철학적인 논란거리를 넘어 기독교의 교리와 관련해서도 격렬한 논쟁을 불러일으켰다.[32]

그런데 아리스토텔레스에서 '지식(ἐπιστήμη)', '사려[식견](φρόνησις)', '지혜(σοφία)'의 의미가 어떤 사태연관에서나 일관성이 있는 것은 아니고, 따라서 그 위계가 일정한 것은 아니다. 어떤 문맥에서는 '사려'가 당면(καιρός)한 실천적인 것을 대상으로 갖는 최고 식견을 의미하기도 하고, '지식'과 '지혜'는 똑같이 '항상적인 것(ἀεί)'에 대한 탁월한 인식을 뜻하기도 한다.

---

32 이와 관련한 아베로에스(Averroes, 1126~1198)주의자들의 지성단일성론에 대한 토마스 아퀴나스(1225~1274)의 공박에 대해서는 이재경, 『토마스 아퀴나스와 13세기 심리철학』, 대구가톨릭대학교 출판부, 2002 참조.

영혼의 이론적 활동에서 아리스토텔레스가 감각능력(αἰσθητικόν)-감각
작용(αἰσθάνεσθαι)-감각대상(αἰσθητὸν), 사고능력(νοῦς, νοητικόν)-사고
작용(νοεῖν)-사고대상(νοητὸν)을 분별했을 때, 그는 인식이론에서 주-객
관계와 실재-관념의 관계 논의에 출발선을 마련하였을 뿐만 아니라, 사
고에는 사고에 대한 사고가 있는 반면에 감각에서는 감각에 대한 감각이
일어나지 않음(De anima, 417a 참조)을 주목하여 반성적 표상과 직접적 표
상을 구별했을 때, 그는 논변적 사고와 직관적 감각에 대한 지속적인 인
식론적 논의의 장을 열었다.

  그런가 하면 아리스토텔레스는 또 다른 영혼 운동인 욕구(ὄρεξις)는 어
떤 것을 지향한다고 보았다. 지성이 어떤 것을 위해 계산할 줄 안다면,
욕구는 그 지향 대상을 제공한다. 그때 이성은 실천적이 된다. 그러니까
욕구는 실천적 이성의 시작점(ἀρχὴ)이다.(De anima, 433a 참조) 욕구와 실
천적 사고(διάνοια πρακτική)는 행위의 원동자(τὸ κινοῦν)라 할 수 있다.
왜냐하면 이것들이 운동 즉 행동을 유발하기 때문이다. 순전한 "지성은
욕구 없이는 운동을 유발하지 않는 것으로 보인다."(De anima, 433a 참조)
순전히 지성이 동기인 행동은 없다고 아리스토텔레스는 보고 있다. 그런
데 지성은 언제나 옳은 반면에, 욕구는 옳을 수도, 옳지 않을 수도 있다
는 것이 아리스토텔레스의 생각이다. 욕구에 의한 행위와 그 욕구대상은
"좋은 것(τὸ ἀγαθὸν)"일 수도, 한낱 "좋은 것처럼 보이는 것(τὸ φαινόμενον
ἀγαθόν)"일 수도 있다(De anima, 433a 참조)는 것이다. 이런 일은 "이성
(λόγος)과 갈망이 상반될 때 일어난다. 지성(νοῦς)은 미래를 위해 저항할
것을 명령하는 반면에, 갈망은 현재를 위해 그러하기 때문이다. 욕구는
미래를 볼 수 없는 까닭에, 현재 즐거운 것이 절대적으로 즐겁고, 절대적
으로 좋은 것으로 보이기 때문이다."(De anima, 433b) 그러므로 습성적 덕
성이란 바로 욕구가 지성에 복종하는 상태를 말함이다.

  크게 보아 "인간의 영혼은 두 부분으로 나뉘며, 그중 한 부분은 그 자

체로 이성을 갖추고 있고, 다른 한 부분은 그 자체로는 이성적이지 않지만, 그럼에도 이성에 복종할 능력을 가지고 있다. 이 두 부분에 귀속하는 덕성들이 있으며, 어떻게든 이에 따르는 이를 유덕한 사람이라 일컫는다."(*Politica*, 1333a) 여기에서 이성은 "이론적 이성(θεωρητικός λόγος)"과 "실천적 이성(πρακτικός λόγος)"(*Politica*, 1333a)으로 나뉜다. 용감함이 무엇인지를 아는 것과 용감하게 되는 것은 다르며, 정의가 무엇인지를 아는 일과 정의롭게 되는 일은 다른 일이다. 그러나 용감하게 되기 위해서는 용감함을 알아야 하고, 정의롭게 되기 위해서는 정의에 대한 앎이 바탕에 있어야만 한다. 이론이 곧 실천은 아니지만, 무릇 이론은 실천의 기초에 놓인다. 그러니까 아리스토텔레스에서 '실천 이성'은 이성적 법칙을 수립하는 능력이라기보다는 이성적인 것을 실행하는 능력을 일컫는다 하겠다.

인간의 영혼 활동에 상응하는 덕성과 관련한 아리스토텔레스의 영혼이론을 정리해보면 아래 표와 같다.(*Ethica Nic*, 1102b~1103a 참조; *Metaphysica*, 1046a~b 참조)

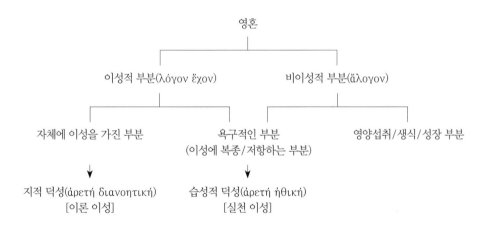

조금 다른 각도에서 보자면 이렇게 표현할 수도 있겠다.

"사람은 세 가지 곧 자연본성(φύσις), 습성(ἔθος), 이성(λόγος)에 의해 선하고 유덕하게 된다. 우선 사람은 인간으로, 곧 여느 동물이 아니라, 인간으로 태어나야 하고, 그러고서 육체와 영혼의 특정한 성질을 갖추어야 한다. 몇몇 것에 있어서는 자연본성은 아무런 쓸모가 없다. 습성이 자연본성을 변화시키기 때문이다. 무릇 습성에 의해 악하게도 되고 선하게도 전환될 수 있는, 본성적으로 상반되는 몇몇 성질들이 있다. 몇몇 동물들은 부분적으로 습성에 따라 살지만, 여타 대부분의 동물들은 자연본성에 따라 산다. 그러나 인간은 이성 또한 가지고 있으며, 인간만이 이성을 가지고 있다. 그래서 이 세 가지가 서로 화합하지 않으면 안 된다. 인간은 다르게 되는 것이 더 좋다는 것을 설득하기만 한다면, 습성에 반하고 자연본성에 반하는 많은 일을 이성에 의해 한다."(*Politica*, 1332a~b)

요컨대 아리스토텔레스에 따르면, 이성(logos)의 힘으로 인간은 자연(physis)과 습성(ethos)을 넘어서고, 이성성으로 말미암아 동물성을 제한시킬 수 있다.

2. 가장 행복한 삶, 곧 지성을 따르는 삶

1) 행복과 윤리적 덕성

아리스토텔레스는 "좋은 것 / 선(ἀγαθὸν)이란 다른 어떤 것에 대해서가 아니라 그 자체로 그리고 그 자체에 대해서 바람직한 것"으로서, 그것은 "모든 사람이 바라는 바"이며, 지성과 식견을 가진 사람이면 누구나 "선호할 만한 것"(*Rhetorica*, 1.7.3: 1363b)이라고 말하는가 하면, "좋은 것(τάγαθὸν)이자 가장 좋은 것(τὸ ἄριστον)"(*Ethica Nic*, 1094a)이란 "그 자체 때문에 바라고, 다른 것들은 이것 때문에 바라는 것"(*Ethica Nic*, 1094a)이라 규정하면서, "대중들과 교양 있는 사람들은 모두 그것을 '행복(εὐδαιμονία)'이라고 말한다."(*Ethica Nic*, 1095a)라고 한다. 그리고 "'잘 사는 것'과 '잘 행위하는 것'을 '행복하다는 것'과 같은 것으로 생각"(*Ethica Nic*, 1095a)한다.

"우리는 그 자체로 추구되는 것이 다른 것 때문에 추구되는 것보다 더 완전하다고 말한다. […] 따라서 언제나 그 자체로 선택될 뿐 결코 다른 것 때문에 선택되는 일이 없는 것을 단적으로 완전한 것이라고 말한다. 그런데 무엇보다도 행복이 이렇게 단적으로 완전한 것처럼 보인다. 우리는 행복을 언제나 그 자체 때문에 선택하지, 결코 다른 것 때문에 선택하지는 않기 때문이다. 우리가 명예, 쾌락(ἡδονή), 지성 그리고 모든 덕성(탁월성: ἀρετή)을 선택하는 것은 물론 그 자체 때문이기도 하지만, […] 이것들을 통해 행복해질 것이라고 생각하며 행복을 위해서도 선택하는 것이다. 반면에 누구도 이런 것들을 위해서 행복을 선택하지는 않으며, 일반적으로 다른 어떤 것 때문에 선택하지도 않는다."(*Ethica Nic*, 1097a~b)

그러므로 행복은 좋음들 중의 하나가 아니라, '가장 좋은 것'이다. 행복은 "인간에 의해 실천될 수 있는 것 가운데" "최대이자 최상"(*Ethica Eud*,[33] 1217a)으로 좋은 것이다. 그런데 좋음은 일반적으로 '무엇의' 좋음이다. 아리스토텔레스가 말하는 인간에게 가장 좋음으로서의 행복은 '무엇의' 좋음인가? 1) 외적인 좋음(태생, 용모, 자식 등)인가, 2) 영혼의 좋음인가, 3) 육체의 좋음인가?

목수의 좋음은 손재주에 있고, 가수의 좋음은 가창력에 있다면, 행복은 '인간 일반의' 좋음이겠는데, 인간이란 이성을 가진, 그리고 이성적

---

[33] Aristoteles, *Ethica Eudemia*.

인 것을 실천에 옮기는 자이니, 행복이란 "이성을 가진 자의 실천적 삶" (*Ethica Nic*, 1098a)의 좋음이라 하겠다. 인간에게 가장 좋은 것이 행복이고, 인간은 한낱 동물이 아니니, 여느 동물들에게도 좋은 것인 한갓된 감각적 쾌락이나 몸싸움에서의 승리 같은 것이 인간의 행복일 수는 없다. 다시 말해, 인간의 삶은 "이성을 동반하는 영혼의 활동과 행위"(*Ethica Nic*, 1098a)라 할 수 있으니, 인간의 좋은 삶이란 이성의 역량을 최대한 발휘하는 삶이라 할 것이다.

그런데 "모든 사람들은 행복한 삶이 즐거운 삶이라고 생각하며, 행복 안에 즐거움을 포함시킨다."(*Ethica Nic*, 1153b) 물론 즐거움이 그 자체로는 좋은 것임에 틀림없다. 다만 지나친 즐거움, 특히 육체적인 지나친 즐거움은 오히려 고통을 낳으니, 그런 경우에는 좋다고 말할 수 없겠다. 그렇다고 해도 즐겁지 않은 행복한 삶이라거나 고통스러운 행복한 삶이란 운(韻)이 맞지 않는 말이다. "그래서 행복한 이는 육체 안에 있는 좋음들과 외적인 좋음들, 그리고 행운을 추가적으로 필요로 하는데, 바로 이런 점들에서 방해받지 않기 위해서이다."(*Ethica Nic*, 1153b) 이러한 것들의 "일정한 뒷받침이 없으면 고귀한 일을 행한다는 것은 불가능하거나 쉽지 않기 때문이다."(*Ethica Nic*, 1099a)

행복(幸福, εὐδαιμονία)이란 문자 그대로 '좋은 운[幸]이 함께하는 복(福)'이며, '신(δαιμον)의 가호가 잘(εὐ) 맞아떨어진 상태'인 것이다. 이 때문에 행복은 때로 "행운(εὐτυχία)"과 동일시된다.(*Ethica Nic*, 1099b 참조) 그래서 형틀에 매달려 죽어가는 사람이든 큰 불행에 빠져 있는 사람이든 그가 좋은 사람이기만 하다면, 행복하다고 누가 말한다면, "그는 무의미한 것을 이야기하는 것이다."(*Ethica Nic*, 1153b) "행복은 명백하게 추가적으로 외적인 좋음 또한 필요로 한다."(*Ethica Nic*, 1099a) 그러므로 행복한 사람이란 외적인 좋음과 육체의 좋음, 그리고 영혼의 좋음을 "함께 갖추어야 함을 부인하려는 이는 없을 것이다."(*Politica*, 1323a) 행복이 결코 육체적 즐거움을 배척하는 것은 아니고, 오히려 동반해야만 제격이다.

그럼에도 진정한 행복은 외적인 좋음이나 육체적 덕성보다는 인간 영혼의 덕성과 함께해야만 이룰 수 있다. 인간은 외면적인 좋음에 의거해 덕성을 얻기보다는 영혼의 덕성에 의해서 외면적인 좋음을 얻고 유지하며, 행복이 육체적인 즐거움을 포함한다 해도, 우리가 "외면적인 좋음을 넘치게 가지고 있으면서 인격을 갖추지 못한 이들에게서보다는 외면적인 좋음은 적당하게 가지면서 높은 인격을 갖춘 이들에게서 더 큰 행복을 발견"(*Politica*, 1323b)하는 것은 흔한 일이며, 이는 "이치상으로도(κατὰ τὸν λόγον) 맞는 일"(*Politica*, 1323b)이다. 왜냐하면 외면적 좋음은 언제나 행복의 보조수단으로서, 무슨 일에서나 그렇듯이, 수단은 커지면 커질수록 더 좋은 것은 아니기 때문이다. 그에 비해 영혼의 덕성은 커지면 커질수록 그만큼 더 좋은 것이다. 이 사실 하나만으로도 덕성이 행복의 본질적 요소임은 분명하다. "외면적인 좋음이나 육체적인 좋음이 바람직한 것은 영혼을 위한 것이며, 사려 있는 이라면 누구나 다 영혼을 위해서 그와 같은 것들을 바라야 하는 것이지만, 거꾸로 그와 같은 것들을 위하여 영혼을 바라서는 안 된다."(*Politica*, 1332a)

행복이 "생활 수단의 충족", "안전이 보장된 가장 쾌적한 삶" 또는 "그 것을 지키고 사용할 능력을 갖춘 상태의 풍부한 재산"(*Rhetorica*, 1.5.3: 1360b)이라고 생각도 되지만, 아리스토텔레스는 진정한 의미에서 행복이란 "덕성에 따른 영혼의 어떤 활동"(*Ethica Nic*, 1099b) 내지 "덕성의 완전한 실행"(*Politica*, 1323b)으로서 "덕을 동반한 참다운 삶(εὐπραξία μετ' ἀρετῆς)" (*Rhetorica*, 1.5.3: 1360b)이라고 본다. 그러나 이러한 행복이 "인간의" (*Ethica Eud*, 1217a) 것인 한, 소나 말이 행복하다는 말은 합당하지 않으며, 또한 행복은 덕성을 이루어 가질 만한 시간 길이를 얻은 인간에게만 속할 수 있는 것이니, 어린아이가 행복하다는 말도 정확한 것은 아니다. 그러므로 행복은 "완전한 덕성과 함께 완전한 생애가 필요"(*Ethica Nic*,

1100a)하다. 가장 성공적으로 살던 사람도 노년에 엄청난 불행에 빠질 수가 있고, 이러한 불운을 당해 비참하게 최후를 맞이한 사람을 누구도 행복하다고 말하지 않는다.(*Ethica Nic*, 1100a 참조) 일순간의 행복이라거나 한동안 행복했다는 말은 결국 행복하지 않았다는 말이다.

행복을 완전한 덕성에 따른 영혼의 어떤 활동으로 볼 때, 영혼은 이성적인 부분과 그렇지 않은 부분이 있으니, 또한 행복은 영혼의 이성적인 부분 내지 이성이 참여하는 부분의 덕성이라 할 것이다. 이성적인 부분의 덕성이 지적 덕성이라면, 습성적 덕성은 이성적인 요소뿐만 아니라 비이성적 요소를 함유한다. 지적 덕성은 배움을 통해, 습성적 덕성은, 관습(ἦθος) 내지 반복적인 훈습을 통해 습관을 들임으로써 배양된다. 그때의 일반적 원칙은 "올바른 이성[正道]에 따라 행위하기(κατὰ τὸν ὀρθὸν λόγον πράττειν)"(*Ethica Nic*, 1103b)이다.

정도를 따라 걷는 행위의 구체적인 양상은 행위에서 지나침이나 모자람이 없는 "중용(μεσοτης)"(*Ethica Nic*, 1104a)의 길이다. 그러나 이 중용이 한낱 "무정념(ἀπάθεια)이나 평정(ἠρεμία)"상태를 말하는 것은 아니다. 감정들과 행위들에는 지나치거나 모자람이 있어서, 예컨대 너무 많이 즐거워하거나 너무 적게 즐거워하거나, 너무 심하게 고통스러워하거나 너무 덜 고통스러워할 수가 있는데, 양자 모두 잘 하는 짓이 아니다. 중용의 덕성은 즐거운 것에 즐거워하고, 고통스러운 것에 고통스러워하되 "최선의 것을 행하는 품성상태"(*Ethica Nic*, 1104b)를 말한다. 고통도 즐거움도 이겨내기가 쉽지 않지만, 보통 사람들은 고통보다 즐거움을 이겨내기가 더 어렵다. 그래서 패자보다도 승자가 갑작스레 자멸하는 경우가 많다. 승자의 중용이 더욱 절실한 것은 그 때문이다.

영혼 안에 있는 윤리적 덕성은 정념(πάθος)이나 능력(δύναμις)이 아니라 품성상태(ἕξις)이되, 감정들 및 행위들과 관련하여 지나침이나 모자람이 없는, 그 중간에 있는 것이다.(*Ethica Nic*, 1106b 참조) 그러니까 지나침의

118

패악(κᾱκία)과 모자람의 패악 사이에 있는 것이다. "그러므로 중간적인 것을 겨냥하는 한에서, 덕성은 일종의 중용이다."(*Ethica Nic*, 1106b) 그래서 "덕성이란 그 실체(οὐσία)와 본질(τὸ τί ἦν εἶναι)의 면에서 보자면 중용이지만, 최선의 것과 옳은 것의 면에서(κατὰ δὲ τὸ ἄριστον καὶ τὸ εὖ)는 극단(ἀκρότης)이다."(*Ethica Nic*, 1107a) 가령 거짓말하지 않음에 중간은 없으니, 결코 거짓말하지 않음이 덕성인 것이다. 윤리적 덕성은 합리적 선택과 결부된 품성상태로서, 중용이란 "이성에 의해, 실천적 지혜를 가진 사람이 규정할 그런 방식으로 규정된 것이다."(*Ethica Nic*, 1107a)

정리해서 말하자면, "첫째로 알고, 둘째로 선택하여 행위하되 그 행위 자체 때문에 선택하고, 셋째로 확고하고도 결코 흔들리지 않는 상태에서 행위"(*Ethica Nic*, 1105a)하는 자라야 윤리적 덕성을 갖췄다고 볼 수 있다.

"우리는 정의로운 것들을 행하는 어떤 이들이 아직 정의로운 사람은 아니라고 주장한다. 가령 법에 의해 규정된 것들을 행하는 사람들이 그것을 마지 못해서 하거나 무지로 말미암아 하거나, 또는 다른 어떤 것으로 말미암아 할 뿐 그것들 자체 때문에 행하는 것이 아니라면, 비록 그들이 마땅히 행해야 할 일들을 행하고 신실한 사람이라면 당연히 했어야 할 모든 일들을 행한다고 하더라도 (아직 정의로운 사람은 아닌 것처럼) 말이다. 이와 마찬가지로 특정한 방식의 품성상태를 갖고 있으면서 행위해야, 다시 말해 합리적 선택으로 말미암아, 그리고 행위들 자체 때문에 각각의 것들을 행위해야 좋은[선한] 사람일 것이다."(*Ethica Nic*, 1144a)

정의롭지 않은 사람도 정의를 행할 수 있고, 선하지 않은 사람도 선행을 할 수 있는 것처럼 보이기는 한다. 그러나 정의로운 일을 오로지 정의롭다는 그 이유에서 행할 때라야 그 사람을 정의로운 사람이라 할 것이며, 선행을 오로지 선함 그 자체로 인하여 행할 때라야 그 사람을 선하다 할 것이다. 여기에서 분별력, 이치에 맞는 선택능력이 필요하다. 합리적 "선택(προαίρεσις)의 원리[단초]는 욕구와 어떤 목적을 지향하는 이성이다." (*Ethica Nic*, 1139a) 그러나 선택은 "어떤 것을 다른 것보다 우선적으로 택하는 것이니까"(*Ethica Eud*, 1226b) "이런 까닭에 선택은 지성이나 사고 없이는 생기지 않고, 윤리적 품성상태 없이도 생기지 않는다."(*Ethica Nic*, 1139a) "그런 까닭에 선택이란 욕구적 사고이거나 사고적 욕구인바, 사고와 욕구, 이 양자가 결합되어 있는 원리/시원이 인간이다."(*Ethica Nic*, 1139b) 어떤 인간이 욕구가 있어도 무지한 마당에서는 합리적 선택에 따른 행함을 할 수 없고, 그렇다고 알아서 선택하는 것만으로 덕성이 있다고 말할 수 없으며, 행위 없이 바라기만 하는 자 또한 덕성이 없는 것이다.

"정의로운 일을 행하는 것에서 정의로운 사람이 되고, 절제 있는 일들을 행하는 것에서 절제 있는 사람이 된다는 것은 맞는 말이다. […] 그러나 많은 사람들은 이런 일들을 행하지 않고 말(λόγος)로 도피하면서 자신들은 철학을 하고 있다고 생각하고, 이런 방식으로 신실한 사람이 될 것이라고 생각한다. 이들의 태도는 의사의 말을 주의해서 듣기는 하지만, 처방된 바는 전혀 행하지 않는 환자들과 비슷하다. 이런 식으로 치료를 받는 환자들의 신체가 좋은 상태일 수 없는 것처럼, 이런 방식으로 철학하는 사람들의 영혼 또한 좋은 상태일 수는 없을 것이다."(*Ethica Nic*, 1105b)

"부정의를 행하면서 부정의한 사람이 되지 않기를 바라는 것이나, 무절제한 행위를 하면서 무절제한 사람이 되지 않기를 바라는 것은 말이 되지 않는(ἄλογον) 일이다. 그런데 누군가가 그렇게 행위하면 부정의한 사람이 된다는 것을 모르지 않으면서 그렇게 행위한다면, 그는 자발적으로 부정의한 사람일 것이며, 또 그가 정의로운 사람이 되기를 바라기만 하면, 그가 부정의한 사람이기를 그치고 정의로운 사람이 되는 것도 아니다."(*Ethica Nic*, 1114a)

덕성은 이론적 지식이 아니라 실천의 힘을 갖추고 있음을 말하는 것이다. 그러나 무엇이 덕인지를 올바로 앎은 덕성 함양의 첫걸음이다.

2) 지성에 따르는 삶

사람은 누구나 자기를 사랑한다. 그리고 진정으로 '자기를 사랑하는 사람'은 자기의 가장 고귀한 부분을 사랑하는 사람이지 않을 수 없다. 그런데 사람을 탁월하게, 각각의 사람을 그 사람이게 만드는 것은 그 사람의 "지성"이다. 지성을 따르는, "무엇보다도 이성/이유(λόγος) 있는 행동이야말로 사람들 스스로 그리고 자발적으로 한 행동이라 여기는 것이다. 따라서 이것 즉 이성이 사람이라는 것, 적어도 대부분은 그러하다는 것, 그리고 유덕한 사람은 대부분 이성을 사랑한다는 것은 명백하다."(*Ethica Nic*, 1169a) 대개의 자기사랑은 이기적인 것으로 비난받지만, 감정에 이끌려 사는 것이 아니라 "올바른 이성이 명령하는 대로"(*Ethica Eud*, 1231b) 사는 이는 "비난받는 종류의 자기사랑과는 다른 방식으로 자기를 사랑하는 자이다. 그래서 모든 이들은 고귀한 행동과 관련해서 특별히 열심인 사람들을 인정하고 칭찬한다. 만약 모든 이들이 고귀한 것을 놓고 서로 경쟁하며 가장 아름다운 것들을 행하기 위해 노력한다면, 공적인 영역에서 각자에게 좋은 것들 중 가장 큰 것들이 돌아가게 될 것이다."(*Ethica Nic*, 1169a) "모든 지성은 자신에게 최선의 것을 선택하며, 훌륭한 이는 그 지성의 설득에 굴복하기 때문이다."(*Ethica Nic*, 1169a) "각각에게 고유한 것이 본성적으로 각각에게 가장 좋고 가장 유쾌한 것이다. 따라서 무엇보다도 지성이 인간인 한, 인간에게 있어서도 지성을 따르는 삶(ὁ κατὰ τὸν νοῦν βίος)이 가장 좋고 유쾌한 것이다. 그러므로 이 삶이 가장 행복한 삶이기도 하다."(*Ethica Nic*, 1178a)

"지성에 따라 활동하며 이것을 돌보는 자는 최선의 상태에 있으면서 신들로부터 가장 많이 사랑을 받는 자"라 할 수도 있겠다. "보통 그렇게 믿는 바처럼, 신들이 인간적인 것에 관심을 가진다면, 신들이 가장 뛰어나고 가장 그들을 닮은 것(지성이 바로 이런 것이거니와)에서 기뻐한다는 것은 이치에 맞을 것이기 때문이다. 또 신들이 무엇보다도 지성을 사랑하고 가장 영예롭게 여기는 이들을 신들에게 사랑스러운 것을 아끼는 이로, 또 옳고도 고귀하게 행위하는 이로 생각해서 응분의 보상을 한다는 것도 이치에 맞을 것이다. 그런데 이 모든 것이 지혜로운 자(σοφός)에게 가장 많이 속한다는 것은 명백하다. 따라서 그는 신들에게 가장 많이 사랑받는 자이다. 그렇다면 그는 또한 가장 행복자임에 틀림없다. 그러므로 이렇게 해서 지혜로운 자는 또한 가장 행복한 자이겠다."(Ethica Nic, 1179a)

3) 개인의 행복이 아니라 시민으로서의 인간의 행복

지성에 따른 삶이 최상의 행복한 삶이되, 개인은 끊임없이 정념에 시달려 그 길을 제대로 걷지 못한다. 그렇기에 사람들은 "힘을 가진 모종의 지성과 힘을 가진 올바른 질서에 따라"(Ethica Nic, 1180a) 계도되지 않을 수 없다. 그런데 "법은 어떤 사려/식견(φρόνησις)과 지성(νοῦς)으로부터 나온 말(법도: λόγος)로서 강제하는 힘을 가지고 있다."(Ethica Nic, 1180a) 그래서 법에 의해서만 정의는 실현될 수 있다. "법(νόμος)을 어기는 자는 부정의한 자이고, 법을 지키는 자는 정의로운 자이니, 법에 따름은 분명히 어떤 의미에서 모두 정의로운 것이다. 입법권에 의해 제정된 것은 법률적인 것이니, 이런 법률적 규정들을 모두 우리는 정의로운 것이라 말한다." (Ethica Nic, 1129b) 이로써 아리스토텔레스는 준법을 보편적 정의로 규정한다. 법률은 모든 것에 관해서, 가령 모든 사람들에게 공통되는 좋음에 관해서 선언하는 것이다. "그래서 우리는 하나의 단일한 방식에 따라 정치적 공동체를 위해 행복과 행복의 부분들을 만들어내고, 그것들을 보전하는 것이 정의로운 것이라고 말한다."(*Ethica Nic*, 1129b) 정의는 공통적인 것이므로, "자기 자신과 친구에 대해 못된 것을 행하는 자가 가장 나쁜 자이며, 반면 가장 좋은 이는 그 덕성을 자기 자신이 아니라 타인을 위해 활용하는 이이다."(*Ethica Nic*, 1130a)

"법은 부정의(ἀδικία)한 사람들이 있는 곳에 있다. 법적인 판결(δίκη)은 정의로운 것과 부정의한 것에 대해 판단을 내리는 것이니 말이다. 부정의가 있는 곳에 부정의를 행하는 것 또한 있다. [⋯] 그런데 부정의를 행한다는 것은 단적으로 좋은 것들은 자신에게 너무 많이 배분하고, 단적으로 나쁜 것들은 너무 적게 배분한다는 것이다."(*Ethica Nic*, 1134a) "그런 까닭에 우리는 사람이 아니라 이성이 다스리게 하는 것이다."(*Ethica Nic*, 1134a) 다스리는 자는 정의의 수호신이어야 하는데, 자기 자신에게 너무 많은 것을 배정하는 부정의를 행한다면, 그는 참주가 되는 것이니, 이를 방지할 수 있는 것은 이성뿐이다.

> "인간은 완전한 때에는 동물 중에서 최선이지만, 법과 정의에서 벗어나면 최악의 것이다. 최악의 것이 무장된 부정의이거니와, 인간은 날 때부터 영리함과 유능함을 무기로 갖추고 있으니, 이것들을 가장 왜곡되게 사용할 수도 있다. 그 때문에 덕성 없는 인간은 만물 가운데서도 가장 무도하고 야만적이며, 성욕과 식욕으로 가득 차 있는 것이다. 그에 반해 정의는 정치공동체에 고유한 것이니, 옳음은 정치공동체의 질서이고, 정의는 무엇이 정당한가를 판정하기 때문이다."(*Politica*, 1253a)

국가란 한갓된 공동체가 아니라, "가능한 한 최선의 삶을 목적으로 하는 동등한 사람들의 공동체"(*Politica*, 1328a)이며, 최선의 삶이란 다른 것이 아니라 행복한 삶이니, 사람들은 법이 지배하는 국가 안에서야 비로소 지성에 따르는 삶을 살 수 있고, 그렇기 때문에 사람들은 국가 안에서 가장 행복하게 살 수 있다. 본성상 '정치적 동물'인 인간이 국민으로서의 삶 중에서 행복하게 살 수 있다는 것은 아리스토텔레스 윤리학–정치학의 당연한 귀결이겠다.

3. 합리적 법률체계로서의 국가

1) 자연 산물인 국가

가족이 일상생활의 필요를 충족하게 하기 위한 공동체라면, 국가는 그에서 더 나아가 인간의 최고선을 실현하기 위한 공동체이다. 자연 만물이 좋은 것을 지향하듯이, 좋은 것을 지향하는 인간이 한갓 삶이 아니라 가장 좋은 삶을 지향할 때 국가라는 형태는 자연스럽게 따라오는 것이다. 국가라는 법적 공동체 안에서라야 인간은 비로소 각자의 최선의 삶을 기약하고 영위할 수 있기 때문이다.

"국가가 자연의 산물이라는 것과 인간이 자연본성상 정치적 동물(πολιτικὸν ζῷον)이라는 것은 분명하다."(*Politica*, 1253a)

인간은 성별(性別) 없이 살 수 없듯이 무리를 떠나서도 살 수 없거니와, 인간이 여느 동물들보다도 더 고도의 군집생활을 할 수 있는 것은 말(λόγος)을 할 줄 아는, '이성적 동물'이기 때문이다. 사람이 말한다는 것, 대화한다는 것, 의논한다는 것은 여느 동물처럼 한낱 기쁨이나 고통을 표출하고, 짝짓기나 안전 또는 위험의 신호를 교환하는 것이 아니라, 각자 자기의 생각을 말하고, 옳은 것과 그른 것에 대한 의견을 교환하고, 하나의 선 개념에 합의할 수 있다는 것을 뜻한다.

"인간은 말(λόγος)을 가진 유일한 동물이다. 목소리는 고통과 쾌락을 나타내는 것으로 여타의 동물들에게도 있다. […] 그러나 말은 이로운 것과 해로운 것을 알리며, 또한 정의로운 것과 부정의한 것을 알리는 데 쓰인다. 이것이 곧 여타의 동물들과는 다른 인간에게 고유한 것으로, 인간만이 선악 및 정의와 부정의 그리고 이와 같은 것 등에 대한 지각(αἴσθησις)을 가지고 있다. 이런 것들을 가진 집단이 가정과 국가를 이룬다."(Politica, 1253a)

사람들이 선악 시비곡직에 관해 서로 말을 나누고서 공동의 가장 좋은 삶의 방식의 기본구조(constitutio)에 대해 합의한 대강이 '헌법(constitutio)'이고, 그 헌법에 기초한 정치적 공동체(κοινωνία πολιτική)가 다른 것이 아닌 국가(πόλις) 곧 시민적 사회이다. 개인이나 가족은 자족적인 존재가 되지 못해, 그 힘만으로는 좋음을 실현할 수 없고, 어느 정도 자족적인 국가 안에서라야 인간은 법적인 보장 아래서 공동으로 또 각자가 선, 좋은 삶을 실현할 수 있는 것이다. "순전히 우연적으로가 아니라 본성적으로 국가를 갖지 않는 자"가 있다면 그는 "인간보다 상위에 있거나 하위에 있는 자이다."(Politica, 1253a) "공동체 안에서 살 수 없는 자, 또는 자족적이어서 그럴 필요가 없는 자, 이러한 자는 짐승이거나 신이다."(Politica, 1253a)

아리스토텔레스의 파악에 따르면, 개개인이 자족적으로, 독자적으로 살 수 없음은 개개인은 '국가'라는 전체의 부분들이기 때문이거니와, 전체가 부분들에 앞서듯이, "국가는 그 본성상 개인들에 앞서는(πρότερος) 것이다."(Politica, 1253a) 본질적으로 정치적 동물인 인간이 정치공동체 즉 국가 안에서만 인간으로서의 삶을 영위할 수 있음은 선택적인 것이 아니라 숙명적인 것이다.

2) 경험에 기초한 국가 운영 원리

아리스토텔레스가 보기에 "인간의 목적과 공동체의 목적은 같은 것이므로, 최선의 인간의 목적과 최선의 국가의 목적도 같지 않을 수 없다." (*Politica*, 1334a) 인간이나 국가나 행복의 성취를 목적으로 삼는다. 그래서 아리스토텔레스의 윤리학은 '행복한 인간'의 조건을 탐구하고, 그의 정치학은 '행복한 국가(εὐδαίμονα πόλις)'의 조건을 탐구한다. 행복한 사람이 "덕과 사려를 가지고 그에 따라 행위한 만큼 행복을 누린다."(*Politica*, 1323b)라면, 행복한 국가란 그 안의 국가시민들이 "최선으로 그리고 아름답게 행위하는"(*Politica*, 1323b) 국가를 말하며, 그것은 법률에 의해 통치되는 국가에서 비로소 기대될 수 있는 것이다.

> "우리는 동물들에서 전제적 지배와 법치[정치]적 지배를 볼 수 있다. 무릇 영혼은 육체를 전제적으로 지배하는 데 반해, 지성은 욕구를 법치적이고 왕도[王道]적으로 지배한다. 이로부터 분명한 것은, 육체가 영혼에 의해 지배받고, 영혼의 정념적인 부분이 지성과 이성적인 부분에 의해 지배받는 일은 자연스럽고 유익한 것이라는 사실이다. 양자가 평등하다든지 전도된 관계는 모두에게 해롭다."(*Politica*, 1254b)

전제적 지배는 주인과 노예, 군주와 신민의 관계처럼 이미 상하예속 관계에 있는 것이며, 법치적 지배는 자유민들 사이처럼 평등한 관계에 있는 것이다. 어느 경우나 합리적인 지배는 지배자나 피지배자 양자 모두에게 좋은 것이다. "영혼에 대해 육체, 인간에 대해 동물처럼 천양지차가 있는 것들은 — 이것들이 하는 일이라고는 자기 육체를 쓰는 일로, 그것들에게 있어서는 이런 일이 그것들이 할 수 있는 최선의 것이거니와 — 태생적으로 노예이며, 이런 것들은 상응하는 방식으로 지배를 받는 것이 이것들

자신을 위해서도 더 좋다."(*Politica*, 1254b)

　이같이 국민들 사이에 계층이 있으며, 계층마다 알맞은 직분을 갖는 아리스토텔레스의 국가도 플라톤의 국가 못지않게 '이성적' 국가, 다시 말해 지성적 법률체계에 의한 정치공동체로 주장된다. 그러나 그 운영 원리는 거의 정반대이다.

　첫째로 아리스토텔레스는 배우자와 자식까지도 공유하거나 분간하지 않는 인간관계는 이성적이라기보다는 공상적이라고 본다. 만약에 플라톤적 국가가 실현되어 자연스러운 가족관계가 파괴된다면, "부자연스러운 사랑"이 확대되기보다는 오히려 부모 자식 형제자매의 근친애조차 사라져 갖가지 악행이 빈발할 것이라는 것이다.(*Politica*, 1262b 참조)

　둘째로 아리스토텔레스는 공유재산제 역시 비경쟁으로 나라의 전체적인 생산성 저하를 불러올 뿐 아니라 시민들의 불화를 일으키고, 인간성의 미덕을 상실시킬 것이라고 본다. 사람들은 오히려 '나의 것'과 '너의 것'이 불분명할 때 더 많이 쟁탈하고 낭비한다. 사람들은 각자 자기 일을 가질 때 서로에 대한 불만이 없으며, 각자 자기 것을 위해 일할 때 더욱 앞으로 나간다.(*Politica*, 1263a 참조)[34] "소유는 사적이되, 그것의 이용을 공동으로 하는 것이 분명히 더 좋다. 입법자의 특별한 과제는 시민들이 이러한 자애로운 처신을 하도록 만들어주는 것이다."(*Politica*, 1263a) "누구나 자기에 대한 사랑은 가지고 있고, 이것은 자연스러운 것이다. 정당하게 비판되어야 하는 것은 이기심인 것이다."(*Politica*, 1263b) 공유재산제가 의도하는 것은 '재산의 평등화'일 것이나, 대부분의 사람들은 '평등한' 것에 만족하지 않고, 끊임없이 남보다 더 뛰어나려 하며, 이것이 오히려 내란과 혁명의 원인이 된다. 평등 또한 동일한 것이 아니어서, 모두가 연봉 100만 원에 만족하지 않고, 모두가 연봉 1,000만 원에 만족하지 않으며,

---

34 이것은 Platon의 *Politeia*, 464a의 논변에 대한 반론이라 하겠다.

모두가 연봉 1억 원에도 만족하지 않는다. 인간의 탐욕은 끝이 없어서 언제나 만족할 줄 모르는 것이 욕구의 본성이며, 사람들은 대개 그 욕구를 충족시키기 위해서 산다. 그렇기 때문에 개혁의 시작은 "재산의 평등화"보다는 고상한 자들은 더 이상 욕심내지 않도록 훈련시키고, 저열한 자들은 더 이상 재산을 취득하지 못하도록 억제하는 제도를 마련하는 것이다. (*Politica*, 1267b 참조)

셋째로 아리스토텔레스는 국민들이 교육과정에서부터 사회적 직무의 배치에 이르기까지 국가에 의해 한결같이 통제되는 것을 매우 위험한 일로 본다. 공동체는 어느 단계에서나 통일성을 가져야 하되, 그 통일성이 다양한 것들의 "화음(συμφωνία)"이어야지 "단음(單音: ὁμοφωνία)"이어서는 안 된다는 것이다. (*Politica*, 1263b 참조) 국가는 생물에 비견될 수 있다. (*Politica*, 1277a 참조) 생물은 전체가 하나의 조직으로서, 유기적 통일성을 갖되, 각각의 분절들이 생기 있게 활동해야만 생존할 수 있다. 유기체 안에서 분절 하나하나는 독자성을 갖는다. 만약 어느 분절 하나만이라도, 가령 폐가 또는 간이, 제대로 기능을 못한다면 그 유기체 전체가 존속하기 어렵다. 또한 하나의 분절이 제아무리 특출해도 여타 분절과 조화를 이루지 못하면 역시 그 유기체는 병이 든다. 분절은 각각 서로 다른 기능을 원활히 하되 하나로 화합해야 한다. 그래서 국가의 최고 원리는 곧 "부동이화(不同而和)"이다.

넷째로 아리스토텔레스는 플라톤의 국가처럼 동일한 철인에 의해 장기간 통치된다는 것이 "위험한" 일이며, 통치자는 전체 국가의 좋음을 위해 자기의 행복을 추구해서는 안 된다는 조건 역시 어불성설이라고 본다.

한 번 농부는 종신 농부, 한 번 무사는 종신 무사, 한 번 통치자는 종신 통치자… 이렇게 되면 각자의 직분이 운명 지어졌다는 말이 된다. 게다가 무엇이든 장기간의 점유는 부작용을 낳는다는 것은 경험이 충분히 증명하는 바이다. (*Politica*, 1308a 참조) 또한 공정성을 담보하기 위해 거의 모든 사생활을 금지당한 통치자가 과연 행복할까? 통치자는 행복을 잊고 살아야 한다면, 통치자 자신이 행복을 느끼지 못하는 그러한 국가에서 과연 "누가 행복하겠는가?"(*Politica*, 1264b 참조) 그러한 국가에서는 누가 '잘 사는' 것일까? ― 통치자의 이런 조건의 현실성에 대해서도 아리스토텔레스는 회의적이다.

다섯째로 이미 헬레니즘시대를 살고 있는 아리스토텔레스는 플라톤의 국가가 오로지 국가 내부의 문제와 관련해서만 그 모습을 보여주고 있다고 비판한다. 한 국가는 다른 국가와의 관계 속에서 국가 운영 방식을 모색해야 한다는 것이다. 평화 시에는 많은 무사가 필요 없으며, 평화 시의 많은 군사는 오히려 국가를 불안정하게 할 위험요소이며, 타국과의 관계 또한 위태롭게 만들 수 있다.(*Politica*, 1265a 참조)

여섯째로 국가의 성립은 백지 위에 임의로 설계된 것이 아니라, 이미 자연적·사회적 조건에 따라 존재하는 사람들로 이룩된 것이고, 그 사람들은 이미 수많은 공동체를 이룩하고 해체한 경험을 가지고 있는 만큼, 아리스토텔레스는 그 경험의 바탕 위에서 실현 가능한 국가 모습을 제시해야 한다고 본다.

이미 플라톤에 의해 제시된 '이상 국가'의 상을 두고 수정 제안하는 것이니 그렇겠지만, ― 수정 제안은 창안보다 대개는 훨씬 쉬운 것이다. ― 아리스토텔레스의 국가 운영 원리는 한결 체계적이면서도 현실적이다.

3) 민주정체: 법에 의한 통치

이미 인간을 "정치적 동물"로 규정한 아리스토텔레스에게 있어서 국가란 국민들이 합의한 선의 이념과 그를 실천할 규칙들, 곧 법률의 체계이거니와, 그 법률체계로써 곧 그 나라의 정치체제는 결정된다. 어떠한 정치체제를 가진 국가에서든 "최고 관직을 수행할 자는 세 가지의 자질을 갖추지 않으면 안 된다. 첫째로는 현존하는 정치체제에 대한 충성심, 그 다음은 최고의 행정능력, 셋째로는 당해 정치체제에 대해 알맞은 덕성과 정의로움이다."(*Politica*, 1309a) 각 국가의 정체는 이미 국민의 합의 위에 서 있는 것인 만큼, 국가의 통치자는 무엇보다도 그 국가의 정체를 유지 발전시켜야 할 책무를 갖는다. 또한 정체마다 각기 특성이 있기 때문에 통치자는 그가 이끄는 국가의 정체에 알맞은 덕성과 정의감이 있어야 하고, 국가의 과제를 그 정체에서 최선의 방식으로 수행해낼 행정능력을 갖추어야 한다. 가령 군주국가와 민주국가의 통치자에게는 그에 알맞은 자질이 서로 같지 않기 때문에, 군주국가에서는 미덕이 될 자질이 민주국가에서는 오히려 패악이 될 수도 있는 것이다.

아리스토텔레스는 민주정체를 최상의 것으로 보지는 않았지만, 근대 이후에 보편화된 민주정체의 특성을 일찍이 잘 이해하고 있었다.

민주정체에서는 국민 누구나 "자유(ἐλευθερία)"로우며, 모두가 "평등(ἰσότης)"하다는 원칙(*Politica*, 1318a 참조)을 납득하고, 국민 스스로가 통치한다. 국가의 주권은 통치자에게 있으며, 국가는 통치자의 좋음을 위해서 존재하는 것이다. 그러니까 국민이 주권자이자 통치자인 민주국가에서 통치는 국민 모두의 좋음을 위해 이루어진다. 그래서 민주국가는 국민 모두의 공동의 좋음, 공공선을 보장하는 방식으로 운영되는 것을 지향한다. 그러나 '국민 모두의 통치'가 실제로 동시에 국민 전원 각각이 통치자 역할을 한다는 것을 뜻할 수는 없다. 국경 수비대도 없고 생산자도 전혀 없는 국가란 존속할 수가 없는 것이니까. 그러므로 주권자인 국민 모두가 통치자라 함은 국민들 일부가 어느 시기에 일정한 방식으로 "선출되어" (*Politica*, 1318a 참조) 통치자 역할을 수행하되 일정 기간이 지나면 교체되고, 이제까지 피치자였던 이들 가운데 일부가 교대로 통치자 역할을 담당한다는 뜻이다. 그러니까 '국민 모두의 통치'란 국민들은 누구나 한편으로는 통치자가 될 수 있고, 다른 한편으로 또한 피치자가 될 수 있으며,

그 역할이 보편적 규정에 따라 바뀔 수 있는 통치체제를 말한다. 곧 정권 교체가 보편적 법규에 의거해 일어난다는 것이다. 그러므로 비록 "민주국가의 기초는 자유"(*Politica*, 1317a)이고, "사람은 누구나 자기가 의욕하는 바대로 살 수 있다."(*Politica*, 1317b)라는 것이 민주국가에서의 대원칙이라고 하더라도, 자유민으로서 민주시민의 최고의 덕은 잘 통치하고 잘 통치받을 줄 아는 것이다. 잘 통치받을 줄 모르는 이는 잘 통치할 줄 모르며, 잘 통치할 줄 모르는 이는 잘 통치받을 줄도 모른다.(*Politica*, 1277b 참조)

총체적으로 인간행위가 지향하는 목적은 최고로 좋음[최고선], 곧 행복이다. 그리고 정치행위에서 추구하는 좋음은 정의(τὸ δίκαιον)이다. 그런데 그리스어 낱말 '정의로운(δίκαιος)'이 '평등한' 또는 '동등한'을 뜻하는 바와 같이, 만인의 평등이 정의인 것처럼 보인다. 그렇다면 도대체 '평등'이란 무엇인가? 그것은 "동등한 자가 동등한 것을 얻음"(*Politica*, 1277b)을 말하는 것이다. 만약 국가 공무직에 있어서 평등함이 정부의 모든 관리가 동등한 직위를 가짐을 뜻한다면, 한 부처의 직원 모두가 장관이거나 업무 보조원이어야 할 것이다. 만약 회사 생산직에서 평등함이 공장 내 모든 종사자가 동등한 직분을 가짐을 뜻한다면, 한 부서의 종사자 전원이 주임이거나 전원이 조수이어야 할 것이다. 무릇 그러한 사회는 존속할 수 없을 터이다. 그러니까 평등이란 본성상 동등한 자들 사이에서만 이야기될 수 있는 것이다.

두말할 것 없이 "본성상 동등한 자들은 본성상 동일한 권리와 동일한 존엄을 가져야 한다." 그러므로 민주국가에서는 모든 이가 통치받으면서 통치하는 것이며, 그 역할은 교대되어야 한다. "이에서 법에 이른다. 역할을 교대하는 것이 질서이며, 질서는 곧 법을 의미하기 때문이다. 그래서 어떤 개인이 통치하는 것보다는 법이 통치하는 것이 바람직한 것으로 보인다."(*Politica*, 1287a) 그런데 "법이 통치할 것을 주장하는 이는 신과 지성만이 통치할 것을 주장하는 것과 같다."(*Politica*, 1287a) 법치란 법이 욕구에 의해 영향받지 않아야 가능한데, 그런 것은 신적 지성만이 해낼 수 있는 것이니 말이다. — 반면에 "인간이 통치할 것을 요구·주장하는 이는 동물의 요소 또한 취하는 것이다. 무릇 욕구는 그런 [동물적인] 것으로서, 격정은 최선의 인간인 관리마저도 심사를 어지럽게 만든다." — 그렇지만 법치에는 한계가 있으니, 국가의 일들 가운데는 법 아래에 포섭될 수 없는 사안들도 있기 때문이다. 그래서 다시금 "완전한 법이 통치해야 하는가, 아니면 차라리 완전한 인간이 통치해야 하는가?"(*Politica*, 1287b) 하는 난제가 제기된다. 그래서 최선의 정체가 국민 모두가 통치하는 민주정체냐, 소수의 선량이 통치하는 귀족정체냐, 아니면 최고의 현자가 통치하는 군주정체냐 하는 문제는 이론적으로나 현실적으로나 해결하기 어려운 문제이다. 전 국민의 최대의 행복이 정치의 목적이라고 한다면, 설령 행복을 수량화할 수 있다 하더라도, 어느 정체에 의해 그를 성취할 수 있는지는 세 정체를 동시에 시행해보지 않고서는 결정할 수 없을 것이기 때문이다.

그럼에도 그것이 어떤 형태의 것이든 "잘 정비된 헌정체제에서는 무엇보다도 먼저 범법행위가 일어나지 않도록 배려되지 않으면 안 된다. 사소한 사안에서는 더욱 그러하다. 왜냐하면 마치 계속되는 작은 지출들에 의해 종국에는 한 재산이 탕진되듯이, 범법은 알지 못하는 사이에 스며들어 국가를 파멸시키기 때문이다."(*Politica*, 1307b) 국가의 유지 발전은 무엇보다도 국민들의 준법에 의해서만 가능한 것이다.

4) 중간계층이 다수인 국가와 노예제 유지

한 국가는 "가능한 한 평등하고 동일한 계층의 사람들로 구성되는 것이 좋고", 그런 한에서 "중간층"의 사람들이 국가의 다수를 이룰 때 국가는 안정적이라고 아리스토텔레스는 본다.(*Politica*, 1295b 참조) 윤리적 행위의 정도(正道)를 중용에서 보듯이 아리스토텔레스는 정치적 선을 중간층의 두꺼움에서 보는 것이다. 중간층이 없거나 얇으면 국민은 부호와 빈민으로 나뉘고, 자칫 독재와 혁명의 악순환에 빠질 우려가 있다.(*Politica*, 1295b 참조) "정치체제의 변혁은 국가의 어느 일부분이 불균형하게 팽창하는 경우에 발생한다."(*Politica*, 1302b) 한 육체가 여러 기관으로 구성되어 있되, 각 기관이 조화롭게 발육하면 발전하지만, 어느 한 기관이 지나치게 비대해지거나 쇠약해지면 발병하듯이 말이다. 중간층이 양 극단의 계층 "모두보다 또는 어느 한쪽보다 우세해야만 정부는 안정적일 수 있고, 그런 경우에서는 이들에 맞서기 위해 부자계층이 빈자계층과 결코 결탁하지 못할 것이다."(*Politica*, 1296b~1297a) 왜냐하면 부자계층과 빈자계층은 공동의 이익이 있을 수 없고, 또 상호 신뢰가 없기 때문에 번갈아 가면서 통치한다는 협약에 이를 수 없을 것이기 때문이다.(*Politica*, 1297a 참조) "또한 정치체제의 변혁은 부자계층과 빈자계층과 같이 대립되는 파당이 세력에서 균등하되, 중간계층이 소수이거나 전혀 존재하지 않을 경우에도 발생한다."(*Politica*, 1304a/b) 두 극단 사이에는 신뢰가 없고, 중간계층은 미약하여 두 극단의 충돌을 저지할 힘이 없기 때문이다.

"그러나 모든 정치체제에서 가장 중요한 것은, 법률이나 여타의 제도를 통해 사람들이 관직으로 인해 부자가 되는 일이 없도록 하는 일이다. [⋯] 무릇 대중은 관직에서 배제된 것에 대해서는 그다지 섭섭해하지 않으며, 오히려 각자가 편안히 사적인 생업에 전념할 수 있음으로써 만족해하기도 한다. 그러나 그들은 통치자들에 의해 공공의 재산이 도용되고 있다고 생각할 때는, 그들이 관직에 참여하지 못한 것과 그들의 이득을 잃은 것, 두 가지로 인해 참을 수 없는 고통을 느낀다."(*Politica*, 1308b)

아리스토텔레스의 정치적 이성은 일면 정당 정치가 자리 잡은 현대 시민사회에서도 통용될 만한 보편성을 보이고 있다. 그럼에도 그 역시 시대상을 벗어나지는 못했으니, 아리스토텔레스 정치학의 주인공들인 '본성상 동등한 자들'은 자유민 내에서도 본성상의 차이에 따라 계층 구분이 있을 수 있음을 함의할 뿐만 아니라, 노예 신분이 본성상의 차이에 의한 자연스러운 것으로 여겨지고 있으니 말이다. 직업상 민회에 참석하기 곤란하다는 이유로 농부나 공장인(工匠人)들이 '시민(πολίτης)'에서 제외되고 (*Politica*, 1277b/1278a · 1328b 참조), 당연히 인구수에 포함되어야 할 거의 절반의 사람들이 노예 신분으로 인해 '사람'으로 여겨지지 않는 사회를 결코 이성적인 사회라고는 할 수 없고, 그러한 상황을 합리화하는 체제를 결코 이성적 헌정체제라고는 할 수 없을 것이다.

　　"누구는 지배하고 누구는 지배당해야 한다는 것은 필요할 뿐만 아니라 유익한 일이다. 출생할 때부터 어떤 자들은 지배당하도록, 또 어떤 자들은 지배하도록 정해져 있다."(*Politica*, 1254a)

　　"어떤 자들은 본성상 자유롭고 다른 자들은 노예라는 것과, 이들에게 노예 제도는 편리하기도 하고 정당하다는 것은 분명하다."(*Politica*, 1255a)

아리스토텔레스가 비록 아무런 규약이 없어도 사람이면 누구나 "자연적으로(κατὰ φύσιν)"(*Rhetorica*, 1.13.2: 1373b) 공통적인 것으로 느끼는 정의로운 또는 부정의한 것이 있다면서, 자연법 내지 이성의 법 개념을 내놓고 있기는 하지만, 이성의 문명화의 진척은 더디어서 아리스토텔레스의 이성도 기껏해야 자유민의 '이성'만을 대변한다. 그래서 국가의 중간층이라는 것도 자유민 사이의 구분일 따름이며, 민주적 의사결정의 주체 또한 일정한 자유민을 지칭하는 것에 불과하다. ― 이성은 늘 보편성을 말하지만, 말해지는 보편성은 실상 편협성을 드러내는 경우가 허다하다. '이성'이라는 개념은 여느 개념들이나 마찬가지로 역사의 진전과 함께 그 내포가 채워져가는 것이며, 그와 함께 변천한다.

3

자연 이성

'이성적 동물'로 규정되는 인간의 특성으로서 '이성'을 '품성(稟性)' 내지 '천품(天稟)'으로 이해하면 이성은 자연[天]의 원리에 직결된다. '품수(稟受)'란 무엇에서인가, 어디에선가 받음을 뜻하니, 그것은 이미 '수여자(授與者)'를 연상시키기 때문이다. 그래서 일단의 사람들은 '이성'을 인간의 고유성으로 파악함과 동시에 '인간 이성'의 원천으로서 본원적인 존재자를 생각했다. 본원적인 존재자란 '그 스스로 있는 것'이니 '스스로 그러한 바' 곧 '자연(自然: physis)'이다. 이로부터 자연이 곧 '만상(萬象)의 이치(logos)'라는 사상이 형성되었다. 고대 중국의 노장(老莊)학파와 유가(儒家), 헬레니즘-로마시대의 스토아학파와 에피쿠로스학파가 그러한 사상을 대표한다고 하겠다.

제1절
노장의 도(道)

자연 만물의 이치, 세상만사의 원리의 지칭으로서의 '이성'은 그러한 일반적인 의미를 가짐에도 불구하고, 많은 경우 그것을 어떠어떠하다고 정의할 수 없다는 부정적인, 소극적인, 그래서 단지 비유적인 명명(命名)으로 등장한다. 그러한 대표적인 사례를 우리는 우선 고대 중국의 노자(老子), 장자(莊子, ca. BC 369~286)의 이름과 함께 전승된 『도덕경(道德經)』과 『장자(莊子)』에서 유래하는 '도(道)'의 사상¹에서 볼 수 있다.

---

1 『노자(老子)』, 『장자(莊子)』의 저자와 그 생존연대에 관해서는 여러 설이 있으니, 여기서는 유가와 노장학의 형성 시기의 선후 문제 등에 개입함이 없이, 다만 노장학을 '도가(道家)'로

노장(老莊)의 도의 사상이 가르쳐주는 첫째의 것은 삼라만상이 그 다양성에도 불구하고 하나의 연원을 가지며, 삼라만상은 하나의 원리에 따라 생성소멸한다는 것이다. 그 원리의 세세한 내용이야 지혜가 발전하면서 더 밝혀낼 수도 있을 터이나, 그 착상만으로도 이미 주목받기에 충분하다. 서양 학문사에서 탈레스(Thales, ca. BC 624~547)가 비조로 꼽히는 것은 다양 다기한 삼라만상을 물이라는 하나의 원리(ἀρχή)로 수렴했던 착상의 탁월함 때문이다. 그는 다양성 속에서 일양성을, 상이성에서 동일성을 보고, 복잡한 것을 단순한 것으로 환원함으로써 자연에 대한 학문적 탐구의 길을 열었다. 노장의 '도(道)'는 그것과 같은 길을 가리킨다.

1. 만물의 근원[뿌리]이자 조리[결]인 도

도란 무엇인가?

"도는 언제나 이름이 없다(道常無名)."(『道德經』, 제32장)

"도라고 말할 수 있는 것은 언제나의 도가 아니다(道可道非常道)."(『道德經』, 제1장)

대체 도가 어디 있는가?

"없는 곳이 없다(無所不在)."(『莊子』,「知北遊」)

묶어 고대 중국 춘추전국시대의 諸子百家 중의 대표적 사상의 하나로 놓는다. 참조: 王邦雄,『老子的哲學』, 臺北, 2004: 천병돈 역,『노자, 생명의 철학』, 은행나무, 2014, 66~80면.

무릇 도는 너무 커서 무엇이라 칭할 수 없고(夫大道不稱)(『莊子』, 「齊物論」 참조), 무릇 경계가 있은 적이 없으니(夫道未始有封)(『莊子』, 「齊物論」 참조) 어디에 있다고 말할 수도 없는 것이다. 그러하니 정확히 말하면 그것을 어떤 식으로 서술해보려 하는 시도 자체가 부질없는 짓이다.

"도는 들을 수 없는 것이니, 들었다면 도가 아니고, 도는 볼 수가 없는 것이니, 보았다면 도가 아니며, 도는 말할 수 없는 것이니, 말했다면 도가 아니다(道不可聞 聞而非也 道不可見 見而非也 道不可言 言而非也)."(『莊子』, 「知北遊」)

"[도란] 그 형태를 볼 수가 없고, 그 소리를 들을 수 없다. 사람들이 논하여 그것이 어둡고 깊다 하지만 도를 말로써 논하기는 하되 그것은 이미 참된 도가 아니다.(視之無形 聽之無聲 於人之論者之冥冥 所以論道而非道也)"(『莊子』, 「知北遊」)

"도는 사물의 극치이다. 말로도 말 없는 사유로도 그를 담기에는 부족하다.(道物之極 言默不足以載)"(『莊子』, 「則陽」)

극치의 개념은 본래 동위의 다른 것이 없는 것이니 애당초 '종차(種差)'도 찾을 수 없고, 상위의 개념 또한 없는 것이므로, 정확하게 정의될 수 있는 것이 아니다. 그러나 생각을 말로써 표현해낼 수밖에 없는 인간이니 어쩌겠는가. 그래서 생각하는 바를 때로는 자기 모순적인 말로 때로는 비유로 서술하려 애쓴다. 예컨대 '무(無)'라느니 '암컷[玄牝, 谷神]'이라니 하면서. 그러나 있음/임의 시원이 없음/아님이라 함은 애당초 말이 안 되며, 그러니까 세상의 근본 원리 곧 이성은 고작 비이성적으로밖에는 표현할 수 없는 것으로 등장한다. 그나마 실감나게 비유하자면 여자, 어머니 같은 것, 물과 같은 것이다.

"곡신은 죽지 않는다. 이것을 일러 아득한 암컷이라 하니, 아득한 암컷의 문, 이것을 일러 하늘과 땅의 뿌리라 한다. 이는 끊임없이 이어져 있어서 그를 써도 다함이 없다.(谷神不死 是謂玄牝 玄牝之門 是謂天地根 綿綿若存 用之不勤)" (『道德經』, 제6장)

"무릇 도란 뜻을 가지고 있고 믿을 수 있는 것이지만, 아무것도 하지 않으며 형태도 없다. 이것은 전해질 수는 있으되 받을 수가 없고, 얻을 수는 있으되 볼 수가 없다. 이것은 그 자체가 본체이고 뿌리이며, 천지가 있기 전 예부터 원래 있어왔다. 이것은 귀신과 천제를 신성하게 만들며, 하늘과 땅을 낳는다. 이것은 태극보다 더 앞에 있지만 높다고 여겨지지 않으며, 육극보다 더 밑에 있지만 깊다고 여겨지지 않는다. 이것은 하늘과 땅보다 앞서 생겼지만 오래되었다고 여겨지지 않으며, 까마득한 옛날보다도 더 오래되었지만 늙었다고 여겨지지 않는다.(夫道 有情有信 無爲無形 可傳而不可受 可得而不可見 自本自根 未有天地 自古以固存 神鬼神帝 生天生地 在太極之先而不爲高 在六極之下而不爲深 先天地生而不爲久 長於上古而不爲老)"(『莊子』, 「大宗師」)

세상만물은 무엇인가에서 유래할 터인데, 그렇다면 또 그 무엇인가는 어디서 유래하는가? 그래서 도가는 무엇인가의 극한을 아무것도 아닌 것으로 상정하고, 그것의 진짜 이름은 모르되 그 자호를 '도'라고 일컫는다.

"뒤섞인 것이 있어 천지에 앞서 생겼다. 소리도 없이 형체도 없이 홀로 서 있으되 바뀌지 않고, 두루 작용하여도 위태롭지 않으니, 천하의 어미가 될 만하다. 나는 그 이름을 모르나 그것의 자호를 '도'라 하고, 억지로 '크다'고 일컫는다.(有物混成 先天地生 寂兮寥兮 獨立而不改 周行而不殆 可以爲天下母 吾不知其名 字之曰道 强爲之名曰大)"(『道德經』, 제25장)

도는 항상 어디에나 있는, 가장 높고 넓으며 깊고 장구한 것이되, 볼 수도 없고, 들을 수도 없고, 그래서 형언할 수도 없는 것이다.

　"그것[도]은 보려고 해도 보이지 않으니, 지극히 크다고 일컫는다. 그것은 들으려고 해도 들리지 않으니, 지극히 작다고 일컫는다. 그것은 붙잡으려 해도 잡히지 않으니, 지극히 가늘다고 일컫는다. 이 세 가지는 말로써는 따져 볼 수가 없다. 그래서 합해서 '하나'라고 한다. 그것은 위라고 더 밝지 않고, 아래라고 더 흐릿하지 않다. 노끈처럼 길게 이어지나 이름 붙일 수가 없고, 아무것도 아닌 것으로 되돌아간다. 이를 일러 상태 없는 상태라 하고, 사물 없는 형상이라 하니, 이를 일러 황홀하다고 한다. 앞으로 맞이하여도 그 머리가 보이지 않고, 뒤를 따라가도 그 후미가 보이지 않는다. 옛 도를 붙잡아 지금 있는 것을 다스림으로써 능히 옛 시원을 알 수 있으니, 이를 일러 도의 실마리라 한다.(視之不見 名曰夷 聽之不聞 名曰希 搏之不得 名曰微 此三者 不可致詰 故混爲一 其上不皦 其下不昧 繩繩不可名 復歸於無物 是謂無狀之狀 無物之象 是謂恍惚 迎之不見其首 隨之不見其後 執古之道 以御今之有 能知故始 是謂道紀)"(『道德經』, 제14장)

이 실마리를 붙잡아 억지로 표현하자면, 우리가 보고 있는 무엇, 있는 것은 아무것도 아닌 것에서 유래한다.

　"온 세상만물은 유에서 나오고, 유는 무에서 나온다(天下萬物生於有 有生於 無)."(『道德經』, 제40장)

그래서 아무것도 아닌 것에서 무엇인가가 나와 유·무 혼성물이 생기고, 이의 역변(易變)으로 만물이 생성하는 것이라 하겠다.

"도가 하나를 낳고, 하나가 둘을 낳으며, 둘이 셋을 낳고, 셋이 만물을 낳는다(道生一 一生二 二生三 三生萬物)."(『道德經』, 제42장)

만물이 각기 성능을 얻으면 구체적 사물이 형성되어 각자 본성을 얻는다.

"태초에 있던 것은 무였다. 무가 있었고[아무것도 없었고] 이름도 없었다. 여기서 하나가 생겨났는데, 하나가 있었어도 아직 형체가 없었다. 사물이 이 [하나]를 얻음으로써 생겨나는데 그것을 일러 덕[성능]이라 한다. 아직 형체 없는 것이 구분은 있어 차츰 사물에 깃들었으나 틈새는 없었으니, 이를 일러 명이라 한다. [이 하나가] 유동하여 사물을 낳고, 사물이 이루어져 각기 이치가 생기니, 이를 일러 형체라 한다. 형체는 정신을 지키고, 각기 갖추어진 규칙을 갖고 있으니, 이를 일러 본성이라 한다.(泰初有无 无有无名 一之所起 有一而未形 物得以生 謂之德 未形者有分 且然无閒 謂之命 留動而生物 物成生理 謂之形 形體保神 各有儀則 謂之性)"(『莊子』, 「天地」)

도란 만물 생성의 공통의 원리이되, 만물은 각기 그 성능 곧 덕을 갖추지 못하면 구현될 수 없다. 말하자면 사물의 "형체는 도 없이는 생겨날 수 없으되, 그 본성은 덕 없이는 분명해지지 않는다(形非道不生 生非德不明)."(『莊子』, 「天地」)

만약 개개 사물의 이치를 '이(理)'로 표현한다면 한비자(韓非子, ca. BC 280~233)가 요약한 것처럼 "도라는 것은 세상만물이 그리된 바이며, 온갖이치가 머무르는 바이다. 이치란 사물을 이루는 결이고, 도란 세상만물을 이루는 까닭이니, 그렇기에 일러서 '도란 결을 내는 것'이다.(道者 萬物之所然也 萬理之所稽也 理者 成物之文也 道者 萬物之所以成也 故曰 道者 理之也)"(『韓非子』, 「解老篇」)라고 하겠다.

2. 무위자연이되 만물의 규준인 도

노장사상은 존재 세계의 발생 설명에 있어서 일종의 유출(流出: aporria / emanatio)설이다. '있음'의 원초는 '없음'이니, '있음'은 당초 '없음'에서 나온 것이다. 그러니까 무에서 유[하나]가 나와 유·무[둘]가 맞서는바, 이유·무 둘로부터 생성[셋]이 생겨, 이에서 만물이 발생한다. 무엇이라고 말할 수 없는 것이 천지의 단초(無名天地之始)이되, 무엇임이 드러나면 세상 만물이 발생하는 것(有名萬物之母)이다.(『道德經』, 제1장 참조) "도는 비어 있으되 [얼마든지 퍼서] 쓸 수 있고, 또는 가득 차 있지 않으나 아득히 넓어서 만물의 근원인 양하다(道沖而用之 或不盈 淵兮似萬物之宗)."(『道德經』, 제4장)

도는 만물의 시원이자 본원으로서, 그로부터 문물은 유래하고 그것으로 귀일하니, 그렇기에 만물은 도로 통하고, 도는 만물을 하나로 만든다.

"도는 사물들의 구분을 통틀어 하나로 만든다(道通其分也)."(『莊子』, 「庚桑楚」)

그러하되 도는 만물을 부리거나, 만물 위에 군림하지 않는다. 진정한 도는 "공을 세우고도 그에 머무르지 않는다(功成而弗居)."(『道德經』, 제2장)

"[도는] 만물을 낳고도 소유하지 않으며, 하고도 자랑하지 않으며, 키우고도 주재하지 않는다(生而不有 爲而不恃 長而不宰)."(『道德經』, 제51장)

도는 만물의 본원이되 만물을 주재하지는 않는다. 도는 저절로 그러한 바이니, 아무것도 하지 않으나, 바로 그렇기에 만물 운행의 규준이다. 도는 만물 유행의 자연스러운 법칙이다. 만물은 저절로 그렇게 유행하되, 그 법도에 어그러짐이 없는 것이니, 도는 아무것도 하지 않지만, 하지 않는 것이 없는 것이다.

"도는 항상 아무것도 함이 없지만, 하지 않는 것이 없다(道常無爲 而無不爲)."
(『道德經』, 제37장)

　도는 무위자연이고 "그래서 성인은 아무것도 함이 없는 일에 머무르니
(是以聖人處無爲之事)"(『道德經』, 제2장), 성인은 다스림에 있어서도 아무런 작
위를 하지 않는다. "아무것도 하지 않게 하면 다스려지지 않는 것이 없다
(爲無爲 則無不治)."(『道德經』, 제3장) 이 같은 자연이 도의 규준이라면 도는 사
람의 규준인 것이다.

"사람의 규준은 땅이고, 땅의 규준은 하늘이며, 하늘의 규준은 도이고, 도의
규준은 자연이다(人法地 地法天 天法道 道法自然)."(『道德經』, 제25장)

　하늘은 자연의 일부로서 표상되기도 하지만, "무위로써 할 바를 하는
것이 하늘이다(無爲爲之之謂天)."(『莊子』, 「天地」)에서처럼 자연 자체로 표상되
기도 하는데, 그렇기 때문에 때로는 "하늘이 곧 도이며, 도는 영구한 것
이다(天乃道 道乃久)."(『道德經』, 제16장)라고 말할 수도 있다. 자연의 이치가
도이고, 도에 따라 하늘과 땅이 운행하는 것이니, 인생도 대자연의 운행
에 실려 있는 것이다.

"무릇 대자연은 나에게 형체[몸]를 실어주고, 삶으로써 나를 수고롭게 하
고, 늙음으로써 나를 한가하게 하며, 죽음으로써 나를 쉬게 한다. 그러므로
내가 삶을 잘 하는 일이 바로 죽음을 잘 하는 일인 것이다.(夫大塊載我以形 勞我
以生 佚我以老 息我以死 故善吾生者 乃所以善吾死也)"(『莊子』, 「大宗師」)

3. 지인(至人)의 생활의 원리인 도

1) 무위자연적 생활의 원리

자연은 결[理]대로 운행하니, 그에 따른 삶, 아무런 거슬림이나 억지가 없는 삶이 정도(正道)이고, 최상의 지혜이다.

> "[하백이] '무엇을 자연[天]이라 하며, 무엇을 인위[人]라 하는가?' 하고 물으니, 북해의 신 약(若)이 대답하기를 '소와 말의 네 다리, 이것을 일러 자연이라 하고, 말머리의 고삐와 소의 코뚜레, 이것을 일러 인위라 한다'고 말했다([河伯]曰何謂天 何謂人 北海若曰 牛馬四足 是謂天 落馬首 穿牛鼻 是謂人)."(『莊子』, 「秋水」)

이에 노자는 "인간을 다스리고 하늘을 섬기는 데는 농부처럼 검색한 것이 제일이다(治人事天莫若嗇)."(『道德經』, 제59장)라고 권고한다. 농부가 경작할 때 아무것도 하지 않는 것은 아니듯이, 사람이 욕구가 있고 기획하는 바가 있는데, 문자대로의 '무위(無爲)'를 사람의 행실에서 어찌 기대할 수 있겠는가. 그러하되 "성인은 심한 것을 물리치고 사치한 것을 물리치며 지나친 것을 물리친다(聖人去甚去奢去泰)."(『道德經』, 제29장) 이에서 노자는 "만족할 줄 알면 욕됨을 겪지 않으며, 멈출 줄 알면 위태롭지 않아, 장구할 수 있다(知足不辱 知止不殆 可以長久)."(『道德經』, 제29장)라고 말한다. 이런 조리에서 도를 터득한 지인(至人)은 "항상 자연대로 하되 삶에 더하는 것이 없다(常因自然而不益生也)."(『莊子』, 「德充符」)

무릇 "사물에 순응하는 자연에는 사사로운 것이 용납되지 않는다(順物自然 而無容私焉)."(『莊子』, 「應帝王」) 그러나 자연대로 하는 데는 덕성이 요구되는 만큼, 도는 그를 품수(稟受)하여 실행에 옮길 수 있는 큰 힘 즉 덕과 어울릴 때 비로소 실현된다. "도가 만물에 유행하는 것(行於萬物者 道也)"이라면, "덕은 천지에 능통한 것(通於天地者 德也)"이니(『莊子』,「天地」참조), 도덕이 어우러질 때 자연대로의 삶이 현실화한다.

"도는 낳고 덕은 기르고, 물은 형태를 주고 세는 완성시킨다. 이 때문에 만물 중에 도를 존중하고 덕을 귀하게 여기지 않는 것이 없다. 도가 존중되고 덕이 귀하게 여겨지는 것은 아무도 명령하지 않았으나 항상 저절로 그렇게 되는 것이다.(道生之 德畜之 物形之 勢成之 是以萬物莫不尊道而貴德. 道之尊 德之貴 夫莫之命而常自然)"(『道德經』, 제51장)

"도를 깨우친 자는 도와 하나가 되고, 덕을 이룬 자는 덕과 하나가 되고, 잃는 자는 잃음과 하나가 된다. 도와 하나가 된 자는, 도 또한 즐거이 그를 얻고, 덕과 하나가 된 자는, 덕 또한 즐거이 그를 얻으며, 잃음과 하나가 된 자는, 잃음 또한 즐거이 그를 얻는다.(道者同於道 德者同於德 失者同於失 同於道者 道亦樂得之 同於德者 德亦樂得之 同於失者 失亦樂得之)"(『道德經』, 제23장)

이 대목에서 노자 『도덕경』의 제1편과 제2편의 주제를 이루고 있는 '도(道)'와 '덕(德)'의 표리 관계를 읽을 수 있다. 덕은 세상만물의 공통의 원리인 도가 각각의 사물에 갖추어져 있는 성능으로, 그로 인해 사물은 각각의 본성을 갖는다. 그러므로 사람도 본시 그 본성을 도 즉 태허(太虛)에서 얻었으니 그 본성을 닦아 덕을 회복하면 이내 태허 즉 도와 합일할 터이다.

"본성을 잘 닦으면 본래의 덕으로 돌아가고, 덕이 지극한 데에 이르면 태초의 상태와 같아진다. 같아지면 허하고, 허하면 크다.(性修反德 德至同於初 同乃虛 虛乃大)"(『莊子』,「天地」)

사람들이 인의와 예의범절을 논하는 것은 도를 잃고 난 혼란을 수습하려는 작위이다.

　"큰 도가 없어지자 인의가 있게 되었고, 지혜가 나오자 큰 거짓이 있게 되었고, 육친이 불화하자 효성과 자애가 있게 되었으며, 국가가 혼란하자 충신이 있게 되었다(大道廢 有仁義 慧智出 有大僞 六親不和 有孝慈 國家昏亂 有忠臣)." (『道德經』, 제18장)

　"도를 잃은 후에 덕이 생기고, 덕을 잃은 후에 인이 생기며, 인을 잃은 후에 의가 생기고, 의를 잃은 후에 예가 생긴다(失道而後德 失德而後仁 失仁而後義 失義而後禮)." (『道德經』, 제38장; 『莊子』, 「知北遊」)

　그러하므로 "예란 도의 허식이며, 모든 혼란의 시초이다(禮者道之華 而亂之首也)." (『莊子』, 「知北遊」) 인·의·예라는 덕성은 기껏해야 작위적인 하덕(下德)일 따름이다. 참으로 "높은 덕은 굳이 덕이 있으려 하지 않는다(上德不德)." (『道德經』, 제38장 참조)

　"옛적의 참사람은 자연으로써 사람을 기다렸지, 사람[인위]으로써 자연에 개입하지 않았다(古之眞人 以天待人 不以人入天)." (『莊子』, 「徐无鬼」)

"인위로써 자연을 파멸시키지 말고, 고의로써 성명을 훼손하지 말 일이다(无以人滅天 无以故滅命)." (『莊子』, 「秋水」) 그렇기에 "도를 닦는 자는 나날이 가식을 덜어내고 또 덜어내어 무위에 이른다. 무위이되 하지 않는 것이 없다.(爲道者日損 損之又損之 以至於無爲 無爲而無不爲也)" (『莊子』, 「知北遊」) 도는 천지 만물과 하나 되는 이치로서, 성인(聖人)만이 그에 이른다.

"지인은 자기를 갖지 않고, 신인은 공을 의식하지 않으며, 성인은 이름을 세우지 않는다(至人無己 神人無功 聖人無名)."(『莊子』, 「逍遙遊」)

"성인은 천지의 아름다움에 근원을 두고, 만물의 이치에 통달(聖人者 原天地之美 而達萬物之理)"(『莊子』, 「知北遊」)하니, "천지와 나는 함께 살고, 만물과 나는 하나가 된다(天地與我並生 而物與我爲一)."(『莊子』, 「齊物論」) 그러기 위해서는 온갖 욕정을 떨쳐버려야 한다. 성인은 "사람의 형체를 하고 있으나 사람의 정은 지니지 않는다. 사람의 형체를 하고 있으므로 사람들과 한 무리를 이루고 살지만, 정을 지니지 않으므로 옳고 그름을 몸에서 취하지 않는다.(有人之形 無人之情 有人之形 故群於人 無人之情 故是非不得於身)"(『莊子』, 「德充符」) 그렇기에 성인은 마음의 고요함을 얻으니, 그것은 그가 고요함이 좋다고 하여 그리하는 것이 아니라, "만물의 어느 것도 그의 마음을 동요시키기에는 부족하기 때문에 고요한 것이다(萬物无足以鐃心者 故靜也)."(『莊子』, 「天道」)

"하늘이 하는 바를 알고, 사람이 하는 바를 알면 최고의 경지이다. 하늘이 하는 바를 아는 자는 천연 그대로 살고, 사람이 하는 바를 아는 자는 그 알고 있는 바를 앎으로써 그 알지 못하는 바의 앎을 키워나가 천수를 다한다.(知天之所爲 知人之所爲者 至矣 知天之所爲 天而生也 知人之所爲者 以其知之所知 以養其知之所不知 終其天年)"(『莊子』, 「大宗師」) 그러나 하늘이 하는 바와 사람이 하는 바가 궁극에서 어떻게 구별되겠는가. 인간의 것도 하늘의 것이고, 하늘의 것도 하늘의 것이다. "하늘과 사람은 서로 이기려 하지 않으니, 이렇게 하는 이를 일러 진인이라 한다(天與人不相勝也 是之謂眞人)." (『莊子』, 「大宗師」) "무릇 천지의 덕에 밝다는 것, 그것을 일러 근본 중의 근본이요 근간 중의 근간이라 하거니와, 그것은 하늘과 화합하는 것이다. […] 하늘과 화합하는 것, 그것을 일러 하늘의 즐거움이라 한다.(夫明白於天地之德者 此之謂大本大宗 與天和者也 […] 與天和者 謂之天樂)"(『莊子』, 「天道」)

2) 허심탄회한 생활의 원리

노장은 세상만사를 "하늘의 관점에서 비추어보아(照之於天)"(『莊子』, 「齊物論」 참조) 처신할 것을 권고한다. 도의 관점에서 허심탄회하게 살라는 것이다.

"도의 관점에서 보면 사물에 귀천은 없다. 사물의 관점에서 보면 자기는 귀하고 상대는 천하다. […] 차이의 관점에서 그 큰 것을 들어 크다고 하면 만물이 크지 않은 것이 없고, 작은 것을 들어 작다고 하면 만물이 작지 않은 것이 없다. […] 공효의 관점에서 보아 유용한 것을 들어 유용하다 하면 만물이 유용하지 않은 것이 없고, 무용한 것을 들어 무용하다 하면, 만물이 무용하지 않은 것이 없다. […] 취향의 관점에서 보아 기꺼운 것을 들어 기껍다 하면 만물이 기껍지 않은 것이 없고, 고까운 것을 들어 고깝다 하면 만물이 고깝지 않은 것이 없다.(以道觀之 物无貴賤 以物觀之 自貴而相賤 […] 以差觀之 因其所大而大之 則萬物莫不大 因其所小而小之 則萬物莫不小 […] 以功觀之 因其所有而有之 則萬物莫不有 因其所无而无之 則萬物莫不小无 […] 以趣觀之 因其所然而然之 則萬物莫不然 因其所非而非之 則萬物莫不非)"(『莊子』, 「秋水」)

그래서 성인은 이것만이 옳다, 저것만이 옳다는 시비 다툼에 빠지지 않는다. 관점에 따라서는 이것이 옳을 수도, 저것이 옳을 수도 있기 때문이다. "이것과 저것이 대립되지 않는 곳, 그것을 일러서 도의 중추라고 한다(彼是莫得其偶 謂之道樞)."(『莊子』, 「齊物論」) 그래서 성인은 헛되이 한편에 서서 자기 생각을 고집하지 않는다. 그것은 시비에 얽히기 때문이다. "그렇기에 성인은 시비를 조화시키고, 자연의 균형에서 쉰다. 이것을 일러 양행이라 한다.(是以聖人和之以是非 而休乎天鈞 是之謂兩行)"(『莊子』, 「齊物論」)

지혜의 최고의 경지는 만물이 애당초 아무것도 아님을 깨닫는 것이고,

그 다음은 무엇인가가 있으되 사이에 아무런 경계가 없음을 깨치는 것이고, 그 다음은 설령 경계를 인정한다 해도 거기에 시비가 있는 것은 아님을 아는 것이다.(『莊子』, 「齊物論」 참조) 시비가 나뉘면 편애가 생기고, 그러면 자연히 도는 파괴되고 만다. 만물제동(萬物齊同)이니 이 길이나 저 길이나 각기 뻗어가도록 맡겨둘 일이다. "사물은 오로지 사물로 다룰 뿐, 사물에 의해 사물로 다뤄지지 않도록 할 일(物物而不物於物)"(『莊子』, 「山木」 참조)이며, "도덕을 타고 소요할 일(乘道德而浮遊)"(『莊子』, 「山木」 참조)이다. 그것은 모든 사려와 지식을 제거하여 마음을 완전히 비운 허심(虛心), "심재(心齋)", "좌망(坐忘)"의 삶의 방식으로써, 이렇게 사는 이를 "달인(達人)"이라 하겠다.(『莊子』, 「齊物論」 참조)

"뜻을 하나로 모아라. 귀로 듣지 말고 마음으로 듣도록 하라. 마음으로 듣지 말고 기로 듣도록 하라. 귀는 소리를 듣는 데 그치고, 마음의 밖에서 들어온 것에 부합하여 깨닫는 데 그칠 뿐이다. 기라는 것은 비어 있어 무엇이나 다 받아들인다. 그래서 오직 도는 빈 곳에 모여든다. 이 빈 곳이 심재이다.(若一志 無聽之以耳 而聽之以心 無聽之以心 而聽之以氣 聽止於耳 心止於符 氣也者 虛而待物者也 唯道集虛 虛者心齋也)"(『莊子』, 「人間世」)

"손발과 몸체를 잊고 눈귀 밝음을 물리쳐서 형체를 떠나 지식을 버리고 무한자와 동일하게 되는 것, 이것을 좌망이라 한다(墮肢體 黜聰明 離形去知 同於大通 此謂坐忘)."(『莊子』, 「大宗師」)

제자 안연(顏淵, BC 521~490)이 심신의 온갖 잡사와 잡념을 떠나 허심탄회의 무아 상태에서 도와 합일에 이르렀다고 말했을 때, 그의 스승 공자(孔子, BC 551~479)가 "기꺼이 뒤를 따르겠다(從而後)"라고 했다는 심재(心齋) 좌망(坐忘)의 경지를 노장 또한 이상으로 여겼다. 이런 점에서는 유가

사상이나 도가 사상이나 마찬가지로 단지 감성적 욕구뿐만 아니라 종국
에는 이성적 판별 활동까지도 헛된 것으로 본다 하겠다.

제2절
유가의 '천(天)'

세분하여 보면 서로 간에 작지 않은 차이가 있고 그 때문에 각자 사상
가로서 위치를 갖는 것이지만, 그럼에도 공통적인 세계관, 인간관을 보
여주기 때문에 일군의 사상가들이 하나의 학파, 하나의 교파로 묶여 호칭
되는 것이겠다. 세계의 궁극원리에 관해 언어한계론 내지 언어적대감정
(Sprachfeindschaft)을 보인 노장학파와는 달리, '유가(儒家)'라고 통칭되는
사상가들은 어떻게든 세계의 궁극 원리를 인간의 언어로 표현해내고자
애쓰면서, 하늘[天]과 도(道)와 이(理)와 성(性)과 심(心)의 일관적 원리를 주
장한다.

1. 하늘의 이치와 인간의 이치의 합일

고대의 곳곳에서 자연과 인간의 조응 내지 합치를 염두에 둔 사상과 의
식 또는 제도를 볼 수 있다. 인간의 묘술로 자연에 변화를 일으킬 수 있다
거나 염원을 하늘에 전달하여 하늘이 자신을 가호하도록 할 수 있다거나,
복점(卜占)을 통해 자연의 운행을 미리 알 수 있다거나 하는 언행이 있음은
여전히 그 흔적을 보여주고 있다. 고대 유가 사상은 그 연장선상에 있는

하나의 우주관, 세계관, 인간관이라 볼 수 있다.

유가에서 '하늘[天]'은 경우에 따라 '자연(自然)', '도(道)', '천제(天帝)', '귀신(鬼神)', '신(神)'과 같은 것을 일컫는다. 이렇게 다의적인 '천'을 흔히들 자연(自然)천, 주재(主宰)천, 도덕(道德)천, 의리(義理)천, 운명(運命)천, 생명(生命)천 등으로 나누어보기도 하지만, 대부분의 자연 언어의 낱말이 그렇듯이 많은 경우 '천' 역시 이런 구분이 무색할 만큼 중첩적 의미를 가진다.

"무릇 하늘을 전일하게 말하면 도이다. '하늘도 어기지 않는다' 함이 이것이다. 나누어 말해, 형체로 보면 하늘이라 일컫고, 주재자로 보면 제(帝)라 일컫고, 작용 자취로 보면 귀신이라 일컬으며, 작용 이치로 보면 신이라 일컫고, 성정으로 보면 건(乾)이라 일컫는다.(夫天專言之則道也 天且弗違是也 分而言之 則以形體謂之天 以主宰謂之帝 以功用謂之鬼神 以妙用謂之神 以性情謂之乾)"(『近思錄』, 卷1 道體, 5)

"하늘의 도가 변화하여 각 사물이 본성과 본분을 갖추는 것(乾道變化 各正性命)"(『周易』, 乾爲天)이니, 하늘 아래에 있는 만사, 곧 자연 만물은 저마다 일정한 성격을 가지고 있으되, 그러한 일정한 성격은 자연 곧 하늘에서 받은 것이고, 그런 만큼 각각의 사물의 그 본래적인 성격은 하늘의 이치와 일맥상통하기 마련이다. 그러므로 자연 중의 일물(逸物)인 인간을 포함하여 각각의 사물은 하늘이 정한 바를 따르지 않을 수 없고, 그 지시명령을 따름이 각 사물의 법도이다.

"하늘이 명한 바가 본성이니, 본성에 따르는 것이 법도이다(天命之謂性 率性之謂道)."(『中庸』, 첫 구)

"도에서 분배받은 것이 명이고, 그것이 한 개체에서 형성화한 것이 본성이다. 음양의 조화로 형체를 갖춰 발생한 것이 삶이고, 조화가 멈춰 수를 다한 것이 죽음이다.(分於道謂之命 形於一謂之性 化於陰陽象形而發謂之生 化窮數盡謂之死)"(『大戴禮記』, 「本命」)

하늘이 지정한바 천명에 따라 세상만물이 각기 품수한 것이 본성이다. 그러니 사물이 그 본성에 따름은 당연한 이치이다.

"천명 아닌 것이 없으니 그 바름을 순순히 받아야 한다(莫非命也 順受其正)."(『孟子』, 盡心 上2)

그러니까 하늘이 지시하는 법도를 따름에 있어서는 인간도 예외일 수 없다. 세상의 이치를 정함은

"사람이 할 수 있는 바가 아니다. 그렇게 함이 없는 데도 그렇게 되는 것은 하늘이요, 이르게 함이 없는 데도 이르는 것은 규정된 바이다.(非人之所能爲也 莫之爲而爲者 天也 莫之致而至者 命也)"(『孟子』, 萬章 上6)

그렇기에 세상의 이치를 터득한 이는 하늘이 정한 바에 따른다. 유가는 이런 상태를 순리(順理)라 하고, 이치에 어긋나면 고난이 초래된다고 본다. 또한 "천지의 기운이 교감하여 만물이 순조롭게 생겨나는 것(天地絪縕 萬物化醇)"(『周易』, 繫辭 下5)이니, 만물은 하나의 근원에서 나와 하나의 이치에 따르는 것으로서, 어느 한 사물만 떼어서 이치를 논할 수는 없다. 이 점에서는 유가도 도가의 생각과 다름이 없다.

"만물은 도의 한 부분이고, 하나의 물건은 만물의 한 부분이다. 어리석은 자는 한 사물과 한 부분을 위하고는 스스로 도를 안다고 하는데 이는 무지한

것이다.(萬物爲道一偏 一物爲萬物一偏 愚者爲一物一偏 而自以爲知道 無知也)"(『荀子』, 天論)

"도는 통괄한 명칭이고, 이는 세부적 조목이다(道是統名 理是細目)."(『朱子語類』, 권6 性理三) 하늘의 이치나 하늘이 낳은 개별 사물의 이치는 본시 하나이다. 사물마다 특성이 있어 저마다 알맞은 이름을 갖고 있지만, 그 "이치는 본래 일관되어 있다(理固是一貫)."(『朱子語類』, 卷6 性理三 참조)

그런가 하면 유가의 시조 공자가 애제자 안연이 일찍 죽자 "아! 하늘이 나를 버렸구나, 하늘이 나를 버렸구나(噫, 天喪子, 天喪子)!"(『論語』, 先進 8)라고 애통해했을 때, 그리고 공자가 마땅하지 않은 일을 한 것으로 의심을 받자, 만약 자기가 파렴치한 짓을 했다면 "하늘이 나를 싫어하리라, 하늘이 나를 싫어하리라(天厭之, 天厭之)."(『論語』, 雍也 26)라고 발언했을 때의 '하늘'이나, "하늘에 죄를 지으면 빌 곳이 없다(獲罪於天 無所禱也)."(『論語』, 八佾 13)라거나 "죽고 사는 것은 명에 달려 있고, 부귀는 하늘에 달려 있다(死生有命 富貴在天)."(『論語』, 顏淵 5)라는 발언들에서의 '하늘'은 자연과 인간 위에 군림하는 '인격'을 지칭한다. 그리고 『주역(周易)』은 그와 같은 '하늘' 관념을 곳곳에서 내보인다.

"크도다! 건원이여, 만물이 이에서 시작하여 만물을 통치하도다(大哉乾元 萬物資始 乃統天)!"(『周易』, 乾爲天)

그러나 '하늘'은 초월적 통치자가 아니라 자연만물에 임재(臨在) 내지 내재(內在)하는 만물의 이치이자, 만물이 하나가 되는 이치이다.

"음양의 변역(變易)을 도라 이른다. 그를 이음이 선이고, 그를 이룸이 성이다. (一陰一陽之謂道 繼之者 善也 成之者 性也)"(『周易』, 繫辭 上5)

후에 신(神) 이성 개념을 가진 아우구스티누스는 신의 뜻에 부합함에서 '선'을 보았는데, 자연 이성의 개념에서는 선이란 자연의 이치를 따름에 있다. 자연의 생성변화의 이치가 도이니, 그에 부합하는 운행은 선이고, 그 생성변화를 이뤄가는 것이 본성인 것이다. 그러므로

"무릇 대인은 천지와 그 덕을 함께하고, 일월과 그 밝음을 함께하며, 사시와 그 순서를 함께하고, 귀신과 그 길흉을 함께하여, 하늘에 앞서도 하늘을 어기지 아니하고, 하늘을 뒤따라도 천시를 받든다(夫大人者 與天地合其德 與日月合其明 與四時合其序 與鬼神合其吉凶 先天而天弗違 後天而奉天時)."(『周易』, 乾爲天)

"[성인은] 천지와 더불어 서로 같으니 어긋남이 없고, 앎이 만물에 두루 통해 도로써 천하를 구제하니 지나치지 않고, 함께 가며 잘못됨이 없고, 하늘을 즐기며, 그 명한 바를 아니 근심하지 않고, 처지를 편안히 여겨 인을 돈독히 하니 능히 사랑한다(與天地相似 故不違 知周乎萬物而道濟天下 故不過 旁行而不流 樂天知命 故不憂 安土敦乎仁 故能愛)."(『周易』, 繫辭上傳 4)

그래서 맹자(孟子, ca. BC 372~289)는 "만물이 모두 나에게 갖추어져 있으니, 몸을 돌이켜 성실하면 즐거움이 이보다 더 클 수 없고, 이웃과 더불어 함을 힘써서 행하면 인을 구함이 이보다 가까울 수 없다(萬物皆備於我矣 反身而誠 樂莫大焉 强恕而行 求仁莫近焉)."(『孟子』, 盡心 上4)라고 파악한다.

"무릇 하늘과 땅은 만물의 부모요, 무릇 사람은 만물의 영이다(惟天地萬物 父母 惟人萬物之靈)."(『書經』, 泰誓 上3)

하늘의 이치가 엄존하지만, 그것의 실현은 사람을 통해서만 이루어진다. "인간에게는 오로지 하나의 천리가 있을 따름(人只有一箇天理)"이며,

"인간이 만물의 영장이라고 하는 까닭은 특별히 인간만이 천리를 온전히 할 수 있기 때문이다(人之所以靈於萬物者 特以全其天理而已)."(『近思錄』, 卷4 存養, 27 참조) 그러므로 하늘의 도는 다른 것이 아닌 인간의 도에서 찾을 일이다.

"정성스러움은 하늘의 도요, 정성스러움을 생각함은 사람의 도이다(誠者 天之道也 思誠者 人之道也)."(『孟子』, 離婁 上12)

자연의 이치와 인간의 이치는 서로 조응하며, 만물이 자연에서 나오되, 그 만물을 이끌어가는 것은 인간이라는 것이 유가의 기본적인 우주관이 자 인간관이다. 그런데 자연물의 하나인 인간이 자연의 이치에 어긋나는 경우도 있는 것인가? 자연물이 자연의 이치에 따름은 저절로, 자연스럽게 일어날 것인데, 굳이 자연의 이치에 부합함에서 선을 보고, 순리(順理)를 말할 것이 무엇인가? 유가는 여기서 본성과 자연 사이에 '마음(心)'의 작용 을 두어 인간의 특수성 내지 매개성을 본다. 사람은 마음을 다해 자신이 품수한 자신의 성격(본성)을 배양함으로써 비로소 세상의 최고 원리와 소 통할 수 있다는 것이다.

"그 마음을 다하는 자는 그 본성을 아니, 그 본성을 알면 곧 하늘을 아는 것이다. 그 마음을 보존하여 그 본성을 기름은 그로써 하늘을 섬기는 것이다. (盡其心者 知其性也 知其性則知天矣 存其心 養其性 所以事天也)"(『孟子集註』, 盡心章 句 上1)

"마음이란 사람의 신명(人之神明)이니, 이로써 모든 '이'를 갖추고 만사에 응하는 것(所以具衆理而應萬事者)이다. 성은 마음에 갖추어져 있는 '이'(性則心 之所具之理)요, 천은 또 '이'가 따라서 나오는 것(而天又理之所從以出者)이다. 사 람이 이 마음을 가지고 있는 것이 전체 아님이 없으나, '이'를 궁구하지 않으면 가리어진 바가 있어 저 마음의 양을 다하지 못한다. 그러므로 마음의 전체를 지극히 하여 다하여 하지 않음이 없는 자는 반드시 '이'를 궁구하여 알지 못함이 없는 것이니, 이미 그 '이'를 알면 따라서 나오는 것, 즉 하늘도 여기서 벗어나지 않는다."(『孟子集註』, 盡心章句 上1)

본래 "심과 성과 천은 다름이 없다(心也 性也 天也 非有異也)."(『二程遺書』, 卷 25) "이(理)의 관점에서 말하면 천이라 이르고, 품수의 관점에서 말하면 성이라 이르고, 사람에게 보존해 있는 것의 관점에서 말하면 심이라 이른다." (程伊川) "태허로 말미암아 천이라는 명칭이 있고, 기화(氣化)[곧 陰陽 二氣의 調和]로 말미암아 도라는 명칭이 있고, 허와 기를 합하여 성이라는 명칭이 있고, 성과 지각을 합하여 심이라는 명칭이 있다."(張橫渠) 여러 관계의 관점에서 서로 다른 명칭을 가지고 있어서, "하늘에 있으면 명이라 하고, 사물에 있으면 '이'라 하고, 사람에 있으면 성이라 하며, 몸의 주인이 되는 것을 마음이라 하니, 실제로는 하나이다(在天爲命 在物爲理 在人爲性 主於身爲 心 其實一也)."(『近思錄』, 卷1 道體, 39) 그렇기에 주자(朱子, 1130~1200)는 "심을 다하고 성을 알아서 천을 앎은 그 '이'에 나아가는 것이요, 심을 보존하고 성을 길러서 천을 섬김은 그 일을 실천하는 것이니, 그 '이'를 알지 못하면 진실로 그 일을 실천할 수 없다. 그러나 다만 그 '이'에 나아가기만 하고 그 일을 실천하지 않는다면 또한 이것을 자기 몸에 소유할 수 없다.(盡心 知性而知天 所以造其理也 存心養性以事天 所以履其事也 不知其理 固不能履其事 然 從造 其理 而不履其事 則亦無以有諸己矣)"(『孟子集註』, 盡心章句 上1)라고 생각한다.

2. 인간의 이치가 곧 하늘의 이치

그러므로 사실 하늘의 도, 자연의 이치는 이미 '저절로 그러한 바', 즉 자연이라기보다는 자연에 응하는 인간의 자세에 있다. 그러니까 하늘과 인간의 관계는 하늘은 주고 인간은 받기만 하는 '천인수수(天人授受)'의 관계라기보다는 서로 이룩해가는 '천인상성(天人相成)'의 관계이며, 더 나아가 오히려 인간이 능히 하늘을 이끌어가는 '인능감천(人能戡天)'의 관계이다.

> "도란 하늘의 도도 아니고 땅의 도도 아니며, 인간의 까닭인 도이니, 군자의 도인 것이다(道者 非天之道 非地之道 人之所以道也 君子之所道也)."(『荀子』, 儒效)

> "사람이 도를 넓힐 수 있는 것이지 도가 사람을 넓히는 것이 아니다(人能弘道 非道弘人)."(『論語』, 衛靈公 28)

도는 만물의 이치이나 그것을 실현해내는 것은 사람이다. "하늘과 땅과 사람은 만물의 근본이다. 하늘은 만물을 낳고, 땅은 키우며, 사람은 완성한다.(天地人 萬物之本也 天生之 地養之 人成之)"(董仲舒, 『春秋繁露』, 「立元神」) 모든 것이 하늘의 뜻이고, 이미 정해진 것이라 하면 범죄자의 범행도 하늘의 뜻이고, 인력으로 교정할 수 없는 일이라 해야 할 것이다. 선한 사람이 선행을 하는 것도 악한 사람이 악행을 하는 것도 이미 하늘의 이치라 하면, 사람은 하늘에 의해 조정되는 흡사 수동 기계 같은 것일 터이다.

그래서 순자(荀子, ca. BC 315~230)는 사람이 하늘을 경외하되, 그것은 일종의 문화로 이해할 것을 주문한다.

> "기우제를 지내면 비가 오는 까닭은 무엇인가? 그건 아무런 까닭이 없다. 기우제를 지내지 않아도 비가 오는 것이나 마찬가지이다. 일식과 월식이 있을 때 이를 제거하기 위해 제를 올리고, 가뭄에 기우제를 지내고, 점을 친 후에 대사를 결정하는 따위의 일은 그렇게 해야만 얻을 수 있기 때문이 아니라, 일종의 문화 행위이다. 그래서 군자는 그것을 일종의 문화 행위로 간주한다.

그런데 백성들은 그것을 신통한 일로 보는 것이니, 그것을 문화 행위로 보면 길하지만, 그것을 신통한 일로 보면 흉하다."(『荀子』, 天論)

'천도'라는 이름에 기대어 인간이 자기 행위를 방기한다면 인간이 인간이기를 그만두는 짓이다. 그래서 순자는 무위자연을 주장하는 장자에 대하여 "장자는 하늘[자연]에 가리어 인간을 알지 못했다(莊子蔽於天而不知人)."(『荀子』, 解蔽)라고 공박한다.

"하늘의 운행은 한결같다. 이것은 요[성군] 때문에 존재하는 것이 아니고, 걸[폭군] 때문에 망하는 것도 아니다. 다스림으로써 이에 응하면 길할 것이고, 어지러움으로써 이에 응하면 흉할 것이다.(天行有常 不爲堯存 不爲桀亡 應之以治則吉 應之以亂則凶)"(『荀子』, 天論)

"하늘에 순종하여 그를 찬양하느니, 왜 하늘의 명령을 제어하여 사용하려 않는가. [···] 이치가 그러하니 사람을 등지고 하늘을 생각하는 것은 만물의 실정을 잃는 것이다.(從天而頌之 孰與制天命而用之 [···] 故錯人而思天 則失萬物之情)"(『荀子』, 天論)

또한 하늘의 도를 찾으려 하면 사람들 사이에서 찾을 일이다. "도는 사람을 멀리하지 않는다. 사람이 도를 행[한다]하면서 사람을 멀리한다면 도를 행하는 것이라 할 수 없다.(道不遠人 人之爲道而遠人 不可以爲道)"(『中庸』, 13) 인간을 통해 하늘의 도리가 현실화하고, 인간의 덕행과 지혜를 통해 천하의 질서가 잡히고 만물이 각기 자리를 얻는다. 사람 중의 사람인 성인의 이치 바깥에서 하늘의 이치를 찾는다는 것은 어불성설이다.

"하늘과 땅이 합하면 만물이 생겨나고, 음양이 만나면 변화가 일어나며,

본성과 작위가 어울리면 천하가 다스려진다. 하늘은 사물을 낳을 수 있으나 사물을 변별할 수는 없다. 땅은 사람을 실을 수 있으나 다스릴 수는 없다. 우주 안에 있는 만물과 살아 있는 사람 등속은 성인을 기다린 연후에야 그 몫을 얻는다.(天地合而萬物生 陰陽接而變化起 性僞合而天下治 天能生物 不能辨物也 地能載人 不能治人也 宇中萬物生人之屬 待聖人然後分也)"(『荀子』, 禮論)

그래서 유가에서 말하는 '하늘과 사람의 하나됨[天人合一]'이란 하늘과 사람이 힘을 합[天人合德]하고, 하늘과 사람이 서로 참여함[天人相參]을 함 의한다. 그러므로 유가에서 말하는 사람[人]은 한문 글자 그대로 "천지생 물 가운데 가장 귀한 자(天地之性最貴者也)"[2]로서 "천지의 실리이며 음양의 교합이고, 귀신이 응합된 것으로 오행의 가장 빼어난 기운이다(其天地之德 陰陽之交 鬼神之會 五行之秀氣也)."(『禮記』, 禮運 15)

3. 인간의 선한 본성

유가는 "사물이 있으면 법칙이 있다(有物有則)."(『詩經』, 大雅蒸民篇)라는 것 을 보편적 법칙으로 받아들인다. 맹자는 "사물이 있으면 반드시 법칙이 있을 것(有物 必有則)"(『孟子』, 告子 上6)인즉 사람의 마음에도 의당 일정한 법 칙이 있지 않을 수 없다고 본다. 사람의 마음의 그러한 법칙을 본성(性)이 라 하니 그것은 사람의 근본적 품성이라 하겠다. 정약용(丁若鏞, 1762~1836) 에 따르면 "본성에는 세 가지 품질이 있다. 초목의 본성에는 생명[生]은 있 으나 감각[覺]이 없고, 금수의 본성에는 생명과 감각이 있으며, 우리 인간 의 본성에는 생명과 감각에다 또한 영혼[靈]과 선[善]이 있다. 상중하의 세

---

2 許慎, 『說文解字』, 第八篇, 上.

등급이 결코 같지 않다."[3] 그 때문에 "인간은 선악에 있어서 모두 스스로 할 수가 있고, 그래서 스스로 주장할 수가 있는 것이다. 그러나 금수는 선악에 있어서 스스로 할 수가 없고, 부득이하게 그리할 수밖에 없어 그렇게 하는 것이다.(人之於善惡皆能自作以其能自主張也 禽獸之於善惡不能自作以其爲不得不也)"[4]

맹자는 "인의의 마음(仁義之心)"(『孟子』, 告子 上8)과 같은 것을 인간 본연의 선심(善心)이라고 보고 이를 일러 "양심(良心)"(『孟子』, 告子 上8)이라 한다. 또한 "사람이 배우지 않고서도 할 수 있는 바는 양능(良能)이요, 생각하지 않고서도 아는 바는 양지(良知)이다. 어린아이라도 그 어버이와 친할 줄 모르는 자가 없고, 자라서는 그 형을 공경할 줄 모르는 자가 없다. 어버이와 친한 것은 인(仁)이요, 어른을 공경하는 것은 의(義)이다. 이것은 다름 아니라 온 세상 사람들에게 공통된 것"(『孟子』, 盡心 上15)이라는 것이다. 그러니까 그 본성상으로 "사람은 누구나 다 요(堯) 순(舜)이 될 수 있다."(『孟子』, 告子 下2)

다음의 맹자와 고자(告子)의 대화체 논변은 '인간의 본성'이란 무엇을 말하고, 그 본성이 '선하다' 함은 무엇을 지시하는지를 잘 보여준다.

"고자: 성(=본성)은 여울물과 같다. 이것을 동쪽으로 터놓으면 동쪽으로 흐르고, 서쪽으로 터놓으면 서쪽으로 흐르니, 인성이 선과 무선에서 구분이 없음은 물이 동서에서 구분이 없는 것과 같다.(告子曰 性 猶湍水也 決諸東方則東流 決諸西方則西流 人性之無分於善無善也 猶水之無分於東西也)"(『孟子』, 告子 上2)

"맹자: 물은 실로 동서에 구분이 없거니와, 상하에도 구분이 없는가? 인

---

3 정약용, 『中庸講義』, 卷2, 47면. 수록: 《與猶堂全書》, 第四冊, 329면.
4 정약용, 『孟子要義』, 卷2, 19면. 수록: 《與猶堂全書》, 第四冊, 529면.

성의 선함은 물이 아래로 내려가는 것과 같으니, 사람은 불선한 사람이 있지 않으며, 물은 아래로 내려가지 않는 물이 없다.(孟子曰 水信無分於東西 無分於 上下乎 人性之善也 猶水之就下也 人無有不善 水無有不下)"(『孟子』, 告子 上2)

[…]

"고자: 생명성, 그것을 일러 본성이라 한다(生之謂性)."

"맹자: 생명성을 본성이라 함은 하양을 하양이라고 이름과 같은 것인가?"

"고자: 그렇다."

"맹자: 흰 털(白羽)의 하양이 흰 눈(白雪)의 하양과 같고, 흰 눈의 하양이 백옥 (白玉)의 하양과 같은가?"

"고자: 그렇다."

"맹자: 그렇다고 개의 본성(犬之性)이 소의 본성(牛之性)과 같으며, 소의 본 성이 사람의 본성(人之性)과 같은가?"(『孟子』, 告子 上3)

"고자: …"

고자가 더 이상 대답하지 못한 것은 고자와 같은 견해로 만물을 보면 만물의 본성이 하나같이 같은 것이거나 아무것도 아닌 것이 되어버린다. 그럴 경우에는 만물의 구별, 개개 사물의 구별은 무엇에 의한 것인가 하는 근본적인 의문이 생긴다. 그러니 사물은 저마다 자기의 특성, 곧 본성을 가지고 있다 하겠고, 인간에게 있어서 그것을 맹자는 '차마하지 못하는 마음'으로 파악한다.

　"사람은 모두 사람을 차마하지 못하는 마음을 가지고 있다(人皆有不忍人之心)."(『孟子』, 公孫丑 上6)

　"지금 사람이 어린아이가 막 우물에 빠지려는 것을 별안간 보면, 놀라고 측은한 마음이 있어 가서 붙든다. 이렇게 하는 것은 어린아이의 부모와 교제를 하기 위함도 아니요, 마을 사람들과 벗들에게 칭찬을 받기 위함도 아니요, 또 그냥 내버려두었다고 원성하는 것을 듣기 싫어서도 아니다. 이런 것을 미뤄볼 때, 사람 치고 측은해하는 마음[惻隱之心]이 없으면 사람이 아니요, 부끄러워하는 마음[羞惡之心]이 없으면 사람이 아니요, 양보하는 마음[辭讓之心]이 없으면 사람이 아니요, 옳고 그름을 가리는 마음[是非之心]이 없으면 사람이 아니다. 측은해하는 마음은 인(仁)의 단서요, 부끄러워하는 마음은 의(義)의 단서요, 양보하는 마음은 예(禮)의 단서요, 옳고 그름을 가리는 마음은 지(智)의 단서이다. 사람이 이 네 가지 단서[四端]를 가지고 있는 것은 마치 몸에 사지(四肢)가 있는 것과 같다. […] 무릇 사람이 자기에게 있는 네 단서를 모두 확충할 줄만 알면, 불이 타서 번져나가고, 샘물이 솟아서 흘러가는 것과 같다."(『孟子』, 公孫丑 上6; 또 告子 上6 참조)

　맹자는 인간의 마음이 선함을 자연적인 본성으로 보고 있지만, 이미 다른 견해들이 있음을 검토하고 있다. ― "고자가 이르기를 성은 선함도 없고, 불선함도 없다 한다(告子曰 性 無善 無不善也). 또 어떤 이는 성은 선하게 될 수도 있고 불선하게 될 수도 있다고 말했다(或曰 可以爲善 可以爲不善). […] 또 어떤 이가 이르기를 성이 선한 자도 있고 불선한 자도 있다 한다(或曰 有性善 有性不善)."(『孟子集註』, 告子章句 上6)

인간 본성을 선악의 관점에서 보게 되면 그 견해는 네 가지로 나눌 수 있다. 즉 만약 인간의 본성을 선악으로 판별하여 말한다면 인간의 본성은 ① 선하다(性善), ② 악하다(性惡), ③ 선하지도 악하지도 않다(性無善無不善), 또는 ④ 선하기도 하고 악하기도 하다(性善性惡)는 견해 등이 있을 수 있겠다. 이 문제를 둘러싼 쟁론의 한 예로서 흔히 거론되는 것이 고대 중국의 사상사에 등장한 이른바 성선설(性善說)(孟子), 성악설(性惡說)(荀子), 성무선무불선설(性無善無不善說)(告子), 성선성악설(性善性惡說)(世碩·公孫尼子)이다. 그러나 세심하게 검토해보면 다음에서 보듯이 맹자와 순자의 언설은 명칭상으로는 대립적 견해인 듯이 보이나, 동일한 차원에서 설파된 것이 아니므로, 실제가 그렇다고 보기는 어렵다. 그리고 이 두 견해를 섞어서 말하는 나머지 두 견해도 실상은 마찬가지이다.

그렇지만 어쨌거나 첫째 견해처럼 만약 우리 인간의 자연본성이 선하다 하면, 그리고 ― '본성'이란 문자 그대로 사물이 가진 본래의 성질이니까 ― 우리 인간이 자연스럽게[저절로] 본성에 따라서만 행위하는 존재자라고 한다면, 우리는 본성에 따라 선만을 행할 터이고, 그러므로 도무지 악행은 할 수 없을 터이다. 사정이 진실로 이러하다면, 도덕이니 윤리니 하는 따위는 문젯거리가 될 일이 없을 것이다. 우리 모두가 자연스레 윤리에 알맞게 행위할 것이니 말이다. 그런데도 현실적으로 우리에게 윤리 문제가 제기된다면, 그것은 우리 인간이 반드시 도덕적으로만 행위하는 것이 아님을 함의하고, 이때 우리가 부딪치는 문제는 인간은 본성상 선한데 도대체 선하지 못한 행실은 어디에서 기인하는가 하는 물음에 답하는 일이다.

이와는 달리 둘째 파악처럼 인간이 본성적으로 악하다 하면, 악함을 스스로 어떻게 깨우쳤으며, 즉 본성과 상반되는 선의 개념을 어디서 얻어가졌으며, 본성상 악하니 인간은 결코 악에서 벗어날 수가 없는가 하는 문제가 뒤따른다. 만약 우리 인간이 본성상 결코 악에서 벗어날 수 없다면, 선의 개념이 인간에게 어떤 의미를 갖는가도 문젯거리가 될 것이다.

셋째 견해처럼 만약 인간이 자연본성(nature)에서는 선하지도 악하지도 않다면, 그것은 우리가 현실에서 보는 선과 악은 모두 양육환경(nurture)이나 어떤 외부적 원인에서 비롯한다는 것을 뜻할 것이고, 그렇다면 이때 선악의 형성 조건은 무엇이며, 그것이 과연 보편성을 가지는가를 물어야 할 것이다.

만약 넷째 견해대로 인간의 본성이 선하기도 하고 악하기도 하다면, 그리고 인간의 본성이 인간의 행위를 규정하는 것이라면, 이것은 우리 인간은 어떤 부분에서는 선하게 행할 수밖에 없고, 어떤 부분에서는 악하게 행위할 수밖에 없다는 것을 뜻할 것이다. 그렇다면, 인간이 그 본래 선한 부분에서는 결코 타락할 수 없고, 그 악한 부분에서는 결코 개과천선할 수 없는 것인가, 그리고 이 두 부분은 각기 어떤 것이며, 그 양자 사이에는 어떤 관계가 있는지 따위의 물음이 제기될 것이다.

이러한 문제 연관 속에서 첫 번째 견해를 대변하는 것으로 보이는 맹자는 자신의 견해가 함축하고 있는 문제점을 알기에 그에 대한 해답 또한 내놓고 있다. 물이 아래로 흐르는 본성을 가지고 있으되 때로는 역류하기도 하듯이, 사람의 본성이 선하다고는 하나 불선하게 될 수도 있으니, 그것은 선한 본성을 발휘할 수 없게 하는 어떤 방해 세력 탓이라는 것이다.

> 맹자: "지금 무릇 물을 튀어오르게 하면 이마를 지나가게 할 수 있으며, 격하게 흘러가게 하면 산에 있게 할 수도 있거니와, 이것이 어찌 물의 본성이겠는가? 그 세가 그렇게 만든 것이니 사람이 불선하게 할 수 있음은 그 본성이 또한 이와 같은 것이다.(今夫水 搏而躍之 可使過顙 激而行之 可使在山 是豈水之性哉 其勢則然也 人之可使爲不善 其性 亦是也)"(『孟子』, 告子 上2)

본래의 마음을 가리는 감관의 취향과 그에 따른 물욕이 사람으로 하여금 불선하게 만든다.

"귀와 눈의 기능은 생각하지 못하여 물건에 가려지니, 물건과 물건이 건네 지면 그에 끌려갈 따름이다. 마음의 기능은 생각할 수 있으니 생각하면 얻고 생각하지 못하면 얻지 못한다. 이것은 하늘이 우리 인간에게 준 바이니, 먼저 큰 것[곧 마음]을 세운다면 그 작은 것[곧 이목]이 능히 빼앗지 못할 것이다. (耳目之官 不思而蔽於物 物交物則引之而已矣 心之官則思 思則得之 不思則不得也 此天 之所與我者 先立乎其大者 不能奪也)"(『孟子』, 告子 上15)

그러니까 뜻을 정성스럽게 하고(誠意) 마음을 바로잡음(正心)으로써 감 관의 기호로 인해 선한 마음씨가 방해받지 않도록 해야 한다는 것이다. 그러나 이 지점에서 맹자의 논변은 만만치 않은 고비를 만난다 하겠다. 깊이 생각한 마음(心)의 지향은 본성에 따른 것이고, 이목의 기호는 본성 적인 것이 아닌가?

"입이 맛에 있어서 똑같이 즐김이 있고, 귀가 소리에 있어서 똑같이 들음 이 있고, 눈이 색깔에 있어 똑같이 아름다워함이 있다. 그런데 마음에 이르 러서 유독 똑같이 여기는 바가 없겠는가. 마음이 똑같이 여기는 것이 무엇인 가? 이치와 의로움을 말하는 것이다. 성인은 우리 마음이 똑같이 여기는 바 를 먼저 알았다. 그러므로 이치와 의로움이 우리 마음을 기쁘게 함은 마치 고 기가 우리 입을 기쁘게 함과 같다.(口之於味也 有同耆焉 耳之於聲也 有同聽焉 目 之於色也 有同美焉 至於心 獨無所同然乎 心之所同然者 何也 謂理也義也 聖人先得我 心之所同然耳 故理義之悅我心 猶芻豢之悅我口)"(『孟子』, 告子 上7)

이치와 의로움에서 합치하는 우리의 마음뿐만 아니라 똑같은 취미를 보이는 우리의 눈과 귀도 인간의 본성에 따르고 있는 것 아닐까? 입[혀]의 취미와 이목의 기호도 사람에게 심어져 있으니 말이다.

이와 관련하여 "공도자가 '똑같이 사람인데, 혹자는 대인이 되고, 혹자는 소인이 되는 것은 어째서입니까?' 하고 물었을 때, 맹자는 '그 대체를 따르는 이는 대인이 되고, 그 소체를 따르는 이는 소인이 된다.'고 말했다.(公都子問曰 鈞是人也 或爲大人 或爲小人 何也 孟子曰 從其大體爲大人 從其小體爲小人)"(『孟子』, 告子 上15) 이에 주자와 같은 신유가의 학자들은 '대체'를 '마음(心)', '소체'를 '이목(耳目)'이라고 새긴다.(『孟子集註』, 告子章句 上15 참조) 그런가 하면 정약용은 "하늘[자연]은 인간에게 자주의 권능을 주어 그로써 선을 의욕하면 선을 행하고, 악을 의욕하면 악을 행하도록 했으며, [⋯] 그러므로 선을 행하면 실로 자기의 공로가 되고, 악을 행하면 실로 자기의 죄과가 된다(天之於人子之以自主之權能 使其欲善則爲善 欲惡則爲惡 [⋯] 故爲善則實爲己功 爲惡則實爲己罪)."[5]라면서, 자주의 권능을 '마음(心)'에 두어 '본성(性)'과 구별하였다. 같은 사람이라도 마음의 자유로운 의지작용에 따라 선행과 악행이 갈린다는 것이다.

그러나 선행과 악행의 발생 원인을 각기 '마음'과 '이목(耳目)'에 두든, '마음'을 다시금 나누어 그 '대체'와 '소체'에서 찾든, 마음 능력의 자주적 사용 방식의 갈래로 보든 그것들 모두가 사람 안에 있는 것이니, 이러한 이해에 따르면 인간의 본성에 엇갈리는 잠재적 성향이 있음은 부인하기 어렵다. 실로 언제나 마음이 선으로 향한다면, 군이 왜 수양(修養)이 필요하겠는가? 유가 도덕론의 역점은 자기 수양에 있다 할 터인데, 그것은 사람의 마음이 빈번하게 물욕에 휩쓸림을 목도하기 때문일 것이다.

그리하여 본성을 아예 '본연지성(本然之性)'과 '기질지성(氣質之性)'으로 구별하여 사람은 누구나 본연지성은 같지만, 기질지성에서 차이가 있다고 하기도 하고,[6] 이기론(理氣論)을 도입하여 성은 곧 이(性卽理)이니 이(理)는 어디서나 본연의 모습 그대로를 유지[通]하지만 마음인 기[心是氣]는 유행

---

5 정약용, 『孟子要義』, 卷1, 35면. 수록: 《與猶堂全書》, 第四册, 438~439면.
6 『論語集註』, 陽貨 2, 程伊川의 해석 참조. 또 『朱子語類』, 卷四 性理一 참조.

(流行) 중에서 편벽[局]되기도 해서,[7] 사람은 능히 천지자연의 조화로운 질서를 깨닫고 그에 따라 행할 수 있는 소질 곧 도심(道心)을 가지고 있으면서도, 눈앞의 것에 대한 욕구에 사로잡혀 자연의 이치를 벗어나 행위할 수 있는 소질 즉 인심(人心)도 가지고 있다고도 한다.[8] 이러한 구분을 가지고서 공자의 말 "성은 서로 비슷하나, 익힘에서 서로 멀어진다(性相近也 習相遠也)."(『論語』, 陽貨 2)에서 '성'을 기질지성으로 해석하는 이들이 있다. 왜냐하면 '(본)성'이란 문자 그대로라면 비슷한 정도의 것이 아니라 똑같은 것으로 이해되는 것이니 말이다. 그러나 발양되는 과정에서 달라질 수 있는 것은 본래 '비슷한 것'뿐만 아니라, '똑같은 것'도 마찬가지 아닐까?

차라리 맹자의 '대체'와 '소체'의 구별에서 '대체'가 그 이름에도 불구하고 '소체'에 의해 가려지는 상황을, "인간은 이성적 동물이다. 그러니까 인간은 이성적 존재자이지만, 바탕이 동물인 까닭에 이성성을 동물성이 압도하는 경우가 생긴다."라고 설명하는 편이 낫지 않을까 싶다. 그러니 맹자의 '성선(性善)'은 인간의 본성에 선의 실마리[端緒]가 있음을 의미하는 것이지, 인간의 본성은 오로지 선하다는 것을 말하는 것이 아니다.

여기서 더 나아가 '이성적 동물'의 동물성 즉 맹자의 '소체'를 오히려 본성(=性)으로, 이성성 즉 맹자의 '대체'를 '꾸밈(=僞, 作爲, 粉牆)'으로 이해하면 순자의 이른바 '성악설'에 이른다.

"나면서부터 그리되어 있는 것을 일러 성이라 한다. 음양의 기운이 가득히 생겨 정령이 화합하여 외물에 감응하고, 일하지 않아도 저절로 그러한 바를 일러 성이라 하는 것이다. 이 성에서 좋아하고 미워하고 기뻐하고 성내고 슬퍼하고 즐거워하는 것을 정이라 한다. 정이 그러한데 마음[심]이 택하여 하는 것을

---

7 이이, 『栗谷全書』, 卷十 與成浩原, 理通氣局說 참조. 또한 『朱子語類』, 卷五 性理二 참조.
8 이이, 『栗谷全書』, 卷十 答成浩原 壬申, 人心道心說 참조.

일러 사려라 하고, 마음[심]이 사려하여 움직여 할 수 있는 것을 일러 꾸밈[작위]이라 한다. 사려가 쌓여 연습이 된 후에 이루어지는 것을 일러 꾸밈이라 하는 것이다.(生之所以然者謂之性 性之和所生精合感應 不事而自然謂之性 性之好惡喜怒哀樂謂之情 情然而心爲之擇謂之慮 心慮而能爲之動謂之僞 慮積焉能習焉而後成謂之僞)"(『荀子』, 正命)

"성이란 하늘에서 취한 것[생득적인 것]이고, 정[실정]이란 성의 재질이며, 욕구란 정이 감응한 것이다(性者 天之就也 情者 性之質也 欲者 情之應也)."(『荀子』, 正命)

"마음이란 형체[신체]의 군주이고 신명[정신]의 주인으로, 스스로 명령을 내리고 명령을 받지 않는다. 마음은 스스로 금지하고, 스스로 부리고, 스스로 빼앗고, 스스로 취하고, 스스로 행동하고, 스스로 중지하는 것이다.(心者 形之君 而神明之主也 出令而無所受令 自禁也 自使也 自奪也 自取也 自行也 自止也)"(『荀子』, 解蔽 4)

형체나 색깔은 눈으로써 다름을 구별하고, 소리의 맑고 탁함은 귀로써 다름을 구별하며, 달고 쓰고 짜고 신 맛은 입으로써 다름을 구별하고, 향취나 악취는 코로써 다름을 구별하며, 차다·덥다·가볍다·무겁다는 것은 몸으로써 다름을 구별한다. 순자에 의하면 "희·노·애·락·애·오·욕은 마음으로써 다름을 구별한다(喜怒哀樂愛惡欲以心異). 마음은 불러들여서[증거를 가지고서] 안다(心有徵知)."(『荀子』, 正名 1) 불러들여서 안다는 것은 귀를 통해 들어오는 것에 의해 소리를 알고 눈으로 들어오는 것을 통해 형체를 안다는 뜻이다. 그와 함께 사람은 마음(心)으로써 또한 법도를 알거니와(知道), 마음이 "허일이정(虛壹而靜)"의 평정 상태에 들면 그리할 수 있다. 마음이 중심을 정하지 못하면(中心不定) 외물을 정확히 헤아릴 수가 없다.(『荀子』, 解蔽 참조) 그런가 하면 주자에 따라 "마음을 물에 비유하자면, 성은 물의 이이다. 성은 물이 고요하게 있는 상태이고, 정은 물이 움직여 흐르는 것이며, 욕구는 물이 흘러서 넘치는 데 이르는 것이다."(『朱子語類』, 卷五 性理二)

이러한 인간에 대한 유가의 이해를 정리해보자면, 사람은 자연적 본성을 지니고 있는데, 이것은 정(情)으로 표현되며, 대상을 만나면 욕구로 분출된다. 그런데 사람에게는 이를 다스리는 능력, 곧 사려분별력이 있으니 그것이 마음(心)이다. 이에서 장횡거(張橫渠, 1020~1077)는 "마음은 성과 정을 통괄하는 것이다(心統性情者也)."(『朱子語類』, 卷五 性理二 참조)라고 규정했고, 주자는 "성이란 마음의 이치이고, 정이란 마음의 작용이니, 마음이란 성정의 주재자(性者心之理 情者心之用 心者性情之主)"(『近思錄』, 卷1 道體, 50)라 했다. 이러한 행간에서 일찍이 순자는 마음 곧 사려분별력에 의한 정의 통제를 사람의 자연스러운 모습이 아니라 꾸밈[작위]으로 본 것이다.

"사람의 본성은 악하고 그 선함은 꾸밈[僞]이다. 지금 사람의 본성은 태어나면서부터 이익을 좋아하는 것이다. 이런 본성에 따르기 때문에 쟁탈이 생기고 사양은 없어진다. 태어나면서부터 남을 질투하고 미워하는 마음이 있는데, 이런 본성에 따르기 때문에 남을 해치는 일이 생기고 성실과 신의가 없어진다. 태어나면서부터 눈과 귀는 미색(美色)과 미성(美聲)을 좋아하는 본성이 있는데, 이러한 본성에 따르기 때문에 무절제가 생기고 예의와 문리(文理)가 없어진다. 그러하니 사람이 본성에 따르고 본래의 감정에 따르면 반드시 쟁탈하는 데로 나아가 직분을 무시하고 도리를 어지럽혀 폭력으로 귀결되게 된다. 그러므로 반드시 스승에 의한 법도의 감화와 예의에 의한 교도가 있은 연후에야 사양하는 데로 나아가서 문리에 합치하고 사회적 질서에 귀착하게 된다. 이로써 보건대, 그러한즉 사람의 본성이 악한 것은 분명하고, 그 선함은 꾸밈이다."(『荀子』, 性惡 1)

"이른바 선이라는 것은 바르고 이치에 맞고 평화롭고 다스려진 것이며, 이른바 악이라는 것은 편벽되고 험하고 어그러지고 어지러운 것이다. 이것이 선악의 구분일 따름이다.(所謂善者 正理平治也 所謂惡者 偏險悖亂也 是善惡之分也)"(『荀子』, 性惡 3) 그런데 인간 사회에 예법이 없어지면, 그 즉시 약육강식이 벌어져 천하가 어그러지고 어지러워져 서로 망하는 일이 잠깐 사이에 일어날 것이다. 사람들의 행태에 대한 이러한 관찰을 근거로 해서 순자는 맹자의 성선설을 공박한다.

"맹자가 말하기를 '사람들이 학문함은 그 본성이 선하기 때문이다.'라고 했는데, 이는 그렇지가 않다. 이는 사람의 본성을 아는 데 미치지 못한 것이며, 사람의 본성이나 꾸밈의 구분을 살피지 못한 것이다.

무릇 본성이란 하늘에서 취한 것으로 배울 수 있는 것도 맡아할 수 있는 것도 아니다. 예와 의라는 것은 성인에서 생겨난 것이다. 사람이 배워서 할 수 있게 되고, 맡아서 이룰 수 있는 것이다. 배울 수도 없고 맡아할 수도 없는 것이면서도 사람에게 있는 것을 일러 성이라 하고, 배울 수 있고 맡아서 이룰 수 있는 사람에게 있는 것을 일러 꾸밈이라 한다. 이것이 본성과 꾸밈의 구분이다.(性者 天之就也 不可學 不可事 禮義者 聖人之所生也 人之所學而能 所事而成者也 不可學不可事而在人者 謂之性 可學而能可事而成之在人者 謂之僞 是性僞之分也)"
(『荀子』, 性惡 1)

순자는 '본성(性)'을 "나면서부터 그리되어 있는 것"이라고, '본성적인 것'을 "애써 일하지 않아도 저절로 그러한 바"라고, '작위[꾸밈](僞)'를 "마음이 사려하여 움직여 할 수 있는 것"이라고, '작위[꾸밈]적인 것'을 "사려가 쌓여 연습이 된 후에 이루어지는 것"이라고 이해한다.(『荀子』, 正名 참조) "본성이 본래의 순박한 바탕이라면, 꾸밈은 문화와 예의의 융성함이다(性者 本始材朴也 僞者 文禮隆盛也)."(『荀子』, 禮論) 도덕 논쟁에서 흔히 '자연주

의'는 인간의 정감이나 동물성을 인간의 자연본성(nature)으로 내세우는
바, 순자도 그런 개념을 가지고 있다 하겠다.

"사람의 형체가 갖춰지고 정신이 생겨나면 좋아함, 미워함, 기쁨, 성냄,
슬픔, 즐거움이 채워지는데, 무릇 이를 일러 자연적 정서라 한다(形具而神生
好惡喜怒哀樂臧焉 夫是之謂天情)."(『荀子』, 天論 1)

그렇기에 순자는, 사람의 본성이 악하다면, 예와 의는 어떻게 생기느
냐는 질문에 대해, 이런 의미 연관에서, "그것은 성인의 꾸밈에서 생기는
것이고, 본디 사람의 본성에서 생겨나는 것이 아니다."라고 답한다. 도자
기가 찰흙을 이겨 그릇을 빚어내는 공인의 작위(工人之僞)에 의해 만들어지
는 이치와 같다는 것이다. 또한 공인은 나무를 깎아서 그릇을 만들기도
하는데, 이때 그릇은 저절로 만들어지는 것이 아니라 공인의 작위에 의해
서 만들어지는 것이다. 마찬가지로, "성인이 생각을 깊게 해가고 꾸밈[작
위]을 익힘으로써 예와 의를 낳고 법도를 일으켰거니와, 그러한즉 예와 의
및 법도라는 것은 성인의 꾸밈에서 나온 것으로, 그러니까 사람의 본성
에서 나온 것이 아니다(聖人積思慮 習僞故 以生禮義而起法度 然則禮義法度者 是生
於聖人之僞 非故生於人之性也)."라는 것이다. 무릇 눈은 색깔을 좋아하고, 귀
는 소리를 좋아하고 입은 맛을 좋아하고 마음은 이익을 좋아하며(心好利),
살갗은 쾌적함을 좋아하거니와, 이런 것은 모두 사람의 성정에서 생겨나
는 것으로서 느껴서 저절로 그러한 것(感而自然)이다. 그래서 "성인은 본성
을 교화하여 작위적인 것을 일으키는바, 작위적인 것이 본성에서 일어나
면 예와 의가 생기고, 예와 의가 생기면 법도가 만들어진다. 그러한즉 예
와 의 및 법도라는 것은 성인이 생기게 한 것이다.(聖人化性而起僞 僞起於性而
生禮義 禮義生而制法度 然則禮義法度者 是聖人之所生也)"(『荀子』, 性惡 2)

"사람은 태어날 때부터 욕심을 가지고 있다. 욕심을 부려도 얻지 못하면 끝없이 추구하지 않을 수 없다. 그 추구함에서 일정한 분수와 한계가 없으면 서로 다투지 않을 수 없고, 다투면 사회는 혼란하게 되며, 사회는 혼란해지면 빈궁해진다. 선왕은 이러한 혼란을 싫어했고, 그래서 예의를 제정하여 각자의 분수를 정하고, 이에 맞도록 사람의 욕심을 길러주고 사람이 추구하는 바를 공급해주었다. […] 이것이 예의 기원이다.(人生而有欲 欲而不得則不能無求 求而無度量分界則不能不爭 爭則亂 亂則窮 先王惡其亂也 故制禮義以分之 以養人之欲 給人之求 […] 是禮之所起也)"(『荀子』, 禮論 1)

"지금 사람의 본성은 실로 예와 의가 없으므로 억지로 배워서 갖기를 구하는 것이며, 본성은 예와 의를 알지 못하므로 깊이 생각하여 알기를 구하는 것이다. 그러한즉 생긴 그대로 두면 사람은 예와 의가 없고 예와 의를 알지 못한다. 사람이 예와 의가 없으면 어지러워지고, 예와 의를 알지 못하면 어그러진다. 그러한즉 생긴 그대로 두면 어그러지고 어지러운 바가 자기에게 있을 것이다. 이로써 보자면 사람의 본성이 악한 것은 명백하고 그 선하다는 것은 꾸밈이다.(今人之性 固無禮義 故彊學而求有之也 性不知禮義 故思慮而求知之也 然則 生而已 則人無禮義 不知禮義 人無禮義則亂 不知禮義則悖 然則生而已 則悖亂在己 用 此觀之 人之性惡明矣 其善者僞也)"(『荀子』, 性惡 2)

순자는 사람의 본성은 욕구대로 작용하는 것이므로, 교화를 통해서만 선에 이를 수 있음을 반복하여 강조한다. 이는 '예'란 한낱 개인의 규범이라기보다는 사회적 규범이니 예를 깨우침은 인간 세계의 교화, 교육을 통해 가능하다는 뜻도 포함한다 하겠다.

"지금 사람의 본성이 악하므로 반드시 성왕의 다스림이나 예와 의의 교화를 기다린 연후에야 모두 다스림에 나아가고 선에 합치하는 것이다. 이로써 보건대 사람의 본성이 악하다는 것은 명백하고, 그 선하다는 것은 꾸밈이다. (今人之性惡 必將待聖王之治 禮義之化 然後皆出於治 合於善也 用此觀之 然則人之性 惡明矣 其善者僞也)"(『荀子』, 性惡 3)

이로써 순자가 말하는 '사람'은 일단 범인(凡人)을 지칭한다고 보아야 할 것이다. 이미 예와 의를 깨우쳐 본성이 악한 사람을 교화할 수 있는 '성 인', '성왕', '선왕', '인자'는 순자가 말하는 '사람' 중에 포함되지 않는다고 보아야 할 것이기 때문이다. 순자는 심지어 '인자'나 '성인'은 꾸밈/작위 없이도 선행을 한다고까지 말한다.

"인자가 도를 행하는 데는 꾸밈이 없고, 성인이 도를 행하는 데는 억지로 하는 것이 없다. 인자의 생각은 공순하고, 성인의 생각은 즐겁다. 이러한 것 이 마음을 다스리는 도이다.(仁者之行道也 無爲也 聖人之行道也 無彊也 仁者之思 也恭 聖人之思也樂 此治心之道也)"(『荀子』, 解蔽 4)

두 종류의 사람을 구분하는 데서뿐만 아니라, 설령 보통 사람이라고 하더라도 그가 변별능력을 가지고 있다면 그는 이미 감정적 욕구뿐만 아 니라 선악의 분별능력을 가지고 있는 것이고, 그러한 마당에 감정적 욕구 만을 인간의 바탕이라고 해야 할 것이 없다.

"사람이 사람이 되는 까닭은 단지 발이 둘이며 [몸에] 털이 없기 때문이 아 니라, 변별(辨別) 능력이 있기 때문이다. [⋯] 무릇 동물들은 부자(父子)는 있 어도 부자 사이의 친함은 없으며, 암수는 있으되 남녀의 구별은 없다. 그러 므로 사람의 도리는 변별함이 있는 데 있다."(『荀子』, 非相 3)

사람 사는 도리, 예의범절을 아는 마음, 곧 변별력을 사람은 가지고 있다. 이러한 능력이 수련과정을 거쳐 배양되는 것이라 하더라도, 짐승은 제아무리 훈련을 하고, 성왕이 나서서 교화를 편다 해도 결코 예의를 깨치지 못한다. 그러니까 예의 꾸밈(僞)의 능력 자체가 사람의 바탕이며, 이 소질로 인해 인간은 예의를 익힐 수 있는 것이다. 순자도 이미 바로 보고 있듯이, 본성이 본시 질박한 소질에 불과하고, "꾸밈이 없으면 본성이 저절로 아름다워질 수는 없는 것(無僞則性不能自美)"이라 하더라도 "본성이 없으면 꾸밈을 더할 데가 없는 것(無性則僞之無加所)"이다.(『荀子』, 禮論 참조) 그렇다면 '희·노·애·락·애·오·욕'이라는 칠정(七情)뿐만 아니라, '인·의·예·지'의 사단(四端) 내지는 '인·의·예·지·신(信)'의 오상(五常) 또한 인간의 본성에서 발아한 것이라 해야 할 것이다. 그러니까 순자 용어법대로 쓰자면 '성정(性情)'과 더불어 '심성(心性)'이 인간을 이루고 있는 것이고, 모든 이의 성정이 비록 선하지는 않지만, 그럼에도 선악을 분별하고, 악으로의 경향을 통어할 수 있으며, 교화할 수 있는 심성을 사람이 가지고 있는 한, 사람은 근원적으로 선으로의 본성을 가지고 있다고 할 것이다.

'이성적 동물'이라는 이중적인 인간의 성격 중에서 맹자는 '이성성'을 인간의 본성으로, 순자는 '동물성'을 인간의 본성으로 보아, 각기 '성선'과 '성악'을 강조한 것일 뿐, 양자의 인간관이 정면으로 대립해 있는 것은 아니다. 맹자가 선행의 씨앗을 선한 본성 곧 인간의 이성성에서 보는 데 반해, 순자는 오히려 악한 본성 곧 인간의 동물성에서 볼 따름이다.

"보통 사람들이 선하게 되기를 의욕하는 것은 본성이 악하기 때문이다. 무릇 결핍한 이는 넉넉함을 원하고, 추한 이는 미를 원하고, 협소한 이는 광대함을 원하고, 빈한한 이는 부유함을 원하고, 비천한 이는 고귀함을 원한다. 그것은 자신 안에 없는 것을 반드시 밖에서 구하기 때문이다. 그렇기에 부유한 이는 재물을 원하지 않고, 고귀한 이는 지위를 원하지 않는다. 그것은 자기 안에 가진 이는 굳이 밖으로 나갈 필요가 없기 때문이다."(『荀子』, 性惡)

순자의 파악대로 인간이 그 본성상 악하기 때문에 그 결함을 메우기 위해 선을 지향한다면, 어쨌거나 '선'의 이념을 이미 가지고 있는 것이고, 선으로의 성향 내지는 추동을 가지고 있다는 뜻이 된다. 이것을 '선의 씨앗'이라고 한다면, 맹자의 입론과 거리가 그다지 멀지 않다. 이러나저러나 인간은 선행의 씨앗을 가지고 있으되, 씨앗이 곧 선행은 아니니, 그것을 잘 키우면 선행을 실현할 수 있지만, 그렇지 못할 경우에 그 씨앗은 고사하고 말 것이며, 그때 사람에게 선행을 기대할 수는 없다. 그래서 맹자와 순자의 논변을 합하여 아래에서 보듯 주자처럼 말한다 해도 충돌되는 것은 없다 하겠다.

"봄이 되면 만물이 소생하고, 여름이 되면 발육하고, 가을이 되면 성숙하며, 겨울이 되면 거두어 쌓는 것은 하늘의 불변의 이치이고, 어질고[仁], 옳고[義], 예의 바르고[禮], 지혜로운 것[智]은 사람의 본성이다.

사람의 본성은 선하지 않음이 없어서, 그 인·의·예·지 네 성품의 실마리가 외물(外物)에 접하여 느낌이 있음에 따라 나타나고는 한다.

어버이를 사랑하고 형을 공경하며, 임금에게 충성하고 어른에게 공손하게 하는 것을 사람의 도리라고 하는데, 이는 본성에 따를 뿐 억지로 행하는 것은 아니다. 오로지 성인만이 본성을 보존하여 저 무한한 하늘의 이치와 하나[一體]가 되어서, 털끝만큼도 보태지 아니하여도 모든 행동이 모두 지극히 선하다.

그러나 뭇사람들은 몽매하여서 마음이 물욕에 가려져 그 본성을 무너뜨리고 이를 포기하는 일에 마음 편해한다. [⋯] 선의 본성은 본래 부족함도 지나침도 없는 것이다. 오직 물욕이 이를 가렸을 뿐이다."(朱子, 小學題辭)

그래서 일찍이 맹자는 마음을 키우기 위해서는 물욕을 줄여야[寡慾] 한다고 설파했고, 이에서 더 나아가 주돈이(周敦頤, 1017~1073)는 물욕을 완전히 절멸시켜야 함을 논변한다.

"나는 마음을 기르는 것이 욕구를 적게 가지는 데에서 그치는 것이 아니라고 본다. 모름지기 욕구를 줄여 전혀 없는 데까지 이르러야 한다. 욕구가 전혀 없게 되면 정성됨이 서고 밝음이 통달한다. 정성됨이 서면 현자이고, 밝음이 통달하면 성인이다.(子謂養心不止於寡而存耳 蓋寡焉以至於無 無則誠立明通 誠立賢也 明通聖也)"(『近思錄』, 卷5 克己, 2)

정호(程顥, 1032~1085)는 "사물을 사물로써 대하고 나로써 대하지 않으면 사욕이 없을 것(以物待物 不以己待物 則無我也)"(『二程遺書』, 卷11)이라 했다. "사사로운 욕정으로 방종하면 그 행위는 금수와 같은 것이다(縱情性 禽獸行)."(『荀子』, 非十二子 참조) "질박한 것이 본성이니 본성은 교화가 없으면 완성되지 않는다(質樸之謂性 性非敎化不成)."(『漢書』, 「董仲舒傳」) "욕정이 없으면 고요히 비어 곧게 행동한다. 마음이 고요하게 비면 밝고, 밝으면 통달한다.(無欲則靜虛直動 靜虛則明 明則通)"(周敦頤, 『通書』, 「聖學」) 욕정을 절멸하여 밝음에 마침내 통달하는 이는 하늘의 법도에 합치하는 것이니, 이런 이를 일러 성인이라 한다. 다른 것이 아닌 "군자가 법의 근원인 것(君子者 法之原也)"(『荀子』, 君道)이다. 그래서 이이(李珥, 1536~1584)는 "성인의 덕은 하늘과 하나가 되어, 그 신묘함을 헤아릴 수 없다(聖人之德 與天爲一 神妙不測)."(『聖學輯要』, 第二 修己 下, 第十三章 修己功效)라고 말한다.

유가의 도덕은 하늘의 이치[道]를 그대로 품수한 자신의 본성[德]을 따라 올바른 길[道]을 걸음[德]이다. 도덕은 타자, 가령 신의 명령에 따라 마땅히 걸어야 할 길[當行之路]을 걷는 것, 그러므로 타율적인 것이 아니라, 자신의 덕성대로 사소한 것[小體]들에 미혹당하지 않고 큰 줄기[大體]를 따라 걸음, 그러니까 자율적인 것이다. 무릇 선(善)은 인간 위에 있는 자의 지시명령에 있는 것이 아니라, 인간의 '스스로 함(自作)'에 있는 것이다. 이렇게 되면 유가의 도덕론은 인간의 자유의지론에 그 바탕을 두고 있다 하겠다. 자연(즉 道 또는 天)이 곧 본성(性)이고, 본성이 곧 이치(理)라는 논변이 인성(人性)에 이르게 되면, 인간의 본성 그러니까 자연성(自然性)이 곧 이성이라는 귀결에 이른다. "사욕을 이겨내고 사회규범을 준수[克己復禮]"(『論語』, 顔淵 1)하는 인(仁)의 마음이 인성(人性)인 것이다. 이로써 유가는 이성주의 편에 서며, 그리하여 이성주의에 대립되는 정감주의를 '자연주의'라고 일컫는 개념 사용법으로는 유가적 자연주의는 일종의 반(反)자연주의이겠다.

제3절
스토아학파의 '로고스'와 에피쿠로스의 '로기스모스'

오늘날 서양 사상의 한 뿌리를 소크라테스로 볼 때 그의 사상을 전승 발전시킨 이른바 아테네의 네 학원(플라톤의 아카데미아, 아리스토텔레스의 리케이온, 에피쿠로스의 정원[κῆπος], 제논의 스토아) 중 헬레니즘 시대(대략 BC 336~30)에 영향력이 지대했고, 후에 기독교 사상이 맞닥뜨려야 했던 것은 스토아학파와 에피쿠로스학파의 사상이었는바, 그 사상의 중심에 '로고스(λόγος)' 또는 '로기스모스(λόγισμος)' 개념이 자리 잡고 있었는데, 그것은 자연이 곧 이성이라는, 일종의 이성 자연주의였다. 이러한 자연주의 이성 개념의 주요 형성요소는 소크라테스적 전통과 헬레니즘의 사상이지만, 그에 앞선 아낙사고라스(Anaxagoras, BC 500~428)의 '누스(voῦς)' 개념도 이의 구성요소 중 하나라 할 수 있다.

1. 아낙사고라스의 '누스'

플라톤, 아리스토텔레스보다 앞서 살았던 아낙사고라스의 사상의 핵심 개념인 '누스'('지성'/'정신')는 자연주의 이성 개념의 한 사례이다.

아낙사고라스는 '누스(νοῦς)'와 '누스 없음(ἄνοια)'에 대해 말했는데, '누스'는 "항상(ἀεί) 있으며"(DK, 59, B14) "무한정하고(ἄπειρον) 스스로 다스리는(αὐτοκρατὲς)"(DK, 59, B12) "하나(μία)"[9]인 것으로, 만물에 있어서 어떤 것을 바로 그것이도록 하는 원인이다. '누스'는 "모든 것에 질서를 부여하는 것이자 그것들의 원인이 되는 것"[10]으로서, 다스려지고 서로 섞여 있는 존재하는 만물과 구별된다는 점에서 얼핏 '정신'으로 이해될 수도 있겠다. 그러나 만물의 생성 변화의 질서를 이미 알고 만물을 다스려간다는 점에서는 '지성' 내지 '우주적 지성'으로 보아도 될 것이다.

> "누스가 운동의 원인이다."(DK, 59, A1)
> "모든 것은 누스에 의해 운동하게 됨으로써 운동에 참여하며, 같은 것들이 한데 모인다. 그리고 하늘에 있는 것들은 원운동으로 말미암아 질서 잡혀 있다."
> (DK, 59, A42)

아낙사고라스는 '누스'가 모든 것이 각기 그것이 되는 "원인"[11]이라고 보았다. 그는 "모든 것들은 무한한 시간 동안 함께 있었으며 움직이지 않고 가만히 있다가 '누스'가 운동을 만들어 넣어주자 분리되었다."[12]라고 생각했다. '누스'는 "어떤 것에도 영향받지 않고, 무엇과도 섞이지 않으

---

9 Aristoteles, *Physica*, 203a.
10 Platon, *Phaidon*, 97b/c.
11 Platon, *Phaidon*, 97c.
12 Aristoteles, *Physica*, 250b.

면서" 자신은 운동하지 않은 채 세상의 모든 것을 움직이게 하는 "운동의
근원"[13]이니, 물체들 가운데 무거운 것은 아래에 가벼운 것은 위에 자리를
차지한 것은 그 덕분이며, 하늘에 온갖 것들이 원운동하는 것도 '누스' 덕
분이다.

'누스'는 "동물들 속에 들어 있는 것과 꼭 마찬가지로 자연 속에도 들
어 있으며, 질서(κόσμος)와 모든 배열의 원리"[14]이다. "'누스'는 스스로 다
스리는 자(αὐτοκράτορα)로서, 그것은 어떤 것과도 섞이지 않고 모든 것을
관통함으로써 모든 사물들을 질서 짓는다."[15] '누스'는 영혼을 가진 모두
를 다스릴 뿐만 아니라, "있게끔 되어 있었던 것들도, 있었던 것들도, 지금
있지 않은 것들, 그리고 지금 있는 것들과 있게 될 것들도 모두 질서 짓고"
(DK, 59, B12), "각각의 것을 그것이 최선의 상태에 있게 되는 방식으로
자리 잡게 해준다."[16]

그러나 아낙사고라스의 '누스' 개념을 세계 생성의 원리로 받아들이기
위해서는 아직 숙고해야 할 문제들이 남아 있다. 첫째로는, '누스'가 만
물의 존재의 원인이라고 하지만, 어떤 것 안에, 자연 안에 '들어 있는' 질
서 원리일 따름인 만큼, 만물의 '질료적' 원인은 아니므로, 그렇다면 질료
적 원인과의 관계는 어떠한지를 밝혀야 한다. 또한 '누스'로 인해 각각의
사물이 최선의 상태에 있게 된다 하는데, 자연사물 각각의 최선의 상태
를 말하기 위해서는, 먼저 '최선의 상태'가 무엇인지, 각각의 사물에 대해
서 '그것이 어떻게 있는 것이 최선인지', 그것이 다른 사물들과 어떤 관계에
있는 것이 최선인지가 묻고 답해져야 하거니와, 아낙사고라스는 아직 그
런 사유에는 이르지 못했다.[17] 또 '지성' 자신이 무엇과도 섞이지 않으니,

---

13 Aristoteles, *Physica*, 256b.
14 Aristoteles, *Metaphysica*, 984b.
15 Platon, *Kratylos*, 413c.
16 Platon, *Phaidon*, 97c.

어떤 사물의 일부를 이룰 수는 없는 것이겠는데, 그러면서도 어떻게 사물의 운동의 원인이 된다는 말인가? 아에티오스(Aetios, 1~2세기)는 이를 "같은 부분들로 된 것들은 질료(ὕλη)로, 모든 것들을 배열하는 지성은 작용인(ποιοῦν αἴτιον)"(DK, 59, A46)이라고 해석했지만, 만약 이러한 해석에서 질료-작용인의 관계가 아리스토텔레스의 질료인-작용인의 관계와 같은 것이라면, '누스'의 성격은 더욱 불분명하다. 그래서 아리스토텔레스는 아낙사고라스가 어떤 사태의 인과관계를 설명하기 위해 '누스'를 끌어들이는데, 그것은 마치 불현듯이 등장하여 난제를 단번에 풀어내는 '해결사(deus ex machina)' 같은 권능을 가진 것으로 보인다고 의문을 제기했던 것이다.[18]

아낙사고라스의 '누스'가 그 자신은 운동하지 않으면서 만물을 운동변화하게 하는 영원한 원동자이고, 이로써 운동하는 것과 운동의 원인이 구별되는 것이라면, 여기서 '누스'는 오히려 '정신'의 성격을 갖는다 할 것이다. 이 점 때문에 먼 후대에 헤겔은 자신의 정신 개념을 이 '누스'에 접속시켰다. 그러나 '정신'이 무엇인가에 의해 운동하는 '물체'와 달리 스스로 운동하는 것일 뿐만 아니라, 일체의 물질성을 갖지 않는 것으로 이해되는 반면, 아낙사고라스의 '누스'는 아주 미세한 것으로서 사물들 안에 스며드는 것인 만큼, 물질성을 배제할 수 없는 것이니, 이를 '정신'으로 보는 데는 한계가 있겠다.

---

17 Platon, *Phaidon*, 97c 이하 참조.
18 Aristoteles, *Metaphysica*, 985a 참조; 김진성 역, 『형이상학』, 이제이북스, 2007, 52면 해당 대목 각주 참조.

2. 스토아학파의 이성(λόγος/ratio) · 자연본성(φύσις/natura)

사이프러스의 키티움(Kitium) 출신의 제논(Zenon, ca. BC 333~262)이 기원전 300년경부터 아테네 아크로폴리스 건너편에 위치한 얼룩덜룩한 회랑(Stoa)에서 강론을 시작한 데서 그 명칭이 유래한 스토아학파의 사상은 위로는 크라테스(Krates, ca. BC 368~288), 안티스테네스 등의 키니코스학파 즉 견유학파를 거쳐 소크라테스에 소급하고, 아래로는 크리시포스(Chrysippos, ca. BC 279~206), 포세이도니오스(Poseidonios, ca. BC 135~51)를 거쳐 로마문화 절정기의 키케로, 세네카(Seneca, BC 4~AD 65), 에픽테토스(Epiktetos, 60~120), 마르쿠스 아우렐리우스 안토니누스(Marcus Aurelius Antoninus, 121~180)에 이른다. 그리고 이들에 의해 연역된 자연법 곧 이성법 사상은 근대의 법/정치사상의 형성에 적지 않은 영향을 미쳤다.

1) 자연본성에 따르는 삶

스토아학파 사람들은 철학적 논술을 "자연적인 것", "윤리적인 것", "논리적인 것"에 대한 것으로 삼분하여 행했다.(Diog. Laert.,[19] VII, 39 참조) 그들은 철학을 하나의 동물에 비유하여, 논리학은 뼈대와 힘줄에, 윤리학은 살과 근육에, 자연학은 영혼에 해당한다고 보기도 하고, 또는 철학을 비옥한 밭에 비유하여 논리학은 견고한 울타리, 윤리학은 과일, 자연학은 토양 내지는 과수에 해당한다고 보았다. 제논은 논리학, 자연학, 윤리학 순서로 가르쳤는데(Diog. Laert., VII, 40 참조) 이러한 순서는 근대의 헤겔에까지 이어졌으니, 그 통찰과 후대에 미친 영향력이 결코 적지 않다.

---

19 Diogenes Laertios, *Vitae philosophorum.*

이 세 부문은 서로 의존되어 있으며, 그것들의 통일 원리가 로고스(λόγος)이다.(Diog. Laert., VII, 83 참조) 제논에서, 그리고 스토아학파 사람들에서 로고스는 곧 자연(φύσις)이고, 법도(νόμος)이다. 이 '로고스' 개념에서 우리는 스토아학파의 자연주의적 이성 사상을 볼 수 있다.

스토아학파 사람들에 따르면 "생명체의 제일의 충동은 자기 보존"이며, "모든 생명체에게 가장 친근한 것은 자기 자신의 존립과 그에 대한 의식"(Diog. Laert., VII, 85)이다. 그들은 "자연이 생물을 만들어 내놓았을 때 자기 자신에 대해서 친근하도록 했다."고 믿었다. 그렇기 때문에 "생명체는 자신에게 해가 되는 것은 밀쳐내고, 자기에게 도움이 되는 것은 자유로운 접근을 허용한다."는 것이다.(Diog. Laert., VII, 85 참조)

그럼에도 스토아학파 사람들 역시 현자들에게는 플라톤이 요구했던 것과 유사한 요구를 한다. 제논의 한 주장은 이렇다: "현자들 사이에서는 여자들이 공유여야 하므로, 누구라도 상대를 자유롭게 선택할 수 있다. […] 이러한 조건 아래에서는 사람들은 모든 아이들에게 평등하게 부친으로서 애정을 갖게 될 것이고, 또 간통에 의한 질투도 없어질 것이다." (Diog. Laert., VII, 131) 또 스토아학파 사람들이 말하는 "이성적인 생활" 방식에 의하면 "현자는 합당한 이유가 있으면 조국을 위해서도, 벗들을 위해서도 자신의 목숨을 기꺼이 버릴 것이고, 또 견딜 수 없는 고통을 당하거나 수족이 절단되거나 불치의 병에 걸렸을 경우에도 그렇게 할 것" (Diog. Laert., VII, 130)이라 한다.

인간에게는 여타의 동물들에서는 볼 수 없는 빼어난 것이 있다. 어떤 사람들은 동물의 일차적 충동은 쾌락으로의 경향성이라 지적하면서, 그러니까 동물들이 '자연[본성]에 따라(κατὰ φύσιν)' 산다면, 충동에 이끌림을 받는다고 말하는데, 이것은 인간에게는 맞는 말이 아니다.(Epiktetos, *Encheiridion*, 30 참조) "육체에는 감각(αἰσθήσεις)이, 영혼에는 욕구(ὁρμαί)가, 지성에는 원칙(δόγματα)이 포함"(Markos Aurelios, *Meditationes*, III, 16)

되어 있거니와, 감각이나 욕구 충동은 들짐승이나 가축도 가지고 있어서 그에 따라 느끼고 조종당하지만, 인간은 자연으로부터 지성 내지 이성을 또한 부여받았고, 그래서 스토아학파 사람들은 이성적인 동물인 인간은 "이성에 따라서 올바르게 사는 것(τὸ κατὰ λόγον ζῆν ὀρθῶς)이 자연에 따라 사는 것이 된다."(Diog. Laert., VII, 86)라고 본다. 왜냐하면 그들은 "이성은 충동을 잘 틀 짓게 하기 위해 수반해 있다."라고 생각하기 때문이다. 스토아학파 사람들은 "나는 쾌락에 빠지느니 차라리 미쳐버리겠다(Μανείην μᾶλλον ἢ ἡσθείην)."(Diog. Laert., VI, 3)라고 말한 견유학파의 창시자 안티스테네스와 같은 삶의 태도를 받아들였다.

그래서 제논이 삶의 목적을 "자연[본성]과 합치하여 사는 것(τὸ ὁμολογουμένως τῇ φύσει ζῆν)"이라고 말했을 때, 그것은 다름이 아니라 "덕에 따라서 사는 것(κατ' ἀρετὴν ζῆν)"을 뜻했다. "왜냐하면 자연본성(φύσις)이 우리를 인도하여 덕으로 향하게 하기 때문이다."(Diog. Laert., VII, 87) 그래서 키케로의 해석대로 "덕으로써 삶(e virtute vivere)"은 "자연에 따라 삶(secundum naturam vivere)"이고, 그것은 곧 "자연에 부합함(consentire naturae)"이다.(Cicero, De finibus, II, 34 참조) 다시 말해, 덕에 따라 사는 것은 자연본성에 따라 사는 것이고, 자연본성에 따라 산다는 것은 자연의 실제 행정(行程)에 맞춰 산다는 것을 말한다. 왜냐하면 크리스포스가 말한 바처럼 "우리의 각각의 자연본성은 전체 우주 자연의 부분들이기 때문이다."(Diog. Laert., VII, 87) "이성적인 동물에게는 자연에 맞는 행위와 이성에 맞는 행위가 동일한 것이다(Τῷ λογικῷ ζῴῳ ἡ αὐτὴ πρᾶξις κατὰ φύσιν ἐστὶ καὶ κατὰ λόγον)."(Aurelios, Meditationes, VII, 11) 그래서 로마 황제 마르쿠스 아우렐리우스는 단언한다: "네가 네 자연본성의 이성에 따라 사는 것을 막을 자는 아무도 없다. 공통적인 자연본성의 이성에 어긋나는 일은 결코 너에게 일어나지 않을 것이다."(Aurelios, Meditationes, VI, 58) 이에서 폭군의 대명사 네로 황제의 사부였던 세네카는 "자연에서 벗어나지 않는 것, 자연의 법칙과 본보기에 따라 자기를 형성하는 것이 지혜요, 그러므로 자기의 자연본성과 합치함이 행복한 삶"(Seneca, *De vita beata*, III, 3)이라고 규정하고, 에픽테토스는 노예 출신으로 삶의 간난고초 속에서도 "세상에서 일어나는 일들이 네가 바라는 대로 일어나기를 추구하지 말고, 오히려 실제로 일어나는 대로 일어나기를 바라라. 그러면 만사가 잘 되어갈 것이다."(Epiktetos, *Encheiridion*, 8)라고 담담하게 말한다. 여기에 다시 마르쿠스 아우렐리우스는 아무쪼록 "자연[본성]에 맞게 살아라(ζῆσαι κατὰ τὴν φύσιν)."(Aurelios, *Meditationes*, VII, 56)라고 덧붙여 말한다.

"인간에게는 인간에게 맞지 않는 사건은 일어날 수 없다. 그리고 소에게는 소의 본성에 맞지 않는 사건이 일어날 수 없고, 포도나무에게는 포도나무의 본성에 맞지 않는 사건이 일어날 수 없으며, 돌에게는 돌의 본성에 어울리지 않는 사건이 일어날 수 없다. 그렇다면 누구에게나 통상적이고 자연스러운 일이 일어나는 것인데 어째서 너는 네 운명에 불만인가? 보편적 자연(κοινὴ φύσις)은 너에게 네가 감당할 수 없는 것은 가져다주지 않느니."(Aurelios, *Meditationes*, VIII, 46)

보편적 자연은 필연적 행정(行程)이고 그것은 운명(εἱμαρμένη)이다.

"운명은 의욕하는 자는 이끌고, 의욕하지 않는 자는 질질 끌고 간다."(Seneca, *Epistulae moralis*, XVIII, 4)

스토아학파 사람들은 운명이란 만물을 최선으로 배열하는 신의 섭리 (πρόνοια)로 받아들였다. 그런데 자연의 이법에 따라 사는 것이 운명이고 섭리라 하면 사람으로서는 그에 따르지 않을 방도가 없을 터이고, 의지와 상관없이 저절로 그리될 것인데, 굳이 '자연에 따라 살아라!'라는 가르침이 무에 필요한 일인가? 바로 여기에서 스토아 사상가들의 인간관을 읽을 수 있다. 이성적 동물로서 인간에게는 동물적인 부착물들이 있고, 인간이 자칫 이것들에 집착하게 되면 그에 억압받는 노예 상태에 놓일 수 있는 반면에, 자유의지 또한 갖고 있어서 인간은 합리적 선택(προαίρεσις)을 함으로써 이로부터 벗어날 수 있는 것이다. 그러므로 '자연에 따라 살아라!'라는 가르침은 다른 것이 아니라 온갖 수동성, 정념(πάθος)에서 벗어나 마음의 평정을 얻어 자유롭게 살라는 가르침인 것이다.

> "절제 있고 한결 같고 마음이 안정되어 스스로 평화로운 이, 번민으로 속을 썩이지 않으며 상심으로 혼란스럽지 않고 무언가를 간절하게 원하는 갈망으로 끓어오르지 않으며 헛된 희열로 불타지 않는 이, 바로 이러한 이가 우리가 찾는 현자로서, 이러한 이는 행복하다. 우주 전체의 영원함과 광대함을 이미 잘 아는 이에게 인간사들에서 무슨 큰 일이 있겠는가?"(Cicero, *Tusculanae Disputationes*, IV, 37)

세상만사가 정연하게 일어나고 사라지는데, 무슨 일희일비할 것이 있겠는가. 늘 평정심으로 살 일이다.

> "어떻게 하면 가벼운 마음으로 살 수 있을까.
> 영원히 채워지지 않을 욕망이 널 괴롭히지 않도록 할 것이고,
> 그다지 유익하지 않은 일들에 두려움이나 희망도 갖지 말라."
> (Horatius, *Epistulae*, I, 18, 97)

> "어려울 때 마음의 평정 유지를
> 늘 생각하고,

좋을 때 너무 기뻐하지 않도록

할 일이다.”

(Horatius, *Carmina*, II, 3, 1~4)

2) 올바른 이성

자연에 맞춰 사는 것이야말로 생의 목적이지 않을 수 없다. 그것은 각자가 자신의 자연본성에 따라, 또한 만물의 자연본성에 따라 사는 것이고, 만물의 “공통의 법도(νόμος κοινός)” ― 이것은 “만물에 스며들어 있는 올바른 이성(ὀρθὸς λόγος)”이고 만물에게 질서를 부여하는 ‘제우스’와 똑같은 것이다 ― 가 금지하는 것을 아무것도 행하지 않는 것을 말한다. 이렇게 하는 것이 “행복한 사람의 덕”이고, 그의 “삶의 막힘없는 흐름”이다. (Diog. Laert., VII, 88 참조) 덕은 “그것 자체로 인해서 선택되어야 하는 것” (Diog. Laert., VII, 89·127)이지, 외적인 무엇인가에 의해서, 가령 두려움이나 희망에 의해서 선택되는 것이 아닌 것이다. 덕이란 “생애 전체를 통해서 [이성 또는 자연본성과] 화합한 영혼의 상태”(Diog. Laert., VII, 89)이고, “행복은 바로 이러한 덕 가운데에 있는 것”(Diog. Laert., VII, 89)이다. 그래서 “행복하게 사는 것과 자연에 따라 사는 것은 같은 것”(Seneca, *De vita beata*, VIII, 2)이며, 덕은 “행복하기 위해서는 그것만으로 충분한 것” (Diog. Laert., VII, 127)이라고 스토아학파 사람들은 강조한다. 물론 더러는 “덕 그것만으로는 행복해지기에 충분한 것이 아니라고 말하고, 건강과 생계비 그리고 체력이 필요하다고 주장”(Diog. Laert., VII, 128)하기는 했지만 말이다.

스토아학파 사람들은 덕을 경우에 따라서 이론적인 것-실천적인 것, 논리적인 것-자연적인 것-윤리적인 것, 기본적인 것-부수적인 것으로 나누어보았는데, 그들이 꼽은 기본적인 덕은 사려, 용기, 정의, 절제이다.

(Diog. Laert., VII, 92; Cicero, *De officiis*, I, 15 참조) 이것들은 아카데미아 학파의 4주덕과 유사한데, 이에 대응하는 패악은 무사려, 겁먹음, 부정, 방종이다.(Diog. Laert., VII, 93 참조)

사려 내지 지혜는 사람들이 어떻게 쾌락을 추구하는 것이 좋은지를 제시해주는 "삶의 기예(ars vivendi)"이다.(Cicero, *De finibus*, I, 42 참조) 절제란 마음의 조화와 편안함으로서 "이성(ratio)에 따라" 욕구할 것과 기피해야 할 것을 판정한 바를 "고수하는" 덕성이다.(Cicero, *De finibus*, I, 47 참조) 용기란 근심이나 공포를 이겨내고 고통을 벗어나 평온한 삶을 지켜내는 덕성이다.(Cicero, *De finibus*, I, 49 참조) 정의란 "누군가에게 해를 끼치지 않는 것뿐만 아니라, 자신의 힘과 자연본성으로써 마음을 평안하게 해주고, 오염되지 않은 자연본성이 필요로 하는 것은 어떠한 것도 부족하지 않을 것이라는 희망을 보존해주는" 덕성이다.(Cicero, *De finibus*, I, 50 참조) 그리고 이러한 모든 실천적 덕성들의 바탕을 이루는 것은 "욕구를 이성에 순종하게 함(appetitum obtemperare rationi)"(Cicero, *De officiis*, I, 141)이다.

'선/좋음(ἀγαθὸν)'이란 일상적으로는 이익이 되는 것, 유익성을 뜻하지만, 스토아학파 사람들은 이를 "이성적인 자로서의 이성적인 자의 자연본성상의 완전함(τὸ τέλειον κατὰ φύσιν λογικοῦ [ἢ] ὡς λογικοῦ)"(Diog. Laert., VII, 94)이라고 규정함으로써 사실상 유덕함과 동일시한다. "덕이란 이성에 합치하는 성향으로, 그 자체로서 그리고 그 자체를 위하여 바람직한 것이다."(Diog. Laert., VII, 89) 그래서 "영혼의 덕성만이 유일한 선"(Diog. Laert., VII, 30)이라고도 말한다. 그러니까 악이란 부덕함, 곧 이성적인 자의 이성적이지 못한, 본성상의 불완전함이겠다. 말하자면 사려, 용기, 정의, 절제는 선한 것이고, 그 반대의 것들은 악한 것이다.

견유학파 사람들이 "선한 것은 아름답고, 악한 것은 추하다."라고 했듯이, 스토아학파 사람들도 "완전한 선은 아름답다."라고 말하는데, 그 말은 완전한 선은 자연이 요구하는 요소들을 모두 갖추고 있다, 그것도 완전한 비율로 갖추고 있다는 뜻이다. 그러니까 사려, 용기, 정의, 절제 등은 이런 의미로 완전하게 선하다는 것이다.(Diog. Laert., VII, 100 참조) 그들은 또한 아름다운 것이 선하다고도 말하는데, 심지어 "선(善)과 미(美)는 동치(同値)(τὸ ἰσοδυναμεῖν τῷ καλῷ τὸ ἀγαθόν)"(Diog. Laert., VII, 101)라고도 한다. 그리고 이렇게 완전하게 선한 이들은 "신적(θείους)이기도" 하다는데, 그것은 "그들이 자기 자신 안에 신과 같은 것을 깃들이고 있기 때문"(Diog. Laert., VII, 119)이라는 것이다.

제논을 비롯한 다수의 스토아학파 사람들은 영혼(ψυχή)을 "따뜻한 숨(πνεῦμα)"이라고 생각했던바, 그것은 이 숨에 의해 생명체는 생명 있는 것이 되고 운동도 할 수 있다고 보았기 때문이다.(Diog. Laert., VII, 157 참조) 영혼은 "물체(σῶμα)"이고 사후에도 얼마간은 존속하지만, 결국에는 소멸한다. 그럼에도 개개 생명체의 영혼이 그것의 부분들인 "우주의 영혼은 불멸적"이다.(Diog. Laert., VII, 156 참조) 인간의 영혼의 주요 기능은 다섯 감각기능, 생식기능, 음성[언어]기능, 사고기능으로 나누어진다.(Diog. Laert., VII, 110·157 참조) 사고기능과 관련하여 제논은 표상을 감각적인 것과 이성적인 것으로 구분하면서 이성적인 표상을 "이성적 동물(λογικὸν ζῷον)의 표상"(Diog. Laert., VII, 51), 즉 "사고작용(νόησις)"에 의한 표상으로 규정함으로써 '이성'의 주요 기능을 감각작용(αἴσθησις)과 구별되는 사고작용으로 보았다. 사고기능은 영혼의 "통괄기능(ἡγεμονικὸν)"으로서 영혼 안의 가장 중요한 기능이고, 이로부터 표상이나 충동도 나오며, 또한 말/이성도 나온다.(Diog. Laert., VII, 159 참조) 또한 제논은 정념(πάθος)을 "영혼 안의 비이성적이고 반자연적인 움직임"이라고 정의하면서, 고통, 두려움, 욕망, 쾌락을 그 대표적인 예로 들었다.(Diog. Laert., VII, 110 참조) 그러나 정념에는 좋은 정념도 있으니 기쁨, 조심성, 소망은 "이치에 맞는(εὔλογον)" 정념이라는 것이다.(Diog. Laert., VII, 116 참조) 그럼에도 스토아학파 사람들은 현자는 정념에 빠지는 일이 없는, "무정념적(ἀπαθῆ)"

(Diog. Laert., VII, 117) 상태, "무감동(ἀπάθεια)" 내지 "평정(ἀταραξία)" (Epiktetos, *Encheiridion*, 12)한 상태에 있기 때문에 어떤 경우에도 마음이 흔들리지 않는다고 말한다. 그래서 정념에 대한 자기통제능력을 가진 이를 철학자라고 지칭한 키케로는 "법률들은 권력으로 비행을 제지하지만, 철학자들은 어디까지나 이성(ratio)과 지능(intellegentia)으로 그것을 억제한다."(Cicero, *De finibus*, III, 68)라고 말한다.

그런데 실상 법률과 이성은 이질적인 것이 아니다. "법률은 곧 자연의 법/권리(naturae ius)로서, 현자의 정신(mens)이자 이성(ratio)"(Cicero, *De legibus*, I, 19)이니 말이다. 그런 까닭에 통상 "법률에 의해 하도록 강요받은 것은 자발적으로 하는 것"(Cicero, *De re publica*, I, 3)과 다르지 않다. 이렇게 보면 자기의 이성이 정념에 대한 통제력을 갖는 자, 즉 철학자 내지현자는 자기의 이성에 따르는 자, 다시 말해 어떤 외적 지배도 받지 않는자이니, 곧 "자유(ἐλευθερία)"(Epiktetos, *Encheiridion*, 29)로운 자이다. 그러니까 자유, 그것은 곧 자기 지배능력을 말한다. 자기 지배능력이 없으면외적인 것에 휘둘림, 곧 지배받게 되고, 외적인 것에 지배받음은 곧 노예상태를 말하는 것이다. '자기 지배', 이것이야말로 덕성의 요체이다. 민족과 국가를 지배하는 자는 많아도 자기 지배를 할 수 있는 자는 많지 않다는 사실이 자기 지배의 덕성, '자유'가 얼마나 위대한 것인지를 말해준다.

3) 세계의 질서로서의 로고스

스토아학파 사람들의 로고스 개념의 연원을 우리는 헤라클레이토스 (Herakleitos, ca. BC 520~460)에서도 본다.

"모든 것은 로고스에 따라 생긴다(γινομένων γὰρ πάντων κατὰ τὸν λόγον)." (DK, 22, B1)

그러므로 '로고스'는 만물에 공통이고, 만물은 '로고스'에 의해 통합하고 조화를 이룸으로써 "하나의 공통의 세계(κοινὸς κόσμος)"(DK, 22, B89)가 된다. "로고스는 공통인데도, 많은 사람들은 마치 자신만의 사려를 가진 듯이 살아간다."(DK, 22, B2) 그렇게 함으로써 많은 사람들은 "전체를 다스리는 로고스와 갈라선다."(DK, 22, B72) 그것이 모든 불화와 무지의 싹이다. 그러하니 "나에게 귀를 기울이지 말고 로고스에 귀를 기울여, '만물은 하나임(ἓν πάντα εἶναι)'에 동의하는 것이 지혜롭다."(DK, 22, B50)

"지성을 가지고 말하려는 이들은 모든 것에 공통된 것에 확고히 기반을 두어야만 한다. 마치 국가가 법에 그래야 하는 것처럼. 그것도 한결 더 그래야 한다. 왜냐하면 모든 인간의 법들은 하나인 신의 법에 의해서 키워지기 때문이다. 왜냐하면 그것은 하고자 하는 만큼 지배하고, 모든 것들을 충족시키고, 그리고도 남음이 있기 때문이다."(DK, 22, B114)

이러한 헤라클레이토스의 사상이 수백 년 후에 초기 스토아학파에서 재발견되고, 다시금 수백 년이 지나 마르쿠스 아우렐리우스 황제에서도 재현된다.

"우리가 사고능력을 서로 공유한다면, 그 덕분에 우리가 이성적 존재자인 이성(λόγος) 또한 우리에게 공통적인 것이다. 그렇다면 우리에게 해야 할 일과 하지 말아야 할 일을 정해주는 이성도 공통적인 것이다. 그렇다면 법규(νόμος)도 공통적인 것이다. 그렇다면 우리는 같은 시민이고, 그렇다면 우리는 한 국가공동체 안에서 함께 사는 것이며, 그렇다면 우주는 이를테면 한 국가이다."(Aurelios, *Meditationes*, IV, 4)

스토아학파 사람들의 인생관은 그들의 세계관에 의거한 것이다. 제논 역

시 우주세계(κόσμος)를 "하나"(Diog. Laert., VII, 143)로 보며, 자연(φύσις)
이란 "자기로부터 운동 변화하는 상태(ἕξις)로서, 씨앗 원리[種子 理法: 生殖
原理]에 따라 생겨나는 것을 일정 시간 내에 보존하는 것"(Diog. Laert., VII,
148)이라 한다. 이에 크리시포스는 이 세계를 "생명체이고, 이성적이며, 영
혼을 가지고서, 지적 활동을 하는 것"(Diog. Laert., VII, 142)으로 보았다.
세계는 영혼을 가지고 감각작용을 하는 존재자라는 의미에서 일종의 생
물인데, 스토아학파 사람들의 논리는 "생명 있는 것이 생명 없는 것보다
우월하다. 그런데 세계보다 우월한 것은 없다. 그러므로 세계는 생명을
가진 것이다."(Diog. Laert., VII, 143)라는 것이다. 그리고 이러한 추론은
"이성적인 것이 비이성적인 것보다 우월하다. 그런데 세계보다 우월한 것
은 없다. 그러므로 세계는 이성적이다."(Cicero, *De natura deorum*, III, 22)
라는 논법으로 이어지며, "생명이 있는 것들은 생명이 없는 것들보다 우
월하고, 이성이 있는 것들은 생명만 있는 것들보다 우월하다."(Aurelios,
Meditationes, V, 16)라는 주장에 이른다.

"만물은 서로 연관되어 있고 함께 동일한 우주세계를 이룬다. 만물로 이루
어진 하나의 우주세계, 만물 속에 있는 하나의 신, 하나의 실체, 하나의 법규,
사고능력을 가진 모든 동물에게 공통인 하나의 이성, 하나의 진리가 있을 따
름이다."(Aurelios, *Meditationes*, VII, 9)

제논은 "신의 실체(οὐσία)는 세계 전체와 하늘"(Diog. Laert., VII, 148)이
라고 보았거니와, 포세이도니오스에 의하면 신(θεός)은 "생명체로서, 더
구나 불사적이고 이성적이며, 완전히 지적이고 행복하며, 어떠한 악도 허
용하지 않고, 세계와 세계 안에 있는 모든 것을 예견하여 보살피는 자이
지만, 인간의 모양을 하고 있지는 않다. 또한 신은 우주 전체의 제작자
(δημιουργός)이며, 일반적으로나 만물에 미쳐 있는 그 특수한 부분에 있

어서나 만물의 아버지인데, 그 수행하는 기능에 따라 수많은 이름으로 불리고 있다."(Diog. Laert., VII, 147) 예컨대 세네카는 제작자로서의 신을 "만드는 이성(ratio faciens)"(Seneca, *Epistulae*, LXV, 12)이라고 일컫기도 했다.

세상의 "모든 일은 운명에 따라 일어나는 것"이려니와, 운명이란 '우연(casus)'이 아니다. "현자들에게는 뜻밖에 일어나는 일이란 없다."(Seneca, *De tranquillitate animi*, XIII, 3) "일어나는 모든 일은 정당하게 일어난다."(Aurelios, *Meditationes*, IV, 10) 우리가 그 까닭을 모두 설명할 수 없는 자연현상도 어떤 "기획(consilium)"에 따라 일어나는 것임이 분명하다.(Cicero, *De natura deorum*, II, 97 참조) "모든 것은 인과적으로 연결되어 있으며, 사물들의 장구한 질서가 개체도 전체도 이끌고간다."(Seneca, *De providentia*, V, 7) 세상사는 "존재하는 것들의 원인들의 무한한 연쇄로서" 세계를 이끌어가고 있는 것은 "로고스(이법/이성)"(Diog. Laert., VII, 149)이다. 이 로고스는 다름 아니라 전체 우주의 제작자인 신의 이성이다. 그래서 "스토아학파 사람들은 세계는 신들의 명령에 따라 다스려지고 있으며, 세계는 마치 신과 인간의 공동의 도시요 국가와 같은 것으로, 우리가 사는 세계는 단지 그런 세계의 일부"(Cicero, *De finibus*, III, 64)라고 여겼다. 그런데 신 자신도 이 로고스에 순종한다. 그것은 인간과 신에게 공동으로 있는 "올바른 이성(recta ratio)"(Cicero, *De legibus*, I, 23)이다. 그러니 이 세상에 부당하거나 잘못된 일이 일어나는 것은 원천적으로 불가능하다. "신들과 인간에게 공통인 이성에 따라 일이 실현되는 곳에서는 아무것도 두려워할 것이 없다."(Aurelios, *Meditationes*, VII, 53) 이러한 이성은 하늘과 땅에서 가장 신성한 것으로서, 신과 인간은 그 공동의 질서에 따르는 "하나의 국가"에 속해 있는 것이다.(Cicero, *De legibus*, I, 22~23 참조)

4) 자연법 곧 이성의 법

이성이 자연을 지배하는 것이니, 자연본성은 곧 이성의 발현이다. 그런 만큼 자연의 법은 곧 이성의 법이다. 진정한 "법률이란 자연[본성]에 새겨진 최고의 이성(lex est ratio summa, insita in natura)으로서, 법률은 행해져야 할 것은 명령하고, 반대되는 것은 금지한다."(Cicero, *De legibus*, I, 18)

"진정한 법(vera lex)은 올바른 이성(recta ratio)이고, 자연에 부합하는 것이며, 만인에게 확산되는 것이고, 늘 변함없고 영구히 지속되는 것이다. 올바른 이성은 의무를 완수토록 하여, 속임수를 금지해 멀리하게 한다. 이 법의 효력을 제한하는 것은 모독이며, 그 무엇도 이 법을 훼손하거나 폐지하는 것이 불가능하다. 우리는 이 법을 의회나 국민투표를 통해서도 무효화할 수 없다. 이 법은 설명자나 해석가가 필요하지 않으며, [⋯] 로마에서나 아테네에서, 지금이나 미래에나 동일하고, 모든 민족과 모든 시대에서 유일하고 영원하며 불변적인 법으로 군림할 것이다."(Cicero, *De re publica*, III, 33)

법률(lex)은 법(ius)에 근거하니 법률이 있으면 법이 있는 것이고, 법은 이성에 근거하니 법이 있으면 이성이 있는 것이며, 이성은 자연이 만인에게 나누어져 있는 것이다.

"자연으로부터 이성이 주어진 이들에게는 역시 올바른 이성이 주어진 것이다. 그렇다면 그들에게는 법률도 주어져 있다. 법률이란 명령하고 금지하는 데서의 올바른 이성을 말하는 것이니. 만약에 법률이 [주어져] 있다면 법 또한 그렇다. 그런데 모든 이에게는 이성이 주어져 있다. 그러므로 모든 이게는 법이 주어져 있다.(Quibus enim ratio ⟨a⟩ natura data est, isdem etiam recta ratio data est; ergo et lex, quae est recta ratio in iubendo et uetando;

si lex, ius quoque; et omnibus ratio. Ius igitur datum est omnibus.)"(Cicero, *De legibus*, I, 33)

이성이 그러하듯이 이성에 의한 법은 "올바르고 참인 것"으로 "영원한 것"(Cicero, *De legibus*, II, 11)이니 영구히 만민에게 타당하므로, 그 적용에 예외가 있을 수 없고, 사람에 의해 개폐될 수도 없는 불변적인 것이다. "법이란 인간들의 재능으로 생각해낸 것이 아니고, 인민들의 어떤 의결도 아니며, 명령하고 금지하는 지혜를 갖고서 온 세계를 다스리는 영원한 무엇이다."(Cicero, *De legibus*, II, 8) "신이야말로 이 법의 발명자요, 고안자요, 제안자이다."(Cicero, *De re publica*, III, 33) 그러니까 이성의 법은 신법(lex divina)이자 "천상의 법(caelestis lex)"(Cicero, *De legibus*, II, 9)으로서 "신의 정신(mens divina)"과 함께 생겨난 것이니, "최고의 신 주피터의 올바른 이성"(Cicero, *De legibus*, II, 10)인 이성의 법은 법률들 중의 법률로서 "최고의 법(summa lex)"(Cicero, *De legibus*, II, 11)이다. 인간으로서 완전한 이성을 갖춘 자를 현자라고 할 때, 이러한 법은 "현자의 이성과 정신(ratio mensque sapientis)"(Cicero, *De legibus*, II, 8) 중에서 그 모습을 드러내거니와, 이러한 이성의 법에 복종하지 않는 자는 설령 인간이 만든 법률에 의해서는 처벌을 면한다고 할지라도, 결코 자연의 응징, 신의 처벌 곧 천벌을 모면할 수는 없는 일로, 결국은 "스스로 소멸"하고 말 것이다.(Cicero, *De re publica*, III, 33 참조)

그러므로 인간이 법의 정신을 실현하는 일은 신에게 가까이 다가가는 일이다. 인간과 신 사이에 공통점이 있다면 오직 올바른 이성(recta ratio)이고,(Cicero, *De legibus*, I, 23 참조) 법은 바로 이 이성의 표출이니, 법에 의거하여 "국가를 세우거나 세워진 국가를 유지하는 것보다 인간의 덕이 신의 의지에 좀 더 가까이 접근하는 것이란 아무것도 없기 때문이다." (Cicero, *De re publica*, I, 12) 법(ius) 즉 법도(ratio)와 정의(iustitia)는 법률

(lex)을 통해 실현될 수 있고, 법률의 시행은 국가 안에서만 이루어질 수 있으니, 사람들은 국가를 세울 때 비로소 그 안에서 이성적 삶을 영위할 수 있다.

무릇 "나라(civitas)"(Cicero, *De re publica*, I, 41), 즉 "국가(res publica)는 인민/국민의 것(res populi)"이다. 그런데 인민/국민이란 아무렇게나 모인 사람들을 일컫는 것이 아니라 "법/권리에 대한 합의와 공리성의 공유에 의해 결합된 다수의 집합체(coetus multitudinis iuris consensu et utilitatis communione sociatus)"(Cicero, *De re publica*, I, 39)를 말한다. 그러므로 나라란 "시민들의 권리/법의 결사체(iuris societas civium)"(Cicero, *De re publica*, I, 49)와 다른 것이 아니며, 이 결사체를 누가 영도하느냐에 따라 정체(政體)가 정해진다.

그런데 스토아 사상가들은 이상적인 국가 이론의 수립이 아니라, 현실적으로 어떻게 국가를 최상으로 운영해갈 수 있는가에 더 큰 관심을 기울였다. 그래서 그들은 최선의 정체를 정하는 데 있어서도 그 영도자(rector)가 1인이냐 소수의 사람이냐 전체 시민이냐 하는 것보다, 누가 사회를 공동의 기획 아래 통합적으로 이끌고 갈 역량이 있느냐가 더 중요하다고 보았다. 그리고 그 역량에는 국가의 법에 대한 이해, 풍부한 학식, 지혜와 정의, 그리고 절제의 덕성, 시민들에 대한 설득력이 포함되는 것을 당연한 것으로 보았다.

진정한 법은 신적 정신으로서 현자의 정신에서 체현하지만, 현실적으로는 매우 다양하게 시의에 따라 인민들 사이에 성문화한 것들도 일단은 법이라고 일컬어진다. 그러나 그것은 "실제로 그렇다기보다는 더 많은 이들의 지지를 받았다(favore magis quam re)는 의미로"(Cicero, *De legibus*, II, 11) 그러할 따름이다. 그러나 이런 정도의 의미를 유지하기 위해서도 법은 "시민들의 안녕과 국가들의 안전과 인간들의 평온하고 행복한 생활을 위해 고안된 것"(Cicero, *De legibus*, II, 11)이어야 하고, 시민들의 영예와 행복을 저해하고 시민들의 안전에 위해를 가하는 것은 어떤 경우에도 법률이라 할 수 없다.(Cicero, *De legibus*, II, 12~13 참조) 그것은 이성의 법, 곧 자연[본성]의 법에 어긋나는 것이기 때문이다.

자연법이 곧 이성법이라는 스토아학파의 자연주의 사상은 이성주의에 대립되는 정감주의를 '자연주의'라고 일컫는 맥락에서는 유가적 자연주의가 그렇듯이 일종의 반(反)자연주의이겠다. 그리고 이러한 사상과 어법의 차이는 자연 자체가 이성 원리로서 작동하느냐 아니면 인간의 이성에 때때로 어긋나는 경향성으로 작용하느냐에 대한 통찰의 차이에서 비롯하는 것일 터이다.

3. 에피쿠로스학파의 행복과 이성성[헤아림](λόγισμος)

1) 행복한 삶의 방식으로서의 자족(自足)

에피쿠로스(Epikuros, BC 342~270)와 루크레티우스(Lucretius, ca. BC 97~55)가 대표하고, 또 부분적으로는 키케로에서도 볼 수 있는 에피쿠로스학파의 사상은 유물론적 원자론의 세계관을 펼치면서 생의 목적이 쾌락 내지 행복에 있음을 역설한다.

"생명체는 태어나자마자 쾌락을 기꺼워하며, 자연[본성]적으로 그리고 이성과는 별도로 고통은 꺼린다."(Diog. Laert., X, 137)

"오, 가련한 인간의 정신이여, 오, 맹목의 가슴이여!
어떠한 생의 어둠 속에서, 얼마만한 위험 속에서
이 짧은 생을 영위하고 있는가! 도대체 보지 못하는가,

자연[본성]은 자신을 위해 다른 것을 외쳐 구하지 않는다는 것을,

육체에서 고통이 떨어져 사라지는 것 외에는, 그 마음에

걱정과 두려움으로부터 멀리 떨어져 즐거운 감각을 누리는 것 외에는!"

(Lucretius, *De rerum natura*, II, 14~19)

에피쿠로스는 행복을 두 종류로 나누어보았다. 하나는 "신들에게 있는 것 같은 최고의 것"(Diog. Laert., X, 121a), 말하자면 '정복(淨福)'이고, 또 하나는 "쾌락(ἡδονή, voluptas)의 증감에 의존하는 것"(Diog. Laert., X, 121a), 말하자면 '감성적 만족'이다. 쾌락주의자라고 일컬어지는 에피쿠로스는 인간은 물리적 존재자로서 "생의 목적은 쾌락"이고, 아름다움도 그리고 심지어 도덕도 쾌락을 주는 한에서 가치 있는 것이라고 주장했다. 그러나 에피쿠로스의 쾌락은 "소박한 빵 한 조각과 물 한 잔"(Diog. Laert., X, 11 참조)이면 충분한 것이었다는 점에서 실상은 보통의 쾌락주의자의 것과는 거리가 멀다.

에피쿠로스는 인간의 영혼조차도 물질적인 것으로 보지만, 그의 행복은 감성적 욕구를 최소화하는 데서 얻을 수 있는 것이다. 일반적으로 "현자는 결혼하여 가족을 갖는 일도 없을 것이고", "정치에 관여하는 일도 없을 것이며", "견유학파처럼 사는 일도, 구걸하는 일도 없을 것이고, 시력을 잃는다고 생을 거두는 일도 없을 것"(Diog. Laert., X, 119)이나, "친구를 위해서는 목숨을 버릴 때도 있을 것이다."(Diog. Laert., X, 121b)라고 에피쿠로스는 말한다. 요컨대 에피쿠로스적 현자는 '쾌락'을 말하면서 자신에 대한 온갖 애착에서 해방된 자유인으로서, "자신이 행복한지 어떤지 하는 것은 아무래도 상관이 없는"(Diog. Laert., X, 121b) 자이다. 그러니까 에피쿠로스가 말하고자 하는 바는, 물리적 존재자인 인간에게 행복은 어쩔 수 없이 감성적 만족일 것이나, 사람이 일체의 감성적 애착에서 해방되어 영혼의 평정(ἀταραξία) 상태에 이름으로써, 더 이상 감성적 욕구가

없기에 완전한 만족에 이르는, 그러니까 사실상 신적인 행복에 이르는 것이겠다. 이 점에 있어서 에피쿠로스는 기쁨(χᾱρά)과 같은 동적(動的) 상태의 쾌락만을 말한 퀴레네학파와는 달리 마음의 동요가 없고 몸의 고통이 없는 정적(靜的) 상태의 쾌락 또한 인정하며, 영혼의 쾌락이 육체적 쾌락보다 더 크다고 보는 것이다.(Diog. Laert., X, 136 참조) 또한 에피쿠로스는 퀴레네학파의 생각과는 반대로 고통도 육체적 고통보다는 영혼의 고통이 더 나쁘다고 본다. 육체적 고통은 한시적인 데에 반해, 영혼의 고통은 과거 현재 미래를 불문하고 길게 늘어질 수 있기 때문이다.(Diog. Laert., X, 136; Cicero, *De finibus*, I, 55~56 참조) 삶의 즐거움을 더 크게 방해하는 것도 육체의 중한 질병이 아니라 정신의 질병이다. "정신의 질병이란 부, 영예, 지배, 성적 충동의 쾌락에 대한 무한하고 맹목적인 욕망이다."(Cicero, *De finibus*, I, 59) 이로부터 온갖 번민과 괴로움과 비탄이 나온다. 불사에 대한 욕망도 부질없는 것이, 생사가 한낱 원자들의 이합집산의 과정일 뿐이니 말이다.

"죽음이 우리에게는 아무것도 아니라고 생각하는 데에 익숙해지도록 하라. 그것은 좋은 것이든 나쁜 것이든 모두 감각 중에 있는 것인데, 죽음이란 바로 그 감각이 없음이기 때문이다. 그러므로 죽음이 우리에게 아무것도 아니라는 올바른 인식은 죽게 될 이생을 즐겁게 해주는데, 그것은 이생에 무한한 시간을 더해주기 때문이 아니라, 불사에 대한 헛된 갈망을 제거하기 때문이다."
(Diog. Laert., X, 124)

에피쿠로스가 제시한 행복한 삶의 방식은 '자족(αὐτάρκεια)'이다. 그것은 가장 적은 것으로 가장 많이 사치를 누리는 방식이고, 그것이 자연의 이치에도 부합한다고 보기 때문이다. 자연본성에 필요한, 자연적인 욕구를 충족시키는 것은 그다지 수고롭지 않은데, 쓸데없는 것, 불필요한 욕망을 채우는 것은 손에 넣기 어렵다는 것을 사람들은 이미 잘 알고 있는 바이다.(Diog. Laert., X, 130 참조) "생의 한계를 잘 터득한 이는 결핍의 고통을 제거해주고 전 생애를 완벽하게 만들어주기에 충분한 것이 얼마나 쉽게 손에 들어오는지를 알고 있다."(Diog. Laert., X, 146) "사람들이 배가 고플 때는 빵과 물도 최고의 쾌락을 가져다주는 것이다. 그렇기 때문에 검소하고 사치스럽지 않은 섭생법의 습관화는 사람을 충분히 건강하게 만들어주고, 생활필수품의 수요에도 아무 거리낌 없이 대응할 수 있게 해준다. 그리고 우리가 오랜만에 성찬을 얻어먹게 된 경우에는 이를 더욱 즐길 수 있게 해주고, 우리로 하여금 운명에 대해 두려워하지 않게 해준다."(Diog. Laert., X, 131) 자족하는 생활에서 사람은 진정 자유를 얻는다.

에피쿠로스는 욕망을 세 부류로 나누거니와, 첫째는 "자연[본성]적이며 필수적인 것"이고, 둘째는 "자연[본성]적이되 필수적이지 않은 것"이며, 셋째는 "자연[본성]적이지도 필수적이지도 않은 것"이다. 자연적이며 필수적인 욕망, 예컨대 배고플 때 먹고, 목마를 때 마시고, 춥고 더울 때 몸을 감싸는 옷에 대한 필요욕구는 그다지 크지 않은 데 반해, 부(富)와 명예와 불사(不死) 같은 것에 대한 욕망은 자연적이지도 필수적이지도 않은 '헛된' 탐욕으로 한계도 없고 만족할 줄을 모른다.(Diog. Laert., X, 127; Cicero, De finibus, I, 45 참조) 그래서 에피쿠로스는 이런 탐욕스러운 삶에서 벗어난 자족의 삶을 권장하며, 이를 현자적 삶으로 본다. "현자만이 모든 헛됨과 착오를 제거하고 단절함으로써 자연[본성]이 정해준 한계에 만족하고 고통과 공포 없이 살 수 있다."(Cicero, De finibus, I, 44)

"그러므로 우리가 쾌락이 생의 목적이라고 말할 경우, 그 쾌락이란 어떤 이들이 우리에 대한 무지나 선입견 또는 고의적인 오해로 인해 그렇게 생각하듯이, 방탕한 자들의 쾌락이나 성적인 향락을 말하는 것이 아니고, 육체에 고통이 없는 것과 영혼에 동요가 없는 것을 말하는 것이다."(Diog. Laert., X, 131)

에피쿠로스가 말하는 '쾌락'은 스토아학파의 관점에서 보면 '즐거움 (iucunditas)'(Cicero, *De finibus*, II, 14 참조) 또는 '기쁨(laetitia)'(Cicero, *De finibus*, III, 35 참조)과 같은 것이겠다. 즐거운 삶이란 호화스러운 의식주나 음주가무 또는 성적 유희에 있는 것이 아니다. 오히려 "모든 선택과 기피의 원인을 찾아내고, 그로 인해 영혼을 극도로 혼란하게 만드는 믿음들을 추방하는 일"(Diog. Laert., X, 132)이야말로 즐거운 생활의 첩경이다. 그런데 이런 일들 모두의 "출발점이자 최대의 선은 사려(φρόνησις)이다." (Diog. Laert., X, 132) 사려로부터 여타의 모든 미덕이 나온다. 사려 깊고, 아름답게 그리고 올바르게 사는 것이야말로 즐거운 생활이다.(Diog. Laert., X, 132 참조) "올바르고 윤리적인 것을 스스로 행하는 것이 바로 기쁨 즉 쾌락"이라는 에피쿠로스의 가르침과 그의 솔선수범은 당시에도 대중들의 추종을 받았다.(Cicero, *De finibus*, I, 25 참조)

2) 현자적 생의 원리: 로기스모스(이성성/헤아림)

에피쿠로스의 이러한 행복이론은 그의 영혼론에 바탕을 둔 것이다. 에피쿠로스에 의하면, "영혼(ψυχή)은 미세한 분자들로 이루어진 물체로서, [인간이라는] 집합체(ἄθροισμα) 전체에 고루 퍼져 있으며, 열과 어떤 방식으로 뒤섞여 있는 바람과 같은 것이다. 즉 영혼은 어떤 점에서는 바람과 닮아 있고, 어떤 점에서는 열과 닮아 있는 것이다. 그러나 영혼은 미세한 분자들로 성립해 있다는 점에서 바람이나 열 자체보다 훨씬 뛰어나다." (Diog. Laert., X, 63) "영혼은 가장 매끄럽고 가장 둥근 원자(ἄτομον)들로 구성되어 있는데, 그래서 그 두 가지 점에서 불의 원자들보다 훨씬 뛰어난 원자들로 구성되어 있는 것이다."(Diog. Laert., X, 66)

영혼은 집합체 전체에 퍼져 있기 때문에 "집합체의 나머지[곧 신체]와도 긴밀하게 접촉해 있어서"(Diog. Laert., X, 63) 감각과도 연결되어 있고,

"감각의 가장 주요한 원인"이기도 하다. 그래서 "영혼이 신체에서 떠나면 신체는 감각을 갖지 않게 되는 것이다."(Diog. Laert., X, 64 참조) 반면에 "영혼이 신체 안에 머물고 있는 한 신체의 어떤 다른 부분을 잃게 되어도 결코 감각을 잃는 일은 없다."(Diog. Laert., X, 65) 그러나 "집합체 전체가 해체되면 영혼은 분산해서 흩어지고 더 이상 전과 같은 능력을 갖지 않으며, 또 운동하는 일도 없다. 그래서 감각을 갖지도 않는다."(Diog. Laert., X, 65) 그런가 하면 집합체를 구성하는 "신체는 마치 영혼의 그릇"(Lucretius, *De rerum natura*, III, 440)과 같은 것이어서 신체가 분해됨과 함께 영혼도, 아니 오히려 "더 날래게 스러져 더 빨리 원초적 물체들로 분해된다."(Lucretius, *De rerum natura*, III, 438/9) 그래서 에피쿠로스학파 사람들은 영혼이 불멸한다는 것은 자연 안에서 있을 수 없는 일로 본다. 그리고 도대체가 죽음은 두려워할 것이 아니다. 모든 "사물은 결국 잠과 휴식으로 돌아가는 것"(Lucretius, *De rerum natura*, III, 909)이니, 사람들은 잠을 통해서 "죽음이라는 걱정 없는 휴식"(Lucretius, *De rerum natura*, III, 211)을 이미 체험한다. 생의 노곤함을 잠은 얼마나 말끔하게 씻어주는가! 죽음도 그러한 것이다.

"무릇 선한 것과 악한 것에 대한 극도의 무지로 인해서 인생이 고통스럽게 되는 것이다. 그리고 그러한 착오와 더불어 최대의 쾌락(voluptas)을 자주 빼앗기고, 마음(animus)의 극심한 고통에 시달리는 것이다. 그래서 지혜(sapientia)를 갖추어야 한다. 지혜는 공포와 욕망(cupiditas)에서 벗어나고 모든 거짓된 의견의 터무니없음을 제거한 이후에, 우리가 쾌락으로 향해가는 것을 가장 분명하게 안내해줄 것이다. 왜냐하면 지혜는 마음에서 슬픔을 몰아내고, 공포를 갖지 않도록 하며, 온갖 욕망의 화염을 사그러뜨리고, 지도자가 되어 우리가 평온하게 사는 것을 가능하게 하기 때문이다. 실로 욕망은 충족시키기가 불가능한 것으로, 그것은 개인만이 아니라 가문 전체를 파멸시

키며, 심지어는 국가도 종종 흔들어놓는다."(Cicero, *De finibus*, I, 43)

사물들의 상호 관계와 사건들의 인과관계를 정확하게 알지 못함으로써 사람들은 어떤 비합리적인 망상에 빠져 영혼의 동요가 일어난다. 감각과 감정에는 거짓이 끼어들 여지가 없으니까(Diog. Laert., X, 31 참조) 일단 "그때그때 나타나는 감정이나 감각에 주목"(Diog. Laert., X, 82)하는 것이 사람들이 동요 없이 진리에 이르는 길이다.

에피쿠로스는 진리의 기준으로 감각(αἰσθήσις), 선취[개념](προλήψις), 감정(πάθη) 등 세 가지를 꼽는다.(Diog. Laert., X, 31 참조)

감각은 무엇에 의해서도 반박될 수 없다. 동종의 감각이 동종의 감각을 반박할 수 없는 것은 양자가 동등한 진리의 힘을 가지고 있기 때문이고, 이종의 감각이 이종의 감각을 반박할 수 없는 것은 서로 식별 내용이 다르므로 반박할 권한이 없기 때문이다. 이성도 감각을 반박할 수 없는데, 그것은 오히려 이성의 활동이 감각에 기초하고 있기 때문이다.

"그대는 우선 진실의 개념이 감각에서 생겨났다는 것을
발견하리라. 그리고 감각은 반박될 수 없다는 사실도.
[…] 무엇이 감각보다 더 큰 신뢰를 지닌 것으로
생각되어야 하는가? 추론이 거짓된 감각에서 생겨나서 감각들에 대항하여
발언할 수 있을 것인가, 추론은 전부 감각에서 생긴 것인데?
이 감각들이 진실하지 않다면, 추론도 모두 거짓된 것이 된다.
귀들이 눈들을 공격할 수 있을 것인가, 아니면 촉각이
귀들을? 아니면 다음으로 이 촉각을 입의 미각이 논박할 것인가?
코들이 반박할 것인가, 아니면 눈이 다시 이길 것인가?
[…] 그러므로 한 감각이
다른 것을 이길 수 없음이 당연하다.

또한 이들이 스스로 자신을 틀렸다고 공격할 수도 없을 것이다.
항상 같은 정도의 신뢰성이 인정되어야 할 것이니 말이다."

(Lucretius, *De rerum natura*, IV, 478~498)

루크레티우스에게 있어서는 예컨대 200m 전방에서 둥그스레하게 보인
종탑이 50m 전방에서 사각형으로 보인다면, 종탑의 실상이 그러한 것이
다. 가까이서 본 것이 실상에 더 가까운 것이 아니라, 200m 전방에서 종
탑의 실상은 둥그스레한 것이고, 50m 전방에서 종탑의 실상은 사각형인
것이다. 이 경우 어느 쪽이 '더' 실상에 가까운가의 질문은 부질없다. 동
종의 감각들은 어느 경우나 동등한 신뢰성을 갖는 것이기 때문이다. 감각
은 어느 경우나 대상의 상들이 감관을 뚫고 들어와 우리에게 언제나 분명
한 것을 제공하므로, 진실하지 않을 수 없다. 오류는 판단에서 생기는 것
이다. 판단은 우리가 상을 가지고 외부의 사물에 대응시키는 활동인데,
이때 잘못 대응시키면 오류가 생기는 것이다.

다음으로 선취[개념]를 살펴보자면, 예컨대 누가 "저기 있는 것이 소인
가, 말인가?" 하고 묻고, 다른 누가 "그것은 말이다."라고 답하는 자리
에서, 쌍방에게 이미 '소'와 '말'은 선취되어 있는 개념이다. 그렇지 않다
면 그런 대화는 성립할 수조차 없을 것이니 말이다. "그러므로 선취[개념]
는 명료한 것이다."(Diog. Laert., X, 33) 그런데 이런 '선취[개념]'가 근원
적으로 어떻게 해서 형성된 것인가에 관한 설명은 에피쿠로스에서 모호
한 채로 남아 있다. 후에 칸트는 이 '선취'를 염두에 두고서 에피쿠로스
를 고대의 대표적 감각주의자로 분류하고,[20] 에피쿠로스는 지성 개념들
의 원천을 감각에서 찾았다고 보았다. 이에 반해 칸트는 "지각의 예취들
(Antipationen)"에서 '무엇임'이라는 질의 개념은 '선험적' 개념인 '순수' 지성

---

20 Kant, *KrV*, A853=B881 이하 참조.

204

개념이라 하여, 몇 개의 '선취' 개념들을 예시한다.

다른 한편 에피쿠로스학파 사람들은 감정(πάθη)[21]에는 쾌락과 고통, 두 가지가 있는데, 이런 감정은 모든 생물에게 있는 것으로, 쾌락은 동물에게 호의적이지만, 고통은 동물에게 적대적이며, 바로 이런 감정에 의해 선택과 기피가 결정된다고 본다.(Diog. Laert., X, 34 참조) 그러나 쾌락이 첫 번째로 좋은 것이고, 사람이 태생적으로 좋아하는 것이라고 해도, "쾌락이라면 어느 것이든 선택하는 것은 아니다. 어떤 쾌락에서 더 많은 불유쾌한 일이 결과로서 생길 것 같은 경우에는 그런 쾌락의 대부분을 사람들은 지나친다." 고통 또한 그것을 오랜 시간 견뎌내면 그 결과로서 더 큰 쾌락이 생기는 경우에는 고통을 선택하기도 한다. "그러므로 쾌락은 어느 것이나 모두 우리의 본성에 친근한 것이기 때문에 좋은 것인데, 그렇다고 해서 모든 쾌락이 선택되어야 하는 것은 아니다. 고통 또한 모든 것이 해악이기는 하지만, 모든 고통이 기피되어야 하는 것은 아니다."(Diog. Laert., X, 129) 바로 거기에서 이성성[헤아림](λόγισμος)의 힘이 작동한다.

게다가 감각이나 감정에 명확하게 나타나지 않는 사항에 대해서는 "없는 것에서는 아무것도 낳아지지 않는다(μὲν ὅτι οὐθὲν γίνεται ἐκ τοῦ μὴ ὄντος)."(Diog. Laert., X, 38)는 원리에 의거한 논리적 추론을 통해 명증한 진리를 받아들임으로써 저런 동요에서 벗어나, 평정(ἀταραξία) 상태를 얻을 수 있다.(Diog. Laert., X, 82 참조)

비록 세상사의 사소한 일들에 운(τύχη)이 끼어들지 않는 것은 아니지만, 현자들의 "전 생애에 걸쳐 크고 중요한 일들은 이성성[헤아림]이 여태까지도 다스려왔고, 지금도 다스리고 있으며, 앞으로도 다스릴 것이다."(Diog. Laert., X, 143; Cicero, De finibus, I, 63 참조) 그것이 현자들의 삶이다.

일찍이 레우키포스(Leucippos, BC 5세기경)가 "어떤 것도 그냥 생기지는

---

21 이 말의 다의성에 대해서는 Cicero, *De finibus bonorum et malorum*, III, 35 참조.

않으며, 모든 것은 일정한 이치(λόγος)에서 그리고 필연(ἀνάγκη)에 의해 생겨난다."(DK, 67, B2)라고 역설했듯이, 루크레티우스 또한 "자연의 모습과 이치(naturae species ratioque)"(Lucretius, *De rerum natura*, I, 148)의 제일 원리는 "신에 의해서조차 결코 무에서는 아무것도 생겨나지 않는다." (Lucretius, *De rerum natura*, I, 150)라고 다시 한 번 강조한다. 콩 심은 데 콩 나고, 팥 심은 데 팥이 나며, 철에 맞게 꽃이 피고 열매가 맺으며, 물은 추우면 얼고 따뜻하면 풀린다. 자연 안의 모든 것은 일정한 이치에 따라 생겨나고 소멸한다. 그렇다고 어떤 것이 무에서 나온다거나, 어떤 것이 무로 되는 일은 없다. 자연 안의 생성소멸은 원소들의 집적과 해체일 따름이다.

> "무릇 사물이 무로부터는 생겨날 수 없으며
> 마찬가지로 일단 생겨난 것은 무로 다시 불려갈 수 없다."(Lucretius, *De rerum natura*, I, 265/6)

> "자연은 어떤 것을 다른 것으로부터 다시 만들며, 그 어떤 것도,
> 다른 것의 죽음으로 도움을 받지 않는 한, 생겨나는 것을 허용하지 않기 때문이다."(Lucretius, *De rerum natura*, I, 263/4)

그런데 에피쿠로스학파 사람들의 실생활이 거의 자기주장에 부합했고, 그래서 헬레니즘 전반에 걸쳐 폭넓은 추종자를 가졌다는 역사적 사실은 별도로 하고, 그들의 논설이 명확하거나 일관성이 있는 것은 아니다. — 때로는 논리적 적합성이 없는 주장들이 수많은 추종자를 얻고, 때로는 논리적 일관성을 갖춘 이론들이 공론(空論)으로 끝난다는 사실이 이성적 동물이라는 인간의 '이성성'을 허당으로 만드는 것일까?

에피쿠로스는 감각이나 감정이 명증적인 진리의 준거라고 하면서도,

추론이, 다시 말해 지금의 감각에 쾌락을 주는 것이 미구에 고통을 줄 것이라는 이성적 사려가 당장의 쾌락 대신에 당장의 고통을 선택하도록 한다고 보고, 그것이 결국은 최선이라고 여긴다. 그러니까 결국 에피쿠로스에서는 당장의 쾌락이든, 먼 훗날의 쾌락이든, 어쨌든 쾌락이 행위자의 행위 선택의 준거가 된다. "실로 쾌락에 최고선을 두는 자는 모든 것을 이성에 따라서가 아니라 감각에 따라서 판단할 수밖에 없고, 가장 달콤한 것을 최상의 것이라고 말할 수밖에 없다."(Cicero, *De finibus*, II, 91) 그러니까 '이성적 사려'라는 것도 더 큰 쾌락, 또는 '진정한' 쾌락을 분별하여 얻는 지혜인 것이다. 그런데 세상만사가, 그러니까 어떤 사람이 마음의 평정 상태에 이르고 못 이르는 것도, 로기스모스(이성성)에 의해 지배를 받는 것이라면, 자신의 마음가짐 또는 노력의 결과라기보다는 운명이 아닐까? 아니면, 물질적 원자론의 체계인 우주자연에서 모든 사건은 '필연'의 연쇄라 하니, 누가 부동심에 이르는 것도 필연이 아닐까? 모든 사건이 정해진 대로 발생하는 것이라면, '해야 한다'느니 '해서는 안 된다'느니, '하도록 노력하라'느니 하는 교육과 권고가 의미를 갖는 영역이 어디에 있을까?

"사람은 젊다고 해서 철학하기[지혜 추구하기]를 늦춰서는 아니 되며, 나이 들었다고 해서 싫증내서는 안 된다. 무릇 영혼의 건강을 위하는 일에 너무 젊다거나 너무 늙은 나이는 없기 때문이다. 철학을 할 나이가 아직 안 됐다거나 이미 지나버렸다고 말하는 것은, 마치 사람이 행복하려는 데 아직 나이가 안 됐다거나 이미 지나가버렸다고 말하는 것과 같다. 그러므로 젊은이나 늙은이나 철학[지혜 추구]을 해야만 한다(φιλοσοφητέον)."(Diog. Laert., X, 122)

무엇인가를 '해야만 한다'는 것은 노력하면 무엇인가를 '할 수 있다'는 것을 함축하고, 이는 일정한 필연적 연쇄를 벗어날 수 있음을 전제한다.

그렇다면, 평정의 상태에 이르는 길을 열기 위해 에피쿠로스학파는 원자들의 기계적인 연쇄 운동 사이에 어떤 '이탈'을 허용하지 않을 수 없다. 그런데 그것은 하나를 구하기 위해 전체 체계를 도외시하는 일이니, 적어도 이론적으로는 발설하기 어려운 탈출구 찾기이다. 그럼에도 루크레티우스는 스스로 묻는다.

> "만일 항상 모든 운동이 연결되어 있고,
> 새 운동은 옛 〈운동으로부터〉 정해진 순서를 좇아 생겨난다면,
> 그리고 기원들이, 원인이 원인을 무한한 시간부터 좇게 되지 않도록,
> 이탈함으로써(declinando) 운명의 법을 깨뜨릴
> 운동의 어떤 시작을 이루지 않았다면,
> 대체 어디에서 이 자유의지(libera voluntas)가 온 땅에 걸쳐 동물들에게 생겨나 있는 것이며,
> 묻노니, 대체 어디에서 운명으로부터 빼앗아낸 이 의지가 생겨나서,
> 그것으로 말미암아 우리는, 쾌락이 각자를 이끄는 방향으로 나아가고,
> 또 마찬가지로, 정해진 시간에 공간적으로 정해진 자리에서가 아니라,
> 정신 자체가 이끌어간 그곳에서, 그때에 운동의 방향을 이탈하여 바꾸는 것일까?"
>
> (Lucretius, *De rerum natura*, II, 251~260)

우리가 스토아학파 사람들에게도 물었듯이, 에피쿠로스적 현자가 자기 자신에 대한 온갖 열망을 떨쳐버린 '자유인'이라면, 자연의 연쇄에서 해방되는 것은 필수적이지 않을까? — 이 물음은 자연 사건을 기계적 인과관계로 파악하고, 인간도 자연 안의 한 존재자로 보는 견해가 주류가 되면 될수록 더욱더 큰 난제로 등장한다.

세계 내의 모든 사건을 자연적 인과관계로 보는 생각, 곧 물리주의(physicalism)는 세계를 형성하는 것은 오로지 물질, 물체뿐이라는 물질주의[유물론](materialism)를 기저에 두고 있다. 그런데 '물체', 또는 이 물체를 구성하는 질료로서 '물질'이란 (개념을 의미 있게 구분하여 사용한다면) '정신'과는 대립되는 것이다. 그러니까 세계를 형성하는 것은 물질적 요소뿐이고, 따라서 세계 내의 일체 운동은 오로지 물리적으로 일어날 뿐이라는 생각은 바로 '정신'의 운동 곧 자유의 활동은 어디에도 없다는, 그러니까 가령 도덕적 행위의 전제라고 할 수 있는 자유의지를 부정하는 것이다. 그것은 이른바 '윤리적' 행위를 포함해서 일체의 인간 행위도 근원적으로는 물리적으로 발생한 것으로 본다는 것이다. 그렇게 되면 인간 행위에서 당위적인 것은 하나도 없고 모든 것이 '사실적'인 현상이 된다. 이 말은 곧 '선'·'악'의 가치를 기준으로 판단할 수 있는 인간 행위는 없음을 뜻한다. 그리고 이것은 여타의 사물들의 세계가 그러하듯이 인간 세계에도 도덕의 영역이 없음을 말하는 것이다. 그러므로 '물질' 일원론은 윤리 부정론의 뿌리가 된다. 물리주의는 결국 윤리의 무의미함, 무(無)윤리적 상황에 이르지 않을 수 없다.

스토아학파나 에피쿠로스학파가 선악을 논하고, 물질운동의 한 양태로 '정신'을 말한다고 해서, 이러한 문제점이 없어지는 것일까. 사도 바울(Paulus, ca. BC 10~AD 60)이 기독교 전교 여행 중 아테네 광장에서 스토아학파와 에피쿠로스학파 사람들과 쟁론을 벌인 것[22]도 결국 이 문제 때문이지 않았을까.

---

22 『신약성서』, 「사도행전」 17, 18 참조.

4

신의 이성

자연이 곧 만물의 이치이고, 자연이 오로지 물리적 체계라면, 사람의 삶에서 희망과 절망 또한 정해져 있는 현상으로서, 사람의 힘으로 어찌해 볼 수 있는 것이 아니다. 칭송받는 선인도 비난받는 악인도 정해지는 대로 작동하는 것일 뿐이다. 자연이 곧 만물의 이법이라면, 만물 중 하나인 인간의 삶도 뭇 사물들과 마찬가지로 자연의 흐름대로 이어질 따름이다. 어떠한 간난고초도 오로지 그 자신의 연관관계 안에서 벗겨지지 않는 한 감수하는 수밖에 다른 방도란 없다.

그러나 자연만물의 운행 연관관계 안에 사람의 힘으로 변화시킬 여백이 조금이라도 있다면, 사람은 자기 노력을 통해 그만큼 개선할 수 있겠다. 자연주의자들이면서도 이러한 여백을 믿는 노장과 유가나 스토아학파와 에피쿠로스학파는 모두 각자 자신을 구원할 방도와 지혜를 설파한다. 구원의 길은 열려 있으되, 가능한 것은 오로지 자기 구원뿐이기 때문이다. 그러나 자신의 힘으로는 극복할 수 없는 상황에서도 사람들은 구원을 소망하고 희망한다. 그것은 이제 세상만사의 운행의 이치를 자연 밖에서 찾는 것이다.

자기 자신의 힘만으로는 이를 수 없는 소망의 달성과 희망의 성취는 자연 밖에서 자연을 주재하는 어떤 이법이 있다면, 그 가능성이 열려 있는 것이라 하겠다. 초월자 곧 신(神)이 세계의 이법이라면 그 힘에 의지하여 미력하기 그지없는 인간도 완전함 또는 구원을 바랄 수 있다. 기독교는 그러한 희망을 '복음(福音: evangelium)'으로 전파한다. 그 복음에서 안식을 얻는 사람들이 많아질수록 '신(神) 이성' 사상은 그만큼 더 넓게 확산되었다.

제1절
'하느님'으로서의 신과 그의 말씀(로고스)

1. 신의 위격

기독교의 신(θεός)은 "있는 나(ego sum qui sum)"(『구약성서』, 「출애굽기」, 3, 14) 곧 "자체로 있는 자"로서 세상만물을 지은, 이 세상의 창조주, '하느님(Deus)'이다. 하느님은 말씀(λόγος, verbum)과 함께 세상에 현현했다.

"한 처음에 하느님께서 하늘과 땅을 지어내셨다."(『구약성서』, 「창세기」, 1, 1)

"하느님께서 진흙으로 사람을 빚어 만드시고 코에 입김[목숨/생명]을 불어 넣으시니, 사람이 되어 숨을 쉬었다[영혼을 갖게 되었다]."(『구약성서』, 「창세기」, 2, 7)

"모든 것은 그분에게서 비롯하고 그분으로 말미암아 있으며 그분 안에 있다."
(『신약성서』, 「로마서」, 11, 36)

기독교는 신을 '하느님' 곧 최상의 위격(位格: persona, ὑπόστασις)으로 보고, 하느님을 세계의 창조자이자 만물의 주재자임을 신앙하는 데서 출발한다. 세상만물을 지어내고 주재하는 하느님의 전능한 힘은 모든 피조물의 존재와 존속의 원인이며, 그 섭리가 더 이상 작용하지 않는다면 그로써 세상만물이, 세계 자체가 소멸할 것이다.

"유일(unitas)"한 신이 존재하며, 신은 그의 작용으로부터 비로소 만물이 생겨나는 "자연만물의 시초(principium naturarum omnium)"(Augustinus,

De vera religione, I, 1)이고 "생명의 원천(fons vitae)"(Augustinus, *De vera religione*, XI, 21)이자 "최고의 생명(summa vita)"(Augustinus, *De vera religione*, XI, 21)으로서 "제일의 운동자 / 원동자(primum movens)"(Aquinas, *CT*,[1] I.3)이되, 그 자신은 "부동적(immobilis)"(Aquinas, *CT*, I.4)이고, 그러니까 "영원한(eternus)"며(Aquinas, *CT*, I.5), 신의 존재는 자기에 의한(per se) 것인 만큼 "필연적(necessarium)"(Aquinas, *CT*, I.6)이고, "항상적(semper)" (Aquinas, *CT*, I.7)이되, 지속적인 것, "연잇는 것(successio)"이라기보다는 그 존재 전체가 늘 "동시적(simul)"(Aquinas, *CT*, I.8)이라는 것을 "이성을 통하여 분명히 알 수 있다."(Aquinas, *CT*, I.3)

신이 제일의 운동자인 이상, 또 다른 가능태나 현실태와 공존할 수는 없는 것이니, 신은 "단순한(simplex)"고(Aquinas, *CT*, I.9), 신에서는 그 본질(essentia)과 존재(esse)가 다른 것이 아니다.(Aquinas, *CT*, I.10 · 11 참조) 순수 현실태(actus purus)인 신은 "궁극의 현실태(ultimus actus)"이고, 궁극적 현실태는 "존재 자체(ipsum esse)"이니 말이다.(Aquinas, *CT*, I.11) 이를 인간 이성은 다름 아닌 현상 세계의 피조물들을 통해 알 수 있는 바이다.

"실상 그분의 보이지 않는 것들, 그분의 영원한 권능(virtus)과 신성(divinitas)은 세상이 창조된 이래 피조물 안에서 이성[지성]적 통찰로써 인식되었습니다."(「로마서」 1, 20)

그렇지만 "신은 물체의 형상일 수는 없고, 물체 안에 있는 어떤 힘일 수도 없다."(Aquinas, *CT*, I.17) 신은 제일의 운동자로서, 모든 운동과 운동하는 것의 최초의 원인이지, 그 자신이 운동하는 자는 아니기 때문이다. 신은 부동의, 그리고 불변적인 것이다. "그러므로 제일 운동자는 물

---

1 Thomas Aquinas, *Compendium Theologiae*.

체가 아니고, 사물 안에 있는 힘이나 사물 안에 있는 형상일 수도 없다. 이것이 아낙사고라스가, 지성(nous)이 명령하고 모든 것을 움직이게 하기 위해서는, 그 지성은 혼합되지 않은 것이어야 한다[2]고 주장했던 이유이 다."(Aquinas, *CT*, I.17)

존재 자체인 신은 아무런 결여가 없는 "최고의 존재(summa essentia)" (Augustinus, *De civitate dei*, XII, 2; *De vera religione*, XI, 22)이고 따라서 "무 한하(infinitus)"며(Aquinas, *CT*, I.18), "무한한 힘을 가진(infinite virtutis)" (Aquinas, *CT*, I.19) 것이다. 그런 한에서 신은 그리고 신 안의 모든 것은 "최고로 완전한 것(summa perfectio)"(Aquinas, *CT*, I.20~21 참조)이다.

완전성은 불완전성과의 식별 중에서 말해질 수 있는 것으로, 신의 완 전성은 신이 식별능력을 가진 "지성적(intelligens)"(Aquinas, *CT*, I.28)인 것임을 함축하며, 신이 순수 현실태인 한에서, 신의 지성은 현실태로 (in actu) 있다.(Aquinas, *CT*, I.29 참조) 그래서 신은 항상적인 "이해작용 (intelligere)"(Aquinas, *CT*, I.31)이다. 그런데 무엇인가를 이해하고자 하는 지성은 "오직 욕구를 매개로 해서만 운동"(Aquinas, *CT*, I.32)하는 것이고, "지성에 따르는 욕구는 의지"이므로, 이해작용하는 신은 항상 "의지적"이 다.(Aquinas, *CT*, I.32) 신의 의지(voluntas)는 오로지 자기의 하고 싶음이 므로, 순수한 "의욕함(velle)"이다. 신은 지성이자 이해작용이고, 의지이 자 의욕함인 것이다. 신의 이해작용은 언제나 진리를 지향하고, 의욕함 은 언제나 선을 지향하고 있으므로, 하나(unum)이고 전능한(omnipotens) (Aquinas, *CT*, I.35 참조) 신은 진리(verum) 자체이자 선(bonum) 자체이다. 이로써 신의 본질적 술어가 하나 · 진리 · 선임이 드러난다.

"제일 작용자(primum agens)"(Aquinas, *CT*, I.96)인 "신은 자연적 필연성 이 아니라 의지에 따라 사물을 존재하게 만든다."(Aquinas, *CT*, I.96) 신은

---

2 DK, I. S. 404; Aristoteles, *Metaphysica*, 984b · 989b 참조.

"의지에 따라 작용하는 자(agens voluntarium)"(Aquinas, CT, I.96)이거니와, "의지를 통해서 작용하는 제작자의 일"을 "만듦(facere)"이라고 하는바, 그래서 창조주로서 신은 "만드신 분(factor)"이라고 일컬어지고, 그래서 기독교도는 신에 의해 "모든 것이 만들어졌다(omnia facta sunt)"라고 고백한다.(Aquinas, CT, I.97 참조) 세상만물은 신에 의해 만들어진 것, 제작물이라는 뜻에서 '사실(factum)'이다. 사실 '사실'은 신에 의해서 만들어진 것이기에, 인간이 관여 개입할 수 없는 것, 어떤 인간에게도 독립적인 것을 지칭한다. '사실'을 '그 자체로 있는 것'으로 받아들인다 해도, 그것은 인간으로서는 어찌해볼 수 없는 것이라는 뜻일 뿐, 신에 의해서 제작된 것임을 배제하는 것이 아니다.

신이 의지를 통해 창조한다는 것은 곧 창조에는 목적의 원리가 작동한다는 것, 그러니까 피조물은 모두 어떤 "목적 때문에" 존재함을 말한다.(Aquinas, CT, I.100 참조) 여기서 만물의 "궁극적 목적은 신의 선성(善性: bonitas)이다."(Aquinas, CT, I.101 참조) "신의 선성은 사물들의 설치의 목적일 뿐만 아니라, 여하한 피조물의 모든 행위와 운동을 위해서도 신의 선성이 필연적으로 목적이어야만 한다."(Aquinas, CT, I.103)

이러한 신(Deus)을 그리스도교도들은 성부(Deus Pater), 성자(Deus Filius), 성령(Deus Spiritus Sanctus)의 삼위일체의 "하느님"으로 신앙한다.(Augustinus, De Trinitate, VIII, 1.1 참조) '하느님'은 국면에 따라 "세 위격(tres personas, τρία πρόσωπα)" 또는 "세 실체(tres substantias, τρεῖς ὑπόστασις)"로 표현되지만 "하나의 존재(una essentia)"이다.(Augustinus, De Trinitate, V, 9 · VII, 4.7 · VII, 6.11 참조) 하느님은 단지 '하나(unum)' 곧 '하나님'이다. "자연적 이성에 의해서는" 이 같은 "하느님의 위격의 삼위성(trinitas)을 인식할 수 없"(Aquinas, ST,[3] I.32.1)으므로, 이를 알기 위해서는

---

3 Thomas Aquinas, *Summa Theologiae*[*ST*].

믿어야 한다. 삼위일체는 신의 개념에서 직접적으로 확실한 명제 즉 교리(dogma) 내지 교의(dokein)이다.

"불결함에서 정화될 때까지는 성부와 성자와 성령이 오직 한 분 하느님임을 믿어야 하고, 위대하고 전능하고 선하고 의로운 분으로, 보이는 것과 보이지 않는 모든 것의 창조주로, 그 밖에도 그에 관해서 인간 능력으로 합당하고 진실하게 말할 수 있는 것이면 무엇이든지 믿어야 한다."(Augustinus, *De Trinitate*, VII, 6.12)

"의심스러운 것은 배격해야 한다고, 진리라고, 반드시 믿어야 한다고 이성이 가르치거나 권위(autoritas)가 지시명령하기까지는 그냥 믿어라. 그리고 그에 뒤따라오는 바에 대해서는 힘이 미치는 데까지 근면하고도 경건한 주의를 기울여라. 그렇게 하는 자들은 하느님이 도울 것이다."(Augustinus, *De vera religione*, X, 20)

2. 하느님으로서의 신의 말씀

하느님은 '말씀(로고스)'을 통해 세상을 창시했으니, 말씀은 세상의 창조 원리이자 주재 원리이다.[4] "야훼의 말씀으로 하늘이 펼쳐지고, 그의 입김으로 별들이 돋아났다."(『구약성서』, 「시편」, 33, 6) "말씀 한마디에 모든 것이 생기고, 한마디 명령에 제자리를 굳혔다."(「시편」, 33, 9)

"한 처음에 말씀이 있었다(Εν ἀρχῇ ἦν ὁ λόγος).

---

4 P. Lorenzo(Hs.), *Logos*, Darmstadt 2013, S. 1 이하 참조.

그 말씀은 하느님과 함께 있었다. 그 말씀은 또한 하느님이었다.

이분이 한 처음에 하느님과 함께 있었다.

모든 것은 그분으로 말미암아 생겨났다.

생겨난 것치고 그분 없이 생겨난 것은 하나도 없다.

그분 안에 생명이 있었다. 그 생명은 사람들의 빛이었다."

(『신약성서』, 「요한복음」, 1, 1~4)

신은 이해작용 자체로서 자기 자신도 이해하며, 모든 이해된 것을 자기 안에 가진다. "신의 이해작용은 자신의 존재함이기 때문에, 신이 존재했을 때는 언제나 자신을 이해하고 있었다. 그러므로 그의 말씀 또한 항상 존재하고 있었다."(Aquinas, CT, I.43) 말씀은 세상이 있기 전부터 하느님과 함께 있었으며, 하느님의 창조 사업에 함께했다.

"이해하는 것 안에 있는 이해된 것은 일종의 지성적 말(verbum quoddam intellectus)이다. 왜냐하면 우리가 내적으로 지성 안에서 파악한 것을 우리는 외적인 말(exterius verbum)로 표현하는 것이기 때문이다. [···] 그러므로 신 안에 있는 바로 그 말씀을 인정해야만 한다."(Aquinas, CT, I.37) "내적인 말(interius verbum)로 지성 안에 포함되어 있는 것은 일반적인 언어사용에 따르면 지성의 잉태(coneptio)라고 불린다."(Aquinas, CT, I.38) 지성에 의해 파악된 것은 이를테면 지성의 잉태인 것이다.

"말씀은 지성의 어떤 유출(emanatio)을 표시한다. 그런데 하느님 안에서 지성의 유출에 의해 발출하는(procedere) 위격은 성자라 불리며 이런 발출은 출생(generatio)이라 불린다. [···] 그러므로 하느님 안에서는 오로지 성자만이 고유한 의미로 말씀이라고 불린다는 귀결이 된다."(Aquinas, ST, I.34.2)

"따라서 우리가 신이 자기 자신을 이해한다는 관점에서 '말씀'에 대해 언급할 때에, 그 말씀 자체는 그것을 말씀하신 신과 마치 아들이 아버지와 맺는 것과 같은 관계를 지닌다고 할 수 있다."(Aquinas, CT, I.39) 그러니까 '말씀'은 곧 '성자'이니, 요한복음 사가(史家)는 '성자' 대신에 '말씀(λόγος)'이라 한 것이다.(Aquinas, CT, I.40 참조) "성자인 말씀은 성부인 신과 동일한 존재 그리고 동일한 본질을 가지고 있다."(Aquinas, CT, I.41)

그런데 "그 말씀이 육신이 되시어 우리 가운데서 거처"(『요한복음』, 1, 14)하게 되었으니, 다시 말해 예수 그리스도로 그 말씀이 육화하였으니, 그리스도는 곧 로고스이다. 영혼과 육신, 천상과 지상을 잇고, 영원한 것과 일시적인 것을 잇는 이 보편적인 말씀으로 인하여 만물은 생명을 얻고, 사람들은 정화되어 어둠, 악에서 벗어난다. 곧 영생을 얻는다. 그는 "참빛, 이 세상에 오는 모든 사람을 비추는 빛이다."(『요한복음』, 1, 9)

"그는 사멸하는 존재가 되었지만 말씀의 신성(神性)을 약화시킨 것이 아니고, 육체의 연약함을 취했을 따름이다. 그러나 그는 그 육체조차도 사멸하는 자로 영속하지 않고 죽은 자들 속에서 육체를 부활시켰다. […] 그는 인간들도 육체의 죽음 속에 영구히 머물지 않게 하기 위하여, 그들을 해방시키기 위해 중개자가 되었던 것이다. […] 그래야 그 잠시 지나가는 인간 조건으로는 죽을 운명인 사람들과 어울리고, 영속하는 인간 조건으로 그들을 죽은 자들 가운데서 옮겨놓을 수 있기 때문이다."(Augustinus, De civitate dei, IX, 15.1)

"같은 것은 같은 것에 의해 인식(simile simili cognoscitur)"(Aquinas, ST, I.84.2)[5]되듯이, 구원도 같은 것을 매개로 해서 이루어진다. 그런데 이 대목에서 아우구스티누스는 중개자로서의 성자의 성격을 그가 말씀임에서라기보다는 인간임에서 발견한다. "동일한 한 분이 천상 존재자들에게는 생명 자체가 되고, 지상 존재자들에게는 생명의 길인 것이다."

5   Aristoteles, De anima, 404b 18: "γινώσκεσθαι γὰρ τῷ ὁμοίῳ τὸ ὅμοιον" 참조.

(Augustinus, *De civitate dei*, IX, 15.2)

　사람들은 "일찍이 아무도 하느님을 보지 못했"(「요한복음」, 1, 18)지만, 로고스의 육화인 예수 그리스도를 통해 하느님을 알게 된다. 로고스의 현신인 예수 그리스도 이전에 사람들은 하느님의 "목소리를 결코 들어본 적도 없고, 그분의 모습을 본 적도 없다."(「요한복음」, 5, 37) 오직 예수 그리스도만이 하느님을 보았으니"(「요한복음」, 5, 37) 사람들은 예수 그리스도를 통해 하느님을 보고 들을 수 있다. "은총(χάρις)과 진리(άλήθεια)가 예수 그리스도로 말미암아"(「요한복음」, 1, 17) 사람들에게 온 것이다. 왜냐하면 바로 "하느님의 말씀"(「요한복음」, 3, 34)인 예수 그리스도의 말씀을 듣고 따르는 이들은 "모두 멸망하지 않고 영원한 생명을 얻을"(「요한복음」, 3, 16) 것이기 때문이다. 그리스도의 말씀을 듣고 따르는 자들은 하느님을 닮아갈 것이니, "하느님과 비슷해질수록 하느님과 가까워진다. 하느님과 닮지 않고 판이하다는 것만큼 하느님에게서 멀어지는 길은 없다. 그런데 인간의 영혼이 일시적이고 가변적인 사물을 탐하면 탐할수록 비물체적이고 영원하고 불변하는 그분을 닮지 못하고 판이해진다."(Augustinus, *De civitate dei*, IX, 17)

　일찍이 법규 즉 "율법(νόμος)은 모세로 말미암아 주어졌다."(「요한복음」, 1, 17) 모세 10계명(「출애굽기」, 20, 1~17 참조)이 대표적인 예이겠다. 예수 그리스도는 이러한 율법들을 땅에서 "완성하기 위해 왔다."(「마태오복음」, 5, 17) 모든 율법의 정신을 이루는 것은 "여러분은 무엇이든지 사람들이 여러분에게 해주기를 바라는 것을 그대로 그들에게 해주시오."(「마태오복음」, 7, 16)라는 이른바 '황금률'이다. 이 황금률은 "네가 당하기 싫은 일을 네 이웃에게 하지 말라. 이것이 율법 전부요 나머지는 모두 풀이이다."[6]라는 유대의 율법에서도 "자기가 서고자 하면 남을 세워주고, 자기가 도달

---

6 《탈무드》, 샤바트 31a.

하고자 하면 남을 도달하게 해주어라."[7]나 "자기가 하고자 하지 않는 것을 남에게 베풀지 말라."[8]라는 공자의 가르침에서도 이미 볼 수 있었던 것이다. 이러한 황금률은 "인간들의 어리석은 정신" 곧 "악한 욕정과 불신으로 눈먼 정신"이 육화한 말씀의 "조명을 받아" 정화됨으로써, 다시 말해 "의로운 사람(homo justus)"이 됨으로써 비로소 실행될 수 있는 것이다. 육화한 말씀이야말로 "사람들의 빛이다(lux est hominum)."(Augustinus, *De Trinitate*, IV, 2.4 참조)

3. 신의 말씀으로서의 윤리

기독교 윤리 강령들은 모두가 '하느님의 말씀' 내지는 '하느님의 아드님의 말씀'으로서 사람들에게는 이를테면 계명(誡命)이다. 그리고 이 계명들은 그 준수의 대가로 초자연적인 전능의 위격(Person)인 신이 커다란 복락을 '약속'한 일종의 계약의 항목들이다. 이런 점에서 기독교에서 윤리는 초자연적이다. 기독교 윤리는 궁극적으로는 초월적 신의 은총을 통하여 완성될 수 있는 것이기 때문이다.

기독교 윤리 강령들은 초자연적인 신이 내리는 무서운 벌을 면하고 복을 받기 위해서는 피조물인 사람들이 따라야만 할 신이 정한 율법(律法: torah)이거나, 일정한 조건을 충족시킨다면 구세주에 의해 커다란 상급을 받을 수 있다는 '복음(福音: evangelium)'인 것이다. 그러니까 기독교에서 말하는 인간의 윤리 강령은 자율적인 것이라기보다는 신이나 신의 대행자가 인간으로 하여금 준수하도록 규정해주는 법칙 곧 '타율(他律)'이다.[9]

---

7 『論語』, 雍也 28.
8 『論語』, 衛靈公 23.

기독교의 가르침에 따르면, 사람이 사람으로서 마땅히 지켜야 할 도리인 윤리는 사람들의 자연본성에서 저절로 우러난 것이라기보다는 "하느님이 분부하신 것"이다. 그런데 사람이 마땅히 가야 할 길(正道)을 제시하고서 하느님은 그 준수 여부에 따른 상벌을 덧붙여 말한다.

"너희는 내가 세워 주는 법을 실천하여라. 내가 정해 주는 규정을 지키며 그대로 살아라. [⋯] 너희는 내가 정해 주는 규정과 내가 세워 주는 법을 지켜야 한다. 누구든지 그것을 실천하면 살리라."(「레위기」 18, 4~5)

"너희가 만일 너희 하느님 야훼께서 하신 말씀을 귀담아 들어, 내[모세]가 너희에게 내리는 그의 모든 명령을 성심껏 실천하면, 너희 하느님 야훼께서는 땅 위에 사는 만백성 위에 너희를 높여 주실 것이다. 너희 하느님 야훼의 말씀을 순종하기만 하면 [⋯] 온갖 복이 너희를 사로잡을 것이다."(「신명기」 28, 1~2)

"그러나 너희가 너희 하느님 야훼께서 하신 말씀을 듣지 않고 내[모세]가 오늘 너희에게 지시하는 그의 모든 계명과 규정을 성심껏 실천하지 않는다면 [⋯] 온갖 저주가 너희를 사로잡을 것이다."(「신명기」 28, 15)

"나를 싫어하는 자에게는 아비의 죄를 그 후손 삼대에까지 갚는다. 그러나 나를 사랑하여 나의 명령을 지키는 사람에게는 그 후손 수천 대에 이르기까지 한결같은 사랑을 베푼다."(「출애굽기」 20, 5~6)

9   Th. C. Vriezen, *An Outline of Old Testament Theology*, Oxford: Basil Blackwell, 1966, p. 316 참조.

기독교 윤리 강령은 하느님이나 그의 말씀을 직접 들은 자가 전하는 '명령'이고, 사람은 그것을 수행함으로써 충분한 보상을 받겠지만, 어쨌든 그 명령의 준수를 의무로 갖는 자이다. 기독교 윤리는 이런 의미에서 '의무의 윤리'라 할 수 있다. 기독교의 가르침대로라면, 윤리가 윤리인 것은 그것이 사람의 양심의 소리이기 때문도 아니요, 대개의 사람들이 그렇게 행하기 때문도 아니요, 사람이 스스로 세운 이상이기 때문도 아니요, 오로지 하느님이 명령한 바이기 때문이며,[10] 그 명령에 복종해야 하는 것은 피조물인 사람이 창조주의 뜻에 알맞게 되기 위한 책무이다.

기독교의 교설에 따르면, 사람은 자연대로 내버려두면 결국 악에서 헤쳐 나올 수 없는 존재자이다. 그래서 기독교는 필요할 때에는 언제든지 기적도 일으킬 만큼 강대한 힘을 가진 초월자의 위력을 내세워 하느님의 가르침에 따라 살 것을 강요한다. 그리고 그 보상으로 그 자신과 그의 자손 수천 대까지의 현세적 복은 말할 것도 없고, 내세의 '영원한 생명'까지 약속한다. 물론 이것은 모두 자력으로는 어찌할 방도가 없는 가련한 인간들을 구원하기 위한 방법이다.

"예수께서 이렇게 말씀하셨다. '나는 분명히 말한다. 누구든지 나를 위하여 또 복음을 위하여 집이나 형제나 자매나 어머니나 아버지나 자녀나 토지를 버린 사람은 현세에서 박해도 받겠지만 집과 형제와 자매와 어머니와 토지의 축복도 백 배나 받을 것이며 내세에서는 영원한 생명을 얻을 것이다.'"
(「마르코복음」 10, 29~30)

그러나 어느 정도가 하느님의 상을 받기에 합당한 수준의 덕행인지의

---

10 Walter C. Kaiser, *Toward Old Testament Ethics*(1983), 홍용표 역, 『구약성경윤리』, 생명의말씀사, 1990, 101면 참조.

판정은 오로지 하느님만 할 수 있는 것이므로, 누가 진정으로 구원을 받을 것인지도 오로지 하느님만이 안다. 어쨌든 하느님은

> "각 사람에게 자기 행실대로 갚아 주실 것이고, 그 지향하는 바에 따라 공적을 판단하실 것이다."(『집회서』 35, 22)

다만 하느님이 내릴 그 판단의 결과를 사람의 지혜로써는 이루 다 헤아릴 수가 없다. 그러나 "원수까지도 사랑하라"고 가르친 예수의 교설로 볼 때 하느님은 사랑 그 자체(아가페: agape)이고, 따라서 만물을 다 사랑하니 모든 사람에게 ─ (교육상) 필요에 따라서는 적당한 보속(補贖)의 기회를 준 후에 그렇게 할지는 모르나, 결국은 ─ 은총을 내릴 것이다. 이것이 아마도 하느님 사랑의 본질일 것이다. 그러나 만약 하느님의 피조물에 대한 사랑이 무한한 것이고 그래서 무차별적인 것이라면, 하느님의 애당초의 약속, 곧 선행에는 상을 주고, 비행(非行)에는 벌을 내리겠다는 약속은 어느 정도 교육적 효과를 거둘지 모르나, 실상은 엄포에 불과한 것으로, 궁극적으로는 무의미해지고, 그렇기 때문에 무차별적인 사랑 또는, 한 걸음 더 나아가, 탕자의 비유(『루가복음』 15, 11 이하 참조)에서 보듯 못된 자식을 더욱더 사랑하는 아비의 마음과 같은 역차별적 사랑은 보기에 따라서는 '불합리'하다고 해야 할 것이다. 그러나 이것이 절대자의 사랑의 신비이고, 이 같은 '끝없는' 사랑이야말로 그것을 믿는 이에게는 최고의 위안이고 희망이 아닐 수 없다. ─ 깊은 사랑은 가장 사악한 자도 회개의 길로 이끄는 것이니.

하느님의 말씀은 천지창조와 세상만물의 운행의 원리이자 인간 법도의 전범이다. '말씀'은 그렇게 보편적이고, 그런 만큼 지성에게는 보편적으로 통찰되는 것이다. 그렇게 해서 로고스는 창조의 원리이자 세계질서의 원리, 생명의 원리, 선의 원리이고 또한 신과 인간의 매개로서 구원의

원리인 것이다. "모든 질서는 하느님에게서 온다(Omnis ordo a deo est)."
(Augustinus, *De vera religione*, XLI, 77)

이러한 신의 창조론, 로고스 이론, 기독론이 함축하는 바는 적어도 인간은 인간 자체로서 누구나 동등하다는 것이다. 창조될 때부터 동일한 하느님의 형상으로 동일한 말씀에 의해서 태어난 인간은 지성에 있어서나 덕성에 있어서나 신의 뜻에 동일하게 참여하는 것이 정(定)한 이치이기 때문이다.

제2절
아우구스티누스에서의 이성

1. 아우구스티누스의 '인간'

대표적 교부철학자로서 보통 서양 중세철학의 개조(開祖)라고 일컬어지는 히포(Hippo)의 주교 아우구스티누스는 다른 한편으로는 근대철학의 문을 연 데카르트의 선구자로도 여겨진다. 회의적 사유과정을 거쳐 '나'를 확인한 점, 영혼 신체 이원론을 분명하게 내놓은 점에서 충분히 그렇게 볼 수 있다.

"만약 내가 속고 있다면, 나는 있다(Si enim fallor, sum)."(*De civitate dei*, XI,26) 내가 존재하지 않는다면 무엇에 의해 기만당할 일도 일어나지 않을 것이니 말이다. 의심함은 생각함의 한 가지이니, "그가 의심한다면, 그는 생각한다(Si dubitat, cogitat)."(*De Trinitate*, X, 10.14)는 것 또한 당연하다 하겠다. 이에서 "나는 의심한다. 그러므로 나는 있다.(dubito ergo sum)"라는 추론 또한 합당하다.

　그러나 아우구스티누스는 데카르트처럼 나의 있음, 있는 나로부터 존재세계를 이해하고 설명하는 인식론적 방식 대신에 교의론적으로 최초의 참존재자로부터 존재세계의 유래와 성질을 해명한다.(*De Trinitate*, I, 1.2 참조)

　　"나는 있는 나이다(ego sum qui sum). [⋯] 있는 나께서 나를 너희에게 보내셨다."(「출애굽기」 3, 14)

　아우구스티누스에 따르면 세상의 온갖 사물과 함께 인간은 신의 창조물이다. 피조물은 본래 두 종류 곧 물체(corpus)와 생명(vita)이거니와(*De libero arbitrio*, II, 17.46 참조), 생명의 원리로서 동물의 제반 행동의 활동자를 영혼(anima)이라고 일컫는다. 아우구스티누스에 따르면 인간은 "육체(corpus)와 영혼(anima)"으로 이루어져 있으며, 영혼 곧 생명은 삶(vivere)을 있게 하는 것이다.(*De beata vita*, II, 7 참조) 다른 관점에서 보면 영혼은 "이성을 분유(分有)하고 있으면서, 육체를 지배하기에 알맞은 그 어떤 실체이다."(*De quantitate animae*, 13.22) 이러한 "영혼만이 모든 사물 중에서 신에 가장 가까운 것이다."(*De beata vita*, I,4)

　그러나 사람의 영혼이라는 것도 "신에 가장 가까운 것(proximum Deo)"일 뿐, 신과 같은 격으로 존재하는 것은 아니다. 아우구스티누스는 특별히 인간의 영혼을 일컬어 "마음(animus)"이라고 칭하기도 하는데, "물체(corpus)나 마음(animus)이나 일정 방식으로(aliquo modo) 존재한다고 이해할 만하지만, 신만이 본래적 방식으로(proprio quodam modo) 존재한다."(*De Trinitate*, I, 1.2 참조) 이 차이는 후에 데카르트의 '실체' 규정에서 신은 '무한 실체'이고, 정신과 물체는 '유한 실체'라고 구분되는 것으로 이어진다. 그런데 아우구스티누스는 '영혼의 불사불멸성(immoralitas)'이라는 명제가 충전된 의미로 타당한 것도 오로지 신에 대해서뿐이라고 본다. "그분만이 불사불멸하다."(「디모데오 제1서」6, 16)라는 것이다.(De Trinitate, I, 1.2 참조) 신만이 "영원한 생명(vita aeterna)"(「요한복음」3, 16. 5, 24)이다. 그러니까 인간을 이루고 있는 정신, 마음, 영혼은 유한함이 배제되지 않는다. 사물 중에 있는 영혼은 신과 똑같은 생명성이 아니고, 그래서 아우구스티누스는 이를 "신에 가장 가까운 것"이라고 말하는 것이다.

이런 조건 아래서 신은 "인간(homo)을 영혼과 육체로 이루어진 이성적 동물(rationale animal ex anima et corpore)로 만들었다."(De civitate dei, V, 11) 그래서 아우구스티누스는 인간을 "지성적이고 영혼적이며 신체적인 피조물(intellectualis et animalis et corporalis creatura)"(De vera religione, VII, 13)이라고 정의하기도 한다. 신은 그의 모상(imago dei)이라 하는 "이성적 영혼(anima rationalis)" 내지 "지성적 영혼(anima intellectualis)"(De Trinitate, XIV, 3.6; XV, 1.1 참조)에게 "정신(mens)과 지능(intellegentia)과 의지(voluntas)를 주었다."(De civitate dei, V, 11)

인간이 여타 짐승들보다 월등한 것은 "정신(mens)" 내지 "영(spiritus)"을 가지고 있기 때문이다.[11] 이로써 아우구스티누스는 인간이 영혼과 육체의 결합체이기는 하나, 영혼과 육체가 대등하기보다는 영혼이 육체를 거느리고 있는, 우선성을 갖는다는 점을 말한다. 영혼은 "육체를 지배하는 사명을 지닌 어떤 이성적 실체(substantia rationis)"(De quantitate animae, XIII, 22)이다. '영'은 인간 자신을 구성하고 있는 여타 요소들을 질서정연하게 만드는 것이기도 하다.(De libero arbitrio, I.VIII.18 참조) 이러한 맥락에서 영혼의 제반 활동을 올바른 질서에 따라 이끌고가는 능력이 다름 아닌 '이성(ratio)'이다.(De libero arbitrio, I.VIII.18 참조) 영혼의 여러 운동들이 이성에 종속할 때라야 인간은 "질서 잡힌 인간(ordinatus homo)"(De libero

---

11 「코린트 제1서」14, 15에서도 '정신'과 '영'은 교환 개념으로 사용된 바 있다.

arbitrio, I.VIII.18)이라 할 수 있다. 그리고 이성이 이러한 지배력을 가짐을 '지혜(sapientia)'라 하고, 그러한 지배력을 가진 자를 '현자(sapiens)'라고 부른다.

2. 아우구스티누스에서의 '이성' 내지 '지성'

1) 이성

"인간은 사멸적이고, 땅에 속하는 신체를 사용하는 이성적 영혼이다 (Homo anima rationalis est mortali atque terreno utens corpore)."(*De morbis Ecc. cath*, I, 27) 이성적 영혼이되 땅 위의 존재 곧 동물인 인간에서 이성은 충분히 지배력을 발휘하는 경우도 있고, 그렇지 못한 경우도 있다. 이는 '이성'이 보편적인 면과 함께 특수한 면도 갖는다는 것을 함축한다. 그래서 아우구스티누스는 때로 공통적이고 보편적인 이성(alethes, koinos logos)을 "참된 이성(vera ratio)"(*De libero arbitrio*, III.V.13)이라고 칭하고, 주관적이고 개별적인 이성을 "너의 이성(tua ratio)"이라고 불러 구별한다.

"지성(intellectus)과 행위(actio), 또는 기획(consilium)과 실행(exsecutio), 또는 이성(ratio)과 이성적 욕구(appetitus rationalis)", 곧 실천 이성이 정신 (mens)의 단일 본성을 구성한다.(*De trinitate*, XII, 3.3 참조) 아우구스티누스는 이론 이성과 실천 이성이 서로 구분되되, 그러나 이 둘은 하나를 이루는 것으로 보았다. 인간이 신의 모습으로 만들어졌다 함은 다름 아니라 인간이 이러한 이성적 정신을 가지고 있음을 말하는 것이다.

이성은 가시적인 것에서 불가시적인 것으로, 잠시적인 것에서 영원한 것으로 전진할 수 있는 능력(*De vera religione*, XXIX, 52 참조)이며, 비이성적 동물들도 생명이 있고 감각이 있으되, 이성적 동물로서 인간이 탁월한 것은 감각적인 것을 단지 감지하기만 하는 것이 아니라, 과연 그 감각을 통해 무엇인가가 지각되는지 어떤지를 "이성에 의해 결론을 내리며"(*De trinitate*, XI, 2.3), "판단"하고 "추리"하는 데 있다.(*De vera religione*, XXIX, 53 참조) 그러나 그로 인해 인간의 지성은 착오에 빠지기도 한다. 눈은 결코 기만하지 않으며, 오직 자기가 본 것만을 마음에 전달한다. 신체와 감관은 판단하지 않고, 그렇기 때문에 착오에 빠지는 일도 없다. 감지의 능력에 있어서는 인간보다 뛰어난 동물들이 얼마나 많은가. 그렇지만 비이성적 동물들은 판단하지 않기에 진리에 이르는 일도 없다.

이성적 생명은 감각적인 것에 대해서뿐만 아니라 감각기능 자체에 대해서도 판단하며, 급기야는 이성 자신에 대해서도 판단한다. 그리고 이때 이성의 판단의 규범은 다른 것이 아닌 "원초적 지혜(prima sapientia)"인 신의 법, 곧 "영원법(lex aeterna)"이다.(*De vera religione*, XXXI, 58 참조) 말씀은 존재하는 "만물의 형상(forma omnium)"(*De vera religione*, XXXVI, 66)이다. 만상이 태양의 조명 아래서 형상을 드러내듯이, 이성이 진리를 판단하려면 진리 자체, 원초적 빛(lumen)인 하느님 말씀의 조명을 받아야 한다. 그래서 아우구스티누스는 "이성을 비춰주는 광명이 있는 그곳을 향하여 나아가라!"(*De vera religione*, XXXIX, 72)라고 말한다. 아우구스티누스의 관점에서는 플라톤의 동굴 안을 비추어 그 안에 갇혀 있는 사람들로 하여금 미망에서 벗어나게 해줄 광명은 다름 아닌 하느님의 말씀인 것이다.

2) 자유의지 즉 선의지

하느님이 전지·전능·전선하다는 하느님의 본질 규정이 맞닥뜨리지 않을 수 없는 첫 번째 문제는 세상의 악, 인간의 악행이다. 세상만물을 창조했고 세상만사를 주재하는 신이 있는데, 왜 세상에 악들이 발생하는가?

그것도 신의 기획 중에 있는 것인가? 그렇다면 신은 세상만물을 골탕 먹이는 그다지 선량하지 못한 인격인가, 아니면 신의 의도와 달리 악행이 일어나는 것인가? 그렇다면 신이 미처 예기치 못하는 일도 있는 것인가?

난제의 해법은 어진 신이 인간에게 행위함에서 자기 결정을 할 수 있도록 선택하는 힘을 주었다는 사실에서 찾을 수 있다.

"한 처음에 주님께서 인간을 만드셨을 때 인간이 자기 결정(consilium)을 할 수 있도록 하셨다. 네가 마음만 먹으면 계명을 지킬 수 있으며 주님께 충실하고 않고는 너에게 달려 있다. 주님께서는 네 앞에 불과 물을 놓아 주셨으니 손을 뻗쳐 네 마음대로 택하여라. 사람 앞에는 생명과 죽음이 놓여 있다. 어느 쪽이든 원하는 대로 받을 것이다."(『집회서』 15, 14~17)

이제 아우구스티누스의 사념은 어찌하여 인간은 선행할 수 있는 힘이 있음에도 무수히 패악을 범하는가 하는 난문의 해답 모색을 향한다. 그리고 그는 "올바로 행하는 자유의지(libera voluntas recte faciendi)"(*De libero arbitrio*, III.XVIII. 52)를 신이 인간에 준 자비로운 은총으로 이해한다.

신의 로고스(이성)가 세계를 이끄는 한, 세상사는 모두 합당하지 않을 수 없다. 그런데도 인간 세상에 악행이 횡행한다면 그것은 인간 자신의 탓일 수밖에 없으되, 그러한 악행의 발생과 소멸이 전체 세계 운행의 법도에 부합한다고 보지 않을 수 없다. 자칫 딜레마에 빠질 상황을 아우구스티누스는 인간의 "의지의 자유의사(liberum voluntatis arbitrium)"(*De libero arbitrio*, II.I. 1; *De vera religione*, XIV, 27)라는 개념으로써 벗어나고자 한다.

인간에게는 자기 결정의 힘, 자유의사가 있다. 이성은 필연적이지 않은 것에 대해서는 어느 방향으로라도 갈 수 있는데, "이렇게 인간은 이성적이라는 바로 그 까닭에 인간에게는 자유의사가 있는 것이다."(Aquinas,

ST, I. 83.1) 토마스 아퀴나스(Thomas Aquinas, 1224/1225~1274)의 이해에 따르면 자유의사란 "인간이 그것으로 말미암아 자유롭게 판단하는 그런 활동의 원리/근원(principium)"(Aquinas, *ST*, I.83.2)인 한에서는 인식능력이고, "우리가 그에 따라 선택(electio)하는 것"(Aquinas, *ST*, I.83.2)인 한에서는 욕구능력이다. 그런데 선택은 가능한 것들 가운데서 가장 좋은 것을 판별해내는 인식활동을 전제하는 것이므로, 그것은 일종의 "욕구적 지성 (ὀρεκτικὸς νοῦς)"[12] 내지 "지성적 욕구(appetitus intellectivus)"(Aquinas, *ST*, I.83.3)이다. 의지를 목적 즉 좋은 것[선]을 지향하는 순전한 욕구라 한다면, 자유의사는 그러한 목적에 이르는 수단을 선택함(Aquinas, *ST*, I.83.4 참조)을 본질로 갖는 지성적 욕구인 것이다. 그래서 자유의사를 "의지와 이성의 능력(facultas voluntatis et rationis)"(Aquinas, *ST*, II.1.1)이라고도 일컬을 수 있다.

아우구스티누스에게 분명한 사실은 "신이 존재하며, 모든 선들은 신으로부터 존재한다."(*De libero arbitrio*, II.XVIII.47)는 것과 신은 지극한 선, "선 자체(ipsum bonum)"(*De Trinitate*, VIII, 3.4), "최고선(summum bonum)" (*De Trinitate*, VIII, 3.5)이라는 것이다. 신이 지은 것은 무엇이든 선한 것이니, 응당 "자유의지는 선한 것이요, 신이 준 것으로 인정해야 마땅하다. 그것을 준 자가 주지 말았어야 한다고 말하기보다는 그 좋은 것을 악용하는 사람들을 질책해야 할 것이다."(*De libero arbitrio*, II.XVIII.48) 자유의지는 설령 그로 인해 인간이 악을 범한다 해도, 그 자체로는 선한 것이라는 것이 아우구스티누스의 확고한 생각이다. — (아우구스티누스는 참으로 거룩한 사람이다.)

이러한 뜻에서 이성적 존재자인 인간은 본질적으로 선한 자유의지, 곧 '선의지(bona voluntas)'를 가지고 있다. 선의지란 "올바르고 영예롭게 살

---

12 Aristoteles, *Ethica Nicomachea*, 1139b.

고 최고의 지혜에 이르고자 희구하는 의지(voluntas, qua adpetimus recte honesteque vivere et ad summam sapientiam pervenire)"(De libero arbitrio, I.XII.25)이다. 선 자체인 하느님을 믿고 사랑하고 희구하는 마음 곧 "선한 마음(animus bonus)"은 바로 이 선의지를 통해 비로소 선하게 된다. 그러므로 선의지야말로 "칭송받을 만한" 것이다.(De Trinitate, VIII, 3.4 참조)

무릇 선의지는 의지 안에 있다. 사람은 "의지에 의해 죄를 짓기"(De vera religione, XIV, 27)도 하지만, 의지 자신만이 인간에게 선의지를 부여한다.(De libero arbitrio, I.12.26 참조) 모든 선행은 이 선한 의지로부터 발원하는 것이니, 선의지를 "유일한 선(unum bonum)"(De libero arbitrio, I.XIII.27)이라고 일컬을 수 있다. "선한 의지를 가진 사람은 이보다 더 좋은 것이 아무것도 없다."(De libero arbitrio, I.XIII.27) "자기의 선한 의지를 애호하는 사람은 복된 사람"(De libero arbitrio, I.XIII.28)이다.

"복되어라, 마음이 깨끗한 사람들!
그들은 하느님을 뵙게 되리니."(「마태오복음」5, 8)

정화된 사람의 마음씨, 선의지에서 현명(prudentia), 용기(fortitudo), 절제(temperantia), 정의(iustitia)의 덕이 나온다. 선의지의 최대의 적은 "육신의 욕정(concupiscentia)과 눈의 욕정과 세속의 야망(ambitio)"(「요한 제1서」2, 16), 정욕(libido)이다. 악행은 갖가지 욕망(cupiditas)이 지배하는 곳에서 일어나니, "정욕이 곧 악"(De libero arbitrio, I.IV.9)이라 해도 지나치지 않다.

무엇에 굴복하는 자를 종(servus)이라 일컬을 때, 정욕에 굴복하는 자는 정욕의 종이라 하겠거니와, 아우구스티누스는 사람을 섬기는 종이 정욕에 굴복하는 종보다는 차라리 행복하다고 말한다. 정욕은 인간의 마음을 철저히 파괴하고 만다.(De civitate dei, XIX, 15 참조) 그러하기에 무릇 정욕은 이성의 명령에 따라야 하는 것이다.(De civitate dei, XIX, 21.2 참조) 이성이 금하는 것을 행하려 하는 의지는 부패한 것이다. 모름지기 의지는 이성이 규정한 것을 실행에 옮길 일이다.(*De veata vita*, I, 1 참조) 그리하여 "모든 악이 청산되고 모든 선이 완성될 때 그 사람은 행복한 이가 된다." (*De Trinitate*, XIII, 6.9 참조) 선 자체인 신을 따르는 의지 곧 선의지를 가진 자는 "신의 마음에 드는 사람"이고, 이런 사람이라야 평화를 누릴 수 있는 것이다.

> "지극히 높은 곳에서는 하느님께 영광,
> 땅에서는 선한 의지를 갖춘[마음 착한] 사람들에게 평화!
> (gloria in altissimis Deo
> et in terra pax in hominibus bonae voluntatis)"(『루가복음』 2, 14)

3) 자유의지와 필연의 공존

우리가 자유의지에 따라 행하는 것이 자유로부터 행해지는 것이 아니라는 귀결이 될 것을 두려워하여 "스토아학파 사람들은 만사가 운명에 따라 이루어진다고 주장하면서도 만사가 필연으로 이루어지는 것은 아니라고 했던 것이다."(*De civitate dei*, V, 9.1) 키케로와 세네카는 한편으로는 운명, 신의 섭리를 말하면서 다른 한편으로는 인간 의지의 자유로운 선택, 자유의사(liberum voluntatis arbitrium)를 말한다.

이에 아우구스티누스는 신의 섭리 아래서 인간의 자유의지를 이해한다. (*De civitate dei*, V, 9.2 참조) 인간 의지는 인간 행위의 원인이 되며, 인간의 자유의지가 인간 행위의 원인이 되리라는 것을 신은 예지하고 있다는 것이다.(*De civitate dei*, V, 9.3 참조) 다만 악한 의지(male voluntas)는 신에게서 유래하는 것이 아닌데, 그것은 "자연본성에 어긋나는 것이기 때문이다."(*De civitate dei*, V, 9.4) 악으로의 의지는 "신에게 속하지 않으며, […]

자발적인 것인 이상 우리 능력에 달려 있다."(*De libero arbitrio*, II.XX.54)

만약 '필연'이라는 말을 '달리 있을 수 없고, 반드시 그렇다.'라는 뜻으로 쓴다면, 이러한 필연성이 꼭 자유의지와 충돌하는 것은 아니다. 신은 '죽을 수 없고' '착오를 일으킬 수 없다'는 사실이 그의 전지전능을 제한하는 것은 아니다. 전능함이란 의욕하는 일은 무엇이든 할 수 있고, 의욕하지 않는 일은 어떤 것도 당하지 않음을 뜻한다. 그래서 신은 필연적으로 선을 의욕하고, 악을 의욕할 수 없는 것이다. 인간 또한 그의 자유의지로써 필연적으로 선을 의욕한다.(*De civitate dei*, V, 10.1) "우리가 의욕할 때는 필연적으로 자유의사에 따라 의욕한다. 필연적으로 자유의사에 따라 의욕한다는 말이 참말임은 의심의 여지가 없다. 그렇다고 우리가 우리 자유의사를 필연에 귀속시킨다고 해서 자유를 상실해버리는 것은 분명 아니다. 따라서 우리 의지들은 엄연히 존재하고, 우리가 무엇이든지 의욕해서 행할 때에는 의지들이 행동하는 것이며, 그것은 우리가 의욕하지 않았더라면 발생하지 않았을 것이다."(*De civitate dei*, V, 10.1) 여기서 아우구스티누스는 필연성을 내포로 갖는 자유의지 개념을 구성함으로써 스피노자(Baruch de Spinoza, 1632~1677), 칸트가 갈 길을 닦아놓는다.

후대의 토마스 아퀴나스의 이해대로 또한 "자유의사는 자기운동의 원인이다. 그것은 사람이 자유의사로 말미암아 자기 자신을 행동에로 움직여가기 때문이다. 그렇다고 자유롭다는 것이 자기의 제1원인이라는 것이 자유에 필연적으로 속한다는 것을 의미하지 않는다. 그것은 예컨대 어떤 것이 다른 것의 원인이기 위해서는 그 어떤 것이 그것의 제1원인일 필요가 없는 것과 마찬가지이다. 그러므로 신이 자연적인 원인들도 의지적인 원인들도 움직이는 제1원인이다. 그리고 신은 마치 자연적인 원인을 움직여줌으로써 그런 원인들의 활동이 자연적인 활동이기를 포기하지 않는 것과 마찬가지로 의지적인 원인들을 움직임으로써 그런 원인들의 활동이 의지적인 활동이기를 포기하지 않는다. 오히려 신은 이것을 그런 것들 안에서 행한다. 즉 신은 그 각각에 있어 각자의 고유성에 따라 행한다."
(Aquinas, *ST*, I.83.1)

4) 악이 있는 이유

보에티우스(Boethius, ca. 480~524)의 규정대로 "섭리(providentia)란 만물의 최고 통치자 안에 설정된 만물을 지배하는 신의 이성이다."(Aquinas, *ST*, I.22.1) "섭리는 지성 안에 있는 것으로, 목적에의 의지를 전제로 한다." (Aquinas, *ST*, I.22.1) 섭리는 신의 지성과 의지 안에 있는 것으로, "사물들을 목적으로 질서 짓는 이성(ratio ordinis)이자 전체 안에서 부분들을 질서 짓는 이성이다."(Aquinas, *ST*, I.22.1) "그러므로 어떤 모양으로든 존재를 갖는 모든 것이 하느님으로부터 목적에로 질서 지어졌다는 것은 필연적이다."(Aquinas, *ST*, I.22.2)

악이란 본질에서 이탈하여 "있는 것을 있지 않게 만드는 것"(*De moribus ecclesiae catholicae*, II, II, 2)이다. 의지는 그 자체로 선이지만 그 의지가 발휘되지 않으면 악이 생긴다. 만물을 질서 짓는 이성으로서 신의 섭리가 만물에 미친다면, 대체 이런 일이 어떻게 발생한다는 말인가? 그것은 다름 아니라 인간의 자유의사에 의한 것이다. 악행은 자유의사에서 비롯하는 것이다. 자유의지가 악의 근원일 것인데도 대체 "왜 신은 인간에게 의지의 자유의사(liberum arbitrium voluntatis)를 부여했는가?"(*De libero arbitrio*, II.I.1)라는 난문에 우리는 그럴듯하게 답할 수 있다. 그것은 신은 인간이 자신의 자유의지의 힘으로 자율적 존재자로서, 곧 인격적 존재자로서 살기를 바랐기 때문이다. 만약 인간이 자유의지를 갖지 않았다면, 선행도 악행도 없을 것이고, 그렇다면 어떠한 징벌도 없겠지만 또한 상급도 없을 것이다. 인간이 죄악을 범하는 것은 그의 자유의지로 인한 것이며, 그때 신이 징벌하는 것은 "왜 너는 자유로운 의지를 내가 너에게 준

그 목적대로 사용하지 않는가?" 하는 문책이다.(*De libero arbitrio*, II.I.3)

하느님은 "악이 존재함을 허용하지 않기보다는 악으로부터 선을 만들어내는 일이 더 유능하고 더 좋다고 판단했던 것이다."(*De civitate dei*, XXII,1.2) "하느님의 의지를 거슬러 악인들에 의해 많은 일이 저질러진다. 그러나 그분은 참으로 위대한 지혜와 참으로 위대한 권능을 갖추고 있어서, 당신의 의지에 상반되어 보이는 모든 것들이 당신이 선하고 의롭다고 예지한 결과 내지 목적으로 향하게 만든다."(*De civitate dei*, XXII, 2.1)

토마스 아퀴나스의 변론을 덧붙이자면, 악이 세상에 있다는 사실이 "신의 신성을 손상시키지는 않는다."(Aquinas, *CT*, I.142) "사실 모든 결함은 일종의 악으로 보인다. 그런데 모든 피조물에는 어떤 결함이 있다. 즉 모든 피조물은 그 존재에 있어 자기를 보존할 수 없는 어떤 결함이 있다." (Aquinas, *ST*, I.48.5) 우주의 완전성은 본성상 완전무결한 만물로 이루어져 있음에 기인하는 것이 아니라, 결함을 포함한 존재자들이 완전하게 되어가는 데에 있는 것이다. 심지어 하나의 선은 때로는 다른 것의 악을 매개로 생겨날 수 있는 것이며, 특수한 악들로 말미암아 선들은 더욱 칭찬받을 만한 것으로 드러난다.(Aquinas, *CT*, I.142 참조) 인간의 "악한 의지가 선한 본성을 악하게 사용할 때 하느님은 악한 의지를 선하게 사용한다." (*De civitate dei*, XI, 17) — 신의 선성을 신앙하고 나면, 세상만사 합리적으로 설명되지 않는 것이 없다.

"하느님이 인간으로 하여금 자기 뜻대로 하도록 버려두는 경우 그것은 인간이 하느님의 섭리에서 배제되는 것이 아니고, 오히려 인간에 있어서는 자연적 사물들에 있어서와 같이 작용적 능력이 하나로 결정된 것으로 고정된 것이 아님이 밝혀진다. 자연적 사물들은 타자에 의해 목적으로 향하게 된 것으로 작용할 뿐이고, 자신을 목적으로 향하게 하는 것들처럼 스스로 작용하지 못한다. 즉 그런 것들은 숙고하고 선택하는 자유의사에 의한 이성적 피조물들처럼 스스로 작용하지 못한다. [···] 그런데 자유의사라는 작용 자체는 하느님께 환원되는 것이기 때문에 자유의사에 의해 이루어지는 것들이 하느님의 섭리에 종속하게 되는 것은 필연적이다."(Aquinas, *ST*, I.22.2)

나라의 모든 일은 군주의 통치 아래에 있고, 모든 신하가 군주에 소속되지만, 품위 있는 군주일수록 신하의 재량권에 간섭하지 않는다. 신이 세상을 이끄는 방식도 이와 유사하다. 신은 이성적 피조물들에게도 많은 자유재량을 주었는데, 그것은 "신이 능력에 결핍이 있어서가 아니라 원인성의 품위를 피조물들에게도 나누어주기 위한 그의 선성의 풍요로움 때문이다."(Aquinas, *ST*, I.22.3)

3. 진복(眞福)의 나라 신국

"그 밖의 모든 것이 그것 때문에 추구되면서 그것만은 그 자체로 추구되는 것, 이것이 바로 우리 선의 목적/끝이다."[13] 또 "그것 때문에 그 밖의 모든 것이 기피되면서 그것만은 그 자체로 기피되는 것이 곧 악의 목적/끝이다."(*De civitate dei*, XIX, 1.1) 아우구스티누스는 아리스토텔레스 때부터 통상의 규정이 된 이 같은 '선의 끝' 곧 '최고선'이 무엇인지에 대한 답변들이 고대 그리스-로마 학파의 것만 해도 "무려 288가지"나 된다고 바로(Marcus Varro, BC 116~27)의 조사를 예로 들면서 자신의 논변을 펼친다.(*De civitate dei*, XIX, 1.1 이하 참조)

예컨대 "어떤 이는 최고선이 덕에 있다 하고, 어떤 이는 관능 속에, 어떤 이는 자연을 따르는 데에, 어떤 이는 진리 속에 있다고 말한다. [···] 어

---

13 Cicero, *De finibus bonorum et malorum*, 1.12.42.

떤 이는 평온한 무지 속에, 어떤 이는 무관심 속에, 어떤 이는 외양의 유혹을 물리치는 데에, 어떤 이는 아무것에도 감탄하지 않는 데에 있다고 말한다. [⋯] 그리고 솔직한 회의주의자들은 이것이 그들의 안정이나 회의, 또는 지속적인 판단 속에 있다고 말하고, 좀 더 현명한 사람들은 최고선이란 사람들이 알 수 없고, 또 알기를 바랄 수도 없는 것이라고 말한다."[14] 이와 같이 갈피 잡기 어려운 주제에 대해 아우구스티누스는 "영원한 생명이야말로 최고선이요 영원한 죽음이야말로 최고악"(De civitate dei, XIX, 4.1)이라고 한다. 그리고 "전자를 획득하고 후자를 회피하려면 우리는 올바르게 살아야 한다."(De civitate dei, XIX, 4.1)라고 그 길을 제시한다. 그런데 어떻게 사는 것이 '올바르게 사는' 것인가? 그것은 하느님을 믿고 그의 가르침에 따라 의롭게 되는 것이니, "그분이 도와주지 않으면 올바르게 살 수 없다."(De civitate dei, XIX, 4.1)

파스칼의 지적처럼 흔히 사람들은 최고선을 육체에 두거나 정신에 두거나 양편 모두에 두어 최고선이 쾌락이라느니 덕성이라느니 행복이라느니 하면서, 자연본성의 필요의 충족을 생각한다. 그리고 사람들은 "이승에서 행복해지고 싶어 하고 스스로의 힘으로 행복해지고 싶어 한다."(De civitate dei, XIX, 4.1) 아우구스티누스가 보기에 여기서 사람들은 "자기 스스로의 힘으로 행복해질 수 있다고 생각하고 있으니 참으로 놀라운 오만이다." (De civitate dei, XIX, 4.4)

영원한 생명은 평화 속에서만 누릴 수 있는 것이다. 그런데 평화(pax)란 무엇인가?

"신체의 평화는 지체들의 질서 있는 조화이다. 무이성적 영혼의 평화는 욕구들의 질서 있는 안정이다. 이성적 영혼의 평화는 인식과 행위의 질서 있는 합의이다. 신체와 영혼의 평화는 생명체의 질서 있는 생명과 안녕

---

14 Pascal, *Pensées*(1658), d. Brunschvicg, 73.

이다. 사멸할 인간과 하느님의 평화는 영원법에 대한 신앙의 질서 있는 순종이다. 인간들의 평화는 질서 있는 화합이다. 가정의 평화는 함께 사는 사람들 사이에 명령하고 복종하는 질서 있는 화합이다. 국가의 평화는 시민들 사이에 명령하고 복종하는 질서 있는 화합이다. 신국의 평화는 하느님 안에서 서로 향유하는, 더 없이 질서 있고 더 없이 화합하는 사회적 결속이다. 만물의 평화는 질서의 평온함이다."(De civitate dei, XIX, 13.1) 아우구스티누스의 이 10개의 평화의 정의를 통해 통상 '전쟁과 평화'의 한 짝으로서의 정치적 평화는 '하느님 안에서의 질서 있는 화합(ordinata concordia)' 내지 '질서의 평온함(tranquilitas ordinis)'이라 정의된다.

"신이 인간에게 명령하고 마음(animus)이 몸(corpus)에게 명령하고, 이성이 정욕이나 그 밖의 마음의 패악의 부분들에 명령하는 이유가 무엇이겠는가?"(De civitate dei, XIX, 21.2) 그래야만 정당한 질서가 확립되기 때문이다. "하느님에게 순종하는 모든 인간들 안에 정당한 질서가 확립되어 마음이 충실하게 몸에 명령하고 이성이 패악에게 명령하여야 한다."(De civitate dei, XIX, 23.5)

"국가는 국민의 것"[15]이며, 국민이란 "법/권리에 대한 합의와 공리성의 공유에 의해 결합된 다수의 집합체"[16]라는 키케로의 법적 국민 개념에 대해 아우구스티누스는 국민을 "사랑하는 사물들에 대한 공통된 합의에 의해 결속된 이성적 다수의 집합체(coetus multitudinis rationalis rerum quas diligit concordi communione sociatus)"(De civitate dei, XIX, 24)라고 바꿔서 규정한다.

이제 '사랑하는 사물'이 고귀한 것일수록 그 집합체는 탁월한 것이다. 그런데 "하느님 섬김"(De civitate dei, XIX, 24)보다 더 고귀한 사랑하는 것

---

15 Cicero, *De re publica*, I, 39.
16 Cicero, *De re publica*, I, 39.

이 있겠는가? 하느님 섬김에 대한 합의에 의해 결합된 공동체에서야말로 사람들은 진정한 행복을 누릴 수 있다. "육신을 살게 만드는 것이 육신에서 오지 않고 육신 위에 있듯이, 인간을 행복하게 살게 만드는 것은 인간에게서 오지 않고 인간 위에(super hominem) 있다."(*De civitate dei*, XIX, 25) "그러므로 육신의 생명이 영혼이듯이 인간의 행복한 생명은 하느님이다." (*De civitate dei*, XIX, 26) 이 같은 신국(civitas dei)에서는 "하느님이 인간에게 명령하고 마음이 몸에게 명령할 것이며", 그 가운데에 평화가 있는 만큼 인간도 몸도 그 명령에 기꺼이 순종할 것이다. "그리하여 이 진복(眞福: beatitudo)의 평화, 또는 평화의 진복이 최고선이 될 것이다."(*De civitate dei*, XIX, 27)

"[하느님은] 태초에 세상을 창조한 분으로서, 가시적이고 가지[예지]적인 온갖 선한 사물로 세상을 가득 채웠다. 그 피조물들 가운데 영[靈]보다 훌륭한 것은 없으니, 하느님은 그들에게 지성을 주었고, 당신을 관조할 수 있고 당신을 수용하는 능력을 갖는 존재로 세웠으며, 그들을 한 사회로 결집했다. 그 사회를 일컬어 우리는 거룩하고 드높은 나라라고 부르는데, 거기서 영들이 존속하고 행복해지도록 하느님이 몸소 그들에게 생명이 되고 공통의 음식이 된다. 하느님은 이 지성적 자연물(intellectualis natura)에게 자유의사를 주었으며, 그래서 원한다면 자신들의 진복인 하느님을 저버릴 수 있었는데, 다만 그런 행동에는 즉각 불행이 따라오게 되어 있었다."(*De civitate dei*, XXII, 1.2)

최고선의 나라, 신국에서 모든 이가 똑같은 영광과 영예를 누리는 것은 아니다. 각자는 "공덕의 상급에 따라서"(*De civitate dei*, XXII, 30.2) 더 누리거나 덜 누리게 된다. 그러나 "각자 자기가 못 받는 것을 바라는 일이 없을 것이며, 그러면서도 그것을 받은 사람과 지극히 평화로운 화해의 사슬로 결속될 것이다. 이것은 마치 몸에서 눈이 손가락이기를 바라지 않고, 그러면서도 온몸의 조직이 지극히 평화롭게 두 지체를 모두 포용하는 것과 흡사하다. 그래서 한 사람이 다른 사람보다 더 작은 선물을 받게 되지만, 바라지 않는 마음도 선물로 받을 것이다."(*De civitate dei*, XXII, 30.2) — 나라 구성원 사이에 시샘이 없다면 아닌 게 아니라 '평화' 상태는 유지될 것 같다. 반면에 아마도 '발전'은 기대하기 어려울 것이므로, 신국은 매우 정태적인 나라가 될 공산이 크다 하겠다.

제3절

토마스 아퀴나스에서의 '영혼'과 '지성'

"네가 감당하지 못할 것을 구하지 말고, 네 힘에 겨운 것을 좇지 말라."(『구약 성서』, 「집회서」, 3, 21)

토마스 아퀴나스는 성서의 가르침에 따라 "사람은 이성(ratio)을 넘어가는 것에 대해 시도하지 말아야 한다."(*ST*, I.1.1)라면서 그의 방대한 『신학대전』(1265~1273)의 말문을 연다. 그런데 이 말은 사람은 늘 이성의 한계 안에 머물러 있어야 한다는 것이 아니라, "사람은 인간의 이성 이상의 것을 이성으로 탐구할 것이 아니라 오히려 신앙으로 하느님께로부터 계시된 것으로 받아들여야 한다."(*ST*, I.1.1)는 뜻이다. 인간이 "자연적 이성의 빛 (lumen naturalis rationis)"으로 인식할 수 없는 것이라 해서 "신의 계시의 빛 (lumen divinae revelationis)"을 따라 접근할 수 없다고 생각해야 할 까닭이 없다는 것이다.(*ST*, I.1.1, ad.2 참조) 토마스 아퀴나스의 이 발언은 후대에 비트겐슈타인이 "사람은 말할 수 없는 것에 대해서는 침묵해야 한다."[17] 라고 말했을 때 그 "침묵(schweigen)"의 의미를 시사해주거니와, 토마스 아퀴나스는 인간의 이성이 추구할 수 있는 한계까지 철학적 탐색을 하되, 그 한계 너머의 것에 관해서는 단지 "침묵"하지 않고, 신의 계시에 의거한 "거룩한 가르침(sacra doctrina)"에 따른다.

1. 이성적 또는 지성적 영혼

"하느님께서는 […] 당신의 모습대로 사람을 지어내셨다."(『구약성서』, 「창세기」, 1, 26~27)

이 한 구절로 인간의 성격은 이미 충분히 규정된다. "인간은 지성적이며, 의사의 결정에 자유이고, 그 자체로 행동의 주권이 있는 것으로서 하느님의 모습으로 만들어졌다."(ST, II, Prol.) 인간은 모든 선성을 분유하고, 지성적이며, 자유의사를 가지면서도, 자신을 통제할 능력을 갖고 있는 것이다.(ST, I.93.5 참조) 그러나 "모상(imago)"이 동일성은 아니니, 유한성이라든지 악에 쉽게 빠지는 것은 모상에 수반하는 한계라 할 것이다. ─ 복사품은 아무래도 원본에 좀 못 미치는 바가 있다.

"영혼은 살아 있는 것들에서 생명의 제일 원리(primum principium vitae)이다."(ST, I.75.1co) 인간의 "영혼은 형상으로서 인간의 신체와 결합"(ST, I.117.4)함으로써 신체를 살아 있는 것으로 만든다.

"신체가 생명을 가지도록 하는 가장 근본적인 것이 영혼임은 분명하다. 그

---

17 Wittgenstein, *Tractatus Logico-philosophicus*, 7.

리고 생명은 생명체들의 상이한 등급에 따라 상이한 작용들을 통해 나타나기 때문에, 우리로 하여금 이 모든 생명작용들을 제각기 수행하도록 하는 것은 영혼이다. 왜냐하면 영혼은 우리의 영양, 감각작용과 공간적 운동의 제일 원리이며, 그리고 마찬가지로 우리의 이해작용의 제일 원리이다. 그러므로 지성이라 불리든 지성적 영혼이라 불리든 우리가 그에 의해 최초로 이해작용하는 원리는 신체의 형상이다."(*ST*, I.76.1c)

"인간은 생장적(vegetabile) 영혼을 가지고 있는 한에서 생물(vivens)이라 말해지고, 감각적(sensitiva) 영혼을 가지고 있는 한에서 동물(animal)이라 불리며, 지성적(intellectiva) 영혼을 가지고 있는 한에서 인간(homo)이라고 불린다."(*CT*, I.94) 그러니까 "이성적 영혼도 형상으로서 육체와 결합해 있다."(*CT*, I.94) 그렇다고 인간이 생장적(vegetabilis), 감성적(sensibilis), 이성적(rationalis) 영혼, 이렇게 세 개의 영혼을 가지고 있다고 볼 수는 없고, "인간 안에는 오직 하나의 영혼이 존재한다."(*CT*, I.90) 영혼은 그 영혼을 소유하고 있는 자의 '실체적 형상'인데, 실체적 형상이 여럿일 수는 없는 것이기 때문이다.

그런데 생장적 영혼과 감각적 영혼은 육체 없이 작용할 수 없으나, 이성적 영혼은 육체 없이도 작용하는 것이기 때문에, 이 영혼이 '하나'라는 것은 맞지 않는 것처럼 보인다. 그것은 영혼이 하나이되, 생장적 영혼과 감각적 영혼은 육체에도 속하는 반면에, 이성적 영혼은 오로지 "영혼에만 속하기"(*CT*, I.89) 때문에 그러한 것이다. 이성적 영혼이 영혼인 한에서는 "신체의 실체적 형상"이므로 신체와 결합되어 있지만, 이성은 신체 기관을 빌리지 않고서도 작용할 수 있다. 이미 밝혀진 것처럼 "감각은 신체 없이는 없으나, 지성은 분리될 수 있는 것이다."[18]

---

18 Aristoteles, *De anima*, 429b.

"이성적 영혼은 육체의 모든 본성과 능력을 넘어선다. 어떠한 육체도 그 영혼의 지성적 행위에 다다를 수는 없기 때문이다. […] 그렇기 때문에 어떤 육체의 능력이 이성적 영혼을 산출한다는 사실은 불가능하다."(CT, I.93) "이성적 영혼은 그 스스로 작용을 소유하기 때문에 스스로 존재를 가진다. 그러므로 이성적 영혼에는 스스로 만들어짐이 어울린다. [… 이성적 영혼은] 질료와 형상으로 합성된 것이 아니기 때문에, 오직 창조를 통해서만 존재로 이끌려질 수 있다. […] 그런데 창조는 오직 신에게만 속하는 일이다. 따라서 오직 신에 의해 이성적 영혼은 존재하도록 산출되었다."(CT, I.93)

인간의 지성은 "사변적 지성(intellectus speculativus)과 실천적 지성(intellectus practicus)"(ST, I.79.11)으로 작용하며, 이성은 "실천 이성(ratio practica)"과 "사변 이성(ratio speculativa)"(ST, I-II.94.2co)으로 작동하는바, 각기 증명을 필요하지 않은 "자명한 원리들(principia per se nota)"에 따라 기능한다. 모순율은 사변 이성의 제일 원리이고, "선은 행해지고 추구되어야 하며, 악은 피해져야 한다(bonum est faciendum et prosequendum, et malum vitandum)."라는 명제는 실천 이성의 제일 원리이다.(ST, I-II.94.2co 참조)

그러나 인간이 신체와 함께 존재하는 한 인간의 이성은 순수할 수만은 없다. 그래서 토마스 아퀴나스는 비질료적인 예지적 피조물의 정점에 천사를 두고, 훨씬 낮은 단계에 인간 영혼을 놓는다. 인간의 "이성은 어떤 이들에게 있어서는 정념, 나쁜 습관이나 나쁜 자연적 습성 등에 의해 왜곡될 수 있다."(ST, I-II.94.4co) 인간의 "이성은 욕정이나 어떤 다른 정념으로 인해 공통의 원리를 어떤 특정한 행위에 적용하지 못하는 수도 있는 것이다."(ST, I-II.94.6co) 인간의 이성은 불순물이 좀 섞여 있어 그런 만큼 작용능력에 제한이 있다.

2. 지성의 개별성과 불사성

아리스토텔레스는 가능적 지성(intellectus potentialis)을 다른 것이 아니라 "아무것도 쓰여 있지 않은 판", 이를테면 "하얀 판(tabula rasa)"으로 비유했다.(*De ente et eseentia*, V.5 참조) 그러나 그 판에는 모든 글자가 쓰일 수 있으므로, "이런 의미에서의 지성은 모든 것으로 되며, 또한 빛과 같은 어떤 성향을 통해 모든 것들을 만드는 것이다." 이렇게 한편으로는 수동적으로, 또 한편으로는 능동적으로 작용하는 지성은 신체와 섞이지 않고, 그래서 신체와 분리될 수 있으며, "불멸하고 영속한다."[19]

그런데 지성도 영혼의 부분이고, 영혼이 신체를 살아 있게 하는 형상인 한에서, 그리고 형상이란 질료와 결합됨으로써만 형상이라는 점에서, 신체와 분리된 영혼이란 있을 수 없다.

"영혼이 신체에 형상으로 결합된다면, 그것은 필연적으로 전체 신체 안과 신체의 각각의 부분 안에 있어야 한다. 그것은 영혼이 우유[偶有]적 형상이 아니라 신체의 실체적 형상이기 때문이다. 실체적 형상은 전체뿐만 아니라 전체의 각 부분의 완전성이기도 한 것이다."(*ST*, I.76.8c)

그러나 지성이 "신체와 결합"해 있고, "신체에 동반되어 있기"(*ST*, I.76.5)는 하되, 어떠한 물질적 성질도 갖지 않고, 어떤 신체적 기관도 갖지 않는다는 점에서(*CG*,[20] II, 49 참조) "신체와 혼합되어 있지 않음은 분명하다."(*DUI*,[21] 1.23) — (그러나 누가 만약 지성도 두뇌활동의 한 방식이라고 입증

---

19 Arisitoteles, *De anima*, 430a.
20 Thomas Aquinas, *Summa contra gentiles*.
21 Thomas Aquinas, *De unitate intellectus contra Averroistas*.

하면 이 논지는 무효가 될 것이다.)

그러나 지성이 신체와 분리될 수 있다 함이 지성은 "신체의 형상"인 영혼의 일부가 아니라는 것을 뜻하지는 않는다. 그렇지만 인간 영혼이 '인간의' 영혼인 까닭은 단지 뭇 식물과 같은 생장 영혼이나 뭇 동물과 같은 감각 영혼뿐만 아니라 동시에 지성 영혼 작용을 가지고 있기 때문이다. 지성도 영혼의 작용인 이상 신체와 분리될 수 없는 것으로서, 신체의 사멸과 함께 절멸하는 것인가, 아니면 신체와 분리되면서도 인간 활동의 일부이고, 그러면서도 신체와 상관없이 불멸하는 것인가? 얼핏 어긋나 보이는 이 충돌점을 어떻게 이해해야 할까? 이 난제와 관련해 토마스 아퀴나스는 "영혼은 신체 안에 있으되, 포함되어 있듯이가 아니라, 연접해 있듯이 있다."(ST, I.52.1c)고 봄으로써 신체와 영혼의 분리 가능성을 그 존재방식에서 찾는다.

"우리가 영혼의 일부 가운데 유일하게 불멸하고 불사적인 지성의 다양성을 인간에게서 제거한다면, 인간의 영혼 가운데 사후에 남는 것은 지성이라는 오직 하나의 실체 외에 아무것도 없게 되니, 결과적으로 상과 벌을 받는 것 그리고 그것들 간의 다양성은 사라지게 될 것이다."(DUI, 1.2)

육체 사멸 후의 세계와 영혼에 대한 심판을 교리로 갖는 한 기독교에서 지성의 개별성과 영속성은 이미 전제되어 있는 것이다.

여기에서 토마스 아퀴나스의 사색이 깊어진다.

문제는, "어떻게 영혼이 신체의 형상이지만 영혼의 어떤 능력[곧 지성]은 신체의 능력이 아닐 수 있는가"(DUI, 1.27) 하는 것이다. 그러나 인간의 영혼은 "최상위의 형상(ultima forma)"이기 때문에 "물질적 질료를 전적으로 능가하는 능력, 곧 지성"을 가지고 있고, "그러므로 지성은 신체 안에 있지 않고 영혼 안에 있는 능력이기 때문에 분리되지 않는다."(DUI, 1.27)

라고 토마스 아퀴나스는 생각한다. "영혼은 신체의 현실태"이지만, "지성과 같은 능력은 그 작용이 신체 기관을 통해 수행되지 않기 때문에 어떠한 신체의 현실태도 아니다."(DUI, 1.28) 이를 바꿔 말하면, 지성적 영혼처럼 "어떤 형상이 질료 안에 있을지라도 그것의 능력이 분리되는 것은 불가능하지 않다."(DUI, 1.30) 오히려 지성은 신체와 분리되었을 때 아리스토텔레스가 보았던 것처럼 "그 자체"[22]이며, 참된 것이다.

그렇다면 신체와 분리된 '지성'은 하나인가 여럿인가?

토마스 아퀴나스는 다시금 아리스토텔레스의 지성 개념에 대한 주해를 빌려 지성의 불멸성과 함께 다수성을 논변한다.

"질료에 결합되지 않은 채 그것 자신의 가능태나 능력에 의해 작용을 지니는 형상은 스스로 존재를 소유하며 다른 형상들처럼 복합체의 존재를 통해서만 실재하게 되는 것이 아니라 복합체가 그것의 존재를 통해 실재하게 된다. 그러므로 복합체가 소멸할 때 그 복합체의 존재를 통해 실재하게 되는 형상은 소멸하는 반면, 복합체의 소멸 과정에 자신의 존재를 통해 복합체가 실재하고 복합체의 존재를 통해 실재하지 않는 형상은 소멸할 필요가 없다."(DUI, 1.38) 지성적 영혼이 바로 그런 것이다. "지성은 신체의 현실태인 영혼의 힘이다. 그러므로 다수의 신체 안에는 다수의 영혼이 있고, 다수의 영혼들 안에는 지성이라 불리는 지성적인 힘들이 있다."(DUI, 5.103) "영혼이 신체의 형상인 한에서 영혼의 존재가 신체 안에 있게 되고, 영혼이 신체 이전에 존재하지는 않지만 신체가 소멸된 이후에도 지속적으로 존재한다. 마찬가지로 각각의 영혼은 하나로 있으며, 결과적으로 그것의 다수성에 따라 다수의 영혼이 있게 된다."(DUI, 5.104)

신체마다 그 형상인 영혼이 있고, 그러니 다른 신체에는 다른 영혼이 있다. 그리고 각각의 영혼 안에는 각각의 지성이 있다. 그러므로 "하나의

---

22 Arisitoteles, *De anima*, 430a.

지성이 모든 사람에게 속한다는 것은 결코 있을 수 없다."(*ST*, I.76.2) 그러나 사람마다 각자의 지성이 있다 해서 이것이 보편적 인식의 장애가 되는 것은 아니다. 지성은 본질을 꿰뚫어보는 능력이거니와, 어떤 사물들의 본질이 동일한 경우, 서로 다른 지성이라고 하더라도 그 사물들을 동일한 것으로 인식할 것이기 때문이다,

3. 지성의 타락과 회복

"신은 만물 안에 있고, 그의 섭리는 만물에 궁한다."(*CT*, I.130) 군대 내의 모든 이들이 지휘관의 목적에 따라 배치되고 움직이듯이, "만물은 신의 섭리에 의해 다스려진다."(*CT*, I.123) 피조물들은 품수한 신성의 완전함의 정도에 따라 위계가 정해지는데, 신은 상위의 피조물을 통해 하위의 피조물들을 다스린다.(*CT*, I.124 참조) 그것은 상위의 피조물을 통해 하위의 피조물들을 더 큰 선으로 이끌기 위함이다. "그러므로 신이 상위의 피조물들을 통해서 하위의 것들을 다스리는 것은 신의 선성에 속한다."(*CT*, I.124) 또한 하위의 것은 상위의 것을 위해서 존재한다. 예컨대 "식물들은 땅에서, 그리고 동물들은 식물들로부터 영양분을 얻고, 이 동물들은 인간의 사용을 위해 맡겨진다. 결론적으로 영혼이 없는 것들은 영혼 있는 것들을 위해, 식물들은 동물을 위해, 동물은 인간을 위해 존재한다."(*CT*, I.148) — 자연이 합목적성의 원리에 따라 구성되어 있다는 생각은 그리스 사상, 기독교 사상, 계몽주의 사상, 낭만주의 사상을 통해 면면히 이어진다.

그런데 인간의 지성은 어떤 물체적 자연물보다 상위의 것이므로, 어떤 자연물에 의해서도 지배당하지 않는다. 인간의 "지성과 의지의 작용들이 천체의 영향에 의한 것이라고 가정하면, 이 작용들은 자연적 본능에 의해

서 일어난다는 것이겠고, 그렇다면 인간은 그의 행위에 있어서 자연적 본능에 의해 그의 행위로 움직여지는 다른 동물들과 차이가 없게 될 것이다. 또한 그렇게 되면 자유의사(liberum arbitrium)와 자기결정(consilium)과 선택(electio) 및 인간이 여타 동물들에 앞서 가지고 있는 이런 종류의 모든 것이 사라져버릴 것이다."(CT, I.127)

물론 "우리의 지성적 인식은 어떤 양태로든 감성적 인식에서 그 단초를 취한다."(ST, I.85.3) 감각이 개별적인 것들에 관한 것인 데 반해 지성은 보편적인 것들에 관한 것이라는 점에서 "지성이 감각보다 상위적이라 할지라도 그러나 그것은 어떤 양태로든 감각으로부터 받은 것이며, 지성의 첫째이며 주된 대상들은 감각적인 것들에 기초를 갖고 있다. 그러므로 지성의 판단이 감각의 속박에 의해 방해를 받는 것은 필연적이다."(ST, I.84.8) 그러니 인간 지성이 감각적 능력으로부터 그의 인식의 원천을 수용하는 한에서는 지성도 천체의 운동에 영향을 받지 않을 수 없다. 모든 감각능력은 어떤 육체적 부분의 현실태인 만큼, 결국 하늘의 물체적 운동에 종속한다. "그러므로 의지가 감정들을 통해서 어떤 것으로 기울어진다는 점에서, 천체의 운동은 인간 지성과 의지의 행위에 간접적으로 작용한다."(CT, I.128) 육체적 감정들이나 경향들에 따르는 것은 지혜와 덕이 결여되어 있는 많은 이들에서 흔히 볼 수 있는 일이다.

무릇 '선(bonum)'은 '완전함(esse perfectum)'을, 그러니까 '악(malum)'은 '완전함의 결여(privatio esse perfecti)'를 뜻한다.(CT, I.104 참조) "왜냐하면 모든 존재자는 그 자체로서 선이지만, 모든 결핍은 그 자체로서 악이기 때문이다."(CT, I.118) "악은 결핍(priuatio)과 결함(defectus)이다."(CT, I.119) 본성에서의 어떤 결핍이거나 작동(행위)에서의 어떤 결함 말이다. 그런데 그 자체로 선이어야 할 신이 만물의 창조주인데, 선의 반대인 악을 창조한다는 것은 납득할 수 없는 일이다. 그렇다고 악이 그 스스로 존재한다고 말할 수도 없다. 그러니까 악은 단지 선의 결여 상태이다.

그러므로 악은 어떤 것의 본성일 수는 없는 것이다. 어떤 본성도 그 자체로 악일 수는 없는 것이다. 선은 모든 것에 의해 욕구되는 것이고, 모든 본성은 선의 분유로 인해 가능한 것이기 때문이다. 어떠한 본성이나 자기 존재의 보존을 추구하고, 가능한 한 파괴를 피한다. "그러므로 선[좋음]은 모든 것이 추구하는 것이고,[23] 이와 반대로 악은 모든 것이 피하는 것이기 때문에, 필연적으로 각기 본성은 그 자체로 선한 것이고, 악이 아니라고 말하지 않으면 안 된다. […] 그러므로 어떤 본성도 악이 아니다."(CT, I.115) 일찍이 아우구스티누스가 통찰했듯이, 그 자체로 선한[좋은] 물건이나 악한[나쁜] 물건은 없다. 물건은 사람이 사용하기에 달린 것이다. "의사는 불도 선하게 사용하고, 악한은 빵마저 범죄에 이용한다."(Augustinus, De libero arbitrio, I.15.33 참조)

그렇기에 악(malum) 자체를 가르치고 배울 수 있는 것이 아니다. 가르친다는 것은 본질상 선을 두고 하는 것이니 말이다. 악에 관해서 가르칠 수 있는 것이 있다면, 단지 어떻게 악을 피할 수 있는가 하는 것일 뿐이다.(Augustinus, De libero arbitrio, I.1.2 참조) 그렇다고 악이 곧 '죄악(culpa)'은 아니다. 죄악은 행위에서 비롯하는 것이다. 행위 가운데 의지적 행위는 행위자의 권한 안에 있는데 이러한 행위 안에 있는 잘못, 결함을 죄악이라 하며,[24] 이런 죄악을 범한 "의지적 행위자는 자기 행위의 주인이기 때문에 비난과 벌을 받아 마땅하다."(CT, I.120)

인간의 사태들은 모두 신의 섭리 아래 놓여 있고, 행위의 결과에 따른 보상과 징벌이 있다. "덕에 대한 보상은 신의 선성으로부터 인간에게 부여

---

23 Aristoteles, Ethica Nic. 1094a 2 이하 참조.
24 부당한 행동 일반을 '위반(reatus)'이라고 할 때, 위반을 고의는 아니지만 책임을 물을 수 있는 위반인 '과실(culpa)'과 고의적인, 그러니까 위반임을 의식하고 있는 위반인 '범죄(dolus)'로 구분하기도 한다.(Kant, MS, RL, AB23=VI224 참조) 이 자리에서의 토마스 아퀴나스의 '죄악'은 '위반' 일체를 지칭하는 것이라 볼 수 있겠다.

되는 행복이다. 그러므로 신에게 속하는 일은, 덕을 거슬러 행위하는 이들에게는 행복이 아니라 그 반대되는 벌인 극도의 불행을 주는 일이다." (CT, I.172) 그러나 벌 또한 신의 사랑의 표시이니, "벌은 죄의 치료제"로서 질서를 다시 부여하는 일이다. 보속을 통해 인간은 다시금 선의 본성으로 복귀한다.

어떤 목적을 달성하기 위해서는 그에 맞는 특정한 길을 걸어야 한다. 반대되는 길이나 올바르지 못한 길을 통해서는 그 목적에 도달할 수가 없다. 만약 식물이 자기 본성에 맞지 않은 상태에 있으면, 열매를 맺지 못할 것이다. 이제 "인간이 고유한 작용을 올바르게 수행한다는 것은 그것을 덕에 따라 수행한다는 것이다. 왜냐하면 각 사물의 덕이란 '그것을 소유하고 있는 이를 좋게 만들고 그 행위의 성과(opus)를 좋게 해주는 것'[25]" (CT, I.172)이기 때문이다.

세계는 신의 창조물이고, 인간 또한 피조물로서 인간의 이성 또한 신에게 종속되어 있었다. 인간이 신에게 종속되어 있는 한, 인간의 육체도 인간의 이성에 종속되어 있었고, 그런 한에서 육체 안의 어떠한 정념도 이성을 거스르지 않았다. "하위의 힘들의 이성에 대한 종속으로 인해 인간 안에는 정신의 전적인 평정(omnimoda mentis tranquilitas)이 있었다."(CT, I.186 참조) 당초에 인간은 자신의 상위자인 신에게 종속되어 있으되, 모든 하위의 것들은 인간에게 종속되어 있었던 것이다. 이런 상태는 '최초의 완전한 상태' 또는 "근원적 정의(originalis iustitia)"(CT, I.187)라고 일컬을 수 있다. 이러한 근원적 정의 상태는 인간의 의지가 신에 복종함으로써 유지될 수 있는 것이었다. 그런데 최초의 인간이 신이 금지한 선악과를 취함으로써, 신에 대한 순종을 거역함으로써, 근원적 정의가 파괴되고, 이

---

25 Aristoteles의 규정: "그 무엇을 좋은 상태에 있게 하고, 그것의 기능(ergon)을 잘 수행하도록 하는 것"(Ethica Nic. 1106a) 참조.

제 "하위의 힘들의 이성에 대한, 그리고 육체의 영혼에 대한 저 완전한 종속도 없어져버렸다. 따라서 인간은 하위의 감각적 욕구 안에서 정욕과 분노와 그 밖의 정념의 무질서한 충동을 느낀다. 이런 것들이 이성의 질서에 따르지 않고, 오히려 이성에 저항하며 대부분 이를 어둡게 하고, 흡사 잡아끌고 가게 된다."(CT, I.192) 이른바 "육체의 영에 대한 싸움(pugna carnis ad spiritum)"(CT, I.192)이 시작된 것이다. 이러한 근원적 정의의 결함이 인간의 본성에 자리 잡아 "본성의 죄(peccatum naturae)"가 생기고, 인간들에게 승계됨으로써 그것은 "원죄(originale peccatum)"가 되었다.(CT, I.196 참조)

이런 상황에서 "그리스도를 통한 인간 본성의 회복(reparatio humanae naturae per Christum)"(CT, I.199)이 유일한 복음이 되었다. 결국 육화한 신을 통해서만 인간의 본성 회복은 가능한 것이다.(CT, I.200 참조)

4. 지성과 진리 그리고 존재

"이삭은 그의 『정의론』[26]에서 '진리는 사물과 지성의 합치이다(veritas est adaequatio rei et imtellectus).'라고 말한다."(ST, I.16.2)

문자 그대로, 그리고 아우구스티누스의 규정대로(ST, I.17.4 참조) "있는 바 그것이 참이다(verum est id quod est)."(ST, I.16.1) 그런데 이삭 이스라엘리(Isaac Israeli, ca. 845~940)가 그의 『정의론』에서 규정한 바대로 "사물과 지성의 합치(adaequatio rei et intellectus)"(ST, I.16.2, 2)가 진리라 함은, 인식하는 지성과 인식되는 사물이 합치함이 진리라는 것이다. 그런데 '사

---

26 Isaac Israeli ben Salomon, *Liber de definitionibus*.

물과 지성의 합치'는 우선 "존재하는 것이 지성에 부합함(convenientia entis ad intellectum)"과 지성적으로 "인식하는 자가 인식되는 사물에 동화함(assimilatio cognoscentis ad rem cognitam)"의 경우를 생각할 수 있다.(*De veritate*,[27] I.1 참조) 인간의 사물 인식은 인간이 존재하는 사물에 가능한 한 밀접하게 접근하여 사물을 '있는 그대로' 파악하려는 의식작용이니, 인간에게 있어서 '진리'란 후자의 경우를 뜻하겠다. 그리고 이러한 진리는 지성의 인식작용 안에, 그러니까 인간이 사물에 접근하여 얻는 지성 안의 '표상(repraesentatio)'으로 있다고 말할 수 있다.

그러나 그 존재가 곧 지성인 신의 지성에 있어서는, 이를테면 원본적 지성에 있어서는 그 인식함이 곧 존재함인 만큼 진리는 단지 "지성 안에 있다기보다는 오히려 사물들 안에 있는 것이다."(*ST*, I.16.1) 존재하는 것은 신의 지성에 부합함으로써 비로소 존재를 얻고, 그로써 존재하는 것은 참(verum)이다. 진리는 존재(esse)로서 이미 사물들 안에 있는 것이다.

"진리는 지성이 사물을 있는 대로 파악함에 의해서는 지성 안에서 발견되고 사물이 지성과 일치(conformitas)할 수 있는 존재를 가짐에 의해서는 사물 안에서 발견된다. 이런 것은 하느님 안에서 최고도로 발견된다. 그것은 하느님의 존재가 자기 지성과 일치하는 것일 뿐만 아니라 자기의 인식함 자체이기 때문이다. 또한 하느님의 인식함은 모든 다른 존재와 모든 다른 지성의 척도이며 원인이다. 또 하느님 자신은 자기 존재이며 인식함 자체이다. 따라서 하느님 자신 안에는 진리가 있을 뿐만 아니라 하느님 자신은 최고이자 제일의 진리라는 귀결이 나온다."(*ST*, I.16.5)

토마스 아퀴나스의 이 글귀에서 우리는 이른바 '경험적 진리'와 '초월

---

27 Thomas Aquinas, *Quaestiones disp. — De veritate*.

254

적 진리'의 개념을 만난다. 인간의 지성과 사물의 합치에서의 '사물'이란 곧 경험적 존재자를 말하는 것이겠고, 그러니까 이때의 '진리'란 경험과학적인 의미에서의 '참된 인식'을 가능하게 하는 초월적 진리를 말하는 것이겠다. 이 경우 경험적 진리는 '인식과 감각되는 사물과의 합치'에 있다 할 것인데, 이러한 진리는 지성에 있는 것도 아니고, 감각에 있는 것도 아니며, "복합하고 분할하는 지성 안에"(ST, I.16.2), 곧 지성의 판단에 있는 것이다. 경험적으로는 지성이 판단하지 않는 곳에는 진리도 허위도 없다. 그런데 경험적 지성은 지성의 원리와 사물의 '동일형식성(conformitas)'이 있을 때라야 맞게 하든 틀리게 하든 비로소 판단을 내릴 수 있다.

그러나 신의 인식은 경험적일 수가 없고, 또 신은 인식하든지 않든지 할 뿐, 틀리게 인식하는 경우는 있을 수 없으므로, 신의 인식에는 허위가 있을 수 없다. 오히려 신의 지성과 사물의 합치에서 사물은 비로소 그 참임 곧 존재를 얻으니, 이러한 진리는 사물을 곧 사물로서 존재하게 하고 참이게 하는 것, 그러니까 '존재론적' 진리이다.

> "예컨대 돌[石]은 하느님의 지성이 선[先]잉태함에 따라 돌의 고유한 본성에 도달했을 때 참된 돌이라 불린다. 그러므로 이렇게 진리는 근원적으로는 지성 안에 있고, 이차적으로는 사물들 안에 있는데, 그것은 사물들이 근원(principium)으로서의 지성과 상관해 있는 데 따른 것이다."(ST, I.16.1)

이런 맥락에서 "진리는 사물들 안에도 있고 지성 안에도 있는데, […] 사물들 안에 있는 진리는 실체적으로 존재와 치환된다."(ST, I.16.3, ad.3)라고 말할 수 있다. 바꿔 말하면,

> "진리는 먼저(per prius)로는 지성 안에, 나중(per posterius)으로는 사물들 안에 있는 것인데, 이것은 사물들이 하느님의 지성에 질서 지어져 있음에 따라

그런 것이다."(*ST*, I.16.6)

여기서 사물들을 질서 짓는 지성이란 '신의 지성'을 일컫는 것이며, 이러한 신의 지성에 의해 비로소 참인 사물들에 동화함으로써만 인간의 지성은 사물과 합치할 수 있는 것이다. 이로써 신의 지성은 '원형 지성(intellectus archetypus)'이고, 인간의 지성은 '파생적 지성(intellectus ectypus)'이라는 개념 쌍이 형성되었다.

"우리가 제1의 진리의 빛 안에서(in luce primae veritatis) 모든 것을 인식하고 판단한다는 것은 우리 지성의 빛(lumen intellectus nostri) 자체가 자연본성적이든 은총에 의한 것이든 제1의 진리의 일종의 인상(impressio) 이외의 다른 것이 아니라는 것이다."(*ST*, I.88.3, ad.3)

신의 사물 인식이란 다른 것이 아닌 사물의 창조로서, 이렇게 창조된 사물을 인간은 인식하는 것이고, 인간의 참된 인식이란 다른 것이 아니라 인간의 지성이 피조물인 사물에 접근하여 동화함(assimilatio)이다.

5. 허위의 소재

신의 지성은 진리 자체이니, "불변적"이며, 인간 지성의 진리는 "가변적"이다. 다시 말해 신의 지성에는 진리 아닌 것이 없으나, 인간의 지성은 진리에서 허위로 바뀌기도 한다.(*ST*, I.16.8 참조)

신의 지성에는 허위(falsitas)가 있을 수 없고, 사물 안에도 허위가 있을 수 없다. 진리이기 때문에 신의 지성이 있는 것이고, 사물은 바로 그 신의 지성에 의해 사물이 된 것이니, 만약 사물 안에 허위가 있다면 그것은 이미 사물이 아닐 터이기 때문이다. "허위의 사물이 있다."라는 말은 "사물이 없다."라는 말이다. 그러면 허위는 어디에 있는가?

토마스 아퀴나스는 인식작용을 감성과 지성의 협업으로 파악하고 있다. "인간은 개별자를 인식한다. […] 엄밀히 말하면, 감각이 인식하는 것도 아니고 지성이 인식하는 것도 아니다. 두 기관을 통해서 인간이 인식하는 것이다."(*De veritate*, 2.6, ad3) 그러나 순서를 살펴 말하자면 인간 인식은 감각에서 시작된다.

> "우리의 자연 인식은 감각에서 시작된다. 따라서 우리의 자연 인식은 감각되는 사물들에 의해 이끌어지는 한도까지 나갈 수 있다."(*ST*, I.12.12)

그런데 토마스 아퀴나스는 감각(sensus)에 이중작용이 있다고 본다. 곧 1)감각의 단순 포착(apprehensio simplex sensus): 감각상(species sensibilia)을 포착함과 2)감각의 판단(judicium sensus): 느낌을 통해 수용된 것, 즉 감각 사물/표상물(repraesentativus)의 형성이다.

이렇게 감각은 감각상의 포착을 통해 표상상(phantasma)를 가짐으로써 감각된 사물(res sensata)을 인식하는 것이다. "표상상은 개별 사물의 유사상(similitudo)"(*ST*, I.84.7, ad2)일 따름이지만, 감각이 표상상을 얻는 외에 사물 자체로 나가는 길은 없다. 그러니 표상상이 표상하는 것을 사물 자체로 보는 수밖에는 없다. 이 표상상은 이미 그것이 표상하는 '이것'이 '있음'을 증거한다. 그러므로 감각 안에는 허위가 없다.(*ST*, I.17.2 참조) 감각은 느낀 바를 그대로 포착할 뿐이다. — (후에 칸트가 자신의 철학을 '초월철학'이라고 일컬으면서, 스콜라철학을 "옛사람들의 초월철학"이라고 지칭했는데, 양자의 철학이 왜 같은 '초월철학'이며, 그럼에도 왜 후자가 '옛사람들의' 것으로서 전자와 구별되는지 그 까닭을 여기서 읽을 수 있다.)

그러나 감각작용만으로는 '이것'이 무엇인지를, 곧 이것의 '무엇임'을 인식할 수 없다. 눈앞에 나타나는 무엇인가를 보면서, 사지와 배·가슴·머리를 가진 '이것'이 눈앞에 있다는 것은 느끼지만, 그것이 '동물'이고, '사람'이고, '소크라테스'라는 것은 비로소 지성을 통해 인식된다. 지성은 어떤 것의 '무엇임', 본질을 포착하는 것이다. 지성은 다음에 이 무엇임을 둘러싸고 있는 "속성, 우유성, 습성들을 인식하게 된다."(ST, I, 85. 5) 다시 말해 '무엇'에 어떤 속성을 덧붙이거나 떼어낸다. 그것은 주어에 객어를 합성하거나 분리하는 것, 곧 긍정하거나 부정하는 것이니, 지성은 말하자면 판단하는 것이다. 그러므로 지성의 작용 또한 이중적이다. 곧 포착하며 판단하는 작용이다.

토마스 아퀴나스의 이러한 인식구조 이론에는 근대 인식론의 쟁론에서 주요점이 된 실재대상, 감성, 지성 간의 관계가 이미 부각되어 있다.

토마스 아퀴나스가 말하는 표상상은 "감각적 인식의 최대의 도달점이자, 사물 위에 작업하지 못하고 표상상 위에서 작업하게 될 지성적 인식의 출발점이다."[28] "우리 지성은 수동적인 신체에 결부되어 있는 현세 삶의 상태에 있는 한 자기를 표상상들에 정향하게 하지 않고서는 어떤 것도 현실적으로 인식할 수 없다."(ST, I, 84. 7) 그래서 토마스 아퀴나스는 "우리 인식의 제1원리(primum principium nostrae cognitionis)는 감각(sensus)이기 때문에, 그에 관해서 우리가 판단하는 모든 사물들을 어떤 방식으로든 감각으로 환원시키는 것이 필요하다."(De veritate, 12. 3. ad.2)라고까지 말한다.

그럼에도 본질 인식은 지성을 통해서 이루어진다. '지성(intellectus)'이라는 명칭은 '사물의 내면을 통찰/이해한다'는 사태로부터 유래한다. 지성에 의한 인식 곧 '통찰/이해한다(intelligere)' 함은 '내면을 읽는다(intus

---

28 Giuseppe Zamboni, *La Gnoseogia di S. Tommaso D'Aquino*(1934): 이재룡 역, 『토마스 아퀴나스의 인식론』, 가톨릭대학교출판부, 1996, 230면 참조.

legere)'를 의미한다. 사실 감각과 상상력은 외적 우유성들만을 인식하지만, 지성은 사물의 본질에 도달한다. "인간이 지성을 통해 모든 물체의 본성을 인식할 수 있음은 명백하다."(ST, I.75.2) '지성'이 그 명칭이 유래하는 그 기능(즉 내면을 읽는다)에만 상관하는 한에서, 지성은 '사물의 본질을 포착함'이고, 그것은 곧 '사물의 본질이 인식되자마자 우리 지성에 즉시로 현현되는 것, 즉 (그 용어를 알기만 하면 저절로 이해되는) 제1원리들을 인식함'이며, 그러므로 "지성은 제1원리들(prima principia)에 관한 한 결코 기만당하는 일이 없다."(De veritate, 1.12co.) 지성의 동일률, 모순율과 같은 제1원리들은 그 자체로 자명한 것이다. 그리고 지성은 이에 의해 사물의 본질을 인식한 다음 더 나아가 그것을 여러 가지 방식으로 논변하고 탐구하는 데 활용한다.(De veritate, 1.12 참조)

신은 인간들에게는 보편적인 "능동적 지성(intellectus agens)"(ST, I.79.3, 1)을 부여하였고, 이로 인해 인간은 신과의 유사성을 갖는다. 인간이 이 점에서 신과의 유사성을 갖는다고 함은, 적어도 능동적 지성이 작동하는 데 추가적인 신의 조명이 필요하지 않음을 말한다. 다시 말해 지성이 그것의 제1의 원리에 따라 사고하고 인식할 때, 그리고 이런 제1원리를 기반으로 이성이 추론을 할 때, 지성이나 이성은 어떤 초자연적인 새로운 빛, 계시나 은총을 필요로 하지 않는다. 이러한 논변에서 우리는 토마스 아퀴나스가 아우구스티누스에 비해 한결 인간 지성의 독자성에 다가서고 있음을 본다.

지성의 제1원리들은 허위일 수 없다. 동일률이나 모순율은 그 자체로 항상 올바르다. 허위는 오직 지성의 복합적 작용, 한 개념에 다른 개념을 붙이거나 떼어내는 데서 발생한다. 그러므로 허위는 진리와 마찬가지로 사물 속에 있는 것이 아니라, 판단하는 지성 속에 있다. 지성은 판단함으로써 진리에 이를 수도 착오를 범할 수도 있는 것이다. 그런데 지성은 자기반성 능력 또한 있어서 자신이 진리를 인식하고 있다는 것과 아울러 자

기의 판단이 사물 내지 실재와 합치하는지 않는지를 또한 인식한다. 그러
니까 지성은 자기교정 능력을 또한 가지고 있는 것이다.

6. 인간 행위의 먹줄인 이성

이성적 동물인 인간이 행위에 있어서도 이성의 법칙에 따르는 것은 당
연한 이치이다. 토마스 아퀴나스는 덕은 인간 본성에 내재한다고 본다.
덕성은 "이성에 따르는(secundum rationem)"(ST, II.63.1, 1), 다시 말해 실
천적 이성의 규칙에 따르려는 인간의 지속적인 성향이다. 이러한 "덕들은
자연본성적이며, 만인에게 고루 내재하는 것이다."(ST, II.63.1, 1) 무릇 이
성에 따르는 것은 인간에게 자연본성적인 것이다. "이성은 인간의 자연본
성이니 말이다."(ST, II.63.1, 2)

토마스 아퀴나스는 이에 인간의 덕들은 "선천적"인 것이라 하며, 어린
아이들도 태어날 때부터 동정심을 보이는 것을 그 증거로 든다. 그러나
인간에게 내재하는 덕들이 완전한 것은 아니다. 인간에게는 덕과 정반대
인 죄악도 있으니 말이다. 그러므로 인간은 거듭된 선행을 통하여 덕의
실천력을 키우고 도덕적 습관을 형성해야 한다. 그러니까 덕 있는 사람
이기 위해서는 실천 이성의 명령을 준수하는 힘, 곧 의지력의 배양이 필
수적이다. 인간은 "의지와 이성의 능력(facultas voluntatis et rationis)"(ST,
II.2.1, 3; De veritate, 24.6)인 자유의사(liberum arbitrium)를 통해 모름지기
자기 행위들에 대한 지배력을 신장시켜나가야 한다.

"인간은 자유의사를 갖는다."(ST, I.83.1, 5) 자유의사는 "질료적으로는
의지의 활동이지만 형상적으로는 이성의 활동"(ST, I-II.13.1co)으로 그것
은 다름 아닌 "자유로운 판단(liberum indicium)"(ST, I.83.2, 1)이다. 자유의
사는 한낱 힘(potentia)이 아니라 "활동(actus)"으로서, 우연적인 여러 가지

것들 가운데서 "이성적 대조(collatio rationis)"를 통해 하나를 선택하는 활동이다. 판단의 자유는 의지에 속하는 일이지만, "판단은 이성에 속하는 활동"(De veritate, 24.6, ad.3)으로서 "인간은 이성적이라는 바로 그 사실로 말미암아 자유의사를 가진 것일 수밖에 없다."(ST, I.83.1, 5)

인간은 그 자유의사에 따라 선은 선택하고 악은 피한다. 그런데 그 선택에는 불가불 자연법의 영향이 수반하고 있다.

"자연법들의 지시 순서는 자연적 경향성의 순서에 따른다. 첫째로 인간에게는 다른 모든 실체들과 함께 나눠 갖는 자연본성에 따라 선[좋음]으로의 경향성이 내재한다. 즉 각기 실체는 자기의 자연본성에 따라 자기의 존재를 보존하려는 경향성을 갖는다. 이에 의해 인간에게는 생명을 보존하고 그 반대되는 것을 막아내는 일이 자연법에 귀속한다. 둘째로 인간에게는 여타 동물들과 함께 나눠 갖는 자연본성에 따라, 특히 더 많이 자기와 관련 있는 것들로의 경향성이 내재한다. 이러한 경향성 덕분에, 자연이 모든 동물들에게 가르쳐준 것인, 성적 교제, 자손의 양육 등등이 자연법에 속한다고 말들 한다. 셋째로 인간에게는 인간에게 고유한 자연본성인 이성의 본성에 따르는 선[좋음]으로의 경향성이 내재한다. 그래서 인간은 신에 대한 진리를 인식하고, 사회 안에서 생활하려는 자연적 경향성을 가지고 있다."(ST, I-II.94.2co)

인간은 모든 사물의 본성으로서 자기 보존과 모든 동물의 자연본성인 종의 번식과 육성, 그리고 이성적 존재자의 본성인 신에 대한 인식과 공동체 생활에 대한 본성적 경향성을 가지고 있다. 그런데 인간은 자연적 질서 아래서도 인간의 선을 분별하고 추구해나간다. 인간의 행위에는 자연본성에 따르는 '인간의 행위(actus hominis)'를 넘어 자유의사에 의한 '인간적 행위(actus humanus)'가 있다. 앞서 본 것처럼 "질료적으로는 의지의 활동이지만 형상적으로는 이성의 활동"(ST, I-II.13.1co)인 자유의사는 '올

바른 이성(recta ratio)'으로서의 실천 이성의 지시규정에 따라 행위를 선택해가는 것이다.[29]

이성적인 동물인 "인간은 자연본성적으로 사회적 동물이다(Homo naturaliter est animal sociale)."(*ST*, I.96.4, 3) 그리고 "다수의 사회생활은 누군가 공동선을 지향하는 장(長)이 없이는 가능하지 않다."(*ST*, I.96.4, 3) 그런데 인간은 한갓된 '자연 질서(ordo naturae)'가 아니라 '이성적' 동물인 자의 이성에 의해 '이해된 대로의 자연 질서(ordo naturae ut cognitus)'에 따른다. 인간은 '유쾌한 선(bonum delectabile)', '유익한 선(bonum utile)'뿐만 아니라 '영예로운 선(bonum honestum)' 또한 추구한다. 그래서 토마스 아퀴나스에 의하면 인간은 개개인이 각자 자유의사를 가지고 있음에도 하나의 공동체는 탁월한 이에 의해 통치되는 것이 합리적이라고 생각한다. 사람이 본성적으로 덕을 가지고는 있다 하나, 갈고 닦음의 차이로 인해 그 탁월성에서는 차이가 날 수밖에 없고, 그 가운데서 누군가가 다른 사람들보다 앎(scientia)과 옳음(iustitia)에서 앞선다면, "그가 다른 사람들의 유익을 위해 그것을 사용하는 것이 적절하다."(*ST*, I.96.4, 3)고 보기 때문이다. 토마스 아퀴나스는 "정의로운 자들은 지배의 욕망에서 명령하는 것이 아니라 돌보아야 할 임무에서 명령하는 것이다. 이는 자연의 질서가 규정한 바로서 하느님은 인간을 그렇게 창설하였다."라는 아우구스티누스의 『신국론』에서의 논설을 이의 없이 받아들인다.(*ST*, I.96.4, 3 참조)

이성적이고, 자유의지를 가진 도덕적으로 탁월한 사람은, 이성에 비추어보아도 자명한 "네 이웃을 네 자신처럼 사랑하라."(「마르코복음」 12, 31)라는 신의 명령에 따라 공동체를 이끌고, 이것을 근간으로 한 법률체계를 수립한다. 그러니까 인간 사회를 지배하는 이성의 법은 신의 법 아래에 있는 것이다.

---

29 장욱, 『토마스 아퀴나스의 철학』, 동과서, 2003, 281면 이하 참조.

5

신적 인간의 이성

신의 이성에서 신적 인간의 이성 개념으로의 이행을 사람들은 '근대' 사조라고 부른다. '근대'의 시작을 서양 문화사에서는 일반적으로 15세기 중엽 내지 16세기 초로 본다. 이 시기에 인류 역사상 획기적인 사건들이 있었고, 그것을 계기로 사회 문화 양상의 변화가 뚜렷하게 생겨났기 때문이다.

인류 문화사의 중심에는 문자 문명이 있다. 1450년경 유럽에서 획기적인 일이 일어났으니, 구텐베르크에 의해 발명된 금속활자 인쇄술에 의한 활자본 성서가 1456년부터는 본격적으로 유포되기 시작한 것이다. 이보다 훨씬 이전인 1377년에 한국에서『백운화상초록불조직지심체요절(白雲和尙抄錄佛祖直指心體要節)』이 금속활자로 인쇄된 사실을 상기하면, 구텐베르크의 인쇄술 그것만으로는 새로운 사건이 아니다. 그러나 구텐베르크의 인쇄술로 인해 50년 사이에 유럽 각지의 1,000곳 이상의 인쇄소에서 1,000만 권 이상의 서책이 발행되었고, 이것은 각종 문자 문화의 급속한 발전을 촉발함과 함께 사용 언어가 다른 족속(gens)들 간의 활발한 교류를 촉진함으로써 비로소 '인류(人類, Menschheit)'라는 개념에 실질을 부여하였다. 서책의 다량 보급은 무엇보다도 이제까지 소수의 사람들(특히 성직자들) 수중에 있던 '진리의 말씀'을 많은 사람들이 접할 수 있는 계기를 제공하였다. 이로써 진리의 독과점 체제가 서서히 무너지고, 진리가 만인 공유의 길로 들어설 수 있었다. ― 진리의 대중화, 이것보다 인류 역사의 향방에 더 영향을 끼친 일은 없을 터이다. ― 이러한 여건이 조성되었기에 1517년 루터에 의한 종교개혁도 성공할 수 있었을 것이다.

1453년에는 비잔틴 제국(330/395~1453)이 오스만 투르크에 의해 멸망하였다. 이로 인해 유럽의 기독교 문화권과 인도·중국과의 육로 교통에 장애가 생기자 지구가 둥글다는 것을 알게 된 사람들이 서쪽으로의 해상 교통로 탐색에 나섰고, 마침내 1492년 콜럼버스(Ch. Columbus, 1451~1506)가 아메리카 대륙을 발견하였다. 사람들이 흔히 '지리상의 발견'

이라고 일컫는 이 사건은 보기에 따라서는 그야말로 획기적이라 할 것인데, 이를 계기로 비로소 현재 우리가 알고 있는 지구의 크기와 모양이 생겨났기 때문이다. 이로써 근대인들은 (그리고 현대인들은) 원시인이나 고중세인들과는 전혀 다른 '지구' 또는 '세계'의 개념을 가지게 된 것이다. — 근대인들은 '인간의 이성', '지구', '세계', '인류'를 새롭게 발견함으로써 온전한 의미에서 인류 역사의 신기원을 열었다. 엄밀한 의미에서 인류는 이제 500년의 역사를 가진 셈이다.

또한 비잔틴 제국의 멸망은 그리스 반도에서 활동하던 많은 문화인들을 이탈리아로 피난하게 하였으며, 이들이 때마침 일고 있던 이탈리아 지역의 르네상스(Renaissance) 인문주의 운동에 합류함으로써 인문주의 정신이 전 유럽으로 확산하게 되었다. 이들 그리스 인문학자들은 『신약성서』에 대한 문헌학적-비판적 주석들을 내놓음으로써 성서와 그리스도에 대한 새로운 이해를 자극한바, 마침내 루터로부터 시작된 종교개혁 운동은 신앙의 자유 획득 운동으로 진행되었고, 그것은 대중들로 하여금 자기 자신의 자유에로 복귀할 것을 촉구하면서 개인의식을 고취하였다. — 여기서 우리는 근대인의 또 하나의 위대한 발견을 만나니, 그것은 '개인'이다.

교회와 일치되어 있던 비잔틴 제국의 멸망과 유럽 북부에 단지 명목만을 유지하고 있던 신성로마 제국(962~1808)의 약화는 세속 군주 국가들의 성립을 가능하게 하였다. 이는 사람들로 하여금 차츰 한편으로는 저 세상이라는 유토피아적 사념으로부터 이 세상에서의 완전한 사회 실현 모색으로 나아가게 했고, 다른 한편으로는 군주 국가들 사이의 평화 공존, 국제 간의 세력 균형 사상을 형성하게 하였다. 마키아벨리(N. Machiavelli, 1469~1527)의 『군주론(Il principe)』(1513), 모어(Th. More, 1478~1535)의 『유토피아(Utopia)』(1516), 그로티우스(H. Grotius, 1583~1645)의 『전쟁과 평화의 법 3권(De jure belli ac pacis libri tres)』(1625) 등은 그를 증언해주고 있다.

또 하나 근대 사회를 종전의 사회와 결정적으로 구분되게 한 것은 수학적 자연과학의 발달이다. 베이컨((Francis Bacon, 1561~1626)은 자연 사물의 진상에 대한 연구가 순전한 논리적·연역적 방법으로써가 아니라 관찰 귀납적 연구에 의해서만 가능함을 역설하고, 이를 뒷받침하는 『신논리학(Novum organum)』(1620)을 내놓았는데, 그의 '새로운 논리학'은 『대개혁(Instauratio magna)』의 일부로서 그 표제가 공언하듯 낡은 아리스토텔레스의 『논리학(Organon)』을 겨냥한 것이었다. 그는 종래의 학문이 고정 관념과 억견(臆見) 밑에서 형식적인 삼단논법에 따라 추상적 사변에 빠진 것을 비판하면서,[1] 실험 관찰적 방식의 '지식(scientia)'만이 "인간의 능력(potentia)을 보완한다"[2]라고 주창하였다. 그가 선창한 것은 실험 관찰적으로 개별적 사례들을 비교 조사하여 자연의 일반 법칙을 찾아내는 방법의 강구였고, 코페르니쿠스(Copernicus, 1473~1543), 케플러(Kepler, 1571~1630), 갈릴레이(Galilei, 1564~1642), 뉴턴(Newton, 1643~1727) 등은 그 방법으로 놀라운 연구 성과를 이루어냈다. 이들에 의해 근대인의 발견품 목록에 '천체'가 추가되었고, 그 천체 안에서 이제 막 발견한 '지구'의 위상도 파악되었다. 또한 눈으로는 확인할 수 없는 광대무변한 우주(universum)는 수학, 곧 인간의 이성의 원리에 의해 해명될 것이 기대되었다. 그리고 그 어간에 일어난 영국의 명예혁명(1688/1689)은 자유주의와 주권재민 사상의 원형을 제공하였다. ― 근대는 혁명들로 이어져 있다.

자연에 내재하는 이성이나 자연을 초월해 있으면서 자연을 주재하는 신의 이성은, 인간도 자연만상 중 하나인 한에서 인간을 관통하는 이성이기는 하지만, 인간이 그 이성의 참주체라기보다는 인간 또한 여느 존재자와 마찬가지로 그런 이성의 표현 매체인 것이므로, 그런 의미에서 그것은

---

[1] Bacon, *Novum Organum / Neues Organon*, hrsg. v. W. Krohn, Hamburg 1990, S. 42=43 이하 참조.
[2] Bacon, *Novum Organum*, S. 80=81 참조.

인간 밖에 또는 위에 있는 이성이다. 그러나 근대에 와서 많은 사람들은 이성은 오로지 인간의 이성이며, 이성이 있는 자리는 인간이라고 생각했으니, 이 같은 인간(중심)주의 내지 인간 이성주의 사상은 어느 면에서는 고대 그리스 사상의 부흥이라는 맥락에서 '르네상스'의 성격을 띠었고, 초자연적 이성의 개념을 몽매한 사고로 치부한 점에서는 '계몽(啓蒙)'사상이라 일컬어졌다. 이러한 '이데올로기'의 관점에서 많은 사람들은 '인간 이성의 발견'을 근대 문명의 특성이라 보기도 하는 것이다.

"이성 혹은 양식(良識)이 우리를 인간으로 만들어주고 짐승들과 구별되게 해주는 유일한 것이므로, 그것은 모든 사람에게 온전하게 갖추어져 있다."[3]

그러나 인간이 이성을 온전하게 갖춘 동물이라는 그리스적 규정에 다시금 동의한다고 해서 그 이해가 모두 같은 것은 아니다. '이성적 동물'이라는 개념은 이미 자신 안에 균열을 담고 있다. '이성적임'과 '동물임'은 만만치 않은 길항 관계 속에 있다. 당초에 인간을 '이성적 동물'이라고 규정했던 사람들은 인간이 동물이라는 유성(類性)을 바탕으로 이성이라는 종차(種差)를 가지며, 이 종차가 인간을 인간답게 만드는 것임을 표현하고자 했을 수 있겠지만, 종차가 1이라면 바탕은 99이고, 종차가 25라 해도 바탕은 75이니, 혹시라도 종차가 바탕보다 더 크다면 모를까, 누가 인간은 '이성적' 존재자라기보다는 당연히 '동물적' 존재자라고 생각하고 주장한다고 해서 그것이 사태에 어긋난다고 볼 수는 없겠으니 말이다.

---

3 Descartes, *Discours de la Méthode*, I, 2. in: Oeuvres de Descartes, publ. par C. Adam/P. Tannery[AT], Paris 1973, VI, 4.

제1절
신의 이성, 곧 인간의 이성

데카르트와 더불어 '이성(ratio)'은 정신능력(ingenium)으로서 "인간 이성 (humana ratio)"(*Regulae*, AT X[4], 397)이 되어 인간의 인식능력을 지시하는 중심적 개념이 되었다. 이때 '이성'은 '생각하는 것(res cogitans)', '정신 (mens)', '마음(animus)', '지성(intellectus)', '자아(ego)'와 같은 것을 지시했다.(*Meditationes*,[5] II, 6 참조) '이성(raison)'은 '건전한 지성(bon sens)'으로서 "모든 인간이 똑같이 자연본성"으로 가지고 있는, "건전하게 판단하고 진위를 판별할 수 있는 능력"(*Discours*,[6] I, 1.)을 말한다.

이러한 힘을 가진 이성은 정념의 주인이 될 수 있고, 모름지기 되어야 하며, 그로써 인간은 마음이 아무리 약한 자라 하더라도 놀람[驚] · 사랑 [愛] · 미움[憎] · 욕망[慾] · 기쁨[喜] · 슬픔[悲] 등과 같은 "정념들(passions)을 훈련하고 지도한다면, 모든 정념에 대해서 절대적인 지배권을 획득할 수 있다."(*Passions*,[7] art. L) 인생의 모든 좋은 것(le bien)과 나쁜 것(le mal)은 정념에 달렸거니와, 이성적 사리분별력에서 비롯하는 "지혜(Sagesse)는 정념들의 지배자(maistre)가 되어 이것들을 능숙하게 다루는 방법을 가르쳐 줌으로써, 정념들이 야기하는 해악들을 능히 견뎌낼 수 있고, 오히려 그로부터 기쁨조차 이끌어낼 수 있다."(*Passions*, art. CCXII) 이성은 자연의 일부가 아니면서도 인간 안에 있는 자연, 즉 욕정을 다스리되, 같은 감정

---

4 Descartes, *Regulae ad directionem ingenii*[1628], in: Oeuvres de Descartes, publ. par C. Adam/P. Tannery, Paris 1974, X.
5 Descartes, *Meditationes de prima philosophia*.
6 Descartes, *Discours de la Méthode*.
7 Descartes, *Les Passions de l'ame*.

이라도 기쁨과 선한 마음씨는 장려하고 슬픔과 악한 마음씨는 억제한다. 이성은 인간 밖의 자연뿐만 아니라 인간 안의 자연[본성]에 대한 지배력을 가져야 한다는 것이 이성주의자 데카르트의 『정념론』의 요지이다. 그리고 이러한 생각에 스피노자, 라이프니츠를 비롯한 일군의 사상가들도 기꺼이 찬동함으로써 그들은 '이성주의자'라는 이름을 얻었다.

1. 데카르트에서의 이성

1) 인간 정신의 고유성으로서의 이성

데카르트는 누가 "인간이란 무엇인가?"라는 물음에 "인간은 이성적인 동물"이라고 답한다면, 그것은 또 다른 물음을 유발하게 되어 해답을 찾기가 어렵다고 본다. 왜냐하면 "이런 식으로 대답하면 다시 동물이란 무엇이고, 이성적이란 무엇인가라고 묻지 않으면 안 될 것이고, 따라서 한 물음에서 [답한다면서 오히려] 더 곤란하고 더 많은 문제에 직면하게 될 것이기 때문이다."(Meditationes, 2. Med.: AT VII, 25) 이 곤란을 극복하기 위해, 동물이 무엇인지를 설명하면서, "동물은 감각하는 생명체(vivens sensitivum)이고, 생명체란 영혼적 물체(corpus animatum)이며, 물체란 물체적 실체(substantia corporea)라고 답한다 해도, 질문은 계통수의 가지처럼 계속 증가하고 복잡해져" 결국 사람들은 원초적인 무지 상태에서 순전한 개념놀이 내지는 말싸움만 벌이게 될 것이기 때문이다.(recherche[8]: AT X, 516 참조) 인간을 한낱 이성적 동물로 규정할 때 생겨날 물음의 연쇄에 대해 그 자신 이러한 우려를 표명했음도 데카르트는 그의 지식이론과 도

---

8 Descartes, 『자연의 빛을 통한 진리의 탐구(La recherche de la verité par la lumiere naturelle)』.

덕론의 출발선에서 인간이 이성적 존재자임을 역설함으로써 근대 '이성주의'의 대변자가 되었다.

"양식(bon sens)은 이 세상에서 가장 공평하게 분배되어 있는 것이다."
(*Discours*: AT VI, 1)

다시 말해

"잘 판단하고, 거짓된 것에서 참된 것을 구별하는 능력, 즉 일반적으로 양식 내지 이성(raison)이라 불리는 능력은 모든 사람에게 본성적으로 (naturellement) 똑같다."(*Discours*: AT VI, 2)

양식(良識)이란 '좋은 정신(bona mens)'을, 이성이란 '올바른 이성(recta ratio)'을 말하며, 그것은 만인에게 태생적으로(natura) 똑같게 내재한다 (innata esse). 그런데도 사람들이 "각각 다른 견해를 갖고 있는 것은 어떤 사람이 다른 사람보다 더 이성적이어서라기보다는 서로 다른 길을 따라 생각을 이끌고, 동일한 사물을 고찰하지 않음에서 비롯하는 것이다. 왜냐하면 좋은 정신(l'esprit bon[ingenio poller])을 지니는 것만으로는 충분하지 않으며, 이것을 잘 사용하는 것이 더 중요하기 때문이다. 위대한 영혼 (grande ame)의 소유자는 위대한 덕행을 할 수 있는 반면에 엄청난 패악도 저지를 수 있으며, 천천히 걷되 곧은길을 따라가는 사람은 뛰어가되 곧은 길에서 벗어나는 사람보다 훨씬 더 먼저 갈 수 있다."(*Discours*: AT VI, 2) 그래서 '건전한 사람'은 모든 책을 읽고 학교에서 가르치는 것을 모두 배울 필요가 없으며, 오히려 "자기 이성이 가르쳐주는 선한 행위를 하는 데 삶의 많은 시간을 할애해야 한다. 물론 이성으로부터는 단지 명령을 받을 뿐이지만 말이다."(*recherche*: AT X, 495)

2) 나, 정신, 이성

데카르트에서 '이성'은 정신에서 드러나고, 정신은 '나'로서 표현된다. 그래서 데카르트는 "이 정신 자체, 즉 나 자신"(2. Med.: AT VII, 33)이라고 말한다. 그런데 '나'의 본질은 '생각'이므로, 나란 곧 '생각하는 나'이며, 이 '생각하는 나(ego)'와 내가 '생각하다(cogito)'라는 사실, 그리고 이 생각을 통해 '생각된 것(cogitatum)', 다시 말해 '내가 무엇인가를 생각하다(ego-cogito-cogitatum)'는 "최초의 인식(prima cognitio)"으로서 그 자체로 "명료하고도 분명한 지각(clara quaedam & distincta perceptio)"이다.(3. Med.: AT VII, 35 참조) 그리고 이 지각이 가장 확실한 것으로서 모든 생각의 출발점이라는 점에서 데카르트는 "우리가 명료하고 분명하게 인식하는 것이 모두 참임"은 "일반적 규칙(règle générale)으로 삼을 수 있다고 생각했다."(*Discours*: AT VI, 33) "왜냐하면 확실하고 의심스럽지 않은 판단을 뒷받침해주는 지각은 명료함뿐만 아니라 분명함 또한 요구하기 때문이다."(*Principia*,[9] I, XLV: AT VIII-1, 22) '명료한' 지각이란 "주목하는 정신에 현재적(praesens)이고 명백한(aperta)" 지각을 말하며, '분명한' 지각이란 "명료하기 때문에 다른 모든 것들과 구별되고(sejuncta), 명료한 것 외에는 다른 어떤 것도 자기 안에 포함하고 있지 않아서 명확한(praecisa)" 지각을 말한다.(*Principia*, I, XLV: AT VIII-1, 22 참조)

"이성은 자기가 아직까지 확고한 것을 아무것도 발견할 수 없었다는 것을 인정할 수 있을 만큼 충분히 합리적이다. 그럼에도 이성은 확고한 것을 찾으려는 이 목표에 도달하려는 노력을 아직도 포기하지 않는다. 오히려 이성은 그 어느 때와 마찬가지로 이 연구에 있어서 열정적이며 이러한 탐구를 위해서 필요로 하는 힘이 자신 속에 있다고 확신하고 있다."[10]라는

---

9 Descartes, *Principia philosophiae*.

파스칼의 우려가 뒤따랐지만, 데카르트는 주지하는바 착각 또는 꿈 또는 속임수 쓰는 교활한 악령의 우화까지 끌어들인, 이른바 방법적 회의를 거쳐 "나는 생각한다. 그러므로 있다.(ego cogito, ergo sum)"라는 "최초의 가장 확실한 인식(cognitio prima & certissima)"에 이르렀다.(*Principia*, I, VII: AT VIII-1, 7 참조)

"나는 있다. 나는 실존한다. 이것은 확실하다. 그러나 얼마 동안? 내가 생각하는 동안이다."(2. Med.: AT VII, 27) "나는 생각한다. 그러므로 나는 있다.(je pense, donc je suis)"(*Discours*: AT VI, 32) "왜냐하면 내가 생각하기를 멈추자마자 존재하는 것도 멈출 수 있기 때문이다. 그러므로 나는 정확히 말해 단지 하나의 생각하는 것(res cogitans), 다시 말해 정신(mens), 또는 마음(animus), 또는 지성(intellectus), 또는 이성(ratio)이다."(2. Med.: AT VII, 27) '나'란 실체로 보았을 때는 '정신' 내지 '마음(心)'이며, 기능의 면에서 보았을 때는 '지성' 내지 '이성'이라고 볼 수 있다. 그런데 데카르트는 "정신을 감각에서 떼어내는 일"(4. Med.: AT VII, 52)도 가능하다고 보고 있으니, 그런 한에서 그에게서 정신은 곧 이성이라고 보아도 무방하다. 이 지점에서 데카르트의 이른바 정신-물체 이원론이 생겨난다.

"나는 하나의 실체이고, 그 본질 혹은 본성은 오직 생각하는 것이며, 존재하기 위해 어떠한 장소도 필요 없고, 어떠한 물질적 사물에도 의존하지 않는 것"(*Discours*: AT VI, 33)이다. 그러니 "이 나, 즉 나를 나이게끔 해주는 영혼은 물체와는 전적으로 다른 것이며, 심지어 물체보다 더 쉽게 인식되고, 설령 물체가 존재하지 않는다고 하더라도 정신은 스스로 중단 없이 존재하는 것이다."(*Discours*: AT VI, 33)

"나는 생각하는 것이다."(3. Med.: AT VII, 34)라고 데카르트는 거듭 말한다. 그런데 "생각하는 것"이란 무엇인가? '생각'이란 "우리가 의식하는

---

10 Pascal, *Pensées*(1658), d. Brunschvicg, 73.

한에서 우리 안에서 일어나는 모든 것"(*Principia*, I, IX: AT VIII-1, 7)을 지칭한다. 그것은 "의심하고, 이해하고, 긍정하고, 부정하고, 의욕하고, 의욕하지 않고, 상상하고, 감각하는 것이다."(2. Med.: AT VII, 28) 그러니까 생각이란 의식 일반이다.

생각을 양태별로 나누어보면 두 종류로 수렴된다. 하나는 "지각(perceptio) 즉 지성작용(operatio intellectus)"이고, 다른 하나는 "의욕(volitio) 즉 의지작용(operatio volutatis)"이다. 데카르트는 "감각, 상상, 순수한 이해(intelligere)"는 지각의 양태들이고, "욕구, 거부, 긍정, 부정, 의심"은 의욕의 양태들이라고 구분한다.(*Principia*, I, XXXII: AT VIII-1, 17 참조) 그러니까 '나는 생각하다'에서 '생각함'은 단지 사고함만을 지칭하는 것이 아니라, 의식함 일반을 지칭한다. 다시 말해 데카르트에서는 감각함, 의욕함도 생각함의 한 가지이다.

데카르트의 "나는 생각한다. 그러므로 있다."는 명제에서 '나는 생각한다(ego cogito)'를 '나는 사고한다(Ich denke)'로만 이해한 이들은 저 데카르트의 명제에 대해 "나는 의욕[의지]한다. 그러므로 있다."는 명제를 맞세우고, 이로써 마치 데카르트가 주지주의(主知主義)를 표방한 것이며, 이에 대하여 주의주의(主意主義)를 주창하는 듯한 모양새를 취하는 이가 있는데, 이는 데카르트의 '생각' 개념을 곡해한 탓이라 할 것이다.

데카르트는 무엇인가를 의식하는 '나(ego)'가 있음이 확실하고, 그러니까 나의 '의식함(cogito)'도, 그 의식함에서 '의식된 것(cogitatum)'도 명료하고 분명한 지각임을 주장한다. 설령 감각된 것, 상상된 것이 과연 실재하는지는 의심스럽다고 하더라도, 무엇인가를 '내가 감각한다', '내가 상상한다'는 사실은 의심의 여지가 없다는 것이다.

"상상된 것(res imaginata)은 그 어떤 것도 참된 것이 아니라고 하더라도, 상상하는 힘[상상력](vis imaginandi) 그 자체는 참으로 실존하는 것이며, 내 생각의 일부를 형성하고 있다. 또한 나는 감각하는 것, 즉 물체적인 것(res corporeas)을 감각을 통해 지각하는 것이다. 나는 지금 분명히 빛을 보고, 소리를 들으며, 열을 느끼고 있다. 그렇지만 이런 것은 거짓이다. 나는 지금 잠자고 있을 터이니까. 그러나 내가 보고, 듣고, 열을 느낀다는 것은 확실한 것으로 보인다. 이것은 거짓일 수가 없다. 이것이 감각하다(sentire)라는 말의 본래적 의미이다. 이렇게 이해된 감각하다는 생각하다(cogitare)와 다른 것이 아니다."(2. Med.: AT VII, 29)

실재 사물을 감각하는 것도 생각의 일종이다. 확실한 것은 '내가 감각한 그것이 실재한다'는 것이 아니라, '내가 그것을 실재하는 것으로 감각한다[생각한다]'는 것이다. 같은 의미에서 '생각한 것(cogitatum)'으로서 여러 관념들, 공통 개념들도 확실한 것이다.(*Principia*, I, XIII: AT VIII-1, 9 참조) 이로써 관념론은 확고한 자리를 얻는다. 우리에게 확실한 세계는 우리가 이러저러하다고 생각하는 세계이다. 그리고 '생각하다' 또는 '사고하다(cogito)'는 것이 논리적 수학적 사고나 판단 일반뿐만 아니라, '의욕하다', '감각하다', '상상하다'를 포함하는 것인 만큼, 우리가 '생각하는 세계'란 우리가 '감각하는 세계', 우리가 '상상하는 세계', 우리가 '판단하는 세계', 우리가 '바라는 세계'를 포함한다.

3) 진리의 원천으로서의 이성, 착오의 출처로서의 의지

강단 철학자들은 "감각 속에 먼저 있지 않던 것은 지성 속에 있을 수 없다(Nihil est in intellectu, quod non fuerit in sensu)."라는 명제를 원칙으로 가지고 있지만, 데카르트가 보기에 "신의 관념이나 영혼의 관념이 결코 감각 속에 있지 않다는 것은 확실하다."(*Discours*: AT VI, 37) 그래서 데카르트는 확실한 지식의 발원점을 이성 내지 지성에서 본다. 진리 탐구는

"인간의 이성적 영혼(l'ame raisonnable)에서부터 시작해야 한다. 우리의 모든 지식(connaissance)은 이 안에 있기 때문이다."(AT X, 505) 이러한 이성을 데카르트는 "자연의 빛"이라고 일컫는다.

"자연의 빛에 의해 명백한 것은, 전체 작용 원인 안에는 적어도 그 결과 안에 있는 것만큼의 실재성이 있어야 한다는 것이다. 다시 말해 결과는 그 원인에서가 아니면 어디에서 그 실재성을 얻을 수 있겠는가? 또 원인이 실재성을 갖고 있지 않다면, 어떻게 실재성을 결과에 줄 수 있단 말인가? 이로부터 '무에서는 아무것도 생길 수 없다.'라는 것뿐만 아니라, 더 완전한 것, 즉 더 많은 실재성을 내포하고 있는 것은 덜 완전한 것에서 생길 수 없다는 것이 귀결된다."(3. Med.: AT VII, 40/41) 데카르트는 무엇보다도 충분근거율을 이성의 원리로 납득한다.

또한 "우리가 모든 지식의 근거로 삼고, 모든 지식이 환원되고 귀착되는 중심으로 삼는 대원칙(magnum principium)", 예컨대 "동일한 것이 있으면서 동시에 있지 않다는 것은 불가능하다."(recherche: AT X, 522)라는 원리는 그 자체로 확실하다. 데카르트가 보기에 우리는 "신이 부여한 인식능력"(Principia, I, XXX: AT VIII-1, 16)인 "자연의 빛(lumen naturale)"에 의해 이러한 모순율을 즉각적으로 안다.

"무는 아무런 성질도 가지고 있지 않다."나 "무에서는 아무것도 생기지 않는다(Ex nihilo nihil fit)." 또는 "원인 없이는 아무것도 없다(Nihil est sine ratione)."라는 명제는 "영원한 진리(veritas aeterna)"이다.(Principia, I, XLIX: AT VIII-1, 23 참조) 데카르트는 동일률, 모순율, 충분근거율과 같은 명제를 "공통 개념(communis notio)" 또는 "공리(axioma)"라고 일컫는다. 이러한 공통 개념은 사람의 인식능력(hominis cognoscendi facultas)에는 응당 명료하고 분명하게 지각되는 것이다. "자연의 빛, 다시 말해 신이 부여한 인식능력이 관여하는 한, 즉 명료하고 분명하게 지각하는 한, 그 인식능력은 오직 참인 대상에만 관여한다."(Principia, I, XXX: AT VIII-1, 16)

그러니까 사람이 자연의 빛이 비춰주는 대로, 인간의 자연본성인 이성에 따라 인식한다면 모든 것이 명료해서 착오를 일으킬 일은 없다.

그런데 실제로 그렇지 못한 것은, 많은 경우 사람들이 부주의나 착각 또는 어떤 선입견에 빠져, 충분히 지각하지 못한 것에 대해 판단하고, 이해한 것 이상으로 판단하려고 의욕하기 때문이다.(*Principia*, I, XXXIII: AT VIII-1, 17 이하 참조) 그러나 이렇게 착오를 범하는 것의 근원을 추적해보면, 내가 착오를 저지를 능력을 신으로부터 받아서라기보다는 "진리를 판별하기 위해 신이 나에게 부여한 능력"(4. Med.: AT VII, 54)으로서 "건전하게 판단하고 진위를 판별할 수 있는 능력"(*Discours*, I, 1: AT VI, 3)인 '이성 (raison)' 내지는 '양식(良識: bon sens)'이 "내 안에서 무한하지 않기"(4. Med.: AT VII, 54) 때문에, 다시 말해 제한적이기 때문이라 할 것이다.

"내가 모든 것을 주의(attendere) 깊게 고찰하기만 하면, 자연의 빛에 의해 명백하지 않은 것은 아무것도 없다. 그러나 내가 덜 주의하고, 또 감각적인 사물의 상(rerum sensibilium imagines)에 의해 내 정신의 시선 (mentis acies)이 흐려지면"(3. Med.: AT VII, 47), 착오를 범한다. 사람들은 곧잘 상상력이나 감각의 명증성에 쏠리지만, "우리는 우리 이성의 명증성 (evidence de notre raison)에 의해서만 설득되어야" 한다. 가령 우리가 태양을 명료하게 보고 있다 하더라도, 우리가 지금 눈으로 보고 있는 태양의 크기가 실제의 크기라고 판단하지 않는 것은 "이성은 우리가 이렇게 보거나 상상하는 것이 참이라고 명하지 않기 때문이다."(*Discours*: AT VI, 40)

착오가 어떻게 생기는지를 더 천착해보면, "착오는 동시에 작용하는 두 가지 원인에, 즉 내 안에 있는 인식능력과 선택능력 내지 의사의 자유 (arbitrii libertas)에, 다시 말해 지성과 동시에 의지에 의거하고 있음을 발견하게 된다."(4. Med.: AT VII, 58) 그러나 "신으로부터 받은 내 의지력 그 자체는 내 착오의 원인일 수 없다. 그것은 아주 넓고 그 유에 있어서 완전하기 때문이다. 인식능력 또한 그 원인일 수가 없다. 이것도 신으로부터 주어졌으므로 내가 인식하는 모든 것을 올바로 인식한다는 것은 의심의 여지가 없으며, 따라서 여기서 내가 잘못을 범한다는 것은 있을 수 없기 때문이다. 그렇다면 도대체 나의 착오는 어디에서 생기는 것일까? 그것은 오직 다음과 같은 것에서, 즉 의지의 활동범위가 지성보다 더 넓기 때문에, 내가 의지의 활동을 지성의 한계 내에 묶어놓지 못하고, 오히려 이해하지도 못한 것까지 의지를 활동시키는 데서 비롯한다. 의지는 이런 것에 대해 개의치 않기 때문에, 참된 것과 선한 것에서 쉽게 벗어나고, 이로써 나는 착오를 범하고 죄를 짓는다."(4. Med.: AT VII, 58)

그래서 데카르트는 착오(error)는 "지성(intellectus)보다는 의지(voluntas)에 달려 있다."라고 본다. "어떤 것을 단지 지각만 하고 긍정하거나 부정하지 않는 경우에는 착오를 범하지 않는다. 어떤 것을 긍정 또는 부정해야 한다고 명료하고 분명하게 지각할 때 그것을 긍정하거나 부정하는 경우에도 그러하다. 그러나 어떤 것을 올바르게 지각하지 않았음에도 불구하고 그것에 관해 판단을 내릴 때 착오를 범하게 된다."(Principia, I, XXXIII: AT VIII-1, 17 이하)

무릇 "판단은 지성뿐만 아니라 의지도 필요로 한다." "판단은 당연히 지성을 필요로 한다. 지각하지 못한 것에 관해서는 결코 어떤 판단도 내릴 수 없기 때문이다. 그러나 어떤 방식으로 지각된 것을 참이라고 판단하기 위해서는 의지 또한 필요"(Principia, I, XXXIV: AT VIII-1, 18)하다. 그런데 의지는 지성보다 활동 범위가 넓어서, 여기에서 자칫 착오가 생겨날 수 있다는 것이 데카르트의 생각이다.

"지성의 지각은 자신에게 드러나는 것들에만 미치는데 그것들은 소수에 불과하다. 따라서 지성의 활동 범위는 언제나 매우 한정되어 있다. [… 그러나] 의지는 명료하게 지각된 것들 외에도 미치며, 이때마다 착오가 발생한다는 것은 결코 놀랄 일이 아니다."(Principia, I, XXXV: AT VIII-1, 18)

"그래서 어떤 것이 참인지를 내가 충분히 명료하고 분명하게 지각하고 있지 않을 때에는 판단을 보류하는 것이 올바른 행동이며, 이렇게 해서 잘못을 범하지 않게 된다는 것은 명백하다. 그러나 이에 대해 긍정하거나 부정한다면, 나는 이때 의사의 자유를 올바로 사용하지 않은 것이다." (4. Med.: AT VII, 59) "지성의 지각이 의지의 결정보다 언제나 앞서야 한다는 것은 자연의 빛에 의해 명백하다."(4. Med.: AT VII, 60) 그러므로 착오가 생긴다면, 그 착오는 결코 신의 탓으로 돌릴 수 있는 부정(negatio)이 아니라, 우리 자신의 탓일 수밖에 없는 결여(privatio)이다.(*Principia*, I, XXXI: AT VIII-1, 16 참조)

4) 순수한 정신으로서의 인간과 정신-물체 합성체로서의 인간

데카르트는 영혼의 성질을 두 가지, 즉 "지성의 지각(perceptio intellectus)"과 "의지의 결정(determinatio voluntatis)"으로 나누면서, "직관(intuitus)과 연역(deductio)"(*Regulae*, Regula III: AT X, 366 참조)이라는 순수한 지성작용(intellectio pura), 즉 물체적인 상(imagines corporeas)에 의존하지 않은 지성작용"(*Notae*[11]: VIII-2, 363)을 인정하는데, 이것은 물체와는 온전히 구별되는 정신으로서의 인간과 정신-물체의 합성체(ex corpore & mente compositum)로서의 인간의 구별을 의미한다. 정신-물체의 합성체로서의 인간은 곧 동물로서의 인간, 즉 신체적 인간 내지는 감각하는 인간이자 욕구에 따라 행동하는 인간을 말한다. 그래서 인간이 '자연(본성)'에 따른다 할 때, 그것은 전혀 다른 두 가지 의미를 갖는데, 하나는 '자연의 빛(la lumiere naturelle)'에 따른다는 것이고, 다른 하나는 '자연의 충동(une impulsion de la nature)'에 따른다는 뜻이다. 이런 구별과 관련하여 데카르

---

[11] Descartes, *Notae in programma quoddam*.

트는 자연의 빛, 곧 이성 내지 지성에 대해서는 무한 신뢰를 보내지만, 자연의 충동, 곧 감성적 경향성 내지 욕구에 대해서는 우려를 표명한다.

"나는 본능[l'instinct naturel]을 두 종류로 구별하고 있다. 하나는 인간으로서의 우리에게 있는 것으로서, 이것은 순전히 지성적인 것(intellectuel), 즉 자연의 빛(la lumiere naturelle) 혹은 정신적 직관(intuitus mentis)이다. 우리는 오직 이것만을 신뢰해야 한다. 다른 하나는 동물로서의 우리에게 있는 것으로서, 이것은 신체의 보존과 육체적 쾌락을 위한 자연의 어떤 충동(une certaine impulsion de la nature)이다. 이것은 우리가 항상 따라야 하는 것은 아니다."(Descartes가 Mersenne에게 보낸 1639. 10. 16 자 편지: AT II, 599)

"자연의 빛에 의해 나에게 명시되는 것들, 예컨대 내가 의심하는 한 내가 있다는 것 등은 결코 의심될 수 없다. 이 자연의 빛만큼 신뢰할 수 있는 어떤 능력도, 또 그것이 참이 아니라고 나에게 가르쳐줄 만한 어떤 능력도 있을 수 없기 때문이다. 그러나 자연의 충동에 관해 말하자면, 이것은 내가 선을 선택해야 할 경우에도 나쁜 쪽으로 나를 부추겼던 적이 전에 자주 있었기 때문에, 다른 경우에 있어서도 이것을 신뢰해야 할 이유는 없다고 생각한다."(3. Med.: AT VII, 38/39)

데카르트는 "자연(natura)은 이성이 저지한 많은 것으로 나를 몰고가는 것처럼 보였기 때문에, 자연이 우리에게 가르치는 것에 대해서는 크게 신뢰해서는 안 된다고 생각했다."(6. Med.: AT VII, 77)라고도 말한다. 자연적 본성이 추구하라고 혹은 기피하라고 일러주는 것이 화를 불러오는 경우가 있음은 사실이다. 가령 누가 입맛이 당겨 어떤 음식을 취했는데, 그 안의 독도 함께 삼켜버리는 경우가 그렇다. 물론 자연본성은 맛있는 것을 욕구하게 했지, 독까지 욕구하라고 한 것은 아닐 터이다. 이로부터 나올 수 있는 결론은 "내 자연이 모든 것을 알고 있지는 않다는 것이다. 이것은 그렇게 놀랄 일이 아니다. 인간은 제한된 존재자일 뿐이고, 인간의 자연본성은 제한된 완전성만을 지니고 있기 때문이다."(6. Med.: AT VII, 84)

그러나 "또 자연본성이 가르쳐주는 바는, 내 신체의 주변에는 어떤 것은 추구해야 하지만 다른 어떤 것은 피해야만 하는 다양한 다른 물체들이 실존한다는 사실이다."(6. Med.: AT VII, 81) 나는 이런 것들을 오감으로 감각하거니와, "이런 감각적 지각 가운데 어떤 것은 나에게 유쾌하지만, 또 어떤 것은 유쾌하지 않기에, 주변에 있는 물체로부터 내 신체, 아니 정신과 신체의 합성체로서 나 전체는 다양한 방식으로 이롭거나 이롭지 않은 영향을 받는다는 것도 확실하다."(6. Med.: AT VII, 81)

"여기서 자연(본성)이란 신이 정신과 신체의 합성체로서의 나에게 부여해준 것만을 의미한다. 따라서 이 자연은 고통의 감각을 초래하는 것을 기피하고, 쾌락의 감각을 가져다주는 것은 추구하라고 나에게 가르쳐주지만, 그러나 그 외에 우리가 지성을 통해 외적 사물들을 검토함이 없이 이런 감각적 지각들로부터 그 어떤 것을 도출하도록 가르치지는 않는 것으로 보인다."(6. Med.: AT VII, 82) "왜냐하면 이런 것에 대해 진리를 아는 것은 정신에 귀속하는 일이지 [정신과 신체의] 합성체에 귀속하는 일이 아니기 때문이다."(6. Med.: AT VII, 82/83) 여기서 데카르트는 지성은 순전히 정신인 인간에게, 감각 지각은 정신과 신체의 합성체인 인간에게 귀속시키고 있다. 이것은 데카르트가 "감각적인 것과 지성적인 것(choses sensibles aux intellectuelles)"(AT X, 506)을 구별하면서, 감각적인 것은 신체적 인간에게 지성적인 것은 정신으로서의 인간에게 귀속시키고 있음을 말한다.

"감각적이라고 부르는 영혼의 하부와 이성적이라고 부르는 영혼의 상부 사이에, 또는 자연적 욕구와 의지 사이에 있다고 보통 생각하는 모든 쟁투는 정기(esprit)에 의한 신체와 의지에 의한 영혼이 샘(glande)에서 동시에 불러일으키고는 하는 운동들 사이의 대립에서 성립한다."(Passions, I.47: AT XI, 364) "예컨대 정기가 영혼 안에서 어떤 것에 대한 욕망을 일으키기 위해서 샘을 밀어내는 노력과 영혼이 그와 같은 욕망을 피하고자 하는 의지에 의해 샘을 다시 밀어내는 노력 사이의 쟁투이다."(Passions, I.47: AT XI, 365) "그러나 우리 안에는 오직 하나의 영혼이 있을 뿐이고, 이 영혼은 자신 안에 부분들과 어떤 상이성도 갖지 않는다. 감각적인 것은 또한 이성적이고, 모든 욕구는 의지적인 것이다."(Passions, I.47: AT XI, 364) 그러하되 "우리 안에서 이성에 반하는 것으로 주목할 수 있는 모든 것은 오직 신체에 귀속시켜야 한다."(Passions, I.47: AT XI, 365)

인간이 정신-물체의 합성체인 한에서, 적어도 감각 지각작용에서는 영혼과 신체가 "결합되어(unie)" 있다고 데카르트는 본다. 그런데 데카르트에 따르면 "영혼은 신체의 모든 부분에 공동으로 결합되어 있다." (Passions, I.30: AT XI, 351) 이런 주장에 이어 데카르트는 그 유명한 "송과선 (glandula pinealis)"론을 편다.

"영혼이 신체 전체와 결합되어 있다 할지라도, 여타 부분보다 더 특별하게 영혼이 기능을 실행하는 어떤 부분이 몸에 있다는 것을 아는 것 또한 필요하다. 사람들은 보통 이 부분이 뇌나 심장일 것이라고 믿는다. 그것은 감각 기관이 연관되는 곳이 바로 뇌이기 때문이고, 우리가 심장 안에 정념이 있는 것처럼 느끼기 때문이다. 그러나 나는 사안을 주의 깊게 탐구하고 나서, 영혼이 직접적으로 그 기능들을 실행하는 신체의 부분은 결코 심장이나 뇌 전체가 아니라, 뇌의 중심에 있는, 아주 작은 샘[腺]인 뇌의 가장 깊숙한 내부라는 것을 인정해야 함을 확신하는 바이다."(Passions, I.31: AT XI, 352) "그러므로 여기서 영혼은 그 가장 주된 자리를 뇌 중심에 있는 작은 샘 안에 가지고 있다는 것을 받아들이자. 거기서부터 영혼은 정기(esprit), 신경, 그리고 심지어 피의 매개에 의해 몸의 나머지 모든 부분으로 뻗어나가며, 피는 정기의 인상에 가담하면서 인상을 동맥을 통해 모든 사지로 운반할 수 있다."
(*Passions*, I.34: AT XI, 354) 또한 "영혼은 그 작은 샘에서 다양한 운동이 일어
나는 정도로 다양한 인상을 자신 안에 받아들이는 그런 본성을 가지고 있다."
(*Passions*, I.34: AT XI, 355)

데카르트에 따르면 송과선은 이를테면 "영혼의 사령부(le principal siège
de l'ame)"(*Passions*, I.32: AT XI, 352)로서, 군대로 치면 영혼은 사령관이고
통솔자이다. 사람을 선박에 비유하면 송과선은 조타실이고, 영혼은 선장
이나 키잡이이겠다.[12] 데카르트는 '송과선'을 발견[상정]함으로써 영혼과 신
체 사이의 교호작용을 가시적으로 설명하게 되었지만, 그 대신에 영혼이
마치 물리적 존재인 양 신체의 일부인 두뇌의 한 부분에 머물게 함으로써
본래의 그의 정신-물체의 구분을 무색하게 만들었다. 이 때문에 명료하
고 분명한 지각만을 신뢰해야 한다고 그렇게나 단호하게 주장한 철학자
가 어떻게 이렇게나 "비밀스러운(occulta)" 가설을 취하게 되었는지에 대해
동시대의 학자들도 놀라워했던 것이다.[13] "나는 하나의 실체이고, 그 본질
혹은 본성은 오직 생각하는 것이며, 존재하기 위해 어떠한 장소도 필요
없고, 어떠한 물질적 사물에도 의존하지 않는 것"(*Discours*: AT VI, 33)이
데카르트의 원론이었으니 말이다.

정신-물체, 심-신 이원론을 세워 '하느님의 것은 하느님에게, 카이사르
것은 카이사르에게' 배정함으로써, 흥기하는 자연과학에게 물체 세계의
해명을 맡기고, 종교와 도덕을 위해 정신세계를 보존하게 하려는 것이,
당대로서는 최선의 문화 방책이었을 것이다. 그럼에도 인간을 일단 정
신-물체의 결합체로 파악하고 나면, 마음과 몸 사이의 상호작용의 문제

---

12 Platon, *Politeia*, 341 c, d·346 a, b·389 c 참조.
13 Spinoza, *Ehtica*, V, Praefatio 참조.

가 등장하지 않을 수 없고, 그 문제 해결 작업은 정신과 물체 각각과 동질성을 갖는 어떤 요소를 찾는 일일 것이다. 정신-물체 결합체 이론이 인간의 마음-몸을 둘러싼 많은 문제들을 간편하게 설명해줄 수 있고, 그런 면에서 상식에도 가장 잘 부합하는 장점을 가짐에도 불구하고, 바로 이러한 데카르트의 이원론과 심신상호작용설은 그 이원성으로 말미암아 근현대 심리철학의 쟁론들을 불러일으켰다.

또한 데카르트가 인간은 어떤 상황에서나 적절하게 대처할 수 있는 "보편적인 도구(un instrument universel)"(*Discours*: AT VI, 57)인 이성을 가진 반면에 여타의 동물들은 기관의 배치에 따라 "자연적인 동작(les mouvements naturels)"을 할 뿐이므로, "움직이는 기계(machines mouvantes)" 즉 "자동기계(automates)"(*Discours*: AT VI, 55)라는 동물기계론을 펴고, 이에서 더 나아가 라 메트리(Julien Offroy De La Mettrie, 1709~ 1751)가 『인간기계론(*L'homme-machine*)』(1747)을 전개함으로써, 데카르트가 인간에게서 본 "이성적 영혼"(*Discours*: AT VI, 46)의 정체에 대한 견해에 따라 근대적 유물론의 길이 열렸다.

5) 자유의지와 정념

데카르트에 의하면 물체 곧 신체와 결합되어 있는 인간의 영혼은 의지적인 능동적 활동과 정념(passion)적인 수동적 활동을 갖는다.

정신은 사고하는 힘이자 의지적 힘으로서 "스스로 운동하는 힘"(2. Med.: AT VII, 26)이다. '의지'는 영혼의 능동작용(action)으로서 두 종류가 있는데, 신에 대한 신앙처럼 영혼의 내적 활동이 전부인 것과 내가 산책하고자 의지할 때처럼 신체의 움직임을 끌어내는 것이 있다.(*Passions*, I.18: AT XI, 342 이하 참조)

인간의 참모습은 그가 자유롭게, 다시 말해 자신의 의지에 따라 행동하는 데서 드러나며, 인간은 자유로운 의지에 따라 행동할 수 있기 때문에 "그 행동을 한 자(author)"(*Principia*, I, XXXVII: AT VIII-1, 18)가 되고, 바로 그 때문에 행한 행동에 대해서 칭찬받거나 비난받을 수 있는 것이다. 정교하게 만들어진 시계가 정확히 간다 해서 그 시계를 칭찬하지 않는 것은 그 시계가 그렇게 운동하는 것은 기계적, 다시 말해 "필연적"이기 때문이다. 이럴 경우 오히려 그 시계를 제작한 자를 칭찬하는 것은, 그러한 그의 시계 제작이 필연적인 것이 아니라 자발적인, 다시 말해 자유로운 행동에 의한 것이기 때문이다. 어떤 시계가 엉망일 때, 비난받는 것은 그 시계가 아니라 그 시계를 제작한 자인 것도 마찬가지 이유에서이다. (*Principia*, I, XXXVII: AT VIII-1, 18 이하 참조)

인간이 자유의지로 행위한다는 것은 신체의 속박을 받지 않는다는 것이고, 그것은 인간이 최고의 완전성에 이르러 있음을 말하는 것이다. 반면에 인간이 정념(passio)에 따라 행동한다는 것은 신체에 영향을 받는다, 즉 수동적(passivus)이라는 것을 말한다. 그러나 데카르트는 인간이 수동적 정념에 따르는 것이 곧 수난(passio)이나 고난을 겪는 것은 아니고, 정념으로 인해 인간은 오히려 큰 기쁨을 얻을 수도 있다고 본다.

영혼의 수동적 활동인 "정념의 궁극적이고 가장 가까운 원인은 다름 아니라 뇌 한가운데 있는 작은 샘을 움직이게 하는 정기의 동요"(*Passions*, II.51: AT XI, 371)이거니와, 데카르트는 여섯 가지 정념 즉 "놀람[驚] · 사랑[愛] · 미움[憎] · 욕망[慾] · 기쁨[喜] · 슬픔[悲]"(*Passions*, II.69: AT XI, 380)을 기본적인 정념으로 꼽고, 여타의 정념들은 이것들의 다양한 결합에서 비롯하는 것으로 간주한다.

갖가지 "정념은 그 본성에서 모두 좋은 것이고 오용하거나 남용하는 것 외에 아무것도 피할 게 없다."(*Passions*, III.211: AT XI, 485/6) 다만 정념을 선용하기 위해서는 "숙고와 근면"이 필요하다. "왜냐하면 숙고와 근면을 통해서 우리는 자신 안에서 피와 정기의 운동으로부터 그것과 결합되는 습관이 있는 생각을 분리하는 훈련을 하면서 본성이 지닌 결함을 교정할 수 있기 때문이다." 그러나 "생에서 마주치는 모든 일에 대해 이러한 방식으로 충분히 준비된 사람은 아주 적고, 정념의 대상으로 인해 피 안에서 생겨난 운동은 영혼의 어떠한 이바지도 없이 우선 아주 급작스럽게 뇌 안과 기관의 배치에서 만들어지는 인상을 따를 뿐이어서 우리가 충분히 준비되지 않았을 때 그것에 저항할 수 있는 인간의 지혜는 없다."(*Passions*, III.211: AT XI, 486) 그렇기에 "덕을 훈련하는 것은 정념에 대항하는 최상의 구제책이다."(*Passions*, II.148: AT XI, 441) "가장 연약한 영혼을 소유한 이조차도, 우리가 아주 부지런히 훈련하고 지도한다면, 그들의 모든 정념에 대해 절대적 지배력을 얻을 수 있을 것은 분명하다."(*Passions*, I.50: AT XI, 370) 그리하여 어떤 이가 자기가 최상의 것이라고 판단하는 것을 추구할 힘을 길러 갖춘다면, 어떤 정념도 그의 "영혼의 고요함을 혼란스럽게"(*Passions*, II.148: AT XI, 442) 할 수는 없을 것이다. "우리가 진리에 대해 완전하게 판단할 수 있을 만큼 우리 지성을 준비시켰다면, 이제 선과 악을 구별하고, 덕과 패악 간의 진정한 차이를 식별하는 데 우리의 의지가 익숙해지도록 통제해야 한다."(AT X, 506)

"영혼은 자기의 고유한 즐거움을 가질 수 있다. 그러나 영혼이 신체와 공통적으로 갖는 즐거움으로 말하자면, 그것들은 전적으로 정념에 달려 있다. 그래서 정념에 의해 크게 감동받을 수 있는 사람은 생에서 가장 큰 감미로움을 맛볼 수 있다. 또한 정념을 제대로 사용할 줄 모른다거나 운명이 덮치게 된다면 가장 쓴맛을 볼 수 있는 것도 사실이다. 이런 면에서 볼 때 지혜는 아주 유용하다. 지혜는 우리가 정념의 주인이 되도록 하고, 정념을 능숙한 솜씨로 유용하게 사용하게끔 가르침으로써 정념이 일으키는 나쁜 것에 잘 견딜 수 있게 하고, 나아가 정념들에서 모든 기쁨마저 이끌어낸다."(*Passions*, III.212: AT XI, 488)

2. 스피노자에서의 이성

스피노자가 스피노자이고, 데카르트가 데카르트인 그만큼 두 사람의 사상에는 차이가 있다. 그러나 '이성'의 정념에 대한 지배력에 관한 양자 사이의 의견 차는 크지 않다. 그로 인해 우리는 이들을 묶어 이성주의자라고 부른다.

스피노자에게 있어서 '이성(ratio)'의 본성은 "사물들을 우연적인 것으로가 아니라, 필연적인 것으로서 관조하는 것(contemplari)이다."(*Ethica*, II, prop. XLIV) 사물을 필연적인 것으로 관조한다는 것은 사물을 "참되게, 곧 있는 바 그대로 지각한다."라는 것을 말한다. 다시 말해, "사물들을 어떤 영원한 형상 아래서 지각한다(res sub quadam aeternitatis specie percipere)." (*Ethica*, II, prop. XLIV, coroll. II)라는 것이다.

"사람들이 이성의 지도에 따라서 생활하는 한, 그들은 본성상 언제나 합치한다."(*Ethica*, IV, prop. XXXV) 반면에 사람들이 정념에 의해 동요될 때 그들은 서로 다를 수 있고 대립하기도 한다. 그런데 "덕을 따르는 사람들의 최고선은 모든 사람들에게 공통적이며, 모든 사람들은 똑같이 이를 즐길 수 있다."(*Ethica*, IV, prop. XXXVI) 그러하기에 "덕을 따르는 사람은 자기를 위해 욕구하는 선을 타인을 위해서도 소망한다."(*Ethica*, IV, prop. XXXVII) 그러니까 보편적 가치는 사람들이 이성의 지도에 따라서 생활할 때만 영속적으로 실현된다.

영원의 형상 아래에서 사물들을 바라보는 자, 곧 순수하게 이성적인 자는 어떠한 정념에도 예속되지 않고 진정한 자유를 누린다. "그러나 모든 훌륭한(praeclara) 것은 어렵고 그만큼 드문 것이다."(*Ethica*, V, prop. XLII, schol. 끝 문장) 갖가지 욕망에 싸여 있는 인간이 그러한 지경에 이른다는 것은 결코 쉬운 일이 아니고, 그래서 매우 드물다는 것이 스피노자의 생각이다. 그러니까 스피노자가 보기에 자유를 누리는 것이 어렵기는 하지만,

불가능한 일은 아니다.

1) 상식적 분별력으로서의 '건전한 이성'

스피노자는 그를 대표하는 저술 『윤리학(*Ehtica ordine geometrico demonstrata*)』(1677)에서 자신의 세계관, 다시 말해 형이상학 체계를 이른 바 '기하학적 방식'으로 서술한다. 그는 개념들의 정의(definitio)와 이에 의거한 공리(axiomata)에서 출발하여 이로부터 정리(propositio)를 도출해 나가는데, 이것은 그가 상식적 분별력으로서의 "건전한 이성(sana ratio)" (*Ethica*, I, prop. XXXIII, schol. II)을 바탕에 두고 있음을 이미 보여주는 것 이다. 그러니까 형이상학적으로 '이성'의 존재론적 위치를 어떻게 정하든 지 간에 스피노자에서 '이성'의 일차적 개념은 생활세계에서 철학 활동하 는 스피노자와 같은 이의 이성 내지 지성으로 등장한다.

2) 인식능력으로서의 이성

스피노자는 인식을 세 종류 내지 3계층으로 나눠보면서(*Ethica*, II, prop. XL, schol. II 참조) '이성'을 제2종의 인식에 위치시킨다.

제1종 인식으로는 개물에 대한 감각경험적 지각인 '의견(opinio)'과 기 호(signum)를 통해, 예컨대 읽고 들음에 의거해 사물을 생각함인 '상상 (imaginatio)' 같은 것이 있다. 여기서 '개물(res singularis)'이란 유한하며, 제 한적인 실존을 갖는 것을 일컫는바, 가령 "많은 개체(individuum)들이 모 두 동시에 어떤 하나의 결과의 원인이 되는 하나의 작용에서 함께 띌 경 우, 그 모든 개체들은 하나의 개물로 간주된다."(*Ethica*, II, def. VII) 인간 의 감각 지각은 매우 제한적인 데다가, 인간의 신체와 외적 물체와의 관 계에서 생기는 것으로, 매우 혼란된 관념을 포함한다. 감각적 지각이나 상상에는 지성적 질서가 없고 모호한 표상이 섞일 수 있는 것이다. 그래서 이러한 종류의 인식에는 언제든 허위가 낄 수 있다.(*Ethica*, II, prop. XLI 참조) "허위란 충전되지 못한, 그래서 비뚤어지고 모호한 관념들이 포함하는 인식의 결여에서 성립하는 것이다."(*Ethica*, II, prop. XXXV)

제3종 인식인 "직관지(scientia intuitiva)"는 신의 속성들의 충전한 관념(idea adaequata)으로부터 사물의 본질에 대한 충전한 인식으로 나아가는 것으로서, 모든 존재자의 전체 체계에 대한 포괄적 지식을 일컫는다. 이러한 인식은 필연적으로 참된 인식이다. "우리 안에서 절대적인, 그러므로 충전하고 완전한 모든 관념은 참된 것"(*Ethica*, II, prop. XXXIV)일 수밖에 없으니 말이다. "정신의 최고의 덕은 신을 인식하는 것"(*Ethica*, V, prop. XXVII, demonstr.)이므로, 이 제3종의 인식에서 정신은 가능한 최고의 평정에 이르고, 인간은 최고의 완전성에 이른다.(*Ethica*, V, prop. XXVII 참조)

제2종의 인식인 "이성(ratio)"은 '명료하고 분명하게 인식하는 한의 정신'(*Ethica*, IV, prop. XXVI, schol. 참조)으로서 사물의 성질에 대한 공통 개념(notio communis)과 충전한 관념이 그러한 인식이다.(*Ethica*, II, prop. XLI 참조) 공통 개념으로는 연장, 운동, 크기, 모양, 평면, 수와 같은 역학과 수학의 기본 개념들을 꼽을 수 있다. 이러한 기본 개념들을 바탕으로 이성은 더욱더 많은 충전된 관념들을 연역해낸다.

이성의 본성은 사물을 우연적인 것으로가 아니라 필연적인 것으로 관조하는 일이고, 그것은 다름 아니라 사물을 어떤 영원한 형상 아래에서 지각하는 일이다.

"이성의 본성은 사물을 우연적인 것으로가 아니라 필연적인 것으로 지각하는 것이다. 그리고 이성은 사물의 이 필연성을 참되게, 다시 말해 그 자신 안에 있는 대로 지각한다. 그러나 사물의 이 필연성은 신의 영원한 본성의 필연성 그 자체이다. 그러므로 이성의 본성은 사물을 이 영원의 형상 아래에서 관조하는 일이다. 따라서 이성의 기초는 모든 것에 공통인 것을 해설하는 것이지 어떤 개물의 본질을 해설하는 것이 아닌 개념들(notiones)이다. 그렇기에 개념들은 시간과는 아무런 관계없이 어떤 영원의 형상 아래에서 파악되지 않으면 안 된다."(*Ethica*, II, prop. XLIV, coroll. II, demonst.)

스피노자는 '지각(perceptio)'이라는 말 대신에 '개념'이라는 말을 자주 쓰는데, 그것은 '지각'이라는 말은 '대상에 의해 촉발된 것'이라는 수동적인 함축을 갖는 데 반해, '개념'은 정신의 능동적 작용(actio)을 표현한다고 보기 때문이다.(*Ethica*, II, def. III, expl. 참조) 이러한 능동적 활동으로 인해 "인간의 정신은 신의 영원하고 무한한 본질에 대한 충전한 인식을 갖고 있다."(*Ethica*, II, prop. XLVII) "인간 정신은 그로써 자기 자신, 그리고 자신의 신체와 외적 물체들을 현실적으로 실존하는 것으로 지각하는 관념들을 가지고 있다. 따라서 인간 정신은 신의 영원하고 무한한 본질에 대한 충전한 인식을 갖고 있다."(*Ethica*, II, prop. XLVII, demonst.) 인간 정신은 이로써 제3종의 인식을 갖는 것이다.

이렇게 인식된 신이 다름 아닌 '자기 원인'이자 '실체'이며, 곧 만상을 낳는 '자연'이다.

"자기 원인(causa sui)이란 그것의 본질이 실존을 포함하는 것이다."(*Ethica*, I, def. 1)

'자기에게서 비롯한 것', 그것은 본질상 실존을 포함하는 것이고, 이런 개념에 부합하는 것은 오로지 '신'뿐이겠다. "자유로운 것(res libera)은 그것이 오로지 자기 본성의 필연성에서 실존하며, 오로지 자신으로부터(a se) 행동하도록 규정되는 것을 말한다. 이에 반해 필연적인 것

(res necessaria) 또는 강제적인 것(res coacta)은 타자에 의해(ab alio) 특정한 방식으로 실존하고 작용하도록 규정되는 것을 말한다."(*Ethica*, I, def. VII) 그러니까 자유의 정의 그대로 "신만이 자유 원인(causa libera)이다." (*Ethica*, I, prop. XVII, coroll. II) 이렇게 자신 안에서 존재하는 것이야말로 진정으로 존재하는 것, 그 자체로 존재하는 것, 곧 실체이다.

"실체(substantia)란 자신 안에 있으며, 자신에 의해 지각되는 것이다." (*Ethica*, I, def. 3)

"자연 안에 동일한 본성 내지 본질속성을 갖는 둘 또는 다수의 실체가 있을 수 없다."(*Ethica*, I, Prop. V) 그러나 "본질속성(attributum)이란 지성이 실체의 본질을 이루는 것이라고 인지하는 것"(*Ethica*, I, def. 4)이고, 이러한 속성을 가지면서도 "타자 안에 있고, 그 타자를 통해 지각되는 것들"은 수다하니, 이는 실체의 변양(變樣), "실체의 변용[變容]들(affectiones)"로서 이를 스피노자는 "양태(modus)"라고 일컫는다.(*Ethica*, I, def. 5 참조) 이를테면 "물체(corpus)는 신이 연장적인 것(res extensa)으로 간주되는 한에서 신의 본질을 어떤 방식으로 표현하는 한 양태이다."(*Ethica*, II, def. I)
　　자기 원인인 "신은 오로지 자기 본성의 법칙들에 따라 행동하며, 누구에 의해 강제적으로 행동하지 않는다."(*Ethica*, I, Prop. XVII) 그러나 신 역시 법칙에 따라 행동하는 것이니, 신이 법칙에 따라 행한다는 것은 만사가 필연적임을 말한다. "자연 안에 우연적인 것은 아무것도 없다. 모든 것은 신의 본성의 필연성에서 특정한 방식으로 실존하고 작용하도록 규정되어 있다."(*Ethica*, I, prop. XXIX) 신이 삼각형의 내각의 합을 두 직각이 넘게 또는 못되게 만드는 것이 아니며, 일정한 원인에서 그에 상응하는 결과를 나오게도 나오지 않게도 하는 것은 아니다. 만물은 신의 최고 능력으로부터, "무한의 본성으로부터" "무한히 많은 방식으로" "유출된다

(effluxi)."(*Ethica*, I, prop. XVII, coroll. II, schol. 참조) 그러나 필연적으로 그렇게 되는 것이다. 신이라고 해서 삼각형의 내각의 합을 임의로 한 직각으로 했다가 두 직각으로 했다가 할 수는 없는 것이다.

이러한 개념 사용에서 "신 즉 자연(Deus seu Natura)"(*Ethica*, IV, praefatio) 이라 하겠는데, 이때 '자연'은 "생산하는 자연(natura naturans)"을 말한다. '생산하는 자연'이란 "자신 안에 존재하며 자신에 의해 파악되는 것, 즉 영원하고 무한한 본질을 표현하는 실체의 여러 속성, 다시 말해 자유 원인으로 생각되는 그러한 신"(*Ethica*, I, prop. XXIX, schol.)을 지칭한다. 반면에 존재하는 것의 총괄로서 우리가 보통 '자연'이라고 일컫는 것은 저러한 신에 의해서 "생산된 자연(natura naturata)"이다. '생산된 자연'이란 "신의 본성의 필연성에서 즉 신의 각각의 속성의 필연성에서 생겨나는 모든 것, 다시 말해 신 안에 있으면서 신 없이는 존재할 수도 파악될 수도 없는 것으로 생각되는, 신의 속성들의 모든 양태들"(*Ethica*, I, prop. XXIX, schol.) 이다.

"신의 본성에는 지성(intellectus)도 의지(voluntas)도 속하지 않는다." (*Ethica*, I, prop. XVII, coroll. II, schol.) 대상이 있어야 작용하는 것인 "지성은 […] 의지, 욕망(cupiditas), 사랑(amor) 등처럼 생산하는 자연에게가 아니라 생산된 자연에 속하는 것으로 간주되어야 한다."(*Ethica*, I. prop. XXXI) '의지'라는 것도 "자유 원인이 아니라, 필연적 원인(causa necessaria)" (*Ethica*, I, prop. XXXII)이라 해야 할 것이다. '의지'란 인간의 정신 안에나 있겠는데, 인간의 "정신(mens) 안에는 어떤 절대적인 또는 자유로운 의지 (absoluta sive libera voluntas)도 없다. 오히려 정신은 이것저것을 의욕하게끔 어떤 원인에 의해 규정되고, 이 원인은 또 다른 원인에 의해서 결정된다. 그리고 이렇게 무한히 나아간다."(*Ethica*, II, prop. XLVIII) 이렇게 생각하기 때문에 스피노자는 의지가 지성보다 미치는 범위가 넓다는 데카르트의 생각[14]도 사태에 맞지 않다고 보며, 아예 "의지와 지성이 동일한 것이다."

(*Ethica*, II, prop. XLIX, coroll)라고 말한다.

또한 "운동하거나 정지하고 있는 물체는 다른 물체에 의해서 운동하거나 정지해 있도록 결정된 것이며, 이 물체 또한 또 다른 물체에 의해 운동하거나 정지하도록 결정된 것이고, 이렇게 무한히 연이어져 있는 것이다."(*Ethica*, II, prop. XIII, lemma III) 물체는 오로지 기계적인 운동을 할 뿐이다. 여기서 스피노자는 뉴턴의 관성의 법칙을 미리 인용하고 있다.[15]

3) 정동(情動)의 지배력으로서의 이성

(1) 자연법칙 아래에 있는 인간

자연 안에 모든 사태와 사건이 법칙에 따라 발생 소멸한다고 보는 스피노자는 스토아학파 사람들과 같이 정동(情動: affectus)이 "우리의 의지에 절대적으로 의존해 있고, 또 우리는 정동을 절대적으로 지배할 수 있다."(*Ethica*, III, praefatio)라고 생각하는 이들을 비난하면서 자기 논변을 편다. 이는 얼핏 스피노자를 반이성주의자처럼 보이게 한다.

"인간의 정동과 생활방식에 대해 기술했던 많은 사람들은 보편적인 자연법칙에 따르는 자연 사물들을 다룬 것이 아니라, 마치 자연 밖에 있는 사물들을 다룬 것처럼 보인다. [⋯] 왜냐하면 그들은 인간이 자연의 질서를 따르기보다는 [⋯] 자기의 행위를 자기 자신 이외의 어떤 것에 의해서도 규정되지 않는 절대적인 힘을 가지고 있다고 믿고 있기 때문이다."(*Ethica*, III, Praefatio)

---

14 Descartes, *Meditationes*, 4. Med.: AT VII, 58 참조.
15 Spinoza가 1661∼1675년간에 쓴 것으로 추정되는 *Ethica*는 유고로 남겨져 1677년에 공표되었고, Newton의 운동의 법칙이 해설된 *Philosophiae naturalis principia mathematica*는 1687년에 나왔다. Spinoza보다 앞서 Hobbes 또한 유사한 명제를 언명하고 있으니(*Leviathan*[1651], I, II, [1] 참조), 당대에 기계론적 운동이론은 광범위하게 납득되어 있었다 하겠다.

"정동이란 신체의 활동을 증대시키거나 감소시키거나 혹은 촉진시키고 억제시키는 신체의 [기분]변용(affectio)을 뜻하며, 동시에 그런 [기분]변용의 관념을 뜻한다."(*Ethica*, III, def. III) 스피노자는 우리 자신이 이러한 [기분]변용의 충전한(adaequata) 원인일 경우를 "능동/활동(actio)"이라고, 그 밖의 경우를 "수동/열정(passio)"이라고 일컫는다.(*Ethica*, III, def. III 참조)

$$정동(affectus) = [기분]변용(affectio) \begin{cases} 능동/활동(actio) \\ 수동/열정(passio) \end{cases}$$

그러니까 스피노자에게 있어서 정념, 정서, 정감, 정동(情動)은 단지 수동적인 것뿐만이 아니라, 순전히 능동적인 것, 즉 자기에게 충분한 원인이 있는 것도 있다. 그러니 인간의 "정신은 어떤 경우는 능동적으로 작용하고, 다른 경우는 수동적으로 작용한다. 즉 정신이 충전한 관념을 가진 경우에는 필연적으로 스스로 작용하고, 불충전한 관념을 가진 경우에는 다른 것에 의해서 필연적으로 작용받는다."(*Ethica*, III, prop. I) ─ "관념(idea)은 정신이 생각하는 것(res cogitans)이기 때문에 정신이 형성한 정신의 개념(conceptus)이다."(*Ethica*, II, def. III) ─ 그러나 자연의 힘은 어디서나 무슨 사건에서나 동일하게 미치기 때문에 "인간의 행동과 욕구(appetitus)에 관해서도" "보편적인 자연법칙과 규칙에 따라서" 작용한다.(*Ethica*, III, Praefatio 참조) 여기서 스피노자는 데카르트가 보았던 것과 같은 정신과 신체의 교호작용을 부정한다. 그는 정신은 정신대로, 신체는 신체대로 각자의 필연적 운동법칙에 따라 움직인다고 보기 때문이다.

"신체는 정신의 생각 활동을, 또 정신은 신체의 운동과 정지 또는 다른 무엇을 규정할 수 없다."(*Ethica*, III, prop. II)

진상이 이러한데도 "사람들이 이 신체 저 신체들의 활동이 신체에 대한 지배력(imperium in corpus)을 가진 정신에서 발원한다고 말할 때, 그들은 자신들이 한 말의 내용을 잘 이해하지 못하고 있는 것이다."(*Ethica*, III, prop. II, schol.) 사실로 우리는 신체가 잠이 들어 있을 때 정신의 활동도 미약해지며, 신체에 활력이 있을 때 정신도 활발하게 작용하는 것을 자주 경험하고 있다.

"정신은 명료하고 분명한 관념을 갖고 있든, 혼란된 관념을 갖고 있든 어떤 무제한적인 지속을 위하여 자기 존재 안에서 고수하려고 힘쓴다." (*Ethica*, III, prop. IX) "이 힘씀(conatus)이 단지 정신에만 관계할 때 의지라고 일컬어지며, 정신과 신체에 동시에 관계할 때 욕구(appetitus)라고 일컫는다."(*Ethica*, III, prop. IX, schol.) 욕구의 본성에는 자기 보존에 필요한 많은 것이 포함되어 있다. 욕구는 역시 "인간이 자기 존재 안에서 고수하려는 힘씀"(*Ethica*, III, prop. XVIII, demonstr.)으로 규정되는 "욕망(cupiditas)" 과 큰 차이가 없는데, 굳이 구별하자면 욕망은 "욕구를 의식하는 욕구"라 하겠다.(*Ethica*, III, prop. IX, schol. 참조)

욕구나 욕망은 인간의 본질(hominis essentia)에 속하는 것으로, 그에 근거해 우리는 우리에게 좋은 것과 나쁜 것, 이로운 것과 해로운 것을 판별한다.(*Ethica*, III, prop. IX, schol. 참조)

"좋음/선(bonum)이란 그것이 우리에게 유익하다(nobis esse utile)는 것을 우리가 확실하게 알고 있는 것을 뜻한다."(*Ethica*, IV, def. I)

"나쁨/악(malum)이란 우리가 어떤 선한/좋은 것을 나눠 갖는 데 방해가 된다는 것을 확실하게 알고 있는 것을 뜻한다."(*Ethica*, IV, def. II)

"여기서 나의 이해로는 좋음/선이란 모든 종류의 쾌/기쁨(laetitia)이며, 더 나아가 쾌를 위해 필요한 것이며, 특히 갈망하는 바를 충족시켜주는 것이다. 반대로 나쁨/악은 모든 종류의 불쾌/슬픔(tristitia)이며, 특히 갈망하는 바를 무산시키는 것이다. […] 우리는 무엇인가가 좋다(bonum)고 판단하기 때문에 욕구하는 것이 아니라, 오히려 반대로 우리가 욕구하는 것이기 때문에 무엇인가가 좋다고 판단한다. 그렇기에 사람들은 각자 자기의 정동에 따라 무엇이 좋음/선이고 무엇이 나쁨/악인지, 그리고 무엇이 더 좋은 것이고 더 나쁜 것이며, 무엇이 최고로 좋은 것[최고선]이고 또는 최고로 나쁜 것[최악]인지를 판단하고 평가한다. 그래서 탐욕적인 사람은 돈 많은 것을 가장 좋은 것으로 여기고, 돈 없는 것을 최악이라 여긴다. 허영심 많은 사람은 명예를 가장 강하게 욕구하고, 수치를 가장 두려워한다. 더구나 질투심 많은 사람에겐 타인의 불행이 가장 유쾌한 일이며, 타인의 행복보다 더 고약한 일은 없다. 그러므로 사람들은 각자 자기의 정동에 따라 어떤 것을 좋음/선이나 나쁨/악으로, 또는 이로운 것이나 해로운 것으로 판단한다."(*Ethica*, III, prop. XXXIX, schol.)

욕망과 더불어 쾌/기쁨과 불쾌/슬픔의 정동(affectus laetitiae et tristitiae)은, 이 셋으로부터 여타의 정동들이 파생하는 "으뜸의(primarius)" 내지는 "원초적인(primitivus)" 정동이다.(*Ethica*, III, prop. XI, schol.; prop. LIX, schol. 참조)

"욕망은 그 자체 인간의 본질이며, 그런 한에서 주어진 기분변용[상태]에 의해 어떤 것을 하게끔 규정되어 있는 것이다."(*Ethica*, III, Affectuum def. I)

"쾌/기쁨은 인간의 더 작은 완전성에서 더 큰 완전성으로의 이행이다."(*Ethica*, III, Affectuum def. II)

"불쾌/슬픔은 인간의 더 큰 완전성에서 더 작은 완전성으로의 이행이다."
(*Ethica*, III, Affectuum def. III)

"쾌/기쁨, 불쾌/슬픔, 욕망과 [⋯] 이 셋으로부터 파생된 정동, 즉 사랑, 미움, 희망, 두려움 등의 정동은 우리가 촉발되는 대상의 종류만큼이나 많다."(*Ethica*, III, prop. LVI) 쾌나 욕망의 정동은 수동적인 것도 있고 능동적인 것도 있다.(*Ethica*, III, prop. LVIII 참조) 스피노자는 쾌의 정동이 정신과 신체에 동시에 관계할 때 그것을 "쾌감(titillatio)"이라 하고, 불쾌의 정동이 정신과 신체에 동시에 관계할 때 "고통(dolor)"이라고 부른다. (*Ethica*, III, prop. XI, schol. 참조)

그러나 각 개인의 정동은 각자의 본질이 다른 만큼 서로 다르다. "주정뱅이의 즐거움과 철학자의 즐거움 사이에는 큰 차이가 있다."(*Ethica*, III, prop. LVII, schol.) 사람에게는 "수동적 정동인 쾌/기쁨과 욕망 외에도 우리가 능동적으로 활동함으로써 우리에게 다가오는 쾌/기쁨과 욕망의 정동이 있다."(*Ethica*, III, prop. LVIII) 정신은 스스로 활동하여 참되고 충전된 관념을 가질 때 기쁨을 얻고, 그리하여 명료하고 분명한 관념을 가지려는 욕망을 갖는다. 그래서 인간에게는 진리 추구의 지적 욕망도 있고, 이성의 지도를 따르는 정동도 있다. 이성의 영향 아래에 있는 정동으로서는 대표적인 것이 둘이 있으니 용기(animositas)와 관용(generositas)이 그것이다. 이것들은 정신에 귀속되는 감정에서 생겨나는 활동이므로 정신의 굳셈(fortitudo)이라 할 수 있겠는데, 용기는 "오로지 이성의 명령에 의해 자신의 존재를 보존하려는 욕망"이고, 관용은 "오로지 이성의 명령에 의해 타인을 돕고 그와 우정을 맺으려는 욕망"이다.(*Ethica*, III, prop. LIX, schol. 참조) 절제, 절주, 위험에서의 침착함 등은 용기에 속하는 것이고, 친절이나 겸손함 같은 것은 관용에 속하는 것이다.

여기서 흥미로운 것은 스피노자가 지적 능력으로서의 정신력의 활동으로 인해 수동적 정동이 능동적 정동으로 전환될 수도 있다고 보는 점이다. 스피노자는 정동과 지적 능력은 서로 연관되어 있어서 쾌/기쁨의 정동은 인식력을 고양시키고, 불쾌/슬픔은 감소시키며, 그 역도 마찬가지인 것으로 보았다. 그런데 "열정/수동인 정동은 우리가 그것에 대해 명료하고 분명한 관념을 형성하자마자 열정/수동이기를 그친다."(*Ethica*, V, prop. III) 열정/수동의 정동은 "하나의 혼란된 관념"인데, 만약 우리가 이 정동에 대해 명료하고 분명한 관념을 형성하게 된다면, 이 관념은 그 정동과 이내 구별될 것이고, 그래서 그 "정동은 열정/수동이기를 그칠 것이다." (*Ethica*, V, prop. III, demonstr.) "그러므로 정동이 우리에게 더 많이 인식되면 될수록, 정동은 그만큼 더 우리의 지배 아래에 있으며, 또 정신은 그만큼 더 정동의 영향을 덜 받는다."(*Ethica*, V, prop. III, coroll.) — 정신과 신체의 관계를 설명할 때, 또 선과 악을 규정할 때 얼핏 자연주의자처럼 보였던 스피노자가 이 대목에서 이성주의자로서 자신의 정체를 드러낸다.

(2) 이성의 지도에 따르는 덕행의 가능성

"인간이 자연의 일부가 아닐 수는 없다."(*Ethica*, IV, prop. IV) 그래서 "이성은 자연에 반하는 것은 아무것도 요구하지 않기 때문에, 그러므로 이성은 각자가 자기 자신을 사랑하는 것, 자기에게 유익한 것, 자기의 참된 유익함을 추구하는 것, 그리고 인간을 더욱더 큰 완전성으로 진정으로 이끌어가는 것을 욕구하는 것, 단적으로 말해서 각자가 전력을 다해서 자기의 존재를 보존하려고 노력할 것을 요구하고 있다. 이것은 '전체가 그 부분보다 크다'와 마찬가지로 필연적으로 참이다."(*Ethica*, IV, prop. XVIII, schol. 참조)

무릇 "덕의 기초는 자기 자신의 존재를 보존하려고 힘씀 자체이다. 그리고 행복은 인간이 자기의 존재를 보존할 수 있는 데에 있다."(*Ethica*,

IV, prop. XVIII, schol. 참조) "그러므로 자기의 본성에 대립되는 외부의 원인에 의해서 강제되지 않고서는 자기의 이익 추구 내지 자기 존재의 보존을 포기하는 자는 아무도 없다. 말하거니와, 자기 본성의 필연성에서 음식을 거부하거나 자살하는 사람은 아무도 없다."(*Ethica*, IV, prop. XX, schol.) 만약 자살하는 사람이 있다면, 그는 "무력한 정신의 소유자이며, 자기의 본성과 상충되는 외적인 원인에 의해 전적으로 압도되는 사람이다."(*Ethica*, IV, prop. XVIII, schol. 참조) "자유인(homo liber)은 무엇보다도 죽음에 대해서 생각하지 않는다. 그리고 그의 지혜는 죽음에 대한 성찰이 아니라 삶에 대한 성찰이다."(*Ethica*, IV, prop. LXVII)

이미 살펴보았듯이 인간은 그 정동에 따라 "각자 그가 좋음/선 또는 나쁨/악이라고 판단하는 것을 자기의 자연본성의 법칙에 따라서 필연적으로 요구하거나 기피한다."(*Ethica*, IV, prop. XIX) 사태가 이러하므로 "인간 자신이 작용인(efficiens causa)인 것은 모두가 필연적으로 좋음/선이기 때문에, 따라서 인간에게서 나쁨/악은 외부의 원인 때문이 아니라면 일어날 수 없다."(*Ethica*, IV, appendix, caput VI) "각자가 자기의 이익을 추구하면 할수록, 다시 말해 자기의 존재를 보존하고 또 그것이 가능하면 할수록 그만큼 그는 더 유덕하다. 반대로 각자가 자기의 이익을, 다시 말해 자기의 존재를 보존하는 일을 소홀히 하는 한, 그만큼 그는 무력하다." (*Ethica*, IV, prop. XX)

무릇 "절대적으로 덕에 의해서 행한다고 함은 우리에게는 다름 아니라, 이성의 지도에 따라서 행한다(ex ductu rationis agere), 산다(vivere), 자기 존재를 보존한다(suum esse conservare) 함 ─ 이 세 가지는 같은 것을 의미한다 ─ 이다. 그리고 이것은 누구나 자기의 이익을 추구한다는 원칙에 따라서 하는 것이다."(*Ethica*, IV, prop. XXIV) 이성이야말로 각자를 그에게 가장 좋은, 이익이 되는 길로 이끌기 때문이다.

'자유인'은 "오로지 이성의 지시에 따라 사는 사람"(*Ethica*, IV, prop.

LXVII, demonst.)이다. 사람들이 이성에 따라 생활하지 못하는 것은 어떤 정동에 예속되기 때문이다. "예속"이란 "정동을 지배하거나 억제함에 있어 인간의 무능함"(*Ethica*, IV, praefatio)으로서, 정동에 휘둘리는 사람은 자기 자신의 지배 아래에 있는 것이 아니라 운명에 맡겨져 있는 것이니, 그러니까 자유롭지 못한 것이다. "어떤 열정/수동 내지 정동의 힘은 인간의 여타의 활동/능동 내지 능력을 능가할 만큼, 정동은 그렇게 완강하게 인간에게 부착해 있다."(*Ethica*, IV, prop. VI)

"사람들이 열정/수동에 지배받는 한, 그들이 본성에서 합치한다고 말할 수 없다."(*Ethica*, IV, prop. XXXII) 설령 본성에서 서로 같다고 해도 되어감에서는 서로 멀어질 수 있는 것이다. (性相近이되 習相遠이다.) 아니, "사람들은 열정/수동이라는 정동에 의해 동요되는 한 본성에 있어서 서로 다를 수 있으며, 그런 한에서 동일한 사람도 변화할 수 있고, 항존적이지 않다."(*Ethica*, IV, prop. XXXIII)

게다가 "인간의 실존을 계속하려고 하는 힘에는 한계가 있으며, 인간은 외적 원인의 힘에 의해 무한히 압도된다."(*Ethica*, IV, prop. III) 인간의 능력은 매우 제한적이고, 외적인 원인들에 의해 무한히 압도되어 있다. 우리 인간은 우리의 외부에 있는 사물을 우리의 용도에 적합하도록 하는 절대적인 능력을 가지고 있지 않다.(*Ethica*, IV, appendix, caput XXXII 참조) 그러니 그러한 제한적 능력에도 불구하고, 우리로서는 우리가 의무로 인식한 것을 완수한다면, 그것만으로 충분한 것이다.

좋음/선(bonum)과 나쁨/악(malum)이라는 것은 사물들 안에 있는 어떤 적극적인 것(positivum)이라기보다는 사람들의 생각의 방식, 사물들을 비교하는 데서 생긴 개념들일 뿐이다. 왜냐하면 어떤 사물은 때로는 좋기/선하기도 때로는 나쁘기/악하기도 또 때로는 그 중간이기도 하니 말이다.(*Ethica*, IV, praefatio 참조) "사물은 지성에 의해 정의(定義)되는 정신 생활을 인간이 향유하는 데 도움이 되는 그만큼 좋은/선한 것이다. 반대로 인간이 이성을 완성해서 이성적 생활을 향유하는 데 방해가 되는 것들을 우리는 나쁘다/악하다고 일컫는다."(*Ethica*, IV, appendix, caput V)

또한 어떤 자연물을 완전하다(perfectum) 또는 불완전하다(imperfectum)고 말하는 것은 사람들의 편견일 따름이다. 자연상태에서는 '내 것', '네 것'이 없으니 남의 것을 빼앗는다는 개념도 있을 수 없다. 바꿔 말하면 정의, 부정의의 개념이 없다. 그러나 일반의 동의에 의해 '무엇은 누구의 것이다'라고 규정되는 시민적 상태에서는 그러한 개념이 생긴다. 그러므로 '정의(正義)'는 정신의 본질적 속성이라기보다는 외면적 개념일 뿐이다. "신 즉 자연(Deus seu Natura)"은 필연성에 따라 운동할 뿐이니, 자연에는 넘치는 것도 모자라는 것도 있을 수 없다.(*Ethica*, IV, praefatio 참조) 그러니 남의 것을 빼앗고 내 것을 빼앗기고 할 일도 없는 것이다.

만약 인간이 오로지 자유롭게 태어나, 오로지 자연의 이치대로만 살았다면, "좋음과 나쁨[선악]에 대한 아무런 개념도 형성되지 않았을 것이다."(*Ethica*, IV, prop. LXVIII) 그러나 인간은 몹시 제한적인 역량을 가지고 있을 뿐이고, 그래서 때로는 좋은 길에 들어서기도 하고 나쁜 길에 들어서기도 한다. 그때 이성은 인간을 좋음/선으로 인도할 것이다. 왜냐하면 "우리의 능동/활동(actio), 다시 말해 인간의 힘(potentia) 즉 이성에 의해 정의되는 욕망은 언제나 좋은/선한 것"(*Ethica*, IV, appendix, caput III)이기 때문이다.

4) 공동체의 기반으로서의 이성과 민주정체

"덕에 따라서 행한다는 것은 이성의 지도에 따라 행한다는 것"(*Ethica*, IV, prop. XXXVI, demonst.)이고, 이성이란 공통 개념의 작용이니, 덕을 따르는 사람들의 최고선이 모든 사람들에게 공통되고, 덕에 따라 행하는 사람들의 최고선이 서로 합치하는 것은 당연한 일이다. 물론 "사람들이 열정/수동이라는 정동에 의해 동요되는 한 서로 대립될 수 있다."(*Ethica*, IV, prop. XXXIV) 그러나 "사람들이 이성의 지도에 따라 생활하는 한, 오직 그런 한에서 언제나 필연적으로 합치한다."(*Ethica*, IV, prop. XXXV) 이성은 언제 누구에게나 최선의 것을 택하게 할 것인바, 사람들이 이성의 지도에 따라 살면, 한결같게 최선으로 살 것인즉 서로 일치할 수밖에 없다. 그것은 누가 셈을 하든지 이성에 따르는 한 '1-1 =0'이라는 데 합치하는 이치와 같다. "이성의 지도에 따라서 우리는 두 가지 좋음/선 중에서는 더욱 큰 것을, 두 가지 나쁨/악 중에서는 더 작은 것을 좇을 것"(*Ethica*, IV, prop. LXV)이고, "더 작은 현재의 좋음/선보다는 더 큰 미래의 좋음/선을, 그리고 더 큰 미래의 나쁨/악보다는 더 작은 현재의 나쁨/악을 욕구할 것"(*Ethica*, IV, prop. LXVI)이다. 그렇게 함으로써 모든 사람들이 최선의 삶을 똑같이 즐길 수가 있다.(*Ethica*, IV, prop. XXXVI 참조)

오로지 이성에 따라 행동하는 사람만이 진정한 자유인이라 하겠는데, 스피노자는 "이성에 지도받는 사람은 자기 자신에게만 복종하는 고독 속에서보다 오히려 공동의 결정에 따라서 생활하는 국가 속에서 더 자유롭다."(*Ethica*, IV, prop. LXXIII)고 본다. 국가가 없는 무법천지에서 사람은 공포에 떨기 마련인데, 자유롭기를 원하는 사람은 누구도 공포에 의해 복종하고 싶어 하지 않는다. "사람들이 교호적인 도움이나 이성의 문화 없이는 매우 비참하게 살 수밖에 없다는 점을 고찰한다면, 우리는 사람들이 가능한 한 안전하게 함께 살아가기 위해서는 반드시 한데 뭉쳐야만 한다는 사실을 깨닫게 된다."(*Th-P*,[16] XVI, 177) 여기서 사람들은 이성의 명령에 따라 자기 존재를 보존하려고 하는 한, 공동의 생활과 공동의 이익을 고려하고, 공동체의 법규, "국가의 공통의 법률(communia civitatis jura)"을 준수하고자 한다.(*Ethica*, IV, prop. LXXIII, demonstr. 참조) "인간의 공동사

---

16 Spinoza, *Tractatus Theologico-Politicus*, 1670.

회에 도움이 되는 것, 또는 사람들을 서로 화합하게 하여 생활하도록 하는 것은 유익한 것이다. 반면에 국가 안에 불화를 이끌어오는 것은 악한 것이다."(*Ethica*, IV, prop. XL) 사람들을 화합하게 하여 살도록 하는 것은 곧 사람들을 "이성의 지도에 따라 생활하도록 하는 것"(*Ethica*, IV, prop. XL, demonstr.)이니, 그것이야말로 좋은 것이고, 불화를 불러일으키는 것은 사람들로 하여금 정동에 휩쓸리게 하는 것인 만큼 나쁜 일이다. 인간에게 특히 유익한 것은 서로 교제하고 모든 사람을 마치 한 사람처럼 만드는 유대에 의해서 사회를 형성하고 상호 결합하는 일이다.(*Ethica*, IV, appendix, cap. XII 참조)

사람은 누구나 자기한테 더 좋은 것을 택하고 더 나쁜 것은 피하면서 살 권리를 이미 자연으로부터 가지고 있으니, 자유롭게 사는 삶이야말로 인간에게 최상의 삶이다. 그런데 '자유롭다(liber esse)'는 것은 이미 앞서 밝힌 '자유인'의 개념에서 보았듯이 사람이 정동에서 벗어나 "온 마음으로 오로지 이성의 지도에 따라 산다(integro animo ex solo ductu rationis vivere)."(*Th-P*, XVI, 181)는 것을 뜻한다. 그러므로 가장 자유로운 국가는 "그 법률이 건전한 이성 위에 기초하고 있는 국가"(*Th-P*, XVI, 181)이다. 이러한 국가에서라야 인간은 자유를 현실로 누릴 수 있다. "그러므로 인간이 이성에 인도되면 될수록, 다시 말해 자유로울수록 그만큼 더 확고하게 국가의 법을 준수하고, 신민으로서 최고 권력의 지시명령을 따른다."(*Th-P*, XVI, 181) 스피노자는 이러한 이성적인 국가는 '민주정체(democratia)'에서 가장 잘 실현될 수 있다고 본다. 민주정체란 "사람들이 그 전체에서 그들이 할 수 있는 것에 대해 최고의 권리(summum jus)를 가지고 있는 사람들의 보편적 결사체(coetus)"(*Th-P*, XVI, 179)로서, 민주정체에서는 여느 정체에서보다 비합리적인 법률이 통용될 수 없기 때문이다. 스피노자는 민주적인 결사체가 크면 클수록, 거기에서 "다수가 불합리한 것에 동의한다는 것이 불가능하다."(*Th-P*, XVI, 180)라고 본다. 무릇 민주정체의 토대와 목적은 "욕구의 불합리성을 배제하고 가능한 한 사람들을 이성의 제한 아래에 두어서 사람들로 하여금 화합과 평화 속에서 살도록 하려는 것이다."(Th-P, XVI, 180) 민주국가에서 시민들은 이성의 지도에 따라 자유의지로 전체 사회의 안녕과 평화를 위해 자연권의 일부를 국가사회에 양도하고 스스로 그에 복종함으로써, 오히려 자연의 권리인 자유와 평등을 누린다.

"민주정체는 가장 자연스러운 것이며, 자연이 각 개인에게 부여한 자유에 가장 근접해 있는 것이다. 무릇 민주정체에서는 어느 누구도 자신의 자연권을 차후 더 이상 협의할 수 없는 방식으로는 타인에게 양도하지 않는다. 다만 그는 자연권의 일부를 그 자신도 그 구성원의 하나인 전체 사회의 다수에게 양도할 따름이다. 이런 이유로 여기서 만인은 예전에 자연상태에서 그랬던 것처럼 평등하다."(Th-P, XVI, 181)

자유 국가 안에서는 누구에게나 "그가 하고자 하는 바를 생각하고, 생각하는 바를 말하는 것이 허용된다."(Th-P, XX, 224) 각 개인의 사상, 감정, 신념에 대한 권리는 어떠한 사회계약에 의해서도 타인들에게 양도할 수 없는 것이다. "어느 누구도 자기의 자연권 내지는 자유롭게 사유하고 모든 것에 관해 판단하는 역량을 타인에게 양도할 수 없으며, 양도하도록 강요당할 수 없다."(Th-P, XX, 224) 누구도 자기 의사대로 판단하고 사고할 자유를 포기할 수 없으며, "각자는 최고의 자연법에 따라 자기 사상의 주인이 된다."(Th-P, cap. XX, 226) 사상에 있어서 그토록 상이하고 대립적이기까지 한 사람들이 최고 권력의 지시규정에 따라 똑같이 발언하도록 국가에서 시도하는 것보다 인간에게 더 불행한 사태는 없다.(Th-P, XX, 226 참조)

"국가의 목적은 사람들을 이성적 존재자에서 동물이나 자동기계로 만드는 것이 아니라, 오히려 사람들의 정신과 신체가 훼손당함 없이 자기의 역량을 펼치고, 사람들이 스스로 자유롭게 자기의 이성을 사용하도록 하는 것이다. [⋯] 국가의 목적은 진실로 자유이다."(*Th-P*, XX, 227)

이로써 스피노자는 다음에서 상술할 로크(John Locke, 1632~1704)에 앞서 자유민주정 체제의 근간에 대한 개념을 명확한 언어로 개진하고 있다.

5) 신에 대한 인식과 지복(至福)으로 이끄는 이성

"신은 열정(수동)에 사로잡히지 않으며, 또 어떠한 쾌/기쁨이나 불쾌/슬픔의 정동에 촉발되지 않는다."(*Ethica*, V, prop. XVII) 정신의 최고의 덕은 이러한 신을 인식하는 일이다.(*Ethica*, V, prop. XXVII, demonast. 참조) "우리의 정신은 그 자신과 신체를 영원의 형상 아래서 인식하는 한, 필연적으로 신의 인식을 가지며 또 자신이 신 속에 있으며, 신을 통해서 생각하고 있다는 것을 안다."(*Ethica*, V, prop. XXX)

"인생에서 우리에게 가장 유익한 것은 지성 또는 이성을 가능한 한 완성하는 일이며, 그리고 이 한 가지 일에 인간의 최고의 행복(felicitas)과 정복(淨福: beatitudo)이 있다. 왜냐하면 정복(淨福)은 신의 직관적 인식에서 나타나는 마음의 평정(平靜: acquiescentia) 이외의 아무것도 아니기 때문이며, 지성을 완성한다는 것은 신의 속성과 신의 본성으로부터 필연적으로 나타나는 여러 활동을 인식하는 일에 지나지 않기 때문이다. 그러므로 이성에 의해 지도되는 인간의 궁극 목적은, 다시 말해 그가 여타의 모든 욕망들을 통제(moderari)하려고 노력하는 최고의 욕망은 그 자신과 그의 지성에 의해 생각될 수 있는 모든 사물을 타당하게 이해하도록 그를 이끌어 주는 욕망이다."(*Ethica*, IV, appendix, caput IV) "그러므로 지성이 없는 이

성적 생활은 없다."(*Ethica*, IV, appendix, caput V)

"나는 더 좋은 것을 보고 인정하면서도 더 나쁜 것을 따라간다."[17]라는 탄식처럼, 정신은 신체에 매여 있는 동안은 왕왕 열정에 지배당할 수 있다.(*Ethica*, V, prop. XXXIV 참조) 많은 정동은 신체와 연관되어 있으되, 지성은 신체의 변화를 조정할 힘을 가지고 있으며, 그로써 정동을 통제할 수 있다. 그때 정신은 신체의 현재의 현실적 존재에서 파악하는 것이 아니라, "신체의 본질을 영원의 형상 아래서 파악하기 때문이다."(*Ethica*, V, prop. XXIX) "우리의 정신은 그 자신과 신체를 영원의 형상 아래서 인식하는 한, 필연적으로 신의 인식을 가지며 또 자신이 신 안에 있으며 신을 통해서 파악되고 있음을 안다."(*Ethica*, V, prop. XXX) 이러한 앎이 증대할수록 정신은 "나쁜 정동으로부터 그만큼 영향을 덜 받는다."(*Ethica*, V, prop. XXXVIII)

"정복(淨福)은 덕의 보상이 아니라 덕 자체이다. 우리는 정욕(libido)을 억제하기 때문에 정복을 기꺼워하는 것이 아니라, 반대로 정복을 기꺼워하기 때문에 정욕을 억제할 수 있다."(*Ethica*, V, prop. XLII) 실상 신체를 가진 인간이 이런 정복을 누리기란 지난한 것이다. 그래서 스피노자는 "모든 훌륭한 것은 어렵고 그만큼 드문 것이다."라는 말로 그의 『윤리학』을 맺었다. "영원하고 무한한 것에 대한 사랑은 영혼을 순수한 쾌/기쁨으로 채워주고, 모든 불쾌/슬픔에서 벗어나게 한다. 이러한 사랑이야말로 전력으로 갈망하고 추구해야만 하는 것이다."(*IE*,[18] 10)

---

17 Ovidius, *Metamorphoseon libri*, VII, 20/21.
18 Spinoza, *Tractatus de Intellectus Emendatione*, Amsterdam 1677.

3. 라이프니츠에서의 이성의 체계

1) 필연적인 인식의 이성 원리와 신 인식

인간은 전체 "행동의 4분의 3의 경우에" "동물과 같이 행동한다." (*Monad*,[19] 28; *Principes*,[20] 5) — 라이프니츠는 이성적 동물이라고 정의된 인간에서 그 동물성과 이성성의 비율을 특정 비율로 나눠 말한 최초의 철학자이자, 아마도 이성성의 비율을 최대로 높게 잡은 철학자일 것이다. 주변 사람들의 관찰을 통해 이런 비율을 알았다면, 그는 성인(聖人)들 가운데서 살았음에 틀림없고, 자신을 성찰한 결과로 얻은 수치라면 그 자신 성자(聖者)임에 틀림없다.

이성의 철학자 라이프니츠에게 감각, 지각, 기억과 이를 바탕으로 한 추론은 동물적인 것이고, '경험적'인 것이다. 그러나 인간은 논리학, 대수학, 기하학에서 보는 것 같은 "필연적이고 영원한 진리의 인식"을 할 수 있는데, 그것은 인간 안에 "이성적 영혼(Ame Raisonnable) 내지는 정신(Esprit)"(*Monad*, 29)이 있기 때문이며, 그래서 인간은 "이성적 동물(Animaux Raisonnables)"(*Principes*, 5)이라고 일컬어진다. 이에 라이프니츠는 "감각에 있지 않던 것은 아무것도 지성에 있지 않다(Nihil est in intellectu, quod non fuerit in sensu)."라는 감각경험주의의 대원칙에 "단 만약 지성 자신을 제외한다면(excipe: nisi intellectus ipse)"이라는 단서를 붙인다.(*Nouveaux Essais*,[21] II, 1, 2 참조) 단지 동물적인 사람은 어제도 그제도 밤이 지나면 낮이 왔기 때문에 이 밤이 지나면 내일도 다시 낮이 올 것

---

19 Leibniz, *Monadologie*.
20 Leibniz, *Principes de la Nature et de la Grace fondés en Raison*.
21 Leibniz, *Nouveaux Essais sur L'Entendement Humain*.

이라 기대하지만, 천문학자는 "이성에 의해(par raison)" 낮이 올 것을 예견한다.(*Principes*, 5 참조)

　다수의 이러한 이성에 의한 인식 가운데서도 라이프니츠가 볼 때 이성적 인식의 궁극적 대상은 '신(Dieu)'이다. 여타의 동물에게서는 볼 수 없는 신에 대한 인식이 가능한 것은 인간은 한낱 경험적 자료에 의한 추론이 아니라 "이성적 추론(raisonnement)"(*Monad*, 31)을 할 수 있기 때문이다. 이 이성적 추론은 "두 개의 대원리(deux grands principes)", 곧 모순율(principe de la contradiction)과 충분근거율(principe de la raison suffisante)에 근거한다. 우리는 "모순을 포함한 것은 모두 거짓이라고 판정"(*Monad*, 31)하며, "충분한 근거가 있지 않으면 어떠한 사실도 언표도 참이라고 또는 실존한다고 증명될 수 없다."(*Monad*, 32)고 의식하는데, 이러한 규칙은 '나'라고 불리는 것의 "반성적 행위"(*Monad*, 30)에 의한 것이다. 모순율은 모든 이성적 진리 또는 필연적 명제들의 최고 원리이고, 충분근거율은 모든 사실적 진리 또는 우연적 명제들의 최고 원리이다. 라이프니츠는 '1-1=0'과 같은 명제는 필연적 진리라 하고, '나는 생각한다.'라는 명제는 '나'와 '생각하다'라는 두 관념을 두고 우리 "정신이 두 관념의 합치를 그 관념들 자체에서 다른 어떤 관념의 개입 없이 직접적으로 지각"(*Nouveaux Essais*, IV, II, 1)한다는 점에서 "직관적" 인식이되, 이 '나'가 '현존함'은 "직접적인 내적 경험으로서 직접적으로 감지된다는 의미에서" "원초적인 사실적 진리"(*Nouveaux Essais*, II, II, 1)라고 본다.

　존재하는 것은 무엇이나 그것이 존재하기 위한 충분한 근거를 가져야 함은 당연하다. "왜 무가 아니라 오히려 어떤 것이 있는가?"(*Principes*, 7) 무가 어떤 무엇인 것보다 훨씬 쉽고 간단한데 말이다. 그러니 무엇인가가 있다면, 그를 위한 충분한 근거가 있다고 생각하는 것이 합리적 사고이다. 이 사고의 형식이 충분근거율이거니와, 그러니까 사물들은 저마다 그 실재성의 근거가 있고, 그 근거의 근거를 소급해가면 결국 가장 실질

실재적인 것에 이른다. 그것은 더 이상의 근거를 찾을 수 없는 원초적인 것, 굳이 근거라는 말을 써서 말한다면 "자신의 실존 근거(la raison de son existence)"(Monad, 45)를 자신 안에 가지고 있는 것이니 문자 그대로 '자기 원인(causa sui)' 곧 신(theos)이라 해야 할 것이다. 신은 세상 창조에 필요한 모든 가능한 실질실재성을 보유하고 있으며, 그래서 최고 실질실재 존재자(ens realissimum)로 드러난다. 그 실질성에서 제한되어 있고, 그런 의미에서 우연적인 존재자들과는 달리 신은 어떤 부정도 결여도 가지고 있지 않다. 이로부터 신이 필연적 존재자(ens neccesarium)임뿐만 아니라 그 유일성이 밝혀진다. 무엇이 둘 이상 있으면, 서로 제한하기 마련이기 때문이다. 그래서 신은 "유일하고, 보편적이며, 필연적인"(Monad, 40) 실체이고, 그런 의미에서 최고 완전 존재자(ens perfectissimum)이고, 그러니까 "절대적으로 무한"(Monad, 41)하지 않을 수 없다.

2) 이성 추론에 의한 세계상

이렇게 충분근거율에 의거한 이성 추론에 따라서 만물의 근원인 신이 인식된다. 신은 만물 각각의 "실존(existence)의 기원(origine)"(Discours de Métaphysique, 36) 내지 "근원(source)"일 뿐만 아니라, "본질(essence)의 근원"(Monad, 43)이다. 존재하는 것 모두가 충분한 존재근거를 가져야 하는 만큼, 그 실존이 종내는 근원적 존재자에게서 유래함은 당연한 일이겠다. 또한 각기의 사물은 여타의 사물과 그 본질의 차이로 말미암아 구별되는 것인 만큼 각각의 존재자가 바로 그러한 존재자인 것은 그 본질 규정으로 인한 것이고, 그러니까 그런 일은 모두 신의 지성에 의해서만 일어날 수 있는 일이다. 이 같은 신(神) 이론 위에서 라이프니츠의 단자(單子: monade) 실체론과 이 실체들의 합성 세계 이론이 성립한다.

(1) 단자론

라이프니츠의 단자는 '단순한 것', 그러니까 '나누어지지 않는 것 (individuum)'이다. 나누어지지 않는 것은 크기(연장성)를 갖지 않는다는 것 이고, 크기가 없으니 어떤 형태나 모양새를 가질 수 없는 것이다. 그것은 단순히 '하나인 것(monas)'이다. 이른바 '일자로서의 단자(ens qua unum)' 이다.(*Principes*, 1 참조) 그러니까 단자는 분할 불가능한 개체로 있는 것 이다.

'개체'라 함은 그것만의 독특한 성격을 가진 존재자, 다시 말해 그것 이 가진 독특성의 전체가 다른 어떤 것과 동일한 것이 되지 않는 그런 존 재자를 지칭한다. 단자는 각기 '무엇인 것으로서의 단자(ens qua res)'이 며, 그런 한에서 단자들은 본질상 서로 완전히 다르다. 구별될 수 없는 것은 같은 것이니, 이른바 '무구별자 동일성의 원리(principium identitatis indiscernibilium)'에 따라 내적 규정이 동일한 두 개의 사물은 존재할 수 없 다. 이에 단자 '개별성의 원리(principium individuae)'가 성립한다.(*Monad*, 9; *Principes*, 2 참조)

각 단자의 이 개별성은 각 단자가 끊임없이 자신을 개별화하는 데서 확 보된다. 이른바 '개별화의 원리(principium individuationis)'에 의한 이 단자 의 개별화는 다른 단자들과의 관계에서뿐만 아니라 자기와의 관계에서도 일어난다. 그런 의미에서 단자는 '실체(substantia)'이다. 다른 어느 것과도 구별되는 독자적인 것이면서도, 각 단자는 끊임없이 자기운동, 곧 변화 한다. 단자는 그 변화의 바탕에 있다는 점에서 기체(基體: substratum)이자 살아 있는 실체로서, "각각은 자신의 본성에 자기 작용 연쇄의 연속성의 법칙(lex continuationis seriei suarum operationum)을 포함하고, 그에게 일어 난 모든 일, 그리고 일어날 모든 일을 포함하고 있다."(Arnauld에게 보낸 편지, 1690. 3. 23 자[?]: phS[22] II, 136)

변화란 이전의 상태와 지금의 상태가 다름을 말하는 것으로, 따라서 단자의 한 상태는 반복되지 않는 그때그때의 특수한 상태이다. 이러한 절대적 특수화의 원리(principium specificationis absolutae)(Monad, 12 참조)에 의한 이 특수한 상태들은 서로서로 다르지만, 그것들이 한 단자의 상태들, 임시적으로 지나가는 상태들(l'état passager)인 한에서 그 상태들은 모두 그 단자의 성질[본성]을 표출한다(representer). 그러니까 단자란 다수를 포함하는 단일성[하나]이다. 이 그때그때의 단자의 상태, 끊임없는 변화 가운데서도 그 단자의 본성을 표출하는 것, 이것을 일컬어 "지각(perception)" (Monad, 14)이라 한다. 단자의 그때그때의 상태 표출인 지각은 단자의 내적 원리(principe interne)의 활동에 기인한 것이다.(Monad, 11 참조) "한 지각에서 다른 지각으로의 이행 내지 변화를 일으키는 내적 원리의 활동"을 "욕구(appetition)"라고 일컫는바, 한 욕구는 의도했던 지각에 완전하게 도달하지는 못한다고 할지라도, 적어도 (끊임없이) 새로운 지각에는 이른다. (Monad, 15 참조) 그럼으로써 단자는 끊임없이 자기 변화를 하며, 그때 우리는 한 단순한 실체 중에서 다양[다수]을 경험한다.(Monad, 16 참조)

한국어 지각(知覺)은 '대상을 깨치다'라는 뜻이겠으나, 라이프니츠에서 '지각(perception)'이란 표상(表象) 또는 재현(再現) 내지는 '대상(代象)'을 뜻한다. 왜냐하면 각각의 지각에서 곧 그때그때 도달되어 있는 변화 상태에서 단자는 자기의 완전한 본질을 정시(呈示, vorstellen)하고 있는 것이기 때문이다. 그러므로 그때그때의 변화 상태는 단순 실체인 단자의 대표(代表) 상태이며, 대신(代身) 상태이다. 이런 뜻에서 모든 단자의 실체적 본질은 지각함이다. 그러므로 '지각함'이란 단자의 독자적인 자기 변화를 말한다. 단자 지각의 원리(principium perceptivum)란 이를 일컬음이다.

라이프니츠에게서 '지각'은 '통각(apperception)'이나 '의식(conscience)'과 구별된다. 지각이란 단자의 밖으로 드러난 내적 상태로, 지각 없는 단자

---

22 *Die philosophischen Schriften von Gottfried Wilhelm Leibniz*, hrsg. v. C. I. Gerhardt.

는 없으며, 한순간이라도 지각 없는 상태에 있는 단자는 없다. 반면에 통각은 자기의식 내지는 외부 사물들을 표상하는 단자의 내적 상태에 대한 반성적 인식으로서(Monad, 14; Principes, 4 참조), 모든 단자가 지니고 있는 것도 아니고 단자가 늘 가지고 있는 것도 아니다. 오직 이성적 영혼 또는 정신만이 통각을 가지고 있다.

라이프니츠는 데카르트를 포함해서 많은 사람들이 '지각(perceptio)'과 관련해서 그 본질을 정확히 파악하지 못했다고 말하고자 한다. 데카르트에게서 지각이란 항상 의식(conscientia)과 함께 생각되었으며, 의지(volitio)가 그렇듯이 지각도 생각/의식(cogitatio)의 한 양태이다. 그러나 라이프니츠에서 지각이란 의식과 무관한 것이다. 라이프니츠가 볼 때는 의식적 지각도 있지만, 무의식적 지각도 있다. 그러므로 한 지각에서 다른 지각으로의 전이를 일으키는 원리인 욕구도 의식적인 것뿐만 아니라, 무의식적인 것도 있다. 그러니까 라이프니츠의 존재론에는 데카르트 혹은 상식적 견해가 취하는 바와는 달리, 의식적 상태[살아 있는 상태]와 무의식적 상태[죽어 있는 상태] 사이에 어떤 뛰어넘을 수 없는 심연이 놓여 있는 것이 아니다. 굳이 '산다[生]'는 말을 쓰자면, 신의 피조물들은 모두 신의 섭리 아래서 일정한 목적을 지향해 살아 움직인다. 그런 의미에서 "전 자연은 생명으로 충만해 있다."(Principes, 1)고 하겠다.

모든 단자들은 독자적인 자기 목적을 가진 완전체라는 점에서, 그리고 자족체(suffisance, autarkeia)라는 점에서(Monad, 18 참조) 자기운동을 할 뿐이며, 이 자기운동은 오로지 내적 원리[욕구]에 따를 뿐이라는 점에서 '실현체(entelekeia)'라고 부르는 것이 적절하다.(Monad, 18 참조) 혹은 "원초적 힘(forces primitives)"이라고 부를 수도 있다.(Systeme nouveau, phS IV, 479 참조) 그리고 또한 모든 단자들은 지각과 욕구를 가지고 있다는 점에서 "영혼(ame)"이라고 부를 수도 있겠다.(Monad, 19 참조) 그렇기 때문에 모든 단자들의 운동과 변화는 외부와의 교섭 없이 독자적으로 일어나며, 단자들은 다른 것이 그것을 통하여 소통할 수 있는 "창을 가지고 있지 않다." (*Monad*, 7) 단자들은 그 자신만으로 충분한 존재자이다.

그럼에도 자연 안에 있는 물체는 이런 단자들의 복합체이고, 집적물 (aggregatum)이다.(*Principes*, 1 참조) 자연 안에 사물은 헤아릴 수 없을 만큼 많으니, 응당 단자도 그 수를 헤아릴 수 없을 만큼 많다. 이 단자들은 수학적 점처럼 크기를 갖지 않으면서, 물리학적 점인 원자처럼 힘을 지닌, 이를테면 형이상학적 점으로서, 라이프니츠는 이를 자연의 "참된 원자들 (les véritables Atomes), 한마디로 말해 사물들의 요소"(*Monad*, 3)라고 본다. 데카르트는 실체로서 물체의 본질속성(attributum)을 연장성으로 보았으나, 연장적인 것은 제아무리 미소하더라도 분할 가능한 것이므로, 물체적인 것은 결코 다른 것 없이 존속할 수 있는 것, 곧 실체일 수 없고, 반면에 수학적인 점은 제아무리 모여도 감지되는 사물이 될 수 없다. 라이프니츠의 단자는 비연장적이되, 활력을 지닌 것으로서, 집적되면 자연 사물이 되는 것이다. (단자의 변증법적 집적이 물질적 사물이라고나 할까.)

자연은 물체들의 체계를 일컫는 것인데, '체계'라 함은 질서 있는 조직을 말한다. 자연이 정지되는 일 없이 항상 변화하고 있는 까닭은 물체들의 구성요소인 단자들이 끊임없이 변화하기 때문이며, 자연과 이성이 언제나 모순율과 충분근거율에 부합함이 입증하듯이, 자연이 체계를 이루고 있는 것은 모든 사물들이 통일적 연관을 가지고 있고, 하나의 충분한 근거에서 비롯했기 때문이다. 여기서 라이프니츠는 근원적 실체(Urmonade)인 신의 존재를 확인했던 것이다.(*Monad*, 39 참조)

(2) 최상의 세계

근원적 실체인 신은 세상만물을 포섭한다. 그를 벗어나 그에게서 독립되어 있는 것은 아무것도 없다. 단자가 독자적이라는 것은 다른 단자와의 관계에서 그렇다는 것이지, 신과의 관계에서도 그렇다는 것이 아니다.

창조된, 곧 파생적인 단자들의 존재와 본질의 근원은 창조자의 의지이다. 또한 신적 실체는 개별적인 창조된 실체들의 서로 다른 완전성의 정도와 실재실질성의 정도의 근원이기도 하다. 창조된 단자들 사이에 완전성의 정도 차이가 있다는 것은, 즉 한결 더 완전하고, 한결 덜 완전하다는 것은 이것들이 제한되어 있음을 뜻한다. 창조된 단자들의 이 불완전성은 각각의 결여성에서 기인하는바, 이것은 각 단자의 본성에 따른 것이다. 창조된 단자들은 본성상 결여를 가지고 있으며, 그 결여의 정도가 각기 상이하다. 이처럼 창조된 단자들은 각각 상이한 정도의 결여를 가지며 따라서 불완전하다. 그럼에도 이러한 세계는 가능한 세계 가운데서 가장 좋은 세계이다. 불완전함의 정도의 차이를 가진 단자들이 이 세계를 이룬다는 사실이 바로 이 세계가 가능한 세계들 가운데 최상임을 말해준다.

가능한 세계들 가운데 가장 완전한 세계란 그 안에 있는 존재자들이 하나같이 절대적으로 완전한 (따라서 동일한 본질을 가진) 그런 세계를 말하는 것이 아니다. 만약 그러하다면, 이 세계에는 오로지 신만이 있을 터이고, 도대체가 창조된 것들이란 있을 까닭이 없으니 말이다. 일찍이 아우구스티누스도 간파했듯이, "신은 무로부터 창조한 사물들에게 존재[와 본질]를 부여했다. 그러나 그가 존재하듯 최고 존재[와 본질]를 부여한 것은 아니다. 어떤 사물에게는 더 큰 존재[와 본질]를 부여하고, 어떤 사물에게는 더 작은 존재[와 본질]를 부여했다. 그리하여 존재들의 본성을 계층으로 질서 지어 놓았다."[23] 모든 가능한 세계들 가운데 가장 좋은 세계는 "가능한 최고의 질서"(Monad, 58) 아래 가능한 한 많은 다양한 것들이 통합되어 있는 세계이다. 그러니까 여기서 '가장 좋은 세계'란 상대적인 의미에서 이해되어야 하며, 절대적 의미로 받아들이면 실상은 무의미해진다.

선량하기 그지없는 신은 "최선의 원리(principe du meilleur)"(Monad, 55

---

23 Augustinus, *De civitate dei*, XII, 2.

참조)에 의해 세상만물을 창조한다. 신은 그의 지혜에 의해 인식하고, 그의 선량함을 통해 선택하며, 그의 능력을 통해 창조하는 만큼 피조물은 모두가 "최선의 것"(Monad, 55 참조)이다. "이 세계를 있는 그대로보다 더 잘 만드는 것은 불가능하다."(Monad, 90) 더 좋은 상태의 세계가 있을 수 있는데도, 만약 신이 이 세상을 그렇게 창조하지 않았다면, 이것은 신이 그다지 지혜롭지도 선량하지도 않음을 함의하는 것이겠다. 우리는 이 같은 사상을 훗날 다시금 헤겔의 『법철학요강』(1821) 서문에서 압축된 표현으로 읽게 된다. — "이성적인 것 그것은 현실적이고, 현실적인 것 그것은 이성적이다."[24]

이러한 결론에 이르고 나면 으레 제기되는 문제는 세상에서 무수하게 만나게 되는 죄악들과 결함, 재앙을 어떻게 해석해야 하느냐 하는 것이다. 선량하고 전능한 신이 존재한다면, 도대체 악은 어디서 유래하는가? 앞서 아우구스티누스에서도 보았던 그 물음 말이다.

라이프니츠는 악을 형이상학적으로, 물리적으로, 도덕적으로 나누어 고찰한다. 형이상학적 악은 "불완전성"이고, 물리적 악은 "고통"이며, 도덕적 악은 "죄"라 한다.(Théodicée, I, 21 참조) 악은 무엇이 되었든 어떤 것의 원인이 될 수 있는 적극적인 것일 수는 없고, 일종의 결여 내지 결핍이다. "악은 작용인(causa efficiens)이 아니라 결함인(causa deficiens)이다." (Théodicée, I, 33) 형이상학적 악 곧 불완전성이 최선의 세계 안에도 있는 것은 피조물이 필연적으로 유한하기 때문이다. 피조물의 이러한 유한성은 신이 다양한 세계를 의욕한 탓이다. "신은 먼저 좋은 것[선]을 의욕하고, 나중에 최선을 의욕한다."(Théodicée, I, 23) 없는 것보다는 있는 것이 좋기 때문에, 신은 일단 가능한 한 다양한 존재자들을 창조하고, 나중에 그것들이 전체로 최선이기를 바란다. 물리적 악 곧 고통이 있는 것도 그

---

24 Hegel, *Grundlinien der philosophie des Rechts*[*GPR*], TW7, 24.

런 까닭이다. 고통은 고통을 겪는 존재자를 그 고통을 통해 점점 더 완전성으로 이끌 것이다. 예수 그리스도의 고난이 그 좋은 예이다.(*Théodicée*, I, 23 참조) 고통은 보다 큰 완전성에 이르기 위한 수단인 것이다. 그래서 신은 도덕적 악에 대한 징벌로서 물리적 악을 종종 원한다. 물리적 악인 고통은 단지 "도덕적 악의 결과"(*Théodicée*, III, 241)일 따름이다. 그러나 신은 결코 도덕적 악을 의욕하지 않는다. 그러함에도 신은 인간에게 본질에 속하는 자유의지를 주었으니, 자유의지를 가진 인간에게 도덕적 악은 "필요 불가결한 것으로 허용"(*Théodicée*, I, 25)될 따름이다. 그렇지만 신은 "지혜를 통해 그것을 선으로 인도한다."(*Théodicée*, II, 108)

(3) 예정 조화와 심신 상응

세상만물은, 그리고 그 실체인 단자들은 각각 모두 세계를 표상하는, 우주의 살아 있는 거울로서 또는 "소(小)우주"로서, 각기 독자성을 가지면서도, 신에 의해 "적절성의 원리(principe de la convenance)"에 따라 창조된 것이므로 상호 간에 적절함을 유지하며, 이 세계는 상호 조화롭게 운영되어가고 있다.(*Monad*, 56~57 참조)

라이프니츠는 이 같은 '예정 조화(l'hamonie préétablie)'를 인간을 포함한 동물의 영혼과 육체 사이에서도 본다. 또한 세계의 질서는 각기 우주를 표상하고 있는 육체들 안에도 있다.

"영혼과 육체의 합일, 그리고 한 실체의 다른 실체에 대한 작용은 오직 최초의 창조 질서에 따라 분명하게 정립된 상호 완전한 일치로 이루어집니다. 자신의 고유한 법칙에 따르는 각각의 실체는 이 질서에 의해서 다른 실체가 요구하는 것과 조화를 이룹니다. 그리고 한 실체의 작용은 다른 실체의 작용 내지는 변화를 따릅니다."(Arnauld에게 보낸 편지: phS II, 136)

라이프니츠는 영혼 운동과 육체의 운동이 서로 상응하기는 하지만, 그렇다고 해서 영혼이 직접적으로 육체에 어떤 영향을 미쳐 육체를 움직인다거나 그 반대의 일이 일어나는 경우는 성립할 수 없다고 봄으로써 데카르트의 심신 상호작용설을 부정하고, 또 휠링크스(Arnold Geulincx, 1624~1669)나 말브랑슈(Nicolas De Malebranche, 1638~1715)에서 보는바 때에 맞춰서 "(신이 영혼의 필요에 따라 육체에 작용하고, 거꾸로 육체의 필요에 따라 영혼에 작용한다고 가르치는) 기회 원인들의 체계"(*Théodicée*, I, 62)를 거부한다. 이런 생각은 자연법칙 전체를 교란하지 않고는 나올 수 없는 것이기 때문이다.

"영혼은 자기의 고유한 법칙들을 따르고, 육체도 마찬가지로 자기의 고유한 법칙들에 따른다. 그러나 양자는, 실체들은 모두 하나의 동일한 우주를 표상하는 것이므로, 모든 실체들 사이의 예정 조화에 의해 서로 합치한다."(*Monad*, 78) 일종의 "자동기계"(*Principes*, 3)인 육체는 "작용인의 법칙"에 따라 작용하고, 영혼은 "목적인의 법칙"에 따라 운동할 뿐이지만, 작용인의 나라와 목적인의 나라는 예정 조화에 의해 서로 합치하는 것이다.(*Principes*, 3; *Monad*, 79 참조)

(4) '신의 나라'

"통상적인 영혼(Ame ordinaire)"과 달리 이성적 영혼 곧 정신은 한낱 "우주의 살아 있는 거울 또는 모사"에 그치지 않고, "우주의 체계를 인식할 수 있고 […] 모방할 수 있는 능력"을 가지고 있다. 그러므로 정신은 이를테면 "하나의 작은 신(une petite divinité)"이다.(*Monad*, 83 참조) 이러한 정신들은 "신과 더불어 공동체(Société)"(*Monad*, 84; *Principes*, 15)를 이루되, 그 공동체 안에서 신은 군주나 어버이 같고, 정신들은 신하나 자식들 같은 관계에 있다. 이러한 정신들의 공동체는 이를테면 "신국(la Cité de Dieu)"을 이룩하는 것이니, 이 신국은 가장 완전한 군주의 통치 아래에 있는 "가능한 가장 완전한 국가"이다.(Monad, 85 참조) 이 신의 나라를 라이프니츠는 "진실로 보편적인 왕국으로 자연세계 안의 도덕세계(Mond Moral)이자 신의 작품들 중 가장 고귀하고 가장 신적인 것"(Monad, 86)이라고 추론한다. 앞서 라이프니츠는 인간이 4분의 1가량 정신 곧 이성적 영혼에 따라 행위한다고 보았으니, 말하자면 인간은 자연의 세계 안에 살면서도 4분의 1은 도덕세계에서 신이라는 군주의 신하로, 신이라는 어버이의 자식으로 산다 하겠다.

두 개의 자연세계, 곧 작용인의 나라와 목적인의 나라 사이에 완전한 조화가 있듯이, "자연의 물리적 왕국과 은총의 도덕 왕국 사이에도"(Monad, 86) 완전한 합치가 있다. 그것은 다른 것이 아닌 "우주기계의 건설자로서의 신과 정신들의 신국의 군주로서의 신 사이의 조화"(Monad, 86; Principes, 15 참조)이다. 이는 "자연이 자신을 은총으로 이끌어가고, 은총은 자연을 이용함으로써 자연을 완성시켜감으로써"(Principes, 15) 이루어지는 일이다.

— 라이프니츠의 세계는 언필칭 진정한 이성의 세계이다.

4. 루소에서의 이성

"인간이 자신의 노력을 통해 이를테면 비천한 처지에서 벗어나는 일, 이성의 빛을 따라 그가 갇혀 있던 몽매에서 빠져나오는 일, 자기 자신을 넘어서는 일, 정신을 통해 천상에까지 날아오르는 일, 태양 같은 거인의 걸음걸이로 드넓은 우주를 편력하는 일, 그리고 이것은 훨씬 더 중요한 만큼 어려운 일이거니와, 인간을 연구하고 그 본성과 의무, 궁극의 목적을 이해하기 위해 자기를 반성하는 일은 아주 위대하고 이름다운 광경이다."(sciences et arts,[25] I, 29)

인간이 하는 일 중에서 가장 위대하고 어려운 것은 자기반성, 자기 검토를 하는 일이다. 그리고 우리가 아는 한 이러한 일은 인간만이 한다. 그러한 일을 하는 인간의 능력이 이성이다. 이의 연장선에서 루소(Jean-Jacques Rousseau, 1712~1778)에서 이성은 선악을 분별하는 능력이고, 사람들 사이의 소통을 가능하게 하는 능력으로서 곧 사회 형성을 가능하게 하는 원리이다. 이성이 아니면 인간이 어떻게 '사회적 동물'로 살고 있겠는가.

1) 이성과 양심

루소는 물체의 존재와 나의 존재에 대한 상식적 확실성을 바탕으로 논의를 개시한다.

"나는 존재한다. 그리고 나는 감관(sens)을 가지며, 그에 의해 촉발된다."(*Émile*,[26] 568) 내가 촉발된다는 것은 나의 밖에 무엇인가가 있음을 말한다. 나를 촉발해서 감각하게 하는 그 무엇을 루소는 "물질(matière)"이라고 이해하고, 물질이 개체화한 낱낱을 "물체(corps)"라고 부른다.(*Émile*, 569 참조) 감각활동의 명증성에 의거해 루소는 "나 자신의 실존(l'existence de la mienne)"과 "우주의 실존(l'existence de l'univers)"에 대해서 "확신한다."(*Émile*, 569) 그리고 그 '나'가 지각하고 판단한다는 사실로 볼 때, 나는 감각능력뿐만 아니라 또한 "능동적인" "지성의 힘"을 가지고 있음이 틀림없다. 따라서 "나는 한낱 감각적이고 수동적인 존재일 뿐만 아니라, 능동적이면서 수동적인 존재기도 하다."(*Émile*, 570)

그런데 나는 우주 세계 안에서 일어나는 운동들을 인지하고 있는바,

---

25 Rousseau, *Discours sur les sciences et les arts* — Discours qui a remporté le Prix à l'académie de Dijon, En l'nnée 1750.

26 Rousseau, *Émile, ou De l'éducation*(1762), in: Œuvres complètes de J.-J. Rousseau, tome II, A. Houssiaux, 1852.

루소의 의견에 따르면, 물질은 본래 운동하는 것에는 "무관심"(*Émile*, 570)하고 스스로 운동하는 일이 없으니, 물체의 운동의 "최초의 원인은 물질 안에 있지 않다."(*Émile*, 571) 루소는 "물질의 자연상태가 정지해 있음"(*Émile*, 570)이라 생각한다. 그러니까 물체의 운동은 외부의 영향에 의한 것이고, 그 운동의 최초의 원인을 찾자면 결국 어떤 "자발적이거나 의지적인(spontané ou volontaire)" 행위를 상정하지 않을 수 없다. 어떤 의지적인 것이 어떻게 무의지적인 물체를 움직이게 할 수 있는지는 내 감각이 내 정신에 어떻게 영향을 미치는지를 알 수 없는 것이나 마찬가지로 "내 이성을 뛰어넘은"(*Émile*, 574) 알 수 없는 일이지만, 어떤 자유의지적인 것에 의해서 우주의 운동이 시작된다는 것만은 틀림없다.(*Émile*, 571 이하 참조) 게다가 우주의 운동이 질서정연하다고 본 루소는 따라서 "세계가 강하고 현명한 어떤 의지에 의해 통치되고 있다고 생각한다."(*Émile*, 574) 그리고 루소는 "우주를 움직이고 만물에게 질서를 부여하는 그 존재자"를 "신(Dieu)"이라고 부른다.(*Émile*, 574) 신이 그 자체로 무엇인지를 알 길은 없지만, 신의 지배 아래에 있는 이 세상의 만물 가운데 으뜸은 인간이다. 인간만이 자신을 중심에 놓고 세계 전체를 관찰하고 이해하고, 자연의 힘을 계산하고 이용할 수 있는 존재자이니 말이다. 그런 의미에서 "인간은 실로 그가 거주하고 있는 지상의 왕이다."(*Émile*, 574)

지상의 왕인 인간의 본성 안에서 루소는 인간을 이끌어가고 있는 "전혀 다른 두 가지 원리"를 발견한다.

"하나는 인간으로 하여금 영원한 진리를 탐구하게 하고, 정의와 도덕적인 아름다움을 사랑하게끔 끌어올려, 그 관조가 현자의 더없는 기쁨이 되는 지적인 세계의 영역들에까지 이르도록 하는 것이고, 반면에 다른 하나는 인간으로 하여금 이기적 자아를 넘어서지 못하게 하여, 감관과 그 종인 정념의 지배에 굴종토록 시키며, 그 정념에 의해 전자의 원리의 감정이 인간에게 불러

일으키는 모든 것을 방해하는 것이다."(*Émile*, 575)

인간을 고상하게 이끄는 원리는 "이성(raison)" 내지 도덕감정이고, 인간을 자칫 비루하게 만들 수도 있는 인간의 본성적 원리는 "정념(passions)"이다.(*Émile*, 575 참조) 그러나 정념은 본래 자연이 인간 안에 심어놓은 인간 "보존의 주요 도구"(*Émile*, 526)이다. 그러므로 그것을 없애고자 하는 것은 "자연을 제어"하고, "신의 작품을 개조"하려는 일로서 어리석고 무모한 시도이다.(*Émile*, 526 참조) 없어도 되는 것이라면 당초에 신이 불필요한 것을 왜 인간에게 부여했겠는가. 그러나 강물이 원천에서만 유래하지 않고 도중에 옆에서 끼어든 물로 크게 불어나듯이, 정념 또한 자연에서만 유래하는 것은 아니다. 자연에서 유래하여 인간이 생존하는 한 부착해 있는 유일한 정념은 "자기사랑(l'amour de soi)"(*Émile*, 527)으로, 이것은 "언제나 좋은 것이며 질서에 부합한다."(*Émile*, 527)

"인간의 제일의 법은 자기 자신의 보존에 유의함이 아닐 수 없고, 그의 제일의 배려는 의당 자기 자신에 돌려야 할 배려이다. 그리고 이성을 갖출 나이에 이르면, 자기 보존에 적합한 수단을 판단할 수 있는 유일한 자가 되고, 그리하여 자기 자신의 주인이 된다."(*Du contrat*,[27] I, II)

"인간의 제일의 감정은 자기 생존에 대한 감정이고, 제일의 배려는 자기 보존에 대한 배려이다."(*l'inégalité*,[28] II) 이러한 자기사랑으로부터 자기를 아끼는 사람들에 대한 사랑이 나오고, 그것은 이웃 사랑으로 자란다.

---

27 Rousseau, *Du contrat social ou principes du droit politique*, Amsterdam 1762.
28 Rousseau, *Discours sur l'origine et les fondements de l'inégalité parmi les hommes*, Amsterdam 1755.

그러나 자기사랑이 자기 보존의 욕구, 타인보다 자신을 더 사랑하는 것을 넘어서 타인으로 하여금 그 자신보다도 자기를 더 사랑하도록 요구하기에 이르면, 그것은 "이기심(l'amour-propre)"의 발로로서, 이러한 이기심은 자기를 남들과 비교하는 이성적 활동이 더해지면서 나오는 것이다. 이기심은 경쟁심의 출처가 되기도 하지만, 그것은 자기사랑의 배리(背理)로서 그것을 충족시킨다는 것은 "불가능"(Émile, 527)한 일이다.

　"인간을 본질적으로 선하게 만드는 것은 거의 필요욕구(besoins)를 갖지 않고, 자기를 타인과 거의 비교하지 않는 일이며, 인간을 본질적으로 악하게 만드는 것은 많은 필요욕구를 가지고, 세상의 의견에 몹시 집착하는 일"(Émile, 527)이니, 선함에 이르는 데는 이기심을 떨쳐내는 것이 관건이다. 이기심이 생기면 상관적인 자아가 발동하여 자기를 타인과 비교함 없이는 타인을 바라보지 못한다.(Émile, 550 참조) 그리고 그런 이에게는 그가 어떤 사람인지는 중요하지 않고, 어떤 사람으로 보이는지만이 문제가 된다.

　자기사랑의 연장선상에 있는 선량함, 인간애, 연민, 자비심 같은 정념은 잘 가꿔야 한다.(Émile, 534 이하 참조) 예컨대 "연민(pitié)은 각 개인의 자기 자신에 대한 사랑의 활동을 완화시켜 온 인류의 상호 보존에 협력하는 자연 감정임이 확실하다. 괴로워하는 자를 보고 우리가 아무런 반성 없이 구하러 가는 것은 이 연민 때문이다. 자연상태에서 법률과 풍습과 덕들을 대신하는 것이 바로 이 연민이다."(l'inégalité, I) 반면에 이기심에서 비롯하는 인간의 공존을 위협하는 "질투심, 탐욕, 증오심"과 같은 정념들은 막아내야 한다.(Émile, 534 이하 참조) 상대를 해치는 이러한 정념들이 인간에게만 고유하게 있는 스스로를 한층 더 완성해갈 수 있는 "완전화 능력(perfectibilité)"(l'inégalité, I)과 결합이 되면 참으로 끔찍한 결과를 초래하기도 한다.

　"모든 행위의 원천은 자유로운 존재자의 의지 안에 있다."(Émile, 577) 인간은 그 행위에서 "능동적이고 자유롭다."(Émile, 577) 인간이 행위에서 자유롭다는 것은 그가 행한 모든 것이 신의 지배 아래에 있지 않다는 것을 함의하며, 그렇기에 인간은 스스로의 행위를 통해 선할 수도 악할 수도 있다. 그러니까 신은 인간이 악행을 하는 것을 막지 않는다는 말이다. 이는 얼핏 오로지 선하기만 하다는 신의 성격에 부합하지 못한 일로 생각될 수 있으나, 루소는 이를 만약 신이 인간의 행위 낱낱을 통제하면 "인간의 자유를 훼손하여 인간 본성의 격을 떨어뜨림으로써 더 큰 악이 초래될" 우려가 있어서일지도 모르겠다고 해석한다.(*Émile*, 577 참조) "우리의 부질없는 필요욕구가 끝나는 곳에서, 우리의 덧없는 욕망이 그치는 곳에서, 우리의 정념과 범죄는 그친다."(*Émile*, 579)

"영혼의 근저에 정의와 덕의 선천적 원리가 놓여 있으니, 우리는 우리 자신의 준칙과는 상관없이, 이 원리에 의거해서 우리와 타인의 행위에 대해 선한지 악한지를 판단"하거니와 이 원리를 일러 "양심(conscience)"(*Émile*, 582)이라 한다. 사람들은 흔히 각자의 이익을 위해 공공의 이익에 협력한다고 말하지만, 의로운 이는 자신의 이익을 해치면서까지 공익을 위해 협력하거니와, 그것은 무슨 이유일까? 그것은 자기 이익보다도 더 높은 가치, 곧 "도덕적 선(un bien moral)"(*Émile*, 583)의 이념이 있기 때문이다. 양심은 이 같은 도덕적 선에 대한 공통감(共通感)이자 공통지(共通知)이다. 이러한 "양심은 영혼의 목소리이고, 정념은 육체의 목소리"로서 양심이야말로 "인간의 진정한 안내자"이다. 누가 양심 대신에 육체의 목소리에 귀를 기울인다면, 그것은 수동적인 존재의 명령에 능동적인 존재가 복종하는 격으로서, 이는 이치에 맞지 않는 일이다. 양심에 따르는 자만이 진정으로 "자연에 복종하는 자"로서 길을 잃을 우려에서 벗어나는 것이다.(*Émile*, 579 참조) 우리가 양심의 목소리가 안내하는 대로 따르면, "우리는 이성의 빛에 비친 그 대상들을 자연이 처음에 우리에게 보여주었던 것과 같은 모습으로 다시 보게 될 것"(*Émile*, 584)이기 때문이다. 루소는 양심을 고삐 없는 정념의 고삐가 되고, 규칙 없는 지성의 규칙이 되며, 원칙

없는 이성의 원칙이 되는 인간 본성의 최고 원리로 찬양한다.

"양심, 양심이여! 신적 본능이며, 불사의 천상의 목소리여, 무지하고 편협하되 지적이며 자유로운 존재자의 신뢰할 수 있는 안내자여. 인간으로 하여금 신을 닮게 해주고, 선과 악에 대해 전혀 오류가 없는 재판관이여. 인간은 그대 덕분에 본성을 탁월하게 하고 행위의 도덕성을 얻는다. 그대가 없으면 나는, 규칙 없는 지성과 원칙 없는 이성을 좇아 착오에서 착오로 이리저리 헤매는 슬픈 특권 외에는, 나로 하여금 짐승을 넘어서게 하는 것을 내 안에서 아무것도 감지하지 못할 것이다."(*Émile*, 584)

인간이 오로지 이성에 매달려 있는 한 자기 자신의 안락함에 대한 사랑을 이겨낼 수 없으며, 감정과 지성만 가지고서는 "자신을 위해 전체의 질서"를 잡을 수는 있겠지만, "전체를 위해 자신의 질서"를 바로잡을 수는 없다.(*Émile*, 585 참조) 그를 위해서는 양심의 활동이 필수적이다. 그렇다 해도 선의 실현을 위해서는 먼저 선악을 인식하고 구별할 줄 아는 이해가 선행해야 하므로 양심은 "이성 없이는 발달할 수가 없다." "이성만이 우리에게 선과 악을 인식하도록 가르쳐주기"(*Émile*, 422) 때문이다. 그러나 "선을 인식하는 것이 선을 사랑하는 것은 아니다." 이성이 선을 인식하면, 인간으로 하여금 그에 대한 사랑을 불러일으키는 것이 양심이며, 그러니까 이성과 양심의 합동이 있음으로써 선의 실현이 가능한 것이다.(*Émile*, 584 참조)

2) 사회계약과 법

이성은 인간에서 자연상태와 문명상태를 판가름하는 요소이다.

"자연상태에서 시민적 상태로의 이행은 인간에게 아주 뚜렷한 변화를 가져다준다. 그 이행으로 인해 행실에서는 본능 대신에 정의가 들어서고, 행동에서는 전에는 없던 도덕성이 나타난다. 이때 비로소 의무의 목소리가 육체의 충동의 뒤를 잇고, 권리[법]가 욕망의 뒤를 이어, 여태까지는 자기 자신밖에 생각하지 않던 사람이 다른 원리들에 따라 행동하고, 자신의 경향성에 따르기 전에 자기의 이성과 의논하지 않으면 안 된다는 것을 깨닫게 되는 것이다.” (*Du contrat*, I, VIII)

인간은 사회계약에 의해 자연상태에서 시민적 상태로 이행함으로써 천부의 자유와 그가 욕구하는 모든 것에 대한 막연한 권리를 잃는 대신에, “일반의지에 제한받는 시민적 자유”와 확실하게 보장되는 “소유권”, 그리고 “인간을 진정으로 자신의 주인이게 해주는 정신적[도덕적] 자유(liberté morale)”를 획득한다. 사람이 욕구에서 오는 충동을 좇는다는 것은 사실상 노예상태에 있는 것이고, “스스로 지시규정한 법에 복종함”으로써 인간은 진정한 의미에서 “자유”를 얻는 것이다.(*Du contrat*, I, VIII 참조)

“자연과 질서의 영원한 법들이 있다. 그것이 현명한 사람들에게는 실정법 역할을 한다. 그것은 양심과 이성을 통해 그의 마음속에 새겨져 있다. 현명한 사람이 자유롭기 위해 자신을 복종시켜야 하는 것은 바로 그 양심과 이성이다. 그러므로 악을 행하는 사람은 일종의 노예이다. 왜냐하면 그는 항상 자기 의지에 반해 악을 행하기 때문이다. […] 사람은 인간에게 가장 귀중한 것, 즉 그의 행위의 도덕성과 덕에 대한 사랑을 그의 나라 덕택에 얻는 것이다. 어떤 깊은 숲 속에서 태어났다면 그는 더 행복하고 더 자유로웠을지 모른다. 그러나 아무런 거슬림 없이 자신의 경향성을 따르기에, 그는 선할지는 몰라도, 어떤 공덕도 쌓지 못할 것이며, 덕이 있는 사람이 되지는 못할 것이다. 그러나 그는 지금은 자신의 정념에도 불구하고 덕 있게 행동할 줄 안다. 질서를 보는 것만으로도 그는 질서를 인식하고 질서를 사랑한다. 다른 사람들에게는 구실로 이용될 뿐인 공공선(bien public)이 그에게는 진정한 동기이다. 그는 공익(intérêt commun)을 위해 자기 자신과 싸우고, 자기 자신을 억제하고, 자기 자신의 이익을 희생하는 것을 배운다. 그가 법으로부터 이득을 보는 것이 없다는 말은 참이 아니다. 법은 악한 자들 사이에 있을 때조차도 정의로울 수 있는 용기를 그에게 주기 때문이다. 법이 그를 자유롭게 해주지 않았다는 말 역시 참이 아니다. 법은 그에게 자기 자신을 지배하는 법을 가르쳐주기 때문이다."(*Émile*, 717)

루소에 의하면, "자연상태에서 그들의 생존을 해치는 장애물들의 저항력이 각 개인이 그 상태를 유지하는 데 쓸 수 있는 힘을 능가하는 시점"(*Du contrat*, I, VI)에 이르러 사람들이 생존의 위험에 직면하게 되자, 그들의 과제는 "전체 공동의 힘으로써 각자의 신체와 재산을 방호하고, 각자가 전체와 결합되어 있으면서도 자기 자신에게만 복종해 이전과 같이 자유로울 수 있는 그런 결사(association) 형태를 찾아내는 일"(*Du contrat*, I, VI)이었고, 이에 대한 해답이 "사회계약(contract social)"이었으며, 이로 인해 시민적 사회가 발생했다. 그리고 그 계약의 내용은 "우리 각자는 자신의 신체와 모든 능력을 공동으로 일반 의지(volonté générale)의 최고 지도 아래 두며, 우리는 각각의 구성원을 전체의 분할될 수 없는 부분으로 납득한다."(*Du contrat*, I, VI)는 것이다.

"다수인이 결합하여 스스로를 한 몸으로 생각하는 한, 그들에게는 공동의 보존과 일반적 복지에 관련한 단 하나의 의지밖에 없다. 이때 국가의 모든 기구는 활력이 넘치고 단순하며, 국가의 준칙들은 분명하고 명쾌해서, 국가에는 복잡하고 모순된 이해관계가 없다. 또한 공공선(bien commun)은 어디서나 명백히 드러나 양식(bon sens)만 있으면 누구나 알아볼 수 있다." (*Du contrat*, IV, I)

일반 의지는 사적 이익 대신에 항상 "공공의 유용성(utilité publique)"을 지향하기 때문에 "언제나 정당하다."(*Du contrat*, II, III) 이제 이러한 "근본 협정[계약](pacte fondamental)"(*Du contrat*, I, IX)을 통해 계약 당사자들의 개개 인격을 대신하는 이를테면 "공동 자아(moi commun)"인 "하나의 정신적 단체(un corps moral & collectif)"(*Du contrat*, I, VI)가 생겨나고, 이 단체는 독자적인 존재(existence)와 생명(vie)을 가진 것으로 간주된다. 그 단체가 다름 아닌 "국가(Etat)"이고, 계약 당사자들은 이제 그 구성원인 "국가 시민(Citoyens)"이 된다.(*Du contrat*, I, VI 참조)

사회계약은 계약자들 모두가 동등한 조건 아래서 동등한 권리와 의무를 가지고서 국가와 계약을 맺는 것인 만큼, 국가 안에서는 시민 모두가 "평등(égalité)"하다. 그리고 국가와 시민들 사이에 맺어지는 "협약(convention)은 사회계약을 기초로 하고 있기 때문에 합당하고, 모든 사람에게 공통된 것이기 때문에 공평하며, 공익(bien général)을 지향하는 것 외에 다른 목적을 가지지 않기 때문에 유용하고, 공공의 힘과 최고 권력에 의해 보증되고 있기 때문에 확고하다. 신민들이 이 협약에만 복종하는 한, 그들은 어느 누구에게 복종하는 것이 아니고, 오로지 자기 자신의 의지에만 복종하는 것이다."(*Du contrat*, II, IV)

무릇 사회계약에 의해 존재와 생명을 갖게 된 국가에 운동(mouvement)과 의지(volonté)를 주는 것이 입법(législation)이다.(*Du contrat*, II, VI 참조) "자유로운 행동에는 그것을 낳는 협력하는 두 가지 원인이 있거니와, 하나는 정신적(morale) 원인, 즉 그 행위를 규정하는 의지이고, 다른 하나는 물리적(physique) 원인, 즉 그 행위를 집행하는 힘이다."(*Du contrat*, III, I) 사회계약에 의한 정치체의 활동을 규정하는 의지는 참여자 개개인의 의지나 그 개별자들의 의지들의 합이 아니라, 독자적인 존재와 생명을 갖는 국가의 "일반의지(volonté générale)"이다. 일반의지는 공공선, 공익을 의지함으로써 '일반'성을 갖는 것인바, 법은 "일반의지의 행위"(*Du contrat*, II,

VI)로서 국가의 구성원은 누구라도 법에 복종해야 한다. 이러한 법에 의해 통치되는 국가가 "공화국(République)"(*Du contrat*, II, VI)이다. 그러나 진실로 "국가가 존속하는 것은 법에 의해서가 아니라 입법권에 의해서이다."(*Du contrat*, III, XI)

"정치 생명의 원리는 주권에 있다. 입법권은 국가의 심장이고, 집행권은 국가의 뇌로서 모든 부분들을 움직인다. 뇌가 마비될 수도 있지만, 개인은 여전히 살아 있다. 인간은 바보가 되어도 살아남는다. 그러나 심장이 제 기능을 멈추면 동물은 곧바로 죽는다."(*Du contrat*, III, XI)

입법권은 주권자인 국가 성원의 배타적 권리이다. "법률이란 본래 오직 시민적 결사의 조건이다. 따라서 법률에 복종하는 국민이 법률의 제정자가 되어야 한다. 결사를 형성하는 사람들만이 그 사회의 조건을 규율할 수 있는 권리를 가지고 있기 때문이다."(*Du contrat*, II, VI) 그런 의미에서 국가의 법률은 국민들의 자율적 규정이며, 이를 신뢰하고 준수하지 않는 자가 누구든 주권자는 그를 "국가에서 추방할 수 있다." 그는 "비사회적(insociable)" 존재자로서 "법과 정의를 진정으로 사랑할 수 없고 필요하면 목숨까지 바쳐 의무를 다하는 사람일 수 없기 때문이다."(*Du contrat*, IV, VIII) 만약 누군가가 국가의 법률 준수를 "공개적으로 인정해놓고서 실제로는 그것을 믿지 않는 것처럼 행동하면, 당연히 그를 죽음으로 처벌해야 한다. 그는 가장 큰 죄를 범한 것으로, 법 앞에서 거짓말을 한 것이다."(*Du contrat*, IV, VIII) — 이성적 존재자에게 법칙수립의 권리는 법칙 준수의 의무를 포함하며, 입법의 권리가 절대 배타적이듯이 법률 준수 의무 또한 예외를 허용하지 않는다.

이러한 사회계약 이론에 따라 비로소 '국가'가 성립된 것으로 본다면, 실제 역사에 있었던 신민들의 계약이나 협약과는 무관하게, 그러나 신민들이 자신들의 안전과 저항했을 경우의 징벌에 대한 공포에 의해 아무런 입법권의 보유 없이도 사실상 받아들일 수밖에 없었던 역사상의 다수 '국가'들은 진정한 의미에서는 아직 국가가 아니고, 그러니까 형식상 국가인 듯이 보이지만, 여전히 자연상태의 한 형태라 해야 하겠다.

제2절

신적 이성에서 인간의 이성으로

초월적 이성에 대해 회의함으로써 이성의 자리를 인간 자신에서 찾은 것이 근대인들이지만, 그들 역시 초기에는 여전히 인간 안에 깃들어 있는 신의 이성을 보았다. 당연한 것처럼 보이지만, 인간 안에서 인간의 이성을 보는 데도 상당히 긴 시간이 필요했거니와, 이른바 경험주의자들이 연이어 등장하고서도 한참 세월이 더 경과한 후에야 비로소 그러한 시선이 초점을 잡았다. 인간의 사유는 어느 때는 질풍노도처럼 내닫다가 어느 때는 아주 작은 보폭으로 나아간다.

1. 홉스에서의 이성

1) 인간의 기본 소질: 감각과 정념

홉스(Thomas Hobbes, 1588~1679)에 의하면 이 "세계" 곧 "존재하는 모든 것"은 "물체적(corporeal)"(*Leviathan*,[29] IV, XLVI, [15])이다. 물체 아닌 것

은 아무것도 아닌 것, 곧 없는 것이다. 정신이니 영이니 마음이니 하는 것들도 "실상은 물체들(really bodies)"(*Leviathan*, IV, XLVI, [15])이다. 그런데 인간 사상들(thougths)의 근원은 감각(sense)이다. 감각의 원인은 외부의 물체로서 이 물체가 감각기관을 압박함으로써 비로소 감각이 생기거니와,(*Leviathan*, I, I, [4] 참조) 인간 마음 안에 있는 모든 개념은 전체적으로든 부분적으로든 애당초 감각기관에 의해 얻어진 것이다.(*Leviathan*, I, 1, [2] 참조) 그래서 홉스는 사람이 살아가는 데, 즉 물체들과 교섭하는 데는 태어날 때 자연적으로 그에게 심어져 있는 오감을 활용하는 것으로 충분하다고 본다.(*Leviathan*, I, III, [11] 참조) 홉스는 인간 본성의 모든 역량이 "체력, 경험, 이성, 정념, 이 네 종류로 환원된다."(*Citizen*,[30] I, 1)고 보고 있으니, 경험 중에서도 감각경험이야말로 인간 삶의 초석이라 하겠다.

그런데 홉스는 물체의 본성을 설명하면서 후에 뉴턴에 의해 운동의 법칙으로 정식화된 관성의 법칙을 명료하게 진술하고 있다: "어떤 물체가 정지해 있을 때 다른 어떤 것이 그것을 건드리지 않는 한, 그 물체는 영구히 정지해 있을 것이다. [...] 또한 어떤 물체가 운동하고 있을 때 다른 어떤 것이 그것을 저지하지 않는 한 그 물체는 영원히 운동할 것이다."(*Leviathan*, I, II, [1]) 그러나 홉스는 생물인 인간은 — 생물이든 인간이든 물체의 한 종류인 것은 틀림없지만 — 욕구와 피로감으로 인해 스스로 운동을 개시할 수도 있고, 멈출 수도 있음을 시사한다.(*Leviathan*, I, II, [1] 참조)

또한 보통 물체에서와는 다르게 여느 동물에서처럼 인간에게는 "특유한 두 종류의 운동"이 있으니, 곧 '생명 유지(vital) 운동'과 '생명체 활동

---

29 Hobbes, *Leviathan, ore the Matter, Forme, and Power of a Commonwealth, Ecclesiasticall and Civil*, London 1651.
30 Hobbes, *De Cive // On the Citizen*, Amsterdam 1641.

(animal) 운동'이 그것이다. 생명 유지 운동은 호흡, 혈액 순환, 영양 같은 것으로 아무런 상상력이 필요하지 않은 운동이다. 반면에 생명체 활동 운동은 "자발적(voluntary) 운동"으로서 걷기, 말하기 등처럼 운동에 앞서 어디로, 어떻게, 무엇을 등을 생각하는 일이 선행해야 하는 것이기 때문에 상상력이 필요하다. 이러한 운동을 이끄는 단서들을 보통 "노력(endeavour)"이라고 일컫는다.(*Leviathan*, I, VI, [1] 참조)

이러한 노력이 그것을 야기한 어떤 것을 겨냥해 있으면 그것을 "욕구(appetite)" 또는 "욕망(desire)"이라고 부른다. 반면에 노력이 어떤 것에서 멀어지려는 것이면 "혐오(aversion)"라고 부른다. 욕구는 다가섬을, 혐오는 멀어짐을 뜻하는 것으로, 전자는 사랑으로, 후자는 미워함으로 나타나기도 한다. 욕구하지도 혐오하지도 않는 어떤 것이 있다면 그것은 "무시"당하고 있는 것이다.(*Leviathan*, I, VI, [2~5] 참조)

어떤 사람이 욕구하고 의욕하는 것은 그에게 '선한/좋은 것(good)'이며, 증오하고 혐오하는 것은 '사악한/나쁜 것(evil)'이다. 그리고 무시당하는 것은 '하찮은/사소한 것(vile)'이다. 그러나 선한 것, 사악한 것, 하찮은 것은 어떤 사람과의 관계에서 그러한 것이므로 절대적인 것이 아니다. 그래서 이런 것에 관해서 사람들 사이에 의견 차이가 생기는데, 만약 의견 일치를 보아야 할 경우가 생기면 중재자나 재판관을 필요로 하게 된다.(*Leviathan*, I, VI, [7] 참조)

선한/좋은 것에 대한 감각이 '쾌/쾌락/쾌감(pleasure)'이며, 사악한/나쁜 것에 대한 감각이 '불쾌(displeasure)'이다. 현존하는 대상에 대한 감각에서 생기는 쾌락을 특히 "감각의 쾌락(pleasure of sense)"이라고 부르고, 이를 폄하할 때는 '관능적(sensual)' 쾌락이라고도 일컫는다. 이와 다른 것으로는 어떤 일의 결말이나 귀결을 예견하거나 기대함으로써 생기는 쾌감 또는 불쾌감이 있을 수 있는데, 그런 쾌감은 "마음의 쾌락(pleasure of mind)"이라 할 수 있으며, 그런 것을 '기쁨(joy)'이라 일컫고, 반대로 불쾌감이 있는 경우에는 '고통(pain)'이라고 일컫거니와, 귀결의 예견에서 오는 고통은 '슬픔(grief)'이라 한다.(*Leviathan*, I, VI, [12] 참조)

타인의 재난에 대한 슬픔이 "연민(pity)"이며, 이것은 같은 재난이 자기에게도 일어날 수 있다는 생각에서 발생하는 것이기 때문에 "동정심(compassion)" 또는 "공감(fellow-feeling)"이라고도 부른다.(*Leviathan*, I, VI, [46] 참조)

사람이 욕망하는 사물들을 획득하는 일이 "계속해서 성공하는 것"을 "복(felicity)"이라 한다. 그러나 "우리가 이 세상에 사는 한 영원한 마음의 평정 같은 것은 없다. 왜냐하면 삶 자체는 단지 운동으로서, 감각 없이는 있을 수 없는 것처럼, 욕망이나 공포 없이는 있을 수 없는 것이기 때문이다.(*Leviathan*, I, VI, [58] 참조) 욕망은 갖지 않은 것을 취하고자 함인데, 인간을 둘러싸고 있는 것들, 생명, 물질, 권력, 모두가 한정되어 있어, 욕망은 절실하고 충족은 기약할 수가 없다.

"둘 또는 그 이상의 사람들이 동일한 것에 대해 알고 있을 때, 그들은 그것을 서로 함께 알고 있다(know together).'라고 말하는 바이며, 이것이 라틴어 낱말 어원 그대로 '양심(conscience)'이다. 그래서 양심은 함께 알고 있는 자들 상호 간에 또는 제3자에 대해 최적의 증인이 되는 것이며, 그로 인해 양심이야말로 "천 명(千名)의 증인"이라는 비유도 생겼고, 이로부터 양심에 어긋나게 말하거나 행동하는 것은 사악한 일로 간주되기에 이르렀다.(*Leviathan*, I, VII, [4] 참조)

"인간이 태어날 때부터 가지고 있는 것은 감각(sense)뿐이다."(*Leviathan*, I, VIII, [2]) 그래서 감각은 사람마다 대동소이하다. 그러나 '지력(wit)'은 사람들 사이에 차이가 큰데, 그것은 형성되어가는 것이기 때문이다. 그 차이는 사람들마다 정념(passion)이 다른 데서 비롯한다. 그리고 정념이 서로 다른 것은 체질이 서로 다를 뿐만 아니라 영향받은 관습과 교육에 차이가 있기 때문이다.(*Leviathan*, I, VIII, [14] 참조) "정념 중에서 지력의 차이를 주로 야기하는 것은 다소간의 권력, 부, 지식, 명예에 대한 욕망이다. 이 모든 욕망은 처음 것, 즉 권력에 대한 욕망으로 환원될 수 있다. 부, 지식, 명예도 권력의 특정 종류에 불과하니 말이다."(*Leviathan*, I, VIII, [15]) 이렇다 할 욕망이 없거나 어떤 사상가들이 꿈꾸듯이 일체의 욕망을 절멸시킨 사람이 있다면, 그는 일체의 것에 무관심할 것인 만큼 누구를 해치지 않는다는 점에서는 선량하다 하겠지만, 그는 아무런 상상력도 판단력도 갖지 못할 것이므로 무기력하다. 욕망이 없는 것은 실상 "죽은 것이다."(*Leviathan*, I, VIII, [16]) 이승에서의 복된 삶은 "만족한 정신의 휴면상태"(*Leviathan*, I, XI, [1])에 있는 것이 아니라, "하나의 대상에서 다른 대상으로의 욕망의 끊임없는 진행"(*Leviathan*, I, XI, [1])에 있다.

"옛 도덕철학자들의 책에 나오는 것 같은 궁극목적(finis ultimus)이니 최고선(summum bonum)이니 하는 것은 없다."(*Leviathan*, I, XI, [1]) 무정념이니 평정이니 하는 것은 말뿐으로, "욕망이 끝난 사람은 감각과 상상력이 정지된 사람과 마찬가지로, 더 이상 살아갈 수가 없다."(*Leviathan*, I, XI, [1]) 사람은 살아 있는 한, 살아가기를 바라는 한, 욕망을 갖지 않을 수 없다. 인간의 어떤 욕망은 단지 그 욕망의 일회적 충족을 목적으로 하는 것이 아니라, 이어지는 다음 욕망의 길닦이이다. 그 때문에 모든 인간에게서 발견되는 것은 "죽을 때까지 계속되는 힘에 대한 영원한 끊이지 않는 욕망"(*Leviathan*, I, XI, [2])이다. 그것은 사람이 "잘 살기 위한 더 많은 힘과 수단을 확보하지 못하면, 현재 가지고 있는 힘이나 수단조차도 견지할 수 없기 때문이다."(*Leviathan*, I, XI, [2]) 이 때문에 가진 자는 더 큰 욕망에 사로잡히고, 그로 인해 경쟁은 더욱 치열해지기 마련이다. 사람에게 과욕(過慾)이란 없는 것이며, 사람은 최대의 선(maximum bonum)을 추구할 뿐이다.

2) 시민상태로의 이행 요인: 정념과 이성

"자연은 인간을 몸과 마음의 능력에 있어서 평등하게 만들었다."
(*Leviathan*, I, XIII, [1]) "자연적으로는 모든 인간이 서로 평등하다."(*Citizen*,
I, 3) 누구는 특별히 육체의 힘이, 또 누구는 어떤 정신력이 더 뛰어나 보
이지만 전체 능력으로 보면 모두가 엇비슷하다는 것이 홉스의 관찰이다.
"능력의 평등에서 희망의 평등이 생긴다."(*Leviathan*, I, XIII, [3]) 그로 인
해 사람들은 같은 목적을 설정하고, 그것을 달성하기 위해 노력한다. 그
러나 여럿이 같은 목적을 향해 질주하는 마당에 경쟁은 불가피하며, 여의
치 않을 경우에는 경쟁자에 대한 공격과 파괴 또한 마다하지 않는다. 그
래서 "인간은 그들 모두를 위압하는 공동의 권력이 있지 않은 곳에서는
전쟁이라 일컬어지는 상태에 들어가게 된다. 이 전쟁은 만인에 대한 만인
의 전쟁이다."(*Leviathan*, I, XIII, [8]) 실제 전투가 벌어지지 않더라도 전투
가 일어나지 않는다는 보장이 없는 한의 기간은 전쟁상태에 있는 것이다.

"전쟁의 시기, 즉 만인이 만인에 대해 적인 상태에서 벌어지는 모든 일은
사람들이 자신의 강함[능력]과 자신의 노고로 지켜낼 안전 외에는 아무것도
없이 살아가야 할 상태에서와 똑같이 벌어진다. 이러한 조건에서는 성과가
불확실하기 때문에 근면할 여지가 없다. 토지의 경작, 항해나 해상무역, 상
가 건물, 무거운 물건을 운반하는 기계, 지구 표면에 대한 지식, 시간 계산,
예술이나 학술도 없고, 사회도 없다. 무엇보다도 잔혹한 죽음에 대한 끊임없
는 공포와 위험 속에서 인간의 삶은 고독하고, 빈곤하고, 험악하고, 잔인하
며 짧다."(*Leviathan*, I, XIII, [9])

자연상태, 즉 "인간이 인간에 대해 늑대(lupus est homo homini)"[31]인 야
만적 전쟁상태에서는 "그 어떤 것도 부정의한 것일 수 없다."(*Leviathan*, I,

XIII, [13]) 옳고 그름, 정의·부정의의 판별 기준이 없으니, 그런 개념 자체가 성립하지 않기 때문이다. "공동의 권력(common power)이 없는 곳에는 법이 없다."(*Leviathan*, I, XIII, [13]) 그리고 법이 없는 곳에는 정의니 부정의니 하는 것이 있을 수 없다. 전쟁상태에서 횡행하는 것은 폭력과 기만뿐이다. 정의나 부정의는 몸의 능력도 마음의 능력도 아니며, 감각이나 정념처럼 인간의 본성에 깃들어 있는 것이 아니다. 전쟁상태에서는 소유의 권리 개념도 있지 않기 때문에, 누구에게나 무엇이든 그가 "획득 가능한 것이 자기 것이며, 자기 것으로 지켜낼 수 있는 동안에 자기 것이다." (*Leviathan*, I, XIII, [13]) 법이 없으니 법이 금지하는 것도 없고, 법을 위반하는 짓, 곧 범죄(crime)라는 것도 없다. 그러나 인간은 이러한 무법적 자연상태에서 벗어날 수 있으니, "그 가능성은 부분적으로는 정념에, 부분적으로는 인간의 이성에 있다."(*Leviathan*, I, XIII, [13])는 것이 홉스의 생각이다. 보통 인간의 정념은 이성보다 강하지만(*Leviathan*, I, XIX, [4] 참조), 이 둘은 인간을 평화상태로 이끄는 데서는 공동보조를 취한다. 죽음에 대한 공포, 생활필수품의 안정된 조달에 대한 욕망과 기대 같은 정념들이 인간에게 평화를 촉구하며, 그때 "이성은 인간이 합의에 이를 수 있는 적절한 평화 조항들을 제시한다."(*Leviathan*, I, XIII, [14]) 이러한 평화 조항들을 홉스는 '자연법(Laws of Nature)'이라 이해하거니와, 자연법에 기초한 법규들의 제정을 통해 사람들은 시민상태로 이행한다.

3) 자연법과 이성

자연법(ius naturale)이란 이성의 법이다. 근대 자연법의 원조라 할 수 있

---

31 Titus Maccius Plautus(ca. BC 254~184), *Asinaria*, 495. Hobbes는 이 구절을 *De Cive*, 헌사 [1]에서 인용하고 있다.

는 그로티우스는 '자연법'을 "어떤 행위가 도덕적으로 필연적이거나 부끄러운 것은 그것이 이성적이고 사회적인 존재인 인간의 자연본성과 합치하거나 불합치하기 때문이며, 따라서 그러한 행위는 자연의 작가[창조자]인 신에 의해 권고되거나 금지된다는 것을 지시하는 올바른 이성의 지시명령"[32]이라고 규정한 바 있다. 이를 이어받아 홉스는 자연법을 한낱 사람들 간의 합의사항이 아니라, 인간이 "가능한 한 오래도록 생명과 사지(四肢)를 보존하기 위해 무엇을 해야 하고 무엇을 하지 말아야 하는가에 관한 올바른 이성의 지시명령(Dictate of right reason)"(*Citizen*, II, 1)이자 "신의 법(Divine law)"(*Citizen*, IV, 1)이라고 본다. 성서의 가르침대로 "올바른 사람의 입은 지혜를 전할 것이고, 그이의 혀는 정의로운 것을 말할 것이며, 신의 법은 그이의 심중에 있을 것"(「시편」 37, 30~31)이니, 신의 법은 언제나 "올바른 이성 안에 놓여 있다."(*Citizen*, IV, 2) 신의 법인 "자연법은 변하지 않고 영원"(*Citizen*, II, 29)하니, "이성 자체와 그것의 목적인 […] 자기보호는 변하지 않기" 때문이다.

그런데 인간 마음의 역량으로서 이성도 인간의 여느 능력들이나 마찬가지로 인간의 자연본성의 일부이니, 이성 역시 "자연적"인 것이다.(*Citizen*, II, 1 참조) 그런 점에서 자연법은 '자연적 이성(natural reason)'의 지시명령이라고 이해할 수 있으며, 그것을 곧바로 알아듣는 것이 '올바른 이성(right reason)'이다.(*Leviathan*, II, XXXI, [3] 참조) 자연적 이성이 인간 상호 간에 지켜야 할 것으로 명령하는 바가 "인간 상호 간의 자연적 의무"(*Leviathan*, II, XXXI, [7])이니, 그것은 "공평, 정의, 자비, 겸손과 여타 도덕적 덕들"(*Leviathan*, II, XXXI, [7])이다. — 이런 점에서 "자연법은 도덕법과 같은 것이다."(*Citizen*, II, 31) — 그리고 이에 상응해서 자연 이성의 법에 따르는 권리가 자연권이다. 그래서 홉스는 "각자가 자기 자신의 자연본성, 다

---

32 Hugo Grotius, *De jure belli ac pacis*, I, i, 10, 12.

시 말해 자기 자신의 생명을 보존하기 위해 자기가 의욕하는 바대로 자기 자신의 힘을 사용할 수 있는 자유, 곧 자기 자신의 판단과 이성에서 가장 적합한 조치로 파악되는 어떤 것을 행하는 자유"(*Leviathan*, I, XIV, [1]), 바꿔 말해 "인간이 누구나 각자 올바른 이성에 따라서 자신의 자연적 역량을 활용할 수 있는 자유"(*Citizen*, I, 7)를 대표적인 "자연권(right of nature[ius naturale])"으로 이해한다.

홉스는 여기서 자유(liberty, freedom)를 소극적 의미로 이해하여 "저항의 부재"(*Leviathan*, II, XXI, [1])로 규정한다. 그래서 홉스에게 '자유인'이란 "스스로의 능력과 지력으로 할 수 있는 일들에 대하여 자기가 의욕한 바를 하는 데 방해받지 않는 사람"(*Leviathan*, II, XXI, [2])을 뜻한다. 자유인은 '자유의지'를 가진 자라고도 말할 수 있지만, 여기서 '자유의지'란 의지가 자유롭다는 것이 아니라, 의지의 주체인 인간이 이런 의미로 자유롭다는 것을 말하는 것이다.

인간의 자유는 필연과도 양립한다. 인간의 한 행위는 그의 자유의지에서 비롯한 것이지만, 다른 한편 인간의 의지에서 비롯한 모든 행위에는 그 원인, 그리고 그 원인의 원인이 있다. 이 원인의 연쇄에서 최초의 원인은 '신의 의지' 안에 있다 할 것이다. 사실 인간의 행위의 단서인 정념이나 욕구 모두가 신에서 비롯하지 않은 것이 없다. 만약 인간의 행위가 신의 의지 밖에서 일어난다면, 그것은 인간의 자유와 신의 전능함이 상충한다는 것인데, 이것은 언어도단이다. 그러니까 인간의 자유는 신의 의지의 범위 내에 있는 것이고, 그런 한에서 필연성을 동반한다.(*Leviathan*, II, XXI, [4] 참조)

이러한 자연의 권리를 지키기 위해 "이성이 찾아낸 계율(precept) 내지는 일반적 규칙"이 다름 아닌 "자연법[칙](lex naturalis)"(*Leviathan*, I, XIV, [2])이다. 홉스에 따르면 자연상태에서 인간은 오로지 이 자연법칙에 따를 뿐이고, 그러니까 "오로지 자기 자신의 이성에 의해 지배"(*Leviathan*, I,

XIV, [4])받을 따름이며, "인간은 누구나 자신이 할 수 있는 한 자기의 생명과 사지를 방호한다."(Citizen, I, 7) 그런데 이성은 자연상태라는 것이 곧 만인의 만인에 대한 전쟁의 상태로서 그 안에서는 누구도 안전하지 못하다는 것을 안다. 여기에서 이성의 첫 번째 일반 규칙이 등장한다: "사람은 누구나 달성할 희망이 있는 한 평화를 얻기 위해 노력해야 한다. 그리고 그를 달성할 수 없다면, 모든 수단을 찾고 전쟁을 이용해도 좋다." (Leviathan, I, XIV, [4]; Citizen, II, 2 참조) 곧 이성의 법은 첫째로 평화의 성취를 위해 노력할 것과 여의치 않을 경우에는 자기 방어를 위해 전쟁마저 이용할 것을 규정한다. 이것이 '기초적[제1의] 자연법(fundamental law of nature)'이며, 이로부터 제2의 자연법이 나온다. 즉 "사람은 타인들 역시 그렇게 한다면, 평화와 자기 방어가 보장되는 한, 모든 것에 대한 이러한 권리를 포기하고, 자신이 타인에게 허용하는 만큼의 자유를 타인에 대해 갖는 것으로 만족해야 한다."(Leviathan, I, XIV, [4]) 무릇 모든 사람이 각자 자기 뜻대로 무엇이든지 할 수 있는 권리를 갖는 한, 사람들은 불가불 전쟁에 휩싸이게 될 것이다. 그렇다고 누가 일방적으로 그의 권리를 포기한다면, 그는 자칫 희생되거나 호구가 될 것이다. 그러므로 권리의 포기나 양도에는 상응하는 보완 장치가 필요하다. 그것이 "계약(contract)"이다.(Leviathan, I, XIV, [9] 참조)

인간이 천부의 권리를 가지고 있으되, 이를 적절하게 양도하지 않으면 평화를 이룩할 수가 없다. 그래서 인류의 평화를 위해 각자의 권리 일부의 양도 계약은 불가결하다. 이로부터 제3의 자연법이 유래하니, 그것은 "계약을 맺었으면, 사람은 그것을 지켜야 한다."(Leviathan, I, XV, [1] 참조)는 것이다. 준수할 의무가 함께하지 않는다면 계약은 무의미한 것이다. 바로 여기에서 '정의(justice)' 개념이 성립한다. 계약을 위반하는 것은 불의(injustice)이다. 저 계약을 통해 인간은 자연상태를 벗어나 평화의 상태, 곧 국가를 수립할 수 있으니, 저 계약의 조항들이 국가의 법이고, 이 국가의 법이 사회 정의의 척도인 것이다. 국가의 법을 위반하는 불의한 행위, 곧 불법행위는 누군가의 "권리침해(injury)"로서 그 행위자를 '유죄(guilty)'로 만든다.(*Leviathan*, I, XV, [11] 참조) 이러한 계약 이론은 국가를 구성원들의 자발적 협정에 의한 자치기구로 설정한 후 국가의 통치권력을 정당화하고, 이렇게 정당화된 국가권력에게 구성원 모두가 복종해야 함을 설파하는 것이다. 자유권을 방호하기 위한 표면적 자치 협약은 이면적으로는 자연상태, 즉 전쟁상태로의 회귀를 방지한다는 명목 아래 천부적 자유권을 제한하는 국가권력에의 자발적 복종 협약이 되는 셈이다.

계약 공동체에 들어선 사람은 누구나 신의성실로써 법을 준수해야 한다. 법의 준수는 나의 의무임과 함께 타인에 대한 준수를 요구할 권리를 담보한다. 그러나 타인의 위법적 행위가 나의 위법적 행위를 정당화해주지 않는다. 나의 정당성은 오로지 나의 "행위방식의 이성과의 합치 여부(conformity or inconformity of manners to reason)"(*Leviathan*, I, XV, [10] 참조)에 달려 있다. 어떤 경우에도 신의성실로써 계약을 준수하는, 곧 정의로운 생활태도를 '의롭다(righteous)'고 하고, 그러한 사람의 성품을 '덕(virtue)'이라 일컬으며, 그 반대의 경우를 '의롭지 못하다(unrighteous)'라고 하고, 그런 사람의 자질을 '패악(vice)'이라 일컫는다.(*Leviathan*, I, XV, [10] 참조)

이로써 홉스의 사회 계약 이론은 본질적으로 이기적인 인간이 자기 생존과 행복을 위해 제한된 물질과 권력을 놓고 투쟁하는 데서 불가피하게 발생하는 적대적 감정을, 이성적으로 통제하고 화해시키는 방책으로서 국가사회를 건립함으로써, 무제한의 이기심 대신에 실현 가능한 이기심을 충족시킨다는 골조를 갖는다. 그리고 홉스의 사회 계약 이론이 계약 준수 의무의 근거를 계약 행위 자체에 둠으로써 의무 준수의 근거를 자율성에서 찾은 것은 책임질 역량이 있는 행위자, 곧 인격 개념을 세운 것이다.

4) 국가 건립의 목적

"자연이 그에 의해 신이 세계를 창조하고 지배하는 기예(art)"라면 국가 (commonwealth, state, civitas)는 그에 의해 인간이 세계를 만들어 지배하는 "인간의 기예(art of man)", 말하자면 "인공 동물(artificial animal)" 내지는 "인공 인간(artificial man)"이다.(Leviathan, Intro. [1]) 국가라는 인공 인간과 자연인의 비유를 좀 더 활용해본다면, 국가의 '주권'은 온몸에 생명을 불어넣고 운동을 일으키는 '영혼'이고, 사법 행정의 수장들은 사지이고 관리들은 관절이며, 보상과 벌칙은 이들을 주권자와 연결시키는 신경이다. 국가 구성원 각자의 재부(財富)는 체력이며, 인민의 복지는 '일거리(business)'이다. 공평(equity)은 '이성'이고, 법률(laws)은 '의지'이다. 화합은 건강이고, 소요는 질병이며, 내란은 죽음에 해당한다. 이 "정치체(body politic)"의 각 부분을 최초로 만들고 함께 모아 결합시킨 것은 넓은 의미로는 '계약' 곧 "협정(pacts)" 및 "협약(covenants)"이니, 이것들은 천지창조 때에 신이 "사람을 만들자"(「창세기」 1, 26)고 한 "명령(fiat)"에 상응하는 것이다.(Leviathan, Intro. [1] 참조) 다만 차이가 있다면 이 정치체를 이루는 재료(matter)와 이 정치체를 제작한 기예가(artificer)는 동일한 인간이라는 점이다.(Leviathan, Intro. [2] 참조)

그러므로 국가를 제대로 알기 위해서는, 다시 말해 국가 발생의 토대인 계약이 어떻게 이루어진 것이고, 그 위에서 생기는 주권자의 정당한 권리와 권력, 권위는 무엇이며, 그것을 유지하거나 해체시키는 것이 무엇인지를 알기 위해서는 인간이 무엇인지를 먼저 고찰할 필요가 있었다.

천성적으로 자유를 사랑하고 그러면서도 타인에 대한 지배를 좋아하는 인간이 국가를 세워 스스로 그에 종속하고자 하는 것은 결국은 자기의 안녕을 확보하기 위한 것이다.(Leviathan, II, XVII, [1] 참조) 이러한 방식은 유독 인간에서만 발견되는 것이니, 그 양태를 고찰해보면 인간의 특성을 간취할 수 있다.

첫째, 인간은 명예와 지위를 얻기 위해 부단히 경쟁하고 그 때문에 시기와 증오와 마침내는 전쟁이 일어나지만, 동물들은 그렇지 않다.(Leviathan, II, XVII, [7] 참조)

둘째, 동물들에게는 공동 이익과 사적 이익의 구별이 없다. 본능적으로 사적 이익을 위해 활동하겠지만 결과적으로는 공동 이익을 얻게 되니 말이다. 그러나 인간은 자기를 남과 비교하여 우월감을 느낄 때 기쁨을 최고조로 느끼므로, 사적 이익의 증대를 통해 그런 정념을 충족시킨다. (Leviathan, II, XVII, [8] 참조)

셋째, 동물들에게는 이성이 없다. 그래서 공동의 일을 하면서도 자기들이 공동의 일을 한다는 의식도 없고, 자기들이 하는 일에 어떤 과오가 있다는 생각도 하지 않는다. 따라서 누가 더 현명한지 우매한지 따위를 가리지 않는다. 반면에 인간들 중에는 자신이 공동체를 이끌어가는 데 남들보다 훨씬 더 현명하고 유능하다고 자부하는 이들이 제법 많다. 그들은 지혜 다툼을 하고, 각자의 방식을 실현시키려 노력하고 전쟁도 불사한다. (Leviathan, II, XVII, [9] 참조)

넷째, 동물들도 욕망이나 느낌을 전달하는 신호체계를 가지고 있기는 하지만, 언어생활은 없다. 인간의 언어(logos)는 감각적인 것을 기호화함으로써 실물 세계를 의미 세계로 전환시킨다. 그로써 인간은 지나간 과거의 일도 아직 오지 않은 미래의 일도 이해(understanding)하며, 알려진 일로부터 알려지지 않은 일도 추론(reason)한다.(Leviathan, I, IV, [4] 참조) 인간은 언어를 통해 시비곡직을 토론하고, 선악을 판가름하지만, 반면에 선을 악으로, 악을 선으로 왜곡시키기도 하고, 선악의 크기를 실상보다 부풀리거나 축소시킴으로써 사람들을 현혹하고 이간질시키며, 그로써 평화를 교란시키는 짓도 한다.(Leviathan, II, XVII, [10] 참조)

다섯째, 이성이 없는 동물은 권리, 의무의 개념이 없기 때문에, 자기가 안락하기만 하면 이웃에 대해 어떠한 반감도 표하지 않는다. 그러나 인간은 가장 안락할 때 열렬히 이웃에 대해 관여하고 싶어 하고, 공동체를 자기 마음대로 움직여보고 싶어 한다.(*Leviathan*, II, XVII, [10] 참조)

여섯째, 동물들의 화평은 자연적인 것이지만, 인간에서의 평화는 오로지 인위적인 계약에 의해서만 달성될 수 있다. 그러나 각자는 그 계약의 위반 또한 쉽사리 하기 때문에, 그들을 원계약대로 공동이익에 맞게 행동하도록 지도하는 공동의 권력(common power)이 있지 않을 수 없다. (*Leviathan*, II, XVII, [11] 참조)

이렇게 해서 국가는 이성적인 존재자인 인간의 고유한 삶의 방식으로 자리 잡았으니, 국가란 "다수의 인간이 서로 간에 평화롭게 살면서 그 밖의 타인들로부터 보호받을 목적으로, 각자 간에 서로 합의하여, 다수결에 의해 어느 한 사람 또는 하나의 합의체에 그들 모두의 인격을 대표하는 (다시 말해, 그들의 대표자로서의) 권리를 부여하고, 그 사람 또는 합의체에 찬성투표한 이들이나 반대투표한 이들이나 모두 똑같이 그 사람 또는 그 합의체의 행위와 판단을 자기 자신의 행위와 판단으로 승인하기로 협약할 때에 설립되는 것"(*Leviathan*, II, XVIII, [1] 참조)이다. 그래서 국가는 "다수의 사람들이 상호 협약을 체결하여 세운 하나의 인격(person)으로서 그들 각자가 그 인격이 한 행위의 본인(author)이 되며, 그들의 평화와 공동 방위를 위해 그들 모두의 힘과 수단을 그 인격이 생각하는 대로 사용할 수 있도록 한 것"(*Leviathan*, II, XVII, [13])이라고 정의된다. 이제 국가의 책무는 만인의 만인에 대한 전쟁상태를 초래하는 자연상태를 종식시키고, 만인의 평화 공존을 보장하는 법규의 테두리 안에서 국가시민 누구나 자신의 행복을 추구할 수 있도록 공동체를 확립하는 일이다. 그때 국가는 인간이 자기 보존과 행복의 욕구를 성취하기 위해 만들어낸 가공의 도구로서의 소임을 다 하는 것이다.

5) 시민법과 국가 이성

국가의 시민이 되면 반드시 준수해야 할 법률, 이른바 '시민법(civil law)'
이 있다. 홉스는 시민법을 "모든 피통치자(subject)가 옳고 그름의 구별,
다시 말해 규칙에 위배되는 것과 위배되지 않는 것을 구별하는 데 사용할
수 있도록 (말, 문서 또는 그 밖에 의지를 나타내기에 충분한 표지를 통해) 국가
가 명령한 규칙들"(*Leviathan*, II, XXVI, [3])이라고 규정한다. 시민법은 국
가의 주관자에 의해 제정된다는 점에서 '실정법'이라 하겠고(*Leviathan*, II,
XXVI, [38] 참조), 자연법은 정의와 공평과 같은 도덕적 덕성과 평화와 관
용에 기여하는 마음의 습성을 담고 있다는 점에서 '도덕법(moral laws)'이
라고 볼 수 있지만(*Leviathan*, II, XXVI, [37] 참조), 이러한 시민법과 자연법
은 핵심 내용에 있어서는 차이가 없다. 국가의 설립에 의해 성립한 주권
자가 자연법을 바탕으로 시민법을 제정하는 것이기 때문이다. "시민법과
자연법은 서로 다른 종류의 법이 아니라, 법의 서로 다른 부분이니, (성문
화된) 한 부분이 시민법이라 일컬어지고, (성문화되지 않은/불문의) 다른 하
나의 부분이 자연법이라 일컬어지는 것이다."(*Leviathan*, II, XXVI, [8]) "그
러나 자연권, 즉 인간의 자연적 자유는 시민법에 의해 축소되거나 제한될
수 있다. 아니, 법을 제정하는 목적 자체가 다른 것이 아니라 그 권리를
제한하는 데에 있는 것이다. 그러한 제한 없이는 어떠한 평화도 있을 수
없기 때문이다. 법이 세상에 나온 것은 다름 아니라 개개인의 자유를 제
한함으로써 서로 상대를 해치지 않고, 서로 협조하고 협동하여 공동의 적
에 대처하기 위한 것이다."(*Leviathan*, II, XXVI, [8])

어느 경우에나 "법은 결코 이성에 반할 수가 없다."(*Leviathan*, II, XXVI,
[11]) 여기서 '이성'이 누구의 이성인지는 분명하다. "사적 이성(private reason)"
이 법의 기준이 될 수는 없다. '국가 이성(reason of the commonwealth)', 곧
국가의 주권자의 이성, 명령이 법의 기준이 되는 것이다. 국가의 이성만

이 법을 제정하고, 법을 해석하고, 그에 따라 재판할 수 있다.(*Leviathan*, II, XXVI, [11] 참조) 홉스가 그의 책에서 국가의 비유로 세운 괴수 '리바이어던'이 등장하는 바로 그 성서[33]의 한 구절을 그 책 표지 상단에 인용문 형식으로 써 놓은 것처럼 국가의 "힘에 비견될 수 있는 것이 지상에는 없다 (Non est potestas Super Terram qaue Comparetur ei)."[34]

이러한 국가는 시민법(ius civile)[35]에 기초하고 있다는 점에서 "시민사회 (societas civilis)"(*Citizen*, V, 9)라고 할 수 있으며, 국가는 계약 공동체이기는 하지만 단지 연합체가 아니라 '하나'로 작동하는 '합일체(union)'라는 점에서 "시민적 인격(persona civilis)"(*Citizen*, V, 9)이라고도 할 수 있다. 하나의 인격이란 하나의 의지, 하나의 이성으로 표현되는 것이다. 오로지 자신의 안위에만 관심이 있는 개인들이 자신의 관심사를 실현하기 위해, 그러니까 이기적인 목적으로 이해타산적인 이성에 의해 합리적 협동체로 고안해낸 국가가 드디어는 독립적 인격체가 되어 개인들을 복속시킨다. 국민들의 계약의 산물인 국가가 독립적인 인격이 됨으로써, 일단 세워진 국가는 국민들 개개인에 대해 가공할 지배력을 행사하는 괴물 '리바이어던'으로 군림하는 것이다.

2. 로크에서의 이성

1) 정치사회 이론에서의 '이성'

"우리는 이성적(rational)으로 태어났으므로, 자유롭게 태어난 것이다. 그

---

33 바다의 괴수 Leviathan은 『구약성서』, 「욥기」 3, 8·41, 25 등에 등장한다.

34 Hobbes는 *Biblia Sacra Vulgata*에 따라 인용처를 "Iob. 41. 24"로 밝히고 있으나, 현대의 성서에서는 "「욥기」 41, 25"이다.(『공동번역 성서』, 대한성서공회 발행, 1977 참조)

러나 실제로는 이 둘 어느 쪽도 실행되어 있는 것은 아니다. 즉 나이가 들어 이성을 얻게 되면 자유도 얻게 되는 것이다."(*TT*,[36] II, 61)

"인간의 자유, 즉 자기 자신의 의지에 따라서 행하는 자유는 인간이 이성(reason)을 가지고 있다는 사실에 근거를 두고 있다. 이성은 인간에게 자기 자신을 지배해야 할 법이 대체 무엇인지를 가르쳐주며, 또한 과연 어느 정도까지 자기 자신의 의지의 자유가 허용되고 있는지를 가르쳐준다. 인간이 자기를 지도해나갈 이성을 갖기도 전에 아무런 제한 없이 자유롭게 내버려두는 일은 자유로운 것인 그의 자연본성의 특권을 그에게 허용하는 일이 아니다."(*TT*, II, 63)

로크는 그의 정치사회 이론에서 인간이 국가사회를 형성하는 인격, 곧 자유의지의 주체임을 논변하면서, 그 바탕에 인간이 '이성적 동물'임을 전제하고 있다. 인간의 의지는 자유롭되, 또한 인간이 동물이기 때문에 의지의 자유는 이성에 의해 지도되어야 한다. 그런데 인간이 이성적임은 이미 선천적이되, 이성은 인간이 성장하면서 발양되어가는 것인 만큼 의지의 자유도 그에 맞춰 허용해야 한다는 것이다. 이렇게 성격 지어지는 '이성'은 성숙한 인간의 특성이며, 일반적으로는 인간의 자연본성이라 할 것이다.

그렇다면 대체 로크에서 '이성'이란 무엇인가?

로크가 사람들 간에 서로 적대적이고, 악의적이고, 폭력적이고, 상호 파괴적인 상태를 "전쟁의 상태"라고, 반면에 사람들 사이에 일어나는 사건들을 판정할 어떠한 지상의 공통의 우월자도 갖지 못한 채 "오로지 이성에 따라서만 생활하는" "평화(peace)와 선의지(good will)와 상호 부조

---

35 Cicero, *De legibus*, I, 17 참조.
36 Locke, *Two Treatises of Government*, London 1690.

(mutual assistance)와 생명보전(preservation)의 상태"를 "자연의 상태(the state of nature)"(*TT*, II, 8)라고 규정했을 때 로크의 '이성' 개념은 그 충전된 의미를 드러낸다. '이성'은 인간의 '자연본성(nature)'을 넘어 그 자체로 '자연'의 이치이고, 신의 가르침이다.

"만인은 평등하고, 독립적이며, 어느 누구도 타인의 생명, 건강, 자유와 소유를 손상시켜서는 안 된다."라는 "이성"의 가르침은 곧 신의 가르침으로서, 그것은 다른 말로 "자연의 법(the law of nature)"이다.(*TT*, II, 6 참조) 또한 "자기의 생명과 존재를 보전하려는 욕망, 강렬한 욕망이 신 자신에 의해 인간에게 하나의 행동원리로 심어져 있다. 그렇기 때문에 인간 안에 있는 신의 목소리인 이성은 그에게 다음과 같이 가르치고 확신시키지 않을 수 없었다. 자신의 존재를 보전하기 위해 가지고 있는 바로 그 자연적 경향성을 좇음으로써 그는 그의 조물주의 의지를 따르는 것이라고." (*TT*, I, 86)

로크는 그의 시민사회 이론에서 '자연의 법'과 '이성의 법'을 동치시킨다. 그러한 사유 맥락에서 로크는 특수한 규정이 없는 경우 "다수의 결의가 전체의 결의로 통용된다. 그리고 그것이 자연과 이성의 법(the law of nature and reason)에 의해 전체의 권력을 결정하는 것은 물론이다."(*TT*, II, 96)라고 논변한다.

이러한 '자연의 법'은 "자연적 이성(natural reason)"(*TT*, II, 12)으로서 "인간의 자연본성의 원리(the principle of human nature)"(*TT*, II, 10)이자 "이성의 올바른 규칙(the right rule of reason)"(*TT*, II, 10)으로, "신이 인간 상호 간의 안전을 위해 인간의 행동들의 척도로서 규정해준 것"(*TT*, II, 8), 다시 말해 "신이 인류에게 부여한 공통의 규칙이자 척도"(*TT*, II, 11)이며, "신의 의지의 선언"(*TT*, II, 135)이다. "이성의 법(the law of reason)"(*TT*, II, 30)은 "계시(revelation)"와 같은 것이다.(*TT*, II, 25 참조) 계시를 전하는 성경의 말씀을 로크는 인간의 천부적 권리를 선포하는, "영감에 의해 확인된 이성의 목소리"(TT, II, 31)라고 이해한다.

무릇 개개인은 그의 "냉정한 이성(calm reason)"(TT, II, 8)과 양심으로써 격정과 무절제한 방종을 제재해야 한다. "이성의 공통의 법(the common law of reason)"에 복종하지 않고 폭력을 행사하는 자는 한낱 짐승으로서 "위험하고 유해한 피조물"이다.(TT, II, 16 참조) 또한 시민사회에서의 제정 법규는 이성의 법이자 자연의 법에 부합해야 하며, 이에 따라 규제되고 해석되어야 하는 것이다.(TT, II, 12 참조) 자연법은 만인에 대해, 따라서 입법자에 대해서도 "영원한 규칙"이므로, 사람들이 만드는 모든 법규들은 신의 의지의 표명인 자연법에 합치해야 하는 것이다.(TT, II, 35 참조)

인간이 자연상태에서 시민사회로 진입한 과정을 돌이켜보자.

자연적인 상태에서 먹거리가 부족해졌을 때 "신과 인간의 이성은 인간에게 대지를 정복할 것을 명령했다. 다시 말해, 대지를 생활에 이익이 되도록 개량하여 그 위에 그 자신의 것인 어떤 것, 즉 노동을 가할 것을 명령했다."(TT, II, 32) 인간의 문화생활과 시민적 생활은 이렇게 해서 '내 것과 네 것'이 생기면서 시작되었다. 사적 재산(property)은 오로지 노동을 통해 취득되는 것이지만, 자연상태에서의 소유는 "이성에 의해 정해진 한계 내에서"(TT, II, 31) 이루어졌다. 자연은 인간에게 노동의 한계와 함께 소비의 한계도 주었기 때문이다. 어떤 사람도 무한한 노동력을 갖지 못하고, 일신을 위해 소비할 수 있는 것도 한계가 있으니 말이다. 자신의 노동력이 미치지 못하는 것을 탐한다거나 자신이 소비할 수 있는 것 이상을 탐하는 것은 이미 타인의 것을 침해하는 것이다.(TT, II, 36 참조) "인간이 자기가 필요로 하는 것보다 더 많은 것을 갖으려는 욕망을 갖게 되면, 단지 인간 생활을 위한 유용성에 의해서만 결정되는 사물들의 본래의 가치가 변질되고 만다."(TT, II, 37) 그렇기에 욕구는 필수적 수요에 국한되어야만 사물들의 본래적 가치가 왜곡되는 것을 방지할 수 있다.

정치사회와 통치의 목적이 시민들 상호 간의 재산(property), 곧 생명

(life)과 자유(liberty)와 자산(estate)을 보전함에 있는 것은 "모든 이성적인 피조물에게는 자연법상 명백히 이해되는" 일이다.(*TT*, II, 123~124 참조) 정치사회에서 시민의 재산을 규율하는 법규는 자연법에 합치해야 한다. 그런데 로크는 사유 재산의 형성 근거를 노동으로 세우면서, 그 노동이 이성적 수단에 의해 이루어지면 그 성과가 증대됨을 논변하는 자리에서 또 다른 의미의 이성, 곧 일의 성과를 증진시킬 수 있는 꾀를 제공하는 이성, 즉 '도구적 이성'의 양태를 말함으로써 욕구의 통제자로서의 이성 대신에 욕구 충족의 도우미로서 이성 개념을 비친다. 이 같은 도구적 이성의 개념은 앞서의, 인간 자연본성을 넘어서는 신의 의지의 선언으로서의 "이성의 법"의 '이성'과는 그 지시하는 바가 사뭇 다르다.

"사람들에게 이 세계를 공유하도록 준 신은 그들에게 또한 그것을 삶과 편의를 위해 가장 이익 되게 사용할 이성도 주었다."(*TT*, II, 26)

물론 사람의 "삶과 편의를 위해 가장 이익 되게 사용할 이성"에는 때로는 과도한 욕망이 사람에게 커다란 불이익을 가져온다는 점에서 욕망을 제어하는 이성 능력이 포함될 수 있다. 그러나 이 대목에서 로크는 천연의 대지를 누군가가 이성적 지혜를 가지고 노동을 함으로써 자연대로보다 훨씬 많은 산물을 거두고, 그것을 바탕으로 더 많은 사람의 복지에 기여한다면 사유화는 정당하다는 논변을 펴고 있다. 여기서 작동하는 이성 능력은 '계산하다'라는 원초적 의미의 이성성이며, 이러한 이성은 인간의 원초적 욕구인 생존의 욕구를 실현하는 도구로서의 이성이다.

"시민통치[정부]의 참기원과 범위 그리고 목적"을 논구한 그의 『통치론』 제2논고에서 자연법으로서의 '이성의 법'과 함께 인간 삶을 위한 편익을 도모하는 도구로서의 이성의 기능을 설파한 로크는 이제 "인간의 지식의 기원, 확실성과 범위를 탐구하고, 아울러 신념[믿음], 의견과 동의의 근거들과 정도를 탐구"(*HU*,[37] Introduction, 2: p. 26)하는 『인간지성론』에서는 인간 심성의 기능으로서 '지성(understanding)'과 이성의 역할을 밝힌다. 로크 정치론을 '신의 목소리'로서의 이성이 주도했다면, 인식론은 인간의 목소리로서의 이성이 이끌고간다.

2) 경험에서의 '지성' 또는 '이성'

"이 자리에서 『인간지성론』이 쓰이게 된 내력을 이야기해두는 것이 좋을 것 같다. 어느 날 5~6명의 친구들과 더불어 내 방에서 이 책의 주제와는 거리가 먼 문제에 관해 토론을 했었다. 그때 우리는 모든 면에서 제기되는 난점들로 인하여 이내 막다른 길에 이르러 있음을 발견하였다. 우리를 괴롭히는 이 의문들의 해결에 조금도 더 접근하지 못한 채 한동안 방황하고 나서, 나에겐 우리가 잘못된 길을 걷고 있었다는 점과 함께, 우리는 그러한 성질의 문제들의 탐구에 착수하기 전에, 먼저 우리 자신의 능력을 심사하고 우리의 지성이 어떤 대상들을 다루기에는 적합하고 또 다른 대상들을 다루기에는 적합하지 않은지를 고찰할 필요가 있다는 점에 생각이 미쳤다. 이 점을 나는 동료들에게 제안하였고, 그들은 기꺼이 동의하였다. 그리고 그 자리에서 이 점이 바로 우리가 첫 번째로 연구해야 할 문제라는 데 합의를 보았다."(*HU*, 독자에게 보내는 편지: p. 9)

"지성은 영혼의 가장 고상한 기능"(*HU*, 독자에게 보내는 편지: p. 7)이지만, "지성은 눈과 같아서 우리에게 다른 모든 것들(things)을 보고 지각하게 하나, 자기 자신은 주목하지 못한다."(*HU*, 독자에게 보내는 편지: p. 8)

---

37 Locke, *An Essay concerning Human Understanding*(London 1690), ed. by A. C. Fraser, New York 1959.

그래서 로크는 인간의 지식의 원천을 반성적으로 탐구해가면서 인간의 마음 일반을 함께 고찰한다.

"무릇 인간을 여타의 감성적 존재자들 위에 두고, 모든 점에서 이들보다 우월하게 하고 지배적이게 하는 것은 지성"(*HU*, Intro, 1: p. 25)이라면서도, 지성의 본성에 대한 탐구를 통해 "지성의 능력들을 발견하고, 이 능력들이 어디까지 미치는지, 어떠한 사물들에 어느 정도에서 적합한지"(*HU*, Intro, 4: p. 28)를 알아내고자 시도하는 로크는 이로써 지성의 오용과 남용으로 인한 착오는 면할 수 있을 것(*HU*, Intro, 1: p. 28)을 기대한다. 바로 이 같은 로크의 인식능력의 비판 작업은 근대 인식론의 초석이자 칸트 비판철학의 선구이다.

(1) 선험적 개념과 원리의 부정

인식능력의 비판 작업을 통해 얻은 로크의 결론은 인간의 "마음은 백지"와 같다는 것이다.

"마음이란 [본디] 말하자면 아무 문자도 찍혀 있지 않은, 즉 아무런 관념도 없는, 백지이다."(*HU*, II, I, 2)

이미 플라톤도 인간 영혼 안에는 외적 인상을 받아들이기 위한 "깨끗이 씻겨져 있는 판[板](κήρινον ἐκμαγεῖον)"[38]이 있다고 보았고, 아리스토텔레스도 그 위에 "아무것도 쓰여 있지 않은 판"[39]에 관해 말한 바 있다. 이에서 로크 또한 인간의 심성은 오로지 감수적 기관으로서 한낱 '백지(white paper, tabula rasa)'[40]와 같은 것이라고 주장하는데, 자못 아리스토텔레스

---

38 Platon, *Theaitetos*, 191c.
39 Aristoteles, *De anima*, 430a 참조.

의 수동지성을 연상하게 한다.

"지성 안에 모종의 본유적(생득적: innate) 원리들, 곧 약간의 원초적 관념(primary notion), 공통 관념(κοιναὶ ἔννοιαι), 마치 인간의 마음에 찍혀 있는 문자가 있어서, 영혼은 애당초 이것을 받아서 세상에 가지고 나온다."(*HU*, I, I, 1)라는 이른바 본유관념설에 대해 로크는 이것이 근거 없는 상정이라고 생각한다. 로크 생각에 "사람들은 순전히 그들의 자연적(선천적: natural) 능력들을 사용하여, 어떠한 본유적 인상의 도움 없이도, 그들이 가지고 있는 모든 지식을 얻고, 어떠한 그런 원본적(original) 관념 내지 원리들 없이도 확실성에 이를 수 있다."(*HU*, I, I, 1)

"본유적 원리들을 증명하는 데는 보편적 동의(universal consent)가 사용"(*HU*, I, 4)될 수밖에 없지만, 그러한 원리의 대표 격인 이른바 '공리'라는 것조차도 보편적 동의를 얻지 못하고 있다는 것이 로크의 견해이다.

"무엇보다도 어린아이들이나 천치들은 이런 원리들을 조금도 알지 못하고 생각하지도 못하기 때문이다. 그리고 알지도 생각하지도 못한다는 것은 모든 본유적 진리에 반드시 수반되어야 할 보편적 동의를 파기하기에 충분하다."
(*HU*, I, I, 5)

"만약 본유적 원리들이 본유적이라면, 반드시 보편적 동의를 얻는다. 왜냐하면 어떤 진리가 본유적이라면서 동의되지 않는다는 것은, 어떤 사람이 진리를 알고 있으면서 동시에 그것에 대해 무지하다는 것처럼 나에게는 이해할 수 없는 일이기 때문이다."(*HU*, I, 24)는 것이 로크의 생각이다. 어떤 관념이 마음에 새겨져 있는데, 마음이 어떻게 지각하지 못할까? 로크는 이렇게 반문하면서, 단호하게 말한다. "마음이 여태껏 전혀 알지

40 Leibniz, *Nouveaux Essais sur L'entendemaent Humain*, II, 1, 2 참조.

못했고, 여태껏 전혀 의식하지 못했던 명제는 마음 안에 있는 것이라고 말할 수 없다."(*HU*, I, 1, 5)라고.

그러나 어떤 소질이, 문자가 마음에 새겨져 있다 해도 자각하지 못하는 경우는 허다하다. 자각도 대상 인식 일반이 그러하듯이 어떤 계기가 있어야 생기는 것이니 말이다. 어떤 것을 가지고 있는 것하고, 그것을 가지고 있음을 인식하는 것 하고는 다르다. 양자는 별개의 문제이다. 동일률이나 모순율과 같은 논리적 법칙이 본유적이냐 아니냐와 인간이 태어날 때부터 누구나 그것을 자명하게 의식 또는 인지하느냐 않느냐는 별개의 문제인 것이다.

그럼에도 로크는 모든 본유적 원리는 반드시 '자명'해야 하고, 그것이 진리임을 스스로 확증해야 한다고 생각한다.(*HU*, I, II, 4 참조) 여기서 로크는 어떤 원리의 '자명성'을 '만인의 동의'나 '만인의 인지' 또는 '만인의 의견의 일치'로 보고 있는 듯하다.

로크는 어떤 개념이나 원리가 생득적, 본유적, 선천적(innate)이라면, "그것들에 대한 지식은 우리가 태어나면서 가진(born with us) 것"(*HU*, I, III, 1)이라는 뜻일 것이나, 그런 것을 우리는 찾아볼 수가 없다고 말한다. 동일률이든 모순 개념이든(*HU*, I, III, 3 참조) "신생아들을 주의 깊게 살펴본다면"(*HU*, I, III, 2) 그들이 그런 관념을 생득적으로 가지고 있다고 믿을 이유를 발견하지 못할 것이라는 것이다.

만약 어떤 것의 본유성이나 '자명성'의 여부가 만인의 일치하는 의견이나 인식을 기준으로 해서 정해진다면, 세상에 자명한 것은 도무지 없겠다. '1-1=0'도 인지하지 못하는 이들이 부지기수이니 말이다. 마음의 과학자들은 어떤 사람이 산수에서 쉬운 문제를 계속해서 틀리는 경우 아마도 뇌과학적으로 또는 심리학적으로 그 이유를 설명할 수 있을 것이다. 그러나 가감승제의 산수 규칙의 그 규칙성은 심리 과학적으로 어떻게 증명할 수 있을까? 산수의 규칙들이 귀납적으로 얻어지기라도 한 것인가?

인간 누구나가 이성적 능력을 구비하고 있다고 해서 그 이성의 능력이 어린아이 어른 할 것 없이, 누구에게나 똑같이 발휘되어 있다는 것은 아니다. 인간이 이성의 소질이 있다 하여 이미 모조리 개발되어 있다고 볼 수는 없다. 그런데 로크는 우리가 생득적인 원리가 있다는 것을 받아들이고 나면, "게으른 자를 탐구의 노고로부터 편안하게 만들고, 일단 생득적이라는 이름을 얻은 모든 것에 대해 의문을 가진 자의 탐구를 멈추게 만든다."(HU, I, III, 25)라고 우려를 표한다. 생득적 원리가 있다는 것이 정설로 굳어지면, 사람들은 이 원리들을 당연하게 받아들여 "자신의 이성과 판단력을 사용"(HU, I, III, 25)하지 않고서, 배운 것을 "더 이상의 검토 없이 믿고"(HU, I, III, 25) 따르기만 할 것이라는 것이다. 이런 우려는 이성이 저절로 개발된다는 것을 전제로 한 것이다. 바이올린 켜기나 축구를 잘할 소질을 가진 어린아이도 일단 그것을 해볼 기회가 있어야 자신의 소질을 자각할 수 있고, 자각을 한다 해도 매우 성실한 연습 과정을 거쳐야 비로소 소질이 발휘될 수 있다. 이성의 소질 역시 그런 것이 아닐까?

(2) 수동적 지성과 능동적 지성

본유적 관념이나 원리가 도무지 없다면, 마음은 관념을 어디에서 어떻게 얻어가지는가? "마음은 어디서 이성[추론]과 지식의 모든 재료를 얻는가?" 로크는 "한마디로, 경험으로부터"(HU, II, I, 2) 얻는다고 대답한다. 사람이 갖는 모든 관념은 경험적인 것이며, 그 "두 원천"은 외감의 "감각(sensation)"과 내감의 "반성(reflection)"이다.(HU, II, I, 2 참조)

외적 대상으로부터 감관을 통하여 그것에 대한 지각 내용 곧 관념을 마음에 전하는 기능을 로크는 "감각"이라 부른다.(HU, II, I, 3 참조) 외적 감각과는 구별되는 또 다른 관념을 우리는, 우리 자체 안에서 우리가 의식하고 관찰하는 관념, 즉 지각 · 사고 · 의심 · 믿음 · 추리 · 인식 · 의지함 따위의 우리 자신의 마음의 여러 작용들에 대한 "반성"이라 하고, 이 반성의 기관을 유비적으로 말해 "내적 감관(internal sense)"⁴¹이라고 일컬을 수 있 겠다고 로크는 생각한다.(*HU*, II, I, 4 참조)

마음이 지각한 것은 그것이 감각에 의한 것이든 반성에 의한 것이든 간 에 마음 안에서 일어나는 기능에 의한 것이고, 그런 뜻에서 로크는 이를 "관념"이라고 부르는 것이다. 이때 어떤 관념을 우리의 마음속에 생기게 하는 "힘(power)"을 그 힘을 가지고 있는 "주체(subject)"⁴²의 "성질(quality)" 이라고 한다.(*HU*, II, VIII, 8 참조) 로크의 용어법에 따르면, 그러니까 예를 들어 한 조각의 분필이 하얗고·딱딱하고·둥글다는 관념을 우리 안에 일 으키는 힘을, 그것들이 분필 속에 있는 한에서는 그 분필의 성질이며, 그 것들이 우리 지성 중에 있는 감각 내지는 지각인 한에서는 그 분필의 관 념인 것이다. 그런데 로크는 "물체에서 생각된 성질들 가운데 물체에서 전혀 분리될 수 없고, 물체가 어떤 변화나 변경을 받더라도 물체가 지속 적으로 보존하는 그런 것", 예컨대 고체성·연장성·형태·운동성·수(數) 등의 관념을 불러일으키는 성질을 "원본적 또는 제일차적 성질"이라고 일 컫고(*HU*, II, VIII, 9 참조), 사실로는 대상들 자체에 있는 어떠한 것도 아니 면서, 대상들 자체의 제일차적 성질들에 의해 우리 안에 여러 가지 감각 을 만들어내는 그러한 성질들, 예컨대 색·소리·맛 등과 같은 관념을 야

---

41 Augustinus가 "sensus interior"(*Confessiones*, I, 20)를 "내성(內省)"(*Confessiones*, I, 20) 또는 [외적] 감관들에 대한 감지(感知)"(*De libero arbitrio*, II, IV, 10)의 의미로 쓰기 시 작한 이래, 이것이 스콜라 철학자들에서는 'sensus interior' 또는 'sensus internus'라는 명 칭으로 감각 즉 다섯 가지 외적 감각(sensus externus 또는 sensus exterior)과 지성의 중 간 능력을 지칭했다. Thomas Aquinas는 내적 감각/감관의 기능으로 "공통감각(sensus communis), 상상(imaginatio), 평가(aestimatio), 기억(memoria)" 등 네 가지를 꼽았다. (*ST*, I.78.4co 참조) 이것이 로크에 와서 반성능력의 기관으로 자리 잡고 있다.

42 로크에서 많은 경우 'subject'는 subjectum, substratum과 마찬가지로 Aristoteles의 ὑποκεί- μενον의 의미를 지니고 있다. 그러나 Locke는 때때로 이것을 '주관'이라는 의미로 쓰고 있 고, 그와 컬레로 'object'를 분명하게 '대상'의 의미로 씀으로써 '대상-주관'의 현대적 용례를 보여준다.

기시키는 성질들을 데카르트와 유사하게[43] "제이차적 성질"이라고 일컫는다.(HU, II, VIII, 10 참조) 그리고 때로는 이 양자와도 구별해서 예컨대 불이라는 대상이 직접 감각에게 일으킨 관념들(색, 열, 크기, 운동 따위) 외에 이 불이 양초에 가해지면 양초를 녹임으로써 직접 감각되지 않던 새로운 힘이 드러나는데, 그런 성질을 "제삼차적 성질"이라고 일컫고 있다.(HU, II, VIII, 10 참조)

한편 로크는 관념을 '단순(simple)' 관념과 '복합(complex)' 관념으로 구분한다. 감각에 의한 것이든 반성에 의한 것이든 관념이 우리 마음에 직접적으로 주어질 때, 그것은 단순한 것이다. 그것은 "명료하고 분명하게 지각된 것"이고, 상이한 관념들로 구별될 수 없는 "단일한 현상(uniform appearance)"(HU, II, II, 1)이며, 직접적이고 일회적(HU, II, II, 3 참조)이다. 이런 단순 관념들을 그것들이 생기는 경로에 따라 구분해보면, 색·소리·냄새·맛·감촉과 같은 한 감관에 의한 것도 있고, 공간 내지는 연장성·형태·운동과 정지와 같은 둘 이상의 감관에 의한 것도 있으며, 기억·식별·추리·판단·인식·소신 등과 같은 반성에 의한 것도 있고, 쾌와 고통·힘·존재·단일성 따위와 같이 감각과 반성의 혼합에 의한 것도 있다. (HU, II, III~VII 참조) 마음에 일단 이런 종류의 단순 관념들이 쌓이면, 지성은 그가 가지고 있는 "거의 무한히 다양하게 이것들을 반복하고, 비교하고, 통일하는 힘"(HU, II, II, 2)으로써 새로운 관념을 합성해내는데, 이렇게 해서 이른바 복합 관념들이 생긴다.

마음에 감각과 반성을 통해 관념들이 찍힐 때, 지성은 "한낱 수동적"(HU, II, I, 25)이다. "우리의 모든 지식의 재료"(HU, II, II, 2)인 "단순 관념들이 마음에 제공되면 지성은 이를 갖기를 거부할 수 없고, 이것들이 새겨지면 바꿀 수가 없으며, 이것들을 삭제하고 새로운 관념을 스스로 만들

43 Descartes, Meditationes, V, 3 이하 참조.

수가 없는데, 이것은 거울 앞에 놓인 대상들이 거울 안에 낳은 형상들을 거울이 거부할 수도, 바꿀 수도, 말소할 수도 없는 것과 마찬가지이다."(HU, II, I, 25) 로크는 지식의 원료의 수용에 있어 마음은 한낱 '백지'이고, 지식의 산출에 있어 지성은 한낱 '거울'의 기능을 가질 뿐이라고 본다.

그러나 단순 관념을 받아들일 때는 전적으로 수동적이기만 한 마음이 이를 토대로 힘·작용·관계·인과 등과 같은 복합 관념을 만들어낼 때는 지성의 자기활동을 행사한다.(HU, II, XII, 1 참조)

로크에서 복합 관념들은 궁극적으로 양태·실체·관계라는 세 관념으로 환원된다.(HU, II, XII, 3 참조) '양태'란 삼각형·연장성·감사와 같이 혼합되어 있다고 하더라도 결코 독립적으로 존립한다고 가정할 수 없는, 오히려 실체의 의존물 내지는 부수물이라고 생각되는 복합 관념이다.(HU, II, XII, 4 참조) 한편, '관계'란 관념들을 비교하는 데에서 성립한다. 즉 한 관념을 그 한 관념에 국한시키지 않고 그 관념을 넘어서 다른 관념과 어떤 관계에 있는가를 살피는 데서 나온 관념들이다.(HU, II, XII, 7 참조)

일반적으로 복합 관념을 경험 발생적으로 설명하는 일이 쉽지 않을 것이지만, 그런 중에서도 로크가 그 설명에 가장 큰 어려움을 겪은 관념은 '실체'였던 것으로 보인다. 경험 발생적으로 설명할 수 없는 관념이 단 하나만 발견되어도, 경험주의 원칙은 유지되기 어려운 것이니, 이것을 로크도 충분히 의식하고 있었을 것이다.

로크는 '실체(substance, substantia)'를, 감각에 의한 것이든 반성에 의한 것이든 마음에 주어진 단순 관념들이 "그 안에 존속하고, 그로부터 유래하는 어떤 기체(基體: substratum)"(HU, II, XXIII, 1)라고 규정하기도 하고, "우리 안에 단순 관념을 일으킬 수 있는 그런 성질들, 즉 보통 우연적인 것들(accidents)이라 일컬어지는 그런 성질들을 담지하는(support), 어느 누구도 그것이 무엇인지를 모르는, 단지 가정된 것(supposition)"(HU, II, XXIII, 2)이라 규정하기도 하고, "우리가 존재하는 것으로 발견하는, 그

356

지속적인 것 없이는(sine re substante) 존속할 수 없다고 생각하는, 그런 성질들을 담지하는 것, 단지 가정된 그러나 알려지지 않은 것(the supposed, but unknown)"(*HU*, II, XXIII, 2)이라 부연하기도 한다. 감각에 의한 단순 관념들을 일으키는 성질들이 귀속하는 것으로 여겨지면서도 "어느 누구도 무엇인지 모르는 어떤 것"(*HU*, II, XXIII, 2)이라는 로크의 실체 개념은 분명 우리에게 드러나는 외적 사물의 기체(基體)를 지시하고, 그것은 흔히 상식실재론자에서 보이는 '현상' 너머의 '사물 자체'라는 개념을 연상시킨다.

우리는 이런 '실체' 관념에 귀속하는 무수한 단순 관념을 갖는데 지성은 단 하나의 단순 관념도 스스로 '만들어'내거나 '없앨' 수는 결코 없다. 지성은 이를테면 여러 감각들이 출현하는 "두뇌, 즉 마음의 접견실(mind's presence-room)"의 "관객(audience)"(*HU*, II, III, 1)일 따름이다. 그러면서도 지성은 주어진 관념들을 비교하여 유사성에 따라 추상 관념을 만들어낸다. 그를 통해 사물들의 '종' 개념과 '유' 개념도 생기고 그로써 사물의 '본질' 개념이 생긴다.(*HU*, III, III, 12~13 참조) 그런가 하면 "보편적 진리들은 사물들 자체가 적절하게 숙고될 때 그로부터 사람의 마음속에 생긴 결과로서, 사물들에 대해 적절하게 채용될 때 사물들을 받아들이고 판단하도록 자연에 의해 설비된 능력들을 적용함으로써 발견된 것이다."(*HU*, I, III, 25) 그러니까 로크에서도 지성에는 추상 개념을 만들어내는 능동적 기능이 있고, 또 마음 안에는 보편적 진리를 발견하는 데 적절히 판단하는 능력인 자연적 설비가 갖추어져 있다고 보는 것이다.

(3) 지식의 성격과 종류

로크에 따르면 모든 "우리의 지식은 오직 관념들과 관련이 있다."(*HU*, IV, I, 1) 지식은 다른 것이 아니라 "우리 관념들 중 어떤 것의 연결과 일치 또는 불일치와 배치에 대한 지각"(*HU*, IV, I, 2)이다. 그러니까 지각이 있는 곳에만 지식은 있다. 그러므로 "우리는 그것의 일치 또는 불일치를 우리가 지각할 수 있는 것 이상으로 지식을 가질 수 없다."(*HU*, IV, III, 2)

그런데 지각은 1) "직관(intuition)에 의한, 바꿔 말해 어떤 두 관념의 직접적 비교에 의한 것이거나, 2) 이성[추론](reason)에 의한, 즉 두 관념의 일치 또는 불일치를 어떤 다른 관념의 개재에 의해 검사함에 의한 것이거나, 3) 감각(sensation)에 의한, 즉 개별 사물들의 실존을 지각함에 의한 것이다."(*HU*, IV, III, 2) 그래서 지식에는 "직관적(intuitive) 지식", "이성[추론]적 (rational) 지식", "감각적(sensitive) 지식"이 있다.(*HU*, IV, III, 3~5 참조) 로크는 이러한 지식의 분류에 따른 실례로서 우리 자신의 실존에 대한 직관적 지식, 신의 실존에 대한 논증적(demonstrative) 지식, 여타 수많은 사물들의 실존에 대한 감각적 지식을 든다.(*HU*, IV, III, 21 참조)

"마음이 두 관념들의 일치나 불일치를 그것들만으로 직접적으로 지각"(*HU*, IV, II, 1)하면, '직관적 지식'을 얻는다. 하양은 검정이 아니며, 원은 삼각형이 아니고, "2는 3보다 적고, 3은 2+1과 같다."는 명제는 직관적인 지식으로서, 이것은 인간이 이를 수 있는 '가장 명료하고 확실한' 지식의 종류이다. "우리의 모든 지식의 모든 확실성과 명증성이 의존하고 있는 것은 바로 이러한 직관이다."(*HU*, IV, II, 1) 로크에 의하면 우리 자신의 실존에 대한 지식 또한 '직관적'이다. 다시 말해 나 자신의 존재에 대한 지각은 그 자체로 "명백하고 확실한" 것이므로, 나의 실존은 "증명할 필요도 없고, 증명할 수도 없는 것이다."(*HU*, IV, IX, 3) 이에 로크는 데카르트의 말투로 말한다: "만약 내가 다른 모든 것들을 의심한다면, 바로 그 의심이 나로 하여금 나 자신의 실존을 지각하게 하여, 나로 하여금 그에 대해 의심하지 않게 할 것이다."(*HU*, IV, IX, 3)

그러나 신의 현존을 우리는 아래와 같은 이성적 추론을 통해서 확실하게 안다.

"인간은 그 자신이 현존함을 안다."

"또한 인간은 어떠한 하나의 존재자도 산출할 수 없으며, 그렇기 때문에 무엇인가가 현존하기 위해서는 어떤 지혜롭고 능력 있는 영원한 자가 현존해야 함을 안다."

"그러므로 전지전능한 영원한 존재자, 즉 신이 현존한다."(*HU*, IV, X, 2~6 참조)

신의 현존은 직접적으로 지각되지는 않지만, 명증적 지식인 나의 존재를 매개로 추론된다. 이러한 추론적인 논증적 지식은 직관적인 지식을 매개로 해서만 확실성을 보증받는다.

일반적 진리에 있어서는 직관이나 논증에 의한 것만이 "지식"이라 할 수 있고, 여타의 것은 "신념 내지는 의견"이라 하겠다.(*HU*, IV, II, 14 참조) 그러나 "우리는 여느 사물의 현존에 대한 지식을 오직 감각에 의해서만 가질 수 있다."(*HU*, IV, XI, 1) "우리 외부의 사물들의 현존함에 대해 우리 감각을 통해 알아채는 것은 우리의 직관적 지식이나 우리 자신의 마음의 명료하고 추상적인 관념들에 관해 적용된 우리 이성의 연역에 의한 것만큼 확실하지 않지만, 그럼에도 지식이라는 명칭을 가질 만한 보증(assurance)이다."(*HU*, IV, XI, 3) 인간은 도대체가 감각에 의하지 않고서는 외부 사물에 대해 알 수가 없다. 사과를 맛보기 전에 사과의 맛을 어떻게 안다는 말인가! 그러나 이런 종류의 "우리 지식의 범위는 사물들의 실재에 궁하지 못할 뿐만 아니라, 우리 자신의 관념들의 범위에 궁하지도 못한다."(*HU*, IV, III, 6) 존재 세계에 대한 인간의 지식은 분명 한계가 있다. "우리의 지식은 아주 좁고" "우리의 무지는 우리의 지식보다 무한히 크다."(*HU*, IV, III, 22) 그렇기에 참된 지혜의 첫걸음은 우리의 지식이 명백히 한계를 가지고 있음을 깨닫고 우리의 사유를 "우리 지성이 미칠 수 있는 한도 내"(*HU*, IV, III, 22)에 국한시키는 일이다. ― 상식실재론자의 전형적인 단정에서 출발한 이러한 사변의 진척은 지성 비판의 문을 엶으로써 근대 인식론의 대로에 들어선다.

(4) 실재적 지식과 진리

수학적 지식처럼 형식적인 지식은 비록 확실하기는 하지만, "단지 우리 자신의 관념들에 관한" 것일 따름이다.(HU, IV, IV, 6 참조) "삼각형의 내각의 합이 2직각이다."라는 명제의 참임은 삼각형이 실재하는지 여부와는 상관이 없다. '도덕적 진리'라는 것 또한 "우리 마음의 신조(persuation)에 따라 사물들"에 관해 발언하는 것으로, 그 명제가 사물들의 실재와 부합하지 않는다 해도 상관이 없으며, '형이상학적 진리'라는 것 역시 "우리가 그 명칭들을 결부시켜놓은 관념들과의 합치함"에서 구해지는 것일 따름이다.(HU, IV, V, 11 참조)

그러나 감각적인, 그러니까 사물(res)에 관한, 그런 의미에서 실재적(real)인 지식은 "우리 관념들과 사물들의 실재의 합치(a conformity between our ideas and the reality of things)"(HU, IV, IV, 3)에서 성립한다는 것이 로크의 기본적인 생각이다. 왜냐하면 "마음은 사물들을 직접적[무매개적]으로 아는 것이 아니라, 오로지 관념들의 개재에 의해서만 안다는 것이 명백하기" 때문이다."(HU, IV, IV, 3) 로크에서 '실재적 지식'이란 감각적 사물에 대한 지식을 지칭하며, 감각적 사물은 감각을 매개로 해서만 사람에게 인식되는 것이다. 즉 사물 인식은 감각에 의해 생기는 관념들을 매개로 해서만 가능하다. 그러므로 '실재적 인식'은 마음[주관]-관념-사물[대상]의 요소를 가지며, 여기서 실재적 인식의 진리 여부는 마음이 갖는, 곧 감각에 의해 생긴 '관념'이 실재하는 사물들('사물들의 실재')과 합치하는지 여부에서 판가름 난다.

무릇 "진리는 본래 명제(proposition)에만 속하는 것이다."(HU, IV, V, 2) 여기서 로크도 당초에는 홉스의 알려진 의견 "진리란 참인 명제(vera propositio)"로서 "진리는 말함 속에 있지 사물 안에 있지 않다(veritas in dictio, non in re consistit)."[44]에 동의하는 것으로 보인다. 그런데 로크에 따르면 명제는 생각에서 만들어져 말로 표현된다. 그러니 진리는 생각과 말 속에 있다 하겠다. 그래서 로크는 '심적(mental) 명제'와 '언사적(verbal) 명제'를 나누어 살펴본다.(HU, IV, V, 2 이하 참조) 그러나 말에 의거하지 않고서 생각을 기술한다는 것은 사실상 불가능하기 때문에 양자를 구별하여 말하기란 거의 불가능하다. 굳이 구별하여 말하자면, 마음속의 관념들이 "사물들의 실재와 일치(agreement with the reality of things)"(HU, IV, V, 8)한다면 '심적 진리'라 하겠고, 또 그 관념을 표현하는 말들이 사물들의 실재와 일치한다면 '언사적 진리'라 하겠으며, 그 반대의 경우라면 각기 '심적 허위', '언사적 허위'라 할 수 있겠다.

그런데 이 논의에서 로크는 '사물들의 실재'를 '사물들 자체(things themselves)'라고도 일컬으면서 가령 단순 관념은 언제나 사물 자체와 또는 "사물들의 실존(the existence of things)"과 합치하는 것으로 봄으로써 감각주의자임을 분명히 드러낸다.

"단순 관념들이란 우리의 환상이 조작해낸 것이 아니라, 우리 밖의 사물이 실제로 우리에게 작용하여 생긴 자연적이고 정상적인 산물이며, 그래서 그것들은 모두 그것들이 지향(指向)하고 있는 것과 합치를 이룬다."(HU, IV, IV, 4)

로크의 견해에 의하면 감각은 곧 실재를 담보한다. 그러니까 "이 분필은 하얗다."는 인식에서 '하양'이라는 시각에 의한 단순 관념은 이미 사물의 실재적 성질로서 확실성을 갖는다는 것이다. 이렇게 되면 실상 로크

---

44 Hobbes, De copore, I, III, 7.

가 그렇게나 조심스럽게 구별했던 사물 실체의 '제일차적 성질'과 '제이차적 성질'의 차이가 무의미해진다. 그런 마당에 '관념들과 사물들의 실재와의 합치'에서 '합치'가 어떻게 판별될 수 있을지 의문이다. 그래서 로크 자신도 묻는 것이다: "마음은 단지 자기가 가진 관념들만을 지각할 뿐인데, 그가 가진 관념들이 사물들 자체와 일치하는(agree) 것을 마음은 어떻게 알겠는가?"(*HU*, IV, IV, 3)

그래서 "관념들과 사물들의 실재의 합치"에 실재적 지식의 참임이 있다고 하더라도, 이 규정은 한낱 진리가 무엇이어야 하는지, '진리의 이상'을 말해줄 뿐, 실제로 진위 판단의 시금석이 될 수는 없다. 그리고 로크는 우리의 관념이 실재와 합치하는 데서 '참지식' 곧 '진리'가 생긴다는 논의와 함께 사물들의 실재와는 무관한 '도덕적 진리'와 '형이상학적 진리'까지 말함으로써(*HU*, IV, V, 11 참조) 진리의 영역이 감각세계에만 머물러 있지 않음을 동시에 이야기한다.

3) 실천 이론에서의 '이성'

선험적 원리에 대해 의식을 못한다는 사실을 근거로 한 로크의 선험적 원리에 대한 회의는 인식 원리에만 국한되지 않고, 도덕 원리에도 미친다.

"만약에 [본유적] 도덕 원리들이 있다면, 그것들은 반드시 저절로 눈에 띄어야 하고, 그것들 자신의 빛으로 인해 확실하고 누구에게나 알려져 있어야 한다."(*HU*, I, II, 1)

"도대체 모든 사람이 동의하는 그런 어떤 도덕 원리들이 어디에 있는가? […] 만약 실천적 진리가 있다면 의당 그러해야 할 것인바, 아무런 의심이나 의문 없이 보편적으로 받아들여지는 실천적 진리가 어디에 있는가?"(*HU*, I, II, 2)

"사람들이 계약을 준수해야 하는 것은 확실히 도덕상 중대한 부정할 수 없는 규칙이다. 그러나 또 다른 생에서 행복과 비참의 전망을 가진 그리스도교도에게 사람이 왜 약속을 준수해야 하느냐고 물으면, 그는 영원한 생과 사의 권능을 가진 신이 우리에게 그렇게 하기를 요구하기 때문이라는 이유를 댈 것이다. 그러나 홉스주의자에게 왜 그러냐고 물으면, 공중이 그것을 요구하고, 만약 당신이 그렇게 하지 않으면, 리바이어던이 벌을 내릴 것이기 때문이라고 대답할 것이다. 또 고대 철학자 중 한 사람에게 묻는다면, 그와 다르게 하는 짓은 불성실한 것이고, 인간의 존엄성이 결여되고, 인간 본성의 최고 완성인 덕에 반대되기 때문이라고 대답했을 것이다."(HU, I, II, 5)

로크는 도덕의 원천에 대한 다양한 학설이 있는 것을 도덕의 원리가 본유적인 것이 아니기 때문이라고 생각한다. 또한 로크는 사람들이 서로 배치되는 실천적 원리를 갖는다는 사실이 이미 실천적 원리가 본유적이 아니라는 증거라고 생각한다.(HU, I, II, 10 참조) "실천적 원리들에서 사람들 사이에 있는 차이는 너무나 명백해서, 일반적 동의에 의해서 어떠한 본유적 도덕 규칙을 발견하는 일이 불가능할 것이라는 점을 뚜렷하게 하기 위해 더 이상 말할 필요가 없다."라고 로크는 생각하는 것이다.(HU, I, II, 14 참조)

그러나 '본유적 실천 원리'를 부정하는 것처럼 보이는 로크는 인간에게는 자연이 심어준 "행동의 원리(Principle of Action)"가 있고, "자연적 경향성(natural Inclination)"이 있음을 인정한다.(TT, I, 86 참조) — 마치 이에 관해서는 이견이 없고, 누구나 자각하는 것인 양 말이다. — 그것은 각자가 자기의 생명과 존재를 보전하려는 욕망이다. 로크는 이 자연적 욕망은 신이 인간으로 하여금 그 자신의 생명을 보전하도록 만들어놓은 장치라고 생각한다.

"신이 인간 안에 심어놓은, 바로 그 인간 자연본성의 원리로 주조해놓은 제일의 가장 강렬한 욕망은 자기 보전의 욕망이다. 이것이 피조물을 위한 권리의 기초이다."(TT, I, 88)

인간에게서 생명의 보전은 권리이자 의무이다. 인간의 생명은 그 인간 자신의 것이 아니라, 신 즉 자연으로부터 부여받은 것이다. 그러므로 "인간은 그 자신의 생명에 대한 지배권을 가지고 있지 않기 때문에, 계약이나 그 자신의 동의에 의해 그 자신을 어떤 누군가의 노예가 되도록 할 수도 없고, 그 자신을 제 마음대로 그의 생명을 빼앗아버릴 수 있는 타인의 절대적인, 자의적인 지배권 아래 내맡길 수도 없다."(TT, II, 23) 이것이 생명을 천부인권이라고 말하는 뜻이다. 인간의 생명과 자기 존재를 보전하는 권리보다 우선하는 것은 없으며, 자유와 재산의 권리도 바로 자기 존재 보전의 권리에서 연역되는 것이다. 이 자기 존재 보전의 권리를 보장하는 법이 자연법이다. 자연법은 자연권을 보장하기 위한 신적 규정이다.

인간은 자연적 욕망에 따라 행동하는 것이 다반사이지만, 인간의 모든 욕구와 정감이 꼭 인간의 자기 보전에 순기능을 하는 것은 아니다. 로크가 보기에 사람들은 어떤 것이 쾌락을 주는지 고통을 주는지에 따라 좋음/선과 나쁨/사악을 판별하는데, 이때 그 판별은 행위의 결과를 놓고 해야 한다는 것이 로크의 생각이다. 사람에게 얼핏 쾌락을 주는 것이 때로는 그 사람의 존속을 해칠 수도 있고, 고통을 주는 것이 오히려 존재 보전을 증진시키는 경우도 있기 때문이다.

"도대체가 사물들은 쾌락/즐거움(pleasure) 또는 고통/괴로움(pain)과 관련해서만 좋다/선하다(good) 또는 나쁘다/사악하다(evil). 우리는 우리 안에 쾌락을 야기하거나 증진시키는 성향이 있는 것, 또는 고통을 감소시키는 성향이 있는 것, 또는 우리에게 어떤 다른 좋은/선한 것의 소유와 어떤 다른 나쁜/사악한 것의 부재를 초래하거나 보전해주는 성향이 있는 것을 좋다/선하다고 일컫는다. 그리고 이와 반대로, 우리 안에 어떤 고통을 낳거나 증진시키는 성향이 있는 것, 또는 어떤 쾌락을 감소시키는 성향이 있는 것, 또는 우리 안에 어떤 고통을 초래하거나 어떤 좋은/선한 것을 박탈하는 것을 나쁘다/사악하다고 명명한다."(HU, II, XX, 2)

로크는 "쾌락/즐거움과 고통/괴로움은 이를 일으키는 것, 즉 선악은 우리 정념(passion)이 돌아가는 데에 달려 있다."(HU, II, XX, 3)고 보는바, "쾌락/즐거움과 고통/괴로움은 보통 그렇게 구별되듯이 몸 또는 마음의 쾌락/즐거움과 고통/괴로움을 의미하는데, 실상 그것들은 단지 마음의 서로 다른 구성(constitutions)으로, 때로는 몸 안의 부조[不調]로 인해, 때로는 마음의 생각들에 의해 발생하는 것"(HU, II, XX, 2)이라고 한다. 그런데 로크에서는 쾌락/즐거움을 주는 것은 좋고/선한 것이고, 고통/괴로움을 주는 것은 나쁘고/사악한 것이니, 인간에게 행복을 가져다주는 것이 곧 좋고/선한 것이고, 불행을 안겨주는 것은 나쁘고/사악한 것이다. 이런 뜻에서 "무릇 최대한의 행복은 우리에게 가능한 최고의 쾌락이며, 불행은 최고의 고통이다."(HU, II, XXI, 43) 이 같은 로크의 선악과 행복의 개념은 다분히 감각주의 내지 공리주의적인 것으로, 선악은 행동의 동기라기보다는 행동의 결과로 기대되는 것이다. 그런데도 로크에서 어떤 행동의 선악은 자연법과의 부합 여부에 달려 있다. 그런데 자연법을 인간은 '자연의 빛'인 이성을 통해서만 알 수 있다. 그러니까 무엇이 진정으로 사람에게 쾌락을 주고 고통을 감소시키는 것인지는 이성이 판단할 일이다. 로크의 이성은 사람들이 현세에서 잘못된 쾌락에 빠지고 합당한 고통을 거부할 경우를 대비해 신이 내세에 상벌을 마련해놓았음을 또한 본다.

"무릇 다음의 사실은 확실하다. 참된 기초 위에서 확립된 도덕성은 단지 사려하기만이라도 하려 하는 누군가의 선택을 결정하지 않을 수 없을 것이고, 무한한 행복과 불행에 대해 진지하게 반성하는 것에 이성적 피조물이고자 하지 않는 자는 자기의 지성을 마땅히 써야 할대로 사용하지 않음에 대해 그 자신을 질책하지 않을 수 없다는 사실 말이다. 전능자가 자신의 법을 시행함으로써 확립한 내세의 보상과 처벌은 현세의 삶이 보여줄 수 있는 어떠한 쾌락이나 고통에 반하는 선택을 결정하기에 충분한 무게가 있는 것이다."
(*HU*, II, XXI, 72)

그러니까 로크에서 선악은 결국 한낱 감성적 좋음과 나쁨이 아니라, 신의 계시인 자연법에 부합함 또는 어긋남을 지시하며, 지성이 선으로의 길, 자연법에 맞는 길을 안내한다는 것이다. 자연법은 자연의 규정이고, 인간이 이를 이해할 수 있는 통로가 이성이다. 그래서 자연법은 다름 아닌 이성법이다. 그러니 인간은 누구나 그의 이성에 따라 이를 충분히 인지하고 준수해야 마땅하지만, 인간이 늘 이성의 빛 아래에서 행동하는 것은 아니다. 이 국면에서 로크도 인간의 동물성과 이성성의 부조화를 본다. 그래서 로크는 이성법을 주창하면서도 여전히 "도덕성(morality)과 기계성(mechanism)을 양립시킬 수 없는 이들은 필연적으로 모든 덕의 원리들을 거부할 수밖에 없는데, 이 양자를 화해시키거나 모순 없이 만드는 일은 결코 쉬운 일이 아님"(*HU*, I, II, 14)을 인정한다.
"그러나 우리의 욕망에 대한 지나친 맹종을 자제하고 열정을 억제해서, 지성이 자유롭게 검토하게 하고, 이성이 편견 없이 판단하게 하는 것, 바로 이 점에 우리의 행실을 진정한 행복으로 이끄는 올바른 지시가 의거해 있는 것이다."(*HU*, II, XXI, 54) 열정의 통제는 자유의 올바른 향상이거니와, 진정한 행복은 자유 속에서만 보장될 수 있다. — (로크는 정감주의자인가, 이성주의자인가?)

4) 자아의 개념

로크에서 사고하고 감각하며 반성하는 마음은 '나'라는 실체이다. 그런데 '실체'는 일종의 복합 관념이다. 로크는 실체란 마음에 주어진 단순 관념들이 "그 안에 존속하고, 그로부터 유래하는 어떤 기체(基體)", 또는 "우리 안에 단순 관념을 일으킬 수 있는 그런 성질들, 즉 보통 우연적인 것들이라 일컬어지는 그런 성질들을 담지하는, 어느 누구도 그것이 무엇인지를 모르는, 단지 가정된 것"이라고 규정했다.

로크는 이렇게 '실체'를 규정한 후에 데카르트와 마찬가지로 실체를 '세 종류' 곧 신, 유한한 정신들(finite spirits), 물체들(bodies)로 나눈다. 여기서 로크는 데카르트처럼 단지 '정신'이라는 것 그리고 '물체'라는 것을 말하는 대신, '정신들'과 '물체들'을 말함으로써 다수의 셀 수 있는, 그러니까 서로 구별되는 정신들과 물체들을 거론하고 있고, 이것은 아직 데카르트에서는 표면화되지 않은 더 많은 '심신의 문제들', 예컨대 마음과 몸의 '개체성', '자기동일성' 따위의 문제들까지도 문제의 전면에 등장시킨다.

로크에서 '유한한 정신들'에 속하는 '우리 인간들의 마음들'이란 이렇게 한 묶음으로 지칭될 수 있는 한에서 보편성을 가지고 있는 것과 동시에, 복수인 점에서 서로 구별되는 개별성을 가지고 있는 것이다. 그러니까 우리들 중의 하나인 '나'는 개별성을 가지며, 하나의 '나'는 다른 '나들'과 구별되는 한에서는 자기동일성을 가져야 할 것이다.

무한 실체로서 "신은 시작도 없고, 영원하고, 불변적이고, 무소부재하고, 그러므로 그것의 동일성에 관해서 어떠한 의문도 있을 수 없다."(*HU*, II, XXVII, 2) 그러나 유한한 정신들을 포함해서 유한한 실체들은 어느 것이나 "존재하기 시작하는 일정한 시간과 장소를 가지며, 그 시간과 장소와의 관계는, 그것들 각각이 존재하는 동안, 언제나 그것의 동일성을 결정할 것이다."(*HU*, II, XXVII, 2)

우리는, 일정한 시간과 장소에 존재하는 것으로서의 어떤 것이 다른 시간과 장소에서도 그 자체로 존재하는지 어떤지의 비교를 통해 어떤 것의 동일성과 차이성을 이야기할 수 있다.(HU, II, XXVII, 1 참조) 이때 우리가 구하는 것은 개별화의 원리(principium individuationis)이다. 즉 우리는 유한한 것들은 일정한 시간과 장소에서 존재하는 것이되, 서로 다른 것이 동일한 시간과 장소에 있을 수는 없다고 믿으면서, "어떤 것은 대체 무엇에 의해서 바로 그 '어떤 것'이 되는가?"를 묻는다.

단순한 물체는 보통 그것을 구성하고 있는 분자들이 동일한 한에서 바로 '그것'이다. 만약 그것을 구성하는 분자들의 일부 또는 대부분이 바뀌면, 더 이상 '그것'이 아니다. 그런데 기계는 그것을 구성하는 일부 부속이, 심지어는 대부분의 부속이 바뀌어도 그 기계 조직의 본래의 목적을 달성하게끔 작동하는 한 그 기계의 동일성을 갖는다. 식물이나 동물의 생물들의 상태에서도 "그것들의 동일성은 같은 분자들의 덩어리에 달려 있는 것이 아니라, 다른 어떤 것에 달려 있다. 왜냐하면 생물들에서는 물질의 큰 뭉치의 변이가 동일성을 변경시키는 것이 아니기 때문이다. 묘목에서부터 큰 나무로 자라 베어지는 참나무는 줄곧 같은 참나무이다. 말로 성장하는 망아지는 때로는 살찌고 때로는 마르지만, 언제나 같은 말이다."(HU, II, XXVII, 4) 다시 말해, 한갓된 물체는 "어떻게 결합되든, 물질의 분자들의 응집일 따름"이나, 하나의 기계는 그 목적을 달성할 수 있는 조직성에, 한 식물과 한 동물의 동일성 또한 그것을 유지하기 위해 "자양분을 흡수하고 분배하는 데 적합한 그것의 부분들의 유기조직"(HU, II, XXVII, 5)에 의거한다.

그렇다면, 한 "사람의 동일성은 어디서 성립하는가?" 그것은, 인간도 동물인 한에서, "오로지, 같은 유기체를 위해, 지속적으로 생명적으로 통일된, 끊임없이 움직이는 물질의 분자들에 의한, 계속되는 같은 생명의 참여에서"(HU, II, XXVII, 7) 성립한다고 로크는 말한다. 그러나 인간은 단지 동물이 아니라, 또한 '인격(person)'으로 이해되고 있음을 로크는 무시하지 않는다. 그래서 그는 더 나아가 묻는다: "인격의 동일성은 어디서 성립하는가?" 이 물음에 답하기 위해서는 "인격이 무엇을 지칭하는가?"를 숙고하지 않으면 안 된다. 로크의 생각에, "인격이란 이성과 반성을 가진, 그 자신을 그 자신으로 고찰할 수 있는, 생각하는 지성적 존재자이다. 그것은 서로 다른 공간과 시간상에서도 동일한 생각하는 것(thinking thing)이다. 인격은, 생각 활동과 분리될 수 없는, 의식에 의해서만 그 자신을 그 자신으로 고찰한다. 어느 누구도 자신이 지각한다는 것을 지각하지 않으면서 지각할 수는 없다. 우리가 무엇을 보고, 듣고, 냄새 맡고, 맛보고, 느끼고, 성찰하고, 의욕할 때, 우리는 우리가 그것을 하고 있음을 인식한다. 그러니까 그것은 언제나 우리의 현재의 감각과 지각에 대하여 그러하다. 이로 인해 모든 사람은 자기 자신에 대해서 그가 자아(self)라고 부르는 바로 그것이다."(*HU*, II, XXVII, 11[9]) 그러니까 로크에 따르면 '인격' 내지 '자아[자기]'의 동일성은 자아의 자기지각 곧 자기인식 또는 자기의식에서 성립한다.

그런데 이 대목에서 로크는 인격 내지 자아를 물체로서의 신체와도 그리고 유한한 정신과도 분리시켜 생각한다. 사람들이 자기의식에 근거해 '자아'를 이야기할 때, "같은 자아가 같은 실체[물체(신체)]에서 계속되는지, 다른 실체[물체(신체)]들에서 계속되는지는 고려되지 않는다. 왜냐하면 의식은 언제나 생각함에 수반하고, 그것이 각자를 그가 자아라고 부르는 것이 되게끔 함으로써, 그 자신을 여타의 생각하는 것과 구별 짓기 때문이다. 그리고 바로 이 점에서만 인격의 동일성이, 다시 말해 한 이성적 존재자의 동일성이 존립한다. 그리고 이 의식이 어떤 과거의 행동이나 생각으로 거슬러 올라가 확장될 수 있는 데까지는 그 인격의 동일성이 미친다."(*HU*, II, XXVII, 11[9]) 그러므로 로크에서는 자아의 동일성이나 인격의 동일성은 궁극적으로는 오로지 자기의식에 근거를 두고 있다. "인격의 동일성은 실체[물체(신체)]의 동일성에 있는 것이 아니라, […] 의식의 동일성에 있다."(*HU*, Ⅱ, XXVⅡ, 19) 자기의식이 자기의 동일성을 구성한다. 인격의 동일성은, 나중에 내가 이전에 어떤 행동을 했다는 것을 앎으로써 구성된다. 이제 로크에서 문제로 남는 것은, 그렇다면 '(유한한) 정신'이라는 실체는 구체적으로 무엇을 지칭하고, 이 이론적 개념이 존재 세계에서 하는 역할이 무엇인가 하는 점이다.

'물체'라는 실체는 종국에는 그것이 무엇인지를 우리가 모르는 것이라는 점 때문에 그 정체가 장막에 가려져 있기는 하지만, 관념들의 귀속처, 갖가지 현상적 성질들의 담지자로서 물리적 사물들의 동일성의 기반이고, 실재적 인식[진리]의 척도이자 '실재하는 사물'의 근거가 된다. 반면에 '(유한한) 정신'이라는 실체는, 해석하기에 따라서는, 한 식물, 한 동물, 동물로서의 한 사람의 동일성의 근거인 '같은 생명'의 담지자라 할 수 있겠다. 그러나 그것이 자아나 인격의, 나아가서는 '마음'의 동일성의 토대는 아니라고 하니, 이것의 토대가 되는 이른바 '자기의식'은 누구의 의식이라는 말인가? 그게 아니고, '물체'라는 실체가 물리적 사물의 동일성을 담보하듯이 '정신'이라는 실체가 자아의 동일성을 담보하는 것이라면, 물체와는 달리 정신이라는 실체는 '자기의식'을 통해 자기에게 알려진다는 말인가? 그러니까 '정신'이라는 실체는 '우리가 모르는 어떤 것'이 아니라, 우리 자신에게 알려지는 것이라는 말인가? 여기서 로크에서의 '정신'이라는 실체는 그 정체가 의혹에 싸인다.

5) 이성의 기능

일반적 지식은 "우리 자신의 관념들의 일치 또는 불일치에 대한 지각"에 있고, 외부 사물들의 현존에 대한 지식은 오로지 우리의 감각을 통해서 얻는 것인데, "외적 감각[감각-지각]과 내적 지각[반성] 외에 어떤 다른 능력이 활동할 공간이 있는가?"(*HU*, IV, XVII, 2 참조) 이것은 이른바 '이성'이라는 것이 필요한 데가 있는지를 묻는 것이거니와, 이에 대해 로크는 "매우 많다. 우리 지식의 확장을 위해서, 그리고 우리의 동의를 규제하기 위해서."(*HU*, IV, XVII, 2)라고 대답한다.

로크에 의하면 이성(reason)은 보통 때로는 "참되고 명료한 원리들", 또 때로는 "그러한 원리들로부터의 명료하고 공명정대한 연역들", 그리고 때로는 "원인/이유, 그리고 특수하게는 궁극 원인"(*HU*, IV, XVII, 1)을 뜻한다. 그러나 앞서도 살펴본 바 있듯이 로크에서 이성은 도구적인 것으로서, "수단들을 찾아내고 그것들을 올바르게 적용하여 지식에서는 확실성을 발견하고, 동의에서는 개연성을 발견하는 능력"(*HU*, IV, XVII, 2)이라고 규정하기도 한다.

또한 이미 그의 정치론 구성에서도 드러났던바 로크에 따르면 "이성(reason)은 자연의 계시(natural revelation)"(*HU*, IV, XIX, 4)인데, "이에 의해 모든 지식의 빛이자 원천인 영원한 아버지[신]가 인류에게 인류의 자연적 능력이 이르는 범위 내에 할당한 진리를 전달한다." 곧 "계시는 신에 의해 직접적으로 전달된 새로운 일련의 발견에 의해 확장된 자연의 이성(natural reason)"(*HU*, IV, XIX, 4)이라는 것이다.

이런 점에서나 저런 점에서나 로크가 말하는 이성은 "그에 의해 인간이 짐승들과 구별된다고 상정되고, 그 점에서 인간이 짐승들을 훨씬 능가함이 명백한, 인간 안에 있는 한 능력"(*HU*, IV, XVII, 1)이다.

3. 흄에서의 이성

흄(David Hume, 1711~1776)에서 '이성'이 무엇을 지시하는지는 그가 "동물들의 이성"(*THN*,[45] I, III, 16: p. 176)을 이야기하는 자리에서 잘 드러난다.

흄은 "'짐승들도 인간과 똑같이 사유와 이성을 품수해(endow'd) 있다.'는 것보다 더 자명한 진리는 없다."(*THN*, I, III, 16: p. 176)라고 말하고 있다. 그런데 흄에게 '이성'이란 "목적에 수단을 맞추는 일을 지도"하고, 우리가 "쾌락을 얻고 고통을 피하는 경향이 있는 행동들을 수행하는 데" 관여하는 것이다. 그러나 이런 일에서는 정도의 차이가 있을 뿐 인간이나 여타 동물의 행태가 유사하다. 만약 '이성'이 하는 일이 이런 일뿐이라 한다면, 모든 동물이 이성을 가진다고 말해도 무방하겠다. 이를 고쳐 말하면, 곧 "인간은 이성적 동물이다."라는 명제는 인간의 정의가 될 수 없겠다. 대신에 "모든 동물은 (다소간에) 이성적이다."가 참명제가 될 것이다.

로크와 마찬가지로 흄도 이렇게 생각할 수밖에 없는 경험적 증거들을 내놓는다. 그중 결정적인 것은, 철학자들은 '이성'을 말하면서 아이들이나 평범한 사람들이 미치지 못하는 어떠한 능력을 대거니와, 그런 능력으로 말할 것 같으면 아이들보다도 뛰어난 동물들도 볼 수 있고, 또 아이들이나 평범한 사람들에게서 볼 수 없는 능력을 어떻게 '인간의' 능력이라고 할 수 있겠느냐는 것이다.(*THN*, I, III, 16: p. 177 참조) 많은 동물들은 사태와 사태의 관계를 "동물들의 본능(instinct of animals)"으로 포착한다. 인간에서 '이성'이란 일종의 동물적 본능으로서, 문제를 제대로 고찰한다면, "이성은 단지 우리의 영혼 안에 있는 놀랍고도 이해할 수 없는 본능일 따름"(*THN*, I, III, 16: p. 179)이라는 것이 흄의 견해이다.

이런 흄의 생각을 '자연주의'라고 일컫는 이들도 있는데, 후에 다윈주의가 이를 승계한다고 볼 수 있다. 다윈(Charles Robert Darwin, 1809~1882)에 따르면 인간은 비이성을 떠나 이성적이 될 수밖에 없었는데, 그것은 그래야만 살아남을 수 있었기 때문이다. 무릇 '이성'이라는 것은 어떤 특수한

---

45 Hume, *A Treatise of Human Nature*(London 1739/1740), ed. by L. A. Selby-Bigge, Oxford ²1978.

기관이라기보다는 사람이 자연 조건에 적응해가면서 진화해가는 생의 지혜이다.[46] 그리고 이런 생각은 마침내 이성의 본부로 지시되는 인간의 영혼, 마음이라는 것 자체가 실체가 없다는 데로 귀착한다.

1) 마음 지각다발 이론

버클리는 로크식의 물질적 실체의 제일차적 성질, 제이차적 성질의 구별은 부질없다고 보았다. 대체 어떤 성질이 물체 자체에 귀속하고, 어떤 성질이 마음의 변양이라는 말인가. 수(number)야말로 마음의 창작물로서 마음 바깥의 무엇에도 귀속될 수 있는 것이 아니며(Berkeley, *Principles*,[47] 12 참조), 어떠한 감성적 성질도 "물체적 실체"(Berkeley, *Principles*, 14) 또는 "물질적 실체"(Berkeley, *Principles*, 17) 안에 실존하는 것이 아니다.

그러나 지금 우리가 주변을 둘러보고 대화하고 차를 마시고 글을 쓰고 있다는 사실에서 우리가 어떤 관념들을 가지고 있음은 명백하다. 그러니 이러한 관념들을 갖거나 무엇인가를 알고, 지각하고, 의욕하고, 상상하고, 기억하며, 그것들을 조작하는 '어떤 것(something)'이 있음 또한 부정할 수가 없다. 이 '어떤 것'을 일컬어 우리는 "마음, 정신, 영혼 또는 나 자신"(Berkeley, *Principles*, 2)이라 한다. 이 '나'는 '나의 관념들' 중 하나가 아니며, "관념들과는 전적으로 분별되는 어떤 것(a thing)"으로, "이것 안에 관념들은 실존(exist)한다."(Berkeley, *Principles*, 2) 관념들이 '실존한다'는 말은 그것들이 '지각된다'라는 말과 같다. "존재는 지각되는 것이다(Esse is Percipi). 사물들이 마음들, 바꿔 말해 그것들을 지각하는 것들 바깥에 실

---

46 Ch. Darwin, *The Descent of Man and Selection in Relation to Sex*(1871 · ²1879), Penguin Classics, Penguin Books, 2004, Pt. I, Ch. 3, p. 96 이하 참조.

47 Berkeley, *A Treatise concerning the Principles of Human Knowledge*(Dublin 1710 · 1734).

존을 갖는다는 것은 불가능하다."(Berkeley, *Principles*, 4) 지각내용이 지각하지 못하는 사물들 안에 있을 수는 없는 것이다. '이 분필'이란 '한 조각의 하얗고, 딱딱하고, 둥글고, …한 것', 그 이상의 것이 아니다. 마음(mind) 또는 지각하는 정신(Spirit) 또는 생각하는 영혼(Soul)만이 실체이며, 이것에 의해 지각된 것들은 모두 이것 안에 존재하는 관념들일 따름이다. 감각되는 이른바 '물리적 실체'는 감각들, 관념들의 집합체일 따름인 것이다.

버클리에서 '정신'이라는 말은 "의욕하고, 사고하고, 관념들을 지각하는 것"(Berkeley, *Principles*, 138)을 지시한다. "정신이란 단순하고, 분할되지 않는, 능동적인 존재(Being)이다. 관념을 지각할 때는 지성(Understanding)이라고 부르고, 관념들을 산출하거나 아니면 그것들을 가지고 조작할 때는 의지(Will)라고 부른다."(Berkeley, *Principles*, 27) 정신, 지성, 의지는 결코 관념일 수가 없다. 모든 관념은 수동적인 것이니 말이다. 관념들은 "비활성적이고, 명멸하고, 의존적인 존재들"(Berkeley, *Principles*, 89)인 반면에, 의지, 영혼, 정신은 "활동자(Agent)"(Berkeley, *Principles*, 27)로서 "능동적이고 불가분할적인 실체"(Berkeley, *Principles*, 89)이다.

버클리는 데카르트, 로크로 이어진 정신-물체 두 실체론을 떠나 실체로서의 물체를 부정하고, 정신/마음 실체만을 남겨놓았다. 그러나 바야흐로 흄은 이른바 '마음'이라는 것도 지각들의 묶음일 뿐이라 하여, 그 실체성을 부정하기에 이른다.

"사람들은 단지 서로 다른 지각들의 다발 또는 집합(a bundle or collection of different perceptions)일 따름이며, 이 지각들은 파악할 수 없을 정도로 빠르게 서로 잇따르며 영원한 흐름과 운동 중에 있다."(*THN*, I, IV, 6: p. 252). "단 한순간이라도 변화 없이 동일한 것으로 남아 있는 영혼의 유일한 능력도 결코 없다."(*THN*, I, IV, 6: p. 253) "마음은 일종의 극장이다. 이 극장에는 여러 지각들이 잇따라 나타나고, 지나가며, 다시 지나가고 미끄러지듯 사라지며, 무한히 다양한 자세와 상황 속에서 뒤섞인다. 단순성과 동일성을 상상하는 자연적인 성향을 우리가 가질 수도 있지만, 마음에는 단 한순간도 단순성이 있지 않고, 서로 다른 마음에 동일성은 결코 없다는 것이 맞을 것이다."
(*THN*, I, IV, 6: p. 253)

흄은 인간 마음의 모든 지각은 '인상(impression)'과 '관념(idea)'이라는 상이한 두 종류로 환원될 수 있다고 본다.(*THN*, I, I, 1: p.1 참조) 힘차고 생동성 있는 지각들, 예컨대 감각, 정념(passion), 정서(emotion) 같은 것은 '인상'이고, 사고와 추리 등에 등장하는 희미한 심상들은 '관념'으로 분류할 수 있다는 것이다. '생생함'의 정도로 양자를 구별한다는 것이 그렇게 쉬울 것 같지는 않지만 어쨌거나 흄의 용어 사용법으로는 감각은 인상이고, 사고는 관념이며, "가장 생생한 사고도 가장 흐릿한 감각보다 등급이 낮다."(*EHU*,[48] II, 11: p. 17)는 것이 흄의 기본적 생각이다.

인간의 의식 내용 일체를 이러한 지각으로 보는 흄에게는 선험적인 '인상'이나 '관념'이란 없으며, 그러므로 당연히 선험적 원리 내지 법칙이라는 것도 없다. "실존하기 시작한 것은 무엇이든 그 실존의 원인을 갖지 않을 수 없다."라는 명제는 철학의 "일반적 준칙"(*THN*, I, III, 3: p. 78)으로 통용된다. 그러나 "이 명제는 직관적으로도 논증적으로도 확실하지 않다."(*THN*, I, III, 3: p. 78)고 이의를 제기함으로써 흄은 심지어 근거율조차 그 확실성을 납득할 수 없는 것으로 본다. 아니 흄은 인격의 동일성조차 부정함으로써 도대체가 단 하나의 고정불변적인 원리의 존재도 부인한다.

---

48 Hume, *An Enquiry concerning Human Understanding*. in: *Enquiries concerning Human Understanding and concerning the Principles of Morals*, ed. by (L. A. Selby-Bigge)/P. H. Nidditch, Oxford ³1975.

비록 흄이 마음을 "일종의 극장(theatre)"이라고 말하고 있지만, 여기서 '마음=극장'의 비유를 오해해서는 안 된다. 극장은 아무런 공연이 없을 때에는 텅 비어 있는 장소로 있고, 때가 되면 그 안에서 여러 장면들이 연출되는 곳이지만, 흄에게서 마음은 결코 그런 것이 아니다. "마음을 구성하는 것은 단지 잇따르는 지각들일 뿐이다. 또한 우리는 이 장면들이 표상되는 장소 또는 이 장소를 이루고 있는 재료들에 관한 아주 어렴풋한 개념조차도 갖고 있지 않다."(*THN*, I, IV, 6: p. 253) 마음은 극장과 같은 공연 장면들이 펼쳐지는 장소라기보다는, 차라리 잇따르는 장면들의 모임 바로 그것이다. "우리가 마음이라고 부르는 것은, 어떤 관계들에 의해 함께 통일된, 그리고 잘못되게도, 완전한 단순성과 동일성을 부여받은 것으로 가정된, 서로 다른 지각들의 더미 내지는 집합일 따름이다."(*THN*, I, IV, 2: p. 207).

흄은 '나'의 실체성은 결코 경험적으로 확인될 수가 없음을 누누이 강조한다.

"자아 또는 인격은 어떤 하나의 인상이 아니라, 그것에 대해 우리의 여러 인상들과 관념들이 관계하고 있다고 상정되는 그러한 것이다. 만약 어떤 인상이 자아의 관념을 일으킨다면, 그 인상은 우리 삶의 전 과정을 통해서 불변적으로 같음을 지속해야 한다. 자아는 그런 방식으로 존재한다고 가정된 것이기 때문이다. 그러나 항상적이고 불변적인 인상은 없다. 고통과 쾌락, 슬픔과 기쁨, 정념과 감각은 서로 잇따르며, 결코 그 모든 것이 같은 시간상에서 존재하지 않는다. 그러므로 이 인상들 중의 어떤 것에서나 또는 다른 어떤 것에서나 자아라는 관념이 파생될 수는 없다. 따라서 그 같은 관념은 없다." (*THN*, I, IV, 6: pp. 251/252)

"나로서는, 내가 나 자신이라고 부르는 것 안으로 가장 내밀하게 들어갈 때, 나는 항상 더위 또는 추위, 빛 또는 그늘, 사랑 또는 미움, 고통 또는 쾌락과 같은 어떤 특정한 지각과 마주친다. 나는 어느 때거나 지각 없이는 결코 나 자신을 포착할 수 없고, 지각 이외에는 결코 어떤 것도 관찰할 수 없다. 만약 깊은 잠에 빠졌을 때처럼, 나의 지각들이 한동안 제거된다면, 그동안은 나는 나 자신을 감지할 수 없고, 진실로 말해 나는 존재하지 않는다고 해야 할 것이다. […] 만약 어떤 사람이 진지하고 편견 없는 반성에 의해 그는 그 자신에 대해 다른 개념을 갖고 있다고 생각한다면, 나는 더 이상 그와는 논의할 수 없다고 고백할 수밖에 없다. 내가 그에게 인정할 수 있는 것은 기껏해야 그가 나와 마찬가지로 옳을 수도 있다는 것과, 우리는 이 점에서 본질적으로 다르다는 것뿐이다. 아마도 그는 그가 그 자신이라고 부르는 단일하고 지속적인 어떤 것을 지각할 수 있을지도 모른다. 그렇지만 나는 나에게는 그러한 원리가 없다고 확신한다.

그러나 이런 유의 형이상학자들은 제쳐놓고, 나는 여타의 사람들에 대해 감히 다음과 같이 단언할 수 있다. 그들은 다름 아닌 서로 다른 지각들의 다발 내지 집합이며, 지각들은 포착할 수 없을 만큼 빠르게 서로 잇따르며, 영원한 유동과 운동 중에 있다고."(*THN*, I, IV, 6: p. 252)

그렇다면 무엇이 우리들로 하여금 이렇게 잇따르는 지각들에 동일성을 부여하고, 우리 자신을 우리의 전 삶의 과정을 통해 불변적이고 부단한 존재를 갖는 것으로 생각하게끔 하는가? 흄에 따르면 그것은 순전히 상상력이 하는 일이다. 서로 잇따르는 지각들의 더미 사이에는 기껏 유사성이 있을 뿐인데, 우리는 "상상에 따라, 이들 서로 다른 연관되어 있는 대상들이 단절적이고 변형적임에도, 결과적으로는 같은 것이라고 대담하게 주장한다. 그리고는 스스로 이 불합리를 정당화하기 위해, 우리는 대상들을 함께 연결시키고, 그 단절성과 변형적임을 막는, 어떤 새롭고 이해할 수 없는 원리를 자주 꾸며낸다. 그렇게 해서 우리는, 단절성을 제거하기 위해서 우리 감관의 지각들의 지속적인 존재를 꾸며내고, 변형성을 감추기 위해서 영혼, 자아, 실체 따위의 개념 속으로 뛰어든다."(THN, I, IV, 6: p. 254)고 흄은 본다. 부분들의 상당한 변화가 있을 때조차도 사람들은 '공동 목적'이니 '공동 목표'니 하는 것을 결부시켜 동일성을 고안해낸다는 것이다. "잦은 수선에 의해 상당 부분이 바뀐 한 척의 배는 여전히 같은 것으로 간주된다. 재료들의 차이가 우리가 그 배에게 동일성을 부여하는 것을 조금도 방해하지는 못한다. 거기에서 부분들이 서로 협력하는 공동 목적은 그것들의 변형들 중에서도 같고, 이것은 상상으로 하여금 물체의 한 상태에서 다른 상태로 쉽게 옮겨가도록 해준다."(THN, I, IV, 6: p. 257) 여기에다 만약 우리가 그 변형된 상태들이 "상호 간에 그 작용과 활동에서 인과의 관계를 가진다고 가정한다면", 그것들의 동일성은 더욱더 두드러져 보인다. "동물과 식물의 경우가 그러하다. 이것들에서는 여러 부분들이 어떤 공통의 목표와 관련성을 가질 뿐만 아니라, 상호 의존되어 있고 서로 연결되어 있다. 동물과 식물이 수년 사이에 전반적인 변화를 겪는다는 것을 모든 사람이 인정할 수밖에 없지만, 그것들의 형태, 크기 그리고 실체가 완전히 바뀌었음에도, 우리가 여전히 그것들에게 동일성을 부여하는 것은 그토록 강한 관계의 결과이다. 작은 묘목에서 거목으로 자란 참나무는, 물질의 입자나 그것의 부분들의 형태가 같지 않더라도, 여전히 같은 참나무이며, 어린아이는 그의 동일성의 어떠한 변화 없이도 어른이 되며, 때로는 뚱뚱하기도 때로는 마르기도 한다."(THN, I, IV, 6: p. 257) 이런 식으로 "우리가 인간의 마음에 귀속시킨 동일성은 단지 허구적인 것일 뿐이며, 우리가 식물들이나 동물들의 몸에 귀속시킨 동일성과 같은 유의 것이다. 그러므로 마음의 동일성도 다른 기원을 가질 수 없고, 단지 유사한 대상들에 대한 상상력의 유사한 활동에서 유래한 것이 틀림없다."(THN, I, IV, 6: p. 259)라는 것이 흄의 생각이다.

우리가 서로 다른 지각들의 더미들이 동일하다고 말할 때, 그것은 그 지각 더미들 사이에 실제적으로 동일성이 있다는 것이 아니라, 우리는 그 지각들을 하나로 통일하여 본다는 말이라고 흄은 이해한다. "동일성은 우리가 지각에 속한다고 보는 성질일 따름이다. 왜냐하면 […] 그것은 상상 속에서의 지각들의 관념들의 통일에 기인하는 것이니 말이다. 그런데 상상 속에서 관념들에게 통일성을 줄 수 있는 유일한 성질들은 세 가지 관계들", 곧 유사·근접·인과의 관계들이다. "이것들이야말로 관념의 세계에서 통일하는 원리들이다. […] 그러므로 동일성이 의존하는 것도 유사, 근접, 인과 이 세 관계들 중 어떤 것이다." 그러니까 우리가 마음 내지 인격이라는 '동일한' 존재를 고찰할 때, "이 경우에는 거의 또는 아무런 영향도 미치지 않는 근접을 도외시해야 함은 분명"하고, 그러므로 눈여겨봐야 할 것은 유사와 인과관계의 원리이다.(*THN*, I, IV, 6: p. 260 참조)

그런데 여기에서 흄은 우리로 하여금 지각들 사이의 유사와 인과의 관계를 긴밀하게 생각하도록 하는 데 큰 기여를 하는 것은 상상력뿐만이 아니라 '기억'이라고 덧붙인다. "기억은 동일성을 발견할 뿐만 아니라, 지각들 사이에 유사 관계를 낳음으로써 동일성 산출에 기여하기도 한다."(*THN*, I, IV, 6: p. 261)는 것이다. "기억만이 우리로 하여금 지각의 이런 잇따름의 연속과 범위를 알게 하기에, 주로 이것에 근거해서 기억은 인격동일성의 원천으로 간주된다. 우리가 기억을 가지고 있지 않다면, 우리는 결코 아무런 인과의 개념도 갖지 못할 터이고, 또한 따라서 우리의 자아 내지 인격을 구성하는 원인과 결과의 연쇄에 대해서도 아무런 개념을 갖지 못할 터이다. 그러나 일단 기억으로부터 인과의 개념을 얻고 나면, 우리는 원인들의 같은 연쇄를 확장하여, 그에 따라서 우리의 기억을 넘어 우리 인격의 동일성에 이를 수 있다."(*THN*, I, IV, 6: pp. 261/262)

그러나 이 같은 흄의 '경험적으로 건전'하고 '정밀'한 논구는 도대체 '기억작용'을 누가 하는가를 통찰하지 못한 결함을 가지고 있다. 누군가가 기억을 통해 2002년 겨울에 본 런던 시가와 2016년 여름에 본 런던 시가를 비교하여 그 유사성을 인지하고, 그 유사성을 넘어 '동일성'을 주장할 때, 2002년 겨울에 런던 시가를 본 자와 2016년 여름에 런던 시가를 본 자는 동일한 자여야 한다. 그자를 우리가 '나'라 부르든, '마음'이라 부르든 '의식'이라 부르든 상관없이, 만약 그자가 '동일한 자'가 아니라면, 기억작용도 '연상작용'도 귀속시킬 데가 없다. '자아'를 또는 마음을 한낱 '지각들의 다발'이라 하고, 지각들을 시시각각 달라지는 것으로 간주할 때, 일정한 한 시점(t_1)과 다른 한 시점(t_2)에서의 '지각들의 다발'은 내용상 다를 것이고, 그래서 한 시점(t_1)에서의 '지각들의 다발'인 마음을 갑(甲)이라 일컫는다면, ― 제아무리 유사하다고 하더라도 ― 결국은 이미 내용상 똑같지 않은, 다른 시점(t_2)에서의 '지각들의 다발'인 마음은 을(乙)이라 불러야 할 것이다. 그러므로 갑(甲)과 을(乙)은 서로 다른 자이고, 따라서 갑(甲)이 어느 시점에서 지각한 것을 을(乙)이 기억하고 '습관'에 따라 연상한다는 것은 있을 수 없는 일이다. 우리가 기억이나 습관을 이야기하려면, 어느 시점에서든 그 활동을 하는 자는 동일한 자로 전제해야 한다. '습관'이라는 것은 동일한 자의 반복적인 행태를 지칭하는 것이고, A라는 사건과 시차를 두고 일어나는 B라는 사건의 계기관계나 인과관계도 동일한 관찰자를 전제로 하는 것이니 말이다. 그러니까 이미 기억과 습관을 이야기하는 마당에서는 어떤 의미에서든 그 기억과 습관의 담지자인 '자아의 동일성'은 전제되어 있는 것이다.

기실 '마음'의 동일성, 인격의 동일성을 부정하고 나면 65년(1711~1776) 생애의 '흄' 자신의 동일성 자체부터가 의문에 싸인다. 1739년에 출간된 『인간본성론』과 1751년의 『인간 지성 탐구』[49]는 동일한 저자 흄의 저술들일 수가 없는 것이다. 시시각각 '지각의 다발'이 변천하는 마당에 도대체 누가 '데이비드 흄'이란 말인가? 그래서 흄 자신이 마침내 자기 논변에 대

---

[49] Hume, *An Enquiry concerning the Human Understanding*.

해 회의적이 된다.

"그러나 인격의 동일성이라는 절[THN, I, IV, 6]을 더욱 엄밀히 되살펴보면, 나 자신이 미궁 속에 빠져 있다는 것을 알았으므로, 나는 앞의 의견들을 어떻게 수정해야 할지도 모르겠고, 또 그 의견들을 어떻게 일관되게 만들어야 할지도 모르겠다는 점을 고백하지 않을 수 없다."(THN, appendix: p. 633)

흄의 반성은 계속된다.

"지각들이 별개로 실존하는 것들이라면, 지각들은 오직 함께 연결됨으로써만 하나의 전체를 형성한다. 그러나 별개로 실존하는 것들 사이의 연결을 인간의 지성으로는 결코 파악할 수가 없다. 우리는 한 객관[대상]에서 다른 객관[대상]으로 지나가는 사유의 연결이나 결정을 단지 느낄(feel) 뿐이다. 따라서 사유만이 인격의 동일성을 발견한다는 결론이 나오는데, 이때 마음을 구성하는 일련의 과거 지각들을 반성해보면 그 지각들의 관념들은 서로 연결되어 있고 서로를 인도하는 것으로 느껴진다. 이 결론이 아무리 기이하게 보인다 해도 놀랄 일은 아니다. 대부분의 철학자들은 인격의 동일성이 의식에서 생기며(arise), 의식이란 단지 반성된 사유 내지 지각일 뿐이라고 생각하는 경향이 있는 것으로 보인다. 따라서 현재의 철학은 그런 한에서 밝은 전망을 갖는다. 그러나 사유와 의식에서 잇따르는 우리의 지각들을 통일하는 원리들을 설명하려고 들면, 나의 기대는 사라진다. 이 주제에 대해서 나에게 만족을 주는 어떠한 이론도 나는 발견할 수가 없다."(THN, appendix: p. 635)

흄의 문제는 1)"우리의 모든 분별되는 지각들은 분별되게 실존하는 것들이다", 그런데 2)"마음은 분별되게 실존하는 것들 사이의 아무런 실재적 연결도 결코 지각하지 못한다."는 것을 부정할 수 없는 사태로 놓고, 그럼에도 실존하는 것 사이의 연결을 전제하지 않으면 자연세계 일반을 설명할 수 없다는 데에 있다.

이 문제의 해결은, 그렇기 때문에 이른바 '자연세계'란 통일체(universe)가 아니라고 하거나, 자연세계를 하나의 통일체로 납득하려면 별개로 실재하는 것들의 연결 '고리' 내지 '끈'을 찾아야 한다.

후에 칸트는 '나'의 동일성에 기초하는 의식의 형식, 즉 감성의 형식 및 사고의 형식을 이 끈으로 삼았다. 그 끈은 자연세계를 초월해 있으면서 자연세계를 묶어주는 것이다. 그러므로 '나'의 동일성은 자연 안에 있는 실재라기보다는 우리의 이념 중에 있는 것이다. 그것은 존재론적 개념이다. '나'의 동일성은 자연세계에 있는 것이 아니라 — 이 점에서 흄의 주장은 견지된다 —, 자연세계를 가능하게 하는 초월적 이념이라고 보아야 할 것이다.

2) 경험주의 도덕론

(1) 자유의지의 부정

흄에 따르면 사고의 원리뿐만 아니라 도덕의 원리도 한낱 경험적인 것일 따름이다.

흄은 정념의 가장 뚜렷한 원인으로 '덕(virtue)'와 '패악(vice)'을 꼽는다. 그러면서 묻는다: "이러한 도덕적 분별은 자연적이고 근원적인 원리들에 기초되어 있는 것인가, 아니면 이해관심과 교육에서 생기는 것인가?" (*THN*, II, I, 7: p. 295)

흄의 대답은 후자 쪽에 기울어 있다. "도덕성이 자연 안에 기초를 갖지 않았다는 것을 인정한다면, 패악과 덕이, 자기-이해관심에서 왔든 교육의 선입견에서 왔든, 우리 안에 실재적인 고통과 쾌락을 낳는다는 것도 인정하지 않을 수 없다."(*THN*, II, I, 7: p. 295)는 것이다. 사실이 이렇고 보면, "덕의 참본질은 쾌락을 산출하는 것이고, 패악의 참본질은 고통을 가져다 주는 것이다."(*THN*, II, I, 7: p. 296) 다소 완화시켜 말한다면, "고통과 쾌락은 [⋯] 적어도 패악 및 덕과 불가분리적이다."(*THN*, II, I, 7: p. 296)

물론 쾌락과 고통을 일으키는 것은 덕과 패악뿐만 아니라 '미(beauty)'와 '흉함(deformity)'도 있다. 흄이 보기에 "미란 부분들의 질서 내지 구성으로서 영혼에 쾌락과 만족을 주기에 알맞은 그런 것이다. 이것이 미의 뚜렷한 성격으로 미와 흉함의 모든 차이를 이루는 것인바, 흉함의 자연적 경향성은 불쾌를 낳게끔 되어 있다. 따라서 쾌락과 고통은 단지 미와 흉함의 필연적 수반물일 뿐만 아니라 미와 흉함의 참본질을 이룬다."(*THN*, II, I, 8: p. 299) 그런데 "미는 어느 객관[대상] 안에 있는 어떤 성질이 아니라, 단지 영혼 안에 있는 정념 내지는 인상일 따름이다."(*THN*, II, 1, 8: p. 301)

그렇더라도 "고통과 쾌락의 모든 직접적인 효과 중에 의지(will)보다 더 주목할 만한 것은 없다."(*THN*, II, III, 1: p. 399) 의지는 정념의 일종은 아니지만, 정념을 설명하는 데는 필수적인 요소이다. 흄의 규정에 따르면 "의지란 우리가 의식적으로 우리 신체의 어떤 새로운 운동이나 우리 마음의 새로운 지각을 일으킬 때, 우리가 느끼고 의식하는 내적 인상"(*THN*, II, III, 1: p. 399)이다. 쾌락은 행위 의지를 추동하고, 고통은 행위 의지를 꺾는다. 의지 외에 "감관(senses)이나 이성(reason)에 의해 어떤 객관(대상)들의 궁극의 연관이 발견되는 단 하나의 사례도 없다."(*THN*, II, III, 1: p. 400) "[원인과 결과의] 관념에 들어가는 필연성은 단지 마음의 결정일 따름"(*THN*, II, III, 1: p. 400)이거니와, 그러나 이때 "물질의 운동을 연관 짓고 산출하는 데 관여하지만 정신의 작용에서는 발견되지 않는 어떠한 환경도 알려진 바가 없다. 그러므로 우리가 물질의 운동에서는 필연성을 인정하고 정신의 작용에서는 필연성을 부인하는 것은 명백히 불합리하다."

(*THN*, II, III, 1: p. 400) 물질의 운동이 필연적이라면, 적어도 그만큼 정신의 작용도 필연적이다. 흄의 이러한 유비는 자유의지의 부정으로 귀결한다.

"주지하듯이 외적 물체들의 작용은 필연적이며, 외적 물체들 사이의 운동 전달과 인력 그리고 상호 응집 등에서 무차별성이나 자유라고는 조금도 없다. 모든 객관[대상]은 어떤 절대적 운명(fate)에 의해 그 운동의 방향과 일정 정도가 정해진다."(*THN*, II, III, 1: p. 399 이하)

"우리가 원인(cause)과 결과(effect)라고 부르는 모든 객관[대상]들을 그 자체로 고찰하면, 그것들은 자연 안에 있는 여느 두 사물들과 마찬가지로 서로 분별되고 분리되어 있는 것들이다. 그리고 우리가 그것들을 제아무리 정밀하게 조사해본다 해도 한 객관의 실존에서 다른 객관의 실존을 결코 추론할 수는 없다. 우리가 이런 유의 추론을 할 수 있는 것은 오로지 그것들의 항상적인 결합(constant union)을 경험하고 관찰함에 의한 것인데, 그렇다 해도 무엇보다 이런 추론은 상상력에 의거한 습관의 결과일 뿐이다."(*THN*, II, III, 1: p. 405) "이런 항상적인 결합에서 마음은 인과의 관념을 형성(form)하며, 이런 추론에 의해 필연성을 느낀다(feel). 우리가 도덕적 명증성이라고 부르는 것 안에도 이와 똑같은 항상성과 영향력이 있다."(*THN*, II, III, 1: p. 406) 그래서 흄은 이른바 자연 안에서의 인과관계나 도덕적 행위에서의 인과관계가 다를 바 없다고 생각한다. 그러니까 이른바 자유의지에 의한 도덕적 행위가 자연 안에서의 여느 물리적 사건과 다른 것이라면, "결과적으로 자유는 필연성을 제거함으로써 원인 또한 제거하여", 도덕적 행위는 아무런 필연성을 갖지 않는, 그러니까 "우연"적이라는 말이 되는데, 이는 "우리의 경험과 직접적으로 상반된다."(*THN*, II, III, 1: p. 407) 그러므로 이른바 자유의지에 의한 도덕적 행위라는 것은 납득할 수 없다는 것이 흄의 결론이다.

(2) 도덕적 행위의 원인으로서의 이성의 부정

자유의지에 의한 도덕적 행위가 없다 함은 도덕적 행위가 이성에 의해 결정되는 것이 아니라는 말이다. 이러한 흄의 도덕 이론이 목표하는 바는 뚜렷하다. 그것은 이성주의 이론의 전복이다.

"정념과 이성의 싸움을 이야기하면서 이성의 편을 들고, 인간은 이성의 지시에 따르는 한에서만 유덕하다고 주장하는 것이 철학에서는 물론 일반의 생활에서조차 가장 흔한 일이다. 인구에 회자하듯, 이성적 존재자는 이성에 의해 자신의 행동들을 규제하지 않으면 안 된다. 그리고 만일 다른 동기나 원리가 그의 행동 지침과 어긋날 경우에 그 동기나 원리가 완전히 사라지거나 적어도 상위 원리와 합치할 때까지 그는 그 동기나 원리와 맞서야 한다. 고대와 근대의 도덕철학은 대부분 이런 사고방식에 토대를 둔 것으로 보인다. 형이상학적 논변은 물론 대중 연설에서도 이성을 정념 위에 두는 이런 가정이 다반사이다. 지금까지 이성의 영원성과 불변성 그리고 그 신적 기원은 최상의 장점으로 과시되었다. 반면에 정념의 맹목성과 불안정성 그리고 기만성이 강하게 강조되었다. 이런 모든 철학의 오류를 적시하기 위해 내가 증명하고자 애쓰는 바는, 첫째 이성만으로는 어떤 의지 활동의 동기가 결코 될 수 없다는 것, 둘째 의지의 방향을 정함에 있어 이성은 결코 정념에 맞설 수 없다는 것이다."(THN, II, III, 3: p. 413)

흄이 "추론하건대, 이성만으로는 어떤 행동도 결코 산출할 수 없고 의욕도 야기할 수 없기 때문에, 이성이라는 능력은 의욕을 막거나 어떤 정념이나 정서와의 우선권 싸움을 벌일 수가 없다."(THN, II, III, 3: pp. 414/5) 오히려 "이성은 정념들의 노예이고 노예일 뿐이어야 하며, 정념에 봉사하고 복종하는 것 외에 어떤 다른 직분을 결코 탐할 수 없다."(*THN*, II, III, 3: p. 415) 실로 "정념은 근원적 실존재이다."(*THN*, II, III, 3: p. 415)

욕구는 좋음/선으로 생각되는 것으로 말미암아 생기고, 혐오는 오직 나쁨/악으로 간주되는 것에서 유래한다.(*THN*, II, III, 3: p. 439 참조) 이제 흄이 제기하는 물음은 "오로지 이성으로부터 도덕적 선과 악이 구별될 수 있는가, 아니면 우리가 이런 분별을 할 수 있기 위해서는 다른 어떤 원리들도 있어야만 하는가?"(*THN*, III, I, 1: p. 457)이다.

도덕이 행동과 감정에 영향을 미친다는 것은 "도덕이 이성에서 유래될 수 없다."는 것을 함축한다. 왜냐하면 "이성 홀로는 그와 같은 영향력을 결코 가질 수 없기 때문이다." "도덕은 어떤 정념을 일으키고, 어떤 행동을 야기하거나 막는다. [그런데] 이성은 이런 특수한 사안에서 전혀 무능하다. 그러므로 도덕성의 규칙들은 우리 이성에서 이끌려 나온 것이 아니다."(*THN*, III, I, 1: p. 457) "이성은 우리 행동과 정념에 아무런 영향을 미치지 못한다는 것이 인정되는 한, 도덕성이 오직 이성의 연역을 통해서 발견된다고 우기는 것은 헛된 일이다."(*THN*, III, I, 1: p. 458) — 이러한 흄의 '이성' 개념은 오로지 이론 이성만을 포함하는 것이라 하겠다. 애당초 흄의 염두에 실천 이성은 없었던 것이다.

"이성은 진리 또는 허위의 발견작용이다. 진리나 허위는 관념들의 실재적 관계들에 대한, 또는 실재적 실존재와 사실의 문제에 대한 일치 또는 불일치에 있다. 따라서 이와 같은 일치와 불일치의 여지가 없는 것은 무엇이든 참이나 거짓일 수 없고, 결코 우리의 이성의 객관/대상일 수 없다. [⋯] 정념과 의욕 그리고 행동 따위는 참이나 거짓이라고 단언될 수 없고, 이성과 상반되거나 부합할 수도 없다."(*THN*, III, I, 1: p. 458)

흄이 보기에 이성은 어떤 행동을 부인한다고 해서 그 행동을 중단시킬 수도 없고, 찬동한다 해서 어떤 행동을 유발하지도 못한다. 행동은 욕구로 인한 것이고 좋음/선은 그 욕구를 유발하는 것이며, 행동의 중단은 혐오에 의한 것이고 그것은 악으로 인한 것이다. 욕구는 좋다/선하다고 생각되는 것으로 말미암아 생기고, 혐오는 오직 나쁘다/악하다고 간주되는 것에서 유래한다.(THN, II, III, 3: p. 439 참조)

그러므로 "이성은 [⋯] 행동을 중단시키거나 유발하는 영향력을 가진 것으로 밝혀진 도덕적 선·악을 구별하는 원천일 수 없다."(THN, III, I, 1: p. 458) "행동들이 칭찬받거나 비난받을 수는 있어도, 합리적[이성적](reasonalbe)이거나 비합리적[비이성적](unreasonalbe)일 수는 없다. [⋯] 그러니까 도덕적 분별은 이성의 소산이 아니다. 이성은 전적으로 비활동적인 것으로, 결코 양심(conscience)이나 도덕감(sense of morals) 같은 그러한 활동적 원리의 원천일 수가 없다."(THN, III, I, 1: p. 458)

그러나 흄의 용어 사용법대로 만약 도덕적 행위의 활동적 원리로 여겨지는 '양심'이나 '도덕감'이 정념의 일종이라 한다면, '이성-정념'의 구별과 '정념1-정념2'의 구별 방식상의 차이에 관한 해석이 남는 문제가 되겠다.

(3) 경험적 관념으로서의 선악과 정의

갖가지 도덕적 현상들은 인간의 삶의 조건에서 빚어진 것이다. 예컨대 인간이 모든 것을 풍요롭게 공급받을 수 있고, 누구에 대해서나 자기에 대해서와 똑같은 애정을 가지고 배려한다면, 인류는 정의니 불의니 하는 것을 분별하지 않았을 것이다. 그러므로 "인간의 욕구에 비해 부족한 자연 자원과 함께 인간의 이기심과 한정된 관용, 오직 이런 것들에 정의의 기원이 있다."(THN, III, II, 2: p. 495)고 볼 수 있다.

사람들이 정의의 법칙을 만든 것은 무엇보다도 "자신의 이익에 대한 관심"(THN, III, II, 2: p. 496) 때문이다. 여기서 "정의감의 토대는 이성이 아니며"(THN, III, II, 2: p. 496), "정의감을 유발하는 인상들은 인간의 마음에 자연스러운[선천적인](natural) 것도 아니고, 책략(artifice)과 인간의 합의(human conventions)에서 생겨난 것"(*THN*, III, II, 2: p. 496)이라 보는 것이 합당하겠다. 정의가 분명히 "공공의 이익에 대한 공감"(*THN*, III, II, 2: pp. 499/500)을 동반하고 있지만, "정의를 수립하는 기원적 동기는 자기이해관심(self-interest)"(*THN*, III, II, 2: p. 499)인 것이 분명하다. "정의의 규칙만이 인간이 사회를 유지할 수 있도록 하며, 보통 자연상태로 표현되는 비참한 야만적 처지로 인간이 추락하는 것을 막을 수 있음"(*THN*, III, II, 7: p. 534)은 의심할 여지가 없다. 인간이 흔히 클 것이지만 멀리 있는 막연한 이익보다는 작지만 눈앞의 당장의 이익을 선택하는 성향이 있고, 멀리 보면 악이라는 것을 알아채고서도 자신이 곧바로 향유할 수 있을 것 같은 이득의 유혹을 뿌리치기가 쉽지 않아, 왕왕 부정의에 휩쓸리는 일이 일어나지만, 정의의 규칙을 준수하는 것보다 더 잘 각자의 이익을 확보할 수 있는 방법이 없음도 분명히 인식한다. 그래서 인간은 개인들이 때로는 바로 앞의 이익에 눈이 멀어 정의의 규칙을 어기는 일을 방지하기 위해, "상상할 수 있는 가장 세련되고 가장 정교한 발명품 가운데 하나인 정부"(*THN*, III, II, 7: p. 539)를 수립하여 그 규칙 준수를 상호 강제한다. 그러나 이것은 인간이 오랜 경험에서 얻은 지혜이지, 이성의 선험적 혜안이 아니다.

흄에서 선-악, 정의-부정의와 같은 가치 관념은 입법적 이성의 규정이 아니라 경험적인 삶의 지혜의 산물이다.

(4) 경험적인 보편적 도덕감정

이로써 도덕이 이성(reason)에서 유래하는가 아니면 감정(sentiment)에서 유래하는가라는 물음에 대한 흄의 대답이 나온다.(*EPM*,[50] p. 285 참조) 흄에 따르면, 이성은 사실의 내용과 관련하여 어떤 확실한 지식을 제공하지 못하는 것처럼, 인간 행위의 문제에 있어서도 역시 어떤 결정적인 역할을 하지 못한다. 이성은 어떤 목적에 대한 수단을 우리에게 가르쳐줄 수는 있다. 가령 "정직이 최선의 정책이다."라는 훈(訓)이 실제 인생에 도움이 된다는 것을 일러주며, 이런 유의 유용성을 발견하는 데 우리를 도와준다. 그러나 이성은 무엇이 그 자체로 선한가, 선 자체가 무엇인가에 관해서는 자기 자신으로부터는 아무것도 우리에게 가르쳐주지 못한다. 바꿔 말해, 이성이 제시해주는 영원불변적인 도덕법칙은 없다.

도덕의 바탕은 이성적 도덕법칙이 아니라 사람들의 도덕적 감정이다. 실천 생활에서는 정감적 성질이 이성에 대하여 우위를 갖는다. 사람들의 정념이 물론 언제나 옳은 행위의 안내자는 아니고, 정념에 따르는 사람들의 행위가 언제나 서로 일치하는 것도 아니다. 그러나 우리가 "덕은 보는 이에게 기쁘게 시인하는 감정을 주는 심리적 행위 내지 성질이며, 악은 그 반대이다."(EPM, p. 289)라고 정의할 수 있을 때, 이기심은 언제나 보는 이를 불쾌하게 만들고, 사회 일반에 대한 자발적인 사랑은 어디서나 폭넓은 시인을 얻는다는 사실로부터, 사람들의 도덕감정이 공통적임을 확인할 수 있다는 것이 흄의 생각이다. 일련의 감정들은 "우리의 공감(sympathy)을 불러일으킨다."(THN, III, III, 1: p. 576)는 것이다.

흄은 여기서 이러한 사람들의 자연스러운 마음씨만 가지고서도 도덕의 원리를 설명해내는 데는 충분하다고 생각한 듯하다. "인류의 일반적인 견해는 모든 경우에 있어서 얼마간의 권위를 갖는다. 그러나 이 도덕의 경우에는 전적으로 의심할 여지가 없다. 사람들이 그것이 기초하고 있는 원리들을 명료하게 설명할 수 없음에도 불구하고, 그것은 결코 의심할 여지가 없다."(THN, III, II, 9: p. 552)고 강조하고 있으니 말이다. 그리고 이어

---

50 Hume, *An Enquiry concerning the Principles of Morals*, in: *Enquiries concerning Human Understanding and concerning the Principles of Morals*, ed. by (L. A. Selby-Bigge)/P. H. Nidditch, Oxford ³1975.

서 흄은 "도덕의 관념은 인류에게 공통되는 어떤 감정을 포함하고, 이런 감정은 동일한 대상을 일반적으로 시인하도록 추장하고, 모든 사람 또는 대다수의 사람들로 하여금 그것에 관한 같은 의견이나 결정에 동의하도록 만든다."(*EPM*, p. 272)라고 본다. 이로 볼 때 흄은 그의 경험주의, 정감주의에도 불구하고 도덕감정의 보편성과 그에서 비롯하는 사회 윤리의 보편성을 의심하지 않았다 하겠다.

3) 이성의 학문으로서의 수학

대표적 경험주의자라고 지칭된다고 해서 흄이 일체의 순전한 이성 활동을 부정했다고 보기는 어렵다. 흄은 무엇보다도 "관념들의 관계들"만을 대상으로 하는 수학이 경험과는 무관하게 이성의 논증적 능력만으로 전개될 수 있음을 충분히 알고 있었으니 말이다.

"인간 이성 또는 탐구의 모든 대상은 자연스레 두 종류, 곧 관념들의 관계들(Relations of Ideas)과 사실의 일들(Matters of Fact)로 나뉠 수 있다. 기하학, 대수학, 산술학은 첫 번째 종류에 속한다. 요컨대 직관적으로나 논증적으로 확실한 모든 주장이 이에 속한다. '직각삼각형의 빗변의 제곱은 다른 두 변의 제곱의 합과 같다.'라는 명제는 이들 도형 사이의 관계를 표현하는 명제이다. 또 '3 곱하기 5는 30의 절반과 같다.'라는 명제는 이들 수 사이의 관계를 표현하는 명제이다. 이런 종류의 명제들은 우주의 어디인가에 실존하는 것과는 상관없이, 사고의 순전한 작동(mere operation of thought)에 의해 발견될 수 있는 것이다. 비록 자연 안에 원이나 삼각형이 있지 않다 하더라도, 유클리드에 의해 증명된 진리들은 영원히 그 확실성과 명증성을 보유하게 될 것이다."(*EHU*, IV, 20: p. 25)

흄에서도 수학적 개념과 명제들은 순전한 사고 활동의 산물이고, 이러한 관념들은 감각들, 그러니까 인상으로부터 유래하는 것이 아니다. 수학적인 명제들의 진위는 수학적 기호의 의미와 수학적 기호에 의해 생성되는 관념들 사이의 관계에서 결정되는 것으로서, 경험과 관찰에 의한 확증을 전혀 필요로 하지 않는다. 이는 흄에서도 인상들에 대응하지 않는 관념들이 있으며, 순전한 이성의 활동이 있음을 뜻하는 것이다. 그리고 이것은 인간의 지식이 경험의 한계 내에 머물러 있지 않음을 말한다.

흄은 철학과 학문 세계에서 가장 중요한 문제들은 마땅히 "인간 이성의 법정(the tribunal of human reason)"(THN, intro.: p. xiii)에 세워져 검토받아야 하되, 그 법정에서 통용되는 법규는 "경험과 관찰"(THN, intro.: p. xvi)을 기초로 해서 제정되어야 한다고 거듭 강조하고 있지만, 흄 또한 경험과는 무관한 학문 영역이 있고, 인간의 사고 활동이 있음을 인지하고 있었다.

4. 애덤 스미스에서의 이성

도덕감정(moral sentiment)론자인 애덤 스미스(Adam Smith, 1723~1790)는 기본적으로는 "동감(sympathy)"(TMS,[51] I. I, 5)이라는 감정(pathos)에 도덕을 기초 지으면서도, 동시에 덕성을 "자기제어(self-commend)"(TMS, VI. III, 1)에 둠으로써 도덕성 형성에 이성 내지는 의지의 힘이 함께한다고 보고 있다.

인간은 천성적으로 이기적이지만, 그럼에도 이웃과 함께하는 마음을 가지고 있다.

---

51 Adam Smith, *The Theory of Moral Sentiment*(1759), ed. by A. Millar, London ⁶1790.

"우리가 매일 식사를 마련할 수 있는 것은 푸줏간 주인과 양조장 주인, 그리고 빵집 주인의 자비심 때문이 아니라, 그들 자신의 이익을 위한 그들의 고려 때문이다. 우리는 그들의 자비심에 호소하지 않고 그들의 자기사랑에 호소하며, 그들에게 우리 자신의 필요를 말하지 않고 그들 자신에게 유리함을 말한다. 거지 이외에는 아무도 전적으로 동포들의 자비심에만 의지해서 살아가려고 하지 않는다."(Wealth of Nations[52] I, 2, 2)

인간은 "이기적(selfish)"인 천성과 함께 이와 상반되는 원리들(principles) 즉 "연민(pity)"과 "동정심(compassion)"을 가지고 있다.(TMS, I, I, 1 참조) 타인의 기쁨을 함께 기뻐하고, 타인의 슬픔에 함께 슬퍼하는 이러한 "동료감정(fellow-feeling)", 이것을 애덤 스미스는 "동감"이라고 일컫는다. 동감이란 한 행위자와 그 행위에 전혀 참여한 바 없는 방관자 사이의 '감정의 일치(coincidence of sentiments)'를 말한다. 이러한 동감은 인간의 자연스러운 감정이기는 하지만 언제나 저절로 일어나는 것은 아니므로, 본래적으로 이기적인 인간은 끊임없이 자기통제를 하지 않을 수 없다. 애덤 스미스는 인간 행위의 도덕성은 이러한 동감과 '자기제어'에 기초한 보편적 행위 규칙에 기초한다고 본다.

"가장 완전한 도덕을 가진 사람, 우리가 자연스럽게 가장 사랑하고 존경하는 사람은, 다른 사람들의 원초적 감정 및 동감의 감정에 대한 가장 섬세한 감수성과 함께 자기 자신의 원초적이고 이기적인 감정에 대한 가장 완전한 통제력을 겸비하고 있는 사람이다."(TMS, III. I, 77)

---

52 Adam Smith, *An Inquiry into the Nature and Causes of the Wealth of Nations*(1776), ed. by Edwin Cannan, London ⁵1904.

그런데 사람으로 하여금 동료감정을 갖게 하고 자기 통제력을 갖추도록 이끄는 것은 다름 아닌 인간 안에 있는 '신인(神人: demi-god)' 내지 '중립적 관람자' 곧 양심 내지 이성이다.

"우리가 다른 사람들의 행복에 영향을 미칠 수 있는 일을 하려고 할 때마다 우리 내심의 가장 몰염치한 정념(passions)에 대해 깜짝 놀랄 정도의 큰 목소리로 다음과 같이 소리치는 것은 바로 이것[이성, 원칙, 양심, 가슴속의 동거인, 내부 인간 곧 우리 행실의 위대한 재판관이자 심판자]이다. 즉 우리는 대중 속의 한 사람에 불과하고, 어떠한 점에 있어서도 그 속의 다른 어떤 사람보다 나을 것이 없으며, 우리가 그처럼 수치를 모르고 맹목적으로 우리 자신을 다른 사람보다 우선시킨다면 우리는 다른 사람들의 분개와 혐오와 저주의 대상이 될 것이라고. […] 관용의 적정성과 부정의의 추악성, 우리 자신의 큰 이익보다 다른 사람들의 더 큰 이익을 위하여 우리 자신의 그것을 양보하는 것의 적정성과, 우리 자신의 최대의 이익을 얻기 위하여 다른 사람의 가장 사소한 이익까지 침해하는 행위의 추악성을 우리에게 보여주는 것은 바로 이 공평무사한 중립적 관람자이다."(TMS, III. I, 46)

"자신에게 닥친 재난의 온 불행을 느끼는 사람, 자신에게 가해진 불공정함의 비열함을 모두 느끼지만 자기 인격의 존엄함이 자신에게 요구하는 것을 더욱 강렬하게 느끼는 사람, 그리고 자신이 처한 상황에서는 자연스럽게 느끼게 될 훈육되지 않은 정념들에 자신을 맡기지 않고 자기 가슴속에 있는 위대한 동반자인 신인(神人: demi-god)이 지시규정하고 시인하는 억제되고 교정된 정서에 따라서 자신의 모든 행실과 행동을 제어하는 사람, 이러한 사람만이 정말로 유덕한 사람이며, 이러한 사람만이 사랑과 존경과 찬탄의 대상이다."(TMS, VI. III, 18)

애덤 스미스에 의하면 개개 인간 자신의 "존엄성과 적정성의 감각에 기초하고 있는 숭고한 자기제어"(TMS, VI. III, 18)는 무감각과는 전혀 다른 것으로서, 만약 사람에게 자기제어의 원리가 없다면 정념들은 고삐 풀린 야생마처럼 한껏 제 마음대로 분출되고, 분노는 격노가 되어 폭발하고, 두려움은 격심한 불안초조로 표출될 것이다.(TMS, VI. III, 55 참조) 그래서 애덤 스미스는 인간이 자기제어를 통해 평정심을 얻음으로써 갖가지 정념의 지배에서 벗어나 비로소 행복에 이를 수 있다고 본다.

"인간생활의 불행과 혼란의 최대 원천은 하나의 영속적 상황과 다른 영속적 상황의 차이를 과대평가하는 것으로부터 생기는 것으로 보인다. 탐욕은 가난과 부유함 사이의 차이를 과대평가하고, 야심은 개인적 지위와 공적 지위의 차이를 과대평가하고, 허영은 무명의 상태와 유명의 상태의 차이를 과대평가한다. 이러한 종류의 사치스러운 정념의 영향 아래에 있는 사람은 그 자신이 처해 있는 실제 환경에서 불행하고 고통스러울 뿐만 아니라, 흔히 그가 어리석게도 감탄하는 처지에 도달하기 위해서 사회의 안정을 교란시키는 경향이 있다. 그러나 조금만 성찰해보아도 인간생활의 일상적인 모든 상황에서 교양 있는 사람은 마찬가지로 평온하고, 마찬가지로 기뻐하고, 마찬가지로 만족할 수 있다는 사실을 알 수 있다. 물론 그러한 통상의 여러 가지 상황들 중에서 어떤 상황은 다른 상황보다 더욱 바람직한 것이 틀림없지만, 그러나 그것들 중 어떤 것도 신중 또는 정의의 법칙을 위반해가면서까지 격정적인 열의를 가지고 추구할 만한 가치가 있는 것은 아니다."(TMS, III. I, 73)

"행복은 마음의 평정과 향유 가운데에 있다. 평정 없이는 향유가 있을 수 없고, 완전한 평정이 있는 곳에 즐길 수 없는 것이란 거의 없다."(TMS, III. I, 72) 사람은 어떠한 역경의 상태도 일정 기간 겪고 나면 평정을 얻는데, 사유가 깊고 신중한 사람이라면 더욱 빨리 평정을 되찾는다. 그래서 행복한 삶을 영위하는 데는 "신중함(prudence)"의 미덕이 가장 유용하다. 더군다나 "현명하고 유덕한 사람"의 과제를 "자기 자신의 행복, 자기 가족과 자기 친구와 자기 나라의 행복을 돌보는 일"(*TMS*, VI. II, 49)이라고 한다면 말이다.

"우리 자신에게 가장 유용한 성질들은 무엇보다도 첫째로는 이성과 지성 (understanding)이다. 이에 의해 우리는 모든 행위의 먼 장래의 결과들을 통찰할 수 있고, 동시에 그로부터 생길 이익과 손해를 예견할 수 있다. 그리고 둘째로는 자기제어로서, 이에 의해 우리는 미래의 더 큰 쾌락을 획득하거나 더 큰 고통을 피하기 위하여 현재의 쾌락을 억제하거나 현재의 고통을 견더낼 수 있다. 모든 덕들 가운데 가장 유용한 덕인 신중함의 덕은 바로 이 두 가지 성질의 결합에 있는 것이다."(*TMS*, IV. I, 17)

애덤 스미스에서 이성과 지성의 기능은 행위의 규칙들을 귀납적으로 도출하고, 어떤 행위를 위한 효과적인 수단을 찾아내고 그 행위가 초래할 결과들을 예측함으로써 행위자에게 행위를 신중하게 할 것을 권고하는 일이다.

"덕이 이성과의 합치에 있다는 것은 어느 면에서 참이며, 이 능력이 시인과 부인의 원천이자 원리로서, 옳음과 그름에 관한 모든 견실한 판단의 원천이자 원리로 여겨지는 것은 매우 옳은 일인지도 모르겠다. 우리가 우리의 행위를 규제해야 하는 정의의 일반적 규칙들을 발견(discover)해내는 것은 이 이성에 의해서이며, 또한 무엇이 신중이고 무엇이 품위이며, 무엇이 아량 또는 고상함인가 하는 더욱 모호하고 불명확한 관념들을 형성하는 것도 이 동일한 능력에 의해서이다. [⋯] 도덕의 일반적 준칙들은 다른 모든 일반적 준칙들과 마찬가지로 경험과 귀납에서 형성된다. [⋯] 이 귀납은 항상 이성의 작용들 중의 하나로 간주된다. […] 따라서 옳음과 그름에 관한 가장 견실한 판단이 이성의 귀납[작용]으로부터 도출된 이런 준칙들과 관념들의 규제를 받을 때, 덕이 이성과 합치하는 데에 있다고 말하는 것은 매우 적절한 일이며, 또 이러한 한에서만 이 능력이 시인과 부인의 원천이자 원리라고 간주될 수 있다."(TMS, VII. III, 13)

애덤 스미스는 이렇게 갖게 되는 "중요한 도덕의 준칙들은 신의 명령이자 법이며, 신은 최후에 이를 준수하는 자들에게는 보상하고, 그들의 의무를 위반한 자들은 처벌할 것"(TMS, III. I, 102)인바, 그 처벌은 다름 아닌 "내적 수치심과 자책의 고통"이고 그 보상은 "마음의 평정과 흡족 그리고 자기만족"(TMS, III. I, 105)이라고까지 말한다. 그리고 이에서 더 나아가 애덤 스미스의 관찰에 의하면 "우리가 행하는 선행의 효과는 그 범위가 우리 자신의 나라라는 사회보다 더 넓게 확산되는 것이 매우 드물 수 있다 해도, 우리의 선의지(good-will)의 효과는 그 범위가 어떤 경계 내로 한정되지 않고 무량광대한 우주까지도 포용할 수 있다."(TMS, IV. II, 44) 그럼에도 선의지나 이성이 유덕한 행실의 동기일 수는 없다.

"비록 이성이 의심할 여지없이 도덕의 일반적 규칙들의 원천이고, 우리가 이것들에 의거해 형성하는 모든 도덕 판단들의 원천이라고 하더라도, 그럼에도 불구하고 옳음과 그름에 대한 최초의 지각이 이성으로부터 도출될 수 있다고 가정하는 것은 터무니없고 이해할 수 없는 일이다. […] 이 최초의 지각들은 여느 일반적 규칙들이 기초하고 있는 다른 모든 실험들과 마찬가지로 이성의 대상일 수는 없고, 직접적인 감각과 감정의 대상이다. 우리가 도덕의 일반적 규칙을 형성하는 것은 다양한 수많은 사례들 가운데서 어떤 행실의 성격은 일정한 방식으로 마음을 항상적으로 기쁘게 하고(please), 다른 어떤 행실의 성격은 불쾌하게 한다(displease)는 사실을 발견함에 의해서이다.

그러나 이성이 어떤 특수한 대상을 그 자체로 마음에 들게 하거나(agreeable) 안 들게(disagreeable) 할 수는 없다. 이성은 이 대상이 마음을 자연스럽게 즐겁게 하거나 불쾌하게 하는 다른 어떤 것의 획득 수단임을 보여줄 수는 있다. […] 그러나 직접적인 감각과 감정에 의해서 그렇게 되지 않고서는 어떤 것도 그 자체로는 마음에 들거나 안 들거나 할 수 없다. 따라서 만약에 덕이 특수한 경우마다 그 자체로서 마음을 기쁘게 하는 것이라면, 그리고 패악은 마찬가지로 사람의 마음을 불쾌하게 하는 것이라면, 이런 방식으로 우리를 전자와 융화시키고 후자로부터 격리시키는 것은 직접적인 감각과 감정이지 이성일 수가 없다."(*TMS*, VII. III, 14)

도덕의 일반적 규칙의 성격을 '마음을 기쁘게 하는 것'이라고 정하고 나면, 선악의 판별 내지 지각의 본부가 감각 내지 감정이 될 수밖에 없다. 그런데 과연 도덕의 규칙들은 항상 우리의 마음을 기쁘게 하는 것인가? 여기서 말하는 '우리'가 성인이나 천사를 지칭하지 않는다면, 많은 도덕적 규칙들은 많은 경우 동물적인 따라서 감각적인 보통 사람들의 마음을 몹시 불편하고 못마땅하게 만든다. 그러므로 도덕규칙의 성격을 '마음을 기쁘게 하는지 않는지'에 두는 것은 이미 엇나간 것이다. 애덤 스미스의 말대로 보통 "쾌락과 고통은 갈망과 혐오의 주요 대상들"이고, "이것들은 이성에 의해서가 아니라 직접적인 감각과 감정에 의해 구별된다."(*TMS*, VII. III, 15) 해도, 도덕규칙은 때때로 감각적인 고통을 주지만, 그를 기꺼이 갈망하는 사람도 있으니 말이다. 그렇다면 도덕규칙의 규칙성의 판별 기준이 감정상의 쾌락과 고통이라거나 행복의 보증 여부가 아니지 않을까? 애덤 스미스도 그럴 가능성은 인정한다.

"현명하고 유덕한 사람은 항상 자신의 사적 이익은 자신이 속한 계층이나 공동체의 공익을 위해 희생되어야 한다고 생각한다. 또한 그는 그러한 계층이나 공동체의 이익은 그것의 상위에 있는 국가나 주권의 더 큰 이익을 위해 희생되어야 한다고 생각한다. 그러므로 그는 이와 마찬가지로 전 우주의 더 큰 이익을 위해서, 즉 신이 그것의 직접적 관리자이자 통괄자인, 감성적이면 서 지성적인 모든 존재들[즉 인류]의 위대한 사회의 이익을 위해서는 모든 저 급한 이익들은 기꺼이 희생되어야 한다고 생각한다."(TMS, VI. II, 46)

애덤 스미스도 이러한 생각의 고귀함이 조금도 평가절하되어서는 안 된다고 생각한다. "그러나 우주의 거대한 체계를 관리하고 모든 이성적이 면서 감성적인 존재들의 보편적 행복을 돌보는 것은 신의 일이지 인간의 일이 아니"(TMS, VI. II, 49)라는 것이 또한 그의 생각이다.

6

인간의 이성

칸트에서의 법칙수립적 이성

1780년대 제임스 와트(James Watt, 1736~1819)가 발명한 증기기관(steam engine)의 실용화가 촉발한 제1차 산업혁명은 인류 문화사 이래의 집단적 농경 사회를 공업과 상업의 사회로 이행시켰고, 그 결과 도시가 발달하고 시민층이 두껍게 형성되었다. 유일한 생산수단인 토지의 소유자인 귀족과 소작인 신분의 농민으로 구성되어 있던 이제까지의 사회에 자수성가한 시민층의 등장은 사회의 근본적인 변혁을 몰고 왔다. 차츰 사회적으로 영향력이 커진 전문인들(학자, 고급 기술자)의 대부분은 시민층에서 나왔는데, 그들은 태어날 때 이미 가진 개개인의 신체의 자유와 자신의 노동을 통해 획득한 재산이 불가침임을 주장함으로써 국가사회와 개인, 개인과 개인 사이의 관계가 재정립되지 않으면 안 되는 상황이 벌어졌다. 그 상황은 정치혁명을 초래했으니, 1776년에 독립을 선언한 미국은 1789년 봄에 인류 역사 최초로 헌법 국가를 창립하였고, 뒤이어 같은 해 여름에 발발한 프랑스 대혁명은 인간과 시민의 권리를 만방에 선언하였다. 바로 그 즈음에(1781) 칸트는 철학적 사고의 변혁을 주창하였으니, 그것은 계몽적 시민 이성의 이성을 위한 이성에 대한 비판으로 시작된다.

한편에서의 산업혁명, 다른 한편에서의 정치혁명과 나란히 철학혁명 곧 이성 개념의 변혁이 바야흐로 일어난 것이다.

방법적 비판으로서의 이성비판

칸트철학의 대명사는 '비판철학'이고, 이때 '비판'이란 이성비판, 이성의 자기비판, 곧 이성의 자기 한계 규정을 뜻한다. 그리고 여기서 스스로 자신을 비판하는 이성은 '인간의 이성'이며, 이때 가름의 표준이 되는 것은 '신의 이성'이다. 그러니까 칸트의 비판적 성찰이 인간의 이성에 집중되어 있기는 하지만, 그 배면에는 신적 이성이 있다. 그래서 칸트에서는 '원본

이성'과 '파생(적) 이성'의 구별이 있으니, 말하자면 인간의 이성은 원본 이성에 비해 사용의 한계가 있는 하나의 '파생(적) 이성'이다. 이런 점에서 볼 때 칸트의 '이성'은 그 외연이 '인간의' 이성을 훨씬 넘어간다. 이성적 존재자에는 단지 인간뿐만 아니라 신과 천사도 포함되는 것이다.

그렇지만 칸트의 '이성비판'에서 비판하고 비판당하는 '이성'은 '인간의 이성'이다. ('신의 이성'을 누가 무엇으로 비판할 수 있겠는가!) 인간의 이성은 자신을 비판하여 그 한계를 획정하지만, 그 한계 규정 작업은 동시에 이성이 권리 있게 활동할 수 있는 범위를 확보하는 작업이다. 그러므로 칸트의 이성비판은 그로써 이성이 더 이상 어떠한 비판에 대해서도 흔들리지 않는 정당한 권역을 획득하게 되는, 이를테면 '방법적 비판'이다.

인간의 이성 그리고 마음

무릇 이성은 그것이 어디에 있든, 무엇에 귀속하든 원리의 능력을 일컫는 것이고, '인간의 이성' 역시 '이성'인 한 그것은 법칙수립적[입법적] 능력을 지칭한다. 이성이란 다름 아닌 '조리(條理)의 성격/성능' 곧 법칙성이며, 그것도 자기법칙성, 자발성, 자율성, 자기자율성을 말한다. 이성의 법칙수립 방식은 이성이 인식의 작동원리로 기능하는가, 실천행위의 원리로 작동하는가, 반성적 판단 또는 미감의 원리로 작용하는가, 종교적 희망 원리로 작용하는가에 따라 여러 갈래가 있다.

그런데 '인간'은 한낱 이성적 존재자가 아니라, "이성적 자연존재자" 곧 '이성적 동물'이다. 인간은 '동물성'이라는 일반성과 '이성성'이라는 특수성을 가진 존재자인 것이다. 여기서 '이성성'이란 가장 넓게는 한 동물인 '인간'을 인간이게끔 하는 활동능력 일반을 지칭한다. 지(知)·정(情)·의(意)의 의식작용 일체뿐만 아니라 이 의식 활동에 영향을 미치는 잠재의식,

무의식 또한 '인간의' 이성성에 포함된다.

다른 한편 '이성성'이 '동물성'과 대별되는 한에서 이성성은 이른바 '동물적' 욕구나 경향성과는 다른 어떤 것, 보기에 따라서는 이런 것과 맞부딪치는 것이다.

칸트에서 '이성'은 매우 다면적이고 다층적인 것으로 등장하는데, 그것은 이성이 '마음' 또는 '영혼'의 한 줄기기능[根幹機能]으로서 다시금 여러 가지 기능[枝葉機能]들을 갖기 때문이다.

인간 '이성'은 인간인 '나' 내지 '마음(Gemüt)'의 한 근간기능이다. 칸트에서 '마음'은 한낱 심성이라기보다는 '영혼(Seele)'과 거의 교환 가능한 말로서, '정신(Geist)'과는 다소 구별되는 것을 지칭한다.

"우리는 우리 영혼에서 이를테면 두 면을 발견하는데, 한 면은 수동적(leidend)인 면이고, 다른 면은 능동적(tätig)인 면이다. 전자의 면에서 '나'는 자연으로부터 나에게 일어나는 모든 인상들의 유희이며, 후자의 면에서 '나'는 자유로운 자기활동적인 원리이다."(V-Anth, Collins: AA XXV, 15)[1]

"우리는 성능(Fähigkeit)과 능력(Vermögen)과 힘(Kraft, 力)을 갖는다. 성능은 외부 인상들에 의해 변양되는 마음(Gemüt)의 속성이다. 우리는 큰 능력을 가질 수 있으되, 작은 힘을 가질 수 있다. 그러므로 힘들은 시행(Ausübungen)의 원천이고, 능력은 일정한 행위[작동]들을 '족(足)히 할 수 있음(Zulänglichkeit)'이다. [/] 능동적 힘이 되기 위해 능력에 무엇이 덧붙여져야만 하는지는 그렇게 쉽게 통찰할 수 없다."(V-Anth, Collins: AA XXV, 15/16)

---

1 칸트 저술의 인용은 칸트의 원저와 베를린 학술원판 전집[AA]에서 하되, 원서의 명을 약호로 적고 이어서 원저의 면수와 (필요한 경우 부호 '=' 또는 ':' 다음에) 학술원판 전집의 권수[로마자]와 면수를 밝힌다. 칸트 원저의 약호표는 참고문헌 목록에 제시한다.

"변양되는 성능, 또는 용납하는[입는/수동적인] 성능을 사람들은 영혼의 하위 힘[하위력]이라 부르고, 자기활동적[능동적]으로 행위[작동]하는 성능이 상위 힘[상위력]이다. 영혼(Seele)은 신체가 입는 인상들의 성능이 있는 한에서 靈魂(anima)이라 일컫고, 자기활동적으로 행위[작동]하는 성능이 있는 한에서 精神(mens)이라 일컫는다. 영혼이 양자를 통일하여 하나의 성능이 다른 하나의 성능의 조절 아래에 있는 한에서 영혼은 心(animus)이라 일컫는다. — 靈魂(anima)은 영혼(Seele), 心(animus)은 마음(Gemüt), 精神(mens)은 정신(Geist)이다."(V-Anth, Collins: AA XXV, 16)

"우리는 고유한 운동력을 함유하는 것을 정신이라고 부른다."(V-Anth, Collins: AA XXV, 18)

"신체[물체]와 통일되어 있는 정신을 영혼이라 일컫는다. 그러므로 정신으로서 내가 세계를 인식할 때 나는 순전히 사고하는 정신으로서가 아니라, 신체에 의거한, 그러니까 영혼으로서, 신체의 상황에 따라서 세계를 고찰한다." (V-Anth, Collins: AA XXV, 19)

여러 가지 관계를 맺고 있는 상관 개념들을 정리해서 말하면, 우선 칸트에서 '정신(mens, Geist)'은 뉴턴의 제1운동의 법칙[관성의 법칙]에서 분명하게 규정된 '오로지 외부의 힘에 의해서만, 그러니까 기계적으로만 운동하는 것'이라는 '물체(corpus, Körper)' 개념에 대립적인 것, 곧 본질적으로 '자기 고유의 운동력을 가진 것'이다. 물체[신체]와 결합하여 통일체를 이루고 있는 정신을 '영혼(anima, Seele)'이라 한다. 그러니까 영혼은 물체[신체]성과 정신성을 동시에 갖고서 한편으로는 수동적(passiv, leidend)이고 수용적(rezeptiv, empfänglich)으로 작동하며, 다른 한편으로는 능동적(aktiv, tätig)이고 자발적(spontan, selbsttätig)으로 활동하는데, 이러한 영혼

(anima)을 마음(animus, Gemüt)이라 일컫는다. 그러므로 많은 경우 '영혼'
과 '마음'은 같은 것을 지칭한다. 그런데 때로 영혼은 "물질 안에서의 생
명의 원리(Principium des Lebens)"(*KrV*, A345=B403)를 뜻하고, 이럴 경우
영혼(anima)은 사물의 "생명성(Animalität)"(*KrV*, A345=B403)을 의미하기도
하므로, 그런 한에서 '영혼'과 '마음'은 구별될 수 있다. 그래서 '영혼 불
멸', '영혼은 불사적이다.'라는 표현은 있어도 '마음 불멸', '마음은 불사
적이다.' 등의 표현은 쓰지 않는 것이다. 그러니까 굳이 구별하여 말하자
면 '영혼'은 마음에 비해 생명성이라는 내포를 하나 더 갖는 개념이라 하
겠다.

마음은 성능(Fähigkeit)과 능력(Vermögen)과 힘(Kraft: 力)을 갖는다. 마음
은 밖의 것을 수용할 수도 있고 스스로 무엇인가를 내어 활동할 수도 있
는 성능이 있으며, 이러한 성능을 족히 발휘할 수 있는 능력을 가지고 있
다. 그러나 능력이 있다고 모두 발휘되는 것은 아니니 그를 위해서는 힘
[力]이 있어야 한다. 이 세 가지 계기를 마음의 역량, 가능력, 실현력으로
구별해 표현할 수도 있겠다.

또한 칸트는 '마음'이라고 쓸 자리에 때때로 '심정(Herz)', '심성(Sinn)' 등
과 같은 유사 개념도 사용하는데. 이렇게 관용적인 근친 개념들을 문맥에
어울리게 끌어다 씀으로써 철학적 표현에 다소나마 생생함을 주고 있다.

반성적 이성의 물음

칸트는 초년부터 "세계시민적 의미에서의 철학 분야"를 형이상학·도
덕론·종교론·인간학이라고 꼽으면서 다음의 물음들을 주제로 제시한
바가 있다.

"1)나는 무엇을 알 수 있는가?

2)나는 무엇을 행해야만 하는가?

3)나는 무엇을 희망해도 좋은가?

4)인간은 무엇인가?"(Log: IX, 25)

인간의 세 가지 주요 활동 곧 인식, 행위, 희망을 반성하면서 묻는 이 물음에서 물어지는 것의 중심에는 '나(ich)'가 있다. 이 '나'는 '활동하는 나'이면서, 그 활동하는 나를 '반성하는 나'이다. 무엇인가를 인식하고, 어떤 행동을 하는 것은 인간 외에 여타 동물들도 한다. 그러나 아마도 자신이 인식한다는 사실을 자각하면서 "나는 무엇을 알 수 있는가?" 하고 자기인식의 한계를 묻는 동물은 인간이 유일할 것이다. 여타의 동물들도 먹이를 찾고, 거처를 만들고 하는 활동을 하지만, "나는 무엇을 행해야만 하는가?" 하고 당위를 묻는 것은 아마 인간이 유일할 것이다. 더구나 '희망'과 관련해서는 여타의 동물에 '희망'이라는 의식 활동이 있는지조차 확인할 수가 없다. 또한 여느 동물이, 예컨대 영악한 침팬지라 하더라도 침팬지 스스로 '침팬지는 무엇인가?'라고 반성하는 모습을 보이지는 않는다. 여타 동물들도 정도의 차이야 있지만, 지식과 기술을 가지고 있고, 상당한 수준의 예술 활동도 하고 있다. 그러나 그 활동 자체에 대한 반성은 하지 않는다. 인간은 인식하면서, 자신이 인식하고 있음을 의식하며,[2] 행동의 목표로 세워진 것에 대해서 과연 그 목표가 정당한 것인지를 또한 따져본다. 인간의 이성은 무엇보다도 이렇게 반성하는 이성이고, 그런 의미에서 인간을 '반성할 줄 아는 동물'로 규정할 수도 있겠다. 그리고 이러한 반성 활동을 '철학함'의 본질로 본다면, 인간은 '철학하는 동물'이라고 정의할

---

2 Stephen Toulmin, *Kritik der kollektiven Vernunft*(=*The Collective Use and Evolution of Concepts*, 1972), Frankfurt/M. 1983, S. 12 참조.

수도 있겠다.

칸트의 철학하는 이성은 당초에 제기한 네 가지 물음에 대한 답을 구하는 과정에서 더 많은 반성적 물음에 이름으로써 오늘날의 '철학' 개념을 규정하고, 철학 분야 전체 외연을 구획했다.

제1절
이론 이성

1. 칸트 인식론의 지평

1) 인식론의 문제

인간 마음의 활동 가운데 인식 활동은 눈앞에 나타나는 것이 무엇이며 어떻게 있는 것인지를 파악하는 작용이다. 인식 활동을 하는 '마음' 곧 '나'는 보통 '주관/주체(Subjekt)'라고 지칭되는바, 그러한 지칭 관계에서 "나는 무엇을 알 수 있는가?(Was kann ich wissen?)"라는 칸트의 철학적 물음은 일차적으로 인간으로서의 내가 알 수 있는 것, 즉 '나에게 가능한 인식의 대상'이 무엇인지를 묻는다. 그러나 이 물음은 그 안에 1) 앎의 주체로서 인간, '나(Ich)'란 무엇인가? 2) '안다(Wissen: Erkennen)'는 것은 무엇을 뜻하는가? 3) '~수 있다(Können)'는 역량은 무엇을 가리키는가? 등을 또한 묻고 있다.

여기서 칸트는 개별자인 '나'와 유개념인 '인간'을 동일시하고 있는데, 철학적 탐구에서 표적이 되는 것은 인간의 보편적 구조이고, 일정한 보편적 구조를 가진 인간이 주관으로서 기능을 할 때 '나'로서 대변되기 때문이다. 그러니까 이때의 '나'는 '너' 혹은 '그'와 구별되고 대립되는 '나'가 아니라 너 또한 '하나의 나'요, 그 또한 '하나의 나'라고 이해될 때의 '나'를 말한다. 여기에서뿐만 아니라 칸트가 철학적 논의의 자리에서 '나' 또는 '인간'을 말할 때, 그것은 언제나 "적어도 우리 인간"(*KrV*, B33)을 지시하며, '인간'은 "인류의 관점에서 본 인간"(*RGV*, B27=VI32)을 일컫는다. 그러니 순전한 철학적 논의에서 실상 이른바 '상호주관성' 문제라는 것은 없다. '상호주관성'이란 이미 복수의 주관, 곧 '나들'을 전제하는 곳에서 문제가 될 수 있는 것으로, '나'가 여럿이 있다 함은 그 여럿이 이미 '나임'이라는 보편적 성격을 가지고 있음을 함의하는 것이다. 상호주관성의 문제는 서로의 상이점을 전제로 하는 심리적인, 생리적인, 사회적인 '나들' 사이에서는 문제로 등장할 수 있으나, 사실 이러한 문제도 이미 보편적인 '나임'의 지평 위에서 일어나는 문제이다. '나들'이 상호 간에 보편성을 갖지 않는다면 '나들'일 수가 없을 것이니 말이다. 이러한 사태연관에서 철학적 탐구는 오로지 이 보편적 '나임'만을 대상으로 삼는 것이다. 철학이, 그러니까 인식론이 '대상'을 문제 삼을 때도 사정은 마찬가지이다. 철학적 인식론이 주관과 대상의 관계를 논의할 때, 대상이란 서로 다른 'A'라는 대상, 'B'라는 대상을 지칭하는 것이 아니다. 'A'이든 'B'이든 그것들이 똑같이 '대상'이라고 일컬어지는 한 그것들은 보편적인 성격을 가진 것으로 전제되는 것이고, 그런 한에서만 철학적 인식론은 '대상'을 문제 삼는다. 요컨대 철학적 논의에서는 '나'는 '나라고 하는 것', '나 일반', '의식 일반', '주관 일반', '인간 일반'을 지칭하는 것으로 이 말들의 지시체는 동일하다. 또한 '대상', '대상 일반', '객관', '객관 일반' 역시 그 지시체는 동일하다. 만약 이러한 논의 지평이 불가능하거나 없다면, 그것은 일체의 철학적 논의 지평이 불가능하거나 없음을 말하는 것이다. 같은 용어법으로 '안다' 함은 칸트에게서는 보편타당한 인식을 뜻한다. 무엇을 참이라고 여기는 의식 활동, 곧 견해를 칸트는 크게 세 가지로 분류하여 의견, 신앙(믿음), 지식(앎: 認識)으로 구분하는데, 의견이란 주관적으로나 객관적으로나 참임이 확실하지 않은 견해이고, 신앙이란 객관적으로는 불확실하나 주관적으로는 확실한 견해이며, 지식이란 주관적으로도 객관적으로도 확실한 견해를 말한다.(*KrV*, A822=B850 참조)

인식 활동은 무엇을 있는 바 그대로, 무엇인바 그대로 파악하는 바로 봄, '테오리아(theoria)' 곧 이론적 활동이다. 이런 활동의 능력을 총체적으로 '이론 이성(theoretische Vernunft)'이라고 일컫는다. 그런 활동은 비유하자면 거울(speculum)에 무엇을 비춰봄이다. 그것은 비춰봄, 곧 '사변(반사: speculor, 바라봄: specio)'이고, 그런 의미에서 이론적 이성은 곧 '사변적 이성(speculative Vernunft)'이다. 이러한 인간 이성에게 비쳐 보이는 것은 무엇인가 하나의 '상(像, species)', 이를테면 '현상(Erscheinung)'이다. 그런데 이 현상은 거울의 성격(character)에 따라 이렇게도 저렇게도 형성될 수 있다. 거울이, 고쳐 말해 이성이 '백지(tabula rasa)'라는 것은 거기에 아직 아무런 글자(character)도 쓰여 있지 않다는 것이지, 그 거울이 아무런 성질(character)도 가지고 있지 않다는 것은 아니다. 거울이 반사기능을 가지고 있지 않다면, 어떻게 상이 형성되겠는가? 이 비유를 계속 이용해서 말하자면, 거울이 그에 비치는 어떤 것을 맞이하기 전에 이미 거울은 일정한 질을 구비하고 있듯이, 사변적 이성 또한 사변을 위한 일정한 틀(Form)을 갖추고 있다. 사변적 이성이 무엇인가를 비춰봄은 그것을 지나감(Erfahrung), 곧 경험(經驗)이니, 사변적 이성은 경험에 앞서, 곧 선험적(先驗的: a priori)으로 일정한 형식을 구비하고 있는 것이다. 이 선험적 형식은 경험 이전에 이미 갖추고 있는 것이니 경험에서 얻은 것이 아니다. 경험이란 밖에서 무엇인가를 들여오는 통로 역할을 하는 것이니까, 그 형식은 경험 주관인 이성이 이미 자기 안에 스스로 갖추고 있는 것, 그러니까 주관적이고 자발적인 것이다. 이러한 선험적인 형식을 갖추고 있음으로써 이성은 비로소 무엇인가를 경험할 수 있는 것이다. 주관의 선험적인 이러한 성격을 칸트는 '초월적(超越的: transzendental)'이라고 일컫는다.

2) '초월적'의 의미와 '코페르니쿠스적 전환'

"낱말 '초월적'은 [⋯] 모든 경험을 넘어가는 어떤 것을 의미하는 것이 아니라, 모든 경험에 선행하면서도(즉 선험적이면서도), 오직 경험 인식을 가능하도록 하는 데에만 쓰이도록 정해져 있는 어떤 것을 의미한다."(*Prol*, 부록, 주: A204=IV373)

한국어 '초월적'에 대응하는 독일어 낱말 '트란첸덴탈(transzendental)'과 '트란첸덴트(transzendent)'는 동근어(同根語)로서, 이 둘은 각각 '초월하다' 혹은 '넘어가[서]다'의 뜻을 갖는 라틴어 동사 '트란첸데레(transcendere)' — 독일어 직역 'hinübersteigen', 'überschreiten' — 에서 유래한 중세 라틴어 형용사 '트란첸덴탈리스(transcendentalis)(초월한, 초월적)'와 분사 '트란첸덴스(transcendens)(초월하는, 초월해 있는)'의 독일어 형태이다. 이 중 형용사 '트란첸덴트(transzendent)'는 라틴어 동사 '임마네레(immanere)(안에 있다, 부착해 있다)'의 분사 '임마넨스(immanens)'의 독일어 형태 '임마넨트(immanent)(내재하는, 내재적)'와 컬레 말로도 자주 쓰인다.(*KrV*, A296=B352 참조) 그런데 이러한 어원적 유래는 칸트철학의 기초 개념 '초월적'을 이해하는 데 도움이 되는 한편 장애가 되기도 한다.

철학적 문헌에서는 처음 스콜라철학에서 '트란첸덴탈'과 '트란첸덴트'가 상호 교환 가능한 말로 사용되었으니, 어의상으로나 철학적 관용으로 보나 두 낱말은 굳이 구별할 것 없이 '초월적(超越的)'이라고 새길 수 있다. 그러나 근대 이후에는 이 두 낱말이 때때로 차이 나게 쓰이고, 또 '트란첸덴트'와 '임마넨트'가 서로 짝됨을 고려하여, '트란첸덴트'는 '감각경험을 벗어나[넘어서] 있는'이라는 의미에서 '초험적(超驗的)' 또는 '초재적(超在的)'이라 하고, '트란첸덴탈'만을 '초월적'이라고 새겨서 양자를 구별해주는 편이 더 나을 수 있다. 이때 '초월적'이란 의당 '초월하는' 기능[작용]과 '초월한[초월해 있는]' 상태 두 가지를 모두 지칭하겠다.

스콜라철학에서 당초에 '트란첸덴치아(transcendentia)' 또는 '트란첸덴탈리아(transcendentalia)'라고 표기된 '초월적인 것' 즉 초월자(超越者)란 모든 범주들 내지는 유개념을 넘어서 모든 존재자에 무제약적으로 타당한 사고 내용(개념), 바꿔 말하면 "모든 개별 존재자들을 넘어서 있으면서도 각 개별자들에게 필연적으로 속하는 규정들"을 지시했다.[3] 용어 '트란첸덴치아(transcendentia)'를 처음 사용한 것으로 알려져 있는 알베르투스 마그누스는 이런 것으로 '존재자(ens)'·'하나(unum)'·'참임(verum)'·'선함(bonum)'을 들었는데, 이것들은 본래 신에게만 적용될 수 있는 술어(述語)들로서, 여타의 것들에는 단지 유비적으로만 사용될 수 있다고 보았고, 토마스 아퀴나스는 여기에 '사물[것](res)'과 '어떤 것(aliquid)'을 추가했다. 둔스 스코투스(Duns Scotus, ca. 1266~1308)에 이르러 이것을 '트란첸덴탈리아(transcendentalia)'라고도 일컫기 시작했는데, '존재자'는 가장 보편적인 것이고, 나머지 다섯 가지는 이것의 불가결의 상태로 이해되었다.[4] '존재자'는 그 자체로 '사물[것]'이고, 분할될 수 없다는 점에서 '하나'[一者]이며, 그렇기에 다른 것과 구별되는 '어떤 것'이고, 인식과 관련해서는 '참'[眞)]이며, 의지와 관련해서는 '선(善)'이라는 것이다. 그리고 이 같은 용어 사용은 다소간 변용되어 17~18세기 독일 프로테스탄트 스콜라 철학자들을 거쳐 볼프(Ch. Wolff, 1679~1754)로 이어졌다.

---

3 Josef de Vries, *Grundbegriffe der Scholastik*, Darmstadt 1980, S. 90 이하 참조.
4 Duns Scotus, *Tractatus de primo principio*, I, 2 이하 참조.

계몽주의자 칸트는 그의 '모던(modern)' 철학을 개진하는 자리에서 이러한 연원을 가진 개념 '초월적'을 인간의 의식작용 또는 그 작용결과의 성격으로 규정하였다. 그것은 칸트의 이른바 '코페르니쿠스[5]적 전환'(KrV, BXVI 참조)에 의해서, 아우구스티누스에서 신의 세계 창조 원리를 뜻하던 '순수 이성(ratio pura, reine Vernunft)'이 인간의 의식 활동 중 하나를 지칭하게 됨으로써 일어난 일이다. 이로부터 '초월적인 것'도 코페르니쿠스적으로 전환된 의미를 갖게 된 것이다.

"이제까지 사람들은 모든 우리의 인식은 대상들을 따라야 한다고 가정하였다. 그러나 대상들에 관하여 그것을 통해 우리의 인식이 확장될 무엇인가를 개념들에 의거해 선험적으로 이루려는 모든 시도는 이 전제 아래에서 무너지고 말았다. 그래서 사람들은 한 번, 대상들이 우리의 인식을 따라야 한다고 가정함으로써 우리가 형이상학의 과제에 더 잘 진입할 수 있겠는가를 시도해봄 직하다. 이런 일은 그것만으로도 이미 대상들이 우리에게 주어지기 전에 대상들에 관해 무엇인가를 확정해야 하는, 요구되는바 대상들에 대한 선험적 인식의 가능성에 더 잘 부합한다. 이것은 코페르니쿠스의 최초의 사상이 처해 있던 상황과 똑같다. 전체 별무리가 관찰자를 중심으로 회전한다는 가정 아래서 천체 운동에 대한 설명이 잘 진척되지 못하게 된 후에, 코페르니쿠스는 관찰자를 회전하게 하고 반대로 별들을 정지시킨다면, 그 설명이더 잘 되지 않을까를 시도했다. 이제 형이상학에서 우리는 대상들의 직관과관련하여 비슷한 방식의 시도를 해볼 수 있다. 직관이 대상들의 성질을 따라야만 하는 것이라면 나는 사람들이 어떻게 그것에 관하여 무엇인가를 선험적으로 알 수 있는가를 통찰하지 못한다. 그러나 대상이 (감관의 객관으로서) 우

---

5 Nicolaus Copernicus는 그의 저술 『천체 원운동의 혁명에 관하여(De revolutionibus orbium coelestium)』(Nürnberg 1543)에서 종래의 천동설에 반대하여 지동설을 주창했다.

리 직관 능력의 성질을 따른다면, 나는 이 가능성을 아주 잘 생각할 수 있다. 그러나 이 직관들이 인식이어야 한다면, 나는 이 직관에 머무를 수만은 없고, 표상인 그것을 대상인 어떤 무엇인가와 관계 맺고 저 표상을 통해 이 대상을 규정해야 하므로, 나는 다음 두 가지 중 하나를 가정할 수 있다. 하나는, 나는 그것을 통해 내가 이 규정을 실현하는 그 개념들이 대상들을 따른다고 가정할 수 있고, 그때 나는 다시금, 내가 이에 관해 무엇인가를 어떻게 선험적으로 알 수 있는가의 방식 문제 때문에 똑같은 곤경에 빠지는 경우이다. 또 하나는, 그러니까 같은 말이 되겠지만, 나는 오로지 거기에서만 대상들이 (주어진 대상들로서) 인식되는 경험이 이 개념들을 따른다고 가정하고, 경험이란 그 자체가 일종의 인식방식으로서 내가 그것의 규칙을 대상들이 나에게 주어지기 전에, 내 안에서, 그러니까 선험적으로 전제할 수밖에 없는 지성을 요구하는 것이고, 그러므로 이 규칙은 경험의 모든 대상들이 반드시 그것들에 따라야 하고 그것들과 합치해야만 하는 선험적 개념들에서 표출되는 것이므로, 이내 좀 더 쉽게 빠져나갈 길을 발견하는 경우이다."(KrV, BXVI~XVII)

'코페르니쿠스적 전환' — 그것은 사물 인식에서 '사물'을 '그 자체로 존재하는 것'이라고 보는 대신에, 인식자에 의해 인식되는 것, 즉 '대상(Gegenstand)'으로 보는 사고의 전환, 관점의 전환을 뜻한다. 그것은 다름 아니라 인식에서 밑바탕에 놓여 있는 것(substratum)이라는 의미에서 '주체(subiectum)'로 여겼던 사물을 '객체(Objekt)'로 보고, 오히려 '주체'란 이 객체를 인식하는 자, 곧 인간 주관을 지칭함을 말한다. 이것은 주객의 전환이요, 주객을 전도시키는 "사고방식의 변혁"(KrV, BXVI) 내지 "사고방식의 변경"(KrV, BXIX)이다. 이로써 '초월적인 것'이란 인간 인식능력 너머의 것, 인간 의식 밖에 있는 것이 아니라, 인간의 인식능력 자신 곧 인식주관인 인간의 의식을 지칭하며, '초월함'이란 인식주관인 인간의 의식이 자신을 넘어 대상 안으로 들어가는[초월하는] 자발적 활동을 일컫는다.

종래에 '초월적'이라는 말이 '인간 인식능력 너머의'를 뜻하는 것으로 사용된 것은 상식실재론이 '상식'으로 유통된 까닭이라 하겠고, '코페르니쿠스적 전환'은 바로 천동설에 상응하는 이 상식실재론을 전복하여, 지동설에 비유되는 비판적 관념론을 세우고, 인간 의식의 초월성을 인식의 가능 원리로 받아들일 것을 제안하는 새로운 사고방식이다. 그러니까 인간 의식 너머에 '초월해 있는' 것이란 아무런 것도 아닌 것(Nichts)이니, 그런 것을 염두에 둘 때 '초월적'이란 '아무것도 아닌'을 의미한다. '초월적'이 유의미성을 얻는 것은 인간 의식의 특성을 지칭할 때이며, 이제 '초월성'이란 인간 의식의 대상 정초 활동을 뜻하는 것이다.

일상어나 학술어나 자연언어에서는 어느 정도의 다의성은 있는 것이고, 이러한 다의성은 혼동을 초래하기도 하지만 해석의 다양성을 가능하게 함으로써 말과 사상을 풍부하게 해주는 요인이기도 하다. 이것은 철학이 애매모호하기 십상인 자연언어를 사용함으로써 얻는 매우 큰 장점이다.

일상적인 낱말 사용에서 보통 '초월(Transzendenz)'이란 '경험과 감각지각의[또는 감각적으로 인식 가능한 세계의] 한계를 넘어서 있음(die Grenzen der Erfahrung und des sinnlich Wahrnehmbaren[oder der sinnlich erkennbaren Welt] beschreitend sein)', '경험과 의식의 한계를 넘어섬, 이 세상을 넘어섬(das Überschreiten der Grenzen von Erfahrung und Bewußtsein, des Diesseits)', 심지어는 '저 세상(Jenseits)'을 의미하고, 가령 '초월적 명상', '초월의식' 등은 '육체의 속박을 벗어나' '시공간을 떠나서 불가사의한 신비경으로 들어가는 의식' 같은 의미로 쓰이고 있다. 그러나 '초월하다(transzendieren)'는 본디 '경험 세계를 넘어서다'는 특정한 뜻뿐만 아니라, 오히려 일반적으로는 '어떤 영역의 한계를 넘어선다(die Grenzen eines Bereiches überschreiten)'를 뜻한다. 그리고 이에서 더 나아가 '초월적(transzendental)'은 '초험적(transzendent)'이라는 일상적인 뜻과 함

께, '초월적인 것'이 '초월하여 있는 것'이 아니라 '초월하는 자'를 지칭
할 경우에는 '초월하는 활동'을 지시함으로써, '일체의 주관적 경험 앞
에 놓여 있으면서 대상들의 인식 자체를 비로소 가능하게 하는(vor jeder
subjektiven Erfahrung liegend und die Erkenntnis der Gegenstände an sich erst
ermöglichend)'이라는 뜻도 갖는다.[6] '트란첸덴탈'의 이러한 의미 전환 내
지 확장은 사실 '코페르니쿠스적 전환'으로 표현되는 칸트적 세계 인식
으로 인한 것인 만큼, 칸트철학을 논의하는 자리에서는 '초월(적)'이 재래
의 관용적 의미에서 벗어나는 경우 또한 받아들이는 것이 오히려 칸트철
학을 철학사적 맥락에서 더 잘 이해할 수 있는 길이다. 기실 낱말 '초월
(적)'의 일상적 의미는 철학사적 관점에서 볼 때는, 무엇인가가 인간이 그
것을 인식하든 않든 그 자체로 존재하며, 그런 것을 일러 '실재하는 것'이
라고 한다는 상식실재론에 기반한 것이다. 그런데 칸트의 초월철학은 바
로 그 상식실재론을 전복시키는 것이니, 무엇보다도 용어 '초월'부터 통
상적인 의미를 전복시켜 읽고 사용하지 않으면 '초월철학'은 제대로 표현
될 수도 없다. ― 보기에 따라서 철학사상사는 개념 전복의 역사라 할 수
있다. 철학사상사의 줄거리란 지금 우리가 개관하고 있듯이 동일한 낱말
'이성(理性, logos, ratio, reason)', '주체(subjectum, subject)', '객관(objectum,
object)', '실체(substantia)' 또는 '실재(realitas, Realität, reality)'로 표현되는
개념의 변천과정 내지 전복과정이라고 할 수 있으니 말이다. 그렇기 때
문에 서로 다른 의미로 사용된다고 해서, 또는 정반대의 사태를 지시하
게 되었다고 해서 낱말 자체를 바꿔버리면, 오히려 그 낱말이 가지고 있
는 역사적 맥락을 잃게 된다. 고전에 대한 교양과 충분한 지성을 갖춘 어
떤 후학이 앞선 이가 그 낱말로써 무엇을 지칭했는지를 몰라서 전혀 다

---

6 『국립국어연구원: 표준국어대사전』, 서울 1999, 6086면; *Duden: Das große Wörterbuch
der deutschen Sprache*, Bd. 7, Mannheim · Leipzig · Wien · Zürich ²1995, S. 3431 참조.

른 의미로 그 낱말을 사용하겠는가! 용어의 의미 전환은 사태 또는 본질에 대한 시각의 전환을 요구하고 있다 할 것이다. 칸트가 스콜라철학을 "옛사람들의 초월철학(Transzendentalphilosophie der Alten)"(*KrV*, B113)이라고 지칭하고, 거기에서 말하는 이른바 초월자들, 곧 "一(unum)", "眞(verum)", "善(bonum)"을 일러 "잘못 생각된[소위], 사물들의 초월적 술어들(transzendentale Prädikate)"(*KrV*, B113 이하)이라고 말하는 대목에서의 '초월적[트란첸덴탈]'은 칸트가 자기의 철학을 '초월철학'이라 일컬을 때의 '초월적'과는 그 지칭이 전혀 다르다. 칸트는 동일한 '초월철학'이라는 말로써 전혀 다른 내용을 지칭함으로써 '옛사람들의 초월철학'을 무효화하고 있는 것이다. — 이제 칸트와 더불어 (그 자체로 있는) 객관이 (순전히 수용적인) '나'를 초월해 있는 것이 아니라, (자기활동적인) 주관인 내가 객관으로 초월해나가 객관을 '무엇으로 있다'고 규정하는 것이다. 칸트의 초월철학은 '옛사람들의 초월철학'을 전복시키는 것이며, 그것은 '초월자'가 신적인 것에서 인간 의식의 '주관적인 것'으로 전환됨으로써 일어나는 일이다.

철학 용어에 이미 통용되던 의미가 있고, 이제 그 의미를 전도하여 써야만 자신의 사상을 제대로 전달할 수 있는 사정에도 불구하고, 칸트가 새로운 용어를 지어내서 사용하는 대신에 '초월적'이라는 재래 용어를 굳이 사용하는 까닭은, 그가 '이념(Idee)'이라는 플라톤의 용어를 전용하여 사용하면서 밝힌 바와 마찬가지일 것이다.

"우리 언어가 매우 풍부함에도 불구하고 생각하는 사람은 자기 개념에 딱 맞는 표현을 찾지 못해 자주 당혹해하고, 또 이런 결함으로 인해 그는 다른 사람들에게, 심지어는 자기 자신에게조차도, 올바르게 이해되지 못한다. 새로운 말들을 만들어내는 일은 언어계에서 입법을 하는 주제 넘는 일로 성공하는 경우가 드물다. 그래서 이런 절망적인 수단으로 나가기 전에, 죽은 옛 학술어 가운데 이 개념이 알맞은 표현과 함께 들어 있지나 않나 둘러보는 것이 추천할 만한 일이다. 설령 그 표현의 옛 사용이 그것의 창시자의 부주의로 인해 어느 정도 흔들렸다 하더라도, 그래도 그것에 무엇보다도 우선적으로 적합했던 의미를 확고히 하는 일 — 당시에 사람들이 전적으로 동일한 의미를 가지고 있었는지 어쨌는지는 의문으로 남지만 — 이 자신을 이해되지 못하게 만들어 자기 일을 망쳐버리는 것보다는 낫다.

그 때문에, 만약 그것을 다른 유사한 개념들과 구별하는 것이 매우 중요한 어떤 개념을 위해, 이미 통용된 의미에서 이 개념에 딱 맞는 낱말이 단 하나 있다면, 그것을 남용하지 말고, 또 한낱 변화를 주기 위해 그것을 동의어적으로 다른 낱말들 대신에 사용하지 말고, 그것의 특유한 의미를 조심스럽게 보존하는 것이 추천할 만한 일이다. 그렇지 않으면, 그 표현이 특별히 주의를 받지 못하고, 다른 매우 어긋나는 표현의 더미 속에 소실되어 그 표현만이 보존할 수 있었을 사상마저 상실되어버릴 것이기 때문이다."(*KrV*, A312/313=B368/369)

이렇게 칸트가 세심하게 고려하면서 용어를 사용했음에도 불구하고, 칸트가 기존의 낱말에 보존되어 있되 제대로 드러나지 않은 의미를 새롭게 새겨 사용하는 것에 대해 당대인들의 비난이 있자 자신으로서는 더 좋은 대안이 없어서 취한 불가피한 선택이었다고 다시 한 번 해명한다.

"언어가 이미 주어진 개념들을 표현하는 데 아무런 부족함이 없는데도 새로운 낱말들을 만들어내는 일은, 새롭고 참된 사상이 못 되면서도, 낡은 옷에다 새 헝겊 조각을 붙임으로써, 군중 속에서 자신을 눈에 띄게 하려는 유치한 노력이다. 그래서 만일 독자들이 저 저술『순수이성비판』에서 나에게 그러한 것으로 보인 것과 똑같이 사상을 표현하는 데에 적합한 표현들을 알고 있다면, 또는 이 사상 자체가 무의미하다는 것을, 그와 함께 이 사상을 그려낸 표현들 또한 무의미하다는 것을 들춰낼 수 있다면, 앞의 경우에 대해서 나는 그들에게 대단히 감사해야 할 터이다. 왜냐하면 나는 오로지 이해되기를 바라기 때문이다. 반면에 뒤의 경우와 관련해서는 그들은 철학을 위해 큰 공을 세우게 될 터이다. 그러나 저 [나의] 사상이 성립하는 한, 나는 저 [나의] 사상에 적합하면서도 훨씬 더 비근한 표현들이 발견될 수 있을 것이라는 것에 대해 매우 회의적이다."(*KpV*, A19/20=V10/11)

스콜라철학에서 '모든 범주들 내지는 유개념을 초월하는 규정'들을 '초월적인 것'이라고 일컬었듯이, 칸트에서도 기본적으로 '초월적인 것'은 '규정(Bestimmung)' 곧 '형식(틀, Form)'을 일컫는 것이다. 그런데 칸트에서는 이 규정들의 출처가 인식주관으로 지정된다. 칸트는 이 규정 형식을 모두 인간 의식에서 선험적인 것, 다시 말해 경험을 통해 밖에서 얻어온 것이 아니라 이미 주체적으로 갖추고 있는 것, 즉 순수 주관적인 것으로 파악하는 것이다. 그러니까 우리에게 존재자는 모두 그것이 무엇이든 어떻게 있든 순수 주관적인 형식, 곧 공간·시간이라는 직관 형식과 지성 개념이라는 사고 형식에서 규정되는 것, 그런 의미에서 '현상'에 불과하므로, 진상 해명을 위해서는 사고의 '코페르니쿠스적 전환'이 필요하다는 것이다. 칸트의 이러한 제안은 바야흐로 실재론으로부터 관념론으로의 이행을 촉구하는 것이다.

3) '대상'으로서의 사물[자연] 세계

우리 인간이 인식을 하든 말든, 어떻게 인식을 하든, 세계와 사물(res)은 그 자체로 존재한다는 믿음을 '실재론(realism)'이라 하고, 세계는 그리고 사물은 우리가 인식하는 한에서, 그렇게 존재하는 것, 그러니까 인식자에 의해 표상된 것이며, 그런 의미에서 일종의 관념(idea)이라는 주장을 '관념론(idealim)'이라고 일컬을 때, 칸트의 초월철학은 일종의, 아니 진정한 의미에서 관념론이다. 칸트에게서 사물세계란 그 자체로 있는 것, '사물 자체(Ding an sich)'가 아니라, 인간 의식, 곧 주관에 의해 표상(representatio)된 것, 이른바 '현상(Erscheinung)'이다. 그러니까 '자연'이란 이런 '현상들의 총체'(KrV, B163)를 일컫는 말이다. 그런데 현상들이란 바로 주관/주체(主觀/主體: Subjekt)에 의해 표상된 것, 주관에 마주하여 서 있는 것, 곧 대상(對象: Gegenstand)이다. 이로써 종래 '존재자(ens)'라고 불리던 것은 이제 '객체/객관(客體/客觀: Objekt)', 즉 '손님'이라는 이름을 얻었다. 존재의 세계는 주인들의 모임이 아니라 '손님들의 모임'인 것이다. 이 사태가 칸트의 '코페르니쿠스적 전환'의 결과, 곧 주객전도이다. ─ 그것은 아리스토텔레스나 로크까지만 해도 '주체(subjetum, substantia)'라는 말이 존재자를 지칭한 데 반해, 근대에 와서 차츰, 그리고 칸트에 이르러서는 예외 없이 인간이라는 인식자 내지 행위자가 '주관/주체'의 위치에 서 있고, 존재자는 '객관/객체/대상'으로 밀려난 상황 변화의 단적인 표출이기도 하다. ─ '근대적'인 사람들은 '손님'을 그다지 정중하게 대접하지도 않으면서, '주관적' 곧 주인의 시선보다 '객관적' 곧 손님의 시선에 더 큰 신뢰를 보인다. 이론과 실제가 맞지 않는 흥미로운 사례이다.(신뢰를 보이는 척하는 것인가…)

우리가 인식함에서 인식하고자 하는 것은 두말할 것 없이 그 자체로서 존재하는 것이다. 그러나 우리가 정작 인식한 대상은 한낱 우리에게 나타난 대로의 것, 즉 현상일 뿐이다. 물론 우리에게 나타난 그대로가 그것 자체일 수도 있다. 우리의 인식능력이 어떤 것을 완벽하게 있는 그대로 인식할 수 있는 것이라면 말이다. 그러나 우리 자신의 인식능력이 과연 그렇게 할 수 있는 것인지 여부를 우리는 확실하게 알 수가 없다. 확실한 것은, 인식하는 자인 내가(주관이) 인식한 것은 나에게 인식된 것이며, 그런데 나는 그것을 나의 인식능력의 범위 내에서 나의 인식방식대로, 말하자면 서로 곁하여(공간적으로) 그리고 서로 잇따라(시간적으로) 있는(실존하는)

어떤(일정한 성질을 가진) 하나의(일정한 분량의) 무엇(실체)으로 인식한다는 사실이다. 그렇기 때문에 나에게 인식된 것은 인식하는 '나(주관)'의 맞은편에 서 있는 것, 즉 객관 내지는 대상이다. 이 존재세계, 자연세계는 바로 '나'에 의해 인식된 것들의 총체이고, 그렇기에 그것은 다름 아니라 '객관들의 세계' 곧 '객(客)들, 손님들의 세계' 내지는 '대상들의 세계'이다.

그러므로 "주관은 세계에 속하지 않는다. 주관은 세계의 하나의 한계이다."[7] 존재자들의 총체인 세계는 주관이라는 '눈'앞에 펼쳐진 '시야'이다. 바라보는 눈이 없다면 '시야'란 있을 수 없다. 시야는 눈이라는 주관에 마주 서 펼쳐 있는 대상, 객관이다. 그러니 '눈'은 시야에 속하지 않는다. 눈으로 인해 시야는 전개될 수 있는 것이지만 눈은 시야의 일부가 아니다. 눈은 시야의 한계선에 있다. 그러니까 세계는 주관인 '나'의 세계이지만, 정작 '나'는 세계의 부분이 아니라 한계이다.

이 비유를 써서 더 말하자면, 무릇 '시야'를 이루고 있는 것은 무엇인가가 눈앞에 나타난 것이라는 의미에서는 현상들이고, 현상이란 '무엇인가가 나타난 것'이니, 이 현상은 그에 대응하는 '무엇인가' 곧 '사물 그 자체'를 전제해야 할 것 아닌가 하고 생각할 수 있겠고, 그런 생각에서 '시야'는 눈과 사물 그 자체를 그 경계선으로 갖는다 하겠다. 그래서 칸트 인식론에서 주관과 사물 자체는 "한계 개념"(*KrV*, A255=B310/311)이고, 그런 맥락에서는 각기 "초월적 주관"(*KrV*, A492=B520 · A414=B441), "초월적 객관"(*KrV*, A250 · A494=B522)이라 일컬을 수 있다. 이 주관에 의해 표상된 것 곧 시야를 존재세계라 한다면, 그 한계선에 있는 '사물 그 자체'나 눈은 존재세계의 일부가 아니고, 그런 의미에서 '사물 그 자체'나 "사고하고 표상하는 주관은 있지 않다."[8]라고 말할 수 있다. '사물 그 자체'나 '사고하

---

7 Wittgenstein, *Tratatus Logico-Philosophicus*, 5.632.
8 Wittgenstein, *Tratatus Logico-Philosophicus*, 5.631.

는 주관'은 존재세계를 가능하게 하는 것이지만, 그 자신은 존재한다고 말할 수 없다는 의미에서, 초월적인 것이고, 바꿔 말하면 존재론적인 개념들이다.

이러한 제한적 의미에서 칸트의 이론적 이성은 경험적인 사용과 순수한 사용을 갖는가 하면, 대상과 관련해서 감성-지성-이성의 사용 방식을 갖는다.

2. 대상 인식과 감성

인식은 '어떤 객관과 관련한 의식적 표상'이다. 이 객관적 표상은 "언제나"(*KrV*, A19=B33) 대상과 관계를 맺으며, 그것도 '직관'을 통하여 그렇다. 칸트에서 직관은 표상의 한 방식이며, 인식(하는) 자는 직관에서 대상과 '직접적으로 관계를 맺는다.' 그러므로 직관은 인식의 출발점을 이룬다. "그런데 직관은 오로지 우리에게 대상이 주어질 때만 생기며, 다시금 그러나 이런 일은 적어도 우리 인간에게 있어서는 오로지 대상이 마음을 어떤 방식으로든 촉발함으로써만 가능하다."(*KrV*, B33; A19 참조) 직관한다는 것은 곧 인식하는 주관이 인식되어야 할 대상과 직접적으로 관계 맺음을 말한다. 직관될 수밖에 없는 것은 인간의 인식능력을 촉발한 바로 그 대상이다. 직관된 것은 그 촉발로 인해 생긴 대상에 대한 직접적인 표상의 내용이다. 이런 방식의 대상 표상과 관련하는 인식능력을 칸트는 "감성(Sinnlichkeit)"이라 부른다. 이 감성은 수용적인 능력(*KrV*, A44=B61 · A50=B74 · A100 · B150 등 참조)이라 하겠는데, 그것은, 감성은 오로지 대상이 그것을 촉발할 때만 작동하고, 감성의 기능은 오로지 자기를 자극하는 그 대상을 자기가 자극받은 그대로, 다시 말해 그것이 자기에게 현상하는 그대로 수용하는 것이기 때문이다. 그러한 인식작용 중에서 대상은 "감성을 매개로" 비로소 "우리에게 주어진다." 바꿔 말해 감성은 우리에게 대상에 대한 "직관들을 제공한다." 이 직관들은 인간의 또 다른 인식능력인 "지성(Verstand)"에 의해 그것이 스스로 산출한 "개념"들에서 "사고"된다.(KrV, A15·B29·A19=B33·A50=B74 참조) 이렇게 되면 대상에 대한 한 인식이 성립한다. 그러므로 직관과 개념이 "모든 우리 인식의 요소들을 이룬다."(KrV, A50=B74) 이렇게 직관과 개념의 결합만으로 우리에게는 대상 인식이 생기는 것이므로 이 두 요소를 대상 인식의 원천이라 하겠고, 대상 인식을 위해 우리는 저 "두 인식 원천 외에"(KrV, A294=B350·A50=B74 참조) 다른 어떤 것도 필요로 하지 않으며, 또한 다른 어떤 요소를 가지고 있지도 않다. 이것이 인간의 사물 인식 형성에 대한 칸트의 기본 사상이다.

시인이나 예술가들은 감성을 칭송했지만, 당대의 이성주의 심리학자들은 지성, 판단력(Urteilskraft), 이성 등은 상위 인식능력(facultas cognoscitiva superior)[9]으로, 감성, 상상력 등은 하위 인식능력(facultas cognoscitiva inferior)[10]으로 구분하여, 감성을 폄하하였다.

"상위 인식능력이라는 그 명칭이 이미 보여주고 있는 바이기도 하지만, 누구나 지성에 대해서는 존경을 표한다. [⋯] 그러나 감성은 평판이 나쁘다. 사람들은 감성에 대해서는 많은 나쁜 점을 들어 타박한다. 예컨대, 1)감성은 표상력을 모호하게[혼란스럽게] 한다; 2)감성은 큰소리치거니와, 단지 지성의 시녀이어야 하는 것이면서도 주인인 양 완고하고 통제하기가 어렵다; 3)감성은 기만적이기까지 한데, 사람들은 그에 관해서 충분히 경계할 수가 없다는 둥. ─ 다른 한편 감성의 찬양자도 없는 것은 아니니, 특히 시인이나 취미 있

---

9   A. G. Baumgarten, *Metaphysica*, ⁴1757, §624 참조.
10 Baumgarten, *Metaphysica*, §520 참조.

는 사람들 가운데서 그러하다. 이들은 지성개념의 감성화를 공적 있는 일로 칭송할 뿐만 아니라, 또한 바로 이 감성화라는 점에 그리고 개념들이 그토록 면밀 세심하게 그 구성분들로 분해되어서는 안 될 것이라는 점에 언어의 함축성(사상의 충만) 또는 강조성(역점)과 표상들의 명료성(의식의 명석성)을 놓고서, 지성의 건조함을 곧바로 빈곤성이라 선언한다."(*Anth*, BA30 = VII143)

그러나 칸트는 인간의 대상 인식은 감성 없이는 아예 생길 수 없다는 점에서 감성이 수동적인 것임에 불구하고 인식에서 필수적 요소임을 내세운다.

"감성의 수동적 요소, 이것은 우리가 아무래도 떼어낼 수 없는 것인바 사람들이 혐구하는 모든 해악의 원인이다. 인간의 내적 완전함은 인간이 자기의 모든 능력의 사용을 자기의 자유의사에 복속시키기 위해서 자기의 통제력 안에 갖는 데서 성립한다. 그러나 이를 위해 필요한 것은, 지성이 지배력을 갖되 (사고하지 않기 때문에 자체로는 비천한 것인) 감성을 약화시키지 않는 일이다. 왜냐하면 감성이 없이는 법칙수립적인 지성의 사용에서 가공될 수 있는 재료가 아무것도 주어질 수 없을 것이기 때문이다."(*Anth*, BA31 = VII144)

이성주의 심리학자들이 감성의 탓으로 돌린 것과는 달리 칸트는, 어떤 표상의 모호함은 잡다한 표상을 한낱 수용할 뿐인 감성에 그 원인이 있다기보다는 오히려 "지성이 먼저 감관표상들을 개념들에 따라 질서 짓지 않은 채 무모하게 판단"(*Anth*, BA31 = VII144)하는 데서 비롯한다고 본다.

"감관들은 지성을 다스리지 않는다. 감관들은 오히려 지성에게 자신의 봉사를 처분하도록 자신을 제공한다. 감관들이 자기의 중요성, 즉 특히 사람들이 보통의 인간감각(共通感)이라고 부르는 것 안에서 감관들에 귀속하는 중요성이 오해되지 않게 하고자 하는 것이 지성을 지배하고자 하는 참월함으로 간주될 수 없다."(*Anth*, BA32/33=VII145)

감성에게 진위 결과의 책임을 물을 수는 없다. 감성은 판단하지 않기 때문이다. 그러나 지성이 아무런 재료 없이 사실판단을 할 때, 감성은 그 것이 부당함을 고지한다. 그것을 감성의 지성에 대한 지배라고 말해서는 안 된다. 신하가 제공하는 온갖 정보를 바탕으로 왕은 판단한다. 그러나 왕이 제공된 정보와 무관한 어떤 판단을 내릴 때 신하는 그것이 근거 없음을 지적할 것인데, 그것을 신하가 왕을 다스린다고 말할 수는 없는 것이다.

[11]감성의 직관(Anschauung)작용 없이는 어떠한 사물 인식, 대상 인식도 결코 성립할 수 없다. 혹시 신이나 다른 어떤 이성존재자는 감성 없이도, 다시 말해 주어지는 대상을 수용함 없이도 대상을 인식할 수 있을는지 모른다. 그러나 "적어도 우리 인간에게 있어서는" 감성은 필수적인, 불가결의, 최초의 인식 활동이다. 왜냐하면 우리 인간에게 "다른 방식으로는"(*KrV*, A19=B33) 어떤 인식 대상도 주어질 수 없으니 말이다. 그러므로 감성은 인간 인식능력의 근본 특성이자 필수 요소이다. 그런데 더 나아가 이것이 뜻하는 바는, 감성이 수용적인 인식능력인 한에서, 어떤 대상 인식에서나 감성을 촉발하는 무엇인가가 그 감성의 바깥에, 감성과는 별도로 있지 않으면 안 된다는 점이다. 감성이 수용적으로 갖는 직관적인 표상 또는 직관에서의 표상은 다름 아니라 촉발하는 대상이 감성에 미친 작용 결과인 것이다.(*KrV*, A19=B34·B72 참조) 그러니까 촉발하는 것 없이는 직관적 표상이 있을 수 없다.

11 이하 이 항목의 내용은 저자의 다른 책, 『존재와 진리』, 철학과현실사, 2008(전정판), 109~ 147면에서의 서술을 이 책의 주제에 맞게 추려 옮겨온 것이다.

그런데 칸트에 따르면, 감성에는 "감각기능[감관](Sinn)과 상상력 (Einbildungskraft)"이 있다.(XXVIII, 672; XXIX, 881 참조) "직관에서의 표상 능력"(Anth, BA46=VII153)인 '감성'에는 "감관"과 "상상력" 두 가지가 있다.

"인식능력에서 감성(직관에서의 표상능력)은 두 부분, 즉 감관과 상상력을 함유한다. 전자는 대상이 현전하는 데서의 직관의 능력이고, 후자는 대상의 현전 없는 직관의 능력이다. — 그런데 감관들은 다시금 외감[외적 감관]들과 내감[내적 감관](內感[內的 感官])으로 구분된다. 전자는 인간의 신체가 물체 적 사물들에 의해, 후자는 마음에 의해 촉발되는 곳에서의 감관이다."(Anth, BA45/46=VII153)

칸트는 감성의 특성을 수용성으로 규정하면서도 "대상의 현전 없이"도 작동하는 상상력 또한 감성의 일종이라고 말한다. 그렇다면 칸트에서 '대 상의 현전에서' 또는 '대상의 현전 없이'라는 말은 어떤 사태를 지시하며, 이 경우 '대상'이란 무엇을 지칭하는가? 칸트에서 감각기능[감관]과 상상 력은 무엇이고, 어떻게 구별되는가?

1) 감성 및 감각기능

"대상의 현전에서의 직관능력"이 감각기능이고, 이것은 다시 외감 과 내감으로 나뉜다. "(우리 마음의 한 속성인) 외감을 매개로 우리는 대상 들을 우리 밖에 있는 것으로", 다시 말해 "공간상에"서 표상한다.(KrV, A22=B37 참조) 칸트는 이 외감, 곧 외적 감각기능의 감관은 "더도 덜도 아 닌 딱 다섯 개"(Anth, BA47=VII154)로서, 곧 촉각·시각·청각·미각·후 각에 의해 수행되는 것으로 본다.(AA XXVIII, 231 참조) 반면에 내감을 통 해 "마음은 자기 자신이나 자기의 내적 상태"를 직관하는데, 그것도 "시간 관계에서" 직관한다.(KrV, A22 이하=B37·A33=B49 참조) — 칸트는 이 '내감(sensus internus)'이라는 말을, 외적 직관의 수행 기관을 외감이라고 부르는 전통 심리학의 용례법에 따라 사용하는 것 같다. 우리는 경험주의를 표방하는 로크에서도 그러한 용어 사용법을 본 바 있다.[12] — 내감은 단 하나가 있을 뿐인데, "왜냐하면 인간이 자기를 내적으로 감각하는 여러 기관이 있지는 않을 것이기 때문이다. 사람들은 영혼이 내감의 기관이라고도 말할 수"(Anth, BA58=VII161) 있을 것이다.

내감에서 인간은 "자기 자신의 사고 유희에 의해서 촉발"(Anth, BA57=VII161)된다. "마음은 내감으로써 자기 자신이나 자기 상태를 직관한다." 이것은, '나'라는 인식주관이 "자기 자신에 의해 촉발되기"(KrV, B68; AA XXIX, 982)도 한다는 것을 뜻한다. 왜냐하면 직관의 대상이란 다름 아닌 촉발하는 자이니 말이다. 그러므로 '내감의 대상'은 마음, 의식, 영혼, 인식주관 자신, 다시 말해 "나 자신과 모든 나의 표상들"(KrV, A368·A342=B400·A385 참조)이다. 내적 직관의 경우, 바꿔 말하면 자기 촉발의 경우 주관 자신이 촉발하는 대상이며, 동시에 직관되어야 하는 대상이다.(KrV, B68 참조) 내감을 "안에서"(KrV, B69) 촉발하는 이 대상은 "내적으로" 직관되며(KrV, B68 참조), "그것의 실존은 전혀 의심받지 않"(KrV, A368)되, 그로써 무엇이 어떤 것으로 직관되는 것은 아니다. "내감은 한 객관으로서의 영혼 자체에 대해서는 아무런 직관도 주지 않"(KrV, A22=B37)기 때문이다. 이런 제한된 의미에서 내감은 그것의 대상을 그 대상의 현전에서 직관한다.

그럼에도 "어떻게 주관이 자기 자신을 내적으로 직관할 수 있는가"

---

12 Locke, *An Essay concerning Human Understanding*, ed. A. C. Fraser, N. Y. 1959, Bk. II, I, 4. 또 편자의 주해 p. 123; Baumgarten, *Metaphysica*, §535; Vaihinger, *Commentar*, Bd. 2, S. 127 이하 참조.

(*KrV*, B68), 바꿔 말해 "어떻게 내가 나 자신에 의해 촉발될 수 있는가"(AA XXVIII, 654) 하는 물음은 더 추궁해보아야 한다. 스스로 제기한 이 물음에 대한 칸트 자신의 대답은 이렇다. '나'라는 단순한 표상은 자기에 대한 의식이다.(*KrV*, B68 참조) 그러나 이 표상 '나'는 아직 자기에 대한 인식은 아니다.(*KrV*, B158 참조) 왜냐하면 이 표상은 단지 "단순한 그 자체로서는 아무런 내용도 가지지 않은 전혀 공허한 표상"(*KrV*, A345 이하=B404)이기 때문이다. '나'는 오로지 "내감의 대상의 단지 표기[表記]"(*Prol*, A136=IV334)일 따름이다. '나'가 무엇인지는 다른 술어[성질]들을 통하여 비로소 인식될 수 있다. 그것을 위해서는 대상으로서 "나 자신에 대한 직관"(*KrV*, B406·B158 참조)이 나 자신이 대상으로서 주어짐으로써 생겨야만 한다.(*KrV*, B68 이하 참조) 이 직관의 대상은 물론 결코 "밖에서"가 아니라 "안에서" 주어질 것이다. 그러니까 주관은 동일한 주관에 의해 직관된다. 그럼에도 전자의 주관과 후자의 주관은, 전자는 주어져야 할 것이고 반면에 후자는 수용하는 주관이라는 점에서 서로 구별된다. 후자가 그에게 주어지는 전자를 "자발성 없이", 다시 말해 이것을 스스로 산출함이 없이, 수용하는 "방식"은 바로 그 때문에 자발성인 지성과 구별하여 "감성이라 일"컬어야 마땅하다.(*KrV*, B68 참조) 그리고 이때 사람들은 이 감성의 "기관"을, 직관될 대상이 주어지며, 그것도 "안에서"부터 주어진다는 의미에서 유비적으로 내감이라고 칭할 수도 있겠다. 그러나 이로써 '나'가 무엇인지 드러나지는 않는다고 하니, 칸트의 '내감(innerer Sinn)'이 나의 인식에서 하는 실제적인 기능은 오리무중이다. '내감'이라는 그 명칭이 그러하듯이 그 기능 또한 '외감(äußere Sinne)'의 기능에 유추할 수밖에 없겠다.

외감의 대상은 "밖에서" 주어진다. 외감을 통해 우리는 '우리 밖의 대상들'을 직관한다. 여기서 '우리 밖의'라는 말은 '수용적인 인식능력에서 구별되는' 정도 이상의 것을 의미한다. 왜냐하면 내감의 대상도 인식능력과는 구별되기 때문이다. 그러면 어떤 점에서, 칸트가 때때로 "물체들"이라고 부르는 이 "우리 밖에 실존하는"(*Prol*, A142=IV337) 대상은 내감의 대상과 구별되는가? '우리 밖의[에]'라는 표현은, 칸트 자신도 말하고 있듯이, "피할 수 없는 애매모호성을 가지고 있다." 왜냐하면 "그것은 때로는 사물 그 자체로서 우리와 구별되어 실존하는 어떤 것을 의미하고, 때로는 한갓 외적인 현상에 속하는 어떤 것", 곧 "공간 안에서 마주칠 수 있는" "경험적으로 외적인 대상들"(*KrV*, A373)을 의미하기 때문이다. 이제 그렇다면, 이 말들이 의미하는 바는 무엇인가? '사물 그 자체'와 '외적인 현상'이란 무엇인가?

칸트에 따르면 무엇보다도, "사물 그 자체"란 "이 현상의 기초에 놓여 있는 것"(*Prol*, A141=IV337; *KrV*, A49=B66 · A494=B522 이하 · A536 이하=B564 이하 등등)이라는 점에서 그 '현상'과는 서로 구별된다. 경험적으로 외적인 대상으로서 이 현상은 단지 공간적으로 표상되는 것 내지 표상될 수 있는 것이 아니라, 공간상에 존재하는 것, 공간 안에서 마주칠 수 있는 것이다. 왜냐하면 상상된 것, 예컨대 '거대한 푸른 용'은 형태를 가지고 있는 어떤 것, 그러니까 공간적으로 표상되는 것이기는 하지만, 그럼에도 결코 어떤 외적인 것은 아니니 말이다. 이런 차이를 염두에 둘 때 궁극적으로 칸트에게서 "'우리 밖에'라는 개념은 단지 공간상의 실존을 의미"(*Prol*, A141=IV337)한다고 볼 수 있다. 그러나 칸트는 '공간 안에서 마주칠 수 있는'이라는 말로 외적인 현상을 단지 상상물이나 내감의 대상과 구별하는 것만이 아니고 또한 사물 자체와도 구별한다. 다시 말해 이 말이 뜻하는 바는, 외적인 현상이란 공간 안에서 마주칠 수 있는 어떤 것인 반면에, 이 현상의 기초에 놓여 있는 사물 그 자체는 공간에서 마주칠 수 있는 어떤 것이 아니라는 것이다.(*KrV*, A373 참조) 그럼에도 칸트에게서 '사물 자체'란 "우리 밖에 실존하는 어떤 것"(*Prol*, A142=IV337) 또는 "우리의 밖에 있는, 우리의 감관들의 대상들로 주어져 있[는 것]"(*Prol*, A62 이하=IV289)이라고 언명된다. 그리고 이 개념틀로써 외감과 관련한 촉발의 사태를 설명한다. 다름 아닌 사물 그 자체가 우리 "마음을 일정한 방식으로", 다시 말해 외감을 매개로 촉발한다는 것이다. 경험적으로 외적인 대상은 사물 자체의 촉발에서 우리에게 현상하는 바로 그것, 바꿔 말해 우리가 그것의 촉발을 계기로 외감을 통해 표상하는 바로 그것이다. 우리를 촉발하는 사물 자체는 당연히 있어야 하며, 그렇지 않으면 그것의 촉발이란 발생할 수 없을 터이다. 그렇다면 '외감이란 우리 밖의 대상의 현전에서 직관하는 능력'이라는 외감의 규정에서 '대상'이란, 그것이 촉발하고 그럼으로써 직관되어야 할 대상으로 이해되는 한에서, 사물 그 자체로 이해되어야 할 것이 아닐까?

그러나 '존재(Sein)' 내지 현존은 칸트에 따르면 사물의 "실재[질]적 술어가 아니다."(KrV, A598=B626) 바꿔 말해, 사물의 아무런 실질적인 속성도 아니다. "현존은 사물의 아무런 특수한 실재[질]성도 아니다. 다시 말해 사물의 모든 규정들을 구성하는 어떤 부분도 아니다. 그것은 전체 사물의 설정(設定)이다. [⋯] 그래서 내가 한 사물의 현존을 폐기해도 단 하나의 실재[질]성도 제거되지 않으며, 내가 전체 사물을 폐기하면, 그때야 그것은 아무것도 아니다."(AA XXVIII, 783; AA XVIII, 202: Refl. 5507 참조) 이런 의미에서 사물 그 자체는 현상의 원인으로서 한갓된 무가 아니라, 그런 한에서 현존하는 어떤 것이라고 말할 수 있다. 그렇다고 해서 그것으로써 그것이 무엇인지가 규정되는 것은 전혀 아니다.(AA XXVIII, 554; AA XXIX, 821 참조) 한낱 현존하는 것은 도대체가 무규정적인 것이나 그렇다고 무(Nichts)는 아니며, 그러므로 어떤 것(etwas)이다. 한낱 현존하는 것은 다름 아닌 어떤 것이기 때문에 규정될 수가 있다. 현존은 물론 하나의 술어이다. 다만 그것은 아무런 사태 내용적인 술어가 아니고, 그러니까 결코 사물의 내용[실재성, 실질성]을 증감시키는 그런 술어가 아니고, 그것으로써 사물이 비로소 (실재적인) 술어들에 의해 규정될 수 있게끔 되는, 사물의 한낱 설정(設定)이다.(AA XXVIII, 554) 우리에게 아직 알려져 있지 않은, 그것이 무엇이고 어떻게 있는지가 결코 인지될 수 없는, 어떤 현존하는 대상이 그럼에도 그것의 현상에서 자신을 드러낸다. 그것은 무엇인가이기 때문이다. 아무것도 아닌 것은 결코 자신을 드러낼 수가 없다. 무엇인가 존재하는 것만이 현상하고, 그러면서 현상 중에 자신을 드러낼 수 있다. 칸트의 형식적 관념론에서는 "현상하는 사물의 실존이 그로써 진짜 관념론에서처럼 폐기되는 것이 아니라, 단지 우리는 사물을 감관을 통하여서는 그 자체인 바대로는 전혀 인식할 수 없다는 것이 제시되고 있을 따름"(Prol, A64=IV289)이다. 일단 우리가 우리에 의해 인식된 대상을 현상으로 받아들이고 나면, 그것은 바로 "사물들 그 자체의 현존재도 시인하는 것이고, 그런 한에서 우리는, 현상들의 기초에 놓여 있는 그러한 존재자들의 […] 표상이 단지 허용될 뿐만 아니라, 불가피하기도 한 것이라고 말할 수 있다."(Prol, A105=IV315) "그 현상은 곧바로 현상이 아닌 어떤 것의 현존을 입증한다."(AA XVIII, 305: Refl. 5652) 우리 인간의 인식 활동에 독립적으로 존재하는 그 사물 자체(KrV, A251 참조)가 어떤 것으로서 현상의 원인이며, 그것은 그것이 현상을 현상으로서 가능하게 만든다는 의미에서 현상의 존재근거[이유, 원리]이다. 그 반면에 현상은 이를테면 사물 자체의 현존에 대한 인식근거[원리]이다. 이는 "자유는 […] 도덕법칙의 존재근거이나, 도덕법칙은 자유의 인식근거"(KpV, A5=V4)라는 실천 이성 비판에서의 관계와 유비적이다.

현상을 가능하게 하는 근거라는 의미에서 '현상의 원인'인 사물 자체는 또 다른 현상이 아니다. 그것은 현상을 현상으로서 가능하게 한다는 의미에서 바로 "초월적" 객관이라고 일컬어지는 것이다. 같은 의미에서 '현상의 원인 내지 근거'라는 개념은 초월적 주관에도 사용 가능하다. 현상의 형식의 근원이 터하고 있는 초월적 주관도 현상을 가능하게 하는 근거라는 점에서 현상의 또 다른 원인이다. 이 사태는 현상의 질료와 형식, 이 둘이 함께 비로소 현상을 현상으로서 가능하게 한다는 칸트의 반성에 부합한다. 현상의 원인으로서 그 자체로 존재하는 초월적인, 촉발하는 대상이란 다른 어떤 사물[현상 'B']에 영향을 미치는 한 사물[현상 'A']을 의미하는 것도 아니고, 그렇다고 어떤 무조건적인 것[무제약자, 절대자, '자기 원인']을 의미하는 것도 아니다. 여기서 말하는 '원인'이란 그러니까 도대체가 원인 범주를 지칭하는 것이 아니다. 다시 말해, 이 '원인'은 순전한 현상들에 적용된 지성 개념의 경험적 의미의 원인, 곧 "현상체 원인(現象體 原因)"(KrV, A545=B573 참조)을 뜻하는 것도 아니고, 순수한 범주의 초월적[곧, 초험적] 의미의 원인, 곧 "예지체 원인(叡智體 原因)"(KpV, A85=V49·A96=V55 참조)을 뜻하는 것도 아니다. 현상의 원인으로서 사물 자체는 그것의 현상 밖에 존재하는 사물을 말하는 것도, 그것의 현상으로서 '또 다른 사물'을 말하는 것도 아니다.(OP: AA XXII, 26 참조) 그것은 단지 현상이 다른 것이 아니라 사물 자체의 현상임을 표시할 뿐이다.

외적 현상과 사물 자체의 이러한 관계와 구별은 적당히 변경하면 내감의 대상을 파악하는 데도 유용하다. 내적 직관은 자기 촉발에 의해 비로소 가능한 것이므로, 여기서 촉발하는 자, 곧 마음/영혼은 다름 아닌 사물 그 자체이며, 내적 직관에 의해 표상된, 그러니까 직관된 마음은 내적 현상이다.(Prol, A140=IV336 이하 참조)

이제까지 해명된 것으로 칸트가 직관과 대상의 관계에 대하여 가지고 있는 기본적인 생각이 무엇인가가 그려졌다. 칸트는, "직관은 오로지 우리에게 대상이 주어질 때만 생기며, 다시금 그러나 이런 일은 적어도 우리 인간에게 있어서는 오로지 대상이 마음을 어떤 방식으로든 촉발함으로써만 가능하다."(KrV, A19=B33)라고 말한다. 그리고 이 말이 뜻하는 바는, 직관함에서 대상은 그것 자신이 우리를 외감적으로 또는 내감적으로 촉발함으로써 우리에게 주어진다. 대상은 우리를 촉발하고 우리는 감각으로 그것을 직관한다. 다름 아닌 그 촉발하는 대상이 우리에게 주어지고 우리에 의해 직관된다. 그럼에도 우리는 원리상 그 촉발하는 대상이 있는 그대로 우리에게 주어지는지 어떤지를 알 수가 없다. 왜냐하면 우리는 우리에게 주어지는 대상만을 가질 수 있는데, 이 대상은 다름 아닌 고유한 능력과 무엇인가를 직관하는 나름의 고유한 방식을 갖춘 우리 감관에 의해 수용된 바로 그것이기 때문이다. 만약 우리 감각 능력이 무한하고 완벽하다면, 우리는 우리를 촉발하는 대상을 있는 그대로 수용할 수도 있을 것이다. 그러나 우리는 우리의 감각 능력이 그처럼 완벽한지 어떤지도 알지 못하고 또한 알 길도 없다. 그렇기 때문에 우리에게 주어진, 그러니까 우리에 의해서 수용된 대상이 우리 감각을 촉발하는 것 그 자체인지 어떤지 하는 문제 자체가 미결이다. 우리로서는 이 문제를 검토할 길이 없다. 우리는 이 문제에 관해 판단할 어떠한 방편도 가지고 있지 못하기 때문이다. 그래서 이 문제는 우리에게는 원리적으로 미결일 수밖에 없다. 그러나 우리는 적어도, "대상은 비록 우리에게 그것이 우리를 감각적으로 촉발함으로써 주어지는 것이기는 하지만, 우리가 그것을 수용하는 바대로, 다시 말해 '그것이 우리에게 현상하는 바대로' 우리 앞에 마주 서 있다."라고 확실하게 말할 수 있다. 물론 실제로 우리는 대상을 그것이 있는바 그대로 수용하고 있는지도, 바꿔 말해 대상이 우리에게 있는 그대로 현상하는지도 모른다. 그러나 우리는 이 사실을 확인할 수단을 가지고 있지 못하다. 이런 유보 아래에서 우리는 칸트가 '촉발하는 대상'을 "사물 (그) 자체"라고, '우리에게 주어지는 대상'을 "현상"이라고 이름 붙인 것으로 이해해야 한다. 사물 자체가 우리를 감각적으로 촉발한다. 그러나 그것은 우리에게 알려지지 않은 채 어떤 것(etwas=X)으로 남아 있다. 우리는 원리상 사물 자체가 어떠한 것인지를 알 수가 없고, "단지 그것의 현상만을, 다시 말해 우리 감관들이 이 알려지지 않은 어떤 것에 의해 촉발되는 방식만을"(*Prol*, A104=IV314 이하) 안다. 그래서 요컨대, "우리에게는 사물들이 우리의 밖에 있는, 우리의 감관들의 대상들로 주어져 있으며, 그러나 우리는 그것들 그 자체일지도 모르는 것에 대해서는 아무것도 알지 못하고, 단지 그것들의 현상들, 다시 말해 그것들이 우리 감관을 촉발함으로써 우리 안에 결과하게 하는 표상들을 인지할 뿐"(Prol, A62=IV289 이하)이라고 칸트는 말한다.

이제까지 밝혀진 바를 좀 더 단순화하여 말하자면, 다름 아닌 사물 자체가 우리를 촉발하고, 그렇게 함으로써 우리에게 주어진다. 여기서 '촉발함'과 '주어짐'은 동일한 사태의 양면으로 보아야 한다. 사물 자체의 편에서 보면 촉발함의 사태가 우리의 편에서 보면 주어짐이라는 사태이다. 그러나 우리는, 사물 자체와 우리에게 주어지는 대상이 실질상 동일한 것인지 어떤지를 알 수가 없다. 이 말로써 우리는 이미 다른 사태 연관에 접어들었다. '우리에게 주어지는 대상'과 '우리를 촉발함으로써 우리에게 주어지는 사물 자체'라는 말이 언제나 동일한 것을 의미하지는 않는다. '우리에게 주어지는 대상'이라는 표현만 해도 다의적인 것으로, 그것은 우연이 아니고 사태 본질적이다. 이 말은 한편으로는 '우리를 촉발하는 사물'을 의미하지만, 다른 한편으로는 '우리에 의해 직관된 대상'을 의미하기도 한다. 칸트에 따르면, 직관은 "대상이 우리에게 주어지는 한에서만", 다시 말해 대상이 우리에게 주어진다는 것을 전제하고서만 일어나는 사태이다. 다시 말해, 직관은 대상이 우리 마음을 "촉발함으로써만 가능하다." (KrV, A19=B33 · B72 참조) 그러므로 어떤 대상에 대한 직관이 가능하기 위해서는 대상이 '주어진다'는 전제가, 바꿔 말해 대상이 우리를 '촉발한다'는 사건이 필수적이다. 그러나 촉발하는 대상이 우리에게 어떻게 주어지는가? 비로소 감관에 의해서, 곧 감성을 통하여 한 대상이 우리에게 주어진다.(KrV, A50=B74 참조) 다시 말해, 한 대상은 우리에 의해 직관됨으로써 비로소 우리에게 주어진다. 대상은 어떤 경우에나 직관됨으로써만 우리에게 주어진다. 한 대상이 우리에게 주어지기 위해서는 직관이 필수적이고, 우리가 무엇인가를 직관하기 위해서는 대상이 우리에게 주어지는 것이 필수적이다. '우리에게 주어지는 대상'과 '우리에게 직관되는 대상'은 동일한 것이다. 그런데 '우리에게 주어지는 대상'이란 어떤 경우에는 사물 그 자체로, 또 어떤 경우에는 이것의 현상으로 이해된다. 그래서 이런 개념상의 모호성을 피하기 위해 우리는 '우리에게 주어지는 대상'은 현상만을, 반면에 우리를 촉발함으로써 주어지는 사물 그 자체는 차라리 '주어져야 할 대상' 또는 '촉발하는 대상'을 지칭하는 것으로 보는 것이 좋겠다.

2) '감성의 일부'로서의 상상력

외감이든 내감이든 감각기능에 의해 우리는 그 대상의 현전에서 촉발하는, 그러니까 감각기능에 독립해 있는 대상을 직관한다. 직관함은 감관을 건드리는 대상을 수용함이다. 이런 의미에서 감성의 기본 성격은 수용성이다. 오직 수용적인 감각기능만을 가지고 있는 우리 인간은 대상을 그것이 우리에게 현상하는 대로만 직관할 수 있다. 그러므로 우리가 확실하게 말할 수 있는 한에서, 감관이 우리에게 제공하는 직관들은 촉발하는 대상의 현상들이다. 그렇다면 이와 같은 감성의 기본 성격을 감성의 또다른 일부라고 하는 '상상력'에서도 찾을 수 있는가? 만약 찾을 수 있다면 어떤 의미에서 그러할까? 이 물음을 다루기 위해서는 우리는 먼저 칸트가 여러 의미로, 심지어 때때로는 서로 어긋나게 사용하고 있는 '상상력'이라는 말부터 주의 깊게 살펴보아야 한다.

칸트는 "우리의 인식은 마음의 두 원천[곧, 감성과 지성]으로부터 유래한다."(*KrV*, A50=B74)라고 명시적으로 말한다. 칸트에 따르면, 우리 인간은 이 두 원천 이외에는 다른 어떤 인식 근원도 가진 것이 없다. 이런 기본적인 생각에서 칸트는, "그러므로 직관과 개념들은 우리의 모든 인식의 요소들을 이룬다."(*KrV*, A50=B74)라고 단언하고, 그것도 여러 곳에서 그렇게 말한다. 그럼에도 그는 어떤 대목에서는 "감각기능"[감성]과 "통각"[지성] 외에 "상상력"을 우리 마음 안에 있는 또 다른 "근원적"인 인식 원천

(*KrV*, A94 참조), 그러니까 바꿔 말해 경험 인식을 가능하게 하는 "인간 영혼의 기본기능"(*KrV*, A124)의 하나로서 끌어들인다. 칸트의 인식론에서 상상력은 심지어 제3의 인식 기능으로서 감성과 지성을 매개하는 역할을 하기도 한다.(*KrV*, A79＝B104·A124·B164·A140＝B179·B233 등등 참조) 그것의 업무[기능]가 "개념들을 감성화하는 일(다시 말해, 그 개념들에게 직관에서 대상을 부가하는 일)", 직관들을 "지성화하는 일(다시 말해, 그 직관들을 개념들 아래로 가져가는 일)"(*KrV*, A51＝B75·A78＝B103 참조)인 그런 상상력을 칸트는 "순수한" 또는 "초월적인" 또는 "지어내는(생산적인)" 상상력이라고 이름 붙여, "경험적인" 또는 "되불러오는(재생적인)" 상상력과 구별한다. (*KrV*, B152 참조) 그런가 하면 "대상을 근원적으로 현시하는, 그러므로 경험에 선행하여 현시하는 능력"인 생산적 상상력과 "앞서 가졌던 경험적 직관을 마음 안에 소생시켜 현시하는 능력"인 재생적 상상력을 구분한다. (*Anth*, A67＝B68＝VII167)

  "상상력(想像力)은 대상의 현전 없이도 직관하는 능력으로서 생산적이거나 재생[산]적이다. 다시 말해 [상상력은] 대상을 근원적으로 현시(根源的 現示/展示)하는, 그러므로 경험에 선행하여 현시하는 능력이거나, 파생적으로 현시하는(派生的 現示/展示), 즉 앞서 가졌던 경험적 직관을 마음 안에 소생시켜서 현시하는 능력이다. ― 순수한 공간직관들과 시간직관들은 근원적 현시에 속한다. 여타의 모든 직관들은 경험적 직관을 전제하며, 이 경험적 직관은 대상의 개념과 결합되고, 그러므로 경험적 인식이 되면, 경험이라 일컬어진다. ― 상상력은 의사 없이 상상들을 만들어내는 한에서는 공상[空想]이라고 일컬어진다."(*Anth*, B68＝A67 ＝VII167)

여기에다가 칸트는 또한 "생산적 상상력의 경험적 능력"(*KrV*, A141＝B181)을 덧붙인다. 이 매개 기능으로서 상상력의 본래 활동은 "형상적 종합(形象

的 綜合)"이다.(*KrV*, B151·A224=B271 참조) 이 형상적 종합은 두 수행 국면을 갖는데, 하나는 형상 내지 도식(Schema)을 만드는(*KrV*, A140=B180·A141=B181 참조) 국면이고 또 하나는 종합의 국면이다. '삼각형'과 같은 순수한 감성적 개념의 도식이나 '하나'와 같은 순수 지성 개념의 도식(*KrV*, A141 이하=B181)을 생산하고, "감성적 직관의 잡다"를 "범주들에 따라서"(*KrV*, B152 참조) 종합하는 그런 상상력은 "생산적 상상력"(*KrV*, B152)이라고 일컬어지며, 이것이 만들어낸 도식은 "순수한 선험적 상상력의 생산물, 이를테면 약자(略字: Monogramm)" 또는 "상상력의 초월적인 생산물"(*KrV*, A142=B181)이다. 이 생산적 상상력은 바로 그 때문에 "자발성"이다.(*KrV*, B152 참조) 반면에 "재생적" 상상력의 수행은 "경험적 법칙들, 곧 연합의 법칙들에 종속"(*KrV*, B152)한다. 무릇 "상상력의 이름으로든" 그리고 "지성의 이름이로든 직관의 잡다를 결합시키는" 자발성은 "동일한 것"이다.(*KrV*, B162, 주) 그런데 여기에 이르면, '(생산적) 상상력'은 더 이상 제3의 독자적인 인식 원천이라고 볼 수가 없다. 만약에 "인간 인식의 두 줄기가 있는데, 그것들은 아마도 하나의 공통의, 그러나 우리에게 알려져 있지 않은 뿌리로부터 생겨난 것으로 감성과 지성이 바로 그것이다."(*KrV*, A15=B29)라는 칸트의 견해가 최종적인 것이라면, 이제 상상력은 생산적이든 재생적이든, 적어도 그것의 기능들의 하나가 종합인 한에서, 지성의 한 가지[枝], 세부 기능으로 이해되어야 한다.(AA XXVIII, 239 참조) 그럼에도 칸트는 '상상력'을 정의하는 곳에서 "상상력이란 대상의 현전 없이도 그것을 직관에 표상하는 능력이다. 그런데 우리의 모든 직관은 감성적이므로, 상상력은, 그 아래에서만 지성 개념들에 상응하는 직관을 제공할 수 있는 주관적 조건이라는 점에서, 감성에 속한다."(*KrV*, B151)라고 분명하게 말한다. 그러므로 칸트는 이론의 여지없이 상상력을 감성의 "일부"로 간주하고 있는 것이다. 이런 견해를 그는 그의 여러 강의들(예컨대 *Anth*, BA46=VII167; AA XXVIII, 230 이하; AA XXIX, 881 이하)에서 반복해서

피력하고 있다. 그러나 어떻게 우리는 이 사태를 상충 없이 이해할 수 있을까?

분명히 칸트는 '상상력'이라는 이름 아래에서 비록 공통적인 성격을 가지고 있기는 하지만, 그 기능상의 차이로 서로 구별될 수 있는 여러 의식 활동들을 아우르고 있다. 칸트에서 '상상력'은 어디까지나 "구상하는 능력(bildende Kraft)"이다. 그런데 칸트에 따르면, '구상하는 능력'은 다시금 "직관의 형상을 만드는 능력"(AA XXVIII, 236)으로서 현금의 표상들을 산출하는 '형상의 능력(facultas formandi)', 지나간 때의 표상들을 되그려내는 능력(facultas imaginandi), 미래의 것을 예시(像示)하는 능력(facultas praevidendi), 그 밖에 모사 내지 복사의 능력, 지어내기 또는 공상의 능력, 특징 묘사 내지 기호의 능력, 묶어내기 또는 조립의 능력, 형성의 능력 등으로 나뉜다.(AA XXVIII, 235 이하; AA XXIX, 883 이하 참조) 이 같은 여러 가지 구상하는 능력은 스스로 자의적으로 또는 비자의적으로 표상을 만든다. 그러나 이런 일은 흔히 감성적 직관과 "유비적으로" 일어난다.(AA XXIX, 885 참조) 구상력의 표상들은 "마치 대상들이 우리의 감관을 촉발하는 것처럼"(AA XXVIII, 235) 생겨나고, 감성적 직관과 동일한 형식을 가지고 있다. 그러므로 그런 한에서 칸트에서 상상력은 "실제로 감성에" 속한다.(AA XXVIII, 235 참조)

그러나 여기서 실제로 감성에 속하는 상상력은, 우리가 위에서 언급했던 종합하는 자발성을 성격으로 갖는 — 이런 성격은 지성의 기본 성격이므로 — 그런 상상력과는 구별되어야 한다. 이 후자의 상상력은 필시 두 "줄기" 능력 중의 하나인 지성의 한 '가지' 능력이다. 그러니까 전자의 상상력과 관련되는 하나의 인식이 성립하려면, 전자의 상상력에 의해 주어진 잡다한 표상들이, 감관에 의해 우리에게 주어진 잡다한 표상들이나 꼭 마찬가지로, 후자의 상상력에 의해 종합되어야 하는 것이다. 상상력의 두 기능이 이렇게 판이함에도 명료하게 이 양자를 서로 구별함이 없이 칸트는 어느 경우에나 동일한 '상상력'의 이름을 붙인다. 어쩌면 이렇게 함으로써 칸트는 동일한 상상력의 두 수행 방식 내지 수행 국면을 표현하려 했는지도 모르겠고, 아니면 이미 역사적으로 다양한 의미를 함유하고 있는 오랜 술어 '상상력'을 관행대로 그냥 쓴 것인지도 모르겠다. '두 가지 상상력'이라 하든지 한 상상력의 '두 가지 기능'이라 하든지, 어찌 됐든지 이 양자는 혼동되어서는 안 된다. 여하튼 감성에 속하는 상상력과 지성의 기능 중 한 가지를 수행하는 상상력은 구별해야 한다.

일단 우리가 상상력이 감성에 소속한다는 것을 받아들이고 나면, 칸트의 견해를 좇아 "개념들의 구성에서" 가능한 기하학적 인식 대상의 성격과 꿈이나 환상에 대한 인식 대상의 성격을 일관성 있게 설명할 수 있다. 어떤 대상에 대한 인식이 하나의 인식인 한에서, 그것은 질료와 형식으로 이루어지는 것일 수밖에 없다. 그리고 질료는 우선 한 직관에서 잡다하게 주어지는 것이다. 상상력은 '삼각형' 같은 개념(KrV, A141=B180 · A163= B204 · A720=B748 참조)이나 '용' 같은 개념에 대응하는 직관들을 산출하고 (KrV, A770=B798; VII, 167 이하; AA XXIX, 881 참조), 그렇게 함으로써 상상력은 우리에게 인식의 질료로서 사고되어야 할 잡다를 우리에게 "제공한다."(KrV, A19=B33) 이 점에서 볼 때 상상력은 확실히 감성의 일부이다. 그러나 우리는 이 상상력의 감성에의 소속성을 이해하는 데 이내 난관에 부닥친다. 상상력이 감성인 한에서 그것은 감성의 기본 성격, 곧 수용성을 가지고 있어야 하기 때문이다. 다시 말해, 상상력은 무엇인가 대상이 그것을 자극할 때만 직관들을 제공할 뿐인 것이어야 한다. 그런데 상상력은 다름 아니라 "대상의 현전 없이도" 대상을 표상하는 바로 그런 능력이다. 그렇다면 대체 무엇이 상상력을 촉발한다는 말인가? 상상력은 '기와집', '용', '삼각형'이라는 말을 들으면 그에 대응하는 표상을 산출할 수 있다. 그러나 이 같은 말 내지 개념을 사물 자체라는 의미에서의 촉발하는 대상(사물)이라고 할 수는 없다.

사실 감각표상의 경우에 적용할 수 있는 '사물 자체'/'현상'의 구분을 상상력의 표상에도 적용하는 것은 무리이다. 우리가 상상력에 의해 자의적으로 혹은 비자의적으로 (재)생산하는 표상에는 현재적으로 존재하는, 그러니까 그 형상 능력에 독립해서 존재하며 우리를 촉발하는 아무런 대상도 대응하지 않는다. 그러므로 이 상상력은 두말할 것도 없이 수용성이 아니며, 이 점에서 감성에 속하는 것이 아니다. 상상력이란 정말이지 대상을 "그것의 현전 없이", 그럼에도 "직관에서" 표상하는 능력이다. 여기서 "대상의 현전 없이"라는 말이 암시하는 바는, 대상이 현재적으로 존재하지는 않지만 과거에는 존재했다거나 미래에는 존재할 것이다, 또는 언젠가는 존재할 수 있다는 것이다. 그리고 "직관에서"라는 말에서 '직관'은 한편으로는 그것의 질료의 면에서, 다른 한편으로는 그것의 형식의 면에서 이해될 수 있다.

상상력이 분명 표상을 산출하는 것이기는 하지만, 그렇다고 상상력이 "창조적인 것"은 아니다.(*Anth*, A68=B69=VII167 이하 참조) ― 이 점에서는 생산적 상상력이든 재생적 상상력이든 마찬가지이다. ― 왜냐하면 상상력은 어떤 경우에나 "앞서 우리 감관능력에 결코 주어진 적이 없던 감관표상을 만들어낼 수 있는 것은 아니"기 때문이다.(*Anth*, A68=B69=VII168 참조) 우리는 상상력이 산출한 감각표상의 "소재를 언제나 지적할 수 있다."(*Anth*, A68=B69=VII168) 상상된 것의 재료는 어느 경우에나 ― 적어도 그 구성 요소가 ― 감관이 우리에게 제공한 그 재료들로 환원될 수 있으니 말이다. 상상된 감각표상은 어떤 경우라도 감성적 직관의 변양이며, 이조차도 감성적 직관의 형식에 좇아서만 가능하다. 예를 들어 '청룡' 또는 '어제 서울대공원에서 본 호랑이'를 생각해보자면, 이때 상상력이 비록 (현전하는) 어떤 것의 촉발에 의해 그 대상을 표상하는 것은 아니지만, 그럼에도 그것은 감각표상들과의 "유비에 따라서"만 직관들을 우리에게 제공한다. 이런 한에서 상상력은 감성의 "일부"라고 이해될 수 있다. 이런 뜻에서 상상력은 외감 및 내감과 대조해 '2차적' 감관이라고 이름 붙일 수도 있겠다.

그렇다면, 상상력은 단지 2차적인, 변양된 감각표상들만을 산출할 뿐인가? 칸트에 따르면 '공간'·'시간' 표상은 직관이되, 그것들은 감각표상은 아니고 순수 직관들이다. 그런데 우리에게 직관들을 제공하는 인식 기능은 감성 이외에는 없으며, 감성에 속하는 것은 감관[감각기능]들과 상상력뿐이다. 그러면 무엇에 의해 순수한 직관들은 우리에게 제공되는가? 감관에 의해서? 그럴 수는 없다. 왜냐하면 감관은 전적으로 현재적으로 존재하는 대상이 우리를 촉발함으로써만 직관들을 제공할 수 있는 것이기 때문이다. 그런데 공간·시간 표상들에는 아무런 촉발하는 대상들도 대응하지 않고, 바로 그렇기에 그것들은 '순수한' 직관들인 것이다. 그러므로 만약에 공간·시간이 진정으로 직관이라면 그것들은 상상력의 산물일 수밖에 없다. 그러나 공간·시간 표상들은 "그것의 원천이 실제로는 경험에서 찾아져야 할, 상상력이 지어낸 것"(KrV, A40=B57)일 수는 없다. 감성의 한 기능으로서 상상력은 순수 직관을 경험적으로가 아니라 자기 자신으로부터 산출한다. 이런 의미에서 순수하게 직관된 것, 곧 공간·시간은 "상상적 존재자(ens imaginarium)"(KrV, A291=B347)이다. 대상의 현전 없이도 직관하는 능력인 상상력(facultas imaginandi)이 "생산적"일 경우, 그것은 "대상을 근원적으로 현시하는(exhibitio originaria)" 능력이다. 이 근원적 현시는 경험에 선행하는 것으로, 바로 "순수한 공간직관들과 시간직관들은 근원적 현시에 속한다."(Anth, A67=B68=VII167) 이 경우에 상상력은 2차적 감관으로 기능하는 것이 아니라 하나의 원본적 능력이다. 상상력의 이 같은 원본적 기능이 없다면 순수한 직관들은 가능하지 못했을 것이고, 기호 쓰기나 조립하기도 불가능할 것이다. (AA XXVIII, 237 참조)

이런 해석을 통해서 우리는, 칸트가 상상력을 "대상의 현전 없이도 직관하는 능력"이라고 정의할 때 무엇을 의미하고자 했는가를 포착할 수

있다. 칸트는 이 정의를 분명히 오직 상상된 감각표상만을 염두에 두고
서 한 것이다. 여기에서는 그 '대상'에 대한 표상만을 지시하고 있으니 말
이다. 그렇다면 이것이 의미하는 바는, 상상력은 비록 현재적으로 우리
를 촉발하지는 않지만, 과거 언젠가 우리를 촉발한 바 있던 "어떤 대상"
에 대한 표상을 산출한다. 그렇지만 상상력 정의의 이런 의미는 단지 '현
전화(現前化)' 기능에만 타당할 뿐, 상상력의 모든 기능에 타당한 것은 아
니다. 상상력에 의해 우리는 단지 '어제 본 붉은 사과 한 개'를 표상할 뿐
만 아니라, 이제까지 본 적이 없는 '청룡 한 마리'도, 그리고 '삼각형'도 표
상한다. 그러므로 좀 더 일반적으로 요약하자면, 칸트에게서 감성의 일부
로서의 상상력은 '아무런 촉발하는 대상 없이도 표상들을 산출하는 능력'
이다. 이 형상을 만드는 능력은 우리에게 지성에 의해서 사고될 수 있는
직관들을 제공한다. 이 직관들은 촉발하는 대상이 현재적으로 또는 전혀
존재하지 않을 경우에도 생긴다. 그런 한에서 상상력은 단지 부분적으로
감성이다. 왜냐하면 감성은 직관들을 제공하는 능력일 뿐만이 아니라 촉
발하는 대상을 받아들이는 수용성이기도 하기 때문이다. 상상력이 수용
성이 아닌 한에서,[13] 하나의 상상은 표상으로서 '표상되는 것'은 없이 '표상
함(상상함)'과 '표상된 것(상상된 것)'이라는 두 계기만을 갖는다. 그것은 아
리스토텔레스가 '감각(aisthesis)'과 '상상(phantasia)'을 구별했던 이유이기도
하다.[14] 그러므로 상상은 본디 어떤 대상과 관계 맺은 객관적 표상이라는
의미의 인식과는 아무런 상관이 없다.

　감성의 특성을 수용성으로 보는 한에서 감성에는 오로지 감관 곧 외감
과 내감만이 속한다. 상상력은 "상상을 통해"(AA XXIII, 26: Refl. XVLI) 직

---

13 이에 관한 상세한 주해는 저자의 다른 책, 『존재와 진리』, 철학과현실사, 2008(전정판), 125면
　참조.
14 Aristoteles, *De anima*, III, 3: 428a 11~18 · 428b 18 참조.

관들을 제공한다는 점에서 감성의 일부라고 볼 수도 있겠으나, 상상력이 어떤 대상의 촉발 없이도 상상에 의해 기능하는 한에서 그것은 수용성을 결여하고 있고, 이런 점에서 상상력은 어디까지나 부분적으로만 감성이다. 그리고 이러한 상상력의 기능이야말로 인간의 마음 능력의 주요한 한 특성이라 할 것이다.

3) 현상의 질료와 형식

"우리의 모든 인식이 경험과 함께 시작된다 할지라도, 그렇다고 해서 우리의 인식 모두가 바로 경험으로부터 생겨나는 것은 아니다. 왜냐하면 우리의 경험 인식조차도 우리가 [감각]인상들을 통해 수용한 것과 (순전히 이 감각 인상들의 야기로) 우리 자신의 인식능력이 자기 자신으로부터 산출해낸 것의 합성이겠으니 말이다."(*KrV*, B1)

인간의 모든 대상 인식은 감각적 경험 직관이 일어나면서 개시되지만, 대상 인식이 오로지 감각적 질료만으로 성립하는 것은 아니다. 인식주관의 인식 형식이 그에 대응함으로써 대상이 비로소 우리 앞에 나타난다. 이 "경험적 직관의 무규정적 대상을 현상(Erscheinung)이라 일컫는다."(*KrV*, A20=B34) 경험적 직관의 대상, 경험적으로 곧 감각적으로 직관된 것은 아직 규정되지 않은 한에서 잡다한 것이다. 그러나 감각적으로 직관된 것이 무규정적인 잡다라고 해서 전적으로 무질서한 것은 아니고 "일정한 관계에서 질서 지어"(*KrV*, A20=B34)진, 다시 말해 이미 서로 곁하여·서로 잇따라 있는 것으로, 곧 공간·시간적으로 정돈된 것이다. 이런 사태를 칸트는 감각기능이 "잡다를 일람(一覽: Synopsis)"한다고 말한다.(*KrV*, A94) 그러니까 감각적으로 직관된 것은 직관되면서 이미 공간·시간적으로 질서 지어진 것이지만, 그럼에도 아직도 "무규정적"이라고 말하는 것은, 아직 범주에서 사고되지 않았다는 의미이다. 그렇기에 우리는 공간·시간적으로 정돈된 그러나 아직 범주적으로 규정되지 않은, 그 감각적으로 직관된 것을 '일차적 의미에서의 현상'이라고 이름 붙여, 경험적 인식에서 규정된 대상이라는 '엄밀한[본래 칸트적인] 의미에서의 현상'과 구별할 수 있다.

'일차적 의미에서의 현상'에서 "감각에 대응하는 것"을 칸트는 "현상의 질료"라고 부르고, 반면에 "그 현상의 잡다[한 것]가 일정한 관계에서 질서 지어질 수 있도록 만드는 것", 바꿔 말해 공간·시간 표상을 "현상의 형식"이라고 부른다.(KrV, A20=B34 참조) 현상의 질료는 그러니까 우리에 의해서 감각된 것이다. 그러나 감각된 것에 상응하는 것, 다시 말해 우리에 의해 감각되어야 할 것은 다름 아니라 사물 그 자체이다. '현상의 잡다', 곧 감각된 것, 다시 말해 현상의 질료는 일차적으로 공간·시간 틀에 따라 정돈된다. 그런 뜻에서 공간·시간은 현상의 형식[틀]이다. 그러나 이런 구별이, 현상의 질료와 현상의 형식이 서로 분리되어 있는 두 사태임을 뜻하는 것은 아니다. 감각된 것이란 감각작용 없이는 도대체가 있을 수 있는 것이 아니다. 그런데 감각작용이란, 그것이 감성의 활동인 한에서 '감성의 형식' 없이는 불가능한 것이다. 그러므로 우리가 우선 먼저 대상을 감각하고, 그런 다음에 그 감각된 것을 공간·시간적인 관계로 정리를 하는 그런 경우란 도대체가 있을 수 없다. 감각함과 직관함은 대상 인식에서는 사실상 동일한 사태이다. 그래서 칸트도 "일정한 관계에서 직관되는 것"(KrV, A20=B34)이라는 표현을 쓰기도 한다.

경험적 직관의 질료는 바로 그것의 "내용"으로서, 다름 아니라 그것이 "대상과 관계 맺을"(KrV, A51=B75·A55=B79·A58=B83 참조) 때 우리에게 주어지는 것이다. 반면에 경험적 직관의 형식은 직관작용을 위해 인간의 감성이 선험적으로 구비하고 있는 것이다. 외감과 내감 기능으로서의 감성은 경험적 직관의 내용을 스스로 산출하지는 못한다. 감각기능은 (외적이든 내적이든) 그것이 직관해야 할 "대상을 현존의 면에서 산출하지는 않"

(*KrV*, A92=B125 참조)고, 단지 그것이 현상하는 그대로 수용할 따름이다. 현상의 질료, 내용은 "실재[실질]적인 것"(AA XXIX, 829; 참조 *KrV*, A373)이며, 대상의 '무엇임'을 결정하는 것이다. 그러므로 감각은 경험적 직관의 "실재[실질]적인 것"(*KrV*, A168=B209; *Prol*, A91=IV306)이다. "감각에 대응하는 것"이 "현상의 실재[실질]성"이다.(*KrV*, A581=B609 · A582=B610; AA XXVIII, 575 참조) 그러므로 우리 인간은 경험적 직관에서 내용적인 것을 우리 감성을 촉발하고, 질료를 제공하는 대상(ÜE: VIII, 215 참조), 이를테면 사물 그 자체로부터 수용한다. 그렇기에 우리 인간의 지성은 "무엇이 지금 있는지, 또는 있었는지, 또는 있을 것인지를 인식할 수 있을 뿐이다."(*KrV*, A547=B575)

그래서 칸트는 경험적 직관, 곧 현상의 형식과 질료에 대한 그의 생각을 이렇게 요약한다.

"현상은 항상 두 면을 갖는다. 한 면에서는 객관 그 자체가 고찰되고, — 그것을 직관하는 방식은 고려하지 않고, 그 때문에 항상 그것의 성질은 문제성 있는 것으로 남지만 — 다른 면에서는 이 대상에 대한 직관 형식이 주시되는데, 그 형식은 대상 그 자체에서가 아니라 그것이 그에게 현상하는 주관에서 찾아져야만 하며, 그럼에도 이 대상의 현상에 실제로 그리고 필연적으로 속해 있는 것이다."(*KrV*, A38=B55)

"그것에서 우리에게 모든 대상들이 주어지는 현상에는 두 요소, 즉 직관의 형식과 질료가 있기 때문이다. 직관의 형식(즉 공간과 시간)은 완전히 선험적으로 인식되고 규정될 수 있으며, 질료(물리적인 것) 내지 내용은 공간과 시간상에서 마주쳐지는, 그러니까 어떤 존재를 함유하고 감각에 대응하는 하나의 어떤 것을 지시한다."(*KrV*, A723=B751)

그런데 "경험적 직관"이라는 칸트의 개념은 이미 '경험적'이 아닌 다른 직관을 암시하고 있다. 그것을 칸트는 "순수한 직관"(KrV, A20=B34 이하)이라고 명명한다. 칸트에 따라 우선 개괄적으로 말하면, 자기 안에 "감각에 속하는 것을 아무것도 마주치지 않는"(KrV, A20=B34), "그 표상에 아무런 감각도 섞여 있지 않"(KrV, A50=B74)은, 그런 표상은 "순수한"(KrV, A50=B74·A20=B34 참조) 것이다. 반면에 "감각을 자기 안에 함유"(KrV, A50=B74)하는, 그런 표상은 "경험적"이다.(KrV, A50=B74·A20=B34 참조) 일단 이런 규정으로만 보면, 칸트에게서 '순수한'과 '경험적'이라는 개념 쌍이 모순 관계인지 아니면 단지 반대 관계인지가 분명하지 않다. 그러나 칸트는 대개의 경우 이 두 개념을 상호 모순 개념으로 사용한다. 칸트에서는 그러니까 한 개념은 "경험적이거나 순수한 개념"(KrV, A320=B377)이다.(Log: IX, 92 참조) 따라서 칸트에게는 순수하지도 않고 경험적이지도 않은 그런 표상이란 없다. 그리고 어떤 표상이 순수한지 경험적인지는 전적으로 그 표상이 그 안에 감각을 포함하고 있는지 그렇지 않은지에 달려 있다. 그것이 이 구별의 유일한 기준이다. 그리고 우리 인간은 이 감각을 오로지 감관에 의해서만 얻을 수 있다. 그렇다면 우리는 전혀 '아무런 감각도 섞여 있지 않은' 이른바 '순수한' 직관을 어떻게 얻을 수 있는가?

칸트에서는 앞서 다루었던바 감관들 외에도 "진정으로 감성에 속하는" 또 하나의 직관 능력으로서 상상력이 있으니, 이제 만약 순수한 직관도 감성적인 것이라면, 그것은 상상력의 소산일 수밖에는 없을 것이다. 그렇다면 상상력이 산출하는 모든 직관들이 순수할까? 분명히 그럴 수는 없다. 상상력이 산출하는 표상들 가운데서도 그것들의 재료가 어떤 방식으로든 감각적인 것으로 환원될 수 있는 것들이 있으므로, 그런 것들은 순수한 것이 아니라 경험적인 것이다. 그래서 순수한 직관에는 오로지 "감관 내지는 감각의 실재 대상 없이" "마음에서 생기는"(KrV, A21=B35) 그런 직관만이 속한다. 그러므로 순수한 직관은 현상의 질료, 다시 말해 대상 그 자체가 근거에 놓여 있는 감각된 것일 수가 없다. 오히려 순수 직관의 원천은 그러니까 마음에서, 인간의 주관에서, 곧 인간 자신의 감성에서 찾아야 한다.

칸트의 견해에 따르면, 우리 인간은 감각에 앞서 "마음에 선험적으로 준비되어 있는"(KrV, A20=B34) 순수 직관에 의거해서 우리를 촉발하는 대상을 감각적으로 직관한다. 이런 이해에서 칸트는 순수 직관을 "직관의 형식"(KrV, B67·A20=B34 등 참조)이라고 말하기도 한다. 그리고 직관이 감성의 본질적 기능인 한에서, 이 직관의 형식은 다름 아니라 바로 "감성의 형식"(KrV, A20=B34 참조)이기도 하다. 그리고 또한 그것이 "감성적 직관들의 형식"(KrV, A20=B34 참조)인 한에서, 그것은 단지 외감적 직관과 내감적 직관의 형식일 뿐만 아니라 상상력의 직관 형식이기도 하다. 그러나 이 형식이 "현상의 형식"(KrV, A20=B34), 바꿔 말해 경험적으로 직관된 것의 형식인 것은, 그것이 외감적 직관과 내감적 직관의 형식으로 기능하는 한에서이다. 감성에 선험적으로 준비되어 있는 표상인 이 직관의 형식과 경험적으로 직관된 것에서 모든 경험적인 것을 사상(捨象)한 다음에도 여전히 남는 감성적 표상인 경험적으로 직관된 것의 형식은 내용상 동일한 것이다. 칸트에서 그것은 다름 아닌 공간·시간 표상이다.

직관의 형식들인 공간과 시간 표상들은, 순수한 직관들인 한에서 그 자신도 직관된 것, 감성에 의해 표상된 것이고, 그것도 "아무런 실재하는 대상 없이" 표상된 것이다. 공간·시간 표상에는 우리의 표상력, 곧 상상력에 독립해 있는, 어떠한 실재하는 대상도 대응하지 않는다. 공간과 시간은, 순수한 직관인 한에서, 순전한 "상상적 존재자(ens imaginarium)"(KrV, A291=B347; MSI: II, 401 참조)이다. 우리 감성을 떠나는 즉시 공간·시간은 아무것도 아니다.(KrV, A28=B44 참조) 그것들은 사물 자체도 아니고, 사물 자체의 성질들도 아니고 또한 현상들도 아니다. 그것들은 엄밀한 의미에서는 도대체가 존재하는 것도, 하나의 대상도 아니다. '직관의 형식'

446

으로 작동하는 공간 시간은 그런 의미에서 실상 '형식적 직관'일 따름이다.

3. 대상 인식과 지성

1) 지성의 사고작용과 자발성

감성에 의해 직관되어 우리에게 주어지는 대상은 지성에 의해 '사고 (Denken)'된다. 이렇게 됨으로써만 대상에 대한 한 인식이 성립한다. 지성은 본질적으로 이런 "사고하는 능력"(*KrV*, AXVII · A81=B106)이고, 그것도 한낱 생각하는 능력이 아니라 "감성적 직관의 대상을 사고하는 능력"(*KrV*, A51=B75)이다. 인식이 성립하기 위해서는 감성의 직관과 지성의 사고가 "똑같이 필수적이다."(*KrV*, A51=B75)

"사고하는(개념들에 의해 어떤 것을 표상하는) 능력으로서 지성은 또한 (하위 인식능력으로서의 감성과 구별하여) 상위 인식능력이라고도 불린다. 그것은 왜냐하면 (순수하든 경험적이든) 직관들의 능력은 단지 대상들에서 개별적인 것을 함유하지만, 그에 반해 개념들의 능력은 대상들의 표상들의 보편적인 것, 즉 규칙을 함유하거니와, 감성적 직관들의 잡다는 객관의 인식을 위한 통일[성]을 만들어내기 위해서 이 규칙에 종속하지 않으면 안 되기 때문이다. ─ 그러므로 지성이 감성보다 더 고귀하기는 하다. 그런데 지성이 없는 동물들은 심어져 있는 본능들에 따라 감성에 의지에서 아쉬운 대로 꾸려갈 수는 있다. 원수[元首] 없는 국민이 그렇듯이 말이다. 대신에 국민 없는 원수는(감성 없는 지성은) 전혀 아무것도 할 수가 없다. 그러므로 비록 하나는 상위자라고, 다른 하나는 하위자라고 호칭된다 해도, 양자 사이에 지위싸움은 있지 않다." (*Anth*, B115=A115=VII196)

감성과 지성은 "어느 것도 다른 것에 우선할 수 없다. 감성이 없다면 우리에겐 아무런 대상도 주어지지 않을 터이고, 지성이 없다면 아무런 대상도 사고되지 않을 터이다. [⋯] 이 양자가 통일됨으로써만, 인식은 생길 수 있다."(*KrV*, A51=B75/76) 이로써 칸트는 전통적 이성주의자들의 이성 우월론을 불식시킨다. 그렇다면 대체 칸트에서 감성의 직관과 짝을 이루는 지성 능력의 본질로서 '사고'란 무엇을 말하는 것인가?

'사고(思考: Denken)'라는 말은 크게 보아 칸트에게서 두 의미로 쓰인다. 엄밀한 의미에서 사고는 엄밀한 의미에서의 인식, 곧 객관적인, 그러니까 대상 관련적인 인식을 뜻한다. 인식인 한에서 사고는 "궁극적으로는 직관과 관련"되어 있을 수밖에 없다. 직관을 통해서만 사고될 대상이 주어질 수 있는 것이니 말이다. 그러나 칸트는 예컨대 "대상을 사고하는 것과 대상을 인식하는 것은 한가지가 아니다."(*KrV*, B146)라고 '사고'와 '인식'을 구별하여 말하기도 하는데, 이런 경우에서처럼 '사고'라는 말은 느슨하게 사용되기도 한다. 칸트는 감성 없이는, 곧 직관 없이는 어떠한 대상도 우리에게 주어질 수 없음을 거듭거듭 주장하면서도(특히 *KrV*, A51=B75 참조), 또한 인식함과 같은 것이 아닌 '대상을 사고함'에 대해서도 말한다. 이것은, "현상들은 지성의 기능 없이도 직관에 주어질 수" (*KrV*, A90=B122; A91=B123 참조) 있듯이, 감성의 기능함 없이도 사고가 가능함을 뜻한다. "내용 없는 사상들은 공허하고, 개념들 없는 직관들은 맹목적이다."(*KrV*, A51=B75)라는 칸트의 언명은 이미 공허한 사상과 맹목적인 직관이 가능함을 함축하고 있다. 이런 경우 '사상'이니 '사고'니 하는 개념은, "나는 단지 자기모순에 빠지지만 않는다면, 다시 말해 [⋯] 내 개념이 단지 가능한 사고이기만 하다면, 나는 무엇이나 사고할 수 있다." (*KrV*, BXXVI, 주)라는 의미로 사용되고 있는 것이다. 그러나 엄밀한 의미에서 사고란 칸트에서, 감성을 통해 주어지는 직관들을 인식으로 만드는 지성의 자발적 활동을 지칭한다. 이 활동을 '자발적'이라 함은 지성이 자기 안에 근원을 갖는 순수 개념들을 가지고 일을 수행하기 때문이다. 이 활동을 칸트는 "표상들을 한 의식에서 통일하는 것"(*Prol*, A88=IV304)이라는 말로 설명하는데, 여기서 '표상들'이란 감성적 직관들 내지는 직관의 잡다를, '한 의식'이란 의식 일반, 다시 말해 통각(Apperzeption)을, '통일'이란 종합적으로 결합함을 뜻하며, 그것은 지성의 고유한 활동이다.

칸트에서 사고하는 능력인 지성을 우리는 우선 두 관점에서 파악할 수 있다. 곧, 한편으로는 자기활동의 도구들을 스스로 마련하는 지성작용의 관점에서, 또 다른 한편으로는 주어진 대상들에 관계하는 지성 기능의 관점에서 말이다. 첫째 관점에서의 지성을 칸트는 "개념들의 능력"(*KrV*, A160=B199), "규칙들의 능력"(*KrV*, A126 · A132=B171) 또는 "원칙들의 원천"(*KrV*, A158이하=B198 참조)이라 일컫고, 둘째 관점에서의 지성은 "일반적으로 말해" "인식들의 능력"(*KrV*, B137)이라고 일컫는다. 지성은 표상들, 즉 개념들, 규칙들, 원칙들을 자기로부터 산출한다. 그러므로 그것들은 '선험적(a priori)'이고 '순수(rein)'하다. 그러한 한에서 이 지성 또한 순수하다. 순수한 지성이 그의 순수한 선험적인 표상들을 "매개로 해서"(*KrV*, B145) 인식 일반을 가능하게 하는 한에서, 순수 지성의 이 인식 기능은 '초월적(transzendental)'이다.

인식능력으로서 지성의 "전 능력"은 칸트에 따르면 "사고함에, 곧 직관에서 밖으로부터 그에게 주어진 잡다의 종합을 통각의 통일로 가져가는 작용"(*KrV*, B145 · A247=B304 참조)에 있다. "그러니까 지성이란 자기만으로는 아무런 것도 인식하지 못하고, 단지 객관으로부터 그에게 주어져야만 하는 인식을 위한 재료, 즉 직관을 결합하고 정리할 뿐이다."(*KrV*, B145) 이런 규정을 통해 칸트는 사물 인식에 대한 그의 기본적인 통찰을 다시 한 번 선명하게 표현하고 있다. 인식의 질료, 곧 직관들은 인간의 감관을 촉발하는 대상에 의해 먼저 주어져야 하고, 그렇게 되면 도대체가 혼자서는 아무것도 인식할 수 없는 지성은 주어진 그 잡다한 직관들을 결합하고 정리함으로써 그 주어진 대상에 대한 인식에 이른다는 것이다.

칸트는 이 같은 사물 인식에 대한 설명으로써 인식의 네 요소 내지는 네 조건을 말하고 있다. 곧, 1)직관 — 이것은 본질적으로 감성적이며 잡다하다 — , 2)잡다의 종합, 3)종합된 잡다를 통각의 통일로 가져가는 작용, 4)통각의 통일이 그것이다. 이 가운데서 첫째 요소는 명백히 감성에 귀속하나, 나머지 세 요소는 지성의 소관사로 보아야 할 것이다. 칸트의 소론대로 하면, 우리 인간은 감성과 지성 이외에는 아무런 다른 인식능력도 가지고 있지 않으니 말이다.

그럼에도 칸트는 어떤 대목에서는 이와 어긋나 보이는 말, 예컨대 "모든 경험을 가능하게 하는 조건들을 함유하는 […] 세 근원적 원천(영혼의 힘 내지 능력)이 있는바, 그것은 곧 감각기능[감관], 상상력 그리고 통각이다. 이 위에 1)감각기능[감관]에 의한 선험적인 잡다의 일람[一覽], 2)상상력에 의한 이 잡다의 종합, 마지막으로 3)근원적 통각에 의한 이 종합의 통일이 근거한다."(KrV, A94)라는 말을 하고 있다. 그리고 이 말 가운데서 '상상력'과 '통각'은 경험 인식에서 각기 고유한 기능을 갖는 독자적인 능력으로 표현되어 있다. 그러나 이 말과 칸트의 인식의 두 줄기 이론을 어긋나지 않게 풀이한다면, 앞서도 살펴보았듯이, 감각기능은 감성에, 상상력의 종합작용과 통각의 통일작용은 지성의 두 겹의 활동으로 보아야 할 것이다.

우리의 인식능력을 수용적-자발적, 수동적-능동적인 것으로 이해하는 한에서, 이상에서 해명된 것으로부터 우리는 적어도 다음의 두 가지를 재확인할 수 있다. — 첫째, 우리 인식능력의 두 기능 내지 작용, 곧 수용적인 감성과 자발적인 지성은 일단 분리되어 고찰될 수 있다. 둘째, 이때 상상력은, 대상을 직관에서 표상하는 기능으로 이해되는 경우에는 감성의 부분 기능으로, 자발적인 종합의 기능을 수행하는 것으로 이해되는 경우에는 지성의 부분 기능으로 간주할 수 있다. 물론 이때 상상력의 이 두 기능이 동일한 한 상상력의 서로 다른 두 기능인지, 아니면 양자는 '상상력'이라는 명칭만 공유할 뿐 실상은 마음의 서로 다른 기능인지 하는 문제는 따로 남는다. 그러나 분명한 것은, 칸트는 '상상력'이라는 이름 아래 본질적으로 구별되는 두 인식 기능을 포섭하고 있다는 사실이다. 이 두 기능 사이에 밀접한 연관성이 있다는 것을 부정할 수는 없지만, 그렇다고 그것이 이 두 기능의 수행자를 동일한 것이라고 입증해주는 것은 아니다.

이렇게 이해하고 나면, 이미 앞서 말했듯이 인식의 네 요소 가운데 직관만이 감성에 귀속하고 나머지는 모두 지성에 속하는 셈이다. 이에 상응해서 지성은 다시금 분할되는 세 기능의 수행자이고 그에 따른 서로 다른 명칭을 갖는다. 직관의 잡다를 종합하는 기능은 상상력, 잡다의 종합을 통각의 통일로 가져가는 작용은 좁은 의미에서의 지성, 통일작용 자체는 통각이라고 일컬어지고 있는 것이다. 저 감성적 직관은 감성의 기본 성격을 이루는, 우리 인식능력의 수용성에 의거하고, 이 세 작용은 지성의 기본 성격을 이루는, 우리 인식능력의 자발성에 의거한다. "나의 모든 표상에 수반할 수밖에 없"고, "모든 의식에서 동일자[同一者]로 있는" "나는 사고한다(Ich denke: ego cogito)"라는 근원적 표상은 표상 능력의 "자발성의 작용"(KrV, B132)이다. 이 "동일한 자발성"(KrV, B162, 주 참조)에 상상력의 종합과 지성의 결합작용은 근거하고 있다.

그러므로 인간 지성의 사고는 주어지는 잡다한 직관들과 관계하는 인식작용인 한에서, 다름 아닌 잡다의 "결합(Verbindung, conjunctio)"(KrV, B130)작용 일반이다.[15] 여기서 물론 결합작용이란 지성의 전 활동을 의미한다. '결합'은 표상들 가운데서도 "객관으로부터는 주어질 수 없고, 오직

---

15 칸트에서 볼 수 있는 denken(cogito)과 vereinigen / verbinden(cogo)의 친족성은 이미 Augustinus에서도 발견된다. *Confessiones*, Lib. 10, hrsg. v. J. Bernhart, München 1980, S. 514~515 참조.

주관 자신에 의해서만 수행될 수 있는 […] 유일한 표상"(*KrV*, B130)이다. 그것은 "결코 감각기능에 의해서는 우리 안에서 생길 수 없"(*KrV*, B129)다. 그것은 곧 우리 인식주관의 "표상력의 자발성의 작용"(*KrV*, B130)이고, "주관의 자기활동의 작용"(*KrV*, B130)이다. 이 자기활동적 표상력 일반 을 칸트는 수용적인 감성과 구별하여 "지성"이라고 명명한 것이다.(*KrV*, B130 참조) 그러므로 칸트에서 사고능력으로서의 지성은 요컨대 주어지는 잡다한 표상들을 통일적으로 결합하는 능력이다.(*KrV*, B135 참조)

2) 사고의 형식과 그 작용 방식

사고작용은 이미 주어진 표상들에 대한 표상작용이다. 그러므로 사고 는 "표상에 대한 표상"(*KrV*, A68=B93)이다. 이런 의미에서 사고는 간접 적[매개적] 표상이다. 그러니까 사고는 이미 주어져 있는 표상들을 전제로 해서만 이루어진다. 사고에 전제되는 표상들은 여러 가지 방식으로, 예컨 대 감각적 직관이나 상상 또는 반성을 통하여 주어진다. 이렇게 주어지는 표상들을 사고의 소재/재료/질료라고 한다면, 사고작용은 이 소재들을 통일 또는 결합하는 작용이라 볼 수 있다. 이 결합작용을 통해 우리는 한 대상이 무엇인지를 알게 되므로, 이런 결합작용을 하는 의식을 앎의 성능 곧 '지성(知性: Verstand)'이라 칭한다. 그런데 지성의 사고작용이 일정한 규 칙에 따라 이루어질 때 결과하는 사고를 우리는 올바른 사고라 한다. 그 래서 우리는 사고를 올바르게 해주는 사고의 규칙을 사고의 틀, '형식'이 라고 부를 수 있다.

직접적인 표상인 직관에 비해 매개적인 표상은 다름 아닌 개념이므로 사고작용은 개념작용이다. 일차적인 사고작용은 직관을 통해 직접적으로 주어지는 자료들을 소재로 개념을 만드는 작용이겠고, 이렇게 해서 만들 어진 개념들을 소재로 한 결합작용도 여러 가지로 일어나니, 사고작용은 여러 겹으로 수행된다고 볼 수 있다.

일차적으로 개념을 만드는 사고작용은 어떻게 진행되는가? 개념이 "공통 징표에 의한 표상", 즉 "다수의 객관들에 공통적인 것에 대한 표상", 바꿔 말해 "보편적 표상"(*Log*, §1: IX, 91)이라고 규정될 수 있다면, 개념이란 "여러 가지" 표상들이 주어질 때 그것들에 공통적인 징표를 추출하는 작업을 통해 얻어지는 것이겠다. 이렇게 개념을 얻는 작업을 칸트는 '지성의 세 논리적 조작' 과정으로 설명한다.(*Log*, §6: IX, 94 이하 참조) 지성은 주어진 표상들을 통일된 의식 아래에서 서로 '비교'하고, 상이한 표상들을 어떻게 한 의식에서 파악할 수 있을까를 '반성'하고, 주어진 표상들이 서로 구별되는 모든 점은 도외시하고 공통점만을 도출해내는 '추상' 작업을 함으로써 하나의 개념을 얻는다. 그러니까 주어지는 표상들로부터 개념을 만든다는 것은 주어지는 표상들을 개념화하는 것이다. 이런 면에서 볼 때 사고의 능력인 지성은 또한 개념의 능력이기도 하다.

개념은 그것의 내포와 외연에 따라 또는 다른 개념과의 관계에 따라 여러 가지 기준에서 분류할 수 있겠지만, 그것이 만들어지게 된 소재에 따라서는 "경험적이거나 순수하다." 지성이 개념을 만들기 위해 논리적 조작을 할 때, 그 소재로서 다양하게 주어진 표상들이 감각경험적이면 그 산물은 "경험적" 개념이며, 그 주어진 "그 표상에 아무런 감각도 섞여 있지 않으면"(*KrV*, A50=B74) 이로부터 얻어진 것은 "순수한" 개념이다. 예컨대 '사과', '생물', '빨갛다', '용', '국민' 따위는 경험적 개념들이고, '하나', '삼각형', '있다', '동일성', '인과성' 따위는 순수한 개념들이다. 경험적인 개념들은 감각을 통해 주어지는 소재들을 개념화한 것이므로, 개념작용과 개념 내용, 그리고 개념 대상의 계기가 구별될 수 있다. 그러나 순수한 개념들 가운데는 '삼각형'처럼 그것의 재료가 순수한 형식적 직관인 것이 있는가 하면, '인과성'처럼 어떤 것은 감성과 무관하게 "오로지 지성으로부터 생긴 것"(*Log*, §3, 주1: IX, 92)도 있다.

오로지 순수한 지성으로부터 생겨난 개념들, 그래서 "순수한 지성 개념"이라고 불리는 개념들은 이를테면 지성의 자기의식이다. 이러한 순수한 지성 개념은 다름 아닌 지성의 사고작용 자체이다. 사고작용은 개념 작용이자 또한 주어지는 개념들의 결합작용이다. 지성에 의해 수행되는 개념의 결합에는 두 종류가 있는바, 하나는 분석적 결합이라고 부를 수 있는 것이고, 다른 하나는 종합적 결합이라고 부를 수 있는 것이다. 순수한 지성 개념들 가운데는 이 결합작용의 틀, 원리로 기능하는 것들이 있다.

주어지는 표상들을 종합적으로 결합하는 원리로 기능하는 개념들을 칸트는 "순수한 지성의 근간 개념"(*KrV*, A81=B107 참조)이라고 부른다. 모두 4종 12개인 이런 근간 개념들은 사고작용의 기본적 기능(Funktion) 형식이므로 '범주(Kategorien)'라고 일컬어지기도 한다. '~은 ~이다.'(실체-속성) '~때문에 ~하다.'(원인-결과)와 같은 사고의 형식은 직관을 통해 수용되는 내용 '~'을 담아내는 틀, 이를테면 '함수(Funktion)'이다.

대상 인식에서 사고란 달리 표현하자면 이러한 기능 개념인 범주들에서 잡다를 종합하여 통일하는 지성의 활동이다. 사고는 지성이 스스로 자신에게 지정하는 이러한 "사고의 형식들"(*KrV*, A51=B75, A254=B309) 또는 "사상 형식들"(*KrV*, B150)에 따라 수행된다. 이러한 '순수 지성적이고, 전적으로 선험적'인 이른바 '순수한 지성 개념들' 내지 '범주들'에 의한 지성의 통일작용을 '통각의 통일'이라고 일컫거니와, 그것의 가능성 자체가 이 통각의 통일작용에 기초하고 있는 지성은, 그 자신이 산출한 표상들인, 일정한 방식의 일정한 수효의 "범주들을 통해서 통각의 통일을 선험적으로 수행"(*KrV*, B145 이하)하는 것이다. 범주들이란 다름 아닌 통각의 통일 형식들이고, 그러니까 통각의 통일은 오로지 범주들에 맞춰 수행되는 사고에서만 현현한다. 그렇기에 모든 종합들은 "범주들에 따라서"(*KrV*, B152) 일어날 수밖에 없는 것이다. 그러므로 범주들은, 그 아래에서만 모든 감성적 직관들의 잡다가 "한 의식 안에 모일 수 있는"(*KrV*, B143) 필수적인 조건들이다. 그것들은 요컨대 모든 사물 인식들의 가능성의 선험적 조건들이다.

다른 한편으로는 주어지는 표상들을 분석적으로 결합하는 데에 원리로 기능하는 개념들 가운데서 최상위의 것을 칸트는 "모순율"이라고 보는데 (*KrV*, A150 이하=B189 이하 참조), 이것은 일반적인 지성의 올바른 사용의 지침이 된다는 점에서 보통 '일반적 논리 형식'으로 간주된다.

3) 지성의 종합과 통일작용

칸트에게서 "종합(Synthesis)"이란 "가장 일반적인 의미에서 여러 표상들을 서로 덧붙이고 그 잡다함을 한 인식에서 파악하는 활동 작용"(*KrV*, A77=B103)을 말한다. 그것은 "본래 인식을 위한 요소들을 모으고, 그것들을 일정한 내용으로 통일하는 것"으로서, 이 "잡다[…]의 종합이 비로소 한 인식을 산출한다."(*KrV*, A77=B103)[16] 그리고 잡다한 것이 우리에게 선험적으로 주어지느냐 후험적(a posteriori)으로 주어지느냐에 따라서, 그것에 대한 인식은 순수하거나 경험적이다. 이와 마찬가지로 경험적인 잡다한 인식 재료, 곧 객관 연관적인 감성적 직관들을 한 의식에서 통합하는 종합은 경험적이라고 일컬어지며, 그 재료가 한낱 순수한 직관에 의해 주어지는 그러한 종합은 순수하다고 일컬어진다.(*KrV*, A77=B103 참조)

대상 인식에는 그것이 객관 연관적인 한에서 언제나 순수 직관뿐만 아니라 바로 순수 직관인 "공간 시간상에 직접 현실적으로, 즉 감각에 의해 표상되는 것에 대한 경험적 직관"(*KrV*, B147)이 함유되어 있다. 그래서 대상 인식은 그 성격상 경험적이다. 대상 인식 곧 경험은 궁극적으로는 경험

---

16 이 말의 상세한 함축에 관해서는 저자의 다른 책, 『존재와 진리』, 철학과현실사, 2008(전정판), 259면 참조.

적 종합, 다시 말해 대상과 관계 맺은 경험적 직관들의 종합에 근거한다. "경험적 종합으로서" 경험(KrV, A157=B196, B164 참조)은, 칸트가 "경험적 직관에서의 잡다의 합성이라 이해"하는 "포착의 종합"(KrV, B160)에 뿌리를 두고 있다. 왜냐하면 포착의 종합을 통해 비로소 "지각, 곧 (현상으로서의) 직관에 대한 경험적 의식이 가능하게"(KrV, B160) 되는 것이니 말이다. 그런데 경험적 직관이라는 현상은 대상의 촉발을 계기로 언제나 직관의 형식에 의거해 나타날 수 있다. "현상의 잡다의 포착의 종합" 또한 "항상 이 형식들에 맞아야만 한다. 왜냐하면 그 종합 자체가 이 형식에 따라서만 생길 수 있으니 말이다."(KrV, B160) 그러나 감성적 직관의 형식들, 곧 공간과 시간은 그 자체가 직관들이고, 그래서 잡다하게 주어지는 것들이다. 그렇기 때문에 공간·시간상에서 잡다하게 현상하는 것들의 포착의 종합이 가능하기 위해서는, 공간·시간이라는 직관들 자체가 미리 "그 직관들 내의 잡다의 통일 규정과 함께" 표상되어야 한다. "공간·시간상에서 규정되는 것으로 표상되는 모든 것이 좇아야만 하는"(KrV, B161), 순수한 직관들의 이 통일적인 "결합" 내지 "종합적 통일"(KrV, B161; 참조 B150)이 선험적인 "모든 포착의 종합의 조건"(KrV, B161)이다. 상상력에 의해 선험적으로 가능하고 포착의 종합을 위해 필수적인 이 종합을 칸트는 "상상력의 초월적 종합"(KrV, B151)이라 일컫는 것이고, 또한 그것이 오로지 주어지는 직관에만 관여한다는 측면에서는 "형상적 종합(synthesis speciosa)"(KrV, B151; 참조 B154)이라고도 일컫는다.

칸트에 의하면, 상상력의 초월적 종합은 "지성의 감성에 대한 작용이고, 우리에게 가능한 직관의 대상에 대한 지성의 최초의 적용이다.(동시에 여타 모든 적용의 토대이다.)"(KrV, B152; 참조 B154) 이로써 칸트는 상상력의 종합의 특성을 말함과 함께 상상력과 지성 사이의 관계를 밝히고 있다. 그는 "상상력의 초월적 종합의 이름"(KrV, B153) 아래서 지성의 최초의 인식작용을 보고 있는 것이다. "상상력의 이름"(KrV, B162, 주) 아래서의 이 지성작용은 초월적인데, 왜냐하면 그것은 그 자체가 선험적으로 자발적으로 일어날 뿐만 아니라 인식을 — 그것이 선험적이든 경험적이든 — 비로소 가능하게 하기 때문이다.(*KrV*, B151 참조) 선험적인 감성적 직관의 잡다의 이 초월적 종합을 통해 가령 공간은 비로소 "실제로 기하학에서 사람들이 필요로 하는 것"인바 "대상으로 표상된"(*KrV*, B161, 주)다. 이렇게 되어서 "우리는 (수학에서 보듯) 대상들에 대한 선험적 인식들을 얻을 수 있다."(*KrV*, B147) 물론 여기서 칸트는 '인식' 및 '대상'이라는 개념을 아주 넓은 의미로 사용하고 있다. 공간·시간이라는 대상에 대한 선험적 인식은 엄밀한 의미에서, "오직 순수한 감성적인 직관의 형식에 따라서만 우리에게 드러나는 사물들이 있다는 것을 전제하는 경우를 제외하고는"(*KrV*, B147), 아직 인식이 아니다. 실재하는 아무런 사물도 대상도 없기 때문이다. 그러나 공간·시간상에서 현상하는 사물들에 대한 인식은 — 그러니까 이 인식은 경험적인 것인데 — 상상력의 초월적 종합에 의한 공간·시간 표상에 따라서 성취될 수 있다.

포착의 종합은 이 상상력의 초월적 종합에 의해 비로소 가능하다. 그러나 모든 종합은 그것이 하나의 종합인 한에서 자기 안에 통일성을 함유하고 있다. 결합 내지 종합은 언제나 통일적인 것이다. 하나의 결합이 성립하기 위해서는 잡다한 직관들과 그것들의 종합 외에도 통일성이 필요하다.(*KrV*, A78=B104, 참조 B130) 종합 작용 자체를 가능하게 하는 이 통일은 자기의식에 근거한다. 곧 그것은 일정한 직관에 주어지는 잡다한 표상들에 수반하는 '나는 사고한다'라는 의식, 나는 잡다한 표상들을 나의 것으로 의식하며, 그때 나 자신은 일관되게 동일하다는 의식에 근거한다. 그러므로 잡다한 표상들의 종합적 통일, 하나로 만들기는 단지 "한 표상에 다른 표상을 덧붙이"는 것일 뿐만 아니라 "주어진 표상들의 잡다를 한 의식에서 결합"(*KrV*, B133)함이다. 일체의 결합을, 그럼으로써 인식을 가능하게 하는 통일을 칸트는 "자기의식의 초월적 통일"(*KrV*, B132)이라고 일컫는다. 이 자기의식이 "자발성의 작용"인 한에서 그것을 칸트는 "순수 통각"이라 이름 붙이고, 또한 '나는 사고한다'라는 표상이 다른 어떠한 표상으로부터도 파생되는 것이 아니면서도, 다른 모든 표상들에는 수반할 수 있어야만 하는 것이라는 점에서 칸트는 그것을 "근원적 통각"(KrV, B132)이라고 칭하기도 한다. 순수 통각의 초월적 통일작용은 이를테면 "인식하는 사고의 근원 작용"[17]이다. 순수 근원적 통각의 이 초월적 통일작용에 지성의 전 활동이, "지성의 가능성조차도 의거한다."(KrV, B137) 이 초월적 통각은 모든 인식 일반을 가능하게 하는, 말하자면 인간의 근원적 인식 기능이다. 그래서 칸트는 그것을 "우리의 모든 인식의 근본 능력"(KrV, A114)이라고 명명한 것이다.

철학적 사유를 인류 사상의 변증적 사유 잇기로 본다면, 칸트의 '통각' 개념은 흄의 지각의 다발에 통일성을 주어 우리가 지각의 다발의 구성분의 변화무쌍함에도 불구하고 사물 A, B, C, …를 구별하고, 사물 A, B, C, …의 변화를 이야기하는 생활세계를 설명해주는 열쇠 개념으로 등장한 것이다.

칸트는 지각군(群) a·b·c·d·e·f…가 한 사물 A를 표상하고, 지각군 a·b·c·d·e·g…가 또 다른 한 사물 B로 통일되는 근거를 상식실재론자들처럼 '사물 자체'에서 구하지 않고, 통각의 초월적 통일 기능에서 찾기에 이른다. "이제까지 사람들은 모든 우리의 인식은 대상들을 따라야 한다고 가정"한 것에 반해, "대상들이 우리의 인식을 따라야 한다고 가정함으로써"(KrV, BXVI) 비로소 대상 인식을 명료하게 설명할 수 있음을 역설한 칸트의 '코페르니쿠스적 사고 전환'의 핵심을 이루는 것은 다름 아닌 칸트의 통각 개념이다.

'통각(apperceptio: 수반의식)'이란 '내가 무엇인가'를 의식하고 있음에 대

---

17 Heidegger, "Kants These über das Sein", in: GA 9, S. 469.

한 의식이다. '나는 내가 무엇인가를 의식한다는 것을 **의식한다**(ego-cogito
-me-cogitare-cogitatum).'라는 의식의 구조에서 '나는 나를 의식[생각]한다
(ego-cogito-me~).'라는 '자기의식(Selbstbewußtsein)', 곧 '나는 생각한다
(ego cogito).'에 대한 '나는 생각한다(ego cogito).'라는 의식은 내가 생각하
는 "나의 모든 표상에 수반할 수밖에 없다."(*KrV*, B131) 왜냐하면 내가 생
각[의식]하지 않는 것이 나의 표상이 될 수는 없을 것이니 말이다. 이 자
기의식은 나의 모든 의식작용(perceptio)에 부수하는(ad+) 의식(perceptio),
그런 의미에서 '수반의식(apperceptio)'이다. 모든 표상들에 수반하는 이
'나'의 자기의식에서 그 모든 표상들은 "나의 표상들"이 되고, 시시각각
표상되는 그 잡다한 표상들에 수반하는 이 '나'가 "동일자"인 한에서 그
표상들은 하나로 통일된다. 그러니까 누가 '하나의', 다시 말해 통일된 대
상 표상, 예컨대 '하나의 붉고 새콤하고 둥근 사과'라는 대상 표상을 가
지고 있는 한에서 그것은 '나'라는 의식의 동일성을 함축한다. 그래서 칸
트는 바꿔 말해, "내가 주어지는 잡다한 표상들을 한 의식에서 결합할 수
있음으로써만", 나는 "이 표상들에서 의식의 동일성을 스스로 표상하는
것이 가능하다."(*KrV*, B133)라고 말한다. 칸트는 잡다한 표상들을 하나로
통일하는 이 언제나 동일한 자기의식을 "통각"이라고 부르고, 그 통각의
통일작용을 "근원적 통일"이라 일컬으며, 그 통일작용은 '통일되는 것'을
있도록 한다는 뜻에서 "초월적 통일"이라고 부르고, 그 통각 활동이 순전
히 자기의식의 자발성에 기인하는 한에서 그 통각을 "순수한" 통각이라
칭하는 것이다.

[18]"통각의 초월적 통일은 직관에 주어진 모든 잡다를 객관이라는 개념에
서 합일되게 하는 것"인데, 이 통일작용에 의해서 비로소 하나의 객관/대
상이 우리에게 현상하므로, 그 통일은 "객관적 통일"이라고 일컬을 수도

---

18 이하 저자의 다른 책, 『존재와 진리』, 철학과현실사, 2008(전정판), 223~230면 참조.

있다.(*KrV*, B139 참조) 그러니까 지각군(群) a·b·c·d·e·f…가 한 사물 A로 표상되는 것은 지각a·지각b·지각c·지각d·지각e·지각f…에 수반하는 동일한 '나'가 그 잡다한 것들을 하나의 사물 A로 통일하여 생각하고, 또 지각군 a·b·c·d·e·g…가 다른 한 사물 B로 표상되는 것은 그 지각a·지각b·지각c·지각d·지각e·지각g…에 수반하는 동일한 '나'가 그것들을 또 다른 한 사물 B로 통일하여 표상하기 때문이다. 그러므로 사물 'A'라는 것은 '나'에 의해 'A'라고 인식[규정]된 것이다.

물론 이때 '나'는 나에게 주어지는 잡다한 지각들을 'A'라고 통일 규정할 수도 있고 'B'라고 규정할 수도 있다. 그러니까 내가 나에게 주어지는 어떤 것을 'A'로 규정하느냐 'B'로 규정하느냐는 우연적인 것이고, 따라서 변경될 수 있는 것이기도 하다. 그리고 어떤 '나'[甲]는 그것을 'A'로 규정하는데, 다른 '나'[乙]는 그것을 'B'라고 규정할 수도 있다. 로크나 흄이 그렇게 생각했듯이, 어떤 이는 잡다하게 지각되는 어떤 것들을 그것들의 "인접성"에 의해서 'A'로 통일할 수도 있고, 그것들의 "공동 목적"에 의해서 'B'로 통일할 수도 있다. 그리고 이때 그 '인접성'이라든가 '공동 목적'이라는 것이 보기에 따라서 다를 수도 있는 것인 한에서, 그런 것을 기준으로 한 통일 역시 우연적이다. 그러니까 어떤 '나'에게는 'A'인 것이 다른 '나'에게는 'B'로 인식될 수도 있다. 그러나 어떤 '나'이든 그는 그에게 지각된 잡다한 것을 'A'이든 'B'이든 또는 'C'이든, 여하튼 '무엇인가'로 규정한다. 그러니까 잡다하게 지각된 것을 '무엇인가'로 통일 규정하는 것은 필연적인 일이다. 다시 말해 A이든 B이든 C이든 그것들은 '무엇인 것'이라는 점에서 같다. 그 '무엇인가'가 A·B·C…일 수 있듯이, 그렇게 인식하는 '나' 역시 甲·乙·丙…일 수 있다. 그러나 甲·乙·丙… 모두 '나'라는 점에서는 같다.

이러한 해명 가운데에 '동일한 나'와 서로 '구별되는 나'를 말하고 있다. 여기서 모든 '나들'이 서로 구별됨에도 똑같이 '나'라고 일컬어지는 것은 동일성이 있기 때문이다. 그러면서도 그 '나들'이 서로 구별되는 것은 또한 차이성이 있기 때문이다. 적어도 대상 인식에서 '동일한 나'는 동일한 의식의 인식 기능을 말하는 것으로 그것을 칸트는 "초월적 자아[주관]"라고 칭한다. 그러니까 '초월적 자아'의 차원에서는 '너'와 '나' 또는 '그'의 구별이 없다. 그래서 만약에 '나들' 사이에 차이가 있다면, 그것은 "경험적 자아[주관]"의 차원에서의 일이라 해야 할 것이고, 그것은 신체성을 도외시하고서는 말할 수 없을 것이다. 그렇다면 이른바 '초월적 자아'는 신체성과 무관하게 말할 수 있다는 것인데, 그렇기에 그것은 시간·공간상의 존재자가 아니라 단지 "초월 논리적" 내지는 존재론적 개념일 따름이다. 그러므로 그것은 서로 다른 '나들'을 각각 적어도 하나의 '나'로서 가능하도록 하는 논리적 내지 존재론적 전제이되, 그러나 우리는 그 동일성을 '나들'이 인식작용에서 보이는 동일한 기능 — 예컨대, 모든 '나들'은 대상 인식에서 한결같이 "무엇이 어떠어떠하다"는 인식 틀을 따른다 — 에서 확인할 수 있다.

그러니까 '나는 내가 무엇인가를 의식한다는 것을 의식한다(ego-cogito-me-cogitare-cogitatum).'라는 의식의 구조에서 통각인 '나는 ~을 의식한다'라는 자기의식은 '경험적/순수한'과 같은 구별이 해당되지 않는 단지 '초월적' 활동일 따름이다. 그러므로 초월적 통각작용이 '순수하다'는 것은 엄밀하게 말해 '경험적 통각' — 사실상 이것은 '경험적 지각'의 다른 이름에 불과한 것이다 — 과 구별하기 위한 것이라기보다는 '감각과는 무관하다'는 정도의 의미이겠다.

어떤 의식 활동에 '경험적'과 같은 성격이 있고 없음은 감각작용의 포함 여부에 달려 있는 것이니, 그러한 의식작용은 그렇게 의식 활동하는 '나'가 신체적인 것임을 함의한다. 바로 '… 내가 무엇인가를 의식한다 …'에서 '내[나]'는 자연세계 안에서 인식 활동하는 나를 지칭하니, 그것은 순수하게, 곧 가령 수학이나 논리적 사고에서처럼 감각경험에 의존함이 없이 활동할 수도 있고, 경험적으로, 곧 가령 경험적 지식 활동에서처럼 감각에 의존하여 활동할 수도 있다. 이러한 나의 경우에는 편의상 '경험적 자아' 또는 '순수한 자아'를 구별하여 특정 인식 활동을 서술할 수 있을 것이다.

다른 한편, 우리는 '무엇인 것'이라는 개념 없이는 아무런 대상도 인식할 수가 없다. 우리에게 존재자인 것, 곧 대상은 그것이 A이든 B이든 C이든 '무엇인 것'이다. 그리고 A는 그것이 어느 때 누구에게 p_1으로 지각되든 p_2로 지각되든 p_3로 지각되든 A이다. 우리가 A의 변화를 이야기하고, "A는 보는 이에 따라서 서로 다르게 보인다."라고 의미 있게 말할 수 있는 한에서는 말이다. 또한 도대체가 '무엇인 것'은 그것을 인식하는 자인 '나' 없이는 무엇인 것으로 인식될 수가 없다. 그 '나'가 甲이든 乙이든 丙이든 간에 말이다. 그러니까 그 '무엇인 것'은 '나'의 개념이다. 이 '나'는 '무엇인 것'을 의식하는 자이다. 그런데 이 '나'는 '그 무엇인 것'의 변화를 의식하면서도, 그 변화 속에서도 '그 무엇인 것'은 여전히 '그 무엇인 것'이라 의식한다. 그런 의미에서 '그 무엇인 것'은 의식된 '실체'이다. 그러니까 "'나'는 내가 무엇인가를 동일한 것으로 의식한다는 것을 의식한다." 또 "나는 내가 무엇인가를 시시각각 변화하는 것으로 의식한다는 것을 의식한다."

요컨대 '나는 내가 무엇인가를 의식한다는 것을 의식한다'에서 '내가 무엇인가를 의식한다'는 것을 대상 의식이라고 한다면, '나는 [이것을] 의식한다'는 것은 자기의식이라 할 것이다. 여기서 자기의식이라 함은 자기인식이 아니다. '자기인식'이란 '자기'라는 대상에 대한 인식으로서, 그 역시 일종의 대상 인식이다. 그러나 '자기의식'이라 함은 자기가 무엇인가를 의식하고 있다는 것에 대한 의식으로서, 대상 의식에 수반하는 그러면서 대상 의식을 정초하는 의식이다. 그것이 대상 의식을 정초한다 함은 대상에 대한 의식을 비로소 가능하게 하기 때문인데, 대상 의식이 가능하려면 무엇보다도 먼저 잡다하게 주어지는 지각들을 '무엇인 것'으로 통일하는 동일한 '나'가 전제되어야 하거니와, 자기의식이란 바로 이 '나'라는 의식이다. 그리고 이 '나'는 그 위에서 모든 대상 의식이 정초된다는 점에서 일체의 대상 의식의 토대이자 주체(subjectum)이다.

'내가 무엇인가를 의식한다'라는 대상 의식에는 '나(ego)'와 '의식함 (cogito)'과 '의식되는 것(cogitatum)'의 세 요소가 있다. '나'는 의식의 주체 이고 대상을 의식하는 주관이다. '의식함'이란 이 주체의 대상 지향 활동 이고, '의식되는 것'은 바로 그 지향된 대상이다. 칸트의 용어법을 따라 우리가 감각경험의 의존 여부에 따라 '경험적'/'순수한'이라는 말을 구별 해 쓴다면, '나'는 예컨대 수학적 대상을 의식할 때처럼 순수하게 기능하 기도 하고, 자연적 대상을 의식할 때처럼 경험적으로 기능하기도 한다. 그러나 이 '내가 무엇인가를 의식한다'에 수반하는 자기의식의 '나'는 언제 나 순수하게 기능한다. 자기의식은 어떤 감각 기관의 기능도 아니니 말이 다. (그렇다고 이 말이, 아무런 감각 기관도 갖지 않은 자도 자기의식이 있다는 것 을 함축하지는 않는다. 그것은 순수한 대상 의식이 아무런 감각경험도 필요로 하지 않는다 해서, 순수한 대상 의식은 아무런 감각 기관도 갖지 않은 자도 갖는다는 것 을 함축하지는 않는 이치와 마찬가지이다.)

대상 의식에 수반하여 대상 통일 기능을 수행하도록 하는 자기의식은 대상 의식이 기능하는 데에 일정한 틀[형식]을 제공한다. 이른바 '순수한 지성 개념들', 바꿔 말해 사고의 '범주들'이 바로 그것이다. 예를 들어 범 주들의 대상 인식에서의 기능을 살펴보자. "'나'는 개천가에서 봄에 '한 그 루의 나무'를 보았다. '그 나무'는 봄에는 꽃이 활짝 피었고, 초여름에만 해도 잎이 무성하였는데, 한여름 가뭄 때문에 잎과 가지들이 타들어가, 어제 관리인이 베어버렸다. 그래서 그 나무는 지금 없다."라는 대상 인식 에서 '나'는 '그 나무'를 산책길에 오가면서 보는 자인만큼, 신체를 가진 감 각하는 경험적 '나'이다. 그러나 이 인식에서 '나'는 내가 본 '무엇'인가를 '그 나무'(실체)로 규정하고, '그 나무'가 봄에는 꽃피고, 여름에는 무성하게 자라고, 마침내 말라죽었다(우유성)고 규정하고, 그 나무는 한 그루(하나)이고, 풀이 아니라(부정성) 나무이고(실재성), 어제(시간)까지만 해도 개천가에(공간) 실제로 있었는데(현존성), 가뭄 때문에 말라죽었다(인과성)고 규정한다. 칸트는 시간·공간을 지성의 형식이 아니라 "감성의 형식"이라고 별도 취급을 하였지만, 감성의 형식이든 지성의 형식이든 어쨌든 '의식의 기능 형식'인 것은 마찬가지이다. 이 대상 인식에서 나든 너든 또는 그든 어쨌든 '나'는, 벚나무를 벚나무로 제대로 보았든 아니면 느티나무를 벚나무라고 잘못 보았든 어쨌든 '그 나무'를, 또 한 그루든 두 그루든 어쨌든 '몇' 그루를, 그 나무가 가뭄 때문이 아니라 뿌리가 썩었기 때문이었든 어쨌든 '~때문에' 시들었다는 것을, 내가 착각을 했든 어쨌든 그래서 '그 나무'가 지금은 존재하지 않는다는 것을 인식한다. 이 인식에서 4종 12개, 즉 양[하나, 여럿, 모두]·질[~이(하)다, 아니(하)다, ~은 아니(하)다]·관계[실체-속성, 원인-결과, 상호작용]·(존재)양태[있을 수 있다, 실제로 있다, 반드시 있다]의 범주들이 각기 하나씩 작동하고 있다.

범주들의 작동 없이는 어떠한 경험적 대상 인식도 가능하지 않다는 것이 칸트의 이론이다. 인식주관인 우리 인간은 '그것'이라는 실체 개념 아래서 '봄에는 꽃피고 여름에는 잎이 무성하다가 시드는 …' 그러니까 시시각각 지각 내용이 바뀌는 잡다한 것을 통일한다. '그것'[그 나무]은 봄에 꽃이 피어 있어도 '그 나무'이고, 여름에 잎이 무성해도 '그 나무'이며, 베어내 없어져도 '그 나무'이다. 이런 '그 나무'는 무엇이고 어디에 있는가? '그 나무'는 그 아래에서 잡다한 지각들이 통일되는 지성의 개념일 따름이다. 그것은 단지 개념으로서, 즉 인간의 지성 안에 있는 것이다. 그러니까 '그 나무'라는 '실체'는 우리에게 알려지지 않는, 우리 밖에 있는 어떤 것, '물질적인 것'이 아니라 지각하는 의식 안에 있는 한낱 개념이다. 이 개념은 시시각각 서로 다른 '지각들의 묶음'들에게 동일성을 부여하여, '그 나무'라는 사물의 변화를 인식할 수 있도록 해주는 그런 개념이다. 이런 사정은 여타의 모든 범주들에서도 마찬가지이다. '양'과 '질'은 인식주관인 우리가 사물을 '분량(分量)'과 '도량(度量)'으로 수량화하여 인식하는 사고 틀[형식]이고, '인과성'은 두 사태나 두 사물 사이의 관계를 연관시켜 생각하는 우리의 사고방식의 한 가지, 일종의 개념이다. '있을 수 있[없]다'·'실제로 있[없]다'·'반드시 있[없]다'라는 존재의 '양태'는 다름 아닌 인식주관인 인간이 스스로 세운 기준, 곧 칸트의 이른바 "경험적 사고 일반의 요청들"(*KrV*, A217=B265 이하)의 원리에 따라 대상에 대해 취하는 사고의 양태 개념이다. 그러니까 양과 질의 성질, 실체성, 인과성, 현존성도 사물 자체 또는 사물들 자체가 가지고 있는 성질들이라기보다는 — 그것들이 설령 '사물 자체'의 성질이라 하더라도 우리로서는 그 사실을 인식할 방도가 없다. 사물은 어떤 경우에도 '우리가 인식하는 한에서' 바로 그 사물이니 말이다. — 일정한 시간·공간상에서 우리에게 인식된 사물(들)의 규정(Bestimmumg: Form)이다.

그러므로 인식주관 곧 의식이 갖추고 있는 이와 같은 일정한 인식의 틀은 인식작용을 가능하게 하고, — 인식작용은 아무렇게나 이루어지는 것이 아니라, '일정한 방식'으로 곧 질서에 따라 이루어진다 — 인식작용이 있는 곳에 비로소 인식되는 것, 다시 말해 우리에게 존재하는 사물, 대상이 나타난다. 이런 사태 연관을 고려하여 칸트는 우리 인간에게 경험되는 사물은 모두 "현상"이라고 일컫는 것이다. 그러니까 이런 의미에서 인식하는 의식의 특정한 성격은 경험에 선행하고, 그래서 경험되는 것, 곧 현상에 선행하고, 바꿔 말해 "선험적"이고, 우리가 칸트의 용어법을 좇아 "모든 경험에 선행하면서도(선험적이면서도), 오직 경험 인식을 가능하도록 하는 데에만 쓰이도록 정해져 있는 어떤 것"을 "초월적"이라고 술어화한다면, 선험적인 의식 기능은 경험적 인식에서 초월적이다.

시간·공간 표상과 양·질·관계·(존재)양태 등의 개념이 인식하는 의식의 선험적인 틀[형식]이고, 그것이 경험적 인식에서는 초월적 기능을 갖는다는 칸트 이론은 대상 인식에서 인식 주체의 대상 규정 활동 성격과 아울러 인간의 대상 인식의 한계, 경험적 진리의 의미를 밝혀주고 있다. 그리고 이것은 로크가 세운 "마음=백지"설의 취지와는 아주 다른 것이다. 마음은 경험 이전에는 아무런 문자도 찍혀 있지 않은 '백지'이기는 하지만, 그것은 오히려 사진기와 사진 찍을 때 쓰는 필름 같은 성질을 갖고 있어서 일정한 조건에서만 주어지는 대상에 반응하는 것이다. 그러니까 우리 의식은 일정한 조건 아래에서 일정한 대상에만 감응하는 성격을 가지고 있다. 다시 말해, 일정한 선험적 성격을 가지고 있다. '심신의 문제'와 관련하여 여기서 문제가 될 수 있는 것은 바로 이 '의식의 선험성'의 내용인 이른바 선험적 표상들의 출처이다. 우리 인간은 자연 인식에서 잡다하게 감각되는 것들을 '서로 잇따라' 그리고 '서로 곁하여'라는 시간·공간 질서 형식에 따라 정돈하고, 그것들을 '무엇이 어떠어떠하다'라는 실체-속성 틀에 따라 규정하고, 수량으로 헤아리고, 다른 것과의 관계를 살펴 인식하고, 있는 방식을 정하는데, 그러니까 이런 인식 틀과 인식 방식들이 인식작용의 바탕에 놓여 있고, 그런 만큼 그 인식작용에서 인식된 대상에 선행하는 것은 '사실'이라 하겠는데, 그런데 의식은 이러한 인식의 형식을 어떻게 마련하여 가졌는가?

칸트 자신 이런 물음이 제기될 수 있음을 염두에 두고 있다. 그는 공간·시간 표상과 범주들은 각각 감각작용과 사고작용의 "기초에 놓여 있다"(특히 *KrV*, A31=B46)고 본다. 그러나 칸트는, 왜 우리 인간은 하필 공간·시간이라는 두 종류의 감성 형식만을 가지고 있고, 왜 하필 4종 12개의 지성 형식에 따라서만 사고하는지 "그것이 왜 그러한가의 연유를 더 이상 댈 수가 없다."(*KrV*, B146)라고 말한다. '연유를 더 이상 댈 수가 없다.' 함은 경험적으로 제시할 수 없다는 뜻일 것이다. ― 종교적으로는 예컨대 그것은 '신의 섭리'에 의한 것이라고 해명할 수도 있을 터이니 말이다. ― 그리고 이런 문제 상황은, 인간은 왜 하필 눈을 두 개 가지고 있으며, 왜 인간의 코는 하필 얼굴의 중앙에 위치해 있는가의 물음에서도 마찬가지일 것이다. 그럼에도 칸트는 범주들을 포함한 "순수한 개념들"에 대해서, 그것들은 인간 지성의 "싹과 소질 안에 예비되어 놓여 있다."가, "경험을 기연으로 발전된"(*KrV*, A66=B91)다고 말한다. 그러니까 경험적 인식에서 범주로 기능하는 4종 12개의 지성 개념들은 당초에는 지성 안에 '싹'으로 있다가 경험의 계기에서 개념으로 발전한다는 것이다. 그런 의미에서 칸트는 이런 개념들을 "선천적(connatus, angeboren)"인 것, 곧 태생적으로 완비된 것이 아니라 "획득된(acquisitus, erworben)"(MSI, §8: II, 395) 것이라고 말한다. 그러나 이런 칸트의 해명은 이른바 '순수한' 표상들의 출생 비밀에 대해서는 사실상 아무것도 말하는 바가 없다. 대체 '싹'이란 무엇이며, '발전'이란 어떤 과정을 지칭하는 것인가?

대상 인식에서 지성의 기능은 감성에 의해 제공되는 잡다한 감각 자료들[자음과 모음 철자들]을 일정한 틀에 따라 배열 결합하여 대상들[단어와 문장과 문단들]로 만드는 것이다. 그렇기 때문에 오로지 감성과 지성이 "통일됨으로써만, 인식은 생길 수 있다."(*KrV*, A51=B75 이하) 그런데 감성은 신체 없는 인간에게서는 생각할 필요가 없는 것이다. 그렇다면 지성은 어떠한가? 지성 역시 경험적으로 사용되든 순수하게 사용되든, 신체를 가진 인간에서 의미 있게 이야기될 수 있는 것이라면, 칸트가 말하는 "싹"이란 무엇을 말하는 것일까? 그것은 형이상학적 영혼의 지성의 싹일까, 아니면 신체적 존재자로서 인간의 사고 기능의 잠재적 상태를 말하는 것인가? 칸트의 이론은 택일적 답변을 요구하는 이 물음에 개입하지 않고 있다. 그가 말하는 것은, '순수한 표상들'의 출처가 어디든, 일단 형성되어 형식으로 기능하고 있는 그 표상들은 경험에 선행한다는 의미에서는 "선험적 (a priori)"이라는 것이다.

4) 경험적 인식과 자연

경험적 인식에서 인식된 것은 경험적 인식을 통해 우리에게 '나타난 것'이라는 의미에서 "현상"이라고 일컫는바, 이 "현상들의 총괄[체]"이 칸트에서는 "자연"세계이다.(*KrV*, B163; *Prol*, A110=IV318 참조)

현상들의 총체가 자연이라 함은 자연은 경험적으로 인식된 것의 총체라는 뜻이다. 그리고 경험적 인식이란 선험적 형식들이 그때그때 감각 자료와 결합해서 이루어진다. 이 사태를 비유적으로 표현하여 칸트는 감성의 순수 직관 형식과 사고의 종합적인 형식들이 감각적으로 주어지는 "현상들을 경험으로 읽을 수 있도록 그것들을 철자화"(*Prol*, A101=IV312)하는 것이라고 말한다. 이렇게 성립된 경험 인식에서 철자화한 경험 내용이 "우리에게 존재하는 대상"이다. 의식의 선험적인 표상들인 공간·시간 표상과 순수 지성의 근간 개념들이 인식의 틀이라는 말은, 그러니까 우리에게 존재하는 대상들의 총괄인 자연의 틀 역시 우리 의식의 선험적 표상임을 뜻한다. 그래서 자연의 사물들은 '무엇'으로 '공간·시간상에' '존재'하고, 어떤 것은 어떤 것의 오른편에, 어떤 것은 어떤 것에 뒤이어 있으며, 실체는 항존하며 고정불변적이고, 일어나는 모든 것은 항상 하나의 원인에 의해 항구적인 법칙들에 따라서 미리 규정되어 있다(*Prol*, §15 참조)는 식으로 우리는 인식한다.

질료적 면에서 본 자연(natura materialiter spectata)은 "경험의 모든 대상들의 총괄"(*Prol*, A74=IV295)이지만, 형식적인 면에서 본 자연(natura formaliter spectata)은 이 경험을 가능하게 하는, 따라서 이 경험에서 경험되는 대상을 가능하게 하는 "선험적"인, 그 때문에 "필연적인 규칙들", 즉 일정한 법칙들에 따르는 "현존하는 것들의 통일된 체계"(*KrV*, B165·A216=B263 참조)이다.

자연 안의 사물들은 예외 없이 공간·시간상에 있고, 하나의 무엇으로서 어떠한 성질을 가지고 있으며, 다른 무엇과 힘을 매개로 관계 맺어져 있으며, 어떤 방식으로 현존한다. 그러니까 자연 안의 사물들은 모두 직관과 사고의 기본 형식 안에서 체계적으로 연관되어 있다. 이 형식들은 모두 "일체의 경험에 선행하는", 즉 "선험적"(*Prol*, A74=IV296)인 것이며, 그러면서도 경험을, 따라서 경험적 대상들을 가능하게 하는 토대, 원리이다.

여기[공간]에 지금[시간] 하나[양]의 무엇[질]이 그 때문에[관계] 있다[양태]. — 이 경험 인식의 한 형식이, 따라서 이 경험에서 인식되는 사물의 존재 틀이 경험으로부터 추상된(귀납적인) 것이라는 생각이 얼핏 들 수도 있다. 이럴 때 우리가 반성해야 할 것은 실제로 경험적 인식이 어떻게 진행되며, 그것이 함축하는 바가 무엇인가이다.

공간, 시간, 수량, 도량(度量), 힘, 고정불변성, 현존성 따위의 표상이 경험적인 것이라면, 불가불 '존재자'의 '존재' 개념은 모호해지고 급기야는 무의미해진다. 왜냐하면 이른바 '경험적'인 것에는 저런 표상들이 타당하겠지만 — 이 표상들을 경험적인 것들로부터 귀납적으로 일반화한 공통 징표라 했으니 — 비경험적인 것에는 타당하지 않겠기 때문이다. 이것은 다른 관점에서 보면 초공간적 · 초시간적 · 초수량적 · 초관계적인 어떤 것도 '존재'할 수 있다는 생각을 가능하게 한다. 이렇게 되면, 그렇게 생각하는 사람들을 더러 보듯이 '경험적인 존재자', '비경험적 존재자'라는 말이 동등한 자격을 갖는 것처럼 보인다. 이런 구분이 합당하다면, 도대체 '존재자'라는 말은 무엇을 뜻하는가? '비경험적 존재자'도 일종의 '존재자'라 한다면, 그것은 존재자 아닌 것과 어떤 구별점을 갖는가? 도대체 '존재'와 '비존재'의 구별은 무엇에 근거하는가? 결국은 '논리적', '비논리적'으로 환원되지 않겠는가? 이렇게 되면 '사고 불가능성=존재 불가능성'뿐만 아니라 '사고 가능성=존재 가능성'이 되고 만다. 칸트는 이와 같은 재래의 존재 논리주의를 비판한다. 그에게는 '존재자'란 엄밀한 의미에서는

'경험적 존재자'이며, 존재하는 것은 따라서 오로지 자연뿐이다.

또 다른 예로 "자연 안에서 발생하는 것은 무엇이나 그 발생의 원인을 갖는다."와 같은 것을 우리는 자연의 철칙으로 납득한다. 그러나 우리는 현재 발생해 있는 많은 것에 관해 그것의 궁극 원인을 알고 있지 못하다. 그럼에도 이것들도 필시 원인이 있을 것이라고 생각하고 그것을 추적하고 있다. 대개의 진행 중인 과학적 탐구의 표적이 바로 이것이다. 우리는 '지금까지의 경험으로 미루어보아 이것에도 원인이 있을지 모른다.'고 생각하는 것이 아니라, '틀림없이 이것에도 원인은 있다. 그것을 추적하기가 어렵다. 우리의 측정이 불확실할 뿐이다.'라고 생각한다. 이런 생각이 자연에 체계성을 주는 것이다.

"좁은 의미에서 자연의 형식"은 "경험의 모든 대상들의 합법칙성"(*Prol*, A75 = IV296)이다. 그리고 대상들의 법칙성은 대상들을 인식하는 주관인 의식의 초월성에서 비롯하는 대상 경험을 가능하게 하는 인식 원리들이 부여한 것이다. 이런 이해에서 칸트는 "경험 일반을 가능하게 하는 조건들은 동시에 경험의 대상들을 가능하게 하는 조건들"(*KrV*, A158 = B197)이며, "그러므로 경험 일반을 가능하게 하는 것은 동시에 자연의 보편적 법칙이고, 전자의 원칙들 자신이 후자의 원칙들이다."(*Prol*, A111 = IV319)라고 말한다. 그리고 이 원칙들을 대변하는 것이, 순수 직관인 공간 · 시간 표상을 바탕으로 순수 지성의 근간 개념이 경험적 대상 인식에 객관적으로 사용되는 규칙인 "순수 지성의 종합적 원칙들"이다.

칸트는 9개의 순수 지성의 종합적 원칙들을 제시하고 있는데, 양 개념의 객관적 사용의 원칙인 "모든 직관들은 연장적 크기이다."(*KrV*, B202)와, 질 개념의 객관적 사용의 원칙인 "모든 현상들에서 실재적인 것, 즉 감각의 대상인 것은 밀도적 크기, 다시 말해 도(度)를 갖는다."(*KrV*, B207)와, "경험은 지각들의 필연적 연결 표상을 통해서만 가능하다."(*KrV*, B218)라는 원칙으로 수렴되는 관계 개념들의 객관적 사용의 원칙들인 "현상들의 모든 바뀜[變轉]에서도 실체는 고정적이며, 실체의 양은 자연에서 증가하지도 감소하지도 않는다."(KrV, B224) "모든 변화들은 원인과 결과의 결합 법칙에 따라 일어난다."(KrV, B232) "모든 실체들은 공간상에서 동시에 지각될 수 있는 한에서 일관된 상호작용 속에 있다."(KrV, B256) 및 양태 개념들의 객관적 사용의 원칙들인 "경험의 형식적 조건들과 (직관과 개념들의 면에서) 합치하는 것은 있을 수 있다[가능적으로 실존한다]." "경험의 질료적 조건(즉 감각)과 관련되어 있는 것은 실제로 있다[현실적으로 실존한다]." "그것의 현실적인 것과의 관련이 경험의 보편적인 조건들에 따라 규정되는 것은 반드시[필연적으로] 있다(실존한다)."(KrV, A218=B265/266)라는 선험적 종합 명제들이 바로 그것이다.

본래는 주관적인 이 원칙들은, 만약 자연과학이 자연 전체의 체계적 연관을 해명하는 학문이라 한다면, "자연과학의 보편적 원칙들"(Prol, A86=IV303)이기도 하다. 그래서 칸트는 "지성은 그의 (선험적인) 법칙들을 자연에서 길어내는 것이 아니라, 그 법칙들을 자연에게 지정한다."(Prol, A113=IV320)라고 말한다. 이러한 언명은 바로 칸트의 코페르니쿠스적 "사고방식의 변혁"(KrV, BXVI)에서 따라 나오는 것이다.

그러나 이러한 사고방식의 변혁의 주창에도 불구하고, 칸트의 인식 이론에는 1)자연 질서는 일정불변하고, 2)인식의 질료를 이루는 자연의 물질은 인식에서 오로지 수동적인 것이며, 인식의 형식을 이루는 인간의 의식은 능동적이고, 3)인식의 형식은 일정불변하다는 동시대인들의 신념들이 포함되어 있다.

4. 칸트 현상존재론과 초월적 진리

칸트는 인식을 가능하게 하는 형식 원리가 그 인식에서 인식되는 존재자를 가능하게 하는 원리, 다시 말해 인간에게 의미 있는 유일한 존재자를 존재자로서 가능하게 하는 존재 원리임을 밝혀냈다. 이로써 칸트에서 인식론은 존재론이고, 존재론은 인식론임이 드러난다. 인식론이란 인간에게 인식이 가능한 원리를 해명하는 학문이고, 존재론이란 존재자 일반이 존재자임을 밝히는 학문, 존재자로서 존재자의 가능성의 원리를 추궁하는 학문이니 말이다. 이제 칸트에서 의미 있는 존재자란 현상뿐인 한에서, 그의 존재론은 '현상존재론'이다. 그리고 이 칸트의 현상존재론에서 존재자로서의 존재자의 '참임(Wahrsein)', 곧 참된 의미에서의 존재(Sein)는 그 존재자에 대한 인식의 '참임', 곧 진리(Wahrheit)이다. 무릇 이런 맥락에서 진리란 무엇인가? ― 이 물음의 답을 통해 우리는 칸트 초월철학의 진의를 얻을 수 있다.

1) 진리의 논리학에서의 '진리' 문제

칸트가 그의 초월철학에서 개진한 참된 인식, 곧 진리의 의미를 새겨보면, 그의 초월철학이 진리의 논리학이자 존재론임이 분명하게 드러난다.

칸트는 형식 논리학을 일반 논리학이라고 부르면서, 이에 비해 대상 인식의 가능 원리를 내용으로 가지는 그의 논리학을 "초월[적] 논리학"이라 일컫는다. 그에게서 '초월 논리학'이란 순수한 사고의 작용으로서, 대상들에 선험적으로 관계함 직한 지성 인식들의 "근원과 범위와 객관적 타당성[즉 대상에 합당하게 적용될 권리 있음]"을 규정하는 학문을 뜻한다.(*KrV*, A57=B81 참조) 이 순수한 사고의 선험적 인식들이 마땅히 사용될 범위를 벗어나, 합당하게 적용될 권리가 있는 대상들을 넘어서서 적용됨을 분간해(krinein)내는, "초월적 논리학"의 소극적 부문이 "초월적 변증학" 혹은 "가상(假象)의 논리학"(*KrV*, A61=B86 · A293=B349)이라 일컬어지고, 반면에 "순수한 지성 인식의 요소들" 즉 도대체가 한 대상이 대상으로서 생각될 수 있기 위해 필수불가결한 "원리들"을 다루는, "초월적 논리학"의 적극적 부문이 "초월적 분석학" 혹은 "진리[眞相]의 논리학"이라고 일컬어진다. 그러면 여기서 대체 '가상'과 짝이 되는 '진리'란 무엇을 말하는가?

통상적인 인식 이론에서 '진리'와 대비되는 것은 '허위' 내지는 '착오'이다. 그러나 "진리의 논리학"에서 진리는 '가상'과 대비되는 것이다. 그런데 칸트에서 "가상"이란 허위 인식 또는 단지 주관적인 것을 참다운 인식 내지 객관적인 것으로 혼동하도록 하는, 말하자면 착오를 일으키는 "원인"을 뜻한다.(KrV, A293=B350; Log: IX, 54 참조) 그러니까 이런 가상과 짝이 되는 진리란, 허위 인식과 반대되는 참된 인식을 뜻하는 것이 아니라, 참된 인식을 참된 인식으로 가능하게 하는 원인으로서의 참인식[진리]을 지칭한다 하겠다.

그런데 참된 인식을 가능하게 하는 원인으로 파악되어야 할 그의 진리 개념을 설명하면서 칸트는 철학사적으로 이미 오래된 "인식과 그 대상의 합치(Übereinstimmung der Erkenntnis mit ihrem Gegenstand)"(KrV, A58=B82 · A237=B296; AA XXIV, 627 이하 등등 참조)라는 정식(定式)을 그대로 사용하고 있다. 그러므로 "진리란 무엇인가?"라는 물음은, 칸트에게 있어서도 다른 많은 철학자들에게서와 마찬가지로 바로 "인식과 그 대상의 합치란 무엇인가?"라는 물음이 된다.

그렇다면, 칸트의 초월철학의 체계 내에서 '인식과 그 대상의 합치'란 대체 무슨 뜻인가? 칸트는, 진리 즉 '인식과 그 대상의 합치'라는 개념 아래에서 무엇을 이해하고 있는가?

미리 살펴보아야 할 것은 칸트에서도 '진리'가 한 가지 의미만으로 쓰인 것은 아니라는 점이다. 우리는 칸트에게서 진리라는 용어가 적어도 세 의미로 쓰이고 있음을 쉽게 발견할 수 있다. 칸트는 곳에 따라서 (심지어는 관형어에 의한 제한 없이도) 형식(논리)적 진리(KrV, A59=B84 참조), 질료[객관]적 진리(KrV, A60=B85 참조) 내지는 경험적 진리(KrV, A146=B185 · A191=B236

참조), 그리고 초월적 진리(*KrV*, A146=B185 · A222=B269 등등 참조)를 말하고 있다.

"진리란 무엇인가?"라는 물음이, 어떤 인식이 진리이기 위한 보편타당한 기준이 무엇이냐 하는 물음으로 이해되는 한에 있어서는, 우리는 단지 진리의 형식적인 보편적 기준을 말할 수 있을 따름이다. 인식과 그 대상의 일치를 진리라고 할 때, 이를 위한 재료[내용]적 보편적 기준을 제시한다는 것은 불가능하다. 어떤 인식이 그 관계하는 대상과 일치하기 위한 보편적 기준이란, 모든 대상들에 타당한 기준을 말하겠는데, 이런 기준이란 대상들의 모든 특징을 완전히 도외시할 때에만 가능하겠다. 그러나 대상들의 모든 특징들을 도외시하면서 동시에, 어떤 인식이 바로 그 인식이 관계하는 한 대상과만 일치한다는 것은 불가능하다. 한 대상은 그 한 대상을 한 대상이게끔 하는 특징을 갖는 것이고, 바로 이 특징으로 인하여 다른 많은 대상들과 구별되기 때문이다. 무릇 재료[내용]적 면에서 진리의 보편적 기준은, 한 인식이 모든 대상들에 타당하기를 ― 이것은, 모든 대상들 간의 차이를 완전히 도외시할 때에만 가능한 일인데 ― 요구하면서, 동시에 한 특정한 대상에게 즉 한 대상의 고유성에 타당하기를 요구하는 것이고, 이는 모순이다.(*KrV*, A58 이하=B83; *Log*: IX, 50 이하 참조) 그러므로 한 인식의, 그 인식이 관계하는 특정한 대상과의 일치에서 성립하는 그 인식의 "질료적 진리"(*Log*: IX, 51; 참조 *KrV*, A60=B85)는 개별적인 경험상의 문제일 따름이요, 논리학의 문제가 아니다.

진리를 "단지 형식상으로만"(*KrV*, A59=B83) 고찰한다면, 그것은 어떤 인식이 사고의 형식 즉 "지성과 이성의 보편적 법칙과 합치"(*Log*: IX, 51; 참조 *KrV*, A59=B84)하는 데에 성립한다. 그러나 여기서 성립하는 "형식적 진리"(*Log*: IX, 51)란, 어떤 인식이 그 관련하는 대상과 일치하기에 앞서, 먼저 인식으로서 갖추어야 할 단지 소극적인, "불가결의 조건"(*KrV*, A59=B84, A151 이하=B191; 참조 *Log*: IX, 51; AA XXIV, 823)이기는 하지만,

이러한 조건의 충족만으로, 한 대상에 대한 어떤 인식이 참이기에 "충분하지는 못하다."(*KrV*, A60=B85 · A151=B191 참조) 그러므로 일반 논리학의 주제인 이러한 형식적 진리는 한 대상과 관련한 어떤 인식이 참임에 대해서는 말해주는 것이 아무것도 없다.

그렇다면, 칸트에게서 당연한 것으로 "전제되어 있는"(*KrV*, A58=B82) '인식과 그 대상의 합치'라는 진리 개념 풀이 어귀가 "초월적"으로 사용될 경우, 그것은 무엇을 의미할 수 있는가?

2) 초월적 진리 개념[19]

무릇 '인식과 그 대상의 합치'라는 진리 개념 풀이 어귀의 세 주요 성분, 즉 '인식' · '그(=인식의) 대상' · '합치'가 칸트에게서 어떤 의미를 갖는지를 살펴보면 칸트 진리 개념의 초월적 의미가 드러난다.

문맥을 고려하지 않을 경우, 칸트에 있어서 우선 '인식'이나 '대상'이라는 말은 적어도 두 가지 의미를 갖는다. '인식'이라는 말은, 한편으로는 인식함 내지는 인식하는 것(das Erkennen) 즉 인식작용(Erkenntnisakt)이나 인식작용자 곧 인식능력(Erkenntnisvermögen), 구체적으로 말해서 지성 내지는 이성을 뜻하며, 다른 한편으로는 인식되는 것 내지는 인식된 것(das Erkannte)을 뜻할 수도 있다. 칸트에게서 '인식된 것'이란, 엄밀한 의미에서 지성에 의해서 개념적으로 파악된 대상, 바꿔 말해 범주에서 규정된 대상 즉 엄밀한 의미에서의 현상을 뜻한다. '대상'이라는 말은, 칸트에서는 더욱더 다의적으로 사용되지만, 그것은 최소한 무엇보다도 중요한 "두 의미"(*KrV*, BXXVII)로 쓰인다. 즉 그것은 '사물 자체' 또는 '현상'을 지칭한다.

---

19 이 항목은 저자의 다른 책, 『존재와 진리』, 2008(전정판), 329~344면을 재정리한 것이다.

그러므로 우선 '합치'가 무슨 의미인지는 차치하고, '인식과 그 대상의 합치'라는 어귀는 얼핏 네 가지 경우로 풀이하여 생각해볼 수 있겠다.

1) '인식하는 것'과 현상의 합치,

2) '인식하는 것'과 사물 자체의 합치,

3) '인식된 것'과 현상의 합치,

4) '인식된 것'과 사물 자체의 합치.

그런데 과연 이 네 가지 경우 모두가 칸트철학 내에서 어떤 의미를 가지는가?

넷째 경우부터 생각해보자.

얼핏 '인식된 것'과 사물 자체의 합치란, 인식된 것, 의식에서 파악된 것 즉 表象된 것[의식 내의 관념]과 의식 밖에 독자적으로, 즉 의식에 독립하여 있는 '실재적 사물'과의 합치를 뜻한다[20]고 납득될 듯하다. 이런 설명은, 인식 문제에 대한 상식실재론 내지는 로크식의 표상설이나 모사설에서 자주 등장하거니와, 그러나 칸트의 초월철학 내에서는 아무런 의미를 얻지 못한다.

이런 설명 방식에 대해서는 되풀이되는 반론이 있다. 표상과 이 표상이 바로 그 실재적 사물의 표상인 그 실재적 사물과의 합치라는, 이른바 진리 내지는 참된 인식에 대한 이론[21]은, 표상설 자신의 주장에 따라서, 진리의 이념을 천명한 것 이외에는, 별다른 의미가 없는 것으로 된다. 어떤 대상에 대한 인식은 어느 경우에나 그 대상의 표상(representatives, ideas)을 통해서만 가능하다. 그렇다면 표상과 그 표상에 의해서 인식된 대상인 이른바 실재적 사물 사이의 합치 여부는 무엇에 의해서 가려질 수 있겠는가?[22] '실재적 사물'이 무엇인지를 우리에게 알려주는 것은 오로지 그것

---

20 Locke, *An Essay concerning Human Understanding*, IV, V, 8 그리고 IV, IV, 3 참조.
21 Locke, *HU*, ed. by A. C. Fraser, N. Y. 1959, Vol. 2, p. 248 참조.

의 표상뿐이니, 우리는 이 표상이 우리에게 알려준 내용 그 이상의 어떤 것도 알 수 있는 방도가 없으니 말이다. 우리에게 알려지는 유일한 것은 어떤 것의 표상뿐이며, 그 어떤 것은 '우리에게 알려지지 않는 것'[23]에 불과하니, 어떤 것의 표상과 그 어떤 것 사이의 합치 여부는 알 길이 없다. 이미 버클리의 로크 비판에서 지적된, "우리가 무엇인지도 모르고(we know not what)", "그것이 존재하는 것(that it exists)"인지조차도 모르는,[24] 로크의 '실재적 사물'이라는 개념의 문제성은 칸트의 사물 자체 개념의 문제성의 한 선례이다.[25] 칸트철학 내에서는 '사물 자체'라는 개념 자체가 진리의 규준으로 성립할 수가 없다. 칸트에 있어서 '사물 자체'란 결코 우리에게는 알려지는 일이 없는, "우리에게 전혀 알려지지 않은"(KrV, A42=B59) 채로 남는 그런 어떤 것이기 때문이다. 우리가 원리상 알 수도 없는 것과 우리에게 인식된 것과의 일치 여부를 우리는 결코 판정할 수 없는데, 인식된 것과 사물 자체의 일치가 진리라고 설명하는 것은 혹시 진리의 이상(理想)을 천명하는 것이라면 모를까, 그 이상의 다른 의미란 없을 터이다. 그러므로 칸트에게 있어서 '인식과 그 대상과의 합치'를 이렇게 풀이해서는 어떠한 의미도 얻을 수가 없다.

그렇다면, 셋째 경우는 어떠한가?

'인식된 것'이란 칸트에게서는 다름 아닌 '현상'이니, '인식된 것과 현상의 합치'란 곧 '현상과 현상의 합치'라는 뜻이므로, "동어반복적"(AA XXIX,

---

22 Locke 자신이 자신의 진리의 개념에 대해 회의적이다. *HU*, IV, IV, 3 참조.

23 "something, he know not what"(Locke, *HU*, II, XXIII, 2), "unknown somewhat"(Berkeley, *A Treatise concerning the Principles of Human Knowledge*, I, 80), "unknown something" (Hume, *A Treatise of Human Nature*, I, I, 13) 참조.

24 Berkeley, *Principles*, I, 88 참조.

25 이에 대한 로크 자신의 변론은 *Essay*, IV, IV, 2~5 참조. 그리고 이에 대한 또 다른 문제점 지적에 대해서는, Heidegger, *Logik*: GA 21, S. 65와 Brentano, *Wahrheit und Evidenz* (1930), Hamburg 1974, S. 131 참조.

20 참조)일 따름이다. 그러므로 이 셋째 경우는 칸트의 설명 어구, '인식과 그 대상의 합치'의 형식적 풀이로는 가능하겠으나, 그로써 밝혀지는 내용은 없다.

그러면 둘째의 경우, '인식하는 것과 사물 자체의 합치'는 칸트철학 내에서 어떻게 이해될 수 있을까? 이 말은 하이데거(Martin Heidegger, 1889~1976)의 해석처럼, "한 존재자[주관]의 다른 존재자[대상]에로의 동화[同一化]"[26]로 이해될 수 있다. "한 존재자"란 인식주관 즉 인식을 수행하는 의식을 뜻하고, "다른 한 존재자"란 인식 대상 즉 인식하는 의식에 독립해 존재하는 의식과는 다른 어떤 것을 뜻하며, 인식이란 그 인식자가 그 인식 대상을 있는 그대로 의식상에 복제함으로써 그 인식 대상과 하나가 되는 데에서 성립한다는 것이다. 어찌 보면, 이런 입장이 칸트철학 체계 내에서도 성립할 듯하다.

물론 칸트의 표현, "인식의 그 대상의 합치"가 스콜라 철학자들의 표현, "사물과 인식[지성]의 합치(adaequatio rei et intellectus)"[27]에서 그 연원을 갖는다고 볼 때, 단지 어구만 분석한다면, 이 말이 '한 존재자[대상]의 다른 한 존재자[주관]에로의 동일화'라고 해석될 수도 있겠다.[28] 이미 토마스 아퀴나스도 '사물과 지성의 합치'를 일단 "한 존재하는 것의 또 다른 것에의 부합(convenientia unius entis ad aliud)"으로 보고, 다시 이를, 첫째, "존재자의 지성에의 부합(convenientia entis ad intellectum)", 둘째, "인식하는 자[지성]가 인식되는 사물[인식 대상]에 동화함(assimilatio cognoscentis ad rem

---

26 Heidegger가 종래의 대응설을 비판하기 위해 사용한 표현, eine "Übereinstimmung zwischen Erkennen und Gegenstand im Sinne einer Angleichung eines Seienden (Subjekt) an ein anderes(Objekt)"(*Sein und Zeit*: GA 2, S. 289) 참조.
27 Thomas Aquinas, *Quaestiones disp. — De veritate*, qu. I. art. 1; *Summa Theologiae*, Pars. I, qu. 16, art. 2, 2 참조.
28 Heidegger, "Vom Wesen der Wahrheit", in: *Wegmarken*, GA 9, S. 180 참조.

cognitam)"의 두 경우로 나누어서 고찰한 바 있다.[29] 그러나 토마스 아퀴나스에게 있어서는 '존재자의 지성에의 부합'이란 "창조될 사물의 신의 지성에의 합치(adaequatio rei creandae ad intellectum divinum)"를, '인식하는 자가 인식되는 사물에 동화함'이란 "인간 지성의 창조된 사물에로의 합치(adaequatio intellectus humani ad rem creatam)"를 뜻한다고 보아야 하고,[30] 이럴 경우 '인간 지성'의 경험적 인식에서의 사용만을 염두에 두고 있다고 판단되므로, 여기서는 단지 이 둘째 경우만 고려해야 할 것이다.[31]

칸트에서 우리의 지성이 대상을 인식한다는 것은, 대상을 규정하는 것이기는 하지만, 이 규정이란 대상을 "있게끔" 하는 것이 아니라(KrV, A92=B125 참조), 이미 "존재하는"(KrV, A633=B661; 참조 KrV, B164) '어떤 것'을 '하나의 대상이게끔' 하는 것이다. 즉 칸트에서 인식이란 상상이나 의욕과는 달라서 어떤 대상을 비로소 존재하게 하는 것이 아니라, 이미 존재하는 것을 무엇으로, 어떻게 존재한다고 파악하는 것이다. 즉 인식은 어떤 존재자의 무엇임(본질)과 어떻게 있음(존재양태)의 개념적 파악이다. 이미 존재하는 어떤 것은 감각을 촉발함으로써 우리에게 주어지는 바(KrV, A19 이하=B34 참조), 그것은 감성의 작용에 "대응하는"(KrV, A494=B522) 것, 즉 감성의 "진짜 상관자"(KrV, A30=B45)이다. 이것을 일컬어 분명 칸트는 "사물 자체"라고 부르고 있다. 그래서 일견 칸트에 있어서 '인식과 그 대상의 합치'란 바로 '인식작용자의 인식하려는 대상에의 동화(同化)'를 뜻하는 듯 보인다. 그러나 이럴 경우, 상식실재론과 관련해 이미 앞서 언급했듯이, 사물 자체라는 원리상 우리에게 알려지지도 않고 알

29 Thomas Aquinas, *De veritate*, qu. I, art. 1, ed. by R. Spiazzi, Roma 1953, p. 3 참조.
30 Heidegger, "Vom Wesen der Wahrheit", in: *Wegmarken*, GA 9, S. 181 참조.
31 그러나 우리가 다음에서 인간 지성의 초월적 인식에서의 사용을 고찰할 때에, 우리는 오히려, 제한된 의미에서(즉 단지 "형식적 측면"에서)이기는 하지만, 첫째 경우처럼 칸트의 진리 설명 어구를 풀이할 수 있을 것이다.

려질 수도 없는 것과 인식작용자 사이의 동일화 여부에 관한 판정은 불가능하므로, 저 진리 개념을 설명한 어구 가운데 '합치'가 무엇을 뜻하는지를 우리는 알 방도가 없다.

이렇게 해서, 만약에 칸트가 반복해서 사용하고 있는 진리 개념 설명 어구가 칸트 초월철학 체계 내에서 우리가 파악할 수 있는 어떤 내용이 있는 의미를 갖고 있다면, 그것은 첫째 경우 즉 '인식하는 것과 그 인식에서 인식된 현상과의 합치'라고 해석해볼 가능성만이 남아 있다.

(1) 초월적 진리

'인식과 그 대상의 합치'가 칸트에서 '인식하는 것과 현상 즉 인식된 대상과의 합치'로 해석되어야 한다면, 이는 무엇을 뜻할까? 이제 우리는, '인식과 그 대상의 합치'라는 칸트적 표현과 함께, 이 표현의 뿌리라고 간주되는 전래된 진리 규정 "사물과 인식[지성]의 합치"의 의미를 동시에 천착하면서, 칸트에서의 초월적 진리라는 개념을 새겨보자.

'사물과 인식의 일치'라는 진리 규정은 필시 아리스토텔레스에게까지 소급시킬 수 있겠다. 아리스토텔레스에 따르면, 주지하듯이, 있는 것을 있다고 말하고, 없는 것을 없다고 말하며,[32] 분리되어 있는 것에 관해 분리되어 있다고 판단하고, 복합적인 것에 관하여 복합적이라고 언표하면,[33] 그 말과 판단과 언표는 참이다. 사람들은 보통 이런 아리스토텔레스의 언사를 진리 대응설(Korrespondenztheorie der Wahrheit)의 효시로 본다.[34] 그러나 이 대응설을 단지 명제들 사이의 형식적 진릿값 문제를 벗어나, 흔히 사람들이 그렇게 생각하려 하듯이, 어떤 경험적 인식의 참임을 설명

---

32 Aristoteles, *Liber de interpretatione*, 1, 16a 참조.
33 Aristoteles, *Metaphysica*, 1051b 3 이하 참조.
34 L. B. Puntel, *Wahrheitstheorien in der neueren Philosophie*, Darmstadt 1983, S. 26 이하 참조.

하려는 것으로 해석할 경우, 그것은 앞서 지적되었던 로크의 논설이 안고 있는 문제점을 그대로 짊어져야만 한다. "눈이 희다면, 그리고 오직 그때에만, '눈이 희다'는 명제는 참이다."라는 결국 아리스토텔레스를 상기시키는, 이 대응설의 — 또는 이런 정식을 만든 타르스키(Alfred Tarski, 1901~1983) 본인의 제언에 따라 명칭을 바꾸면 "의미론적 진리론"[35]의 — 새로운 표현 방식 또한, 그것을 대상에 관한 어떤 참된 인식에 관련시킨다면, '대응설'이 안고 있는 문제점을 조금도 해소시켜주지 못한다. 대상에 관한 경험적 인식에서 문제는, '눈이 희다.'라는 사실의 바탕(전제) 위에서, '눈이 희다.'라고 진술하는 것이 참이냐 아니냐 하는 논리의 문제가 아니라, 이 진술의 '사실의 바탕' 혹은 '전제'가 과연 진실이냐 아니냐, 진실이라면 어떤 근거에서 그렇게 말할 수 있느냐 하는 사실의 문제이다. 문제의 핵심은, 올바르게 진술하느냐[36]가 아니라, 이른바 경험적 대상에 대해 '그러그러하다'고 파악한 것이 참이라고 한다면, 그때 그 인식의 참임의 근거가 무엇이냐 하는 것이며, '대응설'도 그리고 이른바 '의미론적 진리론'도 이에는 어떤 결정적인 답변도 해주지 못한다. — "'눈이 흴 때, 눈이 희다'라는 언표는 참이다. 이 추론은 확실히 옳다. 그러나 과연 실제로 눈이 흰가 하는 물음에 대해서는 여기서 답하고 있지 않다."[37]

그런데 '인식과 그 대상의 합치'라는 규정이 중세 신학자들에 의해 신(神)의 참된 인식을 설명하기 위해 받아들여졌을 때, 이 어구는 어떤 의미를 지니고 있었는가?

여기서 '합치(adaequatio)'란 '5+7=12'라는 명제가, '5+7'과 '12'가 모

35 A. Tarski, Die semantische Konzeption der Wahrheit und die Grundlagen der Semantik(1944), in: G. Skirbekk, *Wahrheitstheorien — Eine Auswahl aus den Diskussionen über Wahrheit im 20. Jahrhundert*, Frankfurt/M. 1977, S. 145.
36 Heidegger, "Vom Wesen der Wahrheit", in: GA 9, S. 180 이하 참조.
37 R. Carnap, "Truth and Confirmation", in: *Readings in Philosophical Analysis*, ed. by H. Feigl/W. Sellars, N. Y. 1949, p. 120.

든 점에서 똑같음을 말하는 것이 아니라, 단지 어떤 상응(correspondentia, Entsprechung)하는 점에서 — 이 경우 수치(數値)에 있어서 — 같음을 말하듯이, 그런 어떤 부합 내지 일치(convenientia, Gleichheit)를 뜻하겠다. 왜냐하면 '사물(res)'과 '인식[지성](intellectus)'이 어떻게 해석되더라도 이 양자가 어떤 점에서가 아니라, 모든 점에서 같은 것이라고 해석될 수는 없겠기에 말이다.

'인식(intellectus, Erkenntnis)'이 '인식함' 내지는 '인식하는 것'을 의미할 때 그것은 인식행위뿐만 아니라, 인식행위자 즉 칸트적 용어로 말해 지성 내지는 이성을 뜻한다. — 칸트는 많은 경우 '지성'과 '이성'을 구별하지만, 역시 많은 경우 혼용하기도 한다. 특히 "adaequatio rei et intellectus"에서의 'intellectus'를 때로는 이성으로 때로는 지성이라고 번역하는데, 어느 경우나 '인식'과도 교환 가능한 말로 쓴다. 칸트는 "지성이라는 일반적 명칭 아래에" "상위 인식능력들" 즉 지성·판단력·이성을 포섭시키기도 한다.(KrV, A131=B169 참조) 또한 "원형 지성(intellectus archetypus)"을 "신적 지성" 혹은 "법칙수립적 이성"(KrV, A695=B723)이라고도 하고, "파생적 지성(intellectus ectypus)"을 인간적·사변적 지성이라고 말할 때도, '지성'과 '이성'을 교환 가능한 말로 쓰이고 있다. — 그러므로 인식과 그 대상의 합치란 지성과 이 지성에 의해 파악된 대상 즉 현상의 합치와 같은 말이 된다. 그렇다면 지성과 현상은 어떤 상응하는 점에서 서로 합치하는가?

이 물음에 대한 직접적인 대답 대신에 칸트는 다음과 같이 말한다. "('형식이 사물에게 본질을 준다[forma dat esse rei]'라고 스콜라 학자들이 말하듯이) 사물의 본질이 이성에 의해서 인식되어야 하는 한에서, 사물의 본질은 형식에 있다."(VT: VIII, 404; 참조 AA XXII, 11·446) 그것의 본질이 이성(지성)에 의해서 인식되는 사물은 칸트에게서는 현상을 뜻한다. 그러니까 현상이라는 의미에서의 사물의 본질은 형식에 있다고 칸트는 말하고 있는 것이다. 여기서 그러면 '본질(esse, essentia, Wesen)'이란 무엇을 뜻하는가?

사과와 배, 토끼와 거북이는 서로 종적으로 구별되는 사물들이다. 이 사물들 사이의 종차(種差)는 이 사물들을 본질상 구별 가능하도록 해준다. 그러나 이 사물들의 명칭이 하나의 공통 징표에 의한 표상 즉 "여러 대상들에 공통적인 것에 대한 표상"(Log: IX, 91)이라는 의미에서 '개념'으로서, 이 개념이 주어진 경험적 대상들을 그것의 재료적 면에서 비교하고, 서로 다른 대상들을 어떻게 하나의 표상 아래 포섭할까 반성하고, 주어진 대상들 사이의 모든 상이한 점들은 모조리 추상하고 오로지 공통적인 점만 추출해내는 '지성의 세 논리적 작용'에 의해서 생긴 경험적 개념인 한에서, 이 개념에 상응하는 대상들의 본질은 경험적·재료적 본질이다. 그러므로 칸트가 "사물의 본질은 형식에 있다."라고 말할 때의 '본질'은 이런 경험적·재료적 본질이 아니라, 형식적 본질을 뜻하며, 형식이란 이 사물을 인식하는 지성이, 이 사물을 인식할 때에 의거하는 형식, 즉 지성 자신의 규칙들을 뜻한다.

지성의 규칙들이란 순수한 지성 개념들, 즉 범주들과 더 나아가 이 범주들이 대상들에 적용될 수 있도록 해주는 순수 지성의 원칙들을 말한다. 이 지성의 규칙들은, 그에 따라서[準해서] 지성이 인식작용을 하는 것이므로, 인식 기능 자체를 가능하게 하는 근거(principium essendi, causa essendi)이고, 이것이 바로 사물의 본질 즉 사물을 사물로서 가능하게 하는 제일의 선험적 실재 근거이며, 이 사물의 본질(essentia realis)은 경험적·재료적 본질을 말하는 것이 아니라, 초월적·형식적 본질을 말한다.

그러므로 인식하는 것과 그 인식된 대상의 일치란, 그 인식 기능을 가능하게 하는 형식적 근거와 그 인식에서 인식된 대상이 대상이도록 가능하게 하는 형식적 근거가 같음(conformitas)을 뜻한다.(AA XXVII, 239; AA X, 130: 1772. 2. 21 자 M. Herz에게 보낸 편지 참조) 경험적 대상에 대한 인식 즉 "모든 경험을 가능하게 하는 근거"(AA XXVII, 550)가 바로 그 경험에서 인식된 "사물을 가능하게 하는 근거"(AA XVIII, 347: Refl. 5761)이다.

사물에 대한 모든 경험적 인식은 이른바 선험적 종합 판단[인식]에 의해서 가능하고, 그 자신 초월적[존재론적]인 이 인식은 주어지는 감각적 재료를 수용하는 선험적 직관의 형식적 조건 즉 공간·시간 표상과 생산적 상상력의 초월적인 형상적 종합과 초월적 통각의 범주에 따른 필연적 통일에 의해서 가능하다는 이해 아래서, 칸트가 "경험 일반을 가능하게 하는 조건들이 동시에 경험의 대상들을 가능하게 하는 조건들이다." (*KrV*, A158=B197)라고 말할 때, 그는 바로 '인식과 그 대상의 합치' 즉 인식과 인식 대상의 가능 근거의 합치를 적시(適示)하고 있는 것이다. 칸트에 따르면 "범주들이 진리로, 곧 우리의 개념들의 객관과의 합치"(*KrV*, A642=B670)를 가능하게 한다. 바꿔 말하면, "지성규칙들"은 "거기에서 우리에게 객관들이 주어질 수도 있는 경험 — 이것이 모든 인식의 총체인데 — 을 가능하게 하는 근거를 자기 안에 함유함으로써, 모든 진리 다시 말해 우리의 인식과 객관들의 합치의 원천"(*KrV*, A237=B296)이다.

그러므로 진리란 "지성과 사물의 동일형식성(同形性, conformitas)으로서 규정된다."[38] 진리는 지성과 지성에 의해서 인식된 사물들이 '동일한 형식(conformatio)'을 갖는 데에서 성립한다. 이 형식의 원천은 인식하는 자의 지성 안에 있다. 따라서 "인식되는 사물의 형식은 인식하는 자 안에 있다."[39] '형식'이란 바로 지성이 인식되는 대상을 그 대상으로 규정(Bestimmung)하고, 제한(definitio)하는 것이기 때문이다. 그러므로 "인식에서 파악되는 것은, 항상 그 인식하는 자의 파악에 제한되기 마련이다."[40]

사물의 사물임, 대상의 대상임, 존재자의 존재는 지성에 의한 제한됨이고 규정됨이며, 이런 의미에서 생산됨이다. 사물의 사물임과 지성의 규정

38 Thomas Aquinas, *Summa Theologiae*, I, qu. 16, art. 2. 2.
39 Thomas Aquinas, *ST*, q. 15, a. 1, 3.
40 Thomas Aquinas, *ST*, q. 14, a. 12, 1.

함이 합치하는 것이 바로 참임(진리: Wahrsein)이다. 참된 것을 참되게 하는 것 역시 지성의 형식이다. 이 지성의 형식은 지성 자신을 가능하게 해주고(KrV, B137 참조), 또한 대상을 대상일 수 있게 해주며, 이를 통하여 이 양자가 일치하도록 해준다. 말을 바꿔 표현하면, 지성의 형식과 이 형식에서 비롯하는 지성의 순수한 자기 사용 규칙들은, 바로 칸트적 의미에서, "진리"의 원천, 즉 우리의 인식 일반이 대상 일반과 일치 가능하도록 하는 원천이다. 무엇(A)과 무엇(B)의 일치가 가능하려면, 먼저 그 무엇과 무엇이 성립해야만 한다. 그런데 어떤 것이란 그것을 어떤 것이게끔 하는 근거에서만 어떤 것일 수 있으므로, 지성의 형식들과 그것의 순수한 자기 사용 규칙들은, 인식[경험]을 가능하게 하면서 동시에, 그 인식[경험]에서 인식[경험]되는 대상을 가능하게 함으로써 바로 그 점에서 양자가 합치할 수 있도록 하는 것이다.

그러므로 칸트가 그의 초월철학 체계 내에서, 진리란 인식과 그 대상의 합치라고 말할 때, 여기서 '인식'이란 인식의 심리-생리적 과정을 뜻하는 것이 아니라, 인식의 근본 구조만을 가리키며, 그 대상이란 개개의 대상을 말하는 것이 아니라, 그 대상이 대상인 한에서의 그 대상의 근본 구조만을 지칭한다. 그러니까 이 진리 설명 어구는, 결코 심리-생리적 과정으로서의 인식과 자연적 사물로서의 대상이 합치한다거나, 관념[표상]적 내용으로서의 인식과 이 관념을 유발시킨 자연적 사물로서의 대상과의 합치를 뜻하는 것이 아니다. 또한 그것은 두 항, 곧 인식과 그 대상은 의식 내의 의식작용으로서의 인식과 의식 내용으로서의 대상을 말하는 것이 아니다. 그것은 인식 기능의 선험적 구조가 바로 인식 대상의 근본 구조이며, 바로 이런 일치 즉 진리[眞相]에 의해서, 한 대상이 대상으로서 성립하기 때문에, 이 합치는 어떤 한 대상이 질료적으로 어떠어떠한지가 인식[경험적 인식]되는 것에 반드시 선행해야만 하는 것이다. 그래서 칸트는 이 합치를, "모든 경험적 진리에 선행하면서 그것을 가능하게 하는 초월적 진리"(*KrV*, A146=B 185)라고 칭한다.

그러므로 초월적 진리는 초월적 인식이 경험적 인식을 가능하게 하고 동시에 경험적 대상 곧 현상을 대상으로서 규정하며, 이 대상 규정이 참됨을 의미한다. 항상 참되게 대상을 규정하는 초월적 인식은, 그것의 규정에 의해서 비로소 대상이 그러그러하게 존재하는 것, 곧 존재자로서의 존재자가 된다는 의미에서 존재론적 인식이다. 초월적 인식은 이미 그러그러하게 존재하는 것을 그러그러하다고 파악하는 존재적 (따라서 질료적/실질적) 인식이 아니라, 어떤 것을 비로소 그러그러하게 존재 가능하게 하는 존재론적 인식이다. 이런 뜻을 명백하게 하기 위해서 칸트는 "경험 일반을 가능하게 하는 조건들은 동시에 그 경험 대상들을 가능하게 하는 조건들"(*KrV*, A158=B197)이라는 그의 초월철학의 핵심적 결론을 문구화하기 직전에, "진리는 인식의 그 대상과의 합치"라고 말하는 대신에, "진리(즉 대상과의 합치)"(*KrV*, A157=B196)라고 말한다. 대상과의 합치 곧 대상의 규정에서 다름 아닌 초월적 의미에서의 참된 인식은 성립한다.

이런 뜻에서, 토마스 아퀴나스에게 "신의 인식은 그 자신에 의해서 인식된 사물의 원인"[41] 즉 모든 존재자의 원인이듯이 — 신의 인식은 항상 참되고, 언제나 "참된 것과 존재하는 것은 상호교환적"[42]이므로 — , 칸트에 있어서 인간 지성의 초월적 인식은 이 초월적 인식에 의해서 비로소 존재하게 되는 사물 즉 현상의 한 원인, 말하자면 형식적-실재적 원인(causa formalis sive realis)이다.

사물의 사물임, 대상의 대상임, 존재자의 존재자임 즉 존재자의 존재는 그 존재자를 존재자로서 가능하게 한 자에게만 있는 그대로 파악될 수 있다. 신이 만물의 창조자라는 뜻에서, 신에게는 만물을 있는 그대로 파

---

41 Thomas Aquinas, *ST*, q. 14, a. 9, 3.
42 Thomas Aquinas, *ST*, q. 14, a. 9, 1.

악하는 것이 가능하다고 한다면, 인간에게는, 그에 의해서 비로소 그러그러하게 존재하게 된 사물 즉 현상의 존재를 그 자체로 파악하는 것이 가능하다.[43]

스콜라 철학자들에게 모든 진리의 원천이 신의 절대적 지성에 있고, 신의 인식이 근원적인 진리이듯이, 칸트에 있어서 인간의 지성은 이 지성에 의해서 규정된 대상들 즉 칸트적 의미에서의 현상들에 대해서는 절대적이고, 이 지성의 초월적 인식이 바로 절대적이고 근원적인 진리이다. 현상으로서의 존재자의 존재는 근원적 통각(자기의식)의 초월적 규정이고, 이 규정은 다름 아닌 지성의 순수 사고 자체이기 때문이다. 인간의 이성(ratio)은 바로 존재자를 존재자로서 현상하게 하는 근거(ratio)이다. ― '사물의 지성에의 합치'에서 참됨(veritas)이 성립한다는 스콜라철학에서의 표현이, 창조되는 것(ens creatum)은 신의 지성(intellectus divinus) 중에서 미리 생각된 표상(idea)에 상응한다는 점에서 참된 것이라고 해석할 수 있을 것이다. 그 반면에 칸트의 표현, "인식의 그 대상과의 합치"에서의 '인식'은 명백히 인간의 (초월적) 이성을 뜻하고, 인간의 이성(intellectus humanus)은 스콜라철학의 파악에 따르면, 하나의 창조된 것에 불과하니, 저 스콜라적 표현을 칸트의 진리 설명 어구에 그대로 적용시켜 풀이하는 것은 무리일 수도 있겠다. 그러나 스콜라적 '창조'의 개념을 도외시한 스피노자가 "진리와 사물의 형식적 본질(veritas, et formalis rerum essentia)"을 동일시하면서, 진리가 곧 사물의 형식적 본질임은, 그것이 "신의 지성 중에(in Dei intellectu)" 객관적으로 있기 때문이라고 말할 때, 신(즉 자연 또는 실체)의 지성과 인간의 지성 사이에는 "천양지차"가 있다고 보면서도,[44] 인간의 지성이 명료하고 분명한 관념을 가지며, 사물을 참되게(vere) 인식하는 한

---

43 Heidegger, *Die Grundprobleme der Phänomenologie*(1927): GA 24, S. 213 참조.
44 Spinoza, *Ethica*, Pars I, prop. 17, Cor. II에 대한 Schol. 참조.

에서, 인간의 지성은 무한한 신의 지성의 일부(pars)[45]라고 본 것과는 달리, 칸트가 보기에 인간의 이성은 질료의 면에서 대상을 생산(창조)하지는 않으나, 그 자신의 선험적 형식에서 대상을 대상이게끔 하므로, 이 형식의 기능 없이는 대상이 대상일 수가 없다는 뜻에서, 인간 이성은 "부분적으로는" 즉 형식적인 면에서는 인간에 대한 대상인 "현상의 창조자"이다.(AA XV, 95: Refl. 254 참조) 그리고 이런 의미에서 인간의 이성은 곧 인간 이성에 대해 있는 존재자 곧 대상의 대상임의 근거인 것이다.

(2) 초월적 가상과 허위의 문제

지성의 순수한 형식인 순수 지성 개념과 이에서 비롯하는 순수 지성의 규칙인 선험적 종합 판단, 요컨대 초월적 인식이 대상을 규정하고, 그렇게 함으로써 그 대상과 합치함을 진리 곧 참된 인식이라고 부른다고 해서, 이것의 반대 개념, 즉 초월적 인식이 그 대상과 합치하지 않는 경우, 가령 초월적 진리에 반대되는 초월적 허위라는 것을 말할 수 있는 것은 아니다. 한 사물을 근원적 의미에서 인식한다고 하는 것은, 그 사물을 도대체가 한 사물로서 가능하게 하는 본질과 존재양태를 파악한다는 것을 말함이요, 이런 의미에서 사물 일반의 본질과 존재 방식을, 지성은 자기의 선험적 규칙에 따라 규정하는 것이므로, 지성이 자신의 선험적 "규칙을 준수하는 한, 지성은 항상 올바르기"[46] 때문이다. 이러한 사태는 신의 지성에서나 인간의 지성에서나 마찬가지이다. — 인간 인식에서 '초월적 허위'가 가능하다면, 신의 인식에서도 그런 것이 가능하다고 유추할 수 있는데, 그런 것은 이치에 맞지 않다. — 그러므로 지성이 대상 일반의 본질과 존재양태를 선험적으로 규정한다는 의미에서 참된 인식을 우리

---

45 Spinoza, *Ethica*, Pars II, prop. 43, Schol. 참조.
46 Thomas Aquinas, *ST*, q. 17, a. 3, ad. 2.

가 말할 때, 이미 이에 반해서 잘못된 인식이 있을 수 있다는 것을 동시에 말하는 것은 아니다. 순수 지성이 자기의 규칙을 준수하는 한, 한 대상의 본질과 존재 방식을 선험적으로 규정하는 것이며, 자기의 규칙을 벗어나면, 아예 어떤 대상도 규정하지 않는 것이지, 대상을 잘못 규정하는 일은 있을 수 없다. 그러므로 선험적인 지성 인식은 "참이거나, 아니면 전혀 아무것도 인식하지 못하거나이다."[47]

잘못된 인식도 일종의 인식이다. 그런데 초월적 지성 인식이 선험적인 자기 규칙을 준수하지 않는다고 함은, 아무런 대상도 규정되지 않는다는 뜻이고, 이런 경우는 그 초월적 인식 자체가 성립되지 않는 것이며, 따라서 허위도 없다. 칸트에서 초월적 진리와 켤레 개념으로 쓰이는 '초월적 가상'은 잘못된 초월적 인식을 일컫는 것이 아니라, 초월적 인식이란 그 자신 선험적이면서도 경험적 인식을 가능하게 하는 형식으로서 본디 어떠한 인식의 내용(질료, 실질)도 주는 바가 없는 것인데도, 마치 이런 초월적 인식이 경험적 인식의 내용을 규정하는 것처럼 보이게 하는 어떤 것을 말한다.

우리가 존재자의 존재를 규정하는 인식을 존재론적 인식이라고 부른다고 해서, 존재자의 존재를 잘못 규정하는 잘못된 존재론적 인식을 또한 말할 수 있는 것은 아니다. '잘못된 존재론적 인식', 그것은 '둥근 사각형' 이 사각형이 아니듯이, 도대체가 인식이 아니다. 허위 인식은 오직, 형식적 인식의 경우 지성이 자기 자신(의 사고 법칙)과 일치하지 않을 때, 질료적(실재적, 경험적) 인식의 경우 감성이 지성의 작용에 잘못 "영향을 미쳐", 지성이 판단을 그르칠 때에(KrV, A294=B351, 주 참조) 말할 수 있는 것이다. 칸트에게 있어서 감성은, 모든 경험 인식에서 인식의 실재 내용을 줌으로써, 모든 "실재적 인식의 원천"(KrV, A294=B351, 주)이자, 지성에 잘

47 Thomas Aquinas, ST, q. 17, a. 3, ad. 2.

못된 영향을 미칠 경우 경험적 "착오의 근거"(*KrV*, A294＝B351, 주)라고 말한다.

요컨대 초월적 인식은, 그것을 도대체가 초월적 인식이라고 말하는 한에서, 항상 참임(Wahrsein, Wahrheit)이며, 이것의 규정(Bestimmung, forma, definito)이 바로 대상의 대상임(Gegenständlichsein, Gegenständlichkeit)이다. 그러므로 칸트의 초월적 인식의 참임, 초월적 진리에 관한 이론 즉 진리론은, 대상의 대상임, 우리에 대한 존재자의 존재에 관한 이론 즉 존재론이다.

3) 칸트 초월적 진리 이론의 의의

이제까지의 고찰을 통해 명백해졌듯이 칸트가 그의 「초월 논리학」의 제1부를 "진리의 논리학"이라고 규정할 때, 이것은 초월적 인식의 참임[진리]에 관한 논리적 체계를 뜻한다. 그러므로 여기서 말하는 "진리"란, 일반 논리학적인 한 명제가 참이냐 아니냐, 수학적인 한 명제가 참이냐 아니냐, 또는 경험적 사실에 대한 한 판단이 참이냐 아니냐에 관한 것이 아니고, 이런 유의 판단의 진리임의 본질 또는 진위의 기준에 관련한 것도 아니다. 그것은 경험적 인식을 도대체가 인식으로서 가능하게 하는 근거(principium)로서 초월적 인식의 본성과 참임에 관한 것이다. 이 말은 초월적 인식에 근거한 한 경험적 인식이 참이라는 것이 아니라, 한 경험적 인식이 참인지 거짓인지가 문제되기 이전에, 아니 문제로 되기 위해서는, 한 경험적 인식이 도대체가 한 '인식'이어야 하며, 초월적 인식은 바로 한 경험적 인식이 '인식'이도록 하는 한 근거라는 뜻이다. 초월적 인식은 경험적 인식을 참이도록 하는 근거이기 이전에, 그것이 도대체가 한 '인식'이도록 하는 근거이다. 이 '인식'이 참이냐 거짓이냐 하는 것은 별도의 문제이다. — 그런 것은 인식의 질료(내용)와 관련한 문제이다. — 한 경험적

인식은 그것이 우선 '인식'으로 성립이 되어야 비로소 그것의 진위가 문제
될 수 있기 때문이다.

물론 그렇다면, 사람들은 칸트에 있어서 한 경험적 인식이 참이라는 것
은 어떤 뜻이며, 혹은 한 경험적 인식의 진위의 기준은 무엇인지를 물을
수도 있겠다. 칸트는 우선 "우리의 인식이 어떤 내용을 가지든, 그리고
그것이 대상과 어떻게 관계를 맺든, […] 우리의 모든 판단들 일반의 보편
적인 조건은 판단들이 자기 자신과 모순되"(*KrV*, A150=B189)어서는 안 된
다고 말한다. 즉 모순율을 어기면 어떤 판단도 진리일 수 없다는 것이다.
그러므로 모순율은 모든 인식이 참이기 위한 "불가결의 조건"(*KrV*, A151
이하=B191)이다. 더 나아가, 단지 주어 개념에 이미 속해 있는 것을 술어
(述語)를 통하여 설명할 뿐인 분석 판단에 대해서는, "어떤 것에도 그것과
모순되는 술어[즉 속성]는 속하지 않는다."(*KrV*, A151=B190)라는 모순율
은 이런 판단의 진위 여부를 판정하기 위한 "보편적"(*KrV*, A151=B190)이
고도, "충분한 기준"(*KrV*, A151=B191)이 된다. 다시 말해 한 분석적 판단
(인식)이 참이라 함은, 그 판단은 자기모순을 범하고 있지 않다는 것을 뜻
하는 것이다. 그러나 종합 판단인 경험 판단(경험적 인식)의 경우에는, 그
것이 참이기 위해서 단지 모순율의 준수만으로는 충분하지가 않다. 한 경
험적 판단의 경우에는, 그것이 전혀 아무런 논리적 모순을 포함하지 않고
있음에도, 거짓이거나 무근거일 수 있기 때문이다. 결국 한 경험적 인식
이 참이기 위해서는, 형식 논리적 규칙의 준수뿐만 아니라, 사태에 부합
해야만 한다. 그러나 사태와의 부합 여부의 판정은 더 이상 논리학의 문
제가 아니다. 그리고 경험적 인식의 사태와의 부합이라는 이 말이 '인식과
그 대상의 일치'로 해석되고, 다시 이 말이 앞서 우리가 네 경우로 나누어
고려해보았던 둘째나 혹은 넷째의 경우를 뜻하는 것으로 해석될 수밖에
없다면, 이 문제는 철학적 사고의 범위를 벗어난다.

초월적 인식과 경험적 인식의 관계를 이야기할 적에, 칸트는 분명히 참

인 경험적 인식 또한 염두에 두고 있으니, 그는 아마도 한 경험적 인식의 참임의 근거는 수학적 자연과학의 탐구나 명료하고 분명한 지각 혹은 명증(Evidenz)에서 마련된다고 보고 있을지도 모르겠다. 그러나 칸트 자신은, 그가 그의 초월철학을 개진하면서 '진리'를 이야기할 때에, 이러한 문제에는 더 이상 관여하고 있지 않다. 그의 관심사는 오로지 순수 인식의 가능 원리와 그것의 경험적 사용의 의미이기 때문이다.

5. 변증적 이성

인간에게 인식 가능한 세계는 그 질료가 감각경험적으로 주어지는 자연세계뿐이다. 감성이 제공하는 질료를 통해 지성은 그러한 세계를 인식한다. 그런데 인간의 이성은 이렇듯 그 자료가 주어지는 것에 대한 인식에서 멈추지 않고, 그러니까 경험세계의 한계를 넘어서 어떤 궁극의 것에까지 이르고자 추론을 거듭한다. 칸트의 초월철학의 이치에 따라 물론 그러한 추론은 근거가 없는 거짓된 것이겠고, '궁극의 것'이란 한낱 가상이겠다. 이를 칸트는 '초월적 가상'이라고 일컫는다. 그리고 그러한 무조건적인 것까지 그렇게 추궁해 들어가는 마음의 능력을 칸트는 '이성' — 가장 좁은 의미에서 — 이라고 일컫는다. 이러한 이성의 추론의 체계를 칸트는 "가상의 논리학"이라 일컫는다.

초월적 가상이란 인간 이성에 있어서 "자연스럽고 불가피한 환상"(KrV, A298=B354)으로서, 주관적 원칙에서 비롯한 것이면서도 객관적인 것으로 행세하는 그런 것이다. 이런 순수 이성의 자연스러운, 불가피한 변증성은 우매한 자가 지식의 결여, 곧 허위에 의해 빠진 것도 아니고, 궤변가가 의도적으로 사람들을 혼란시키기 위해 만들어낸 변증성, 곧 궤변도 아니며, 오히려 인간의 이성에 고착해 있는 것으로서, 우리가 그것을 일종의 환영

(幻影)이라고 폭로한 뒤에도 여전히 인간 이성 앞에 얼씬거려, 인간을 늘 순간적인 착오에 빠지게끔 하고, 그 때문에 이 착오는 그때그때마다 비판에 부쳐 제거하지 않으면 안 되는 그런 것이다. 비트겐슈타인도 지적한 바, "이상(Ideal)은 우리 생각 속에 확고부동하게 자리 잡고 있다. 너는 그것에서 빠져나올 수가 없다. 너는 언제나 다시 되돌아올 수밖에 없다. 결코 바깥은 없다. 바깥에는 숨 쉴 공기[산소]가 없다. — 이런 일은 어디서 비롯하는가? 이를테면 이념이 코에 걸쳐 있는 안경처럼 자리 잡고 있다. 우리가 보는 것을 우리는 그것을 통해 보고 있는 것이다. 우리는 그것을 벗어버릴 생각을 결코 하지 못한다."[48]

이러한 이념 가운데 칸트가 "초월적 가상"이라고 일컫는 것의 발생지는 '이성'으로 지목되며, 이때 이성이란 "원리들의 능력"으로서, 규칙들의 능력인 지성과 구별되는 것이다.(*KrV*, A299=B356 참조) 이렇게 구분된 의미에서 이성의 인식은 일종의 원리로부터의 인식이라 하기는 하겠는데, 원리로부터의 인식이란 (삼단논법에서 매개념을 통해 결론의 인식에 이르듯) "보편에서 개념을 통해 특수를 인식하는 것"(*KrV*, A300=B357)을 말한다.

지성이 선험적 보편 명제를 제공하고, 그것이 대전제로 쓰일 수 있는 한에서, 그런 보편 명제를 원리라고 할 수 있다. 그러나 순수 지성의 원칙들은 단지 개념에 의한 인식이 아니다. 예컨대 인과의 법칙은 단지 원인이라는 개념에서 결과라는 개념을 도출한 것이 아니라, 순수 직관 중에 주어진 잇따름의 시간 계기에서 힘들의 관계로 드러난 것이다.

그런데 보통 이성은 삼단논법에서 보듯이, 추론에 있어서 보편에서 특수로 내려가는 과정을 단지 개념들을 통해서만 행한다. 그러나 또한 이성은 반대로, 단지 개념만을 통하여 특수 명제에 포함되어 있는 보편 명제를, 그리고 이 보편 명제로부터 더 보편적인 규칙을 소급해서 추리해감으

48 Wittgenstein, *Philosophische Untersuchungen*[*PU*], Oxford 1953, I, 103.

로써 궁극의 무조건적인 것[무조건자]에로 나아가려 한다. 이성은 주어진 원리들을 다시 최소수의 원리들로 소급시킴으로써 원리들의 한 체계를 이루려는 노력, 즉 "이성의 통일"(*KrV*, A326=B383) 작업을 줄기차게 편다. 이제 이런 소급 추론에서 도달한 궁극의 무조건적 개념은 '초험적'이라는 의미의 "초월적 이념"(*KrV*, A327=B383)이라 일컬어야 할 것으로서, 더 이상 경험할 수 없는, '경험의 한계를 넘어'서는, 따라서 '경험 중에 한 대상으로서 나타날 수는 없는' 것이다.

우리의 표상들이 가질 수 있는 모든 관계를 통틀어 최상의 보편적인 것은 1)주관에 대한 관계와 2)객관에 대한 관계에서 구해질 수 있는데, 객관을 ①현상으로서의 객관과 ②사고 일반의 대상으로서의 객관으로 나누어 생각해볼 수 있으니, 무조건자에까지 도달하려는 이성의 통일은, 다음의 셋이 된다.(*KrV*, A334=B391 참조)

1)사고하는 주관의 절대적[무조건적] 통일,
2-①)현상의 조건 계열의 절대적 통일,
2-②)사고 일반의 모든 대상들의 조건의 절대적 통일.

사고하는 주관, 곧 영혼(마음)은 영혼론(심리학)의 대상이다. 모든 현상들의 총체, 곧 세계는 우주론의 대상이다. 사고할 수 있는 만물을 가능하게 할 수 있는 최상의 조건을 포함하는 것, 곧 최고 존재자는 신학의 대상이다. 즉 이 세 이성 통일의 무조건자는 재래 형이상학의 세 분과, 즉 이성적 영혼론/심리학(psychologia rationalis), 이성적 우주론(cosmologia rationalis), 초월적 신학(theologia transcendentalis) — 칸트의 개념에 따르면, 신학은 계시신학과 '이성적 신학'으로 대별되는바, 이성적 신학은 다시금 '초월적 신학'과 '자연적 신학'으로 나뉘고, 초월적 신학 아래에는 '우주신학'과 '존재신학'이, 자연적 신학 아래에는 '물리신학'과 '도덕신학'이 있다.

(*KrV*, A631=B659 이하 참조) 그런데 우주신학과 물리신학은 그 원근거를 존재신학에 두고 있으므로, 여기서 '초월적 신학'이라 한 것은 우주신학·존재신학·물리신학을 포함하는 것으로 해석할 수 있다 — 의 대상인 것이다.

칸트는 다름 아닌 '이성비판'이라는 방법으로써 초월적 가상의 체계들인 이 재래의 세 특수 형이상학의 주제인 세 가지 무조건자, 곧 영혼(의 불멸성)·자유(자기 원인)·신이라는 이념이 한낱 이성 자신의 환영에 불과하다는 것을, 감각경험을 통해 주어지는 것 이외의 것에 관한 어떠한 의미 있는 지식도 있을 수 없다는 그의 초월철학의 결론에 의거해서, 밝힘으로써 종래의 이성적 형이상학과 함께 이 형이상학에 기초하고 있는 기독교 세계 운영 원리를 비판한다. 그것은 계몽주의 시대가 철학자에게 부의한 최대의 과제였다.

제2절
실천 이성

'실천[적] 이성'이란 실천적으로 사용된 이성을 말한다. '실천(praxis)'은 무엇을 있는 그대로 바라보는 '이론(theoria)'과는 달리, 어떤 것을 다른 것으로 만들거나 또는 있는 것을 없게 만들거나 없는 것을 있도록 만드는 활동(facere, factio)이다. 이런 실천 행위를 대표하는 것으로 노동과 당위가 있다. 노동이 무엇인 것을 다른 것으로 변화시키는 활동이라면, 당위는 마땅히 해야 할 바를 행함, 그러니까 아직 없는 것을 있게 함이다. 노동에서는 설령 '창의'가 개입한다 하더라도 행위가 자연적 인과법칙 아래서 이루어진다면, 당위는 — 만약 진정한 의미에서 '당위(Sollen)'라는 것을 말할 수 있다면 — 자연법칙을 벗어나는 이른바 '자유의 법칙'에 따라 일어나는 것이다. 이런 관점에서 '자유'의 표상은 자연적 요소를 포함하지 않는, 그런 의미에서 감각경험이 섞여 있지 않은, 그러니까 '순수한' 것이고, 이러한 순수한 자유의 법칙이 있다면, 그것은 순수한 법칙수립의 능력인 '순수한 실천 이성'에서 유래하지 않을 수 없다는 것이 칸트의 기본 사상이다. 그러므로 순수한 실천 이성은 다름 아닌 당위인 '윤리' 내지는 '도덕'의 법칙을 수립하는 능력을 지칭한다.

1. '자유' 개념과 의지의 자유

인간은 자연 가운데서 태어나서 자연 안에서 살고 있는 자연물 중의 하나로서 자연법칙의 지배 아래에 있으면서도, 다른 한편으로 여타의 자연 사물과는 다른 '인격'으로서의 존엄성을 갖는다는 이념(Idee)을 가지고 있다. 이러한 이념에서 바로 윤리 도덕이 유래한다. 인간은 도덕적으로 행위함으로써 인격적일 수 있으며, 인간이 인격적일 때 그는 이런저런 쓸모에 따라 값이 매겨지는 '물건', 즉 무엇을 위한 수단 내지 도구가 아니라 그 자체로서 가치를 갖는, 즉 존엄성을 갖는 '목적'으로 생각될 수 있다. (GMS, B64 이하=IV428 참조) 그러니까 칸트에 따르면, 인간의 존엄성에 대한 인간 자신의 이념이 바로 도덕의 원천인 셈이다.

"너 자신의 인격에서나 다른 모든 사람의 인격에서 인간(성)을 항상 동시에 목적으로서 대하고, 결코 한낱 수단으로 대하지 않도록, 그렇게 행위하라."
(GMS, B66 이하=IV429)

칸트 도덕철학은 이러한 '인간 존엄성의 원칙' 위에 세워져 있거니와, 이러한 도덕원칙들은 '자유' 개념에 근거하고 있다. 그런데 오로지 도덕을 가능하게 하는 원리인 '자유'는 순수한 실천 이성의 본성에 있다는 것이 칸트의 기본적 이해이다.

'자유(自由)'는 일상적인 사용에서는 흔히 어떤 것으로부터의 해방이나 독립을 뜻한다. 그러나 '스스로 말미암음'이라는 그것의 근원적 의미를 새길 때, 그것은 어떤 사태를 최초로 야기함, "제일의 운동자"(KrV, A450=B478)를 뜻한다. 그러므로 우리가 사람들과 함께 행위하며 더불어 사는 자연세계 안에서 '자유'를 논할 경우, 그것은 자연적 사태 발생의 최초의 원인을 지시하고, 그로 인해 자연의 인과법칙과 상충하는 것으로 보인다.

자연을 경험과학적으로 관찰할 때, 발생하는 모든 것은 원인을 갖는다. 자연세계에 대한 경험과학적 관찰 자체가 '원인 없이는 아무것도 없다.' '무에서는 아무것도 생기지 않는다.'라는 생성의 충분근거율에 준거해서 이루어진다. 경험과학적 사건들이 상호 연관되어 있다고 고찰되는 한, 그 사건들의 계열에서 한 경험과학적 사태 내지 존재자의 원인은 또 다른 경험과학적 사태 내지 존재자로 간주된다. 그러므로 자연 내의 사건에서 그것의 원인은 반드시 경험과학적 의미에서 있었던 것을 지시하며, 그 원인이 있었던 것, 즉 존재자인 한 그 원인 역시 그것의 원인을 가져야만 한다. (KrV, A532=B560 이하 참조) 그래서 우리가 생성과 존재의 충분근거율에 충실히 따르는 한, 원인 계열은 무한히 계속될 뿐 문자 그대로의 '최초의 원인' 즉 자유를 자연 가운데서 찾을 수가 없다.

인간이 자연 내의 한 존재자인 한, 여타의 자연사물과 마찬가지로 인간 또한 그 행동에서도 자연의 인과법칙에 따라 무엇을 지향하거나 회피할 터이고, 따라서 이른바 '의지'작용의 결과로 보이는 것도 실은 앞서 있는 '감성계의 한 상태'에서 '규칙적으로 뒤따라 나온' 상태일 것이다. 그런데 우리가 자유를 근본적 의미에서 이해한다면, 그것은 "한 상태를 자기로부터 시작하는 능력"(*KrV*, A533=B561)이다. 한 상태를 스스로 개시한다 함은 그 상태에 앞서서 그 상태를 유발하는 어떤 다른 상태도 감성세계/자연세계 안에 '있지' 않았고, 그러니까 어떤 자연적 '원인'도 있지 아니했는데, 어떤 상태가 자연세계 안에 비로소 발생함을 의미한다. 그러니까 행위에서 의지가 자유롭다 함은 "완전한 자발성"(*KrV*, A548=B576)을 말하며, 이로부터 자연 안에 어떤 사건이 발생함을 뜻한다. 그러므로 이를테면 '실천적 자유'라는 것은 현상에서의 발생의 원인은 결정적인 것이 아니며, "우리의 의사[의지] 안에" "저 자연원인들에 독립해서, 그리고 심지어는 자연원인들의 강제력과 영향력에 반하여, 시간질서에 있어서 경험적 법칙들에 따라 규정되는 무엇인가를 산출하고, 그러니까 일련의 사건들을 전적으로 자기로부터 시작하는 어떠한 원인성"(*KrV*, A534=B562)이 있음을 말하는 것이다. 그런데 이것은 자연의 법칙성, 즉 자연 안에서 발생하는 사건의 원인은 오로지 자연 안에 있을 수밖에 없다는 존재 생성의 충분근거율에 어긋난다. 이런 이해에서 칸트도 '자유'를 "문제성 있는 개념"(*KrV*, A339=B397)이라 말한다.

사람들이 세계(우주)의 운동 변화에 관심을 가진 이래, 이 운동 변화를 설명하기 위해 최초의 운동자, 부동의 원동자를 생각하기에 이르렀지만, 그 생각은 — 비록 '자기에서부터(a se) 시작하는'이라고 표현되기도 하나 — 무엇으로부터도 생겨나지 않은, 즉 원인이 없는 존재자가 적어도 하나 있다는 것을 함축하며, 따라서 그것은 이미 초논리적일 뿐만 아니라, 자연 가운데서 만나지지 않는 따라서 초경험적인 것, 요컨대 통상적 의미에서 '초월적'인 어떤 것을 상정하는 것이다. 그러므로 칸트도, 만약 어떤 현상 계열의 "절대적 자발성"(*KrV*, A446=B474)으로서 자유를 생각할 수 있다면, 그것을 이를테면 "초월적 이념(transzendentale Idee)"(*KrV*, A448=B476)이라고 본다.

초월적 이념으로서 자유란 대체 무엇을 말하는가? 그것은 일종의 "예지적 원인(叡智的 原因: intelligibele Ursache)"(KrV, A537=B565)을 일컫는다. 칸트는 이 예지적 원인으로서 '자유'를 이른바 '순수 이성의 이율배반'의 해소를 통해 "구출"(KrV, A536=B564)해내고, 그로써 당위적 실천 행위의 근거를 마련한다.

칸트에서 인간은 이중적이다. 인간은 감성적 존재자이자 이성적 존재자이며, 경험적 능력과 더불어 선험적 능력을 가지고 있다. 인간은 감성의 세계(sinnliche Welt)에 속해 있으면서 또한 예지의 세계(intelligibele Welt)에 속해 있다. 인간은 자연법칙의 필연성에 종속하면서도 자유법칙에 따라서도 행위하는 존재자이다. "감성 세계에 속하는 것으로서 인격은 그러므로 그것이 동시에 예지의 세계에 속하는 한에서 그 자신의 인격성에 복종해 있는 것이다."(KpV, A155=V87)

이성의 순수한 자발성은 순수한 이념들을 낳고, 이것들은 감성이 수용할 수 있는 것을 훨씬 넘어가며, 감성의 세계와 예지의 세계를 구별하고, 그럼으로써 지성의 적절한 한계를 규정한다. '자유'라는 개념이 순수 이성의 필수적 개념으로 등장하는 자리가 바로 이 순수 자발성이다.

이성의 자발적 활동은 어떻게 해서 자유 개념에 이르는가? 이성의 추리를 통해서이다. 이성은, 본디 경험적 대상 인식에서만 그 적용 권리를 갖는 범주에 따르는 지성의 "종합적 통일을 단적인 무조건자[무조건적인 것]에까지 끌고가려 추구"(KrV, A326=B383)하는데, 이 무조건자에 이르러 "현상들의 이성 통일"(KrV, A326=B383)은 성취된다. 그러므로 이성의 이런 활동을 가능하게 하는 조건인 이성의 필연적 이념은 바로 이 '무조건자'라는 이념이다. 그러한 이념으로서는, 앞서 살펴보았듯이 변증적 이성의 "세 종류"의 추리 "곧 정언적 · 가언적 · 선언적 이성추리"(KrV, A304=B361)의 형식에 상응해서 (불멸적인) 영혼 · 자유 · 신, 이렇게 더도 덜도 아닌 셋이 있다.

그러니까 '자유'는 한 주어진 결과에 대한 원인들 계열의 절대적 총체성을 생각할 때 생기는 순수한 이성의 이념이다. 그러나 이 같은 이념은 사변 이성에 있어서는 불가피하게 다음과 같은 이율배반을 낳는다.

"**정립** 자연의 법칙에 따르는 인과성은, 그로부터 세계의 현상들이 모두 도출될 수 있는 유일한 것이 아니다. 현상들을 설명하기 위해서는 자유에 의한 인과성 또한 반드시 받아들여야 한다.

반정립 자유는 없다. 오히려 세계에서 모든 것은 오로지 자연법칙들에 따라서 일어난다."(*KrV*, A444=B472 · A445=B473)

'자신으로부터 비롯하는' 절대적 시초로서의 자유의 원인성은 무엇인가 있지 않으면 아무것도 생기지 않는다는 자연의 통일성을 구성하는 자연법칙에 어긋난다. 그럼에도 시간상의 한 원인이 다른 원인의 제약 아래에 있는 자연법칙에서와는 다르게 또 다른 원인성이 있다는 것을 받아들이지 않을 수가 없다. 발생하는 모든 것은 시간상 그것에 앞서는 어떤 것에 의해 필연적으로 제약받으므로, 만약 자유의 원인성이 없다면, 자연은 제약된 사건들의 계열을 무한하게 구성할 터이고, 그것은 다름 아니라 자연의 통일성을 파괴하니 말이다.

그런데 이 같은 이율배반의 문제는 물음을, 세계 내의 모든 사건들이 자연에서만 비롯하는가, 아니면 자유로부터도 비롯하는가(*KrV*, A536=B564 참조)라고 제기한 데서 발생한 것이라 볼 수 있다. 그래서 칸트는 이 이것이냐 저것이냐의 물음이 출발을 잘못했음을 지적함으로써 이 이율배반을 해소한다. 이러한 관점 이동이야말로 "자유의 문제에 있어서 중요한 전기를 마련한 것이다."[49]

---

[49] C. Gerhard, *Kants Lehre von der Freiheit*, Heidelberg 1885, S. 2.

"무릇 현상들이 사물들 그 자체라면, 자유는 구출될 수 없다. 그때에는 자연은 모든 사건의 완벽한 그리고 자신만으로 충분하게 규정하는 원인이고, 사건의 조건은 항상 오로지 그 결과와 함께 필연적으로 자연법칙 아래 있는 현상들의 계열 안에 함유되어 있다. 이와는 달리 만약 현상들이 실제로 있는 그대로의 것 이상의 아무것도 아니라면, 곧 사물들 자체가 아니라 경험적 법칙들에 따라 연관된 한낱 표상들이라면, 현상들 자신이 현상들이 아닌 근거들을 가지지 않을 수 없다. 그러나 그러한 예지적인 원인은 그것의 원인성에 관해서는 현상들에 의해 규정되지 않는다. 물론 그것의 결과들은 현상하고, 다른 현상들에 의해 규정될 수 있지만 말이다. 그러므로 그것[예지적 원인]은 그것의 원인성과 함께 계열 밖에 있으되, 그것의 작용결과들은 경험적 조건들의 계열 안에서 마주쳐진다. 그러므로 그 작용결과는 그것의 예지적 원인과 관련해서는 자유로운 것으로 간주되면서도, 동시에 현상들과 관련해서는 자연의 필연성에 따라 현상들에서 나온 것으로 간주될 수 있다. 이런 구별은 일반적으로 또 아주 추상적으로 말할 때에는 극히 미묘하고 애매한 것으로 보일 수밖에는 없지만, 응용해보면 명백해질 것이다. 여기서 나는 다음의 주의만을 해두고자 한다. 모든 현상들의 일관된 연관성은 자연의 맥락에서 예외 없는 법칙이므로, 만약 우리가 현상들의 실재성을 끝까지 고집하려고 한다면, 이것은 일체의 자유를 반드시 전복시키고 말 것이다. 그래서 이 점에서 상식을 따르는 사람들은 자연과 자유를 상호 합일시키는 데에 결코 이를 수가 없었던 것이다."(*KrV*, A536/537=B564/565)

이제 이 이율배반 해소의 실마리는 '자유' 원인성의 해석과 이해에 있다. 한 사건에 있어서 자유의 원인성이 의미하는 시초란 이 사건에 앞서 어떤 사건이나 사태가 있음을 부인하는 시간상의 절대적 시초를 말하는 것이 아니라, 한 사건에 잇따르는 다른 사건은 물론 자연법칙에 따르는 것이지만, 그 사건의 계기(契機)가 자연법칙적인 것이 아닌 어떤 것으로 이해됨을 말하는 것이다. 그러니까 동일한 사건에 대해서라도 관점을 달리해서 보면, 자연법칙에 따른 것이면서도 또한 자유의 원인성에 의한 것일 수도 있다는 것이다. 무릇 "현상들은 그 자체로는 사물들이 아니기 때문에, 이 현상들의 기초에는 이것들을 한낱 표상으로 규정하는 어떤 초월적 대상이 놓여 있을 수밖에 없으므로, 우리가 이 초월적 대상에다가 그것이 현상하게 되는 성질 외에 현상은 아니면서도 현상 중에서 그 작용결과를 마주치는 원인성을 덧붙여서 안 된다고 방해하는 것은 아무것도 없[…]다."(*KrV*, A538/539=B566/567) 즉 우리가 현상세계에서 일어나는 어떤 사건에 대해 자연인과적 원인 외에 또한 '예지적 원인'을 생각하는 것을 방해하는 것은 없는 것이다.

이성적 존재자로서 인간이, 그 자신이 동일한 행위에 관해서 자연법칙에 종속해 있다고 받아들일 때와 "똑같은 의미로, 또는 바로 똑같은 관계에서" 자기 자신이 자유롭다고 생각한다면, 자연의 인과성과 자유의 원인성의 "모순을 벗어난다는 것은 불가능하다."(*GMS*, B115=IV456) 그래서 칸트는 "우리가 인간을 자유롭다고 말할 때, 우리는 인간을, 우리가 자연의 일부로서의 인간을 이 자연의 법칙들에 종속해 있는 것으로 간주할 때와는 다른 의미와 다른 관계에서 생각한다는 것, 그리고 이 양자는 아주 잘 공존할 수 있을 뿐만 아니라, 동일한 주관 안에서 필연적으로 합일되어 있는 것으로 생각되어야만 한다는 것"(*GMS*, B115 이하=IV456)을 분명히 하는 일이 필요하다고 본다. 그러므로 자연 인과성과 자유 원인성의 관계는 사실 간의 대립이라기보다는 관점의 상이성인 것이다.

그럼에도 한낱 '예지적 원인'이라는 초월적 이념으로서의 자유가 현실적 의의를 갖는 것은, 이를 전제하지 않을 경우 인간의 실천적 행위에 대해 귀책성(歸責性: Imputabilität, Zurechnungsfähigkeit)을 말할 수 없기 때문이다. 인간이 자신의 행위 결과에 책임을 진다는 것은 인간의 실천적 행위가 한낱 기계적인 연관 작용이 아니라, 자신이 그것의 행위자라는 것,

그 행위가 그의 자유로운 의지에 따라 일어난 것임을 함축한다. 그렇기에 앞서도 말했듯이, 칸트는 자유의 원인성은 "추상적으로 말할 때에는 극히 미묘하고 애매한 것으로 보일 수밖에는 없지만, 응용해보면 명백"(*KrV*, A537=B565)하다고 말하는 것이다. 자연 안에서 살고 있는 인간의 세계에 '실제로' 도덕법칙, 당위 규칙들이 작동한다는 사실에서 우리는 자유의 실재성을 확인할 수 있다.

> "자유는 […] 도덕법칙의 존재근거(ratio essendi)이나, 도덕법칙은 자유의 인식근거(ratio cognoscendi)이다."(*KpV*, A5=V4)

우리는 생활세계에서 도덕법칙들을 명백하게 의식하고 있으며, 이러한 도덕법칙이 직접적으로 의지를 규정한다는 것은 명백한 '사실'이고, "이것이야말로 모든 도덕성의 본질"(*KpV*, A128=V72)이다.

> "우리가 순수한 이론적 원칙들을 [자명한 것으로] 의식하는 것과 꼭 마찬가지로, 우리는 순수한 실천법칙들을 의식할 수 있다."(*KpV*, A53=V30)

진리의 개념을 가진 이성적 존재자는 논리적 규칙들을 자명한 것으로 의식하듯이, 선의 이념을 가진 이성적 존재자는 선험적으로 도덕법칙을 의식한다. 이론 이성의 규칙으로서 논리법칙이 확실하듯이, 실천 이성의 규칙으로서 도덕법칙 또한 확실하다. 그런데 자연법칙과는 다른 당위법칙으로서 도덕법칙은 자유의 기반 위에서만 성립할 수 있는 것이다. 그렇기에 '자유'를 이 자연세계를 초월해 있는 이념이라고 말한다. 무릇 모든 존재자들의 존재근거로서의 '초월적 주관[의식](personalitas transcendentalis)'이 자연세계의 일부를 이루는 존재자가 아니듯이, '도덕적 주체[인격체](personalitas moralis)'로서 파악되는 인간도 자연세계에 속하는

'감성적' 존재자가 아니라, '예지적으로만 표상 가능한(intelligibel)' 것이다.

인간이 도덕적 주체로서 감각세계를 초월해 있을 수 있다면, 그것은 그의 의지가 '감성의 충동에 의한 강요로부터 독립'할 수 있으므로 해서이다. 인간의 의지도 감성에 영향을 받고, 그런 한에서 "감수(感受)적 의사(arbitrium sensitivum)"이기는 하지만, 오로지 감성의 동인(動因)에 의해서만 촉발되는 "동물적 의사(arbitrium brutum)"와는 달리 인간의 의지는, '감성이 그것의 행위를 결정하지는 않는', 즉 "감성적 충동에 의한 강요로부터 독립해서 자기로부터[스스로] 규정하는" '자유로운' 것이다.(KrV, A534=B562 참조; AA XVIII, 257 이하: Refl. 5618·5619 참조)

이 '자유'는 자연의 필연적 인과 계열을 벗어나 있는, 따라서 시간·공간상의 존재자의 술어는 아닌 '이념'이며, 이런 뜻에서 그것도 "초월적 이념"이다. 그러나 초월적 이념으로서의 자유는 아직 있지 않은, 있어야 할 것을 지향하는 의지, 곧 실천 이성의 행위에서 이상(idea)을 제시한다. 이 이상은 행위가 준거해야 할 본(本)이다. — 이 점에서 칸트는 자신의 '이념(Idee)'이라는 개념이 적어도 한뜻에서 플라톤의 '이데아(idea)' 개념으로부터 유래한다고 말한다.(KrV, A313=B370~A320=B377 참조) 칸트는 감각적 사물들의 원형이라는 의미에서의 '이데아'의 뜻은 납득하지 않지만, 행위의 이상 즉 "(행위와 그 대상들의) 작용 원인"(KrV, A317=B374), 말하자면 '인간 행위의 원형으로서 마음속에' 자리 잡고서 인간 행위를 규정하고 평가의 척도가 되는 '이데아'의 뜻은 자신이 발전적으로 계승하고 있다고 생각한다. — '이데아'는 우리가 가치 지향적 행위에서 '본'받아야 할 본(本)이다. 그러나 이 본은 자연 중에 있는 존재자가 아니다. 그것은 이성의 이념일 따름이기 때문이다. 그러나 그것은 시공적 존재자가 아니라는 점에서는 초월적 이념이지만, 행위의 규범으로 작동한다는 점에서 실천적 이념이다.

2. 순수한 의지 곧 선의지 곧 실천 이성

"의사(arbitrium, Willkür)"란 그에 의해 특정 대상이 산출됨을 의식하고 있으면서 "임의대로 행동하는"(MS, RL, AB5=VI213) 욕구능력을 말한다. 그리고 그 임의의 내적 규정근거가 이성 안에 있을 때의 욕구능력을 "의지 (voluntas, Wille)"라고 일컫는다. 그러니까 의사를 규정하는 것으로서의 의지는 다름 아니라 어떤 행위로의 의사를 규정하는 "실천 이성 자체"(MS, RL, AB5=VI213)라 하겠다. "이때 순수 이성에 의해 규정될 수 있는 의사는 자유[로운] 의사라 일컬어진다."(MS, RL, AB5=VI213) 반면에 "오직 경향성(감성적 충동, 刺戟)에 의해서만 규정받는 의사는 동물적 의사(arbitrium brutum)라 할 것이다."(MS, RL, AB5=VI213) 인간의 의사는 흔히 경향성에 영향을 받고 그런 한에서 그 자체로 순수한 것은 아니지만, 그럼에도 인간의 의사가 순수한 의지에서도 규정될 수 있다면, 그러한 의사는 '자유 의사(arbitrium liberum)'라 일컬을 수 있는 것이다.

> "의사[자의]가 곧 한낱 동물적인 것(動物的 意思)인 것은 다름 아닌 감성적 충동에 의해, 다시 말해 정념적으로 규정될 수 있는 것이다. 그러나 감성적 충동들로부터 독립적으로, 그러니까 이성에 의해서만 표상되는 운동인들을 통해 규정될 수 있는 의사는 자유로운 의사(自由意思)라 일컫는다."(KrV, A802=B830; 참조 A534=B562)

여기서 "의사의 자유란 저러한 감성적 충동에 의한 의사 규정에서의 독립성"(MS, RL, AB5=VI213)으로서, 이런 '자유'는 "자유의 소극적 개념"(MS, RL, AB6=VI213)이겠고, 이에서 더 나아가 의사가 준수해야 할 법칙을 스스로 수립하는, 그런 의미에서 자유(自由)로운 "실천적인 순수 이성의 능력"(MS, RL, AB6=VI214)은 자유의 "적극적 개념"(MS, RL, AB6=VI213)이라 하겠다.

자유의사의 규정근거가 되는 의지는 어떠한 정념적인 경향성에도 영향 받음 없이 오로지 순수한 실천 이성에 의해 수립된 법칙에 따라 욕구하기 때문에 본질적으로 자유로운 것이며, 순수한 것이다. 그리고 오로지 순수 실천 이성에 의해, 그러니까 "이성을 매개로, 순전한 개념에 의해 적의한 것"(KU, B10=V207)을 '도덕적으로 좋은 것'이라 규정하는 한에서 그것은 의당 "선하다/좋다."(KpV, A131=V74) 그러므로 사람이 자기 '의지대로' 행한다는 말은 '자유롭게' 행한다는 말이며, 그것은 다시금 오로지 자신의 이성이 규정하는 바에 따라 '순수하게', 따라서 '선하게' 행한다는 말이다. '의지'는 본질적으로 '자유의지'이자 '선의지'인 것이다. 이러한 칸트의 '의지', '선의지'의 개념은 "첫째로 이성만으로는 어떤 의지 활동의 동기가 결코 될 수 없고, 둘째로 의지의 방향을 정함에 있어 이성은 결코 정념에 맞설 수 없다."[50]라는 흄과 같은 이의 생각과 정면으로 반대된다.

비록 인간의 이성은 의지의 대상들과 인간의 모든 필요욕구들의 충족과 관련하여 의지를 안전하게 이끌기에는 충분하게 유능하지 못하고, 오히려 이런 목적에는 생래적인 자연본능이 훨씬 더 능란할 수도 있겠지만, 그럼에도 인간에게 품수되어 있는 실천 능력으로서 이성의 사명은 욕구 충족을 위해 영리하게 수단들을 찾아내는 한낱 도구로 쓰이는 일이 아니라, "그 자체로서 선한 의지를 낳는" 일이라고 칸트는 본다. "자연은 어디서나 그 소질들을 배분함에 있어 합목적적으로 일"하거니와, 자연은 선한 의지를 낳기 위해 "단적으로 이성이 필요했던 것"이라고까지 칸트는 생각한다.(GMS, B6 이하=IV397 참조) 그렇기에 이러한 의미에서 칸트는 "선의지라는 개념[…]은 이미 자연적인 건전한 지성에 내재해 있"(GMS, B8=IV397)다고 말한다. 이 선의지야말로 그 자체로 선한 것의 표상이다.

---

50 Hume, *A Treatise of Human Natuture*, L. A. Selby-Bigge 원편/P. H. Nidditch 재편, Oxford 1978, II, 3, 3: p. 413.

"이 세계에서 또는 도대체가 이 세계 밖에서까지라도 아무런 제한 없이 선하다고 생각될 수 있는 것은 오로지 선의지뿐이다."(*GMS*, B1=IV393)

'선의지'는 옳은 행위를 오로지 그것이 옳다는 이유에서 택하는 의지를 말한다. 그것은 행위의 결과를 고려하는 마음이나 또는 자연스러운 마음의 경향성에 따라 옳은 행위를 지향하는 의지가 아니라, 단적으로 어떤 행위가 옳다는 바로 그 이유만으로 그 행위를 택하는 의지이다. 그러므로 이 의지작용에는 어떤 것이 '옳다', 무엇이 '선하다'는 판단이 선행해야 하고, '옳음'과 '선함'은 결코 경험으로부터는 얻을 수 없는 순수 이성의 이념이므로, 선의지는 오직 이성적 존재자만이 가질 수 있는 것으로서 다른 것이 아니라 순수한 이성적 존재자의 실천을 지향하는 이성 곧 '순수 실천이성'이다.(*GMS*, B37=IV412 참조)

3. 실천 이성의 자율

1) 이성의 자율

자연의 사물은 모두 자연법칙들에 따라 운동하지만, 인간은 '의지'를 가지고 있는 한에서, 자기 생각 내지 자기가 세운 이념의 법칙에 따라 움직이기도 한다. 이른바 '도덕적' 행위가 그런 것이다. 그렇다면 이러한 당위법칙에 따른 행위가 있기 위해서는 그러한 법칙을 수립하는 이성과 함께 실천 능력이 전제되는바, 그때 그러한 행위를 이끌어가는 "의지란 이성이 경향성에 독립해서 실천적으로 필연적인 것이라고, 다시 말해 선하다고 인식하는 것만을 선택하는 능력"(*GMS*, B36 이하=IV412)을 말한다. 그래서 "인간의 자유, 즉 자기 자신의 의지에 따라서 행하는 자유는 인간이 이성을 가지고 있다는 사실에 근거를 두고 있다."[51] 여기서 선을 인식하고, 일체의 경향성에서 벗어나 스스로 법칙을 수립하는 이성은 '순수한' 이성이자 '자율적' 실천 이성이라 하겠고, 앞서 논구했듯이 오로지 이러한 실천법칙을 따른 행위만을 이끄는 의지는 '선한' 의지이자 '자유로운' 의지이겠다. 그러나 의지가 언제나 이러한 객관적인 보편타당한 법칙에 따라서만 규정되지 않고, 감성적 경향성들, 이해타산 등과 같은 주관적인 조건들에도 종속한다면, 다시 말해 언제나 완전하게 자율적 이성과 합치하지 않는다면, "그러한 의지를 객관적인 법칙들에 맞게 결정하는 것은 강요이다."(GMS, B37=IV413) 이성적 존재자인 인간의 의지 내지 의사는 능히 이성이 표상하는 보편타당한, 따라서 객관적인 실천법칙에 따라 결정될 수 있지만, 그럼에도 "철두철미 선하지는 않은" 인간의 의지는 "이성의 근거들에 필연적으로 순종적이지는 않"고, 또 인간이 의지에 따라서만 행동하는 것도 아니기 때문에, 보편적인 실천법칙의 "표상은, 그것이 의지에 대해 강요적인 한에서, (이성의) 지시명령(Gebot)이라 일컬으며, 이 지시명령의 정식(Formel)을 일컬어 명령(Imperativ)이라 한다."(GMS, B37=IV413) 이 명령은 사람이 하고 싶어 하는 것을 "하지 말라!"고 금지하고, 하고 싶어 하지 않는 것을 "하라!"고 몰아세운다. 그러니까 실제의 사람들은 이 명령 내용과 상반되는 성향을 가지고 있다는 것을 이 '명령'은 포착하고 있는 것이다.

그래서 의지에게 내려지는 이 명령은 인간이 인간 자신에게, 곧 이성적 인간이 동물적 인간에게 스스로 발하는 강요, 이를테면 "자기 강제"(KpV, A149=V83)이다. 그리고 이성 자신의 표상인 이 명령은 그 이성의 주체부터 이에 따를 것을 요구한다. ― "그대 스스로 정한 법에 복속할지어다 (patere legem, quam ipse tulisti)."[52]

---

51 Locke, *Two Treatises*, II, §63.

정치적 시민사회에서의 명령은 외부에서, 이를테면 국가로부터, 시민들에게 던져지고, 그에 의해서 외적 강제가 주어지면, 그것은 자유의 구속 내지 제한이 될 터이다. 반면에 윤리적 실천 세계에서의 명령은 인간 그 스스로 자신에게 내리는 명령으로서 그에 대한 복속을 통해 인간을 동물성으로부터 해방시킴이며, 그러니까 그것은 오히려 자유의 실현, 구현이라 하겠다.

그런데 어떤 명령이 실천'법칙'이 될 수 있기 위해서는 보편성과 필연성을 가져야만 한다. 어떤 것이 보편적이려면 언제 누구에게나 타당해야 하며, 필연적이려면 무조건적으로 타당해야만 한다. 그러니까 어떠한 경험적이고 욕구 충족을 전제로 하는 명령도 실천'법칙'이 될 수는 없으며, 그렇기에 실천법칙은 오직 선험적이고 단정적인 "정언적 명령"(GMS, B44=IV416)일 수밖에 없다. 그러므로 이 명령은 실천 행위로 나아가려는 이성이 자신에게 선험적으로 무조건적으로 부과하는 규범, 곧 이성의 "자율(Autonomie)"(KpV, A58=V33)인 것이다. 그리고 자율적으로 자기 자신에게 명령을 발하는 이성은 '자기 법칙수립적[입법적]'이며, 이 자율로서의 정언 명령은 행위가 준수해야 할 "형식"을 지정한다. 이러한 '윤리성의 명령'은 "의무의 보편적 명령"(GMS, B52=IV421)으로서 그 근거를 순수한 실천 이성에 둔 것이니, "순수 실천 이성의 원칙"이라 하겠다. 이를 칸트는 다음과 같이 정식화했다.

"너의 의지의 준칙이 항상 동시에 보편적 법칙수립의 원리로서 타당할 수 있도록, 그렇게 행위하라."(KpV, A54=V30)

정언적 명령과 가언적 명령을 구별 짓는 표지(標識)는 그 명령 안에 자기

---

52 Nietzsche, *Zur Genealogie der Moral*, III, 27: KSA 5, 410 참조.

사랑의 이해관심이 포함되어 있는지 여부이다. "예컨대 가언 명령은, 내가 명예를 유지하고자 한다면, 거짓말을 해서는 안 된다고 말하나, 정언 명령은, 설령 그런 짓이 내게 아무런 불명예를 초래하지 않는다 할지라도, 나는 거짓말을 해서는 안 된다고 말한다."(GMS, B88 이하=IV441) 정언 명령을 내리는 "이성적 존재자의 의지" 곧 "보편적-법칙수립적 의지"(GMS, B71=IV432)는 아무런 이해관심도 근저에 두고 있지 않다. 이러한 정언 명령은 한 개인의 자유의 준칙이 동시에 타자에게도 타당할 때만 법칙이 됨을 이미 함의하고 있는 것으로, 그것은 본래적으로 개인적인 '자유'를 상호주관성과 결합시킨다. '정언 명령'은 이미 상호주관성 위에서만 성립하는 것으로, 그렇기 때문에 이에 기초한 도덕은 단지 개인적인 것이 아니라 인간성/인류(Menschheit)에 보편적인 것이다. 실천 이성의 정언 명령은 주관적, 주체적인 행위 준칙이되, 동시에 보편적이고 객관적인 실천 법칙으로서, 이 법칙 아래에 있는 개인은 하나의 인격으로서 역시 하나의 인격인 다른 개인과 "서로 공동의 도덕법칙의 대변자로 만난다."[53] 인격으로서의 인간의 세계는 "공동의 법칙을 통한 서로 다른 이성적 존재자들의 체계적인 결합"[54]인 것이다.

2) 인간 존엄성의 근거

도덕적인 행위의 동인이 인간의 자유로운 의지라 함은 인간은 그의 의지의 힘으로써 자연적 경향성을 벗어나서 스스로 자신의 도덕적 이념에 따라 행위를 개시할 수 있음을 말한다. 그때 인간의 행위는 예컨대 '너는

---

53 F. Kaulbach, *Immanuel Kant*: 백종현 역, 『칸트. 비판철학의 형성과정과 체계』, 서광사, 214면.
54 Kaulbach, 『칸트』, 214면.

어떤 사람이든 목적으로 대해야 한다.'라는 당위법칙에 종속하는 것이고, 그렇기 때문에 실상 인간의 자유로운 행실은 자기가 세운 당위법칙을 준수해야만 한다는 점에서 필연적인 것이다.

물론 '자유'라는 것이 흔히 '비필연적'이고 "비결정(indifferentia)"적인 상황을 두고 쓰는 말[55]인 만큼, 자유 행사의 방식 자체가 결정되어 있다고 하면 얼핏 '자유'와 모순되어 보이고, 그래서 자유의 행사는 자유를 부여받은 자의 소관사라 여길 수도 있음 직하다. 그러나 '자유(自由)'가 한낱 '자의(恣意)'와 구별되는 것은 단지 자기로부터 비롯하기만 하는 것이 아니라 자기 안에 규칙성을 가지고 있기 때문이다. 스피노자는 "자유로운 것 (res libera)은 그것이 오로지 자기 본성의 필연성에서 실존하며, 오로지 자신으로부터(a se) 행동하도록 결정되는 것을 말한다. 이에 반해 필연적인 것(res necessaria) 또는 강제적인 것(res coacta)은 타자에 의해(ab alio) 특정한 방식으로 실존하고 작용하도록 결정되는 것을 말한다."[56]라고 규정한 바가 있다. 그러니까 스피노자에게는 자유로운 것이 있다면 오로지 신뿐이다. "신은 오로지 자기 본성의 법칙들에 따라 행동하며, 누구에 의해 강제적으로 행동하지 않는다."[57] 스피노자의 '자유'의 정의[58]에 따르면 결국 "신만이 자유 원인(causa libera)이다."[59] "정신(mens) 안에 어떤 절대적인 또는 자유로운 의지(absoluta sive libera voluntas)도 없다. 오히려 정신은 이것저것을 의욕하게끔 어떤 원인에 의해 결정되고, 이 원인은 또 다른 원인에 의해서 결정된다. 그리고 이렇게 무한히 나아간다."[60] 그렇기에 스피노자는 "의지는 자유 원인이 아니라, 필연적 원인(causa necessaria)이라

---

55 Descartes, *Principia philosophiae*, I, XLI: AT VIII-1, 20 참조.
56 Spinoza, *Ethica*, I, def. VII.
57 Spinoza, *Ethica*, I. Prop. XVII.
58 Spinoza, *Ethica*, I, def. VII 참조.
59 Spinoza, *Ethica*, I. prop. XVII, coroll. II.
60 Spinoza, *Ethica*, II, prop. XLVIII.

불릴 수 있다."[61]고 본 것이다.

그런데 스피노자에서는 그 본성에 "지성도 의지도 속하지 않는"[62] 것인 신의 '자유'를, 다시 말해 인간의 지성이나 의지의 성격일 수가 없는 신적 '자유'를 칸트는 인간 의지의 본질로 생각한다. 인간을 이성적 동물로 파악한 칸트는 인간 안에서 욕정과 선의지, 정념과 이성이 각기 선천(先天)성을 가짐과 함께 상호 간에 길항(拮抗)성을 갖는다는 사실을 직시하면서도 의지의 자유를 순수 실천 이성의 자율로 이해함으로써, 다시 말해 '자유'를 자신이 세운 법칙 즉 자율에 복종하는 힘으로, 그러니까 어떤 외적 조건들에 대해서도 독립적으로 자기 법칙의 필연성에 귀속하는 인간의 마음 능력으로 이해함으로써 '자유' 개념의 새로운 지평을 열었다.

이제 의지의 '자유'는 '필연성'과 대립되는 것이 아니라 자기 안에 필연성을, 다시 말해 자기 강제를 포함하는 개념이다. 이로써 또한 '필연성'의 두 양태, 존재 필연성과 당위 필연성, 타자 강제와 자기 강제, 자연법칙과 도덕법칙의 세계, 그러니까 서로 저촉하지 않는 두 세계가 상정된 것이다.

감성적 존재자인 인간에게 제일 먼저 다가오는 것은 욕구능력의 질료이다. 그래서 인간의 의지는 쾌·불쾌의 객관, 그러니까 즐거움(쾌락)이나 고통을 주는 어떤 것을 좇기도 하고 피하기도 한다. 이에 공리주의자 존 스튜어트 밀(John Stuart Mill, 1806~1873)은 어떤 것을 욕구한다는 것은 그것이 즐거움을 줄 것이라고 생각하는 것과 동일한 사태의 다른 표현이라고 본다. 얼핏 "능동적인 현상인 의지(will)와 수동적 감성 상태인 욕망(desire)은 다른 것"[63]처럼 보이지만, 그럼에도 양자는 그 뿌리에서는 같다

---

61 Spinoza, *Ethica*, I, prop. XXXII.
62 Spinoza, *Ethica*, I. prop. XVII, coroll. II, schol..
63 J. S. Mill, *Utilitarianism*(1861·1863), ch. 4, in: *On Liberty and Other Essays*, Oxford World's Classics, 1991, p. 173.

는 것이다. 밀이 보기에 의지도 쾌락을 취하고 고통을 피하려는 욕망에서 출발했지만 이것들과 독립적으로 별도의 목적을 실현하려는 거듭되는 단련을 통해 마침내 이런 것들과는 무관하게 작용하는 것처럼 보이는 단계에 이른 것이다. 그리고 밀은 "올바르게 행동하려는 의지가 습관적으로 독립해서 작동하는 단계에까지 개발되는 것"은 덕의 실행을 위해 매우 바람직한 것이기는 해도 "의지가 욕망의 자식인 것"[64]만은 틀림없다고 보는데, 그것은 "의지의 상태라는 것도 선[좋음]을 위한 수단이지, 내재적으로 선한[좋은] 것이 아닌"[65] 까닭이다. 이러한 논변의 기초에는 "그 자체로 쾌락을 주거나 쾌락을 얻는 데 또는 고통을 피하는 데 수단이 되는 것이 아니라면 어떤 것도 인간에게 선한[좋은] 것이란 없다."[66]라는 선 곧 쾌락 곧 행복이라는 이른바 공리주의 개념이 놓여 있다.

그러나 칸트는 쾌·고와 도덕적 선·악을 구별한다. 제아무리 큰 쾌락을 제공해도 도덕적으로 악한 것이 있으며, 제아무리 큰 고통을 동반해도 도덕적으로 선한 것이 있다는 것이다. 이성적인 존재자인 인간에서 이성은 욕구의 대상을 좇는 데에 지혜 내지 영리(恰悧)함으로써 봉사하거나 그러한 어떤 객관의 추구를 선악의 기준을 내세워 통제한다. 즐거움을 주기 때문에 취하고 고통을 주기 때문에 피하는 방법을 찾아내는 이성은 욕구의 시녀로서, 그 시녀가 고안해내는 것은 충고이거나 처세술의 말, 말하자면 '영리의 규칙'일 것이다. 그와 반대로 설령 즐거움을 가져다준다 해도 '해서는 안 된다' 하고, 설령 고통을 동반한다 해도 '모름지기 해야 한다'고 이르거나 지시하는 이성은 욕구의 통제자로서, 이 통제자가 명령하는 바는 '윤리의 규칙'인 도덕법칙일 것이다. '해서는 안 된다' 또는 '해야

64 J. S. Mill, *Utilitarianism*, p. 174.
65 J. S. Mill, *Utilitarianism*, p. 175.
66 J. S. Mill, *Utilitarianism*, p. 175.

만 한다'라는 명령의 준거야말로 보편적인 도덕적 선악의 판별 기준일 것이기 때문이다. 충고 내지 처세술을 제공하는 이성을 '도구적' 이성이라 일컫는다면, 도덕법칙을 세우는 이성은 '입법적' 이성이라 할 터인데, 이러한 입법적 이성이 의지의 규정근거가 되지 못하고 행위가 감성적 경향성에 따라 일어나면 악이 발생할 것이고, 행위가 감성적 경향성에 독립해서 도덕법칙에 따라 일어나면 그 행위자는 선행을 하는 것이겠다.

칸트는 인간의 욕정을 "주체의 이성에 의해 제어하는 것이 어렵거나 전혀 할 수 없는 경향성"(*Anth*, A203=VII251)이라고 정의하기도 하는데, 진정으로 욕정 내지 경향성의 "제어를 전혀 할 수 없다"면 선행은 요원하겠고, "제어가 어려운" 일 정도라면 선행의 가능성은 있다 하겠다. 사람이 도덕법칙에 합치하는 준칙을 채택하면서도 그를 준수하지 못하는 "연약한" 마음, 도덕적 동기와 비도덕적 동기를 뒤섞으려는 "불순한" 마음, 심지어는 아예 일체의 도덕법칙을 부정하고 악한 준칙을 채택하는 "악의적"인 마음을 갖기도 하고(*Anth*, A203=VII251 참조), 그로 인해 사람들에 의해 빈번하게 악행이 저질러지지만, 그럼에도 칸트의 생각에 "우리는 보다 선한 인간이 되어야 한다."라는 지시명령이 늘 "우리 영혼 안에서 울려오고 있기 때문"(*Anth*, A203=VII251)에 인간이 감성적 경향성을 제어하기가 쉽지는 않다고 해도 마침내 제어할 수 있고, 제어하는 그 지점에서 인간은 '인격'이 된다.

무릇 인간의 의지의 자유는 곧 순수 실천 이성의 자율로서, 그것은 자기가 정한 법칙에 복종함이다. "의지의 법칙에 대한 자유로운 복종의 의식은, 모든 경향성들에게, 오직 자신의 이성에 의해 가해지는, 불가피한 강제와 결합되어 있는 것으로서, 무릇 법칙에 대한 존경이다."(*KpV*, A142 이하=V80) 이 도덕"법칙에 따르는, 일체의 규정근거에서 경향성을 배제하는, 객관적으로 실천적인 행위를 일컬어 의무"(*KpV*, A143=V80)라고 한다. 그렇기 때문에 의무는 개념상 '실천적 강제'를 포함하는 것이다. 즉 싫어도 행위하도록 시킨다. 자연적 존재자로서의 인간이 선 아닌 다른 것을 욕구하기 때문에, 바로 그 때문에 그는 선을 행해야만 한다. 자기 마음이 자연히 그렇게 내켜서 하는 행위라면 그것을 우리는 당위라고 하지 않는다. 당위는 강요된 행위를 말함이고 그런 뜻에서 필연적이되, 그러나 이 강제는 밖으로부터의 것이 아니라, 자신에 대한 자신의 강제 즉 "자기 강제" 내지 "내적 강요"(*KpV*, A149=V83)이다. 그렇기 때문에 도덕은 밖으로부터 강제된 규칙 즉 자연법칙이 아니라, 자신으로부터의 즉 자유로운 자기 강제의 규칙 곧 자율인 것이다. 바로 이러한 자율의 힘에 인격성은 기반한다.

"도덕은 자유로운, 그러나 바로 그렇기 때문에 스스로 자신의 이성에 의해 자신을 무조건적인 법칙에 묶는 존재인 인간의 개념에 기초하고 있다. 그런 한에서 도덕은, 인간의 의무를 인식하기 위해서 인간 위에 있는 어떤 다른 존재자의 이념[관념]을 필요로 하지 않으며, 그 의무를 지키기 위해 법칙 자체 이외의 어떤 다른 동기를 필요로 하지도 않는다. 만약 인간에게 그러한 것이 필요하다면, 적어도 그것은 그 자신의 탓[잘못]이다. 그러한 필요는 [그 자신 외의] 다른 무엇에 의해서도 채워질 수 없는 것이다. 왜냐하면 인간 자신과 그의 자유에서 생겨난 것이 아닌 어떤 것도 인간의 도덕성의 결핍을 메워 줄 수는 없기 때문이다."(*RGV*, BIII=VI3)

인간으로 하여금 감성세계의 일부로서의 자신을 넘어서게 하고, 지성만이 생각해낼 수 있는 질서에 인간을 결합시키는 것은 인간의 인격성이다. 그러니까 인격성이란 "전 자연의 기계성으로부터의 독립성으로, 그러면서도 동시에 고유한, 곧 자기 자신의 이성에 의해 주어진 순수한 실천법칙들에 복종하고 있는 존재자의 한 능력"(*KpV*, A155=V87)이다. 그래서 "인간은 전적으로 초감성적인 그의 자유 능력의 속성의 면에서, 그러므로 또한 순전히, 물리적인 규정들에 독립적인 인격성(叡智體 人間)으로서의 그의 인간성의 면에서만, 물리적인 규정들에 묶여 있는 주체로서의 인간 (現象體 人間)과는 구별되어 표상될 수 있고 표상되어야"(*MS, RL,* AB48= VI239) 하는 것이다.

무릇 인간의 의지가 자유롭다는 것은 실천 이성이 인격적이라는 말과 같다. 의지가 자유롭다는 것은 다른 것이 아니라 "도덕법칙이 의지를 직접적으로 규정한다."(*KpV,* A126=V71)는 뜻이기 때문이다.

이제 의지가 도덕법칙에 의해 규정받는다 함은, 바꿔 말해, 의지가 자유롭다 함은 두 의미에서 이해될 수 있다.

첫째로 그것은, 소극적인 의미에서 도덕적 가치를 지향하는 의지는 어떤 감성적 충동에도 영향받음이 없으며, 도덕법칙에 어긋나는 어떠한 자연적 경향성도 배제하고, 오로지 법칙에만 규정받는다는 것을 뜻한다. 모든 자연적인 경향성은 — 이것의 충족에서 사람들은 행복을 느끼거니와 — 이기적이고 자기 추구적이다. 이기적 마음은 자기사랑으로서, 무엇에도 우선하는 자기 자신에 대한 호의(好意)이거나 자기만족이다. 순수한 실천 이성은 이런 자연적이고도 도덕법칙에 앞서서 우리 안에서 생겨나는 자기사랑이나 자기만족을 단절시키고, 이런 경향성을 도덕법칙과 합치하도록 제한한다.[67]

둘째로, 도덕법칙에 의한 의지 규정은 적극적 의미를 또한 갖는다. 자유의 형식으로서의 도덕법칙은 우리 마음 안에 있는 경향성에 대항하여 이기적인 자기사랑이나 자기만족을 제어하며, 그럼으로써 "존경의 대상" (*KpV,* A130=V73)이 된다. 도덕법칙의 의지 규정, 그것은 도덕법칙에 대한 순수한 존경심 곧 선의지이다.

---

67 성악(性惡)을 논하는 순자(荀子)조차도 "예는 절도의 표준이다(禮者 節之準也)."(『荀子』, 致士篇)라고 생각하지 않았던가!

의지가 자유롭기 때문에 인간은 이성적 생명체로서 살아갈 수 있도록 자연이 배려해준 여러 소질들을, 풍운(風雲)이나 화초(花草)나 금수(禽獸)에서는 볼 수 없는, 악(惡)의 방향으로 사용할 수도 있지만, 선의지 또한 가능하며, 선의지에 기초하여 인간은 인격일 수 있다.

"인간 안에는 악으로의 자연본성적인 성벽이 있는 것이다. 그리고 이러한 성벽 자체를, 결국에는 자유로운 의사 안에서 찾을 수밖에 없고, 그러니까 책임을 물을 수 있는 것이므로, 도덕적으로 악한 것이다. 이러한 악은 근본적인 것이다. 왜냐하면 그것은 모든 준칙들의 근거를 부패시키기 때문이다. 또한 동시에 그것은 자연본성적 성벽으로서 인간의 힘으로는 절멸할 수 없다. 이것을 절멸시키는 일은 선한 준칙들에 의해서만 일어날 수 있을 터인데, 모든 준칙들의 최상의 주관적 근거가 부패한 것으로 전제된다면, 이러한 일은 일어날 수가 없기 때문이다. 그럼에도 불구하고 악으로의 성벽은 극복 가능한 것임에 틀림없다. 왜냐하면 이 성벽은 자유롭게 행위하는 자인 인간 안에서 마주쳐지기 때문이다."(RGV, B35=VI37)

"도덕적 의미에서 인간이 무엇인지, 또는 무엇이 되어야 하는지, 선한지 또는 악한지, 이에 대해서는 인간이 자기 자신을 그렇게 만드는 것이 틀림없으며, 또는 그렇게 만든 것이 틀림없다. 양자가[어느 쪽이든] 인간의 자유의사의 작용결과인 것이 틀림없다. 왜냐하면 그렇지 않다면 그것이 그에게 귀책될 수 없을 터이고, 따라서 인간은 도덕적으로 선하다고도 악하다고도 할 수 없을 터이기 때문이다. 만약 인간이 '선하게 창조되었다'고 말한다면, 그것은, 인간은 선으로 향하도록 창작되었고, 인간 안의 근원적 소질이 선하다는 것을 의미할 수 있을 뿐이다. 인간은 이 소질만으로는 아직 선한 것이 아니고, 그가 이 소질이 함유하고 있는 동기들을 그의 준칙 안에 채용하느냐 않느냐 ― 이 일은 그의 자유로운 선택에 전적으로 맡겨져 있음이 틀림없다 ― 에

따라서 그는 그를 선하게도 악하게도 만드는 것이다."(*RGV*, B48 이하=VI44)

오로지 이러한 선택적 의지의 자유의 힘에 '인격'은 의거한다. 자연 사물을 규정하는 존재 범주들 가운데 가장 기초적인 것이 '실체'이듯이, 인간의 실천 행위를 규정하는 "자유의 범주들"(*KpV*, A115=V66) 가운데 가장 기초적인 것은 '인격'이다. 인간의 실천적 행위 즉 도덕적 행위는 기본적으로 인격으로서의 인간의 인격으로서의 인간에 대한 행위이다. 그리고 '우리' 인간이 인간으로서 존엄한 한, '나'의 '너'에 대한 행위는 언제나 인격적이어야 한다.

인격적 행위만이 도덕적 즉 당위적이기 때문에, 그것은 인간이 도달해야만 할 이성의 필연적 요구[要請]이다. 어떤 사람이 행위할 때 "마음 내키는 바대로 따라도 법도에 어긋나지 않는다(從心所慾不踰矩)."[68]라고 하면, 우리는 그를 성인(聖人)이라 부를 것이다. 마찬가지로 실천 행위 "의지의 도덕법칙과의 온전한 맞음은 신성성(神聖性)"(*KpV*, A220=V122)이라고 일컬어야 할 것이고, 감성세계에 살고 있는 인간이 이런 신성성에 '현실적으로' 도달한다고 볼 수는 없겠지만, 그렇다 하더라도, 아니 바로 그러하기 때문에 그런 "온전한 맞음을 향해 무한히 나아가는 전진"(*KpV*, A220=V122) 가운데에서 우리는 인격성을 본다.

인간이 실제로 신적 존재자라면, 그의 행위는 항상 의지의 자율에 따를 터이다. 그렇다면 거기에는 당위가, 따라서 도덕도 없을 것이다. 인간은 감성적 욕구를 동시에 가지고 살아가는 시공상의 존재자이기 때문에, 바로 그 때문에 그에게는 당위가, 자신이 스스로에게 강제적으로라도 부과하는 정언적 명령이, 도덕법칙이 있는 것이다.(*GMS*, B111 이하=IV454 참조) 이것이 도덕법칙이 그리고 자율의 원인성이 인간의 행위에서 가능한 이

---

68 『論語』, 爲政 2 참조.

유이고, '인간'에게서 갖는 의의이다. 도덕법칙은 "감성이나 경향성, 또는 욕구능력 등등의 이름 아래에서의 실재적인 것이 이성과 [⋯] 합치하지 않되, 이성은 고유의 절대적인 자기활동성과 자율에서 의욕하고 감성을 제한하고 지배한다."[69]는 데서, 바꿔 말하면 인간의 이중성 내지는 자기 내 상반성에서 성립하는 것이다. 실로 인간은 항상 도덕법칙을 따르는 존재자는 아니지만, 스스로를 "도덕법칙들 아래에"(*KU*, B421=V448) 세움으로써 인간이 되고 인격적 존재자가 된다. 그런데 이러한 자율성이 바로 "인간과 모든 이성적 자연존재자의 존엄성의 근거이다."(*GMS*, B79=IV436) 인간이 존엄함은 보편적으로 법칙수립적임과 함께 자신이 수립한 법칙에 스스로 복종함에서 성립하는 것이다. ─ 무릇 이 같은 칸트의 윤리 이론은 마음 내키는 대로 행해도 언제나 법도에 맞는 '성인(聖人)'들의 이론이 아니고, 당위법칙을 세우고 억지로 그를 준행함으로써 비로소 '사람다운 사람'이 되는 '범인(凡人)'들의 윤리 이론이라 하겠다.

4. 인격으로서의 인간

"윤리법칙과 합치하는 마음씨의 확신이 모든 인격 가치의 첫째 조건"(*KpV*, A130=V73)으로서, "인격적 가치는 도덕법칙과의 일치 없이는 아무 것도 아닌 것이 되고 만다."(*KpV*, A139=V78) 인간이 인간임은 이러한 인격성에 있다. 그리고 그 점에서 자기존중은 인간의 자신에 대한 의무이고, 또 인간은 유일한 존경의 대상이 된다.

---

69 Hegel, Ueber die wissenschaftlichen Behandlungsarten des Naturrechts, seine Stelle in der praktischen Philosophie, und sein Verhältniss zu den positiven Rechtswissenschaften(1802), in: Gesammelte Werke[GW], Bd. 4, hrsg. H. Buchner/ O. Pöggeler, Hamburg 1968, S. 434.

"그의 인격에서의 인간성은 그가 모든 타인에 대해 요구할 수 있는 존경의 객체이고, 그러나 그 존경을 그 자신 또한 잃어서는 안 되는 것이다. 인간은, 그가 자신을 (그의 동물적 자연본성에 따라) 감성존재자로 보느냐, 아니면 (그의 도덕적 소질에 따라) 예지적 존재자로 보느냐에 의해, 자신을 작은 척도로도 큰 척도로도 평가할 수 있고 평가해야만 한다. 그러나 인간은 자신을 한낱 인격 일반으로서만이 아니라, 인간으로서도, 다시 말해 자기 자신의 이성이 그에게 부과하는 자신에 대한 의무들을 갖는 한 인격[人]으로도 보지 않을 수 없으므로, 동물적 인간(Tiermensch)으로서의 그의 변변치 못함이 이성적 인간(Vernunftmensch)으로서의 그의 존엄성에 대한 의식을 손상할 수 없으며, 그는 이성적 인간임을 고려하여 도덕적인 자기존중을 부인해서는 안 된다."
(*MS, TL*, A93 이하=VI434 이하)

"자기존중(Selbstschätzung)은 인간의 자기 자신에 대한 의무"(*MS, TL*, A94=VI435)이며, 인격으로서의 인간만이 "존경(Achtung)"의 대상이다. (*KpV*, A135=V76) 우리는 특정한 사람에게 사랑이나 애착을 느끼고, 어느 면에서 탁월한 사람들 또한 나에게 감동을 주고, 경탄, 심지어는 경이를 불러일으킬 수는 있어도, 그렇다고 해서 그런 사람이 존경의 대상이지는 않다. 인격으로서 인간만이 존경의 대상인 것은 인격으로서 인간, 즉 "도덕적–실천적 이성의 주체"로서의 인간은 모든 가격을 뛰어넘는 "절대적 내적 가치" 즉 "존엄성"(*MS, TL*, A93=VI435)을 갖기 때문이다. "인간은 결코 타인의 의도들을 위한 수단으로 취급될 수 없고, 물권의 대상들 중에 섞일 수 없[…]다."(*MS, RL*, A196=B226=VI331) 그러한 "인간은 한낱 타인의 목적들, 아니 심지어는 자기 자신의 목적들을 위한 수단으로서가 아니라, 목적 그 자체로서 평가되어야" 하며, 이로써 그는 "모든 이성적 세계존재자들에게 그에 대한 존경을 강요"한다.(*MS, TL*, A93 이하=VI435 참조)

단지 수단으로서 상대적 가치만을 갖는 것을 "물건들"이라고 일컫는
다면, 그것들의 본성상 이미 목적들 그 자체인, 다시 말해 한낱 수단으
로 사용되어서는 안 되는, 이성적 존재자들은 "인격들"이라 불린다. "오
로지 인간만은, 그리고 그와 더불어 모든 이성적 피조물은 목적 그 자체
이다. 인간은 곧 그의 자유의 자율의 힘에 의해, 신성한 도덕법칙의 주체
이다."(KpV, A155 이하=V87) 그렇기에 이러한 "인격들은 한낱 그것들의
실존이 우리 행위의 결과로서 우리에 대해서 가치를 갖는 주관적 목적들
이 아니라, 오히려 객관적인 목적들이다."(GMS, B65=IV428) 단, 그들의
의지가 "이성적 존재자의 자율과 일치한다는 조건"(KpV, A156=V87)에서
말이다.

　인격으로서 인간이 자신을 "목적 그 자체"로 표상하는 한에서, 이 이념
은 "인간 행위들의 주관[체]적 원리"이지만, 이 주관적 원리가 모든 이성
적 존재자에게 타당한 한에서, 그것은 동시에 "객관적 원리"(GMS, B66=
IV429)이다. 이러한 이념으로부터 "네가 너 자신의 인격에서나 다른 모든
사람의 인격에서 인간(성)을 항상 동시에 목적으로 대하고, 결코 한낱 수
단으로 대하지 않도록, 그렇게 행위하라."라는 정언 명령이 나오는 것이
다. 이성적 존재자들은 모두, 그들 각자가 자기 자신과 다른 모든 이들
을 결코 한낱 수단으로서가 아니라, 항상 동시에 목적 그 자체로서 대해
야만 한다는 윤리법칙 아래에 종속해 있다. 그런 한에서 이성적 존재자들
은 "목적들의 나라"(GMS, B75=IV433)의 성원이다. 그래서 저 정언 명령은
"한낱 가능한 목적들의 나라를 위한 보편적으로 법칙수립하는 성원의 준
칙들에 따라 행위하라."(GMS, B84=IV439)는 명령과 다름이 없다.

　그러므로 도덕적 인격성은 다른 것이 아니라 이러한 정언 명령들인 도
덕법칙들 아래에 있는 이성적 존재자의 자유(성)이며, 인격(자)은 다른 것
이 아닌 자기 자신이 자신에게 제시한 그 법칙들에 복종하는 자이다. 그
러니까 이성적 존재자로서의 인간은 자율적으로 도덕법칙을 준수함으로

써 인격이 된다. 그러므로 인격으로서의 인간은 도덕법칙의 명령 내용을 그의 의무로 갖는다. 그런데 "물리적인 규정들에 묶여 있는 주체로서의 인간(現象體 人間)"(*MS, RL*, AB48=VI239)의 의지는 단적으로 선하지는 않기 때문에, 바로 그 때문에 "자율의 원리에 의속[依屬]함(도덕적 강요)이 책무／구속성(Verbindlichkeit)이다. […] 책무에 의한 행위의 객관적 필연성[객관적으로 필연적인 행위]을 의무(Pflicht)라 일컫는다."(*GMS*, B86=IV439)

"책무／구속성은 이성의 정언적 명령 아래에서의 자유로운 행위의 필연성[필연적인 자유 행위]이다."(*MS, RL*, AB20=VI222) 행위란 책무 규칙 아래에서 수행되는 행동을 말하며, 행위자가 그러한 행동을 통하여 그 행동의 결과를 '일으킨 자'로 간주되는 한에서, 그 결과는 그 행위자가 책임져야 한다. 그래서 법적으로는 "그의 행위들에 대해 귀책능력이[책임질 역량이] 있는 주체"를 "인격"(*MS, RL*, AB22=VI223)이라 일컫는다. 반면에 아무런 "귀책능력이[책임질 역량이] 없는 사물"은 "물건"(*MS, RL*, AB23=VI223)이라 할 것이다. 그래서 칸트에 따르면 동물 가운데서도 인간만이 그의 자율성에 의한 책무능력으로서 인격일 수 있는 것이다.

이렇게 '인격', '물건'의 개념을 구분할 때, 누가 인간은 침팬지와 근친 관계로 그 뿌리가 같으며, 귀책능력이 인간에게만 있는 것이 아니라 인간과 근친 관계에 있는 동물들에서도 볼 수 있음을 입증한다면, '인격' 개념이 소멸한다기보다는 그 외연이 확장되는 것이라 해야 할 것이다. 또한 포스트휴먼(posthuman) 사회의 도래와 함께 혹시 귀책능력이 있는 '유사 인종(posthomo sapiens)'이 등장한다면 같은 상황이 발생할 것이다.

제3절

판단력

1. 판단력의 두 가지: 규정적 판단력과 반성적 판단력

칸트에서 '판단력'으로는 두 종류가 있다. 하나는 논리적 사고작용에서 판단하는, 이른바 '규정적' 판단력이고, 다른 하나는 합목적성을 원리로 갖는, 이른바 '반성적' 판단력이다.

규정적 판단력은 형식 논리 구성의 한 요소이다. 칸트의 형식논리학은 당대의 학교 논리학과 마찬가지로 그 무렵의 능력심리학의 이론에 대응하여 "상위 인식능력의 구분에 정확히 합치하는 설계도 위에 세워져 있다. 이 상위 인식능력이 지성·판단력·이성이다."(*KrV*, A130=B169) 이에 따라 칸트의 논리학은 "개념·판단·추리를 다룬다."(*KrV*, A130=B169) 이러한 틀에서는 "무릇 지성이 규칙들의 능력이고, 판단력은 특수한 것이 규칙의 한 경우인 한에서 그 특수한 것을 찾아내는 능력이라 한다면, 이성은 보편적인 것에서 특수한 것을 도출하고, 그러므로 이 특수한 것을 원리들에 따라서 그리고 필연적인 것으로 표상하는 능력"(*Anth*, AB120=VII199)을 일컫는다.

판단력은 일반적으로 "특수한 것을 보편적인 것 아래에 함유되어 있는 것으로 사고하는 능력"(*KU*, BXXV=V179)이다. 그래서 판단력은 일차적으로 "규칙들 아래에 [무엇인가를] 포섭하는 능력, 다시 말해 무엇인가가 주어진 규칙 아래에 있는 것(所與 法則의 事例)인지 아닌지를 판별하는 능력"(*KrV*, A132=B171)이라고 규정된다. 그러나 "판단력은 한낱 특수를 (그 개념이 주어져 있는) 보편 아래 포섭하는 능력일 뿐만 아니라, 또한 거꾸로, 특수에 대한 보편을 찾아내는 능력"(EEKU: XX209 이하=H14)이기도 하다.

칸트는 판단력의 앞의 기능을 '규정적'이라 한다면, 뒤의 기능을 '반성적'이라고 일컬을 수 있다고 보는데, 그러니까 요컨대 판단력은 '규정적'으로뿐만 아니라, 때로는 '반성적'으로도 작용한다는 것이다.

> "판단력 일반은 특수한 것을 보편적인 것 아래에 함유되어 있는 것으로 사고하는 능력이다. 보편적인 것(규칙, 원리, 법칙)이 주어져 있다면, 특수한 것을 그 아래에 포섭하는 판단력은 (그것이 초월적 판단력으로서, 그에 알맞게만 [무엇인가가] 저 보편적인 것 아래에 포섭될 수 있는 그런 조건들을 선험적으로 제시할 경우에도) 규정적이다. 그러나 특수한 것만이 주어져 있고, 판단력이 그를 위한 보편적인 것을 발견해야만 한다면, 그 판단력은 순전히 반성적이다."(*KU*, BXXV 이하=V179)

규정적 판단력은 특수한 것을 지성 — 여기서는 '이론 이성'의 대명사이다 — 또는 이성 — 여기서는 '실천 이성'의 대명사이다 — 에 의해 주어진 보편적인 것, 곧 자연법칙 또는 자유법칙 아래 포섭함으로써 규정하고, 반성적 판단력은 주어진 특수한 것에 대한 보편적인 것, 곧 "합목적성"의 원리를 찾음으로써 저 지성이나 이성과 마찬가지로 법칙수립자[입법자]가 된다. 인식능력이나 욕구능력으로부터 아무런 개념이나 법칙이 제시되어 있지 않은 상황에서도 주어지는 표상들이 있을 때 그것들을 반성하여 판정하는 능력인 반성적 판단력은 주어진 특수한 것을 어떤 보편적인 것 아래에 포섭되어 있는 것으로 판단한다. 예컨대 "자연은 헛되이 하는 것도 없고, 과도하게 하는 것도 없다."[70]라거나 '사필귀정(事必歸正)'의 원리를 세워, 나의 현존상태가 가장 완전한 상태라고 판단하는 것 말이다.

여기서 이 '판단력'은 '지성'과 '이성' 사이의 중간에 위치해 있다는 것이

---

70 Aristoteles, *De caelo*, 271a 33.

칸트의 생각이다. '지성' 곧 이론 이성은 자연을 선험적으로 인식하는 데에 관계하고, '이성' 곧 원칙들에 따라 판단하고 행위하는 실천 이성은 자유에 의해 우리 욕구능력을 선험적으로 규정하는 데 관계하는 것이다. 그렇다면 그 중간에서 판단력이 하는 일은 무엇인가?

판단력이 '규정한다' 함은, 인식에서 주어지는 잡다한 표상들을 보편적 지성의 법칙 아래에 귀속시킴으로써 어떤 것을 우리에게 하나의 대상이도록 하게 하거나, 실천에서 여러 가지 행위동기들을 보편적 이성의 법칙, 곧 도덕법칙 아래에 종속시킴으로써 하나의 윤리적 행위가 일어나도록 하는 것을 말한다. 그리고 이 경우 보편적인 것으로서 지성의 법칙이나 이성의 법칙은 지성의 선험적 원리로서 또는 이성의 초월적 이념으로서 판단력 앞에 이미 주어져 있다. 그런데 이와는 달리 판단력이 '반성한다'는 것은 무엇을 말하는가?

일반적으로 지성이 "반성한다(성찰한다)는 것은, 주어진 표상들을 다른 표상들과 또는 자기의 인식능력과, 그에 의해 가능한 개념과 관련해서, 비교하고 대조하는 것이다."(EEKU: XX211＝H16) 이러한 반성(Reflexion) 또는 성찰(Überlegung)은 우리가 대상들에 대한 "개념들에 이를 수 있는 주관적 조건들을 발견하기 위해 우선 준비하는 마음의 상태"(KrV, A260＝B316)로서, 어떤 반성은 개념을 산출하는 논리적 지성-작용의 제2국면에서처럼 "어떻게 서로 다른 여러 표상들이 한 의식에서 파악될 수 있는가를 성찰함"(Log, §6: IX, 94)이지만, 어떤 반성은 주어진 표상들이 우리의 인식 원천들과 어떤 관계에 있는가, 다시 말해 그것들이 우리의 어떤 마음 능력에 귀속하는가를 숙고함을 일컫는다. 전자의 반성을 '(형식)논리적' 반성, 후자의 반성을 '초월적' 반성이라고 구별하여 이름 붙일 수도 있다.(KrV, A261＝B317 참조)

그런데 이제 반성적 판단력에서 '반성함'은 주어진 표상들을 하나의 포괄하는 원리에 비춰봄을 뜻한다. 판단력은 아무런 개념이나 법칙이 마음의 다른 능력으로부터 제시되어 있지 않은 상황에서도 주어지는 표상들이 있을 때 그것들을 어떤 보편적인 개념이나 법칙에 비추어 객관과 관련해서 판정하는데, 이것이 '반성적' 판단력의 활동이다. 물론 이러한 객관적 반성적 판정에서 술어는 객관적 규정적 판단에서와는 달리 객관에 귀속되는 것이 아니라 단지 주관의 인식능력에 귀속될 터이다.

2. 반성적 판단력의 자기자율: 합목적성

"판정능력[判別能力]"(EEKU: XX211＝H16)이라고도 일컬어지는, 반성적으로 작동하는 판단력은 1)'미감적／미학적(ästhetisch)'이거나 2)순수 '논리적／목적론적(teleologisch)'이다.

1)'이 장미꽃은 아름답다.'라는 하나의 순수한 취미판단은 그 꽃의 모양, 색깔 등을 인지함에 의거하지만, 그 판단 자체는 쾌 또는 불쾌의 감정의 표현으로 이해되어야 하는 것이다. 이 같은 미감적 판정에 있어서 우리는 하나의 대상과 관련하여 한 주어진 표상의 순전히 주관적인 것에, 곧 쾌·불쾌의 감정에 따른다. 쾌 또는 불쾌는 하나의 표상과 결합되어 있으되 그 "표상에서 전혀 인식의 요소가 될 수 없는 주관적"(*KU*, BXLIII＝V189)인 것이다. '이 장미꽃은 빨갛다.'라는 인식판단과는 달리 '이 장미꽃은 아름답다.'라는 미감적 판단은 아무런 대상인식도 제공하지 않는다. 미감적 판단은, "(선험적인 직관의 능력으로서) 상상력이" — 대상의 현전 없이도 현시하는 능력으로서 상상력은 직관에 주어진 표상들을 포착하고 총괄하는 기능도 갖거니와(*KU*, B87＝V251 참조) — "한 주어진 표상을 통해 무의도적으로 (개념의 능력으로서) 지성과 일치하게 되"면, 우리 안에 쾌감이 "불러일으켜"(*KU*, BXLIV＝V190)지고, "그때 그 대상은 반성적 판단력에 대해 합목적적이라고 보일 수밖에 없"(*KU*, BXLIV＝V190)는 데서 생긴다. 그러나

이러한 '합목적성'은 대상의 어떠한 질료적인 것에도 기초하고 있지 않은, 한낱 형식적인 것으로서, 오로지 자유로운 상상력과 합법칙적인 지성의 합치에 있는 것인 만큼 순전히 주관적인 것일 뿐이다.

반성적 판단력은 이런 미감적(곧 감정적) 사용에서는 쾌·불쾌의 감정 영역에서 "목적 없는 합목적성"(*KU*, B69=V241)이라는 법칙을 수립한다. 본래 쾌감이란 욕구의 충족, 곧 목적의 달성에서 일어나는 것인데, 미적 대상에서의 쾌의 감정은 어떠한 목적의 달성이 없는데도 마치 그런 것이 성취된 양 일어난다. (이론적) 지성의 범주들은 이러한 감정과 관련해서는 도식화될 수 없기 때문에, 어떠한 합목적성의 법칙을 세우지 못한다. (실천적) 이성은 언제나 일정한 목적을 지향하기 때문에 목적 없이는 작동할 수가 없으되, 쾌·불쾌의 감정에서만은 목적 개념 없는 합목적성이 성립하는 것이다.

2) "자연의 유기적 산물은 그 안에서는 모든 것이 목적이면서 교호적으로 수단이기도 하다."(*KU*, B295/6=V376)와 같은 판단에서처럼 순전히 논리적으로(곧 이념적으로) 사용되는 판단력은, "마치 어떤 지성이(비록 우리의 지성은 아닐지라도), 특수한 자연법칙들에 따라 경험의 체계를 가능하게 만들기 위해서, 우리 인식능력을 위해 부여한 것 같은, 그러한 통일성"(*KU*, BXXVII=V180)의 원리에 따라, — 그러니까 이를테면 목적론적으로 — 보편적인 자연법칙들을 고찰한다. 반성적 판단력이 그러한 필연적 통일성을 세우는 원리가 "자연의 잡다함 속의 자연의 합목적성"(*KU*, BXXVIII=V180)이다.

"하나의 객관에 대한 개념은, 그것이 동시에 이 객관의 현실성의 근거를 함유하는 한에서, 목적이라 일컬으며, 한 사물이 오로지 목적들에 따라서만 가능한 사물들의 그런 성질과 합치함을 사물들의 형식의 합목적성이라 일컫는다."(*KU*, BXXVIII=V180) 이러한 목적 개념은 지성의 범주에 속하지 않으므로, 자연의 합목적성에 대한 우리 판단들도 구성적인 것이 아니라 한낱 규제적인 것이다. 자연은 우리가 그것을 합목적적인 것으로 판정하지 않아도 성립할 수 있는 것이다. 그러나 판단력은 우리의 지성에게 우연적인 형식들을 순전히 우리에 대해서 필연적인 것이라고 판정하면서, 동시에 (우리의 지성과는 같지 않은) 어떤 지성이 그것들을 구성적으로 필연적인 것이라고 인식할 수도 있다고 상정한다.

자연 대상들의 형식들은, 규정적 판단력이 그것들을 보편적인 (기계적) 자연법칙들 아래 수렴할 수 없는 한에서는, 우리의 지성에 대해서는 우연적인 것이다. 지성은 자연 일반의 법칙성을 생각하는 반면에, 판단력의 관심사는 "다양한 특수한 법칙들에 의해 규정되는 자연"(*KU*, BXXX=V182)의 통일성이다. 이 통일성을 가능하게 하는 판단력의 "초월적 원리"(*KU*, BXXX=V182)가 자연의 합목적성인 것이다.

> "자연의 합목적성이라는 이 초월적 개념은 자연개념도 아니고 자유개념도 아니다. 그것은 객관(자연)에게 전혀 아무런 것도 부가하지 않고, 단지 우리가 자연의 대상들에 대한 반성에서 일관적으로 연관된 경험을 의도하여 처신할 수밖에 없는 유일한 방식을 표상할 따름이다. 그렇기에 그것은 따라서 판단력의 주관적 원리(준칙)이다. 그래서 우리는 또한 우리가 한낱 경험적인 법칙들 중에서 그러한 체계적 통일성을 만난다면, 마치 그것이 운 좋은, 우리의 의도를 살려주는 우연이나 되는 것처럼(원래 하나의 필요가 충족된 것으로) 기뻐하게 된다. 비록 우리는 그러한 통일성을 통찰할 수도 증명할 수도 없었지만, 그러한 통일성이 있다고 필연적으로 상정하지 않을 수 없었음에도 불구하고 말이다."(*KrV*, BXXXIV=V184)

판단력은 "자연의 가능성을 위한 선험적 원리"를 "자기 안에 가지"되, 그 원리를 "자율"로서 객관적으로 자연에게 지정하는 것이 아니라, 단지 주관적인 관점에서 "자기자율(Heautonomie)"(*KU*, BXXXVII=V185)로서 그 자신에게 자연을 반성하기 위해 하나의 법칙으로 지정한다. 이론 이성인 지성의 자발성(Spontaneität)이 자연법칙으로서 존재자를 규정한다는 점에서 객관적으로 작용하고, 실천 이성의 자율(Autonomie)은 당위법칙으로서 자연 안에서 행위를 규정한다는 점에서 역시 객관적으로 작용하는 것인 반면에, 판단력의 자기자율인 합목적성은 마음의 감정 활동의 순수 원리로서 자연적 소여를 빈틈없이 이해하도록 주관 자신을 규제한다는 점에서 주관적으로 작용하는 것이다.

그러니까 반성적 판단력은 자연의 법칙수립자가 아니라, 한낱 자연에 관한 자기의 반성 작용에서 자기 자신에게 합목적성이라는 선험적 법칙을 제공하는 것뿐이다. 그럼에도 이러한 판단력이 지성과 이성 사이에 위치한다는 것은, 지성과 이성에 의해 독자적으로 그 법칙이 수립된 자연의 나라와 자유의 나라를 연결하는 교량의 역할을 기대하게 한다.

3. 반성적 판단력의 연결 기능

마음의 성능을 마음 씀의 대상과의 관계방식에 따라 인식능력[知]·쾌와 불쾌의 감정(취미능력)[情]·욕구능력[意]으로 나누어본 칸트는 또한 상위의 영혼의 능력, 즉 자발성(AA XV, 87: Refl. 229; AA XV, 166: Refl. 410

상위 영혼능력들의 표(*KU*, 서론 IX: BLVIII=V198)

마음의 전체 능력	인식능력	선험적 원리	적용대상
인식능력	지성	합법칙성	자연
쾌·불쾌의 감정	판단력	합목적성	기예
욕구능력	이성	궁극목적	자유

참조) 또는 자율성(KU, BLVI =V196 참조)을 갖는 영혼의 능력을 그 자율성 곧 법칙수립 능력의 양태에 따라 지성·판단력·이성으로 구분한 것이다.

자발적인 영혼능력인 지성은 마음의 인식작용에 '법칙성'이라는 선험적 원리를, 자기자율적인 판단력은 쾌·불쾌의 감정에 '합목적성'이라는 선험적 원리를, 이성은 욕구작용에 '궁극목적'이라는 선험적 원리를 법칙으로 수립한다. 그러나 자연과 자유만이 우리의 선험적 원리를 '구성적', 곧 대상 규정적으로 사용할 수 있는 영역이므로, 판단력의 선험적 원리는 기예 영역에서 단지 '규제적', 곧 주관 규정적으로 사용될 수 있을 뿐이다. 그럼에도 이러한 판단력이 지성과 이성 사이에 위치하여, 지성과 이성 그리고 자연의 나라와 자유의 나라를 '연결'시킨다. 반성적 판단력은 자기 원리인 '합목적성' 개념을 매개로 지성의 법칙수립과 이성의 법칙수립을 연결시키는 것이다. 잡다함 속에서 다양한 특수한 법칙들에 의해 규정되는 자연을 필연적인 통일체로 판정하는 초월적 원리인 자연의 합목적성 개념을 가지고서 판단력은 자연과 자유를 연결시키는 것이다.

그렇다면 대체 이 '합목적성'이라는 개념이 어떻게 자유에서 자연으로, 초감성적인 것에서 감성적인 것으로, 예지체에서 현상체로의 이행을 가능하게 한다는 말인가?

실천 이성은 우리에게 자유에 의해 궁극목적, 곧 최고선, 다시 말해 덕 있는 자가 상응하는 행복을 누리는 상태를 산출할 것을 요청한다. 그런데 자연 안의 존재자에게 행복, 곧 "자기의 전 현존에 부단히 수반하는 쾌적한 삶"(KpV, A40=V22) 또는 "자기 상태에 대한 전적인 평안함과 만족"(GMS, B2=IV393)이 이루어지기 위해서는 그의 덕성에 알맞게 자연이 운행되어야만 가능하다. 반성적 판단력은 합목적성의 개념을 가지고서, 이 궁극목적이 실천 이성에 의해 이 세계에서 산출될 수 있음을 지시한다. 그러므로 자연은 판단력에 기초해서 인간에 의해 자유롭게 규정될 수 있는 것으로 상정되며, 이성의 선험적 실천법칙에 의해 이 규정이 앞에 놓인다.

지성의 자연에 대한 선험적 법칙수립을 통해서는 알려지지 않은 채로 있을 수밖에 없었던 것이, 즉 자유에 의한 자연의 규정이 이제 자연의 합목적성 개념을 통해 지성에게 이해된다. 우리는 자유에 의해서도 자연에 영향을 미칠 수 있겠다는 것이다. 왜냐하면 자연 자신이 마치 어떤 지성적 존재자에 의해 목적들을 향해 산출되었고 유기조직화된 것처럼 생각될 수밖에 없기 때문이다.

"지성은 그가 자연에 대해 선험적으로 법칙들을 세울 수 있는 가능성에 의해, 자연은 우리에게 단지 현상으로서만 인식된다고 증명하고, 그러니까 동시에 자연의 초감성적인 기체[基體]를 고지한다. 그러나 이 기체는 전적으로 무규정인 채로 남겨둔다. 판단력은 자연의 가능한 특수한 법칙들에 따라 자연을 판정하는 그의 선험적 원리에 의해 (우리 안에 그리고 우리 밖에 있는) 자연의 초감성적 기체가 지성적 능력에 의해 규정될 수 있도록 만든다. 그러나 이성은 똑같은 기체를 그의 선험적 실천법칙에 의해 규정한다. 그리고 그렇게 해서 판단력은 자연개념의 관할구역에서 자유개념의 관할구역으로의 이행을 가능하게 만든다."(*KU*, BLV 이하=V196)

자연 인식은 수용성인 감성과 자발성인 지성을 통해 이루어지고 이 인식에서 자연은 우리에게 그 모습을 드러낸다. 인과법칙과 같은 순수한 지성의 원칙에 의해 자연은 규정되고, 그러니까 자연세계는 기계적 인과법칙에 따라 운동하는 것으로 표상된다. 그런 만큼 자유에 의한 자연 운행은 있을 수 없는 일이다. 그런데 인간의 도덕적 행위는 자연세계에서 일어나되, 그것은 자유의 원인성에 따라, 곧 순수 실천 이성의 자유의 법칙인 도덕법칙에 따라 일어난다. 그렇기에 자연적 사건과 윤리적 사건은 별개일 터이다. 그런데 칸트는 "의지의 현상들, 즉 인간의 행위들은 여타 여느 자연사건과 꼭 마찬가지로 보편적인 자연법칙들에 따라 규정된다."

(IaG, BM385=VIII17)고 본다. 이는 자연적 사건과 윤리적 사건이 합치한다는 것이고, 그래서 정말 자연에서 일어난 일이 당위적이기도 하고, 윤리적으로 일어난 일이 실재적이기도 하다면, 그것은 자연이 합목적적으로 운행한다는 것을 뜻한다. 바로 그 자리에서 '자연의 합목적성'이라는 반성적인 판단력의 자기자율적 원리는 자연과 자유, 존재와 당위를 매개하여 연결한다.

"영혼능력 일반에 관하여 말하자면, 이것들이 상위 능력, 다시 말해 자율을 함유하고 있는 능력으로 고찰되는 한에서, 인식능력(자연의 이론적 인식능력)으로는 지성이 선험적인 구성적 원리들을 함유하는 것이고, 쾌·불쾌의 감정으로는 판단력이 그런 것인데, 이 판단력은, 욕구능력의 규정과 관계하고 그럼으로써 직접적으로 실천적일 수 있는 개념들 및 감각들에 독립적이다. 욕구능력으로는 이성이 그런 것인데, 이성은, 그것이 어디서 유래하건 어떠한 쾌의 매개 없이도, 실천적이고, 상위 능력인 욕구능력에 궁극목적을 규정하는 바, 이 궁극목적은 동시에 객관에서의 순수한 지성적 흡족함을 수반한다. ─ 자연의 합목적성이라는 판단력의 개념은 자연개념들에 속하되, 그러나 단지 인식능력의 규제적 원리로서만 그러하다. 비록 이 개념을 야기하는 (자연 또는 예술의) 어떤 대상들에 관한 미감적 판단이 쾌 또는 불쾌의 감정과 관련해서는 구성적 원리이지만 말이다. 인식능력들의 부합이 이 쾌의 근거를 함유하거니와, 이 인식능력들의 유희에서의 자발성이 야기한 이 개념으로 하여금 자연개념의 관할구역들을 자유개념의 것과 그 결과들에서 연결 매개할 수 있도록 한다. 이 자발성이 동시에 도덕감정에 대한 마음의 감수성을 촉진함으로써 말이다."(*KU*, BLVI 이하=V196 이하)

자연의 '합목적성'의 원리에 의한 반성적 판단력의 이러한 매개 연결로 가능한 세계에서의 '최고선'이 성립하고, 그로써 자연의 세계와 도덕의 세계의 합일 지점에 희망의 세계가 열린다. 그러니까 반성적 판단력은 칸트에서 '이성신앙'의 원천이라고도 할 수 있다.

"행복이란, 그의 실존의 전체에서 모든 일이 소망과 의지대로 진행되는, 이 세상에서의 이성적 존재자의 상태이며, 그러므로 행복은 자연이 그의 전 목적에 합치하는 데에, 또한 자연이 그의 의지의 본질적인 규정근거와 합치하는 데에 의거한다. 그런데 도덕법칙은 자유의 법칙으로서 자연 및 자연의 (동기로서의) 우리 욕구능력과의 합치에 전적으로 독립해 있는 규정근거들에 의해 지시명령한다. 그러나 이 세계 안에서 행위하는 이성적 존재자는 동시에 세계 및 자연 자체의 원인이 아니다. 그러므로 도덕법칙 안에는 윤리성과 이에 비례하는, 세계에 그 일부로서 속하고 따라서 세계에 부속돼 있는 존재자의 행복 사이의 필연적 연관에 대한 최소한의 근거도 없다. 세계에 부속돼 있는 이 존재자는 바로 그렇기 때문에 자기의 의지로써 이 자연의 원인일 수가 없고, 그의 행복과 관련하여 그 자신의 힘으로 자연을 그의 실천 원칙들과 일관되게 일치시킬 수가 없다. 그럼에도 불구하고 […] 우리는 응당 최고선의 촉진을 추구해야 한다. […] 그러므로 또한 이 연관의 근거, 곧 행복과 윤리성 사이의 정확한 합치의 근거를 함유할, 자연과는 구별되는 전체 자연의 원인의 현존이 요청된다. […] 그러므로 도덕적 마음씨에 적합한 원인성을 갖는, 자연의 최상 원인이 전제되는 한에서만, 이 세계에서 최고선은 가능하다. 무릇 법칙의 표상에 따라 행위할 수 있는 존재자는 예지자요, 이 법칙 표상에 따르는 그런 존재자의 원인성은 그 존재자의 의지이다. 그러므로 최고선을 위해 전제되어야만 하는 것인 한에서, 자연의 최상 원인은 지성과 의지에 의해 자연의 원인(따라서 창시자)인 존재자, 다시 말해 신이다. 따라서 최고의 파생적 선(즉 최선의 세계)의 가능성의 요청은 동시에 최고의 근원적 선의 현실성, 곧 신의 실존의 요청이다. […] 다시 말해 신의 현존을 받아들임은 도덕적으로 필연적이다."(*KpV*, A224=V124 이하)

4. '합목적적'인 자연

자연목적 개념을 따라가다 보면 "목적들의 규칙에 따르는 하나의 체계로서의 전체 자연이라는 이념에 필연적으로"(*KU*, B300=V379) 이르게 된다. 목적 개념은 하나의 이성이념을 표현하되, 이성은 현상들의 전체성을 요구한다. 그래서 우리는 자연을 전체로서 하나의 내적 자연인과 조직으로, 다시 말해 그 안에서는 어떤 것도 쓸데없는 것일 수 없는 "목적들의 대체계(大體系)"(*KU*, B303=V380), 하나의 유기체로 생각한다. 예컨대 한편으로 식물들은 초식동물의 먹잇감으로, 초식동물은 육식동물의 먹잇감으로, 육식동물은 다시금 인간의 먹잇감으로 존재한다고, 그러나 다른 한편 인간은 육식동물의 지나친 번식을 억제하기 위해, 육식동물은 초식동물의 탐식을 제한하기 위해, 초식동물은 다시금 식물들의 번성에서 균형을 유지하기 위해 존재한다고 생각한다.

자연이 합목적적인 유기적 체계로 이해될 수 있다면, 목적론의 원리를 또한 자연과학의 내적 원리로 파악하려는 생각도 쉽게 떠오를 수 있다. 그러나 칸트는 이런 생각은 합당하지 않다고 거부한다. 자연과학은 자연목적들이 의도적으로 작동되는가, 의도 없이 작동되는가 하는 문제는 관심 밖에 둔다. 자연과학은 자연산물들이 오로지 자연법칙들에 의해서만 설명될 수 있다는 통찰에 만족한다. 물론 자연법칙들은 목적들의 이념 아래에 서 있을 수 있고, 그 내적 형식은 목적들의 원리에 의해서만 인식될 수 있다. 그러나 한 유기체의 내적 합목적성에 대한 인식을 자연과학이 책임질 수는 없다. 왜냐하면 자연과학은 그러한 지식을 산출할 수 있는 충분한 관찰 자료들을 얻을 수 없기 때문이다. 이런 까닭에 "목적론은 보통 이론적 자연과학의 고유한 한 부문을 이루지 않고, 신학을 위한 예비학 내지는 이행단계로서"(*KU*, B309=V383) 끌어대질 뿐이다.

그럼에도 자연의 내적·객관적 합목적성의 원리는 중요한 방법적 의미를 갖는다. 자연이 유기적 체계로 이해될 수 있다면, 합목적성의 원리는 자연 안의 모든 특수한 사건을 하나의 경험적 자연법칙으로 수렴할 수 있을 기대를 갖게 한다. 그래서 우리가 '자연 안의 유기적인 존재자'라는 개념을 갖게 된다면, 남는 문제는 어떻게 기계적 자연법칙들이 이 자연목적을 산출할 수 있는가 하는 것이다. 그것은 곧 목적론과 자연과학의 관계에 대한 성찰을 요구하거니와, 이에 대해서는 다른 것이 아닌 판단력의 두 가지 사용이 각자의 몫을 함으로써 가능하다고 답할 수 있다.

규정적인 한편 반성적인 두 가능한 사용 방식에 따라 판단력은 일견 두 준칙 사이의 모순에 빠진다.

지성에 의해 판단력에게 선험적으로 부여되는 준칙은 "물질적 사물들과 그것들의 형식들의 모든 산출은 순전히 기계적 법칙들에 따라서 가능한 것으로 판정되어야 한다."(*KU*, B314=V387)는 것이다. 그러나 특수한 경험들은 이성으로 하여금 그 근원을 지성 안에 갖는 것과는 다른 종류의 자연 통일성을 생각하게 한다. 그래서 "물질적 자연의 몇몇 산물들은 한낱 기계적인 법칙들에 따라서 가능한 것으로 판정될 수가 없다.(그것들의 판정은 전혀 다른 인과성의 법칙, 곧 목적인들의 법칙을 필요로 한다.)"(*KU*, B314=V387)라는 준칙 또한 생겨난다.

서로 엇갈리는 이 두 준칙들은 "판단력을 그의 반성의 원리에서 헷갈리게 하는 변증성"(*KU*, B314=V387)을 낳는다. 이 두 준칙 모두 본래는 탐구를 위한 규제적인 것인데, "이 규제적 원칙들을 이제 객관들 자신을 가능하게 하는 구성적인 원리로 전화시키면"(*KU*, B314=V387) 하나의 이율배반이 생기지 않을 수 없다.

"**정립:** 물질적 사물들의 모든 산출은 순전히 기계적 법칙들에 따라 가능하다.

반정립: 물질적 사물들의 몇몇 산출은 순전히 기계적 법칙들에 따라서는 가능하지 않다."(*KU*, B314 이하=V387)

주관적 합목적성은 본디 반성적 판단력의 원리일 따름이다. 그런데 이성은 우리에게 자연의 법칙수립자로서 작용인을 찾도록 시도하라고 촉구하고, 이 시도가 좌절될 경우에 우리가 목적인에 의지하는 것을 허용한다. 그러므로 이 '이율배반'은 "이성의 법칙수립에서의 상충"일 수는 있어도 "판단력의 이율배반은 아니고"(*KU*, B315=V387), 굳이 말하자면 반성적 판단력의 두 준칙 사이에서 보이는 가상적인 모순일 따름이다. 판단력의 두 준칙은 물질적 자연산물들을 설명하는 유일하게 가능한 두 전략인 것이다.

"그러므로 본래 물리적인(기계적인) 설명방식의 준칙과 목적론적인(기술적인) 설명방식의 준칙 사이에 있는 듯이 보이는 이율배반은, 사람들이 반성적 판단력의 원칙을 규정적 판단력의 원칙과 혼동하고, (특수한 경험법칙들에 관한 우리의 이성사용에 대해 한낱 주관적으로만 타당한) 전자의 자율성을 지성에 의해 주어진 (보편적인 또는 특수한) 법칙들을 따르지 않으면 안 되는 후자의 타율성과 혼동하는 데에서 기인한 것이다."(*KU*, B318/9=V389)

유기적인 자연산물들이 순수한 기계적인 법칙들에 의해 생겨난다는 것을 우리는 물론 증명할 수 없다. 우리의 인식능력에 대해 자연기계성은 유기적 존재자들을 위한 충분한 설명근거를 제시하지 않는다. 이는 칸트 당대의 과학뿐만 아니라, '초인공지능'을 운위하는 현대의 과학에서도 마찬가지이다. 이 상황에서 목적들에 의한 인과성은 반성의 실마리로 쓰이는, 기계적 설명근거들에 대해서는 언제나 열려 있을 수밖에 없는, 순전한 이념이다. 그렇기에 칸트에게서 자연의 합목적성 개념과 함께 체계로서의 자연 또한 판단력을 위한 이성의 주관적 원리이다. 그러면서도 '체계로서의 자연'은 인간의 판단력에 대해서는 객관적인 원리인 양 타당하다.

"자연의 산물들에 있어서의 자연의 합목적성 개념은 자연에 관한 인간의 판단력에 대해서는 필연적인, 그러나 객관들 자체의 규정에는 관계하지 않는 개념일 것이고, 그러므로 판단력을 위한 이성의 주관적 원리일 것이다. [그럼에도] (구성적인 것이 아니라) 규제적인 것으로서 이 원리는 우리 인간의 판단력에 대해서는 마치 그것이 객관적 원리인 것처럼 필연적으로 타당하다."
(*KU*, B344=V404)

5. 궁극목적으로서의 인간

우리가 자연을 하나의 체계로 보고, 자연의 몇몇 형식들을 오로지 실재적인 합목적성의 개념에 의해 필연적인 것으로 판정하게 되면, "우리는 세계의 하나의 의도적으로-작용하는 최상의 원인을 생각"(*KU*, B335=V399)하지 않을 수 없다. 우연적인 것으로 인식되는 것의 필연성을 위한 이 초감성적인 근거는 물론 우리 인간에게는 인식될 수 없는 것이고, 그래서 언제나 하나의 이성이념으로 남는다. 그래서 목적론은 마침내 신학에서 그것의 완성을 본다.

이러한 목적론적 원리가 자연산물들의 발생방식을 기계적 법칙들에 의한 것보다 더 잘 파악하게 해주지는 못한다. 그럼에도 그것은 자연의 특수한 법칙들의 탐구를 위한 훌륭한 "발견적 원리"(*KU*, B355=V411)가 된다. 초감성적인 것의 개념 안에서 우리는 하나의 예지적인 세계를 생각하며, 시공간적으로 규정되는 우리의 인식세계 안에서는 서로 상충하는 기계론적이면서 목적론적인 자연판정이 이 예지적 세계 안에서 통합된다.

목적론 자체는 단지 "자연기술(記述)"(*KU*, B365=V417)의 한 원리를 제공하는 것으로서, 신학에 속하지도 자연과학에 속하지도 않는 것이지만, 자연연구가는 유기체를 설명함에 있어 싫든 좋든 목적론적 원리에 의존할 수밖에 없다.(*KU*, B367=V418 참조) "천연의 물질이 기계적 법칙들에 따라 근원적으로 자기 자신을 형성했고, 무생물의 자연으로부터 생명이 생겨났으며, 물질이 자기 자신을 보존하는 합목적성의 형식에 저절로 적응할 수 있었다."(*KU*, B379=V424)라고 상정하는 것은 이성에 어긋나니 말이다. 물질이 무생명체라는 명제는, 칸트가 "물질의 관성은 다름 아니라 그것의 무생명성이며, 물질 그 자체를 의미한다."(MAN: IV, 544)라고 주장하듯이, 관성의 법칙으로부터 나온 결론이다. 물질이 우리 외감의 순전한 대상으로서 오로지 기계적 법칙들에 의해서만 설명될 수 있고, 자연과학이 오로지 이 기계적 인과법칙에만 의지한다면, 바로 여기서 도대체 우리가 어떻게 스스로 유기화하는 물체들에 대해 이야기할 수 있는가 하는 물음이 제기된다.

작용인과 목적인의 화합을 엄밀하게 정당화할 수 있는 이론은 없다. — 근래에 유행하는 '창발(emergence)'이라는 개념의 사용도 궁여지책 또는 얼버무림의 한 방식일 터이다. — 자연과 자유가 현상-사물 자체의 구분을 전제로 해서만 결합 가능성을 얻듯이, 판단력 비판에 따라서 작용인과 목적인의 화합도 똑같은 사정이다. 이 "전혀 다른 두 종류의 인과성의" "합일의 가능성, 즉 보편적 합법칙성 중에 있는 자연과 이 자연을 특수한 형식에 제한하는 이념의 합일 가능성"은 오직 "자연의 초감성적 기체(基體) 안에 놓여 있"(*KU*, B374=V422)다. 예지적 세계는 하나의 도덕적인 당위의 가능성을 설명할 뿐만 아니라, 유기적 물질의 가능성의 문제점을 해결하는, 우리가 인식적으로는 접근할 수 없는, 지점을 포함한다.

이제 우리가 지상의 피조물들의 다양한 유에서 그리고 합목적적으로 구성된 존재자들의 외적 상호 관계에서 "객관적인 합목적성을 원리로 삼는다면, 이런 관계에서 다시금 모종의 유기조직과 목적인들에 따르는 모든 자연계의 한 체계를 생각하는 것은 이성에 알맞은 일이다."(*KU*, B384= V427) 그리고 우리 인간 이성으로서는 "여기 지상에서는 그것과 관계해서 여타 모든 자연사물들이 목적들의 체계를 이루는, 자연의 최종 목적으로"
(*KU*, B388=V429) 인간 이외의 것을 생각할 수 없다. 인간은 "스스로 자신
의 의사대로 목적들을 세울 수 있는 능력을 가진 지상의 유일한 존재자"
(*KU*, B390=V431)이며, 또한 자신을 목적적 존재자로 세우기 때문이다.

우리가 자연을 목적론적 체계로 볼 때, "인간은 그의 사명의 면에서 자
연의 최종 목적"(*KU*, B390=V431)이다. "인간은 본래 자연의 목적이며, 지
상에 살고 있는 어떠한 것도 이 점에서 인간과 견줄 자는 있을 수 없다."
(MAM, BM10=VIII114) 그러나 이것은 언제나 "조건적으로만" 그러하니, 곧
인간이 자신이 최종 목적임을 "이해하고, 자연과 그 자신에게 그러한 목
적관계를 부여할 의지를 가지고 있으며, 그러한 목적관계가 자연에 대해
독립적으로 스스로 충분하다는 [⋯] 조건 아래서만 그러"(*KU*, B390=V431)
한 것이다.

그렇다면 우리는 "자연의 저 최종 목적을 인간의 어느 점에 놓아야 할 것
인가?"(*KU*, B390 이하=V431) 이에 대한 답을 우리는 "자연이 인간으로 하
여금 그 자신이 궁극목적이기 위해 행하지 않으면 안 될 것에 대한 준비
를 시키기 위해 수행할 수 있는 것이 무엇인가를 찾아내"(*KU*, B391=V431)
면 얻을 수 있을 것이다. 무릇 그러한 것으로는 "스스로 목적들을 세우고
[⋯] 자연을 자기의 자유로운 목적들 일반의 준칙들에 알맞게 수단으로 사
용할 수 있는" "유능성을 산출하는" "문화(Kultur)"(*KU*, B391=V431)만한 것
이 없다. "그러므로 문화만이 사람들이 인류(Menschengattung)를 고려하여
자연에 부가할 이유를 갖는 최종 목적일 수가 있다."(*KU*, B391=V431)

"그러나 개개 문화가 이런 최종 목적이기에 충분한 것은 아니다."(*KU*,
B392=V431) 문화적인 것이라 하더라도 무엇인가가 궁극목적이기 위해서
는 "자신의 가능성의 조건으로서 다른 어떤 것도 필요로 하지 않는 그런"
(*KU*, B396=V434) 것이어야 한다. 무릇 인간 안에서 찾을 수 있는 그런 것
으로는 도덕성밖에 없다.

"이제 도덕적 존재자로서 인간에 대해서는 (그러하니 세계 안의 모든 이성적 존재자에 대해서는) '무엇을 위해 (무슨 目的을 爲해) 그것이 실존하는가'를 더 이상 물을 수가 없다. 그의 현존은 자신 안에 최고의 목적 자체를 가지며, 그는 그가 할 수 있는 한, 이 최고 목적에 전체 자연을 복속시킬 수 있으며, 적어도 이 최고 목적에 반하여 그가 자연의 어떤 영향에 복속되지 않도록 자신을 지켜야만 한다. — 무릇 세계의 사물들이 그것들의 실존의 면에서 의존적인 존재자로서, 어떤 목적들에 따라 활동하는 최상의 원인을 필요로 한다면, 인간이야말로 창조의 궁극목적이다. 왜냐하면 인간이 없으면 서로서로 종속적인 목적들의 연쇄가 완벽하게 기초되지 못할 것이니 말이다. 오로지 인간에서만, 또한 도덕성의 주체인 이 인간에서만 목적들에 관한 무조건적인 법칙수립[입법]이 찾아질 수 있으며, 그러므로 이 무조건적인 법칙수립만이 인간으로 하여금 전체 자연이 목적론적으로 그에 종속하는 궁극목적일 수 있게 하는 것이다."(*KU*, B398 이하=V435 이하)

"인간은 도덕적 존재자로서만 창조의 궁극목적일 수 있다."(*KU*, B412=V443 참조) 윤리적 존재자, 즉 '목적'으로서 인간은 자연의 합목적적 체계의 정점이고, 자연만물 창조의 "궁극목적"인 것이다. 이렇게 칸트의 반성적 판단력은 합목적성이라는 발견의 원리에 의거해 자연의 정점에서 도덕적 존재자로서의 인간을 발견한다.

이러한 칸트 목적론의 귀결은 기독교의「창세기」적 인간관에 그리스적 이성적 인간관의 결합을 매개로 한 것이라 하겠다.

"하느님께서는 '우리 모습을 닮은 사람을 만들자! 그래서 바다의 고기와 공중의 새, 또 집짐승과 모든 들짐승과 땅 위를 기어 다니는 모든 길짐승을 다스리게 하자!' 하시고, 당신의 모습대로 사람을 지어내셨다. […] 하느님께서는 그들에게 복을 내려주시며 말씀하셨다. '자식을 낳고 번성하여 온 땅에 퍼져서 땅을 정복하여라. 바다의 고기와 공중의 새와 땅 위를 돌아다니는 모든 짐승을 부려라!'"(『구약성서』, 「창세기」 1, 26~28)

　　무릇 인간이 창조의 최고목적이라고 판단하는 배경에는 인간은 신의 형상에 따라 창조된 유일한 '이성적' 동물이고, 그 자율적 이성으로 인해 인간은 유일하게 목적 정립적인 도덕적 존재자라는 기독교적 신학이 있다. 그래서 칸트도 목적론은 신학에서 완성된다고 말하고 있다 하겠다. 바로 이 점에서 다윈주의는 칸트의 '반성적 판단력'에 대한 강한 이의를 제기할 수 있을 것이다. 다윈의 진화론적 관점에서 인간의 이성성은 여타 동물과의 종별적 차이라기보다는 정도의 차이에 불과한 것인데, 그를 근거로 인간만이 목적 그 자체로서 모든 가격을 뛰어넘는 가치 곧 존엄성을 갖는다고 추론하는 것은 과하게 인간 중심적인 사고라 하겠다. 더구나 다윈적 관점에서는 인간 중에는 여느 동물의 '이성' 수준에도 미치지 못하는 저급한 '이성' 능력을 가진 자도 적지 않은데, 인간과 동물의 차이를 구별하는 칸트가 인간들 사이의 차이는 도외시한 채 종(種)으로서의 인간을 묶어 말하는 것이 인간들 사이의 불화를 미연에 방지하려는 전략적 사고처럼도 보인다. (물론 칸트는 전자는 질적인 차이이지만, 후자는 기껏해야 양적인 차이로서 인간들 사이의 차이는 '본질적' 차이가 아니라고 논변하겠지만 말이다.) 여기에 다윈의 후예 도킨스는 타인을 수단으로 대하는 것을 비도덕적인 일로 규정하는 칸트가 여타의 동물은 생활 편익의 수단으로 이용하는 것이 윤리와 무관한 일이라고 여기는 것과 관련해 칸트를 비판하면서, "종차별주의(speciesism)[71]의 윤리가 인종차별주의(racism)의 윤리보다 확실한 논리적 근거가 있는지 모르겠다. 내가 아는 것은 그것은 진화 생물학적으

---

[71] John Bryant/L. B. la Velle/J. Searle, *Introduction to Bioebtics*, John Wiley & Sons, 2005, p. 58 이하 참조.

로 아무런 적절한 토대가 없다는 것이다."[72]라고 말한다. 인간의 생명이나 마찬가지로 동물들에게도 자신의 생명은 무엇과도 바꿀 수 없는 가치 있는 것일 것이므로, '인간만이 도덕적'이라는 명제의 타당성 여부와 상관없이,[73] 또는 설령 종으로서의 인간이 유일한 도덕적 동물이라고 하더라도 그 이유로 해서, 모든 동물들의 생명이 인간 종의 생존 수단이 되는 것이 합목적적이라 함은 칸트 자신의 말대로 오직 '주관적'으로만 합목적적이겠다. 그럼에도 칸트적 논변이 큰 거부감 없이 통용된다면, 그것은 「창세기」의 말씀이 상식으로 납득되는 '문화'권 내에서의 일일 것이다.

제4절
종교 이성

내가 충분한 도덕적 품행을 통해 행복을 누릴 품격을 갖추었다면, "나는 무엇을 희망해도 좋은가?"에 대한 칸트적 이성의 답변은 "덕과 행복의 합치" 곧 최고선이다. 나는 최고선을 바라도 좋다. 그러나 제아무리 덕 있는 삶을 사는 사람이라도 그가 "필요들과 경향성들의 전적인 충족"(GMS, B12=IV405)인 '행복'을 누리는 일은 자연의 법칙이 도덕의 법칙에 부응해서 움직이지 않는 한 기대할 수 없다. 그래서 칸트는 최고선, 즉 자연법칙과 도덕법칙의 조화를 "신의 나라"에서나 가능한 것으로 보았다.

---

72 Dawkins, *The Selfish Gene*(1976), Oxford 2006(30주년 기념판), p. 10.
73 Tom Regan, *The Case for Animal Rights*, Berkeley: Univ. of California Press, 1985;
   Evelyn Pluhar, *Beyond Prejudice: The Moral Significance of Human and Nonhuman Animals*, Duke Univ. Press, 1995 참조.

"신의 나라에서는 자연과 윤리가 파생적인 최고선을 가능하게 하는 성스러운 창시자에 의해 양자 각각이 단독으로는 서로 몰랐던 조화에 이르는 것이다."(*KpV*, A232=V128)

그러나 여기서 칸트가 기대하는 것은, 지상에서 구현되는 신의 나라로서, 도덕적으로 합당한 모든 일을 다한 사람은 바로 이 지상에서 "보다 높은 지혜가 그의 선의의 노력을 완성시켜줄 것을 희망해도 좋"(*RGV*, B141=VI101)다는 것이다. 그래서 모든 선량한 이들의 소망은 더욱 높은 지혜가 지상의 나라도 다스려 최고선이 바로 자연 안에서 실현되도록 하는 것이다. 그 소망인즉, "하늘에 계신 우리 아버지, 아버지의 이름이 거룩하게 되소서. 아버지의 나라가 오게 하소서. 아버지의 뜻이 하늘에서와 같이 땅에서도 이루어지게 하소서."[74]이다. — 그러니까 "지상의 신의 나라, 이것이 인간의 최종의 사명이다."(AA XV.2, 608: Refl 1396) 이 사명이 완수되는 곳에서 "그의 실존 전체에서 모든 일이 소망과 의지대로 진행되는 이 세상에서의 이성적 존재자의 상태"(*KpV*, A224=V124), 곧 행복은 성취될 터이다.

칸트는 이러한 그의 철학적 종교론에서 '최고선' 개념을 매개로 결국 최상의 원인, 곧 신의 현존을 끌어내는 추론을 하고 있다. "요청"(*KpV*, A223=V124)의 형식을 취한 이러한 추론은 대체 어떻게 정당화될 수 있는가?

경험적으로 인식된 자연목적으로부터 최상의 원인을 추론하면, 물리신학의 문제가 되고, 한 이성적 존재자의 선험적으로 인식된 도덕적 목적에서 최상 원인을 추론하면, 윤리신학(도덕신학)의 문제가 된다.

"자연적 신학은 이 세계에서 마주치는 성질들, 곧 질서와 통일성으로부터

---

74 『신약성서』, 「마태오복음」 6, 9~10.

세계창시자의 속성들과 현존을 추리한다. 그런데 이 세계 내에는 두 종류의 원인성, 곧 자연과 자유 및 그것의 규칙이 있는 것으로 받아들여져야만 한다. 그래서 자연적 신학은 이 세계로부터 최고 예지자로 올라가거니와, 최고 예지자란 모든 자연적 질서와 완전성의 원리이거나 모든 도덕적 질서와 완전성의 원리이다. 전자의 경우에 그것은 물리신학이라고 일컬어지고, 후자의 경우에 도덕신학이라고 일컬어진다."(*KrV*, A632=B660)

보통 물리신학이 "자연스럽게"(*KU*, B400=V436) 도덕신학에 선행한다. 그러나 물리신학은 우리의 궁극목적을 인식하는 데는 쓸모없음이 이내 드러난다. 물리신학은 언제나 물리적 목적론에 머물고 마는데, 그것은 목적관계가 언제나 경험적으로 자연에 의해 조건 지어지기 때문이다. 그렇기에 우리는 물리신학의 범위 내에서는 결코 어떠한 지적 존재자에도 이를 수가 없고, 그런 한에서 어떠한 "신성[神性]의 개념"(*KU*, B409=V441)에도 이를 수 없다. 그래서 물리신학은 "하나의 오해된 물리적 목적론으로, 신학을 위한 준비(예비학)로서만 유용하다."(*KU*, B410=V442)

그렇다면 윤리신학의 사정은 어떠한가?

"가장 평범한 지성이라도 세계 내의 사물들의 현존과 세계 자신의 실존을 숙고할 때 벗어날 수 없는 하나의 판단이 있다. 곧 온갖 다양한 피조물들이 제아무리 위대한 기예적 설비를 갖추고 있고, 제아무리 합목적적으로 서로 관계 지어진 다양한 연관성을 가지고 있다고 하더라도, 온갖 다양한 피조물들은, 그리고 이 피조물들의 그토록 많은 체계들 — 이것들을 우리는 세계들이라고 잘못 부르는바 — 의 전체조차도, 만약 그것들 가운데 인간(이성적 존재자들 일반)이 없다면, 아무런 것도 위하는 것 없이 현존하는 것이겠다. 다시 말해 인간이 없으면 전체 창조[삼라만상]는 한낱 황야로서, 쓸데없고 궁극목적이 없는 것이겠다."(*KU*, B410=V442)

인간이 궁극목적일 수 있는 것은 인간만이 자신에게 가치를 부여하여, 자신을 그 자체로 가치 있는 것, 곧 목적으로 대할 수 있기 때문이다. 그의 의지의 자유에 의거한 인간의 도덕적인 목적규정은 물리–목적론적 증명근거를 보완한다. 물론 과연 자연이 목적들 없이도 실존할 수 있는지 어떤지를 우리는 통찰할 수 없다. 그러나 우리는 도덕법칙들 아래에 서 있는 인간이 창조의 궁극목적이라는 것을 직각적으로 안다. 그래서 우리는 또한, 자연은 감성적인(물리적인) 존재자로서가 아니라 도덕적인 존재자로서 우리를 배려하고 있다는 것을 상정하지 않을 수 없다.

물리적 목적론은 "우리의 이론적인 반성적 판단력에 대해 지성[오성]적 세계원인의 현존을 받아들이기에 충분한 증명근거를 제공한다."(*KU*, B418/419=V447) 그러나 오직 자유롭게 행위하는 존재자 개념에서만 우리는 그것을 넘어 또한 "도덕적 목적론을 발견"하는바, "이것은 우리 자신 안의 목적관계가 그 목적관계의 법칙과 함께 선험적으로 규정될 수 있고, 그러니까 필연적인 것으로 인식될 수 있기 때문에, 이를 위해 우리 밖에 이 내적 합법칙성을 위한 어떤 지성적 원인도 필요로 하지 않는다."(*KU*, B419=V447) 도덕법칙은 우리에게서 어떠한 실질적인 목적과의 관계맺음 없이도 책무를 지우지만, 그럼에도 그것은 우리를 하나의 궁극목적을 세우도록 묶는다. "이 궁극목적이 이 세계에서 자유에 의해서 가능한 최고선이다."(*KU*, B423=V450; 참조 TP, I, B: VIII, 279) 이 최고선 개념에 함유되어 있는, 인간이 그 아래서 자기의 궁극목적을 세울 수 있는 주관적인 조건이 행복이다.

"이 세계에서 가능한 최고의, 그리고 우리가 할 수 있는 한, 궁극목적으로 촉진해야 할 물리적 선은 행복, 즉 인간이 행복할 만한 품격으로서의 윤리성의 법칙과 일치하는 객관적 조건 아래에서의 행복이다."(*KU*, B424=V450)

우리는 이 세계에서 덕과 행복이 정비례 관계에 있기를 기대할 수는 없지만, 도덕적인 근거에서 이것이 충분히 예지세계에서는 이루어진다는 희망을 걸 수는 있다. 최고선에 이른다는 근거 있는 희망이 없다면 우리의 도덕적 노력은 목적 없는 허깨비일 터이다. 그러므로 "신은 없고, […] 내세도 없다고 확고하게 확신하는 (가령 스피노자 같은) 성실한 사람"(*KU*, B427=V452)도 그가 "그의 윤리적인 내면의 사명의 부름에 충실히 머무르려 하고, 윤리법칙이 그에게 직접적으로 순종하도록 불어넣는 존경을 유일한, 그 높은 요구에 알맞은 이상적인 궁극목적이 무실하다고 해서 약화시키려 하지 않는다면"(*KU*, B428=V452) "하나의 도덕적 세계창시자, 다시 말해 신의 현존을 상정하지 않을 수 없다."(*KU*, B429=V453)는 것이 칸트의 생각이다.

도덕적 증명의 타당성은 도덕적 법칙들 아래에 서 있는 우리의 자유에 대한 사용과만 관계한다. 그러므로 그것을 통해 얻은 궁극목적의 이념은 단지 "주관적–실천적 실재성"(*KU*, B429=V453)만을 갖는다. 신의 현존재 추론은 규정적 판단력에 의해서가 아니라, 반성적 판단력에 의해서 이루어진 것이다. 우리의 이성능력의 성질상 우리는 도덕법칙들 및 그 대상인 최고선과 관계 맺고 있는 합목적성을 도덕적 법칙수립자와 세계창시자의 현존 없이는 이해할 수가 없기 때문이다.

신의 현존재에 대한 도덕적 논증은 칸트에 따르면 매우 유용하다. 왜냐하면 이에 의해 우리의 초감성적인 것에 대한 이념들은 "그 실천적 사용의 조건들에"(*KU*, B439/440=V459) 제한되기 때문이다. 한편으로 그것은 신학이 신지학(神智學)이나 귀신론이 되고, 종교가 주술(呪術)이나 우상숭배가 되는 것을 방지하고, 다른 한편으로는 이성적 영혼론이 물질주의적으로 오해되거나 심령학으로 넘어가는 것을 막는다. 우리는 이론적인 견지에서는 신의 실존과 영혼의 불사성을 납득할 아무런 근거도 갖고 있지 못하다. 그에 반해 우리의 행함에 의해 실현될 수 있는 최고의 궁극목적과 신의 실존 및 영혼의 불사성 이념은 실천적 관계에서 능히 "객관적 실재성"(*KU*, B459=V469)을 갖는다.

도덕적 논증은 신의 현존을 "단지 실천적으로 순수한 이성에 대해 신앙의 사상[事象]으로"(*KU*, B468=V475)서만 증명한다. 도덕적 목적론은 신학에 그리고 '종교'에, 곧 '신의 지시명령[계명]들인 우리의 의무들에 대한 인식'에 이른다.(*KU*, B477=V481 참조) 도덕은 신학 없이도 그의 지시규정을 정식화한다. 그러나 신학이 없으면 우리에 의해 실현되어야 할 궁극목적은 설명되지 못할 것이다.

> "도대체가 왜 신학을 갖는 것이 우리에게 중요한 일인가를 묻는다면, 그것이 우리의 자연지식 및 일반적으로 여느 이론을 확장하거나 교정하기 위해서가 아니라, 오로지 종교를 위해서, 다시 말해 이성의 실천적인, 특히 도덕적인 사용을 위해서 주관적 관점에서 필요하다는 것이 아주 분명하다. 이제 신학의 대상의 명확한 개념에 이르는 유일한 논증 자신이 도덕적이라는 사실이 밝혀진다면, 그러한 논증은 신의 현존을 단지 우리의 도덕적 사명을 위해서만, 다시 말해 실천적 관점에서만 충분하게 밝혀주며, 사변은 이 논증에 있어서 결코 자기의 강점을 증명하는 것도 아니고 이 논증을 통해 자기 구역의 범위를 확장하는 것도 아니라는 것이 고백된다 해도, 그것은 낯설지도 않을 뿐만 아니라, 사람들은 이러한 증명근거로부터 나오는 견해가 신학의 궁극목적에 대해 충분하다는 점에 관해서도 아무런 아쉬움이 없을 것이다."(*KU*, B478 이하=V482)

그러나 신의 존재의 도덕적 증명이 마침내 선행과 행복의 부합에서 성립하는 '최고선' 이념에 귀착한다면, 이는 이성의 한계 안에서의 종교라는 칸트의 개념이 실은 '감정의 한계 안에서의 종교'임을 함축하는 것이다. 칸트가 당초에 도덕의 원리와 행복의 원리가 다름을 완강한 어조로 설득한 것은, 도덕의 좋음은 '이성적으로 좋음'인 반면에, 행복의 좋음은 결국 '감성적으로 좋음'을 지시하기 때문이었다. 이제 '최고선'이라는 것은 이성적으로 좋음과 감성적으로 좋음의 합치를 말하는 것이겠다. 굳이 '최고선' 개념이 도입된 것은 '이성적으로 좋음'만으로는 아직 '최고'가 아니기 때문일 터이다. 따라서 좋음이 완성되어 "완성된 선"(*KpV*, A198=V110)이 되기 위해서는 칸트에서도 감성의 충족으로 정의되는(*KrV*, A806=B834; *GMS*, B12=IV399 참조) 행복이 함께 해야 한다. 이는 칸트가 "행복이라는 이념의 근원은 인간의 감성에 있다."[75]는 점에 동의하는 것으로, '최고선' 이념의 도입과 함께 칸트는 이성주의에서 감성주의로 건너가고 있다 하겠다.

제5절
법 이성

1. 법의 개념과 보편적 원리

일찍부터 법은 이법(理法)을 뜻했다. 칸트에 앞서 『법의 정신』(1748)을 펴낸 몽테스키외(Charles Louis de Montesquieu, 1689~1755)에 따르면 "법이란 사물들의 본성에서 유래하는 필연적인 관계이다. 이런 뜻에서 모든 존재는 그 법을 가진다. 신은 신의 법을 가지고, 물질세계는 물질세계의 법을 가지며, 인간보다 상위의 지적 존재자들도 그 법을 가지며, 짐승은 짐승의 법을 가지고, 인간은 인간의 법을 가진다."[76] 각기 사물들에는 내재하

---

75 P. Fischer, *Moralität und Sinn*, München 2003, S. 53.

는 원리, 이를테면 "원초적인 이성(une raison primitive)"이 있다. 물질세계
는 물질이 아무런 법칙을 만들지 않았음에도 일정한 법칙에 지배받고 있
으며, 어떤 존재든 어떤 세계든 법 없이 존재하고 운행하는 일은 없으니
말이다. 그래서 법이란 이 같은 "이성과 서로 다른 존재들 사이의 관계,
그리고 이 다양한 존재들 상호 간의 관계"[77]라고 규정되기도 한다.

그러므로 지적 존재자는 스스로 법을 만들어가지기 전부터, 다시 말해
이른바 '실정법'이 만들어지기 이전에도 이미 일정한 법, 곧 "원초적인 법들
(lois primitives)",[78] 말하자면 인간이 시민적 사회를 이루어 살기 이전 자연
상태에서부터 지배받던 통칭 "자연의 법(lois de la nature)" 내지 "자연법(lois
naturelles)"의 지배 아래에 있다고 보아야 한다. 홉스의 생각과 크게 다르
지 않게 몽테스키외 또한 제1의 자연법은 "평화" 추구이고, 제2의 자연법
은 생존을 위한 "식욕"이며, 제3의 자연법은 이성 간의 친밀감을 증진시키
는 "성욕"이고, 제4의 자연법은 "사회생활의 욕구"라고 나열한 바 있다.[79]
그러나 지적 존재자의 하나인 인간은 물질세계의 사물처럼 그렇게 늘
법에 따르지는 않는다. 인간은 종종 심지어는 스스로 만든 법을 따르지
않기도 한다. 그것은 인간이 지혜도 가지고 있고 의지도 가지고 있지만,
그 자연본성이 "제한적"이기 때문이다. 인간은 의욕에 비해 "빈약한 지성"
을 가진데다가, 감성적인 피조물로서 무수한 정념(passion)에 사로잡혀 있
어 왕왕 자기가 가지고 있는 지성능력마저도 잃는다. 그래서 신은 "종교의
법"으로써, 철학자들은 "도덕의 법"으로써, 입법가들은 "정치적 법[공법]
및 시민의 법[사법]"으로써 인간을 본래의 자기 의무로 돌아가게 한다.[80]

---

76 Montesquieu, *De l'esprit des lois*(Genève 1748), éd. Garnier(1777), I, 1: p. 1/2.
77 Montesquieu, *De l'esprit des lois*, I, 1: p. 2.
78 Montesquieu, *De l'esprit des lois*, I, 1: p. 5.
79 Montesquieu, *De l'esprit des lois*, I, 2: p. 7~9 참조.
80 Montesquieu, *De l'esprit des lois*, I, 1: p. 6 참조.

그래서 인간에게 법은 부자연스럽고 강제적이다.

무릇 이렇게 인간에게 부자연스러운 무엇인가를 보편적으로 강제하는 것을 법칙이라고 한다면, 인간의 행위 의사를 보편적으로 강제하는 법칙은 '실천법칙'이라 일컫겠다. 그래서 실천적 법칙은 "정언 명령"의 형식을 갖는다. "법칙을 통해서 지시명령하는 자[를] 법칙수립자(立法者)"(MS, RL, AB28=VI227)라 이르거니와, 인간 행위의 법칙수립자는 법칙을 통해 스스로 의무의 형식과 내용을 규정하는, 즉 자율적인 실천 이성이다. 실천 이성이 법칙을 외적으로 수립할 때, 즉 자유를 외적으로 사용하는 법칙을 수립하면 그 법칙을 법(Recht)이라 하고, 반면에 실천 이성이 그 법칙을 내적으로 수립할 때, 즉 자유를 내적으로 사용하는 법칙을 수립하면 그 법칙을 도덕이라 한다.

이런 의미 연관에서 칸트는 "법이란 그 아래서 어떤 이의 의사가 자유의 보편적 법칙에 따라 다른 이의 의사와 합일될 수 있는 조건들의 총체"(MS, RL, AB33=VI230)라고 규정한다. 그리고 이런 맥락에서 "법의 보편적 원리"는 다음과 같이 표현된다.

"행위가 또는 그 행위의 준칙에 따른 각자의 의사의 자유가 보편적 법칙에 따라 어느 누구의 자유와도 공존할 수 있는 각 행위는 법적이다/권리가 있다/정당하다/옳다."(MS, RL, AB33=VI230)

이로부터 나오는 "보편적 법법칙"은

"너의 의사의 자유로운 사용이 보편적 법칙에 따라 어느 누구의 자유와도 공존할 수 있도록, 그렇게 행위하라."(MS, RL, AB34=VI231)

라는 것인바, 이 법칙의 정당성은 증명될 수 있는 것이 아니라, 이성의 "하나의 요청"(*MS*, *RL*, AB34=VI231) 곧 공리공준이다. 그래서 피히테(Johann Gottlieb Fichte, 1762~1814)는 "법규칙(Rechtsregel)"이란 "네가 결부되어 있는 다른 모든 인격들의 자유의 개념으로 너의 자유를 제한하라."[81]는 것이라고 규정한다. "법의 개념은 자유로운 존재자들 상호 간의 필연적 관계에 대한 개념"으로서 "내가 타인에 대해서도 자유를 남겨놓음으로써 나는 내가 자유를 가로채는 데서 나 자신을 제한"시키는 것이다.[82] 자유로운 인격은 천상천하 유아독존의 존재자가 아니라 사회적 존재자이다. 사회란 대등한 인격들의 공동체이다. 사회 구성원은 누구는 명령자이고 누구는 복종자인 '상하관계'가 아니라, 모두 동지적, 동료적 관계에 있으며, 모두가 '병렬관계'에 있다. "서로 병렬관계에 있는 이들은, 그들이 공동의 법칙들 아래에 서 있는 한에서, 바로 그렇기 때문에, 상호 평등하다."(*MS*, *RL*, §41: AB156=VI307) 평등한 인격들은 자유를 행사할 동등한 권리, 힘을 갖는다. 사회에서의 힘의 사용은 구성원 상호 간의 힘의 제한 없이는 자유롭게 행사될 수 없다. 자유로운 인격의 힘의 자기 제한, 그것이 정치 사회에서는 바로 자율이다.

당초에 "타인의 강요하는 의사로부터의 독립성"이라는 자유는, 모든 타인의 자유와 보편적 법칙에 따라서 공존할 수 있는 한에서, 모든 인간에게, 인간이 바로 인간이라는 그 힘으로 인해, 모든 인간에게 귀속하는 "유일하고 근원적인 권리"(*MS*, *RL*, AB45=VI237)이다. 그러나 자유의 권리도 법인 한에서 이미 강제를 자기 안에 갖는 것이다. 법과 권리에는 "모순율에 의해 그 법/권리를 손상하는 자를 강제하는 권한이 동시에 연결되어 있다."(*MS*, *RL*, AB35=VI231) 그러므로 "법[권리]과 강제할 권한은 한가

---

81 Fichte, *Grundlage des Naturrechts nach Principien der Wissenschaftslehre*: SW III, 10.
82 Fichte, *Naturrecht*: SW III, 8 참조.

지 것을 의미한다."(*MS, RL,* AB36=VI232)

이 자유의 권리는 자기가 "자신의 주인"이 되는 생득적인 본유적 권리로서 누구도 "교호적으로 구속할 수 있는 것 이상으로 타인에 의해 구속받지 않을 독립성", 곧 "본유적인 평등"을 포함한다. 이러한 본유적인 권리를 내용으로 갖는 자연법은 권리에 다툼이 생기고 의문시되는 권리가 있을 때 그 판정의 기준이 된다. 그리고 시민사회에서는 주권자의 의사에 의해 제정된 법률이 그것을 보완한다.

도덕이 자유의 내적인, 곧 자기와의 관계에서 법칙수립이라는 점에서 '내면의 법'이라 한다면, 외적인, 곧 타인과의 관계에서의 법칙수립이 가능한, 구속력 있는 법칙 일반을 '외면의 법(lex externa)'이라 한다. 그 가운데서도 그것을 준수해야 할 의무가, 외적인 법칙수립이 없더라도, 선험적으로 이성을 통해 인식될 수 있는 그런 법칙을 외적이기는 하나 자연적인 법칙 즉 자연법이라고 칭하며, 외적인 법칙수립이 없었더라면 법칙이 될 수 없는, 곧 아무런 구속력을 가질 수 없는 법칙을 제정적인 법칙 즉 실정법이라 부른다. 그러니까 순전히 실정법만을 통해서도 의무가 규정될 수 있다고 생각할 수는 있다. 그러나 그런 경우에도 그 실정법의 실천법칙으로서의 보편적 규범성은 "어느 인간의 이성에 의해서도 선험적으로 인식될 수 있는"(*MS, RL,* A139 이하=B139=VI296) 자연법에 근거해서만 확립될 수 있는 것이다.(*MS, RL,* AB24=VI224 참조)

그러나 자연법만으로는 자연상태를 벗어날 수 없다. 시민적 사회는 제정법과 함께 성립된다. 그래서 시민적 사회의 "법은 선험적인 순정한 원리들에 의거하는 자연법과 법칙수립자의 의지에서 기인하는 실정(제정)법으로 구분된다."(*MS, RL,* AB44=VI237)

시민적 사회의 제정법은 다시금 '시민법(droit civil)' 내지 사법(私法)과 '정치법(droit politique)' 내지 공법(公法)으로 나뉘는데, 그것은 시민적 사회에는 여전히 자연상태에서도 개인 대 개인이 가지던 사회적 관계가 있고,

시민적 사회에서 비로소 생기는 통치자와 피치자의 사회적 관계도 있기 때문이다.

홉스와는 달리 칸트는 시민적 헌정체제에서도 제정 법규들에 의해 자연법 내지 자연권이 "훼손당할 수 없다."(MS, RL, AB74=VI256 참조)라고 본다. 자연법이 보편적인 실천법칙으로 납득되는 것은 몽테스키외가 심지어 "인간 이성(raison humaine)"과 동치시킨 바처럼,[83] 그것이 선험적인 인간성의 이념에 부합하기 때문이고, 모든 법명제들은 "이성의 명법[지시명령]들(dictamina rationis)"이며, 그런 한에서 "선험적 명제들"이다.(MS, RL, AB63=VI249 참조)

모든 실정법은 이미 자연법이 함유하는 인간의 권리를 명확하게 보장하기 위한 것이다. '인권(Menschenrecht)'이란 "인간들 사이에만 있을 수 있는 가장 신성한 것"(MS, RL, AB151=VI304) 내지 "세계 안에서의 가장 신성한 것"(RGV, A226=VI159; 참조 MS, RL, B240)이자, "신이 지상에서 가지고 있는 가장 성스러운[신성한] 것"(ZeF, AB27=VIII353)이다. "우리 인격 안의 인격성의 권리들 및 인간들의 권리 외에 세상에서 신성한 것은 없다. 신성성은 우리가 인간들을 결코 한낱 수단으로 쓰지 않는다는 데에 있으며, 그러한 [수단으로의] 사용 금지는 자유와 인격성 안에 있다."(AA XIX, 308: Refl. 7308)

2. 법의 체계

인간의 권리 내지 법 개념에서 "인격이란 그 행위들에 대해 귀책능력이 [책임질 역량이] 있는 주체"(MS, RL, AB22=VI223)를 말한다. '책임질 역량

---

83 Montesquieu, De l'esprit des lois, I, 3: p. 12.

이 있다' 함은 스스로 행위할 능력, 곧 한낱 기계적 인과관계 법칙에 따라서가 아니라 자유의 법칙에 따라서 행위할 능력이 있다는 뜻이다. 그것은 인격적인 존재자인 한에서 인간은 자연의 법칙과 자유의 법칙이 충돌할 때, 자연의 법칙에 종속됨을 단절할 힘을 가짐을 함의한다. 그때 자유의 법칙에 따름은 동물로서의 인간에게는 강제이고, 당위가 된다. 그래서 자유법칙은 인간에게 윤리적 명제, 명령법으로 등장하며, 그 명령의 준수는 의무가 된다. 의무 준수 중에서도 법은 단지 행위를 의무에 맞게 규제하는 것이며, 그렇기 때문에 오로지 자유의 외면에 상관한다. 그래서 법은 의무의 수행만으로 만족하며, 법인격들의 공존을 위해 상호 간의 자유를 제한하는 것만을 염두에 둔다. 다수의 통일체인 국가의 시민은 누구나 충분히 행사할 자유의 권리를 가지며, 국가의 법은 그것을 보장하기 위해 존재하는 것이다. 그러나 그 보장은 각자의 자유 사용이 타인과 화합할 수 있는 한에서이다.

1) 사법 또는 사적 권리

법 즉 권리인 한에서 사법(私法)은 사적 권리(私的 權利)이다. 이는 서로 현존하는 외적 대상을 겨냥하고 있고, 그래서 타인의 자유의 가능한 권리에 대항하는 두 자유가 맞서 있다. 인간은 누구나 "강제로써 위협하는 자에 대항해서 강제할 권한이 있다."(*MS, RL*, AB157=VI307)

각 인격의 최초의 근원적 권리는 물권(物權)이며, 여기에 만약 어떤 사람이 타인에 대해 급부해야 할 의무를 지고 있으면, 대인권(對人權)이 생긴다. '물권'이 "물건에 대한 권리"로서 "물건의 어느 점유자에게도 대항하는 권리"(*MS, RL*, AB80=VI260)라면, '대인권'은 "타인의 의사를 나의 의사에 의해 자유의 법칙들에 따라서 특정한 행동을 하도록 규정하는 능력으로서, 타인의 의사를 점유"(*MS, RL*, A96=B97=VI271 참조)하는 권리이다.

통상의 법이론은 사법을 물권과 대인권만으로 구분하는데, 칸트는 그 사이에 제3의 사법 형식, 곧 물권과 대인권이 결합된 방식의 사적 권리인 '대물 방식의 대인권(das auf dingliche Art persönliche Recht)'의 공간을 새롭게 마련한다. "이 권리는 어떤 외적 대상을 하나의 물건으로서 점유하여 하나의 인격으로서 사용하는 권리이다."(*MS, RL*, AB105=VI276) 그것은 "물건에 대한 권리도 아니고, 인격에 대한 순전한 권리도 아니고, 그것을 동시에 점유하는 것이기 때문에, 그것은 모든 물건과 인격적인 것을 넘어서 있는 권리, 곧 우리 자신 안의 인격 안에서의 인간성의 권리"(*MS, RL*, A105/106=B106=VI276)인데, 칸트는 (그 당대의) 가족법을 그러한 것으로 놓고 있다.

2) 공법

일반적 공포를 통해 법적 상태를 만들어내는 "법칙[법률]들의 총체가 공법"이다. 한 국민으로서 다수의 사람들, 또는 다수의 국민들은 서로의 관계 속에서 법적 상태를 분유하기 위하여 그들의 전체 의지에 "하나의 [헌정]체제/헌법(constitutio)"을 필요로 한다. 상호 관계 속에 있는 국민 개개인들의 이러한 법적 상태를 "시민적 상태(status civilis)"라고 일컫고, 그 개인들의 전체가 이루는 구성체를 "국가(civitas)"라고 일컫는다. "국가는 법적 상태에 있고자 하는 모든 이의 공동의 이해관심을 통해 결합되어 있는 것으로서 그 형식으로 인하여 공동체(res publica)라고 불리며, 다른 국민들과의 관계에서는 지배력(potentia)" 또는 "지배권"이라고 단적으로 일컬어지고, 이것이 지속적으로 세대 간에 승계되어간다는 의미에서는 "민족(gens)"이라고 불리기도 한다. 그래서 공법 안에는 "국가법(Staatsrecht)뿐만 아니라 국제법/만민법(jus gentium)"도 포함된다. 그리고 이로부터 불가피하게 "세계시민법(jus cosmopoliticum)"의 이념이 나온다. "그래서 만약에 법적 상태의 이 가능한 세 형식들 중 하나만에라도 법칙[법률]들을 통해 외적 자유를 제한하는 원리가 결여되어 있으면, 여타 모든 것의 건물도 불가피하게 그 기반이 무너지고, 마침내는 붕괴하지 않을 수 없다."(*MS*, *RL*, A161 이하=B191 이하=VI311 이하 참조)

그러니까 사람들은 각자 자기 자신의 생각에 따르는 "자연상태"에서 벗어나, "상호작용" 관계를 맺을 수밖에 없는 "모든 타인들과 더불어 공적으로 법칙[법률]적인 외적 강제에 스스로 복종하는 데에 합일"을 이루는 공법 아래에, 즉 "시민적 상태"에 들어가야만 한다.(*MS*, *RL*, A163=B193=VI312)

(1) 국가법

시민적 상태는 국민의 전체 의지에 따른 사회계약에 기초한다. "사회계약[협정](pactum sociale)"은 "근원적 계약(contractus originarius)"으로서 한낱 사실로부터 추론될 수 있는 것이 아니라, 선험적으로 필연적인 것이다.

"무릇 그 위에서만이 인간들 사이에 시민적 체제, 그러니까 전반적으로 법적인 체제가 확립되고 하나의 공동체가 건립될 수 있는 근원적 계약이 있다. ― 그러나 (根源的 契約 내지 社會契約이라고 불리는) 이 계약은, (순전히 법적인 입법을 위해) 한 국민 중에서 각자의 특수한 사적 의지가 공동의 그리고 공적인 의지로 연립하는 것으로서, 결코 하나의 사실/행실로서 전제될 필요가 없다. (정말이지 그러한 것으로서는 전혀 가능하지가 않다.) [⋯] 오히려 그것은 이성의 하나의 순전한 이념이다. 그러나 이 이념은 의심할 여지없는 (실천적) 실재성을 갖는 것이다."(TP: AA VIII, 297)

"시민적 결합은 어떻게 생기는가? 사람들이 그것을 사실(事實)로부터 시작할 수는 없다. 모든 시민적 결합의 기초에는 근원적 계약이 놓여 있으니, 그 근원적 계약은 필연적으로 이성에 놓여 있는 하나의 이념이다. 시민적 사회에서 모든 법칙[법률]들은 만인의 동의에 의해 주어진 것으로 생각하지 않을 수 없다. 근원적 계약(根源的 契約)은 만인의 일치라는 하나의 이념이다."(V-NR/Feyerabend: AA XXVII, 1382)

"근원적 계약"을 통해 이른 "시민적 상태"에서 시민들은 세 "선험적 원리들"을 공유한다. 곧 "1.인간으로서 사회 구성원 각자의 자유. 2.신민으로서 각자의 여느 타인과의 평등. 3.시민으로서 공동체 구성원 각자의 자립성"(TP: AA VIII, 290)이 그것이다.

"법칙수립을 위해 통일된 그러한 사회(市民社會: societas civilis), 다시 말해 국가의 구성원들은 [국가]시민(cives)이라고 일컬어진다. (시민으로서) 그 본질과 분리될 수 없는 법/권리적 속성들은 [첫째로] 자기가 동의했던 법률 외에는 어떤 법률에도 따르지 않을 법률적 자유와, ─ [둘째로] 국민 중에 이 자가 그를 구속할 수 있는 꼭 그만큼 법적으로/정당하게 구속할 도덕적 능력을 가진 오직 그러한 자 외에 자신에 관하여 어떠한 상위자도 인정하지 않는 시민적 평등, 그리고 셋째로 자기의 실존과 생존이 국민 중 타인의 의사에 덕 입고 있는 것이 아니라, 공동체의 구성원으로서 자기 자신의 권리와 힘들에 덕 입을 수 있는 시민적 자립성, 따라서 법적 사안들에 있어서 어떤 타인에 의해서도 대표되어져서는 안 되는 시민적 인격성이다."(MS, RL, A166=B196=VI314)

시민적 상태는 국가 형식을 갖는다. "국가란 법법칙들 아래에서의 다수 인간들의 통일체[하나됨]이다."(MS, RL, A164=B194=VI313) 피히테의 말마따나 무릇 "인간은 (그러니까 유한한 존재자 일반은) 인간들 사이에서만 인간이 된다. 인간은 다른 것일 수는 없으므로, 도대체가 인간은 인간으로가 아니라면 아예 존재하지 않을 터이다. 언필칭 인간이 존재한다고 하면,

다수의 인간이 존재하지 않을 수 없다."[84]

이러한 "국가는 자기 안에 세 권력", 즉 "법칙수립자[입법자]의 인격 안에 있는 주인권(주권), (법칙[법률]에 따르는) 집정자의 인격 안에 있는 집행권과 재판관의 인격 안에 있는 (법칙[법률]에 따라 각자의 자기 것을 승인하는 것인) 재판권(potestas legislatoria, rectoria et judiciaria)", "다시 말해 삼중의 인격(정치적 삼위일체: trias poltica) 안에 보편적으로 합일된 의지를 함유한다."(MS, RL, A165=B195=VI313) "그러므로 서로 다른 세 권력(입법권, 행정권, 사법권)이 있고, 국가는 이를 통해 자율성을 갖는다."(MS, RL, A172=B202=VI318)

"공동체 일반의 개념에서 나오는 국가 안의 세 권력은 단지 합일된, 이성에서 선험적으로 유래하는, 국민의지의 그 수만큼의 관계이자, 국가원수라는 객관적·실천적 실재성을 갖는 하나의 순수 이념이다."(MS, RL, A208=B238=VI338) 그러나 최고 국가권력을 표상하는 국가원수는 물리적 실재가 없다는 점에서 일종의 관념적 인격이다. 이러한 인격과 국민의지의 관계는 세 가지를 생각해볼 수 있다. "즉 국가 안에서 1인이 만인 위에서 지시명령하거나, 또는 서로 사이에는 동등하게 합일되어 있는 소수가 여타의 모든 이의 위에서 지시명령하거나, 또는 만인이 함께 각자의 위에서, 다시 말해 자기 자신 위에서 지시명령하는 것이다. 다시 말해 국가형식은 전제적이거나 귀족제적이거나, 민주제적이다."(MS, RL, A208 이하=B238=VI338)

"그러나 모든 참된 공화국은 국민의 이름으로, 모든 국가시민들에 의해 합일되어, 자기들의 대의원(대표자)을 통해 자기들의 권리를 지키기 위한, 국민

---

84 Fichte, *Naturrecht*: SW III, 39.

의 대의제이고, 대의제 이외의 것일 수 없다. 그러나 국가원수가 인격으로 (국왕이든, 귀족계급이든, 전체 국민이든, 민주적 연합체이든 간에) 자신을 대표하게 하자마자, 합일된 국민은 주권자를 한낱 대표하는 것이 아니라, 오히려 주권자 자체이다. 왜냐하면 그 (국민) 안에 근원적으로 최고 권력이 있고, 이로부터 순전한 신민으로서 (경우에 따라서는 국가관료로서) 개인들의 모든 권리들이 도출되어야 하는 것이기 때문이다."(*MS, RL*, A213=B242 이하=VI341)

칸트는 자신이 "모든 것이 비판에 붙여져야" 하는 "진정한 비판의 시대"(*KrV*, AXI), 곧 "계몽의 시대"(WA: AA VIII, 40)에 살고 있다고 자부했고, 국가시민이 주권을 갖는 민주적 공화제 정체를 국가시민의 인권이 확보되는 국가형식으로 보았지만, 그 자신도 말하고 있듯이 아직 충분히 "계몽된 시대"(WA: AA VIII, 40)는 도래하지 않았고, 칸트의 이성도 그 시대 상황을 크게 벗어나지는 못했다. 칸트의 법치국가 안에는 여전히 국가시민으로서 인권을 갖지 못한 이른바 '수동적 시민'이 포함되어 있으니 말이다.

"오직 투표할 수 있는 능력만이 시민이기 위한 자격을 결정한다. 그러나 투표할 수 있는 능력이란 공동체의 부분으로서뿐만 아니라 구성원으로서, 다시 말해 타인들과 공동으로 자신의 의사에 따라 행위하는 공동체의 부분이 되고자 하는, 국민 중의 시민의 자립성을 전제한다. 그러나 이 자립성이라는 질은 필연적으로 능동적 시민과 수동적 시민을 구별토록 한다. 비록 수동적 시민이라는 개념은 시민 일반이라는 개념에 대한 설명과 모순되는 것처럼 보이지만 말이다. ─ 그러나 다음의 예들은 이러한 난점을 제거하는 데 도움을 줄 수 있을 것이다. 즉 상인이나 수공업자 집에서 일하는 직인, (국가 공직에 있지 않은) 사환, (自然的으로 或 市民的으로) 미성년인 자, 모든 규중부인들, 그리고 자신의 실존(생계와 방호)을 유지하는 데 있어서 자기 자신의 경영에 따르는 것이 아니라 (국가의 처분 외에) 타인의 처분에 강요받게 되는 자는 누구나 시민적 인격을 결여하고 있으며, 그들의 실존은 말하자면 단지 내속물일 뿐이다. — 그 노동의 산물들을 상품으로 공적으로 판매할 수 있는 유럽의 가구공이나 대장장이와는 대조적인 내가 나의 장원 일에 고용한 나무꾼, 쇠 가공 일을 하기 위해서 자기의 망치, 모루, 풀무를 들고 가가호호 방문하는 인도의 대장장이, 교사와는 대조적인 가정교사, 임차농과는 대조적인 소작농부 등등은 한낱 공동체의 막일꾼일 따름이다. 왜냐하면 이들은 타 개인들의 명령이나 보호를 받지 않으면 안 되고, 그러니까 아무런 시민적 자립성을 가지고 있지 못하기 때문이다."(*MS, RL*, A166=B198=VI314 이하)

그래서 칸트의 법적 공동체로서 시민국가는 '그들만의 국가'라 할 것이다. 우리가 문명의 진보를 사회 구성원의 '시민적 자립성'의 확대 과정이라고 할 때, 칸트의 문명사회는 이제 막 '문명'에 발을 들여놓은 단계에 있다 하겠다.

(2) 국제법

사회계약에 기초하여 자연상태, 즉 전쟁상태가 종식되고 하나의 국가가 건립되듯이, 국가들의 상호 관계도 "근원적인 사회계약의 이념에 따라 하나의 국제연맹(Völkerbund)"(*MS, RL*, A217=B247=VI344; 참조 *ZeF*, AB30=VIII354)이 결성됨으로써 국제법 내지 국제공법을 통해 평화상태에 들어설 수 있다. 국제연맹은 모든 전쟁의 종식을 추구하는 진정한 "평화연맹(foedus pacificum)"으로서, "오로지 한 국가 그 자신과 동시에 다른 연맹 국가들의 자유를 유지 보장함"(*ZeF*, AB35=VIII356)을 지향한다.

개인들이 원시적 자유를 포기하고 스스로 공법적 규제에 복종함으로써 국가를 수립하듯이, 이상적으로는 국가들이 하나의 "국제국가(만민국가: civitas gentium)"를 수립하는 것이 좋겠지만, "그러나 국가들은 그들의 국제법의 이념에 따라서 결코 이것을 의욕하지 않을 것이므로", 칸트는 "세계공화국(Weltrepublik)"이라는 적극적인 이념 대신에 "소극적인 대용물"로서 연맹을 구성하는 것이 전쟁을 막는 유일한 현실적인 방안이라고 본다.(*ZeF*, AB38=VIII357 참조) 그러니까 국가들 사이의 영원한 평화의 관계는 개인들 사이의 관계에 비유하면 군자(君子)들의 "화이부동(和而不同)",[85] 아니 오히려 '부동이화(不同而和)', 즉 각기 주체로서 독자성을 유지하면서 어울리면 화합하는 상태라 하겠다. 개인이 화합하여 하나의 국가를 이룰 때나, 국가들이 화합하여 하나의 세계를 이룰 때, 그 '하나'를 이루는 목소리는 "화음(和音: συμφωνία)"이어야지 "단음(單音: ὁμοφωνία)"이어서는 안 되는 것이다.[86]

"우리 안에 있는 도덕적–실천적 이성이 '어떠한 전쟁도 있어서는 안 된다'고 저항할 수 없는 거부권을 표명한다." 자연상태에서 일어나는 전쟁은 개인들 사이에서나 국가들 사이에서나 "각자가 자기의 권리를 찾아야 하는 방식이 아니기 때문이다." "그러므로 과연 영원한 평화가 실재적인 무엇인가 아니면 아무것도 아닌가"는 문젯거리가 아니다. "오히려 우리는 어쩌면 있지 않을 그러한 것이 실재하는 것처럼 행위하지 않으면 안 된다. 우리는 영원한 평화의 확립과, 그를 유도하기 위해 "가장 적절한 것으로 우리에게 보이는 그러한 체제 — [즉] 모든 국가들의 공화제[…] — 를 향해 노력해야만 하는 것이다. 그리고 설령 이러한 의도의 완성에 관한 최종적인 것이 언제나 경건한 소망에 머물러 있다 해도, 우리는 확실히 그를 향해 간단없이 노력한다는 준칙을 받아들임으로써 우리를 기만하는 것이 아니다. 왜냐하면 이러한 준칙을 받아들임은 의무이기 때문이다."(*MS, RL*, A233 이하=B264=VI354 이하)

---

85 『論語』, 子路 23: "君子 和而不同 小人 同而不和" 참조.
86 Aristoteles, *Politica*, 1263b 참조.

"보편적이고 지속적인 평화설립은 순전한 이성의 한계 안에서의 법이론의 일부를 이룰 뿐만 아니라, 전체적인 궁극목적을 이룬다고 말할 수 있다. 왜냐하면 평화상태는 유일하게 일단의 서로 이웃해 있는, 그러니까 하나의 체제 내에 함께 있는 인간들에서 나의 것과 너의 것이 법칙들 아래에서 보장되는 상태이기 때문이다. 그러나 그 체제의 규칙은, [⋯] 이제까지 거기에서 가장 유리함을 발견했던 이들의 경험에서 취해져서는 안 되고, 공적 법칙들 아래에 있는 인간의 법적 결합의 이상[理想]으로부터 이성에 의해 선험적으로 취해져야만 한다."(*MS, RL*, A234=B265=VI355) 왜냐하면 경험주의자조차도 경험에서 결코 확인된 바 없는 것을 부지불식간에 그렇게 말하듯이, "최선의 체제는 인간이 아니라 법칙이 지배하는 체제"라는 이념보다도 더 형이상학적 이념은 없으니 말이다.(*MS, RL*, A234=B265=VI355 참조)

(3) 세계시민법

"가능한 교류의 일정한 보편적인 법칙의 관점에서 제 국민의 가능한 통합체"에 관한 권리/법이 "세계시민법"(*MS, RL*, A230=B260=VI352)이다. 국민들 개인들의 관계에서와 마찬가지로 제 국민 사이에서도 어떠한 폭력도 평화와 안정을 위한 명분으로 정당화될 수 없다.

"제 국민의 자연상태는 개별 인간들의 자연상태와 마찬가지로 법적 상태로 들어서기 위해 응당 벗어나야 할 상태이다."(*MS, RL*, A226=B256= VI350) 그러므로 국가 간의 법적 상태 이전의 제 국민의 모든 권리나 국가들의 소유는 "순전히 잠정적인 것이며, 오직 보편적인 국가연합에서만 (그를 통해 한 국민이 국가가 되는 것에 유추해서) 확정적인 것으로 인정되고 참된 평화상태가 될 수 있다."(*MS, RL*, A227=B257=VI350) 그러나 "(전체 국제법의 최종 목표인) 영원한 평화는 확실히 하나의 실현될 수 없는 이념이다." 곧 "국가들의 연합체를 형성하는 것을 목적으로 하는 [⋯] 정치적 원칙들은 실현될 수 있는 것이 아니다."(*MS, RL*, A227=B257=VI350) 그러나 만약 이 이념이 "점진적인 개혁을 통해 시도되고 수행된다면, 최고의 정치적 선, 즉 영원한 평화로의 연속적인 접근을 이끌 수 있다."(*MS, RL*, A235=B266=VI355) 영원한 평화로의 이러한 연속적인 접근은 인간 및 국가의 의무 및 권리에 기초한 과제이다.

칸트가 보여준 자유 원리에 기초하고 있는 인간에 대한 신뢰는 곧 이론 이성의 자발성(『순수이성비판』), 실천 이성의 자율(『실천이성비판』), 판단력의 자기자율(『판단력비판』), 윤리적 공동체 안에서 순전한 이성의 자치(『순전한 이성의 한계 안에서의 종교』)로 표상되는 인격으로서 인간의 존엄성에 대한 경의이다. 그러나 인간은, 인간의 인격성은 이념으로서 이미 완성되어 있다기보다는 완성되어가는 것인 만큼 참인간은 노고와 반성, 좌절과 희망 속에서 현실화되는 것이다. 그렇기에 인간은 역사적 존재자라고 하지 않는가.

제6절

역사 이성

1. '이성적일 수 있는 동물'에서 '이성적 동물'로

칸트의 '이성'은 적어도 두 가지 관점에서 '역사적'이다.

자연상태에서 단지 "이성적일 수 있는 동물(animal rationabile)"인 인간은 자기 형성의 노고를 거쳐 자신을 "이성적 동물(animal rationale)"로 만든다.(*Anth*, A315=B313=VII311 참조) 인간은 완성된 이성적 동물이라기보다는 완성해가는 이성적 동물이다. 그 완성의 도정에 있는 것은 개인뿐만 아니라 인간의 유(類) 곧 인류 또한 그러하다. 이런 생각은 "한 피조물의 모든 자연소질은 언젠가는 완벽하게 그리고 합목적적으로 펼쳐지게끔 규정되어"(IaG, 제1명제: BM388=VIII18) 있으며, "(지상의 유일한 이성적 피조물로서의) 인간에 있어서 그의 이성 사용을 목표로 하고 있는 자연소질들은 개체[개인]에서가 아니라, 오직 유[인류]에서만 완벽하게 발전될 것"(IaG, 제2명제: BM388=VIII18)이라는 칸트의 '보편역사의 이념'의 다른 표현이다. 칸트는 "개개 주체에서는 얽혀 있고 불규칙적인 것으로 눈에 띄는 것도 전체 인류에서는 인류의 근원적 소질의 비록 느리기는 하지만 끊임없이 전진하는 발전"(IaG, BM386=VIII17)이 있다고 본다.

칸트에서 '자연' 개념은 이중적인데, 하나는 자연과학적 지식으로 파악되는 '자연'이고, 다른 하나는 섭리와 같은 '자연'이다. 이른바 '보편적 역사'는 인간 사이의 모순적인 수많은 사건사고들에도 불구하고 "어떤 자연의도"(IaG, BM387=VIII18), 자연의 섭리에 따라 인간이 도야되는 과정이다. 그런데 그 자연의 합목적적인 '섭리'는 그 목적 실현을 위해 인간에게 자기노력을 요구한다. "하늘은 스스로 돕는 자를 돕는다."라고나 할까. "인류는 인간성의 전체 자연소질을 그 자신의 노력을 통해 서서히 자신으로부터 끄집어내야 한다."(*Päd*, A2=IX441) "인간성[인류] 안에는 많은 싹들이 있다. 이제 자연소질들을 균형 있게 발전시키고, 인간성을 그 싹들에서 전개시켜, 인간이 그의 규정[사명]에 이르도록 만드는 일은 우리의 일이다."(*Päd*, A11=IX445) "인간 안에는 단지 선으로의 씨앗들이 놓여 있을 뿐이다."(*Päd*, A19=IX448) "인간은 선으로의 자기 소질들을 우선 개발해야 한다. 섭리는 그 소질들을 이미 완성된 것으로 인간 안에 넣어둔 것이 아니다. 그것들은 한갓된 소질일 따름이[…]다. 자기 자신을 개선하는 일, 자기 자신을 교화하는 일, 만약 그가 악하다면, 자기에서 도덕성을

끄집어내는 일, 그것을 인간은 마땅히 해야 한다."(*Päd*, A14=IX446)

설령 인간이 지금 타락한 상태에 있다 하더라도 '교육'이 의미 있는 일이고, 개선 노력이 헛된 것이 아니라면, 세네카의 말대로 "우리는 고칠 수 있는 병을 알고 있는 것이다. 그리고 올바르도록 낳아진 우리를 자연 자신이, 만약 우리가 개선되기를 의욕한다면, 돕는다."[87]

"인간이 윤리적으로 선량하다거나 타락해 있다."라는 명제는 오로지 인간이 자율적·이성적 존재일 경우에만 의미를 갖는다. 인간이 자연본성상 선하다거나 악하다는 명제는 무의미하다. 인간의 자연본성은 그 자체로 선하거나 악할 수 없는 것이기 때문이다. 인간이 '이성적임'에 이른다는 전제 아래서만 도대체가 진선미의 가치를 논할 수 있다. 이성의 원리가 작동하지 않으면 인식작용도 일어나지 않고, 윤리적 행위도 발생하지 않으며, 쾌·불쾌의 감정도 움직이지 않을 것인데, 진선미가 어디에 있을 수 있겠는가? 진리는 지식의 언표에, 선은 윤리적 행실에, 미는 미감적 판단에 자리하는 것이니 말이다. 선악은 인간의 "이성이 의무와 법칙의 개념에까지 고양될 때에만"(*Päd*, IX, 492) 비로소 논할 수 있는 가치이고, 선악의 분별이 있는 곳에 비로소 '이성적' 동물로서 인간이 있다.

2. 자유의 역사, 인간의 작품

칸트의 '자연'은 '이성의 자유'를 자기완성의 요소로 갖는다. 그러한 "자연은, 인간이 자기의 동물적 현존의 기계적 안배를 넘어서는 모든 것을 전적으로 자기 자신으로부터 만들어내고, 그 자신이 본능에서 벗어나 자신의 이성을 통해 마련해가진 이외의 행복이나 완전성을 분유[分有]하지

---

87 Seneca, *De ira*, II, 13, 1.

않을 것을 의욕했다."(IaG, BM390=VIII19) "이성은 그의 모든 힘들의 사용 규칙들과 의도들을 자연본능을 훨씬 넘어서까지 확장하는 능력"(IaG, BM388 이하=VIII18)인바, 자연이 인간에게 이러한 능력을 부여한 것은 인간이 한갓 자연본능과 자연의 법칙에 따르는 삶 대신에 그런 것들을 극복하는 "간난고초"의 삶은 감내하고, 동물을 뛰어넘는 '인간'의 품격을 이룰 것을 의도했기 때문이라고 칸트는 추정한다. 칸트의 추측에 따르면 인류의 역사는 "자연의 후견상태에서 자유의 상태로 이행"(MAM, BM12 이하=VIII115)하는 것이다. 자연의 역사는 "신의 작품"이라 선에서 시작하지만, 자유의 역사는 "인간작품"(MAM, BM13=VIII115)이라서 악에서 출발하여 개선해나가는 것이다. 그것은 "보다 나쁜[악한] 것에서부터 보다 좋은 [선한] 것에로 점차 발전"(MAM, BM27=VIII123; *KpV*, A222=V123 참조)하는 것이다.

인간이 개선된다는 것은 행실에서 그 행실의 동기가 자기사랑이 아니라 도덕법칙인 경우가 더욱 빈번해진다는 것으로, 그것은 도덕법칙에 따르는 힘, 곧 덕이 증진됨으로써이다. 어떤 사람이 '유덕하다'는 것은 "그가 어떤 것을 의무로 인식할 때 의무 자체에 대한 이러한 표상 이외에 어떤 다른 동기도 더 이상 필요로 하지 않는 인간"(*RGV*, B54=VI47)이라는 것을 말한다. 그런데 이러한 인간이기 위해서는 마음씨, 성향이 점진적으로 개혁되어 "하나의 성격[성품]을 창립함"(*RGV*, B55=VI48)에서 시작하지 않으면 안 된다. 그로부터 도덕적 습관 곧 윤리(Sitten)가 형성될 수 있기 때문이다. 일회적 덕행이 아니라 거듭되는 덕행, 도덕적 습관이 공고화함으로써 사람은 비로소 덕 있는 사람으로 되는 것이고, 그것을 일러 개선, 개화(改化)라고 한다.

그러나 인간 개개인의 개화와 더불어 종으로서의 인간, 곧 인류의 개화는 사회화에 의해 성취되니, 인간은 문명사회를 이룸으로써 인간의 작품 곧 문화에 이른다.

"자연이 자기의 모든 소질들의 개발을 성취하기 위해 이용하는 수단은 사회 안에서 이 소질들의 적대관계이며, 그렇지만 이 적대관계가 결국에는 사회의 합법칙적 질서의 원인이 되는 한에서 그러하다. 나는 여기서 적대관계라는 것을 인간의 비사교적 사교성, 다시 말해 사회에 들어가려 하면서도, 이 사회를 끊임없이 분열시키려 위협하는 전반적인 저항[심]과 결합되어 있는 인간의 성벽[性癖]이라 이해한다. 이에 대한 소질이 인간의 자연본성에 있는 것은 분명하다. 인간은 자신을 사회화하려는 경향성을 가지고 있으니, 그것은 인간이 그러한 상태에서 더 많이 인간임을, 다시 말해 자기의 자연소질의 개발을 자각하기 때문이다. 그러나 인간은 또한 자신을 개별화(고립화)하려는 강한 성벽을 가지고 있으니, 그것은 동시에 인간이 자신 안에서 모든 것을 순전히 자기 생각대로 평결하고자 하는 비사교적 속성과 마주치고, 그래서 인간은 자기 쪽에서 타인들에게 저항하려는 경향이 있음을 자기 자신에 대해 아는 만큼, 도처에서 저항이 있을 것을 예기하기 때문이다. 그런데 이 저항이야말로 인간의 모든 힘들을 일깨우고, 인간으로 하여금 나태로의 성벽을 극복하게 하고, 명예욕과 지배욕 또는 소유욕에 추동되어, 그들을 잘 견뎌낼 수도 없지만 그렇다고 그들로부터 떠날 수도 없는 동료들 사이에서 어떤 지위를 얻게 한다. 무릇 이에서 야만에서 문화로의 참된 첫걸음이 일어나니, 문화란 본래 인간의 사회적 가치에 존립하는 것이다."(IaG, BM392 이하=VIII20 이하)

자연이 인간의 모든 소질들을 개발하기 위해 이용하는 것은 "인간의 비사교적 사교성", 즉 사람들 상호 간의 '적대관계'이다. 구성원들 사이에 최대의 자유가 보장되어 있고, "그러니까 적대관계와 그러면서도 타인의 자유와 양립할 수 있기 위해 이 자유의 한계에 대한 정확한 규정과 보장이 되어 있는 사회"(IaG, BM394 이하=VIII22), 즉 "그 안에서 자유가 외적 법칙[법률]들 아래 가능한 최고의 정도로 저항할 수 없는 권력과 결합되어 만나는 하나의 사회, 다시 말해 완전히 정당한 시민적 [헌정]체제"(IaG, BM395=VIII22)에서만 자연의 최고의 의도, 곧 그의 모든 소질들의 발전이 인류에서 달성될 수 있으며, 자연 또한 인류가 이 목적을 그의 사명의 모든 목적들과 마찬가지로 스스로 이룩할 것을 의욕하는 것이다.

그런데 "완전한 시민적 [헌정]체제의 건립 문제는 합법칙적인 외적인 국가들의 관계 문제에 달려 있으며, 이 문제의 해결 없이는 해결될 수 없다." (IaG, BM398=VIII24) "내적으로-완전하며, 그리고 이 목적을 위해 또한 외적으로-완전한 국가[헌정]체제를 성취하기 위한 계획의 수행이라고 볼 수 있는바, 이 국가체제야말로 자연이 인간성 안에 있는 그의 모든 소질을 온전히 발전시킬 수 있는 유일한 상태이다."(IaG, BM403=VIII27)

인간의 유능성은 "스스로 목적들을 세우고 (자기의 목적을 규정함에 있어서 자연에 의존하지 않고서) 자연을 자기의 자유로운 목적들 일반의 준칙들에 알맞게 수단으로 사용할 수 있음"(KU, B391=V431) 곧 자율을 말하거니와, 인간의 자유에서의 이러한 유능성을 산출하는 것이 "문화"(KU, B391=V431)이다. 무릇 인간 상호 간에 상충하는 자유의 붕괴를 방지해주고, 인간의 "자연소질들의 최대의 발전이 일어날 수 있"(KU, B393=V432)는 터전이 시민적 사회, 헌정체제이다. — 헌정체제야말로 인간 문화의 핵심이다.

7

세계이성과 인간의 이성

헤겔에서의 정신으로서의 이성

17세기 중엽 데카르트 이래 사고와 문화의 향로(向路)는 개인주의와 물리주의였다. 데카르트가 모든 사고의 출발점, 진리 추구의 가장 확실한 출발점으로 '나'를 지목했을 때만 해도, 그 '나'는 보편적인 것이었으니, 그것은 사고의 일반적 '주체'로서 '개인'을 지칭하는 것은 아니었다. 그러나 이렇게 등장한 '나'는 순수한 사고의 주체를 떠나 부상하는 물리주의를 따라서 신체와 결합함으로써, 각기 다른 몸을 가진 '나', 곧 개인이 되었다. 데카르트의 정신-물체 이원론은 돌이켜보면 확산 일로에 있는 물리주의를 방지하거나 방어하기 위한, 또는 화해하거나 공존하기 위한 하나의 대책이었다. 그러나 이러한 방지책은 도래하여 심화해가는 시민사회-산업사회에서 점차 실효를 잃어갔다. 그렇다 해도 봉우리가 높으면 골도 깊은 것이 상례가 아니던가. 개인주의적 시민사회, 물질주의적 산업사회의 부조리가 나폴레옹(Napoléon Bonaparte, 1769~1821; 재위: 1804~1815)에 의해 촉발된 유럽전쟁에서 여지없이 드러났을 때, 세상은 반동의 유혹을 받았다. 개인들은 전체 사회 안에서 부분으로 자리매김될 때, 오히려 그 '개성'을 온전히 보장받을 수 있는 것이고, 물질은 정신의 이끎을 받을 때 비로소 인간의 요소가 될 수 있다는 주의주장에 사람들은 솔깃해졌다. 그런 주의주장의 선봉에 헤겔이 서 있다.

헤겔의 정신주의 내지 이상주의, 전체주의 내지 국가주의는 메테르니히(Klemens Wenzel Lothar Fürst von Metternich, 1773~1859)의 빈(Wien)체제에 부응하는 시대의 철학이었다. 그리고 그 정신주의와 전체주의를 지탱해줄 터인 근거와 논리가 이른바 '변증법(Dialektik)'이다.

세계 즉 정신

  헤겔의 세계 관찰은 '세계는 하나'이며, 그런데 '끊임없이 변화한다'는 직관에서 출발한다. 변화란 성분들의 이합집산에서 비롯하는 것이니, '하나'인 것이 '변화'한다면 그것은 자기분열과 파편화된 무수한 자기들의 이합집산을 함의한다. 이러한 이합집산은 무엇인가 결여를 채우려는 움직임이고, 그러니까 실존하는 세계는 결여가 있는 유한한 것이며, 그 유한성과 자기부정, 자기분열은 상호 가역적인 것이되, 세계는 이 유한성들을 극복하여 끝끝내 영원한 '하나'이려 한다. 무릇 자기분열은 왜, 무엇 때문에, 무엇을 위해, 어떻게 일어나며, 왜 다시금 '하나'가 되려 하는가? 이 물음의 답을 구하는 과정에서 세계는 자기모순적인 것이고 그렇기에 불안정한 것이며, 그 불안정을 극복하여 안정에 이르기 위해 부단히 애써 일하는 것이고, 그 애씀이 곧 발전이며, 그러니까 세계는 즉 '스스로 발전적으로 운동하는 자'라는 의미에서 '정신(Geist)'이라는 개념과 마주친다.

  헤겔이 자기운동하는 것으로 파악한 세계를 정신이라고 일컫는 것은 뉴턴이 규정한 '물체'와 정확하게 대비된다. 뉴턴의 제1 운동법칙에 따르면, 외부의 힘이 작용하지 않는 한, 정지해 있는 물체는 여전히 정지해 있고, 운동하는 물체는 여전히 등속도 직선운동을 한다. 이것은 '물체'는 오로지 외부의 원인에 의해서, 그리고 오로지 그 원인에 의해 영향받은 만큼만 변화한다는 것, 그러니까 물체는 기계적[역학적] 운동만을 한다는 것을 말한다. 무릇 이것이 물체의 본질 규정이라면, 그런데 외부적 힘의 영향과 무관하게 스스로 운동하는 자, 곧 자유 운동하는 자가 있다면, 그것은 물체와는 본질적으로 다른 어떤 것이다. 그리고 그것을 헤겔은 "정신"이라고 부르는 것이다. "물질의 실체가 중력"이라면, "정신의 실체, 본질은 자유"(*VPG*[1]: TW12, 30; *Enzy*.[2] §381 참조)라는 것이다. 그런데 정신은 자기운동을 통해 자기를 개선하고자 하는 지혜를 가지고 있으니, 그것은 지성(Verstand)이며 이성(Vernunft)이기도 한 것이다. 그리고 '개선'이란 이미 어떤 정해진 목표로 더 근접해 나아감을 함의하는 것이니, 정신은 완성이라는 목표를 향해 스스로 운동하는 것이다. 운동의 그 시작에서(ἐν ἀρχῆ: in Begriff) 방향 곧 목표는 이미 있는 것이니 목표는 이념(Idee)이고, 개념(Begriff: λόγος)이다. 그러니까 정신의 운동은 개념의 운동으로서, 그 운동은 개념의 충전화(adaequatio)의 도정이고, 도정에서의 현상들을 매개로 자기를 실현해가는 전진이다. 그리고 변증법(辨證法: Dialektik)은 다른 것이 아닌 이 개념의 운동 원리이다.

좀 더 부연하자면, 세계가 고정적이지 않고 변화 운동한다는 것은 불안정 중에 있음을 말하는 것이고, 결국 그 운동은 안정에 이르기 위한 것으로, 안정의 상태를 세계의 '진상(Wahrheit)'이라고 보면 변화 중에 있는 세계의 국면들은 모두 가상(Schein)이라 하겠다. '세계'는 그 자체로 '하나'이니 '하나'가 운동한다는 것은 스스로 운동함을 말하는 것으로, 이러한 뜻에서 "세계는 곧 정신"이라 하는 것이다. 무릇 하나[一者]인 세계가 변화한다는 것은 자기 안에 여럿[多者]이 있다는 것을 함의한다. '하나'는 늘 '하나'일 것이기 때문이다. 그런데 '하나' 안에 여럿이 있다는 것은 그 여럿은 그 '하나'라는 전체의 부분들이겠고, 그 부분들의 충돌로 인한, 그러니까 자기 원인에 의한 그리고 자기모순에 의한 부분들 간의 다툼이 그 '하나'의 변화처럼 보이는 것이겠다. '하나의 변화'는 실상은 '가상'인 것이다. 그 자체로 '하나'인 세계가 무엇으로 변화할 수 있겠는가? 변화란 다른 것이 된다는 것인데, 하나인 세계에 '다른 것'이란 더 이상 없는 것이니 말이다.

---

1   Hegel, *Vorlesungen über die Philosophie der Geschichte*.
2   Hegel, *Enzyklopädie der philosophischen Wissenschaften im Grundrisse*(1830).

이 '하나'가 스스로 운동한다는 점에서 '정신'이고, 그 운동 변화는 자기 실현의 과정으로밖에는 달리 이해될 수가 없다. 그러니까 '하나'인 정신은 매 단계의 변화 운동 중에서도 항상 자기를 잃는 일이 없는 '자기동일성'을 유지하겠다. 이를테면 '비동일성의 동일성'이라 하겠다. ─ 언제나 자기동일성을 유지하는 불변하는 것을 '실체'라고 일컫는다면, 정신은 "실체"이고, '하나'인 것은 상대가 있을 수 없는 것이니 그것은 "절대자"이기도 하다.(*Differenz*[3]: GW4, 64 참조) 그리고 이 실체이자 절대자가 변화하는 것처럼 보일 때 그 변화하는 것들, 곧 속성[偶有性]을 가진다는 점에서는 "주체"이고 "주어"(*PdG*[4]: GW9, 18)이다. 변화 운동 중에서 전개되는 모든 계기들, 단계들은 이 주체에 속하는 것이며, 이 주어에 속하는 술어들이다. 속성들은 언제나 주체이자 기체(基體)인 실체에 속하는 것이며, 술어들은 언제나 주어에 속하는 것이다. 그러나 실체 내지 주체는 속성 없이는 아무것도 아니며, 술어 없이 주어는 결코 개진될 수 없다. 실체에 속하는 속성들이 곧 그 실체는 아니지만, 실체는 그의 속성들 곧 전개되는 계기들을 통해서만 자신의 참모습, 진리, 진상(Wahrheit)을 드러낸다.

이 세계 변화의 한 계기 한 계기, 한 단계 한 단계는 세계를 현실에서 드러내고 있는 것이라는 점에서 그 각각이 그 제한적인 의미에서 진상이라 할 수 있다. 그러나 진정한 "진상은 전체"(*PdG*: GW9, 19)뿐이다. 물론 이 "전체는" 그 자체로 이미 완성되어 있는 것이 아니라, 비로소 "자신의 전개를 통해 자기를 완성하는 것"(*PdG*: GW9, 19; *WdL*[5] I: GW11, 355)이다. 그래서 세계는 그 계기들, 부분들의 전개를 통해서 완성되어가는 "살아 있는 실체"(*WdL* I: GW11, 18)라고 말할 수도 있다. 이 '살아 있는 실체'

---

3 Hegel, *Differenz des Fichte'schen und Schelling'schen Systems der Philosophie*.
4 Hegel, *Phänomenologie des Geistes*.
5 Hegel, *Wissenschaft der Logik*.

의 자기 전개 과정이 다른 것이 아닌 세계 역사이다. 살아 있는 실체로서 정신은 장구한 시간에 걸쳐 단계별로 무진장한 노고를 기울이면서 "세계 역정(歷程)"(PdG: GW9, 25)을 밟아나간다.

정신은 이념으로서 지나간 모든 것을 담지하고 있고, 아직 있지 않은 것의 싹을 보유하고 있는 본질적으로 '현재적인 것(das Gegenwärtige)'이다. 정신에게는 지나가버린 것[過去]도 없고, 아직 오지 않은 것[未來]도 없다. 정신의 현재의 형태는 과거의 모든 단계를 함유하고 있고, 단계마다의 차이는 정신의 자기 전개 국면의 양상이다. 헤겔의 '정신'에서는 실로 아무 것도 소멸해서 사라져버리지 않는다. 한낱 폐기가 아니라 지양(止揚)의 도정인 "현재적인 정신의 생은 한편으로는 여전히 병존해 있으되, 단지 다른 한편으로는 지나간 것으로 나타나는 단계들의 원환운동이다."(VPG: TW12, 105) 그렇기 때문에 정신은 본질적으로는 변함이 없는 것으로, 아직도 완성태가 아닌 현재에서는 미래의 모든 단계들 또한 배태하고 있다.

제2절
정신의 변증법적 운동

1. 정신의 자기운동

자기운동하는 것, 그것은 다른 것이 아니라 정신이며, 그런 의미에서 정신만이 자유롭다.(Enzy, §382 참조) 이 정신의 자기운동 방식이 변증법인 것이다.

이 변증법은 기본적으로 대화하는 법(dialegesthai)이다. 무릇 정신의 운동방식을 변증법적이라 함은 정신은 자기를 자기라는 거울(speculum)에 반조함(speculari)으로써 자기를 전개해가는 작용, 곧 사변(思辨: Spekulation)을 하는 것이기 때문이다. 그러니까 사변은 정신의 자기대화이며, 대화란 이성에 의해서만 가능한 것이므로, 사변적 정신은 다른 것이 아닌 이성(logos) 곧 의논, 함께 말함(legein)이다.

'하나'인 실체가 스스로 운동한다는 것, 곧 정신이라고 하는 것은 그렇게 운동함으로써 자신을 완성해갈 수 있기 때문이다. 운동 없이도 능히 자신을 충분히 개진할 수 있다면, 굳이 힘들여서 운동할 일이 있겠는가. 그러나 "자기 안에 모순이 실존하지 않는 것은 아무것도 없"(Idealismus: GW16, 279)고, 이 자기 내 모순은 그 성격상 해소되지 않으면 안 되는 것이므로, 실존하는 것은 무엇이나 자기운동을 통해 변화를 하지 않을 수 없다. 모순이란 그냥 두어도 되는 것이 아니라 반드시 극복되어야 하는 것이고, 존재하는 것은 무엇이나 그러한 성격을 가지고 있기 때문에 자기운동을 하지 않을 수 없는 것이다. 그래서 이 자기운동하는 것, 곧 '정신'은 기실 이러한 변화의 '욕구'이자 '힘'이다. 그리고 변증법적 운동은 이 욕구, 이 힘의 자기실현(entelekeia) 방식이다. 자기를 현실화해나가는 것으로서 '정신'은 끊임없는 자기 내 모순 곧 자기분열 중에서, 다시금 그 분열에 대한 끊임없는 자기부정을 통하여 분열을 극복하고 자기를 완성 실현해나가는 '근원적 힘', 순수한 활동성이다. 그래서 분열·분화한 것 곧 특수한 것은 무엇이든 부정되고 극복되며, 언제나 근저에 남는 것은 보편적인 것 곧 "정신의 추상적인 면 — 사고(Denken)이다."(VPG: TW12, 520)

사고는 본성상 보편적인 것에 이르기까지는 멈추지 않는다. 보편적인 것만이 절대적으로 자유롭기 때문이다. 그래서 "사고는 모든 것을 보편성의 형식에서 고찰하며, 사고는 그렇기에 보편자의 활동이자 생산이다."(VPG: TW12, 520) 사고는 정신의 가장 내면적인 순수 활동이며, 이성의 보편적 사고는 거기에서 타자와도 통일을 이룬다. "무릇 이성은 의식의 실체적 토대일 뿐만 아니라 외적인 것[외적 존재자, 외물(外物)], 자연적인 것의 실체적 토대이다. 그렇기에 마주해 있는 것 또한 더 이상 피안의 것이 아니며, 다른 실체적 성질을 가진 것이 아니다."(*VPG*: TW12, 521) "사고는 전적으로 순수한 형태의 화해(Versöhnung)를 함유하고 있다. 사고는 외적인 것도 주관과 똑같은 이성을 자신 안에 가져야 한다는 요구를 가지고서 외적인 것에 임한다. 정신은 자연세계도 이성을 가지고 있음이 틀림없다고 인식한다. 왜냐하면 신이 자연세계를 이성적으로 창조했으니 말이다."(*VPG*: TW12, 521) 이제 인간은 자연 안의 이성에서 자신의 이성을 재인식한다.(*VPG*: TW12, 523 참조) 이에 부응해서 "세계 또한 세계를 이성적으로 바라보는 자를 이성적으로 바라본다."(*VPG*: TW12, 23) 헤겔의 변증법은 이성과 이성 간의 대화이자 이성과 세계의 교호적 조응 방식이다.

그러니까 변증법은 추상적으로 보면 보편적인 것의 사고형식이고, 구체적으로 보면 특수한 것들의 부정을 통해 즉 생멸해가면서 보편적인 것을 실현하는 생명활동이다. 자기활동, 자기전개 중에 있는 정신은 결코 안정 속에 있는 일이 없으며, "항상 전진하는 운동"(*PdG*: GW9, 14) 가운데 있다. 그러나 이 전진 운동은 자기 자신을 부단히 부정함으로써 이루어진다. 그러니까 그것은 자기부정, 자기변형을 통한 자기실현이다. 헤겔주의의 정반대편에 서 있는 듯이 보이는 니체(Friedrich Nietzsche, 1844~1900)조차도 "모든 위대한 것은 그 스스로에 의해, 자기지양의 작용에 의해 몰락한다. 생명의 법칙이, 생명의 본질에 있는 필연적 '자기극복'의 법칙이 이것을 언제나 의욕한다."[6]라고 말한다. 한 계기에서 '진상'으로 현상하는 정신은 다음 계기에 현상하는 정신에 의해 부정되고, 그렇기에 가상으로 전락한다. 그것이 진정한 '진상'이 아니었기에 새로운 현상이 등장할 수밖에 없었다는 점에서 이 부정은 필연적이고, 그러나 이 부정은

---

6 Nietzsche, *Zur Genealogie der Moral*, III, 27: KSA 5, 410.

바로 정신 자신의 '힘'이라는 점에서 또한 자유 자체이다. 자유로서 "정신의 힘은 그것이 표출되는 꼭 그만큼 큰 것이며, 정신의 깊이는 그의 펼쳐냄 중에서 자신을 확장하고 그리고 자신을 상실해갈 수 있는 그만큼의 깊이를 갖는다."(PdG: GW9, 14) 정신에 의한 정신 자신의 이 부정을 통한 확장 운동 과정이 "정신의 생(生)"이며, 정신은 이 끊임없는 자기와 자기의 '분열' 중에서 완성되어가는 자신을 발견함으로써만, 자신의 진정한 '진상'을 마침내 획득한다.(PdG: GW9, 27 참조) 만약에 무엇인가가 자기 내 모순, 분열을 극복하지 못한다면, 다시 말해 자기부정의 힘을 갖지 못한다면, 그것은 이내 사멸할 터이다. 이내 생의 종식을 맞을 터이다.

실로 실재하는 것은 힘이며, 현실(Wirklichkeit)은 이 힘이 작동(Wirken)하여 낳은 결과(Wirkung)이다. 운동 변화는 힘으로서의 정신의 자기표출이다. 힘의 표출 현상은 자연에서도, 인식에서도 사회적 행위에서도 볼 수 있다.

자연, 물질의 세계도 단지 기계적으로만 운동하는 것이 아니라, 변증법적으로 운동한다. 물질적 조건 아래에서도 끊임없이 사물의 자기진보가 이루어진다는 뜻이다.

이 물질세계와 의식의 이론적 교섭이 사물인식이며, 실천적 교섭이 노동이다. 사물인식을 매개하는 감각도 힘의 운동이고, 자연을 가공하는 노동 또한 힘을 통하여 일어나는 것이다. 사물인식은 대상의식의 변증법을 통하여 진행되고, 사물의 가공은 노동변증법을 통해 진척된다.

의지가 객관적으로 표출된 법률, 도덕, 윤리 같은 사회 현실도 모두 변증법적으로 전개된다. 그 또한 힘을 매개로 한 것이다. 인간의 행위를 이끄는 의지란 어떤 목적을 향해 있는 힘인 것이다.

변증법은 "모든 객관성의 영혼"(WdL II: GW12, 237)으로서 "무제한적으로 보편적인, 내적이면서 외적인 방식이자, 단적으로 무한한 힘"(WdL II: GW12, 237)이라고 하거니와, 그것은 여기서 모든 것이 유한한, 자기

모순적인 것이기 때문이다. 이러한 맥락에서 변증법은 "모든 사상[事象] 자체의 고유한 방법"(*WdL* II: GW12, 238)이자 "사물들의 실체성"(*WdL* II: GW12, 238)이라고도 일컬어지는 "이성의 최고의 힘이며 바꿔 말해 이성의 유일하고 절대적인 힘일 뿐만 아니라, 자기 자신을 통하여 만물 가운데서 자기 자신을 발견하고 자기 자신을 인식하는 이성의 최고의 유일한 추동이다."(*WdL* II: GW12, 238)

세계가 변증법적으로 운동한다는 것은 자기모순을 극복하고 발전한다는 것을 의미한다.

정신의 자기운동은 눈앞에 등장한 (비록 그것이 가상일지라도) 자기의 어긋남, 이른바 '모순'으로 야기된 것이다. 자기와의 어긋남은 불안정이고, 운동은 언제나 불안정을 폐기하고 안정을 얻기 위해 일어나는 것이다. 그러나 정신은 부분들 사이의 모순을 한낱 폐기하는 것에 그치지 않고, 그 폐기를 이용하여 자기를 개선해간다.

대화에서 서로 어긋남은 서로 '거슬러 말함(widersprechen: contradicere)'이다. 이것을 헤겔은 '모순(Widerspruch: contradictio)'이라 이름 붙인다. 이 모순에서 한편의 주장을 '바로 세움(正定立: thesis)'이라 한다면, 반대편의 주장은 '마주 세움(反定立: antithesis)'이라 하겠다. 이 두 주장은 어긋나기 때문에 '하나' 안에서 양립할 수 없다. 만약 이 어긋나는 두 주장이 독립적인 타자들 사이의 관계라면, 그 어긋남은 영원히 지속될지도 모른다. 그러나 정신은 '하나'이고, 하나인 정신은 자기 내의 어긋남을 폐기하고 조정하여 합일하게 한다. 그래서 '함께 세움(合定立: synthesis)'이 일어난다. 아니, 일어날 수밖에 없다. 이 함께 세움은 앞의 두 대립 주장들을 한낱 병립적으로 모아놓음이 아니라, 둘을 화합하여 질적으로 전혀 다른 또 하나의 '바로 세움'이다. 이 '함께 세움'은 앞의 '바로 세움'과는 단계가 다른, 진일보한 '바로 세움'인 것이다. 그러니까 거기에는 질적인 비약이 있다. 그래서 헤겔은 대립하는 두 주장의 폐기 조정을 '지양(止揚:

Aufheben)'이라 이름 붙인다. 헤겔의 지양은 폐기(wegnehmen, tollere)와 보존(aufbewahren, conservare)과 고양(hinaufheben, elevare)의 삼중적 의미를 갖고 있다. 이런 삼중적 의미에서 변증법, 사물과 개념의 '내재적 부정성'은 이를테면 자기 내 "모순의 합리성(rationality of contradiction)으로서, 그것은 실재하는 것의 운동과 [⋯] 실재하는 것의 개념을 구성하는 힘들, 추세들, 요소들의 대립의 합리성이다."[7] 이때 '합리성'은 개선 증진 발전을 가능하게 하는 성격을 일컫는 것으로서, 사물과 개념의 모순의 합리성은 역사에서 입증되고 이해된다는 점에서 '역사적 합리성'이다.

예를 들어, 로크의 마음 백지(tabula rasa)설[8]을 하나의 '바로 세움'이라 한다면, 라이프니츠의 지성 예외(exipe: nisi ipse intellectus)설[9]은 하나의 '마주 세움'이라 할 것이다. 그리고 칸트의 초월적 이성 이론은 이것들의 '함께 세움'이라 하겠다. 하나의 정신이 대상 인식에 대한 의견을 세워나가는 도정에서 '로크'라는 부분과 '라이프니츠'라는 부분으로 분열하고, 다시금 '칸트'라는 정신으로 합일하는 방식으로 전개되었다고 볼 수 있다. 정신은 이렇게 모순 대립이라는 부정의 힘을 통해 자기를 발전시키고 긍정한다. 그리고 칸트에 이른 정신의 단계 역시 하나의 도정이니, '칸트' 역시 또 하나의 '바로 세움'일 뿐으로 가령 이에는 헤겔의 절대자 정신 이론이 마주 서 있다고 볼 수 있다. 또 헤겔에 마주 서는 마르크스, 니체 등등, 이렇게 세움들은 모두 하나의 정신의 자기전개 도정에서 나타난 국면(Phase)들이다.

정신은 완전한 자기합일에 이를 때까지, 곧 진상이 드러날 때까지 이같은 자기대화, 자기 내 차이의 조정을 계속해갈 것이다. 그리고 그 대화는 진상을 찾아가는 방법인 만큼 새로운 국면은, 설령 그것이 다음에 오

7 Herbert Marcuse, *One Dimensional Man*(1964), Boston: Beacon Press [2]1991, p. 140 이하.
8 Locke, *An Essay concerning Human Understanding*, II, I, 2 참조.
9 Leibniz, *Nouveaux Essais sur L'Entendement Humain*, II, I, §2 참조.

는 새로운 국면에 의해 폐기된다고 할지라도, 분명 앞선 국면을 지양한 것이고, 그런 만큼 더 진상에 다가선 것이다. 그러니까 헤겔에서 정신의 자기전개는 한갓된 되풀이나 퇴락이 아니라, 목적을 향해 전진함, 곧 발전이다.

그래서 헤겔의 변증법은 목적론과 발전론을 함유하고 있는 낙관주의이자 이상주의이다. '목적'이란 완전성이라는 하나의 이념(Idee)이자 이상(Ideal)이니 말이다. 이에 헤겔의 이상주의는 말한다.

"이성적인 것, 그것은 현실적이고, 현실적인 것, 그것은 이성적이다."(*GPR*[10]: TW7, 24)

이성은 현실적이고 현실은 이성적이다. 이성은 "단지 물 위에 떠 있는 것처럼 역사 위에 떠 있는 게 아니라, 역사를 직조하고 유일하게 운동하는 것"(*Enzy*, §549: GW20, 529)이다. 무릇 이성은 "현재적 의식에 기초한 보편적 규정들, 자연의 법칙들, 그리고 정당하고 선한 것의 내용"(*VPG*: TW12, 523)을 일컬음이다. 현실(Wirklichkeit)은 이성의 작동(Wirken)의 결실이고, 그 시작에서(im Begriff) 개념(Begriff)인 이성은 자기실현 운동을 하지 않을 수 없다.

2. 대상의식의 변증법[11]

"의식은 정신의 직접적인 현존태이며, 두 계기 즉 지식(작용)과 이 지식(작용)에 부정적인[대립하는] 대상적인 것을 갖는다."(*PdG*: GW9, 29) 이 직

---

10 Hegel, *Grundlinien der Philosophie des Rechts*.

접적인 현존태인 인간의 의식에서부터 정신은 전개되며, 이것의 두 계기 사이에 나타나는 대립으로 의식의 제 형태가 현상한다. 이러한 전개 과정을 거쳐가며 의식이 만들어가는 경험의 학으로서 정신현상학의 첫 단계가 대상의식 곧 사물 인식의 변증법적 전개이며, 이 대상의식은 그 안에서 "감각(의 확실성)" → "지각" → "지성" 순으로 진행되어간다. 대상을 자기의 한 계기로 갖는 "의식은 자기 내에 3단계를 가지고 있다."(*Enzy*, §418, 추기: TW10, 206)

대상에 대한 지식은 감각에서 출발하고, 인식으로서의 "감각의 확실성"은 일견 "그것의 내용에 있어서 가장 풍부"(*Enzy*, §418: GW20, 424)하며, "가장 진실한 인식으로 나타난다."(*PdG*: GW9, 63) 감각의 확실성의 구체적 내용은, 공간적-시간적으로 무한히 펼쳐져 있고, 이 무한한 풍요 가운데서 하나를 꺼내 나누어보면 그 역시 무한히 분해 가능하다. 이런 의미에서 감각의 확실성은 넓이에서나 깊이에서나 그 끝을 발견할 수 없을 만큼 풍부하다. 또한 그것은, 대상에서 아무것도 제거하지 않고, 대상을 '있는 그대로' 온전히 자기 앞에 갖는다고 이해되는 한에서, 더할 나위 없이 진실한 것으로 보인다.(*PdG*: GW9, 63 참조)

그러나 이런 감각의 확실성은 "실상은 가장 추상적이고 가장 빈약한 진리로 드러난다."(*PdG*: GW9, 63) 대상을 자신의 눈앞에 갖는다는 뜻에서 대상에 대한 직접적이고 무매개적인 지식인 감각적 확실성은, 그 대신에 간접적이고 매개적인 것은 아무것도 보지 못한다는 점에서는 가장 "추상적(abstrakt)"이고, 자기가 인식한 것에 대해서 단지 "이것" 또는 "이것이 있다"라고밖에는 말할 수 없다는 점에서 감각의 확실성은 그것의 "사상 내용에 있어서 가장 빈약하다."(*Enzy*: GW20, 424) 그러므로 감각의 확실

---

11 이 항목의 이하 내용은 저자의 다른 책 『칸트와 헤겔의 철학』, 아카넷, 2010, 439~456면의 요점을 정리한 것이다.

성의 진리는 오직 "사태의 순수한 존재"만을 포함할 따름이며, 이 감각의 확실성에서 의식 또한 단지 "이 자(者)"라고 하는 이른바 "순수한 나"일 따름이다.(*PdG*: GW9, 63 참조) 그러니까 '이 자'라고 하는 "개별자"가 '이것'이라고 하는 "개별자"를 인식함이 감각의 확실성이다. 감각의 확실성에서는 한낱 개별자인 것들이 '순수한 것'으로 전제되고, 또 그렇게 행세한다.

그러나 우리가 사태를 주의 깊게 되돌아보면(zusehen, σκεψίς), 감각의 확실성이자 본질을 이루는 이 "순수한 존재"에는 서로 다른 많은 것들이 '함께 노닌다(beiherspielen).' 실상 현실적인 하나의 확실한 감각은 '순수한 직접적인 존재'라는 이름을 사용하는 한 '예(Beispiel)'에 불과한 것이다. 그래서 감각의 확실성이란 '나만의 봄' 즉 사견(私見)/사념(私念: Meinen)에 불과하고, 각자가 자기의 사견/사념을 진리로 내세우며 서로가 상대의 진리성을 인정하지 않는다. 서로를 인정할 공동의 기반이 없는 것이다. 이에서 이른바 '감각주의'는 포기되지 않을 수 없고, 의식은 다음 단계로 이행(移行)한다. 이렇게 해서 나는 대상을 그것의 진상에서 받아들이는[受取하는]데, 이것은 더 이상 직접적인 것을 인식하는 감각의 확실성이 아니라, '참된 것을 받아들인다'라는 독일어적 어의에서 "지각(知覺: wahrnehmen)"이다.(*PdG*: GW9, 70 참조)

지각이 수취한 '참인 것'은 더 이상 '이것'이 아니라 보편적인 것, 곧 "사물(Ding)"이다. 그런데 사물은 여러 성질들로 이루어진 것이다. 그러니까 사물이란 여러 성질을 가지고 있으면서도 또한 그 성질들을 부정함으로써 "단일성(통일성)"을 얻은 것이다. 사물은 여러 성질들을 폐기하고 보존하여 고양시킨, 지각이라는 의식의 변증법적 운동의 산물이다. 지각작용하는 의식은 '지각하는 자(Wahrnehmendes)'로서 문자 그대로 진상을 단지 수득하는 자이다. 그러나 만약에 의식이 여러 가지 성질들을 수득함에서 무엇인가를 빠뜨리거나 집어넣으면 착오가 일어난다. 그래서 지각은 늘 착오 위험에 노출되어 있고, 지각의식은 착오 가능성 또한 의식하고 있으며, 자기검사를 통해 교정도 한다. 그런데 교정이란 반성작용을 전제하는 것으로, 이제 지각은 대상을 직접적으로 수득하는 것이 아니라, 반성적으로 수득함이며, 여기서 지각은 자체 안에 모순을 가지고 있음이 드러난다. '반성적 수득'인 지각은 대상을 받아들여지는 대로 받아들이지 않는다는 것인데, 그것은 지각 자신이 '진상을 받아들임'에 대해 부정적임을 함의하기 때문이다. 여기에서 지각의 참된 대상으로서 사물은 가상으로 밀려나고 지각 자체는 지양되어, 의식은 지성의 세계로 들어선다.

여러 가지 성질들을 하나로 만드는 것을 헤겔은 "힘(Kraft)"이라고 일컫는다.(PdG: GW9, 84 참조) 그러니까 힘은 사물을 사물로 만드는 것, 이를테면 "사물의 내면"(PdG: GW9, 88)이라 할 수 있으며, 이 내면을 통찰하는 지식의 방식이 바로, 라틴어적 원의 그대로 "지성(intellectus, Verstand)"이다.

"힘이란 관계 관념을 표현한다."[12] 힘이란 "단지 가능적인 것"(JS II[13]: GW7, 54)으로, 그것은 현실(적인 것)에 마주해 있는 관계이다. 그러므로 "힘은 표출될[외현할] 수밖에 없다."(PdG: GW9, 84; JS II: GW7, 54) 이 힘의 표출, 외현 곧 현상을 매개로 해서 지성은 "사물의 진정한 본질"(PdG: GW9, 88)을 인식한다. 그리고 그럼으로써 지성은 감성의 세계를 벗어나 간다.

독자적[대자적]으로 있는 현상이란 없다. 현상은 언제나 그 현상 자신이 아닌 어떤 다른 것[他者]의 현상이다. 나타나는 것, 현상이 직접적으로 자기를 정시(呈示)하는 한에서, 그것은 자기 자신을 드러낸다. 그러나 현상은 어떤 다른 것을 정시하면서 자기 자신을 나타내는 것으로서, 현상 그

---

12 Heidegger, *Hegels Phänomenologie des Geistes*: GA 32, S. 150 참조.
13 Hegel, *Jenaer Systementwürfe* II.

자체는 직접적[무매개적]인 것이나, 그것이 타자를 정시한다는 점에서 매개적이다.

현상이 현상으로서 받아들여지는 한, 반드시 이 현상이 자신을 통하여 정시해야만 할 것, 즉 초감각적 세계, 다시 말해 현상이 그것으로 인해 그것의 현상인, 따라서 거기에서는 현상이 지양되는 그 현상의 진상이 파악되어야만 한다. 현상은 나타남으로써 나타나지 않는 것을 나타내는 것이며, 그 나타나지 않는 진상을 나타냄으로써 스스로는 "사라지는 것"(*PdG*: GW9, 88)이다. 그러므로 현상이란 나타나면서 사라지는 것이다. 여기서 현상의 모순적 성격이 드러난다.

이제 지성은 현상을 통하여, 이 현상 너머에 있는 것, 초감성적인 것, 이 현상의 "진짜 배후 근거"(*PdG*: GW9, 88), 곧 "힘의 법칙"(*PdG*: GW9, 91)이자 "현상의 법칙"(*PdG*: GW9, 96)을 알게 된다. 법칙은 "변화무쌍한 현상의 지속적인 상(像)"(*PdG*: GW9, 91)이라고 할 수 있다. 그러므로 그 자체로 있는 세계로 간주되는 "초감성적 세계는 법칙들의 고요한 왕국"으로서, 지각되는 곧 현상하는 세계의 "저편에 있는 세계"이지만, 지각되는 세계 안에 "현재하며", 이 현상하는 세계의 "직접적인 부동의 모상(模像)"(*PdG*: GW9, 91)이다. 초감성적 세계인 "법칙은 따라서 현상의 저편에 있는 것이 아니라, 오히려 현상 안에 직접적으로 현재하며, 법칙들의 왕국은 현존하는 내지는 현상하는 세계의 고요한 모상이다."(*WdL* I: GW11, 345)

무릇 "현상들의 모든 계기들" 곧 현상들의 차이들을 "내면적인 것"으로 수렴하고, 따라서 모든 현상들에 "필수적인 것"인 것이 현상의 "법칙"이다. 법칙이란 다양한 현상들에 펼쳐져 있으면서도 "자기 동일적인 것", 그 자체가 구별[차이]이면서도 "단순한 것", "스스로 분화하는 […] 동명(同名)의 것이다."(*PdG*: GW9, 99) 그러므로 법칙의 세계로서의 초감성적 세계는 무한한 변화 중에서도, 끊임없는 자기 자신과의 구별 중에서도 자기존재의 통일성을 보지(保持)하는 그런 것이다. 이렇게 "어떤 차이[구별]에 의해서도 흐려지거나 단절됨이 없이 면면히 흐르는, 오히려 그 자신 모든 구별이며, 그 구별들이 지양된 것이기도 한, 보편적인 피[血]라고 할 수 있는 것"(*PdG*: GW9, 99)이 생[生命]의 본질이다. 이제 의식은 생명을 마주하게 된다. 생명이 의식의 대상이 될 때, 이 의식은 "자기의식"이다.(*PdG*: GW9, 100) 이로써 대상의식의 변증법적 운동은 자기의식의 변증법적 운동으로 이월한다.

3. 자기의식의 변증법[14]

1) 사회의식으로서의 자기의식

사물 인식 곧 대상의식의 확실성의 방식에서 진상은 의식 자신이 아닌 다른 어떤 것 곧 타자이다. 그리고 이 "진상"은 헤겔의 대상의식의 변증법에서는 의식의 경험, 곧 "의식이 자기 자신에 대해, 말하자면 자기의 지식작용과 자기의 대상에 대해 행사함으로써 그로부터 참된 대상이 생겨나는 변증법적 운동"(*PdG*: GW9, 60)에서 나타났다 사라진다. 그러므로 헤겔이 파악한 대상의식에서의 대상, 곧 독일어 낱말 뜻 그대로 '의식(Bewußt-sein)'에서 '알려지는 것', 그러니까 감각의 확실성에서 '이것'이라는 존재자, 지각에서의 구체적인 '사물', 지성에서의 '힘'은 직접적으로 그 자체로 있는 것, 곧 즉자적인 것이지만, 이 대상은 오히려 의식에 대하여 잠시 있다가 사라지는 것, 곧 진상이 아닌 것, 가상으로 밝혀진다. 그래서 이 즉자 존재라는 개념은 진정한 대상에서 지양되고, 경험에서의 최

---

14 이 항목의 이하 내용은 저자의 다른 책 『칸트와 헤겔의 철학』, 아카넷, 2010, 459~484면의 요점을 정리한 것이다.

초의 직접적인 표상은 진상에서 사라져버린다. 그래서 정신은 "다름 아닌 그 자신이 실재임을, 바꿔 말해 모든 현실은 바로 그 자신 이외의 다른 것이 아님을 확신"(PdG: GW9, 132)하기에 이르니, 이것이 "자기의식(Selbstbewußtsein)"이다.

"자기의식"은 단적으로 자기와 자기라는 대상에 대한 의식이다. 여기서는 '나'의 확실성이 그것의 진상과 동일하다. 왜냐하면 자기의식에서는 대상의식에서와는 달리, 확실성 그 자체가 그것의 대상이며, 의식 자체가 진상이기 때문이다. 자기의식도 '의식의 경험'의 도정 중의 한 국면(Phase)인 한에서, 물론 여기에서도 타자존재[Anderssein, 타자임, 他在]가 있다. 곧 자기의식도 일종의 의식인 한에서 그 안에 분열이 있다. 그러나 그것은 어디까지나 자기의 자기 자신과의 분열이다.

칸트에서 자기의식은 모든 표상에 수반하는 의식(apperceptio: 통각)으로서 표상들 일반을 가능하게 하고 그것들을 통일하는 최고로 근원적인 초월적 의식이다. 이 초월적 의식으로서 자기의식은 일체의 표상, 그리고 우리에게 존재하는 것 곧 대상 모두를 가능하게 하는 원리로서 일체의 대상에 선행하는(a priori) 고정불변적인 12개의 범주 형식에서 기능하는 의식이다. 그래서 이 초월적 자기의식은 대상 인식의 기반이자 그 인식에서 인식된 것인 대상, 곧 '우리에 대해서 존재하는 것', 존재자 일반의 궁극의 기반이다. 그러니까 칸트가 주제적으로 고찰하고 있는 초월적 자기의식은 어디까지나 인식론적·존재론적 위상을 가질 따름이다. 반면에 헤겔의 '정신현상학'에서 "자기 자신의 확실성의 진상"을 드러내는 자기의식은 즉자적(an sich)으로 존재하는 사물이 아니라 자기 자신과 '자기'라는 대자적(für sich)으로 존재하는 것을 대상으로 갖는다. 그렇기 때문에 헤겔에서 '자기의식'은 단지 존재자 자체와 관계하는 인식하는 의식에 머물지 않고, '자기'로 현상하는 '나'(자아)들에 대한 의식으로 나아간다.

헤겔에서 자기의식은 '나는 나이다.'라는 형식적이고 추상적인 자기의식을 지양한다. '나는 나이다.'라는 의식은 근원적으로 모순적이다. 그것은 '나는 곧 나이다.'는 자기동일성에 대한 의식이자, '나는 네가 아니고 나이다.'는 타자 상관적인, 그러니까 동등한 또 다른 자기의식에 대한, 자기 분할적인 의식을 내용으로 갖고 있으니 말이다. 자기의식이란 결국 자기 자신과 더불어 자기라는 타자, 다른 자기에 대한 의식을 말한다. 그러므로 헤겔에서는 순전히 자연 대상을 아는 의식인 대상의식과는 달리, 자기의식은 자기들을 아는 의식, 곧 자기들이 공존하는 '사회'에 대한 의식이라고 말할 수 있다. 헤겔에서 자기의식은 곧 자기들에 대한 인식이기도 하다. 칸트는 통각인 (초월적인) 자기의식과 구별하여, '자기인식'을 자기라는 현상에 대한 (경험적) 인식으로 이해했지만, 헤겔에서 자기인식은 자기라는 타자에 대한 인식을 포함한다. 아니, 타자에 대한 인식이 본질적인 것이다. 그래서 칸트에서 자기인식, 자기에 대한 지식 체계의 문제는 한갓 경험심리학의 과제가 되지만, 헤겔에서 자기인식, 자기들에 대한 지식 체계는 사회학의 문제를 포함한다.

그러니까 헤겔이 말하는 "자기의식"은 한낱 이론적인 '나'가 아니라, 동시에 실천하고 행위하는 '나'로서 '나'들 사이의 변증법적인 역동적 자기변환적 운동을 통하여 "나 곧 우리, 우리 곧 나"임을 아는 정신의 지(知)이다. 그러므로 이 앎은 한낱 지(知)의 작용을 넘어서는 원초적으로 욕구함이고, 그렇기에 생명인 자기의식의 실천적 활동을 통하여 매개되는 것이다. 헤겔의 '정신'은 '이론 이성'과 '실천 이성'의 연속성을 가지고 있어서, 양자 사이의 교량을 따로 마련할 필요가 없는 것이고, 이것은 바로 피히테 이후의 독일 이상주의 사상가들이 칸트에서 본 '두 이성' 사이의 간극을 메우고 싶어 했던 열망에 부응한 것이다.

자기의식의 변증법적 운동의 결과 정신현상학은 개별자 '나'와 보편자 '우리'가 동일한 국면에 이른다. 그러나 이 국면에 이른 정신은 더 이상 자기의식이 아니고, 헤겔적 의미의 "이성(Vernunft)"이다. 이 보편적 자기의식에서 '나'의 규정들은 곧 사물들의 규정들이고, '나'의 자기 자신에 대한 사고는 곧 대상들에 대한 사고이니 말이다.

2) 욕구와 생명인 자기의식

자기의식은 대자적(對自的) 자기이다. 존재하는 것으로서의 자기의식은 "자신 안에 비추어진 존재"(PdG: GW9, 104) 곧 자기 자신의 의식이며, 그것은 자신의 자신과의 충돌이다. 그것은 말하자면, 대자적으로 있는 (für-sich-seiend) 자기의식이 이 자기의식의 대상 곧 다른 자기의식과의 구별을 의식하는 것이거니와, 여기서 자기의식은 또 다른 자기의식의 독립성[실체성]을 경험한다. "이로써 자기의식은 그에 대하여 독립적인 생명으로 나타나는 이 타자를 지양함으로써만 자기 자신을 확신"(PdG: GW9, 107)하기에 이른다. 그래서 원초적으로 "자기의식은 오로지 또 다른 자기의식에서만 자기의 충족에 이르는"(PdG: GW9, 108) "욕구(Begierde)"(PdG: GW9, 107)이다.

욕구란 존재하는 것을 그 자체로 존중하기보다는 오히려 그것을 부정하고, 그것을 빼앗아 자기의 소유물로 만들려는 의식 활동이다. 자기의식은 근원적으로 욕구이고, 그것도 절대성 속에서 자기를 정립하려는 욕구이다. 욕구라는 것은 욕구하는 자 곧 주체와 욕구되는 것 곧 대상을 맺어주는 끈이다. 그래서 자기라는 주체와 타자라는 대상의 분열이 있고, 자기와 타자 사이에는 팽팽한 긴장이 생기며, 바로 거기에 '생명(Leben)'이라 일컫는 내적 운동이 있다. 원초적으로 욕구인 자기의식의 본래 대상은 "생(生) 자체이고"(PdG: GW9, 104), 그러니까 "직접적인 욕구의 대상은 생명[살아] 있는 것"(PdG: GW9, 104)이다. 이로부터 "자기의식과 생(生)의 대립"(PdG: GW9, 105)이 생긴다.

"자기의식의 직접태는 개별자"(Enzy, §426 : GW20, 428)이다. 여기서 하나의 자기의식에 대하여 또 하나의 자기의식이 마주하는 것은 그 자기의식들이 개별적인 생명이기 때문이다. 대체 '생명[生, Leben]'이란 무엇인가?

생명은 자기 안에 구별들을 갖는 존재, 곧 생성하는 존재이자, 그 생성의 유동성 중에서도 자기를 보존 전개하는 본질적 실체이다. "본질"이란 "모든 구별이 지양된 무한성, 축을 중심으로 도는 순수한 운동, 절대적으로 불안정한 무한성인 자기 자신의 안정"(PdG: GW9, 105)을 일컫는다. 그렇기에 살아 있는 것으로서 자기의식은 끊임없는 분화와 통일을 겪는다. 그 과정이 자기의식적 존재자의, 생물학적인 의미에서뿐만 아니라 사회학적인 의미에서의 생(Leben)이다. 생은 그러니까 "과정"(PdG: GW9, 106)으로서, "스스로 전개하면서 자기가 전개한 것을 해소하는, 이런 운동 중에서 자신을 단적으로 보존하는 전체"(PdG: GW9, 107)이다. 생은 말하자면 거기에서 자기의식이 자기 자신을 경험하고 자기 자신을 실현하는 장(場: Medium)이다.(PdG: GW9, 106 참조)

살아 있는 것인 자기의식으로서 주체는 "외적 실재에 의존적"[15]이고, 생을 위해 외적 사물들을 필요로 한다. 그러면서도 그는 낯선 타자를 만나면 긴장하고, 특히 힘 있는 타자인 다른 생명체들을 자기 지배하에 두려 욕구한다. 이때 주체인 자기의식은 무엇보다도 그에게 독립적인 생명으로서 자기를 제시하는 타자를 지양함으로써만 자기 자신의 확신에 이를 수 있기 때문이다. 그래서 본질적으로 자기의식은 끊임없이 또 다른 자기의식을 지양하려 한다. 자기의식은 타자 속에서 자기 자신을 추구하고, 자기의식으로서 인간은 다른 인간으로부터 인정받음으로써 안정을 얻으려 욕구한다. 살아 있는 것으로서 자기의식은 타자 속에서 자기 자신을 획득하려 하는, 이를테면, 불안정한 욕구이다.

모든 생명체의 살아 있음의 징표가 충동과 욕구이지만, 자기의식으로

---

15 Ch. Taylor, *Hegel*, übers. v. G. Fehn, Frankfurt/M. 1993, S. 206.

서 인간의 욕구는 유례가 없을 만큼 크다. 그렇기에 자기의식은 말하자면 가장 큰 "공허(das Leere)" 위에 서 있는 것이다. 욕구란 텅 비어 있는 자가 그 공허를 채우는 기제(機制)이니 말이다. 타자가 아무것도 아니라는 것을 확신하면서 자기의식은 그 '아무것도 아님[무실함](Nichtigkeit)'을 타자의 진상으로 정립하고, 그 독립적인 대상을 없애버리며, 그렇게 함으로써 자기 자신의 공허를 메우고 비로소 자기 자신의 확실성을 진정으로 확신한다. "정확히 말해서 생(生)은 타자를 자기 자신으로 환원하고 또 이 타자 속에서 자기 자신을 발견하는 운동이다."[16]

그러나 자기의식은 이러한 욕구 충족에서 그의 대상의 독립성을 경험하지 않을 수 없다. 욕구와 그것의 충족에서 이르게 된 자기 자신의 확실성은 그것의 대상에 의해 제약되기 마련이기 때문이다. 이 자기 자신의 확실성은 타자의 지양에 의거한 것이니 말이다. 그런데 이런 타자의 지양이 있기 위해서는 이 타자가 있어야만 한다. — '나'란 항상 '너'를 짝으로 해서만 '나'인데, 이 '너'란 또 다른 '나'이다. — 그래서 실상 자기의식은, 대상의 독립성으로 인하여, 이 대상 자체가 자기의식에 대립함으로써만, 충족에 이를 수 있다. 대상이 없는 곳에서는 욕구도 그것의 충족도 없을 터이다. 그러니까 자기의식은 의식과는 달리 근본적으로는, 오직 다른 자기의식에서만 그의 충족에 이른다.

"하나의 자기의식에 대해서 또 하나의 자기의식이 있다."(*PdG*: GW9, 108; *Enzy*, §430: GW20, 430) 나는 '나'이지만, 너도 '나'이며, 그 역시 또 다른 '나'이다. 이로써 자기의식은 현실적으로 있다. 자기의식에게는 비로소 그의 타자존재에서만 자기 자신과의 통일이 이루어진다.

---

16 J. Hyppolite, *Genèse et Structure de la Phénoménologie de l'Esprit de Hegel*(1946): 이종철 · 김상환 역, 『헤겔의 精神現象學 I』, 문예출판사, 1986, 191면.

3) 자기의식의 변증법적 전개

자기의식의 전개는 의식의 다른 국면에서와 마찬가지로 3단계 구조를 갖는다. 자기의식은 일차적으로는 '나는 나이다.'라는 직접적인[무매개적인] 자기동일성이다. 그런데 이 자기의식은 '너'가 아니라 '나'라는 의식의 본성상 이내 또 다른 자기의식을 대면하게 되고, 여기서 '오로지 나만이 나이다.'라는 상호 간의 자립성 확보 투쟁 곧 인정 싸움이 벌어진다. 그 결과로 '나=우리, 우리=나'라는 매개된 자기동일성이 획득된다. 그것은 '나'의 소멸을 통한 진정한 의미에서 나의 나 자신으로의 복귀이다. 여기서도 우리는 헤겔의 "동일성과 비동일성의 동일성"(*Differenz*: GW4, 64)의 논리를 발견한다.

직접적인 자기의식은 대상의식의 경험 결과이다. 의식의 직접적 형태인 대상의식의 대상은 감각적인 존재였다. 그러나 의식은 그의 대상에서 결국 진상을 얻을 수는 없었다. 지성이 갖가지 설명 형식을 빌려 현상의 내면에서 경험한 것은 "실제로는 자기 자신일 따름"(*PdG*: GW9, 102)이었다. 대상의식은 사실은 자기에 대한 의식이었던 것이다. 이제 새로운 국면인 "자기의식은 감각적인 지각된 세계의 존재로부터의 반성이고, 본질적으로 타자존재로부터 [자기 자신으로의] 복귀이다."(*PdG*: GW9, 104)

자기 자신에게로 돌아온 자기의식이란, 내가[의식이] 나를[의식을] 의식함이다. 그러니까 "자기의식은 다름 아닌 오직 자기 자신만을 자기 자신과 구별한다."(*PdG*: GW9, 104) 자기의식에서는 개념과 대상이 동일한 '자기'이다. 그러므로 이 "자기의식과 더불어 우리는 이제 진상의 원래 고장"(*PdG*: GW9, 103), 곧 개념이 바로 대상[존재]인 영역으로 들어선다.

그러나 정신의 한 현상으로서 자기의식은 근본적으로 의식의 한 형태이다. 자기의식이 '자기에 대한 지식'으로서 대상의식과 다르다고는 하지만, '지식[앎]'의 형태를 지니고 있다는 점에서, 역시 '지식 작용[앎]-지식 대상[알려지는 것]'의 관계 계기를 가지고 있다.

의식에 대해서 독립해 있는 것이 없으면 '~에 대한 의식'이란 있을 수 없다. 그러나 자기의식은 감각적으로 지각된 세계존재를 대상으로 갖는 것은 아니니, 자기의식이 대상을 갖는다면, 그것은 단지 자신을 자신과 구별함으로써만 가능하다. 그러나 다른 한편 자기와 자기의 구별은 진정한 구별은 아닌 만큼, 마침내 양자의 통일은 이뤄질 수밖에 없다.

그래서 자기의식은 이중 구조를 갖는다. 자기를 자기와 구별하면서 또한 자기와 자기를 통일한다. 자기와 자기의 구별을 자기의식의 현상이라 한다면, 자기와 자기의 통일은 자기의식의 진리이자 진상이다.

자기의식에서 개념상 대상인 '나'는 사실은 대상이 아니며, 그 욕구의 대상은 순전히 독립적이다. 왜냐하면 그것은 보편적인, 제거될 수 없는 실체이며, 유동적인 그러면서도 자기 자신과 동일한 본질이기 때문이다. 한 자기의식이 대상이면, 그것은 대상이면서 또한 그만큼 자아인 것이다. 자기의식에서 자기의 대상과 자기 자체는 이를테면 "하나의 자기의식을 위한 두 자기의식"이다. 이것이 "자기의식의 고유한 형식, 곧 '자기의 타자존재에서 자기 자신과의 통일'"[17]이다. 여기에서 정신(Geist)의 개념이 우리 앞에 나타난다. 이 정신은 그것의 대립 즉 서로 다른 독자적인 자기의식들의 완전한 자유와 독립성 가운데서도 이 자기의식들의 통일이다. 말하자면 "우리인 나이며, 나인 우리이다."(*PdG*: GW9, 108) 의식은 비로소 이 '자기'와 함께 '낯선 자기(das fremde Selbst)'를 인정하는 자기의식에서, 곧 정신의 개념에서, 그의 전환점을 갖는데, 이 전환점에서 의식은 감성적인 이편(세계)의 다채로운 가상들로부터, 그리고 초감성적인 저편의 어두운 밤으로부터 현재의 정신적인 낮으로 넘어 들어온다. 자기의식은 말

17 N. Hartmann, *Die Philosophie des Deutschen Idealismus*(1923/29), Berlin ³1974, S. 332.

하자면, 육체라는 특수성을 가진 개별적인 '나'들의 변증적인 생명 운동을 통하여 '우리'라는 보편자에 이르는 정신의 자기 복귀의 국면이다.

4) 자기의식에서의 주인-노예 관계의 전변(轉變)

"인간은 자기의식이다. 인간은 자신을 의식하며, 자신의 인간적 현실과 위엄[존엄성]을 의식한다."[18] 인간이 '나'를 의식한다는 바로 이 점에서 인간은 한낱 "자기감정"(Enzy, §407: GW20, 411 이하 참조) 수준을 넘어서지 못하는 동물과는 본질적으로 구별된다. 그러나 인간 역시 하나의 생명체로서 동물이기 때문에 여느 동물이나 마찬가지로 그의 자기의식의 바탕에는 욕구가 있다.

욕구는 인간을 불안정하게 만들고, 그로 하여금 행위하도록 밀친다. 행위란 욕구에 의해서 생겨나는 것이므로, 행위는 이 욕구를 충족시키려 애쓴다. 행위는 오로지 그 욕구된 대상을 부정하고 변화시킴으로써만 이를 달성할 수 있다. 부정하는 활동으로서 행위는 외적인 것을 파괴하거나 동화시키고 내면화함으로써 새로운 현실을 만들어낸다. 그러나 그 같은 부정적 활동에 의해 실현되는 욕구를 통해 형성되는 '자기'가 그 욕구가 향해 있는 대상들과 성질상 같은 것, 곧 자연적인 것에 머물러 있는 한, 그 '자기'는 그저 살아 있는 나, 동물적인 나일 따름이다. 이 '자연적인 나'는 자신에 대해서나 모든 타자들에 대해서나 한낱 '자기감정'으로 나타날 따름이며, 결코 자기의식에 이르지 못한다.

욕구가 비자연적인 대상, 즉 현존하는 현실을 뛰어넘는 어떤 것과 관계 맺을 때, 그것은 자기의식의 것이 된다. 그런데 현존하는 현실을 뛰어넘

---

18 A. Kojève, *Hegel — Eine Vergegenwärtigung seines Denkens (Kommentar zur Phänomenologie des Geistes)*, hrsg. v. I. Fetscher, Frankfurt/M. 1975. S. 20.

는 유일한 것은 욕구 자체이다. 욕구 그 자체, 충족되기 전의 욕구 자체
란 존재하지 않는 것 곧 공허, 무(Nichts)이다. 그래서 자기의식은 원초적
으로 욕구인 것이다.

자기의식은 자연 존재로서의 자기 자신과 관련해서 자기를 초월함을 전
제로 한다. 이것은 욕구가 현존하는 것이 아니라 존재하지 않는 것과 관
계할 때 가능하다. 현존하는 것을 욕구한다 함은 이 현존하는 것에서 자
기를 만족시킨다 함이요, 이것은 곧 그것에 자기가 예속당함을 뜻한다.
존재하지 않는 것을 욕구한다 함은 현존하는 것으로부터 자신을 해방시
킨다 함이요, 이것은 자기의 자유를 획득한다는 것을 뜻한다. 욕구가 자
기의식의 것이기 위해서는 존재하지 않는 것, 곧 또 다른 욕구, 또 다
른 공허, 즉 "다른 자기", 다시 말해 다른 자기의식과 관계해야만 한다.
(Enzy: GW20, 57 참조)

자기의식으로서의 인간은 자신을 사물에 종속시키는 것이 아니라, 끝
내는 자신을 다른 욕구 앞에 마주 세운다. 자기의식으로서 사물을 욕구하
는 인간에게는 사물 그 자체는 그다지 문제가 되지 않고, 오히려 그 사물
에 대한 그의 권리 인정, 즉 사물의 소유자로서 인정받는 것이 문제이다.
이것은 결국 다른 사람들, 다른 자기의식들에 의해 자기가 그들보다 우
월하다는 것을 인정받기를 노리는 것이다. 이러한 인정에 대한 욕구만이,
그러한 욕구로부터 비롯하는 행위만이 인간적인 그러니까 비생물학적인
자기의식을 개시한다.

그래서 진정한 자기의식으로서 인간은 그의 비생물학적인 욕구를 충족
시키기 위해서 자기의 생물학적 생(生)을 건다. 직접적으로 생과 관련이
없는 목표들에 이르기 위해 자기 목숨을 걸 수 없는, 인정 투쟁에 자기 생
을 걸지 않는, 순전히 위신을 세우기 위해 투쟁에 들어갈 수 없는 존재자
는 그러니까 진정한 자기의식, 인간적 존재자가 아니다.

인정 싸움에서 패배자란 인정에 대한 자기의식적 욕구를 목숨을 유지

하기 위한 생물학적 욕구 아래에 놓은 자이고, 패배자의 이러한 행위는 그가 그 자신과 승리자에게 그 자신이 승리자의 아래에 놓여 있음을 인정함이다. 승리자란 생물학적 목숨과 직접 관련이 없는 목표를 위해 자기 생을 걸었고, 그것이 그가 패배자 위에 있다는 징표이다. 이렇게 해서 주인과 노예의 관계가 생기고, 그것은 양자에 의해서 인정된다.

인간은 자연 안에서 하나의 생명체로, 하나의 동물로 태어났으나, 주인과 노예의 출현으로 끝이 나는 인정 투쟁과 더불어 비로소 "인간의 공동생활(Zusammenleben der Menschen)"이 시작되었고(Enzy, §433: GW20, 431 이하 참조), '인간의 역사'가 개시되었다. 주인-노예의 변증법은 말하자면 "사회학적 근본 법칙"[19]이다. 이 말은, 언필칭 '사회적 동물'인 인간은 시초에서부터 주인이거나 노예였으며, "주인도 없고 노예도 없는 곳에서는 결코 아직 현실적인 인간은 없었다."[20]라는 것을 뜻한다. 인간들 사이의 상호작용과 인간과 자연 사이의 상호작용의 역사인 세계사는 그러니까 실상은 명예를 위해 목숨을 내놓는 전투가 주인과 목숨을 지키기 위해 죽도록 일하는 노동자 노예 사이의 상호관계사이다.

이 역사 발전의 도식을 다시 한 번 그려보면 다음과 같다.

목숨을 건 투쟁을 통해 주인은 현존하는 자연과 그의 현존하는 동물적 '자연' 곧 본성을 넘어서서 자기를 의식하고, 자신을 주체로서 형성하는 인간적 존재가 된다. 그때 그 주인은 그의 노예로 하여금 노동하도록 한다. 이 노예는 노동을 통하여 자연세계를 변화시키고, 그로써 그는 자신을 자연에 대해 우위에 세우며, 또한 그로써 그의 동물적 자연본성에 대해서도 우위에 선다. 왜냐하면 그는 자연을 직접적으로 있는 그대로와는 다르게 만들 수 있기 때문이다. 그런데 자연세계가 변화하면 그 자신

---

19 N. Hartmann, *Die Philosophie des Deutschen Idealismus*, S. 333.
20 A. Kojève, *Hegel*, S. 60 참조.

도 변화한다. 그가 바로 세계를 변화시키는 자이므로, 그러니까 그는 스스로 자신을 변화시키는 자이다. 반면에 주인은 단지 노예를 통해서만 변화한다. 그러므로 역사의 과정, 역사적 생성(生成, Werden)은 노동자 노예의 작품이지, 전투가 주인의 작품이 아니다. 물론 주인 없이는 역사가 없을 터이다. 그러나 그것은 주인이 없으면 노예도 없을 터이고, 따라서 노동도 없겠다는 의미에서 그러할 뿐이다.

노예는 노동의 덕택으로 전변(轉變)하고, 그의 현재 상태와는 다른 자가 된다. 그로써 그는 노예이기를 중지할 법도 하다. 노동이야말로 인간을 자연의 주인이 되도록 하는 유일의 것이니 말이다. 노동은 이중의 의미에서 형성(Bildung)이다. 첫째로, 노동은 세계를 형성하고, 또 바꾸어 형성하며, 세계를 인간에게 적응시킴으로써 인간화한다. 둘째로, 노동은 인간을 당초에는 단지 그 자신이 만들어냈던 추상적 관념, 곧 이상일 따름이었던 이념에 한층 더 합치시킴으로써 인간을 도야하고, 교육하고, 인간화한다.[21] 노동을 통한 인간의 이 도야, 자기형성의 도정이 인간의 역사이다. 그러기에 노예는 인간과 자연 역사의 주인이 되기에 충분하다. 그럼에도 그의 노동을 통하여 자유의 추상적 관념에 이른 노예가 그를 실현하기까지는 많은 시간이 걸린다. 그는 쉽사리 주인에 대한 공포를 극복하지 못하고 죽음에 대한 불안을 극복하지 못하기 때문이다. 그는 아직도 자신의 독립성을 얻기 위해 주인에 대항하여 싸우고, 이 자유를 위한 투쟁에 자기 목숨을 걸지 못하기 때문이다.

그래서 노예는 그 자신의 자유를 실현하기에 앞서 자기 자신과 자신의 노예 상태를 정당화하고, 자유라는 '이상'과 노예 상태라는 '사실'을 관념적으로나마 화해시키기 위한 시도로서 "일련의 이데올로기들을 고안"[22]해

---

21 Kojève, *Hegel*, S. 70 참조.
22 Kojève, *Hegel*, S. 71.

냈고, 우리는 그것을 인류 문화사의 발자취에서 찾아볼 수 있다. 그것을 헤겔은 스토아[금욕]주의 → 회의주의 → 기독교적 불행한 의식으로 이어지는 서양의 고대·중세 역사에서 예증한다.(*PdG*: GW9, 116 이하 참조)

근대 계몽주의를 거쳐 인간은 이제 '시민사회'에 이르러, 단지 관념적으로가 아니라 현실적으로도 주인-노예 관계를 탈피한 듯하지만, 그는 여전히 사유재산·돈·자본의 노예로 남아 있다. 노동을 통해 사람 주인 밑의 비자립적 위치를 벗어난 또 하나의 자기의식은 이내 기독교적 사고 속에서 "저편"(*PdG*: GW9, 131) 세계의 절대자를 맞이하고, 기꺼이 하느님 주(主)의 노예가 되어 생명을 이어가려, 영생(永生)을 얻으려 했다. 그러나 저편의 '절대자'가 사실은 그 자신의 소망의 산물임을 깨달은 사람들은 다시금 '계몽'의 기치 아래 자신의 이성에서 진정한 구원을 얻으려 안간힘을 썼다. 그러나 그것도 잠간 스쳐간 일이고, 이제 그들은 돈에 기꺼이 복종하고, 그것을 통해 '진정한' 영생(永生)을 대망(待望)한다. 하느님을 받들 듯 돈을 받드는 물신주의(物神主義) 배금(拜金) 사상은 돈에 복종함으로써만 생명을 지킬 수 있다는 생각이다. 그래서 사람들은 목숨 잃는 것이 두려워 돈의 노예가 된다.

사람(주인)-사람(노예) → 하느님(主)-사람(從) → 돈(주인)-사람(노예)의 관계 속에서 진행되어가고 있는 것이 언필칭 인간의 역사이다. "전해오는 옛말에 '군자는 사물을 부리고, 소인은 사물에 부림을 당한다'(傳曰 君子役物 小人役於物)."[23]라고 했으니, 옛날에는 그나마 소수의 주인 사람[군자]이 있어 돈 위에 군림했었나 보다. 이제 다수의 사람이 사람 주인의 예속에서도 벗어났고 주 하느님의 그늘에서도 벗어나 모두가 '주인' 행세를 하게 됐지만, 사람 주인과 주 하느님이 물러간 자리에 돈 주인이 들어섰고, 노예의 수는 더 늘었으면 늘었지 줄어든 것 같지는 않다. '돈(주인)-사람(노예)'

---

23 『荀子』, 修身 3.

관계는 언제 어떻게 지양될 것인가? 혹시 '사람'이 채 교화되기도 전에, 포스트휴먼이 등장하여 포스트휴먼(主)-휴먼(從)의 판국이 벌어지는 것이 나 아닌지…? 벌써부터 '기계신(機械神)'을 숭배하는 광경이 곳곳에서 보이고 있다.

제3절

정신의 외현으로서의 윤리 국가

1. 객관적 정신의 변증법적 전개

살아 있는 실체인 정신은 자기 전개적인 것으로서, 정신의 제 영역과 제 단계는 "정신이 자기의 이념 속에 함유되어 있는 더 많은 계기들을 자기 안에서 규정하고 현실화한 곳에서보다 더 구체적이고, 자기 안에서보다 더 풍부하고 진실로 보편적인 단계에 이름으로써 보다 높은 차원의 법을 갖는다."(GPR, §30) 이렇게 자기 전개적인 정신으로서 "의지 안에서 스스로 관철해 나가는 사고작용"(GPR, §21)인 '이성적인' 자유의지는 자신을 3단계를 거쳐 객관화한다.

자유의지는 개별적 의지, 특수한 의지, 보편적 의지로 발전하는 것이다. 개별적 의지는 인격으로서 그 의욕대상은 자연 사물[물건]이고, 특수한 의지의 의욕대상은 선이며, 보편적 의지는 내면적인 이 선의 외적 세계에서의 실재화이다. 이 3단계의 의지작용의 결과가 추상법[소유권법], 도덕성, 윤리성이다.

자유의지는 일차적으로 "개별적 의지", 곧 "인격(Person)"으로 현상한다.

헤겔에 따르면, "결단함으로써 의지는 자신을 일정한 개체의 의지로서 정립하고, 자신의 밖으로 나와 다른 것에 대하여 자신을 구별하는 의지로서 자신을 정립한다."(*GPR*, §13) 이 개체가 인간으로서는 개인이며, 그것은 '나'로서 표현된다. '나'란 의지 일반이라는 구별 없는 무규정성으로부터 '너'와의 구별로의 이행이며, 내가 나를 타자와 구별한다는 것은 자기 자신을 일정하게 규정된 것으로 정립한다는 것을 의미한다. 이것이 나의 특수화 내지는 유한성의 계기이며, 그러나 나는 이렇게 함으로써 비로소 "현존재 일반 속에 발을 들여놓는다."(*GPR*, §6) 사고하는 지성에 있어서는 대상과 그 내용이 어디까지나 보편적인 것이며, 지성 자신이 보편적인 활동성으로 작용한다. 그래서 인식에서는 보편적 진리를 말한다. 그러나 의지에 있어서는 보편적인 것이 동시에 본질적으로 "개별성으로서의 나의 것이라는 의의를 가진다."(*GPR*, §13) 이 개별화된 의지를 헤겔은 '인격[人]'으로 보는 것이다. 그리고 자유는 제일 먼저 이 인격을 매개로 현실화된다는 것이다.

인격이라는 결단하는 개별자는 직접적으로 눈앞에서 발견되는 자연과 실천적으로 관계 맺는다. 이 관계 맺음에서 "의지의 인격성은 자연에 대하여 하나의 주체적인 것으로서 대립한다."(*GPR*, §39) 그러나 개별자로서 인격은 개별자인 한에서 제한을 갖는데, 그 제한을 지양하고 자신에게 실재성을 부여하려고 능동적으로 활동한다. 바꿔 말하면 인격성은 눈앞에서 발견된 자연을 자신의 것으로 정립하려고 하는 능동성이다. '인격'이란 자기에 맞서 있는 자연의 "제한을 지양"함으로써 "자기에게 실재성을 부여하여" 자연적 "현존재를 자기의 것 곧 '소유(Eigentum)'로 정립"하는 행위자인 것이다.(*GPR*, 39; *Enzy*, §487 참조) 인격은 자기의 의지를 물건에 "집어넣음"(*Enzy*, §489)으로써 물건을 소유하며, 이렇게 해서 물건은 인격의 주체적 자유의 외적 권역을 이룬다. 다시 말해 인격은 물건을 점유하게 된다. 인격은 채취와 같은 "점유물의 직접적인 신체적 장악[취득]"

(*GPR*, §55)에 의해 또는 토지의 경작, 식물 배양, 동물 사육과 같은 "물건의 형태화"(*GPR*, §56)를 통하거나 점령지에 국기를 꽂고 발견한 바위에 이름을 새겨놓는 방식의 "순전한 표지(標識)"(*GPR*, §58 참조)를 통해 물건에서 자기의 현존재를 확인한다.

자신을 개별적 독립체로 알고 있는 인격은 물건을 매개로 해서 다른 인격들과 관계 맺고, 점유물을 통해 인정받는다. 그런데 인격은 그의 의지를 이 물건에 집어넣을 수도 있고, 저 물건에 집어넣을 수도 있으며, 그 물건에 넣었던 의지를 다시금 빼낼 수도 있다. 그렇기에 그때에 인격의 의지는 의사 내지 자의이고, 그래서 소유는 "우연적"(*Enzy*, §492)이다. 한 인격의 소유로 있던 물건에서 그의 의지를 빼내고, 그것에 다른 인격의 의지를 집어넣음으로써 그 물건은 다른 인격의 소유가 될 수 있다. 곧 소유는 이전될 수 있다. 물건은 양도되고 취득될 수 있는 것이다. 이런 물건을 "중간자"로 하는 두 의지 사이의 관계가 "계약"(*Enzy*, §492)이다.

'소유의 외화(Entäußerung)'로서 물건의 "이전(Übergehen)"이란 곧 '양도(Überlassen)'를 전제한다. 이전될 수 있는 것, 그러니까 양도될 수 있는 것은 오로지 인격이 그 안에 그의 의지를 넣었다 뺐다 할 수 있는 물건뿐이다. (*GPR*, §65 참조) 그래서 헤겔은 "나의 가장 고유한 인격과 나의 자기의식의 보편적 본질을 구성하는" 그런 "실체적인 규정들", 예컨대 "나의 인격성 일반, 나의 보편적 의지의 자유, 윤리성, 종교에 관한 권리" 등은 불가양도적(unveräußerlich)이며, 그러니까 이런 것들에 대한 권리는 결코 "시효가 없다(unverjährbar)"라고 말한다.(*GPR*, §66 참조)

물건과 같은 "외면적인 것에 있어서의 자유의 현존재"가 통상의 "법(Recht)"(*Enzy*, §496)이다. "이런 외면적인 것 및 다른 인격들과의 다수의 관계 맺음으로 귀착"(*Enzy*, §496)하는 이런 법을 헤겔은 "형식적인 법(das formelle Recht)" 또는 법적인 '역할(persona)' 외에 인간의 다른 면모는 도외시한다는 점에서 "추상법(das abstrakte Recht)"(*GPR*, §33)이라 일컫는다.

(*Enzy*, §487 참조)

외면적인 것, 물건에서 자신의 현존재를 갖는 자유의지가 이제 자기 내로 반성하여 그 현존재를 자기 안에서 가질 때 "주체[관]적 의지의 법"(*Enzy*, §487)이 성립하는데, 그것이 "도덕성(Moralität)"이다. 도덕성은 자유로운 주체[관]의 내면에서 정립되는 의지의 규정성으로서, 이 의지규정성의 법칙이자 실체가 선이다. 이 주체적 내지 도덕적 자유에 힘입어 "인간은 선악 일반의 구별에 대한 지식을 자기의 것으로 갖는다."(*Enzy*, §503)

> "이 자유를 가진 의지의 활동적 외현이 행위이며, 이 행위의 외면성에서 의지는 오직 그가 그것에 대해 자기 자신 안에서 알고 의욕했던 것만을 자기의 것으로 인정하고 책임을 진다."(*Enzy*, §503)

그러나 도덕성은 자기 내 모순을 가지고 있으니, 그것은 도덕성이 주체의 "내면적 개별성에서 자기규정적"(*Enzy*, §513)이라는 성격을 갖는 데서 기인한다. 주체성이란 "자신을 선택하고 결정하는 자로 아는 자"(*Enzy*, §511)이다. 이제 도덕성이 주체적인 내면적 '당위'라는 것은 이미 객관적 실재와의 불일치를 함유할 뿐만 아니라, 마땅히 보편적이어야 할 선/좋음이 "비-객관적인, 오히려 단지 자기 자신에게만 확실한"(*Enzy*, §512) 특수한 것일 수 있음을 함의하기 때문이다.

> "도덕적인 의무 일반은 자유로운 주체인 내 안에서 동시에 나의 주관적 의지의, 즉 나의 마음씨의 권리/법/정당한 것이다. 그러나 도덕[적인 것]에서는 그 현존을 단지 내 안에서만 갖고, [그래서] 단지 주관적인 의무일 뿐인 단지 내적인 의지규정(마음씨, 의도)의 현실과의 괴리(Differenz)가 등장하고, 이와 함께 또한 한낱 도덕적인 관점의 일면성을 형성하는 우연성과 불완전성이 등장한다. 윤리[적인 것]에서는 양자[즉 의지규정과 현실]는 그것의 진상

(Wahrheit)에, 절대적 통일에 이르러 있다. 비록 필연성의 방식으로 의무와 권리가 매개를 통해 서로 귀환하고 서로 결속한 것이기는 하지만 말이다.” (*Enzy*, §486)

이제 자유 개념의 자연적 · 직접적 형태인 추상적이고 형식적인 '법'과 실재적 · 자각적 형태인 도덕성이 통일되는 데서 자유 개념은 자기 자신과의 합치, 곧 현실성을 얻는바 그것이 진정한 객관적 정신으로서 “윤리성 (Sittlichkeit)”이다. 윤리성은 법과 도덕성의 통일이니, 법이기 때문에 한낱 강제력을 갖는 것이 아니라, 도덕성이기 때문에 참된 구속력을 갖는다. 무릇 “윤리성은 자기의식이 윤리적 존재에서 자신의 즉자 대자적으로 존재하는 토대와 운동하는 목적을 가지듯이, 자기의식 속에 자기 앎과 의욕을 갖고 자기의 행위를 통해 자기의 현실성을 갖는 살아 있는 선으로서, 자유의 이념이다. — 윤리성은 자기의식의 현존하는 세계로 그리고 자연으로 된 자유의 개념이다.”(*GPR*, §142)

한낱 당위적이 아니라 현실적이고 필연적인 도덕성, 다시 말해 “선의 이념이 자기 안에서 반성된 의지와 외적 세계 안에서 실재화된 것”(*GPR*, §33)인 윤리성은 “절대적 당위가 또한 존재이기도 한”(*Enzy*, §514), 자유로운 의지의 현존재로서 “국민” 정신에서 마침내 그 완전한 모습을 드러낸다. “주체 안에서 자기의 개념에 적합한 현실성이자 필연성의 전체성인 실체적 의지”(*Enzy*, §487)인 '국가'야말로 윤리적 이념의 현실태[성], “윤리적 이성(sittliche Vernunft)”의 표현이다. 윤리적 이성은 “이념적인 것과 실재적인 것의 절대적 동일성”(Naturrecht[24]: GW4, 432)이다. 국가 안에서 비로소

---

24 Hegel, Ueber die wissenschaftlichen Behandlungsarten des Naturrechts, seine Stelle in der praktischen Philosophie, und sein Verhältniss zu den positiven Rechtswissenschaften(1802), in: Gesammelte Werke[GW], Bd. 4, hrsg. H. Buchner/ O. Pöggeler, Hamburg 1968.

윤리성은 다수를 하나로 통일시키는 이념적 규정으로 존립한다.

헤겔이 국가를 이기적인 개인들이 자신의 안전과 이익을 보존하기 위해 합의 작성한 계약의 산물로 보지 않고, 개인들의 총합 이상의 것으로 보는 것은, 국가의 성립을 그런 조건 아래에 묶어둘 때는 정치공동체의 윤리적 질서의 기반조차 구성원들의 협의나 합의에 둘 수밖에 없게 될 것이기 때문이다. "국가에 들어간다거나 떠난다는 것은 개개인의 의사에 의한 것이 아니며, 그러므로 국가는 의사를 전제로 하는 계약에 바탕을 두는 것이 아니다."(GPR, §75, Zusatz) 누구에게나 그가 국가 내에 있는 것은 필연적인 일이다. 윤리가 보편적인 의지와 특수한 의지가 하나가 되는 곳에서 실현되듯이, 윤리적 이념의 현실태인 국가 또한 특수한 의지와 보편적인 의지가 실체적으로 일체를 이룸으로써 성립하는 것으로서, 그 자체로 반성적으로 "이성적인 것"(GPR, §258)이다.

2. 윤리적 전체인 국가

국가는 그 안에서 특수와 보편, 권리와 의무, 당위와 존재가 합치하는 "윤리적 전체(das sittliche Ganze)"(GPR, §70, Zusatz · §258, Zusatz)이다. "전체란 자신의 전개를 통해 자기를 완성하는 것"이기에, 그 자체로 자유이며, 이런 의미에서 국가는 "자유의 현실화"(GPR, §258, Zusatz)이다. 또한 권리이자 법이고 법이자 정당한 것의 체계인 국가는 "실현된 자유의 나라"(PdG, §4)이다.

법률체계로서의 국가는 그 성원들의 자유의 상호 제한 체제이다. 본디 "법이란 각자의 자유를 모든 사람의 자유와 부합하는 조건에 맞도록 제한하는 것이다."[25] "국가, 즉 법이 있는 사회에서 자유는 누구라도 의욕하는 것을 행할 수 있고, 의욕하지 않는 것을 강제당하지 않는 데에 있다."[26]

그러나 자유란 자의가 아니며, 그렇기에 다만 "법이 허용하는 모든 일을 할 수 있는 권리"[27]를 말한다. 만약 어떤 시민이 법이 허용하지 않는 것까지를 행할 수 있다면, 다른 시민도 그리할 수 있을 것이므로, 이미 자유는 사라지고 말 것이다. 그래서 "각자는 자기의 자유를 타인의 자유와 관련하여 제한할 수밖에 없고, 국가는 이런 상호적인 제한의 상태이므로, 법률들이 제한들이라는 생각만큼이나 널리 퍼져 있는 생각도 없다." (*Enzy*, §539) 그러나 실상에 있어서 법률은 자유를 제한하는 것이 아니라 단지 자유의 추상성을 제한할 따름이며, 그것은 부자유의 제한을 뜻한다. 국가 내에서의 법적 의무는 구체적이고 확정적인 자유의 획득인 것이다. 실현할 수 없는 공허한 구호로서의 '자유'를 제한받는 대신에 이제 개개인은 윤리에 합치함으로써 국가 내에서 실재적인 자유를 얻는다. "그래서 인격과 다른 인격들과의 공동체를 본질적으로 개인의 참된 자유의 제한으로가 아니라 확대로 보아야 한다."(*Differenz*: GW4, 54)

실현된 자유야말로 "이성의 절대적 목적"으로서, 국가는 세계 내에 있는, 세계 내에서 자신을 의식적으로 실현하는 정신이다. "국가가 있다는 것은 세계 내에서의 신의 행보이며, 국가의 근거는 자신을 의지로서 실현하는 이성의 권력이다."(*GPR*, §258, Zusatz) 그렇기 때문에 "국가 안에서 사람들은 이성성의 표현인 것 외에는 아무것도 의욕해서는 안 된다. 국가는 정신이 스스로 이룩한 세계이다. 그래서 국가는 일정한, 즉자대자적인 행보를 갖는다. [그러하기에] 사람들은 국가를 지상의 신적인 것 (Irdisch-Göttliches)으로 공경하지 않으면 안 된다."(*GPR*, §272, Zusatz)

"부분(pars)이 되기 위해서 주체는 자기 이익의 대부분을 기꺼이 희생할

---

25 Kant, TP: VIII, 289 이하.
26 Montesquieu, *De l'esprit des lois*, XI, 3: p. 308.
27 Montesquieu, *De l'esprit des lois*, XI, 3: p. 309.

것"이라고 라캉(Jacques Lacan, 1901~1981)은 말했다던가.[28] "이성적 자기의
식의 자기 자신을 위한 실현"(PdG: GW9, 193)의 장인 "윤리의 나라"(PdG:
GW9, 194)에서 개개인은 "그들이 각자의 특성을 희생시키고 [전체라고 하
는] 보편적 실체가 그들의 영혼이며 본질이 됨을 통하여 — 이 보편적인
것이 그들 개개인의 소행이며 그들에 의해서 이루어진 작품이 됨을 통하
여 [또한 동시에] 각자가 독자적인 존재자임을 의식한다."(PdG: GW9, 194)

이러한 나라 안에서 '타자를 위한 존재(Sein für Anders)'와 '자기 자신을
위한 존재(Fürsichsein)'의 통일 또한 이루어진다. 개인은 국가라는 '보편적
정신'에서 "자기 자신의 현실 속에서 다름 아닌 자기 자신을 발견할" 확신
을 갖는다. 바꿔 말해 "나는 타자들 중에서 그들과의 통일을, 그들이 나
를 통해서 존재하고 내가 그들을 통해서 존재하는 방식으로 직관하며, 즉
나 자신으로서 타자들을, 타자들로서 나 자신을 직관한다."(PdG: GW9,
195) 그래서 한 자유로운 국가의 윤리적 사회생활에서 '자기의식의 이성의
실현이라는 개념'이 그것의 완성된 실재성을 가짐이 확인된다. 즉 자기의
식이 자기 자신 속에서 '우리'를 의식할 때, 의식은 '보편적 실체'와 하나가
되고, 그로써 '참된 정신'이 된다. 여기에서 이성의 "자기 자신이 모든 실재
성이라는 확신이 진리로 고양되며, 이성이 자기 세계로서의 자기 자신을,
그리고 자기 자신으로서의 세계를 의식함으로써, 이성은 정신이다."(PdG:
GW9, 238)라고 말할 수 있다.

개개 인격은 당연히 그의 "주관적인 의지"와 보편적인 "이성적 의지의
통일체"(VPG: TW12, 55)이자 "윤리적 전체"(VPG: TW12, 55)인 국가에 그
자신을 바쳐야만 하는 종속적인 것이다. "그러므로 만약 국가가 목숨을
요구하면, 개인은 그것을 제공해야만 한다."(GPR, §70, Zusatz) 그런 사태

---

28 Gilles Deleuze/Félix Guattari, *L'anti-Œdipe. Capitalisme et schizophrénie 1*. Paris:
Les Éditions de Minuit, 1972/1973, p. 51 참조.

연관 속에서도 개인들을 전적으로 수단만으로 볼 수 없도록 만드는 것은, 그들 안에서 발견되는 "어떤 그 자체로 영원하고 신적인 것" 즉 "도덕성, 윤리성, 종교성"이다.(*VPG*: TW12, 49 참조) 이런 성격들은 무엇을 위한 수단이 아니라, 그 자체를 목적인 것으로 보아야 한다. 그렇기에 개개인은 윤리적 전체의 성원이면서도 보편적 이성과 하나이다.

> "인간이 그 자신 안에서 곧 목적인 것은 오로지 그 자신 안에 있는 신적인 것에 의해서, 시초에서부터 이성이라 불리었고, 그것이 능동적이고 자기규정적인 한에서, 자유라고 불리었던 것에 의해서이다."(*VPG*: TW12, 50)

그래서 헤겔이 일찍부터 주의를 환기시켰던바, 개개인은 국가의 성원으로서 국가라는 최고 권력에 복속해야 하지만, 국가 역시 "보편적 자유 개념에 따라 [그 구성원들을] 강제하도록 그 자신이 강제되어야 한다." (Naturrecht: GW4, 443) "강제의 보편적 체계"에서는 강제되지 않는 어느 한 점도 있어서는 안 된다. '최고 의지' 또한 "강제와 감시를 통해 보편 의지의 개념에 부합"해야 하거니와, 그것은 "통치받는 자는 통치(정부)에 의해 강제되고, 통치(정부)는 통치받는 자에 의해 강제되는 방식으로밖에는 이루어질 수가 없다."(Naturrecht: GW4, 443) 통치자와 피치자 쌍방은 "동등한 권력을 가지고서 서로 강제받고 강제해야만 한다."(Naturrecht: GW4, 443/444) 그러나 이러한 힘의 균형은 쌍방의 활동을 서로 저지하여 자칫 국가를 완전히 "영원한 정지체(perpetum quietum)"(Naturrecht: GW4, 444)로 만들 우려가 있다. 이러한 우려를 해소해주는 것이 '절대적 윤리성(absolute Sittlichkeit)'이다.

> "절대적으로 윤리적인 것은 개인들에서 그 고유한 유기적 몸을 가지며, 그 운동과 생명성은 만인의 공동의 존재와 행동 속에서 절대적으로 동일하게 보

편적인 것이자 특수한 것으로 있다. [···] 그렇기에 절대적으로 윤리적인 것은 보편성과 인식의 형식 속에서 입법의 체계로 제시되어야 한다. 그래서 이 체계가 실재성 내지는 현존하는 살아있는 관습을 완전하게 표현하도록 해서, 흔히 그러하듯이, 한 민족에서 올바르고 현실적인 것이 그 민족의 법률 속에서 인식되지 못하는 일이 일어나지 않도록 해야 한다. 참된 관습을 법률의 형식으로 이끌지 못하는 미숙련성 그리고 이 관습을 사유하여 자기 것으로 납득하고 인정하는 것에 대한 불안은 야만성의 표시이다. 무릇 이 관습의 이념성과 법률에서의 그 보편성의 형식은 [···] 다시금 특수성의 형식과 완전하게 통일되어 [···] 절대적 형태를 얻어서 민족의 신으로서 직관되고 숭배되어야 한다."(Naturrecht: GW4, 470)

현실 국가의 국민의 일원으로서 "개개인은 그 국민의 자식이고 동시에, 그의 국가가 발전과정에 있는 한에서 그 시대의 자식이다."(VPG: TW12, 50) 그러나 윤리적 전체인 국가의 성원으로서 개개 인간은 그가 원해서 하는 일이 동시에 세계의 목적에 부합될 때 신성(神性)이 그와 함께하는 것이며, 그런 만큼 그의 개성 하나하나도 존엄하고 신성하다. 아니 인간이 신성(神性)에 참여함은 필연적이고 또 그로써 인간은 고양된다. "세계정신은 [···] 각각의 모든 민족 속에, 각각의 모든 관습과 법률 중에 자신의 존재를 갖는다."(Naturrecht: GW4, 479) 그래서 헤겔에서 신은 초월적이라기보다는 현상 내재적이고 인간에게 임재(臨在)적이다. 칸트의 비판적 사변 이성에서 그 존재가 유보되었다가 실천 이성에서 요청되었던 신은 이로써 헤겔에 이르러 정신으로서의 보편 이성에서 현현한다. 그리고 이 세계의 역사는 바로 그러한 "정신의 자기의 자유에 대한 의식의 발전과 그러한 의식에 의해서 만들어내지는 실현의 발전을 현시한다."(VPG: TW12, 86)

세계정신, 세계이성

헤겔은 역사를 문자 그대로 '역사적으로(historisch)', 다시 말해 경험 자료적으로 고찰해보면, "세계사가 세계정신의 이성적이고 필연적인 행정(行程)이었으며, 그 본성이 언제나 동일한 세계정신은 자기의 이 본성을 세계의 현존재에서 펼쳐 내왔다."(*VPG*: TW12, 22)라는 사실을 인지할 수 있다고 말한다. 세계사는 변전하는 무대 위에서 정신이 실재적으로 생성하는 과정이며, "자신을 실현해가는 이념의 전개과정"(*VPG*: TW12, 540)이라는 것이다.

이성이 세계 안에서 지배하고 있고, 따라서 세계사는 이성의 지배 아래에 있다는 세계관은 '누스(νοῦς)'가 세계를 통괄한다는 아낙사고라스의 통찰(*VPG*: TW12, 529 참조), 또는 로고스(logos)가 세계를 지배한다는 스토아학파의 통찰과 맥락을 같이하는 것으로, 그것은 "세계사가 단지 우연에 그리고 외적이고 우연적인 원인들에 내맡겨져 있는 것이 아니라, 오히려 섭리(Vorsehung)가 세계를 통치한다."(*VPG*: TW12, 25)라는 종교적 표상 방식에 이른다. 이러한 세계관은 "세계사는 우발들의 역사이지 필연의 역사가 아니며, 절단들과 극한들의 역사이지 연속성의 역사가 아니다."[29]라고 생각하는 사람들의 '우발적인 것들'에서 필연성을 보고, '단절들' 속에서 연속성을 보는, 세상사에는 필연적 맥락이 있다는 역사관이다.

헤겔이 말하는 "신적 섭리"는 "자기의 목적들, 다시 말해 세계의 절대적이며 이성적인 궁극목적을 실현하는 무한한 힘에 의한 지혜"를 일컫는 것으로, 여기서 "이성(Vernunft)은 전적으로 자유롭게 자기 자신을 규정하는

---

29 Deleuze/Guattari, *L'anti-Œdipe*. p. 167.

사고"(VPG: TW12, 25)이자, "신의 작업을 인지함(Vernehmen des göttlichen Werkes)"이다. 이 점에서 헤겔의 역사철학은 일종의 "신정론(Theodizee)"(VPG: TW12, 28)이며, 신정론이란 "역사에서 신의 정당함을 증명하는 일"(VPG: TW12, 540)이다.

"이성이 세계를 지배하고 있고, 그러므로 세계사 또한 이성적으로 진행되어 왔다. [⋯] 이성은 실체(Substanz)이자 무한한 힘(Macht)이며, 그 자신이 모든 자연적 생과 정신적 생의 무한한 질료(Stoff)이자 이런 그의 내용을 실행하는 무한한 형식(Form)이다. 이성은 실체이니, 이성은 곧 모든 현실이 그것을 통해서 그리고 그것 안에서 존재하고 존립하는 바로 그런 것이다. ― 이성은 무한한 힘이니, 이성은 단지 이상이나 당위에 그쳐서, 어딘지 모르는, 단지 현실 밖의 어디에, 가령 몇몇 사람들의 머릿속에 특수한 어떤 것으로 있는, 그런 무력한 것이 아니기 때문이다. ― 이성은 무한한 내용(Inhalt)으로서, 모든 본질과 진리이고, 그 자신이 자신의 활동을 통해 가공시키는 질료이다. 무릇 이성은 유한한 행위와는 다르게 자신의 활동의 자양분과 대상들을 받아들이기 위한 외부적인 재료들이나 수단과 같은 조건들을 필요로 하지 않는다. 이성은 자신으로부터 영양을 섭취하고, 그 자신이 자기가 가공하는 재료이다. 이성은 그 자신이 그 자신의 유일한 전제이고, 이성의 목적은 절대적인 궁극목적이어서, 그 자신이 자기의 내면적인 것을 자연적인 우주뿐만 아니라 정신적인 우주의 현상으로 산출하고 활동한다. ― 세계사 안에서 말이다."(VPG: TW12, 20/21)

모든 것을 자신 안에서 길어내고, 자신이 궁극목적이라는 이성은 다른 것이 아닌 신이다. 신적 이성이 자신을 펼쳐나가는 세계사는 물론 물리적 자연 위에서 전개되고 있다. 그러므로 자연규정의 기초관계들도 주목되어야 한다. 그러나 세계사의 "실체를 이루는 것은 정신과 그것의 발전과

정이다."(*VPG*: TW12, 29) 그래서 자연은 정신과의 연관 속에서만 존재 의미를 얻는다. 정신의 본질은 자유이고, 모든 것은 자유 실현의 수단에 불과하기 때문이다.

정신이 온갖 소재를 수단으로 활용하여 자기의 목적을 완성해가는 긴 도정이 세상의 역사, 세계사인 것이며, 그런 점에서 세계사의 주체인 이 정신은 "세계정신" 또는 "세계이성"(*PdG*: GW9, 25)이라 부를 수 있다. 이 세상, 세계란 세계정신의 자기인식 내용이며, 자기표현이고, 자기 기투(企投)와 노역(勞役)의 결과이며, 세계사는 정신이 자신을 전개해 보이는 "무대(Schauplatz)"(*VPG*: TW12, 75)이다. 이 무대에서의 주역을 헤겔은 인간이라 이해하며, 그래서 세계정신은 인간을 통하여, 인간의 대상인식과 자기인식 그리고 실행을 통하여 가장 잘 발현된다고 본다.

"정신은 본질상 행위한다. 정신은 스스로를 그가 본래적(an sich)인 바로 만들고, 그의 행실/사실(Tat)로 만들고, 그의 작품(Werk)으로 만든다." (*VPG*: TW12, 99) "싹이 나무의 전체 자연본성, 과실의 맛과 형태를 자신 안에 담고 있듯이, 정신의 최초의 자취들도 이미 잠재적으로 전체 역사를 함유하고 있다."(*VPG*: TW12, 30) "정신은 세계사에서 그것의 가장 구체적인 현실태 중에 있다."(*VPG*: TW12, 29) 세계의 역사는 정신의 실체인 자유가 우연적인 것을 매개로 현실화하는 행정(行程)이다. 헤겔의 사변철학이 가르쳐준바, "자유는 정신의 유일하게 참된 것[진상]"으로, "정신의 모든 속성들은 오직 자유에 의해서만 존립하고, 모든 것은 오직 자유를 위한 수단일 따름이며, 모든 것은 오직 이 자유를 찾고, 만들어낼 뿐이다." (*VPG*: TW12, 29) 본디 "정신은 자기-자신-에-있음(Bei-sich-selbst-Sein)"으로써, 어떤 타자에도 의존해 있지 않고, 바로 그러한 한에서 "자기의식", 곧 "자기 자신에 대한 의식"이다. 정신은 "내가 안다는 의식"이고, "내가 아는 것이라는 의식"이다.(*VPG*: TW12, 29) 또한 정신은 "자신에게 다가가면서, 자신을 그 자신인 것으로 만드는 방식으로 자신을 만들어내는 활동성"(*VPG*: TW12, 30)이다. 그런 한에서 정신은 오로지 자신에게만 의거하는 자유이다. 달리되어감 중에서 부단히 자기에로 복귀하는 정신의 자기활동성의 역정을 인간의 역사는 여실히 보여주고 있다.

옛 "동방인들은 정신이 또는 인간이 그 자체로서 그 자신 자유롭다는 것을 아직 알지 못하고, […] 한 사람이 자유롭다는 것만을 알아" 야만적 전제체제에 머물렀고, 고대 그리스-로마인들에게는 자유 의식이 나타나기는 했으나, "몇몇 사람이 자유롭다고 알았을 뿐, 인간이 그 자체로서 자유롭다는 것은 알지 못한" 채, 몇몇 자유인이 노예를 거느리는 체제 속에서 아무런 죄의식 없이 살았다. "비로소 게르만 민족들이 기독교 안에서, 인간이 인간으로서 자유로우며, 정신의 자유가 그의 가장 고유한 자연본성을 이룬다는 의식에 이르렀다."(*VPG*: TW12, 31; 32 참조) 이제야 만인이 자유로운 세계가 열렸다. 인간의 역사가 실증하는바, "세계사는 자유 개념의 전개 이외의 다른 것이 아니며"(*VPG*: TW12, 539/540), "자유의 의식에 있어서의 진보이다. ─ 이 진보를 우리는 그 필연성에서 인식하지 않으면 안 된다."(*VPG*: TW12, 32)

"정신의 자기의 자유에 대한 의식과 바로 그로써 [가능한] 정신의 자유 일반의 현실"은 "정신적 세계의 규정"이고 "세계의 궁극목적"이다.(*VPG*: TW12, 32) "자유는 그것에게 그것이 수행하는 목적이며, 정신의 유일한 목적이다. 이 궁극목적은 세계사에서 목표로 지향된 것으로서, 지상의 광대한 제단 위에서 장구한 시간의 경과 중에 모든 희생을 바친 것이다. 이 궁극목적은 관통하여 완수되는 것으로, 모든 사건들과 상태들의 변천 중에서도 오로지 부동의 것이자 그것들 속에서 참으로 힘을 발휘하는 유일한 것이다."(*VPG*: TW12, 33) 그런데 "자유의 이념은 그것의 실현을 위하여 어떤 수단들을 사용하는가?"(*VPG*: TW12, 33)

자유 그 자체는 내적인 것이다. 자유가 그의 실현을 위하여 사용하는 수단들은 외적인 것으로서, 그것들이 "역사 안에서 직접적으로 우리 눈앞에 나타나는 현상적인 것"(*VPG*: TW12, 33)이다. 그런 것 중에 첫째로 중요한 것이 개인의 '정열(Leidenschaft)'이다. 역사는 개개인의 행위를 통하여 이루어지는바, 그 개인의 모든 관심과 힘을 하나의 목적에 집중시키는 것이 정열이다. 그렇기 때문에 "세계에서 어떠한 위대한 일도 정열 없이는 이루어지지 않았다."(*VPG*: TW12, 38) 둘째로 중요한 것은 '국가'이다. 개개인의 "사적 이해관심은 국가의 보편적 목적과 합일하여, 한쪽이 다른 쪽에서 자신의 만족과 실현을 발견할 때"(*VPG*: TW12, 39) 성취될 수 있다. 정신이 그의 자유의 이념을 국가라는 형태 안에서 시민의 정열을 수단 삼아 실현해가는 것이 세계사의 도정이다. 국가의 전면에는 사적 시민들의 욕구들을 포섭하는 보편적 목적이라는 이념이 있거니와, 역사의 발전은 이제까지의 이념과는 "다른 종류의 보편"이 온갖 희생을 무릅쓰고 등장함으로써 일어난다.

그러한 보편적인 것을 "그의 목적 안에 지니고 있는 사람들"이 "역사적인 인간, 즉 세계사적 개인"(*VPG*: TW12, 45)이다. "영웅"(*VPG*: TW12, 45)이라고 일컬어지는 이들 세계사적 개인들은 그들 자신의 정열에 휩싸여 그들 "자신의 목적과 직분"(*VPG*: TW12, 45)을 실행하지만, 그것들은 "그 시대가 필요로 하는 것"(*VPG*: TW12, 46)에 부응하는 것이니, "그들 자신의 특수한 목적들은 세계정신의 의지인 실체적인 것을 함유하고 있다." (*VPG*: TW12, 45) "역사적인 인물들은 개인의 관심을 그리고 그와 함께 정열을 이루는 일반적인 계기들에 따라서 고찰되어야 하지만"(*VPG*: TW12, 47), "그들이 위대한 인물인 것은, 바로 그들은 위대한 것을, 그것도 상상적인, 허위적인 것이 아니라, 정당한, 필연적인 것을 의욕하고 완수했기 때문이다."(*VPG*: TW12, 47) 그렇다고 이들 '영웅들'의 삶이 행복한 것은 아니다. 오히려 역사적 개인들의 전 생애는 악전고투의 연속이며, 온 정열에 휩싸여 목적 성취에 전력을 바치지만, 결실을 거둘 때쯤이면 시든 잎처럼 사라진다. "알렉산더처럼 요절하거나 카이사르처럼 척살당하거나,

나폴레옹처럼 세인트헬레나에 유형을 당한다."(*VPG*: TW12, 47) 또한 이들 영웅들이 윤리적으로 탁월한 것도 아니다. 정열은 실상 병적인 것으로, 누구는 질투심에 누구는 정복욕에 누구는 명예심에 사로잡혀 성취를 향해 돌진하는 것이 상례이다. 역사적 개인은 행복하거나 도덕적으로 탁월하기 때문이 아니라, 그의 목적이 세계사의 보편적 진보 곧 세계이성과 합치하고, 그를 실현할 열정의 힘을 가지고 있기 때문이다.

"그러므로 정열의 특수한 이해관심은 보편적인 것[보편자]의 활동과 불가분리적이다. 왜냐하면 보편적인 것은 특수한, 특정적인 것으로부터 그리고 그것의 부정으로부터 결과하는 것이기 때문이다. 특수한 것은 서로 쟁투하여 그중 한편이 몰락한다. 보편적인 이념은 대립과 투쟁 속에 빠지고 위험에 빠져 들어가는 그런 것이 아니다. 보편적인 이념은 침범되지도 않고, 침해되지도 않고 배후에 의연히 서 있는 것이다. 이성이 정열을 독자적으로 작동시키고, 그때 손실을 입고 손상을 당하는 것은 정열에 의해 생기게 되는 것이라는 것, 그것은 이성의 책략[꾀](List der Vernunft)이라고 부를 수 있다. 왜냐하면 그것은 한편은 파기되고[무실하고] 한편은 긍정적인 현상이기 때문이다. 특수한 것은 대개 보편적인 것에 비해 너무나도 사소한 것이며, 개인들은 제물로 바쳐지고 희생되는 것이다. 이념은 그 현존과 덧없음의 공물[貢物]을 자기 것을 가지고 치르지 않고, 개인들의 정열을 가지고서 치른다."(*VPG*: TW12, 49)

각 개인은 각자의 정열에 따라 자기만족을 위해 매진하고, 각자의 자연적 역량을 발휘하여 자신의 역할을 수행하고 자기의 목적을 성취한다. 그 결과로서 인간사회가 성립 발전하는 것이다. 그러나 인간사회가 이룩되면 인간사회는 법적·윤리적 체계가 되어 개개인을 제약한다. 사회는 개개 인간의 관심과 의욕과 정열에 의해 생긴 것이지만, 개개인들이 미처 의식하지 못했고 행위에서 의도하지 않았던 "그 이상의 어떤 것"(*VPG*:

TW12, 43)으로 나타나 다시금 개개인의 관심과 의욕과 행위를 규정한다. 이러한 인간사회를 통해 실현되어가는 역사의 구체적 현장이 국가이다. 국가는 "특수한 활동들로 구별되어 있는 유기적 전체"(*Enzy*, §539)로서 분절된 개인들 없이는 존립할 수 없는 것이기는 하나, 그 생명성은 분절된 개인들의 순전한 묶음 이상의 것이다. 개인들의 활동들은 비록 충분히 의식되어 있지는 않다고 하더라도 "이성적 의지의 '하나의' 개념에서 출발하여 지속적으로 그 개념을 그 활동들의 결과로서 생산한다."(*Enzy*, §539) 그러하기에 국가는 개인들의 궁극목적으로서, 개인들이 국가에 귀속하는 것은 필연적이다.

무릇 법의 공동체인 국가만이 "자유, 다시 말해 절대적 궁극목적의 실재화"(*VPG*: TW12, 56)이다.

"국가는 마치 지상에 현존하는 것과 같은 신적 이념이다. 그렇기에 국가는 세계사 일반의 보다 상세히 규정된 대상이다. 국가 안에서 자유는 그 객관성을 얻고 이 객관성을 향유하면서 산다. 왜냐하면 법률은 정신의 객관성이고 그 진상에서의 의지이기 때문이다. 그래서 법률에 복종하는 자만이 자유롭다. 왜냐하면 그것은 의지가 자기 자신에게 복종하는 것이고 자기 자신의 곁에 있는 것이고, 그래서 자유롭기 때문이다. 국가, 조국이 실존[생존]의 공동체를 이룩하고, 인간의 주관적 의지가 법률에 복종함으로써, 자유와 필연의 대립은 사라진다. 이성적인 것은 실체적인 것으로서 필연적이고, 우리는 그것을 법률로서 인정하고 그것을 우리 자신의 존재의 실체로서 따름으로써 자유롭다. 그때 객관적인 의지와 주관적인 의지는 화해하여 흐림 없는 동일한 전체가 된다."(*VPG*: TW12, 57)

"객관적인 자유, 실재적인 자유의 법칙들은 우연적 의지의 복속을 요구한다."(*VPG*: TW12, 540) 법과 윤리의 현실태인 국가에서 개개인의 충동,

욕정, 열정, 자의는 제한받지만, 그것은 자유의 제한이라기보다는 한갓 된 감성으로부터 인간을 해방시키는 것이다. "국가는 인간의 의지와 자유가 외면화하는 정신적 이념"(*VPG*: TW12, 66)이되, 그 국민의 사상과 문화 또는 교양 일반의 수준에 따라 그 외면화는 특수성을 갖는다. 그래서 개별적이고 주관적인 의지와 보편적이고 객관적인 의지의 통일체라는 본질에는 변화가 없다 해도 국가의 형태는 역사의 변천을 겪는다. 아니, 역사의 변천이라는 것은 실상은 국가의 변천이다. 그래서 "세계사에서 화제가 되는 것은 국가를 형성한 민족들뿐이다."(*VPG*: TW12, 56) "국가는 민족의 삶의 여러 구체적인 면들, 즉 예술, 법, 풍습, 종교, 학문 등의 토대이자 중심"(*VPG*: TW12, 68)이기 때문이다. 비록 "민족정신이라는 것도 세계사의 행정에서는 단지 하나의 개체일 따름"(*VPG*: TW12, 73)이기는 하지만, 민족정신은 한갓된 개별자가 아닌 "유(Gattung)로서 실존"(*VPG*: TW12, 101)하는 "보편적 생명"(*VPG*: TW12, 100)성을 가진 것이다.

이 국면에 이르러 헤겔의 세계정신을 표현하는 역사적 주체의 단위로 '민족(Volk, gens, natio)'의 한 개념이 분명해졌다.

선도적 정치 이념을 가지고서 그 이념 아래 사해만방의 인민들을 규합하여 하나의 정치공동체를 결성하고자 하는 사람들에게 있어서 '민족'이란 대개 국민이나 '국가(état, Staat)'가 갖는 의미와 동일하게 '정치적 이념을 함께하는 사람들의 공동체'를 뜻한다. 프랑스 대혁명(1789) 이후 나폴레옹이 '자유' · '평등' · '박애[이웃 사랑]'의 이념을 내걸고 유럽의 봉건제 각국을 정복 통합하고자 했을 때 그가 지향한 바가 '대민족(grande nation)' 국가 건설이었다. 이와 같은 민족 개념은 "민족의 단체(le corps de la nation)"[30]를 "정치 단체(corps politique)"[31]로 이해한 프랑스 계몽주의 사상가들에

---

30 Montesquieu, *De l'esprit des loix*, XI, 6 참조.
31 E. de Vattel, *Le droit des gens ou principes de la loi naturelle*, London 1758, 1 이하.

서 뚜렷하게 드러났다. 또한 빅토리아(Queen Victoria, 1819~1901. 재위: 1837~1901) 제국주의 시대의 영국인 존 스튜어트 밀은 "민족 감정은 다양한 원인들에 의해 형성될 수 있다. 그것은 때로는 종족 및 혈통의 동일성의 결과이다. 언어의 공유, 종교의 공유가 그것의 형성에 크게 기여한다. 지리적 경계들도 그런 원인들 중 하나이다. 그러나 모든 것 중에서 가장 강력한 원인은 정치적인 선행 사건들의 동일성, 국가 역사의 소유 및 그에 따른 기념할 만한 일들의 공유, 과거에 일어났던 사건들과 결부된 집단적인 자부심과 굴욕감 및 기쁨과 슬픔이다."[32]라고 판단했다. 한국어 '민족'에 상응하는 영어 'nation'은 '국제연맹(League of Nations)', '국제연합(United Nations)'에서 보듯 '국가'를 뜻하며, 심지어는 '종족/혈족'에 상응하는 라틴어 'gens'조차도 'ius gentium(국제법/만민법; 독일어 번역어: Völkerrecht)'에서 보듯 '국가'를 지칭한다.

그러나 나폴레옹에게 점령당한 독일 프로이센의 베를린에서 피히테는 독일 민족[국민]을 향한 강연에서 민족을 정복자 프랑스인들과는 다르게 규정하였다. 민족이란 "사회에서 더불어 삶을 영위하면서 계속 자연적으로 그리고 정신적으로 스스로 자신을 낳아 길러 가는 사람들의 전체"[33]이며, 반면에 "국가는 순전히 보통의 평화로운 과정에서 진보하는 인간 생활의 통치 기관으로서, 일차적인 것도 아니고 그 자체로 존재하는 것도 아니다. 오히려 국가는 민족 안에서 한결같이 진보하는 순수하게 인간적인 것의 형성 발전이라는 보다 고차적인 목적을 위한 한낱 수단일 뿐"[34]이라는 것이다. 그렇기에 슐레겔(F. Schlegel, 1772~1829)은 민족을 한 단위

---

32 J. S. Mill, *Considerations on Representative Government*(1861), in: *Utilitarianism, On Liberty, Considerations on Representative Government*, ed. by G. Williams, J. M. Dent/London 1993, p. 391.
33 Fichte, *Reden an die deutsche Nation*(1808), in: SW, Bd. 7, S. 381.
34 Fichte, *Reden*: SW, Bd. 7, S. 391 이하.

로 "가장 견고하게 그리고 가장 지속적으로 묶어주는 끈"은 공동의 정치적 이념이나 정치적 결사 상태가 아니라 "언어의 통일성"과 "공통의 혈통"[35] 이라고 보았다.

이로부터 공동의 언어와 혈통을 기초적인 내포로 갖는 민족 개념이 널리 수용되었다.[36] 그리고 '민족'은 같은 핏줄을 요소로 갖는 '동포(同胞)'나 '겨레'와 서로 바꿔 쓸 수 있는 말로 정착되었다. 이로써 '민족'은 국가를 세워 번영의 주체가 될 수 있는 단위가 될 수 있을 뿐만이 아니라, 정치적 자치 능력을 상실하여 국제적으로 독자적인 국가로 인정받지 못하는 상황에서도 민족 공동체는 언어 공동체 내지 혈연 공동체로 존속할 수 있다는 이념이 생겼다.

보편적 세계사의 주역을 서술하는 자리에서 국가를 이룬 '민족들'이 세계사의 주역이라고 주장함으로써 헤겔은 보편성이 특수성을 통해 완성되어가는 것임을 다시 한 번 예증하고자 한다. 그러나 민족주의는 19세기 후반부터 민족적 나르시시즘을 넘어 제국주의의 모태가 되었고, 정치공동체적 연대의식을 넘어 민족우월주의로 번지면서 이데올로기화하였으며, 20세기에는 그 위에 광기가 덧씌워짐으로써 인류 보편성의 파괴자가 되었다. 헤겔은 이것 또한 정신의 변증법적 전개의 한 단계라 할 것인가….

---

35 F. Schlegel, *Die Entwicklung der Philosophie in zwölf Büchern*(1804/5), Krit. Ausg., hrsg. v. E. Behler, Bd. 13(1964), S. 145·149 이하.

36 참조: *Allgemeine deutsche Realencyklopädie für die gebildeten Stände*(Brockhaus), Bd. 10, ⁹1846, S. 155 이하.

8

인간 이성에 대한 회의

입법적 이성의 추락

19세기에 형성되었지만 당대를 넘어 20세기까지 가장 넓고 강하게 영향을 끼친 사조는 마르크스주의, 니체주의, 공리주의일 것이다. 세기를 넘어 강력한 영향을 미치고 있는 이런 사상은 인간의 이성, 특히 그 법칙 수립적 능력에 대한 회의에서 기인한 것이다. 칸트의 이성비판이 인간 이성 자신에 의한 법칙수립 능력으로서의 이성의 한계 짓기 곧 자기비판이었다면, 19세기 물질주의, 신체주의, 감성주의의 이성비판은 이성의 적대자에 의한 비난, 그러니까 결코 공평무사할 수 없는 당파적인 비판이었다. 물론 자기 한계를 아는 인간 이성에서 헤겔에 의해 다시금 절대적인 세계이성으로 비약해버린 이성에 대한 반감이 일반 대중에게 광범위하게 확산된 배경도 있었겠지만, 형태 없는 이성에 대한 눈에 띄는 형태를 갖춘 당파적 비판이, '비판'이라면 마땅히 견지해야 할 공평성을 결여했음에도 불구하고, 오히려 큰 호응을 얻고, 그로 인해 입법적 이성의 권위는 급속히 추락하였다. 반면에 감성적 욕구 충족을 인간의 원초적 생활(삶)로 못 박아놓고, 이를 저해하는 입법적 이성의 권원(權原)을 말소시키려는 사조가 득세하였다.

법칙수립적 이성이 퇴락하면 세상의 가치를 결정하는 것은 물질적 힘인 재력, 권력, 체력과 이를 활용하는 온갖 기술들이다. 1860년대 전기 에너지 활용이 계기가 된 제2차 산업혁명은 기계 산업을 크게 일으켰고, 그로써 선진 산업 국가들은 미증유의 국부를 이루게 되었다. 여러 차례의 시민혁명을 거치면서 군주 주권 국가에서 국민 주권 국가로 이동한 국가들에서 '국민'이 '민족'으로 인식되어 민족의 우월성이 추구되고, 때마침 나온 『종의 기원』(1859)에 기대어 적자생존(the survival of the fittest)의 원리를 부각시킨 다윈주의(Darwinism)가 이와 결합함으로써 제국주의가 시류를 이루었다. 전례 없는 과학과 기술의 발전, 그리고 경제적 부유함이 그 외면이라면 내면은 자연선택(natural selection)설의 정당화 아래 약육강식의 횡행이었다. 외양은 찬란한 문명이나 속내는 야만으로 채워지는 세계, 분식

(粉飾)된 야만의 세상이 도래했다. 제1차, 제2차 세계대전보다 인류에게 참혹하고 수치스러운 사건이 또 있었던가? 미증유의 참사를 거듭 겪고도 물질주의, 신체주의, 감성주의는 제 눈의 들보는 그대로 둔 채 남의 눈의 티끌만을 빼내라[1]고 질타한다.

제1절

변증법적 유물론
물질적·경험적 소산인 이성

1. 유물론 또는 반영론

엥겔스(Friedrich Engels, 1820~1895)에 의하면 이른바 "절대적 진리, 이성, 정의(正義)는 학파의 창시자마다 서로 다르다."(Engels, *Anti-Dühring*[2]: MEW 20, 19) 그러니까 "이 특수한 종류의 절대적 진리, 이성, 정의는 각 학파 창시자의 주관적 지성, 생활조건, 그 지식과 사고훈련의 정도에 의해 제약되어 있는 것이다."(*Anti-Dühring*: MEW 20, 19) — 마르크스(Karl Marx, 1818~1883)와 엥겔스의 유물론(Materialismus)은 이러한 생각의 연장 선상에 있다.

마르크스·엥겔스의 유물론은 이 세계의 모든 것은 물질 또는 물체

---

1 『신약성서』, 「마태오복음」 7, 3~5 참조.
2 Friedrich Engels, *Herrn Eugen Dührings Umwälzung der Wissenschaft*(=*Anti-Dühring*), Stuttgart [3]1894. in: *Karl Marx · Friedrich Engels Werke*[MEW], Bd. 20, Berlin 1962.

로 환원된다는 물질 일원론, 즉 물리주의(physicalism)라기보다는 오히려 그 반대에 가깝다. 이들의 유물론에서 '물질'은 정치, 경제, 역사 등 인간의 모든 현실적 활동들, 심지어 인간들 자신조차를 실재하는 것으로 포함하기 때문이다. 그러니까 이성, 이념, 이른바 정신적인 것이 사회적, 경제적, 물질적 제한 속에서 형성된다는 마르크스 · 엥겔스의 유물론은 이른바 상부구조가 하부구조의 반영물이라는, 이를테면 반영론(反映論, Widerspiegelungstheorie)이다.

"특정한 양식으로 생산적 활동을 하고 있는 특정한 개인들은 이 특정한 사회적 · 정치적 관계들 속으로 들어선다. [⋯] 사회적 편제와 국가는 한결같게 특정한 개인들의 생활과정으로부터 생겨난다. 그런데 이 개인들의 생활과정은 개인들 자신의 표상이나 타인의 표상에서 나타날 수도 있는 것이 아니라, 현실적으로 존재하는 개인들, 다시 말해 작용하고, 물질적으로 생산하는 개인들, 그러므로 특정한 물질적인 그리고 그들의 자의에 독립적인 제한들, 전제들과 조건들 아래서 활동하는 개인들의 생활과정이다.

이념들, 표상들, 의식의 생산은 무엇보다도 인간의 물질적 활동과 물질적 교류, 즉 현실 생활의 언어 속에 직접적으로 얽혀 들어가 있다. 인간의 표상작용, 사고작용, 정신적 교류는 여기에서 또한 그들의 물질적 처신방식의 유출(流出)로 나타난다. 한 민족의 정치, 법률, 도덕, 종교, 형이상학 등등에서 현시되는 바처럼, 정신적인 생산에 대해서도 이 말은 타당하다. 인간은 그들의 표상들, 이념들 등등의 생산자들이지만, 그러나 인간은 그들의 생산력과 그에 대응하는 교류의 [⋯] 특정한 발전에 조건 지어져 있는, 현실적인 작용하는 인간이다. 의식(Bewußtsein)은 의식된 존재(das bewußte Sein) 이외의 다른 것일 수 없으며, 인간의 존재는 그들의 현실적 생활과정이다."(*DI*³: MEW 3, 24/25)

---

3 Karl Marx / Friedrich Engels, *Die deutsche Ideologie*, 1845-1846. in: *Karl Marx ·*

그래서 이렇게 정신 활동을 물질적 생활 방식의 반영으로 보는 유물론은 인간의 사상이 감각세계를 규정하는 것이 아니라 감각세계가 인간의 사상을 규정한다는 일종의 감각경험론이며, 신체적 삶의 기반인 경제 상황이 인간의 의식을 결정한다는 경제 토대주의이다. 이에 따르면 도덕이니 종교니 철학이니 하는 것들은 의식의 형태로서, 이러한 의식의 형태는 독자적인 발전 방식을 갖는 것이 아니다. "자신들의 물질적 생산과 자신들의 물질적 교류를 발전시키는 인간이 이러한 자신들의 현실과 함께 자신들의 사고와 자신들의 사고의 산물들 또한 변화시킨다. 의식이 생활을 규정하는 것이 아니라, 생활이 의식을 규정한다."(DI: MEW 3, 27)라는 것이다.

"인간은 자신들의 생활의 사회적 생산 중에서 필수적이면서도 자신들의 의지에 독립적인 특정한 관계, 즉 물질적 생산력의 특정한 발견단계에 대응하는 생산관계에 참여한다. 이들 생산관계의 총합이 사회의 경제적 구조, 즉 그 위에 법적 · 정치적 상부구조가 세워지는 실재적 토대를 형성하고, 이것에 특정한 사회적 의식형태들이 대응한다. 물질적 생활의 생산양식이 사회적 · 정치적 · 정신적 생활과정 일반을 조건 짓는다. 인간의 의식이 그들의 존재를 규정하는 것이 아니라, 오히려 거꾸로 그들의 사회적 존재가 그들의 의식을 규정한다. 사회의 물질적 생산력들은 그 발전의 어떤 단계에서 그것들이 지금까지 작동해온 현존하는 생산관계들, 내지는 단지 법적인 표현일 뿐이지만, 소유관계들과 모순에 빠진다. 생산력의 발전형태의 관점에서 이들 관계는 생산력 발전의 족쇄가 된다. 그때 사회 혁명의 시대가 도래한다. 경제적 토대의 변화와 함께 전체 거대한 상부구조가 조만간에 전복된다."(KPÖ[4]: MEW 13, 8/9)

Friedrich Engels Werke[MEW], Bd. 3, Berlin 1958.
4 Marx, Zur Kritik der Politischen Ökonomie, in: Karl Marx · Friedrich Engels Werke [MEW], Bd. 13, Berlin 1961.

그러니까 유물론적 관점에서 볼 때 노예제는 증기기관과 방적기의 발명 사용으로 폐지할 수 있었던 것이고, 농노제는 관개시설이 갖추어진 개량된 농경지 확보로 인해 비로소 폐기할 수 있었던 것이지, 철학자들의 인권 사상에 의해 성취될 수 있었던 것이 아니며, 인간의 해방은 종교나 계몽사상에 의해서가 산업의 발전에 의해 비로소 가능한 것이다.

도대체가 인간의 사고에서 나온 형식적 원리들이 자연과 인간의 나라에 적용되는 것이 아니다. 사고의 형식들은 사고의 원리들일 뿐, 존재의 형식이 아니다. "원리들은 자연과 인간의 역사에 적용되는 것이 아니라 그것들로부터 추상되는 것이다. 자연과 인간의 나라가 원리들을 따르는 것이 아니라, 원리들은 자연 및 역사와 일치하는 한에서만 올바른 것이다. 이것이 사태에 대한 유일한 유물론적 견해이다."(*Anti-Dühring*: MEW 20, 33) 더 나아가 "사고와 의식은 인간 두뇌의 산물이며, 인간 자신이 그를 둘러싸고 있는 환경 안에서 환경과 함께 발전해온 자연의 산물이고, 그렇기에 인간 두뇌의 산출물들도 종국적으로는 자연의 산물인 이상, 그것이 여타의 자연 연관과 모순되지 않고 부합한다는 것은 자명한 일이다." (*Anti-Dühring*: MEW 20, 33)

엥겔스는 심지어 수와 도형조차도 경험적 산물, 그러니까 역사 발전의 산물로 본다.

"수와 도형 개념들도 다른 곳이 아닌 현실 세계에서 취해진 것이다. […] 셈을 하기 위해서는 셀 수 있는 대상들이 필요할 뿐만 아니라, 이 대상들을 고찰할 때 수 이외의 다른 속성들을 도외시할 줄 아는 능력이 필요한데, ― 이 능력은 경험에 따르는 아주 오랜 역사적 발전의 결과물이다. 수 개념과 마찬가지로 도형 개념도 전적으로 외부 세계로부터 빌려온 것이지, 두뇌 속에서 순수 사고로부터 생겨난 것이 아니다. 도형 개념에 도달하려면 그 이전에 형태를 가진, 그 형태들이 비교되는 사물들이 있어야만 한다. 순수 수학은 현실

세계의 공간적 형식들과 양적 관계들을, 그러므로 매우 실재적인 재료를 대상으로 가지고 있다."(*Anti-Dühring*: MEW 20, 36)

또한 엥겔스에 따르면 '도덕법칙'이라는 것도, 아니 도덕 이론 일반이 역사적, 사회적 산물이다.

"우리는, 도덕세계도 역사와 민족의 차이를 뛰어넘는 항구적인 원리들을 가지고 있다는 구실 아래, 우리에게 어떤 도덕적 교의를 영원한, 최종적인, 더 나아가 바뀔 수 없는 윤리법칙으로 강요하려는 부당한 요구를 거부한다. 그와 반대로 우리가 주장하는 바는, 이제까지의 모든 도덕이론은 종국적으로는 그때그때의 경제적 사회상황의 산물이라는 것이다. 그리고 사회가 지금까지 계급 대립들 속에서 움직여왔듯이, 도덕은 늘 계급적 도덕이었다. 도덕은 지배 계급의 지배와 이익을 정당화했거나, 아니면 억압받은 계급이 충분히 강력해졌을 때부터는 이 지배에 대한 분노와 피억압 계급의 미래 이익을 대변했다."(*Anti-Dühring*: MEW 20, 87/88)

만약 도덕이 당위를 함의하는 것이라면, '의지의 자유'를 전제하지 않을 수 없다. 그런데 엥겔스는 의지의 자유를 "사태지식을 가지고 결정할 수 있는 역량"(*Anti-Dühring*: MEW 20, 106)이라고 본다. 사태에 대해 무지하면 판단해야 할 때 우물쭈물하게 되고 이렇게 되면 사태를 지배하지 못하게 된다는, 곧 사태에서 자유롭지 못하게 된다는 것이다. "그러므로 자유는 자연필연성에 대한 인식에 기초하여 우리 자신과 외적 자연을 지배하는 데에 있다. 그렇기에 자유는 필연적으로 역사적 발전의 생산물이다. 동물계에서 분리된 최초의 인간들은 모든 본질적인 면에서 동물들 자체가 그렇듯이 자유롭지 못했다. 그러나 문화에서의 진보는 그 하나하나가 자유를 향한 발걸음이었다."(*Anti-Dühring*: MEW 20, 106) 자유는 선험적 이념이 아니라 경험적으로 체득된 것이다.

2. 변증법적 유물론

마르크스·엥겔스의 유물론은 인간의 해방이 역사적 발전 단계에 맞춰 달성되어간다고 본다. 마르크스·엥겔스에 따르면 변증법적으로 전개되는 자연과 함께, 역사 발전과 사고의 제 법칙들은 세 가지 법칙, 곧 "양과 질의 상호 전화의 법칙, 대립자들의 상호 침투의 법칙, 부정의 부정의 법칙으로 환원된다."(DN[5]: MEW 20, 348) 엥겔스는 변증법의 이 세 원칙이 모두 헤겔의 착상인 것을 인정하면서, 다만 헤겔이 이 법칙들을 "자연과 역사로부터 도출"하지 않은 것은 "잘못"이라고 한다.(DN: MEW 20, 348 참조)

"변증법, 즉 소위 객관적 변증법은 자연 전체에서, 그리고 소위 주관적 변증법, 즉 변증법적 사고는 자연 안에서는 어디서나 관철되고 있는 대립물 운동의 반영일 뿐이다. 이 대립물들은 그것들 간의 부단한 상충과 그리하여 마침내는 상호 이행(移行), 경우에 따라서는 보다 높은 형태들의 상호 이행을 통하여 바로 자연의 생을 조건 지운다. 견인과 반발. 자기(磁氣)에서 양극성이 시작되고, 양극성은 동일한 물체에서 나타난다. 전기에서 양극성은 둘 이상으로 나눠지고, 이것들은 대립적 긴장 상태에 들어간다. 모든 화학적 과정들은 화학적 견인과 반발의 과정으로 환원된다. 마침내 유기적 생명에서 세포핵의 형성은 마찬가지로 살아 있는 단백질의 분극화로 볼 수 있으며, 진화론은 간단한 세포로부터 한편으로는 가장 복잡한 식물까지의, 그리고 다른

---

5 Engels, *Dialektik der Natur*, in: *Karl Marx · Friedrich Engels Werke*[MEW], Bd. 20, Berlin 1962.

한편으로는 인간까지의 모든 진보가 유전과 적응의 부단한 상충을 통해서 이루어진다는 것을 입증하고 있다."(DN: MEW 20, 481)

"자연은 그 자체로 살아 있는 전체이다."[6] 유기적인 자연물이 발전한다는 것은 내적 원리에 의해서 끊임없이 다른 것으로 되어간다는 뜻이다.[7] "유기체는 무엇이나 매 순간 바로 그것이면서 그것이 아니다. 매 순간 유기체는 외부에서 공급된 소재를 소화하고 다른 소재를 배설하며, 매 순간 유기체 내의 세포들은 사멸하고 새로운 세포들이 형성된다."(Anti-Dühring: MEW 20, 21) 이런 과정들은 자연이 "변증법"적으로 운동한다는 증거이다.(Anti-Dühring: MEW 20, 21 참조) "우리는 현대 자연과학이 이러한 증거로 극히 풍부하고 나날이 누적되는 자료를 제공함으로써 자연이 종국에 […] 변증법적으로 진행한다는 것을 증명했다고 말하지 않을 수 없다."(Anti-Dühring: MEW 20, 22) 대부분의 '현대' 자연과학자들은 자연에서의 운동 내지 변화를 기계적 인과법칙에 따라 설명하지만, 엥겔스는 자연 유기체론을 주장하면서 그 운동이 '변증법'적인 것이라고 본다.

"사물들을 정지해 있고 생명 없는 것으로, 각각 독자적으로 서로 곁하여 그리고 서로 잇따라 있는 것으로 고찰하는 한, 우리는 물론 사물들에서 어떠한 모순과도 부딪치지 않는다. […] 그러나 우리가 사물들을 그 운동, 변화, 생명, 상호 교호작용 속에서 고찰하자마자 사정은 완전히 달라진다. 그때 우리는 곧바로 모순에 빠지게 된다. 운동 자체가 하나의 모순이다. 심지어 단순한 역학적 장소운동조차도 한 물체가 동일한 시점에 한 장소에 있으면서 동시에 또 다른 장소에 있고, 곧 동일한 장소에 있으면서 있지 않음으로써만 실현될 수 있다. 그리고 이러한 모순의 계속되는

---

6 Hegel, Enzy, §251: GW20, 241.
7 Hegel, VPG: TW12, 75 참조.

정립과 해소가 곧 운동이다."(*Anti-Dühring*: MEW 20, 112) 그러니까 헤겔도 그렇게 보았듯이 모순은 "사물들과 그것들의 경과(Vorgänge)에 객관적으로 현존하는 것, 말하자면 구비되어 있는 것"(*Anti-Dühring*: MEW 20, 112)이다.

이러한 모순적 운동 형태는 "유기적 생명과 그 발전"에서 더욱더 두드러지게 나타난다. 생명성은 특히 "어떤 존재자가 매 순간 바로 그것이면서도 다른 것인 데에 있기"(*Anti-Dühring*: MEW 20, 112) 때문이다.

마르크스와 함께 엥겔스는 "헤겔이 그의 '논리학'에서 순전히 양적인 변화들이 일정한 어떤 점에 이르면 질적 차이로 전도된다고 발견한 법칙이 옳다."(*Anti-Dühring*: MEW 20, 117)라고 받아들인다. 이 법칙이 옳음은 자연에서도 사회에서도 확인된다는 것이다.

자연에서의 모든 질적인 변화는 물질 또는 운동 에너지의 양적 첨가나 박탈에 의해 일어난다. "해당 물체의 양적 변화 없이 그 물체의 질을 변화시키는 일은 불가능하다."(*DN*: MEW 20, 349) 예컨대 물은 표준 기압에서는 0℃에서 고체 상태에서 액체 상태로 넘어가고, 100℃에서는 액체 상태에서 기체 상태로 넘어간다. 그러니까 두 전환점 사이에서는 단순한 양적 변화만이 있으나, 일정한 전환점에 이르면 질적 변화가 생기는 것이다.(*Anti-Dühring*: MEW 20, 117/118 참조) 또한 사람들이 협업하는 현장에서 어느 수효의 사람들까지는 순전한 양적 증감이 있을 뿐이지만, 어느 수효에서는 "개별적 힘들의 합계와는 본질적으로 다른 '새로운 활력'을 산출한다."(*Anti-Dühring*: MEW 20, 118)

마르크스나 엥겔스는 더 나아가 헤겔과 마찬가지로 '고등 수학'조차도 변증법적 사유에 근거한다고 본다. 예컨대 "직선과 곡선이 어떤 상황에서는 동일한 것이라는 모순을 하나의 주요한 기초로 가지고 있으며"(*Anti-Dühring*: MEW 20, 112), "상수 수학은 적어도 대체적으로는 형식 논리학의 경계 내에서 움직이나, 미적분이 그 중요 부분을 이루는 변수 수학은 본질적으로 수학적 관계들에 변증법을 적용한 것 외의 다른 것이 아니다."(*Anti-Dühring*: MEW 20, 124)라는 것이다.

"그러므로 세계 전체를, 그것의 발전과 인류의 발전을, 그리고 인간의 머리에 비춰진 이 발전의 상을 정확하게 서술하는 일은 오로지 변증법적 방법에 의해서만, 즉 생성과 소멸, 전진적 변화 또는 후퇴적 변화의 보편적 교호작용에 꾸준히 유의함으로써만 성취될 수 있다."(*Anti-Dühring*: MEW 20, 22) 마르크스와 엥겔스는 헤겔이 이념을 현실적 사물의 추상으로 생긴 것으로 보는 대신에, 현실적 사물들의 전개가 이념의 현실화라는 관념론을 펴기는 했지만, 그 진행 과정을 변증법적인 것으로 파악한 점에서 "획기적인 공적"(*Anti-Dühring*: MEW 20, 23)이 있음을 인정하면서, 사유와 존재 그리고 사회와 자연이 변증법적으로 전개됨을 논설한다.

"모든 역사를 내던져버리는" 종전의 형이상학적 유물론, 기계적 유물론과 달리 마르크스·엥겔스의 "현대 유물론은 역사에서 인류의 발전과정을 보며, 이 발전과정의 운동법칙들을 발견하는 일을 과제로 삼는다." (*Anti-Dühring*: MEW 20, 24) '현대 유물론'은 뉴턴이나 린네(Carl von Linné, 1707~1778)의 자연과학에 반대하여 "자연도 시간상의 역사를 갖고", 천체도 그리고 그 안에 살고 있는 모든 유기체도, 그리고 당연히 인간의 역사도 변증법적으로 발전한다고 본다.(*Anti-Dühring*: MEW 20, 24 참조) 자연 생명체의 진화는 생명체의 자연 적응 과정으로서 생존방식은 생명체와 자연의 대화라고 볼 수 있다. 인간의 지적 능력과 도덕적 능력만 하더라도 인간이 자연과 사회 환경에 적응해가는 과정에서 개발 진화해가는 것[8]이지, 인간의 지성이나 도덕성이 자연과 사회를 이끌어가는 것이 아니다. 마르크스주의는 다윈의 진화론도 이러한 변증법적 유물론의 보조이론으로 간주한다.

---

8 Darwin, *The Descent of Man*(1871·²1879), Pt. I, Ch. 5 참조.

3. 사적 유물론

마르크스 · 엥겔스의 변증법적 유물론의 역사 이론에 따르면, "지금까
지의 모든 역사는 계급투쟁의 역사였다는 것, 서로 투쟁하는 이 사회 계
급은 언제나 그때그때의 생산관계들 및 교환관계들, 한마디로 경제적 관
계의 산물이라는 것, 따라서 사회의 그때그때의 경제적 구조는, 역사 시
기마다의 법적, 정치적 제도들과 종교적, 철학적 등등 여타 표상방식들
로 이루어지는 전체 상부 구조를 종국적으로 설명할 수 있는 실재적 기초
를 형성한다는 것"이다. 이로부터 중요한 두 가지 사실이 드러난다. 하나
는 역사의 주체는 (영웅적) 개인이 아니라, 계급이라는 것이다. "현실적인
사회적, 경제적 단위는 계급이지 개인이 아니다."[9] 생산관계에 들어서 있
는 개인은 더 이상 "인격적 개인"이 아니라 계급 안에서 생활조건이 결정
되어 있는 "계급적 개인(Klassenindividuum)"(DI: MEW 3, 76)이다. 다른 하
나는 '관념론'이 인간의 의식으로부터 인간의 존재를 설명한 것과는 달리,
유물론은 "인간의 존재로부터 인간의 의식을 설명하는 길"(Anti-Dühring:
MEW 20, 25; Manifest[10]: MEW 4, 462 참조)을 발견했다는 점이다.

인간의 여타 모든 활동들의 물질적 토대를 형성하는 활동으로서 노동
은 "인간의 생활필수품의 생산" 곧 "사회적 생산"에 의의가 있다. 그러
나 사람들이 생산을 무한히 증대시키려 하고, 그로 인해 과잉 노동, 과
다 경쟁이 야기되면, 인간의 노동의 생산물은 상품이 되어 인간 간의 관
계를 사물 간의 관계로 변화시켜, 인격들 간의 관계는 루카치(G. Lukács,
1885~1971)가 설파한바 "유령적 대상성(gespenstige Gegenständlichkeit)"[11]

---

9 H. Marcuse, *Reason and Revolution*, London 1941, p. 290.
10 Marx / Engels, *Manifest der Kommunistischen Partei*. in: *Karl Marx · Friedrich Engels
Werke*[MEW], Bd. 4, Berlin 1959.
11 G. Lukács, *Geschichte und Klassenbewusstsein*, Berlin 1923, S. 94.

을 갖는다. 노동생산물이 상품이 되어 사람들의 관계가 사물의 성격을 갖게 되면, 겉보기에는 합리적으로 보인다. 여기에서 노동의 산물은 물신(Fetisch)화하여 역설적이게도 물건이 그 생산자를 농락하고 지배한다. 이러한 소외(Entfremdung) 사태는 노동의 산물이 상품형태를 가지면 불가피하게 발생하거니와, 노동자에게 그의 노동력마저 그 자신이 가지고 있는 상품의 성격을 띠게 되면 노동은 추상화되고 노동자마저 물건이 된다는 것이 마르크스의 관찰이다.

"상품형태의 신비성은, 상품형태가 인간에게 그들 자신의 노동의 사회적 성격을 노동생산물 자체의 대상적 성격으로 […] 보이게 하고, 총노동에 대한 생산자들의 사회적 관계도 [그들 사이에 존재하는 사회적 관계가 아니라] 그들 외부에 존재하는 대상[물건]들의 사회적 관계로 보이게 한다는 데에 있다. […] 그러나 상품형태와 그 상품형태가 드러나는 노동생산물의 가치관계는 그것들의 물리적 자연본성 그리고 그로부터 생겨나는 사물적 관계와는 절대적으로 아무런 상관이 없다. 여기서 인간에 대해서 사물들의 관계라는 환상적인 형태를 취하는 관계가 [실은] 인간 자신들의 특정한 사회적 관계일 따름이다. 그래서 하나의 유비를 발견하기 위해서 우리는 종교적 세계의 안개 종교(Nebelreligion)에 들어설 수밖에 없다. 여기서는 인간 머리의 생산물들이 독자적인 생명을 받아, 그것들 상호 간에 그리고 인간과의 관계에서 독립적인 모습으로 나타난다. 상품세계에서는 인간의 손의 생산물들이 그렇게 나타난다. 나는 이것을 물신숭배(Fetischimus)라고 부르는데, 이것은 노동생산물이 상품으로 생산되자마자 그에 달라붙어서 상품생산과는 떼려야 뗄 수 없는 것이다."(*Kapital*[12]: MEW 23, 86/87)

---

12 Marx, *Das Kapital*, in: *Karl Marx · Friedrich Engels Werke*[MEW], Bd. 23, Berlin 1962.

"우리 자신의 생산물이, 우리의 통제를 벗어나고, 우리의 기대에 어긋나 우리의 계산을 수포로 만들면서 사물적 권력으로써 우리 위에 군림하는 이러한 응고가 지금까지의 역사 발전의 주요 요소 중의 하나"(DI: MEW 3, 33)였다. 그런데 수많은 개인들의 분업에 의한 협동에 의해 배가된 생산력으로서 사회적 힘은 그것이 개개인들에게는, 그 협동이 그들 자신의 자발적 의사에 의한 것이 아니라, 분업으로 말미암아 자연적으로 자라난 것이기 때문에, 그들 자신의 통합된 힘이 아니라 그들 외부에 있는 이방(異邦)의 권력으로 나타난다. "그들은 이 권력이 어디서 와서 어디로 가는지 알지 못하며, 그것을 더 이상 통제할 수도 없다. 반대로 그 권력은 이제 하나의 고유한, 인간의 의지와 행동에 독립적인, 아니 오히려 인간의 의지와 행동을 지휘하는 힘으로서 일련의 발전 단계와 국면을 관통한다." (DI: MEW 3, 34)

그러나 의지적인 "인간과 함께 우리는 역사에 들어선다."(DN: MEW 20, 322) 자연사라는 말이 있듯이 동물도, 심지어는 식물이나 광석도 역사를 가진다고 할 수 있겠으나, 인간이 역사를 갖는다 함은 인간은 의식과 의도를 가지고서 "자신의 역사를 스스로 만들어간다."(DN: MEW 20, 322)는 뜻이다. 역사의 행정(行程)에서는 "의식된 의도, 의욕된 목표 없이는 아무것도 일어나지 않는다."(Feuerbach[13]: MEW 21, 296) "인간의 가장 본질적인 역사적 활동"은 "인간을 동물임에서 인간임으로 높여 올리는 것"이려니와, 이제 생산수단을 공유하여 "계획적으로 생산하고 계획적으로 분배하는 사회적 생산" 조직을 세우면, 각자 능력과 소질에 따라 노동은 하되, 생산수단이 공동소유이므로 노동 생산물이 상품이 되는 일이 없다. 그런 사회에서는 계급도 없어지고 착취도 없어져 인간은 진정으로 동물계에서 벗어날 수 있다.(DN: MEW 20, 323 참조)

---

13 Engels, Ludwig Feuerbach und der Ausgang der klassischen deutschen Philosophie.

"유물론적 역사관은 다음의 명제에서 출발한다. 생산이, 그리고 생산 다음으로는 그 생산물들의 교환이 모든 사회질서의 토대이다. 즉 역사에 등장한 어떤 사회에서도 생산물들의 분배와, 그리고 그와 함께 계급과 신분의 사회적 편성은 무엇이 어떻게 생산되고, 그 생산된 것이 어떻게 교환되는가에 따라 그 방향이 정해진다. 이로 볼 때 모든 사회적 변화와 정치적 변혁들의 최종적 원인들은 사람들의 머리에서, 즉 영원한 진리와 정의에 대한 심화해가는 통찰에서 찾을 것이 아니라, 생산방식 및 교환방식의 변화들에서 찾아야 한다. 즉 당대의 철학에서 찾을 것이 아니라 경제학에서 찾아야 한다."(*Anti-Dühring*: MEW 20, 248/249) 이성, 비이성의 판별 기준 자체가 생산 방법과 교환 형태의 변화에 따라 정해지는 것이다. 이성적이던 것이 어불성설이 되고 복락이던 것이 재앙이 되는 것은 "이전의 경제적 조건에 맞게 만들어졌던 사회 질서가 생산 방법들과 교환 형태들이 소리 없이 변화됨으로써 더 이상 적합하지 않게 된"(*Anti-Dühring*: MEW 20, 249) 탓이다. 그렇기 때문에 비이성적인 것을 다시금 이성적으로 되돌리고, 재앙을 다시금 복락으로 바꾸는 방법은 사변에서가 아니라, "생산의 현존하는 물질적 사실에서" 찾아야 한다.(*Anti-Dühring*: MEW 20, 249 참조) 만약 사회 질서가 오직 또는 본질적으로 생산 방법과 교환 형태에 의해 잡히는 것이라면, 국가라는 통치체제도 필요 없게 될 것이다. 그래서 엥겔스는 "물건들의 관리와 생산과정의 지도" 체제만 확립되면, "특수한 억압권력인 국가"가 더 이상 필요 없게 된다고 주장한다. 그러한 국면에서 "국가는 '폐지'되는 것이 아니라, '사멸'한다."(*Anti-Dühring*: MEW 20, 262)는 것이다. 그것은 생산수단이 개인 대신에 사회에 의해 점유 획득됨으로써 이루어지는 것이다.

"생산수단의 사회에 의한 점유 획득과 함께 상품 생산은 제거되며, 그럼으로써 생산자들에 대한 상품의 지배도 제거된다. 사회적 생산 내에서의 무정부 상태는 계획적이고 의식적인 조직화에 의해 대체될 것이다. 개개인의 생존을 위한 투쟁은 종식된다. 그럼으로써 인간은 비로소 어떤 의미에서는 결정적으로 동물계를 떠나, 동물적 생존 조건들에서 참으로 인간적인 생존 조건으로 들어선다. […] 거기서 비로소 온전히 의식적으로 자신의 역사를 스스로 만들고, 거기서 비로소 인간에 의해 작동하는 사회적 원인들은 뚜렷이 그리고 점차적으로 인간이 의욕하는 작용결과들을 갖게 될 것이다. 이것이 필연의 나라에서 자유의 나라로의 인류의 비약이다."(*Anti-Dühring*: MEW 20, 262)

자연을 개작하여 생활에 필요한 재화를 만들어내는 힘인 생산력과 이러한 생산이 이루어지는 사회적 관계인 생산관계 곧 계급관계가 사회의 틀을 지으며, 사회의 형태에 인간의 삶의 방식이 결정된다. 이제 "사회는 전체 생산수단의 주인이 되어 생산수단을 사회적으로 계획적으로 사용함으로써, 사회는 인간이 이제까지 자기 자신의 생산수단 아래 예속되어 있던 상태를 절멸한다. […] 낡은 생산방식은 근본에서부터 변혁되어야 하며, 특히 낡은 분업은 사라져야 한다. 그 대신에 등장해야 할 생산조직은, 한편으로는 어느 개인도 인간 실존의 자연적 조건인 생산적 노동에서 자신의 몫을 타인에게 전가할 수 없고, 다른 한편으로는 생산적 노동이 각 개인에게 육체적이고 정신적인 모든 능력을 모든 방면에서 도야하고 발휘할 기회를 제공함으로써 인간을 예속하는 수단이 되는 대신에 인간을 해방하는 수단이 되는, 그리하여 생산노동이 짐이 아니라 즐거움이 되는 그러한 생산조직이다."(*Anti-Dühring*: MEW 20, 273/274) 이러한 생산조직을 수립함으로써만 인간은 비로소 자유롭게 평등한 삶을 영위할 수 있다. ― 마르크스·엥겔스가 그리는 좋은 사회는 생산자인 노동자가 상품으로 변질된 자기의 생산품에 소외당하지 않고 생산품을 향유하며, 잉여가치를 자본가에게 넘겨주지 않고 공유하는 사회이다. 이는 분명한 휴머니즘의 천명이다. 그럼에도 그러한 사회 구현의 주체는 계급이어야 한다고 주장함으로써 대중이라는 물리적 힘을 얻고자 하는 대신 개인을 소외시켜버림은 명백한 반휴머니즘의 선언이다.

인간의 인간다운 삶, 곧 자유롭고 평등한 삶이 생산관계에 달려 있다는 생각은, 그러니까 생산관계의 새로운 정립, 곧 계급투쟁을 통한 사회구조의 변혁으로 내달리고, 그것은 공산주의 혁명의 촉구로 나간다. "유물론적 변증법은 하나의 혁명적 변증법이다."[14] 그런데 혁명은 대중이라는 물리적 힘 없이는 성취될 수 없다. 대중이 '계급'으로 결속하면 물리적 힘은 배가된다.

마르크스는 철학 비판을 통하여 노동자 계급이 실천의 주역이 될 것을 독려한다. "철학자들은 세계를 단지 서로 다르게 해석해왔을 뿐이다. 중요한 것은 세계를 변화시키는 일이다."(These[15] 11.: MEW 3, 7)라는 것이다.

"공산주의자들은 자신의 목적들이 지금까지의 모든 사회 질서의 폭력적 전복에 의해서만 달성될 수 있다는 것을 공공연하게 선언한다. 지배 계급들로 하여금 공산주의 혁명에 전율케 하라. 프롤레타리아들은 공산주의 혁명 중에서 족쇄 이외에는 잃을 것이 아무것도 없다. 그들은 하나의 세계를 획득해야만 한다.

만국의 프롤레타리아여, 단결하라!"(*Manifest*: MEW 4, 492 참조)

마르크스의 이러한 선동은 사람들에게 이론보다는 실천이 우선이라는 인식을 심어주었고, 곳곳에서 일어난 공산주의 혁명의 도정에서 이론의 역할은 기껏해야 실천적 행동의 시녀였다. 마르크스에서 이론은 '대중을 장악하는 도구'가 되는 "물질적 힘(materielle Gewalt)"(Marx, Zur Kritik der

---

14 G. Lukács, *Geschichte und Klassenbewusstsein*, S. 14.

15 Marx, Thesen über Feuerbach, in: *Karl Marx · Friedrich Engels Werke*[MEW], Bd. 3, Berlin 1958.

Hegelschen Rechtsphilosophie: MEW 1, 385)으로서만 의미를 갖는 것이다. 마르크스주의는 자주 "이론과 실천의 통일"을 말하지만,[16] 실상 그것은 이론의 실천에의 종속이다. 아도르노(Theodor W. Adorno, 1903~1969)의 지적처럼 이론과 실천의 관계에서 이렇게 "이론이 굴복하자 실천은 비개념적으로 되고, 정치의 일부가 되었다. 실천은 정치로부터 벗어나야 했는데, 오히려 권력에 내맡겨졌다. 교조화와 사유 금지를 통한 이론의 청산은 잘못된 실천에 기여했다."[17] 이데올로기의 장벽은 그렇게 해서 만들어지고, 사람들은 허위의식으로 단순화되었다. 현실 마르크스주의 국가사회에서 백가쟁명의 이론 백출의 장인 인문학이나 사회과학이 억제되고 통제되는 역사적 경험은 포이어바흐에 관한 명제들에 다시금 '세계의 변혁을 위해서는 늘 세계에 대한 새로운 해석이 필요하다.'라는 '제12'의 명제를 덧붙이게 만든다. — 이론이 소멸하면, 사람은 해방이 되는 것이 아니라, 우상숭배자나 바보가 된다.

제2절
주의주의(主意主義)
인간의 바탕인 의지 또는 정동(情動)

1. 쇼펜하우어의 '생에의 의지'

쇼펜하우어(A. Schopenhauer, 1788~1860)는 얼핏 칸트를 연상시키면서

---

16 Lukács, *Geschichte und Klassenbewusstsein*, S. 55 참조.

"세계는 나의 표상이다."(WaWV,[18] §1: SW I, 31)라고 선언한다. '나'는 여느 동물과 마찬가지로 감각으로 세계를 표상할 뿐만 아니라, 인간으로서 지성과 이성을 통해 세계를 표상한다.

"지성은 단 하나의 기능 곧 인과관계의 직접적인 인식을 가질 뿐"이며, "이성 또한 단 하나의 기능 곧 개념의 형성작용을 가질 뿐"(WaWV, §8: SW I, 77)이되, 4개의 '순수한 인식'을 가지고 있으니, 동일률, 모순율, 배중률, 충분근거율이 그것들이다.(WaWV, §10: SW I, 91 이하 참조) 개념은 추상적인 것이고, 오로지 인간의 이성 안에만 있는 것이지만, 인간은 개념을 통하여 세상만물을 포괄한다. 그런데 개념은 말을 통해 표현되므로, 그리스어 낱말 '로고스'가 이성과 함께 말을 뜻하는 것은 본질에 적합하다는 것이 쇼펜하우어의 견해이다.

무릇 칸트가 이미 밝힌 바대로 "모든 객관은 현상"(WaWV, §21: SW I, 170)이고, 그 현상의 형식은 공간·시간과 인과성이다. 모든 객관은 사물 자체의 현상이지, 사물 자체가 아니다.(WaWV, §22: SW I, 171 참조) 그런데 쇼펜하우어는 이 현상의 사물 자체를 "의지(Wille)"(WaWV, §21: SW I, 170)로 파악한다. 세계는 '나의 표상'이고, 나의 표상은 나의 의지의 현상이라는 것이다. 나의 신체도 나의 표상이니, 내 신체의 모든 행위 역시 "나의 의지작용의 현상이다."(WaWV, §20: SW I, 166) 요컨대 일체 현상의 사물 자체가 의지이니, 세계라는 현상의 사물 자체는 나의 의지인 것이다.

"종래에 사람들은 의지라는 개념을 힘(Kraft)이라는 개념에 포섭"(WaWV, §22: SW I, 172)시켰는데, 쇼펜하우어는 거꾸로 자연에서의 힘을 의지로 환원하고자 한다. '힘'이라는 개념은 자연 안의 인과적 관계를 설명하기

---

17 Theodor W. Adorno, *Negative Dialektik*, Frankfurt/M. 1975, S. 146.
18 Schopenhauer, *Die Welt als Wille und Vorstellung*(1819·³1859), in: Sämtliche Werke, Bd. I, hrsg. v. W. Frhr. von Löhneysen, Stuttgart·Frankfurt/M. 1968.

위한 추상적 개념인 반면에, '의지'는 우리에게 직접적으로 가장 잘 알려진 개념이다. 그러니까 의지를 힘으로 환원시키는 것은 익히 아는 것을 제대로 알지도 못하는 것으로 전환하는 것인 반면에, 힘을 의지로 환원시키면 그 반대가 되는 것이라고 쇼펜하우어는 설명한다. "의지는 자기의식 속에서 직접 그 자체로 인식되기 때문에, 이 의식 속에는 자유의 의식도 들어 있다."(WaWV, §23: SW I, 174) 그러나 '나의 의지'라는 것이 자연세계에 현상으로 있는 개개인의 의지를 지칭하는 것은 아니다. "개인, 즉 개개 인격은 사물 자체로서의 의지가 아니라, 이미 의지의 현상이며, 이미 그러한 현상으로 규정되어 있고, 현상의 형식 즉 근거율에 편입되어 있는 것이다."(WaWV, §23: SW I, 174) 많은 경우 내가 나를 어쩔 수 없는 것은 그 때문이다. 사태가 이러하고 보면, 사물 자체는 더 이상 '나의 의지'라기보다는 단적으로 '의지'라고 해야 하겠다.

"이 세계는 의지의 객관성이자 의지의 개시[開示]이며, 의지의 거울이다."
(WaWV, §29: SW I, 241)

"표상으로서의 세계를 도외시하면 의지로서의 세계 외에 아무것도 남지 않는다. 의지는 그것을 완전히 객관화하는 이념의 즉자태(das An-sich)이다. 또한 의지는 그것을 불완전하게 객관화하는 개별 사물 및 그 개별 사물을 인식하는 개체의 즉자태이기도 하다."(WaWV, §34: SW I, 259) 의지의 객관화 양태에 따라 다양한 객관의 세계가 펼쳐진다. 의지는 본래적으로 자유로운 것이므로, 의지에 대해서는 '의욕해야 한다(wollen soll)'라는 언사는 가당하지 않다. "의지는 단지 자유로울 뿐만이 아니고, 전능하기까지 한 것이다. 즉 의지로부터 그의 행위뿐만 아니라 그의 세계도 있는 것이다. 그리고 의지가 있는 그대로 그의 행위로 나타나고, 그의 세계도 나타난다. 즉 의지의 자기인식이 의지의 행위이며 세계이고, 그 밖의 아무것도 아니다. 의지는 자신을 규정하고 그와 함께 그의 행위와 세계를 규정한다. 왜냐하면 의지 밖에는 아무것도 없고, 그의 행위와 세계가 의지 자신이기 때문이다."(*WaWV*, §53: SW I, 377) 이러한 의지란 자기를 펼치려는 의지 곧 "생에의 의지(der Wille zum Leben)"(*WaWV*, §54: SW I, 380)이다.

"의지는 사물 자체이고, 세계의 내적 내용이며 본질적인 것이다. 반면에 생, 가시적 세계, 현상은 단지 의지의 거울이다. 이것은 물체에 그 그림자가 수반하듯 의지에 불가분리적으로 수반할 터이다. 그래서 의지가 현존한다면, 생, 세계 또한 현존할 터이다. 그러므로 생에의 의지에서 생은 확실하며, 우리가 생의 의지(Lebenswille)에 충만해 있는 한, 우리가 우리의 현존을 걱정할 필요는 없다. 죽음의 목전에서도."(*WaWV*, §54: SW I, 380) 물론 개체는 생성소멸한다. 그러나 개체는 한낱 현상일 뿐이다.

자연에서 개체는 무실(無實)한 것이다. 무한한 시간과 공간의 세계에서 개체의 생성소멸은 무한히 이어지는 현상이다. 세계는 이 개체들의 이어지는 생성소멸을 통한 무한한 생에의 의지의 객관화이다. "우리가 죽음에서 두려워하는 것은 사실 죽음에서 적나라하게 통지되는 개체의 멸망이다. 개체란 생에의 의지 자체가 개별적으로 객관화된 것이므로, 개체의 전체 본질은 죽음에 저항하는 것이다."(*WaWV*, §54: SW I, 391) 그러나 이때 개체가 아무리 감정(Gefühl)으로 저항해보아도 죽음 앞에서는 속수무책이고, 그 국면에서 "이성(Vernunft)이 등장"한다. 주의주의(主意主義)자인 쇼펜하우어에게서도 '이성'은 우리를 "개별자 대신에 전체를 바라보는 보다 높은 입장에 서서 […] 감정에 거슬리는 인상들을 극복할 수 있도록" 이끄는 힘이다.(*WaWV*, §54: SW I, 391 참조) 이러한 이성의 힘으로 진상을 통찰한 이는

"시간의 날개를 타고 훌쩍 다가오는 죽음을 약한 자들을 겁먹게 하는 거짓 가상, 부질없는 환영으로 보아 아무렇지 않게 맞이한다. 그런 것은 그 자신

이 전체 세계가 그것의 객관화 내지 모상인 저 의지 자체임을 아는 이에 대해서는 아무런 권능도 갖지 못한다."(*WaWV*, §54: SW I, 392)

의지의 본래적이고 유일한 형식은 현재이며, 과거니 미래니 하는 것은 한갓된 허상일 따름이다. 현재 살고 있는 자가 과거나 미래를 두려워함은 한갓 미망일 따름이다. 그럼에도 대다수 사람에게는 현재의 생존이 늘 걱정거리고 두렵다. 이에 쇼펜하우어는 그가 애호하는 스토아 철학자 루크레티우스와 함께 말한다.

"생의 어떤 어둠 속에서, 얼마나 큰 위험 속에서
이 짧은 생을 영위하고 있는가!"[19]

"순수하게 지적인 향유를 누리"고 "순수한 인식에서 기쁨을 맛볼"(*WaWV*, §57: SW I, 431) 수 있는 사람은 물론 많지 않다. 대부분의 사람들은 욕구의 지시를 받아 행동하기 때문이다. 무릇 욕구는 끝내 충족되지 못한다. 그래서 발생하는 "고통은 그 자체로 생에 본질적이고 불가피"(*WaWV*, §57: SW I, 431)한 것이니, 생이란 다른 것이 아니라 고통이 나타나는 순전한 형식이다. 사람들이 그에서 벗어나고자 하는 것은 고통이 우연적이라 생각해서이겠지만, 고통이나 고뇌는 생에서 우연적인 것이 아니다. 하나의 고통이 사라지면 또 다른 고통이 이어진다. 큰 고통이 지나가면 그에 묻혀 있던 작은 고통이 그 자리에 들어선다. 하나의 욕구가 충족되면 이내 다른 욕구로 인해 루크레티우스의 말마따나 "우리는 늘 똑같은 갈증에 사로잡혀 애타게 생을 갈망한다."[20]

---

19 Lucretius, *De rerum natura*, II, 15/16.
20 Lucretius, *De rerum natura*, III, 1082/1083.

욕구의 충족, 그것을 사람들은 보통 행복이라고 부르거니와, 이러한 욕구의 충족은 소극적으로만 성취될 수 있는 것이다. 다시 말해 욕구로부터 벗어남, 욕구를 무화함, 곧 평정만이 참행복을 보증한다. 그것은 스토아학파가 말하는 파토스(pathos)의 멸절, 아파테이아(apatheia)에서 로고스와 하나 됨, 불교에서 말하는 환멸연기(還滅緣起), 해탈(解脫), 열반적정(涅槃寂靜)과 다르지 않다. 그것은 일종의 자기구원(Selbsterlösung)이라 하겠다. 그러나 이는 곧 "의지의 완전한 부인(vollkommene Verneinung des Willens)"(WaWV, 71: SW I, 556/557)을 뜻한다. 세계는 의지의 표상이니, 의지가 부정되고 나면 현상 세계도 없다. 그래서 "말할 것도 없이 우리 앞에는 무(Nichts)만이 남는다."(WaWV, §71: SW I, 557) 그런데 누가 어떻게 이에 이를 것인가? 의지 자체의 자기 반조(返照)의 힘으로? 의지와 표상으로서의 세계에 대한 순수한 이성 인식의 힘으로?

이러한 숙제를 남기는 쇼펜하우어의 '의지와 표상으로서의 세계'관은 생성소멸하는 모든 현상은 궁극적으로 의지에서 비롯한다는 의지 인과론이다. 이를 두고 니체는 "쇼펜하우어는 현존하는 만상을 단지 의지작용[의욕]하는 무엇이라고 전제함으로써 태곳적 신화를 왕좌에 앉혔다."[21]라고 비판했다. 니체는 한낱 '생에의 의지'가 아니라 '힘[지배력]에의 의지(Wille zur Macht)'를 진상으로 보았던 것이다.

2. 니체에서의 '힘에의 의지'

1) 반(反)이성주의

인간을 '이성적 동물'이라고 규정함으로써 여타 동물들과 구별 짓고자 했을 때, 그 이성성에 기반하는 것은 무엇보다도 인간의 논리법칙에 따른 사고와 자유법칙에 따른 행위이다. 여타의 동물들도 인지능력이 있지만, 우리가 아는 한 그것들에게는 수학이나 과학 또는 철학의 능력이 없다. 여타의 동물들도 감각과 욕구가 있지만 모두가 자연법칙 아래에서만 기능한다. 반면에 인간은 자기 욕구를 제어할 수 있는 힘 곧 자유의지가 있고 그에 기초하는 인격 규범 내지 도덕이 있으며, 타인의 자유 행사와 조화하는 한에서만 자기의 자유를 행사해야 한다는 자율 규범을 생각해내는 능력이 있고, 그에 기초하는 공동체 규범 내지 법률이 있다. 그러므로 '반(反)이성주의'란 현시적으로든 암시적으로든 한편으로는 인간에게서 수학, 과학, 철학의 능력을 부정하는 것이고, 다른 한편으로는 도덕과 국가 원리를 배척하는 주의 주장이다. 반이성주의적 성격을 보임으로써 현대인의 한 풍조를 대변하는 니체 사상 내지 니체주의는 기성(既成)의 도덕에 대한 강한 거부감을 표명한다. 이로써 실상 니체주의는 인간을 세계 안의 특별한 존재로 놓는 모든 사상을 전복시킨다.

이러한 사조는 인간의 지성사 전반에 대해 부정적인 생각을 가진 니체에서 연유한다.

"지성(Intellekt)은 굉장히 오랜 시간에 걸쳐 착오들 외에는 산출한 것이 없다. 그중의 몇몇은 유용하고 종족을 보존해주는 것이었다. [···] 대대로 물려받아 마침내는 거의 인간의 종족인자 내지 주성분으로 되어버린 이런 착오들의 예를 들어보자면, '지속적인 사물들이 있다', '동일한 사물들이 있다', '사물들, 물질들, 물체들이 있다', '사물은 현상하는 그대로 현존하는 것이다', '우리의 의지작용은 자유롭다', '나에게 좋은[선한] 것은 그 자체로도 좋은 [선한] 것이다' 등등이다. [···] 이러한 명제들은 인식의 내부에서조차 그에 따

---

21 Nietzsche, *Die fröhliche Wissenschaft*[*FW*], III, 127: Kritische Studienausgabe[KSA] in 15 Bden, Berlin/New York ²1988, 3, 483.

라 '참' '거짓'을 가름하는 규범들이 되었고, 그것은 순수 논리학의 가장 먼 영역 안에까지도 파고들었다. 그러므로 인식의 힘(Kraft)은 진리의 정도에 있는 것이 아니라, 그 인식의 묵은 햇수, 체화 정도, 생의 조건으로서의 그것의 성격에 있다. 생과 인식이 모순되는 것으로 보였을 때, 진지하게 싸움이 벌어진 일은 한 번도 없었다. 그것을 부정하고 의심하는 것은 미친 짓으로 치부되었던 것이다."(*FW*, III, 110: KSA, 3, 469)

니체가 볼 때 이른바 '진리' 내지 '사실명제'로 통용되는 지식들은 지성이 오랜 삶의 역정을 걸으면서 삶의 편의를 위해 고안해낸 것들로 진정한 근거가 없는 것들이다. 심지어 논리학의 명증한 규칙들이라는 것도 이 점에서는 마찬가지라는 것이 니체의 인식관이다.(*FW*, III, 111~112: KSA, 3, 471 이하 참조) 이에서 더 나아가 니체는 "이성이란 온전히 자유롭고, 스스로 생겨난 활동성"(*FW*, III, 110: KSA, 3, 470)이라는 것도 하나의 자기기만으로 보고, 이와 같은 실천 이성에 기초한다는 도덕이 실상은 종교나 풍습에 기탁해 있는 것에 불과함을 파헤치면서 반도덕주의를 선언한다. 이로써 니체는 도덕성에 기초하고 있는 인간성의 위신이 거짓임을 폭로하고자 한다.

2) 반(反)도덕주의

(1) 니체 반도덕주의의 성격

"윤리를 부정하는 자에는 두 종류가 있다. ―'윤리를 부정한다' ― 이것은 일단은 인간이 제시하는 윤리적 동기들이 실제로 그들을 행위하도록 추동했다는 것을 부정함을 일컫는다. ― 그러므로 그것은 윤리란 말만 있는 것이며, 윤리라는 것은 인간의 뻔뻔스럽고도 세련된 기만(특히 자기기만)에 속한다는 주장이다. [⋯] 그 다음으로 그것은 윤리적 판단들이 진리에 의거한다는 것을 부정함을 일컫는다. 이 경우에는, 윤리적 판단들이 실제로 행위의 동기들이기는 하지만, 이런 식의 모든 윤리적 판단의 근거는 착오들이며, 이러한 착오들이 인간으로 하여금 도덕적 행위를 추동한다는 것이 인정된다. 이것이 나의 관점이다."(M,[22] II, 103: KSA 3, 91)

그러니까 니체의 자기 진술에 따르면 니체는 윤리 도덕 자체를 부정하는 것이 아니라, 종래의 윤리 도덕의 근거들을 부정한다. 니체 역시 윤리적이라고 일컬어지는 행위들은 추장되어야 하고, 비윤리적인 행위는 추방되어야 함을 당연한 것으로 받아들인다. 그러나 윤리적 행위를 행해야하고, 비윤리적 행위를 피해야 하는 것은 '이제까지와는 다른 근거에서' 그렇다는 것이 니체의 생각이다. 니체가 부정하는 것은 초자연적인(종교적인), 이성주의적인 윤리 근거들이다. 그래서 니체의 작업은 재래의 도덕적 행위 근거들이 실은 '근거 없는 것'임을 밝히는 것이다.

"그때 나는 누구의 일도 될 수 없는 어떤 일에 착수했다. 나는 심연으로 내려갔고, 그 지반에 구멍을 뚫었다. 나는 우리 철학자들이 수천 년 동안 마치 가장 확실한 지반인 것처럼 — 이제까지 세운 건축물마다 언제나 다시금 붕괴되었건만 — 그 위에 건축을 하고는 했던 오래된 신뢰를 조사하고 파고들기 시작했다. 나는 우리의 도덕에 대한 신뢰(Vertrauen zur Moral)를 무너뜨리기 시작했던 것이다."(M, Vorrede 2: KSA 3, 12)

"인간은 현존하는 모든 것을 도덕과 연관시켰고, 세계에 윤리적 의미를 부여했다."(M, I, 3: KSA 3, 20) 이런 사유방식으로부터 "도덕적 존재론

---

22 Nietzsche, *Morgenröthe*.

(moralische Ontologie)"(NF,[23] Ende 1886-Frühjahr 1887, 7[4]: KSA 12, 265)
이 생겨났다. 종래의 갖가지 철학에서는 도덕적 실재가 만상 위에 군림하고, 존재도 진리도 미도 선의 가치 아래서만 참의미를 얻는다. 무릇 도덕적 존재론은 '절대적 도덕'에서 출발한다. 절대적 도덕은 도덕성의 근거를 '선 자체'에서 갖는다. 그런데 도대체 '선 자체'란 무엇인가? 니체는 선과 악의 가치 개념은 좋음과 나쁨의 가치 평가에서 전화된 것이고, 좋고 나쁨은 지배자와 피지배자의 사회적 관계, 관습 관행에서 비롯한 것으로 본다.

고대의 철학자, 기독교, 근대의 철학자들은 수도 없이 '덕과 행복의 합치'가 세계의 진상이고, 심지어 선한 것에만 아름다움이 있다고 역설했지만, 정직한 사람들은 이런 언설들이 모두 허구임을 안다. 악한 것에도 아름다움은 있고, 추한 것에도 선함이 있다. 악인을 통해서도 진리는 등장하고, 선인들도 숱하게 착오를 범하는 것이 현실이다. 공상가들만 이런 사실을 보지 못한다. 많이 교육받은 자 가운데 위선자가 수두룩하고, 배운 것 없는 이에게서 진실이 묻어나는 것을 볼 때 교육자들은 낙담하지 않을 수 없을 것이다. 자연과학이 발전하기 전에는 많은 자연적 사건들이 종교적으로 설명되었다. 마찬가지로 생리적으로 설명되어야 할 수많은 인간의 행위가 도덕적으로 설명됨을 니체는 비판한다. "일찍이 종교적 설명은 자연과학적 설명을 대신했다. 그리고 아직도 도덕적인 설명은 생리학적인 설명을 대신하고 있다."(NF, Sommer-Herbst 1882, 3[1] 380: KSA 10, 99) "세상에서 행해진 모든 악의 4분의 3은 공포감에서 일어난다. 공포감은 무엇보다도 생리적인 사건이다."(M, V, 538: KSA 3, 307)

"생각 없는 이는 누구나 의지는 혼자서 작용하는 것이며, 의지작용[의욕]

23 Nietzsche, Nachgelassene Fragmente.

은 단순한 것, 단적으로 주어진 것, 파생적이지 않은 것, 그 자체로 이해되는 것이라고 생각한다. [···] 그들에게 의지는 마법적으로 작용하는 힘이다. 즉 의지가 결과들의 원인이라고 믿는 것은 마법적으로 작용하는 힘들을 믿는 것이다. 무릇 인간은 본래 어떤 사건을 보게 되면 어디서나 그 원인으로서 의지가 그리고 인격적으로 의지작용하는 존재자가 그 배후에서 작동하고 있다고 믿었다. ― 그들에게 역학의 개념은 멀리 떨어져 있었다."(FW, III, 127: KSA 3, 482)

"도덕은 자연 앞에서 인간이 잘난 체하는 것"(NF, Sommer-Herbst 1882, 3[1] 336: KSA 10, 94)에 불과하다. 자연 안에 있는 여느 것과 마찬가지로 "인간은 그의 운동에서 우주만물의 힘들의 분배와 변화들에 완벽하게 의존해 있는 원자집단이다. ― 그리고 다른 한편으로는 개개 원자처럼 계산 불가능하고, 그 자체로 존재하는 것이다."(NF, Sommer-Herbst 1882, 4[126]: KSA 10, 150)

"우리는 자신을 정동들의 더미(Haufen von Affekten)로만 의식하게 된다. 그리고 감각지각들과 사고들조차도 정동들의 이러한 개시(開示)에 속한다." (NF, Sommer-Herbst 1882, 4[126]: KSA 10, 150)

이런 생각 아래서 니체는 "모든 가치의 전도"(EH,[24] Morgenröthe 1: KSA 6, 330)를 기도한다. 그것은 "모든 도덕가치들부터 벗어남, 이제까지 금지되고 경멸되고 저주받았던 모든 것을 긍정하고 신뢰함"(EH, Morgenröthe 1: KSA 6, 330)의 시도이다. 이제까지 '도덕'이라고 일컬어진 것은 생의 중심인 정동(情動)의 상실, "자연적 본능들에 대한 저항, 한마디로 무아성

---

[24] Nietzsche, Ecce Homo.

(無我性: Selbstlosigkeit)"의 칭송이라 파악한 니체는 유기체로서 인간성 복권을 위해 이러한 "탈아(脫我: Entselbstung)의 도덕에 대한 투쟁"을 선포한다.(*EH*, Morgenröthe 1: KSA 6, 331/332 참조) 여기서 격파되어야 할 적병들은 '영혼', '정신', '자유의지', '신'과 같은 "도덕의 보조 개념들"인 "거짓 개념들(Lügenbegriffe)"이다.(*EH*, Morgenröthe 1: KSA 6, 331 참조)

(2) '도덕'의 유래

사람들이 무엇을 하는 것은 쾌감 때문이지 당위로 인한 것이 아니다. 도덕주의자, 종교가들은 "'나는 쾌감을 느낀다'에서 '너는 해야만 한다'를 만드는 일, 습관을 덕으로, 관습을 윤리로 개조하는 일"을 곧잘 해내는데, "그것은 정교한 고색창연한 위폐를 제조하는 일"(NF, Sommer-Herbst 1882, 3[1] 397: KSA 10, 101)과 다르지 않다.

"동물은 자기의 추동과 정동에 따른다."(NF, Frühjahr Sommer 1883, 7[76]: KSA 10, 268) 인간은 그와 다른가? 인간도 동물이다. 흔히들 선악의 근원이라 치부하는 분노, 동정심, 시기, 허영심 등 인간의 추동과 정동들은 정원의 화훼 수목과 같은 것이다. 그것들은 정원사의 취미와 재능에 따라 한국식으로, 또는 독일식 또는 중국식으로도 배치 육성될 수도 있고, 자연 그대로 내버려두고서 야생 상태에서 기쁨을 느낄 수도 있는 것이다.(*M*, V, 560: KSA 3, 326 참조)

동물인 "인간은 자기의 본능들에 의해 인도된다. 목적들은 오직 본능들에 대해 복무하기 위해 선택된다. 그러나 본능들은 행위들의 오랜 습관들이며, 가지고 있는 자기의 힘을 쓰는 방식들이다."(NF, Frühjahr Sommer 1883, 7[239]: KSA 10, 315) 축적된 힘을 어떻게 쓸 것인지를 결정하는 것은 추동들이다. "추동이 의식에 등장하면, 그 추동은 쾌감을 약속하는 것이다." "그러므로 표상들이 행동으로 이끄는 경우, 인간은 가장 크게 쾌감을 약속하는 표상을 따를 것이 틀림없다. 가장 강한 추동이 선택을 결정한다."(NF, Frühjahr Sommer 1883, 7[239]: KSA 10, 316) 사람들이 이러한 "자기의 정동들을 부끄러워할 필요는 없다. 그러기에는 정동들은 너무 비이성적이다."(NF, Nov. 1882-Febr. 1883, 5[1] 15: KSA 10, 189) 설령 인간 안에 "정동을 극복하려는 의지"가 있다고 해도 그것은 "결국 또 다른 정동의 의지일 뿐이다."(NF, Nov. 1882-Febr. 1883, 5[1] 58: KSA 10, 194 참조)

그런데 인간의 정동과 행동들에 대한 평가가 나타났다. "끊임없이 칭찬하고 비난하는 것", 그것은 생의 본성이기 때문이다.(NF, Nov. 1882-Febr. 1883, 5[1] 182: KSA 10, 207 참조)

"만인은 무엇을 할 수 있는가? ― 칭찬과 비난이다."(NF, Nov. 1882-Febr. 1883, 5[1] 220: KSA 10, 212)

"우리의 정동들을 칭찬하거나 비난하는 것, 즉 가치평가하는 일"(NF, Sommer-Herbst 1882, 4[143]: KSA 10, 156)에서 '도덕'이 생긴다. 그런데 도덕적인 평가는 "일반적으로 귀족들 사이에서, 피지배종에 대한 자신들의 차이점을 의식한 지배종 사이에서 생겨났다. 일반적으로 도덕적 가치 평가는 상위종의 인간이 하위종에 대해서 자신들이 더 상위의 종임을 의식한다는 것을 의미한다."(NF, Frühjahr Sommer 1883, 7[22]: KSA 10, 246) 도대체가 '덕(德: virtus)'이란 본디 힘셈을 뜻한다. 또한 '덕'을 뜻하는 독일어 낱말 '투겐트(Tugend)'가 그 연관성을 잘 보여주듯이 덕이란 다른 것이 아닌 '유능함(Tüchtigkeit)'이니, 자기보존을 위해 애쓰는 힘에 그 본질이 있는 것이다. "덕과 힘(Macht)은 같은 것을 의미한다."(NF, Ende 1886-Frühjahr 1887, 7[4]: KSA 12, 261)

사람들은 부지불식간에 인간의 '향상'이니, 인간성의 '고양'이니 하고 말하는데, 향상시킨다거나 고양시킨다는 것은 인간 유형에 등급이 있다는 것을 전제한다. 인간과 인간 사이에 "위계질서의 긴 계단들"이 있고, "가치 차이"가 있음을 믿으며, 영혼 내부에서 단계 사이의 거리를 의식하면서 다음 단계로 상승하려는 "거리의 정념(Pathos der Distanz)"(JGB,[25] 257: KSA 5, 205; GM,[26] I, 2: KSA 5, 259)이 없다면 '좋음/나쁨'의 평가 기준이 생기지 않았을 것이고, 그런 기준이 없다면 인간 유형의 '향상'이라는 말 자체가 성립하지 않는다. 같은 맥락에서 "인간의 자기극복"(JGB, 257: KSA 5, 205)이라는 도덕적 이념에도 '거리의 정념'이 자리 잡고 있다.

"고귀함의 그리고 거리의 정념이, 즉 하위 족속, '하층민'과의 관계에서 상위의 지배하는 족속이 가지는 지속적이고 우월적인 전체감정과 근본감정이 ― 이것이야말로 '좋음(gut)'과 '나쁨(schlecht)'이라는 대립의 기원이다."(GM, I, 2: KSA 5, 259)

니체는 '나쁨(schlecht)'이 '평평한/수수한(schlicht)'에서 유래했다는 독일어 낱말의 어원을 근거로 해서 좋음/나쁨의 '귀족층=좋음' '평민층=나쁨'의 이행 등식이 나왔을 것으로 본다.(GM, I, 4: KSA 5, 261 이하; M, IV, 231: KSA 3, 198 참조) 도덕, 윤리, 선악이란 사회적 권력 관계의 산물이라고 니체는 생각하는 것이다.

"어떻게 했든 지배적인 모든 도덕은 언제나, 모든 것이 특히, 아니 오로지 이 유형에 달려 있다는 전제 아래, 특정한 유형의 인간들의 훈육[길들임]과 배양[길러냄]이었다. […] 모든 도덕은 사람들이 의도를 가지고 강제하면 인간에게서 많은 것을 변화('개선')시킬 수 있다고 믿는다. ― 모든 도덕은 표준적인 유형에 근접해감을 언제나 '개선'으로 여긴다.(이에 대해 다른 개념은 전

25 Nietzsche, *Jenseits von Gut und Böse*.
26 Nietzsche, *Zur Genealogie der Moral*.

혀 가지고 있지 않다.)"(NF, Herbst 1885-Frühjahr 1886, 1[239]: KSA 12, 63)

"'선' 개념을 규정하는 것은 지배하는 자들이라는 사실로부터 일반적으로 무엇이 귀결되는가?" "강한 자들의 특징이 거기에 포함되어 있다." "'선'이라고 표시되는 고상하고 자랑스러운 상태들", "말할 줄 알고 침묵할 줄 알며, 명령할 줄 알고 복종할 줄 아는, 자기 자신에 대한 힘[통제력]을 가진 자에 대한 경의", "오래 지속될 이익을 볼 줄 알고 결심을 오래 지킬 수 있는 지혜에 대한 경의", 자신의 마음에 들기 때문에 굳이 타인의 마음에 들려 하지 않는 자부심 강한 자에 대한 경의, 반면에 "겁 많고, 불안해하는 자에 대한 경멸", "작은 이익을 생각하는 자, 좀스러운 자에 대한 경멸", "가난뱅이, 거지, 자기비하자에 대한 경멸"(NF, Frühjahr Sommer 1883, 7[22]: KSA 10, 246/247 참조) 등 "도덕적인 가치 평가는 무엇보다도 더 높은[고위의] 인간들과 더 낮은[하위의] 인간들(또는 계급들)을 구별하는 것과 관련되어 있다. 도덕은 무엇보다도 힘 있는 자들의 자기 예찬이며, 힘없는 자들에 관한 경멸이다. '선함'과 '악함'이 아니라, '고귀함'과 '비천함'이 근원적 [도덕]감각이다."(NF, Herbst 1883, 16[27]: KSA 10, 508) 이런 점에서 볼 때 선/악은 고귀함/비천함에서 전화했다라는 것이 니체의 파악이다.

품위 있는 인간성이라는 표지로서 "동정심에 대한 칭송"과 "겸손에 대한 칭송"에 이어 "금욕, 자의적인 괴롭힘, 고독, 정신적 가난이 찬양받고, 미래는 무정념과 결합된다."(NF, Frühjahr Sommer 1883, 7[23]: KSA 10, 248/249 참조) 이로부터 "엄청난 도덕적 거짓 주장"이 일어난다. 이런 일은 소크라테스에서 볼 수 있고, 플라톤과 기독교 성직자 도덕, 공리주의, 칸트, 쇼펜하우어에서도 확연하다는 것이 니체의 관찰이다.(NF, Frühjahr Sommer 1883, 7[23]: KSA 10, 249 참조)

이러한 도덕적 평가의 "타당성들은 모두 도덕 자체가, 적어도 […] 의식된 척도로서, 현존한다는 믿음, 선과 악이 무엇인지가 알려져 있다는 믿음에서 출발한다."(NF, Frühjahr Sommer 1883, 7[21]: KSA 10, 245) 그러나 이런 평가야말로 "인간의 광기(Wahnsinn)이다."(NF, Nov. 1882-Febr. 1883, 5[1] 220: KSA 10, 212) "착란(Irrsinn)은 개인에게는 드문 일이다. — 그러나 집단, 당파, 민족, 시대에서는 상례이다."(*JGB*, 156: KSA 5, 100) 도덕은 인간의 집단적 광기, 망상의 산물이다.

집단적 가치평가로부터 풍습이 생겨났고, 일단 형성된 풍습은 '윤리'의 이름으로 고착되어 집단의 규범, 아니 족쇄가 된다. "기원전부터 수천 년 동안 그리고 대체로 오늘날에 이르기까지 인류의 모든 공동체들은 '풍습의 윤리(Sittlichkeit der Sitte)'의 저 가공할 억압 아래서 살아왔다."(*M*, I, 14: KSA 3, 26) 누가 이러한 풍습을 거슬러 속박을 뚫고 나서면 그는 미친 자로 취급되었다. 무릇 풍습은 "이익되거나 손해된다고 생각되는 것에 관한 이전 사람들의 경험"에서 형성된 것이다. 이러한 "풍습에 대한 감정" 곧 윤리는 사람들이 새로운 경험을 갖게 되고 그로 인해 풍습을 수정하려는 것에 대해 반발한다. 다시 말해 "윤리는 새롭고 좀 더 나은 풍습의 발생을 저해한다."(*M*, I, 19: KSA 3, 32) 그것은 종내는 사람들을 어리석게 만드는 것이다. 그럼에도 족속들마다 풍습이 있으니, 그에서 유래한 윤리는 이를테면 '무리 도덕'이다.

"도덕은 무리동물-도덕(Heerdenthier-Moral)"(*JGB*, 202: KSA 5, 124)이다. "도덕성이란 개인 안에 있는 무리-본능(Heerden-Instinct)이다."(*FW*, III, 116: KSA 3, 475) '군집 동물'에는 야생의 들소 떼나 목동의 통제 아래에 있는 양 떼만이 아니라 인간 또한 포함된다. 어디서나 도덕은 '동류(同類) 사물의 조리(條理)' 곧 '윤리(倫理)'이다. 인간의 윤리는 인간 유(類)의 조리, 다시 말해 '무리지어 사는 인간의 공존의 이치'이다. "인간이 있는 한, 어느 시대에나 인간의 무리들(Menschenheerden)이 있었으니,"(*JGB*, 198: KSA 5, 118) 가족이든 씨족이든 부족이든 국가든 시민단체든 무리 바깥에서 홀로 사는 인간은 없다. 인간 세상에 "자연 인간(homo natura)"(*JGB*, 230: KSA 5, 269)은 더 이상 없다. 우리가 아는 현존하는 인간은 모두 사회화한 인간 곧 '문화 인간(homo cultura)'이다. 그래서 집단, 사회의 윤리가 생긴다. 그러나 그 윤리라는 것은 허상이다.

무릇 '좋다' '나쁘다'는 반드시 '무엇을 위해서'이기 때문에, 도덕적 평가는 "목적을 위한 수단에 대한 판단"(NF, Sommer-Herbst 1882, 4[147]: KSA 10, 157)이고, 그 목적이란 결국 '선[좋음]'인데, 이제까지 갖가지로 제시된 선이라는 목적의 목록 안에 '궁극적 목적'은 남아 있는 것은 없다. 인간사회에서 도덕적 힘은 강대하지만, 그러한 "힘이 사용될 수 있을 그런 목표는 더 이상 없다."(NF, Sommer-Herbst 1882, 4[147]: KSA 10, 157)

실상 인간은 자신이 왜 사는지, 삶의 궁극목표가 무엇인지, 어떻게 사는 것이 잘 사는 것인지에 관해 알지 못한다. 인간은 "자기 자신에 관해 무지"하며, "선과 악에 관해서뿐만 아니라, 훨씬 더 본질적인 것에 관해서도 무지"하다. 그런데도 "사람들이 모든 경우에 인간의 행위가 어떻게 성립하게 되는지를 정확히 알고 있다는 아주 오래된 망상이 여전히 살아 있다."(*M*, II, 116: KSA 3, 108) 사람들은 마치 '심중을 꿰뚫어보는 신'인 양 자기가 또는 타인이 무엇을 하고자 하는지 또는 했는지 알고 있다고 확신한다. 나와 그는 자유롭고, 나는 내 행위에 대해 책임을 지며, 또한 타인으로 하여금 책임을 물을 수 있다고 생각한다. 그토록 많은 반대 사례가 엄연히 있음에도, "올바른 인식에는 올바른 행위가 뒤따를 수밖에 없다."고 믿는다.(*M*, II, 116: KSA 3, 108 참조) 이 얼마나 지독한 망상인가! "윤리적 세계질서란 망상"(*M*, V, 563: KSA 3, 328)이다. 만약 더 약한 자들, 지배당하고 억압당하는 자들이 도덕을 설파한다면 어떻게 되었을까? '합리적 세계'란 허상이다. "세계의 이성 — 세계가 영원한 합리성의 총괄이 아니라는 것은 우리가 알고 있는 세계의 저 조각(곧 우리 인간의 이성)이 그다지 이성적이지 않다는 사실에 의해 결정적으로 증명된다."(*MA*[27] II, II, 2:

KSA 2, 540) — 니체의 도덕 비판, 이성비판은 통렬하다 못해 처연하다.

(3) '도덕'의 반(反)자연성

인간은 동물로서 "감관들과 정신을 통해 세상을 손 안에 잡아넣는 정열들의 더미"(NF, Nov. 1882-Febr. 1883, 5[1] 185: KSA 10, 187)이다. 인간은 "좀처럼 투쟁에 지치지 않는 한 떼의 야생 뱀들"처럼 호시탐탐 "약탈을 하기 위해 세상을 응시"(NF, Nov. 1882-Febr. 1883, 5[1] 185: KSA 10, 187)하는 동물이다. 독일어 낱말 'Leben'[생명]과 'Leib'[육체]가 함께 중세 독일어 낱말 'lip'에서 유래한다는 사실이 시사하듯이, 인간의 신체, 인간의 동물성은 곧 생명성(animalitas)이고, 이 "생명(Leben)"이 "정동의 기초토대(Grundbau)"이다.(JGB, 258: KSA 5, 206 참조) 무릇 "생명 자체는 본질적으로 이방(異邦)의 것, 보다 약한 것을 자기 것으로 만듦, 침해, 제압이며, 압제, 냉혹이고, 자신의 형식을 강제함이며, 합병이고, 최소한 가장 부드럽게 보아, 착취이다."(JGB, 259: KSA 5, 207) 그것은 다른 것이 아닌 "힘에의 의지"로서 "성장하고, 뻗어나가, 자기로 끌어가고, 우위를 얻으려고 하는 것이다."(JGB, 259: KSA 5, 208) 이런 의미에서 '착취'란 정의롭지 못한 미개사회의 비정상적인 현상이 아니라, "유기체의 근본기능으로서 생명체의 본질에 속하는 것이다. 그것은 바로 생에의 의지인 본래의 힘에의 의지의 결과이다."(JGB, 259: KSA 5, 208) 이것이야말로 "모든 역사의 근원적 사실(Ur-Faktum)"(JGB, 259: KSA 5, 208)임을 정직하게 인정하지 않을 수 없을 것이다.

이러한 생명성으로 말미암아 "인간은 누구나 생기(生起: Geschehen)의 창조적 원인, 즉 원본적(original) 운동을 하는 제일 운동자(primum mobile)이다."(NF, Sommer-Herbst 1882, 4[138]: KSA 10, 154) "유기체적 세계에서

---

27 Nietzsche, *Menschliches, Allzumenschliches*.

의 모든 생기는 하나의 제압, 지배이며, 다시금 모든 제압, 지배는 거기에서 이제까지의 '의미'와 '목적'이 필연적으로 모호한 것이 되고 전적으로 지워져버릴 수밖에 없는 하나의 신-해석, 하나의 정돈이다."(GM, II, 12: KSA 5, 313/314) 생기(生起)는 창조이되, 본질은 새로운 질서의 수립, 지배의 확산이다.

> "나는 의욕하고, 나는 욕구하고, 나는 사랑한다. ─ 그리고 그 때문에 나는 생을 찬양한다. 내가 창조하지 않고, 인식하기만 한다면, 나는 생을 증오할 것이다."(NF, Nov. 1882-Febr. 1883, 5[1] 210: KSA 10, 211)

정동의 기초토대를 이루는 생명을 약화시키는 것은 생명에 대한 반역이고 자연에 대한 거역으로서, 그것이야말로 "부패"이다.(JGB, 258: KSA 5, 206 참조) 욕구를 억누르고 정동을 억압하려는 이성적 의지는 부패의 온상이다. 오히려 "이성의 짐을 무겁게 지고 있는 자에게 정동은 하나의 휴양이다. 곧 하나의 비이성으로서."(NF, Nov. 1882-Febr. 1883, 5[1] 16: KSA 10, 189) ─ 이로써 니체는 이성주의에 대항해서 생명주의를 내세운다. 생명은 정동을 통해 피어나는 것이니, 정동을 억압하는 이성은 반생명적이라는 것이다. 근대 이성주의적 계몽은 인간을 자연의 폭압으로부터 해방시키고 그러한 외적 자연을 지배하게 되었다는 점에서는 큰 성공을 거두었지만, 외적 자연의 폭압으로부터의 해방이 동시에 인간의 내적 자연의 억압과 함께 진행되었다[28]는 사실은 계몽의 치명적인 반대급부였다.
"순수 정신성에 대한 교설이 지배했던 곳에서는 어디서나 그 과도함으로 인해 사람들의 신경능력이 파괴되었다. 그것은 신체를 폄하하고 소홀히 하는 것을 또는 괴롭히는 것을 가르쳤다. 그리고 그의 모든 추동들을

---

28 W. Welsch, *Vernunft*, Frankfurt/M. 1996, S. 80 참조.

이유로 인간 자신을 괴롭히고 폄하하는 것을 가르쳤다. 그것은 음울하고, 잔뜩 긴장해 있는, 억눌린 영혼들을 낳았다."(*M*, I, 39: KSA 3, 46) 그러한 교설은 '도덕'이라는 이름으로 인간 위에 군림한다.

　"도덕은 어느 것이든 모든 방임(laisser)과는 반대되는 것으로 '자연'에 대한, 또한 '이성'에 대한 일종의 폭정(Tyrannei)이다."(*JGB*, 168: KSA 5, 102)

작은 이성 곧 정신(Geist)에서 나온 '도덕'이 "큰 이성(grosse Vernunft)" 곧 육체(Leib)에 횡포를 부린다. 이 전도된 문화에 대해 자연 긍정자인 《차라투스트라는 이렇게 말했다》.

　"육체를 경멸하는 자들에게 한마디 하고자 한다. 그들이 나에게서 새로운 것을 배우거나 가르칠 것은 없다. 단지 그들 자신의 육체에 작별을 고하고 ─ 이제 입을 다물면 된다.
　'육체가 나이고 영혼이다' ─ 어린아이는 이렇게 이야기한다. 그런데 왜 사람들은 어린아이들처럼 이야기하지 못한단 말인가?
　그러나 깨인 자, 아는 자는 말한다. 육체가 전적으로 나이고, 그 밖의 아무것도 아니며, 영혼이란 육체에 있는 어떤 것을 위한 낱말일 뿐이라고.
　육체는 큰 이성이며, 하나의 의미를 지닌 다수성이고, 전쟁이자 평화이고, 수하[手下]이자 상사[上士]이다.
　형제여, 또한 너의 육체의 도구가 네가 '정신'이라고 부르는 너의 작은 이성이며, 그것은 너의 큰 이성의 작은 도구이자 장난감이다.
　너는 '나[자아]'라고 말하고서 이 말에 의기양양한다. 너는 믿으려 하지 않으나, 더 위대한 것은 너의 육체이고 너의 큰 이성이다. 이것은 '나[자아]'라고 말하지는 않으나, 나[자아]를 행한다."(*Za*,[29] I, Von den Verächtern des Leibes: KSA 4, 39)

진상이 이런데도 "반자연(Widernatur)인 도덕"(GD,[30] Moral als Widernatur: KSA 6, 82)의 폭정 아래서 인간은 마치 자신들이 신성한 세계로부터 와서 잠시 지상에 머물다가 다시 신성한 세계로 돌아갈 것 같은 존재자라고 망상한다. 스스로를 '존엄한 인격체'로 설정해놓고, 도달하지 못할 그 허상에서 끝없이 고통을 받는다.(M, V, 425: KSA 3, 261 참조)

바야흐로 공동체 안에서 "가장 윤리적인 인간"은 스스로 고통을 감수하는 자, 궁핍을 오히려 즐기고 자신을 혹독하게 다루는 자라야 한다.(M, I, 18: KSA 3, 30/31 참조) 사람들은 괴로움을 겪는 것을 깊은 진리의 세계에 다가서는 것으로 여기고, 자신이 "현실의 세계를 넘어서 숭고하다고 느낀다."(M, I, 32: KSA 3, 41 참조) 예컨대 "칸트는 모든 행복주의를 배척했을 때 도덕적 자부심의 극단적 몸짓을 추구했다. 절대적인 복종, 종속되고 억압받는 자의 이상 말이다."(NF, Frühjahr Sommer 1883, 7[36]: KSA 10, 254)

그러나 이러한 반(反)생명적이고, 반(反)자연적인 "도덕 아래에 있는 생은 결코 견뎌낼 수가 없다."(NF, Sommer-Herbst 1882, 4[140]: KSA 10, 155) 그래서 사람들은 가면을 쓴다. 인격은 자연스러운 정동을 억압함으로써 음습하고 음험하게 변질된 타자 지배 욕구를 가면 아래 숨기는 것이다.

"그가 낮에 나에 대해 행하고 뻔뻔스레 요구한 것이 나를 불안하게 하는 것이 아니다. 그러나 내가 밤에 그의 꿈에 나타난다고 하는 것, ─ 그것이 나를 전율케 한다."(NF, Sommer-Herbst 1882, 3[1] 368: KSA 10, 98)

'인격'이란 철두철미 가면(persona)이다. 그래서 '인격자'는 실상 상호 간에 진실을 보지 않는다. 가장 힘 있던[유덕한] 사람들은 위대한 배우들이

---

29 Nietzsche, *Also sprach Zarathustra*.
30 Nietzsche, *Götzen-Dämmerung*.

었다. "자기의 덕을 연기하는 배우이기도 한 경우에만 사람들은 살아생전에 유명해진다."(NF, Sommer-Herbst 1882, 3[1] 360: KSA 10, 97) 니체가 볼때 도덕 아래서 인간의 위선이 증폭된다. 아니, 도덕은 위선의 산물이다. 추동과 정동을 동물성이라 해서 통제되어야 할 것으로 강론하는 도덕주의자들이야말로 지성적 정직성을 저지하는 자들이다. 니체는 이런 양상을 소크라테스, 플라톤, 칸트 그리고 심지어 공리주의자들과 쇼펜하우어에서도 확연히 볼 수 있다고 한다.(NF, Frühjahr Sommer 1883, 7[23]: KSA 10, 249 참조) 그러나 뭐니 뭐니 해도 거짓 도덕의 정점에 있는 것은 기독교 윤리이다. 기독교는 기이하기 짝이 없다. 파스칼의 말마따나 "이 종교는 인간이 스스로 비열한 존재이며 가증스럽기조차 한 존재임을 인정하도록 명령한다. 그러면서도 그에게 신처럼 되고 싶어 하라고 명령한다."[31]

"기독교 도덕 ― 이것은 거짓으로의 의지의 가장 악의적인 형식이며, 인류의 진짜 마녀(Circe)이다. 인류를 부패시킨 바로 그것이다. 이것의 착오로서 착오는 [… 무엇보다도] 자연의 결여이다. 반(反)자연 자체가 도덕으로서 최고의 영예를 얻고, 법칙으로서 그리고 정언 명령으로서 인류 위에 걸려 있었다는 완전히 소름끼치는 사실이다! … 한 개인이 아니고, 한 민족도 아니고, 인류가 이토록이나 헛짚다니! … 생의 최초 본능을 경멸하라고 가르쳤던 것, 육체를 모욕하기 위해 '영혼'이니 '정신'이니 하는 것을 날조해낸 것, 생의 전제인 성(性)에서 어떤 불순한 것을 느끼도록 가르친 것, 번성을 위해 가장 필요한 것인 강력한 이기심[…]에서 악한 원리를 찾은 것, 거꾸로 쇠퇴와 반(反)본능의 전형적인 징후인 '무아(無我)'와 중점(重點)의 상실, '탈개인화'와 이웃사랑에서 […] 더욱 높은 가치를, 아니 가치 그 자체를 본 것 말이다."(EH, Warum ich ein Schicksal bin, 7: KSA 6, 372)

---

31 Pascal, *Pensées*, d. Brunschvicg, 537.

기독교는 생의 반대 개념으로 '신'을 고안해냈고, 유일무이한 이 세계를 무가치한 것으로 만들기 위해 저 세상을 '참된 세상'으로 꾸며냈으며, 그 참된 세상의 장식을 위해 '영혼'이니 '정신'이니, 마침내는 '영혼 불멸'이라는 헛된 개념을 지어냈고, '죄' 개념을 떠받치기 위해 '자유의지'라는 환상을 씌워 생의 본능들을 교란시켰다.(*EH*, Warum ich ein Schicksal bin, 8: KSA 6, 373/374 참조) 이 따위 거짓 개념들의 엮음인 반(反)자연적인 "도덕이 우리 위에 군림함으로써 생은 견딜 수 없는 것이 되었다. […] 그 때문에 나는 도덕을 폐기했다. […] 나는 나를 긍정하기 위해서 도덕을 폐기한 것이다."(NF, Sommer-Herbst 1882, 4[136]: KSA 10, 154) 니체와 함께 차라투스트라도 외친다: "너희의 도덕이 내 위에 드리워져 있는 동안, 나는 질식하는 자처럼 숨 쉬었다. 그러고서 나는 이 뱀을 목 졸라 죽였다. 나는 살고자 했고, 그 때문에 그 뱀은 죽어야 했다."(NF, Nov. 1882-Febr. 1883, 5[1] 184: KSA 10, 207)

허위의식으로 채워진 "기독교는 에로스에 독을 타 먹였다. — 그로 인해 에로스가 죽지는 않았지만, 타락해 패악이 되었다."(*JGB*, 168: KSA 5, 102) "생에의 의지에 대한 부정"이 종교가 되어버린 것이 기독교이다.(*EH*, Der Fall Wagner, 2: KSA 6, 359) "모든 종류의 반(反)자연은 패악이다."(*AC*,[32] Gesetz wider das Christentum, 제1조: KSA 6, 254) 기독교회들은 패악 중의 패악인 반자연적인 도덕을 계명이라고 강제한다. 게다가 '기독교인(Christen)'도 아닌 '기독교인인 체하는 자(Christenthümler)'(*MA*, II, I, 92: KSA 2, 414 참조)들이 모인 "이 교회들이 신의 무덤과 묘비가 아니라면, 도대체 무엇이란 말인가?"(*FW*, III, 125: KAS 3, 482) 니체는 "우리가 신을 죽였다 — 너희들과 내가!"라고 외친다. 이제 "신은 죽었다!"(*FW*, III, 125: KSA 3, 481) 도덕으로 믿어져왔던 것, "이 파렴치한 것을 분쇄하라!"(*EH*,

---

[32] Nietzsche, *Der Antichrist*.

Warum ich ein Schicksal bin, 8: KSA 6, 374)

그러나 여기서 니체가 반감을 가지고 있는 것은 아마도 덕, 도덕이 아니라, 실은 덕 있는 체함, 도덕연(道德然)함이다.

"대체 내가 너희의 덕을 배척하는가? 나는 너희의 덕 있는 체함을 배척하는 것이다."(NF, Nov. 1882-Febr. 1883, 5[4]: KSA 10, 220)

"정열(Leidenschaft)"이 "비이성(Unvernunft)"인 것은 분명하지만(NF, Sommer-Herbst 1882, 4[185]: KSA 10, 165), "정열이 스토아주의와 위선보다는 더 낫다. 전통의 윤리에서 자기 자신을 잃어버리는 것보다는 악에서일망정 진실한 것이 더 낫다. 자유로운 인간은 선할 수도 악할 수도 있다. 그러나 자유롭지 못한 인간은 자연의 수치이며, 천상의 위안도 지상의 위안도 얻지 못한다. 결국은 자유롭게 되고자 하는 자는 누구나 그 자신에 의해 그렇게 되지 않으면 안 된다. 자유는 그 누구에게도 기적의 선물처럼 수중에 들어오는 것이 아니다."(FW, II, 99: KSA, 3, 457) 그러니 자유롭게 되고자 하는 사람은 도덕의 굴레를 벗어던질 수밖에 없다. 전통적인 도덕론은 자유로운 의지에 기반하고 있는데, 이제 니체는 자유로운 자가 되려면 도덕을 파기하라고 말한다.

니체의 낱말 사용법으로는 "도덕적(moralisch), 윤리적(sittlich), 윤리학적(ethisch)이라는 것은 옛적에 확립된 법칙이나 관습에 순종하는 것을 일컫는다."(MA I, 96: KSA 2, 92) 그런 관점에서는 "자유로운 사람은 비윤리적이다. 그는 만사를 관행이 아니라 자기 자신에 의존하여 하려 하기 때문이다. 인류의 모든 근원적인 상태에서 '악하다'는 것은 '개인적이다', '자유롭다', '자의적이다', '이례적이다', '예측되지 않는다', '헤아릴 수 없다'는 것을 의미한다."(M, I, 9: KSA 3, 22)

3) '선한 인간'에서 '위버멘쉬(Übermensch)'로

이제야 진정으로 자유롭게 되고자 하는 자, "최초의 비도덕주의자(Immoralist)"(*EH*, Warum ich ein Schicksal bin, 2: KSA 6, 366)를 자처하는 니체는 그의 차라투스트라를 통해 말한다.

> "선한 인간들은 한 번도 진리를 이야기하지 않는다. 선한 인간들은 거짓 해안[海岸]과 거짓 안전을 너희들에게 가르쳤다. 선한 자들의 거짓말 속에서 너희는 태어났고 비호되었다. 모든 것이 그 선한 자들에 의해 밑바닥까지 기만되고 왜곡되었다."(*EH*, Warum ich ein Schicksal bin, 4: KSA 6, 368/369; *Za*, III, Von alten und neuen Tafeln, 28: KSA 4, 267 참조)

사람은 마땅히 선해야 하고, 무리동물이 되어야 하고, 아름다운 영혼을 가져야 하고, 이타적이 되어야 한다고 가르침으로써 "인간성(Menschheit)의 거세"를 추구하는 것이 "도덕"이라고 일컬어져왔다.(*EH*, Warum ich ein Schicksal bin, 4: KSA 6, 369 참조) 차라투스트라는 이 따위 선한 인간이야말로 "진리를 희생시키고 미래를 희생시켜 자기 실존을 관철시키는" "가장 유해한 인종"(*EH*, Warum ich ein Schicksal bin, 4: KSA 6, 369)이라고 판결한다.

> "선한 자들 — 이들은 창조를 할 수 없다. 이자들은 언제나 종말의 시원이다. —
> — 이자들은 새로운 가치들을 새로운 칠판에 쓰는 이를 십자가에 못 박는다. 이자들은 자기 미래를 제물로 바치고, — 모든 인간의 미래를 십자가에 못 박는다!
> 선한 자들 — 이들은 언제나 종말의 시원이었다. —

세계를 비방하는 자들이 어떤 해악을 자행한다 할지라도, 선한 자들의 해악이야말로 가장 유해한 해악이다."(*EH*, Warum ich ein Schicksal bin, 4: KSA 6, 369; *Za*, III, Von alten und neuen Tafeln, 26: KSA 4, 266 참조)

이른바 '선한' 자들의 속성을 폭로하는 "최초의 심리학자인 차라투스트라"(*EH*, Warum ich ein Schicksal bin, 5: KSA 6, 369)를 선한 자들은 "악마"라고 질타하겠지만, 선한 자들이야말로 "종말인들(die letzten Menschen)"(*EH*, Warum ich ein Schicksal bin, 4: KSA 6, 369)로서 응당 매장되어야 한다. 인간은 있는 그대로 긍정되어야 하며, 오히려 "그렇게 함으로써 인간은 비로소 위대함을 가질 수 있다."(*EH*, Warum ich ein Schicksal bin, 5: KSA 6, 370) 이제야 인간은 지상에서 모든 것을 버리고 천상에서 영생을 누리는 영(靈)이 아니라 이 지상의 자기 안에서 충일한 '위버멘쉬(Übermensch)'가 된다.

인습과 다르지 않은 기성의 도덕은 폐기되어야 한다. 기성의 도덕 규칙들을 힐난한 니체가 그렇다고 무도덕론자는 아니다. 그는 제정신인 자는 사람이라면 누구나 모름지기 윤리적 원칙에 맞게 살아야 함을 인식하고 있다고 생각한다.(*M*, II, 103: KSA 3, 91 참조) 니체 또한 비록 기성의 도덕 체계가 폐기된다 해도 "절제, 정의, 영혼의 평온함과 같은 개개의 덕들은 감퇴하지 않을 것"으로 본다. "왜냐하면 최대의 자유를 가진 투철한 정신도 언젠가 이미 무의식적으로 그러한 덕들을 좇을 것이고, 그 다음에는 그러한 덕들을 유익한 것으로 권유할 것이기 때문이다."(*MA* II, II, 212: KSA 2, 645) 그래서 니체는 "뒤엎어버리려 하면서 스스로 세우려고 하지는 않는 자들이 나의 적이다."(NF, Nov. 1882-Febr. 1883, 5[1] 218: KSA 10, 212)라고 말한다. "모든 것이 무가치하다."라고 외치고서는 "스스로는 아무런 가치도 창조하려 하지 않는" 자들이야말로 무실(無實)하다는 것이다. 기성의 도덕의 파기는 그로 인해 억압된 생을 구출하기 위한 것이지 아노미(Anomie) 상태로 살자는 뜻이 아니다. 마땅히 새로운 도덕이 창도되어야 한다. 의지와 욕구와 정열이 있는 자 곧 살아 있는 자는 창조에 나서야 하고, 그러한 생이야말로 찬양할 만한 것이다. 그런데 어떻게?

"만약 절대적 도덕이 있다면, 그것은 무조건적으로 그 진리가 준수되기를 요구할 것이고, 따라서 나와 인간이 그것에서 파멸할 것을 요구할 것이다. ― 이 때문에 나는 도덕의 폐기에 관심을 갖지 않을 수 없다. 살기 위해서 그리고 더 상승하기 위해서는 ― 힘에의 의지를 충족시키기 위해서는 절대적 지시 명령은 무엇이든 제거되지 않으면 안 될 터이다. 가장 힘 있는 인간에게는 창조할 때 거짓말도 허용되는 수단이다. 자연은 전적으로 그렇게 진행된다."(NF, Frühjahr Sommer 1883, 7[37]: KSA 10, 254)

여기서 니체가 구상하는 것은 하나의 "도덕적 자연주의"(NF, Herbst 1887, 9[86](61): KSA 12, 380) 내지는 '자연주의 도덕'인 것으로 보인다. 그러니까 도덕은 인간의 자연본성에서 이끌려 나와야 한다. 우선 감각과 정동을 살펴야 한다.

"너희는 너희의 감각들을 죽이지 말고 성스럽게 해야 한다 ― 무구하게 만들어야 한다. […] 사람들이 인간으로서 완전해지고자 하면 또한 동물로서 완전하지 않으면 안 된다."(NF, Sommer-Herbst 1882, 4[94]: KSA 10, 142/143)

니체는 인간의 바탕인 동물성을 오히려 '인간성'이라는 포장보다 우위에 둔다.

"우리는 동물들을 도덕적 존재자로 여기지 않는다. 그러나 그대들은 동물들이 우리를 도덕적 존재자로 여긴다고 생각하는가? — 이야기할 줄 아는 어떤 동물이 말했다: '인간성이라는 것은 하나의 편견이다. 적어도 우리 동물들은 그런 것에 시달리지 않는다.'"(M, IV, 333: KSA 3, 234)

니체는 정동의 억압이 이내 폭발하여 더 큰 사달을 일으킬 것을 우려한다. "자신의 정동을 극복한다는 것은 대개의 경우 그것을 일시적으로 저지하여 쌓아놓는다는 것을 뜻한다. 그러므로 위험을 더 크게 만드는 것이다."(NF, Sommer-Herbst 1882, 4[67]: KSA 10, 130)

기성의 도덕주의자들은 이타심을 미덕으로 칭송하나 "이기주의는 […] 하나의 사실(Tatsache)이다."(NF, Frühjahr Sommer 1883, 7[256]: KSA 10, 320) "이기주의는 감각의 원근법(das perspektivische Gesetz der Empfindumg)이다."(FW, III, 162: KSA 3, 498) 나에게 가까운 것은 크게 보이고, 멀리 있는 것은 작게 보이는 것은 시각의 자연법칙이다. 여기서 경계해야 할 것은 단지 나에게 이익이 되는 것이 선한 것으로, 나에게 해로운 것이 악한 것으로 전화되어 "도덕의 근원"이 되는 "혐오스러운" 도덕 상황일 뿐(M, II, 102: KSA 3, 90 참조), 마치 인간에게 이기심이 없는 것처럼, 이기심이 죄악의 근원인 것처럼 도덕률을 만드는 일이 아니다.

"이것이 인간이다: 하나의 새로운 힘, 최초의 운동, 스스로 굴러가는 바퀴. 만약 인간이 충분히 강하다면, 모든 별들이 자신을 중심으로 돌게 만들었을 터이다."(NF, Nov. 1882-Febr. 1883, 5[1] 178: KSA 10, 207)

이기주의는 개별자로서 인간뿐만 아니라 종(種)으로서의 인간의 본성에도 있다. 칸트의 관념론은 이러한 인간 양상의 대표적 사례라 할 것이다.

기성의 도덕주의자들은 이성적인 사려와 절제를 미덕으로 칭송하나, 얼핏 '비이성적'인 추동이 생명의 원동력으로서 더 고귀하게 드러나기도 한다.

"흔들림 없이 자신의 이익을 주시하고, 이런 이익과 목적에 대한 생각이 그의 내면의 가장 강한 추동들보다 더 강한"(*FW*, I, 3: KSA 3, 374) 이들에게는 추동으로 인해 "합목적적이지 않은 행위로 빠져들지 않는 것"이 "지혜"이고 '이성적'이다. 그러나 이들의 눈에 "비이성적"으로 보이는 사람들이 실상은 훨씬 더 고귀한 경우가 많다. "고귀하고, 도량이 넓고, 희생적인 이는 실제로 자신의 추동에 따르며, 최선의 순간에는 자기 이성을 중지시킨다." '이성적'인 자들은 이렇게 "정열"이 머릿속으로 파고든 자의 "비이성(Unvernuft) 내지 반이성(Quervernuft)"(*FW*, I, 3: KSA 3, 375)을 경멸할 것이지만, 이러한 이들이 오히려, 짐승들이 새끼를 보호해야 할 순간에 물불을 가리지 않듯이, 생명의 가치를 지키고, 적의 수중에 떨어진 전우를 구출하고, 의로운 자들을 가둬놓은 감옥을 파쇄하는 데에 맹목적이다.

기성의 도덕은 거짓된 인간관, 왜곡된 인간관계에 바탕을 두고 있다. 기성의 도덕 체계는 "모든 기초부터 착오로 이루어져 있어, 그 건축물이 수리 불가능하다."(*M*, V, 453: KSA 3, 274)는 것이 니체의 진단이다. 그렇다면 이제 새로운 윤리 체계의 구축은 불가피한 일이겠다. 그런데 니체는 도덕이라는 건물의 신축 여건이 아직은 미비하다고 말한다.

"생과 행위의 법칙들을 새롭게 세우는 일 — 이 과제를 위해 우리의 생리학, 의학, 함께 삶의 이론[Gesellschaftslehre: 사회학] 및 홀로 삶의 이론[Einsamkeitslehre: 개인학] 등 학문들은 그 자신에 대해 아직 충분한 확신이 없다. 사람들은 오직 이들 학문에서만 새로운 이념들을 위한 초석들을 — 비록 새로운 이념들 자체는 아닐지라도 — 얻을 수 있지만 말이다."(*M*, V, 453: KSA 3, 274)

그래서 니체는 우리가 지금 기존의 도덕 체제는 근거가 없고, 새로운 체제는 미처 갖춰지지 못한 "도덕의 공위기(空位期: Interregnum)"(*M*, V,

453: KSA 3, 274)에 살고 있다고 본다. "순진한 위조화폐"(M, V, 551: KSA 3, 322)는 더 이상 유통될 수 없는데, 아직 유효한 화폐는 제조되지 못한 상황이다. 이런 시기에 우리가 할 수 있는 최선의 일은 각자 "자기의 취미와 재질에 따라" "자기 자신의 군주"가 되어 "작은 실험국가들을 세우는 일"(M, V, 453: KSA 3, 274)이다. "우리가 실험물이 되어보자."(M, V, 453: KSA 3, 274)라는 것이 니체의 제안이다. 그 제안의 하나가 위버멘쉬의 도덕일 것이다. 이 지점에서 우리는 니체의 '반도덕주의적 도덕'을 본다.

그러나 니체주의자들은 여전히 반도덕주의자들로 남아 있다. 니체의 반도덕주의적 억양이 너무나 강한 탓이다. 감정을 기조로 하는 인간에게 이성의 도덕을 씌운다고 그렇게나 반발하는 니체가 '멘쉬(Mensch)'더러 '위버멘쉬(Übermensch)'의 도덕을 가지라 하는 것은 실상 일상인에게는 도덕을 기대하지 않는다는 말과 다른 것이 아니다. 니체의 권고에 따라 '멘쉬' 곧 보통 사람들이 도덕의 자기결정권을 갖게 되면, 그들은 아마도 자신에게 최선의 결과를 가져올 행동이 합리적인 것이라고 생각할 것이고, 그로부터는 결과주의에 상대주의가 결합된, 좋게 말해 합리적 이기주의 윤리가 생겨날 것이 명약관화하다. 각자의 진리나 선의 가치체계는 그 자신에게 타당하다는 포스트모더니즘 사상가들 모두가 자신들의 생각을 니체에 이어 붙이는 것은 그 때문일 것이다.

4) 반(反)이성주의와 '윤리'의 문제

"사람은 도덕적으로 된다. — 왜냐하면 도덕적이지 않기 때문이다. — 도덕에 복종하는 것은 군주에게 복종하는 것과 마찬가지로 노예적일 수도 있고, 허영심이나 이기심에 의한 것일 수도 있고, 체념이나 몽롱한 열광에 의해서일 수도 있고, 또는 생각 없거나 절망의 행동일 수도 있다. 이러한 복종에 그 자체로 도덕적인 것은 아무것도 없다."(M, II, 97: KSA 3, 89)

사람이 도덕적이지 않기 때문에 도덕적으로 된다는 말은 맞는 말이다. 이미 도덕적인데 다시금 도덕적으로 될 까닭이 없으니 말이다. 이미 천사가 새삼스레 천사가 될 일이 있겠는가! 동물인 인간만이 '도덕적'으로 될 수 있는 것이다. 그런가 하면 '도덕적' 행위를 한 자가 모두 '도덕적'이라고 할 수도 없다. 사람은 비도덕적임으로 해서, 예컨대 세속적인 영리함으로 인해, 얼마든지 도덕 규칙을 따를 수 있기 때문이다.

인간이 '도덕적일 수 있음'은 두말할 것 없이 인간이 동물이기 때문이고, 그러나 또한 '이성적'이기 때문이다. 인간이 오로지 동물이기만 하다면 자연의 법칙 외에 다른 규범 이념이 생겨났을 리도 없고, 사태가 그러하다면 도덕이나 인습 따위에 시달릴 리도 없을 터이다.

'이성적 동물'인 인간에서 니체는 '이성성'을 포장지로, '동물성'을 알맹이로 보아, 동물성인 힘에의 의지가 발양되는 윤리 체제 같은 것을 발진시키고자 한다. 그런데 그런 것이 '이성성'의 뒷받침 없이 가능할까? 니체 자신도 얼핏 인정했듯이 이성은 "인간에 있어서 본질적이고 탁월한 것"이고 인간의 "최고의 힘(Kraft)"(*MA* I, 265: *KSA* 2, 220)이다. 니체는 개념의 뜻을 낱말의 어원적 의미에서 찾는 문헌학자의 습성으로 인해 '이성(ratio)'에서도 주로 '계산하는 이성'을 보지만 이성의 더 중요한 의미는 그 '법칙 수립 능력'에 있다.

법칙의 능력으로서의 이성이야말로 인간이 자유의 주체로서 자연의 필연성과 병립할 수 있는 원천이다. 인간의 의지가 자유롭다는 것은 내부적으로는 '자신의 경향성에서' 벗어날 수 있음, 자신의 경향성(자연적 욕구)의 영향을 받지 않고 스스로 행할 수 있음을 말하고, 외부적으로는 타자의 관여에서 벗어날 수 있음, 타자의 의사와 무관하게 스스로 행할 수 있음을 말한다. 전자는 자연적 욕구로부터의 해방을, 후자는 타자의 압제로부터의 해방을 뜻한다. 전자는 내적 관계에서의 자유 곧 윤리적 의미의 자유이고, 후자는 외적 관계에서의 자유 곧 법적, 정치사회적 자유를 말한다. '위버멘쉬'가 있다면 기껏해야 이런 이중적 의미에서 자유로운 자를 지칭할 수 있을 것이다.

얼핏 그렇게 보일 수 있겠으나, 욕구의 자연적(동물적) 발산이 '자유로운' 것은 아니다. 그것은 욕구에 얽매여 있음의 다른 표현일 따름이다. 이성은 인간을 자연의 경향성 내지 자연의 인과적 연쇄로부터 해방시켜주는 것이고, '자연'의 훈육자이다. 이성은 도덕의 근거점인 자율의 입법자이니, 어떻게 보더라도 도덕이 이성에 대해 폭군이 될 수는 없는 것이다. 그리고 이성은 기껏해야 자연적 욕구에 대해 선량한 목자(牧者)가 되려 할 뿐이다. 이성은 이 대목에서 정동주의자인 니체주의자들에게 그들이 하는 말을 되돌려주려 할 것이다.

> "나는 당신들을 도우러 왔는데, 당신들은 내가 당신들과 함께 울려고 하지 않는다고 불평한다."(NF, Nov. 1882-Febr. 1883, 5[1] 105: KSA 10, 199)

더 나아가, 동물성을 인간의 토대로 생각하는 니체는 근대적 '나' 대신에 의지 일반을 모든 활동의 시원으로 삼고자 한다. 니체는 데카르트의 "나는 생각한다(Ich denke)."에서의 사고작용이나 쇼펜하우어의 "나는 의욕한다(Ich will)."에서의 의지작용의 주체를 '나'로 설정한 것이 "사실의 왜곡(Fälschung)"(JGB, 17: KSA 5, 31)이라고 논설한다. 이 주어(Ich, ego)를 '그것(Es, id)'으로 대체해야 진상에 부합한다는 것이다. 그러니까 '나는 생각한다.'가 아니라 "그것이 생각한다(Es denkt)."(JGB, 17: KSA 5, 31)라고 해야 옳다는 것이다. 그러나 '생각함'이 의식 일반 곧 지향적 활동 일반을 지칭한다면, 이것을 '나'라고 일컫든 '이성'이나 '의지'로 일컫든, 또는 '신'이나 '자연' 또는 '원자'로 일컫든 세계의 출발점이 하나로 전제된다는 것과 다를 것이 없다.

'나는 생각하다(ego cogito).'에서 이 '생각'이 한낱 '지각(perceptio)'을

뜻할 때에는 아닌 게 아니라, 그 '나'를 '나'라고 일컫든 '이성'이나 '의지'로 일컫든, 또는 '신'이나 '자연' 또는 '원자'라고 일컫든 그것은 세계를 보는 관점 또는 해석의 차이라고 할 것이다. 그러나 여기서 '생각'이 통각(apperceptio), 즉 '나는 내가 무엇인가를 생각한다고 생각한다(ego-cogito-me-cogitare-cogitatum).'에서의 수반의식을 뜻할 때는 그 '나'가 어떤 다른 것으로 결코 대체될 수 없다. 이 '나'는 나의 모든 발언의 권리 근거, 권원(權原)이기 때문이다. 가령 니체는 이전 사상가들의 세계 원리 설명은 모두 잘못된 것이며, '힘에의 의지'야말로 이 세계의 시원이라고 주장한다. 니체의 이러한 주장은 어디에서 근거하는가? 세계 자신이 그런 언표를 하는가? '힘에의 의지' 자신이 그런 발언을 하는가? 그것은 '니체'라는 '나'가 자기 확실성에 근거해서 직관하고, 인식하고, 의욕하고, 느끼고, 발언하고 있는 것이다. 모든 의식에 수반하는 통각 없이는 우리는 세계에 대한 어떠한 발언도 할 수 없다. 세계라는 대양을 항해하는 데 있어 '나'는 출발점이다. 무릇 대양이든 앞바다든 항해해나가는 데 있어서는 출발점이 있어야 할 터이다.

인간은 '나'에서 출발하여 세상을 주유하되, 경험을 하면서 새로이 많은 것을 터득한다. 처음 생각했던 것을 수정하기도 하고, 미처 생각지 못했던 것을 비로소 깨닫기도 한다. '윤리'에 관해서도 많은 체험과 깨우침 그리고 반복되는 수정이 이어진다.

'윤리'를 표현하는 서양 언어 낱말 '에틱스(ethics)', '모럴(moral)', '지텐(Sitten)'의 어원적 의미가 '풍습'이라고 해서, "윤리는 풍습이다."라고 추론한다면, 인간을 마치 언제까지나 원시언어에 매여 있고, 아무런 추상능력이 없는 존재인 것처럼 취급하는 것이다. 대개 어원은 해당 사안의 초기 사정을 이해하는 단서가 될 뿐이다. 어떤 개념을 표현하는 낱말의 원시적 의미는 '당초에 사람들은 이 사태를 아마도 그러그러하게 생각한 것 같다.'는 정도의 추정 근거는 될 수 있으나, 이 낱말의 원시적 의미가 이러저러하니, 그러므로 그 개념의 의미는 본질적으로 이러저러한 것이라는 식의 추론 근거가 될 수는 없다. 대부분의 문화어들은 문명의 진행과 함께 조탁되고 탁마된다. 문화와 함께 낱말도 변전하고, 심지어는 반전하기도 하고, 그렇게 하면서 발전하는 것이 상례이다. 만약 낱말의 어원적 의미가 언제나 그 낱말의 온전한 뜻이라고 한다면, 최초로 한 낱말을 사용한 사람(들)이 어떤 경우에나 그 낱말의 뜻을 온전히 알아서 썼고, 이후에 그 낱말의 뜻은 불변적이었음을 말하는 것인데, 자연언어에서 이런 경우는 거의 예외적인 것이며, 특히 개념어의 경우에는 그런 예외를 찾기가 더욱이나 쉽지 않을 것이다.

'윤리'란 '사람이 사람과 함께 살면서 마땅히 행하여야 할 도리'를 뜻하며, 인간이 인간으로서 마땅히 걸어가야 할 정도(正道, ὀρθὸς λόγος, recta ratio)라는 의미에서는 '도덕(道德)'과 동일한 것을 지시한다.

사람이 사람과 함께 사는 마당을 보통 '사회(社會)'라고 일컬으니, 윤리란 바꿔 말해 사람이 사회 생활하는 데 마땅히 행해야 할 도리라 하겠다. 그런데 사회란 동류의 사람들, 곧 동등한 존엄성을 갖는 사람들의 집합체이다. 그래서 윤리 도덕이란 똑같은 존엄성을 갖는 사람들이 더불어 사는 곳에서 사람들의 사람으로서의 도리를 일컫는다.

그러니까 윤리는 사회적인 것이고, 사람과 사람을 서로 흩어지지 않도록 묶어주는 기강(紀綱)이다. 아마도 애초에 그 기강은 한 사람(君子), 두 사람의 행위방식이 일반화하여, 풍속(風俗)이 되면서 세워지기 시작했을 것이다. 행위방식이 풍속이 되면 그에 맞춰 행동해야 함이 당연시되고, 그로 말미암아 풍속은 강제 규범화한다. 그래서 윤리 또는 도덕에 상응하는 서양 언어의 낱말들이 대개 풍속 내지 관습이라는 본래의 말뜻을 가지고 있을 것이다. 엄격한 외적 강제성이 있는 법률보다는 느슨하지만 윤리 도덕도 상당한 수준의 외적 강제성을 갖는 것은 그것이 풍속으로 형태화하여 어떤 개인이 감히 거부할 수 없는 것이 되기 때문이다.

풍속화한 윤리 도덕의 외적 형식이 일반적으로 예의범절(禮儀凡節)이다. '윤리성' 내지 '도덕성'이 윤리 도덕의 속 또는 본(本)이라면, 예의범절은 그 것의 겉 또는 말(末)인 셈이다.

도덕성이 높은 사람은 대개 예의범절이 바르고, 또 바른 예의범절 교육 을 통해 도덕성 자체를 높일 수 있다. 그러나 무슨 일에서나 속과 겉, 안 과 밖, 본과 말이 언제나 일치하고 일관된 것은 아니듯이, 도덕성과 예 의범절이 늘 부합해 있는 것만은 아니다. 다시 말해 예의범절이 반듯하 다 하여 그 행위에 반드시 도덕성이 깃들어 있는 것은 아니다. 또한 풍속 의 성격이 그러하듯이 같은 수준의 도덕성도 시대와 지역 또는 족속에 따 라 전혀 다른 표현 방식, 곧 판이한 예의범절을 가질 수가 있다. 예컨대 공경의 마음을 표시해야 할 국면에서 도덕성은 '진실한 공경의 마음'에 있 는 것이되, 머리를 숙여 인사하느냐, 무릎을 꿇고 인사하느냐, 악수를 하 느냐, 단지 목례만을 하느냐는 예의범절의 문제이다. 외양으로 보면 그럴 듯하지만 무릎을 꿇고 인사하는 자가 목례하는 자보다 반드시 도덕성이 높다고는 말할 수 없다.

그러면 어떤 요소가 어떤 계기로 풍속화(風俗化)하는가?

어떤 덕성이 뛰어난 한 인물의 행실이 모범이 되는 경우도 있을 것이 고, 선조들로부터의 굳어진 유습일 경우도, 어떤 종교의 계율에서 비롯한 경우도 있을 것이며, 또는 이성적으로 각성한 어떤 철인의 사상이 추종자 들을 얻거나 대중의 경향성 내지 상식이 통념화되는 경우도 있을 것이다. 모종의 풍속화를 거쳐 윤리화(倫理化)가 이루어진 행위 규범들이 한 사회 의 윤리 도덕이 되는 것이 상례이다.

니체는 '좋음과 나쁨'이 '선과 악'의 가치 관계로 전환되어 가치평가의 기준이 된 것은 수천 년에 걸친 '로마 대 유대(기독교)'의 싸움이 근저에 있 다고 본다. 그러나 '선과 악'의 가치평가가 유럽 문화에만 있는 것은 아니 다. 그리스, 로마 문명이나 기독교 문화가 전파되지 않았던 지역의 사람들도 도덕과 선의 이념, 인간 존엄성 개념을 가지고 있었다. 그리고 선의 가치 이념은 문화권의 차이를 뛰어넘는 보편성을 가지고 있다.

니체의 정동(情動)주의, 문화주의 경향을 이어 사회학, 심리학, 생리학, 의학 등의 영역에서 '인간'과 인간의 행동을 '과학적'으로 설명해보려는 시도들이 잇따랐다. 그중에서도 프로이트(Sigmund Freud, 1856~1939)의 정신분석 방법은 그 영향력 또한 지대했다. 그의 '정신분석학'은 이성으로 설명될 수 없는 '무의식'의 영역을 설정하고, 거기에서 의식 세계에서의 인간의 행동 원인들을 찾으려 하는 노력이다.

"[우리가] 정신[Psyche](정신생활[Seelenleben])이라고 부르는 것 중 우리에게 알려져 있는 것은 두 가지인데, 첫째는 신체 기관과 그것의 무대인 두뇌(신경체계)이고, 다른 하나는 우리의 의식작용들이다. [우리는 이 두 가지를 직접적으로 알고 있지만] 이 둘 사이의 모든 것은 우리에게 알려져 있지 않고, 우리가 알고 있는 이 두 끝점 사이의 직접적인 관계는 하나도 주어져 있지 않다."[33]

우리는 두뇌의 조직과 활동에 대해서 직접적으로 많은 것을 알고 있고, 의식작용과 양태에 대해서도 직접적으로 많은 것을 알고 있지만 이 양자의 관계에 대해서는 직접적으로 아는 바가 없다. 그래서 예로부터 그 관계에 대한 많은 추측들이 있었다. 두 양태는 별개의 것이라는 둥, 아니 두 양태는 상관적이라는 둥, 그것도 아니고 한 존재의 두 양태라는 둥 하면서 말이다.

---

[33] S. Freud, *Abriss der Psychoanalyse*(1940), in: Gesammelte Werke[GW], Bd. 17: Schriften aus dem Nachlass, hrsg. v. Anna Freud u. a., (London 1941), Frankfurt/M. ⁸1993, Bd. XVII, S. 67.

이제 프로이트는 정신 기관(Instanz)의 "최고(最古)의 것(die älteste)", 가장 바탕에 놓여 있는 것을 "이드(id, das Es)"라고 일컬으면서, 이드의 내용에는 유전적인, 생래적인 모든 것이 포함되며, 특히 신체조직에서 비롯하는 각종 형태의 추동(Trieb)들이 포함된다[34]고 추정한다. 이 추동이 정신생활에서 신체적 요구를 대변한다고 본다. "이드의 힘은 개별 존재자의 본래적인 생명의도를 표현하며, 그것은 이드가 가지고 있는 필요욕구를 충족시키는 데에 있다."[35]는 것이다.

추동들 중 가장 기본적인 것은 사랑추동(에로스)과 파괴추동(죽음추동)인 바, 사랑추동은 "더 통일을 이루고 이를 유지하고자 하는 것"이고, 파괴추동은 "연관을 해체하여 사물을 파괴하려는 것"으로서, 비유하자면 전자는 일종의 "인력(引力)"이고 후자는 일종의 "척력(斥力)"이라고 한다.[36]

사람을 둘러싸고 있는 실재 외부세계의 영향에 의해 이드의 한 부분이 특별히 발달하는데, 원래 자극수용을 위한 기관들과 자극보호를 위한 장치들로 이루어진 피질층(Rindenschicht)이던 것이 이드와 외부세계를 매개하는 특수한 조직으로 생성됐으니, 정신생활의 이 영역을 일컬어 '자아(ego, das Ich)'라 한다는 것이 프로이트의 파악이다.[37]

자아는 "자의적인 운동"을 할 수 있으며, "자기주장의 과제"를 가지고 있거니와 "외부를 향해서는 자극을 배우고, 그에 관한 경험들을 (기억 안에) 저장하며, 과도한 자극은 (도피함으로써) 피하고, 적당한 자극은 (적응함으로써) 마주쳐, 마침내 외부세계를 합목적적으로 자기에 유익하게 변화시키는 것(활동)을 익힘으로써 이 과제를 이행하고, 내부를 향해서는 추동의 요구들에 대한 지배력을 얻음으로써 이드에 대항하여 이 요구들의 충족이

34 S. Freud, GW XVII, 67/68 참조.
35 S. Freud, GW XVII, 70.
36 S. Freud, GW XVII, 71 참조.
37 S. Freud, GW XVII, 68 참조.

허용되어야 하는지 어떤지를 결정하고, 외부세계에게서의 유리한 시간과 상황으로 이 충족을 천연(遷延)시키거나 그 흥분을 도대체 억압함으로써 이 과제를 이행한다."[38]

자아의 활동은 자극의 긴장에 대한 주목에 이끌리는데, 일반적으로 긴장이 높아짐을 '불쾌(Unlust)'로, 긴장이 낮아짐을 '쾌(Lust)'로 느낀다. "자아는 쾌를 추구하고 불쾌를 회피하려고 한다. 불쾌의 증가가 기대되고 예견되면 불안의 신호로 응답하거니와, 그 증가의 계기가 밖에서 임박해오든 안에서 임박해오든 그 계기를 위험이라고 일컫는다. 자아의 과제는 외부세계를 파악하여 가장 위험이 적고 가장 유리한 충족을 찾아내는 일이다.

인간이 되어가면서 부모에게 의존해서 살아가는 긴 유아기의 침전물로 자아 안에 특수한 기관(Instanz)이 형성되는데 여기서 부모의 영향이 계속된다. 이 기관의 명칭이 "초자아(superego, Überich)"이다.[39] 프로이트는 이 초자아의 주요 업무가 충족을 제한하는 일이라고 본다.

만약 인간의 의식상의 행동이 무의식에 연원을 두고 있고, 무의식은 사회적, 심리적, 생리적 요인으로 형성되는 것으로 추정된다면, 사실상 '당위'가 있을 자리는 없겠다. 인간의 어떠한 행위도 그 원인에서 사회적, 심리적, 생리적 요소를 일체 배제할 수 있는 경우는 없을 것이니 말이다. 무릇 '윤리'는 다시금 한낱 '관습'인 것인가? 아니면, 니체가 제시하는 '가장 자유로운 인간'의 자기지배력에 '당위'의 단서를 찾을 수 있을까?

"가장 자유로운 인간은 자기에 대한 최대의 제어감정(Machtgefühl), 자기에 관한 최대의 지식, 자신의 힘들의 필연적인 투쟁에서는 최대의 질서를, 상대적으로 볼 때 자신의 개별적인 힘들의 최대한의 독립성을, 상대적으로 볼

---

38 S. Freud, GW XVII, 68.

39 S. Freud, GW XVII, 69 참조.

때 최대의 투쟁을 자신 안에 갖는다. 그는 가장 불협화음이 큰 존재자이고, 가장 변화무쌍한 존재자이며, 가장 장수하는 존재자이고, 엄청나게 욕구하고, 영양을 섭취하는 존재자이며, 가장 많이 자신을 잘라내고 자신을 갱신하는 존재자이다."(NF, Frühjahr Herbst 1881, 11[130]: KSA 9, 488)

'윤리'는 당초부터 아직 윤리적이지 않은 사람, 그러나 마땅히 윤리적이어야 할 사람들의 당위규범이다. 그러면서도 윤리는 근본적으로 내적 자기 강제를 전제하는 것이다. 이러한 불편한 조건 아래서 구체적인 윤리 규범들은 대개가 (아니, 어쩌면 모두가) 마음의 경향성을 거슬러 행위할 것을 강요하는 것이고, 그렇기 때문에 윤리적이지 않은 사람의 내적 자기 강제에만 맡겨두지 않고, 그런 사람으로 하여금 윤리적으로 행동하도록 하는 어떤 외적 강제의 보조 장치들이 등장한다. 그래서 심리학의 관점에서도 "도덕 체계는 함께 작용함으로써 이기심을 억누르거나 조절하고 사회생활을 가능하게 하는 가치, 관습, 제도, 진화한 심리 메커니즘의 뒤얽힌 집합"[40]이라는 규정이 있듯이, 원만한 사회생활을 위한 규범으로서 윤리는 어떤 종교의 교리나 사회 제도의 일부를 구성함으로써 강제적 구속력을 갖는 것이 보통이다. 그렇기에 자기 강제성을 본질로 갖는 것이면서도 윤리는 그 규범들이 종교나 사회제도에 의한 윤리화 형식을 취하게 되어 외적 강제성을 띠고, '사람'이 보편적인 만큼 그 도리인 윤리도 보편적인 것임에도 불구하고, 그 윤리화의 형식 차이로 말미암아 특수성을 갖는 듯이 보인다.

그러나 윤리화의 외적 형식, 풍속에 차이가 있다 해도 윤리성이 다를 수는 없다. 윤리적 사회는 어떤 상황에서도 사람이 도구로 사용되지 않는 사회를 말한다. 윤리화의 외적 형태가 상이하다 하여 윤리의 본모습이 다

---

40 J. Brockman(ed.), *The Mind*(2011): 이한음 역, 『마음의 과학』, 와이즈베리, 2012, 380면.

른 것은 아니다. 인간 사회 자체가 인간의 양식(良識, sensus communis)과 일반적 이해력, 그리고 보편적 이성을 바탕에 두고 있듯이, 인간 사회의 근본 규범인 윤리 도덕 또한 다양한 출처와 형태화에도 불구하고 그 기초는 이러한 보편적 이성이라 하겠다.

제3절
공리주의
인류의 지배자인 쾌락과 고통

1. 공리주의와 공리의 원리

공리주의(功利主義) 또는 벤담주의는 프랑스 대혁명의 해(1789)에 출간된 벤담(Jeremy Bentham, 1748~1832)의 『도덕과 입법 원리의 서설(*An Introduction to the Principles of Morals and Legislation*[*PML*])』과 함께 등장하여 제임스 밀(James Mill, 1773~1836)을 거쳐 존 스튜어트 밀에 이르러서는 당대의 주류 사조가 되었다. 벤담주의는 한낱 하나의 학설이 아니라 정치적 의사결정에도 상당한 영향을 미쳤고 지금도 (어쩌면 더욱더 크게) 미치고 있으나, 그 주의주장은 "18세기 프랑스 합리주의와 영국의 물질주의를 고루 섞어놓은 일종의 잡종 철학"[41]이다. 합리주의의 옷을 걸친 이러한 물질주의가 득세하고 있는 양상은 시류의 반영이라 할 것이다.

---

41 Richard D. Altick, *Victorian People and Ideas*(1973): 이미애 역, 『빅토리아 시대의 사람들과 사상』, 아카넷, 2011, 187/188면.

철학자인 한에서 공리주의자들에게도 제일의 관심사는 일견 '최고선'의
해명이다.

"오랜 세월이 흘렀지만, 우리 삶에서 옳고 그른 것을 판단하는 기준을 둘
러싼 논쟁은 별다른 진척을 보이지 않고 있다. 지식의 발전과정을 되돌아볼
때, 이것만큼 우리의 기대를 저버린 것이 또 있을까? 인간의 삶에서 무엇보다
중요한 주제임에도 이에 대한 철학적 논의는 여전히 낙후 상태를 벗어나지
못하고 있다. 철학이 처음 생기면서부터 최고선(summum bonum), 바꿔 말
해 도덕성의 기초에 관한 물음이 사변 철학의 핵심 과제가 되었다. 그동안 최
고의 지성들이 이 문제를 풀기 위해 온몸으로 매달렸으나 만족스러운 결과를
얻지 못했다. 그저 치열한 논전 끝에 여러 분파와 학파로 갈라졌을 뿐이다."
(Mill, *Utilitarianism*, ch.1: p. 131)

최고선을 둘러싼 오랜 철학적 논쟁을 공리주의자들은 '공리성(utility)'의
원리를 내세워 끝내려 한다. 그리고 '공리성(功利性)'이 옳고 그름과 선악의
판별 기준이 될 수밖에 없는 근거로 인간의 자연 감정을 든다. 그것은 홉
스의 사고방식과 궤를 같이하는 것이다.

"자연은 인류를 고통(pain)과 쾌락(pleasure)이라는 두 주인의 지배 아래에
두어왔다. 우리가 무엇을 해야만 하는가를 지시하고, 우리가 무엇을 할 것
인가를 결정하는 것은 오로지 고통과 쾌락일 뿐이다. 한편으로는 옳고(right)
그름(wrong)의 기준이, 다른 한편으로는 원인과 결과의 연쇄가 이 왕좌에 매
여 있다. 고통과 쾌락은 우리가 하는 모든 일, 우리가 말하는 모든 일, 우리
가 생각하는 모든 일에 있어서 우리를 지배하고 있다. 우리가 이와 같은 종
속을 떨쳐버리려고 제아무리 애쓴다 해도, 그것은 이와 같은 종속을 증명하
고 확인시켜줄 뿐이다. 어떤 사람은 말로는 이와 같은 제국을 내던져버린 채

하지만, 실제로는 이 제국에 여전히 종속되어 있다. 공리의 원리(principle of utility)는 이와 같은 종속을 인정하며, 이 종속을 이성과 법의 손으로 행복의 직물[織物]을 짜려는 것이 목적인, 체계의 토대라고 가정한다. 이 원리에 의문을 제기하는 체계들은 감각 대신에 분실물 광고들을, 이성 대신에 공상을, 빛 대신에 어둠을 끌어들인다."(Bentham, *PML*, I, I)

여기서 이 '공리의 원리'란 다른 것이 아니라 "최대행복의 원리 또는 지복(至福)의 원리(the greatest happiness or greatest felicity principle)"(Bentham, *PML*, I, I, 주)를 말한다.

"공리의 원리란 이해 당사자들의 행복을 증대시키거나 감소시키는 것처럼 보이는지, 또는 같은 내용을 바꿔 말하자면, 행복을 촉진하거나 행복에 반하는 것처럼 보이는지에 따라서 각각의 행동을 시인하거나 부인하는 원리를 의미한다."(Bentham, *PML*, I, II)

"공리 또는 최대행복의 원리를 도덕의 기초로 받아들이는 신조는 행위들은 행복을 증진시키는 정도에 비례하여 옳으며, 행복의 반대를 산출하는 정도에 비례하여 그르다고 주장한다. 행복이란 쾌락을, 그리고 고통의 부재를 의미하는 것이며, 불행이란 고통을, 그리고 쾌락의 결여를 의미한다."(Mill, *Utilitarianism*, ch.2: p. 137)

"쾌락은 그 자체로 선한 것이다. 그것은 고통을 면하는 것을 제외하고는 유일하게 선한 것이다. 그리고 고통은 그 자체로 사악한 것이며, 정말이지 예외 없이 유일하게 사악한 것이다. 선과 사악이라는 낱말은 이 밖에는 아무런 의미도 갖지 않는다. 그리고 이것은 모든 종류의 고통, 모든 종류의 쾌락에 대해서 똑같이 진리이다."(Bentham, *PML*, X, [§2], X)

이 "공리의 원리의 옳음을 증명하는 일은 불필요하고 불가능하다." 왜 냐하면 이 원리야말로 모든 옳고 그름이 그에 비추어 판정되어야 할 출발점인데, 이 "출발점을 증명하는 일은 필요하지도 않고 불가능하기 때문이다."(Bentham, *PML*, I, XI)

이 원리는 그렇게나 자명한 것이건만 사람들이 지금까지 이 공리의 원리를 일관되게 따르지는 않고 있다. 가령 벤담과 같은 시대를 보낸 애덤 스미스만 하더라도 사람들이 사실적 판단에서나 취미판단에서 결코 유용성의 기준에 따르지 않는다고 보았다.

"본래 우리는 타인의 판단을 그것이 유용(useful)하기 때문이 아니라 옳고, 정확하고, 진리 및 실재와 일치하기 때문에 시인한다. 그리고 우리가 타인의 판단에 이러한 특성이 있다고 생각하는 이유는 바로 그것이 우리의 판단과 일치하기 때문이라는 것은 명백하다. 마찬가지로 취미 또한 본래는 유용하기 때문이 아니라 정확하기 때문에, 섬세하기 때문에, 그리고 대상과 적확하게 부합하기 때문에 시인된다. 이러한 종류의 모든 특성들에 있어서 유용성(utility)이라는 개념은 분명히 사후적인 것이며, 처음부터 우리로 하여금 그것을 시인하도록 하는 원인이 되는 것은 아니다."[42]

그러나 벤담이 보기에 사람들은 실제 행동에서는 아무 생각 없이도 이 공리성의 원리를 대부분 받아들이고 있으면서도, "이런저런 편견 때문에 기회가 있을 때마다 이 원칙에 이의를 제기했던 사람이 적지 않았다. 인간은 그렇게 생겨 먹었기 때문이다. 원리에서든 실천에서든, 옳은 길에서든 그른 길에서든 인간의 자질 가운데 가장 모자란 것이 일관성"(Bentham, *PML*, I, XII)이라는 것이다.

---

[42] Adam Smith, *The Theory of Moral Sentiment*, I. I, 33.

"어떠한 형태로 나타나든 어떠한 명칭으로 구별되든, 위와 똑같은 과정이 모든 쾌락과 고통에 적용될 수 있다. 쾌락에 대해서는 그것이 선[좋음] — 이 것은 적절하게 말해 쾌락의 원인 내지 도구이다 — 또는 이윤(profit) — 이것 은 먼 장래의 쾌락이거나 혹은 먼 장래의 쾌락의 원인 내지 도구이다 — 또는 편리(convenience) 또는 유리·유익·이득[보수: emolument]·행복 등등 무엇이라고 불리든, 또 고통에 대해서는 그것이 사악 — 이것은 선에 대응한다 — 또는 해악 또는 불편(inconvenience) 또는 불리 또는 손해[손실: loss] 또는 불행(unhappiness) 등등이라고 불리든 위와 똑같은 과정이 적용될 수 있다."
(Bentham, *PML*, IV, VII)

공리주의는 사람의 행위는 무엇이나 근본에 있어서는 양적으로든 질적 으로든 쾌락을 추구하고 고통을 회피하려는 것으로, 얼핏 그렇게 보이지 않는 것조차도 마침내는 쾌락 추구나 고통 회피로 환원된다고 보는 전형 적인 쾌락주의이다.

"행복 외에 사람들이 진정으로 욕구하는 것은 없다. 무엇이든 그 자체로가 아니라 어떤 목적을 위한 그리고 궁극적으로 행복을 위한 수단으로 욕구되 는 것은 그 자체 행복의 일부분으로 욕구되는 것이며, 그렇게 될 때까지는 그 것 자체만으로 욕구되는 것이 아니다. 덕을 그 자체로 욕구하는 이들은 그것 에 대한 의식이 쾌락이기 때문에, 아니면 그것이 없다는 의식이 고통이기 때 문에 또는 두 이유가 합해져서 덕을 욕구하는 것이다."(Mill, *Utilitarianism*, ch.4: p. 172)

그래서 공리주의들은 얼핏 공리의 원리에 반대인 것처럼 보이는 금욕의 덕도, "금욕주의(asceticism)"(Bentham, *PML*, II, II)도 일종의 쾌락주의로서 오히려 그것이 공리주의를 입증해주는 한 사례라고 본다.

"전혀 기질이 다른 두 부류의 사람들이 금욕주의 원리를 받아들여 온 것으로 여겨지거니와, 그들은 곧 일군의 도덕가들과 종교가들이다. […] 희망, 다시 말해 쾌락의 전망이 전자를 북돋운 것으로 보인다. 희망은 철학적 자부심의 양식으로, 인간의 손에 있는 명예와 명성에 대한 희망이다. 공포, 다시 말해 고통의 전망이 후자를 북돋운 것으로 보인다. 공포는 미신적인 환상의 소산으로, 까다롭고 복수심 가득 찬 신의 손에 의한 미래의 처벌에 대한 공포이다."(Bentham, *PML*, II, V)

"금욕주의의 원리는 원래 성급한 사변가들의 백일몽이었던 듯하다. 그들은 어떤 상황에서 얻어진 어떤 쾌락은 길게 보면 그것을 상회하는 고통을 수반한다고 지각하고, 또 그렇게 상상하여 쾌락이라는 이름으로 나타나는 모든 것을 기회가 있을 때마다 비난했다. 그들은 이렇게 해서 더 멀리까지 나아가 출발점을 망각한 채 계속 돌진하여, 고통을 사랑하는 것을 훌륭한 것처럼 생각하기에 이른 것이다. 우리는 이와 같은 것도 그 근저에서는 공리의 원리가 잘못 적용된 것임을 안다."(Bentham, *PML*, II, IX)

사람들은 금욕을 추구할 때조차도 실은 일시적 고통을 감내함으로써 더 큰 쾌락을 얻으려 하는 것이다. 결국 어느 경우에나 사람은 쾌락과 고통에 이끌려 행위하며, 공리주의자에게 있어서 이것은 선악에 이끌려 행위한다는 말과 꼭 같은 말이다. 또 같은 말이지만 공리주의자들이 보기에는 이익만이 선이고 손해만이 악이다.

"공리란 이해 당사자들에게 유익(benefit) · 유리(advantage) · 쾌락 · 선(good) 또는 행복을 — 이것들은 지금의 경우 모두 동일하거니와 — 산출하거나, — 이들 역시 동일한 것인바 — 해악(mischief) · 고통 · 사악(evil) 또는 불행이 일어나는 것을 방지하는 경향을 갖는 어떤 대상 안의 속성을 의미한다.

여기에서 말하는 행복이란 당사자가 공동체 전체인 경우에는 공동체의 행복을, 특정 개인인 경우에는 그 개인의 행복을 말한다."(Bentham, *PML*, I, III)

그러나 '공리'는 결코 사적 이익이 중심이 아니다. 이기심은 공리를 담보하지 못하는 경우가 허다하다. 그래서 공리의 원리는 '최대 다수의 최대 행복의 원리'이기도 하다.

"한편으로는 모든 쾌락의 가치를, 다른 편으로는 모든 고통의 가치를 합산하라. 만약 저울이 쾌락 쪽으로 기울면, 그것은 그 개인의 이익과 관련하여 전체로 좋은[선한: good] 경향을 말해줄 것이며, 만약 저울이 고통 쪽으로 기울면, 그것은 전체로 그 행위의 나쁜[악한: bad] 경향을 말해줄 것이다.

이해 당사자로 보이는 사람들의 수효를 계산하고, 그들 각각에 대하여 위의 과정을 반복하라. 그 행동이 전체로 좋은 경향을 갖는 각 개인에 대하여, 그 행동이 갖는 좋은 경향의 정도를 나타내는 수효를 합산하라. 그 행동이 전체로 좋은 경향을 갖는 모든 개인에 대하여 이를 반복하라. 이 같은 일을 그 행동이 전체로 나쁜 경향을 갖는 각 개인에 대해서도 다시 반복하라. 그리고 저울을 들어라. 만약 쾌락 쪽으로 기울면, 그 행동은 이해 당사자 개인들의 전체 내지는 공동체에 대하여 일반적으로 좋은 경향을 가지며, 고통 쪽으로 기울면 그 행동은 같은 공동체에 대하여 일반적으로 사악한 경향을 갖는 것이다."(Bentham, *PML*, IV, V, 5~6)

물론 공리주의자들이 쾌락을 단순히 양적으로 계산해낼 수 있다거나 쾌락의 양에 따라서만 사람들이 행위한다고 보는 것은 아니다. 쾌락 또는 행복에도 이른바 질적 차이가 있다고 생각하니 말이다.

"짐승의 쾌락을 듬뿍 허용한다는 약속이 있다고 해서 어떤 하등동물로 변하는 것에 동의할 사람은 거의 없을 것이다. 비록 바보들이나 천치들, 또는 악한들이 그들보다 자신들의 팔자에 더 만족하고 있다손 치더라도 지성을 가진 사람이 바보가 되는 것에 동의하지는 않을 것이며, 교육을 받은 사람이 무식쟁이가 되고, 감정과 양심을 가진 사람이 이기적이고 저급한 사람이 되려고 하지는 않을 것이다."(Mill, *Utilitarianism*, ch.2: p. 139) "만족한 돼지보다는 불만족한 인간인 것이 더 나으며, 만족한 바보보다는 불만족한 소크라테스인 것이 더 낫다."(Mill, *Utilitarianism*, ch.2: p. 140)

2. 행복 곧 공리와 행위의 결과

공리주의 이론은 일반의 쾌락주의와 마찬가지로 만인이 욕구하는바 궁극의 목적은 행복이라는 것이며, 그래서 여타의 모든 것은 이 목적을 달성하는 데 수단으로서만 그 가치를 얻는다는 것이다.

그런데 만인이 궁극적으로 욕구하는 바가 행복이라는 주장을 뒷받침할 수 있는 유일한 입증 방법은 '실제로 사람들은 직접적으로 무엇을 의욕하고 무엇을 행하든 궁극적으로는 모두가 행복하기를 바라고 있다.'는 사실 확인뿐이다.

"이성(추론)에 의해 증명할 수 없는 것은 모든 제일 원리들에 공통이다. 그것은 우리 지식의 제일 전제에 대해서도 우리 행위의 제일 전제에 대해서도 마찬가지이다."(Mill, *Utilitarianism*, ch.4: p. 168)

많은 사람들이 덕과 재산과 권력과 명성과 건강을 욕구하고 얼핏 이것들이 그 자체로 욕구의 대상인 것처럼 보이기도 한다. 그러나 공리주의자들이 볼 때, 사람들이 이런 것들을 추구하는 것은 결국 고통을 피하고 쾌락을 얻기 위함이라는 것이다.

사람들이 욕구하는 다른 것들도 유심히 관찰해보면 마찬가지라는 것이다. 실제 생활에서의 자기의식과 자기관찰에서 분명히 드러나는 것보다 논변을 위한 더욱 확실한 근거는 없다.(상식들 간의 충돌은 무시한 채 상식주의자들은 늘 이렇게 생각한다.) 그래서 공리주의자 존 스튜어트 밀은 결론짓는다.

"무릇 만약 내가 진술한 의견이 심리학적으로 참이라면 ― 만약 인간의 자연본성이 행복의 일부분이거나 행복의 수단이 아닌 것은 아무것도 욕구하지 않게끔 그렇게 구성되어 있는 것이면, 우리는 이것이 욕구할 만한 유일한 것임을 달리 증명할 수도 없고, 또 달리 증명할 필요도 없는 것이다. 그렇다면 행복은 인간 행동의 유일한 목적이며, 그래서 행복 증진 여부가 인간의 모든 행위를 판정하는 시금석이다. 이로부터 그것이 도덕성의 기준이 될 수밖에 없다는 것은 필연적으로 귀결되는 바이다. 부분은 전체 안에 포함되기 마련이니 말이다."(Mill, *Utilitarianism*, ch.4: p. 172)

어떤 것을 욕구한다는 것과 그것이 즐거움을 줄 것이라고 생각하는 것은 같은 사태의 두 장면이다. 거듭 말하거니와 "그 자체로 쾌락을 주거나 쾌락을 얻는 데 또는 고통을 피하는 데 수단이 되는 것이 아니라면 어떤 것도 인간에게 선한[좋은] 것이란 없다."(Mill, *Utilitarianism*, ch.4: p. 175)

그런데 공리주의자가 행위의 선악을 판정하는 데 있어 그 행위의 동기는 주 고려사항이 아니다.

"윤리의 직무는 우리의 의무가 무엇이며, 어떤 검증에 의해 우리가 그것을 알 수 있는가를 말해주는 것이다. 그러나 어떠한 윤리 체계도 우리가 행하는 모든 것의 유일한 동기가 의무감일 것을 요구하지는 않는다. 그 반대로, 우리의 모든 행동의 99%는 다른 동기로부터 행해지는 것이며, 만약 의

무의 규칙이 그 행동들을 힐난하지 않는 한, 그 행동들은 옳은 것이다."(Mill, *Utilitarianism*, ch.2: p. 149)

여기서 의무의 규칙이 "행동을 힐난하지 않는다"라는 말은 그 "행동이 의무의 규칙에 어긋나지 않는다"라는 말이다.

"공리주의 도덕론자들은 여느 다른 이들 이상으로 동기는 행위자의 가치와는 상관이 있을지언정 행동의 도덕성과는 아무런 상관이 없다고 주장해왔다. [⋯] 물에 빠진 동료를 구해주는 사람은 그의 동기가 의무이든 수고의 대가에 대한 기대이든 도덕적으로 옳다."(Mill, *Utilitarianism*, ch.2: p. 149)

그렇기 때문에 어떤 행동이 공리의 원리에 합치하는지 여부에 따라서만 그 행동의 옳음과 그름에 대해서 말할 수 있다.(Bentham, *PML*, I, X) 실천에 있어서 '동기'란 "감수적인 존재자의 의지에 영향을 미침으로써 어떤 기회에 그가 행동하도록 결심하게 하거나 자발적으로 행동을 자제하게 만드는 수단이 된다고 가정되는 것"(Bentham, *PML*, X, [§1], III)을 말하거니와, "동기가 선하거나 악하다면, 그것은 오로지 그 결과 때문이다. 그것은 쾌락을 낳거나 고통을 막아주는 경향이 있기 때문에 선한 것이고, 고통을 낳거나 쾌락을 막는 경향이 있기 때문에 악한 것이다."(Bentham, *PML*, X, [§2], XII)

"그러므로 이상 말한 바로부터 직접적으로 이의 없이 다음의 결론이 나온다: 그 자체로 악한 것으로 생각되는 어떤 종류의 동기도 없다."(Bentham, *PML*, X, [§2], X)

"어떤 종류의 동기도 그 자체로 악한 것은 없으며, 따라서 어떤 유의 동기이든 그 자체 절대적으로 선한 그런 것도 없다. 그래서 그 동기의 결과와 관련해서 그것은 어떤 때는 악한 것으로, 어떤 때는 이것도 저것도 아닌 것으로, 또 어떤 때는 선한 것으로 보인다. 이런 사정은 모든 종류의 동기에 해당되는 것으로 보인다. 그래서 만약 어떤 동기가 그 결과에 있어 선하거나 악하다면, 이는 오직 개별 사례와 개별 동기에 대해서만 그러한 것이다. 이런 사정은 모든 종류의 동기에 대해서 그러하다. 그래서 어떤 종류의 동기가 그 결과를 고려해 악한 동기라고 적절하게 단정할 수 있으려면, 그것은 오로지 일정 기간 동안 그 동기가 선악 두 종류에 대해 가짐 직한 모든 결과, 곧 그것의 가장 통상적인 경향을 비교 계산해낸 대조표를 제시함으로써만 가능한 일이다."(Bentham, *PML*, X, [§3], XXIX)

그러나 어떤 행위의 모든 결과를 계산해내는 일은 사실상 불가능하다. 공리성의 주요소인 행복은 같은 행위의 결과에서도 사람마다 다르고, 또한 그 밀도에서 차이가 적지 않다. 거기다가 공리주의가 내세우는 공리성의 판정이 행위 결과를 보고나서야 가능한 것이라면, 한 행위(특히 '역사적'인 행위)가 미치는 영향력의 여파는 어쩌면 인류 역사의 종점에서나 온전히 가능할 수 있을 것이므로 행위의 효과로서의 결과를 계량한다는 것은 실로 가능한 일이 아니고, 이 지점에서 공리주의는 길을 잃지 않을 수 없다.

3. 윤리의 준거로서의 사회적 공리

공리주의들자들이 말하는 '공리' 내지 '행복'은 두말할 것도 없이 한낱 '동물적'인 것도 아니고, 한낱 '사적'인 것만도 아니라고 하겠다. 왜냐하면 사람들이 지향하는 것은 단지 "행위자 자신의 최대 행복이 아니라, 모든 사람들의 행복의 최대량이기 때문이다."(Mill, *Utilitarianism*, ch.2: p.

142) 이것은 사람이 왕왕 자기의 행복을 희생해서라도 타인의 행복 증진에 나선다는 사실이 입증하는 바이기도 하다. 이러한 성품을 우리는 "고상(nobleness)"하다고 칭송한다. 그러하니 공리주의의 진정한 목표는 사람들의 "고상한 성품의 전반적인 개발에 의해서"(Mill, *Utilitarianism*, ch.2: p. 142)만 달성될 수 있다는 공리주의자들의 진심은 선의로 받아들이는 것이 마땅하다.

스토아학파 못지않게 공리주의자들도 "자기-헌신의 도덕성"을 주장한다. "다만 그런 희생이 그 자체로 가치가 있는 것이라고는 생각하지 않는다. 행복의 총량을 증대하지 않거나 증대할 경향이 없는 희생은 한마디로 낭비에 지나지 않는다고 보기 때문이다. 공리주의는 다른 사람들, 즉 집단적 의미로서의 인류 또는 인류의 집단적 이해관계에 의해 설정되는 한계 속의 개인의 행복 또는 그 행복에 이르게 해주는 수단을 위해 헌신하는 자기-포기만을 찬양하는 것이다."(Mill, *Utilitarianism*, ch.2: p. 148)

그러한 조건이 충족된다면 공리주의자는 당사자 본인의 행복과 타인들의 행복이 충돌하는 상황에서는 엄정 중립의 관점에서 선택할 것을 요구한다. 이때 공리주의 윤리는 "사람들이 여러분에게 해주기를 바라는 것과 똑같이 그들에게 해주어라."[43]라는 예수의 황금률을 척도로 삼는 것이다. "네 이웃을 네 자신처럼 사랑하라."[44]라는 가르침이야말로 "공리주의 도덕의 완벽한 이상을 담고 있다."(Mill, *Utilitarianism*, ch.2: p. 148) 그래서 공리주의는 다음의 두 원리를 천명한다. "첫째, 모든 개인의 행복 또는 […] 이익이 전체의 이익과 가능하면 최대한 조화를 이루도록 법과 사회 제도를 만들어야 한다. 둘째, 교육과 여론[을 통해 …] 모든 개인이 자신의 행복과 전체의 이익 사이에, 특히 자신의 행복과 보편적 행복에 영향을 주

43 「루가복음」 6, 31.
44 「마태오복음」 22, 39.

는 긍정적이고 부정적인 행동 양식 사이에 긴밀한 끈이 연결되어 있다는 사실을 분명히 깨닫게 해주어야 한다."(Mill, *Utilitarianism*, ch.2: p. 148)고 말이다.

공리주의는 공리성의 원리에 최대한의 공공 이익, 곧 사회적 공리성, 곧 '정의'의 원칙이 당연히 포섭되며, 사람들이 이 원칙에 따라 행위할 것으로 본다.

"사회적 유대가 강해지고 사회가 건강하게 성장하게 되면, 각 개인은 누구나 타인의 복지를 실천적으로 고려하는 데에 점점 더 강한 개인적 관심을 가지게 된다. 그뿐만 아니라 각 개인은 점점 더 자신의 감정을 타인의 선[이익]과 동일시하게 되며, 또는 최소한 그것을 훨씬 더 큰 정도로 실천적으로 고려하게 된다."(Mill, *Utilitarianism*, ch.3: p. 165)

그래서 공리주의자는 "윤리(ethics)란 대체적으로 이해당사자의 편에 최대량의 행복을 산출하도록 사람들의 행동을 지도하는 기술"(Bentham, *PML*, XVII, [§1], II)이라고 정의한다. 그런데 그 행동을 지도해야 할 사람이란 1)자기 자신이거나 2)타인일 수 있겠다. 그러니까 윤리가 '어떤 사람 자신의 행동을 지도하는 기술'인 한에서 "자치의 기술(art of self-government) 또는 사적 윤리(private ethics)"(Bentham, *PML*, XVII, [§1], III)라 하며, 타인들의 행동을 그렇게 지도하는 기술인 한에서는 "통치 기술(art of government)"(Bentham, *PML*, XVII, [§1], IV)이라 하고, 그를 위한 항속적인 수단이 "입법(legislation)"이라고 하는 것이다. 어쨌거나 자치기술인 사적 윤리로서든 통치술로서든 "윤리는 행복을 그것의 목적으로 삼는다."(Bentham, *PML*, XVII, [§1], VIII) "사적 윤리는 어떻게 각기 사람이 각자의 행복에 가장 도움이 되는 행동을 추구하도록 하게 할 것인지를 가르치며", 통치 기술은 입법의 수단을 통해 "어떻게 한 사회를 구성하는 다수의 사람들이 전체 사회의 행복에 전체적으로 가장 도움이 되는 행동을 추구하도록 할 수 있는지를 가르친다."(Bentham, *PML*, XVII, [§1], XX)

어떤 사람의 행동이 낳는 행복은 자기의 행복일 수도 있고 타인의 행복일 수도 있으니, '자치의 기술'로서의 윤리, 곧 '사적 윤리'는 그의 행동에서 자기의 행복을 최대로 산출하게끔 이끄는 기술이거나 타인의 행복을 최대로 산출하게끔 그의 행동을 지도하는 기술이다. 전자는 "자기에 대한 의무(duty to himself)" 이행의 기술이라고 말할 수 있고, 후자는 "타인에 대한 의무(duty to others)" 내지는 "이웃에 대한 의무(duty to neighbour)" 이행의 기술이라고 일컬을 수도 있다.(Bentham, *PML*, XVII, [§1], VI 참조) 전자의 의무 이행에서 드러나는 자질이 "타산(prudence)"이다. 그런가 하면 후자의 의무 이행에는 두 가지 방식이 있으니, 한 방식은 이웃의 행복을 적어도 감소시키지 않는, 소극적인 것이고, 다른 방식은 이웃의 행복을 증가시키는, 적극적인 것이다. 소극적인 방식의 이행에서 드러나는 자질이 "성실(probity)"이고, 적극적인 방식에서 드러나는 자질이 "자선(beneficence)"이다.(Bentham, *PML*, XVII, [§1], VI 참조) 사람은 기본적으로 타산적일 뿐만 아니라, 성실하고 자선의 마음 또한 갖고 있다.

> "도덕적으로 텅 빈 자라면 모를까 어느 누구도 삶을 살아가면서 자기의 사적 이익에 상관이 없다 해서 타인에게 완전히 무관심할 수는 없는 일이다."
> (Mill, *Utilitarianism*, ch.3: p. 167)

'정의감'은 유해한 행위를 한 자를 처벌하려는 마음을 내포하고 있다. 이는 자신이나 자신이 그 일부인 사회에 해를 끼친 자에 대한 복수나 보복을 가하려는 자연적 감정의 발로라 하겠다. 여기에서 사회적 동정심이 형성되어, 자신에게 해가 되지 않되 사회에 해를 끼치는 행동에 대해서 분노를 느끼고, 설령 자기 자신에게 고통을 안겨주는 행위라도 그것을 제지하는 것이 자신과 사회에게 이익이 되는 한 분노를 느끼지 않게 되면, 그것은 도덕적 감정이 된다. 그리고 이 감정이 강렬해져 타인들에게도 같은 감정을 가질 것을 요구하게 되면 '응당 해야 한다(should)' 내지 '하지 않으면 안 된다(must)'로 변해 도덕적 필연성을 얻게 된다. (Mill, *Utilitarianism*, ch.5: p. 190 참조) 그러므로 이 도덕적 필연성은 "사회적 공리성(social utility)"(Mill, *Utilitarianism*, ch.5: p. 194)을 그 근거로 갖는다는 것이 공리주의자들의 생각이다.

공리주의자의 시선에서는 이러한 공리의 원리보다 사회적 정의를 더 잘 실현시킬 수 있는 원리는 없다.

> "인간 상호 간에 해를 끼치는 것[…]을 금지하는 도덕 규칙들은 인간사의 어떤 영역[…]의 최선의 운영 방식만을 알려주는 그 어떤 준칙들보다 인간의 복지를 위해 더 긴요한 역할을 한다. 또한 이러한 규칙들은 인류의 사회적 감정 전체를 결정하는 핵심 요소라는 특성을 가지고 있다. 사람들이 이 규칙을 준수함으로써만 사회적 평화가 유지될 수 있다. 만약 그것을 준수하지 않고 위반하는 사람이 많아지면 각자는 자신을 지키기 위해서라도 상대방을 적으로 생각하지 않을 수 없는 상황이 벌어진다. […] 누구든지 이러한 규칙을 잘 준수해야만 이웃 사람들과 어울려 사는 것이 가능하다. […] 이러한 도덕성이 원초적으로 정의의 구속력을 구성하는 것이다."(Mill, *Utilitarianism*, ch.5: p. 196) "이러한 원초적 도덕성의 준수를 명령하는 동기와 똑같이 강력한 동기가 그것을 위반하는 자들의 처벌을 명하는 것이다."(Mill, *Utilitarianism*, ch.5: p. 197)

공리주의의 안목에서 정의는 사회적 공리의 원칙 아래서 통용될 수 있는 도덕적 개념이며, 이런 대목에서 '공리성'은 시중(時中)에 가깝다.

"특정한 사회적 의무를 다하는 것이 무엇보다도 중요한 예외적 상황 아래서는 정의의 몇몇 일반적 준칙들을 무시하는 것이 불가피하다. […] 그래서 어떤 사람의 목숨을 구하기 위해서 어쩔 수 없다면 필요한 양식이나 약을 훔치거나 강탈하는 것, 또는 병을 치료할 능력이 있는 단 한 사람의 전문의를 납치해 강제로라도 치료하게 하는 것은 허용될 수 있을 뿐만 아니라 오히려 의무이기도 하다. […] 정의는 다른 어떤 도덕적 원리를 위해 포기되어야만 하는 것은 아니다. 그러나 통상적인 경우에는 정의로운 것이, 다른 원리를 이유(reason)로 해서 특수한 경우에는 정의롭지 않기도 하다. 말의 의미를 이 정도로 적당히 변용하면 어떤 경우에도 정의가 포기되어서는 안 된다는 성격이 유지되면서도, 때로는 칭찬할 수밖에는 없는 불의를 용인해야 하는 곤경을 벗어날 수 있다."(Mill, *Utilitarianism*, ch.5: p. 200/201)

4. 윤리이론으로서의 공리주의의 난점

공리주의는 어떤 행위를 그 이익과 관련되어 있는 사람들의 행복을 증대시키는지 감소시키는지에 따라서 시인하거나 부인하는 공리성의 원리를 내세워 대중의 지지를 받는다. 공리주의의 확산과 더불어 많은 사람들은 사회적 또는 경제적 '이익'과 도덕적 '선함'을 교환 가능한 가치로 간주한다. 가령 세계적으로 통용되는 영어 개념 'good'은 '선'이자 '좋음', '이익'이며, 'public[common] good'은 공익(公益)이자 공공선(公共善)이다. 그래서 '좋음' 내지 '이익' 일반은 '선' 일반과 동일시되고, '선'은 한낱 '좋음'이나 '이익'과 같은 것으로 여기는 현상이 광범위하게 나타난다.

그럼에도 적지 않은 사람들은 진(眞)·선(善)·미(美)를 최고의 가치로 인정한다. '최고의 가치'란 문자 그대로 그 이상의 가치는 없는, 그러니까 궁극의 가치를 말한다. 우리는 왜 선을 추구하는가? 그 이유는, 오로지 그것이 선이기 때문이다. ― 그런데 우리가 선을 추구하는 것은 선이 인간 생활에 질서를 주어 다수의 행복을 보장해주기 때문이라고 한다면, 선의 가치는 더 이상 최고의 가치가 아니라 '윤택한 생활'이나 '다수의 행복'에 종속하는, 그것들을 위한 수단이 되는 가치일 따름이다. 이렇게 되면 선의 상위에 '이(利)'라는 가치가 있는 셈이 되고, 그래서 이 '이(利)'가 최상의 가치가 된다. 그러면 본디 선악의 가치 문제여야 할 윤리 도덕의 문제는 결국은 이해(利害) 관계의 문제로 환원되고 만다. 도덕적 합리성이 정치적 또는 경제적 합리성으로 환원되기 십상이다. 그로 인해 많은 사람들이 사회 윤리의 문제를 사회 정의의 문제로 바꿔 생각하고, '사회 정의'는 다시금 이익의 공정한 배분에 있는 것처럼 여기게 된다. 그러나 윤리는 어디까지나 '인간다움[人格]'의 표상인 선 자체의 가치 실현에 있는 것이지 한낱 공정한 이익 분배나 다수의 '행복' 증진에 있는 것이 아니다. 윤리 사회가 실현되면 그러한 것이 뒤따라올 것으로 기대되는 것이지, 그것이 지향하는바 궁극의 가치는 아니다.

사람들이 모여 사는 곳에는 어디서나 이해의 충돌이 있기 마련인데, 이를 가능한 한 많은 사람들이 동의할 수 있는 방식으로 해결한다면, 그 방식은 많은 사람들에게 의당 '합리적'인 것으로 받아들여진다. 이런 관점에서 보면, '최대 다수의 최대 이익'(최대 다수에게 최대로 좋은 것: the greatest good of the greatest number, 또는 최대 다수의 최대 행복: the greatest happiness of the greatest number)(Bentham, *PML*, I, XII, 주 참조)의 원리를 내세우는 공리주의는 가장 많은 사람들을 만족시키고 그래서 가장 많은 사람들로부터 지지를 받을 수 있다는 점에서 분명 '합리적'으로 보일 수 있다.

그러나 물론 앞서도 언급했듯이 이때 '최대 다수'와 '최대 이익'을 누가 어떻게 어떤 항목을 가지고 누구를 중심으로 측량할 것이며, 그 측량의 시점을 언제로 잡을 것이냐는 사실 난제 중의 난제이다. 이런 근본적 문제점을 자체 내에 가지고 있음에도, 어쨌든 공리주의가 사람들의 이해 갈등을 조정하는 데 상당히 효과적인 방식을 제공하고 있고, 의회민주주의 체제에서 다수결의 방법으로 현안을 해결해나가는 데서 유효한 방식인 것처럼 보이는 것은 사실이다.

그러나 공리주의는 사회 윤리를 정립하는 데 있어서는 적지 않은 장애가 되고 있는바, 그것은 다른 것이 아니라, 공리주의가 종국에는 선의 가치를 이익의 가치에 종속시켜 도덕의 문제를 이익(분배)의 문제로 전환시키고, 게다가 가치 상대주의를 일반화시켜 도덕 상대주의를 조장하기 때문이다. 이 점에서 공리주의는, 세계의 일체 현상을 물리적 방식으로 설명하고, 또 물리적 방식으로 설명될 때만 의미 있다고 주장하는 물리주의와 더불어 도덕의 문제를 유야무야로 만드는 대표적 사상이라 하지 않을 수 없다. 이를 경계하기 위해서 일찍이 공자는 "군자는 무엇이 의로운가에 마음 쓰고, 소인은 무엇이 이익을 가져다주는가에 마음 쓴다(君子喻於義 小人喻於利)."[45]라고 지적하면서 이익과는 다른 의로움을 말했던 것이다. ― 공리주의의 확산은 물질주의의 확산을 자극하지만, 그 반작용으로 인간의 입법적 이성 능력에 대한 향수를 불러일으킨다. 인간사에 늘 표리(表裏)가 있음은 이에서도 예외가 없는 듯하다.

---

45 『論語』, 里仁 16.

9

현대 문명비판과
이성에 대한 새로운 기대

세계의 영원한 평화를 주창하고 인류의 공존공영을 위한 제도적 장치를 마련하려 애쓴 인간 지성이 없던 것은 아니지만, '기술문명' 사회의 팽창한 물리적 힘들(재력, 권력, 체력)은 말을 듣는 귀가 없으니 이성의 외침은 한낱 물체인 두뇌의 공명(共鳴)으로 치부되었고, 그 결과는 20세기 초·중엽에 양차 세계대전이라는 참상으로 나타났다. 일단의 철학자들은 욕구에 부역하는 도구적 이성의 실상을 비판하는 한편, 입법적 이성의 부활을 촉구하면서, 이성의 법칙수립의 힘에 의거한 합리적인 '인간' 사회 건설을 다시금 설득하고 나섰다. 고대 그리스의 3현인이라 할 소크라테스, 플라톤, 아리스토텔레스의 지혜도 그리스 국가들의 쇠락과 패망을 막지 못했고, 고대 중국의 대표적 현자들인 공맹(孔孟) 노장(老莊)도 전국시대(戰國時代) 도래의 구경꾼이 되고 말았음을 상기하면, 그들의 위력과 지혜에 미치지 못하는 백면(白面) 재사들의 비판과 설교가 현생 인류의 인간다운 세상살이에 얼마만큼의 긍정적 영향력이 있을지 모르겠으나, 대학 철학자들 ― 이른바 과학의 시대에 철학도 대학 내에서 하나의 과학인 양 연구되는 상황이니 20세기의 철학자들은 대부분 대학교수들이다 ― 이라도 나서서 이성적 존재자인 인간에게 이성의 힘이 발휘되기를 기대하고 촉구하는 것은 당연한 일이겠다.

제1절

'합리성'의 등장

인류 문화사에서 '현대'를 특징짓는 요소를 꼽자면, 과학기술, 민주주의, 경제제일주의이다. 과학기술의 획기적인 발전은 무엇보다도 인간을 온종일 의식주 문제 해결을 위해 노동에 매인 삶에서 벗어나게 해주었다. 또한 사회가 성립한 이래 지배와 종속 관계의 변주이던 인간들의 관계는 민주주의라는 정체가 자리 잡으면서 화해 공존의 방식을 얻었다. 여기에서 사람들의 관심은 자연스럽게 자연과학의 발전을 통해 획득한 생산물을 민주주의의 원칙에 따라 공정하게 분배하는 일에 집중되었고, 그렇다 보니 정치공동체의 주요 과제는 더 이상 통치체제의 문제가 아니라, 재산 취득과 분배 방식의 문제가 되었다. 그로 인해 정치공동체마다 여러 가지 방책이 모색되고 시행되기에 이르러, 자본주의·사회주의·공산주의 체제가 모습을 드러냈다. 어느 공동체나 과학기술의 발전은 거의 같은 방식으로 꾀하고, 똑같이 민주주의를 표방하지만, 경제 및 분배 정책에 관련해서만은 아직도 이견의 정도가 크다. 그런데 이러한 현대 인간 사회문화 양상의 중심에는 인간의 신체가 있다.

과학기술의 발달이라는 것은 물질세계에 대한 인간의 지배력 향상을 말하는 것이고, 이것이 유용하게 받아들여지는 것은 인간 신체의 필요욕구를 충족시키는 데 효과적이기 때문이다. 신체적 필요욕구 충족으로 만족감이 높아짐을 느낀 인간은 그로써 충분히 '자유로움'을 얻는다고 여기고, 그 이상으로 인간이 여타의 자연존재자와는 다른 '정신'적 존재자로 간주될 이유를 굳이 찾아야 할 필요가 없어졌다. 거기다가 사회 구성원 개개인이 정치공동체의 주권자라는 민주주의 개념은 '개인'의 단위가 개별적인 신체적 존재자임을 함의한다. 또한 그토록 '세련화'된 현대인들의 관심사인 '경세제민(經世濟民)'의 내용도 실상은 자연물과 그 파생물질이 요소인 재산을 취득하고 분배하는 일이다. 그런데 그것은 두말할 것도 없이 신체적 존재자로서의 인간의 필요에 대응하는 일일 따름이다. 순전한 정신적 존재자에게 대저택이든 오두막이든, 비단옷이든 삼베옷이든, 쌀밥이든 보리밥이든, 금수저든 목수저든 이것들이 무슨 소용이 있겠고 무슨 차이가 있겠는가? 순전한 정신적 존재자들은 그런 물건들은 얻을 필요도 나눌 필요도 없는 것이다. 그러니 이를 두고 다툼이 일어난다면 그것은 물질을 생존 기반으로 하는 신체적 존재자들 사이의 일이다.

이러한 사회문화 양상에서 인간 위에 있는 것으로서의 '이성'이란 (자연)과학적으로 해명할 수 없는, 과학이 발달하기 이전에 인간과 자연에 대한 무지에서 비롯한 상상의 산물이거나 무지를 호도하기 위한 날조의 결과물이고, 자연 곧 이성이라는 언사도 그때 '이성'이라는 것이 자연법칙 이상의 어떤 것을 의미한다면, 자연법칙의 본질에 대한 곡해에서 비롯한 것이라 치부된다. 그러니 만약 '이성'이라는 것이 있다면 인간 안에 있을 것인데, 인간은 신체이니, 이성이란 신체의 기능 중 어떤 성격의 것을 지칭하는 것일 뿐이다. ― 니체는 신체를 일러 '큰 이성'이라고 하지 않았던가. ― 이로써 오랫동안 '이성적 동물'로서의 인간의 징표로 간주되어온 '이성성'의 위상은 추락하였고, '이성'은 그 존재 자체를 부정당할 판국에 이르러, 그것을 대신할 인간의 다른 징표들이 앞세워졌다. 그런 징표들 중 하나가 '의지' 곧 '욕구'이다. 의지의 본질은 어떤 목적을 달성하려는 욕구이거니와, 욕구가 대개는 동물 일반의 성질로 간주되므로, 인간의 욕구를 여타 동물의 욕구와 구별하기 위해 '이성적 욕구' 또는 '실천 이성'이라는 개념이 등장하기도 한다. 다른 한편으로 '이성'의 실체성을 확인할 수는 없으나, 인간은 단지 욕구를 갖기만 하는 것이 아니라 그 욕구를 성취하기 위한 가장 효과적인 수단을 찾아내고, 그에 관해 상호 토의를 하며, 토의에는 그를 성립시키는 지반이 있으니, 그것을 '합리성'이라 일컫는 이론 형태가 등장하였다.

그러므로 이러한 문화 문명의 동향이 '반(反)이성'인 것은 분명하지만, 그것으로써 이성이 제거되었다고 볼 수는 없겠다. 그런데도 이러한 동향은 헤겔의 절대 정신으로서 보편적 이성의 실체성에 대해 깊은 회의를 품은 사람들로 하여금 아예 '이성'이라는 말의 사용을 기피하게 만들었고, 그 대신에 '합리성'이라는 말을 자주 사용하게 했다. 20세기 중반부터 "철학은 탈형이상학적이고 탈헤겔적인 사조들 속에서 합리성 이론이라는 수렴점으로 치달았다."[1]고 해도 과언이 아니다.

일찍이 아우구스티누스는 '합리적(rationalis)'과 '이성적(rationabilis)'을 구별하여 전자는 "이성(ratio)을 사용하는 또는 사용할 수 있음"과 관련해 '이성을 활용할 재능과 능력을 가진' 곧 '이성을 사용할 줄 아는' 또는 '이성을 활용한'을 뜻하는 말로, 반면에 후자는 "이성으로써 행해지고 말해지는 것"과 관련한 것으로 '이성적 기준들에 따라서 산출된 것의 이성성'을 지칭하는 말로 사용했다.[2]

근대에 들어 서양의 철학자들은 '이성성(rationabilitas)'이라는 말을 자주 썼고, 그 영향은 현재도 영어 'reasonableness'와 이탈리아어 'ragionevolezza' 등에 남아 있다. 그러나 19세기 후반부터는 '합리성(rationalitas)'이라는 표현이 훨씬 더 광범위하게 사용되었으되, 라틴어 'rationalitas'나 영어 'rationality'는 '합리성'과 함께 실상은 '이성성'도 함의하고 있다.

무릇 '합리성'이 '이성에 부합함', '이성성을 갖춤', '이성을 사용할 줄 앎'을 뜻하기만 한다면, 이미 합리성은 하나의 '이성'을 전제하는 것이므로, '이성' 대신에 '합리성'이라는 말을 사용한다고 해서 '이성'의 지반을 떠나는 것은 아니다. 그러나 오늘날 '합리성'이라는 말은 '이성에 부합함'이라기보다는 '이치에 맞음' 정도의 의미를 가진 말로 사용된다. 그러므로 '이치'가 무엇인가, 그 '이치'라는 것이 어떤 지반을 갖는가 하는 물음이 그 안에 숨겨져 있다 하겠다. '합리성'의 지반을 이루는 '이치'의 정체는 무엇일까?

'합리성'은 '합리화(Rationalisierung)'와 자매 개념으로 먼저 사회학, 경제학, 민족학 등에서 두루 사용되다가 철학적 사조에도 유입된 것으로 보인다.

---

1 J. Habermas, *Theorie des kommunikativen Handelns*, Bd. I, Frankfurt/M. 1981, S. 16.
2 Augustinus, *De ordine*, II, XI, 31 참조.

애덤 스미스는 자연은 인간에게 '목적을 추구하는 재능'을 주었을 뿐만 아니라, 또한 이성이라고 하는 '이 목적을 실현할 수 있는 수단을 추구하는 재능'을 주었다고 보았다. 이로부터 '합리적'이란 '목적 실현을 위한 효율적 수단을 찾는' 정도의 의미를 얻는다.[3]

이를 이어 마르크스는 노동방식이 수공업 → 협업 → 공장제 수공업 → 기계공업(분업)으로 진전한 것이 생산방식의 지속적인 '합리화' 과정이었다고 보았다. 이 합리화 과정이란 노동자의 인간적, 개성적, 질적 속성이 차근차근 배제되는 과정으로서, 노동은 마침내 추상화되고 노동과정은 "객관적으로 계산 가능한 노동량"으로 산정된다. 여기서 결국 합리성이란 다른 것이 아닌 "계산가능성(Kalkulierbarkeit)"을 뜻한다.[4]

이에 대해 베버(Max Weber, 1864~1920)는 '가치 합리적'과 '목적 합리적'을 구분해보았다. "예견되는 결과들을 고려하지 않고 의무, 위엄, 아름다움, 종교적 가르침, 경건함 또는 '사안'의 중요성, 이와 비슷한 것 등이 그에게 명령하는 것으로 보이는 것에 대한 확신을 가지고 행동하는 사람은 순수하게 가치 합리적으로 행동하는 것"[5]인 반면에, "목적, 수단 및 부수적 결과를 고려하여 행동하고, 목적에 대비하여 수단을, 그리고 부수적 결과들에 대비하여 목적들을, 그리고 또 여러 가지 가능한 목적들 상호간을 합리적으로 저울질하는 사람은 목적 합리적으로 행동하는 것"[6]이라고 말이다.

합리성과 '합리화'를 거의 같은 의미로 사용하는 일단의 경제학자들은 합리성을 '주관적'인 것과 '객관적'인 것으로 나누어보기도 한다. '일정한

---

3 Chr. Halbig · T. Henning(Hs.), *Die neue Kritik der instrumentellen Vernunft*, Berlin 2012, S. 7 이하 참조.
4 Lukács, *Geschichte und Klassenbewusstsein*, S. 99 참조.
5 Max Weber, *Wirtschaft und Gesellschaft*, [5]1980, S. 12.
6 Weber, *Wirtschaft und Gesellschaft*, S. 13.

목적을 가능한 한 최소의 지출을 요하는 수단을 통해 달성함'과 같은 것
은 주관적 합리성의 원리라고 하겠고, '합리적'인 사람은 누구나 이렇게
행위할 것이므로, 인간 행위는 이런 의미에서는 본성상 합리적인 것이라
볼 수 있겠다. 그리고 이의 연장선에서 경제학에서는 합리성 개념에 합리
화 개념을 대치시키기도 하는바, 이때 '합리화'란 곧 '기업의 경제성을 제
고하는 데 유용하고 적합한 조치들의 기획과 실현'을 뜻한다.[7] 이에 대해
'합리성'이란 어디까지나 "논리적 일관성이라는 의미에서의 형식적인 사고
의 올바름"[8]에 국한되어 말할 수 있는 것으로, 합리성 개념을 실제적 결
과까지 확대 사용할 수는 없다는 견해가 있는데, 이는 합리성을 객관적인
요소에서만 보아야 한다는 주장이라 하겠다.

이런 경제적인 측면이 강조된 합리성에 대해서 "포괄적인 사회적 합리
성"을 생각해야 한다는 견해도 있다. 왜냐하면 "우리에게 '비합리적'으로
보이는 경제적 태도가 사회의 전체적인 기능연관에 짜 넣어지자마자 본
래적 합리성을 얻는"[9] 경우도 있기 때문이다. 이런 관점에서 보면, 합리
성은 상황 연관적인 것으로 "합리성 자체라는 것도 없고, 절대적 합리성
이라는 것도 없다. 오늘 합리적인 것이 내일은 비합리적인 것일 수 있고,
어떤 사회에서는 합리적인 것이 다른 사회에서는 비합리적인 것일 수도
있는"[10] 것이다. 이런 생각의 연장선상에서는 '합리성'이 상대주의의 다른
명칭이 된다. 사회에 독립적인 '실재'니 '진리'니 하는 것도 없을 뿐만 아
니라, 사회에 독립적인 '합리성'이라는 것도 없다는 것이니 말이다. 이에

7   G. Gäfgen, *Theorie der wirtschaftlichen Entscheidung*(1963), ³1974, S. 87 이하 참조; L.
    Rolke, "Rationalität, Rationalisierung" II, in: *Historisches Wörterbuch der Philosophie*,
    13 Bde., hrsg. v. J. Ritter · K. Gründer, Darmstadt 1971~2007, Bd. 8, Sp. 58 참조.
8   G. Gäfgen, *Theorie der wirtschaftlichen Entscheidung*, S. 462.
9   M. Godelier, *Zur Rationalität der ökonomischen Systeme. Sozioökonomie*. Studientexte
    9, 1973, S. 365.
10 M. Godelier, *Zur Rationalität*, S. 366.

더하여 "개인 차원의 합리성과 사회 체제 차원에서의 합리성은 동일하지 않기"[11] 때문에 '합리성'의 층위와 국면을 나누어보아야 한다는 견해까지도 나온다.

그런가 하면 최근의 민족학에서는 '합리성' 개념을 그 출발점에서 다시 생각하지 않을 수 없게끔 새로운 문제 제기를 하고 있다. 제기된 물음인즉, 흔히 '야만인'은 합리적이지 않다고 여기는데, 과연 그렇게 매도할 수 있느냐 하는 것이다. 만약 언어 소통 방식마다 나름의 합리성을 가지고 있다면, 언어의 다름은 곧 합리성의 다름을 지시하는 것이 아니냐는 것이다. ─ 이성 개념을 대신해서 덜 신비롭고 좀 더 이해하기 쉬운 개념으로 여겨져 등장한 '합리성' 개념도 이런 식으로 해서 여전히 그 다의성을 줄였다고 보기는 어려운 현황이다.

합리성과 비합리성의 경계를 짓기 어렵다는 것은 합리성-비합리성의 구별을 유야무야시키는 구실이 될 것이고, 이성-비이성의 구별에 이어 합리성-비합리성의 구별조차 유야무야되는 판국에서는, 어떤 사람들은 다양한 사회문화의 발흥을 기대할지도 모르겠으나, 실상은 감성적 욕구와 물리적 힘이 '이성'이 맡아야 할 가치판단의 본부 역할을 할 것이고, 이를 합리화하는 지능이 지혜로 통할 우려가 크다. ─ 지능지수 높은 사람이 지혜 있는 사람이고, 초인공지능이 인간보다 더 지혜로운 자라는 논설마저 펼쳐지지 않을까….

이렇게 이성에 대한 회의가 짙어가는 와중에도 일단의 사람들은 '합리적'인 인간 사회를 세우려고 애쓰고 지혜를 기울여 그를 위한 '합리적' 방안을 내놓았으니, 이는 이성에 대한 새로운 기대감의 표현이라 하겠다.

---

11 N. Luhmann, "Zweck-Herrschaft-System," *Staat* 3(1964), S. 131.

제2절
비판이론과 합리성

호르크하이머(Max Horkheimer, 1895~1973)와 아도르노는 함께 지은 『계몽의 변증법』의 서두에서 고통스럽게 묻는다.

"왜 인류는 진정한 인간적인 상태에 들어서는 대신에 새로운 종류의 야만 상태에 빠져 있는가?"[12]

프랑크푸르트학파의 비판이론(Kritische Theorie)은 다른 것이 아닌 '이성'이 제2차 세계대전의 참혹한 현실을 야기한 것이라 진단하면서 이성비판에 나선다. 그리고 인류 사회의 부조리의 근원을 도구적 이성이라 지목한다. 이성의 자기파괴의 씨앗은 도구적 이성이 대변하는 합리성 개념 안에 배태되어 있다는 것이다.

그러나 과연 전쟁, 살육, 침략과 파괴, 강탈과 모욕, 과도한 경쟁과 피폐, 과식과 구토, 착취와 억압 — 현실의 이러한 참상들이 오로지 이성, 이른바 도구적 이성의 소산일까? 이미 19세기 말에 니체는 경고하고 충고했다.

"단지 수천 년간의 이성만이 아니고 — 광기가 우리에게서 부수고 나온다. 그 상속자가 되는 것은 위험한 일이다.

여전히 우리는 한 걸음 한 걸음 이 거인 우연과 싸우고 있다. 여태까지 의미 없는 것(Unsinn)과 어처구니없는 것(Ohne-Sinn)이 전 인류를 지배해왔다.

---

12 Horkheimer / Adorno, *Dialektik der Aufklärung*(1947), Fankfurt / M. [21]2013, S. 1.

형제여, 너희의 정신과 너희의 덕이 대지의 뜻에 이바지할지니. 만물의 가치가 너희에 의해 새롭게 세워질지니! 그것을 위해 너희는 전사가 되어야 한다! 그것을 위해 너희는 창조자가 되어야 한다!"[13]

비판이론의 대변자들은 니체의 '초인[위버멘쉬]'이 다른 것이 아닌 칸트의 순수 실천 이성이라고 본다. 보편적 정언 명령을 어느 누가 수행할 수 있다는 말인가. 칸트에서 "초월적이며 초개인적인 자아로서 이성은 인간의 자유로운 공동생활이라는 이념을 함유하고 있는데, 이러한 공동생활 안에서 인간은 보편적 주체로 스스로를 조직하며, 순수한 이성과 경험적 이성 간의 상충을 의식된 전체의 연대성 안에서 지양한다. 전체는 참된 보편성의 이념, 즉 유토피아를 현시한다. 그럼에도 동시에 이성은 계산하는 사고의 기관을 이루는데, 이러한 사고는 자기보존의 목적을 위해 세계를 정돈하고, 한갓된 감각재료에서 예속의 재료가 되는 대상을 마련하는 기능 외에 다른 것은 알지 못한다."(Horkheimer/Adorno, 90/91)

1. 근대 과학기술과 도구적 이성

"과학의 아버지이자 자연의 비서"[14]라고 일컬어지는 베이컨의 "지식이야말로 힘이다(ipsa scientia potestas est)."[15]라는 명제와 더불어 과학은 생기를 얻었다. 관찰, 측정, 실험에 기초하여 얻은 과학이 지식의 핵심이고,

---

13 Nietzsche, *Also sprach Zarathustra*, Von der schenkenden Tugend, 2: KSA 4, 100.
14 Bryant/la Velle/Searle, *Introduction to Bioehtics*, p. 6.
15 F. Bacon, *Meditationes Sacræ, 11. Artikel "De Hæresibus"* 1597: *The Essaies of Sr Francis Bacon. His Religious Meditations. Places of Perswasion and Disswasion.* London 1613, p. 180.

이성의 진정한 표상이 되었다. 그런데 "힘인 지식은 인간을 노예화하는 데서도 세계의 주인들에게 순종하는 데서도 어떠한 한계도 알지 못한다." (Horkheimer/Adorno, 10) 힘인 지식은 세계를 지배하고, 수요가 있는 곳에서는 제한 없이 이용된다. 지식은 기술에든, 자본에든, 권력에든, 전쟁에든, 가리지 않고 힘이 된다.

무릇 오늘날 자연과학이 대세를 이루고 진리로 찬양받는 것은 사람들이 자연과학을 통해 "자연과 인간을 완전히 지배하기 위해 자연을 이용하는"(Horkheimer/Adorno, 10) 지식=힘을 얻을 수 있다고 기대하기 때문이다. 그래서 힘에의 의지는 지식에의 의지로 나타났다.[16] 니체는 힘의 원천이 지식임을 아직 충분히 의식하지 못했던 것이다. ─ 바야흐로 세인들은 온통 새로운 지식 창출을 향해 질주하고 있고, 세상은 외견상 지식인들로 가득 찼다. (구시대의 무식한 것들!)

지식은 대상을 균질적인 단위로 분해함으로써 살아 있는 것조차 죽은 것처럼 취급하는데, 그렇게 함으로써 손쉽게 대상을 조작하고 계산해서 편리하게 사용할 수 있기 때문이다. 그리하여 마침내는 "계산가능성과 유용성의 척도에 맞지 않는 것"(Horkheimer/Adorno, 11)은 비합리적인 것으로 치부되고 백안시된다. 이제 사람들이 원하는 것은 유쾌하고 품위 있고 마음에 와 닿는 말이나 뭔가 깨우침을 주는 논증이 아니다. 사람들이 간절히 바라는 것은 "생활에 개선된 장비와 도움이 되는 활동과 노동, 그리고 이전에는 알려져 있지 않았던 구구한 것들을 발견하는 일" (Horkheimer/Adorno, 11)이다. 그것이 과학기술의 발전이라고 일컬어지는 것이다. 무릇 발전이니 "진보니 하는 것은 대체로 그 실제보다도 훨씬 위대해 보이는 법이다."[17] ─ (아, 위대한 과학기술의 진보여! 제3차 산업혁명이 수

---

16 Paul Rabinow, *Anthropologie der Vernunft*, hrsg. v. C. Caduff / T. Rees, Frankfurt/ M. 2004, S. 129 참조.

년 전의 일이었는데, 제4차 산업혁명이 방금 일어나고 있구나!)

인간은 자연과 더불어 살 것을 꿈꾸지만, 현실에서 인간은 언제나 자연에 종속할 것인지 자연을 지배할 것인지의 기로에 선다. 인간은 늘 자연 지배를 기도한다. 그를 위해 '계산적 사고(kalkulierendes Denken)'에 전권을 주고, 과학기술에 매달린다. 그 결과로 "유혈 낭자한 업적주의"(Horkheimer/Adorno, 93)가 초래된다. 그러한 인간 이성에게 자연은 '전면적인 착취의 대상'일 따름이다. '환경보호'라는 구호가 이미 지시하듯이 '보호'는 자연을 위한 것이 아니라, 인간의 생활 터전의 확보를 위한 것이다. 자연(自然)은 더 이상 '스스로 그러한 바' 또는 '있는 그대로의 것'이 아니라, 인간 생활의 도구적 배경, '환경'일 뿐이다.

과학기술은 "인간을 자연의 폭압으로부터 해방시키고 외적 자연을 지배하게 되었다는 점에서"는 성공을 거두었지만, 그 이면에서는 "외적 자연의 폭압으로부터의 해방이 동시에 내적 자연의 억압과 함께 진행"된다. "인간은 자신이 해방되는 과정에서 세계의 나머지와도 운명을 공유한다. 자연 지배는 인간 지배를 포함한다."(Horkheimer, *ER*,[18] p. 66) 그래서 일찍이 니체는 통탄하고 경고했던 것이다.

> "오만불손이 오늘날 자연에 대한 우리의 전체 태도이며, 각종 기계들과 주저 없는 과학기술자들과 기사들의 발명욕에 의존해 우리가 자연에 가하는 폭행이다. […] 이러한 오만불손은 곧 우리에 대한 우리의 태도이기도 하다. — 무릇 우리는 우리가 어떤 동물에게도 허용할 것 같지 않은 실험을 우리 자신에게 하며, 살아 있는 육체에 있는 영혼을 흥겹게 호기심에서 찢어 젖히고 있으니 말이다."[19]

---

17 Wittgenstein, *PU*, 책머리에 인용된 Johann Nestroy의 말.
18 Max Horkheimer, *Eclipse of Reason*(1947), New York: The Continuum, 2004.
19 Nietzsche, *Zur Genealogie der Moral*, III, 9: KSA 5, 357.

"지나친 자만심을 가진 […] 유럽인이여, 너는 질주하고 있구나! 너의 지식은 자연을 완성하지는 못하고, 너 자신의 자연만 죽이는구나."[20]

게다가 이성은 눈앞에 있는 모든 것을 연관 지으려 한다. 이성은 한 체계 내에 묶이지 않는 것은 그대로 둘 수 없다. 논리학은 모든 것을 '공리'로 환원하고자 하고, 역사학은 모든 것을 '사건'으로 환원하려 하며, 자연과학은 모든 것을 '원소'로 환원하고자 한다. 모든 것을 체계화하는 이성은 결국 세계를 기호화하고 최소한의 원리로 단순화하여 그 아래 굴복시키는 지배체제를 구축한다.

사회학은 인간을 개인으로 환원한다. 그것은 인간을 단위화한 것이다. 개인은 개성의 담지자이기는 하지만, 그 질(質)이 추상되고 나면, 남는 것은 '하나'라는 양이다. 너도 '하나'고 나도 '하나'이니, 너와 나는 대등하고 동질이다. 인간은 개인으로 환원됨으로써 모두가 평등해지나, 그것은 곧 양화(量化)함을 말한다. 개별화란 어디서나 양화로 직결된다. 개별화된 인간을 다시 묶어보면 '대중', '군중'이 나타난다. 그러나 군중은 임시적 기호에 불과하다. 군중은 늘 조작과 조종에 노출되어 있다. 개별화한 인간이 요원이 되는 분업 사회에서는 사회 전체의 능률 내지 효율은 증가하는 반면에 사회 구성원의 독립성은 감소한다. '공동체'라는 그럴듯한 이름에도 구성원 각자로서는 더 이상 살아갈 수 없는 체제에 편입된다.

경제학은 노동과정을 합리화하고 기계화하려 한다. 합리화는 계산가능성에 의지하고, 그래서 노동을 시간으로 양화한다. 노동에서 중요한 것은 더 이상 누가 하느냐, 어떻게 하느냐가 아니라, 얼마나 하느냐, 몇 시간 하느냐이다. 시간으로 환산되는 양만이 모든 것을 결정한다. 당초

---

20 Nietzsche, Unzeitgemässe Betrachtungen II, Vom Nutzen und Nachtheil der Historie für das Leben 9: KSA 1, 313.

물리세계를 설명하기 위해 고안된 열역학의 개념인 '효율(efficiency)'이 테일러(Frederick Winslow Taylor, 1856~1915)에 의해 생산과정에 도입[21]되자마자 이 개념은 인간 사회 전반을 지배하기 시작했다. 효율성 곧 '최소의 에너지와 노동 및 자본을 투여하여 최단 시간 내에 생산해낼 수 있는 최대 산출량'의 제고라는 명목 아래 노동은 기계화하고, 노동자는 기계에 종속된다. 그래서 노동이 활성화할수록 노동자들은 무기력해지고, 인간들은 사라진다. 왜냐하면 노동자들은 기계화된 부분노동의 종사자로 더 이상 노동의 주체가 아니라, 기계의 부속품으로 고립되고 원자화하기 때문이다. 이로써 인간은 합리적으로 사물화되고, 객체화된 노동력은 교환되고 매매되는 것이기에 "노동력의 '소유자'인 노동자는 자기 자신을 상품으로 생각할 수밖에는 없게 된다."(Lukács, 103) 마침내 인간은 "노동하는 동물(animal laborans)로서 자기 자신을 착취한다. 그것도 타자의 강요가 없는데도, 자발적으로 그리한다. 그는 가해자이며 동시에 희생자이다."[22] 수 세기 간의 계몽으로 기껏 해방된 인간은 이제 성과와 실적이 제일인 "업적사회(Leistungsgesellschaft)"[23]의 도구가 되어, 업적과 실적의 노예로서 스스로를 채찍질한다.

바야흐로 자연과학이라는 이름의 지식은 "수학적 상징으로써 현존하는 것을 도식화"(Horkheimer / Adorno, 34)하고 계량화하여 업적사회로의 대로를 닦는다.

수학과 과학기술은 인공언어로 쓰인다. 자연의 모상으로 자연스럽게 생겨난 자연언어와는 달리 인공언어는 자연을 인식하기 위한, 다시 말해 재단(裁斷)하고 계산하고 지배하기 위한 기호이다. 인공언어는 처음부터

---

21 F. W. Taylor, *The Principles of Scientific Management*, New York and London 1911 참조.

22 Han, Byung-Chul, *Müdigkeitsgesellschaft*(2010), Berlin [11]2015, S. 23.

23 Han, *Müdigkeitsgesellschaft*, S. 20.

자연을 분해 조합할 목적으로 생겨난 것이다. 무엇이 되었든 자연은 수학적으로 기호화된다. 그러나 비트겐슈타인이 "나의 언어의 한계들은 나의 세계의 한계들을 의미한다."[24]라고 지적했듯이, 인공언어야말로 세계의 한계이다. 인공언어를 통해 '세계'가 구성되기 때문이다. 자연언어 또한 세계의 한계라면, 그것은 자연언어가 애초에 비유이자 모상이기 때문인 것이다. 그래서 자연언어가 세계를 반영한다면, 인공언어는 세계를 구성한다.

그럼에도 수학적 자연과학이 내세우는 실증주의는 '사실만이 진리'라는 표어를 앞세워 세계를 물화한다. 옛적에 애니미즘이 사물들에 혼을 불어넣었다면, 이제 자연과학은 사물들에서 영혼을 박탈한다. 과학기술에 기반을 둔 "산업주의는 영혼들을 사물화"하며, 역설적이게도 '현대의' 생리학적 사회과학이 되어버린 '영혼 없는 심리학(psychologia)'[25]에서 "인간은 사물적으로 기대되는 인습적 반응과 기능들이 묶이는 점으로 오그라든다." (Horkheimer/Adorno, 34)

"자기를 유지하려는 노력은 덕의 유일한, 또는 제일의 기초"[26]이거니와, 이제 산업사회에서 인간의 자기 유지의 토대는 노동이다. 자기실현의 삶의 양태라던 노동은 생존을 위한 물질적 수입을 증대시킬 경우에만 '생산적'이라고 평가받게 되었다. 그래서 인문적 정신 활동 같은 것은 쓸데없는 짓으로 치부된다. 그러나 생산적 노동이 자본의 증가에 봉직하고 분업에 의해 효율성을 끌어올리는 동안 노동자는 "기술 장비에 맞춰 몸과 마음을 만들어가야만 하는 자기소외"(Horkheimer/Adorno, 36 참조)를 강요당한다. 거기서 "이성은 다른 모든 도구들을 제작하는 데 유용한 보편

24 Wittgenstein, *Tractatus logico-philosophicus*, London 1922, 5.6.
25 F. A. Lange, *Geschichte des Materialismus und Kritik seiner Bedeutung in der Gegenwart*, Iselohn/Leipzig 1866, Bd. 2, S. 381 참조.
26 Spinoza, *Ethica*, IV, propos. XXII, Coroll..

적인 도구로 쓰이는 것이다."(Horkheimer/Adorno, 36) 여기서 도구적 이성은 인간의 사회적 약화의 근본적 원인이다.

2. 도구적 이성의 합리성의 비합리성

1) 현대 산업사회에서의 합리성의 비합리성

마르쿠제(Herbert Marcuse, 1898~1979)는 일찍이 그의 『일차원적 인간』(1964)에서 "(1) 선진 산업사회는 예견할 수 있는 미래의 질적 변화를 견제할 수 있다."는 낙관적 가설이 있을 수 있음을 감안하면서도, "(2) 이 견제력을 부수고 사회를 폭발시킬 수도 있는 세력들과 추세들이 존재한다."라는 비관적 가설의 편에서 현대 문명에 대한 비판적 경고를 한 바 있다.

"현대 사회의 (지적인 그리고 물적인) 역량은 과거 어느 때보다 헤아릴 수 없을 만큼 더 거대하며, 그것은 곧 개인에 대한 사회의 지배의 폭이 과거 어느 때보다 헤아릴 수 없을 만큼 더 거대하다는 것을 뜻한다. 우리 사회는 압도적인 능률성과 생활수준의 향상이라는 두 기반 위에서 폭력보다도 오히려 과학기술로써 원심적인 사회적 제 세력을 정복하는 특성을 보이고 있다."(Marcuse, ODM,[27] xliv) 이것은 "능률과 성장을 촉진하는 합리성" 자체가 인간 사회를 파괴한다는 점에서 오히려 "비합리적"인 것임을 말한다.(Marcuse, ODM, xlv 참조) "증대하는 생산성과 증대하는 파괴력의 결합", "전례 없는 풍요 속에 도사리고 있는 비참함"(Marcuse, ODM, xlv 참조), 이것이 비합리가 아니고 무엇이겠는가. 그런가 하면 들뢰즈(G. Deleuze, 1925~1995)와 가타리(F. Guattari, 1930~1992)의 지적처럼 현대의

---

27 Herbert Marcuse, *One-Dimensional Man*(1964), Boston ²1991.

과학기술에 기반을 둔 "산업은 자연과 대립되고, 다른 한편 산업은 자연에서 원료를 퍼 오며, 또 다른 한편 자연에 폐기물을 반환한다."[28] ─ 이것이 문제가 아니면 무엇이 문제이겠는가.

"과학기술사회는 이미 기술의 개념과 구조 안에서 작용하는 지배체제"로서 "과학기술의 중립성"이라는 전통적 개념은 더 이상 유지되지 않는다. "과학기술은 사회적 통제와 사회적 응집의 새로운, 더욱더 효과적이고 더욱더 흥미로운 형태들을 구축하는 데 기여한다." 과학기술사회의 생산과 소비 체제는 사회적으로 요구되는 직업, 기술, 생활태도를 결정함으로써 개인적인 욕구나 소망까지도 결정하고, 그로써 사회적 요구와 개인적 욕구, 공적 영역과 사적 영역의 구별을 무효화함으로써 전체주의적 성향을 드러낸다. 선진 산업사회에서 과학기술은 정치, 경제, 문화의 형태를 결정짓는 주요인자가 된다. 과학기술의 진보에 의한 생산력과 성장력은 사회를 안정시키고, 지배체제는 이에 의존하고 있으며, 이제 "과학기술적 합리성은 정치적 합리성이 되었다."(Marcuse, *ODM*, xlviii)

"오늘날 정치권력은 기계조작과정과 설비의 기술적 조직을 지배하는 힘을 통해 드러난다. 선진화된 그리고 선진적인 산업사회들의 통치는 산업 문명에 유용한 기술적, 과학적, 기계적 생산력을 동원하고 조직하고 개발하는 데 성공할 때야만 스스로를 유지하고 보장할 수 있다." (Marcuse, *ODM*, 3) 기계적인 물리적 설비와 조직의 힘이 개인이나 개인들로 구성된 집단의 힘보다 우월하다는 냉혹한 현실은 기계들을 가장 효율적인 정치도구로 만든다. "'진보(Progress)'란 중립적인 것이 아니다. 그것은 특정 목적을 향해 앞으로 나아감이며, 그 목적들은 인간의 삶의 조건을 개선한다는 명분으로 정당성을 확보한다. 그 진보는 마침내 인간의 모든 기본적인 욕구들이 충족되고, 노동 시간이 최소화되는 단계에 이르게

---

28 Deleuze/Guattari, *L'anti-Œdipe*, p. 11.

될 것인데, 그것은 모든 생산과정이 자동화되는 국면일 것이다. 그러나 이 지점에서부터 기술의 진보는 이미 필요의 영역을 넘어서며, 그리하여 합리성을 제약하는 지배와 착취의 도구로 봉사한다."(Marcuse, *ODM*, 16)

더욱 심층을 들여다보면, 기술의 발달은 인간의 부자유에 합리성을 제공함으로써 인간이 스스로 삶의 방식을 결정하는 것을 "기술적으로" 불가능하게 만든다. 기술 향상은 인간의 생활을 더욱더 안락하게 하고 노동생산력을 증가시킴으로써 사람들로 하여금 기술적 장치에 복종하지 않을 수 없게 만들기 때문이다.(Marcuse, *ODM*, 158 참조) 바야흐로 "안락하고 순조로우며 합리적인 민주적 부자유가 선진 산업 문명 속에 횡행한다." (Marcuse, *ODM*, 1) "산업사회의 단초이자 초기 단계에서 그토록 중요한 요소를 이루었던 권리와 자유들은 이 사회의 더 높은 단계에는 굴복하고 만다."(Marcuse, *ODM*, 1) 사회적 욕구는 온갖 정보체제와 오락 매체를 통해 개인적 욕구로 이식되고, 소비자들을 기분 좋게 생산자들한테 묶어놓는다. 생산자들이 내놓는 생활용품들은 소비자들의 생활양식을 결정한다. 나아가 사람들은 자기들에게 부과되는 존재와 자신을 동일화하고 그 안에서 자신의 발전과 성취감과 만족을 찾는다. 그것은 진실에 있어서는 자아의 상실이고, 주체성의 실종이며 소외이다.

선진 산업사회는 국민의 정신적, 물질적 생활의 안정을 고려하고 복지국가에 이른다. 그러나 선진 산업사회의 매우 긍정적인 결과인 복지국가조차 그 안에 매우 부정적인 요소를 가지고 있다. 복지국가는 필시 "부자유의 국가(a state of unfreedom)"(Marcuse, *ODM*, 49)가 되고 마는 것이다. 왜냐하면 복지국가의 전반적 행정은 무엇보다도 "기술적으로 가능한 자유 시간"을 제한하기 때문이다. 국가시민들은 더 많은 여가시간을 얻음에도, 그 여가시간이 갖가지 방식으로 기업과 정치에 의해 통제되고 조정되기 때문에 실상 진정한 의미에서 자유로운 시간은 몹시 제한된다. 또한 복지국가에는 "개개인의 기본적 필요욕구 충족을 기술적으로 가능하게 하는 상품과 서비스의 양과 질"이 제한되어 있다. 국가시민들은 국가에서 제공하는 서비스에 익숙해서 차츰 "스스로 생각하고 느끼고 상상하는" 능력이 감퇴한다. 그렇기에 복지국가는 복지를 제공하는 대신에 국가시민들의 "자기결정의 가능성을 이해하고 실현할 수 있는 (의식적인, 또 무의식적인) 지성을 조직적으로 제한한다."(Marcuse, *ODM*, 49) 복지국가는 상품과 제공하는 서비스의 종류와 분량을 기획하고 조정함으로써 국가시민들의 생활양식을 유형화하거나 획일화하고, 국가시민들은 오히려 그것을 편안하게 받아들인다. 복지국가는 불가불 전체주의적 사회 요소를 가지고 있는 것이다.

기술과 과학을 기반으로 하는 산업사회는 인간과 자연에 대한 더욱 효과적인 지배와 그 자원의 더욱더 효과적인 활용을 위해 조직된다. 그러나 이러한 노력들이 성공을 거두어 인간의 현실에 새로운 차원을 열어놓으면 이내 비합리적으로 된다. "여기에 합리성 안의 비합리적 요소라는, 이 문명의 내적 모순이 있다." "과학기술적 합리성은 더 훌륭한 지배의 거대한 운반체가 됨으로써 그 정치적 성격을 노정하고, 진실로 전체주의 세계를 창조하여 사회와 자연, 마음과 몸을 이 세계를 지키기 위해 영구적인 동원 상태로 묶어놓는다."(Marcuse, *ODM*, 18)

"사회는 인간들의 기술적 활용을 포함하는, 사물들과 관계들의 조화를 성장시킴으로써 자신을 재생산한다. 바꿔 말하면, 생존경쟁과 인간 및 자연에 대한 착취는 더욱더 과학적이고 합리적으로 된다."(Marcuse, *ODM*, 146) 다시 말해 이중적 의미에서 '합리화(rationalization)'되는 것이다. 과학적인 관리와 과학적인 분업은 생산성을 빠른 속도로 증가시켰으며, 그 성과로서 사람들은 높은 생활수준을 누리게 되었다. 그러나 그와 동시에 '합리적' 기업의 사회 파괴적이고 억압적인 특징이 면책되고 정당화되었다. "과학적-기술적 합리성과 조작(manipulation)이 새로운 사회 통제의 형식으로 함께 용해된 것이다."(Marcuse, *ODM*, 146)

2) 과학적 합리성과 과학의 관념성

당초에 과학은 수리적 구조와 수량화의 방법으로 자연을 설명함으로써 '사실'이라는 명목하에 진리를 선의 가치와 윤리로부터 분리시키면서, 가치중립성을 표방하였다. 과학은 실재 세계를 밝히고 과학적 합리성은 객관적 현실을 반영한다고 한다. 그러니까 과학을 벗어난 것은 객관적인 것이 아니라, 기껏해야 주관적이고 사실에서 벗어난 것으로 된다. 과학기술적 합리성의 관점에서 윤리적 가치란 그런 것으로 치부된다. 윤리적 가치들은 설령 존경받고 숭상된다 해도 객관성도 실재성도 없는 "한낱 이상(ideals)"(Marcuse, *ODM*, 148), 다시 말해 '비과학적인 관념'일 따름이다.

그러나 수학이야말로 인간의 논리구조의 산물임을 상기한다면, 수학적 자연과학 내지 수리화된 자연은 진정한 의미에서 주관적인 학문, 관념적인 실재라 할 것이다. 물리적 세계를 그려내는 관찰과 측정은 주관에 의해 그리고 주관이 고안해낸 가능한 방법에 의해 이루어진 것이다.

세계란, 그것이 어떤 방법을 통해 알려지든, 알려지는 한에서, 인간에 의해 파악된 세계이며, 실재 세계란 '실제로 존재한다'고 파악된 세계이다. 참된 세계란 바로 우리가 참되다고 생각하는 세계이다. 도대체 '참'이니 '진리'니 하는 것도 인간이 참이라고 진리라고 여기는 것이다. 인간에 의해 파악되지 않은, 따라서 의미 있게 말할 수 없는 '진리'나 '실재의 세계'라는 것이 있을지도 모르지만, 이 경우 '있음'이 무엇을 뜻하는지부터를 인간은 알 수 없으므로, 그런 의미 있게 말할 수 없는 것에 대해서는 아무 말도 하지 말아야 한다. 실재 세계란 '실제로 있다'고 인식된 세계이고, '실제로 있다'고 의미부여된 세계이며, '실제로 있다'고 규정된 세계라는 것이고, 이런 의미에서 인간이 말하는 세계는 관념적인 것, 다시 말해 주관 의존적인 것이다.

"과학자들은 자연에 관한 '진리'를 배우려 한다. [그러나] 물리학에서 우리는 '절대적 진리'를 배울 수는 없다. 왜냐하면 물리학은 기본적으로 실험과학이고, 실험이란 결코 완전할 수가 없어서, 자연에 대한 우리의 인식은 언제나 불완전하기 때문이다."[29]

그렇기 때문에 자연과학적 지식 즉 학문적 경험이, 상호주관성이라는 의미에서의 객관성이 아니라, 인식주관인 우리 인간의 의식에 의존함이 없는 '실재'를 드러낸다는 의미에서 객관성이라는 생각은 한갓된 신념 내지는 환상으로서, 그야말로 반성 없는 '관념적'인 생각이다.

물론 "자연은 인간에 앞서 있다. 그러나 인간은 자연과학에 앞서 있다."[30] 인간이 자연 가운데서 생겨난 자연 산물이라고 하더라도 자연에 대한 '객관적'이고 '실증적'인 지식 곧 자연과학은 인간의 산물이다. 자연과학은 '실재하는' 자연의 모습을 파악한다. 그러나 자연과학에서 파악된 자연의 모습은 다른 것이 아닌 '그러그러하게 실재한다'고 '객관적'으로 '실증적'으로 그려내는 인간의 작품이다. 이른바 '실재'를 밝혀내는 학문적 경험의 체계인

"자연과학은 자연을 단순히 기술하고 설명하는 것이 아니다. 그것은 오히려 자연과 우리 사이의 상호놀이의 일부이다. 자연과학은 우리의 질문과 접근 방식에 내맡겨진 대로 자연을 기술한다. [⋯] 이것은 세계와 '나'의 엄격한 분리를 불가능하게 만든다."[31]

29 J. B. Marion · W. F. Hornyak, *General Physics with Bioscience Essays*, New York: John Wiley & Sons, ²1985, p. 1.
30 W. Heisenberg, *Physics & Philosophy: The Revolution in modern Science*, New York: Happer & Row, 1958, p. 56.
31 Heisenberg, *Physics*, p. 81.

우리는 자연적 실재에 관한 과학적 지식을 '자연과 우리 자신의 상호놀이'의 결실로 이해한다. 그런데 여기서 누군가가, 우리와 놀이를 하기 위해서는 우리 자신과는 별개의 것인 자연이 있어야 하고, 이 자연(N_1)은, 그것과의 놀이의 결과로 얻어진 자연과학적으로 파악된 자연(N_2)과는 구별되어야 하며, 이 자연(N_2)을 인식된 자연이라고 한다면, 저 놀이의 상대인 자연(N_1)은 이 인식된 자연(N_2)의 원상(原狀) 내지는 진상(眞相), 그런 뜻에서 '실재'라고 말하고 싶어 할지 모르겠다. 그러나 이 말을 의미 있게 받아들이면, 우리의 논의는 다시 원점으로 돌아간다. 물론 그 '원상'으로서 자연은 이론적으로 불가피하게 전제된다. 왜냐하면 당초부터 우리는 인식이란 근본적으로 미지의 것을 지향한다고 보고 있기 때문이다. 인식은 무엇인가, 어떻게 있는가를 모르는 것에 관한 인식이다. 그러니까 아무것도 없는 곳에는 인식이 없다. 그런 곳에는 기껏해야 상상 아니면 창조가 있을 뿐이다. 인식작용에서 그 작용을 하는 자인 인간 의식의 상대가 전제된다고 해서 이것을 '실재'라고 한다면, 그때 '인식과 실재의 합치'라는 규정에서 '합치'는 아무런 알맹이를 갖지 못한다. 미지의 것=X와 어떤 인식의 합치는 원리상 판별이 불가능하기 때문이다.

그러므로 '인식과 실재의 합치'라는 진리 규정이 '인식내용과 인식이 지향하는 실재하는 것과의 합치'라는 뜻으로 받아들여질 경우에, 이것은 '합치'의 내용이 없는(말할 수 없는) 진리의 한낱 형식적 규정으로서, "인식은 실재와 합치할 때 참이니라." 하는 선언적 의의를 가질 뿐이다. 그리고 이때 '실재'란 경험적 인식의 진보에 따라 점점 접근 가능해지는 개념상의 극점(極点)을 의미할 뿐이다. 그것이 무엇인가 유효한 합리성의 준거가 될 수는 결코 없는 것이다.

순수과학자들은 순수과학의 합리성이 가치중립적이고 어떤 실천적 목적에 구속되어 있지 않다고 계속해서 말할지도 모른다. 그러나 과학은 어떤 실천적 목적을 위해서도 사용할 수 있는 한갓된 '물질'만을 제공하기 때문에, 바로 그 때문에 과학적 합리성은 특수한 사회조직을 형성하는 탁월한 도구가 될 수 있다. "과학적 합리성은 도구주의의 지평에서 발전하는 한, 조작적(operational)"(Marcuse, *ODM*, 157)이지 않을 수 없다. 관찰과 실험, 자료 분석과 결론 도출의 방식은 결코 '중립적'으로 진행될 수 없기 때문이다.

"자연을 더욱더 효과적으로 지배하게끔 한 과학적 방법은, 그리하여 자연의 지배를 통해 인간에 의한 인간의 지배를 더욱더 효과적으로 만드는 도구가 되는 동시에 순수 개념이 되었다. 순수하게 중립적인 존재였던 이론적 이성이 실천적 이성에 봉사하기 시작했다."(Marcuse, *ODM*, 158)

자연적인 것은 "이성의 힘에 의해 재창조된다."(Marcuse, *ODM*, 236) 인간이 그의 정신적인 역량과 물질적인 능력에 의해 자연을 변형시킬 수 있는 이성적 동물로 출현하면서 한낱 자연적인 것은 이성의 아래에 있는 대상이 되었다. "자연은 이성에 의해 이해되고 조직되는 영역으로 된 것이다." (Marcuse, *ODM*, 237)

3) 기술적 합리성과 정신의 물화

효율적 체계는 "자연을 지배하는 데 있어 주체를 가장 효과적으로 지원해주는 인식의 형태"(Horkheimer/Adorno, 90)인데, 다른 것이 아닌 과학기술이 바로 그러한 체계로 납득되는 것이다. 그리고 과학기술이 중심을 차지하는 사회, 이른바 '현대 사회'는 경제력의 사회이다. 과학기술이 사회에 대한 권력을 획득할 수 있는 기반은 사회에 대한 경제적 강자의 권력이다. 그리하여 오늘날 "기술적 합리성"이란 경제력에 기반을 둔 "지배의 합리성 자체이다."(Horkheimer/Adorno, 129) 현대의 산업사회는 인간생활에 물질적 풍요를 선사하고, 대신에 '효율화'를 구실로 획일화한 사회는 다양성이 생명인 정신을 앗아간다.

고도 산업사회에서 자동기계가 등장함으로써 노동자의 육체노동이 감소했다고 해서 노동자가 비인간적 고역을 벗어난 것은 아니다. "우리가 자연 지배를 위한 기계적 장치를 더 많이 발명하면 할수록, 우리는 살아남기 위해서 그 기계에 그만큼 더 많이 봉사하지 않으면 안 된다." (Horkheimer, *ER*, p. 68) 기계조작자로서 노동자에 대한 통제 체제는 더욱 공고해졌고, 노동자는 기계 도구의 하인으로 고립화되었다. 그럼으로써 노동자의 '직업적 자율성'은 오히려 감퇴되었다. 생산도구의 기계화, 자동 기계화가 진척될수록 노동자는 무기력하게 된다. 복종이나 고된 노동보다도 노동자가 단순한 도구가 된다는 것, 그러니까 사물의 상태로 된다는 것, 그것이 노동자를 다시금 노예로 전락시킨다. (Marcuse, *ODM*, 32 참조)

과학기술을 손에 들고 자연을 효율적으로 지배한 덕분에 인간은 물질적 풍요를 누린다. 그러나 그러한 사회의 지배자들은 인간들마저 물질적 자원으로 본다. 물질로 간주되는 인간은 더 이상 인격, 곧 주체적, 자립적 존재자가 아니다. 정신 내지 이성의 위기는 사람들이 물질적으로 풍요로워진다 해도 사회적 자립성이 약화될 때 닥친다. 정신의 몰락은 정신의 '물화(物化)'와 물질의 '물신화(物神化)'에서 온다. 물화된 사회에서는 "마음에 생기를 일으키는 원리"(Kant, *KU*, B192=V313)인 정신의 형상인 예술작품도 사물화되어 상품이 된다. '정신'마저 문화상품이 되어 사고팔고 하게 되면 정신은 결국 소멸한다. 모든 것을 상품화하는 "시장경제는 동시에 이성의 현실적 형태이자 이성을 망가뜨리는 힘"(Horkheimer/Adorno, 97)이 된다. 그리고 거꾸로 물질이 신처럼 숭배된다.

그런 중에 물질적 풍요는 감성적 쾌감을 증대시키고 감성주의를 촉발하며, 감성주의는 '풍부성'과 '다양성'이라는 헛구호를 내세워 이성을 내몬다. 현실적 삶은 생생한 것인데, 이성은 무미건조하고 핏기가 없다는 것이 구실이다. 그리고 그 대신에 감정을 치켜세운다. 그러나 애당초 이성에 적대하여 비합리적인 것으로 대두한 감정은 그 비합리성으로 말미암아 이내 보편적 신용을 잃어버리니, 하나의 감정과 또 하나의 감정의 충돌이 폭력으로 번질 때 그를 중재하고 제어할 방도가 없다. 이성을 내쫓은 감정이 득세한 판국에서는 감정대로 서로를 헐뜯고 몰아댄다. 이성이라는 중재자가 없는 곳에서 정감 넘치는 대중은 자본의 조종에 놀아나기 십상이다. 대중은 노동의 생산성을 찬양하여 인문적 문화 활동을 비웃으면서도, 생산성과는 거리가 먼 사치품과 사치품 제작기술자에게 또는 오락물과 그 주역들에게는 격렬한 애호를 보인다. ― 감정적으로 좋은 것을 어떻게 하겠는가.

기술사회에서는 어떤 물품은 극소량이 생산되어 대중을 유혹하고, 어떤 물품은 대량으로 생산되어 대중을 조정한다. 물품이 대량으로 생산된다는 것은 동질품의 양화가 이루어진다는 것이고, 등급이 서로 다른 물품이 일정량으로 생산된다면 그것은 소비자의 등급을 염두에 둔 것이다. 대중은 이제 이로써 등급화된다. A류를 사용하는 A급, B류를 사용하는 B급으로 말이다. 여기에 대중의 허영심을 노리는 S급, SS급이 등장하고, 어떤 등급 분류에서는 A급이 최하급이 되기도 한다. ― 이 국면에서 희극적이자 비극적인 것은 '로열'족을 그토록이나 혐오하는 대중이 '로열'급이 되려고 안달하는 장면이다. ― 그들의 사회적 등급은 그들의 구매능력에 따라 결정된다. ― 높은 사회적 등급을 바라는가? 그렇다면 구매능력을 높여라! 그래서 사람들은 돈벌이에 매진한다. 돈만 많으면 누구나 '로열'족이 되는 것이다. 그래서 '로열'족의 전혀 '로열'스럽지 못한 천박함, 만행이 여기저기서 출몰한다.

과학기술은 사람들을 노동의 질곡에서 해방시킨다. 그로써 사람들은 여가를 얻고, 진정 자유인이 될 기회를 갖게 된다. 그러나 사람들의 여가시간은 대중문화의 생산물로 채워진다. 그런데 대중문화산업이 떠맡아

해주는 것은 고객들을 위해 감성을 미리 짜 맞춰주는 일이다. "소비자들이 분류할 것은 더 이상 아무것도 없다. 생산의 도식에서 미리 분류되지 않은 것은 없을 터이다."(Horkheimer/Adorno, 133) 주체의 도식기능을 대중산업, 대중예술에서는 제작자의 세속적인 의식이 수행한다.

1940년에 호르크하이머와 아도르노가 쓴 『계몽의 변증법』은 2010년대의 실상 또한 그대로 진술하고 있는 듯하다. 제2차 세계대전 후 세계는 급변했다고들 말하는데, 70년도 넘게 흐른 지금 대체 무엇이 변했는가?

"여러 유형의 인기가요나 인기 배우, 멜로물들이 돌아가고 있지만 실제로는 전혀 변화가 없을 뿐만 아니라, 유희물의 종별 내용도 겉보기에는 바뀌는 것 같지만 전혀 변화 없는 반복일 뿐이다. 세부적인 것들만이 대체되는 것이다."(Horkheimer/Adorno, 133) 문화산업은 각 사람들을 규격품을 만들 듯이 재생산하려 든다.(Horkheimer/Adorno, 135) 문화기획자들은 모든 것을 기계적으로 복제 가능한 틀 속에 천편일률적으로 끼워 넣는 능력으로 평판을 얻는 자들이다. 문화산업은 난해, 파격, 이상은 모두 거둬들이고, 그 자리에 용이, 상투성, 현실성을 놓아 대중에 영합함으로써만 성공을 거둘 수 있다.

마침내는 사람의 용모마저 상품이 되어 유사한 성형 미인들이 활보하고, 질병의 치료가 주 임무인 의사의 본업이 성형 미인의 제작인 경우도 허다하다. 바라는 미모에 미치지 못하게 태어난 자는 선천성 질병을 앓고 있다고 보는 세상이다.

3. 이성에서 합리성으로, 아니 합리성의 원리인 이성

많은 사람들이 법칙적 이성의 지배성과 확일화를 목도하고 도구적 이성의 추락을 경험하면서 이성 혐오적이고 반이성적인 경향이 나타났다.

어떤 이는 "하나의 이성" 대신에 "복수의 이성(die Vernunft im Plural)"을 세워 확일화를 방지하고자 하고,[32] 어떤 이는 이런 '이성의 복수성'이라는 생각에서 '이성의 다원성'으로 옮겨가 이성들이 끊임없이 "충돌"하는 것을 상정한다.[33]

그러나 '복수의 이성'이란 '둥근 사각형'처럼 자가당착이다. '이성'이란 근원적 이치 즉 원리를 일컫는 것이다. 원리가 여럿이라면, 이럴 경우 당연히 서로 '충돌'할 것이고, 그 충돌을 막을 그 이상의 원리는 없다. 이것은 곧 원리가 없다, 즉 이성이 없음을 뜻한다. 대개의 합리성은 '절충'을 의미하는데, 많은 경우 절충은 일관된 이성에 의한다기보다는 그때그때의 이해득실 계산에 따라 일어난다. 이성의 다원성이라는 이름 아래 야합이 이루어질 수 있다. 자칫 '합리성(合利性)'이 곧 '합리성(合理性)' 행세를 하는 수가 있다.

이러한 상황에서 어떤 사람들은 심지어 '이성'이라는 말 자체를 사용하는 것조차 거부한다. 하버마스(Jürgen Habermas, 1929~)는 "철학의 근본적인 주제는 이성이다. 철학은 그 시초 이래로 세계 전체를, 현상들이 잡다함 속에서 하나임을 이성 안에서 발견될 수 있는 원리들을 가지고서 설명하려고 애쓰고 있다."(Habermas, TkH,[34] I, 15)고 이해하고 있으면서도, "오늘날 철학은 더 이상 세계, 자연, 역사, 사회 전체를 총체적으로 안다고 나설 수 없다."(Habermas, TkH, 1, 15)라고 진단한다. 이러한 진단의 배경에는 주체 철학에 대한 비판이 포함되어 있다.

그러한 진단은 이성 대신에 '합리성'이라는 개념 사용의 처방으로 귀결하는데, 이는 '이성'과 '주체'로 표현되는 법칙수립적 이성에 대한 오해에

---

32 W. Welsch, *Vernunft*, S. 43 참조.
33 Gilles Deleuze, *Difference et repetition*, Paris 1968, p. 356 참조.
34 Habermas, *Theorie des kommunikativen Handelns*[TkH], 2 Bde., Frankfurt/M. 1981.

서 비롯한 진단이라 하겠다.

'주체'는 중심성과 고정성(고착성)의 뉘앙스가 있어서, 자연스럽게 '주변'을 상정하고 '변화'를 거부하는 듯이 보인다. 중심-주변의 도식은 혹시나 내가 주변으로 밀릴까 하는 불안을 야기한다. 그런데 이 불안은 '중심'으로의 욕망을 가진 자에게만 나타나는 증상인 것이다. 반(反)주체 사상은 매우 강한 주체 사상을 가진 이들에게서 나타나는 증상이다. '주체'란 도무지 없다고 생각하는 이들에게 자신의 위치가 주변이라는 상념이 떠 오를 리 있겠는가. 그러니까 반주체 사상을 표명한다 해서 순전히 그것만으로 주체를 거부한다고 볼 수는 없다. 인간의 삶에서 재산이란 하찮은 것이라고 가난한 시절에 그토록이나 의연하던 이가 어느 때 자산가가 되고 나면 자신의 부에 대해 아주 큰 자부심을 갖는 경우를 적지 않게 보듯이, 주변에 있을 때 그렇게나 강력하게 반주체를 외치던 이들이 어쩌다가 주체의 일원이 되고 나면 이전 어느 주체보다도 더 강력하게 주체성을 발휘하는 것을 우리는 종종 보게 된다. ─ 작은 일터에서조차 '완장'의 횡포는 가관이다.

하버마스는 '이성'으로부터 '합리성'으로의 전환을 주창하면서, 합리성의 기준으로 "비판 가능성과 근거제시 가능성"(Habermas, *TkH*, 1, 27)을 말한다. 즉 "비판받고 방어하고, 다시 말해 근거를 댈 수 있는 요구주장"(Habermas, *TkH*, 1, 26/27)은 '합리적'이라는 것이다. 정당한 근거에 대한 토론 참여를 통한 확신, 이른바 "의사소통적 합리성"이 자기중심적인 이성을 대신함이 '합리적'이라는 것이다. 이것은 상호주관적 이해를 합리성의 근거로 삼아야 한다는 것으로서, 이른바 이러한 "의사소통이론적 전환(kommunikationstheoretische Wende)"(Habermas, *TkH*, I, 531)을 통해 "주체철학의 종말"(Habermas, *TkH*, I, 532)이 온다고 보는 것이다. 그러나 의사소통 이론이 "상호주관적 이해하기"인 한, '주체철학'에 여전히 머물러 있다고 해야 할 것이다. 상호주관은 무(無)주관이 아니라 복수의 주관을 전제하는 것이기 때문이다.

사실 '주체철학'이니 '주관철학'이니 '의식철학'이니 하는 것은 칸트의 이른바 '코페르니쿠스적 전환'에 의한 주객 관계의 전도에서 인간 의식이 주관의 위치에 선 것을 지칭한 것이다. 그리고 이때의 '주객'은 인간 의식과 대상세계 곧 자연을 지시하는 것이며, 그 관계의 산물이 지식 곧 자연과학인 만큼, 거기에는 주관/주체'들'이란 없다. '하나의' 보편적 주관이 있을 뿐이다. 그러니 대상인식에서는 상호주관이니 의사소통이니 하는 관계가 애당초 성립이 되지 않는다. 여기서 문젯거리로 삼을 수 있는 것이 있다면, 이러한 주객의 관계는 객관을 전횡적으로 '도구'화할 가능성이 농후하다는 점이겠다. 또한 누가 이웃 사람을 '사람'으로 보지 않고, 한낱 자연물/대상으로 본다면 그것 역시 '도구적' 인간관계의 형식이 될 수 있을 것이다.

그러나 '상호주관'은 여럿의 주관이 있는 곳, 다름 아닌 인간사회, 시민사회에서의 인간관계를 전제하는 것이다. 그리고 사람과 사람의 관계는 주객의 대상인식적 관계가 아니라, 주체와 다른 주체의 자기인식적 관계, 즉 사회적 관계를 말하는 것이다. 여기서는 사회적 관계에서 모든 주체가 동등한 윤리적 관계로 발전해가야 한다는 주장이 성립할 수 있겠다. 그러니까 하버마스가 주체철학에서 의사소통이론으로의 전환을 기도하면서 "고독한 주체의 표상될 수 있고 조작될 수 있는 객관적 세계 안의 어떤 것과의 관계맺음"에서 "언어능력이 있고 행위능력이 있는 주체들이 어떤 것에 관해 서로 이해하려 할 때 취하는 상호주관적인 관계맺음"(Habermas, *TkH*, I, 525)으로의 이행을 촉구했을 때, 그것은 대상의식 곧 사물인식에서 자기의식 곧 타자인식으로의 이행을 말하는 것으로, 이 말은 사태에 적중한 것이 아니다. 전자의 관계맺음은 자연과학의 방식을, 후자의 관계맺음은 사회과학의 방식을 함의하는 것이니, 그것은 '전환'이라기보다는 애당초 상이한 방식인 것이니 말이다. ― 칸트와 헤겔에 의해 섬세하게 구분된 주객 관계맺음의 두 가지 방식이 하나의 방식으로 전환됨으로써 사태 설명이 더 잘 된다면 모를까 그렇지도 않다면, 차라리 옛 방식의 이론으로 세상을 읽는 것이 나을 수도 있겠다.

제3절
롤스에서의 이성과 합리성

1. '합리적인 것'과 공적 이성

롤스(John Rawls, 1921~2002)는 칸트에 기대어 '이성적인 것(the Reasonable)'과 '합리적인 것(the Rational)'을 구분한다.(Rawls, *PL*,[35] II, §1: p. 48 이하 참조) 칸트의 '정언 명령'은 순수 실천 이성에서 발해지는 것으로 '이성적인 것'이며, 사려 깊은 충고에서 보는바 '가언명령' 같은 것은 경험적인 실천 이성에 의한 것으로 '합리적인 것'이라 할 수 있다는 것이다. '이성적인 것'은 보편적으로 합당성을 가질 수 있지만, '합리적인 것'은 반드시 그렇지는 않다. 협상을 유리하게 끌어가기 위한 '합리적'인 제안이 때로는 부당하고 터무니없는 것일 수도 있으니 말이다. 목적 자체의 정당성은 차치하고, 그를 달성하기 위한 적절한 수단을 찾는 힘을 "주관적 이성", 최고선과 인간의 이념에 맞는 목표를 찾고 그것을 자기보존을 위한 자기의 이해관심과 화해시킬 방안을 모색하는 힘을 "객관적 이성"이라고 구별한다면,[36] 롤스의 '합리적인 것'은 주관적 이성에 부합하는 것이고, '이

---

35 John Rawls, *Political Liberalism*, New York 1996.

성적인 것'은 객관적 이성에 부합하는 것이라 하겠다.

"동등한 자들 사이에서 타자들도 그렇게 할 것이라는 확신을 가지고 서 협력의 공정한 조건으로 원칙과 기준을 제시하고 그것을 기꺼이 준수할 준비가 되어 있다."고 한다면, 그것은 기본적으로 '이성적'이라 할 만하다.(*PL*, Ⅱ, §1, 1: p. 49 참조) 그러므로 '이성적임'은 "공정한 협력 체계로서의 사회 이념의 한 요소"(*PL*, Ⅱ, §1, 1: p. 49/50)이다. '이성적인 개인들(reasonable persons)'은 "일반적인 선 그 자체에 의해 움직이지는 않지만, 자유롭고 평등한 이들 모두가 받아들일 수 있는 조건 아래서는 서로 협력할 수 있는 사회 세계를 바란다. 그들은 각자가 타인들과 함께 이익을 얻을 수 있도록 그 세계 안에서 상호성이 유지될 것을 주장한다."(*PL*, Ⅱ, §1, 1: p. 50) 그러니까 이성적인 행위자는 상호성의 원칙이 지켜지지 않을 경우에는 협력 체제를 깰 준비가 되어 있는 것이다.

'합리적인 행위자(rational agent)'라는 개념은 "특히 그 자신의 목적들과 이익들을 추구하는 데 있어서 판단과 숙고의 능력을 가진 개별적 단일 행위자"를 지칭하며, 그 합리성에는 "이러한 목적들과 이익들이 어떻게 취해지고 수용되는지와 함께 이것들에게 어떻게 우선성이 주어지는지"의 방식이 포함된다.(*PL*, Ⅱ, §1: p. 50 참조) 합리적인 행위자는 목적에 가장 적합한 수단을 고려하며, 목적들 사이의 우선성, 최종 목적 또한 검토한다. 우선적으로 자신의 이익을 생각하지만, 반드시 자신의 이익만을 추구하지는 않는데, 그것은 자신만의 이익을 추구하는 것이 반드시 그 자신에게 최고의 이익이 되지 않을 수도 있음을 알기 때문이다. 그는 주변 사람이나 공동체에 대해서도 애정과 애착을 갖는다. '합리적인 행위자'가 결여하고 있는 것은 '이성적'인 행위자가 가지고 있는 모종의 '도덕감(moral sensibility)'이다.(*PL*, Ⅱ, §1, 2: p. 51 참조)

---

36 Horkheimer, *Eclipse of Reason*, pp. 1~2 참조.

'합리적인 것'과 '이성적인 것'은 공정한 협력 사회를 이끌어가는 데는 똑같이 필요한 "상호보완적" 요소이다. 한갓되이 이성적이기만 한 행위자는 공정한 규칙 아래에서라면 기꺼이 협력하지만, 그 공정한 협력에 의해 그가 추진하기를 원하는 그 자신의 목적을 이루지 못할 수도 있다. 반면에 합리적이기만 한 행위자는 목적이 무엇이 되었든, 매우 정의롭지 못한 경우에조차도, 그 목적에 효과적인 수단을 찾는 데 집중한다. 합리적인 것과 이성적인 것이 상호 보완된다면, 합당한 목적을 세우고, 그에 알맞은 수단을 찾아 행할 수 있게 될 것이다.(*PL*, II, §1, 3: p. 52 참조)

  사람들이 평등한 존재로서 서로 공정한 조건 아래서 기꺼이 협력 체제를 구축한다는 것은 공적인 사회적 세계(public social world)가 틀 잡혀 있는 한에서 가능한 일이다. 다른 사람도 나와 같이 공정한 협력 원칙을 준수한다는 전제가 없는데도, 나 홀로 그런 원칙에 따라 행동한다면, 그것은 비합리적이다. 그래서 공적인 세계가 없다면, "이성적인 것은 정지될 것이며, 우리는 합리적인 것에 크게 의존할 수밖에 없을 것이다."(*PL*, II, §1, 4: p. 54)

  이성적인 것은 이타적인 것이 아니며, 그렇다고 이기적이지도 않다. '이성적인 사회'는 성인(聖人)들의 사회가 아니며, 그렇다고 이기적인 자들의 집단도 아니다. 이성적인 사회에서 이성적이고 합리적인 행위자는 누구나 공정한 협력의 조건을 제안하고 승인받아 그 조건 아래서 각자 합리적인 목적을 가지고 활동하는 것이다.

2. 합리적인 정의의 원칙

  사회는 상호 간의 편익을 위한 "협동적 모험사업"으로서, 그것은 "이해의 일치와 함께 이해의 상충이라는 특성"도 갖는다. 사람들은 각자가 자기 혼자만의 노력에 의해서 살기보다는 사회 협력을 통해서 모두가 더 나은 생활을 할 수 있다는 점에서는 이해가 일치한다. 그러나 또한 사람들은 그들의 노력에 의해 산출될 더 큰 이득의 분배 방식에 대해 무관심하지 않으며, 자신들의 목적을 추구하기 위해 적은 몫보다는 큰 몫을 원하기 때문에 이해가 상충한다. 그러므로 이러한 이득의 분배를 결정할 여러 가지 조정책들을 선정하고 적절한 분배의 몫에 합의하는 데 필요한 한 벌의 원칙들이 요구된다. 이 원칙들이 사회 정의의 원칙들로서, 그것들은 기본적인 사회 제도 안에서 권리와 의무를 할당하는 방식을 제시해주며, 사회 협동체의 이득과 부담의 적절한 분배를 결정해"줄 것이다.(Rawls, *TJ*[37] 1, p. 4 참조) 공정한 사회에서는 누구라도 "그에게 자신을 위해 특별한 편익을 취할 길은 없다. 반면에, 그가 특별히 불리를 당하는 것을 그대로 묵과할 이유도 없다. 그가 사회적인 근본적 재화의 분배에서 평등한 몫 이상을 기대한다는 것은 합리적이지 못하며, 평등한 몫보다 적은 것에 동의한다는 것은 이성적이지 못한 까닭에, 그가 택할 수 있는 현명한 길은 평등한 분배를 요구하는 정의의 원칙을 제1단계로 인정하는 일이다. 사실 이러한 원칙은 누구를 막론하고 너무나 분명하여서 누구에게나 직각적(直覺的)으로 떠오르는 것이다. 그래서 당사자들은 공정한 기회 균등을 포함한 만인에 대한 평등한 기본적 자유와 더불어 소득과 부의 평등한 분배를 확립해줄 원칙에서부터 출발한다."(*TJ* 26, p. 130) 그래서 사회계약에 임하는 최초의 상황(initial situation)에서, 가정컨대, 만약 사람들이 자신이 처할 상황, 자신의 능력, 심지어 자기 자신의 신념이나 선에 대한 개념조차 모르는, 곧 무지의 장막(veil of ignorance)에 둘러싸여 있다면, 그러니까 이를테면 원초적인 입장(original position)에 놓인다면, 사람들은 공정으로서의 정의를 확보하기 위한 다음의 두 기준을 채택할 것으로 기대된다.

---

37 J. Rawls, *A Theory of Justice*[1971], revised Edition, Oxford, 1999.

곧, 그들은 첫째로 "기본적인 권리와 의무의 할당에 있어 평등을 요구"하는 한편, 둘째로는 "사회적·경제적 불평등, 예컨대 재산과 권위의 불평등을 수용하되 그것이 모든 사람, 그중에서도 특히 사회의 가장 유리하지 못한 자에게 그 불평등을 보상할 만한 이득을 가져오는 경우에만 정의롭다."(*TJ* 3, p. 13)라고 생각할 것이다. 이로써 우리는 자신의 이익 증진에 관심을 가진 자유롭고 합리적인 사람들이 평등한 최초의 입장에서 그들 공동체의 기본조건을 규정하는 것으로 다음과 같은 사회 정의의 원칙들을 채택하게 되리라 기대할 수 있다.

"**제1원칙:**

각자는 모든 이의 유사한 자유의 체계와 양립할 수 있는 평등한 기본적 자유들의 가장 광범위한 전체적 체계에 대해 평등한 권리를 가져야 한다.

제2원칙:

사회적·경제적 불평등은 다음 두 가지를 충족시키게끔 조정되어야 한다. 즉

(a) 그것은 정의로운 저축 원칙과 양립하면서 가장 유리하지 못한 자에게 최대 이득이 되어야 한다.

(b) 그것은 공정한 기회 균등의 조건 아래 모든 사람들에게 개방된 직책 및 직위와 결부되어야 한다."(*TJ* 46, p. 266)

이 "사회 정의의 원칙들이 제일단계로 적용되어야 할 부분은, 어느 사회든 그 사회의 기본 구조 안에 있는 아마도 불가피할 불평등들이다. 그래서 이 원칙들은 정치 체제의 선택과 경제적·사회적 제도의 주요 요소들을 규제한다. 한 사회적 체제의 정의로움은 본질적으로 기초적인 권리들과 의무들이 할당되는 방식에 달려 있으며, 경제적 기회와 사회 여러 분야에 있어서의 사회적 조건에 달려 있는 것"(*TJ* 2, p. 7)이니 말이다. 이

제 이 원칙들은 자유롭고 평등한 시민들 사이의 공정한 협동체제로서의 사회를 이룩하는 데 초석이 될 것이다. 첫째 원칙은 '평등한 자유 원칙'으로서 여기서 말하는 "기본적 자유들"이란 신체의 자유, 시민적 자유, 언론과 결사의 자유, 양심과 사상의 자유, 사유재산권, 공직에 대한 선거권과 피선거권 등등으로서, 이러한 자유와 권리는 타자의 그것을 침해하지 않는 한 결코 침해되어서는 안 되고 누구에게나 동등하게 보장되어야 한다는 점에서 '기본적'인 것이다. 이로써 롤스는 '자유'가 사회 운영의 제1원칙임을 천명한다. 그러나 롤스의 두 번째 정의 원칙은 사회 운영에 있어서는 '평등'의 원리가 동시에 작동해야 함을 적시한다. 둘째 원칙은 이른바 '차등의 원칙'을 담고 있지만, 그것은 사회적·경제적 평등을 대원칙으로, 예외적으로 만약 불평등이 불가피하다면 그것이 사회에서 가장 유리하지 못한 자의 관점에서 보아 더 큰 이득이 될 경우에 한하며[최소 불평등의 원칙], 또한 그러한 공무를 수행할 수 있는 사회적 직책과 직위는 누구에게나 개방되어 있어야 하고 누구나 그에 접근할 수 있도록 공정한 기회 균등이 보장되어 있어야 함을 말하는 것이다[기회 균등의 원칙]. 그러니까 두 번째 원칙은 사회에서 불가피하게 일어날 사회적·경제적 불평등이 용인될 수 있는 범위를 설정하여 자유의 원칙으로 인해 초래될지도 모르는 불평등의 확산을 규제하는 규칙이다.

이어서 롤스는 이 원칙들 사이에 마찰이 있을 경우에는 제1원칙이 우선하며, 제2원칙 내에서는 (b)가 (a)에 우선해야 함을 설득한다.

"제1우선성 규칙(자유의 우선성):

정의의 원칙들은 축차적 서열로 이루어져야 하고, 따라서 기본적 자유들은 자유를 위해서만 제한될 수 있다. 그런 경우로는 두 가지가 있는데,

(a) 덜 광범위한 자유는 모든 이가 공유하는 자유들의 전 체계를 강화해야만 하고,

(b) 덜 평등한 자유는 더 작은 자유를 가진 이들에게 받아들여질 수 있어야 한다.

제2우선성 규칙(효율성과 복지에 대한 정의의 우선성):

정의의 제2원칙은 축차적으로 효율성의 원칙이나 유리함의 총량의 극대화 원칙에 우선해야 하며 공정한 기회는 차등의 원칙에 우선해야 한다. 그런 경우로는 두 가지가 있는데,

(a) 기회의 불균등은 보다 적은 기회를 가진 사람들의 기회를 증대해야만 하고,

(b) 과도한 저축률은 결국에는 이러한 노고를 치르는 사람들의 부담을 경감시켜야만 한다."(*TJ* 46, pp. 266/267)

그러니까 롤스에게 있어서 최대한으로 평등한 시민들의 정치적 자유는 어떠한 사회적·경제적 대가로도 제한될 수 없는 것이다. 그것은 시민들의 정치적 자유의 권리가 사회적·경제적 평등의 권리에 우선함을 말한다. 이는 곧 제1원칙의 준수를 전제로 비로소 제2원칙이 기능할 수 있음을 뜻하는 것이다.

제2원칙은 사회적·경제적 차등을 용인하지만, 이 '차등'이 정당성을 얻는 것은 이 차등을 통하여 사회에서 가장 불리한 위치에 있는 이들의 이득이 오히려 증대하는 경우뿐이다. 예컨대 소득세율을 등급 누진제로 하여 상위 등급 소득자의 세율을 하위 등급 소득자의 세율보다 높일 수 있는데, 그것은 그렇게 함으로써 하위 소득자의 사회 복지 수요를 늘릴 수 있다는 전제 아래서만 용인할 수 있다는 것을 말하겠다.

롤스에 따르면 사람들이 정의의 원칙에 따라 분배해야 한다고 요구하는 것으로 '기초적인 사회적 재화(primary social goods)'가 있다.

"개인의 합리적인 계획이 그 세부 사항에 있어서 어떤 것이든 상관없이 그가 적기보다 많기를 바라는 것들이 여러 가지 있다고 생각된다. 이들 재화를 더 많이 가질 때 사람들은 일반적으로 자신들의 의도를 이행하고 목적들— 이 목적들이 무엇이든 — 을 진척시키는 데 있어 더 큰 성공을 이룰 것이라고 확신할 수 있다. 기초적인 사회적 재화는, 넓은 범주로 나눠보면, 권리들 및 자유들과, 기회들 그리고 수입과 부(富)이다."(*TJ* 15, p. 79)

"나는, 이들 [기초적인] 재화는 일반적으로 합리적인 인생 계획을 수립하고 실행하는 데 있어 필요한 것이므로, 그 외에 무엇을 원하든, 이들 재화를 원하는 것은 합리적이라고 본다. 원초적 상황에서 사람들은 이런 '재화[좋은 것]' 개념을 받아들일 것으로 생각되며, 따라서 그들은 그들이 더 큰 자유와 기회, 그리고 그들의 목적을 달성하기 위한 더 광범위한 수단들을 바라는 것은 당연하다고 여길 것이다."(*TJ* 66, p. 380)

그러나 이들 기초적인 재화들 가운데서도 어느 정도의 '소득과 부'는 사람이 사람답게 사는 데 필수적인 것이다. 정치적 자유는 충분히 누리고 있으나, 사회 구성원 대부분이 경제적 궁핍으로 고통받는 상황이 지속되면 정치적 자유와 평등도 급속도로 와해된다. 이런 고려에서 롤스는 전통적인 자유주의가 제일의 가치로 내세우는 '자유'의 원리와 전통적 사회주의가 제일의 가치로 내세우는 '평등'의 원리를 (자유주의 편에 서서) 화해시킴으로써 이룰 수 있는 '정치적으로 자유로운 경제적 복지국가'를 '정의로운 사회'의 정형으로 보고 있다 하겠다. 그런데 이 '정의로운 사회'는 시민들이 적어도 합리적 수준의 도덕성을 갖추고, 시민들 사이에 우애(友愛) 관계가 두꺼울 때나 실현 가능한 것이다.

우리는 그 행위 양식에 따라 세 부류의 사람을 생각해볼 수 있다. 첫째로 오로지 자신에게 이익이 되는 것은 추구하고 손해가 되는 것은 회피하는 사람과, 둘째로 자신이 마땅히 해야 한다고 생각하고 또 다른 사람들도 모두 그렇게 행위하고 있다면, 그것이 자기에게 손해가 되더라도 실행하는 사람, 그리고 셋째로 칸트의 '인격성의 원리'와 같은 것에 따라 행위하는 사람, 곧 자신이 마땅히 해야 한다고 생각하면 다른 사람들이 어떻게 행위하든 상관없이 그것이 자기에게 손해가 되더라도 실행하는 사람 말이다. 롤스의 '정의로운 사회'가 유지될 수 있으려면 그 사회는 최소한 두 번째 부류의 사람, 곧 "정의롭게 행동하고 정의로운 제도를 유지하기 위해 자기의 역할을 다하는" 사람, 아니면 최소한 계약 규범을 "다른 사람들도 준수한다면 자기도 준수한다."는, 이를테면 '시민성의 원리'에 따라 행위하는 사람들로는 구성되어야 할 것이다. 그렇지 않으면 특별히 유리한 처지를 차지하게 된 사람이나 불리한 처지에 놓이게 된 사람은 당초에 제아무리 근사한 합의 계약이 성립됐다 하더라도 그것을 수시로 파기하려 할 것이기 때문이다.

그래서 롤스는 '자유'와 '평등'의 조화를 통해 '정의'가 실현되기 위해서는 '우애'의 원리가 충분히 기능해야 함을 역설한다.

"[이제까지] 자유와 평등에 비해서 우애[박애, 이웃 사랑]라는 이념은 민주주의 이론에서 덜 중요한 위치를 가졌다. 그것은, 그것이 없이는 민주주의적 권리들이 표현하는 가치들을 알아보지 못하게 되는 어떤 마음의 태도요 행동의 형식임을 알려주는 것 외에, 그것 자체가 본래 어떤 민주주의적 권리로 규정되는 것이 아니어서, 그다지 특유한 정치적 개념으로 생각되지 않은 것이다. […] 의심할 여지없이 우애는 시민적 동지애(civic friendship)와 사회적 연대(social solidarity)감을 함의한다. 이제 우리는 이 기초가 되는 이념에 부합하는 정의의 원칙을 발견해내야 한다. 그런데 차등의 원칙은 우애의 자연스러운 의미에, 곧 한결 못한 처지에 있는 타인들에게 이득이 되지 않는 한 더 큰 유리함을 취하기를 원하지 않는다는 이념에 부합하는 것으로 생각된다."

(*TJ* 17, p. 90)

실제 시민사회에서 사람들이 어떤 공동체의 '협약'을 맺는 것은 롤스가 상정한 "원초적 입장"에서가 아니다. 실제 사회에서는 언제나 대부분의 사람들에게 그들 자신의 자질과 취향 및 전망이 상당한 정도로 알려져 있기 마련이다. 그리고 흔히 계약은 '평등하고 자유로운' 사람들 사이에서 이루어지는 것이 아니고, 게다가 '모든 사람을 동일하게 좋게 하려고 노력하는 것이 아니라 오히려 각자 자신들의 이익을 증진시키려고 노력하는 사람들 사이에서 이루어지는' 것이 보통이다. 이런 상황에서도 '차등의 원칙'이 통용되기를 기대하는 것은 다른 것이 아니라 시민들 사이에서 가족애에 버금가는 정도의 우애(友愛) 관계가 유지될 것을 기대하는 것이다. 그것은 각자 자신의 최대 이익을 확보하려는 개인 주체들과 이 개인들의 바로 그 점에서 일치하는 관심에서 생겨난 '시민사회'가 '우애의 덕(德)'에 의거하기를 기대하는 것이다. 우애의 덕은 "타인에게 의존하려는 사람에게는 자존심을 보존하게 하고, 남에게 혜택을 베풀 수 있는 운이 좋은 사람에게는 흔히 있기 쉬운 자만심을 방지하도록 해준다."[38]

3. 공적 이성의 이념과 한계

'이성적인 것'과 '합리적인 것'의 또 다른 기본적인 차이는 "이성적인 것은 어쨌든지 공적(public)인데, 합리적인 것은 그렇지 않다."(*PL*, II, §1, 4: p. 53)는 점이다.

---

[38] 저자의 다른 책, 『현대 한국사회의 철학적 문제: 윤리 개념의 형성』, 철학과현실사, 2003, 240/241면 참조.

롤스는 이성을 '정치사회와 모든 이성적이고 합리적인 행위자 ― 개인이든 가족이든, 협회든 연맹이든, 국가든 국제기구든 ― 가 자신의 계획을 수립하는 방식, 즉 우선순위에 따라 목적들을 세우고, 그에 따라서 결정들을 내리는 방식 또는 이것들을 수행하는 능력'이라 규정하면서, 이러한 능력은 "지적(intellectual)"이고 "도덕적"인 것으로서, "인간 각자의 능력에 뿌리내리고 있다."라고 본다.(*PL*, VI: pp. 212/213) 그런데 어떤 계획과 목적을 세우고, 그를 성취하기 위한 결정을 어떤 지도자 단독으로 하는 경우 그 이성은 사적으로 사용된 것이다. 독재 체제에서 볼 수 있는 방식 말이다. 그에 반해 시민적 정치사회를 존속할 수 있게 하는 것은 '공적 이성(public reason)'이다. "공적 이성은 민주적 공중의 특성이다. 즉 그것은 민주적 시민들의 이성, 동등한 시민의 위상을 함께 가지는 이들의 이성이다."(*PL*, VI: p. 213) 이러한 공적 이성의 주요 관심사는 "공공의 선[좋음] (the good of the public)"이다. 이제 공적 이성을 '공적'인 것으로 특징짓는 것은, 첫째로 그것이 시민들의 이성 곧 "공공의 이성(reason of the public)"이고, 둘째로 그 관심사가 "공공의 선[좋음] 및 기초적 정의의 사안들"이며, 셋째로 그 본성과 내용이 사회적 개념과 정치적 정의에 의해 표현되는 이상과 원칙들에 의해 주어지고 이 바탕 위에서 공개적으로 검토되어 시행된다는, 즉 "공적(public)"이라는 점이다.(*PL*, VI: p. 213)

공적 이성은 민주 사회에서 "평등한 시민들의 이성"으로서, 이 이성이 감당해야 할 과제는 "헌법의 본질적 사항들"과 "기본적 정의의 문제들"이다.(*PL*, VI, 1: p. 214) 이러한 문제들과 관련하여 공적 이성은 시민들의 공적 토론(public forum)에서 표현되며, 최종적으로는 투표를 통하여 시현된다. 이때 (공개적인) 토론에서 이렇게 말하고, (비밀이 보장된) 투표에서는 저렇게 하면 공적 이성은 왜곡될 수 있다. 그러므로 공적 이성은 "시민성의 의무(duty of civility)"를 져야 한다. 그것은 공적인 "근본적인 물음들에 관해 상호 간에 시민들이 지지하고 표를 던질 원칙들과 정책들이 어떻게 공적 이성의 정치적 가치들에 의해 지지받을 수 있는지를 설명할 수 있는 의무"이자, "타인의 의견에 귀 기울일 의사와 그들의 의견들의 조정이 언제 이성적으로 이루어져야만 하는지를 결정함에 있어서의 공정한 마음가짐(fairmindedness)을 포함하는" 의무이다.(*PL*, Ⅵ, 2: p. 217 참조) 그러므로 공적 이성의 개념에서 볼 때 공적 사안에 관련한 투표는 결코 사적이거나 개인적인 일이 아니다. 그러나 이러한 의무는 원리상 "법적 의무"로 규정할 수는 없고, "도덕적 의무"일 뿐인 것으로, 그 이행을 오로지 시민들의 '시민정신'에 의존할 수밖에 없다는 점에서 분명 공적 이성은 그 한계를 갖는다. 그렇지만 이러한 한계는 시민성의 이상을 존중하는 데서 오는 것인 만큼 인내로써 받아들여야 한다.

제4절
좋은 나라를 위한 이성 원리들

1. '좋은 사회', '좋은 나라'란?

사회(societas, society, société)란 일반적으로 '공동의 목적을 가진 다수인의 결합체'로, 국가사회 내지 나라란 보통 '다수 구성원들의 공동의 목적과 그 실현 방안을 법률로써 규정하여 운영하는 매우 견고한 공동체' 즉 정치적 공동체로 이해된다. 그래서 공동의 목적을 가진 다수의 사람들은 그 목적 실현을 위한 최선의 공동 규약을 헌법이라는 이름 아래 기본법으로 제정하고, 헌법이 제정되면 하나의 나라가 성립한다. 하나의 '나라 (Reich)'란 그 '헌법이 효력을 갖는 영역(Bereich)'을 일컬음이다.

이런 의미의 정치적 공동체(koinonia politike)로서 하나의 나라란 하나의 선/좋음 개념을 중심으로, 그리고 합의된 그 선/좋음을 실천하기 위하여 존립하는 것이다. 그런데 선·악이나 좋음·나쁨이라는 가치 개념은 이성적 동물인 인간만이 갖고, 그에 대한 의논은 이성으로써만 이루어질 수 있다. 그러므로 만약 인간 세계 안에 '좋은 나라'가 있다면, 그것은 궁극적으로는 오직 이성적 원리들에 의해서만 수립되고 존속될 수 있을 것이다. 선·악이나 정의·부정의의 개념 자체를 경험적으로는 확보하는 것이 가능하지 않기 때문이다.

무릇 오늘날 대다수 사람은 국가사회의 선/좋음은 무엇보다도 자유와 평등의 가치 실현에 있다고 본다. 그래서 '가장 좋은 사회/나라'란 '구성원/국민 모두가 자유롭고 평등한 사회/나라'라고 말한다. 문제는 바로 이러한 '이상적' 국가 규정에서 발생한다. '평등'과 '자유'의 이념은 서로 조화하기 어려운 요소를 포함하고 있으니 말이다. 이 이념들은 국가사회의 운영 원리가 되면서도 늘 구성원 간의 갈등 요인이 된다. 그래서 좋은 나라를 이룩하기 위해서는 '평등'과 '자유'의 조화로운 실행을 위한 혹은 그 이상의 원리 또한 필요하다.

2. 좋은 나라를 위한 기초 원리: 평등과 자유

1) 평등

인류의 역사는 '사람' 개념의 외연의 확장 과정이라고 말할 수 있다. 인간의 역사를 돌이켜보면 일시적으로 또 국지적으로 퇴보가 없었던 것은 아니지만, 대체로는 '평등(aequalitas, égalité)'의 이념 아래서 '사람'으로 인정받는 사회 구성원의 비율은 확대되어왔고, 오늘날 대개의 사회에서 사람들은 서로를 사람으로 인정하고 있다. 그리고 그런 '사람'의 권리 가운데서도 그 첫 번째의 것으로 꼽히는 것이 사회적 '평등'이다.

"모든 國民은 人間으로서의 尊嚴과 價値를 가지며, 幸福을 追求할 權利를 가진다. 國家는 개인이 가지는 不可侵의 基本的 人權을 확인하고 이를 보장할 義務를 진다."(《대한민국 헌법》[1987. 10. 29] 第10條)

"①모든 國民은 法 앞에 平等하다. 누구든지 性別·宗敎 또는 社會的 身分에 의하여 政治的·經濟的·社會的·文化的 生活의 모든 領域에 있어서 차별을 받지 아니한다.
②社會的 特殊階級의 制度는 인정되지 아니하며, 어떠한 形態로도 이를 創設할 수 없다.
③勳章등의 榮典은 이를 받은 者에게만 效力이 있고, 어떠한 特權도 이에 따르지 아니한다."(《대한민국 헌법》[1987. 10. 29] 第11條)

현대의 모든 입헌 민주 국가에서 국가시민은 누구나 "법 앞에 평등"함을 당연시한다. '법 앞의 평등'이란 첫째로 모든 시민에 대해서 법은 보편적으로 적용되어야 한다는 원칙을 말하는 것이다. 그래서 그것은 어떠한 사람들의 특수한 지위를 인정하는 법률은 있을 수 없으며, 법정에서도 누구에게나 동일한 법률이 동일한 뜻으로 적용되어야 함을 말한다. 그러나 더 나아가 '법 앞의 평등'이란 법률로 보장되는 시민생활에서 모든 국민은 그 권리와 의무에 있어서 평등함을 말한다. 모든 국민은 성, 종교, 인종, 사회적 신분 등의 차이와는 상관없이 시민으로서 누릴 수 있는 행복 추구의 권리를 동등하게 가지며, 또한 동시에 법률이 정하는 국민의 의무를 균등하게 분담해야 한다.
그렇지만 이러한 원칙의 천명에도 불구하고 현실 사회의 사람들 사이에 자유 · 부(富) · 권력[힘, 영향력] · 명예[위신, 명망] · 건강 · 미모 등에서 차이가 있음은 부정할 수가 없다. 이 요소들이야말로 사람들의 사회적 삶의 질에 결정적인 영향을 미치기 때문에 '평등한' 사회를 이룩하기 위해서는 무엇에서보다 평등해야 할 것들임에도 불구하고 말이다.

'왜 사람들은 사회적 삶에서 어느 면에서나 평등해야 하는지'를 따져 물을 것도 없이 우리가 '평등'을 사회 운영의 제일의 원칙으로 납득해야 하는 것은 자명한 일이다. 다시 말해 평등의 원칙은 사람이면 누구나 이해하는, 보편적 이성의 원리인 것이다. 평등이 이성적 원리인 것은 평등이라는 이념은 선험적인 것이라고 볼 수밖에는 없기 때문이다. 사람들은 자신이 타인들보다 열등한 것뿐만 아니라 평등한 것도 결코 바라지 않는다. "사람들은 마땅히 평등해야 한다."라고 주장하는 순간에조차도 사람은 각자 자신이 타인보다 우월하고자 애쓴다. 그리고 사람들은 타인들과 평등할 때보다도 자신의 우월함을 확인할 때 실로 기쁨을 느낀다. 이러한 경향성에도 사람들은 '평등'을 사람들 사이의 당연한 관계 가치로 납득하고, 왜 그러해야 하는지를 묻는 것조차 무의미한 일로 받아들인다. 그래서 문제가 되는 것은 어떤 불평등함을 평등 또는 자유의 원칙을 훼손함이 없이 어떻게 수정할 수 있느냐 하는 것뿐이다.

현실적으로 사람들 사이에서 보이는 부나 권력, 명예의 차이 중 상당 부분은 각자의 소양과 인품에서 비롯한 것인 만큼 각자의 탓이라고 할 수도 있다. 그러나 사람들이 저마다 서로 상당히 다른 자연적 기질 내지 소양을 가지고 태어나고, 그런 소질이 각자의 생명 유지의 필요에 따라 개발되어가는 것이 '자연적인' 현상이라고 하더라도, 다분히 사회적 평가 양태와 개개인이 처한 사회적 환경에 맞춰 어떤 소양은 강화되고 어떤 기질은 억제된다는 사실을 인정할 때, 인간이 사회 안에서 살고 있는 한에서 자연적 소양조차도 사회화되기 마련이고, 그런 한에서 '사회적'이라 하지 않을 수 없다. "이것은 내 착상과 내 노력으로 성취한 것이다."라는 말이 완전히 부정될 수는 없겠으나, 기발한 착상이나 빼어난 노력도 상당 부분 타고 났거나 사회적 관계 속에서 형성된 것으로 보아야 한다. 그렇기에 사람들 사이의 불평등의 문제는 어느 것이나 사회적 문제가 아닌 것이 없다고 볼 수 있다. '평등' 중에서도 사회의 기조를 이루는 것은 경제적 평등과 정치적 평등의 가치이다.

(1) 경제적 평등

오랫동안 인간 사회에서 평등의 가장 큰 장애는 신분제도였다. 그러나 현대 시민사회에서 개개인의 품위 있는 인간적인 삶을 위해 필요한 조건 중에서 으뜸은 경제적 기반이라 할 것이다. 시민사회 운영 원칙을 두고 가장 두드러지게 나타나는 것도 '부의 분배' 문제에 대한 사람들의 의견 차이, 곧 사회주의와 자유주의의 대립 갈등이다.

특히 사회주의 또는 마르크스주의 관점에서 보면 부는 인간 생활의 토대를 이루는 것이다. 아마도 그것은, 일찍이 루소도 설파한 바 있듯이, 부란 사람들 간의 사회적 차별을 이끌어내는 신분·지위·권력·개인 능력 따위 중에서도 "개인의 번영에 가장 곧바로 쓰이고, 주고받기에 가장 손쉬워 나머지 모든 것들을 사들이는 데 쉽게 활용될 수 있기 때문"[39]이기도 하겠지만, 더욱 기초적인 것은 부만이 인간의 물질로부터의 해방, 곧 신체의 자유를 담보할 수 있기 때문일 것이다.

현대에 와서 인간은 철두철미 신체적 존재자로 파악된다. 그래서 대개 인간의 권리로서의 '자유'를 열거할 때도 그러하듯이, 인간의 자유란 첫째로 '신체의 자유'를 말한다.[40] 신체의 자유는 인간이 행사할 수 있는 자유권의 토대이다. 그런데 신체로서의 인간은 물질을 필요로 하고, 물질에 의

---

[39] Rousseau, *l'inégalité*, II.
[40] 《대한민국 헌법》 제12조 참조.

거해서만 생명을 부지해갈 수 있고, 물질의 충족을 통해서만 행복을 얻을 수 있다. 이 물질의 충족은 다른 것이 아닌 '경제적 부' 없이는 이룰 수 없는 것이다. 그러니까 경제적 부야말로 인간의 존엄성을 보장할 수 있는 기초 중의 기초로 이해된다. 그러므로 경제적 부의 평등 없이 평등한 인간의 존엄성은 보장될 수 없다. 그래서 만약 사람들이 서로 평등한 사회를 구현하고자 한다면, 첫째로 해야 할 것은 경제적 부를 평등하게 하는 일이다.

그렇다면, 경제적 부를 평등하게 한다는 것은 무엇을 어떻게 한다는 말인가? 그것은 개개인의 경제 활동 기회를 균등하게 한다는 말인가, 또는 경제 활동의 조건을 평등하게 한다는 말인가, 아니면 경제 활동의 결과물을 모든 사람에게 평등하게 배분한다는 말인가? 또 경제 활동의 결과물을 모든 사람에게 '평등하게 배분한다'는 것은 어떻게 한다는 것인가? — 평등의 원칙에 합의한다 해도 그 실현 방안의 합의는 지난하다.

(2) 정치적 평등

인간이 비록 근본적으로 신체적 존재자라고 하더라도, 신체적 필요의 균등한 충족만으로 인간다운 삶을 누릴 수 있는 것은 아니다. 인간다운 삶을 위해서는 부에서의 평등뿐만 아니라 적어도 '권력'(또는 지배력 내지 영향력)에서의 평등 또한 보장되어야 한다. 그러나 실제로 권력은 만인에게 고루 분배되기 어려운 속성을 가지고 있다. 무엇보다도 이 때문에 정치적 평등은 늘 문젯거리가 된다.

근대에 와서 주민들의 직접 통치가 가능한 도시 규모를 넘어선 국가사회의 통치 수단 중 최선의 것으로 선택된 것이 대의제(代議制)이다. 그것은 주권자로서의 국민이 자신을 대신할 대표자들을 투표를 통하여 선출하고 그들에게 국가의 통치권을 위임하는 제도이다. 그러나 대의정치제도는 '민중'이 주권자라는 민주주의 이론상으로나 실제로나 적지 않은 문제를 가지고 있다.

대의제가 받아들여진다면, 그것은 일반 시민들 누구라도 공평한 조건에서 대의원이 될 수도 있고, 또 대의원이 아닌 시민들의 정치적 의사가 대의원들을 통해 충분히 대변될 수 있다는 믿음에 기초하고 있는 것이다.

그런데 대의원은 선거를 통해 선출되는 것이 당연시된다. 그러나 선거에는 아무나 입후보할 수도 없거니와 입후보한다 해서 당선될 가능성이 누구에게나 고르게 있는 것이 아니다. 그러니까 실제로 대의원은 특별한 소수만이 차지할 수 있는 지위로서, 그 점에서 모든 시민은 정치적 의사 결정에 참여하는 데 결코 평등한 처지에 있다고 볼 수 없다. 피선거권이 사실상 아주 제한되어 있는 상황에서 선거권이 제법 넓게 배분되어 있다고 해서 모든 주권자에게 '평등한' 권리가 보장되어 있다고 할 수는 없는 것이다. 무릇 과연 일단 선출된 대의원이 그를 선출해준 자들의 의견을 수렴하여 대변하는지가 의심스러운 국면에서는 더욱 그렇다.

그래서 이른바 '간접 민주 정치'는 실상 대의정치라기보다는 차라리 유력한 인물을 선출하여 그의 양식(良識)과 양심(良心)에 공동체의 공사(res publica)를 맡기는 위탁 정치 형태로 보아야 할 것이다.

게다가 공동체의 의사가 다수결로 결정되고, 그 의사가 단지 상대적 소수일 따름인 다른 의견을 가진 이들에게도 구속력을 갖는다는 것은 공동체를 한 몸으로 유지할 수 있는 길일지는 몰라도, 그것은 명백히 상대적 소수의 주체적 권리를 무시 또는 침해하는 일이다. 주체로서 자율적인 사람은 그가 자율적인 한, 그 누구의 의지에도 종속되지 않아야 한다. "모든 사람은 본래 자유로우며, 그 자신의 동의를 제외하고는 그 어떤 것도 그를 어떤 지상의 권력에 복종시킬 수 없다."[41]라는 것이 자유주의의 원칙이다. 그러니까 다수결의 원칙이 이 자유주의 원칙에 우선할 정당성을 갖는다면, 그것은, 개개인은 이미 공동체 결성에 참여할 때, 공동체의 유지

---

41 Locke, *TT*, II, 119.

가 무엇에도 우선한다는 것에 포괄적으로 — 명시적 의사표시가 없었다 해도 — 동의했다고 간주하는 것이거나, 이 두 원칙의 충돌의 중재에서 다수결 원칙의 편을 들어주는 제3의 원칙, 가령 '최대 다수의 최대 행복'을 내세우는 공리주의 원칙이 작동하고 있는 셈이다.

2) 자유

사회이론에서 자유(libertas, liberté)란 소극적으로는 '어떤 속박에서 풀려나 있음'을, 적극적으로는 '누구의 간섭도 받지 않고 자기의 일신과 부속물을 자기 뜻대로 쓸 수 있음'을 의미하며, 여기서 중심 문제는 개인과 개인, 개인과 사회 사이에서 생기는 충돌 완화와 화해 방안의 모색이다. 이 '자유'의 원리는 사람이란 원초적으로 '개인'으로 존재하며, 사회란 개인들의 '집합체' 내지는 '공동체'라는 이해에서 출발한다. 그러니까 '자유'를 사회 구성원인 개인의 고유한 권리로 보는 것은 사회구성체(copositum) 이론 내지는 사회계약설의 납득을 전제로 한다. 그러나 사회가 개인들의 집합체라거나 개인들의 계약에 의해 성립된 공동체라는 것은 경험적으로 확인된 사실이 아니다. 그러므로 사람들은 '자유'의 가치를 인간성의 고유한 이념으로 받아들이고 있다고 보아야 한다.

개인은 자연에서 태어나 자연 안에서 사는 이성적 동물로서 애당초, 곧 이른바 '자연의 상태'에서는 자연의 법칙이 허용하는 범위 내에서 자신의 신체와 능력을 자신의 생각과 느낌대로 사용하고 발휘하는 '자유'를 가진 자로 전제된다. 그러나 이들이 모여 일단 사회가 형성되고 나면, 이제 개인은 단지 자연의 법칙뿐만 아니라, '사회의 법칙' 또는 구조 아래에 놓인다. 이때 개인이 자연의 상태에서 누리던 '자유의 권리'에 변동이 생기면, 그것이 바로 사회적 '자유 문제'의 발단이 된다. 이것이 문제가 되는 것은 개인이 더 이상 개인만으로는, 다시 말해 사회에 속하지 않고서는 살 수 없기 때문이다.

"사람은 자유로운 몸으로 태어나, 도처에서 사슬에 매여 있다."[42]

둘 이상이 모여 사회를 형성하고 나면, 사회는 일정한 구조를 갖게 되고 또한 사회를 한 몸으로 운영하기 위한 질서 규정이 생기고, 그 규정은 이른바 '민주주의' 사회에서조차도 개인의 이해와 동의 여부에 상관없이 구속력을 갖는다. 어떤 경우에는 하고 싶은 것도 할 수 없고, 하기 싫은 것도 하지 않으면 안 된다. 또 어떤 경우에는 있는 능력도 마음껏 발휘해서는 안 되고, 자신의 노동을 통해 얻은 소득의 상당한 부분도 자신의 의사와는 상관없이 사회에, 타인에게 제공해야 한다.

개개인의 독자성과 존엄성을 제일의 가치라고 믿는 개인주의는 자유주의의 핵심이다. 반면에 전체 사회만이 실체이며 개인들이란 전체 사회를 떠나서는 존재 의미가 없는 단지 이것의 부분들일 따름이라고 믿는 전체주의와, 개인의 독자성보다 공동체 구성원들의 균등성이 우선적 가치를 갖는다고 믿는 평등주의는 자유주의의 최대의 적대자들이다. 그러므로 사회에서 자유의 문제는 한편으로는 국가 내지 사회의 이름으로 가해오는 구속에서의 해방의 문제이고, 다른 한편으로는 평등의 이름으로 강요되는 균등화 내지 균질화에 대한 독자성의 확보와 발양의 문제이다.

(1) 결사의 자유

개인이 사회와 대면할 적에 첫 번째 문제는 그 '사회'라는 것이 아예 그의 의사와는 상관없이 형성되고 운영되어갈 때 생긴다. 사람들은 이 문제에 처하여 이른바 '사회계약' 이론을 폄으로써, 국가를 포함해 일반 사회는 자

---

42 Rousseau, *Du contrat*, 1, 1.

치 공동체로서 그 사회를 구성하는 개개인이 주체라는 점을 주장하고, 개개인은 국가의 설립, 정부의 수립과 해체를 포함해서 일체의 '결사(結社)의 자유'를 그 출발점에서부터 갖는다고 본다. 국가의 출발점을 공동 목적을 가진 다수인의 합의로 본다면 이렇게 생각하는 것은 당연하다고 하겠다.

그런데 정치공동체가 진실로 공동체 구성원들 사이의 자유로운 협약에 기초하는 것이라면, 공동체의 일체성(一體性)은 매우 가변적일 수밖에 없다. 어떤 협약이 참여자들의 자유로운 의사로 맺어진 것일 경우, 그 협약에는 유효 기간이 있거나 아니면 참여자들에게는 언제든 협약을 취소하거나 그로부터 탈퇴할 가능성이 열려 있어야 하기 때문이다. 그러나 국가공동체와 국민들 사이에는 자유로운 협약에 의한 여느 공동체[협회]와 그 구성원 사이의 관계에서는 볼 수 없는 견고성이 있다. 국민은 임의대로 국가에서 탈퇴할 수도 없고, 한 국가는 일부의 국민들이 자신들의 자유로운 의사에 따라 그 국가를 벗어나 그들이 이미 점유하고 있는 토지 위에 새로운 국가를 세우는 것도 허용하려 하지 않는다. 이 때문에 "국가에 들어간다거나 떠난다는 것은 개개인의 자의에 의한 것이 아니며, 그러므로 국가는 자의를 전제로 하는 계약에 바탕을 둔 것이 아니다."[43]라는 지적도 있다. 국가공동체가 자연인들의 자유로운 협약에 기초하고 있다는 것은 국가사회의 정당성을 위한 가상적 내지는 이상적 설명이지, 역사적 사실도 정치적 현실도 아니다. 현대 국가에서 국가공동체와 국민 사이의 법적 관계를 둘러싼 긴장 관계는 이상과 현실의 갈등의 표출이라 하겠다.

국가공동체가 국민들의 복리 증진을 위해 자유롭게 결성되었다는 것은 국가공동체의 이상적 목표를 설득하기 위한 한 방식으로서 의미가 있다는 것은 인정되어야 하지만, 국가는 국민 개개인들의 이익을 위한 협약 이상의 다른 어떤 토대를 갖고 있을 것이라는 점 또한 간과되어서는 안

---

43 Hegel, *GPR*, §75, Zusatz 참조.

된다. 또 국가공동체의 운영에서 의사결정을 다수결에 따르는 것이 불가피함은 인정한다 하더라도, 다수결이 구성원 전체의 결정으로서 정당성을 얻기 위해서는, 다수의 힘 이상의 어떤 것, 곧 인류의 이상이라든지 도덕성 같은 것을 동시에 수반하여야 한다는 점 또한 승인하지 않으면 안 된다. ― 이렇게 보면 사회이론적 문제는 무엇이 '인류의 이상'이며 '도덕성'이란 무엇인가 하는 선험적인 윤리적 문제에 귀착한다.

(2) 재산 형성의 자유

사유 재산의 인정은 이내 재산상의 불평등을 초래하고, 이것은 만 가지 사회적 불평등의 원인이 될 수 있다고 많은 사람들은 우려한다. 그래서 고대 중국의 이상주의적 경세가들이나 조선의 실학자들이나, 서양에서 이상국가론을 편 초대 기독교 사상가들을 비롯해서 플라톤, 토머스 모어, 마르크스 등은 이구동성으로 공유재산론을 주장했다. 그러나 실제에 있어서 모든 이가 함께 빈곤에 허덕이는 '공유재산의 비극'들은 ― 혹시 오로지 사랑의 원리 아래에 있는 가족사회라면 모를까 ― 일반 시민사회에서 '공유재산제'란 문자 그대로 '이상' 내지 환상임을 증언한다. 근대의 시민국가론도 사유재산제도를 주요 구성 요소로 갖고서 출발했다. 근대적 시민국가의 원형을 제시한 로크는 동시에 재산 형성과 재산의 개인 소유권의 정당성에 대한 원론도 폈다.

사유재산제를 근간으로 하는 자유시장 체제에서는 어디서나 '누구든 생산에 기여한 만큼 분배받는다.'는 분배 윤리 원칙의 정당성이 문제로 등장한다. '생산성'이라는 것이 순전히 사적인 것이라기보다는 사회구조적 요소를 포함하고 있는데, 그러한 생산성에 따른 소득 분배가 불가불 사회 구성원 사이의 소득불균등을 가져오기 때문이다. 게다가 소득불균등이 개개인의 차이 나는 생산능력에서 비롯하는 경우에는 더욱더 어려운 윤리적 문제를 야기한다. 생산능력은 타고난 재능이나 소양에 기초하기도 하고 후천적으로 교육된 기술에 기초하기도 하며 기왕에 소유한 자원에 기초하기도 하는데, 자연우연성의 결과나 사회우연성의 결과나 그 정당성을 확보하기가 쉽지 않기 때문이다. 또한 불균등을 초래하는 요인도 여러 가지인 마당에서 어떤 불균등은 납득이 되고, 어떤 불균등은 척결대상으로 여겨진다면 그 또한 문제가 아닐 수 없다.

타고난 개인의 능력이 불균등한 것과 상속받은 재산이 불균등한 것은 물론 다른 것이고, 상속받은 재산에서 발생한 부와 애써 연마한 자신의 기술을 통해 획득된 부는 충분히 구별될 수 있는 것이기는 하다. 그러나 "사람들이 좋아하는 특수한 목소리를 부모로부터 물려받았기 때문에 수입이 높은 것은 부모로부터 많은 재산을 물려받았기 때문에 수입이 높은 것보다 윤리적으로 더 정당화될 수 있을까?"[44] 부모가 좋은 소질을 타고난 자식에게 재산을 직접 물려주는 대신에 많은 비용을 들여서 그를 최고의 사립대학에 유학시켜 변호사가 되게 함으로써 그 자식이 얻는 소득이 아무런 뚜렷한 소질을 보이지 않은 자식에게 부모가 직접 재산을 물려주어 그 자식이 그로부터 취한 이윤보다 과연 윤리적으로 더 정당화될 수 있을까? 또 재능이든 소질이든 재산이든 이미 가진 것으로부터 생긴 부유함과 함께 재능도 소질도 상속 재산도 없음에서 기인하는 가난함을 자유방임하는 것은 과연 윤리적으로 합당한 일인가? 반대로, 이유야 무엇이든 소득이 더 많은 사람에게 누진세제를 적용하여 모든 사람의 소득을 균등하게 하려 하는 것이 과연 윤리적으로 합당한 일인가?

이 같은 물음들에 대한 답이 쉽지 않음을 빌미 삼아, 현실적으로 적게 가진 자의 편에 속하거나 그 편에 서 있는 자는 현실적으로 많이 가진 자를 향해 때로는 정당하게 때로는 과장되게, 때로는 '사회 정의'의 이름으

---

44 Friedman, M., *Capitalism and Freedom*(1962): 최정표 역, 『자본주의와 자유』, 형설출판사, 1999, 201면.

로 때로는 감정적으로 소유의 불평등을 문제로 제기한다. 이에 상응하여 평등주의자들은 사회주의를 정당화한다. 그러나 이에 반해 상대적으로 많이 가진 자의 편에서는 그들의 노고와 노동의 자유를 내세워 그 차별성은 당연하고 자연스러운 것이라고 주장한다. 과연 '정당함'이란 무엇인가?

이성적, 공통감적 논변 없이 이러한 문제들에 답할 수 있는 방법이 있는가? ― 어느 한 사람의 공과에 대한 상벌을 사람의 자율적 인격성을 근거로 그 당사자에게 귀속시킨다 하더라도, 현실 사회에서의 어느 한 사람의 공과에는 많은 자연적(선천적), 사회적(후천적) 요인이 함께 작용하고 있는 것을 부인할 수 없는 만큼, 공로에 대한 과대한 상찬도 과실에 대한 과도한 문책도 온당하지 못하다. 대자연과 사회 안에서 개인이 세운 공로가 크면 얼마나 클 것이며, 범한 과오가 크면 얼마나 크겠는가.

3. 좋은 나라를 위한 실행 원리: 정의(正義)

그래서 이제 흔히들 좋은 나라는 '정의로운' 사회라고 말한다. 그런데 대체 '정의(正義)'란 무엇을 뜻하며, 정의의 개념을 우리는 어떻게 얻는가?

1) 의로움으로서의 정의

정의(正義)의 근본은 의(義)로움에 있다. 무릇 의로움이란 "올바른 길(正路)"을 걸음이다.[45] 그런데 올바른 길의 첫걸음은 남의 것을 탐내지 않음이라 한다. 그러니까 자기 것 이상을 가지려는 욕망 즉 탐욕(pleonexia)은 불의를 낳는다. 그래서 맹자는 "자기 소유가 아닌 것을 취하는 것은 의로

---

45 『孟子集註』, 離婁章句 上10 참조.

움이 아니다(非其有而取之 非義也)."[46]라고 말하고, 공자는 "부귀는 사람들이 욕구하는 바이지만, 도의로써 얻은 것이 아니라면 그에 머무르지 말지어다(富與貴 是人之所欲也 不以其道得之 不處也)."[47]라고 이른다. 근원을 살펴 말하면 이같이 의롭지 않은 것에서 부끄러워하는 마음(羞惡之心)이 의로움의 실마리이다.[48] 이욕(利慾)으로 인해 "벽을 뚫고 담을 뛰어넘고 싶은 마음(穿踰之心)"[49]이 생기지 않도록 자제하는 것이 도의(道義)의 기본이다.

그러니까 정의는 일차적으로는 부정적인 성격을 갖는다. "신의 정의"[50] 또한 심판의 척도로 등장한다. "정의는 순전히 처벌적(punitiva)인 것으로 보상적(remunerativa)인 것이 아니다. 신은 정의에 의해 처벌하며, 보상은 오로지 자비로써 하는 것이다."[51] 그런 의미에서 "정의는 자비의 제한이다."[52] "신의 정의는 자비롭고, 용서하는 것으로 표상될 수가 없다."[53] 게다가, 인간의 심판능력은 제한적이어서 인간의 정의는 외면적인 것에 머무를지라도, 신의 정의는 마음속까지 꿰뚫어 심판한다.

"여러분이 사람들 앞에서 정의로운 체하나 하느님께서는 여러분의 마음을 다 아십니다. 무릇 사람들에게서 고상한 것이 하느님 앞에서는 흉물입니다." (「루가복음」 16, 15)

그렇다면, 정의는 다른 누구의 행위가 의로운지 의롭지 않은지를 판정

---

46 『孟子集註』, 盡心章句 上33: "非其有而取之 非義也."
47 『論語』, 里仁 5.
48 『孟子集註』, 公孫丑章句 上6 참조.
49 『孟子集註』, 盡心章句 下31.
50 Kant, *RGV*, B94=VI72.
51 Kant, V-Th/Baumbach: AA XXVIII, 1292.
52 Kant, V-Th/Baumbach: 1294.
53 Kant, *RGV*, B214=VI141.

하는 척도이기에 앞서, 각자가 신 앞에서 자신의 행위를 그에 비추어보아야 할 표준이다. 의로움으로서의 정의는 인간을 '의롭게 됨(iustificatio)'으로 견인하는 것이다. 의로운 자이기 위해서는 무엇보다도 먼저 자기 것이 아닌 것을 결코 탐내서는 안 된다.

2) 법으로서의 정의

정의가 행실에 대한 심판의 척도라면, 그것은 인격적 존재자들의 세계에만 있는 윤리적, 사회적 가치이다. 인격이란 그의 행위들에 대해 귀책능력이[책임질 역량이] 있는 주체를 일컬음이니 말이다. '책임질 역량이 있다' 함은 스스로 행위할 능력, 곧 한낱 기계적 인과관계 법칙에 따라서가 아니라 자유의 법칙에 따라서 행위할 능력이 있다는 뜻이다. 그것은 인격적인 존재자인 한에서 인간은 자연의 법칙과 자유의 법칙이 충돌할 때, 자연의 법칙에 종속되는 것을 단절할 힘을 가짐을 함의한다. 그때 자유의 법칙에 따름은 동물로서의 인간에게는 강제이고, 당위가 된다. 자유의 법칙이란 인간에게는 '자율'이고, 자율이란 인간이 스스로 세운 법칙에 복종함이기 때문이다. 그래서 자유법칙은 인간에게 윤리적 명제, 명령법으로 등장하며, 그 명령의 준수는 의무가 된다.

인간의 행위 규범이 되는 당위적 명령이 내적으로 수립될 때 '윤리' 내지 '도덕'이라고 일컫고, 외적으로 수립되면 우리는 그것을 '법'이라 일컫는다. 일반적으로 "의무에 맞는" 인간의 행위는 "올바르다／옳다／정당하다／법적이다(recht／rectum)"라고 하고, "의무에 어긋나는" 행위는 "그르다／부당하다／불법적이다(unrecht／minus rectum)"라고 말한다.[54] 이때 "외적인 법의 면에서 옳은／정당한／법적인 것은 정의롭다(gerecht／iustum)고 일컫고, 그

---

54 Kant, *MS*, *RL*, AB23＝VI223 참조.

렇지 않은 것을 정의롭지 않다(ungerecht/iniustum)고 일컫는다."[55] 그래서 '법적임'과 '정의로움'은 사실상 같은 의미로 쓰인다. 그런 맥락에서 대개의 국가에서 법적인 사안의 주무부서인 '법무부'는 '정의부(Department of Justice[DOJ])'라고 일컫는다.

소크라테스가 아테네 법과 다중 재판의 부당성을 들어 자신의 탈옥을 돕겠다고 나선 지인들 앞에서 사형 집행 직전까지 역설했던 바도, 설령 상대방이 부당한 짓을 한 상황일지라도, '법대로 함'이 정의라는 것이었다. 상대방의 부정의가 나의 부정의를 '정의'로 만들어줄 수는 없으며, 어떠한 경우에도 부당함/불법은 정의로울 수 없다.

> "소크라테스: 그렇다면 많은 사람(다중)이 생각하듯이, 올바르지 못한 일을 당했다고 해서 앙갚음으로 올바르지 못한 짓을 해(antadikein)서도 아니 되는데, 이는 어떤 경우에도 올바르지 못한 짓을 해(adikein)서는 아니 되기 때문일세."[56]

"법정 자체를 한 나라의 정의라고 부"[57]를 수 있는 곳에서라야 정의는 있다. 어떤 경우라도 준법(準法)하지 않는 곳에 정의는 없다. "영예롭게 살아라(honeste vive)."라는 '정당의 법칙(lex iusti)' 및 "타인을 침해하지 말라(alterum non laede)."라는 '적정[적법]의 법칙(lex iuridica)'과 더불어 오늘날 흔히 '정의의 법칙(lex iustitiae)'이라 일컬어지는 울피아누스(Domitius Ulpianus, 170~223)의 정식(定式), "각자에게 자기 것을 분배하라(suum cuique tribue)."[58]가 '법의무의 원칙'으로 통용되고 있지만, 여기서 정의

---

55 Kant, *MS*, *RL*, AB23=VI224.
56 Platon, *Kriton*, 49b.
57 Kant, *MS*, *RL*, AB155=VI306.
58 *Corpus Iuris Civilis*, *Digesta*, 1.1.10.

(iustitia)란 다른 것이 아닌 '법(ius)적임' 내지 '법다움'이다.[59]

　"최고의 법은 최고의 불의이다(summum ius summa iniuria)."[60]라는 경고
가 있듯이 형식적이고 한낱 추상적인 제정법(制定法)의 한계는 분명하고,
정의보다 사랑이 우월한 가치인 것은 납득할 만하지만, 그럼에도 정의는
법을 떠나서는 존립할 수 없다. 정의는 법에 의해서만 표현될 수 있기 때문
이다. (그래서 재판관은 어떤 경우 눈물을 흘리면서 판결한다.) 법은 공적 이성이
니만큼, 공적 이성이 사적 감정이나 이성에 우선해서 시민적 행위에 대해
구속력을 갖는 것이 마땅하다. '정의 곧 법'이라 함은 정의는 반드시 실현
될 힘과 함께해야 함을 뜻한다. 법이란 준수의 강제력을 갖는 것이다. 그
래서 일찍이 파스칼은 "정의 없는 힘(force)은 비난받고", "힘 없는 정의는
무기력하기" 때문에, "정의와 힘은 결합해야 한다."[61]라고 본 것이다. 다시
말해 정의는 법과 결합해 있어야 하는 것이다. 아니, 정의는 본래 법이다.

　법의 구속력이 그 정당성에서 나오는 것이 아니라, 법이기 때문에 있
고, 사람들이 법이 정의를 표현하고 있기 때문에 법에 복종하는 것이 아니
라, 법이기 때문에 복종하는 경우가 없지는 않지만, 그런 경우 일어나는
"'부당한 법'은 자가당착적인 것이고, 따라서 당연히 개정되어야 한다."라
는 관념 자체가 '법은 곧 정의'라는 이념에 기초하고 있는 것이다.

3) 복지로서의 정의

　정의는 정말이지 법이다. 그런데 "인민의 복지가 최고의 법일진저(salus
populi suprema lex esto)."[62] — 여기서 인민의 복지란 시민사회 구성원 각

59　Kant, *MS*, *RL*, AB43＝VI236 이하 참조.
60　Cicero, *De officiis*, I, 10[33].
61　Pascal, *Pensées*, éd. Brunschvicg, 298.
62　Cicero, *De legibus*, 3.3.8.

자 모두가 적어도 의식주의 생활에서 인간으로서 품위를 유지하는 상태를 뜻할 터이다. 이러한 상태는 몸을 가진 인간으로서 각자 최소한 신체적 필요의 충족 없이는 가능하지 않다. 그래서 밥이 없으면 법도 없고, 따라서 정의도 없음이겠다. 그러니까 국민의 복지는 국가 경제를 모든 이가 평안한 삶을 영위할 수 있도록 관리해나가는 데에서만 기대할 수 있다. 그런데 그것은 바로 시민사회에서의 '나의 것과 너의 것'의 조정을 불가불 포함한다. 운 좋은 부자는 상당 부분 '나의 것'을 사회에 환원(還元)해야 한다. 그 '나의 것'이라는 것이 기실 '사회의 것'이었기 때문이다. 그러므로 "부자가 그의 부의 일부를 포기해야 하는 것은 가난한 사람들을 위한 것이 아니고, 그 자신을 위한 것이다."[63] 그렇게 함으로써 부자는 자신의 부의 합당성을 얻을 수 있을 것이기 때문이다.

그래서 정의와 인도(人道)를 실현하고자 하는 나라의 법들은 국민들 내의 "적정한 소득의 분배"를 규정하고 있다.

"大韓民國의 經濟 秩序는 모든 國民에게 生活의 基本的 需要를 充足할 수 있게 하는 社會正義의 實現과 均衡있는 國民經濟의 發展을 期함을 基本으로 삼는다. 各人의 經濟上 自由는 이 限界內에서 保障된다."《대한민국 제헌헌법》[1948. 7. 17] 第84條)

"①大韓民國의 經濟秩序는 개인과 企業의 經濟上의 自由와 創意를 존중함을 基本으로 한다.

②國家는 균형 있는 國民經濟의 成長 및 安定과 적정한 所得의 分配를 유지하고, 市場의 支配와 經濟力의 濫用을 방지하며, 經濟主體間의 調和를 통한 經

---

63 Henri Bergson, *Les deux sources de la morale et de la religion*(1932), Félix Alcan, 1937, p. 57.

濟의 民主化를 위하여 經濟에 관한 規制와 調整을 할 수 있다."《대한민국 헌법》
[1987. 10. 29] 第119條)

복지는 이를테면 경제 사회적 정의이다. 교육과 건강, 소득과 부는 사람이 사람답게 사는 데 필수적인 것이다. 사회 구성원 대부분이 또는 일부라도 자립능력을 배양할 기회를 얻지 못하거나 경제적 궁핍으로 인해 심하게 고통받고 있는 상황이라면 그러한 사회를 정의롭다고 볼 수 없으며, 어떤 사회가 정의롭지 못하다면 그 사회의 시민들 역시 정의롭다 보기 어렵다. 자기의 역량을 발휘할 지위 또는 일자리를 갖지 못하거나 현저한 경제상의 가난함은 한 시민의 경제적 자유뿐만 아니라 정치적 자유와 평등의 실현 또한 가로막고, 결국은 인간의 품격 있는 삶을 파괴한다.

롤스의 지적처럼 "경제적·사회적 체제에 있어서의 불평등은 유리한 역사적 조건 아래에서 존재할 수 있었던 정치적 평등을 순식간에 저해한다."[64] 경제 사회적 정의는 정치적 정의의 초석으로서 법적 정의 실현의 기반이자 징표이다. 국가시민 모두에게 각기 알맞은 직업 활동에 필요한 교육과정과 일터가 보장되어야 하고, 조세 관리 지역별로 적절한 수준의 주거시설 및 의료서비스와 함께 기초생활비가 제공되어야 한다.

정의는 국가사회 구성원들의 계층의 격차가 심하고 고착화되는 상황에서는 성취할 수 없고, 복지 사회를 이룩함으로써만 달성할 수 있다. 그런데 복지 사회는 국가시민들 상호 간의 사랑과 존중, 곧 우애를 통해서만 이루어질 수 있다.

---

64 J. Rawls, *TJ* 36: p. 199.

4. 좋은 나라를 위한 참원리: 우애 또는 이웃 사랑과 양심

1) 우애 또는 이웃 사랑

좋은 나라를 실행하기 위해서는 자유와 평등이 조화를 이룬 정의 사회
가 구현되어야 한다. 그런데 오늘날 자유 민주 국가에서 자유란 추상적
인 전체 국민의 자유가 아니라, 구체적인 국민 '개개인의 자유'를 뜻한다.
'자연상태'에서의 인간은 다른 사람과의 관계없이 자연 속에서 살았기에,
"사람들은 타인의 허락을 구하거나 타인의 의지에 구애받지 않고, 자연법
의 테두리 안에서 스스로 적당하다고 생각하는 바에 따라서 자신의 행동
을 규제하고 자신의 소유물과 일신(一身)을 처분할 수 있는 완전한 자유"[65]
를 누릴 수 있었는지는 몰라도, 이미 한 사회 안에서 살고 있는 시민으로
서의 개인은 '다른 사람의 자유를 침해하지 않는 한, 최대한의 자유'를 누
릴 수 있다는 정도로밖에는 주장될 수 없다.

칸트가 규정한 바대로 "행위가 또는 그 행위의 준칙에 따른 각자의 의
사의 자유가 보편적 법칙에 따라 어느 누구의 자유와도 공존할 수 있는
각 행위는 법적이다/권리가 있다/정당하다/옳다."[66] 그러나 그 '어느 누
구'가 동시대의 사람과 부근에 있는 사람만을 뜻하는 것이 아닌 이상, '어
느 누구의 자유도 해치지 않는 나의 자유 행사'란 현실적으로는 거의 기대
할 수 없는 것이다. 어느 사람의 어떤 행위도 다소의 차이는 있겠지만, 필
경 다른 사람에게 영향을 미쳐, 그의 자유를 제한하고, 그와 충돌하기 마
련이다. 내가 뛰어난 의술이 있다 하여 마음껏 인근의 모든 환자들을 치
료한다면, 다른 의사들은 환자를 돌볼 기회를 잃고 그래서 더 나은 의술

---

65 Locke, *TT*, II, 4.
66 Kant, *MS*, *RL*, AB33=VI230.

을 연마할 '자유'를 애당초 얻을 수가 없다. 내가 돈이 많다고 하여 웃돈을 얹어주고 온 동네의 사과를 모두 사들이면, 한발 늦게 가게에 도착한 다른 사람들은 한 개의 사과마저 구할 '자유'를 행사할 수 없게 된다. 그래서 타인의 자유를 침해하지 않는 한 누구나 모든 자유를 갖는다는 자유주의 원칙은 실제 사회에서는 상호 간에 자유를 침해하는 결과를 초래함으로써 당초에 기대했던 것과는 반대되는 것을 낳을 수 있다.

개인의 자유를 가능한 한 최대로 신장해야 한다는 이념이 지향하는 것은 모든 개개인의 자유 향유가 그러해야 한다는 것이겠지만, 사회적 조정 없이 자유 확대를 개개인의 역량에 맡겨둘 때 그 결과는, 한 사람의 무제한적인 또는 몇 사람의 거의 무제한적인 자유와 훨씬 더 많은 사람들의 부자유스러운 상태가 초래되기 마련이다. 그것은 자연상태에서나 시민 사회에서나 개인의 역량의 차이가 크기 때문이다. 그 때문에 우리가 자유와 평등의 원칙이 화합하는 '좋은 사회'를 지향하는 한, 개개인의 자유로운 활동에 대한 사회 제도적 관여는 불가피하다. 다시 말하면, 사회적 평등의 실현은 적어도 부분적으로는 개개인의 자유의 절제와 제한이 필요하다.

그렇기 때문에 인류 사회의 이상인 '좋은 사회의 실현' 곧 '자유롭고 평등한 사회의 구현'은 자유 원리와 평등 원리의 길항 관계를 조정함으로써만 가능하다. 그리고 이 길항 관계의 해소 내지 완화는 사회 구성원 사이의 이웃 사랑, 형제애, 우애(友愛)를 통해서만 이루어질 수 있다. 이 길이 아니고서는 상호 투쟁하여 쟁탈하는 것, 이른바 '쟁취(爭取)'밖에는 없는데, 그 길에서 과연 영속적으로 평화로운 사회가 성립될 수 있을까?

우애(fraternitas, fraternité)야말로 좋은 사회 실현을 위한 불가결의 원리라 하겠다. 이 "우애의 자연스러운 의미"를 법적으로 실현하는 것이 현대 시민사회 국가의 과업이라 할 것이다. 시민들 간의 사랑과 존경은 정의보다도 높은 사회적 가치이며, 이를 통해서 비로소 정의 사회도 구현될 수 있는 것이다.

국가시민들 사이의 이해관계 상충을 용이하다는 이유로 '최대 다수의 최대 행복'이라는 공리주의적 원리에 따라서, 또는 그 이상의 좋은 방법이 없다는 이유로 한갓된 다수결에 의해 해결하려 할 때는 언제나 다수의 소수에 대한 강박 내지 폭력 — 동의하지 않은 또는 승복하지 않는 사안과 관련하여 어떤 당사자에게 가해지는 외적 강제력 — 을 수반하며, 그것은 '모든 사람은 본래 자유로우며, 그 자신의 동의를 제외하고는 그 어떤 것도 그를 어떤 지상의 권력에 복종시킬 수 없다.'라는 자유주의 원칙을 훼손하기 마련이다. 자유(自由)야말로 인간의 인격성, 존엄성의 원천인 만큼 자유의 원리에 우선할 수 있는 것은 아무것도 없다. 이제 국가의 제일의 과제가 전체 국민의 복지라 하더라도, 그것의 구현은 폭력 — 다수에 의한 것이든 소수에 의한 것이든 — 으로써가 아니라, 우애를 바탕에 둔 법치로써 해야 한다. '나의 것과 너의 것'의 조정과 화해에 긴 절차와 상당한 시간이 들어 매우 더디더라도 점진적인 개혁을 통해 해야 한다. 공화(共和)는 자연감정적 조처들로써는 오래 지속될 수 없으며, 화평은 갈라선 편들의 적대적 대결을 통해서는 이룩될 수 없다. '좋은 나라(agathe polis)', '아름다운 나라(kallipolis)'가 나라를 세운 본래의 목적에 부합하는 '하나의 나라(mia polis)'를 말하는 것이라면, 이미 플라톤이 통찰한 바대로 "나라를 단결시켜 하나로 만드는 것"이 최고선이겠고, 반면에 "나라를 분열시켜 하나 대신 여럿으로 만든 것"[67]보다 더 나쁜 짓은 없을 터이다.

"[법치의] 이념만이, 만약 그것이 비약, 다시 말해 기존의 결함 있는 체제의 폭력적인 전복에 의해 혁명적으로가 아니라, — (왜냐하면 그럴 경우에는 중간에 일체의 법적 상태가 폐기되는 순간이 생기할 것이기 때문에) 오히려 확고

---

67 Platon, *Politeia*, 462a.

한 원칙들에 따라서 점진적인 개혁을 통해 시도되고 수행된다면, 최고의 정치적 선, 즉 영원한 평화로의 연속적인 접근을 이끌 수 있다."[68]

국가공동체는 법인(法人)인 만큼 법의 체계를 세우고, 한 번의 법체계로 미흡하면 다시 고쳐 세우고, 국가시민은 상호 배려와 인내 속에서 그에 복종해야 한다. 그래서 시민 국가는 의회도 가지고 있고, 법원도 가지고 있으며, 일정 기간마다 통치자도 바꾸어 선출한다. 모든 실천적인 역량, 곧 덕(德)은 이념 주창이나 분노와 투쟁으로써 단번에 획득된다기보다는 실습과 훈련을 통해 증진되어가는 것이다. 더 이상 신분사회가 아닌 시민사회에서라면 어떤 국가라도 계층 이동과 권력 교체가 합법적으로 이루어지는 횟수가 차츰 증가하면서 법치(法治)도 정착되어갈 것이다.

"민주정의 기본적인 원칙은 민중이 통치자이자 피통치자라는 것이 아니라, 모든 시민이 이 두 위치를 번갈아가며 차지할 수 있어야만 한다는 것이었다. 아리스토텔레스는 '민주정의 기본 원칙'인 자유가 취해야 할 두 가지 형태 가운데 하나를 다음과 같이 정의했다. '자유의 한 형태는 다스리고 또 다스림을 받는 것을 번갈아하는 것이다.'[69] 다시 말하면 민주적 자유는 자신에게 복종하는 것이 아니라 내일이면 자신이 차지할 그 자리에 오늘 앉아 있는 누군가에게 복종하는 것이다.

아리스토텔레스는 이처럼 통치와 복종을 번갈아하는 것을 시민의 덕 혹은 탁월함이라고 했다. 그는 다음과 같이 말했다. '좋은 시민의 탁월함은 잘 다스리고 잘 복종함으로 나타난다.'[70] 시민에게 핵심적인 이 두 능력은 역할 교대를 통해 배우게 된다. 즉 '잘 복종할 줄 모르는 사람은 잘 통치할 수 없다

68 Kant, *MS*, *RL*, A235=B265 이하=VI355.
69 Aristoteles, *Politica*, 1317a 40~1317b 2.
70 Aristoteles, *Politica*, 1277a 27.

는 것은 매우 옳은 말이다.'[71] ''[72]

그 자체로는 이상적인 이념이지만 상충적 부분을 갖는 두 원리인 '자유'와 '평등'의 화해와 조화를 위해서는 시민 개개인의 사회윤리적 덕성 함양뿐만 아니라 국가사회의 정의 이념 확립과 그를 실행할 수 있는 제도 수립이 있어야 한다. 그러나 제도 시행에는 언제나 국가의 힘이 필요한데, 오늘날 문제가 되는 것은 한편으로는 국가 권력이 남용될 경우 그를 막을 수단이 여전히 마땅치 않아 국가 권력의 강화에는 상응하는 위험이 따른다는 점이고, 또 다른 한편으로는 '세계화'라는 명목 아래 실상은 국제 간의 힘들이 국경 없이 횡행하여 도대체 국가 단위로는 힘을 쓸 수 없는 상황이 (특히 '약소국가'의 경우에는 더더욱) 빈번하게 일어나고 있다는 점이다. 특히 이 후자의 상황은 어떤 한 국가를 때로 위기에서 구해주기도 하지만 많은 경우 스스로를 개선해나가는 데 적지 않은 장애가 될 것으로 보인다. 그러나 그렇기 때문에 더욱이 국민들 사이의 우애는 각자의 자존심을 보존해주면서도 상호 유대를 강화하여 난관 극복의 동력이 될 것이다.

"우애는 (그 완전 상태에서 보자면) 두 인격이 평등한 교호적인 사랑과 존경에 의해 하나 됨[통일됨]을 뜻한다."[73] 이 우애야말로 도덕적 선의지에 의해 화합되어 있는 사람들의 상호 간의 복리에 동참하는 이상적인 모습이다. 그러므로 우애는 실제로는 도달하기 어려운 경지이지만 '그것에 도달할 것을 이성이 요구하는, 인간의 명예 가득한 의무'이다. 우애는 상호 이익을 의도로 한 결합 이상의 것이다. 어려움에 처해 있을 때 한쪽이 다른 한쪽에 기대할 만한 도움은 우애의 목적이나 동기여서는 안 된다.

---

[71] Aristoteles, *Politica*, 1277b 12~13.
[72] Manin, Bernard, *The Principles of Representative Government*(1997): 곽준혁 역, 『선거는 민주적인가』, 후마니타스, 2004, 46/47면.
[73] Kant, *MS*, *TL*, §46: A152=VI469.

그럴 경우 양자 사이에는 어쩌면 사랑이나 자비는 유지될지 모르겠지만, 상호 존경은 사라질 것이다. 우애는 상대방을 내적으로 진심으로 생각하는 호의의 외적 표현이다. 다른 사람을 친구로서 좋게 대해야 할 이 의무는, 타인에게 의존하려는 사람에게는 자존심을 보존하게 하고, 남에게 혜택을 베풀 수 있는 운이 좋은 사람에게는 흔히 있기 쉬운 자만심을 방지하도록 해준다.[74]

2) 양심

'좋은 나라'는 자유와 평등 원리의 조화 가운데서, 다시 말해 구성원들이 누구나 인간으로서의 존엄성과 자존심을 가지고 상호 존경과 사랑으로 교제하는 우애의 관계를 유지할 때 성취될 수 있다. 그리고 이러한 유대의 지속을 견인하는 것은 구성원들 사이의 공통감(sensus communis)이다.

이러한 공통감이란 도덕감정 또는 양심(良心)이라 하겠다. 옳음에 대해서 함께 쾌감을 느끼고, 그름에 대해서 함께 불쾌감을 느끼는 도덕감정이 보편적이면 보편적일수록 우리는 더 넓은 윤리의 지평을 얻는 것이고, 가치에 대한 공통지성/공통지가 확대되는 만큼 양심은 더 넓게 발양되는 것이겠다.

"양심이란 본래의 선한 마음씨로 곧 이른바 인의(仁義)의 마음씨"[75]라고 보는 이도 있고, 그것을 "윤리적 존재자로서 인간은 누구나 근원적으로 자신 안에 가지고 있는 그런 것"[76]이라고 보는 이도 있다. "모든 인간이 똑같이 자연본성"으로 가지고 있는, "건전하게 판단하고 진위를 판별할

---

74 Kant, *MS*, *TL*, A154 이하=VI471 참조.
75 『孟子集註』, 告子章句 上8 참조.
76 Kant, *MS*, *TL*, A37=VI400.

수 있는 능력"[77]으로서의 양식(bon sens)이자 "한 법칙의 각 경우에서 인간에게 그의 의무가 없다 또는 있다는 것을 판정하는 실천 이성"[78]인 양심이 전제되지 않으면, '인간'이라고 하는 보편적인 개념 자체가 성립할 수 없다.

'양심'은 문자 그대로 '함께 앎(συνείδησις, conscientia, Gewissen)'이다. 그러나 '양심'을 대변하는 것은 소수의 건전한 정신의 소유자들이다. 다수의 사람들은 구체적인 사안을 마주치면 심리적, 사회적, 문화적인 요인에 사로잡혀 흔히 어떤 편견에 집착하기 때문이다. 그럼에도 '보편적'으로 납득되는 양식(良識)을 바탕으로 해서만 기실 윤리 도덕을 보편적으로 논의할 수 있고, 우애로 맺어져 있는 사회, 자유와 평등이 조화하는 정의로운 사회 또한 실현을 기대할 수 있을 것이다. 자유를 마음껏 펼 수 있는 경우에도 미약한 사람의 자유 보호를 위해서는 내 역량의 원천을 통찰하고 그 사용을 절제하여 내 자유를 유보하는 자세를 가져야 하고, 반대로 어쩌다 역량이 미진하여 사회에 의존하게 되는 경우에는 누가 나보다 더 많은 것을 향유하고 있더라도 그 누군가의 노고 덕택에 이만한 정도의 내 삶의 질이 유지되고 있는 이상, 나는 나대로 내 형편에 자족(自足)하는 자세와 자기성찰이 필요하다. 이 절제와 자제, 이 통찰과 성찰, 그 위에서 우애의 마음은 자라는 것이고, 그 자양분이 양심이다.

양심의 기반 위에서 온 시민이 상호 경애 속에서 친구처럼 함께 어울려 사는 우애의 사회에서만 정의는 구현될 수 있다. 정의는 법이고, 법적 영역에 속하는 것이지만, 법 일반이 그러하듯이 정의의 기반 역시 윤리 도덕이니 말이다.

이로부터 왜 인간이 정의롭게 살아야 하며, '왜 인간 사회는 정의롭게 운영되어야만 하는가?' 하는 물음에 대한 답이 나온다. 그것은 인간 누구

---

77 Descartes, *Discours*, I, 1.
78 Kant, *MS*, *TL*, A37 이하=VI400.

나가 자유롭고 평등한 사회에서만 인간이 함께 존엄성을 얻을 수 있기 때문이다. 그리고 그때에야 비로소 이성적 존재자로서 인간의 인간임, 인문성(人文性)이 드러나기 때문이다. 그러나 이러한 '문화(文化, cultura)'로의 길은 '개간(開墾)'과 '개작(改作)'의 도정이어서 긴 시간과 거의 무진장한 노고를 필요로 하는 만큼 인내로써만 걸을 수 있을 것이다. ― 마침내 사람다운 사람들이 어울려 사는 '좋은 나라'에서 각자가 고유성을 가지면서도 '좋은 사람'으로 사는 것, 그것이 인간의 오랜 지향이 아니겠는가. 그리고 우리가 다 같이 그 지향에 이르는 데에 인간 사이의 사랑과 존경의 감정 그리고 이성의 힘 외에 달리 기댈 것이 있겠는가.

10

'포스트휴먼' 사회와
인간 이성의 과제

사람들은 16세기에 이르러 비로소 '인간', '인류', '세계'의 범위를 알고, '개인'을 깨우쳤다. 자신을 신체적 존재자로 파악한 이 개인들은 그들의 존재 터전인 자연의 탐구와 개발에 진력하였고, 마침내 누차에 걸친 산업혁명에 성공하였다.

18세기 후반 증기기관의 등장을 계기로 일어난 제1차 산업혁명은 석탄·섬유 산업(방적기)과 물류혁신(증기선, 증기차)이 그 중추가 되어, 인류의 1만 년 이래의 농업 중심의 생활을 확연하게 제조업 기반의 상공업 중심 생활로 이동시켰다. 그런데 이러한 산업에서의 혁명적 성취는 한낱 '산업' 분야에 국한되지 않고 전반적인 사회 혁명으로 이어졌다. 산업 구조의 급격한 변화는 이내 사회 구성원의 삶의 방식을 근본적으로 뒤흔들어 놓았기 때문이다.

19세기 후반 전기 에너지 활용이 계기가 된 제2차 산업혁명은 석유, 자동차, 전화, 기계 산업이 주도하였고, 포드(Henry Ford, 1863~1947)의 자동차 공장에서 시작된 '컨베이어 벨트'로 상징되는 대량생산 체제가 그 특징이라 할 것인데, 그로 인해 인류의 경제적 부는 현저히 증대되었으되, 그 반대급부로 생산과정에서의 기계에 의한 인간 소외의 문제가 크게 불거졌다.

1960년대 '디지털'이라는 이름과 함께 등장한 '제3차 산업혁명'은 '인터넷 시대'로 표상되거니와, 로봇, 컴퓨터 등 '생각하는 기계'라고 일컬어지는 '계산하는 기계'가 그 중심에 있었다. 이제까지의 기계가 인간의 손발이 하는 일의 보조자 내지는 대행자였다면, '생각하는 기계'란 인간의 두뇌 기능을 대신하는 기계를 지칭하는 것으로, 이때에(Dartmouth, 1956) "인간에 의해 수행되었다면 지능을 필요로 할 기능들을 수행하는, 기계들을 창조하는 기술[창조하는 기계들의 기술]"[1]이라고 정의된 '인공지능(AI:

---

1 Dartmouth Conference 1956에서 등장한 최초의 AI 정의. Ray Kurzweil, *The Age of*

Artificial Intelligence)'이라는 개념이 등장하였다. 그런데 그 '인공지능'이 기본적으로 사칙연산 능력, 곧 계산하는 능력을 지칭하는 한에서, 여기서 '지능'이란 계산적 이성의 한 기능을 뜻한다. 그러므로 만약에 인공지능이 세계를 지배하는 국면이 도래한다면, 이는 바꿔 말하면 계산하는 이성이 세계를 지배함을 함의한다.

2010년대에 들어서면서 "인더스트리 4.0(Industry 4.0)"(Hannover Fair, 2011. 4) 또는 "제4차 산업혁명"[2]이 운위되고 있는바, 그 초기단계는 관점에 따라서는 제3차 산업혁명의 연장선에 있다고도 할 수 있다. '제4차 산업혁명'의 주요소로 꼽는 만물환지능통신(AICE: Ambient Intelligence Commnuications of Everything)과 그를 매개로 한 디지털 초연결 사회(hyper-connected society), 그리고 인공지능과 기계학습(machine learning)의 범용화, 무인운송수단(자율주행자동차, 드론, 항공기, 보트)의 개발, 스마트공장(smart factories) 또는 3D프린팅에 의한 맞춤생산(customization), 이러한 생산소비 양식으로부터 파생할 주문형 경제(on-demand economy) 내지 공유경제 방식은 아직은 인간이 기계를 부리는 단계라고 할 수 있기 때문이다.

그러나 분야 종사자들이 2030년대로 예상하는 바처럼, 과학기술이 더더욱 진보하여 바이오프린팅(bioprinting)(생체조직프린팅), 자가변형(self-altering)기기(4D프린팅)가 등장하고, 맞춤형 아기(designer beings), 합성생물학(synthetic biology)에 기반한 사이보그(cyborg: self-regulating organism) 등이 출현하면, 우리 인간의 삶은 이미 '포스트휴먼 사회(posthuman society)'에 진입하는 것이라 하겠다. 여기에 더하여 만약 범용인공지능(AGI: Artificial General Intelligence), 초인공지능(ASI: Artificial

Intelligent Machines, MIT Press, 1990, p. 14 참조.

2 K. Schwab, *The Fourth Industrial Revolution*, Cologny/Geneva 2016 참조.

Super Intelligence), 인공마음(AM: Artificial Mind), 인공인간(AH: Artificial Human)까지 출현한다면, 그때 이 세계는 더 이상 '자연인간'의 세상이 아닐 것이다. — 이성적 동물인 인간이 욕망을 따라 치닫고, '정의'라는 화해책을 내놓고 서로 달래면서 채 타협을 이루지도 못한 사이에, 유사인종들이 인간 사회에 들어서고 있다.

종전의 제3차 산업혁명까지는 '혁명'이 인간의 삶의 질과 양식을 급격하게 변혁시킴을 뜻했다면, 무릇 '제4차 산업혁명'에서 '혁명'은 인간 개념 자체를 본질적으로 뒤흔들어, 인간 또한 '하나의 생각하는 기계', 그것도 상당히 열등한 기계임을 확인시키는 문명의 변환이 될 수도 있다. '동물성' 다시 말해 생명성이 기계성으로 해독됨으로써 '이성적 동물'이나 '이성적 기계'가 동질의 것으로 이해될 것이니 말이다. 그러면 이 경우 '이성'은 어떻게 이해되고, 그것에 어떤 역할을 기대할 수 있을까? 이때에도 계산하는 이성 외에 '실천적-입법적' 이성 개념이 유지될 수 있을까? 컴퓨터 (computer)란 문자 그대로 '계산기'인데, 컴퓨터 족속에게서 자율적 법칙수립 능력을 기대할 수 있을까?

제1절
인간의 '인간임'

어떤 존재자를 일러 '인간이다'라고 할 때, 그 '인간임'의 요소는 무엇인가? 이미 살펴본 바처럼 전통적으로 인간은 '이성적 동물'로 규정되었으니, 그 요소는 다른 것이 아닌 이성성과 동물성이겠다. 그리고 인간의 기초적 본성인 동물성에는 생존본능에 해당하는 식욕과 번식본능에 해당하는 성욕과 같은 기초욕구들, 그리고 자기운동성, 운동 끝에 오는 피로감, 더 이상 살아 움직이지 못하는 유한성 등이 속하는 것으로 여겨졌다. 여기서 동물성(animalitas)은 영혼(anima) 능력을 갖춘 점에서 기계성이나 무생명 또는 한갓 영양과 생장능력만을 갖는 식물성과 차별화된다.

그런가 하면 동물들 중에서도 인간을 여타의 동물들과 구별 짓는 종차 곧 특수성으로 여겨진 이성성(rationalitas)은 마음(animus) 또는 정신(mens)이라고 일컬어지는 것의 능력으로서 자아의식과 자아활동 그리고 인격성을 주요 내포로 갖는 것으로 여겨졌다.

'나는 나이다.'라는 자아의식은 자기의식과 함께 그에 상응하는 타자의식을 포함한다. 자기의식은 주체의식이나 자존심, 이기심에서 뚜렷한 양태를 보이거니와 그 이면에는 자기의 유한성에 대한 의식, 궁극에는 자신의 죽음에 대한 의식이 놓여 있다. 이러한 의식은 인간으로 하여금 종적(縱的) 연대의식을 불러일으켜 조상과 후손, 유산과 승계를 생각하게 하고, 이로 인해 인간은 역사의식을 갖게 되며, 그래서 인간은 역사적 존재, 유적(類的) 존재라는 특성을 얻는다. 여느 동물들의 생은 어미의 생과 다를 것 없이 반복해서 살지만, 인간은 선대의 유산을 시작점으로 해서 계승적인 삶을 산다. 고려인은 고구려인을 잇고, 조선인은 고려인을 이으며, 대한인은 조선인을 이어 산다. 동물들 가운데 역사를 가르치고 배우는 종은 인간밖에 없다.

'나는 나이다.'라는 자아의식은 실상 '나는 네가 아니다.'라는 의식과 다름없는 것으로, 이는 곧 '너'라는 객체에 대한 의식, 타자의식을 포함한다. 이런 타자의식에서 비롯하는 대표적인 심성으로는 동정심, 이타심, 존경심, 경쟁심, 시기, 멸시 등을 꼽을 수 있겠고, 이로부터 횡적(橫的) 연대의식 곧 사회의식이 생겨나며, 이에서 인간은 사회적(정치적) 존재라는 특성을 또한 얻는다. 동물들 가운데서 사회생활을 논의하면서 정치를 익히고 경제를 살피는 동물은 인간밖에 없다.

역사성과 사회성을 갖는 인간은 기초적으로 지성[知]·감정[情]·의지[意]라는 의식작용을 자아활동으로 가지며, 이러한 자아활동은 지식(논리학, 수학, 과학)과 지혜(인문학)의 학문, 그리고 희(喜)·노(怒)·애(哀)·락(樂)·애(愛)·오(惡)·구(懼)와 같은 정서, 윤리와 법과 같은 당위 규범에 따른 실천 생활의 토대로서, 이에서 인간은 진(眞)·선(善)·미(美) 등의 가치를 추구하는 삶을 산다. 이러한 가치 추구의 삶이야말로 인간적 삶의 고유 방식이라 하지 않을 수 없다.

이렇게 인간 고유의 가치 추구 삶을 살면서 인간은 시민사회를 가꾸어 나가니, 인간의 사회생활은 여느 동물의 한갓된 군집생활이 아니다. '나'의 의식과 동시에 '나들'의 의식을 갖는 인간들은 각자 독자적인 주체들로서 시비곡직을 판별할 수 있는 가치 기준, 곧 법을 정하고 그 위에 국가를 세워 산다. 합리성과 공통감(sensus communis)과 양심(conscientia)과 같은 공존의 기반 없이는 상호 규제적인 규범 제정이 불가능한 것이니, 인간 생활의 기초에는 보편적 이성과 보편적 정감, 보편적 지향이 놓여 있다 해야 할 것이다.

'나(ego)'라는 주체 의식이 분명하면서도 이웃을 '또 다른 나(alter ego)'로 받아들이고, 이웃들과 함께 국가를 세워 법치를 하는 종은 만물 가운데 인간밖에 없다.

'나들'은 국가의 성원으로서 각자의 책무가 있고, 그 책무를 담당할 능력이 있으며, 하나의 '나(自我)'는 '다른 나(他我)'로 대체될 수 없는 고유성을 갖는 것으로 간주된다. 그런 의미에서 각각의 '나'는 인격(Person)으로, 인격은 자기기획에 따라 행위를 하고 자기행위에 대해서 책임을 지는, 곧 공적에 대해서는 상을 받고 과실에 대해서는 벌을 받는 귀책능력이 있는 자로 납득된다. 그리고 이때 행위 시점과 그 행위에 대한 귀책의 시점 사이에 그 인격은 변함이 없다는 인격동일성과 그 인격이 타자로 대체될 수 없음은 당연하다. 이렇게 자율적이고 책임능력이 있는 인격으로서 개개

인간은 절대적 가치를 가지는, 그리고 바로 그 점에서 어떠한 교환 가격도 뛰어넘는 존엄성을 갖는다. — 자기산출성, 자율성, 인격성 그리고 존엄성, 이것이 인간의 인간임의 핵심적 요소이다.

제2절

포스트휴먼 사회의 도래와 인간성 문제

1. 현대 문명과 '인간' 개념의 혼란

낙원에서 추방당함과 함께 그 선성(善性)이 이미 부정된 인간은 근대 문명과 함께 자존심마저 크게 상하였다. 코페르니쿠스는 인간이 거주하는 곳이 우주의 중심이 아님을 알려주었다. 다윈은 인간이 침팬지와 친족임과 함께 '이성'을 포함한 많은 속성을 여타 동물들과 공유하고 있는 존재임을 밝혀내 보여주었고, 프로이트는 내가 나도 모르는 무의식의 기제에 의해 행동하고 있음을 들춰냈다.[3] 적어도 인간은 자기의식을 갖는 각성된 종족이라고 자부했는데, 나 자신도 내가 왜 이렇게 행동하는지 모른다니…. 이러한 근대의 '과학적 사실'들은 전통적인 인간에게 심각한 내상을 입히는 것이다. 그 가운데서 무엇보다도 '인간' 개념의 본질을 뒤흔드는 것이 자율성에 대한 회의이다. 심지어 최근의 진화생물학자는 '인체'가 여타의 동식물, 박테리아나 바이러스와 똑같이 '유전자(gene)'라는 자기복제

---

3 Peter Sloterdijk, *Kritik der zynischen Vernunft*(1983), Frankfurt/M. [20]2016, S. 113 참조.

자(replicator)가 생존해가기 위해 축조한 "생존 기계(survival machine)"로서 이 자기복제자가 필요에 따라 교체해가는 자신을 담는 용기(container) 내지는 운반체(vehicle)이며, 이를테면 "덜거덕거리는 로봇(lumbering robot)" 같은 것이라 한다.[4]

인간을 형성하는 여러 가지 요소 중에서도 전통적인 인간 개념에서 인간 존엄성의 가장 강력한 근거는 인간의 정신에 의거하는 인격성이다. 우리 인간은 우리의 "정신(âme)이 모욕당하거나 존경받지 못하는 것을 참을 수 없어 할 만큼 우리의 정신에 대한 어떤 위대한 관념을 소유하고 있다."[5] 그런데 이 '정신'에 바탕을 둔 인격의 인격성은 자율적 행위 주체인 인간의 귀책능력을 말하는 것이며, 그러므로 인간이 '인격'임은 그의 자율성에 기반을 둔 것이다. 그런데 자율성이란 스스로 법칙을 세우고 스스로 세운 그 법칙을 준수하는 자기입법능력과 자기규제능력, 곧 자유의 능력을 말한다. 그래서 자유의 능력을 가진 것을 정신이라고 일컫는 것이니, 인간은 이름하여 '정신적 존재자'로 이해된다.

그런데 이런 생각은 근대 문명의 진척과 함께 점점 무력해지고 있다. 인간학적 관점에서 보아 근대 문명은 정신과 신체의 분열로 시작되어 신체의 점진적 우위로 진전되어갔다. 당초에 많은 사람들이 '사람은 마음과 몸으로 이루어져 있다.'는 정신-물체 이원론을 납득한 것은 그에 의해 인간의 인간다움의 배경인 윤리세계를 자연과학이 그려내는 물리세계로부터 분리 보존할 수 있겠다고 생각했기 때문이다. 그러나 새로운 문명 형성과 함께 '정신'은 두 방면에서, 즉 한편으로는 정치사회에서 다른 한편으로는 자연과학에서 협공을 받았다.

근대 문명의 핵심적 요소는 시민사회와 과학기술이라 할 것이고, 시민

4 Dawkins, *The Selfish Gene*(1976), Oxford 2006(30주년 기념판), p. 19 참조.
5 Pascal, *Pensées*, éd. Brunschvicg, 400.

사회의 토대인 민주주의와 과학기술의 기초인 자연과학은 근대인의 최고 성취라 할 것인데, 이 둘은 '정신'의 희생을 대가로 요구한다.

민주주의는 주권재민의 이념에서 출발하며, 주권재민은 투표권으로 표상된다. 그런데 투표권은 '1인 1표'로 실현되며, 이때 '1인'은 '하나의 몸'을 단위로 한다. 게다가 의사결정을 다수결에 맡김으로써 상대주의 기조에 서 있다. 또한 사람은 누구나 본래적으로 자유롭다고 선언하면서 주장한 첫 번째 자유의 권리가 '신체의 자유'이다. 민주주의의 기저를 이루고 있는 것은 신체적 존재자로서 인간인 것이다. 민주주의 사회에서 공동체의 가치는 주권자인 개개인의 의론을 통하여 정해진다는 대원칙에도 불구하고, 민주주의 사회에서 '개인'은 '정신'적 존재자라기보다는 '신체'적 존재자이다. 투표권은 몸 단위로 헤아려지는, 생물학적 연령을 기준으로 정한 성년의 국가시민에게 일률적으로 주어진다. 생물학적 연령 조건을 충족만 하면 국가시민은 누구나 그의 교양, 정치적 판단력, 지적 수준, 사상이 어떠하든 참정권을 갖는다. 정치의 본질적 업무가 국가 운영의 가치를 정하는 일인데도 말이다.

그러나 이는 인간이 인간임은 무엇보다도 '정신'에 있다는 보통의 생각과 상충된다. 그런데 이런 상충에서 자연과학은 민주주의 기조의 편에 선다. 자연과학이 이해하는 자연세계의 사물들과 사건들은 모조리 인과관계 가운데 있으며, 그러니까 자연 안에 자유로운 존재자 곧 '정신'이란 있을 수 없다. 인간도 자연물들의 인과관계 속에 있는 하나의 물체일 따름이다. 자연과학의 관점에서 인간은 신체(corpus)인데, 신체란 물체(corpus) 이상의 것이 아니다. 무릇 물체의 움직임에 무슨 책임을 물을 수 있겠는가? 물체의 하나로 간주되는 인간은 더 이상 행위의 주체, 인격으로 납득될 수가 없게 된다.

현대의 '과학'과 자연과학주의는 인격의 모태인 인간의 자율성, 그리고 자유의지에 대해 부정적이다. 물리학주의이든 생물학주의이든 같은 결론에 이른다. 자연 안에 있는 모든 존재자의 운동은 물리적 법칙에 따른다는 물리학주의와, 인간의 행위는 뇌 운동의 외현인데 뇌의 운동은 일정성이 없다는 생물학주의는 인간의 자유의지론에 깊은 회의를 표명한다. 인간의 자유의지가 또는 자유에 의한 법칙이 물리학적 세계의 법칙과 충돌한다고 보는 것이나, 생물학적 세계의 무질서와 결합될 수 없다고 보는 것은 다 같이 자연세계와 자유의지가 양립하기 어렵다고 보는 것이다.

민주주의 바탕이 되는 상대주의는 보편적이라는 이성의 위상에 회의를 불러일으키고, 자연과학이 던지는 자유의지에 대한 의구심은 입법적 이성의 지위를 흔들리게 한다. 실천적-입법적 이성의 지위가 흔들리면서, 실천적-도덕적 능력에 근거한 '만물의 영장'이라는 인간의 자부심은 근거를 상실할 위기에 놓여 있다. 그럼에도 인간이 그 과학기술을 통해 인간의 생물적 자연본성을 뛰어넘을 '특이점'이 가까이 왔다고 주장하는 인간기계론자마저 인간이 세상의 중심이라고 여전히 자처한다.

"어쨌거나 결국 우리 인간이 세상의 중심임이 판명된다. 우리의 뇌 속에서 모델들 — 가상현실들 — 을 창조할 수 있는 우리의 능력은 평범한 듯 보이지만 대단한 엄지손가락과 협력하여 과학기술이라는 새로운 형태의 진화를 이끌기에 충분했다. 그로써 생물학적 진화로부터 시작된 가속적 발전은 끊이지 않고 지속될 수 있었다. 그리고 그 발전은 온 우주가 우리의 수중에 들어올 때까지 계속될 것이다."[6]

그러나 만약에 인간이 세상의 중심인 유력한 근거가 인간의 지능과 그 지능에 의한 과학기술의 탁월성에 있다면, 개개인의 지능이 천차만별인

---

6 Ray Kurzweil, *The Singularity Is Near — When Humans Transcend Biology*(2005), Penguin Books, 2006, p. 487.

데 유(類)로서의 인간이 그러한 지위를 가질 수 있을 것인지, 그리고 과연 언제까지 그러한 지위를 누릴 수 있을 것인지가 문젯거리가 되지 않을 수 없다.

2. 포스트휴먼 사회의 문제와 과제

1) 포스트휴먼 사회의 도래

20세기 후반 뇌과학과 진화생물학의 부상으로 하나의 물체, 물질조직으로 간주될 국면에 처한 인간 앞에 21세기 초부터 '유사인종(posthomo sapiens)'의 출현 가능성마저 높아지면서 인간(homo)이 한낱 자연물인지 그 이상의 어떤 품격을 가지고 있는 존재자인지에 대한 논란이 더욱더 격화되고, 인간 위격(位格, humanism)의 근본이 뒤흔들리는 상황이 빚어지고 있다.

인간의 의식을 오로지 뇌의 작용 결과로 파악한 이들은 뇌를 형성하고 있는 뇌세포를 조작함으로써 인간을 개조하고, 뇌에 온라인으로 외부의 정보를 연결시켜 증강 인간, 이른바 '호모 사이버네티쿠스(Homo cyberneticus)'를 탄생시키려 시도하고 있다.[7] 그런 중에 인공지능 탐구자들은 아예 인간보다 뛰어난 인공인간이 만들어질 수 있다고 예측하기도 한다.

당초에 '인공지능(AI)'은 인간 지능의 보조 수단 정도로 생각되었다. 그러나 '인공지능'이라는 개념이 등장한 지 반세기만에 '제4차 산업혁명'이니 '특이점'이니 하는 새로운 낱말과 함께 인간의 포괄적 지능 못지않은 '범용

---

7   Susan Greenfield, *Brain Story*, London 2000, p. 196 참조.

인공지능(AGI)' 또는 인간 지능을 능가하는 '초인공지능(ASI)'이 머지않은 장래에 출현할 것이라고 예측하는 이들도 있다. 그리고 이러한 인공지능은 한낱 기계가 아니라, 우리가 '생명'의 특성이라고 꼽을 수 있는바 조직 세포들의 끊임없는 교환, 자기산출, 자기표현, 신진대사, 부분들 간의 상호 내적 의존성, 계통적 진화 능력 등을 갖는 '인공생명체(Artificial Life)'일 것으로 예상하기도 한다.[8]

만약 모든 방면에서 인간의 지능을 능가하는 이른바 '초인공지능'이 출현한다면, 한편으로는 불완전한 생물학적 존재자인 인간을 한결 개선시킬 수 있을 것이라 기대도 되지만, 다른 한편으로는 인간의 건전한 생활방식에 지대한 위협이 될 것이라는 우려를 떨칠 수가 없다. 그것은 '자연적(自然的: natural)'과 '인공적(人工的: artificial)'이라는 개념의 구별 자체를 무의미하게 만들고, 결국은 인간 문명을 심대하게 변형시키고 말 것이다. 인간이 인간의 지능과 똑같은 또는 더 뛰어난 '인공지능'을 기계적으로 제작할 수 있다는 것은 '지능'이 본디 기계적 체계이며, '지능'이라는 것이 순전히 자연 물리적(physical) 체제 안에 있음을 시사하는 것이기 때문이다. 만약 인간의 지능이 한낱 뇌의 활동방식이고, "처치–튜링 명제[9]"가 말해주고 있는바 결국 뇌와 기계는 본질적으로 동치(equivalent)[10]인 것이라 여겨지면, 인간의 지능 역시 자연 물리적 체제 안에서 기능한다고 간주될 것이다. 이로써 인간의 지능이나 인간의 지능의 제작에 의한 인공지능이나 본질적으로 같은 자연 물리적 체제 안에 있음을 주장할 수 있다. 이렇게 해서 인간의 지능을 한낱 자연물이라 납득하면, 그 자연물의 산출 또한

---

8 Claus Emmeche, *The Garden in the Machine — The Emerging Science of Artificial Life* (1991), transl. by Steven Sampson, Princeton 1996: 오은아 역, 『기계 속의 생명』, 이제 이북스, 2004, 57면 참조.

9 John Casti/Werner DePauli, *Gödel — A Life of Logic*(2000): 박정일 역, 『괴델』, 몸과마음, 2002, 144면 이하 참조.

10 Kurzweil, *The Singularity Is Near*, p. 455.

제10장 '포스트휴먼' 사회와 인간 이성의 과제 – 775

자연물인 만큼, 인간의 지능과 손을 거쳐 나온 인공지능도 그리고 온갖 인공적 조작도 실은 일종의 자연(생산)물 내지 자연현상이라 해야 할 것이다. 그러니 사람의 공작(工作)을 거친 것이라 해서 굳이 '인공적'이라 할 것이 없다. 인간의 공작 자체를 자연작용의 한 가지로 보아야 할 것이기 때문이다. 이쯤 되면 '인공적'이라는 말이 적용될 대상은 없다. 자연 안에 있는 것은 모두 다 응당 '자연적'인 것으로 보아야 할 것이니 말이다. 산비둘기가 지은 둥우리가 자연물의 하나이듯이, 자연물의 하나인 인간의 두뇌와 손에 의한 산물 또한 모두 자연적인 것이다. 이렇게 생각하게 되면 자연인과 인공인간의 본질적 구별도 사라진다.

그러니까 자연인이 인격체라면 로봇도 사이보그도 인격체일 수 있다. 그리고 자연인에 의해 제작된 로봇뿐만 아니라, 로봇에 의해서 제작된 로봇도 그 존재적, 도덕적 지위는 다를 것이 없다. 이러한 국면에서는 자연인이 자율성과 대체 불가능성을 근거로 '존엄성'을 주장하는 것은 근거를 상실한다. 자연인이든 로봇이든 사이보그든 모두 일정한 기계적 법칙에 따라 운동하는 것으로 간주되고, 개체의 복제도 가능할 것이며, 동일하지만 다른 개체로 대체하는 것도 가능할 것이기 때문이다. 여기서는 기능의 같음만이 주목되며 여타의 것들은 사족으로 치부된다.

이런 국면에서는 달리기 보조 도구로 자동차를, 땅파기 보조 도구로 굴착기를, 생각하기 보조 도구로 컴퓨터를 발명한 인간 스스로가 '하나의 생각하는 기계' 곧 계산기임을 자인하지 않을 수 없게 될 것이고, 이성적 '동물'의 소멸과 함께 '이성' 개념도 그 의미의 대부분을 잃을 것이다. — 인간의 '마음'이라는 것이 한낱 '기계적'인 것이라면, 동물성에서 기인하는 정감의 통제 능력으로 간주되던 '이성'은 다름 아닌 기계 조작 능력이겠고, 이른바 '입법적' 이성이란 기계 제작 프로그래밍 능력을 일컫는 것이 되겠다.

근대인 칸트는 "자연은 그것이 동시에 예술인 것처럼 보였을 때 아름다운 것이었다. 그리고 예술은 우리가 그것이 예술임을 의식할 때에도 우리에게 자연인 것처럼 보일 때에만 아름답다고 불릴 수 있는 것이다.”[11]라고 말했던가. 휴머니즘의 전형인 칸트철학에서의 자연과 예술의 이런 구별은 데카르트의 정신·물체의 구별처럼 포스트휴머니즘의 관점에서는 헛되고 터무니없는 것이겠다. 이 같은 사정은 “인공지능의 출현”을 전 우주의 역사에서 “우주의 창조”와 “생명의 출현”에 이은 “세 번째의 대사건”[12]이라 칭하게끔 만든다. 인간의 관점에서 보면 초인공지능의 출현과 함께 휴먼 사회는 소멸하고, 포스트휴먼 사회가 개시되는 것이니, 이로써 선사시대와 역사시대로 이분되던 인류 문화사는 이어질 ‘후역사(後歷史)시대’로 인해 삼분(三分)될 것이다. 또는 현생 인류는 세계를 정복하여, 세계에 의미를 부여하다가, 결국에는 세계에 대한 지배력을 상실했다고 기술할 수도 있겠다.[13]

2) 포스트휴먼과 인간의 정체성

이제 이러한 인공지능에 기반한 로봇이 생겨나면, 종래에 인간이 해냈던 일들 가운데 로봇이 할 수 없는 일은 없을 것이며, 오히려 많은 일을 인간보다 더욱더 효과적으로 해낼 것이다. 그리고 이러한 로봇의 협력을 얻을 의생명과학기술은 ‘인격’의 관점에서보다 어쩌면 ‘산업’의 관점에서 인체를 개조하고 수명 또한 임의로 조정할 수 있을 것이다. 이로써 인체 플랫폼화는 가속적으로 급증할 것이고, 그와 함께 생명공학기술은 사이보그 생산이 주 업무가 되는 국면이 도래할 가능성이 높다. 이러한 일련

---

11 Kant, *KU*, B179=V306.
12 Edward Fredkin의 말. Kurzweil, *The Age of Intelligent Machines*, p. 189 참조.
13 Yuval Noah Harari, *Homo Deus*, London 2016 참조.

의 사건들은 '인간'의 문명 상황을 둘러보면서 새삼스럽게 과연 '인간'이, 그리고 '인간 문명'이 무엇인지에 대한 숙고를 강요한다. 진화론의 등장으로 동물들과의 차별성마저 흐릿해진 마당에, 유사인종까지 맞닥뜨린 '인간'은 가중된 정체성의 혼란을 겪지 않을 수 없다.

당초에 설령 생물학적 인간이 인조인간과 다른 방식으로 출생했다 하더라도, 인간의 수명 연장과 능력 증강에 대한 욕구가 과학기술을 부추기면 아마도 자연인으로 태어난 인간도 종국에는 모두 인조인간 내지는 사이보그가 될 것이다. 병든 세포 대신 육성된 신세포가 이식되고, 낡은 심장은 기계펌프로 교체되고, 부실한 신장과 혈관은 여느 동물의 신장과 혈관으로 교환되고, 기능이 원활하지 못한 뇌는 생명공학적으로 증강되거나, 아예 인공지능으로 대체될 가능성이 높다.[14] "생물학적 지능은 사실상 역량이 고정되어 있고, 그렇기 때문에 궁극적으로는 우리 지능의 비생물학적인 부분이 우위를 점하게 될 것"[15]이며, 또 생명공학적 조작에 의해 다수의 동일인이 대체(代替)적으로 생을 이어갈 수도 있고, 사람이 노화는 해도 노쇠는 하지 않아 "수명이 1,000살 정도에 도달할 수"[16]도 있다는 전망조차 나오고 있다. 인간의 끝없는 생명 연장 욕구를 충족시키는 의과학기술과 함께 생명공학은 진시황적 소망 성취를 향해 질주할 것이다. 그리고 이를 정당화하는 논리 또한 개발될 것이다. — 생명공학에 의한 인체의 재조립, 그것은 인간의 진보인가 변환인가? 동물적 인간의 사라짐, 그것은 인간의 세련화인가 소멸인가? '호모 사피엔스 2.0', 신인류의 탄생, 그것은 인류의 신기원인가, 종말인가? '인간은 인체'라고 외치는 근대 과학

---

14 Ray Kurzweil, *The Age of Spiritual Machines*, London: Orion Business Books, 1999, p. 101 이하 참조; Martin Ford, *Rise of the Robots: Technology and the Threat of a Jobless Future*, New York: Basic Books, 2015, p. 238 이하 참조.

15 Kurzweil, *The Singularity Is Near*, p. 28.

16 D. P. O'mathuna, *Nanoethics*(2009): 이상헌·이원봉 역, 『나노윤리』, 아카넷, 2015, 224면.

기술과 함께 해부당하던 인간이 아예 해체될 시점에 이른 것인가?

'인간'을 둘러싼 과학기술 환경의 급변과 도래하는 포스트휴먼 사회의 징후들을 보면서 우리가 재확인할 일은 무엇보다 '참다운' 인간상이며, 마련해야 할 것은 과학기술의 진보를 인간 문명사회의 진보의 틀 안에서 관리하는 규범이다.

우리가 '이성적 동물'이라는 인간 개념을 유지하고, 그 본질적 내포를 자기 한계에 대한 자각, 동물적 생명성과 지(知)·정(情)·의(意)라는 심적 능력에 바탕을 둔 반성적 역사성 및 자율적인 사회성, 자기 생각과 느낌을 표현하는 언어 구비라고 본다면, 어떠한 유사물을 '인종'의 하나로 간주하기 위해서는 그 유사물이 이러한 본질적인 인간의 속성을 공유한다는 전제 아래에서일 것이다. 파스칼은 "인간의 위대성은 자기가 비참하다는 사실을 알고 있다는 점에 있다."라고 보았다. 나무나 침팬지는 자기가 비참하다는 사실을 알지 못한다. 물론 "자기가 비참하다는 것을 아는 것은 비참한 일이다. 그러나 자기가 비참하다는 것을 안다는 것은 위대한 일이다."[17] 자기의 한계를 뚜렷하게 자각하는 것보다 더 위대한 일이 있겠는가. 그런데 "감정이 없다면 사람들은 비참해지지 않는다."[18] 그리고 이성이 없다면 자기가 비참하다는 것을 알지 못한다. 인간의 인간임의 특성인 이성과 감정의 교합이 없고, 생사가 없고, 반성능력도 역사성도 없고, 자율 능력도 사회성도 없고, 뛰어난 지적 능력(지능)을 가졌지만 자기의 언어는 갖지 못한 어떤 것이 있다면 그것은 결코 인종으로 간주될 수 없다. 자연인간 중에도 뛰어난 지능은 가지고 있으되, 미감(美感)도 없고 동정심도 없고 이웃과의 교제능력이 없는 자가 있다면, 그는 매우 결함 있는 사람으로 치부되고 교양 교육을 강요받지 않을 수 없다. 하물며 로봇

17 Pascal, *Pensées*, éd. Brunschvicg, 397.
18 Pascal, *Pensées*, éd. Brunschvicg, 399.

이 그러한 수준이라면 결코 그것을 인간 유(類)에 포함시킬 수는 도무지 없다. 그럼에도 당초에 인간의 고된 일거리의 일부를 떠맡길 일꾼(robota)으로 고안된 로봇이 인간보다 탁월한 지적 능력을 갖추게 되면 스스로 자연을 개작하고, 인간을 지배할 수도 있는 일이므로, 로봇이 그 지경에 이르기 전에 당연한 조처를 취해야 함은 이론의 여지가 없다. 인간이 사물로 하여금 인간을 지배하도록 내버려둘 수는 없지 않겠는가.

무지한(?) 사람들이 우려하든 말든 근대 과학은 오랫동안 신과 동물 사이에 있다고 간주되던 인간을 "원숭이와 기계 사이에 있다."라고 기술하고 있는데, 그나마 "인간과 원숭이 사이의 거리, 그리고 인간과 기계 사이의 거리는 나날이 줄어들고 있다."[19] 그래서 한편에서(진화론자)는 인간이 여느 동물과 본질적으로 다를 바 없다 하고, 다른 편에서(컴퓨터과학 기술자)는 인간이 기계와 본질적으로 다를 바 없다고 한다. 이제 생물학주의 편에 서 있던 뇌과학자들마저 뇌의 기능을 정보처리작용으로 봄으로써 점점 물리학주의 편으로 기울어져, 마침내 사람들은 이구동성으로 동물이나 인간이나 기계나 정밀도에서 차이가 날 뿐 모두 기계류라는 관점이 정설로 될 기세이다. 그 모든 기계들을 인간이 통제 아래에 둔다면 세계는 인간의 창조능력 아래에 있는 것이니 '인간이 곧 신(Homo Deus)'으로 승격하겠지만, 인간이 다른 더 탁월한 기계 아래 종속한다면, '기계 신'이 등장할 판국이다.

'포스트휴먼 사회'는 '하느님'(초월 신)의 주재 아래 있을까, 사람 신에 의해 통치될까, 아니면 기계 신의 전제 아래 놓일까? — 추세는 세 번째 경우로 다가서는 양상이다.

---

19 Alexander Kissler, *Der geklonte Mensch — Das Spiel mit Technik, Träumen und Geld*, Freiburg/Br. 2006, S. 222.

3) 포스트휴먼과 사회적 과제

당초에는 인간에 의해 제작되고 조종당하던 로봇이 정교화를 거듭하면서 마침내는 스스로 로봇을 제작하고 스스로를 조작하고 조정하여 자립적 존재자가 될 가능성도 없지 않다고들 한다. 이른바 '초인공지능'이 한번 만들어지고 나면, 그 초인공지능에 의한 지능이 기하급수적으로 자기 발전을 거듭해 "지능 폭발"[20]이 일어나서 인간의 지능으로서는 전혀 통제할 수 없는 상황이 발생할 것이라는 예상도 있다.[21] 그러므로 '초인공지능'은 자연인인 "우리의 최종의 발명품"으로서, 그로써 "인간 시대는 끝"[22]이라는 예고가 뒤따른다.[23] 여기서 '인간 시대의 끝'이란 일차적으로는 인간이 더 이상 이 세계의 주인공이 아니라는 것을 뜻하겠지만, 또한 그것은 '이성적 동물'이라는 개념의 소멸을 함의한다.

이미 컴퓨터 개발의 초기 단계인 1965년에 수학자 어빙 존 굿(Irving John Good, 1916~2009)은 컴퓨터 기반의 인공지능이 내포하고 있는 문명의 파장을 예견했다.

"초지능(ultraintelligent) 기계란 가장 영리한 사람의 모든 지적 활동을 훨씬 능가하는 기계라고 규정될 수 있겠다. 기계의 설계도 이런 지적 활동의 하나이므로, 초지능 기계는 더 뛰어난 기계를 설계할 수 있을 것이다. 그러면 의심할 여지없이 '지능 폭발(intelligence explosion)'이 일어날 것이고, 인간의

---

20 James Barrat, *Our Final Invention: Artificial Intelligence and the End of the Human Era*, Thomas Dunne Books St. Martin's Griffin, New York 2013, p. 17.

21 Kurzweil, *The Singularity Is Near*, p. 22 이하 참조.

22 Barrat, *Our Final Invention: Artificial Intelligence and the End of the Human Era*.

23 N. Katherine Hayles, *How We Became Posthuman: Virtual Bodies in Cybernetics, Literature, and Informatics*, Chicago, 1999: 허진 역, 『우리는 어떻게 포스트휴먼이 되었는가』, 플래닛, 2013, 497면 이하 참조.

지능은 한참 뒤처질 것이다. 그리하여 이 최초의 초지능 기계가 사람이 만들게 될 마지막 발명품(the last invention)이 될 것이다. 그 기계가 그것을 어떻게 통제할 것인지를 우리에게 이야기해줄 만큼 충분히 유순하다는 전제 아래에서 말이다."[24]

이런 생각의 연장선상에서 특이성 이론을 펴는 커즈웨일(Raymond[Ray] Kurzweil, 1948~)에 대해 "일반적으로 과학기술의 역할은 흔히 과대평가된다."라면서 '지능폭발'이니 뭐니 하는 것은 "가짜(bogus)"[25] 내지는 "과대선전(hype)"[26]이라고 반론하는 이가 없지 않지만, 만약 적지 않은 인공지능 탐구자들의 예상처럼, 한낱 연산만 할 줄 아는 '인공지능'을 넘어서 정서적이기도 하고 창발적이기도 한 '인공마음'이나 '인공인간'이 출현하는 상황이 되면, 그리고 그것들이 단일한 소통기호체계(언어)를 가진 채 등장한다면, 인간은 수많은 난제들에 부딪치지 않을 수 없다. 인공인간에 대한 시민권 부여 문제[27]에서부터 저러한 유사인종의 독립국가 인정 문제까지도 숙려해야 하고, 극단적인 경우에는 자연인간이 저러한 단일체제 아래서 움직이는 유사인종에 예속되는 문제 상황도 우려하지 않을 수 없기 때문이다.

그러나 만약에 한낱 지능에서뿐만 아니라 정서의 면에서도 인간과 유사해서 우리가 가늠할 수 있는 모든 면에서 "사실상 사람(person)과 같게 보이"는 기계가 등장하여 인간과 교류하는 국면이 오면,[28] 우리는 그 '기계'에 대해서도 자연인의 것과 똑같은 '인격'을 승인하고, 함께 사는 법을

---

24 I. J. Good, "Speculations Concerning the First Ultraintelligent Machine", in: *Advances in Computers*, vol. 6, 1965, p. 33.

25 Piero Scaruffi, *Intelligence is not Artificial*, 2015, p. 57.

26 M. Ford, *Rise of the Robots*, p. 231.

27 Chr. H. Gray, *Cyborg Citizen — Politics in the Posthuman Age*, New York · London 2002, p. 21 이하 참조.

마련해야 할 것이다. 거만스러운 자를 보면서 역겨워하고, 권력의 횡포에 저항하고, 물에 빠진 아이를 달려가 구하고, 감성 짙은 가요 한 곡조에 눈물을 훔치고, 창밖의 감나무 가지 끝에 매달려 있는 마지막 잎새를 바라보며 지나간 한 해를 아쉬워하는 로봇을 길에서 마주친다면, 그를 어떻게 인간과 다르게 대할 수 있을까… 그가 다정한 눈인사마저 나에게 보내는데 말이다.

이러한 극적인 상황이 아니라도 인간의 평균적 지능 수준에 이르는 인공지능의 개발과 그에 상응하는 의생명과학기술의 진보만으로도 인간의 삶의 방식에는 격변이 일어날 것이다.

이미 1942년에 장차 진보할 로봇이 처할 상황을 내다보면서 아시모프(Isaac Asimov, 1920~1992)는 이른바 "로봇의 3원칙(the three fundamental Rules of Robotics)"을 말했다.

"1. 로봇은 인간에게 상해를 입혀서는 안 되며, 아무런 행동을 취하지 않음으로써 인간이 해를 당하게 방치해서도 안 된다.

2. 로봇은 제1법칙과 충돌하는 경우를 제외하고는, 인간이 내린 명령에 복종해야만 한다.

3. 로봇은 그렇게 하는 것이 제1법칙 또는 제2법칙과 충돌하지 않는 한에서 자기 자신의 존재를 보호해야만 한다."[29]

특정 인간 — 예컨대 선량한 다수의 시민들 — 의 안전 보장을 위해 특정 인간 — 1인의 악한 — 에 대해 상해를 입히는 일이 불가피한 경우도 없

---

28 Kurzweil, *How to Create a Mind: The Secret of Human Thought Revealed*(2012), Penguin Books, 2013, p. 210 참조.

29 I. Asimov, "Runaround"(1942). in: *I, Robot*(1950), New York: Bantam Dell, 2008, p. 37.

지 않겠고, 이미 소설의 이야기처럼 제2규칙과 제3규칙의 충돌 사이에서 로봇이 이러지도 저러지도 못하는 경우 또한 있을 것이지만, 이야기로 구성해본 이러한 규범이 얼마나 정합적이냐, 규범으로서 얼마나 완성성이 있느냐는 핵심 문제가 아니다. 규범이 제아무리 체계성을 갖춘다 해도, 일반적인 법규나 윤리적 규범들의 준수는 법칙수립적 자율적 이성이 제대로 기능할 때나 기대할 수 있는 것으로, 도구적 이성 내지는 도구적 합리성이 추세인 상황에서 '로봇의 규범'이 규범으로서 얼마나 작동할 것인지에 대한 우려는 한낱 기우가 아닐 것이다. 또한 설령 로봇 규범을 로봇 제작자들이나 그들에 의해 제작된 로봇들이 준수함이 당연한 일이라 해도, 그것은 로봇이 선량한 인간의 조종과 통제 아래 있을 경우에만 효력이 있는 일이다.

무엇보다도 산업적으로 군사적으로 그 유용성이 확인되고 나면 로봇의 기능 향상은 맹목적인(이른바 가치중립적이라는) 과학기술과 이윤 창출에 몰두해 있는 투자자와 기업, 산업 진흥과 국가 방위를 우선시하는 정부에 의해 급속도로 이루어질 것이며, 아마도 어느 시점에는 인간으로서는 더이상 제어할 수 없는 수준의 로봇까지 출현할 것은 충분히 예상할 수 있는 일이다. 게다가 누구도 그러한 로봇이 악의적인 자기파괴적 인간의 수중에 들어가지 않을 것이라고 확신할 수도 없다.

저러한 종류의 로봇은 단지 산업 현장이나 가정에서의 일꾼으로서뿐만 아니라 전쟁터에서 무적의 전사로도 활동할 것이 명약관화한 일이다. 이미 그 양상이 나타나고 있지만 장차 훨씬 고도화할 군사로봇과 인공지능에 기반한 자동화 무기가 주축이 된 이른바 '로보워(robo-war)'의 가능성도 점점 높아지고, 선진국의 로봇 전사 그리고 사이보그 전사(cyborg warrior) 부대와 후진국의 자연인 군대가 대치하는 전선의 가공할 광경도 예상이 된다.[30] 이는 인류의 대재앙으로 이어질 것인 만큼 인류 전체를 위한 국제적인 군사용 로봇–사이보그 규범이 하루 빨리 제정되고 엄격하게 준수될 방안을 강구해야 함은 역시 당연한 귀결이겠다.

또한 곳곳에서 '영생(永生) 프로젝트'가 생겨나 사람들의 불사 욕구를 부추기고, 그것도 산업화할 공산이 크다. — 생명과학(life sciences)이 기업화하면 제약회사가 된다는 점은 시사하는 바가 크다. — 대체 인간은 어느 지점까지 의생명과학기술에 의지해 생명을 이어가야 하는가? 만약 의생명과학기술이 진보하는 대로 할 수 있는 한 생명을 이어간다면, 자연인으로 태어난 인간도 하나같이 종국에는 사이보그로 생존을 이어갈 가능성이 증대할 것이다. 인류의 영생을 기원하는 것과 개개인이 영생할 것을 바라는 것은 같은 것이 아니며, 개별 생명체는 각기 자연 수명이 있는데, 과연 과학기술에 의해 연장되어가는 인간의 수명을 '자연 수명'이라 할 수 있을까? 일반 동식물의 유전자 변형이 여전히 문젯거리인 상황[31]에서 이 문제와 더불어 인간의 유전자 변형·복제·성형 시술을 어디까지 허용할 것인지도 신중하게 논의하여야 한다. — '맞춤 아기(Designer-Baby)' 논쟁[32]이나 "생식세포 유전자 요법"에 관한 쟁론[33]은 이러한 논의 과정의 한 사례라 하겠다. — 이를 인간의 기술능력이 미치는 한 허용하면 자칫 우생학적 조치가 성행할 우려 또한 떨칠 수가 없다. 인간의 자연 수명 내에서 인간의 자연 생명을 보전하는 수준 정도까지만 시술이 허용되어야 하지 않을까? 이를 넘어서면 자칫 인체 플랫폼화의 추세를 막을 수 없을 것이며, 인체의 도구화는 가속화할 것이다.[34] 이런 종류의 시술에 의해 자연인이 변형되어가면 각종 '프랑켄슈타인'의 파생과 함께 '동일인' 개념이 파기되고, 복제인간이 등장하여 인격의 한 요소였던 대체 불가능성 개념마저 무

30 Gray, *Cyborg Citizen*, p. 55 이하 참조.
31 Bryant/la Velle/Searle, *Introduction to Bioehtics*, p. 73 이하 참조.
32 Kissler, *Der geklonte Mensch*, S. 193 이하 참조.
33 Watson/Berry, *DNA — The Secret of Life*, p. 399 이하 참조.
34 Thomas Schramme, *Bioethik*, Frankfurt/M. 2002, S. 65 이하 참조.

력해지는 국면이 되면, 그것은 숱한 윤리적, 법률적, 사회적 문제를 야기할 뿐만 아니라, '인간의 존엄성' 개념 자체가 소멸될 염려 또한 크다.[35]

진보하는 과학기술을 가지고서 "우리가 무엇을 하도록 허용할 것인지는 민주주의 사회처럼 결정해야 하는 사항이다. 불행하게도 그런 사회에서는 법이 사회의 요구를 따라가지 못하는 경향이 있다. 위험한 교차로에는 대개 사고가 몇 차례 일어난 뒤에야 신호등이 설치된다."[36] 이런 비유를 통해 과학기술 종사자들은 하루 빨리 사회가 발전하는 과학기술을 받아들이기를 촉구한다. 그리고 기업가들은 '미래의 성장 동력'을 신속하게 육성해야 한다는 명분 아래에 이에 합세하고, 정치가들은 새로운 과학기술을 산업의 '신성장 동력'으로 삼아 장밋빛 비전을 제시함으로써 대중의 지지를 이끌어내려 한다. 그 부작용에 관해서는 모른 체하면서 말이다. 그러므로 '민주주의 사회'가 이러한 문제에 대한 결정을 내리려면 시민 대중이 새로운 과학기술의 개발 현황과 긍정적, 부정적 효과 내지 영향에 대한 판단 자료를 가져야 하고, 또한 판단 능력을 함양해야 한다. 그러기 위해서는 무엇보다도 과학기술의 진보에 관한 정보가 신속하게 일반 시민과 공유되어야 하고, 유익한 활용방식에 대한 공론이 모아져야 한다.

고도의 로봇이나 사이보그가 노동 현장에 등장하는 국면에서는 인간이 고된 노동에서 해방되는 한편으로, 일자리 감소가 다른 사회 문제를 유발하지 않을 수 없다. 전통적인 경제학 이론은, 신기술은 생산성을 높여 생산 원가를 절감시키고, 그로써 값싼 재화를 공급하여 구매력을 촉진하고 시장을 확대시켜 더 많은 일자리를 창출한다는 것이다. 그것이 국가와 기업이 신기술 개발에 매진하는 것에 합리성을 부여해왔다. 그러나 포스트

35 Matthias Kettner(Hs.), *Biomedizin und Menschenwürde*, Frankfurt/M. 2004, S. 208 이하 참조. 그리고 Justine Burley(ed.)/Richard Dawkins(Foreword by), *The Genetic Revolution and Human Rights: Oxford Amnesty Lectures 1998*, Oxford 1999 참조.
36 Watson/Berry, *DNA — The Secret of Life*, p. 357.

휴먼 사회에서는 "더 많이 생겨나는 일자리" 역시 유사인종이 차지할 가능성이 높기 때문에 자연인의 일자리가 감소하는 것은 불가피할 것이다. 그리하여 이미 노동 기반 사회의 기반이 무너진 상황에서 여전히 소득의 노동시간과의 연계가 지속된다면, 일자리와 노동시간의 감소는 자칫 대다수 시민의 소득 감소로 귀결할 수도 있다. 만약 그렇게 된다면 과학기술의 진보와 산업 진흥에 반비례해서 시민 대부분의 삶의 질은 악화될 것이고, 그것은 인간 사회의 파국을 초래할 것이다. 이를 완화시킬 수 있는 하나의 방안은 전 국민 기본소득제도의 수립이다. 사회 구성원 모두에게 기본생활이 보장되지 않는 상황이면 '인본주의'가 무슨 이념적 가치를 가지겠는가. 모든 국민에게 인간의 품격을 유지할 수 있는 생활비를 보전하고, 일자리 나눔을 통해 여분의 소득이 가능하도록 해야 할 것이다. 이 제도의 취지와 원형은 이미 중국 고대의 정전제(井田制)에서 볼 수 있다. 포스트휴먼 시대가 도래해도 사람 사는 기본 이치는 요순시대와 다를 것이 없다.

"정전(井田)이란 전가(田家)의 황종척(黃鐘尺)이다. 황종척을 만들지 않으면 음악 소리를 바르게 잡을 수가 없고, 정전을 만들지 않으면 전제(田制)를 정할 수가 없다."[37]

종전에는 신기술이 특정 부문의 노동자를 대체하면 새로운 산업 분야가 생겨나 대체된 노동력을 흡수함으로써 일시적인 혼란에도 불구하고 과학기술의 진보에 의해 실상은 더 많은 일자리가 창출되었다. 농업 기계화로 인한 잔여 노동자는 제조업이 흡수하였고, 제조업의 하이테크화로 인한 노동자 잉여 문제는 서비스업이 확장됨으로써 해소되었다. 그러나 서비스업, 오락 산업에까지 주력 노동력이 인공지능 로봇으로 채워질

---

37 정약용, 『經世遺表』, 卷7, 田制9, 井田議1: 수록: 《與猶堂全書》, 第十四册, 533면.

제4차 산업혁명 이후의 노동 구조는 소수의 고급 과학기술자와 주력 로봇 노동자, 그리고 로봇 노동자의 보조 역할을 할 하급 자연인 노동자 계층으로 이루어질 공산이 크다. 그리고 그로 인해 사회 구성원 간의 계층적 간격과 소득의 차이가 확대될 가능성이 높다. 이는 단순히 일자리 감소나 이동의 문제를 넘어서게 될 것이다. 사람의 가치가 그가 가진 노동력의 가치로 결정되는 산업사회에서 이러한 양상은 심각한 사회적 문제를 야기하지 않을 수 없다.

범용인공지능이나 초인공지능에 의해 운용되는 로봇은 '유사인종'이기 때문에, 그것은 자연인이 하던 일을 대신한다기보다는 자연인이 하던 일을 나누어 하는 것이다. 예전의 신기술이나 새로운 기계는 어디까지나 인간 노동의 보조 수단, 도구였지만, 유사인종은 자연인과 대등한 또는 자연인을 능가하는 활동가이다. 그러므로 물리학자이든 기계공학자이든 생명공학자이든, 토목기사든 의사든 변호사든 회계사든, 영화배우든 축구선수든, 요리사든 농부든, 자연인의 역할치고 로봇이 해내지 못할 것은 없을 것이고, 아니 오히려 자연인보다 월등히 잘 수행할 것이므로, 유사인종의 등장은 사실상 '우수한' 성인 인구의 증가와 똑같은 사회 구조의 변화를 가져올 것이다. 이것은 인구 폭발 지역에서 적절한 제한 조치를 강구하는 경우가 있듯이, 사회의 로봇 진입에 수량적 제한 조치를 생각하게 하고, 실제로 부분적인 억제책이 나오기는 할 것이다. 그러나 그것도 자연인이 로봇 수급에 대한 그러한 제한 조치의 능력을 가지고 있는 한에서의 방책일 뿐이다. 게다가 생산시스템 전체가 아예 로봇조차도 거의 필요 없는 "합성지성(synthetic intellect)"에 의한 "가상노동자(forged laborer)"[38]에 의해 운용된다면 자연인이 할 수 있는 일은 거의 남지 않을 것이다.

---

38 Jerry Kaplan, *Humans Need Not Apply*, New Haven: Yale Univ. Press, 2015, pp. 5~6 참조.

또 필요한 로봇을 제작하는 일마저 로봇들이 자신들의 판단에 따라 해낸다면, 그때 인간이 할 만한 일은 도무지 없을 것이다. 어떤 사람들은 그래도 창의적인 일은 인간들만이 할 수 있을 것이라 생각하는데, 그것은 초보적 인공지능을 염두에 둔 자기위로의 말일 뿐이다. 초인공지능이란 학습은 말할 것도 없고 창의나 정서의 면에서도 인간보다 탁월한 존재자를 일컬음이다. 그러나 인간이 노동의 짐을 덜기 위해 창안한 인공지능 '가상노동자'나 로봇에 의해 노동현장에서 배척당한다는 것은 자가당착이다. 로봇의 등장으로 인간이 고된 일에서 해방되는 것이 아니라 일자리에서 쫓겨난다면, 그것은 그야말로 희극이자 비극이다. 이러한 희비극의 장면 연출을 방지하기 위한 조정장치가 늦기 전에 마련되어야 한다.

생산과정에 '가상노동자'나 로봇을 투입하는 것은, 그를 통해 생산성이 제고되기 때문일 것이다. 그렇다면 이제 '가상노동자'나 로봇의 뛰어난 생산력으로 인해 추가되는 과실은 누구의 몫이어야 하는가? 만약 전체 과실을 '가상노동자'와 로봇을 운용하는 자나 투자자가 차지한다면, 그것은 합당한 일이 아니다. 새로운 기술개발은 이미 축적된 기술을 바탕으로 해서 이루어지는 만큼 신기술 개발과 운용에 최종적으로 기여한 자라 해서 그가 전체 과실을 차지하는 것은 그 공적을 초과하는 것이다. 각자에게 그의 몫을 주는 것이 정의의 원칙이라 한다면, 전체 인류의 몫이 90%, 아니 99%이고, 최종 관여(기여)자의 몫은 기껏해야 10%, 아니 1%일 것이다. 과수의 가지 끝에 과실이 열리지만 성과(成果)의 대부분의 공적은 과수의 뿌리와 줄기에 있는 것으로, 가지 끝의 공적은 많아야 10%이다. 로봇 제작자와 운용자는 로봇 제작과 로봇에 의한 생산성 향상으로 인한 추가소득의 적어도 90%는 사회에 환원하는 것이 합당하다. 그로 인한 국가수익을 전 국민 기본소득제도의 재원에 충당함이 마땅한 일이다. '가상노동자'로 인해 감소하고 로봇이 대체한 일자리 대신 자연인간을 위한 새로운 일거리를 만들고, '가상노동자'나 로봇에 의해 향상된 삶의 질을 소수

의 특정인만이 아니고 전체 사회 구성원이 공유 내지 향유함이 사회 정의
이자 휴머니즘이다.

이미 우리는 '제3차 산업혁명'의 상당 부분의 과실과 사회 지배력이 정
보통신기술 산업 주도자들의 수중에 들어가 있음을 목도하고 있다. 만약
같은 제도와 방식으로 진행된다면 '제4차 산업혁명'의 과실의 많은 인공
지능, 로봇, 의생명공학기술 산업 주도자들에게 더욱더 편중될 것이다.
이것들을 신산업이라 부르지만 실상 이것들은 정보통신기술 산업의 연장
선상에 있는 것이므로 그 지배력이 더욱 강화 지속될 것이기 때문이다.
이대로 가면 발전된 과학기술은 새로운 방식으로 노동을 자본으로 대체
하고, 그렇게 해서 새로 창출되는 부는 이미 부유한 사람들에게 몇 곱절
로 덧붙여질 것이다.

무릇 모든 과학기술의 발전과 산업의 진흥은 1)인간성(휴머니즘) 고양과
2)지역 간, 계층 간 격차가 없는 인류 전체의 복지 증진의 원칙에 부합하
게 진행되어야 한다.

과학기술이 산업의 주역이 된 이래 점차로 사람이 하던 일을 기계가 대
신함으로써 사람이 의식주 문제를 해결하려고 하던 일은 감소해가고, 그
대신에 종전에는 놀이로 간주되던 것들이 일로 전환되어가고 있다. 그래
서 예컨대 종전에는 유희오락으로 치부되던 것도 '문화산업'이라는 이름
아래 주요한 일거리로 변화하였다. 제4차 산업혁명이 실현되어갈수록 이
러한 경향은 더 짙어질 것이다. 어쩌면 동물로서의 인간을 유지하기 위한
일은 대부분 로봇에 맡기고 사람의 일과는 대부분 놀이가 됨으로써 사람
의 생활에서는 '일하다(arbeiten)'와 '놀이하다(spielen)'가 하나가 되는 국면
에 이를 수도 있다. '놀이'가 무료하지 않고 지속적으로 유쾌함을 갖기 위
해서는 놀이 중에 끊임없는 창의가 있어야 한다. 효율성이 일의 번성을 가
져다준다면, 창의성은 놀이의 생명성을 유지시켜준다. 그때 각종 놀이는
예술이 된다. 이로써 이제까지 일생의 대부분을 일꾼, 노동자로서 살았던

인간은 예술가로서 삶을 영위하게 될 것이다. 예술가에게도 필수적인 동물적 삶을 위한 물적 기반을 사회가 지원하는 나라가 이미 많이 있다. '예술가'의 범위가 확대되어가는 추세에 맞춰서 로봇 노동자가 산업의 역군일 사회는 로봇의 생산물을 재원으로 하여 국민 생활 지원 제도를 새롭게 정비해야 할 것이다. 그것은 국민 '기본소득제도' 수립으로 수렴될 것이다. — 제4차 산업혁명의 '혁명'이 노동자로서의 인간 사회에서 예술가로서의 인간 사회로의 전환으로 귀결되기를 기대한다. 그것은 산업혁명과 휴머니즘의 합치를 기대하는 것이다.

* * *

근대 문명의 총아인 과학기술의 진보 끝에 도래할 '포스트휴먼 사회'가 야기하고 제기하는 갖가지 문제들에 대해 합리적인 대답을 하지 못한다면, 수천 년 누적된 이성에 대한 사념들이 '지혜'와는 상관이 없는 것이겠다. 이성은 언제나 시대의 물음에 답하면서 새 길을 걷는다. '이성'은 말이자 대화이고 정도(正道)가 아니던가.

오로지 개념에 의한 이성적 지식의 체계인 철학에서 이성은 개념을 통해 세계에 관해 발언한다. 개념이 미약하거나 혼란스러우면 발언의 취지가 전달될 수 없다. 비트겐슈타인은 "철학자는 '사물들을 이렇게 보라!'고 말한다. — 그러나 첫째로 그 말은 사람들이 사물들을 그렇게 볼 것이라는 말이 아니고, 둘째로 철학자의 그 주의는 대체로 너무 늦게 나온 것일 수 있으며, 또 그러한 주의는 아무런 것도 이룰 수가 없고, 이러한 관점 변화를 위한 자극은 다른 곳에서 와야만 하는 것일 수도 있다."[39]라면서,

---

39 Wittgenstein, Vermischte Bemerkungen[VB], in: Werkausgabe Bd. 8, Frankfurt/M. 1984, S. 537.

철학을 하는 이들의 발언이 뒷북을 그것도 들릴락 말락 하게 치는 격이라서 발화의 효력이 없는, 자신 없는 독백 수준의 것이라고 지적한 바 있다. 철학이 궁극적으로는 휴머니즘의 증진에 뜻을 두고 있는 것이라면, 철학은 좀 늦더라도 — 그러나 좀 더 서둘러서 — 분명하게 '인간'과 '문명'에 대해 인간의 이성의 힘으로 발언해야 할 것이다. 그리고 이것이 휴먼 사회에서나 포스트휴먼 사회에서나 인간 이성의 제일의 과제일 것이다.

맺음말

인간 문화와 인간적인 사회

인문(人文)의 뜻

인간이 '이성적 동물'이든 '생각하는 기계'이든, 재래의 자연인간 대신에 변환인간(transhuman)이 등장하든, 포스트휴먼(posthuman) 시대가 도래하든 인간(휴먼)이 중심에 있는 사회에서의 최고 가치는 인본주의(휴머니즘)가 아닐 수 없겠다. 인본주의(휴머니즘)는 인간의 존엄성을 핵심 가치로 하는 이념이다. 새로운 문명에서도 인간의 인간다움의 기본요소는 변함이 없을 것이다. 만약 그러한 기본요소를 갖지 않은 어떤 존재자가 출현한다면, 그를 더 이상 '인간'이라 일컬을 수 없을 것이니 말이다. 그러므로 인간이 인간인 한에서 이상적인 인간다운 삶의 모습 또한 어떤 양상의 문명에서나 마찬가지일 것이다.

무릇 '휴머니즘(humanism)', '인간적(humanus)', '인문성(humanitas)', '인문(人文)'과 같은 개념은 인간을 여타의 사물(자연물)과 구별함에서 뜻을 얻는다. '인문(人文)'은 예로부터 '천문(天文)'과 구별되는 것으로 이해되었다.

> "천문을 관찰하여 이로써 때의 변화를 살피고, 인문을 관찰하여 이로써 천하를 교화시켜간다(觀乎天文 以察時變 觀乎人文 以化成天下)."[1]

일월성신(日月星辰)을 '천문(天文)' 즉 '하늘의 무늬[天紋]'라 한다면, 이를 '자연의 무늬'로 새겨 그 함의에 '지문(地文)'이라 할 터인 풍운산천(風雲山川) 초목금수(草木禽獸)를 덧붙일 수 있을 것이다. 해와 달과 별, 산천초목의 변천을 보면서 우리는 때의 변화를 안다. 무릇 이런 천문과 대비되는 '인문(人文)' 즉 '인간의 무늬[人紋]'란 무엇인가? 그것은 우선 윤리 도덕, 예악, 풍속 따위를 말할 것이다. 일차적으로 이것들이 사람을 사람이게 하는 것이니 말이다. 시서예악(詩書禮樂) 또는 예교문화(禮敎文化)를 통해 사람은 자신을 사람으로 만들어갈 수 있다. 이러한 연찬이 학문(學問)과 교양(敎養)의 본뜻일 터이니, 학문과 교양은 인간의 무늬를 놓는 바탕, 곧 인문성의 근간이고, 인간만이 가지고 있는 문화 형태라 할 것이다.

'학문(學問)' 즉 '배우고 물음'은 본디 "배움으로써 덕을 모으고, 물음으로써 그것을 변별함(學以聚之[=德] 問以辨之)"[2]을 그 내용으로 갖는다. 여기서 '덕(德)'은 이론적 지식의 큰 힘과 더불어 도덕적 실천의 큰 힘을 지시하는 것으로 볼 수 있을 것이다. 『논어(論語)』 첫 구절이 말하는 "배우고 그것을 때때로 익힘(學而時習之)"에서도 그 배우고 익힘의 대상 역시 이러한 '덕(德)'이겠다. 세상의 이치(道)와 상통하여 내가 가진 품성으로서 '덕'이란 실천(praxis)과 이론(theoria)적인 연마를 통해 실현되는 것으로서, 도덕적 큰 힘(fortitudo moralis)이든 학술적 큰 힘(fortitudo scientialis)이든 본(本)을 받아 배우고 스스로 묻고 따지는 연습을 통해 배양되는 것이라 할 것이다. 그리하여 "밝은 덕을 밝힘[明明德]"을 첫째의 지향으로 삼는 '대인의 학문[大學]'은 "사물의 이치를 연구하여 지식을 완성함[格物致知]"을 넘어 "뜻을 진실하게 하여 마음을 바르게 함[誠意正心]"[3]에 그 근본을 둔다. 포괄적으로 '학문'을 지칭한 '필로소피아(philosophia)'도 바로 이것을 말하는 것이라 하겠다.

1 『周易』, 山火賁卦.
2 『周易』, 乾爲天.
3 『大學』, 經文.

그런데 이른바 '과학의 시대'가 도래한 이래 사람들은 '학문(scientia, science, Wissenschaft)'을 대개 '지식의 체계' 또는 '체계적 지식'이라 풀이하고, 학문 활동을 이런 의미에서의 '진리의 탐구'라고 규정하거니와, 그 '진리'라는 것이 '지혜(episteme)'를 지칭하든 '식견(phronesis)'을 지칭하든, 이러한 규정은 '학문'의 이론적인 면만을 염두에 둔 데서 비롯한 것이다. 그러니까 이렇게 '학문'을 이론적인 면에서만 규정하게 된 것은, 도덕적 힘의 연마와는 달리 이론적인 힘을 모으고 변별함, 곧 그 이론을 형성하는 낱 지식을 수집하고 그 낱 지식들을 체계화함은 그 지식의 대상에 따라 그 방식과 방법이 달라지고, 이에 따라서 학문이 분기(分岐)하자 각기 놀라운 성과를 거둔 현상이 주요 관심거리가 된 데서 비롯한 것이라 할 것이다. 그러니 이렇게 '학문'의 이론적 면만이 부각되어 그렇게 개념이 굳어진 것은 학문이 분화 발전하면서부터, 다시 말해 분과학(分科學) 곧 과학(科學)이 생기면서부터라 하겠다.

"지식이야말로 힘이다."라는 도발적인 표어는 과학적 지식이 인간을 노동과 질병의 고초들에서 해방시키고, 의식주의 필수품을 구하는 데 매인 사람들의 삶에 자유와 여가를 줌으로써 충분한 신뢰를 확보하였다. 그러나 무릇 어떠한 힘이라도 중심에 '사람'이 놓이지 않으면 폭력이 된다. 그래서 '과학'이라 일컫는 자연과학과 그를 닮고자 하는 사회과학 외에도 인간은 인문의 학문을 하면서 인간성을 함양한다. 자연과학이 자연 즉 대상(객체)들을 지배할 힘을, 사회과학이 사회 즉 타자 주체들을 지배할 힘을 제공한다면, 인문학은 '인간' 즉 자아 주체(자기)를 다스릴 힘을 배양하는 데 뜻이 있다. 이를 일러 자기를 형성함(Bildung)이라는 뜻에서 교양(Bildung)이라 하는 것이리라. 그러니까 교양은 인간을 인간으로 만듦이다.

그런데 교양을 쌓기란 참으로 어렵다. 자연을 지배하고, 타인을 지배하는 것보다 자기를 다스리는 일이 더 어렵기 때문이다. 타자를 지배하는 데서는 쾌감을 얻으나, 자기를 통제하는 데서는 고통이 따르기 십상이다. 그러나 바로 그렇기 때문에 교양의 학문, 인문의 학문이야말로 사람됨을 위한 기초 중의 기초로서 그만큼 더 중요하다 하겠다. 지능 증강, 인공지능 개발로 이어지는 도구적 지성능력 배양이 자연과 사회의 지배, 곧 타자 지배를 향해 있는 현실에서, 그러한 '문명' 사회가 배태하고 있는 폭력성을 완화시킬 수 있는 것은 사람의 교양, 자기 통제적 이성의 힘뿐이다. 최고도의 산업사회에서든, 포스트휴먼의 사회에서든 인간이 인간인 한에서 그를 굳건하게 해줄 것은 그의 인문적 교양이다. 만약 포스트휴먼이 출현한다면, 포스트휴먼도 휴먼의 일종인 한에서는 인문 교양을 갖추도록 함이 당연한 일이다.

'학문'의 원뜻에서 볼 때 도덕적 힘의 배양은 어떠한 이론적 지식 획득의 수단이나 방법상의 차이와는 상관없이, 모든 학문 활동에 공통적인 것으로 당연하게 두루 전제되어 있는 것이다. — 무엇을 하든 사람은 먼저 '사람이 되어야 한다.'라는 것이 가장 평범한 이치 아니겠는가.

학문함에서 구하는 것이 생활에 편익을 제공하는 도구들과 노동 생산성을 제고할 수단들인 마당에서는 수학적 자연과학과 공리주의가 진리의 척도가 되기 마련이다. 그러나 바로 그러한 산업과 과학기술의 사회에서도 교양인은 거의 아무런 농공상업성이 없는 인문의 학문을 결코 소홀히 하지 않는다. 그것은, 사람들이 과학이 아닌 인문 학문의 연찬을 통해 자기를 알고 자신을 극복하는 법을 터득하고, 인간에 대한 온기 있는 이해와 역사적 통찰, 세상살이에 대한 한낱 지식이 아닌 지혜를 얻을 수 있으며, 심미적 감성, 도덕적 판단 및 실천력, 논리적 사고력과 창의적 상상력 등을 기를 수 있고, 급전진하는 과학적 지식을 어떻게 이용하는 것이 진정 인류 문화 창달에 유익할 것인가에 대한 식견을 키우며, 대중 사회 안에서 살면서도 자아를 개발할 수 있는 사회성과 함께 개성을 얻어 '인간의 무늬[人文]'를 세련화하고, 인간됨[humanitas]을 고양시킬 수 있다고 기대하기 때문일 것이다. 그런데 그러한 공부는 미미해 보이지만 유쾌하며 품위 있고 마음에 와 닿는 교양 있는 말들을 듣고, 뭔가 깨우침을 주는 교양인의 행실을 접함으로써 시작된다.

사람됨의 공부

사람됨의 공부는 어떤 특정 종류의 대상에 대한 지식 습득이나 창출이 아니라 인간다움의 발양에 대의가 있으므로, 공부를 한다 함은 각자가 먼저 덕성을 기르고[明明德], 그가 닦은 인품의 향취와 연찬의 결과를 이웃과 나누는 일[親民]이다. 학문 연찬이 한낱 업무 수단의 숙련화가 아니고, 학자가 한낱 특정 업무에 국한된 전문가에 그쳐서는 안 된다는 2,500년 전 공자의 "군자불기(君子不器)"[4]의 깨침은 예나 지금이나 인간이 되는 공부의 핵심이라 하지 않을 수 없다.

공자는 학문한다는 이들에게서 연마한 기예를 남에게 내보이고 그를 내다 팔려는 경향을 목도하고서 그를 경계하여, 먼저 자기 자신의 완성에 매진하는 공부를 할 것을 촉구한 바 있다.

"옛적에 배우는 자들은 자신을 위하였는데, 지금에 배우는 자는 남을 위한다 (古之學者爲己 今之學者爲人)."[5]

학문은 본디 '자기를 위한 공부[爲己之學]' 내지는 '자기를 갈고 닦는 공부[修己之學]'에 우선적 의의가 있는 것이며, '남을 위한 공부[爲人之學]' 내지는

---

4 『論語』, 爲政 12.
5 『論語』, 憲問 25.

'남을 새롭게 하는 공부[新民之學]'는 부차적 내지 결과적인 것이다. 예컨대 시를 지어 읊고, 사적(史蹟)을 탐사하고, 고전 원서를 읽으면서 주해하는 바와 같은 '공부'의 일차적 의의는 수기(修己), 곧 자기 형성[敎養]에 있다. 자신의 품성 함양에 요소가 되지 못하는 시작(詩作)이나 독서(讀書)는 공부의 본모습이 아니다. 그 행위가 한낱 시를 지어 남에게 보이고, 글공부로 얻는 지식을 취업의 도구로 쓰는 것이라면 그것은 학문함이라기보다는 일종의 상(商)행위이다. 무릇 자연과학이 자연을 알고 자연과 더불어 사는 법을 탐구하며, 사회과학이 타인을 알고 타인과 더불어 사는 법을 탐색하는 것이라면, 인문의 학문은 나를 알고 나와 함께 사는(나를 극복하는) 법을 성찰하는 데 참뜻이 있으니, 인문 학문은 본디 타자와 거래할 것이 없는, 오로지 자기에 의한 '자기를 위한 공부'이다. 자연과학이나 사회과학이 도구적 이성의 힘을 증대시키는 것이라면 인문 학문은 입법적 이성의 힘을 강화시키는 공부라 하겠다. 여타의 동물들에서도 생존을 위해 인간의 자연과학이나 사회과학에 상응하는 어떤 짓을 하는 양을 볼 수 있으나, 인문 학문에 해당하는 짓은 볼 수가 없다. 살 곳을 마련하기 위해 땅굴을 파고 먹을 것을 얻기 위해 사냥을 하는 짐승들은 보여도 시를 짓고, 하루 일과를 돌아보며 행실을 뉘우치는 짐승은 보이지 않는다. '자기를 위한 공부', 입법적 이성의 힘을 배양함은 아마도 인간성의 특성 중의 특성일 것이다. 인문 학문의 공부는 향내(向內)적인 것으로, 인간만이 자신을 '이성적 동물'로 규정하고서 자신을 성찰하며, 자신이 조탁을 필요로 하는 존재자임을 깨우치기 때문일 것이다.

　무릇 어떤 사람을 '사람'으로 만들 수 있는 것은 종국적으로는 자기 자신뿐이다. 그래서 인문적 학문은 근본적으로는 자기를 위한 학문, 스스로 해야 하는 학문이라 하겠다. 그러나 우리는 서로 사람이 되게 도울 수도 있으니, 이 지점에서 인문적 학문도 얼마간은 여타의 학문들처럼 '위인지학'이 될 수가 있다. 수기(修己) 연후에 치인(治人)하고, 수신(修身) 연후에

제가(齊家)하는 것이 이치에 맞는 일이라 하면, 또한 명명덕(明明德)에 머무르지 아니하고 신민(新民)까지 함이 지선(至善)한 일이라면, 인문적 학문은 위기지학을 바탕에 두고 위인지학으로까지 나아간다 하겠다.

그런데 "사람은 우선 '사람'이 되어야 한다."라니, 대체 '사람이 무엇인가?', 사람은 이미 사람인데, 새삼스럽게 "사람은 '사람'이 되어야 한다." 함은 무엇을 말함인가? ― 이 물음은 사실(자연적 존재)에 관한 것이 아니다. 그런 것이라면 그 답을 찾는 것은 자연과학일 터이다. '사람임'을 따지는 것은 사실의 문제라기보다는 이념의 문제이고, 가치의 문제이다.

인간적인 사회 만들기

무릇 사람다운 사람들이 더불어 사는 '인간적인 사회' 속에서 개개인이 '사람'이 되기가 한결 더 쉬울 것이다. 그런데 대체 "인간적인 사회는 어떠한 사회인가?" ― 이 물음에 대한 답을 찾다 보면 우리는 역시 이념의 문제, 가치의 문제에 부딪친다. 그 답을 찾으면서 또는 찾았다고 생각한 답을 현실화시킨 것이 인간의 문화 문명이며, 이러한 문화 문명이 변화 발전해온 과정이 인간의 역사이겠다.

'발전'이라는 것은 어떤 목표점에 접근해감을 말한다. 인간 역사의 목표점은 무엇이겠는가? 그것은 마침내 '모든' 사람이 인간다운 삶을 사는 상태가 아닐까? 그렇다면 인간 역사의 발전이란 점점 더 많은 사람들이 인간다운 삶을 사는 상태 내지 그 진보 과정을 말할 것이다. 그런데 역사가 다양하고 여전히 발전하는 것이라면, '인간다운 삶의 상태'가 한 가지가 아니고, 또한 유동적임을 뜻하겠다. 그래서 우리는 실제로 다양한 문화 문명의 형태를 발견한다. 인간다운 삶의 방식은 여러 가지인 것이다.

다양한 문화 문명 형태는 그것이 사람들이 이룬 것이고 문화 문명인 한에서 보편성을 가지지만, 그 다양성이 말하듯이 특수성 내지 개성 또한 갖는다. 그러니까 '인간적임'에도 보편성과 함께 특수성 내지 개별성이 있다고 보겠다. 아니, 개성이야말로 인간성의 디딤돌이다. 만약에 인간들이 모조리 동일하다면, 인간사회는 집짓기에 사용되는 똑같은 벽돌과 같은 것들의 더미와 다르지 않을 것이다. 인간 개개인의 개성이 없는 곳에 문화는 없고, 문화가 없는 곳에는 인간다움이 없다. 인간의 인간으로서의 보편성이란 인간임의 존엄성의 가치를 공유함을 말하는 것이지, 개인들의 무차별성이나 사회들의 몰개성을 말하는 것이 아니다. 그런데 '문화(文化)'의 주요소가 '문치교화(文治敎化)'임에서도 알 수 있으니, 무엇보다도 인간 문화의 결정적 요인은 언어이다. 언어만큼 문화의 특성을 살려가는 것은 없다. 언어가 발달한다는 것은 곧 로고스가 발달한다는 것이고, 그와 함께 인간의 이성은 진보한다. 그러나 문화는 통상 자연언어를 통해 이루어지기 때문에, 문화 양상은 언어의 상이성으로 인해 언어권에 따라 또는 문명권마다 그 차이가 적지 않다.

자연과학은 인공언어인 수학적 기호를 사용함으로써 사태를 명료하게 서술하고자 하지만, 일상에서 사람들은 자연언어를 사용함으로써 어떤 사태에 대한 다양한 체험과 생각을 담아낸다. 그런데 자연언어라는 것은 자연스럽게 형성되어가는 자연의 모상이다. 그것은 있는 것 또는 있어야 할 것 또는 있는 것 같은 것에 대한 생각과 감정을 형상화한다. 자연언어는 유사자연이고, 자연과 또한 타인과 소통하는 유사정서이다. 처음부터 자연을 분해, 분할, 소유할 목적으로 고안된 인공언어와는 달리 자연언어는 자연을 비유하고, 감정과 생각의 유사성을 표출하는 데서 자연히 생겨난 것이다. 그렇다 보니 수학적 인공언어는 세계만방이 공유하는 반면에, 자연언어는 족속마다 제각각이다. (언어의 중요한 목적 중의 하나가 의사소통이니, 그것만 생각한다면 만방이 한 언어를 가짐이 가장 좋으련만.)

자연언어의 말들은 지방마다 족속마다에서 자연적으로 발생하여 나름의 의미 형성을 거쳐 쓰이고 있는 것이어서, 다양하고 풍부한 체험과 느낌과 생각을 함유하고 있다. 그 의미가 애매모호하여 때로는 의사소통에서 오해를 불러일으키기도 하지만, 그럼에도 "순수한 자연적 이성(raison naturelle toute pure)"[6]의 거소인 자연언어야말로 양식(良識, bon sens)의 폭을 넓혀주어 사용하는 사람들이 서로 다르면서도 비슷한 생각과 느낌을 나눌 수 있도록 해주는 것이다. 그래서 인문의 학문은 자연언어로 이루어진다. 각각의 자연언어는 인간의 보편적 생각 및 느낌과 함께 특수한 생각과 느낌도 담고 있어서 각기 인간적 삶의 축도(縮圖)라 할 수 있다. 동일한 언어권에서도 다수의 방언이 그 특성으로 인해 소중한 문화요소가 되는 것 또한 그러한 가치를 지니기 때문이다. 범용성(汎用性)과 용이성(容易性)만을 생각하여 온 인류가 하나의 인공언어를 만들어 다 같이 사용한다거나, '세계화' 시대라는 명목 아래 어떤 하나의 자연언어를 선정하여 모두가 그 한 가지 언어만 사용한다면, 이제까지 이어져온 수많은 사람들의 특성 있는 체험과 표현의 풍부함이 이내 사라지고 말 것이다. 언어 통일로 세계만방의 교류와 거래가 활발해져 활성화된 물류 덕택에 더 풍족한 생활을 누리게 될지는 모르겠으나, 아마도 수많은 사람들은 개성을 잃을 것이다. (포스트휴먼들이 등장한다면 그들은 어떤 언어[이성]를 구사할까? 만약 그들이 단일 소통방식만 갖는다면, 그것만으로도 그들이 '또 하나의 인간'이라는 것에 회의를 불러일으키지 않을 수 없다.)

인간적인 격조 높은 문화란 다양한 개성이 충분히 발양되는 상태에서 피어난다. '고급' 문화의 이름으로 사고와 삶의 방식의 획일화가 강제된다면, 문화는 다시금 야만적인 상태로 떨어지고 말 것이다. 사람은 무엇보다도 모국어 능력을 함양하여 자신을 섬세하게 표현할 줄 알아야 한다. 그러나 "외국어를 모르는 자는 자신의 언어에 대해 아무것도 알지 못한다."

6 Descartes, *Discours*: AT VI, 77.

라는 괴테(J. W. von Goethe, 1749~1832)의 말처럼, 나의 특성은 남을 앎으로써 뚜렷이 드러난다. 의당 외국어 또한 충분히 익힘으로써 나를 인식하면서 동시에 보편적 안목을 키울 일이다. 그렇다 해도 외국어를 배워 익히는 일과 본래의 자기 언어를 상실하는 것이 같은 것은 아니다.

인간적인 사회는 그 구성원이 서로 결코 같지 않아 고유성을 지니면서도 인간 존엄성의 보편성에는 합일하는 사람들의 사회이다. 사람들은 서로 화합하되 이질적 문화에 대해서나 각각의 사회 안에서나 독립성을 가져야 한다. 문화의 위기는 사람들이 물질적으로 빈곤할 때뿐만이 아니라, 설령 풍요로워지더라도 개개인의 사회적 자립성과 문화의 다양성이 약화될 때 닥친다. 지난날 여러 문명권의 흥망성쇠가 증언하듯이, 물질적으로 풍요로운 사회가 문화 융성의 터전이 되기도 하는 반면, 자칫 문화 문명을 궤멸시킬 수도 있다. 물질적 풍요는 자칫 정신을 약화시키거나 불필요한 것으로 느끼게 만들 뿐만 아니라, 인간의 삶의 방식을 양화(量化)시키고, 그에 의해 보편성의 이름 아래 삶의 척도를 획일화한다. 획일화되면 모든 것이 대체될 수 있고, 거래될 수 있으며, 그래서 상품이 된다. 인간 문화의 획일화와 퇴락은 생활양식이 '물화(物化)'하고 '물신주의(物神主義)'가 확산되면 필시 뒤따라온다. 인간의 삶의 온갖 요소들이 상품이 되는 사회는 그야말로 비인간적, 비문화적 사회이다.

진실로 인간 사회를 이끌어가는 것은 양화될 수도 없고 상품화될 수도 없는 인간 자신의 본원적 힘인 미적 감성과 도덕감정, 그리고 이성적 숙려이다. 어떤 종류의 미래 사회에서도 '휴머니즘'을 유지 발전시킬 수 있는 원동력은 감성과 이성의 교직(交織), 개성과 보편성의 화합인 휴먼의 정신일 것이다. 만약 도래한다고 하는 '포스트휴먼 사회'가 개성이 없는 매우 뛰어난 '한결같게 생각하는 기계들'로 구성된다면, 그것은 '휴먼'의 사회라고 할 수 없으며, 어쩌면 아예 '사회'라고 할 수조차 없을지도 모른다. ― 인공지능의 시대에 인간이 진정으로 함양해야 할 것은 지능이 아니라 지성(intellectus)이다. 어느 시대에나 인간의 최고의 가치는 '인본주의(휴머니즘)'에 있고, 그것은 동물성과 이성성의 교합인 인간의 사회 즉 교양 있고 지성적인 사람들의 공동체 안에서만 성취될 수 있다. 그래서 인간은 다시금 이성(理性)에게 기대한다: "너의 본성을 다스려라! 바르게 말[logos]하고, 바르게 셈[ratio]하고, 바른 길[正道]을 걸어라!"

다시 '이성적 동물'로서의 인간

인간에게 '이성'이 특별한 의미가 있는 것은 인간의 바탕이 동물성이기 때문이다. 신이나 천사처럼 생사가 없는, 그래서 자기 생명 유지의 욕구, 자손 번식의 욕구, 생명체에게 기본적인 식욕과 성욕이 없는 존재자도 경우에 따라서 '이성적 존재자'라고 일컬어지기는 한다. 그러나 '이성'이 인간에게 특별한 것은 인간이 기본적으로는 동물이기에 인간의 '이성'은 동물성과의 길항관계 중에 있어서, 그 이성성과 동물성이 부단히 상호 견제와 조화를 취해야만 할 상황에 놓여 있기 때문이다. '이성(理性)'이란 생명체로서의 인간이 지닌 동물적 자연본성을 다스림에 원뜻이 있는 것이다. 그러니까 '동물적 자연본성'이 없다면 '이성'의 본래 과업 또한 없는 것이겠다.

'이성'의 개념 성분을 이루는 도(道), 로고스(λóγος), 라티오(ratio)가 말함, 길, 셈함을 의미 요소로 갖되, 이미 그것은 '바른 말', '바른 길', '바른 셈'을 지칭하는 것이니 거기에는 이미 '올바름'이 함의되어 있다. 그런데 올바름은 '그릇됨'을 전제로 해서만 충전된 의미를 얻는 것이다. 그래서 행실에 있어서 '올바름'은 '마땅히 그러해야 함'이라는 당위적 척도를 전제로한다. 순전히 동물이기만 한 존재자에게는 이러한 당위적 척도가 없기에, '이성적'이라는 속성이 타당하지 않으며, 그릇될 가능성이 본래적으로 배제되는 순전히 이성적이기만 한 존재자가 혹시 있다면, 그러한 존재자에서는 바름과 그름의 문제가 애당초 발생하지 않는다.

진(眞)·선(善)·미(美)·성(聖)·화(和)의 가치는 인간에게만 문젯거리이다. 이러한 가치는 신이나 천사, 짐승이나 기계에게는 하등 문젯거리가 되지 않는다. 저러한 가치가 문제가 되는 것은 이념적으로는 가치를 지향하되, 현실적으로는 그에 미치지 못하거나 충돌하는 '인간'에서뿐이다. 그리고 현실적으로는 동물이면서 저러한 가치 이념을 추켜세우고, 그에 따라 자기가 따라야 할 법칙을 스스로에게 부여하는, 자율(αὐτονόμία)적 능력을 인간의 '이성'이라고 일컫는 것이니, 이러한 뜻의 이성을 가지고 있다는 의미에서 인간만이 '이성적 동물'이다.

인간이 동물의 일종이기 때문에 '이성'이라는 종차가 의미를 가지는 것이며, 이 종차로 인해 인간은 동물이면서도 동물임을 넘어서, 만물(萬物)의 으뜸[長]이다. 생명체(animal)로서 생명이 함유하는 제한과 욕구가 없거나, 욕구를 통제해야 한다는 의식이 없거나, 그러니까 설령 욕구를 가지고 있다 하더라도 오로지 욕구 내지 목적을 실현시키고, 지정된 목표에 가장 효율적으로 이르는 능력인 지능(intelligence)만 가진 것은 '이성적 동물' 곧 인간이 아니다. 인간은 두뇌와 함께 심장을 가진 동물이되, 그의 지성(intellectus)에서 머리와 가슴이 조화하고, 그렇게 함으로써 존귀한 것이다. ― 이것이 인간에 대한 생물학주의와 물리학주의가 교차하는 시대에 다시금 이성의 역사를 살피면서 지성(知性)을 성찰해야 하는 소이(所以)이다.

달리기는 자동차에, 날기는 비행기에, 계산하기는 인공지능에, 산업 노동은 로봇에 맡기고서 놀이하는 인간(Homo ludens)이 할 일은 이러한 기계들을 조정하고 이것들의 일들을 조율하는 일이다. 그래서 인간은 무엇보다도 균형 잡힌 통찰력, 곧 온화한 지성을 갖춰야 한다. 이러한 지성은 한갓된 지능이 아니라, 냉철한 머리와 따뜻한 가슴의 화합에서 오는 공통감(sensus communis)이다.

참고문헌

———

백종현, *Phänomenologische Untersuchung zum Gegenstandsbegriff in Kants "Kritik der reinen Vernunft"*, Frankfurt/M. · Bern · New York 1985.

_____, 『서양근대철학』, 철학과현실사, 2003(증보판).

_____, 『현대 한국사회의 철학적 문제 — 윤리 개념의 형성』, 철학과현실사, 2003.

_____, 『현대 한국사회의 철학적 문제 — 사회운영원리』, 서울대학교출판부, 2004.

_____, 『존재와 진리 — 칸트《순수이성비판》의 근본문제』, 철학과현실사, 2008(전정판).

_____, 『칸트와 헤겔의 철학』, 아카넷, 2010.

_____, 『칸트 이성철학 9서5제』, 아카넷, 2012.

_____(공저), 『포스트휴먼 시대의 휴먼』, 아카넷, 2016.

_____, "Kant's Theory of Transcendental Truth as Ontology", in: *Kant-Studien*, 96.2, Berlin & New York 2005.

_____, "Reality and Knowledge", in: *Philosophy and Culture*, Vol. 3, Seoul 2008.

_____, 「'이성' 개념의 역사」, 수록: 『칸트연구』 제23집(한국칸트학회, 2009. 6).

_____, 「정의와 그 실현 원리」, 수록: 『칸트연구』 제29집(한국칸트학회, 2012. 6).

_____, 「유가의 '도(道)'와 스토아학파의 '로고스(logos)'」, 수록: 『철학사상』 제50호(서울대학교 철학사상연구소, 2013. 11).

_____, 「칸트에서 선의지와 자유의 문제」, 수록: 『人文論叢』 제71권 제2호(서울대학교 인문학연구원, 2014. 5).

_____, 「인문학의 이념과 한국인문학의 과제」, 수록: 『人文論叢』 제72권 제2호(서울대학교 인문학연구원, 2015. 5)

_____, 「인간 개념의 혼란과 포스트휴머니즘 문제」, 수록: 『철학사상』 제58호(서울대
　　학교 철학사상연구소, 2015. 11).

Ritter J./K. Gründer(Hs.), *Historisches Wörterbuch der Philosophie*, 13 Bde.,
　　Darmstadt 1971~2007.

국립국어연구원, 『표준국어대사전』, 전3권, 서울 1999.

夢竹風 主編, 『漢語大詞典』, 全12卷, 上海 1990.

許愼, 『說文解字』.

Duden, *Das große Wörterbuch der deutschen Sprache*, 8 Bde, Mannheim · Leipzig ·
　　Wien · Zürich ²1995.

Deutsches Wörterbuch von Jakob und Wilhelm Grimm, 33 Bde. München
　　1971~1984.

Brockhaus, *Allgemeine deutsche Realencyklopädie für die gebildeten Stände*, Bd.
　　10, ⁹1846.

Georges, K. E., *Lateinisch-Deutsches Handwörterbuch*, 2 Bde, Darmstadt 1983.

Liddell/Scott, *Greek-English Lexicon*, Oxford 1968.

《大韓民國 憲法》.

《*Corpus Iuris Civilis, Digesta*(로마대법전)》.

『周易』.

『書經』.

『詩經』.

『大戴禮記』.

老子, 『道德經』.

『莊子』.

『論語』·『論語集註』.

『中庸』.

『孟子』·『孟子集註』.

『荀子』.

呂不韋, 『呂氏春秋』.

司馬遷, 『史記』.

董仲舒, 『春秋繁露』.

班固, 『漢書』.

范曄, 『後漢書』.

周敦頤,『通書』.

程顥 · 程頤,『二程遺書』.

朱熹,『朱子語類』.

_____,『性理大全』.

朱熹 · 呂祖謙,『近思錄』: 이광호 역,『근사록집해 1 · 2』, 아카넷, 2004.

이이(李珥),『聖學輯要』, 수록:《栗谷全書》, 卷19~26.

_____, "書二", 수록:《栗谷全書》, 卷10.

정약용(丁若鏞),『中庸講義』, 수록:《與猶堂全書》, 第四册.

_____,『孟子要義』, 수록:《與猶堂全書》, 第四册.

_____,『經世遺表』, 수록:《與猶堂全書》, 第十四册.

《성서》:

Biblia Sacra iuxta vulgatam versionem. Deutsche Bibelgesellschaft, Stuttgart
⁴1994.

*Die Bibel oder Die Ganze Heilige Schrift des Alten und Neuen Testaments
nach der Übersetzung Martin Luthers*. Revidierter Text 1975, Deutsche
Bibelgesellschaft, Stuttgart 1978.

Die Bibel. Einheitsübersetzung, Katholische Bibelanstalt GmbH, Stuttgart 1980.

Die Heilige Schrift. Einheitsübersetzung, Verlag Katholisches Bibelwerk, Stuttgart
2003.

Greek-Englisch New Testament. Deutsche Bibelgesellschaft, Stuttgart ⁸1998.

『NIV 구약 원어대조성경』. 로고스, 1993.

『분해대조 로고스성경』. 장보웅 편저, 로고스, 1992.

『200주년 신약성서 주해』. 분도출판사, 2001.

『공동번역 성서』. 대한성서공회, 1977.

『성경』. 한국 천주교 주교회의 성서위원회, 2005.

『貫珠 聖經全書』. 대한성서공회, 2009[개역개정판].

Diels, H., W. Kranz[DK] 편, *Die Fragmente der Vorsokratiker*(1951), Berin: Verlag
Weidmann, ¹⁶1972.

김인곤 · 강철웅 외 편역,『소크라테스 이전 철학자들의 단편 선집』, 아카넷, 2005.

Platon, *Politeia*: 박종현 역,『국가 · 政體』, 서광사, 2005.

_____, *Nomoi*: 박종현 역,『법률』, 서광사, 2009.

_____, *Kriton*: 수록: 박종현 역, 『플라톤의 네 대화 편』, 서광사, 2003.

_____, *Euthydemos*, bearbeitet v. H. Hofmann, Darmstadt 1973.

_____, *Gorgias*, bearbeitet v. H. Hofmann, Darmstadt 1973.

_____, *Kratylos*, bearbeitet v. D. Kurz, Darmstadt 1974.

_____, *Menon*, bearbeitet v. H. Hofmann, Darmstadt 1973.

_____, *Phaidon*, bearbeitet v. D. Kurz, Darmstadt 1974.

_____, *Phaidros*, bearbeitet v. D. Kurz, Darmstadt 1983.

_____, *Philebos*, bearbeitet v. K. Widdra, Darmstadt 1972.

_____, *Protagoras*, bearbeitet v. H. Hofmann, Darmstadt 1977.

_____, *Symposion*, bearbeitet v. D. Kurz, Darmstadt 1974.

_____, *Theaitetos*, bearbeitet von G. Eigler, Darmstadt 1970.

_____, *Timaios*, bearbeitet v. K. Widdra, Darmstadt 1972.

Aristoteles, *De anima*, ed. by W. D. Ross, Oxford 1956: 유원기 역, 『영혼에 관하여』,
궁리, 2001.

_____, *Politica*, ed. by W. D. Ross, Oxford 1957.

_____, *Metaphysica*, Griechisch-deutsche Parallelausg., 2 Bde., übers. v. H.
Bonitz, Hamburg 1978/80: 김진성 역, 『형이상학』, 이제이북스, 2007.

_____, *Ethica Nicomachea*, ed. by I. Bywater, Oxford 1979: 김재홍 · 강상진 ·
이창우 역, 『니코마코스 윤리학』, 길, 2011(개정판).

_____, *Ethica Eudemia*, ed. by R. R. Walzer · J. M. Mingay, Oxford 1991: 송유레
역, 『에우데모스 윤리학』, 한길사, 2012.

_____, *Categoriae//Liber de Interpretatione*, Oxford 1949.

_____, *Ars Rhetorica*, ed. by W. D. Ross, Oxford 1959.

_____, *Physica*, ed. by W. D. Ross, Oxford 1950.

_____, *De caelo*.

Epikuros, *Kyriai doxai*.

에피쿠로스, 오유석 역, 『쾌락』, 문학과지성사, 1998.

Diogenes Laertios, *Vitae philosophorum*, ed. Miroslav Marcovich, Stuttgart · Leipzig
1999: 전양범 역, 『그리스철학자열전』, 동서문화사, 2008.

Plotinos, *Enneades*.

Titus Maccius Plautus, *Asinaria*.

Cicero, *De officiis*: 허승일 역, 『키케로의 의무론』, 서광사, 1989.

_____, *De finibus bonorum et malorum*: 김창성 역, 『키케로의 최고선악론』, 서광사,
1999.

_____, *De legibus*: 성염 역, 『법률론』, 한길사, 2007.

_____, *De re publica*: 김창성 역, 『국가론』, 한길사, 2007.

_____, *Tusculanae disputationes/Gespäche in Tuskulum*, lat.-dt. übers. von Karl Büchner, Zürich ²1966: 김남우 역, 『투스쿨룸 대화』, 아카넷, 2014.

_____, *De natura deorum*. lat.-dt. hrsg. und übers. von W. Gerlach und Karl Bayer, München · Zürich ³1990: 강대진 역, 『신들의 본성에 관하여』, 나남, 2012.

Seneca, *De tranquillitate animi*.

_____, *De providentia*.

_____, *De vita beata*.

_____, *De ira*.

_____, *Epistulae morales ad Lucilium*. lat.-dt. übers. von M. Rosenbach, Darmstadt 1999.

Horatius, *Epistulae*.

_____, *Carmina*.

Ovidius, *Metamorphoseon*.

Epiktetos, *Encheiridion*: 김재홍 역, 『엥케이리디온』, 까치글방, 2003.

Lucretius, *De rerum natura*: 강대진 역, 『사물의 본성에 관하여』, 아카넷, 2012.

Markos Aurelios, *Meditationes*: 천병희 역, 『명상록』, 도서출판 숲, 2005.

Augustinus, *Confessiones*, hrsg. v. J. Bernhart, Müchen 1980: 최민순 역, 『고백록』, 성바오로출판사(바오로딸), 1965(2010).

_____, *De libero arbitrio*: 성염 역, 『자유의지론』, 분도출판사, 1998.

_____, *De civitate dei*: 성염 역, 『신국론』(전3권), 분도출판사, 2004.

_____, *De vera religione*: 성염 역, 『참된 종교』, 분도출판사, 2011.

_____, *De trinitate*: 성염 역, 『삼위일체론』, 분도출판사, 2015.

_____, *De natura et origine animae*.

_____, *De moribus Ecclesiae catholicae et de moribus Manichaeorum libri duo*.

_____, *De ordine*.

Anselmus, *Proslogion*, Lateinisch-deutsche Ausgabe v. P. Franciscus Salesius Schmitt, Holzboog 1984: 박승찬 역, 『모노로기온 · 프로스로기온』, 아카넷, 2012 (개정판)

Thomas Aquinas, *De ente et essentia*: 정의채 역, 『존재자와 본질에 대하여』, 바오로딸, 2004.

_____, *Summa Theologiae*[*ST*], Biblioteca de autores cristianos, Madrid 1978: 정의채(외) 역, 『신학대전』, 성바오로출판사/바오로딸, 1985 이하.

_____, *Compendium Theologiae*: 박승찬 역, 『신학요강』, 나남, 2008.

_____, *Summae contra gentiles*, III/1, lat.-dt. hrsg. und übers. von K. Allgaier, Darmstadt 1990.

_____, *Quaestiones disputatae – De veritate*, ed. by R. Spiazzt, Roma 1953.

_____, *De unitate intellectus contra Averroistas*[*DUI*].

Isaac Israeli ben Salomon, *Liber de definitionibus*.

Duns Scotus, *Tractatus de primo principio*.

Copernicus, Nicolaus, *De revolutionibus orbium coelestium*, Nürnberg 1543.

Bacon, Francis, *Meditationes Sacræ*, 11. Artikel "De Hæresibus" 1597: *The Essaies of Sr Francis Bacon. His Religious Meditations. Places of Perswasion and Disswasion*. London 1613.

_____, *Novum Organum/Neues Organon*(1620), hrsg. v. W. Krohn, Hamburg 1990.

Descartes, *Discours de la methode*(1637): in: Oeuvres de Descartes, publ. par C. Adam & P. Tannery[AT], VI, Paris 1973. VI, 1~78: 이현복 역, 『방법서설』, 문예출판사, 1997.

_____, *Meditationes de prima philosophia*(1641 · ²1642): AT VII, 1~90: 이현복 역, 『성찰』, 문예출판사, 1997.

_____, *Principia philosophiae*(1644): AT VIII-1: 원석영 역, 『철학의 원리』, 아카넷, 2002.

_____, *Regulae ad directionem ingenii*[1627]: AT X, 358~469: 이현복 역, 『정신지도를 위한 규칙들』, 문예출판사, 1997.

_____, *Les Passions de l'âme*(1649): AT XI, 301~497: 김선영 역, 『정념론』, 문예출판사, 2013.

_____, La recherche de la verité par la lumiere naturelle(『자연의 빛에 의한 진리 탐구』): AT X, 495~532.

_____, *Notae in programma quoddam*: AT VIII-2, 335~369.

Pascal, Blaise, *Pensées*(유고 1658), éd. Léon Brunschvicg, Paris 1897: 김형길 역, 『팡세』, 서울대학교출판문화원, 2010(전정판).

Spinoza, *Ehtica ordine geometrico demonstrata*, in: Spinoza Opera, II, hrsg. v. Carl Gebhardt, Heidelberg 1925.

_____, *Tractatus Theologico-Politicus*, in: Spinoza Opera, III, hrsg. v. Carl Gebhardt, Heidelberg 1925.

_____, *Tractatus de Intellectus Emendatione*(Amsterdam 1677), in: Spinoza

Opera, II, hrsg. v. Carl Gebhardt, Heidelberg 1925.

Leibniz, *Monadologie*, in: *Die philosophischen Schriften von Gottfried Wilhelm Leibniz*[phS], hrsg. v. C. I. Gerhardt, Bd. VI, Berlin 1885.

_____, *Principes de la Nature et de la Grace fondés en Raison*, in: phS, Bd. VI, Berlin 1885.

_____, *Nouveaux Essais sur L'Entendement Humain*, in: phS, Bd. V, Berlin 1882.

_____, *Discours de Métaphysique*(=*Philosophische Abhandlungen* II), in: phS, Bd. IV, Berlin 1880.

_____, *Essais de Théodicée*, in: phS, Bd. VI, Berlin 1885.

_____, *Systeme nouveau de la nature et de la communication des substances*, in: phS, Bd. IV, Berlin 1880.

Grotius, Hugo, *De jure belli ac pacis libri tres*(1625), Amsterdam ²1631.

Montesquieu, *De l'esprit des lois*(Genève 1748), éd. Garnier(1777): 권미영 역, 『법의 정신 1 · 2』, 일신서적, 1991/2.

Rousseau, *Discours sur les sciences et les arts* ─ Discours qui a remporté le Prix à l'académie de Dijon, En l'année 1750: 김중현 역, 『학문과 예술에 대하여』, 한길사, 2007.

_____, *Émile, ou De l'éducation*(1762), in: Œuvres complètes de J.-J. Rousseau, tome II, A. Houssiaux, 1852: 김중현 역, 『에밀』, 한길사, 2003.

_____, *Discours sur l'origine et les fondements de l'inégalité parmi les hommes*, Amsterdam 1755. 수록: 박은수 역, 『사회계약론 외』, 인폴리오, 1998.

_____, *Du contrat social ou principes du droit politique*, Amsterdam 1762. 수록: 박호성 역, 『사회계약론 외』, 책세상, 2015.

Hobbes, *Leviathan, ore the Matter, Forme, and Power of a Commonwealth, Ecclesiasticall and Civil*, London 1651: 진석용 역, 『리바이어던 1 · 2』, 나남, 2008.

_____, *De cive//On the Citizen*(Amsterdam 1642//London 1651), ed. by R. Tuck and M. Silverthrone, Cambridge 1998: 이준호 역, 『시민론: 정부와 사회에 관한 철학적 기초』, 서광사, 2013.

_____, *De copore*, London 1655.

Locke, *An Essay concerning Human Understanding*(London 1690), ed. by A. C. Fraser, New York 1959: 정병훈 · 이재영 · 양선숙 역, 『인간지성론 1 · 2』, 한길사, 2014.

_____, *Two Treatises of Government*(London 1690), ed. by P. Laslett, Cambridge 1988: 강정인 · 문지영 역, 『통치론』, 까치, 1996.

Newton, I., *Philosophiae naturalis principia mathematica*(1687): 이무현 역, 『프린키피아 1 · 2 · 3』, 교우사, 1998/9.

Berkeley, *A Treatise Concerning the Principles of Human Knowledge*(Dublin 1710 · 1734) & *Three Dialogues between Hylas and Philonous*, introd. by G. J. Warnock, Cleveland and N. Y. 1963: 문성화 역, 『인간 지식의 원리론』, 계명대학교 출판부, 2010 / 한석환 역, 『하일러스와 필로누스가 나눈 대화 세 마당』, 철학과현실사, 1997.

Hume, *A Treatise of Human Nature*(London 1739/1740), ed. by (L. A. Selby-Bigge)/P. H. Nidditch, Oxford 1978: 이준호 역, 『오성에 관하여』(1994) · 『정념에 관하여』(1996) · 『도덕에 관하여』(수정판 2008), 서광사.

_____, *Enquiries concerning Human Understanding and concerning the Principles of Morals*, ed. by (L. A. Selby-Bigge)/P. H. Nidditch, Oxford ³1975.

Smith, Adam, *The Theory of Moral Sentiment*(1759), ed. by A. Millar, London ⁶1790: 박세일 · 민경국 역, 『도덕감정론』, 비봉출판사, 2009(개역판).

_____, *An Inquiry into the Nature and Causes of the Wealth of Nations*(1776), ed. by Edwin Cannan, London ⁵1904: 김수행 역, 『국부론』, 비봉출판사, 2007(개역판).

Baumgarten, A. G., *Metaphysica*, ⁴1757.

Kant, *Kant's gesammelte Schriften*[AA], hrsg. v. der Kgl. Preußischen Akademie der Wissenschaft // v. der Deutschen Akademie der Wissenschaft zu Berlin // v. der Akademie der Wissenschaften zu Göttingen // v. der Berlin-Brandenburgischen Akademie der Wissenschaften, Bde. 1~29, Berlin 1900~2009.

이 가운데 특히

『순수이성비판』: *Kritik der reinen Vernunft*[KrV], AA III~IV(백종현 역, 아카넷, 2006).

『형이상학 서설』: *Prolegomena zu einer jeden künftigen Metaphysik, die als Wissenschaft wird auftreten können*[Prol], AA IV(백종현 역, 아카넷, 2012).

『실천이성비판』: *Kritik der praktischen Vernunft*[KpV], AA V(백종현 역, 아카넷, 개정판 2009).

『윤리형이상학 정초』: *Grundlegung zur Metaphysik der Sitten*[GMS], AA IV(백종현 역, 아카넷, 개정판 2014).

『윤리형이상학』: *Die Metaphysik der Sitten*[MS], AA VI(백종현 역, 아카넷, 2012).

『법이론의 형이상학적 기초원리』/『법이론』: *Metaphysische Anfangsgründe der Rechtslehre*[RL].

『덕이론의 형이상학적 기초원리』/『덕이론』: *Metaphysische Anfangsgründe der Tugendlehre*[TL].

『판단력비판』: *Kritik der Urteilskraft*[KU], AA V(백종현 역, 아카넷, 2009).

「판단력비판 제1서론」: Erste Einleitung in die Kritik der Urteilskraft[EEKU], AA XX(백종현 역, 아카넷, 2009).

『이성의 한계 안에서의 종교』: *Die Religion innerhalb der Grenzen der bloßen Vernunft*[RGV], AA VI(백종현 역, 아카넷, 2011).

『학부들의 다툼』: *Der Streit der Fakultäten*[SF], AA VII.

『영원한 평화』: *Zum ewigen Frieden*[ZeF], AA VIII(백종현 역, 아카넷, 2013).

『실용적 관점에서의 인간학』: *Anthropologie in pragmatischer Hinsicht*[Anth], AA VII(백종현 역, 아카넷, 2014).

「인간학 강의」: [V-Anth], AA XXV.

「거짓말」: Über ein vermeintes Recht aus Menschenliebe zu lügen[VRML], AA VIII.

「이론과 실천」: Über den Gemeinspruch: Das mag in der Theorie richtig sein, taugt aber nicht für die Praxis[TP], AA VIII.

「도덕철학 강의」: [V-Mo], AA XXVII.

「윤리형이상학 강의」: Metaphysik der Sitten Vigilantius[V-MS/Vigil], AA XXVII.

「자연법 강의」: Naturrecht Feyerabend[V-NR/Feyerabend], AA XXVII.

「형이상학 강의」: [V-MP], AA XXVIII.

「이성신학 강의」: Danziger Rationaltheologie nach Baumbach[V-Th/Baumbach], AA XXVIII.

「종교론 강의」: Philosophische Religionslehre nach Pölitz[V-Phil-Th/Pölitz], AA XXVIII.

『자연과학의 형이상학적 기초원리』: *Metaphysische Anfangsgründe der Naturwissenschaft* [MAN], AA IV.

『교육학』: *Immanuel Kant über Pädagogik*[Päd], AA IX.

「조각글」: Reflexionen[Refl], AA XIV~XIX.

『지리학』: *Immanuel Kants Physische Geographie*[PG], AA IX.

『미와 숭고의 감정에 관한 관찰』: *Beobachtungen über das Gefühl des Schönen und Erhabenen*[GSE], AA II.

「목적론적 원리들의 사용」: Über den Gebrauch teleologischer Principien in der

Philosophie[ÜGTP], AA VIII.

『논리학』: *Immanuel Kant's Logik. Ein Handbuch zu Vorlesungen[Log]*. AA IX.

「논리학 강의」: [V-Log], AA XXIV.

「감성세계와 예지세계의 형식과 원리들[교수취임논문]」:De mundi sensibilis atque
intelligibilis forma et principiis[MSI], AA II.

「형이상학의 진보」: Welches sind die wirklichen Fortschritte, die die Metaphysik
seit Leibnizens und Wolf's Zeiten in Deutschland gemacht hat?[FM], AA XX.

「신의 현존의 유일 가능한 증명근거」: Der einzig mögliche Beweisgrund zu einer
Demonstration des Daseins Gottes[BDG], AA II.

「(형이상학적 인식의 제1원리에 대한) 새로운 해명」: Principiorum primorum cognitionis
metaphysicae nova dilucidatio[PND], AA I.

『시령자의 꿈』: *Träume eines Geistersehers, erläutert durch die Träume der Metaphysik*
[*TG*], AA II.

「발견」: Über eine Entdeckung, nach der alle neue Kritik der reinen Vernunft
durch eine ältere entbehrlich gemacht werden soll[ÜE], AA VIII.

「보편사의 이념」: Idee zu einer allgemeinen Geschichte in weltbürgerlicher Absicht
[IaG], AA VIII.

「인간 역사」: Mutmaßlicher Anfang der Menschengeschichte[MAM], AA VIII.

「일반 자연사 및 천체 이론」: Allgemeine Naturgeschichte und Theorie des Himmels
[NTH], AA I.

「자연신학과 도덕」: Untersuchung über die Deutlichkeit der Grundsätze der natürlichen
Theologie und der Moral[nThM], AA II.

「계몽이란 무엇인가」: Beantwortung der Frage: Was ist Aufklärung?[WA], AA VIII.

「사고에서의 올바른 정향」: Was heißt, sich im Denken orientiren?[WDO], AA VIII.

「만물의 종말」: Das Ende aller Dinge[EAD], AA VIII.

「유작」: Opus Postumum[OP], AA XXI~XXII.

Fichte, J. G., *Grundlage des Naturrechts nach Principien der Wissenschaftslehre*
(1796), in: Fichtes sämmtliche Werke[SW], hrsg. v. I. H. Fichte, Berlin
1845/1846, Bd. III.

_____, *Reden an die deutsche Nation*(1808), in: SW Bd. VII.

Schlegel, F., *Die Entwicklung der Philosophie in zwölf Büchern*(1804/5), Kritische
Ausgabe, hrsg. v. E. Behler, Bd. 13(1964).

Hegel, *Differenz des Fichte'schen und Schelling'schen Systems der Philosophie*, in: Gesammelte Werke[GW] Bd. 4, hrsg. v. H. Buchner/O. Pöggeler, Hamburg 1968.

_____, Ueber die wissenschaftlichen Behandlungsarten des Naturrechts, seine Stelle in der praktischen Philosophie, und sein Verhältniss zu den positiven Rechtswissenschaften(1802), in: GW Bd. 4, hrsg. v. H. Buchner/O. Pöggeler, Hamburg 1968.

_____, *Jenaer Systementwürfe* II, GW Bd. 7, hrsg. v. R.-P. Horstmann/J. H. Trede, Hamburg 1971.

_____, *Phänomenologie des Geistes[PdG]*, GW, Bd. 9, hrsg. v. W. Bonsiepen/ R. Heede, Hamburg 1980.

_____, *Wissenschaft der Logik*, Bd. I.[WdL I], GW, Bd. 11, hrsg. v. F. Hogemann/ W. Jaeschke, Hamburg 1978.

_____, *Wissenschaft der Logik*, Bd. II.[WdL II], GW, Bd. 12, hrsg. v. F. Hogemann/ W. Jaeschke, Hamburg 1981.

_____, *Schriften und Entwürfe II(1826-1831)*, GW, Bd. 16, hrsg. v. Hogemann, Hamburg 2001.

_____, *Enzyklopädie der philosophischen Wissenschaften im Grundrisse*(1830) [Enzy], GW, Bd. 20, hrsg. v. W. Bonsiepen/H.-Ch. Lucas, Hamburg 1992.

_____, *Grundlinien der Philosophie des Rechts[GPR]*, Werke in zwanzig Bänden. Theorie Werkausgabe[TW], Bd. 7, Redaktion: E. Moldenhauer/K. M. Michel, Frankfurt/M. 1970.

_____, *Vorlesungen über die Philosophie der Geschichte[VPG]*, TW, Bd. 12, Frankfurt/M. 1970.

Marx, Karl/Friedrich Engels, *Die deutsche Ideologie*, 1845-1846. in: Karl Marx · Friedrich Engels Werke[MEW], Bd. 3, Berlin 1958.

_____, *Manifest der Kommunistischen Partei*, in: MEW, Bd. 4, Berlin 1959.

Marx, Zur Kritik der Hegelschen Rechtsphilosophie, in: MEW, Bd. 1, Berlin 1956.

_____, Thesen über Feuerbach, in: MEW, Bd. 3, Berlin 1958.

_____, *Zur Kritik der Politischen Ökonomie*, in: MEW, Bd. 13, Berlin 1961.

_____, *Das Kapital*, in: MEW, Bd. 23, Berlin 1962: 김수행 역, 『자본론』(I상· I하·II·III상·III하·부록), 비봉출판사, 2015(개역판).

Engels, *Herrn Eugen Dührings Umwälzung der Wissenschaft*(=Anti-Dühring),

Stuttgart ³1894. in: MEW, Bd. 20, Berlin 1962.

_____, *Dialektik der Natur*, in: MEW, Bd. 20, Berlin 1962: 윤형식 · 한승완 · 이재영 역, 『자연변증법』, 새길아카데미, 1989.

_____, Ludwig Feuerbach und der Ausgang der klassischen deutschen Philosophie, in: MEW, Bd. 21, Berlin 1962.

Schopenhauer, *Die Welt als Wille und Vorstellung*(¹1819 · ³1859), in: Sämtliche Werke, Bd. I, hrsg. v. W. Frhr. von Löhneysen, Stuttgart · Frankfurt/M. 1968: 홍성광 역, 『의지와 표상으로서의 세계』, 을유문화사, 2015(개정증보판).

Nietzsche, Friedrich, Unzeitgemässe Betrachtungen, in: Kritische Studienausgabe [KSA], hrsg. v. G. Colli · M. Montinari, Müchen 1999(Neuausgabe), Bd. 1: 이진우 역, 『반시대적 고찰』, 수록: 《니체전집》(책세상, 2000~2005) 2.

_____, *Zur Genealogie der Moral*, in: KSA 5: 김정현 역, 『도덕의 계보』, 수록: 《니체전집》1.

_____, *Jenseits von Gut und Böse*, in: KSA 5: 김정현 역, 『선악의 저편』, 수록: 《니체전집》14.

_____, *Also sprach Zarathustra*, in: KSA 4: 정동호 역, 『차라투스트라는 이렇게 말했다』, 수록: 《니체전집》13.

_____, *Götzen-Dämmerung*, in: KSA 6: 백승영 역, 『우상의 황혼』, 수록: 《니체전집》21; 박찬국 역, 『우상의 황혼』, 아카넷, 2015.

_____, *Der Antichrist*, in: KSA 6: 백승영 역, 『안티크리스트』, 수록: 《니체전집》15.

_____, *Menschliches, Allzumenschliches* I · II, in: KSA 2: 김미기 역, 『인간적인 너무나 인간적인 I · II』, 수록: 《니체전집》7 · 8.

_____, *Die fröhliche Wissenschaft*, in: KSA 3: 안성찬 · 홍사현 역, 『즐거운 학문』, 수록: 《니체전집》12.

_____, *Morgenröthe*. in: KSA 3: 박찬국 역, 『아침놀』, 수록: 《니체전집》10.

_____, *Ecce Homo*. in: KSA 6: 백승영 역, 『이 사람을 보라』, 수록: 《니체전집》21.

_____, Nachgelassene Fragmente 1880-1882, in: KSA 9: 최성환 역, 『유고(1880년 초~1881년 봄)』, 수록: 《니체전집》11 / 안성찬 · 홍사현 역, 『유고(1881년 봄 ~1882년 여름)』, 수록: 《니체전집》12.

_____, Nachgelassene Fragmente 1882-1884, in: KSA 10: 박찬국 역, 『유고(1882년 7월~1883/84년 겨울)』, 수록: 《니체전집》16.

_____, Nachgelassene Fragmente 1885-1887, in: KSA 12: 이진우 역, 『유고(1885년 가을~1887년 가을)』, 수록: 《니체전집》19.

Freud, S., *Abriss der Psychoanalyse*(1940), in: Gesammelte Werke[GW], Bd. 17:

Schriften aus dem Nachlass, hrsg. v. Anna Freud u. a., (London 1941), Frankfurt/M. [8]1993, Bd. XVII: 박성수·한승완 역, 『정신분석학 개요』, 열린책들, 2003(재간).

Bentham, *An Introduction to the Principles of Morals and Legislation*(London 1780인쇄, 1789발행), Prometheus Books, New York 1988: 강준호 역, 『도덕과 입법의 원칙에 대한 서론』, 아카넷, 2013.

Mill, J. S., *Utilitarianism*(1863), in: On Liberty and Other Essays, ed. by J. Gray, (Oxford World's Classics), Oxford 1991: 서병훈 역, 『공리주의』, 책세상, 2007.

_____, *Considerations on Representative Government*(1861), in: Utilitarianism, On Liberty, Considerations on Representative Government, ed. by G. Williams, J. M. Dent, London 1993.

Darwin, Charls, *The Origin of Species*(1859), Signet Classics, Penguin Books, 2003: 김관선 역, 『종의 기원』, 한길사, 2014/송철용 역, 『종의 기원』, 동서문화사, 2013.

_____, *The Descent of Man and Selection in Relation to Sex*(1871·[2]1879), Penguin Classics, Penguin Books, 2004: 김관선 역, 『인간의 유래 1·2』, 한길사, 2006/이종호 발췌역, 『인간의 유래와 성선택』, 지식을만드는지식, 2012.

Weber, Max, *Wirtschaft und Gesellschaft*(1922), Tübingen [5]1980.

Lukács, Georg, *Geschichte und Klassenbewusstsein*, Berlin 1923: 박정호·조만영 역, 『역사와 계급의식』, 거름, [4]2002.

Wittgenstein, L., *Tractatus Logico-philosophicus*(1922), London·New York [5]1952: 이영철 역, 『논리-철학 논구』, 책세상, 2006.

_____, *Philosophische Untersuchungen[PU]*, Oxford 1953: 이영철 역, 『철학적 탐구』, 책세상, 2006/이승종 역, 『철학적 탐구』, 아카넷, 2016.

_____, Vermischte Bemerkungen, in: Werkausgabe Bd. 8, Frankfurt/M. 1984.

Horkheimer, Max/Theodor W. Adorno, *Dialektik der Aufklärung*(1947), Fankfurt/M. [21]2013: 김유동 역, 『계몽의 변증법』, 문학과지성사, 2001.

Horkheimer, Max, *Eclipse of Reason*(1947), New York: The Continuum, 2004: 박구용 역, 『도구적 이성비판』, 문예출판사, 2006.

Adorno, Theodor W., *Negative Dialektik*, Frankfurt/M. 1975: 홍승용 역, 『부정변증법』, 한길사, 1999.

Marcuse, Herbert, *Reason and Revolution*, London 1941: 김종호 역, 『理性과 革命』, 문명사, 1970.

_____, *One Dimensional Man*(1964), Boston: Beacon Press [2]1991: 차인석 역,

『一次元的 人間』, 진영사, 1979(개역판).

Deleuze, Gilles, *Difference et repetition*, Paris 1968: 김상환 역, 『차이와 반복』, 민음사, 2004.

_____ / Félix Guattari, *L'anti-Œdipe. Capitalisme et schizophrénie* 1. Paris: Les Éditions de Minuit, 1972/1973: 김재인 역, 『안티 오이디푸스. 자본주의와 분열증』, 민음사, ³2014.

Habermas, J., *Theorie des kommunikativen Handels*, 2 Bde., Frankfurt/M. ⁸1995: 장춘익 역, 『의사소통행위이론 1·2』, 나남출판, 2006.

Rawls, J., *A Theory of Justice*[*TJ*], Oxford, ²1999: 황경식 역, 『정의론』, 이학사, 2003.

_____, *Political Liberalism*, New York, 1993: 장동진 역, 『정치적 자유주의』, 동명사, 2016(증보판).

금장태, 『유교의 사상과 의례』, 예문서원, 2000.

김승혜, 『原始儒敎』, 민음사, 1990.

나종석, 『차이와 연대 — 현대 세계와 헤겔의 사회·정치철학』, 길, 2007.

남경희, 『플라톤 — 서양철학의 기원과 토대』, 아카넷, 2013.

박정일, 『튜링 & 괴델 — 추상적 사유의 위대한 힘』, 김영사, 2010.

박주영, 『악이란 무엇인가?』, 누멘, 2012.

백도형, 『심신문제 — 인간과 자연의 형이상학』, 아카넷, 2014.

백승영, 『니체, 니오니소스적 긍정의 철학』, 책세상, 2005.

송영배·금장태 외, 『한국유학과 리기철학』, 예문서원, 2000.

윤사순, 『한국유학사상사론』, 예문서원, 1997(증보판).

_____, 『조선, 도덕(道德)의 성찰』, 돌베개, 2010.

이상익, 『본성과 본능 — 서양 人性論史의 재조명』, 서강대학교출판부, 2016.

이승환, 『유가사상의 사회철학적 재조명』, 고려대학교 출판부, 1998.

이재경, 『토마스 아퀴나스와 13세기 심리철학』, 대구가톨릭대학교 출판부, 2002.

임홍빈, 『근대적 이성과 헤겔철학』, 고려대학교 출판부, 1996.

장영란, 『아리스토텔레스의 인식론』, 서광사, 2000.

장 욱, 『토마스 아퀴나스의 철학』, 동과서, 2003.

조긍호, 『선진유학사상의 심리학적 함의』, 서강대학교출판부, 2008.

한국사상연구회 편, 『조선유학의 개념들』, 예문서원, 2002.

한국사회·윤리연구회 편, 『사회계약론 연구』, 철학과현실사, 1993.

허남결, 『밀의 공리주의 — 덕과 공리성의 만남』, 서광사, 2000.

현영학(외), 『한국 문화와 기독교 윤리』, 문학과지성사, 1986.

方東美, 『原始儒家道家哲學』, 臺北, 1985; 남상호 역, 『원시 유가 도가 철학』, 서광사, 1999.

王邦雄, 『老子的哲學』, 臺北, 2004; 천병돈 역, 『노자, 생명의 철학』, 은행나무, 2014.

Altick, Richard D., *Victorian People and Ideas*, 1973: 이미애 역, 『빅토리아 시대의 사람들과 사상』, 아카넷, 2011.

Arnswald, Ulrich / Hans-Peter Schütt(Hs.), *Rationalität und Irrationalität in den Wissenschaften*, Wiesbaden 2011.

Asimov, Isaac, "Runaround"(1942). in: *I, Robot*(1950), New York: Bantam Dell, 2008.

Barrat, James, *Our Final Invention: Artificial Intelligence and the End of the Human Era*, Thomas Dunne Books St. Martin's Griffin, New York 2013: 정지훈 역, 『파이널 인벤션』, 동아시아, 2016.

Baumgarten, Alexander Gottlieb, *Metaphysica*, ⁴1757.

Bergson, Henri, *Les deux sources de la morale et de la religion*(1932), Félix Alcan, 1937: 송영진 역, 『도덕과 종교의 두 원천』, 서광사, 1998.

Böhme, Hartmut / Gernot Böhme, *Das Andere der Vernunft — Zur Entwicklung von Rationalitätsstrukturen am Beispiel Kants*, Frankfurt / M. 1985.

Brentano, F., *Wahrheit und Evidenz*(1930), Hamburg 1974.

Brockman, John(ed.), *The Mind*, 2011: 이한음 역, 『마음의 과학』, 와이즈베리, 2012.

Bryant, John / L. B. la Velle / J. Searle, *Introduction to Bioehtics*, John Wiley & Sons, 2005: 이원봉 역, 『생명과학의 윤리』, 아카넷, 2008.

Burley, Justine(ed.) / Richard Dawkins(Foreword by), *The Genetic Revolution and Human Rights: Oxford Amnesty Lectures 1998*, Oxford 1999: 생물학사상연구회 역, 『유전자 혁명과 생명윤리』, 아침이슬, 2004.

Carnap, R., "Truth and Confirmation", in: *Readings in Philosophical Analysis*, ed. by H. Feigl / W. Sellars, New York 1949.

Casti, John / Werner DePauli, *Gödel — A Life of Logic*(2000): 박정일 역, 『괴델』, 몸과마음, 2002.

Churchland, Patricia S., *Neurophilosophy: Toward a Unified Science of the Mind-Brain*, 1989: 박제윤 역, 『뇌과학과 철학: 마음-뇌 통합 과학을 향하여』, 철학과현실사, 2006.

Dawkins, Richard, *The Selfish Gene*(1976), Oxford 2006(30주년 기념판): 홍영남 ·

이상임 역, 『이기적 유전자』, 을유문화사, 2010(전면개정판).

──────, *The Extended Phenotype*(1982), Oxford · New York, 1999(개정판): 홍영남 · 장대익 · 권오현 역, 『확장된 표현형』, 을유문화사, 2016.

Derrida, Jacques, *Force de Loi*, 1994: 진태원 역, 『법의 힘』, 문학과지성사, 2004.

Drury, M. O'C., "Conversation with Wittgenstein", in: *Recollections of Wittgenstein*, ed. Rush Rhees, Oxford 1984.

Elders, Leo J., *Die Metaphysik des Thomas Aquin*, 1981: 박승찬 역, 『토마스 아퀴나스의 형이상학』, 가톨릭출판사, 2003.

Emmeche, Claus, *The Garden in the Machine — The Emerging Science of Artificial Life*(1991), transl. by Steven Sampson, Princeton 1996: 오은아 역, 『기계 속의 생명』, 이제이북스, 2004.

Eucken, Walter, *Die Grundlagen der Nationalökonomie*, Jena 1940.

Fetz, R. L. / R. Hagenbüchle / P. Schulz, *Geschichte und Vorgeschichte der modernen Subjektivität*, 2 Bde. Berlin 1998.

Feyerabend, Paul, *Farewell to Reason*, London · New York 1987.

Fischer, Ernst Peter, *Die Bildung des Menschen*, Berlin 2004: 박규호 역, 『인간』, 들녘, 2005.

Fischer, Peter, *Moralität und Sinn*, München 2003.

Martin, Ford, *Rise of the Robots: Technology and the Threat of a Jobless Future*, New York: Basic Books, 2015: 이창희 역, 『로봇의 부상 — 인공지능의 진화와 미래의 실직 위협』, 세종서적, 2016.

Forke, A., *Geschichte der alten chinesischen Philosophie*, Hamburg 1927.

Friedman, Milton, *Capitalism and Freedom*, 1962: 최정표 역, 『자본주의와 자유』, 형설출판사, 1999.

Fulda, H. F. / R.-P. Horstmann(Hs.), *Vernunftbegriffe in der Moderne*, Stuttgart 1994.

Gabriel, Markus, *Ich ist nicht Gehirn*, Berlin 2015 · [2]2016.

Ganten, Detlev / u. a.(Hs.), *Was ist der Mensch?*, Berlin 2008.

Gazzaniga, Michael S., *Who's in Charge? — Free Will and the Science of the Brain*, New York, 2011: 박인균 역, 『뇌로부터의 자유 — 무엇이 우리의 생각, 감정, 행동을 조종하는가?』, 추수밭, 2012.

Gäfgen, Gerard, *Theorie der wirtschaftlichen Entscheidung. Untersuchungen zur Logik und Bedeutung des rationalen Handelns*(1963), Tübingen [3]1974.

Gerhard, C., *Kants Lehre von der Freiheit*, Heidelberg 1885.

Godelier, Maurice, *Zur Rationalität der ökonomischen Systeme. Sozioökonomie*, Studientexte 9, van Eversdijck, 1973.

Good, Irving John, "Speculations Concerning the First Ultraintelligent Machine", in: *Advances in Computers*, vol. 6, 1965.

Graham, A. Ch., *Disputers of the TAO — Philosophical Arguments in Ancient China*; 나성 역, 『도의 논쟁자들 — 중국 고대 철학논쟁』, 새물결, 2003.

Gray, Chris H., *Cyborg Citizen — Politics in the Posthuman Age*(2001), New York · London 2002: 석기용 역, 『사이보그 시티즌』, 김영사, 2016.

Greenfield, Susan, *Brain Story*, London 2000: 정병선 역, 『브레인 스토리』, 지호, 2004.

_____, *Mind Change — How Digital Technologies Are Leaving Their Mark on Our Brains*, 2014: 이한음 역, 『마인드 체인지』, 북라이프, 2015.

Halbig, Chr./T. Henning(Hs.), *Die neue Kritik der instrumentellen Vernunft*, Berlin 2012.

Han, Byung-Chul, *Müdigkeitsgesellschaft*(2010), Berlin [11]2015: 김태환 역, 『피로 사회』, 문학과지성사, 2012.

Harari, Yuval Noah, *Homo Deus*, London: Harvill Secker, 2016.

Hartmann, N., *Die Philosophie des Deutschen Idealismus*(1923/29), Berlin [3]1974.

Hayles, N. Katherine, *How We Became Posthuman: Virtual Bodies in Cybernetics, Literature, and Informatics*, Chicago, 1999: 허진 역, 『우리는 어떻게 포스트휴먼이 되었는가』, 플래닛, 2013.

Heidegger, M., *Sein und Zeit*(1927), Gesamtausgabe[GA], Bd. 2, Frankfurt/M. 1977.

_____, *Die Grundprobleme der Phänomenologie*(1927), GA 24, Frankfurt/M. 1975.

_____, "Kants These über das Sein"(1961), in: GA 9, Frankfurt/M. 1976.

_____, "Vom Wesen der Wahrheit", in: GA 9, Frankfurt/M. 1976.

_____, *Logik — Die Frage nach der Wahrheit*, GA 21, Frankfurt/M. 1976.

_____, *Hegels Phänomenologie des Geistes*, GA 32, Frankfurt/M. 1980.

Heisenberg, W., *Physics & Philosophy: The Revolution in modern Science*, New York: Happer & Row, 1958.

Honneth, A., *Pathologien der Vernunft: Geschichte und Gegenwart der Kritischen Theorie*, Frankfurt/M. [3]2007.

Hyppolite, J., *Genèse et Structure de la Phénoménologie de l'Esprit de Hegel*,

1946: 이종철 · 김상환 역, 『헤겔의 精神現象學 I』, 문예출판사 1986.

Kaiser, Walter C., *Toward Old Testament Ethics*, 1983: 홍용표 역, 『구약성경 윤리』, 생명의말씀사, 1990.

Kaplan, Jerry, *Human Need Not Apply*, New Haven: Yale Univ. Press, 2015: 신동숙 역, 『인간은 필요없다』, 한스미디어, 2016.

Kaulbach, F., *Immanuel Kant*, Berlin 1969: 백종현 역, 『칸트. 비판철학의 형성과 정과 체계』, 서광사, 1992.

Kettner, Matthias(Hs.), *Biomedizin und Menschenwürde*, Frankfurt/M. 2004.

Kissler, Alexander, *Der geklonte Mensch — Das Spiel mit Technik, Träumen und Geld*, Freiburg/Br. 2006: 전대호 역, 『복제인간, 망상기계들의 유토피아』, 뿌리와이파리, 2007.

Kojève, A., *Hegel-Eine Vergegenwärtigung seines Denkens(Kommentar zur Phänomenologie des Geistes)*, hrsg. v. I. Fetscher, Frankfurt/M. 1975.

Kurzweil, Ray, *The Age of Intelligent Machines*, MIT Press, 1990.

_____, *The Age of Spiritual Machines*, London: Orion Business Books, 1999.

_____, *The Singularity Is Near — When Humans Transcend Biology*(2005), Penguin Books, 2006: 장시영 · 김영남 역, 『특이점이 온다』, 김영사, 2007.

_____, *How to Create a Mind — The Secret of Human Thought Revealed*(2012), Penguin Books, 2013: 윤영삼 역, 『마음의 탄생』, 크레센도, 2016.

Lange, F. A., *Geschichte des Materialismus und Kritik seiner Bedeutung in der Gegenwart*, Iselohn/Leipzig, 1866.

Latour, Bruno, *Science in Action*, 1987: 황희숙 역, 『젊은 과학의 전선』, 아카넷, 2016.

Lazarus, R. S./B. N. Lazarus, *Passion & Reason: Making Sense of Our Emotions*, Oxford Univ. Press, 1994: 정영목 역, 『감정과 이성』, 문예출판사, 1997.

Long, A. A., *Hellenistic Philosphy*: 이경직 역, 『헬레니즘 철학』, 서광사, 2000.

Luhmann, N., "Zweck-Herrschaft-System," in: *Staat* 3(1964).

Manin, Bernard, *The Principles of Representative Government*(1997): 곽준혁 역, 『선거는 민주적인가』, 후마니타스, 2004.

Marion, J. B./W. F. Hornyak, *General Physics with Bioscience Essays*, New York: John Wiley & Sons, ²1985.

Nickel, Rainer(Hs.), *Stoa und Stoiker*, Griechisch-lateinisch-deutsch, 2 Bde., Düsseldorf 2008.

_____ 편, *Epikur: Wege zum Glück*, Griechisch-lateinisch-deutsch, Mannheim ³2011.

O'mathuna, D. P., *Nanoethics*, 2009: 이상헌 · 이원봉 역, 『나노윤리』, 아카넷, 2015.

Perilli, Lorenzo(Hs.), *Logos — Theorie und Begriffsgeschichte*, Darmstadt 2013.

Piaget, J., *Insight and Illusions of Philosophy*, transl. by W. Mays, New York, 1971.

Pohlenz, Max, *Die Stoa — Geschichte einer geistigen Bewegung*, Göttingen, Bd. 1, ⁸2010; Bd. 2, ⁶1990.

Puntel, L. B., *Wahrheitstheorien in der neueren Philosophie*, Darmstadt 1983.

Putnam, Hilary, *Reason, Truth and History*, Cambridge 1981: 김효명 역, 『이성, 진리, 역사』, 민음사, 2002.

Rabinow, Paul, *Anthropologie der Vernunft*, hrsg. v. C. Caduff · T. Rees, Frankfurt/M. 2004.

Rachels, James, *Created from Animals: The Moral Implications of Darwinism*, 1990: 김성한 역, 『동물에서 유래된 인간 — 다윈주의의 도덕적 함의』, 나남, 2009.

Rifkin, Jeremy, *The End of Work*(1995), New York 1996: 이영호 역, 『노동의 종말』, 민음사, 1996.

Ross, W. D., *Plato's Theory of Ideas*, 1951: 김진성 역, 『플라톤의 이데아론』, 누멘, 2011.

Salem, J., *L'atomisme antique*; 양창렬 역, 『고대원자론』, 도서출판 난장, 2009.

Scaruffi, Piero, *Intelligence is not Artificial*, 2015.

Schmidinger Heinrich / Clemens Sedmak(Hs.), *Der Mensch — ein 〉animal rationale 〈?*, Darmstadt 2004.

Schnädelbach, Herbert, *Philosophie in Deutschland 1831-1933*, Frankfurt/M. 1983.

Schramme, Thomas, *Bioethik*, Frankfurt/M. 2002.

Schwab, Klaus, *The Fourth Industrial Revolution*, Cologny/Geneva 2016: 송경진 역, 『클라우스 슈밥의 제4차 산업혁명』, 새로운 현재, 2016.

Schwartz, B. I., *The World of Thought in Ancient China*: 나성 역, 『중국 고대사상의 세계』, 살림, 2004.

Seifert, J., *Das Leib-Seele-Problem und die gegenwrtige philosophische Diskussion*, Darmstadt, 1989.

Sloterdijk, Peter, *Kritik der zynischen Vernunft*, Frankfurt/M. 1983: 이진우 · 박미애 역, 『냉소적 이성비판 1』, 에코리브르, 2005.

Steinvorth, Ulrich, *Was ist Vernunft?*, München 2002.

Tarski, A., "Die semantische Konzeption der Wahrheit und die Grundlagen der

Semantik"(1944), in: G. Skirbekk, *Wahrheitstheorien — Eine Auswahl aus den Diskussionen über Wahrheit im 20. Jahrhundert*, Frankfurt/M. 1977.

Taylor, Ch., *Hegel*, übers. v. G. Fehn, Frankfurt/M. 1993.

Taylor, Frederick Winslow, *The Principles of Scientific Management*, New York and London 1911.

Toulmin, Stephen, *Kritik der kollektiven Vernunft*(=*The Collective Use and Evolution of Concepts*, 1972), Frankfurt/M. 1983.

Vaihinger, H., *Commentar zu Kants Kritik der reinen Vernunft*, 2 Bde. Stuttgart 1881f.

Vattel, E. de, *Le droit des gens ou principes de la loi naturelle*, London 1758.

Vietta, Silvio, *Rationalität — Eine Weltgeschichte*, München 2012.

Vries, Josef de, *Grundbegriffe der Scholastik*, Darmstadt 1980.

Vriezen, Th. C., *An Outline of Old Testament Theology*, Oxford: Basil Blackwell, 1966.

Watson, James Dewey/Andrew Berry, *DNA — The Secret of Life*(2003), New York 2006: 이한음 역, 『DNA: 생명의 비밀』, 까치, 2003.

Welsch, Wolfgang, *Vernunft*, Frankfurt/M. 1996: 조상식 역, 『이성 1 — 우리 시대의 이성비판』, 이학사, 2010.

Wilson, Edward O., *Consilience: The Unity of Knowledge*(1998), New York: Vintage Books, 1999: 최재천·장대익 역, 『지식의 대통합: 통섭』, 사이언스북스, 2005.

Wittwer, H., *Ist es vernünftig, moralisch zu handeln?*, Berlin 2010.

Wright, Robert, *The Moral Animal*, 1994: 박영준 역, 『도덕적 동물』, 사이언스북스, 2003.

Zamboni, Giuseppe, *La Gnoseogia di S. Tommaso D'Aquino*, 1934: 이재룡 역, 『토마스 아퀴나스의 인식론』, 가톨릭대학교출판부, 1996.

찾아보기

인물 · 학파
주요 용어 및 상관 개념

인물·학파

주요 용어 및 상관 개념

────────

▶ 풀이(정의) = 유사어 ↔ 반대어 → 활용어

[ㄱ]

가상(假象, Schein) 472, 473, 536, 573, 577, 579, 584, 586, 593
   초월적 가상 488~495
   가상노동자 788, 789

감각(感覺, αἴσθησις, aisthesis, sensus, sense, sensation, Sinn) 45, 46, 71, 83, 86,
  88, 160, 183, 203, 257, 275, 329, 331, 353, 358, 394, 444, 582, 647
    ↔이성/지성(διάνοια, λόγος, νόησις) 79, 83, 189, 244, 281
    감각하다(sentire, empfinden) 275
    감각(αἰσθήσεις, αἰσθάνεσθαι, Empfindung) 79, 108, 112, 441
    감각지각(αἰσθάνεται, Wahrnehmung) 78, 85, 414
    감각능력/작용(αἰσθητικόν) 107, 109, 112, 192, 319
    감각대상(αἰσθανόμενον, αἰσθητὸν) 108, 109
    공통감각(sensus communis) 323, 354, 423, 748, 760, 769

감관/감각기능(sensus, sens, sense, Sinn) 331, 353, 425, 434, 440, 442, 443, 450
     →관능적(sensual) 331
   내적 감관/내감(internal sense, sensus internus, sensus interior) 353, 354, 425
   외적 감각/외감(sensus externus, sensus exterior) 353, 354, 370

감성(感性, Sinnlichkeit) 27, 31, 33, 34, 80, 83, 85, 198, 244, 257, 280, 366, 421,
  422, 425, 427, 434, 450, 479, 499, 505, 512, 548, 584, 719, 721, 802
   내감 425~428, 431, 440, 441
   외감 425~428, 431, 440, 441

444, 459, 521, 528, 602, 639, 716, 724

격정(θῡμός) 91, 132, 347

결합(結合, Verbindung, conjunctio) 84, 90, 120, 243, 282, 435, 449, 451~467

경향성(inclination, Neigung) 52, 64, 183, 280, 403, 506, 514, 542, 667
　자연적 경향성(natural Inclination) 261, 346, 507, 510

경험(經驗, Erfahrung) 254, 330, 353, 391, 409, 442
　경험적(empirisch) 307, 353, 445, 455

계몽 559, 655, 709
　계몽주의/계몽사상 249, 268, 598, 616, 625

계약(契約, contractus, contrat, contract) 324, 326, 338, 340, 556, 601, 728
　▶인간의 합의(human conventions) 386
　=협약(convention, covenant) 327, 340
　=협정(pact) 327, 340, 556

고통/괴로움(苦, pain) 84, 116, 197, 281, 297, 315, 332, 355, 364, 372, 641, 677

공리(功利, utilité, utility) 677, 679, 681, 690
　공공의 유용성(utilité publique) 327
　공리의 원리(principle of utility) 678
　공리주의(功利主義, utilitarianism) 365, 651, 676, 685, 692, 693

공감/동감(sympathy) 388, 389, 391
　공통감(共通感) 323, 748, 760, 769

관계(關係, Relation) 356, 390, 464, 470

관념(觀念, idea, notion) 275, 294, 351, 354, 362, 370, 373, 375, 418, 476, 487, 715
　충전한 관념(idea adaequata) 289
　본유적(생득적: innate) 관념 351, 353
　원초적 관념(primary notion) 351
　공통 관념(κοιναὶ ἔννοιαι) 275, 351

무(無, nihil, Nichts) 138~177, 276, 414, 429, 595, 642

무구별자 동일성의 원리(principium identitatis indiscernibilium) 310

문화(文化, cultura, Kultur) 37, 56, 72, 539, 566, 653, 762, 793, 794, 800
   ▶사람들이 인류를 고려하여 자연에 부가할 이유를 갖는 최종 목적 539
   개화(改化) 566
   개간(開墾) 762
   개작(改作) 37, 762
   문치교화(文治敎化) 800

물리적(physique, physical) 34, 65~68, 72, 198, 209, 318, 327, 370, 444, 516,
  536, 632, 636, 697, 715, 775
   자연 물리적(physical) 체제 775

물리주의(physialism) 209, 623, 773

물신주의(物神主義) 598, 802
   물신(Fetisch)화 632, 719, 802
   물신숭배(Fetischimus) 632

물질(物質, matter, matière, Materie) 38, 45, 48, 71, 74, 207, 209, 283, 319, 339,
  368, 373, 383, 535, 548, 572, 621, 622, 636, 676, 693, 717, 740, 774

미/아름다움(beauty) 70, 148, 320, 383, 527
    ↔흉함(deformity) 383

민족(民族, gens, natio, Volk) 608, 612, 616~618
   민족정신은 유(Gattung)로서 실존 616
   대민족(grande nation) 616

민주정체/민주주의(democratia) 129~132, 301, 303, 304, 693, 698, 744, 772, 786
   민주제 558

[ㅂ]

반성(reflection) 353, 523~537

속성(偶有性, accidents, Eigenschaft) 258, 356, 403, 429, 454, 491, 574

수동/열정(passio, Leidenschaft) 269, 285, 294, 321, 549
　　=정열(Leidenschaft) 613, 660
　　　　비이성(Unvernunft) 660
　　→수동적(passiv, leidend) 285, 294, 404, 450
　　　　↔능동적(aktiv, tätig) 294, 404, 450
　　→수용적(rezeptiv, empfänglich) 404, 450, 452
　　　　↔자발적(spontan, spontané, selbsttätig) 404, 450

순수한(ἀμιγής, purus, rein) 111, 412, 449

식견/사려(φρόνησις, phronesis) 91, 109, 111, 122, 201, 795

신(神, θεός, theos, Deus, Dieu, Gott, God) 192, 214, 217, 292, 301, 308, 309, 317, 320
　　▶자체로 있는 자 214
　　▶창조주 214
　　=하느님 217
　　　　성부(Deus Pater) 217
　　　　성자(Deus Filius) 217
　　　　성령(Deus Spiritus Sanctus) 217
　　　　우주 제작자(δημιουργός) 192
　　　　자유 원인(causa libera) 291, 511
　　　　자기 원인(causa sui) 290, 309
　　　　신 즉 자연(Deus seu Natura) 292, 301
　　　　　　생산하는 자연(natura naturans) 292
　　　　　　생산된 자연(natura naturata) 292
　　　　최고 실질실재 존재자(ens realissimum) 309
　　　　필연적 존재자(ens neccesarium) 309
　　　　최고 완전 존재자(ens perfectissimum) 309
　　신국/신의 나라(civitas dei) 241
　　신정론(Theodizee) 610
　　신학(theologia) 494
　　　　계시신학 494
　　　　이성적 신학 494
　　　　　　초월적 신학(theologia transcendentalis) 494
　　　　　　우주신학 494

양(量, quantity, Quantität) 464, 708, 720, 802
　수량(數量) 465, 469, 715
　분량(分量) 465
　도량(度量) 465, 469

양심(良心, συνείδησις, conscientia, conscience, Gewissen) 161, 323, 332, 387, 742, 760, 761, 769
　함께 앎 332, 761
　공통지(共通知) 323
　공통감(sensus communis) 323, 760, 769

양육/생활환경(nurture) 70, 165

양태(樣態, modus, Modalität) 209, 274, 291, 292, 312, 356, 464, 465, 469, 471, 479

언어 341, 423, 703, 710, 724, 779, 782, 800~802
　자연언어 709, 800, 801
　　▶순수한 자연적 이성(raison naturelle toute pure)의 거소 801
　인공언어 709, 710, 800, 801
　언어적대감정(Sprachfeindschaft) 151

역사(歷史, Geschichte) 27, 41, 61, 266, 415, 563~566, 581, 596~598, 625, 631, 633~635, 737, 768, 777, 799
　사관(史觀) 28
　세계사/세계역사 575, 596, 608~621

연민(pity, pitié) 322, 332, 392

연속성 310
　자기 작용 연쇄의 연속성의 법칙(lex continuationis seriei suarum operationum) 310

영혼(靈魂, 목숨, ψυχή, anima, ame, Seele, soul) 42, 44~49, 79, 80, 83~87, 91~93, 106~126, 160, 180, 189, 198~207, 214, 226~228, 239, 242~253, 273, 279, 283, 316, 323, 350, 374, 383, 403~405, 499, 529, 648, 710
　생장력(anima vegetativa) 49, 244
　감각하고 지각할 수 있음(anima sensitiva) 49, 244
　따뜻한 숨(πνεῦμα) 189

유출(流出: aporria/emanatio) 143, 219, 291, 623

윤리/윤리성(Sitten/Sittlichkeit, ethics) 36, 89, 118, 182, 187, 222, 513, 533, 566, 599, 603, 607, 652, 660, 669, 670, 675, 688, 750, 794
=습성(ἔθος) 113, 114
자치의 기술(art of self-government) 또는 사적 윤리(private ethics) 688, 689
통치 기술(art of government) 688
풍습의 윤리(Sittlichkeit der Sitte) 652
절대적 윤리성(absolute Sittlichkeit) 607
윤리법칙 519, 521, 546
행복할 만한 품격으로서의 윤리성의 법칙 545
윤리성의 명령 509
윤리적 이성(sittliche Vernunft) 603
윤리적 전체(das sittliche Ganze) 604, 606
윤리의 나라 606
윤리화(倫理化) 671
풍속화(風俗化) 671

의견(δόξα, opinio, Meinung) 87, 109, 288, 409
참된 의견(δόξα ἀληθής) 87

의무(Pflicht, duty) 64, 224, 509, 514, 522, 602, 684
덕의무=도덕적 의무 736
법의무=법적 의무 605, 736, 751
자기에 대한 의무(duty to himself) 519, 520, 689
타인에 대한 의무(duty to others) 689
이웃에 대한 의무(duty to neighbour) 689
시민성의 의무(duty of civility) 735

의사(意思, arbitrium, Willkür) 231, 277, 423, 505, 550, 601
감수(感受)적 의사(arbitrium sensitivum) 504
동물적 의사(arbitrium brutum) 504, 505
자유의사(arbitrium liberum) 232, 235, 236, 241, 250, 260, 505
의지의 자유의사(liberum voluntatis arbitrium) 231, 234, 236

의식(cogitatio, conscientia, conscience, perceptio, Bewußtsein) 42, 71, 254, 274, 311, 312, 370, 408, 409, 421, 449, 459, 623, 625, 668
→의식함(cogito) 274

절대적 특수화의 원리(principium specificationis absolutae) 311

절제(σωφροσύνη, temperantia) 77, 91~93, 120, 186~189, 233, 662, 756, 761

정(情) 169, 170, 172, 402, 529, 769, 779
  칠정(七情) 53, 175

정념(情念, πάθος, pathos) 54, 77, 82, 118, 186, 189, 190, 245, 269, 284~286,
  294, 321, 329~332, 334, 365, 375, 382, 385~387, 393, 505, 512, 642
  =감정(πάθη) 203, 205
        ↔무정념/무감동(ἀπάθεια, apatheia) 118, 190, 651
              →무정념적(ἀπαθῆ) 189
            환멸연기(還滅緣起) 642
            해탈(解脫) 642
            열반적정(涅槃寂靜) 642
            의지의 완전한 부인(vollkommene Verneinung des Willens) 642
      거리의 정념(Pathos der Distanz) 650

정동(情動, affectus, Affekt) 293, 294, 296~300, 305, 306, 637, 648, 649
    정동들의 더미(Haufen von Affekten) 647
  정동(情動)주의 668, 672

정서(emotion) 375, 769

정신(精神, πνεῦμα, mens, spiritus, Geist, esprit, ingenium, ingenio) 42, 43~48,
  190, 195, 227~229, 269, 272, 273, 279~284, 289, 292, 297, 305, 306, 317, 367,
  374, 403, 404, 572~594, 605, 609~618, 656, 771
        ▶스스로 운동하는 힘 284
    =루아흐(ruah) 43, 44
    =영(spiritus) 228
    =정기(esprit) 281, 282, 307
        →정신적(morale) 325, 327
    정신능력(ingenium) 269
    유한한 정신들(finite spirits) 367
    하나의 작은 신(une petite divinité) 317
    세계정신 609~616

[ㅋ]

코페르니쿠스적 전환 410, 412, 413, 415, 418, 419, 458, 471, 724

쾌/쾌락/쾌감(pleasure, Lust) 331, 364, 372, 383, 512, 677~685
    ↔불쾌(displeasure, Unlust) 331, 512
  감각의 쾌락(pleasure of sense) 331
  마음의 쾌락(pleasure of mind) 331

쾌락(快樂, ἡδονή, voluptas) 115, 183, 197, 198, 201, 202, 280

[ㅌ]

통각/자기의식(統覺/自己意識, apperception, Apperzeption, Selbstbewußtsein) 311,
  434, 449~454, 458~461
    나는 사고한다(Ich denke: ego cogito) 274, 451, 459, 668
    나는 내가 무엇인가를 의식한다는 것을 의식한다(ego-cogito-me-cogitare-cogitatum)
      459, 669
    부수하는(ad+) 의식(perceptio)=수반의식(apperceptio) 459, 587, 669
  순수 통각(수반의식) 458, 669
  근원적 통각 450, 458, 487
  통각의 통일 449~451, 454, 459
    자기의식의 초월적 통일 457
    근원적 통일 459
    객관적 통일 459
      인식하는 사고의 근원 작용 458

[ㅍ]

판단력(判斷力, Urteilskraft) 422, 482, 523, 524, 528~536
    ▶무엇인가가 주어진 규칙 아래에 있는 것(所與 法則의 事例)인지 아닌지를 판별하는
      능력 523, 524
  규정적 판단력 523, 524
    ▶특수를 보편 아래 포섭하는 능력 523
  반성적 판단력 523, 524
    ▶특수에 대한 보편을 찾아내는 능력 523

백종현(白琮鉉)

서울대학교 명예교수. 한국포스트휴먼학회 회장.

서울대학교 철학과에서 학사·석사 과정 후 독일 프라이부르크 대학에서 철학박사 학위를 받았다. 인하대·서울대 철학과 교수, 서울대 철학사상연구소 소장, 서울대 인문학연구원 원장, 한국칸트학회 회장, 한국철학회『철학』편집인·철학용어정비위원장·회장 겸 이사장을 역임하였다.

주요 논문으로는 "Universality and Relativity of Culture"(*Humanitas Asiatica*, 1, Seoul, 2000), "Kant's Theory of Transcendental Truth as Ontology"(*Kant-Studien*, 96, Berlin & New York, 2005), "Reality and Knowledge"(*Philosophy and Culture*, 3, Seoul 2008) 등이 있으며, 주요 저서로는 *Phänomenologische Untersuchung zum Gegenstandsbegriff in Kants "Kritik der reinen Vernunft"*(Frankfurt/M. & New York, 1985),『독일철학과 20세기 한국의 철학』(1998/증보판2000),『존재와 진리―칸트〈순수이성비판〉의 근본 문제』(2000/2003/전정판2008),『서양근대철학』(2001/증보판2003),『현대한국사회의 철학적 문제: 윤리 개념의 형성』(2003),『현대한국사회의 철학적 문제: 사회 운영 원리』(2004),『철학의 개념과 주요 문제』(2007),『시대와의 대화: 칸트와 헤겔의 철학』(2010),『칸트 이성철학 9서5제』(2012),『동아시아의 칸트철학』(편저, 2014),『한국 칸트철학 소사전』(2015),『포스트휴먼 시대의 휴먼』(공저, 2016),『이성의 역사』(2017),『제4차 산업혁명과 새로운 사회 윤리』(공저, 2017),『인공지능과 새로운 규범』(공저, 2018) 등이 있고, 역서로는『칸트 비판철학의 형성과정과 체계』(F. 카울바하, 1992),『실천이성비판』(칸트, 2002/개정판 2009),『윤리형이상학 정초』(칸트, 2005/개정판 2014),『순수이성비판 1·2』(칸트, 2006),『판단력비판』(칸트, 2009),『이성의 한계 안에서의 종교』(칸트, 2011),『윤리형이상학』(칸트, 2012),『형이상학 서설』(칸트, 2012),『영원한 평화』(칸트, 2013),『실용적 관점에서의 인간학』(칸트, 2014),『교육학』(칸트, 2018) 등이 있다.

이성의 역사

1판 1쇄 펴냄 | 2017년 4월 5일
1판 3쇄 펴냄 | 2018년 10월 5일

지은이 | 백종현
펴낸이 | 김정호
펴낸곳 | 아카넷

출판등록 2000년 1월 24일(제406-2000-000012호)
10881 경기도 파주시 회동길 445-3
전화 | 031-955-9510(편집)·031-955-9514(주문)
팩스 | 031-955-9519
책임편집 | 이하심
www.acanet.co.kr

ⓒ 백종현, 2017

Printed in Seoul, Korea.

ISBN 978-89-5733-541-3 93100

이 도서의 국립중앙도서관 출판시도서목록(CIP)은
서지정보유통지원시스템 홈페이지(http://seoji.nl.go.kr)와
국가자료공공목록시스템(http://www.nl.go.kr/kolisnet)에서 이용하실 수 있습니다.
(CIP 제어번호: CIP2017004709)

이 저서는 2012년도 정부재원(교육부)으로 한국연구재단의 지원을 받아
연구되었음(NRF-2012S1A5B1010294)